Klaus Birker (Hrsg.)

Das neue LEXIKON der BWL

Betriebswirtschaft
Wirtschaftsinformatik
Wirtschaftsrecht

2., grundlegend überarbeitete
und erweiterte Auflage

Rund 2.000 Stichwörter mit
72 Abbildungen und 84 Tabellen

Cornelsen

Verfasser der Stichwörter:
Prof. Dr. M. Berger, Prof. Dipl.-Kfm. K. Birker, Prof. Dr. H.-J. Bontrup, Prof. Dr. R. Bramsemann, Prof. Dr. T. Czenskowsky, Prof. Dr. K.-M. Fortmann, Prof. Dr. E. Hayessen, Prof. Dr. W. Lösel, Prof. Dr. G. Schünemann, Dipl.-Ing. A. Soik, Prof. Dr. B. Steckler, Dipl.-Kfm. W. Veith, Prof. Dr. H. Wilde

Persönliche Angaben zu den Verfassern: siehe Seite 453.
Einige Artikel gehen auf Texte weiterer Verfasser aus der 1. Auflage des Lexikons zurück, darunter Beiträge von Prof. Dr. U. Kloster und Prof. Dr. H. Schüle.

Aktuelle Ergänzungen im Internet
Zu diesem Lexikon finden Sie einen Ergänzungsdienst im Internet. Unter der Adresse
http://www.cornelsen-berufskompetenz.de
veröffentlichen wir ausgewählte, aktuelle Stichworte, die sich nach dem Redaktionsschluss der jeweiligen Auflage des vorliegenden Buches ergeben haben.

Verlagsredaktion: Erich Schmidt-Dransfeld (2. Aufl.) / Annette Preuß (1. Aufl.)
Technische Umsetzung: Type Art, Grevenbroich

Cornelsen online http://www.cornelsen-berufskompetenz.de

2. Auflage Druck 4 3 2 1 Jahr 08 07 06 05

Druck: CS-Druck CornelsenStürtz, Berlin

ISBN 3-589-23740-6

Bestellnummer 237406

Gedruckt auf säurefreiem Papier,
umweltschonend hergestellt aus chlorfrei gebleichten Faserstoffen.

Vorwort zur 2. Auflage

Die 1. Auflage des vorliegenden Neuen BWL-Lexikons wurde in Praxis, Fortbildung und Studium sehr gut aufgenommen und auch die 2. Auflage wendet sich an Benutzer/innen aus diesen drei Bereichen. Die mehr als 2.000 erklärten Begriffe der modernen Betriebswirtschaftslehre stammen im Einzelnen aus folgenden Teilgebieten: Bilanzierung/Jahresabschluss, Buchführung/Rechnungswesen, Controlling, E-Commerce/Internet, Finanzierung, Geschäftsprozessmanagement, Investition, Konstitutionelle Faktoren der Unternehmung, Kosten- und Leistungsrechnung, Logistik, Marketing, Organisation, Personalwirtschaft, Qualitätsmanagement, Steuern, Unternehmensführung, Vertrieb, Wirtschaftsinformatik/betriebliche Datenverarbeitung und Wirtschaftsrecht.

Aus zahlreichen Rückmeldungen von Benutzer/innen ergaben sich hilfreiche Hinweise, das Lexikon noch griffiger für die tägliche Benutzung zu gestalten: Deshalb erscheint das Werk jetzt im sehr handlichen A5-Format, es enthält mit 72 Abbildungen und mehr als 80 Tabellen/Übersichten eine deutlich größere Anzahl von Visualisierungen und durch die Verwendung einer zweiten Druckfarbe hat es noch einmal an Übersichtlichkeit gewonnen.

Das Herausheben von 15 Kernbereichen der Betriebswirtschaft durch gesonderte und auf den ersten Blick erkennbare „Hauptartikel" soll nicht nur Studierenden und Fortbildungsteilnehmern eine erste Orientierung bzw. Zusammenfassung der betreffenden Basisthemen bieten, sondern zielt darauf, auch in dem zum punktuellen Nachschlagen alphabetisch geordneten Lexikon die fachlichen Zusammenhänge deutlich herauszuarbeiten. Dies war eines der wesentlichen inhaltlichen Anliegen des Herausgebers bei der Bearbeitung der Neuauflage. In diesem Sinne wurden auch die Querverweise überarbeitet, von der Anzahl her erweitert und optisch deutlicher hervorgehoben.

Der Herausgeber hat darüber hinaus in Abstimmung mit dem Verlag die in dem Lexikon gewählten fachlichen Schwerpunkte etwas verändert: Verzichtet wurde auf eine Reihe eher formaler oder zu spezialisierter Stichworte bzw. deren ausführlicher Darlegung, dies zu Gunsten weiterer betriebswirtschaftlicher Kernaspekte; neben anderen wurden die Themen Finanzierung, Mitarbeiter- und Unternehmensführung incl. Entscheidungstheorie, Organsationsentwicklung, Rechnungswesen (in einer Gesamtschau) und Strategie deutlich erweitert. Dies sind Bereiche, denen gerade in den aktuell schwierigen Zeiten bei der Unternehmensführung (wieder) größere Bedeutung zukommt; sie wurden zum einen im Hinblick auf diese steigende praktische Bedeutung stärker berücksichtigt und dies zum anderen so, dass die Benutzer/innen ein tiefer gehendes Verständnis gewinnen können.

Durch die umrissenen Veränderungen wurde der Umfang des Lexikons erweitert, jedoch ist dabei im Interesse der von Anfang an angestrebten Handlichkeit die Anzahl der Einträge im Wesentlichen beibehalten worden.

Im Anhang wurden einige an Themengebieten orientierte Literaturempfehlungen genannt. So konnte weitgehend auf teilweise redundante Hinweise bei den einzelnen Stichworten verzichtet werden; bei den Artikeln zum Thema Wirtschaftsrecht und in einigen wenigen Spezialfällen sind unmittelbar Literaturhinweise angefügt.

Wie schon in der 1. Auflage hat ein Team von Expertinnen und Experten sein Fachwissen in dieses Lexikon eingebracht. Denn anders wäre die aktuelle, authentische und praxisorientierte Bearbeitung der Vielzahl betriebswirtschaftlicher Fachgebiete kaum zu leisten. Als Herausgeber danke ich den Verfasserinnen und Verfassern, sowie den Verantwortlichen im Verlag und hier insbesondere Herrn Schmidt-Dransfeld, für ihre erneute, engagierte Mitarbeit.

Köln, im Januar 2005 Klaus Birker

Abkürzungsverzeichnis

Abs.	Absatz
AG	Aktiengesellschaft
AGB	Allgemeine Geschäftsbedingungen
AGBG	Gesetz zur Regelung allgemeiner Geschäftsbedingungen
AGBSp	Allgemeine Geschäftsbedingungen der Sparkassen
AKA	Ausfuhr-Kreditgesellschaft mbH
AO	Abgabenordnung
ArbPlSchG	Arbeitsplatzschutzgesetz
ArbZG	Arbeitszeitgesetz
Art.	Artikel
AÜG	Arbeitnehmerüberlassungsgesetz
AVO	Arbeitsvorgang
AWG	Außenwirtschaftsgesetz
B2B	Business to Business
B2C	Business to Consumer
BausparkG	Bausparkassengesetz
BBankG	Bundesbankgesetz
BBiG	Berufsbildungsgesetz
BDE	Betriebsdatenerfassung
BDSG	Bundesdatenschutzgesetz
BeschFG	Beschäftigungsförderungsgesetz
BetrVG	Betriebsverfassungsgesetz
BörsG	Börsengesetz
BörsO	Börsenordnung
BPersVG	Bundespersonalvertretungsgesetz
bps	Bit pro Sekunde
BUrlG	Bundesurlaubsgesetz
BV	Betriebsvermögen
BVW	Betriebliches Vorschlagswesen
CAD	Computer Aided Design
CAM	Computer Aided Manufacturing
CAP	Computer Aided Planning
CAQ	Computer Aided Quality Assurance
CGB	Christlicher Gewerkschaftsbund
CI	Corporate Identity
CIM	Computer Integrated Manufacturing
CPU	Central Processing Unit
CTI	Computer Telephony Integration
DAG	Deutsche Angestelltengewerkschaft
DBB	Deutscher Beamtenbund
DBMS	Datenbankmanagementsystem
DepotG	Depotgesetz
DGB	Deutscher Gewerkschaftsbund
DIB	Deutsches Institut für Betriebswirtschaft
DMS	Dokumenten-Management-System
DSD	Duales System Deutschland
d. V.	der Verfasser
EAN	European Article Number
EDI	Electronic Data Interchange
EFQM	European Foundation for Quality Management
EFZG	Entgeltfortzahlungsgesetz
eG	eingetragene Genossenschaft
EG	Europäische Gemeinschaft
EGV	Vertrag zur Gründung der Europäischen Gemeinschaft
ELSTER	Elektronische Steuererklärung
EStG	Einkommensteuergesetz
EStR	Einkommensteuerrichtlinien
FLS	Fertigungsleitsystem
FRN	Floating Rate Notes
FTP	File Transfer Protocol
FTS	fahrerloses Transportsystem
GATT	General Agreement of Tariffs and Trade
Gbps	Gigabit pro Sekunde

GbR	Gesellschaft bürgerlichen Rechts
GE	Geldeinheit(en)
GenG	Genossenschaftsgesetz
GewO	Gewerbeordnung
GG	Grundgesetz
GmbH	Gesellschaft mit beschränkter Haftung
GmbHG	GmbH-Gesetz
GoB	Grundsätze ordnungsmäßiger Buchführung
GuV	Gewinn- und Verlustrechnung
GWB	Gesetz gegen Wettbewerbsbeschränkungen
Hg.	Herausgeber
HGB	Handelsgesetzbuch
HTML	Hypertext Markup Language
HTTP	Hypertext Transfer Protocol
HypBankG	Hypothekenbankgesetz
Hz	Hertz
IGC	International Group of Controlling
InsO	Insolvenzordnung
IRC	Internet Relay Chat
ISP	Internet Service Provider
JASchG	Jugendarbeitsschutzgesetz
JPEG	Joint Photographic Experts Group
KAGG	Gesetz über Kapitalanlagegesellschaften
KfW	Kreditanstalt für Wiederaufbau
KG	Kommanditgesellschaft
KSchG	Kündigungsschutzgesetz
KWG	Kreditwesengesetz
LAN	Local Area Network
MDStV	Mediendienste-Staatsvertrag
ME	Mengeneinheit(en)
MHz	Megahertz
MPEG	Motion Pictures Experts Group
MuSchG	Mutterschutzgesetz
NachwG	Nachweisgesetz
NAFTA	North American Free Trade Agreement
oHG	offene Handelsgesellschaft
PartGG	Partnerschaftsgesellschaftsgesetz
PIN	Personal Identification Number
ROI	Return of Investment
S.	Seite
ScheckG	Scheckgesetz
SchwbG	Schwerbehindertengesetz
SGB	Sozialgesetzbuch
SQL	Structured Query Language
StGB	Strafgesetzbuch
TDDSG	Teledienstedatenschutzgesetz
TDG	Teledienstegesetz
TKG	Telekommunikationsgesetz
TVG	Tarifvertragsgesetz
UN	Vereinte Nationen
UWG	Gesetz gegen unlauteren Wettbewerb
VAG	Versicherungsaufsichtsgesetz
VerbrKrG	Verbraucherkreditgesetz
vgl.	vergleiche
VZ	Veranlagungszeitraum
WAN	Wide Area Network
WBZ	Wiederbeschaffungszeit
WehrpflG	Wehrpflichtgesetz
WG	Wechselgesetz
WGF	Wiedergewinnungsfaktor
WpHG	Wertpapierhandelsgesetz
WWW	World Wide Web

A

ABC-Analyse. Einteilung von Artikeln (Rohstoffe, Halbfertigerzeugnisse oder Enderzeugnisse) nach ihrer Werthäufigkeit in A-Teile (80 % des Einkaufswerts, der Herstellkosten oder des Umsatzes), B-Teile (15 %) oder C-Teile (5 %).

Wenn z. B. mit 20% der eingekauften Rohstoffe (verschiedene ➜ *Artikelnummern*) bereits 80% des Einkaufsvolumens getätigt werden, lohnt es sich, mit den Lieferanten dieser 20 % bezüglich der Preise in Verhandlungen einzutreten.

Man erzielt so bei vergleichsweise geringem Aufwand große Wirkung.

Analoges gilt für die Reduzierung der Herstellkosten, indem man Untersuchungen zur Rationalisierung in der Produktion auf diejenigen Halbfertigerzeugnisse beschränkt, die 80% der Herstellkosten verursachen.

Abbauplanung. Wahl eines optimalen Zeitpunkts der Produktionseinstellung zur Verlustminimierung, wenn der Deckungsbeitrag (DB) I = Umsatz – variable Kosten positiv, der DB II = DB I – spezielle Fixkosten negativ ist und keine anderen Argumente (z. B. Anlaufverlust bei neuem Produkt) gegen die Einstellung sprechen.

Abfall. Alle beweglichen Sachen, die von ihrem Besitzer absichtsvoll entäußert werden. I. S. d. Kreislaufwirtschaftsgesetzes handelt es sich dabei nur um solche beweglichen Sachen, die nicht mehr anderweitig als Sekundärrohstoff verwertbar sind. Alle anderen Abfälle sind Wertstoffe. Das generelle ökologische Ziel ist die Vermeidung der Entstehung von Abfällen.

Abfallvermeidung. Rangiert in der Hierarchie über dem Recycling. Dazu gehören die:

a) Wiederverwendung: Der Wertstoff wird für den ursprünglichen Verwendungszweck wieder eingesetzt, d. h. wiederholte Verwendung für den bereits für die Erstverwendung vorgesehenen Verwendungszweck (z. B. Pfandflaschen);
b) Weiterverwendung: Der Wertstoff wird nicht für den ursprünglichen, sondern für einen davon abweichenden Verwendungszweck eingesetzt, d. h. Nutzung für eine vom Erstzweck verschiedene Verwendung, für die er nicht hergestellt ist.

Abfallverwertung (Recycling). Rückführung oder stoffliche Verwertung von Wertstoffen. Erfolgt im Einzelnen durch folgende Maßnahmen:

a) Wiederverwertung: Aus den Wertstoffen entstehen gleiche/weitgehend gleichwertige Stoffe für einen Wiedereinsatz in früher durchlaufenen Produktionsprozessen unter teilweiser oder völliger Formauflösung und -veränderung (Altglaseinschmelzung zu Neuglas, Recyclingpapier);
b) Weiterverwertung: Aus dem Wertstoff entstehen nach einem anderen als dem ursprünglichen Produktionsprozess Stoffe oder Produkte mit anderen Eigenschaften und/oder anderer Gestalt für einen anderen Verwendungszweck, d. h. Einsatz in noch nicht durchlaufenen Produktionsprozessen unter Umwandlung (Verlust der Materialidentität oder Gestaltänderung).

Abgabenordnung (AO). Grundlegendes Gesetz für das deutsche Steuerrecht, regelt alle grundsätzlichen Fragen für die verschiedenen Steuerarten, wie Begriffsbestimmungen, Zuständigkeit der Finanzbehörden, Steuergeheimnis, Steuerschuldverhältnis, steuerbegünstigte Zwecke, Haftung, Verfahrensgrundsätze, Verwaltungsakte (Steuerbescheide), Durchführung der Besteuerung, Erhebungsverfahren, Vollstreckung, außergerichtliche Rechtsbehelfe, Straf- und Bußgeldvorschriften.

Abgeld ➜ *Disagio*.

Ablaufanalyse. Geht in der ➜ *Organisation* von der Gesamtaufgabe des Unternehmens aus, die nur durch Einsatz komplexer Prozessstrukturen erreicht werden kann. Die ➜ *Aufgabenanalyse* zerlegt komplexe Strukturen in Teil- und Elementarprozesse. Daraus entsteht ein Aufgabengliederungsgerüst, das den in Einzelprozesse zerlegten Gesamtprozess und die unter den Einzelprozessen bestehenden Beziehungen darstellt. Es folgt die ➜ *Ablaufsynthese*.

Ablauforganisation. Gegenüber der ➜ *Aufbauorganisation*, die sich mit der Gliederung und den organisatorischen Strukturen des Unternehmens befasst, behandelt die Ablauforganisation die Ordnung von Handlungsabläufen (Arbeitsprozessen) innerhalb der betrieblichen Strukturen. Es handelt sich also um zwei unterschiedlich orientierte Betrachtungsweisen desselben Gebildes → *Organisation*. Die Ordnung des Arbeitsprozesses hat folgende Gesichtspunkte zu berücksichtigen:

- Festlegung der Arbeitsinhalte nach Objekt und Verrichtung; dabei können der Gegenstand der Bearbeitung (Objektkonzentration) oder die verschiedenen Funktionen und Phasen des Tätigwerdens (Verrichtungsorientierung) im Vordergrund stehen. Häufig erfolgt eine mehrstufige Gliederung, oft zunächst nach Objekt und dann nach Verrichtung (zumeist tiefer als in der Aufbauorganisation) bis zur kleinsten zugeordneten Tätigkeit, dem so genannten Arbeitspaket.
- Ordnung der Arbeitszeit als Festlegung der zeitlichen Reihenfolge einzelner Teilaufgaben sowie deren Zeitdauer. Aus der Verknüpfung der Arbeitspakete unter Berücksichtigung ihrer Abhängigkeiten (welche muss abgeschlossen sein, bevor eine andere beginnen kann, welche können parallel erledigt werden) ergibt sich der zu optimierende Ablauf. Dabei sind Transport-, Warte- und evtl. Pufferzeiten zu berücksichtigen.
- Die räumliche Anordnung kann auf arbeitstechnische Aspekte oder andere Rahmenbedingungen Rücksicht nehmen. Hierbei kommt entweder der Arbeitsgegenstand, das Objekt, jeweils an den Ort der Tätigkeit oder Arbeitsmittel und Personen zum Objekt. Entsprechend sind Transporte zu planen.
- Mit der Arbeitszuordnung zu Arbeitsmittel und Personen (Stellen) stellt sich auch die Frage nach deren Ausstattung.

Der Arbeitsprozess ist unter Berücksichtigung der genannten Aspekte zu gestalten. In Hinblick auf seine Optimierung können unterschiedliche Schwerpunkte gelegt werden: Wirtschaftlichkeit, Durchlaufverbesserung (z.B. Verkürzung der Lieferzeiten), bessere Arbeitsbedingungen, (gleichmäßige) Kapazitätsausnutzung oder Produktqualität (→ *Qualitätsmanagement*).

Die Planung der Abläufe umfasst folgende Phasen: Analyse (Ist-Aufnahme System-Analyse), Entwicklung einer Soll-Konzeption (System-Gestaltung), Einführung und Durchführung (System-Einführung). Der Vorgang kann durch ein System-Controlling unterstützt und begleitet werden.

Ablaufsynthese. Fasst in der Organisation Teil- und Elementarprozesse aus der → *Ablaufanalyse* zu Prozesskomplexen zusammen und stimmt die Einzelprozesse inhaltlich, zeitlich und räumlich untereinander ab. Dabei sollen Prozesskomplexe derart gebildet werden, dass diese einzelnen Prozessträgern (Einzelpersonen oder Abteilungen) zugeordnet werden können. Insofern kommt es zur Zuordnung zu → *Stellen* und → *Instanzen* (Stellen mit Weisungsbefugnis).

Abluft. Alle bei industriellen oder häuslichen Leistungserstellungsprozessen entstehenden in die Atmosphäre entweichenden Stoffe wie Rauch, Ruß, Gas, Aerosol, Dampf, Staub etc., welche die natürliche Zusammensetzung der Luft verändern und zu beeinträchtigen in der Lage sind.

Abrufauftrag. Beschaffungsauftrag mit Gültigkeit für einen bestimmten Zeitraum. Gesamtmenge und Preis liegen fest, der genaue Lieferzeitpunkt wird durch den Disponenten bestimmt (Direktabruf). Vorteil: Der Einkauf wird nur gelegentlich tätig, die Belieferung wird »auf dem kleinen Dienstweg« durch die Materialplaner (Disponenten) erledigt. Hierdurch werden erhebliche Abwicklungskosten eingespart.

Absatz. Siehe dazu den Artikel auf Seite 9.

Abschreibung. Erfasst die Wertminderung von Anlagegütern, indem die → *Anschaffungs-/Herstellkosten* eines Anlagegutes als → *Aufwand* über die gesamte Nutzungsdauer verteilt werden. Dadurch wird der Gewinn gemindert. Zugleich können aus diesen Gewinnminderungen bzw. Kapitalfreisetzungen Ersatzinvestitionen finanziert werden, die nach Ablauf deren Nutzungsdauer das Anlagegut ersetzen. Die Höhe dieser Aufwendungen ist im Einzelnen von der Nutzungsdauer, dem Wert der Anlagegegenstände und der Wahl der Abschreibungsmethode abhängig. In Bezug auf die Abschreibungsmethode unterscheidet man im Wesentlichen die lineare und die degressive Abschreibung. Die Abschreibung endet bei einem Erinnerungswert von 1 €.

Die Abschreibungsbeträge werden im Haben des Anlagekontos und im Soll des Abschreibungskontos verbucht. Der Abschluss erfolgt

Absatz und Absatzhelfer sowie -mittler

Der Begriff Absatz wird unterschiedlich verwendet:

1. Eingeschränkt als die Menge von Gütern, die in einer Zeiteinheit veräußert wurde;
2. als die mit Preisen bewertete Menge, also synonym mit Umsatz;
3. die letzte Phase im güterwirtschaftlichen Prozess (→ *Betriebswirtschaftslehre*), die alle auf die Verwertung der erstellten Güter und Dienstleistungen gerichteten Aktivitäten umfasst; auch als Absatzwirtschaft bezeichnet.
4. Gelegentlich wird Absatz – gerade in der Praxis – synonym mit Vertrieb verwendet; häufig aber bezeichnet → *Vertrieb* stärker die technisch-logistische Seite der Leistungsverwertung neben Verkauf als Teilbereich des Absatzes, siehe auch → *Distribution* sowie → *Marketinginstrumente* (Marketing-Mix).

Seit den 60er-Jahren wird zunehmend Absatz (im umfassenden Sinne) verdrängt oder überlagert vom Begriff → *Marketing*. Dieser steht jedoch zumeist weiter gehend für eine sich an Markt und Kunden orientierende Unternehmensführung. Hintergrund ist der Wandel vom Verkäufer- zum → *Käufermarkt*, der eine entsprechende Ausrichtung nahezu aller Bereiche auf die formal erst am Ende des güterwirtschaftlichen Prozesses stehenden Leistungsverwertung bedingt.

Absatzanalyse. Regelmäßige Analyse der Absatzergebnisse. Die Absätze pro Käufer, die Ergebnisse, Nachlässe, zugewiesene Kosten und das Ergebnis werden je Periode (in der Regel monatlich sowie für das laufende Jahr) zusammengefasst in Berichtsform vorgelegt. Neben den Angaben zu den jeweiligen Käufern werden Angaben zu den jeweiligen Abteilungen in das Gesamtergebnis der Unternehmung aufgenommen.

Absatzhelfer. Sie sind rechtlich und wirtschaftlich selbstständige Personen und Institutionen zur Erledigung von Aufgaben im Distributionsprozess – im Gegensatz zu → *Absatzmittler* ohne Übernahme voller Handelsfunktionen. Es wird gegliedert in:

1. Akquisitorische Absatzhelfer; a) → *Handelsvertreter*, unterschieden in Vermittlungs- oder Abschlussvertreter, sowie Einfirmen- oder Mehrfirmenvertreter; b) Kommissionär, der im Gegensatz zum Handelsvertreter im eigenen Namen, jedoch auf fremde Rechnung tätig ist und die Interessen des Auftraggebers (Kommittenten) wahrnimmt sowie dessen Weisungen folgt; typisch ist die Unterhaltung eines Konsignationslagers, sodass schnellere Lieferung und kürzere Transportwege möglich werden; c) Handelsmakler, der gewerbsmäßig die Vermittlung von Verträgen über Gegenstände des Handelsverkehrs übernimmt und zumeist Kontakte zu mehreren potenziellen Käufern und Verkäufern pflegt, bei erfolgreichem Abschluss erhält er eine Provision (Courtage).
2. Logistische und leistungsergänzende Absatzhelfer; a) absatzvorbereitend (z. B. Marktforschungsinstitut) b) absatzunterstützend (z. B. Werbeagenturen) c) auftragsabwickelnd im Rahmen der Auftragserledigung, unterschieden in logistische Funktion (z. B. Spediteure, Lagerhalter, Reeder), finanzwirtschaftlich (z. B. Banken, Inkassodienste, → *Leasing*- und → *Factoring-Gesellschaften*) sowie Zusatz- und Dienstleistungen (z. B. Aufbauhilfen bei Möbeln etc. oder Schulung für Computer).

Absatzinvestition. Investition im Zusammenhang mit dem Absatz von Produkten oder (Dienst-)Leistungen, betrifft vor allem den betrieblichen Bereich des Absatzes. Über die Absatztätigkeit tritt ein Unternehmen in unmittelbare Nähe zu seinen Kunden. → *Investitionen* im Absatzbereich können daher das Erfolgspotenzial eines Unternehmens in hohem Maße beeinflussen. Zu solchen Investitionen zählen in erster Linie Ausgaben für die Marktforschung, Werbung, den Aufbau der Kundendienstorganisation sowie zur Gestaltung der Absatzwege.

Absatzkreditpolitik. Die Aufgabe der Absatzkreditpolitik besteht in der Gewährung bzw. Vermittlung von Krediten durch den Verkäufer an die potenziellen Kunden, um den Kauf einer Ware bzw. einer Leistung zu ermöglichen oder die Kaufentscheidung zu fördern. Der Anbieter verbindet in erster Linie akquisitorische Ziele mit der Kreditgewährung. Steht dem Anbieter eine Nachfragemacht gegenüber (z. B. Großhandel), kann der Nachfrager auch einen Kredit erzwingen.

Absatzmittler. Rechtlich und wirtschaftlich selbstständige Absatzorgane, die (im Gegensatz zu → *Absatzhelfern*) als Element der Absatzkette (→ *indirekter Vertrieb*) am Markt auftreten.

Absatzprogramm. Gesamtes Verkaufsprogramm; beinhaltet Eigenerzeugnisse und »durchgehandelte« Ware, d.h. solche, die (wenn überhaupt) lediglich den Lagerbereich berühren.

Absatzvolumen. Umsatz oder Absatz (im Sinne von Absatzmenge) eines Unternehmens bzw. einer Sparte während einer Ermittlungsperiode. Der Anteil des Unternehmens am gesamten Absatzvolumen des für ihn relevanten Marktes wird als absoluter Marktanteil angesehen, das Verhältnis zum stärksten Konkurrenten wird als relativer Marktanteil bezeichnet.

Literaturempfehlung: Wegen der Überschneidung finden Sie Literaturhinweise gebündelt beim Artikel → Marketing.

über das GuV-Konto und von dort auf das Schlussbilanzkonto.

Nach dem Verfahren gibt es die direkte Abschreibung, dabei reduziert jede Abschreibung direkt den Buchwert des betroffenen Anlageguts auf seinem Anlagekonto, sowie die indirekte Abschreibung, dabei bleibt der Buchwert auf dem Anlagekonto immer unverändert. Bei direkter Abschreibung sind die ursprünglichen Anschaffungskosten der Anlage nicht mehr aus der Bilanz ersichtlich, dafür ist der aktuelle Restbuchwert unmittelbar ersichtlich. Bei indirekter Abschreibung bleiben die ursprünglichen Anschaffungskosten als Wertansatz erhalten, der aktuelle Restbuchwert ist nur zu ermitteln, indem die Differenz aus Anlagensaldo und Wertberichtigungssaldo errechnet wird. Auf dem Wertberichtigungskonto sammeln sich alle Abschreibungen, bis der Gegenstand das Betriebsvermögen verlässt.

Bei Verkauf von Anlagegütern kann der betreffende Betrag bei direkter Abschreibungsmethode unmittelbar aus dem Anlagekonto ausgebucht werden, bei indirekter Abschreibungsmethode müssen zuerst die entsprechenden Wertberichtigungen aufgelöst und ihrerseits vom Buchwert abgezogen werden.

Es können nicht nur Gegenstände des Anlagevermögens abgeschrieben werden, sondern auch Forderungen, und zwar direkt, wenn sich ein Forderungsausfall im Jahr des Entstehens der Forderung ergibt; indirekt, wenn zwischen Forderungsentstehung und -ausfall ein Bilanzstichtag liegt.

Steuerlich wird die Abschreibung als Absetzung für Abnutzung (AfA) bezeichnet. Die Abschreibung erfolgt auf den Betrag ohne Mehrwertsteuer.

Geringwertige Wirtschaftsgüter (bis 410 € ohne Mehrwertsteuer) können im Jahr der Anschaffung oder Herstellung voll abgeschrieben und weiterhin ohne Erinnerungswert geführt werden. Bei der linearen Abschreibung werden die Anschaffungs- oder Herstellkosten gleichmäßig auf die Nutzungsdauer verteilt. Damit wird unterstellt, dass der Werteverzehr über die Zeit hinweg gleichmäßig erfolgt, die Abschreibungsbeträge sind also in jedem Jahr gleich hoch. Die degressive Abschreibung unterstellt einen im Lauf der Nutzungsdauer abnehmenden Werteverzehr. Bei der arithmetisch-degressiven Abschreibung fallen die Abschreibungsbeträge in jeder Periode um den gleichen Degressionsbetrag. Bei der geometrisch-degressiven Abschreibung wird mit einem gleich bleibenden Prozentsatz vom jeweiligen Restbuchwert abgeschrieben. Die progressive Abschreibung unterstellt, dass ein Anlagegut zu Beginn einen geringen und im Zeitablauf steigenden Wertverlust hat (dies widerspricht jedoch der kaufmännischen Vorsicht). Bei der leistungsabhängigen Abschreibung erfolgt die Abschreibung entsprechend der jeweiligen Leistungsabgabe des Betriebsmittels in der Abrechnungsperiode.

Die Abschreibungsmethode kann handelsrechtlich mit Begründung einmal für die Restlaufzeit gewechselt werden, steuerrechtlich nur von der degressiven zur linearen Methode (§ 7,3 EStG).

Bei der planmäßigen Abschreibung wird der Werteverzehr über die voraussichtliche Nutzungsdauer verteilt, bei außerplanmäßiger Abschreibung wird ein besonderer Grund zum Anlass genommen, darüber hinaus Abschreibungen vorzunehmen. Die tatsächliche Wertminderung kann größer oder kleiner als die buchmäßige sein. Letzteres führt zur Bildung stiller Reserven in der Bilanz. Außerplanmäßige Abschreibungen sind bei einmaliger Wertminderung möglich, und zwar bei voraussichtlich vorübergehender Wertminderung (→ *Anlagevermögen*) nach Wahl des Unternehmens, jedoch bei voraussichtlich dauerhaften Wertminderungen zwingend. Außerplanmäßige Abschreibungen können durch Zuschreibungen wieder rückgängig gemacht werden, wenn ihr Grund weggefallen ist.

Abschreibungsfinanzierung → *Innenfinanzierung*.

Absentismuszeiten. Alle von der tatsächlichen, d.h. von der tarifvertraglichen oder einzelvertraglichen Arbeitszeit abweichenden personellen Fehlzeiten für Urlaub inkl. Bildungsurlaub, Krankheit, Mutterschaft, Belegschaftsversammlungen, Qualifizierungszeiten u.a.

Abteilung. Bildet sich durch die unbefristete Unterstellung einer oder mehrerer Ausführungsstellen unter eine gemeinsame Leitung. Dadurch entsteht eine Hierarchie der Organisationseinheiten.

Abwasser. Einerseits sanitäre Abwässer, vor allem Reinigungsmittel und Fäkalien, andererseits industrielle Abwässer, die je nach Industriezweig unterschiedlich zusammengesetzt sein können.

Abzinsungsfaktor → *Zinseszinsen*.

AC → *Assessment Center*

Acceptable Quality Level (AQL). Statistisches Stichproben-Prüfverfahren in der Wareneingangsprüfung; Gegenstand von Liefervereinbarungen. → *Qualitätsprüfung*.

Access Provider. Unternehmen oder Organisation, das/die Endnutzern den Zugang zum Internet entgeltlich oder unentgeltlich verschafft. Damit sind häufig weitere Dienstleistungen (wie Webspace Providing) verbunden (dann auch → *Service Provider* genannt).

Account. Nutzerkennung eines Mailbox- oder Netzwerksystems, eines Online-Dienstes oder eines → *Host-Systems*. Das Konto wird durch einen → *Access-Provider* bzw. → *Service-Provider* oder Online-Service eröffnet, um den Netzzugang zu erhalten. Es besteht aus Benutzeridentifikation (User Name) und Passwort. Die Zugriffsberechtigung ist meist mit zusätzlichen Serviceleistungen, wie → *Mailbox*, Downloads etc., verbunden.

Activity Based Costing. Engl. für → *Prozesskostenrechnung*.

AdClick. Mausklick auf ein Werbe-Banner, meist ausgewertet durch AdClick-Rate bzw. Click-Through-Rate. Dabei handelt es sich um den Anteil aller angeklickten → *Banner* an → *PageImpressions* oder → *AdImpressions* während eines bestimmten Zeitraums.

AdImpression. Anzahl der Werbe-Banner, die von Nutzern im Weg während eines bestimmten Zeitraums gesehen wurden. Es handelt sich um einen Wert, der nur unter streng abgestimmten Bedingungen aussagefähig ist.

AdRequest. Anforderung eines Werbe-Banners beim AdServer. Der daraus resultierende Wert wird häufig zur Abrechnung von Online-Werbung genutzt. Allerdings gibt es weder einen Standard noch eine neutrale Kontrollinstanz zur Messung.

Administrationssystem. → *Anwendungssoftware*, deren Aufgaben vor allem in der Verwaltung und Verarbeitung großer Mengen von → *Daten* und der rationellen Erledigung von Routineaufgaben liegen. Typische Anwendungen sind z.B. die Finanzbuchführung im Rechnungswesen, die Lagerbestandführung in der Materialwirtschaft oder die Lohn- und Gehaltsabrechnung in der Personalwirtschaft.

ADSL. Abk. für Asymmetric Digital Subscriber Line, schnelle Datenübertragung mit unterschiedlichen Geschwindigkeiten für Upload (vom Client auf den Server, niedrige Geschwindigkeit) und Download (vom Server auf den Client, hohe Geschwindigkeit).

Affinitätsdiagramm. Element der → *Seven* New Tools/Qualitätsmanagement. Dabei werden qualitätsrelevante Ideen und Meinungen ermittelt, durch Zusammenfassung und Zuordnung zu einem Oberbegriff strukturiert und bewertet. Es geht um die Subsumierung unter passende Oberbegriffe zur Schwerpunktbildung, Informationssammlung (Fakten, Schätzungen, Prognosen, Meinungen etc.) und Zuordnung zu Elementen (z.B. Produkten). Dies erfolgt zumeist auf Basis eines Brainstorming. Werden für Qualitätsprobleme Lösungen gesucht, finden sich häufig viele, oft unterschiedliche Ideen. Um einen Überblick über solche Vorschläge zu bekommen, können sie in Stichworte gefasst, auf Zetteln notiert und mit Hilfsmitteln, z.B. der Meta-Plan-Technik, Gruppen zugeordnet werden. Im Ergebnis liegt dann eine überschaubare Anzahl von »Ideengruppen« vor, die beurteilt und gegebenenfalls näher untersucht werden können.

After-Sales-Service. Die Phase, die dem Verkaufsabschluss folgt. Hierin sind Kundenbetreuung, Nachfassen, Aufbau der Beziehung, Beziehungsmanagement und Hinweise (→ *Leads*) für Folgeakquisitionen enthalten. In dem Nachfassen sind Zusatzausstattungen, Erweiterungen etc. enthalten. In diesem Zusammenhang wird unter dem Begriff »Leads« die Sammlung von Anschriften weiterer potenzieller Käufer dieses Produkts, d.h. die aktive Nutzung des Kundennetzes, verstanden.

Agent. Intelligentes Programm, das zwischen → *Clients* und → *Server* Vermittlungsfunktion übernimmt und im Auftrag eines Users im Internet nach Inhalten sucht bzw. Suchaufträge abarbeitet sowie Informationen aufbereitet und transferiert.

Agio (auch Aufgeld genannt). Bezeichnet die Differenz zwischen dem Nennwert (Nominalwert) einer Aktie und dem höheren Ausgabekurs (Emissionskurs). Beispiel: Nennwert einer neu auszugebenden Aktie 5 €, Ausgabekurs 20 €. Das Agio beläuft sich auf 15 € pro Aktie. Gegensatz zum → *Disagio*. Das Agio ist als Kapitalrücklage zu verbuchen.

AI → *Künstliche Intelligenz.*

Akkreditierung (Qualitätsmanagement). Bedeutet allgemein die formelle Anerkennung der Kompetenz einer Institution, bestimmte Prüfungen oder Prüfungsarten auszuführen, hier konkret von Prüflaboratorien, die Produkt-/Musterprüfungen durchführen (staatlich geregelter Bereich, führt zu Konformitätserklärung oder Zertifikat), sowie Zertifizierungsstellen für Produkte, Qualitätsmanagementsysteme und Personen (führt nur zum Zertifikat). Der Nachweis der Eignung muss gegenüber der nationalen Akkreditierungsstelle nach festgelegten und überwachten Kriterien geführt werden. Der deutsche Akkreditierungsrat (DAR) unterhält Akkreditierungsstellen im gesetzlich geregelten Bereich der Bundesländer und die Trägergemeinschaft für Akkreditierung (TGA) im ungeregelten Bereich. Die Akkreditierungsstelle wendet ein Akkreditierungssystem an und verwaltet bzw. gewährt Akkreditierungen, beruhend auf einer (europaweit gültigen) Kompetenzprüfung. Ziel ist es, dass die von diesen Institutionen ausgestellten Zertifikate vergleichbar, neutral und allgemein anerkannt sind.

Akkreditiv. Eine im Außenhandel gebräuchliche, in unterschiedlichen Formen auftretende Zusage oder Garantie eines Kreditinstituts, bei Vorlage genau bestimmter Dokumente eine Geldsumme an den Begünstigten des Akkreditivs zu zahlen (Dokumentenakkreditiv). Abwicklung: Der Importeur beauftragt seine Bank mit der Eröffnung des Akkreditivs zu Gunsten des Exporteurs. Diese Akkreditiveröffnung wird dem Exporteur über eine Bank in dessen Heimatland angezeigt. Der Exporteur versendet die Ware, reicht die im Akkreditiv geforderten (Transport-) Dokumente der Bank ein und erhält den Akkreditivbetrag. Auf diese Weise erhält der Exporteur sein Geld, sobald er die Ware ordnungsgemäß versandt hat. Das Dokumentenakkreditiv (Geld gegen Dokumente) überbrückt die zeitliche Differenz zwischen Warenabgabe und -ankunft und ist die Grundlage für spezielle Formen der kurzfristigen → *Außenhandelsfinanzierung*, insbesondere Rembours- und Negoziationskredit.

AKL → *Automatisches Kleinteilelager.*

Akquisitorisches Potenzial. Bezeichnet die Gesamtheit der aus der Sicht der potenziellen Kunden Präferenz schaffenden Tatbestände, z.B. Produktqualität, Ansehen des Unternehmens, Kundendienst, Lieferungs- und Zahlungsbedingungen, evtl. Standort sowie oft nicht rational fassbare Umstände. Je mehr sich das eigene Leistungsangebot von dem der Mitbewerber abhebt, umso mehr wird die Konkurrenzsituation im Sinne eines begrenzten Monopols aufgehoben.

Akronym. Aus den Anfangsbuchstaben mehrerer Wörter gebildetes Kurzwort für Redewendungen, die im Internet oft verwendet werden, z. B. »imho« für »in my humble opinion« oder »afaik« für »as far as I know« oder »asap« für »as soon as possible« oder »fyi« für »for your information«.

Aktienarten. Aktien sind Gesellschaftsanteile an einer → *Aktiengesellschaft*. Nach dem Aktiengesetz sind Aktien unterschiedlicher Art oder Gattung möglich. Nach der Art der Zerlegung des Grundkapitals werden Nennwertaktien und Quotenaktien unterschieden. Nennwertaktien lauten auf einen festen Geldbetrag, z. B. 5 €. Quotenaktien verbriefen einen Anspruch auf eine Quote des Grundkapitals, z. B. 1/100.000 bei insgesamt 100.000 ausgegebenen Aktien. Im Zuge der Euro-Einführung haben viele deutsche Aktiengesellschaften auf die Quotenaktie umgestellt. Nach den Übertragungsbestimmungen werden Inhaberaktien, Namensaktien und vinkulierte Namensaktien unterschieden. Die Inhaberaktie ist durch den Inhaber ohne weitere Bedingungen durch Einigung mit dem Käufer und Übergabe der Aktie übertragbar. Die Namensaktie ist nur durch Übertragungsvermerk (Indossament) und Umschreibung im Aktienbuch der Aktiengesellschaft zu übertragen. Bei der vinkulierten Namensaktie ist die Übertragung der Aktie zusätzlich an die Zustimmung der ausgebenden Gesellschaft gebunden. In Deutschland ist die Inhaberaktie verbreitet. Zunehmend geben Unternehmen allerdings Namensaktien aus, um Kenntnis über den Kreis der Aktionäre zu erhalten (→ *Finanzmarketing*).

Nach dem Umfang der Rechte der Aktionäre werden Stammaktie und Vorzugsaktie unterschieden. Stammaktien berechtigen u. a. zur Stimmabgabe auf der Hauptversammlung, zum Erhalt von Dividenden, zum Bezug von neu ausgegebenen Aktien sowie zum Erhalt eines Anteils am Liquidationserlös. Vorzugsaktien sind Aktien mit Sonderrechten im Vergleich zu Stammaktien. Eine häufig anzutreffende Form ist die stimmrechtslose Dividendenvorzugsaktie, bei der zum Ausgleich der fehlenden Stimmrechte auf der Hauptversammlung eine bevorrechtigte oder höhere Dividende geboten wird. In Deutschland ist die Stammaktie üblich.

Aktiengesellschaft (AG). Es handelt sich um eine Sonderform der Körperschaft, → *Gesellschaftsrecht*. Die AG ist eine körperschaftlich strukturierte Handelsgesellschaft. Als Kapitalgesellschaft hat sie ein in Aktien zerlegtes Grundkapital. Rechtsgrundlage ist das Aktiengesetz (AktG). Der Gläubigerschutz wird durch strenge Regelungen der Kapitalaufbringung und -erhaltung gewährleistet. Die Aktie als Bruchteil des Grundkapitals (Nennwertaktie) verbrieft das Mitgliedschaftsrecht. Aktien sind Wertpapiere, die als Inhaberaktien oder als Nennwertaktien ausgegeben werden können, → *Wertpapierrecht*. Die AG handelt im Rechts- und Wirtschaftsverkehr durch ihre Organe. Dies sind der Vorstand, die Hauptversammlung und der Aufsichtsrat. In Betrieben mit mindestens 500 Arbeitnehmern ist das → *Mitbestimmungsrecht* zu beachten.
Literatur: Steckler, Wirtschaftsrecht, 6. Auflage, Ludwigshafen 2003.

Aktionen. Sonderverkauf im Handel. Logistisch findet hierbei eine besondere Abwicklung statt. Die Artikel sind häufig nicht gelistet (d. h. Teil des Standardsortiments) und verursachen wegen der Einmalabwicklung besonderen Aufwand in der → *Beschaffungslogistik*, z. B. werden die Waren in besonderen Lagerbereichen untergebracht (→ *Blocklager*); außerdem sind häufig Sondertransporte erforderlich, wodurch die Routineabwicklung der Warenverteilung belastet wird. Organisatorisch wird die Aktionen-Abwicklung durch → *Warenwirtschaftssysteme* unterstützt.

Aktiva. Alle Vermögensgegenstände eines Unternehmens, die diesem zur Betriebstätigkeit zur Verfügung stehen. Die Aktiva werden nach ihrer Fristigkeit in langfristige (→ *Anlagevermögen*) und kurzfristige (→ *Umlaufvermögen*) unterteilt. Die Aktiva sind in der Bilanz auf der linken Seite ausgewiesen (→ *Passiva*).

Aktive Rechnungsabrechnung → *Rechnungsabgrenzungsposten*.

Aktivierungsgebot (Bilanzierung). Alle materiellen Vermögensgegenstände (Maschinen u. Ä.), alle immateriellen Vermögensgegenstände des Umlaufvermögens (z. B. die für den Verkauf bestimmte Software eines Softwareunternehmens), alle entgeltlich erworbenen immateriellen Vermögensgegenstände des Anlagevermögens (entgeltlich erworbene Lizenzen) und aktive Rechnungsabgrenzungsposten (z. B. anteilig gezahlte

Versicherungsprämien für das neue Jahr) müssen aktiviert werden (§§ 247, 248, 250 HGB).

Aktivierungspflichtige Steuern. Aus betrieblicher Sicht Steuern, die mit dem jeweiligen Wirtschaftsgut zu aktivieren sind: Grunderwerbsteuer, z.B. Kauf eines Grundstücks für 500.000 € + 3,5 % Grunderwerbsteuer = 517.500 €. Vorsteuern bei umsatzsteuerfreien Umsätzen, z. B bei einem Kreditinstitut Kauf einer Büroausstattung 40.000 € + 16 % USt = 46.400 €. Verbrauchsteuer, z.B. Tabak- und Mineralölsteuer, die mit den Vorratsbeständen aktiviert wird.

Aktivierungsverbote (Bilanzierung). Der originäre (selbst geschaffene) Geschäfts- oder Firmenwert sowie anderes nicht entgeltlich erworbenes immaterielles Anlagevermögen (§ 248 Abs. 2 HGB), Gründungs- wie auch Eigenkapitalbeschaffungsaufwendungen (§ 248 Abs. 1 HGB) und fiktive Vermögensgegenstände dürfen nicht aktiviert werden.

Aktivierungswahlrechte (Bilanzierung). Der derivative (durch Unternehmenskauf entgeltlich erworbene) Geschäfts- oder Firmenwert (§ 255 Abs. 4 HGB), das Disagio (Differenz zwischen Ausgabebetrag und höherem Rückzahlungsbetrag einer Verbindlichkeit) als Rechnungsabgrenzungsposten (§ 250 Abs. 3 HGB), die Ingangsetzungs- und Erweiterungsaufwendungen nur bei Kapitalgesellschaften als Bilanzierungshilfe (§ 269 HGB) und die Abgrenzungsposten für aktive latente Steuern bloß bei Kapitalgesellschaften als Bilanzierungshilfe (§ 274 Abs. 2 HGB) dürfen (können) handelsrechtlich aktiviert werden. Steuerrechtlich besteht ein → *Aktivierungsgebot*. Für die Bilanzierungshilfen gilt jedoch ein → *Aktivierungsverbot* (→ *Maßgeblichkeitsprinzip*).

Aktivitätenregelung (Vertrieb). Die konkrete Durchführung einzelner Vertriebsaufgaben kann als Aktivität bezeichnet werden. Da nicht immer alle Außendienstmitarbeiter von sich aus alle erforderlichen Aktivitäten in der erforderlichen Quantität und Qualität durchführen, ist es Aufgabe des Vertriebsmanagements, diese Aktivitäten zu steuern, wobei darunter die Vorgabe von Zielen und die Überwachung der Durchführung zu verstehen ist. Die wichtigste Aufgabe des Außendienstes ist die Besuchsaktivität. Dazu gehören Besuche verschiedener Mitarbeiter des → *Buying Centers*, die Initiierung von Besuchen anderer Vertreter des anbietenden Unternehmens (z.B. Spezialisten, höheres Management) beim Kunden sowie Besuche kooperierender und ergänzender Anbieter. Daneben stehen die Kommunikationsaktivitäten des Außendienstes, also die inhaltliche Gestaltung der direkten Kommunikation zwischen Anbieter und Abnehmer: Entwicklung von Problemlösungsvorschlägen (komplexe, kundenindividuelle Angebote), Durchsetzen der Preisforderungen, Aushandeln von Rabatten, Vertragsbedingungen sowie von Lieferterminen.

Auch die internen Tätigkeiten können als Aktivitäten bezeichnet werden; sie umfassen die Ausarbeitung von Angeboten, die Überwachung der administrativen Prozesse (Auftragsbearbeitung, Rechnungslegung, Zahlung, Garantieabwicklung) und auch die selbstständige Gestaltung der eigenen Fortbildung. Der Planungstätigkeit (z.B. 30-60-90-Tage-Planung) kommt ebenfalls hohe Bedeutung zu. Aus dieser Auflistung zeigt sich, dass es eine Fülle von Aktivitäten gibt, deren Durchführung durch den Außendienstmitarbeiter zwingend erforderlich ist; die tatsächliche Ausführung muss vom Vertriebsmanagement geeignet überwacht werden; Informationssysteme des → *Database-Marketings* und des → *CAS* können dazu eine wertvolle Hilfestellung sein.

Zur Steuerung der Besuchstätigkeit ist es in vielen Fällen üblich, allgemeine → *Besuchsnormen* (z.B. Anzahl der Besuche pro Tag oder Woche) einzuführen, um den Mitarbeitern die Erwartungshaltung ihres Managements deutlich zu machen. Dabei kann auch mit nach Kunden differenzierten Besuchsnormen gearbeitet werden. Basis dieser Regelungen ist die Sales-Response-Funktion, also die Beziehung zwischen Anzahl der Besuche und dem Verkaufsergebnis bei dem entsprechenden Kunden. Es lassen sich keine allgemein gültigen Regeln für eine derartige Funktion feststellen; Vertriebsmitarbeiter neigen dazu, Besuche bei unangenehmen Kunden eher zu vermeiden und lieber Kunden zu besuchen, bei denen sie ein besseres Gesprächsklima erwarten. Diese subjektive Erwartung entspricht aber nicht immer den realen Geschäftsmöglichkeiten.

Aktivkonten. Bindeglieder zwischen Eröffnungs- und Schlussbilanz, bezogen auf die → *Aktiva* der Bilanz (z.B. Waren, Kasse, Bank). Die Schlussbestände des vorherigen Wirtschaftsjahrs entsprechen dabei den Anfangsbeständen des nachfolgenden Wirtschaftsjahrs (Ggs. → *Passivkonten*), ferner → *Buchführung*

Aktivtausch. Ein (oder mehrere) Aktivposten der Bilanz nimmt zu, gleichzeitig nimmt ein anderer (oder mehrere andere) Aktivposten ab (z. B. Barauszahlung vom Kontokorrentkonto). Die Länge der Bilanzseite bleibt dabei unverändert (Ggs. → *Passivtausch*).

Akzept → *Wechsel*.

Akzeptkredit → *Kreditfinanzierung*.

Alias. Alphanumerischer Name einer Adresse, die stellvertretend für die numerische Adresse steht und leichter merkfähig ist als diese. Er repräsentiert keine → *Web-Seiten*, sondern verweist auf einen anderen → *Domain-Namen*. Dadurch kann die Erreichbarkeit der → *Website* und verschiedener Adressen verbessert werden.

Allgemeine Geschäftsbedingungen. In der betrieblichen Praxis sind Allgemeine Geschäftsbedingungen (AGB) zur Standardisierung von Verträgen weit verbreitet. AGB sind Formularbedingungen, die nicht zur Disposition stehen, z. B. Liefer-, Verkaufs- oder Einkaufsbedingungen. Es handelt sich um ein Spezialgebiet des → *Bürgerlichen Rechts*, das aus Gründen des → *Verbraucherschutzes* geschaffen wurde, vgl. §§ 305 bis 310 BGB.

In Verträgen zwischen einem Unternehmer und einem Verbraucher werden AGB nur dann wirksam, wenn ein ausdrücklicher Hinweis erfolgt und die andere Vertragsseite in zumutbarer Weise von dem Inhalt Kenntnis nehmen kann. Die Einbeziehung der AGB kann daher in Verträgen mit Verbrauchern nur ausdrücklich und mit dem vollständigen Text erfolgen. Dies gilt auch für den elektronischen Geschäftsverkehr, vgl. → *E-Commerce-Recht*.

Im Verhältnis zwischen zwei Unternehmen (Business-to-Business) sind die allgemeinen Regelungen des Bürgerlichen Rechts (→ *Konsens-Dissenz-Prinzip*) für die Einbeziehung der AGB in den Vertrag zu beachten. Das BGB enthält in einem speziellen Abschnitt allgemeine Vorschriften zur Gestaltung von Formularklauseln, die auch auf Verträge unter Kaufleuten anzuwenden sind, z. B. zum Vorrang der Individualabrede gem. § 305b BGB, zu überraschenden und mehrdeutigen Klauseln gem. § 305c BGB, zu den Rechtsfolgen gem. § 306 BGB und zum Umgehungsverbot gem. § 306a BGB. Die Generalklausel zur Inhaltskontrolle gem. § 307 BGB ist ebenfalls auf alle Verträge anzuwenden, wonach Bestimmungen in AGB unwirksam sind, wenn sie den Vertragspartner des Verwenders unangemessen benachteiligen. Der unbestimmte Rechtsbegriff »unangemessener Benachteiligung« erfordert eine aufwändige Prüfung der fraglichen Klausel im Vergleich zu der gesetzlichen Regelung, von der abgewichen wird.

Ferner enthält das BGB besondere Vorschriften über die Inhaltskontrolle einzelner Klauseln, die nur auf Verträge zwischen Unternehmern und Verbrauchern anzuwenden sind, vgl. §§ 308 und 309 BGB. Darin sind Kataloge von Klauselverboten mit oder ohne Wertungsmöglichkeit aufgeführt. Im Einzelfall können Leistungsfristen, Rücktritts- oder Änderungsvorbehalte, kurzfristige Preiserhöhungen, Leistungsverweigerungsrechte, Aufrechnungsverbote, Pauschalierung von Schadensersatzansprüchen, Vertragsstrafen,

Grundsätze zur Gestaltung Allgemeiner Geschäftsbedingungen

Überraschungsklauseln	Bestimmungen in AGB, die nach dem äußeren Erscheinungsbild des Vertrages ungewöhnlich sind, werden nicht Vertragsbestandteil.
Vorrang der Individualabrede	Individuelle Vertragsvereinbarungen haben Vorrang vor Allgemeinen Geschäftsbedingungen.
Unklarheitenregel	Zweifel bei der Auslegung Allgemeiner Geschäftsbedingungen gehen zulasten des Verwenders.
Rechtsfolgen	Der Vertrag bleibt wirksam, wenn AGB ganz oder teilweise nicht einbezogen wurden oder nichtig sind.
Umgehungsverbot	Zwingende gesetzliche Regelungen dürfen durch die Gestaltung der AGB nicht umgangen werden.

Gewährleistungsregelungen, Laufzeit von Dauerschuldverhältnissen etc. unwirksam sein. Von herausragender Bedeutung ist die Inhaltskontrolle bei Gewährleistungs- oder Garantieklauseln in Kauf- oder Werkverträgen über neu hergestellte Sachen oder Leistungen.

Nichtige Gewährleistungsklauseln

- Ausschluss und Verweisung auf Dritte,
- Beschränkung auf Nachbesserung,
- Aufwendungen für die Nachbesserung werden auf den Verbraucher verlagert,
- Vorenthalten der Mängelbeseitigung,
- Ausschlussfrist für die Anzeige offener Mängel ist kürzer als gesetzliche Verjährungsfristen,
- Verkürzung von Gewährleistungsfristen.

Auch ohne dass ein Klauselverbot vorliegt, kann eine Formularbedingung wegen unangemessener Benachteiligung des Vertragspartners infolge einer unangemessenen Benachteiligung gem. § 307 BGB nichtig sein. Eine unangemessene Benachteiligung ist anzunehmen, wenn von wesentlichen Grundgedanken der einschlägigen gesetzlichen Regelung abgewichen wird. Zudem kann die erhebliche Einschränkung der Rechte des Vertragspartners zur Nichtigkeit der Formularbedingung führen, wenn der Vertragszweck gefährdet ist. Maßstab sind die Vorschriften des → *Bürgerlichen Rechts.* Allgemeine Geschäftsbedingungen werden nur dann einer Inhaltskontrolle nach den Vorschriften des BGB unterzogen, wenn es zu einem Rechtsstreit kommt. Kammern und Verbände haben ein Verbandsklagerecht gem. § 1 UKlaG, das u.a. von den Verbraucherverbänden wahrgenommen wird, → *Unterlassungsklagen*.

Literaturempfehlung: Ulmer/Brandner/Hensen/Schmidt: AGB-Gesetz, 10. Auflage, München 2000. Danne, H./Keil, T.: Wirtschaftsprivatrecht I, Berlin 2003.

Alpha-Version. Vorabversion einer in Entwicklung befindlichen Software.

Altersentlastungsbetrag. Ein besonderer Freibetrag für Steuerpflichtige, die das 64. Lebensjahr vollendet haben. Laut § 24 a Einkommensteuergesetz 40% des Arbeitslohns und der Summe der Einkünfte, die nicht solche aus nicht selbstständiger Arbeit sind. Versorgungsbezüge und Leibrenten bleiben dabei außer Betracht. Der Altersentlastungsbetrag ist mit höchstens 1.908 € im Kalenderjahr anzusetzen und laut § 2 Abs. 3 Einkommensteuergesetz von der Summe der Einkünfte abzusetzen. Bei einem Höchststeuersatz von 47% (im Jahre 2003 und 2004) führt der Betrag daher zu einer maximalen Steuerminderung von 896,76 € (+ 5,5% Solidaritätszuschlag, + 8 bzw. 9% Kirchensteuer) pro Jahr.

Amerikanische Buchführung. Dabei werden → *Grundbuch* und → *Hauptbuch* in einem Journal vereint. Dies erleichtert zwar die Übersicht, vermindert Übertragungsfehler und erlaubt eine bessere Kontrolle, allerdings sollten nicht alle Konten im amerikanischen Journal geführt werden, seltene Buchungen sollten stattdessen auf einem Sammelkonto »Verschiedenes« erfolgen. Häufig wird das Journal in ein Tabellenbuch aufgeteilt, das nur die laufenden Buchungen aufnimmt, sowie ein Abschlusshauptbuch, das Eröffnungsbuchungen, Monatsbuchungen, Umbuchungen und Abschlussbuchungen enthält. Dadurch ist auch die Geheimhaltung sensibler Zahlen besser gewährleistet (→ *Durchschreibebuchführung*, → *EDV-Buchführung*).

Amortisationsrechnung. Zeitraum, in dem eine → *Investition* durch ihre Cashflows wieder »zurückverdient« wird. Sie kann als statische (→ *Investitionsrechnung*, statische Kalküle) oder dynamische (→ *Investitionsrechnung*, dynamische Kalküle) Rechnung ausgestaltet sein.

Amtlicher Markt (amtlicher Handel). Marktsegment der deutschen Wertpapierbörsen. Für die Zulassung von Wertpapieren zum Handel am amtlichen Markt gelten strenge Zulassungs- und Publizitätsvorschriften. Die Kursfeststellung wird durch vereidigte Kursmakler durchgeführt, Umsätze und Kurse werden amtlich veröffentlicht.

Andler'sche Formel. Dient der Berechnung der optimalen Bestellmenge. Eingehende Größen sind: J = Jahresverbrauchsmenge in Stück, E = Einstandspreis in Euro/Stück, F = Fixkosten in € für die Abwicklung einer Bestellposition im Einkauf (Berechnung z.B. durch den Quotienten aus Kosten der Kostenstelle Einkauf und Anzahl der in einem Jahr bestellten Positionen), L = → *Lagerhaltungskostensatz* in %.

$$\text{Optimale Bestellmenge} = \sqrt{\frac{200 \cdot J \cdot F}{E \cdot L}} \text{ in Stück}$$

Die Benutzung dieser Formel ist an folgende Voraussetzungen geknüpft: Der Materialverbrauch ist gleichmäßig linear, der Einstandspreis ist mengenunabhängig und der → *Lagerhaltungskostensatz* ändert sich im Betrachtungszeitraum nicht.

Anderskosten → *Kalkulatorische Kosten*.

Andon. Optisches Informationssystem am Ort der Leistungserstellung (»Werkstatt«) mit zentraler Anzeige des Problemorts bei einer Fehlerentdeckung. Mitarbeiter, die Fehler entdecken, betätigen den Andon-Knopf (oder eine Zugleine), die Zuständige benachrichtigt. Instandhaltungsmitarbeiter (z. B. als Springerkolonne organisiert) versuchen dann, den Fehler noch während desselben Produktionsabschnitts zu beheben. Ist dies nicht möglich, erfolgt ein manuell ausgelöstes Anhalten des Produktionsflusses. Dieser stoppt, bis der Fehler behoben ist, erst dann wird die Fließfertigung wieder in Gang gesetzt. Zugleich wird die Fehlerursache ermittelt und ein für alle Mal abzustellen versucht, damit derselbe Fehler nicht ein zweites Mal auftreten kann.

Anfangsinvestitionen → *Gründungsinvestitionen*.

Anhang (Bilanzierung). Dieser stellt bei Kapitalgesellschaften einen Teil des → *Jahresabschlusses* dar. Nach den §§ 284–288 HGB besteht die Aufgabe in der näheren Erläuterung der → *Handelsbilanz*, der → *Gewinn- und Verlustrechnung* sowie der Bilanzierungs- und Bewertungsmethoden (Bilanzierung dem Grunde nach, → *Bewertungsvorschriften*, → *Bewertungsvereinfachungsverfahren*). Beispielsweise ist über die Ausübung von Bilanzierungswahlrechten zu berichten, um die verfolgte → *Bilanzpolitik* des Unternehmens besser erkennen zu lassen.

Anlagenverzeichnis → *Nebenbücher* der Buchführung.

Anlagevermögen. Steht dem Unternehmen langfristig zur Verfügung. Es kann sich um materielles oder immaterielles Anlagevermögen (z. B. Lizenzen, evtl. Markenwert, evtl. Firmenwert) handeln. Beim materiellen Anlagevermögen unterscheidet man wiederum Finanzanlagen (z. B. Beteiligungen) und Sachanlagen (Ggs. → *Umlaufvermögen*). Es bildet die Grundlage für die Betriebstätigkeit. Nicht abnutzbare Wirtschaftsgüter des Anlagevermögens unterliegen keiner planmäßigen → *Abschreibung*. Sie können bei voraussichtlich dauernder Wertminderung auf den niedrigeren Wert abgeschrieben werden, müssen aber nicht. Sie müssen im Wert bis zu den → *Anschaffungskosten* aufgeholt werden, wenn die Gründe der Wertminderung entfallen. Abnutzbare Wirtschaftsgüter des Anlagevermögens unterliegen einer planmäßigen Abschreibung und müssen (steuerrechtlich) bzw. können (handelsrechtlich) bei voraussichtlich dauernder Wertminderung auf den niedrigeren Wert abgeschrieben werden. Sie müssen (steuerrechtlich) bzw. können (handelsrechtlich) im Wert aufgeholt werden, wenn die Gründe für die außerplanmäßige Abschreibung entfallen, die Hochschreibung darf jedoch höchstens bis zum Wert, wie er sich bei planmäßiger Abschreibung eingestellt hätte, erfolgen.

Anleihe (auch Schuldverschreibung oder Obligation). Anleihen sind langfristige, an der Börse notierte, festverzinsliche Wertpapiere unterschiedlicher Kapitalnehmer (Emittenten). Neben staatlichen Institutionen (z. B. Bundesanleihen oder → *Kommunalobligationen*) treten Banken (Bankschuldverschreibungen) und Unternehmen (Industrieanleihen) als Emittenten auf. Der Gesamtbetrag der Anleihe wird in Teilschuldverschreibungen gestückelt dem Börsenpublikum zum Kauf angeboten. Die Standardform der Anleihe trägt eine feste Nominalverzinsung, Kupon genannt, und ist nach einer Laufzeit, je nach Anforderung der Emittenten und Kapitalmarktlage, zwischen fünf und dreißig Jahren zurückzuzahlen. Sonderformen der Anleihe sind u. a. → *Floating Rate Notes* (FRN), → *Optionsanleihe* und → *Null-Kupon*-Anleihe (→ *Kreditfinanzierung*).

Annahmeprüfung. Eingangsprüfung von Zulieferteilen zur Feststellung, ob ein angeliefertes bzw. bereitgestelltes Produkt den Qualitätsforderungen des Abnehmers entspricht oder nicht. Zwischenprüfungen beziehen sich auf die interne Weitergabe einer Einheit von einer Prozessstufe an die nachfolgende. Es kann jede einzelne Einheit geprüft oder häufiger eine Stichprobe gezogen werden. Dazu werden in einem Prüfplan der Stichprobenumfang und die Bedingungen für die

Annahme bzw. Ablehnung eines Lieferloses festgelegt. Dabei besteht die Gefahr, dass auf Grund unzweckmäßiger Stichprobenziehung ein Los, das eigentlich abzulehnen wäre, fälschlicherweise angenommen wird (Risiko des Abnehmers) und umgekehrt (Risiko des Lieferanten).

Annuität. Ein über mehrere Perioden gleich bleibend hoher Zahlungsbetrag. Im Rahmen von Finanzierungen wird die über die Kreditlaufzeit gleich bleibende Summe von Zins- und Tilgungszahlungen als Annuität bezeichnet. Sie wird berechnet mit dem Annuitätenfaktor oder Wiedergewinnungsfaktor (WGF):

$$WGF = \frac{i \cdot (1 + i)^n}{(1 + i)^n - 1}$$

Bei n = 3 Jahren und einem Zinssatz von i = 6% resultiert ein Wiedergewinnungsfaktor von 0,37411. Um die Annuität eines Kapitalbetrages zu erhalten, ist dieser Betrag mit dem Wiedergewinnungsfaktor zu multiplizieren. Für einen Kapitalbetrag von 100.000 € resultiert somit eine Annuität über drei Jahre bei einem Zinssatz von 6% von 37.411 €.

Annuitätendarlehen. Darlehen oder langfristiger Kredit, bei dem die Zins- und Tilgungszahlungen des Schuldners zu einer über die Kreditlaufzeit konstant bleibenden Zahlung oder Kapitaldienstrate (= Annuität) zusammengefasst werden. Zu Beginn der Kreditlaufzeit ist der Zinsanteil an der Annuität hoch. Mit zunehmender Tilgung reduziert sich dieser Anteil. Beispiel: Darlehensbetrag 100.000 € über eine Laufzeit von drei Jahren bei einem Zinssatz von 6%. Die Annuität beläuft sich in diesem Fall auf 37.411 € (Berechnung → *Annuität*).

Jahr	Kreditbetrag €	Annuität €	Zinsanteil €	Tilgung €
1	100.000	37.411	6.000	31.411
2	68.589	37.411	4.115	33.296
3	35.293	37.411	2.118	35.293

Tilgungs- und Zinsverlauf eines Annuitätendarlehens

Annuitätenmethode. Klassischer dynamischer Kalkül der Investitionsrechnung, → *Investitionsrechnung, dynamische Kalküle der*.

Anonymous File Transfer Protokoll. Zugriff und Übermittlung von öffentlich zugänglichen Dateien anderer Computer über Internet (FTP) ohne Identifikation des Benutzers (Eingabe beim → *Login*: Anonymous) und ohne → *Password* (Eingabe: → *E-Mail*-Adresse) beim Login. Dann sind frei zugängliche Bereiche auf Festplatten mit → *Public-Domain*- und → *Shareware-Programmen* kostenlos abzurufen.

Anreiz-Beitrags-Theorie. Ansatz in der → *Motivationsforchung*

Ansatzvorschriften in der Bilanz (§§ 246, 247 HGB). Der → *Jahresabschluss* hat sämtliche Vermögensgegenstände, → *Schulden*, Rechnungsabgrenzungsposten, Aufwendungen und Erträge zu enthalten, soweit gesetzlich nichts anderes bestimmt ist. Posten der Aktivseite dürfen nicht mit Posten der Passivseite, Aufwendungen nicht mit Erträgen, Grundstücksrechte nicht mit Grundstückslasten verrechnet werden. In der Bilanz sind das → *Anlagevermögen* und das → *Umlaufvermögen*, das → *Eigenkapital*, die Schulden sowie die Rechnungsabgrenzungsposten gesondert auszuweisen und hinreichend aufzugliedern. Beim Anlagevermögen sind nur die Gegenstände auszuweisen, die bestimmt sind, dauernd dem Geschäftsbetrieb zu dienen. Passivposten, die für Zwecke der Steuern vom Einkommen und vom Ertrag zulässig sind, dürfen in der Bilanz gebildet werden. Sie sind als Sonderposten mit Rücklagenanteil auszuweisen und nach Maßgabe des Steuerrechts aufzulösen. Einer Rückstellung bedarf es insoweit nicht. In diesem Zusammenhang stehen die Begriffe → *Aktivierungsgebot*, → *Aktivierungsverbot*, → *Aktivierungswahlrecht*; entsprechend → *Passivierungsgebot*, → *Passivierungsverbot* und → *Passivierungswahlrecht*.

Anschaffungskosten (Bilanzierung). Dies sind nach § 255 Abs. 1 HGB die Aufwendungen, die geleistet wurden, um einen Vermögensgegenstand zu erwerben und ihn in einen betriebsbereiten Zustand zu versetzen, soweit sie dem Vermögensgegenstand einzeln zugeordnet werden können. Auch die Nebenkosten und die nachträglichen Anschaffungskosten müssen zugerechnet, Anschaffungspreisminderungen müssen abgesetzt werden. Diese Definition ist ebenso für das Steuerrecht gültig. Die Anschaffungskosten stellen die Obergrenze bei der Bewertung von erworbenen (fremdbezogenen) Vermögensgegenständen dar und leiten sich aus dem → *Anschaffungswertprinzip* ab. Bei der Ermittlung dürfen nur aufwandsgleiche Kosten einbezogen werden. Kalkulatorische Kosten (z.B. kalkulatorischer Unternehmerlohn) aus der Kostenrechnung (internes Rechnungswesen) dürfen dagegen nicht berücksichtigt werden. Die Umsatzsteuer ist nicht im Anschaffungspreis enthalten, soweit der Unternehmer vorsteuerabzugsberechtigt ist.

Dazu folgendes Beispiel: Ein Unternehmer kauft eine Maschine zum Preis von 10.000 € netto (ohne Umsatzsteuer) mit 3 % Skonto. Zusätzlich fallen an: Transportkosten 200 €, Montagekosten 500 €.

Lösung: Der Anschaffungspreis beträgt 10.000 € zuzüglich 700 € Anschaffungsnebenkosten (200 + 500) abzüglich 300 € Anschaffungspreisminderung (3 % von 10.000 €), dies ergibt insgesamt 10.400 € zu aktivierende Anschaffungskosten. Anschaffungskosten sind die Basis für → *Abschreibungen*. Die Anschaffungsnebenkosten werden meist auf einem speziellen Bezugskonto erfasst (→ *Herstellungskosten*).

Anschaffungswertprinzip (Bilanzierung). Leitet sich aus dem → *Vorsichtsprinzip* ab und besagt, dass die Obergrenze der Bewertung bei Vermögensgegenständen die historischen → *Anschaffungskosten* sind.

Beispiel: Ein Betriebsgrundstück wurde vor fünf Jahren zu 700.000 € angeschafft. Heute liegt der Zeitwert bei 950.000 €. Da das Grundstück noch nicht veräußert wurde, konnte die Wertsteigerung noch nicht realisiert werden. Die Bewertung erfolgt daher weiterhin mit den historischen 700.000 €, sodass sich zwangsläufig vom Gesetzgeber gewollte → *stille Reserven* bilden.

Steigt der Börsen-, Markt- oder beizulegende Wert bzw. der (steuerliche) Teilwert über diese Wertobergrenze hinaus, muss dies in der Bilanz unberücksichtigt bleiben, § 253,1 HGB.

ANSI-Zeichensatz. Erweiterung des ASCII-Zeichensatzes (→ *ASCII*), vorgenommen durch das American National Standards Institute (ANSI; eine Standardisierungsbehörde der USA). Im Gegensatz zum einfachen und inzwischen veralteten ASCII-Zeichensatz benutzt der ANSI-Zeichensatz statt nur sieben alle acht Bits eines Bytes und verfügt daher über 256 (= 28) statt 128 (= 27) Zeichen.

Ansoff → *Produkt-Markt-Matrix*.

Anstalt öffentlichen Rechts → *Rechtsformen, öffentlich-rechtliche*.

Anwendungssoftware (Applikation, Anwendungsprogramm, Anwendungssystem). Ein einzelnes Computerprogramm oder ein System aus mehreren Programmteilen, das zur Lösung einer bestimmten Aufgabe der betrieblichen Informationsverarbeitung oder zur Unterstützung eines bestimmten betrieblichen Arbeitsbereichs (z.B. Rechnungsschreibung, Lagerbestandsführung, Kalkulation) dient (Ggs. → *Systemsoftware*).

Anzahlung. Von Kunden erhaltene Anzahlungen werden auf das Konto »Erhaltene Anzahlungen auf Bestellungen« gebucht, sie stellen eine Schuld auf Warenlieferung an diese Kunden dar und stehen daher auf der Passivseite der Bilanz. An Lieferanten gewährte Anzahlungen werden auf das → *Konto* »Geleistete Anzahlungen auf Anlagevermögen« bzw. »Geleistete Anzahlungen auf Vorräte« gebucht, sie stehen auf der Aktivseite der Bilanz.

Applet. Kurzwort für »Application Snippet«. Ein kleines Computerprogramm, das innerhalb eines anderen Programms gestartet wird. Im Kontext des → *Internet* ist ein Applet i.d.R. ein Programmbaustein, der in ein HTML-Dokument (→ *Hypertext Markup Language*) eingebettet ist und vom → *Browser* des Nutzers ausgeführt wird. Applets werden oft in der Programmiersprache → *Java* geschrieben.

Applikation → *Anwendungssoftware*.

Äquivalenzziffernrechnung. Errechnung der Stückkosten ähnlicher Produkte durch Bezug auf eine »Einheitssorte«, z.B. in der Landwirtschaft »1-Großvieheinheit«. Äquivalenzziffernrechnung ist ein Vereinfachungsverfahren der Kostenträgerrechnung. Alle paar Jahre werden (einigermaßen vergleichbare) Produkte möglichst exakt kalkuliert, daraus Aussagen über Verhältnisse abgeleitet wie: 1 Flasche Vollbier kostet (→ *Stückkosten*) 80 % der Standardsorte Pils. 1 Flasche Bockbier kostet 110 % der Standardsorte. Dadurch vereinfacht sich in den Jahren dazwischen die Kalkulation zu Näherungsrechnungen unter Bezug auf »Normmengen«.

AQL → *Acceptable Quality Level.*

Arbeitgeberverbände. Unternehmerische Interessenorganisationen wie Dach- bzw. Spitzenverband: Bundesvereinigung der Deutschen Arbeitgeberverbände (BDA); als Spitzenverband der Industrie: Bundesverband der Deutschen Industrie (BDI); die Kammern (Industrie- und Handelskammern bzw. Handwerkskammern) als Interessenvertreter der gewerblichen Wirtschaft (Dachverband: Deutscher Industrie- und Handelstag (DIHT) bzw. Zentralverband des Deutschen Handwerks) (→ *Unternehmerverbände*).

Arbeitnehmerdatenschutz. Der Datenschutz im Arbeitsverhältnis ist ein Spezialgebiet des allgemeinen → *Datenschutzrechts*. Es sind bei der Personaldatenverarbeitung die Besonderheiten des → *Arbeitsrechts* zu beachten. Datenschutzerfordernisse haben im Personalwesen einen bedeutenden Stellenwert. Denn es werden eine Vielzahl personenbezogener Daten erhoben, zumeist in Dateien verarbeitet und an andere Stellen übermittelt. Der Arbeitgeber übermittelt Arbeitnehmerdaten u.a. an Versicherungsträger, Behörden und sonstige Stellen.

Die Verarbeitung personenbezogener Daten ist nur zulässig, wenn eine Rechtsgrundlage besteht oder der Betroffene eingewilligt hat. Im Arbeitsverhältnis erfordert die zulässige Übermittlung von Arbeitnehmerdaten daher eine gesetzliche Grundlage. Für diese ergibt sich die Rechtsgrundlage für die Datenerhebung z.B. aus dem sozialversicherungsrechtlichen Meldewesen oder aus dem Steuerrecht. In anderen Fällen erfolgt eine anonymisierte Sammelmeldung, z.B. an die Bundesagentur für Arbeit für statistische Zwecke. Das Datenschutzrecht ist nur anzuwenden, wenn die personenbezogenen Daten in Dateien verarbeitet werden. Soweit die Arbeitnehmerdaten in Personalakten gesammelt werden, gelten die allgemeinen Regeln des Persönlichkeitsrechts gem. Art. 2 GG und die besonderen Fürsorgepflichten des Arbeitgebers im → *Arbeitsrecht*. Arbeitnehmerdaten sind vertraulich zu behandeln. Die in der Personalverwaltung beschäftigten Mitarbeiter sind auf ihre Schweigepflichten hinzuweisen und in ihren Arbeitsverträgen entsprechend zu verpflichten. Für bestimmte Arbeitnehmergruppen bestehen gesetzliche Verschwiegenheitspflichten, z.B. für Mitglieder des Betriebsrates bei der Wahrnehmung ihrer Aufgaben. Auch der wettbewerbsrechtliche Schutz von → *Betriebsgeheimnissen* ist zu beachten.

Verschwiegenheitspflichten im Arbeitsverhältnis

- Verschwiegenheitspflicht aller Arbeitnehmer als Teil der arbeitsvertraglichen Treuepflicht,
- Verschwiegenheitspflicht der Arbeitnehmer über Betriebs- und Geschäftsgeheimnisse,
- Verschwiegenheitspflicht der Auszubildenden im Berufsausbildungsverhältnis,
- Verschwiegenheitspflicht der Mitglieder in Organen der Betriebsverfassung etc.,
- Verschwiegenheitspflicht für Angehörige bestimmter Berufsgruppen, z.B. Ärzte, Mitarbeiter in Unternehmen privater Kranken-, Unfall- oder Lebensversicherungen etc.,
- Verschwiegenheitspflicht in bestimmten Branchen, z.B. Bank-, Steuer- und Fernmeldegeheimnis.

Sofern Arbeitnehmerdaten in eine Datei aufgenommen werden, z.B. in ein Personalinformationssystem aufgenommen werden, finden zur Wahrung des informellen Selbstbestimmungsrechts der Arbeitnehmer die Vorschriften des → *Datenschutzrechts* Anwendung. Die im Personalbereich beschäftigten Mitarbeiter sind auf das Datengeheimnis besonders zu verpflichten. Die Erhebung personenbezogener Daten orientiert sich an der Zweckbestimmung des Arbeitsvertrages. Im Bewerbungsverfahren bildet das allgemeine Persönlichkeitsrecht des Bewerbers gem. Art. 2 GG die Grenze für das Fragerecht des Arbeitgebers. Es dürfen daher nur solche Fragen gestellt werden, die einen Zusammenhang mit dem konkreten Arbeitsverhältnis aufweisen. Fragen nach der Ausbildung und Berufserfahrung sind zulässig; dagegen wären Fragen nach der Partei- oder Religionszugehörigkeit unzulässig. Die Arbeitnehmer haben Anspruch auf Einsicht in ihre Personalakten. Dazu gehört auch die Einsichtnahme in personenbezogene Daten, die in Personalinformationssystemen gespeichert sind. Im Fall unrichtiger Daten besteht ein Anspruch auf Berichtigung und, soweit es sich z.B. um eine unrichtige Abmahnung handelt, auch ein Anspruch auf Entfernung dieser Angaben aus den Personalakten. Das Gleiche gilt, wenn die Perso-

nalaktenführung ganz oder teilweise durch den Einsatz von Personalinformationssystemen ersetzt wird. Zudem entstehen zwingende Mitbestimmungsrechte des Betriebsrates. Nach dem → *Betriebsverfassungsrecht* sind technische Einrichtungen mitbestimmungspflichtig, die zur Überwachung des Verhaltens oder der Leitung des Arbeitnehmers geeignet sind. Dem Betriebsrat unterliegt auch die Überwachung der Einhaltung der Datenschutzerfordernisse im Betrieb. Soweit personenbezogene Daten automatisiert verarbeitet werden und hierbei mindestens 5 Arbeitnehmer beschäftigt sind, ist ein Datenschutzbeauftragter zu bestellen. Auch bei der nicht-automatisierten Datenverarbeitung muss ein Datenschutzbeauftragter bestellt werden, falls in der Personaldatenverarbeitung 20 Mitarbeiter beschäftigt sind.
Literaturempfehlung: Steckler/Schmidt: Arbeitsrecht und Sozialversicherung, 6. Auflage, Ludwigshafen 2004.

Arbeitnehmerschutzrecht. Das → *Arbeitsrecht* wird vom Arbeitnehmerschutz geprägt. Für Vertragspflichtverletzungen im Arbeitsverhältnis haben die Arbeitsgerichte in Einzelfallentscheidungen die Rechtsfolgen des bürgerlichen Rechts modifiziert. Im Schadensfall gelten für Arbeitnehmer besondere Haftungserleichterungen. Der Arbeitnehmerschutz wirkt sich u.a. auch im Arbeitszeitrecht, im Urlaubsrecht, im Bereich der Entgeltfortzahlung und im → *Kündigungsschutz* aus. Es bestehen umfangreiche Arbeitssicherheitsbestimmungen, vgl. → *Arbeitssicherheitsrecht*. Ein eigenständiges Rechtsgebiet ist der Bereich der sozialen Sicherung, → *Sozialversicherungsrecht*.

Arbeitnehmerüberlassung. Es handelt sich um ein Spezialgebiet des → *Arbeitsrechts*. Im Wege der Arbeitnehmerüberlassung (auch: Leiharbeitsverhältnis oder Zeitarbeitsverhältnis) stellt ein Unternehmer als Verleiher einem anderen (= Entleiher) gewerbsmäßig Arbeitnehmer zur Verfügung. Rechtsgrundlage ist das Arbeitnehmerüberlassungsgesetz (AÜG). Dieses Gesetz regelt die Rechtsbeziehungen zwischen dem Leiharbeitgeber und dem Entleiher. Dagegen wird ein Leiharbeitsvertrag als individueller Arbeitsvertrag zwischen dem Leiharbeitgeber und dem Arbeitnehmer abgeschlossen. Im Fall der Arbeitnehmerüberlassung wird der Arbeitnehmer in den Betrieb des Entleihers eingegliedert. Vor der Übernahme eines Leiharbeitnehmers ist der Betriebsrat des Entleiherbetriebes zu beteiligen (→ *Betriebsverfassungsrecht*).
Literaturempfehlung: Steckler/Schmidt: Arbeitsrecht und Sozialversicherung, 6. Auflage, Ludwigshafen 2004. Danne, H./Keil, T.: Wirtschaftsprivatrecht II, Berlin 2001.

Arbeitsanweisung (auch Prüfanweisung). Element der Qualitätsdokumentation. Enthält detaillierte Vorgaben zur Ausführung von Tätigkeiten auf der Arbeitsplatzebene. Sie wird aus den relevanten Verfahrensrichtlinien abgeleitet und enthält Angaben über Qualitätsziele, Kundenzufriedenheit, stetige Qualitätsverbesserung, Korrekturen, Sublieferantenauswahl, Mitarbeiterqualifikation etc. Dort wird in allen Einzelheiten beschrieben, wie die Mitarbeiter ihre jeweiligen Aufgaben auszuführen haben.

Arbeitsbewertung. Zu betrachten sind zwei Ebenen: die gesamtwirtschaftliche und die einzelwirtschaftliche.

Die gesamtwirtschaftliche geht bei der Wertbestimmung von nur einem wertschaffenden Faktor aus, nämlich der Arbeit. Nur Arbeit schafft Wert, während die anderen Produktionsfaktoren Boden und Kapital lediglich Wert abgeben. Bei dieser Form der Arbeitsbewertung ist die Verteilungsfrage zwischen Lohn und Gewinn angesprochen. Demnach ist Gewinn unter kapitalistischen Verhältnissen nichts anderes als ein Teil des Arbeitsertrages, der dem Faktor Arbeit beim Lohn vorenthalten wird (»Lohnabzugstheorie« von Adam Smith).

Auf einzelwirtschaftlicher Ebene geht es bei der Arbeitsbewertung um eine innerhalb des Faktors Arbeit vorzunehmende Verteilung des → *Arbeitsentgelts* im Hinblick auf Anforderungen und Leistungen. Dabei spielen eine sowohl arbeitsplatz- und arbeitszeitadäquate als auch eine individuelle leistungsorientierte Bewertung von Arbeit (Arbeits- und Leistungsbewertung) sowie die Differenzierung in unterschiedliche Entgeltformen (→ *Arbeitsentgeltformen*) wie u.a. Zeit-, Akkord- und Prämienlöhne eine wichtige Rolle. Die Frage der Bewertung von Arbeit anhand verschiedener → *Arbeitsbewertungsverfahren* vermittelt hierbei den Eindruck, »objektiv« zu sein und den Wert der menschlichen Arbeit nach »objektiven« Kriterien zu bemessen und entsprechend zu bezahlen, wie schon der Name »Arbeitsbewertung« ausdrückt. In Wirklichkeit geht es bei all diesen Verfahren und Regelungen immer um das Ergebnis sozialer Auseinandersetzungen und um Kompromisse, die in der Verteilungsauseinandersetzung gefunden werden. Nie steht der tatsächliche »Wert der Arbeit«, der »Arbeitsertrag«, sondern immer nur der »Preis der Ware Arbeitskraft«, der Lohn, auf der Tagesordnung.

Arbeitsbewertungsverfahren. Man unterscheidet die summarische und die analytische Bewertung. Bei beiden handelt es sich um eine quantitative Analyse der Anforderungen, die aus einem Arbeitsplatz resultieren. Eine summarische Arbeitsbewertung liegt vor, wenn die Anforderungen der Arbeit, des Arbeitsplatzes oder des Arbeitsbereichs in einer globalen Betrachtung erfasst und anhand von tariflich geregelten Eingruppierungsmerkmalen eingestuft werden. Hierbei werden die Rangfolge und das Lohngruppen- oder Katalogverfahren unterschieden. Analytische Arbeitsbewertung liegt vor, wenn die Anforderungen der Arbeit, des Arbeitsplatzes oder des Arbeitsbereiches in tariflich geregelte Einzelforderungen untergliedert werden, diesen eine Rangstufe oder Wertziffer zugeordnet und aus der Summe der so zugeordneten Arbeitswerte eine Arbeitswertgruppe ermittelt wird. Während durch Arbeitsbewertungsverfahren die Anforderungen der Stelle losgelöst vom Stelleninhaber bewertet werden, sollen durch Verfahren der → *Leistungsbeurteilung* individuelle Leistungsunterschiede berücksichtigt werden.

Arbeitsdirektor. Höchstes Vertretungsorgan der → *Personalwirtschaft* in der Leitung eines Unternehmens (Vorstandsmitglied bei einer Aktiengesellschaft und Geschäftsführer in einer GmbH). Gesetzlich geregelt ist die Position des Arbeitsdirektors im → *Montanmitbestimmungsgesetz* und im → *Mitbestimmungsgesetz* von 1976.

Arbeitsentgelt. Allgemein alle aus nicht selbstständiger Arbeit erzielten Einkünfte. Hierbei handelt es sich insgesamt um eine arbeitsvertragliche Vergütung (→ *Arbeitsvertrag*), die der Arbeitgeber dem Arbeitnehmer für Arbeitsleistungen entrichtet. Das Arbeitsentgelt ist dabei rechtlich in tariflichen Kollektivvereinbarungen (→ *Tarifvertrag/Tarifvertragsgesetz*) oder in Form eines Einzelvertrages geregelt. Zum Arbeitsentgelt zählen neben dem Lohn für Arbeiter und dem Gehalt für Angestellte (Beamte erhalten nach dem »Alimentationsprinzip« staatliche Bezüge) auch der geldwerte Vorteil bzw. der Sachbezug. Außerdem werden Leistungszulagen, Prämien, Provisionen, Gratifikationen und Zuschläge (z.B. für Mehrarbeit, Nacht- und Feiertagsarbeit, Schichtarbeit und Arbeitserschwernisse) dem Arbeitsentgelt zugeordnet.

Neben diesem direkten Arbeitsentgelt zählt man zum gesamten → *Personalaufwand* auch alle → *Personalnebenkosten*, die nicht unmittelbar im Zusammenhang mit der tatsächlich geleisteten Arbeit stehen. Vom Arbeitsentgelt abzugrenzen sind alle betrieblichen Erfolgsbeteiligungen (→ *Mitarbeiterbeteiligung*). Das an die Mitarbeiter insgesamt ausgezahlte Bruttoarbeitsentgelt stellt für das Unternehmen → *Personalaufwand* dar. Hierbei ist allerdings zu berücksichtigen, dass die tatsächlichen Personalkosten noch einmal um die Arbeitgeberanteile (50%-Anteil) zur Sozialversicherung (Rente, Krankheit, Arbeitslosigkeit) sowie für die Pflegeversicherung steigen. Außerdem trägt das Unternehmen die Beiträge zur Berufsgenossenschaft für die Unfallversicherung zu 100%. Dadurch erhöhen sich die Bruttoarbeitsentgeltkosten pro Mitarbeiter um ca. 25% bezogen auf einen Arbeitsplatz.

Hamburg	6.070
Bremen	5.507
Baden-Württemberg	5.491
Hessen	5.305
Berlin West	5.228
Nordrhein-Westfalen	5.153
Deutschland	5.120
Niedersachsen	5.109
Bayern	5.104
Rheinland-Pfalz	5.098
Berlin Ost	4.986
Saarland	4.949
Schleswig-Holstein	4.946
Brandenburg	3.920
Mecklenburg-Vorpommern	3.790
Sachsen-Anhalt	3.790
Sachsen	3.748
Thüringen	3.641

Durchschnittsbruttoeinkommen je Erwerbstätigen 1999 in DM (Quelle: Stat. Jahrbuch 2000).

Arbeitsentgeltfindung. Dabei sind unterschiedliche Faktoren zu berücksichtigen, die jeweils mehr oder weniger im Entgelt enthalten sind. Neben den temporär auf Teilarbeitsmärkten (→ *Arbeitsmarkt*) gegebenen Marktsituationen (Knappheiten oder Überschussangebote) muss bei der Bezahlung auch die jeweilige Qualifikation (Schul- und Berufsausbildung sowie -erfahrung) des Mitarbeiters beim Arbeitsentgelt berücksichtigt werden. Zusätzlich sind die unabhängig von der Leistung eines Mitarbeiters sich aus einem Arbeitsplatz ergebenden Anforderungen (Schwierigkeitsgrade der zu verrichtenden Arbeitsaufgaben und Umweltbelastungen) sowie die individuell vom Mitarbeiter erbrachten (gemessenen) Leistungen in Ansatz zu bringen.

Arbeitsentgeltformen. Beim Arbeitsentgelt werden der Zeitlohn sowie leistungsreagible Entgeltformen unterschieden. Der Zeitlohn bei Arbeitern und das Tarifgehalt bei Angestellten werden als rein von der Arbeitszeit (Stunde, Schicht, Tag, Monat etc.) abhängige und damit leistungsinreagible Entgeltformen eingestuft. Lohn bzw. Gehalt sind pro Zeiteinheit konstant, d.h., der Gesamtverdienst verhält sich proportional zur Arbeitszeit, unabhängig davon, ob während der Arbeitszeit der Leistungsgrad über- oder unterschritten wurde. Zeitlöhne und -gehälter werden überdies nicht selten mit einer Leistungszulage kombiniert. Beim Gehalt ist noch das sog. AT-Gehalt eines außertariflich bezahlten Mitarbeiters zu unterscheiden. Neben dem anforderungsorientierten Grundgehalt der AT-Angestellten enthält das Gesamtgehalt zusätzlich leistungsabhängige Komponenten und sonstige Zusatzleistungen wie beispielsweise betriebliche Altersversorgung, Firmenwagen, Versicherungen oder besondere Weiterbildungsangebote. Die leistungsabhängigen Bestandteile eines AT-Gehalts bezeichnet man auch als Tantieme.

Bei den leistungsreagiblen Entgeltformen werden in erster Linie der Akkord- und der Prämienlohn unterschieden. Der Akkordlohn unterscheidet sich vom Zeitlohn deshalb, weil die Beschäftigten nicht für die Dauer der Arbeitszeit, sondern für die erbrachte Mengenleistung entlohnt werden. Dementsprechend werden nur solche Arbeiten als akkordfähig bezeichnet, deren Ergebnisse in Abhängigkeit vom Arbeitseinsatz mengenmäßig erfassbar sind und deren Zeitbedarf auf Grund eines im Voraus bekannten Ablaufs messbar ist. Der Akkordlohn ist sowohl für die Akkordarbeiter als auch für das Unternehmen mit Vor- und Nachteilen besetzt. Vorteile für die Mitarbeiter sind: leistungsgerechte und leistungsfördernde Entlohnung mit unmittelbarem Leistungs-/Verdienst-Verhältnis. Als Nachteile sind zu nennen: Gefahr der Überschätzung der eigenen Leistungsfähigkeit. Für das Unternehmen sind die folgenden Vorteile identifizierbar: Vorplanung der Arbeitsabläufe, des Arbeitskräfte- und Betriebsmittelbedarfs, der Termine, Lohn- und Gemeinkosten, gut funktionierende Fertigungssteuerung und Aufdeckung betrieblicher Schwachstellen. Als Nachteile gelten: Aufwand für Leistungspflege, Anpassen der Vorgabezeiten und Arbeitswerte an den technischen Fortschritt, Leistungszurückhaltung bei nicht mehr zutreffenden Akkorden und Qualitätseinbußen wegen zu hohem Arbeitstempo. Vom Akkordlohn ist der Prämienlohn zu unterscheiden. Im Gegensatz zu den als Prämien gewährten Leistungszulagen beim Zeitlohn stellt der Prämienlohn ein Entgelt dar, das auf einer messbaren Mehrleistung eines Mitarbeiters beruht. Der Prämienlohn ist dabei sowohl eine anforderungsorientierte als auch eine leistungsorientierte Lohnform. Er besteht aus einem anforderungsorientierten Grundlohn und einer leistungsorientierten Prämie. Beim Prämienlohn kommt im Gegensatz zum Akkordlohn die über die Normalleistung hinaus erbrachte Mehrleistung nicht immer voll dem Mitarbeiter zugute, sondern nach einem definierten Schlüssel erfolgt eine Aufteilung zwischen Unternehmen und Mitarbeiter.

Arbeitsgemeinschaft (ARGE) → *Konsortium*.

Arbeitskampfrecht. Spezialgebiet des → *Arbeitsrechts*. Um nach Ablauf eines Tarifvertrages einen neuen Tarifabschluss zu erzwingen, werden Arbeitskämpfe durchgeführt. Diese gehören zur Tarifautonomie der Koalitionen (→ *Tarifvertragsrecht*). Das Arbeitskampfrecht ist zwar nicht gesetzlich geregelt, unterfällt jedoch der grundgesetzlich geschützten Koalitionsfreiheit gem. Art. 9 Abs. 3 GG. Als Maßnahmen des Arbeitskampfes gelten der Streik, die Aussperrung und der Boykott. Nach dem Ultima-Ratio-Prinzip ist der Arbeitskampf das letzte Mittel; die Durchführung ist nur zulässig, wenn nach Ablauf der Friedenspflicht alle Möglichkeiten eines Tarifabschlusses ausgeschöpft wurden.

Arbeitskampfmaßnahmen im Überblick

- Streik ist die planmäßige Arbeitsniederlegung einer größeren Zahl von Arbeitnehmern zur Durchsetzung tariflich regelbarer Ziele.
- Aussperrung ist die planmäßige Nichtzulassung mehrerer Arbeitnehmer zur Arbeit unter Verweigerung der Lohnzahlung.
- Boykott ist eine Einzelmaßnahme des Arbeitskampfes zur Einwirkung auf den tariflichen Gegenspieler.

Das Streikrecht ist zwar von der Rechtsordnung anerkannt, steht aber nicht allen Arbeitnehmern gleichermaßen zu. Angestellte im öffentlichen Dienst dürfen nur dann streiken, wenn Amtspflichten nicht verletzt werden. Auszubildende dürfen an einem Streik nur teilnehmen, wenn das tarifliche Ziel auch ihre Angelegenheiten betrifft. In der Rechtsprechung sind folgende Grundsätze für die Rechtmäßigkeit von Streiks entwickelt worden:

- Beachtung der Friedenspflicht,
- tariflich regelbares Ziel,
- Organisation durch eine Gewerkschaft,
- Gebot der Verhältnismäßigkeit.

Der Streik muss unter Beachtung der Friedenspflicht ausgerufen werden. Während der Laufzeit des Tarifvertrages und vor Ablauf eines Schlichtungsverfahrens ist der Streik unzulässig. Als Ausnahme gilt der Warnstreik als zeitlich befristete Arbeitsniederlegung zur Demonstration der Kampfbereitschaft.

Der Streik muss dem Erreichen eines tarifvertraglich regelbaren Zieles dienen. Politisch motivierte Arbeitskämpfe wären rechtswidrig. Es geht bei einem zulässigen Streik um die Verbesserung der Arbeitsbedingungen, die im Rahmen der Tarifautonomie von den Tarifpartnern ausgehandelt werden können.

Der Streik muss durch eine Gewerkschaft organisiert werden. Denn nur die Gewerkschaften sind Tarifvertragsparteien. Sog. »wilde Streiks«, die nicht von einer Gewerkschaft organisiert werden, wären rechtswidrig.

Der Streik muss das Gebot der Verhältnismäßigkeit beachten. Das Ultima-Ratio-Prinzip soll berücksichtigt werden, unlautere Kampfmittel und gemeinschädliche Streiks sind unzulässig.

Als Rechtsfolge eines zulässigen Streiks gilt: Der Streik suspendiert die Hauptleistungspflichten des Arbeitsvertrags. Arbeitspflichten und Lohnzahlungspflichten ruhen während der Dauer des Streiks. Nach Beendigung des Streiks können die Arbeitnehmer ihre Weiterbeschäftigung verlangen.

Die Rechtsfolgen eines unzulässigen Streiks sind vielfältig: Der Arbeitgeber hat einen Anspruch auf Unterlassung der Arbeitsniederlegung gegen die rechtswidrig streikenden Arbeitnehmer. Im Einzelfall entstehen Kündigungsrechte wegen unzulässiger Arbeitsverweigerung. Ferner können Schadensersatzansprüche des Arbeitgebers gegen die Arbeitnehmer gegeben sein, sofern diese die Rechtswidrigkeit des Streiks erkennen konnten. Darüber hinaus kann der Arbeitgeber Unterlassungs- und Schadensersatzansprüche gegen die Gewerkschaft richten, die zu einem rechtswidrigen Streik aufgerufen hat.

Literaturempfehlung: Steckler/Schmidt: Arbeitsrecht und Sozialversicherung, 6. Auflage, Ludwigshafen 2004.

Arbeitsleistung. Die Arbeitsleistung eines Menschen wird durch eine Fülle von Faktoren beeinflusst. Viele üben dabei eine wechselseitige Beeinflussung aus. Zunächst einmal spielt die Leistungsfähigkeit in geistiger und körperlicher Form eine wesentliche Rolle; hinzu kommt die Leistungsdisposition. Anders als Maschinen unterliegt der Mensch im Arbeitsrhythmus bestimmten Schwankungen. Diese sind von der Tagesrhythmik (biologische Leistungskurve), einer allgemeinen Ermüdung während der Arbeit sowie auch vom jeweiligen Lebensalter determiniert. Daneben bestimmt die Leistungswilligkeit die Arbeitsleistung. Hierbei stehen die intrinsische und extrinsische Motivation im Mittelpunkt. Intrinsische Motive kommen aus dem Menschen selbst (innere Motivation), z.B. aus der Arbeit, während extrinsische Motive von außen an den Menschen herangetragen werden. Hier ist u.a. der Faktor Geld als Motivation zu nennen.

Arbeitsmarkt (extern, intern). Der externe Arbeitsmarkt ist der Ort, an dem die Arbeitskraft gehandelt wird (Ausgleichsfunktion zwischen Angebot und Nachfrage von Arbeitskräften), wobei es »den« Arbeitsmarkt nicht gibt, sondern nur segmentierte Teilarbeitsmärkte, die sich nach Berufen, Qualifikationen, nach dem Geschlecht wie auch örtlich und zeitlich differenzieren. Die Verteilungsfunktion des Arbeitsmarktes hat die

Aufgabe, die individuellen und auch gesellschaftlichen Chancen der materiellen und immateriellen Daseinsgestaltung bzw. Reproduktionsmöglichkeiten der abhängig Beschäftigten auszusteuern. In der wirtschaftlichen Realität gibt es dabei nicht immer eine Kompatibilität zwischen der Ausgleichs- und Verteilungsfunktion der Arbeitsmärkte. Dies deshalb nicht, weil die Arbeitskraft einem Verkaufszwang unterliegt und das Angebot nicht beliebig vermehrbar und einschränkbar ist. Durch die Subjektgebundenheit der Arbeit tritt regelmäßig eine Restriktion im Verkauf auf und bei vorliegender Arbeitslosigkeit des Besitzers der »Ware« Arbeitskraft wird sie entwertet bzw. wertlos.

Hinzu kommt eine grundsätzlich strukturelle Nachfragemacht aufseiten der Arbeitskraftnachfrager. Arbeitsmärkte weisen darüber hinaus im Gegensatz zu anderen Märkten (Güter-, Geld- und Kapitalmärkte) eine Fülle an Besonderheiten auf. Zu nennen sind hier insbesondere Property Rights; gekauft werden nicht Arbeiter, sondern deren Arbeitskraft bzw. Leistungen, die mit diesen untrennbar verbunden sind. Es bestehen zwischen Arbeitgeber und Arbeitnehmern Informationsasymmetrien, wodurch der → *Arbeitsvertrag* nur unvollständig spezifizierbar ist. Institutionen (→ *Gewerkschaften*, → *Arbeitgeberverbände*) und gesetzliche Regeln (des individuellen und kollektiven Arbeitsrechts u. a.) bestimmen maßgeblich das Geschehen auf den Arbeitsmärkten. Außerdem werden Arbeitsmärkte politisch durch unterschiedliche neoklassische (marktorientierte) sowie keynesianisch bzw. staatsinterventionistisch geprägte Arbeitsmarkttheorien beeinflusst. In Abgrenzung zum externen Arbeitsmarkt gibt es den internen Arbeitsmarkt eines Unternehmens.

Dieser kann sich auf einen einzelnen Betrieb oder auf sämtliche Betriebe in einem Unternehmen beziehen bzw. auf mehrere Unternehmen in einem Konzern. Hierbei ist auch der Tätigkeitsbereich von Bedeutung, sodass der interne Arbeitsmarkt innerhalb des bisherigen oder außerhalb des bisherigen Tätigkeitsbereiches abgegrenzt wird. Bei der Personalbedarfsdeckung werden auf den internen Arbeitsmärkten u. a. folgende Instrumente zum Einsatz gebracht: Mehrarbeit, Kurzarbeit, Urlaubsverschiebung, Versetzung durch innerbetriebliche Stellenausschreibung, Änderungskündigung, Weisung, Qualifizierungsmaßnahmen.

Arbeitsplan. Beschreibung der Herstellung einer → *Baugruppe*. Gliederung in → *Arbeitsvorgänge*; gehört zu den → *Stammdaten* eines → *PPS-Systems*.

Arbeitsrecht. Im Personalwesen werden die rechtlichen Rahmenbedingungen unternehmerischer Entscheidungen durch das Arbeitsrecht bestimmt. Rechtsgrundlagen sind das Bürgerliche Gesetzbuch (BGB) und zahlreiche arbeitsrechtliche Spezialgesetze, Tarifverträge und Betriebsvereinbarungen. Man unterscheidet zwischen dem individuellen Arbeitsrecht und dem kollektiven Arbeitsrecht. Zum Individualarbeitsrecht gehören das → *Arbeitsvertragsrecht* und das → *Arbeitnehmerschutzrecht*. Regelungsgegenstand ist das Arbeitsverhältnis zwischem einem Arbeitsgeber und einem Arbeitnehmer. Zum Kollektivarbeitsrecht gehören das → *Tarifvertragsrecht*, das → *Arbeitskampfrecht* und das → *Betriebsverfassungsrecht*. Dabei geht es um die Rechtsbeziehungen der Tarifvertragspartner und um die Arbeitnehmervertretung durch die Organe der Betriebsverfassung. Auch das → *Mitbestimmungsrecht* der Arbeitnehmer im Bereich der Unternehmensverfassung wird dem kollektiven Arbeitsrecht zugeordnet. Das Arbeitsrecht wird zunehmend von der Rechtsentwicklung in der Europäischen Union geprägt, vgl. → *Europäisches Wirtschaftsrecht*. Das → *Sozialversicherungsrecht* bildet zwar ein rechtssystematisch eigenes Gebiet, hat aber große Auswirkungen auf die Personalverwaltung.

Literaturempfehlung: Schaub, Arbeitsrechts-Handbuch, 10. Auflage, München 2002; Söllner/Waltermann, Grundriss des Arbeitsrechts, 13. Auflage, München 2003; Steckler/Schmidt: Arbeitsrecht und Sozialversicherung, 6. Auflage, Ludwigshafen 2004. Danne, H/Keil, T.: Wirtschaftsprivatrecht II, Berlin 2001.

Arbeitsspeicher (engl. RAM = Random Access Memory). Speicher, bestehend aus Speicherchips (→ *Chip*), auf den der Zentralprozessor (→ *CPU*) eines Computers lesend und schreibend zugreifen kann. Jede Speicherzelle kann direkt, d. h. ohne Wartezeit, angesprochen werden (Direktzugriffsspeicher). Im Arbeitsspeicher werden die gerade laufenden Programme (→ *Systemsoftware* und → *Anwendungssoftware*) sowie die von diesen bearbeiteten → *Daten* gehalten. Der Zentralprozessor entnimmt während des Programmablaufs (Programm) den nächsten auszuführenden Maschinenbefehl sowie die von diesem benötigten Daten. Nach Ausführung des Befehls werden die Ergebnisse im Arbeitsspeicher abgelegt und von dort zu Ausgabegeräten oder dauerhaften (nicht flüchtigen) Speichern (→ *Massenspeicher*) transportiert, da die im Arbeitsspeicher gespeicherten Daten verloren gehen, wenn der Computer ausgeschaltet wird (→ *virtueller Speicher*).

Arbeitsteilung. Beinhaltet die organisatorische Zuteilung von Aufgaben nach Art und Menge auf mehrere Personen. Eine Mengenteilung liegt vor, wenn jedem einzelnen Mitarbeiter ein gleichartiges Arbeitspensum aufgegeben wird. Eine Artenteilung liegt vor, wenn Arbeitspensen unterschiedlicher Art auf verschiedene Mitarbeiter verteilt werden.

Arbeitsvertrag. Er begründet ein rechtliches Arbeitsverhältnis und regelt zwischen Arbeitgeber und Arbeitnehmer, welche gegenseitigen Rechte und Pflichten sie miteinander eingehen wollen. Hierbei besteht gem. § 305 BGB eine allgemeine Vertragsfreiheit. Im Wesentlichen sind dies die Erbringung einer Arbeitsleistung durch den Arbeitnehmer und die Bezahlung der Leistung durch den Arbeitgeber. Grundsätzlich ist der Arbeitsvertrag ein Dienstvertrag gemäß den Bestimmungen in den §§ 611–630 BGB. I. d. R. wird der Arbeitsvertrag schriftlich abgeschlossen, wobei es allerdings der Schriftform mit Ausnahme des Ausbildungsvertrages nicht bedarf. Er ist auch formlos gültig, sofern Gesetze, → *Tarifverträge* oder → *Betriebsvereinbarungen* nicht explizit die Schriftform vorschreiben. Nach Inkrafttreten des Nachweisgesetzes (NachwG) im Jahre 1995 besteht allerdings für die meisten Arbeitnehmer ein klagbarer Anspruch auf schriftliche Niederlegung des wesentlichen Inhalts des Arbeitsvertrages (z.B. Beginn des Arbeitsverhältnisses, Arbeitsentgelt, Urlaubsanspruch etc.) gem. § 2 NachwG. Die gesetzliche Grundlage des Arbeitsvertrages im BGB wird allerdings durch eine Fülle an speziellen Gesetzen zu Gunsten des Arbeitnehmers ergänzt. Insbesondere sind hier zu nennen: Grundgesetz (GG), → *Tarifvertragsgesetz* (TVG), → *Kündigungsschutzgesetz* (KSchG), → *Betriebsverfassungsgesetz* (BetrVG), Bundespersonalvertretungsgesetz (BPersVG), Bundesurlaubsgesetz (BUrlG), Arbeitsplatzschutzgesetz (ArbPlSchG), Entgeltfortzahlungsgesetz (EFZG), Schwerbehindertengesetz (SchwBG), Mutterschutzgesetz (MuSchG), Jugendarbeitsschutzgesetz (JASchG), → *Berufsbildungsgesetz* (BBiG), → *Arbeitszeitrechtsgesetz* → *Personaleinsatz* (ArbZRG), Gewerbeordnung (GewO), Wehrpflichtgesetz (WehrpflG), Sozialgesetzbuch III und das Beschäftigungsförderungsgesetz (BeSchFG).

Bei den Arten des Arbeitsvertrages werden unbefristete Verträge als Dauerarbeitsverträge und befristete Arbeitsverträge unterschieden. Der Arbeitsvertrag endet z. B: durch → *Aufhebungsvertrag*, durch Kündigung oder bei vertraglicher Vereinbarung einer Befristung durch Zeitablauf. Die gesetzliche Kündigungsfrist beträgt vier Wochen zum 15. oder zum Ende eines Kalendermonats. Der befristete Arbeitsvertrag muss dagegen nicht gekündigt werden, er endet automatisch zu dem vertraglich vereinbarten Zeitpunkt. Wesentliche Inhalte eines Arbeitsvertrages sollten sein: Vertragsbeginn, Tätigkeitsbezeichnung, Tätigkeitsbeschreibung, Vergütung, Sozialleistungen, Arbeitszeit, Urlaubsregelung, Probezeit, Kündigungsfrist und Wettbewerbsverbot.

Arbeitsvertragsrecht. Bestandteil des → *Bürgerlichen Rechts*. Es regelt die Rechtsbeziehung zwischen dem Arbeitgeber und dem Arbeitnehmer. Das Arbeitsverhältnis wird durch einen privatrechtlichen Vertrag begründet. Hauptleistungspflichten der Vertragspartner sind die Arbeitspflicht des Arbeitnehmers und die Verpflichtung des Arbeitgebers zur Zahlung der Vergütung. Mit der Arbeitsaufnahme entstehen die arbeitsvertraglichen Nebenleistungspflichten, die Treuepflicht des Arbeitnehmers und die Fürsorgepflicht des Arbeitgebers. Der Arbeitsvertrag unterliegt dem Grundsatz der Privatautonomie. Die Vertragsfreiheit wird dadurch eingeschränkt, dass eine Vielzahl von Arbeitsverträgen dem Geltungsbereich eines Tarifvertrages unterfällt, → *Tarifvertragsrecht*. Ferner bestehen aus Gründen des Arbeitnehmerschutzes zwingende und dispositive Gesetze und Rechtsverordnungen. Die Rechtsquellen des Arbeitsrechts lassen sich in einer Rangordnung darstellen.

Das Rangprinzip der Rechtsquellen folgt einfachen Regeln. Vorrangig ist das zwingende, unabdingbare Recht zu beachten. Das dispositive Recht steht an letzter Stelle. Ist ein Gesetz dispositiv, kann im Tarifvertrag oder im Einzelar-

Rechtsquellen des Arbeitsrechts	
Zwingende Rechtsnormen	Verfassung, Gesetze, Rechtsverordnungen
Zwingende Kollektivvereinbarungen	Tarifverträge, Betriebsvereinbarungen
Einzelarbeitsvertrag und Ergänzungssätze	Vertrag Allgemeine Arbeitsbedingungen Gleichbehandlungsgrundsatz Betriebsübung Direktionsrecht
Dispositive Rechtsquellen	Gesetze Rechtsverordnungen Tarifverträge Betriebsvereinbarungen

beitsvertrag abgewichen werden. Ist ein Gesetz dagegen zwingend, wäre eine abweichende vertragliche Regelung unwirksam. Das Rangprinzip wird durch das Günstigkeitsprinzip durchbrochen, soweit sich Abweichungen zu Gunsten des Arbeitnehmers auswirken. Enthält z.B. der Tarifvertrag eine günstigere Urlaubsregelung als das (insoweit zwingende) Bundesurlaubsgesetz, gilt die tarifliche Regelung. Ist der Arbeitsvertrag günstiger als der Tarifvertrag, gilt die einzelvertragliche Regelung. Der Einzelarbeitsvertrag wird u.a. durch den arbeitsrechtlichen → *Gleichbehandlungsgrundsatz*, die → *Betriebsübung* und das → *Direktionsrecht* des Arbeitgebers ergänzt. Das Arbeitsverhältnis wird durch die besonderen Vorschriften des → *Arbeitsschutzes* und der → *Arbeitssicherheit* geprägt. Dazu gehören z.B. das → *Arbeitszeitrecht*, das Jugendarbeitsschutzrecht, das Mutterschutzrecht, das → *Kündigungsschutzrecht*. Das Arbeitsverhältnis endet nicht nur durch Kündigung, sondern u.a. auch durch Zeitablauf bei einer vertraglichen Befristung oder durch Aufhebungsvertrag. In jedem Arbeitsverhältnis sind tarifvertragliche und betriebsverfassungsrechtliche Regelungen zu beachten (→ *Tarifvertragsrecht*, → *Betriebsverfassungsrecht*). Es bestehen Spezialregelungen für besondere Formen von Arbeitsverhältnissen, z.B. für das → *Berufsausbildungsverhältnis*, das Aushilfsarbeitsverhältnis, das Probearbeitsverhältnis, das Heimarbeitsverhältnis, das Teilzeitarbeitsverhältnis, das Gruppenarbeitsverhältnis und die → *Arbeitnehmerüberlassung*. Das Arbeitsrecht wird zunehmend von aktuellen Entwicklungen des → *Europäischen Wirtschaftsrechts* beeinflusst.

Literaturempfehlung: Schaub: Arbeitsrechts-Handbuch, 10. Auflage, München 2000. Söllner/Waltermann: Grundriss des Arbeitsrechts, 13. Auflage, München 2003. Steckler/Schmidt: Arbeitsrecht und Sozialversicherung, 6. Auflage, Ludwigshafen 2004. Danne, H./Keil, T.: Wirtschaftsprivatrecht II, Berlin 2001.

Arbeitsvorgang (AVO). Teilschritt eines → *Arbeitsplans* in → *PPS-Systemen*.

Arbeitszeitrecht. Spezialgebiet des → *Arbeitsrechts*, gehört zum Arbeitsschutzrecht. Rechtsgrundlage ist das Arbeitszeitgesetz mit zahlreichen Sonderregelungen. Im Arbeitszeitgesetz wird die zulässige Höchstarbeitszeit für erwachsene Arbeitnehmer auf eine regelmäßige werktägliche Arbeitszeit von acht Stunden festgelegt. Die Arbeitszeit kann auf bis zu zehn Stunden verlängert werden, wenn innerhalb von sechs Monaten ein Zeitausgleich geschaffen wird. Auch die Lage der Pausen und die Dauer der Ruhezeiten, Nacht- und Schichtarbeit sowie ein allgemeines Verbot der Sonn- und Feiertagsarbeit sind geregelt. Ausnahmen können zugelassen werden. Die Festsetzung der allgemeinen betrieblichen Arbeitszeit unterliegt der zwingenden Mitbestimmung des Betriebsrats (→ *Betriebsverfassungsgesetz*). Die Einhaltung des Arbeitszeitschutzes wird durch die Gewerbeaufsicht überwacht. Das Beschäftigungsförderungsgesetz enthält u.a. Regelungen über Teilzeitarbeit, Jobsharing und kapazitätsorientierte Arbeitszeit. Das Jugendarbeitsschutzgesetz regelt den besonderen Arbeitszeitschutz jugendlicher Arbeitnehmer.

Literaturempfehlung: Steckler/Schmidt: Arbeitsrecht und Sozialversicherung, 5. Auflage, Ludwigshafen 2000.

Arbeitszeugnis → *Personalbeschaffung*.

Area Sales Manager → *Gebietsleiter*.

Artikelnummer. Kurzbezeichnung eines Artikels, bestehend aus Buchstaben und/oder Ziffern. Im Gegensatz zur Inventarnummer können mehrere Exemplare eines Artikels dieselbe Artikelnummer aufweisen. Alternative Bezeichnungen: Materialnummer, Warennummer, Sachnummer, Ident-Nummer, Teilenummer. Man unterscheidet reine Ident-Nummern und »sprechende« Artikelnummern, deren Zeichenkombination einer Systematik entspricht.

ASCII (American Standard Code für Information Interchange). Eine in der Informationsverarbeitung häufig eingesetzte, inzwischen aber als veraltet geltende Kodierung von Zeichen (Buchstaben, Ziffern, Satz- und Sonderzeichen) in einem Code, der die ersten sieben → *Bits* eines → *Byte* benutzt. Durch Kombination der Nullen und Einsen auf den sieben Stellen lassen sich insgesamt 128 (= 27) verschiedene Zahlencodes erzeugen, d.h. 128 verschiedene Zeichen darstellen. Das achte Bit wird i.d.R. zu Prüfzwecken verwendet. Die Gesamtheit der durch ASCII darstellbaren Zeichen wird als Zeichensatz bezeichnet. Aufbauend auf ASCII existieren mehrere erweiterte Zeichensätze mit nationalen Sonderzeichen, z.B. der auch unter Windows eingesetzte → *ANSI-Zeichensatz*, der auf einem 8-Bit-Code basiert und über 256 (= 28) Zeichen verfügt → *EBCDIC*.

Assessment Center. Auswahlverfahren geeigneter Bewerber um einen Arbeitsplatz bei externer oder interner Einstellung bzw. Besetzung von Aufstiegspositionen. Hierbei werden im Wesentlichen drei Ziele verfolgt:

a) Erkennen von Einstellungen und Verhaltensweisen im zwischenmenschlichen Bereich (arbeitsplatzrelevantes Verhalten) eines Bewerbers;
b) sollen Arbeitspotenziale ermittelt und
c) Karrierebedürfnisse festgestellt werden.

Das Assessment Center wird in Form eines aufwändigen und anspruchsvollen Gruppengesprächs durchgeführt. Hierbei werden praxisnahe Übungen mit spezifischen problemorientierten Situationen i.d.R. über mehrere Tage (mindestens zwei Tage) von speziell ausgebildeten Führungskräften eines Unternehmens (oft auch mit zusätzlich externen Beratern) durchgeführt. Kennzeichnende Merkmale eines Assessment Centers sind: Methodenvielfalt, Mehrfachbeurteilung, Verhaltensorientierung, Anforderungsbezogenheit, Trennung von Beobachtung und Bewertung sowie der Einsatz trainierter Beobachter.

Asynchrone Übertragung. Datenübertragung mit fester Übertragungsrate ohne zusätzliches Synchronisationssignal. Jedes Datenwort wird von je einem Startbit (0) und einem Stoppbit (1) abgetrennt.

Attachment. Binäre Datei als Anhang an eine → *E-Mail*, die beliebige digitale Dateiformate haben kann und elektronisch verschickt wird.

Attributsprüfung → *Qualitätsprüfung*.

Audit (Qualitätsmanagement). Prüfung der Wirksamkeit der Umsetzung des Qualitätsmanagementsystems im Betrieb. Ein Audit ist die systematische, unabhängige Untersuchung einer Aktivität und deren Ergebnisse, durch die Vorhandensein und sachgerechte Anwendung spezifizierter Anforderungen beurteilt und dokumentiert werden. Audits beziehen sich auf einzelne Produkte (Produkt-Audit/Ergebnisse) oder Verfahren (Verfahrens-Audit/Prozesse) oder komplexe Zusammenhänge (System-Audit/intern oder extern als Zertifizierung). Sie können durch eigene Mitarbeiter, von Kunden oder von neutralen externen Stellen durchgeführt werden. Interne Audits sind fester Bestandteil von Qualitätsmanagementsystemen (Grundlage sind Checklisten, Formblätter o.Ä). Jeweils ist dabei die Qualifikation der Auditoren/Mitarbeiter im Team letztlich entscheidend für die Aussagefähigkeit. Der Auditbericht ist die Grundlage für die Durchführung angeregter Verbesserungen. Audits sollen regelmäßig durchgeführt werden, um eine stete Einhaltung der Anforderungen zu gewährleisten und Regelungen veränderten Umfeldbedingungen adäquat anzupassen. Entsprechend ist die Dokumentation zu aktualisieren (→ *Qualitätsaudit*).

Aufbauorganisation. Die Bildung der Stellen und die Gestaltung ihrer Beziehungen zueinander sind Themen der Aufbauorganisation. Die → *Ablauforganisation* regelt dagegen die sinnvolle Struktur der Prozesse der Aufgabenerfüllung. Die Aufbauorganisation gliedert sich in Aufgabenanalyse und Aufgabensynthese, an die sich die Bildung der Instanzen (→ *Stellenbildung*) anschließt sowie der → *Leitungssysteme*.

Komplexe Gesamtaufgaben des Unternehmens werden zerlegt und analysiert, um die Teilaufgaben deutlicher zu erkennen. Da sich Aufbau- und Ablauforganisation auf den gleichen Betrieb beziehen, können sie sich bei der Aufgabenanalyse teilweise ergänzen, auch wenn die darauf aufbauenden Strukturen unterschiedlichen Fragestellungen dienen. Folgende Gliederungsmerkmale sind zu beachten:

- Verrichtungen, die zur Aufgabenerfüllung notwendig sind;
- Objekt, auf das sich die Verrichtung bezieht;
- Sach- und Arbeitsmittel, die für die Aufgabendurchführung einzusetzen sind;
- Räumlicher Bezug, wo ist die Tätigkeit zu erbringen;
- Rang, leitende oder ausführende Funktion;
- Planung, Durchführung oder Überwachung;
- Zweckbeziehung, primäre Aufgaben (Erbringen der eigentlichen Betriebsleistung) oder sekundäre (unterstützende Hilfsfunktionen);
- Zeitlicher Bezug, zumeist bedeutsamer für die Ablauforganisation;
- Anforderungen an die Person, Kenntnisse, Fähigkeiten etc. (beispielsweise bei späterer Tätigkeitszuweisung zu beachten).

In der Aufgabensynthese werden die Teilaufgaben – häufig als Aufgabenbündelung kombiniert – einer so genannten Stelle zugeordnet (→ *Stellenbildung*), zugewiesen mit entsprechenden Kompetenzen einem Aufgabenträger. Hierauf aufbauend werden die verschiedenen → *Leitungssysteme* gebildet. Ergänzend können den Instanzen → *Leitungshilfsstellen* zugeordnet werden.

Aufgabe. Innerhalb der Organisation die dauerhaft wirksame Verpflichtung, bestimmte Tätigkeiten auszuführen, um ein definiertes Ziel zu erreichen (meist die Erbringung einer Sollleistung). Die → *Aufgabenanalyse* umfasst die systematische Zerlegung der Gesamtaufgabe in ihre Teilaufgaben, bis diese zu Elementaraufgaben werden, die nicht sinnvoll weiter untergliedert werden können. Meist ist diese Grenze dort erreicht, wo die Aufgaben nurmehr einer einzelnen Person zugeordnet werden können.

Die Aufgabenanalyse geht nach sachlichen (Verrichtung, Objekt) und formalen Merkmalen (Rang, Phase, Zweckbeziehung) vor:

a) Verrichtung beschreibt die Art der Leistung, die zu erbringen ist.
b) Objekt beschreibt die Art des Gegenstands, an dem verrichtet werden soll, hierbei gibt es materielle und immaterielle Objekte.
c) Rang trennt Entscheidungs- und Ausführungsaufgaben voneinander ab.
d) Phase unterscheidet die Planung, die Realisation und die Kontrolle von Aufgaben.
e) Zweckbeziehung teilt die Aufgabe den zentralen (Zweck-) oder unterstützenden (Verwaltungs-) Aufgaben zu.

Die Aufgabenanalyse wird in der Arbeitsanalyse fortgesetzt. Anschließend werden die Teilaufgaben zu sinnvollen, verteilungsfähigen Aufgabenbündeln kombiniert. Dies geschieht in der → *Aufgabensynthese*. Im Ergebnis kommt es dadurch zu einer Stellen- und Abteilungsbildung. Als Kriterien der Synthese werden die Merkmale Aufgabenträger (Person), Sachmittel (-ausstattung), Zeit (Terminierung) und Raum (Lokalisierung) zu Grunde gelegt. Dies kann nach zwei Grundprinzipien erfolgen:

1. In der Aufgabenzentralisation erfolgt die Zusammenfassung von Teilaufgaben, die hinsichtlich eines Merkmals gleichartig sind (Artenteilung). Diese verwandten Aufgaben werden dann in einer Person/Stelle/Abteilung gebündelt. So sind in der Aufgabe »Rezeption« so verschiedenartige Teilaufgaben wie Telefonzentrale, Besucherempfang, Posteingang, Pflege der Empfangshalle etc. vereinigt.
2. In der Aufgabendezentralisation erfolgt die Trennung von Teilaufgaben, die hinsichtlich eines Merkmals gleichartig sind (Mengenteilung). Diese gleichen Aufgaben werden dann auf mehrere Personen/Stellen/ Abteilungen verteilt. So wird die Aufgabe »Debitorenbuchhaltung« aufgeteilt nach den Anfangsbuchstaben der jeweiligen Kunden, für die gleichartige Tätigkeiten durchgeführt werden. Die Arbeitssynthese fasst die Teile zu Arbeitsprozessen zusammen.

Aufgabenanalyse. Beinhaltet in der → *Organisation* das geordnete Zerlegen einer Oberaufgabe in Teilaufgaben nach den Kriterien Verrichtung, Objekt, Rang, Phase und Zweckbeziehung (→ *Aufgabensynthese*). Die Aufgabenanalyse geht von der Gesamtaufgabe des Unternehmens aus (Betriebszweck). Da dieser meist allgemein formuliert ist, bedarf es einer Konkretisierung über Teilaufgaben bis zu Elementaraufgaben. Daraus entsteht ein Aufgabengliederungsgerüst, das aus der in Teilaufgaben zerlegten Gesamtaufgabe und den zwischen den Teilaufgaben bestehenden Beziehungen besteht. Der Aufgabenanalyse folgt die → *Aufgabensynthese*.

Aufgabensynthese. Beinhaltet in der → *Organisation* die Zusammenfassung der durch die → *Aufgabenanalyse* gewonnenen Teilaufgaben zu verteilungsfähigen Aufgabenkomplexen nach den Kriterien Aufgabenträger, Sachmittel, Raum und Zeit. Die Aufgabensynthese fasst Teil- und Elementaraufgaben zu Aufgabenkomplexen zusammen. Dadurch soll sowohl eine sachlogische Abstimmung dieser Aufgaben zur Erfüllung des Betriebszwecks erreicht werden als auch eine Zuweisung dieser Aufgaben an einzelne Aufgabenträger (Personen oder Abteilungen), die diese Aufgaben mithilfe von Sachmitteln und Informationen erfüllen. Insofern kommt es zur Bildung von Stellen oder Instanzen (Stellen mit Weisungsbefugnis) → *Aufbauorganisation*.

Aufgeld → *Agio*.

Aufhebungsvertrag. Wird ein Arbeitsverhältnis zwischen Arbeitgeber und Arbeitnehmer im gegenseitigen Einvernehmen zu einem bestimmten Zeitpunkt außer Kraft gesetzt, so liegt ein arbeitsrechtlicher Aufhebungsvertrag vor. Arbeitgeber und Arbeitnehmer verzichten hierbei auf alle gegenseitig bestehenden Rechte und Pflichten aus einem auf Vertragsfreiheit (§ 305 BGB) beruhenden → *Arbeitsvertrag*. I. d. R. wird bei einem Aufhebungsvertrag vom Arbeitgeber eine Abfindungszahlung geleistet.

Aufsichtsrat. Kontrollorgan der → *Aktiengesellschaft* (AG) und der → *Gesellschaft* mit beschränkter Haftung (GmbH) mit mehr als 500 Mitarbeitern (→ *Mitbestimmungsgesetz*). Die Rechte und Pflichten des Aufsichtsrates sind in den §§ 95–116 AktG geregelt. Der Aufsichtsrat überwacht die Geschäftsführung der Vorstandsmitglieder, die er bestellt und abberuft. Da bestimmte Arten von Geschäften der Zustimmung des Aufsichtsrates bedürfen, nimmt er mittelbar Einfluss auf den Unternehmenserfolg. Er ist von der unmittelbaren Geschäftsführung allerdings ausgeschlossen.

Der Aufsichtsrat setzt sich zusammen aus Vertretern der Aktionäre und der Mitarbeiter und wird gemäß den anzuwendenden → *Mitbestimmungsgesetzen* von → *Hauptversammlung* und

	Montanmitbestimmung 1951	**Mitbestimmungsgesetz 1976**	**Betriebsverfassungsgesetz 1952**
Rechtsform	**AG, GmbH**	**AG, KGaA, GmbH, eG**	**AG, KGaA, GmbH, eG**
Aufsichtsratsbesetzung	paritätisch (§ 4 MontanMitbestG); (4+1) Arbeitnehmervertreter + (4+1) Anteilseignervertreter + 1 weiteres (»neutrales«) Mitglied, gewählt durch die Hauptversammlung auf Vorschlag des Aufsichtsrates mit Zustimmung von je drei Arbeitnehmer- und Anteilseignervertretern; Arbeitnehmerbank aus Mitarbeitern des Unternehmens und Gewerkschaftsvertretern (2:2) zusammengesetzt.	paritätisch (§ 7 MitbestG); 1/2 Arbeitnehmer, 1/2 Anteilseigner; Anzahl der Mitglieder bis 10.000 Beschäftigte = 12 (6:6), 20.000 = 16 (8:8, 10:10) nach Satzung jeweils möglich; Arbeitnehmervertreter aus Mitarbeitern des Unternehmens und Gewerkschaftsvertretern zusammengesetzt (bei 10 z.B. 7:3), mindestens ein leitender Angestellter, ein nicht leitender Angestellter, ein Arbeiter; § 15 MitbestG).	»drittelparitätisch« (§§ 76, 77 BetrVG 52); 1/3 Arbeitnehmer, 2/3 Anteilseigner; Mitgliederzahl durch 3 teilbar; Mindestzahl 3, Höchstzahl bis 3 Mio. Grundkapital 9, mehr als 3 Mio. 15, mehr als 20 Mio 21; 2 (bzw. 1 bei Aufsichtsrat = 3) Arbeitnehmervertreter müssen dem Unternehmen angehören, d. h. Zuwahl von außen Stehenden erst ab Aufsichtsratsgröße von neun möglich.

Aufsichtsratsbesetzung nach den Mitbestimmungsgesetzen (Quelle: Steiner, M.: Konstitutive Entscheidungen, in Bitz, M. et al.: Vahlens Kompendium der Betriebswirtschaftslehre, Band 1, 4. Aufl., München 1998, S. 86)

Belegschaft gewählt. Der Aufsichtsrat hat mindestens drei, höchstens 21 Mitglieder, seine Amtszeit beträgt vier Jahre.

Auftragsabwicklung. Wichtiger → *Geschäftsprozess* in Produktions- und Handelsunternehmen. Prozessschritte bei Industrieunternehmen sind: Auftragsannahme, Termin- und Preisprüfung, Auftragsbestätigung, Feststellung des Materialbedarfs und Beschaffung, Einplanung in die Produktion, Fertigung und Montage, Auslieferung, Rechnungsschreibung. Beim Handel ist die Prozesskette analog, allerdings ohne die Produktion.

Aufwand. Gesamter Werteverzehr eines Unternehmens an Gütern, Diensten und Abgaben während einer Abrechnungsperiode. Dazu gehören u. a. Materialaufwendungen für Roh-, Hilfs- und Betriebsstoffe, Aufwendungen für Vorprodukte/Fremdbauteile, Aufwendungen für Handelswaren, Aufwendungen für Mitarbeiter durch Lohn, Gehalt, Sozialabgaben, Abschreibungen auf Anlagen, Aufwendungen für Miete, Steuern etc. Zur Abgrenzung vgl. → *Kosten*.

Aufwands- und Ertragskonten. Aufwendungen vermindern das Eigenkapital (→ Aufwand). Erträge erhöhen das Eigenkapital. Aufwendungen und Erträge werden auf eigenen Erfolgskonten gesammelt, sie verändern das Eigenkapital. Die Salden der Aufwands- und Ertragskonten werden im Gewinn- und Verlustkonto zusammengeführt. Der Saldo dieses Gewinn- und Verlustkontos wird im Eigenkapitalkonto gegengebucht. Sie werden nicht unmittelbar auf das Konto Eigenkapital gebucht, sondern vorher auf Aufwands- und Ertragskonten (Erfolgskonten) gesammelt, die über die Gewinn- und Verlustrechnung abgeschlossen werden. Der Saldo des GuV-Kontos wird im Eigenkapitalkonto gegengebucht. Aufwendungen und Erträge dürfen nicht miteinander verrechnet (saldiert) werden. Aufwands- und Ertragskonten haben keinen Anfangsbestand zu Geschäftsjahresbeginn, sondern starten jeweils bei Null.

Siehe ergänzend → *Buchführung*.

Aufzinsungsfaktor → *Zinseszinsen*.

Ausfassen. Materialentnahme aus einem → *Lager*.

Ausgabe → *Rechnungsabgrenzungsposten*.

Ausgleichskalkulation → *Kalkulation*.

Ausgleichsgesetz der Planung. Durch die Wechselwirkung (Interdependenz) zwischen den verschiedenen Teilplänen ist deren Umsetzung oft abhängig davon, inwieweit Teilpläne für andere Bereiche realisiert werden können. Tritt dort ein Engpass auf (Minimumsektor bzw. Engpassbereich), so ist dieser für die Gesamtplanung bestimmend. Kurzfristig orientiert sich die Planung am Engpass; langfristig gilt es zu versuchen, Engpässe zu beseitigen. Strategisch wird dann auch vom »wirksamen Mangel« gesprochen, → *EKS*.

Auslieferungslager. Kundennahes → *Lager* zur Warenauslieferung.

Außendienstmitarbeiter. Der Teil der Verkaufsorganisation, dessen Aufgabe es ist, (potenzielle) Käufer dieser Unternehmung an deren eigenem Standort zu besuchen, um Verkäufe für diese Unternehmung zu platzieren und aufrechtzuerhalten. → *Vertreter*

Außendienststeuerung. Beabsichtigte Einflussnahme auf das Verhalten der Außendienstmitarbeiter zum Erreichen der von der Vertriebsleitung vorgesehenen Ziele. In diesem Zusammenhang sind vor allem die Ziele genauer zu betrachten. Die Ziele des Vertriebs leiten sich aus den Zielen des Unternehmens ab. Geht man davon aus, dass das Unternehmensziel Gewinnmaximierung oder Maximierung der Kapitalrendite (ROI) ist, so ist zu fragen, welchen Beitrag der Vertrieb dazu leisten kann. Der Gewinn ergibt sich aus Erlösen abzüglich Kosten. Auf die wesentlichen Kosten des Unternehmens, vor allem auf die Produktions- und Finanzierungskosten, hat der Vertrieb keinen Einfluss, allenfalls kann er die Kosten des Vertriebs selbst beeinflussen; diese Kosten machen jedoch bei produzierenden Unternehmen einen relativ geringen Anteil der Gesamtkosten aus. Der Vertrieb kann seinen Beitrag demnach vor allem auf der Erlösseite leisten. Da eine isolierte Steigerung von Umsätzen ohne Berücksichtigung der Kosten wenig sinnvoll ist, ist es besser, den Gewinn als Summe der Deckungsbeiträge abzüglich Fixkosten zu definieren. Hierbei wird deutlich, dass der Vertrieb in erster Linie hohe

Deckungsbeiträge erzielen muss. Die Summe der Deckungsbeiträge bestimmt sich aus der Multiplikation der Einzeldeckungsbeiträge mit den Absatzmengen. Der Vertrieb muss daher versuchen, das Deckungsbeitragsmaximum aus Einzeldeckungsbeiträgen und Mengen zu erreichen; dabei sind als Nebenbedingungen vor allem die Fertigungskapazitäten und die Kapazität des Vertriebs zu berücksichtigen. Neben diesen betriebswirtschaftlichen Zielen hat der Vertrieb eine Reihe von weiteren Zielen, die für eine reibungslose Arbeit erreicht werden müssen: Die Arbeitszufriedenheit der Mitarbeiter im Vertrieb muss sichergestellt werden; diese Arbeitszufriedenheit ist wichtig, um einen maximalen Einsatz der Mitarbeiter für das Unternehmen und eine geringe Fluktuation der Mitarbeiter zu ermöglichen. Außerdem muss jederzeit ein akzeptables Qualitätsniveau der Mitarbeiter beibehalten werden.

Außenfinanzierung → *Finanzierung*.

Außenhandelsfinanzierung. Für die Finanzierung von Import und Export wurden seit Beginn des grenzüberschreitenden Handels spezielle Finanzierungsinstrumente und -techniken entwickelt, die häufig auch zur Deckung spezifischer Außenhandelsrisiken eingesetzt werden. Grundsätzlich können zur Vorfinanzierung von Exportgeschäften die gleichen Instrumente der Finanzierung eingesetzt werden wie bei inländischen Geschäften. Hinzu kommen allerdings noch spezifische Außenhandelsfinanzierungen, die sich wie folgt systematisieren lassen:

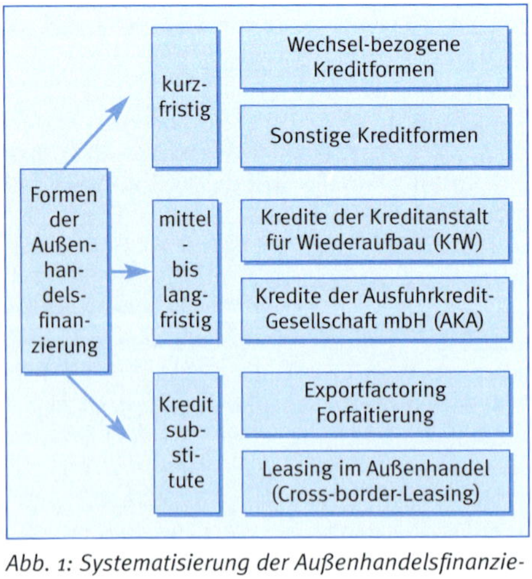

Abb. 1: Systematisierung der Außenhandelsfinanzierungsinstrumente

Der → *Wechsel* wird im Außenhandel häufig im Zusammenhang mit der Gewährung von Zahlungszielen eingesetzt. Er stellt eine wesentliche Grundlage für die Refinanzierung des Lieferantenkredits dar. In der Grundform stellt der Exporteur einen Wechsel aus, den der Importeur akzeptiert. An den Exporteur zurückgesandt, kann dieser den Wechsel vor Fälligkeit an seine Bank verkaufen. Er erhält damit einen Diskontkredit. Besonderheit des Akzeptkredits ist die Akzeptierung eines vom Kreditnehmer ausgestellten Wechsels durch eine Bank. Dieses sog. Bankakzept verleiht dem Wechsel im Außenhandel eine erhöhte Kreditwürdigkeit. Bei einem Rembourskredit handelt es sich um einen Akzeptkredit, der von der Einreichung bestimmter Dokumente des Handelsverkehrs abhängig gemacht wird. Ein Negoziierungskredit ist eine Bevorschussung von Auslandsforderungen in der Form, dass der Exporteur zusammen mit den Dokumenten aus dem Versand der Ware einen ausgestellten Wechsel (Tratte) zulasten des Importeurs bei einer Bank einreicht und bevorschusst erhält. Diese Kreditform wird auch als Trattenankaufskredit bezeichnet. Sonstige Formen der kurzfristigen Außenhandelsfinanzierung sind Export-/Importvorschüsse, der Avalkredit, z.B. in Form einer Anzahlungsgarantie oder einer Lieferungs- und Leistungsgarantie, sowie kurzfristige Eurokredite. Euromarktkredite sind Kredite durch Kreditgeber außerhalb des jeweiligen Währungsgebiets. Sie werden durch inländische Banken vermittelt und können in den gängigen Welthandelswährungen abgeschlossen werden. Kreditlaufzeiten reichen von einem Tag bis zu 18 Monaten. Auch längere Laufzeiten sind grundsätzlich möglich. Für die Finanzierung mittel- bis langfristiger Außenhandelsgeschäfte, wie sie z.B. im Bereich des Anlagenbaus üblich sind, stehen deutschen Exporteuren die Kreditinstrumente der beiden Spezialkreditinstitute Kreditanstalt für Wiederaufbau (KfW) und Ausfuhr-Kreditgesellschaft mbH (AKA) zur Verfügung. Beide Institute gewähren Lieferantenkredite und Bestellerkredite. Beim Lieferantenkredit ist der deutsche Exporteur Kreditnehmer. Im Verhältnis zum Importeur tritt er wiederum als Kreditgeber auf. Beim Bestellerkredit ist der Importeur der Kreditnehmer. Der deutsche Exporteur übernimmt die Geschäftsanbahnung zwischen Kreditnehmer und -geber und haftet ggf. für Teile der Kreditforderung. Eine spezielle Form der mittel- bis langfristigen Außenhandelsfinanzierung ist die Forfaitierung. Dabei handelt es sich um den regresslosen (endgültigen) Verkauf einzelner mittel- bis langfristiger Forderungen aus dem Außenhandel vor ihrer Fälligkeit. Als Ankäufer treten Banken oder spezielle Forfaitierungsgesellschaften auf. Die Kosten dieser Finanzierung sind u. a. abhängig vom Zinsniveau der Forderungswährung, vom Ausfallrisiko des Schuldners und vom Länderrisiko des Heimatlandes des Schuldners. Auch beim Exportfactoring handelt es sich um den Verkauf von Außenhandelsforderungen vor ihrer Fälligkeit. Allerdings werden hierbei alle im Rahmen festgelegter regionaler Grenzen auftretende kurzfristige Forderungen regelmäßig wiederkehrend angekauft (→ *Factoring*). Wenn für ein Exportland ein Factoring-Vertrag abgeschlossen wird, so werden alle in diesem Land entstehenden Forderungen aus Lieferung und Leistung vom Factor bevorschusst. Neben der reinen Vorfinanzierung des Zahlungsziels erfüllt der Factor regelmäßig weitere Funktionen, insbesondere die Übernahme des Ausfallrisikos sowie Dienstleistungen im Rahmen der Debitorenbuchhaltung. Zur Finanzierung von Exporten und Importen kann auch auf das Leistungsangebot inländischer und ausländischer Leasinggesellschaften Rückgriff genommen werden. Das sog. Cross-Border-Leasing unterscheidet sich vom nationalen Leasing durch die im internationalen Zusammenhang größeren rechtlichen und steuerlichen Gestaltungsspielräume.

Außenlager → *Lager* außerhalb des Firmengeländes.

Außenwirtschaftsrecht. Spezialgebiet des → *Internationalen Wirtschaftsrechts*. Rechtsgrundlagen für den Außenwirtschaftsverkehr sind neben den Regeln des → *Europäischen* Wirtschaftsrechts auch die internationalen Abkommen (GATT, CIGS usw., UN-Kaufrecht) und das Außenwirtschaftsgesetz (AWG). Darin ist das Liberalisierungsprinzip festgelegt. Der Waren-, Dienstleistungs-, Kapital-, Zahlungs- und sonstige Wirtschaftsverkehr ist grundsätzlich frei. Er unterliegt den Einschränkungen des AWG und verschiedener Rechtsverordnungen. Damit folgt das deutsche Außenwirtschaftsrecht dem Grundsatz des freien Wirtschaftsverkehrs mit dem Ausland, ermöglicht aber auch Beschränkungen zur Abwehr schädigender Einflüsse aus fremden Wirtschaftsgebieten. Instrumente zur Regelung des Außenwirtschaftsverkehrs sind Einfuhrverbote und Zölle, Ein- und Ausfuhrbeschränkungen sowie Subventionen. Die Kontrolle der Einhaltung dieser Außenwirtschaftsbeschränkungen erfolgt über Verfahrens- und Meldevorschriften. Das Vertragsrecht im Außenwirtschaftsverkehr wird durch den Grundsatz der freien Rechtswahl bestimmt (→ *Kollisionsrecht*). Dem internationalen Warenhandel dienen das UN-Kaufrecht und die Incoterms (→ *Internationales Wirtschaftsrecht*).

Außergewöhnliche Belastungen. Aufwendungen der privaten Lebensführung, die vom Gesamtbetrag der Einkünfte abgesetzt werden, um die finanzielle Leistungsfähigkeit der Besteuerung zu berücksichtigen. Laut § 33 Abs. 1 Einkommensteuergesetz müssen vier Voraussetzungen vorliegen:

1. Die/der Steuerpflichtige muss die Belastungen selbst tragen.
2. Die Aufwendungen fallen zwangsläufig an, sodass man sich aus rechtlichen, tatsächlichen oder sittlichen Gründen nicht entziehen kann.
3. Die Aufwendungen sind außergewöhnlich, weil sie bei der überwiegenden Mehrheit der Steuerpflichtigen mit gleichen Einkommensverhältnissen, gleichen Vermögensverhältnissen und gleichem Familienstand nicht in dieser Höhe anfallen.
4. Die Aufwendungen sind den Umständen nach notwendig und überschreiten nicht einen angemessenen Betrag.

Zu unterscheiden sind allgemeine außergewöhnliche Belastungen, die nur insoweit abzugsfähig sind, als sie die sog. zumutbare Belastung überschreiten, z. B. nicht erstattete Krankheits- und Beerdigungskosten, Schäden durch Wasser, Feuer, Sturm, Einbruch, Diebstahl, und außergewöhnliche Belastungen in besonderen Fällen, die in den §§ 33 a und 33 b Einkommensteuergesetz erschöpfend aufgezählt sind, z. B. Unterhaltsleistungen, Ausbildung der Kinder, Belastungen durch Behinderungen. Für die letzteren Belastungen gibt es im Gesetz feste Freibeträge, auf die keine zumutbare Belastung angerechnet wird.

Auswahlverfahren. Dienen in der Marktforschung der Ziehung einer repräsentativen Stichprobe unter sachlichen Aspekten, wenn die Grundgesamtheit so groß ist, dass keine Vollerhebung, sondern nur eine Teilerhebung durchgeführt werden kann. Auswahlverfahren unterteilen sich in die Verfahren der Zufallsauswahl (reine Zufallsauswahl wie das Losverfahren oder das Verfahren mit Zufallszahlen; geschichtete Zufallsauswahl und Klumpenverfahren) und der bewussten Auswahl (willkürliche Auswahl, Konzentrationsverfahren, typische Auswahl, Quotenauswahl). Als Mischform der zufälligen und nicht zufälligen Auswahlverfahren ist das in der Praxis häufig angewandte Random-Route-Verfahren anzuführen (z. B. zufällig ausgewählte Befragungsstandorte, verbunden mit Verfahrensregeln für die Auswahl der Personen).

Authentifizierung. Überprüfung der Identität einer Person anhand eines bestimmten Merkmals oder einer Kombination von Merkmalen. Beispiel: Ein Bankkunde wird am Geldausgabeautomat über seine Bankkarte und seine persönliche Identifikationsnummer (PIN) authentifiziert. In zunehmendem Maße werden auch biometrische Merkmale (→ *Biometrie*) wie z. B. der Fingerabdruck zur Authentifizierung herangezogen.

Automatisches Kleinteilelager (AKL). Das Lager wird von automatischen → *Regalförderzeugen* bedient. Als Behältnisse werden Kästen oder → *Tablare* benutzt. Die Höhe des Lagers kann bis zu 12 Meter betragen. Zum Lager gehört eine Rechnersteuerung. Um unerlaubte Entnahme und Verschmutzungen zu verhindern, kann das Lager gekapselt werden.

Autoresponder. Programm, das eingehende → *E-Mails* automatisch mit vorbereiteten Texten beantwortet.

Avalkredit → *Kreditfinanzierung*.

B

BAB (Betriebsabrechnungsbogen) → *Kostenstellenrechnung*, kurzfristige Erfolgsrechnung

Backbone. In der Datenkommunikation wird der Begriff Backbone (dt. wörtlich: Rückgrat) ganz allgemein als Bezeichnung für eine Hauptdatenleitung verwendet. Aber auch ein Netzwerk (Computernetz), das aus Datenleitungen mit hoher → *Bandbreite* besteht und an das mehrere kleinere Netze angeschlossen sind, wird als Backbone bezeichnet. Ein Großteil des Datenverkehrs im → *Internet* wird z. B. über Backbone-Netze abgewickelt.

Balanced Scorecard. Der von Kaplan und Norton im Laufe der 90er-Jahre entwickelte »ausgewogene Berichtsbogen« steht für die Integration von Visionen und strategischen Zielen (qualitativ und quantitativ) eines Unternehmens mit einem System aus Kennzahlen als Vorgabe und Maßgrößen für konkretes operatives Handeln. Es werden die relevanten Erfolgsfaktoren bestimmt unter Ausbalancieren von (klassisch) vier Perspektiven, gerichtet auf Kunden, Prozess, Innovationen und Finanzen.

Bandbreite. In der Datenkommunikation der Unterschied zwischen der höchsten und der niedrigsten Übertragungsfrequenz auf einem Medium. Beispielsweise ist eine Telefonleitung ausgelegt für eine Bandbreite von 3.000 Hertz (Hz), dem Unterschied zwischen der niedrigsten (300 Hz) und der höchsten (3.300 Hz) Übertragungsfrequenz, die sie erfassen kann. In Computernetzen bedeutet eine größere Bandbreite eine höhere Übertragungskapazität, da mehrere (schmale) Frequenzbänder das (breite) Medium wie auf einer mehrspurigen Straße gleichzeitig nutzen können (→ *Breitbandkommunikation*). Je größer die Bandbreite, desto mehr Daten können pro Zeiteinheit transportiert werden. Die Übertragungskapazität wird dabei in Bit pro Sekunde (bps) gemessen (→ *Übertragungsrate*).

Bank Relations → *Finanzmarketing*.

Bankgarantie → *Garantie*.

Bankgeheimnis. Durch die allgemeinen Geschäftsbedingungen (AGB) haben sich die Kreditinstitute gegenüber ihren Kunden zur Geheimhaltung der Einkommens- und Vermögensverhältnisse verpflichtet. Das Bankgeheimnis findet seine Grenze in öffentlich-rechtlichen Verpflichtungen des Kreditinstituts. Gegenüber dem Bundesaufsichtsamt für das Kreditwesen müssen die Banken Verhältnisse ihrer Kunden offen legen (z.B. Großkredite). Gegenüber den → *Finanzbehörden* ist das Bankgeheimnis praktisch aufgehoben. Bei Individual-Auskunftsersuchen an eine Bank hat diese die Stellung eines Zeugen und muss die gewünschten Auskünfte erteilen. Gem. § 93 AO sollen Zeugen erst dann um Auskunft angehalten werden, wenn die Sachverhaltsaufklärung durch die Beteiligten nicht zum Ziel führt oder sonst keinen Erfolg verspricht. Sind diese Voraussetzungen erfüllt, muss der Zeuge (also auch ein Bankangestellter) umfassend Auskunft erteilen und Urkunden, z.B. Bankbelege, vorlegen. Ein Zeugnisverweigerungsrecht, wie es z.B. Ärzten und Geistlichen zusteht, hat der Bankangestellte nicht.

Im Rahmen der → *Betriebsprüfung* wird auf das Vertrauensverhältnis zwischen Bank und Kunde insoweit Rücksicht genommen, als es dem Prüfer verboten ist, Kontrollmitteilungen über Bankkonten auszuschreiben, bei denen die Legitimation des Inhabers geprüft wurde. Auch dürfen die → *Finanzämter* zum Zwecke der Überwachung von den Banken keine periodischen Mitteilungen über Konten und Kontostände verlangen. Beim Tod eines Bankkunden, der ein Schließfach oder ein Kontodepot unterhielt, muss die Bank für Erbschaftssteuerzwecke der Finanzverwaltung Mitteilung machen. Im Zivilprozess steht dem Bankangestellten als Zeugen ein Zeugnisverweigerungsrecht zu, nicht jedoch im Strafprozess.

Bankrecht. Gegenstände des Bankrechts sind Geld und Währung. Es handelt sich um ein Spezialgebiet, das dem öffentlichen und dem privaten → *Wirtschaftsrecht* zuzuordnen ist. Das öffentliche Bankrecht umfasst die staatliche Aufsicht über das Kredit- und das Finanzdienstleistungswesen.

Rechtsgrundlagen sind u.a. das Kreditwesengesetz (KWG), das Bundesbankgesetz (BbankG), das Hypothekenbankgesetz (HypBankG), das Bausparkassengesetz (BausparkG), das Gesetz über Kapitalanlagegesellschaften (KAGG) und das Ausgleichsbankgesetz.

Als Regulierungsbereiche sind u.a. die Zulassung, die Bankenaufsicht, das Recht der Kapitalaufbringung und Liquiditätserhaltung bei Gesellschaften zu nennen. Das Recht der Bankgeschäfte und der Finanzdienstleistungen gehört zum → *Bürgerlichen* Recht. Die in § 1 KWG aufgeführten Bankgeschäfte dürfen nur von Kreditinstituten durchgeführt werden. Kreditinstitute sind Unternehmen, die Bankgeschäfte gewerbsmäßig oder in einem Umfang betreiben, der einen in kaufmännischer Weise eingerichteten Geschäftsbetrieb erfordert. Es gibt weitere Finanzdienstleistungen, die auch von anderen Unternehmen gewerbsmäßig erbracht werden dürfen. Dazu gehören u.a. die Anlage- und Abschlussvermittlung, die Finanzportfolioverwaltung, der Eigenhandel, die Drittstaateneinlagenvermittlung, das Finanztransfergeschäft und das

Bankgeschäfte	
Einlagengeschäft	Annahme fremder Gelder als Einlagen (Kontoführung etc.)
Kreditgeschäft	Gewährung von Gelddarlehen und Akzeptkrediten
Diskontgeschäft	Ankauf von Wechseln und Schecks
Finanzkommissionsgeschäft	Anschaffung und Veräußerung von Finanzinstrumenten (Wertpapiere, Devisen etc.)
Depotgeschäft	Verwahrung und Verwaltung von Wertpapieren
Investmentgeschäft	Anlagegeschäfte i.S. von § 1 KAGG
Garantiegeschäft	Übernahme von Bürgschaften, Garantien etc.
Girogeschäft	Durchführung des bargeldlosen Zahlungsverkehrs etc.
Emissionsgeschäft	Übernahme von Finanzierungsinstrumenten für eigenes Risiko zur Platzierung etc.
Geldkartengeschäft	Ausgabe vorausbezahlter Karten zu Zahlungszwecken
Netzkartengeschäft	Schaffung und Verwaltung von Rechenzentren

Sortengeschäft. Banken und Finanzdienstleister können weitere Geschäfte übernehmen, z. B. den Beteiligungserwerb, Factoring, Leasing, Ausgabe und Verwaltung von Kreditkarten oder Reiseschecks, Eigenhandel in Finanzinstrumenten, Anlageberatung und Geldmaklergeschäfte.

Rechtsgrundlagen des privaten Bankrechts sind neben dem Bürgerlichen Gesetzbuch (BGB) auch das Handelsgesetzbuch (HGB), das Börsengesetz (BörsG), das Depotgesetz (DepotG), das Verbraucherkreditgesetz (VerbrKrG), das Wechselgesetz (WG), das Scheckgesetz (SchkckG) etc.

Der Bankvertrag wird als Rahmenvertrag durch die Geschäftsverbindung zwischen dem Kreditinstitut und dem Kunden begründet. Es handelt sich um ein Dauerschuldverhältnis, dem die ➜ *Allgemeinen* Geschäftsbedingungen der Banken (AGB-Banken) oder der Sparkassen (AGBSp) zu Grunde liegen. In Bankgeschäften besteht ein besonderes Vertrauensverhältnis, das im Bankgeheimnis zum Ausdruck kommt (Nr. 2 I 1 AGB-Banken). Bankauskünfte werden nur den eigenen Kunden oder anderen Kreditinstituten erteilt. Darin sind u. a. Auskünfte über Kreditwürdigkeit und Zahlungsfähigkeit enthalten. Fragen zum ➜ *Datenschutzrecht* entstehen vor allem bei Auskünften der Kreditinformationsdienste (SCHUFA). Banken und Kreditinstitute sind u. a. verpflichtet, die Regelungen des Geldwäschegesetzes einzuhalten, ➜ *Wirtschaftsstrafrecht*. Zum Bankrecht gehören auch das ➜ *Börsenrecht* und das ➜ *Wertpapierrecht*.

Literaturempfehlung: Kohls: Bankrecht, 2. Auflage, München 1997. Schwintowsky/Schäfer: Bankrecht, Köln 2000.

Bankregel, goldene ➜ *Finanzierungsregeln*.

Banner. Werbefläche auf einer Web-Seite, meist in Form kleiner Grafiken als ➜ *GIF*- oder ➜ *JPEG-Dateien* in HTML-Dokumenten eingebunden. Man unterscheidet statische Banner, die unbewegte, zweidimensionale Grafiken tragen, sowie animierte Banner im GIF-Format und interaktive Banner mit einem ➜ *Hyperlink* zur Website des Werbung Treibenden.

Barcode. Ein Barcode (von engl.: bar; dt.: Balken) besteht aus ungleichmäßig dicken, parallelen Strichen (Balken) gleicher Länge, in denen Informationen (Buchstaben und Ziffern) codiert sind. Er kann berührungslos mit einem ➜ *Scanner* eingelesen werden. Der wohl bekannteste Barcode ist die z. B. auf Lebensmittelverpackungen angebrachte ➜ *European* Article Number (EAN-Code). Durch das Einlesen an der Kasse wird der vorliegende Artikel eindeutig erkannt, sodass der im Kassensystem gespeicherte aktuelle Preis zugeordnet werden kann.

Barwert. Gegenwartswert einer zukünftigen Geldleistung (Ein- oder Auszahlung). Er ergibt sich aus der Multiplikation des (zukünftigen) Geldbetrags mit dem Abzinsungsfaktor (➜ *Zinseszinsen*) und ist umso niedriger, je höher der Zinsfuß ist.

Basel II. Der Begriff wird oft synonym verwendet zu ➜ *Rating*, welches jedoch lediglich ein – wenn auch für die BWL wesentliches – Element in der Diskussion um Basel II darstellt. Seit 1974 tagt der Ausschuss für internationale Bankenaufsicht in Basel – daher der Name. Ziel ist, die Stabilität des Finanzsektors und des Bankensystems als Grundlage für eine stabile Volkswirtschaft zu sichern. Neben Verfahren zur Bankenaufsicht und Publizitätsvorschriften zählen hierzu insbesondere Anforderungen an die Höhe eines angemessenen Eigenkapitals der Banken, um jederzeit Verluste aus Kreditausfällen und anderen Geschäftsbereichen auffangen zu können. 1988 wurde vereinbart, dass Kreditinstitute für jeden Kredit an Firmenkunden 8 % an Eigenkapitalreserve vorhalten müssen. Diese Pauschalierung stieß auf Kritik, da die Risiken unterschiedlich sind. Nunmehr soll für jede Finanzierung die Eigenkapitalunterlegung gesondert bestimmt werden. Dies führt als so genanntes Basel II zu einem Rating, nicht nur des Kreditinstituts, sondern auch der einzelnen Finanzgeschäfte.

Baud. Maß für die Signalgeschwindigkeit bei der Datenübertragung zwischen Modems bzw. Modem und Computer.

Baugruppe (auch Baukasten genannt). ➜ *Eigenfertigungsteil*, das aus einer oder mehreren Komponenten (Artikeln) einstufig erzeugt wird. Sowohl Halbfertigerzeugnisse als auch Fertigerzeugnisse sind in diesem Sinne Baugruppen. Für jede Baugruppe entsteht in ➜ *PPS-Systemen* bei der ➜ *Stücklistenauflösung* im Rahmen der ➜ *Materialbedarfsplanung* ein Vorschlag zu Bearbeitung eines → *Fertigungsauftrags* zur Herstellung der Baugruppe. Die Erzeugnisstruktur entsteht durch die artikelnummerbezogene Verknüpfung der Baugruppen untereinander, siehe Abbildung.

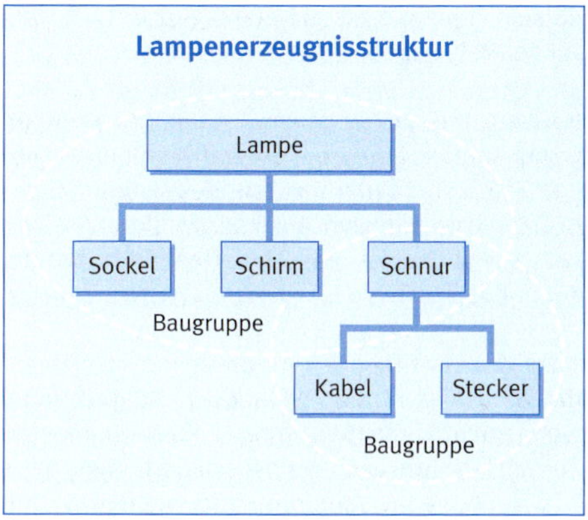

Abb. 2: Beispiel zur Verknüpfung von Baugruppen zu einer Erzeugnisstruktur

Baumdiagramm. Element der → *Seven New Tools* (→ *Qualitätsmanagement*). Es betrifft das Auffinden der zur Lösung eines Problems erforderlichen Mittel und Maßnahmen, die Operationalisierung der Schwerpunkte durch Ziel-Mittel-Darstellung und Untergliederung von Themen. Dabei geht es um eine verkettete Ziel-Mittel-Folge. Es kommt somit zu einer systematischen Problemzerlegung in mögliche Ursachen. Durch die Zerlegung des Problems und die Schaffung einer systematischen Übersicht über alle zur Problemlösung relevanten Mittel wird das Risiko, mögliche Lösungsansätze zu übersehen, vermindert. Oftmals werden auf diese Weise speziell fehlerbehaftete Ereignisabläufe beschrieben und bewertet.

BBS. Abk. für Bulletin Board System. Online-Nachrichtensystem, das von Nutzern zum Informationsaustausch allgemein zugänglicher Mitteilungen mittels → *E-Mail* genutzt wird, also als elektronisches schwarzes Brett dient, auf dem von Benutzern per Modem Informationen, Erfahrungen, Meinungen zur Verfügung gestellt werden, die andere lesen und auf die sie reagieren. Dies erfolgt über ein Mailboxsystem mit Zugang zu den Internetdiensten Mail und News, nicht aber anderen Diensten.

BCC. Abk. für Blind Carbon Copy. Kopie einer → *E-Mail* an weitere Empfänger, deren Mitversand für den Hauptempfänger nicht erkennbar ist.

BDE → *Betriebsdatenerfassung*.

Beanstandungsquote. Anzahl der beanstandeten Lieferungen im Verhältnis zur Gesamtzahl der Lieferungen in %.

Bedarf. In der Materialwirtschaft die nachgefragte Menge eines Artikels (Rohstoff, Halbfertigungserzeugnis oder Enderzeugnis); Varianten → *Bruttobedarf*, → *Nettobedarf*.

Bedarfsermittlung → *Materialbedarfsplanung*.

Bedarfsermittlung, deterministische. Artikelgenaues mengenmäßiges Zusammenführen von Kundenauftragsmengen zu → *Primärbedarfen*, sortiert nach Lieferterminen. Neben der → *stochastischen* Bedarfsermittlung ist die deterministische Bedarfsermittlung die häufigste Planungsmethode, bei der Auftrag, Menge und Termin im Vordergrund stehen. Es werden nur genau die Mengen produziert bzw. aus dem Lager bereitgestellt, die auf Grund der → *Primärbedarfe* benötigt werden.

Befragung. Als Teil der → *Marktforschung* ist sie eine Form der primären Datenerhebung. Die Informationsgewinnung zu einem Marktforschungsproblem erfolgt über die Beantwortung von Fragen durch Auskunftspersonen. Dabei kann es sich um Einthemenbefragungen oder Mehrthemenbefragungen (z.B. Omnibusverfahren, von Marktforschungsinstituten angeboten) handeln. Instrumente der Befragung sind:

1. Persönliche Befragung (Face to Face), besonders geeignet für das Erhalten spontaner Antworten, kann unstrukturiert oder strukturiert durchgeführt werden. Bei einer unstrukturierten Befragung entscheidet der Interviewer (mit oder ohne ausgearbeiteten Fragenkatalog) situationsabhängig über die Art, Inhalte und Reihenfolge der Fragestellungen innerhalb eines vorgegebenen Befragungszieles. Strukturierte Befragungen setzen einen vorher erstellten Fragebogen voraus. Vorteile bestehen u.a. in der Interaktivität und der hohen Erfolgsquote. Erheblicher Personal- und Zeitaufwand führen zu hohen Kosten.

2. Telefonische Befragung, besonders geeignet für schnelle Informationsbeschaffung mit geringem Umfang. Sie setzt einen Fragebogen voraus und i.d.R. auch im Telefonmarketing geschultes Personal. Computer Aided Telephone Interviewing (CATI) ist bei telefonischen Befragungen durch Marktforschungsinstitute weit verbreitet.
3. Schriftliche Befragung, besonders geeignet für thematisch einfach (zielgruppenbezogen) zu beantwortende Fragen. Voraussetzung ist ein gut strukturierter Fragebogen, den die zu Befragenden ausgefüllt per Post oder Online (→ *Online-Befragung*) zurücksenden. Spontaneität im Antwortverhalten kann nicht vorausgesetzt werden.

Beigestelltes Produkt. Produkt, das vom Kunden zur Verfügung gestellt wird, um es unverändert in die Lieferung oder Produktion des Produzenten einzubeziehen.

Beirat (Verwaltungsrat). Freiwilliges Aufsichtsorgan bei → *Personengesellschaften* und nicht mitbestimmten → *Kapitalgesellschaften*, insbesondere klein- und mittelständischen Unternehmen. Zweck des Beirats kann neben der Überwachung der Geschäftsführung Beratung oder die Wahrnehmung einer Schlichtungsfunktion sein.

Beizulegender Wert (Bilanzierung). Ist ein → *Börsen*- oder Marktpreis nicht zu ermitteln und übersteigen die → *Anschaffungskosten* oder → *Herstellungskosten* den beizulegenden Wert, so ist (kann bei nicht dauernder Wertminderung im Anlagevermögen) das Wirtschaftsgut des Umlaufvermögens auf diesen niedrigeren Wert abzuschreiben (§ 253 HGB). Da die Ermittlung des niedrigeren Werts gesetzlich nicht festgelegt ist, kann als gewisse Orientierungshilfe die Rechtsprechung zur Ermittlung des → *Teilwerts* herangezogen werden. Dieser niedrigere Zeitwert ergibt sich u.a. aus:

a) den fiktiven Wiederbeschaffungs- oder Wiederherstellungskosten (z.B. bei Roh-, Hilfs- und Betriebsstoffen),
b) dem Absatzmarkt durch retrograde Ermittlung nach der sog. verlustfreien Bewertung.

Exemplarisches Zahlenbeispiel zur Erläuterung:
Der voraussichtlich nach dem Stichtag zu erzielende Verkaufserlös soll 300 € betragen. Hiervon werden Erlösschmälerungen (z.B. Skonti) von 6 €, allgemeine Vertriebskosten (z.B. Provisionen) von 20 €, Verwaltungskosten (z.B. Lagerhaltungskosten) von 10 € und noch die zukünftigen Herstellungskosten bis zum Ende der Fertigung von 24 € abgezogen. Der beizulegende Wert beträgt demnach 240 €.

Belastungsorientierte Auftragsfreigabe. Verfahren zur Steuerung eines Fertigungsbetriebes: Es werden gerade so viele Fertigungsaufträge zur Produktion freigegeben, dass vor keinem Arbeitsplatz ein festgelegter Arbeitsvorrats-Pegel überschritten wird. Der Vorteil des Verfahrens liegt darin, dass der Umlaufbestand und die Durchlaufzeit definiert gesteuert werden können. Probleme entstehen wenn die tatsächlichen Arbeitsvorräte nicht hinreichend genau bekannt sind.

Beleg (in der → *Buchführung*). Es darf keine Buchung ohne Beleg erfolgen. Man unterscheidet natürliche und künstliche Belege. Natürliche Belege entstehen durch den Geschäftsablauf. Es kann sich dabei um interne Belege handeln (z.B. Lohn-/Gehaltslisten, Akkordzettel, Privatentnahmebelege, Materialentnahmebelege) oder um externe Belege (z.B. Eingangs/Ausgangsrechnungen, Banküberweisungen, Versicherungsbeiträge). Künstliche Belege (Eigenbelege) werden für buchhalterische Konsequenzen aus mündlichen Anweisungen erstellt, die anderweitig nicht dokumentiert sind. Mehrere gleichartige Geschäftsvorfälle können durch Sammelbelege abgedeckt werden. Man unterscheidet weiterhin

a) Fremdbelege, die von außen in das Unternehmen kommen (z.B. Eingangsrechnungen, Quittungen, Gutschriftenanzeigen von Lieferanten, Begleitbriefe für erhaltene Schecks und Wechsel, sonstige Geschäftsbriefe mit Buchhaltungsrelevanz, Bankbelege, Postbelege);
b) Eigenbelege, die vom Unternehmen selbst ausgestellt werden (z.B. Kopien von Ausgangsrechnungen, Quittungskopien, Gutschriftenanzeige an Kunden, Kopien von Begleitbriefen zu abgegebenen Schecks und Wechseln, Kopien von sonstigen Geschäftsbriefen mit Buchhaltungsrelevanz, Lohn- und Gehaltslisten, Materialentnahmescheine, Privatentnahmebelege, Storno- und Umbuchungsbelege);
c) Ersatzbelege, die vom Unternehmen ausgestellt werden, wenn der Originalbeleg verloren gegangen ist.

Belegaufbewahrungspflicht (§ 257 HGB). Jeder Kaufmann ist verpflichtet, die folgenden Unterlagen geordnet aufzubewahren: Handelsbücher, Inventare, Eröffnungsbilanzen, → *Jahresabschlüsse*, Lageberichte, Konzernabschlüsse, Konzernlageberichte sowie die zu ihrem Verständnis erforderlichen Arbeitsanweisungen und sonstigen Organisationsunterlagen, die empfangenen Handelsbriefe, Wiedergaben der abgesandten Handelsbriefe, Belege für Buchungen in den von ihm (...) zu führenden Büchern (Buchungsbelege). Handelsbriefe sind nur Schriftstücke, die ein Handelsgeschäft betreffen. Mit Ausnahme der Eröffnungsbilanzen, Jahresabschlüsse und der Konzernabschlüsse können die (...) aufgeführten Unterlagen auch als Wiedergabe auf einem Bildträger oder auf anderen Datenträgern aufbewahrt werden, wenn dies den Grundsätzen ordnungsmäßiger Buchführung entspricht und sichergestellt ist, dass die Wiedergabe oder die Daten mit den empfangenen Handelsbriefen und den Buchungsbelegen bildlich und mit den anderen Unterlagen inhaltlich übereinstimmen, wenn sie lesbar gemacht werden, (sowie) während der Dauer der Aufbewahrungsfrist verfügbar sind und jederzeit innerhalb angemessener Frist lesbar gemacht werden können. Sind Unterlagen (...) auf Datenträgern hergestellt worden, können statt des Datenträgers die Daten auch ausgedruckt aufbewahrt werden (...) Handelsbücher, Inventare, Eröffnungsbilanzen, Jahresabschlüsse, Lageberichte, Konzernabschlüsse, Konzernlageberichte sowie die zu ihrem Verständnis erforderlichen Arbeitsanweisungen und sonstigen Organisationsunterlagen sind zehn Jahre, die anderen genannten Unterlagen sechs Jahre aufzubewahren. Die Aufbewahrungsfrist beginnt mit dem Schluss des Kalenderjahres, in dem die letzte Eintragung in das Handelsbuch gemacht, das Inventar aufgestellt, die Eröffnungsbilanz oder der Jahresabschluss festgestellt, der Konzernabschluss aufgestellt, der Handelsbrief empfangen oder abgesandt worden oder der Buchungsbeleg entstanden ist.

Belegprüfung. Beinhaltet die Überprüfung der → *Belege* auf sachliche und rechnerische Richtigkeit und die Zuordnung dieser Belege zu → *Geschäftsvorfällen*. Die Belege werden vor der Verbuchung nach einheitlichen Belegarten sortiert und fortlaufend durchnummeriert. Außerdem erfolgt eine Vorkontierung auf dem Beleg. Alle Belege müssen sechs Jahre, beginnend mit dem Ende des Kalenderjahrs, in dem sie entstanden sind, aufbewahrt werden.

Bemessungsgrundlagen. Merkmale des Steuertatbestandes, die zur Bemessung der Steuer verwendet werden. Als Bemessungsgrundlage kommt ein Geldbetrag infrage, z. B. Höhe des zu versteuernden Einkommens oder Höhe des Umsatzes, oder eine Menge hergestellter oder umgesetzter Erzeugnisse, z. B. beim Mineralöl, Kaffee, Tee. Bei der Kraftfahrzeugsteuer ist der Steuermaßstab der Hubraum bzw. das Gewicht oder die Schadstoffklasse.

Benchmarking. Ständiger oder fallweiser Vergleich der eigenen Produkte, Prozesse und Dienstleistungen eines Unternehmens oder Unternehmensbereichs mit (einem) anderen. Damit sollen zum einen Verbesserungsmöglichkeiten aufgedeckt und zum anderen zu verbesserten Leistungen motiviert werden. Damit ein Benchmarking durchgeführt werden kann, müssen Vergleichsdaten vorliegen, also Informationen über Produkt- oder Prozesseigenschaften in Konkurrenzunternehmen. Solche Informationen können speziell für das Benchmarking-Projekt erhoben werden, z. B. durch Befragungen. Es können auch bereits vorliegende Informationen, die für andere Zwecke gesammelt wurden, genutzt werden. Wichtige Informationsquellen sind hier z. B. einschlägige Veröffentlichungen, wobei häufig Markt- und Fallstudien sehr aufschlussreich sein können. In großem Umfang enthalten Datenbanken relevante Informationen. Als Ansprechpartner kommen Berufsverbände infrage. Besonders hilfreich können »Benchmarking-Clubs« sein, bei denen die Mitglieder sich gegenseitig verpflichten, Daten für Benchmarking-Projekte zur Verfügung zu stellen. Schließlich haben Unternehmensberatungen häufig einen guten Überblick über relevante Informationen; diese dürfen allerdings meist nur anonymisiert und häufig auch verfremdet weitergegeben werden. Bezüglich des Vergleichspartners unterscheidet man internes und externes Benchmarking, Letzteres differenziert in Konkurrenz- und Funktionsbenchmarking.

Beobachtung (Marktbeobachtung als Teil der → *Marktforschung*). Beschafft marktrelevante

Daten mithilfe der Wahrnehmung und der Registrierung des Wahrgenommenen. Beobachtungsmittel sind die fünf menschlichen Sinne, unterstützt durch Beobachtungs- und Registrierinstrumente (z. B. Mikrofon, Videokamera, Audimeter, Psychogalvanometer, Blickaufzeichnungsgeräte). Das Verhalten der Probanden kann demnach beobachtet werden. Begründungen für das beobachtete Verhalten lassen sich nur durch Befragung der Probanden hinzufügen. Die in der Marktforschung praktizierten Arten der Beobachtung lassen sich nach den Merkmalen der Beteiligung des Beobachters (Eigen-, Fremdbeobachtung), der Sichtbarkeit des Beobachters (offene und verstecke Beobachtung), dem Engagement des Beobachters (teilnehmende und nicht teilnehmende Beobachtung), der Realitätsnähe der Beobachtung (Labor-, Feldbeobachtung) sowie der Anzahl der Beobachteten (Einzel- und Gruppenbeobachtung) unterscheiden.

Bereitstellungslager. → *Lager*, aus dem → *Vormaterial* für Fertigung und Montage nach dem Bringsystem bereitgestellt wird.

Berufsausbildungsrecht. Die Berufsausbildung ist die Erstausbildung in einem anerkannten Ausbildungsberuf. Rechtsgrundlage sind neben dem Berufsbildungsgesetz (BBiG) auch das Jugendarbeitsschutzgesetz (JArbSchG), das Betriebsverfassungsgesetz (BetrVG) für die Jugend- und Auszubildendenvertretung, die Ausbildungsordnung für den entsprechenden Beruf und der Ausbildungsrahmenplan. Die allgemeinen Vorschriften des → *Arbeitsrechts* gelten subsidiär. Der Ausbildungsbetrieb muss geeignet sein und der Ausbilder die persönliche und fachliche Eignung aufweisen. Die Überwachung der Berufsausbildung erfolgt durch die Kammern. Im Streitfall können die Gerichte erst nach einem erfolglosen Schlichtungsverfahren angerufen werden.
Literaturempfehlung: Steckler/Schmidt: Arbeitsrecht und Sozialversicherung, 5. Auflage, Ludwigshafen 2001.

Beschaffung. Sie umfasst die Bereitstellung der für die betrieblichen Leistungsprozesse erforderlichen Faktoren (→ *Betriebswirtschaftslehre*). Da es sich um unterschiedliche Güter und Leistungen handelt, ist sie weiter zu fassen als → *Einkauf* und wird differenziert, zumal die organisatorische Zuständigkeit zumeist verschiedenen Bereichen zugeordnet ist: Materialwirtschaft (→ *Verbrauchsgüter* bei Produktionsbetrieben und Wareneinkauf im Handel), Investitionen (Anschaffung und Erstellung von Gebrauchsgütern, → *Betriebsmittel*), Arbeit (die durch Menschen zur Verfügung gestellten Arbeitsleistungen, → *Personalwesen*) und Dienstleistungen (erbracht von anderen – auch öffentlichen – Betrieben, Freiberuflern, Beratern, wie Rechtsanwälte, Steuerberater, Werbeagenturen, Ingenieurbüros etc.).

Beschaffung (als Qualitätsmanagementphase Prozessrealisierung). Die Qualität aller Zulieferungen muss sichergestellt werden, indem die Auswahl von Lieferanten anhand von Lieferantenbeurteilungen erfolgt. Die Forderungen müssen in einer oder mehreren Verfahrensanweisungen sichergestellt werden. Da die Qualität vor allem von Dienstleistungen wesentlich von der Qualifikation und Motivation der Mitarbeiter abhängt, muss dieser Fall notwendigerweise geregelt werden. Die allgemeine Auftragsvergabe an ein Unternehmen genügt u. U. nicht, es muss vielmehr der Name des betreffenden Mitarbeiters festgelegt werden. Die Auswahl des Fremdpersonals muss auf Grund bisheriger Erfahrungen, Prüfungen oder Referenzen erfolgen. Die Leistung von freien Mitarbeitern muss regelmäßig überprüft werden.

Beschaffung, produktionssynchrone → *Produktionssynchrone Beschaffung*.

Beschaffungscontrolling. Ziel ist die Sicherung der Wirtschaftlichkeit der Beschaffungsobjekte und des Beschaffungsmanagements. Aufgaben: Aufbau eines beschaffungsspezifischen Informationssystems, Unterstützung des Beschaffungsmarketings bei der Festlegung des Preisrahmens und der Höhe der Nebenkosten der zu beschaffenden Güter, Gemeinkostencontrolling der Beschaffungsorganisation und der Beschaffungsprozesse, Entwicklung eines Instrumentariums z. B. für Zwecke der Beschaffungsmarktforschung, Lieferantenbeurteilung, Betriebsunterbrechungsanalyse, Preisgrenzenbestimmung.

Beschaffungsinvestition. Investition im Zusammenhang mit Beschaffungsprozessen, betrifft die betrieblichen Bereiche der Beschaffung, des Transports und der Lagerhaltung. Investitionserfordernisse resultieren im Zusammenhang mit der Beschaffung von Produktionsfaktoren vor allem aus der Notwendigkeit des Transports (vom Lieferanten zum Unternehmen) und der Lagerung von Material. Entscheidungen über den Aufbau von Lagerkapazitäten (→ *Investitionsentscheidungen*) hängen wesentlich von der Organisation und Logistik der Zulieferung und der Produktion ab. Lager werden zwecks Vorratshaltung benötigt und Vorräte dienen dem Ausgleich von Lieferschwankungen. Moderne Managementkonzepte wie Just-in-Time, Lean Management und Supply Chain Management gehen u.a. mit einem drastischen Abbau der Bestände und damit der Lagerkapazität einher.

Beschaffungslogistik. Gesamtheit der logistischen Abläufe in der Beschaffungsphase (erster Schritt in der Wertschöpfungskette). Im industriellen Bereich wird häufig die Einkaufsfunktion im engeren Sinne (kaufmännische Funktionen) aufbauorganisatorisch in einen Gesamtbereich → *Logistik* integriert und zählt somit zur Beschaffungslogistik. Im → *Handel* ist dagegen der Einkauf unabhängig von der Logistik, die hier mehr als Dienstleister im eigenen Hause aufgefasst wird. Aufgaben der Beschaffungslogistik sind in allen Fällen: → *Materialbedarfsplanung*, Warenabholung (falls dies so organisiert ist), Wareneingangsabwicklung einschließlich der Prüfung, Lagerung, → *Transport* im Vormaterialbereich, Bereitstellung der Ware für die Weiterverarbeitung, Planung, Gestaltung, Abwicklung und Kontrolle des gesamten → *Material*- und zugehörigen → *Informationsflusses* in der Beschaffungsphase. Wird die → *Beschaffung* in das Aufgabengebiet der Beschaffungslogistik einbezogen, kommen noch folgende Aktivitäten hinzu: Beschaffungsmarktforschung, Lieferantenkontakte pflegen, Verträge abschließen, Bestellungen auslösen. Ziele und daraus abgeleitete Aufgaben sind: günstige Einkaufspreise durch frühzeitige Bedarfsfeststellung und optimale Mengenplanung, hohe → *Lieferbereitschaft* durch hohe Sorgfalt bei Bestandsüberwachung und Mengenplanung sowie eine klare Lagermengenpolitik, niedrige → *Zulaufkosten* durch kurze Wege vom Lieferanten zum Unternehmen sowie Optimierung der Zulauffracht, niedrige → *Lagerkosten* durch geeignete Standortwahl, eine kostengünstige Lagerausrüstung und optimierte Lagerabläufe.

Beschäftigungsabweichung. Sie ist in der Plankostenrechnung auf Vollkostenbasis die Differenz zwischen verrechneten Kosten zu Soll-Kosten (Plan-Kosten bei Ist-Beschäftigung). In die Sollkosten gehen ein der Block der Fixkosten zuzüglich die variablen Kosten, wie sie sich aus dem Plan bei Ist-Beschäftigung ergeben. Die zu verrechnenden Kosten ergeben sich aus Plankosten (fix und variabel) geteilt durch die geplante Menge (z.B. Stück) multipliziert mit der tatsächlichen Menge. Anders ausgedrückt bedeutet dies, dass die an sich nicht beschäftigungsabhängigen Fixkosten dennoch proportional verrechnet werden, bezogen auf die geplante Auslastung (Beschäftigung). Bei geringerer Auslastung als geplant werden daher nicht alle Fixkosten verrechnet; bei höherer Beschäftigung mehr. Die Beschäftigungabweichung sagt also aus, in welcher Höhe Fixkosten (die in den Sollkosten voll enthalten sind) nicht (bzw. gegebenenfalls zuviel) verrechnet wurden.

Dies ist von Bedeutung, da dieser Teil der Abweichung zwischen Ist-Kosten zu verrechneten Kosten nicht von den Zuständigen für die → Kostenstelle zu verantworten ist, sondern in der ab-

Begriffe zur Beschäftigungsabweichung

Plan-Beschäftigung	= geplante Auslastung (z.B. Stück)
Ist-Beschäftigung	= tatsächliche Auslastung
Plankosten	= geplante (fixe + variable) Kosten bei Plan-Beschäftigung
Sollkosten	= Plankosten bei Ist-Beschäftigung = fixe Kosten plus variable Plankosten bei Ist-Beschäftigung
Verrechnete Kosten	
– bei Plan-Beschäftigung	= Stückkosten mal Einheiten der Plan-Beschäftigung = Plankosten
– bei Ist-Beschäftigung	= Stückkosten mal Einheiten der Ist-Beschäftigung
Beschäftigungsabweichung	= Sollkosten minus verrechnete Kosten bei Ist-Beschäftigung = nicht verrechnete fixe Kosten

weichenden Auslastung (z.B. mangels genügender Aufträge) begründet liegt.

Ist die Ist-Beschäftigung kleiner als die Plan-Beschäftigung, so sind die Sollkosten größer als die verrechneten Kosten; im umgekehrten Falle wurde mehr als die Sollkosten verrechnet.

Gelegentlich werden die zu verrechnenden Kosten auf die Normalauslastung bezogen; ist diese z.B. höher als die geplante, so ergibt sich bereits eine geplante Beschäftigungsabweichung. Dies kann sinnvoll sein, um bei schwacher Beschäftigungslage in der Kalkulation nicht mit zu hohen Verrechnungssätzen zu rechnen

Bei der → *Grenzplankostenrechnung* ergeben sich keine Beschäftigungsabweichungen, da hier die Fixkosten nicht einbezogen werden.

Beschränkte Steuerpflicht. Gilt nach § 1 Abs. 4 Einkommensteuergesetz für natürliche Personen, die im Inland weder einen Wohnsitz noch ihren gewöhnlichen Aufenthalt jedoch inländische Einkünfte haben. Da die inländischen Einkünfte auch im Wohnsitzstaat des Ausländers steuerpflichtig sind, kommt es zur Doppelbesteuerung. Zur Milderung bzw. Vermeidung der Doppelbesteuerung wurden mit den meisten Staaten → *Doppelbesteuerungsabkommen* abgeschlossen. § 2 Körperschaftsteuergesetz regelt die beschränkte Steuerpflicht für ausländische Körperschaften, Personenvereinigungen und Vermögensmassen. § 2 Abs. 1 Nr. 3 Erbschaftsteuergesetz betrifft die beschränkte Steuerpflicht, wenn keine der am Erbfall bzw. an einer Schenkung beteiligten Personen Inländer sind.

Beschwerdemanagement. Art und Weise, wie ein Unternehmen mit auftretenden Beschwerden von Kunden umgeht: → *Kundenzufriedenheit*.

Besitz. Tatsächliche Sachherrschaft. Während Eigentümer derjenige ist, dem eine Sache rechtlich zugeordnet wird, ist Besitzer, wer die tatsächliche Sachherrschaft ausübt. Im → *Sachenrecht* als Bestandteil des bürgerlichen Rechts ist das Eigentümer-Besitzer-Verhältnis geregelt. Sofern der Eigentümer die Sache verpachtet hat, steht dem Pächter ein Recht zum Besitz zu, das er dem Herausgabeanspruch des Eigentümers entgegensetzen kann. Der Pächter ist berechtigter Besitzer. Erst wenn der Pachtvertrag beendet ist, entfällt das Recht zum Besitz und der Herausgabeanspruch des Eigentümers kann erfolgreich durchgesetzt werden. Der berechtigte Besitzer kann (falls nicht vertraglich ausgeschlossen) den Besitz an der Sache weiter übertragen, z.B. kann ein Mieter die Sache untervermieten. In diesem Fall wäre der Mieter mittelbarer und der Untermieter unmittelbarer Besitzer. Der mittelbare Besitzer leitet sein Besitzrecht vom Eigentümer ab. Der Herausgabeanspruch des Eigentümers richtet sich gegen den unmittelbaren Besitzer. Der Eigentümer kann jedoch nur Herausgabe an den mittelbaren Besitzer verlangen, solange dieser auf Grund eines bestehenden Mietverhältnisses ein Besitzrecht an der Sache hat. Ein Dieb übt ebenfalls die tatsächliche Sachherrschaft über die gestohlene Sache aus, doch gilt er als unberechtigter Besitzer. Er haftet dem Eigentümer gegenüber auf Schadensersatz nach den Vorschriften des → *Deliktrechts*. Nach arbeitsrechtlichen Grundsätzen gilt der Arbeitgeber als Eigentümer und Besitzer der Sachen, die im Unternehmen eingesetzt werden. Die Arbeitnehmer sind unselbstständige Besitzdiener ohne ein Recht zum Besitz.

Literaturempfehlung: Gottwald: Sachenrecht, 13. Aufl., München 2002. Danne, H. / Keil, T.: Wirtschaftsprivatrecht I, Berlin 2002. Steckler: Wirtschaftsrecht, 6. Aufl., Ludwigshafen 2003.

Besitzsteuer. → *Steuer* auf Vermögen und Einkommen als »werdenden Besitz«. Wichtige Besitzsteuern sind Einkommen-, Erbschaft-, Grund- und Gewerbesteuer. Besitzsteuern werden in → *Personal- bzw. Subjektsteuern* und Real- bzw. → *Objektsteuern* unterteilt.

Bestand. Menge eines physikalisch vorhandenen oder geplanten Artikelvorrats. Man unterschiedet → *Mindestbestand* (auch Sicherheitsbestand oder eiserner Bestand genannt), Höchstbestand, → *Meldebestand* (auch Bestellpunkt genannt), → *Durchschnittsbestand*, Bestellbestand (offene Bestellungen), Qualitätsprüfbestand, Sperrbestand.

Bestandsführung. Zur Bestandsführung zählen folgende Aktivitäten: Erstellen aktueller Unterlagen über die Vorräte nach Menge und Wert, Erstellen von Nachweisen über lagermäßige Änderungen der geführten Materialien, Durchführen der → *Inventur* nach handels- bzw. steuerrechtlichen Vorschriften, Überwachen der zu fertigenden Mengen, Erstellen von Daten zur Ermittlung des → *Brutto*- und → *Nettobedarfs*. Erstellen von Daten für die Bestellabwicklung. Überwachen von Ausschuss, ungeplantem Mehrverbrauch, sonstigen Fehlmengen. Erstellen, Ändern und Löschen von Bestellmengen, Durchführen von Bestandskontrollen. Bei Erreichen des → *Meldebestandes* kann z.B. eine Bestellung ausgelöst werden. Man erkennt in dem hier idealisierten Modell folgende Zusammenhänge: Der Sicherheitsbestand betrage S. Dann ist der Meldebestand 2 S und der Höchstbestand 3 S. Der Lagerbestand des betrachteten Artikels pendelt zwischen den zwei Punkten Höchstbestand und Sicherheitsbestand. Bei Erreichen des Meldebestandes wird die Bestellung ausgelöst. Der → *Bestand* sinkt während der Wiederbeschaffungszeit WBZ bis zum Sicherheitsbestand ab. Genau hier erfolgt der Lagerzugang von 2 S aus der Bestellung und füllt den → *Bestand* bis zur Obergrenze auf. Falls eine Lieferung ausfällt, reicht der Sicherheitsbestand zeitlich für eine weitere Wiederbeschaffung aus.

Bestandskonten. Alle Aktiv- und Passivkonten in der → *Buchführung*. Auf diese wird zu Beginn eines jeden → *Geschäftsjahrs* deren Anfangsbestand übertragen oder über → *Eröffnungsbilanzkonto* gebucht. Zum Ende eines jeden Geschäftsjahrs werden die Bestandskonten über das → *Schlussbilanzkonto* abgeschlossen.

Bestandskosten → *Logistikkosten*.

Bestandskunde. Kunde, der in der letzten Zeit zumindest gelegentlich bei einem Lieferanten gekauft hat.

Bestandsüberwachung. Sorgfältige Beobachtung der Bestandsentwicklung. Ausgehend von einer → *Inventur* werden mit jedem → *Wareneingang* bzw. → *Warenausgang* die Buchbestände fortgeschrieben. Mittels Sicherheitsmaßnahmen wird der Diebstahl weitestmöglich eingedämmt. Zur Bestandsüberwachung kann auch die → *Verfügbarkeitsrechnung* gezählt werden, bei der längs der Zeitachse alle bereits bekannten zukünftigen Zu- und Abgänge analysiert und potenzielle Negativbestände verhindert werden. Kennzahlen zur Überwachung der Bestände sind → *Durchschnittsbestand*, → *Umschlagshäufigkeit* und → *Reichweite*.

Bestandsveränderung. Stimmen Herstellungs- und Absatzmenge von Erzeugnissen innerhalb einer Abrechnungsperiode überein, ergibt sich der betriebliche Erfolg bereits als Gegenüberstellung von Herstellungsaufwendungen und Umsatzerlösen. Bestandsveränderungen ergeben sich hingegen, wenn mehr hergestellt als verkauft wird (Bestandsmehrung) oder mehr verkauft als hergestellt wird (Bestandsminderung). Dies verzerrt den Erfolgsausweis insofern, als sich die Aufwendungen auf die hergestellte Menge, die Erlöse jedoch auf die abgesetzte Menge von Erzeugnissen beziehen. Daher sind auch die Bestandsveränderungen an fertigen und unfertigen Erzeugnissen beim Erfolgsausweis zu berücksichtigen. Eine Bestandsminderung hat Aufwandscharakter, eine Bestandsmehrung hat Ertragscharakter.

Bestellleistung. Anzahl Bestellpositionen pro Monat in einer Einkaufsabteilung; eine der → *Logistik-Kennzahlen*.

Bestellmengenermittlung. Ermittlung der Bestellmenge unter Berücksichtigung von Preisstaffeln, Lagerungskosten, Transportkosten, Skonti, Rabatten und Gebindegrößen. Eine einfache Formel zur Optimierung stellt die → *Andler'sche Formel* dar.

Bestellpunkt → *Meldebestand*.

Bestellquote. Anzahl der je Mitarbeiter im Einkauf beschafften Bestellpositionen; grobes Maß für die persönliche Einkaufsleistung; eine der → *Logistik-Kennzahlen*.

Bestellvorschlag → *Planauftrag*.

Besteuerungsgrundsätze. Dazu gehören vor allem das Leistungsfähigkeits-, Gleichheits-, Praktikabilitäts- und das Prinzip der Wettbewerbsneutralität. Das Leistungsfähigkeitsprinzip verlangt, dass jeder Steuerbürger nach seiner finanziellen Leistungsfähigkeit zur Steuerzahlung herangezogen wird. Bei der Lohn- und Einkommensteuer gelten daher drei Forderungen:

1. Steuerfreiheit des Existenzminimums, z.B. im Jahre 2002 = 7.235 €, ab 2005 = 7.664 €.
2. Progressiver Steuertarif, d.h., ein Bürger hat mit höherem Einkommen überproportional höhere Steuern zu zahlen. Ab 2005 steigt der

Einkommensteuersatz in drei Stufen von 15 % ab einem zu versteuernden Einkommen von 7.664 € auf 42 % ab einem zu versteuernden Einkommen von 52.152 €.
3. Berücksichtigung der persönlichen Verhältnisse durch das sog. ➔ *Splitting-Verfahren*, durch ➔ *Kinder*- und Haushaltsfreibeträge, durch ➔ *Werbungskosten*, ➔ *Sonderausgaben* und ➔ *außergewöhnliche Belastungen*.

Das Gleichheitsprinzip besagt, dass alle Steuerbürger vor dem Gesetz gleich sind. Jeder Bürger – ohne Ausnahme – hat Steuern zu zahlen, wenn er den Besteuerungsgegenstand der jeweiligen Steuerart erfüllt.

Das Praktikabilitätsprinzip ist durch drei Forderungen gekennzeichnet: bequeme Zahlungsweise, geringe Erhebungskosten, einfache und verständliche Steuerbestimmungen. Die Zahlungsweise gilt dadurch als bequem, dass Steuern nicht am Letzten bzw. Ersten sondern grundsätzlich am 10. eines Monats fällig sind. Quartalstermine sind entzerrt worden, z. B. sind Gewerbe- und Grundsteuern im zweiten Monat, Einkommensteuern im dritten Monat eines Quartals zu zahlen. Erhebungskosten sind gering, wenn der Erhebungsaufwand im Verhältnis zum Steueraufkommen nicht ins Gewicht fällt. Wettbewerbsneutralität verlangt schließlich, dass die Besteuerung bestimmte Unternehmensformen, Unternehmenszusammenschlüsse, Investitionen und Produkte weder begünstigt noch benachteiligt.

Besteuerungsverfahren. Verfahren, das die Entstehung, Ermittlung, Festsetzung, evtl. Änderung und das Erlöschen der Steuerschuld regelt. Die Steuerschuld entsteht grundsätzlich in dem Zeitpunkt, in dem der Tatbestand verwirklicht wird, den das Gesetz an die Leistungspflicht knüpft. In den Einzelgesetzen ist dieser Zeitpunkt häufig genauer präzisiert worden, z. B. bei der Einkommensteuer mit Ablauf des ➔ *Veranlagungszeitraums*, bei der Lohnsteuer der Zeitpunkt, in dem der Arbeitslohn dem Arbeitnehmer zufließt, bei der Umsatzsteuer mit Ablauf des Monats, in dem der Umsatz ausgeführt worden ist. Für die Ermittlung der Steuerschuld ist häufig eine ordnungsmäßige Buchführung Voraussetzung, z. B. bei der Umsatz-, Gewerbe-, Einkommen- und Körperschaftsteuer. Grundlage der Ermittlung ist eine Steuererklärung, die vom Steuerpflichtigen mit entsprechenden Anlagen und Erläuterungen beim zuständigen Finanzamt abzugeben ist. Das zuständige Finanzamt setzt die Steuer in einem sog. ➔ *Steuerbescheid* fest, entweder endgültig, vorläufig oder unter dem Vorbehalt der Nachprüfung, was für die Änderungsmöglichkeiten von Steuerbescheiden von Bedeutung ist. Gegen jeden Steuerbescheid ist der Rechtsbehelf des Einspruchs innerhalb eines Monats nach Bekanntgabe des Bescheids möglich. Die Steuerschuld erlischt durch Zahlung und evtl. auch durch Erlass gemäß § 227 Abgabenordnung oder Verjährung gemäß § 232 Abgabenordnung.

Bestimmtheitsmaß ➔ *Korrelationsdiagramm*

Bestimmungslandprinzip. Das Prinzip hat im Umsatzsteuerrecht eine große Bedeutung. Die Besteuerung erfolgt in dem Land, für das die Lieferungen und sonstigen Leistungen bestimmt sind, d. h. bei Außenhandelslieferungen im Einfuhrland. Grundsätzlich sollen Waren und Dienstleistungen in dem Land besteuert werden, in dem sie verbraucht, verarbeitet oder genutzt werden. Innerhalb der Europäischen Union wird zwar angestrebt, das ➔ *Ursprungslandprinzip* durchzusetzen. Wegen der unterschiedlichen Steuersätze und unterschiedlichen Export- und Importquoten in den einzelnen EU-Ländern bleibt es jedoch zunächst beim Bestimmungslandprinzip.

Besuchsnormen. Festlegung einer bestimmten Besuchszahl pro Kunde und Zeiteinheit, meist in Abhängigkeit von Größe und Bedeutung des Kunden (z. B. A-Kunden wöchentlich, B-Kunden monatlich, C-Kunden einmal pro Quartal).

Besuchsplanung. Festlegung der Reihenfolge, in der die Kunden vom Außendienstmitarbeiter besucht werden sollen.

Beteiligungscontrolling. Steuernde, überwachende und kontrollierende Begleitung einer Beteiligung über ihren gesamten Lebenszyklus zur Erfüllung der strategischen und operativen Zielsetzungen aus dem Beteiligungsverhältnis. Die Aufgaben bestimmen sich nach den Zielsetzungen der Muttergesellschaft und den Beteiligungsverhältnissen. Die Steuerung beschränkt sich auf Einhaltung von Finanz- und Erfolgszielen und Kennzahlen wie Cashflow oder ROI, Shareholdervalue.

Bei Übernahme der strategischen Führerschaft der Beteiligung durch die Muttergesellschaft werden auch inhaltliche Geschäftsinteressen zu Controllingobjekten, z.B. strategische Geschäftsfelder, Forschungs- und Entwicklungsziele, Investitions- und Desinvestitionsstrategien. Die Steuerung erweitert sich auf die Einhaltung von Umsatz- und Marktanteilen und strategischen Kosten- und Erfolgsgrößen. Die operative Führung durch die Muttergesellschaft schließt Eingriffe in das betriebliche Tagesgeschehen der Beteiligung ein. Die Steuerung umfasst sämtliche Unternehmensbereiche.

Beteiligungsfinanzierung. Dem Unternehmen wird → *Eigenkapital* von außen zur Verfügung gestellt. Dabei kann es sich entweder um Bareinlagen oder um Sacheinlagen handeln. Ersteres ist problemloser und daher am häufigsten. Bei der Sacheinlage werden z.B. Maschinen, Waren und sonstige Güter überlassen, aber auch Rechte wie Patente, Wertpapiere oder Forderungen zählen hierzu. Probleme können sich bei der Ermittlung des anzusetzenden Wertes ergeben. Zum einen können sich unter den Beteiligten unterschiedliche Auffassungen ergeben, da mit der Höhe der Eigenkapitaleinlage auch das Beteiligungsverhältnis der Gesellschafter untereinander beeinflusst wird. Hinzu kommt der Gläubigerschutz, also das Vertauen Dritter darauf, dass das eingebrachte Eigenkapital auch tatsächlich mit dem ausgewiesenen Wert dem Unternehmen zugeführt wurde. Deshalb ist bei einer Reihe von Rechtsformen zwingend eine Prüfung des Wertes einer Sacheinlage durch einen unabhängigen Prüfer gefordert. Vorsicht: dies wird gelegentlich bei der Einbringung von Forderungen übersehen, was zu Nachschusspflichten führen kann, wenn die Forderung notleidend wird.

Mit dem Erwerb von Beteiligungen sind neben der Einbringung der übernommenen Kapitaleinlage weitere Rechte und Pflichten verbunden – die konkreten Ausgestaltungen sind abhängig von der jeweiligen → *Rechtsform*.

Zunächst steht die Beteiligungsfinanzierung an bei der Gründung der Gesellschaft. Weitere Anlässe können durch Kapitalerhöhungen veranlasst sein. Wird das zusätzliche Kapital vom Eigner eines Einzelunternehmens oder von den bisherigen Gesellschaftern erbracht, so wird dies z.T. auch als Eigenfinanzierung bezeichnet. Soweit die Gesellschafter anteilig unterschiedlich an der Erhöhung teilnehmen, ergibt sich daraus eine Veränderung der Beteiligungsverhältnisse, was Auswirkungen auf die Mehrheitsverhältnisse und z.B auch bei Abstimmungen oder sonstigen Rechten und Pflichten haben kann. Ähnliche Themen stellen sich bei der Kapitalerhöhung durch die Aufnahme zusätzlicher Gesellschafter (z.T. als Beteiligungsfinanzierung i.e.S. bezeichnet). Manchmal ist eine solche Kapitalerhöhung zugleich mit einer Änderung (zumindest oft sinnvollerweise zu überprüfen) des Gesellschaftsvertrages oder sogar der Rechtsform verbunden. Insbesondere bei einer OHG (→ *Offene Handelsgesellschaft*) kann es sein, dass zusätzliche Gesellschafter nicht zur Vollhaftung, sondern nur zur Teilhaftung bereit sind, sodass der Wechsel in eine → *Kommanditgesellschaft* ansteht. Nimmt ein Einzelunternehmen – abgesehen von einer → *Stillen* Gesellschaft – einen Teilhaber auf, so ist damit stets die Änderung der Rechtsform (Schaffung einer Gesellschaft) verbunden.

Zu unterscheiden sind Unternehmen mit einem Zugang zur Börse, dies sind börsennotierte Aktiengesellschaften und Kommanditgesellschaften auf Aktien, und Unternehmen, denen dieser Zugang nicht zur Verfügung steht (bzw. nur durch Rechtsformwechsel und/oder Börseneinführung möglich würde). Die Beteiligungsfinanzierung der Aktiengesellschaft erfolgt durch die Ausgabe neuer bzw. junger Aktien. Form und Ablauf der Aktienausgabe sind im Aktiengesetz geregelt. Dort werden verschiedene Arten der Kapitalerhöhung beschrieben:

a) die Kapitalerhöhung gegen Einlage,
b) die bedingte Kapitalerhöhung,
c) die Schaffung genehmigten Kapitals sowie
d) die Ausgabe von Gratisaktien.

Die Normalform ist die Kapitalerhöhung gegen Einlage. Dabei wird nach Beschluss der Hauptversammlung über Höhe und Art der Kapitalerhöhung den Altaktionären ihrer Beteilungsquote entsprechend ein gesetzlich verankertes Bezugsrecht für die neuen Aktien gewährt. Da der Ausgabekurs der neuen Aktien regelmäßig unterhalb des aktuellen Börsenkurses der Aktien liegt, hat das Bezugsrecht einen Wert. Der Wert eines Bezugsrechts pro Altaktie entspricht dabei:

$$\text{Bezugsrechtswert} = \frac{\text{Aktienkurs} - \text{Ausgabekurs}}{\dfrac{\text{Anzahl Altaktien}}{\text{Anzahl junge Aktien}} + 1}$$

Bis zum Bezugszeitpunkt werden die Bezugsrechte gehandelt. Danach erhalten die Bezugsberechtigten die neuen Aktien gegen Bezahlung des Ausgabekurses an die Unternehmung. Das eingezahlte Kapital erhöht das bilanzielle Eigenkapital der Unternehmung. Bei der bedingten Kapitalerhöhung beschließt die Hauptversammlung die zukünftige Ausgabe neuer Aktien in Abhängigkeit von dem Eintritt bestimmter Ereignisse. Diese Ereignisse können z.B. die Wahrnehmung des Bezugsangebots von Belegschaftsaktien durch die Mitarbeiter oder die Optionsausübung im Rahmen von durch das Unternehmen gegebenen → *Optionsanleihen* sein. Bei der Schaffung genehmigten Kapitals wird der Vorstand der Aktiengesellschaft durch die Hauptversammlung ermächtigt, innerhalb eines Zeitraums von bis zu fünf Jahren das Eigenkapital durch Ausgabe von neuen Aktien ohne weitere Zustimmung durch die Hauptversammlung zu erhöhen. Damit wird die Flexibilität und Geschwindigkeit der Eigenkapitalerhöhung verbessert. Bei Gratisaktien, auch Aktiensplit genannt, handelt es sich um die Ausgabe neuer Aktien ohne Zuzahlung der Aktionäre. Mit diesen Gratisaktien ist kein Finanzierungseffekt verbunden, da eine Zahlung an die ausgebende Unternehmung nicht stattfindet. Die Zahl der ausgegebenen Aktien wird erhöht und der Wert der einzelnen Aktie (Aktienkurs) reduziert sich anteilig. Vorteil der Beteiligungsfinanzierung über die Aktienbörse ist, dass große Kapitalbeträge bei vergleichsweise niedrigen Transaktionskosten aufgenommen werden können. Die Möglichkeiten und Abläufe der Beteiligungsfinanzierung außerhalb der Börse sind rechtsformabhängig. Bei der Einzelunternehmung besteht die Möglichkeit der Übertragung von Vermögen aus dem Privatbereich in das Unternehmensvermögen. Als weitere Möglichkeit kann ein Rechtsformwechsel zu einer Personen- (z.B. offene Handelsgesellschaft oder Kommanditgesellschaft) oder Kapitalgesellschaft (Gesellschaft mit beschränkter Haftung, Aktiengesellschaft) bei gleichzeitiger Aufnahme neuer Gesellschafter erfolgen. Ein wesentliches Problem bei der Eigenkapitalbeschaffung außerhalb der Börse ist das Auffinden potenzieller Kapitalgeber und die Gestaltung und Bewertung der auszugebenden Gesellschaftsanteile. Kapitalgeber lassen sich über Finanzanzeigen, über die Einschaltung von Finanzmaklern, über Kapitalbörsen im Internet oder die Direktansprache finden. Hierbei kann es sich um andere Unternehmen/Unternehmer, Beteiligungsgesellschaften, Mitarbeiter, Banken/ Versicherungen und private Investoren handeln. Die Übernahme von Beteiligungen zwischen Unternehmen ist nicht ungewöhnlich. Von Interesse können Beteiligungen durch Abnehmer-Lieferanten oder Konkurrenten sein.

Beteiligungsgesellschaften. Dies sind Unternehmen, deren Geschäftszweck es ist, Beteiligungen einzugehen bzw. zu halten. Beteiligungsgesellschaften unterscheiden sich hinsichtlich der verfolgten Beteiligungsziele und hinsichtlich der rechtlichen Strukturen. Unterscheiden lassen sich Holdinggesellschaften, erwerbswirtschaftliche und nicht erwerbswirtschaftliche Kapitalbeteiligungsgesellschaften und Venture-Capital-Gesellschaften.

Holdinggesellschaften sind Obergesellschaften, in denen mehrere selbstständige Unternehmen zum Zweck der einheitlichen Leitung zusammengefasst werden.

Erwerbswirtschaftliche Kapitalbeteiligungsgesellschaften sind regelmäßig banknahe Unternehmen, die überwiegend stille Minderheitsbeteiligungen an mittelständischen Unternehmen befristet (10 bis 15 Jahre) eingehen. Eine besondere Form ist die Unternehmensbeteiligungsgesellschaft, die den Anforderungen des Unternehmensbeteiligungsgesetzes genügt.

Nicht erwerbswirtschaftliche Beteiligungsgesellschaften sind Initiativen öffentlicher Stellen, Bundesländer und öffentlich kontrollierter Kreditinstitute. Ziel dieser Gesellschaften ist die möglichst kostendeckende Eigenkapitalstärkung nicht börsenfähiger mittelständischer Unternehmen. Venture-Capital-Gesellschaften zeichnen sich durch ihren Anlageschwerpunkt aus. Sie suchen Beteiligungen an innovativen und jungen Unternehmen, deren Wachstumsperspektiven besonders ausgeprägt sind. Neben Kapital werden häufig Beratungsleistungen angeboten. Ziel der Venture-Capital-Gesellschaften ist es regelmäßig, sich nach erfolgreicher Entwicklung des betreuten Unternehmens mit Gewinn, z.B. im Rahmen einer Börseneinführung, aus dem Engagement zu lösen.

Betrieblicher Wertekreislauf. Beschaffung, Leistungserstellung und Leistungsverwertung bilden einen sich ständig wiederholenden Prozess, aus dem sich auch der Finanzierungsprozess ergibt → *Betriebswirtschaftslehre*. Das Schaubild zeigt diesen Wiederholungscharakter zusammen mit der Einbindung der externen und internen → *Finanzierung*.

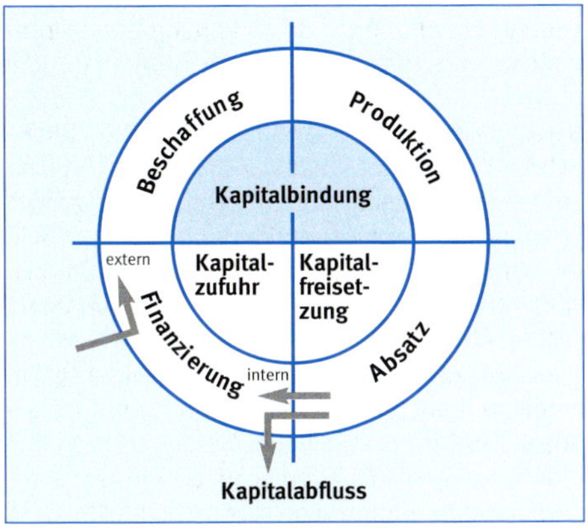

Abb. 3: Betrieblicher Wertekreislauf

Betriebliches Vorschlagswesen (BVW). Ideen- und Innovationsmanagement. Gemäß dem Sinnspruch: »Keiner ist so klug wie alle« wird das BVW, das in Deutschland 1872 zum ersten Mal bei der Fa. Krupp eingeführt wurde, heute verstärkt als ein personalwirtschaftliches Instrument betrachtet, das zu einer permanenten Produkt- und Prozessinnovation in kleinen Schritten beiträgt, die Motivation und Entwicklung der Beschäftigten im Rahmen einer → *Personalentwicklung* fördert und nicht zuletzt auch einen positiven Beitrag zu einer zielorientierten Unternehmens- und Innovationskultur liefert, die auf Partizipation zwischen Kapital und Arbeit zur Realisierung von Unternehmenszielen setzt. Der Verbreitungsgrad des BVW nimmt bezogen auf die Betriebsgröße stark ab. In der Größenklasse 1 bis 50 Beschäftige setzen nur vier % der Unternehmen im verarbeitenden Gewerbe das BVW ein, während es in der Größenklasse über 500 Beschäftigte 93 % der Unternehmen sind, die auf ein BVW nicht verzichten wollen. Grundsätzlich kann ein Verbesserungsvorschlag jede Idee eines Mitarbeiters sein, die eine Verbesserung gegenüber dem bestehenden Zustand aufzeigt, deren Einführung rentabel ist bzw. die zu einer Erhöhung der Sicherheit, Verringerung der Schäden für Gesundheit und Umwelt sowie zu einer Steigerung des Firmenansehens führt und die ohne die Anregung des Einreichers nicht durchgeführt worden wäre. Das betriebliche Vorschlagswesen umfasst somit alle Systeme und Verfahrensweisen, mit denen Verbesserungsvorschläge von Mitarbeitern prämiert werden. Voraussetzung ist, dass diese Vorschläge über die normale Dienstpflicht hinausgehen. Dabei richten Mitarbeiter Vorschläge an einen »Beauftragten für das Vorschlagswesen«. Dieser holt bei entsprechenden Fachleuten im Unternehmen Gutachten zum Nutzen und zur Durchführbarkeit der Ideen ein. Eine Prüfungs- und Bewertungskommission, zusammengesetzt aus Vertretern des Managements und der Arbeitnehmer, entscheidet schließlich auf Grundlage der Gutachten über eine Annahme oder Ablehnung der Vorschläge sowie über die Form und Höhe der Anerkennung (Prämie). Als sehr wichtig für den langfristigen Erfolg des betrieblichen Vorschlagswesens wird angesehen, dass eingereichte Vorschläge möglichst schnell und unbürokratisch bewertet und bei positiver Beurteilung umgesetzt werden.

Betriebsabrechnungsbogen (BAB) → *Kostenstellenrechnung*, kurzfristige Erfolgsrechnung

Betriebsausgaben. Haben im Zusammenhang mit den → *Gewinneinkünften* eine große Bedeutung. Sie werden von den → *Betriebseinnahmen* abgezogen, um die → *Einkünfte* zu ermitteln. Laut § 4 Abs. 4 Einkommensteuergesetz handelt es sich um Aufwendungen, die durch den Betrieb veranlasst sind. Notwendigkeit, Zweckmäßigkeit und Höhe der Aufwendungen liegen im Ermessen des Unternehmens. Typische Betriebsausgaben in Geld sind der Wareneinsatz bei Handelsunternehmen, Roh-, Hilfs- und Betriebsstoffe bei Industrieunternehmen, Löhne und Gehälter, Mieten, → *Betriebssteuern*, Werbekosten, Abschreibungen, allgemeine Verwaltungskosten. Betriebsausgaben in Geldeswert kommen im Bereich der Personalkosten vor, z. B. Mittagessen in Kantinen, Dienstwohnungen, private Nutzung eines Dienstwagens. Sind Betriebsausgaben mit Umsatzsteuern belastet, so sind die Nettobeträge anzusetzen, wenn das Unternehmen zum Vorsteuerabzug berechtigt ist. Beispiel: Wir kaufen Rohstoffe für netto 10.000 € + 16 % Umsatzsteuer = 11.600 €. Die Umsatzsteuer kann als → *Vorsteuer* geltend gemacht werden, sodass nur Betriebsausgaben von 10.000 € vorliegen. Für Aufwendungen, die auch die Privatsphäre des Unternehmers betreffen, gelten strenge Abgrenzungskriterien laut § 4 Abs. 5 Einkommensteuergesetz, z.B. bei Kundengeschenken, Bewirtungsaufwendungen, Mehraufwendungen für Verpflegung bei Geschäftsreisen, Aufwendungen des Unternehmers für Fahrten zwischen Wohnung und Betrieb, Mehraufwendungen durch eine doppelte Haushaltsführung, Aufwendungen für ein häusliches Arbeitszimmer, für betriebliche Kraftfahrzeuge, die auch privat genutzt werden.

Betriebsbilanz (Ökologie). Stoff- und Energiebilanz, die alle mit einem bestimmten Betrieb bzw. Standort zusammenhängenden Stoff- und Energieströme beschreibt und formal bewertet.

Betriebsdatenerfassung (BDE). Methode zur Erfassung der betrieblichen Leistung, bei der sowohl personenbezogene als auch fertigungsauftragsbezogene Mengen und Zeiten erfasst werden → *Datenschutzrecht*.

Betriebseinnahmen. Bruttozufluss der Erträge bei den Einkunftsarten Land und Forstwirtschaft, Gewerbebetrieb und selbstständige Arbeit, z.B. Erlöse aus dem Verkauf von land- und forstwirtschaftlichen und tierischen Produkten, aus dem Verkauf von Waren oder selbst hergestellten Erzeugnissen, Honorareinnahmen aus freiberuflicher Tätigkeit, aber auch Erlöse aus sog. Nebengeschäften, wie z.B. Verkäufe von Teilen des Betriebsvermögens. In seltenen Fällen kommen auch Betriebseinnahmen in Geldeswert vor, z.B. bei einem Tausch: Ein Steuerberater erhält von einer Modeboutique als Honorar ein Modellkleid für seine Freundin. Unternehmen und Freiberufler mit umsatzsteuerpflichtigen Umsätzen haben nur die Nettoeinnahmen als Betriebseinnahmen anzusetzen. Die → *Umsatzsteuern* sind als kurzfristige Verbindlichkeiten zu berücksichtigen und mit entsprechenden → *Vorsteuern* zu saldieren. Beispiel: Ein Wirtschaftsprüfer prüft den Jahresabschluss eines Unternehmens und berechnet dafür 80.000 € + 16 % Umsatzsteuer = 92.800 €. Die Umsatzsteuer gilt als kurzfristige Verbindlichkeit und ist mit entsprechenden Vorsteuern zu saldieren. Betriebseinnahme ist nur das Nettohonorar von 80.000 €. Bei einer → *Gewinnermittlung* nach § 4 Abs. 3 Einkommensteuergesetz gehört die Umsatzsteuer zwar formal zu den Betriebseinnahmen. Vorsteuer und Umsatzsteuerzahlung erscheinen jedoch in derselben Höhe als Betriebsausgaben, sodass sich immer nur die Nettobeträge als Betriebseinnahmen und -ausgaben auswirken.

Betriebsgeheimnis. Der Rechtsschutz für Betriebs- und Geschäftsgeheimnisse gehört zum → *Wettbewerbsrecht*. Der Geheimnisverrat zu Wettbewerbszwecken ist als Straftatbestand ausgestaltet, → *Wirtschaftsstrafrecht*. Als Betriebs- oder Geschäftsgeheimnis gilt jede unternehmensbezogene Tatsache, die nach dem Willen des Betriebsinhabers geheim bleiben soll. Auch muss an der Geheimhaltung ein berechtigtes wirtschaftliches Interesse bestehen. Das Geheimhaltungsinteresse des Geschäftsinhabers ergibt sich entweder aus dem erklärten Willen oder aus den Umständen des Einzelfalles. Als geheim zu haltende Tatsachen ohne Kennzeichnung als Betriebsgeheimnis durch den Betriebsinhaber gelten z.B. Kunden- und Auftragsdaten, Kalkulationen, Preisberechnungen, Muster und Modelle, Betriebs-, Absatz- und Vertriebsdaten einschließlich Marketingkonzepte, Werbemethoden etc. Der Geheimhaltungswille des Geschäftsinhabers kann durch ausdrückliche Erklärung kundgetan werden. Dies erfolgt entweder durch vertragliche Geheimhaltungsklauseln, durch Vermerke auf den Unterlagen oder durch technische bzw. organisatorische Sicherungsmaßnahmen und -kontrollen. Die einzelnen Maßnahmen müssen nicht unüberwindbar sein, sondern lediglich den Geheimhaltungswillen offenbaren. Daher reichen z.B. einfache Datensicherungsmaßnahmen wie Passworte aus, um das Geheimhaltungsinteresse bekannt zu geben. Nach dem Gesetz gegen den unlauteren Wettbewerb (UWG) ergeben sich vier verschiedene Sachverhalte, die eine Strafbarkeit wegen des Verrats von Betriebs- und Geschäftsgeheimnissen begründen.

1. Geheimnisverrat durch unbefugte Mitteilung seitens Beschäftigter: Als Täter kommen nur die Arbeitnehmer des Unternehmens in Betracht. Ein Mitarbeiter teilt einem Dritten unbefugt ein Betriebsgeheimnis mit, das ihm während des Arbeitsverhältnisses zugänglich geworden ist. Die unbefugte Mitteilung an Dritte ist nur strafbar, wenn sie zu Wettbewerbszwecken aus Eigennutz, zu Gunsten des Dritten oder in der Absicht erfolgt, den Betriebsinhaber zu schädigen.
2. Geheimnisverrat durch unbefugte Aneignung: Jemand verschafft sich aus den gleichen Mo-

tiven heraus unbefugt ein Betriebsgeheimnis durch Anwendung technischer Mittel, durch Herstellung einer Kopie oder durch Wegnahme einer Sache, in der das Geheimnis verkörpert ist. Diese Straftat kann auch von externen Personen begangen werden.

3. Geheimnisverrat durch unbefugte Verwertung oder Weitergabe: Ein durch unbefugte Aneignung erlangtes Betriebsgeheimnis wird unbefugt verwertet oder jemandem mitgeteilt. Als Täter kommt jeder infrage, der sich unbefugt das Betriebsgeheimnis verschafft hat.
4. Geheimnisverrat durch »unbefugte Verwertung oder Weitergabe anvertrauter Betriebsgeheimnisse«: In diesem Fall erlangt jemand Unterlagen, Muster oder Modelle in befugter Weise, z. B. im Rahmen überbetrieblicher Zusammenarbeit. Auch in diesem Fall ist die unbefugte Verwertung oder Weitergabe der rechtmäßig erlangten Betriebsgeheimnisse strafbar. In der Wirtschaftspraxis wird die wettbewerbsrechtliche Strafnorm durch vertragliche Verschwiegenheitsklauseln und Wettbewerbsverbote ergänzt.

Literaturempfehlung: Steckler: Wirtschaftsrecht, 6. Aufl., Ludwigshafen 2003.

Betriebsgröße, optimale. Durch möglichen Output (in Mengen- oder Geldeinheiten), oft auch durch Inputfaktoren wie Zahl der Arbeitskräfte, definierte Betriebsgröße, die → *Gewinnmaximierung* erwarten lässt. Die optimale Betriebsgröße lässt sich theoretisch abschätzen und durch praktisches Probieren »fein einstellen«. Für Großbetriebe sprechen Effekte wie → *Kostendegression* und überhaupt die Fähigkeit, entsprechende Projekte etwa im Anlagenbau in kurzer Zeit zu bearbeiten. Für Kleinbetriebe sprechen Flexibilität und oft Verzicht auf teure »Wasserköpfe« in der Verwaltung.

Betriebsklima. Der Begriff ist nicht exakt definiert und wenig quantitativ messbar. Er bezeichnet eine überindividuelle, sozialpsychologische Äußerungsform, die dem unternehmerischen Kollektivleben ihr Gepräge gibt und die sich auch in den Beziehungen zwischen den Menschen in einer gewissen Grundstimmung niederschlägt. → *Mitarbeiterführung*, → *Organisationsentwicklung*.

Betriebsmittel. Gesamtheit aller für den Betrieb eines Unternehmens erforderlichen Ressourcen wie Grundstücke, Gebäude, Anlagen. Im engeren Sinne werden darunter oft nur die Maschinen eines Produktionsbetriebes verstanden.

Betriebsprüfung. Laut §§ 193 ff. Abgabenordnung als Außenprüfung bezeichnet, die bei allen Steuerpflichtigen mit → *Gewinneinkünften* und in bestimmten Fällen auch bei Steuerpflichtigen mit → *Überschusseinkünften* zulässig ist. Bei größeren Betrieben sollten die tatsächlichen und rechtlichen Verhältnisse, die für die Steuerpflicht und für die Bemessung der Steuer maßgebend sind, mindestens in Abständen von drei Jahren überprüft werden. Kleinere und mittlere Betriebe werden insbesondere überprüft, wenn den Veranlagungsbeamten der Finanzverwaltung Unstimmigkeiten aufgefallen sind, evtl. auch aufgrund von sog. → *Kontrollmitteilungen*. Einzelheiten sind in der Betriebsprüfungsordnung vom 15.03.2000 geregelt.

Betriebsräte. Als Organ der Betriebsverfassung obliegen dem Betriebsrat Mitwirkungs- und Mitbestimmungsrechte bei der Entscheidung über betriebliche Angelegenheiten. Der Betriebsrat bildet das von einer Belegschaft gewählte kollektive Vertretungsorgan der Arbeitnehmer mit Ausnahme der leitenden Angestellten nach § 5 Abs. 3 und 4 BetrVG in einem Betrieb mit regelmäßig mehr als fünf beschäftigten Arbeitnehmern. Der Betriebsrat ist zur vertrauensvollen Zusammenarbeit mit dem Arbeitgeber verpflichtet. Er besitzt kein Streikrecht. Die Größe eines Betriebsratsgremiums steigt mit der Beschäftigtenzahl eines Betriebes. Setzt sich ein Unternehmen aus mehreren Betrieben zusammen, so ist ein Gesamtbetriebsrat (§ 47 BetrVG) zu bilden. Für einen Konzern gemäß § 18 Abs. 1 Aktiengesetz kann auch ein Konzernbetriebsrat (§§ 54 ff. BetrVG) konstituiert werden. Darüber hinaus besteht in international agierenden Konzernen die Möglichkeit der Schaffung von Euro- und sogar von Weltbetriebsräten. Zur Vertretung jugendlicher Arbeitnehmer kann in Betrieben mit mindestens fünf Arbeitnehmern, die das 18. Lebensjahr noch nicht vollendet haben (jugendliche Arbeitnehmer) oder die zu ihrer Berufsausbildung beschäftigt sind und das 25. Lebensjahr noch nicht vollendet haben, eine → *Jugend*- und Auszubildendenvertretung gewählt werden. Auch eine Schwerbehindertenvertretung kann sich konstituieren.

Betriebssteuern. Dies sind → *Steuern*, die als → *Betriebsausgaben* geltend gemacht werden können: → *Gewerbesteuer*, Grundsteuer für betriebliche Grundstücke, Kraftfahrzeugsteuer für betriebliche Fahrzeuge.

Betriebssystem (engl. Operating System). Sammelbegriff für Programme (→ *Systemsoftware*), welche die Nutzung eines Computers erst möglich machen und beim Einschalten automatisch gestartet werden. Sie verwalten die technischen Bestandteile eines Computersystems (Hardware) und steuern deren Zusammenspiel im laufenden Betrieb. Zu den wesentlichsten Aufgaben eines Betriebssystems gehört es, → *Anwendungssoftware* auszuführen und zu überwachen. Es koordiniert den Einsatz der hierfür erforderlichen Systemressourcen (→ *CPU*, → *Arbeitsspeicher*, Ein- und Ausgabegeräte etc.) und bestimmt damit die Leistungsfähigkeit des Computers. Weiterhin kommt dem Betriebssystem die wichtige Aufgabe zu, den Nutzer bei der Bedienung des Computersystems durch eine komfortable und sichere Benutzungsoberfläche zu unterstützen. Stand der Technik sind sog. grafische Benutzungsoberflächen, die eine Aufteilung des Bildschirms in mehrere Ausschnitte (Bildschirmfenster) erlauben. Innerhalb der Bildschirmfenster wird die Bedienung durch symbolhafte Darstellungen (engl. Icons) und Auswahlmenüs unterstützt, die über ein Zeigeinstrument (z.B. Maus oder Stift) aktiviert werden. Einen hohen Verbreitungsgrad im Bereich der Arbeitsplatzrechner (→ *Workstationen*) und → *Server* haben die Betriebssysteme der Windows-Produktlinie von Microsoft sowie das herstellerunabhängige Unix, insbesondere als Variante »Linux«. Im Großrechnerbereich sind nahezu ausnahmslos sog. proprietäre Betriebssysteme im Einsatz, d.h., der Hersteller der Hardware liefert auch das speziell auf das betreffende Computersystem zugeschnittene Betriebssystem.

Betriebsübersicht (auch Bilanztafel, Bilanztabelle, Abschlussübersicht, Abschlusstafel genannt). Statistische Zusammenstellung aller Salden mit Soll-Haben-Vergleich als Rechenkontrolle und als Informations- und Entscheidungsgrundlage für das Management in Form einer zusammenfassenden tabellarischen Übersicht über alle Daten der Bestands- und Erfolgskonten. Daraus kann eine probeweise Bilanz und Gewinn- und Verlustrechnung abgeleitet werden. Außerdem ist eine exakte Buchungsunterlage für die Abschlussbuchungen gegeben. Dazu sammelt sie alle Soll- und Habensummen aller Konten und nimmt in verschiedenen Spalteninhalten Saldierungen und Umbuchungen vor. Sie besteht zumeist aus sechs Rubriken mit je zwei Spalten. Die → *Summenbilanz* übernimmt die Zahlen aus den Soll- und Habenseiten der einzelnen → *Konten*. Die Addition aller Summen muss für Soll- und Habenseite das gleiche Ergebnis zeigen. Man spricht daher auch von einer Probebilanz, die bei Abweichungen auf Rechen- oder Buchungsfehler im Abschluss hinweist. Die Summenbilanz zeigt die Veränderungen der Bestände und der Aufwendungen und Erträge. Die → *Saldenbilanz I* übernimmt die Salden aus der Summenbilanz. Sie weist die Bestände und die Kapitalveränderungen aus. Auch hier muss die Summe der Soll- und Habenseite gleich sein. Die Rubrik → *Umbuchungen* schließt die Unterkonten ab und gleicht Abweichungen von Soll- und Ist-Beständen (lt. Inventur) aus. Auch hier müssen Soll- und Habenseite gleich hoch sein. Die → *Saldenbilanz II* weist die durch die Umbuchungen geänderten Werte der Saldenbilanz I aus. Die → *Schlussbilanz* enthält die Vermögens- und Kapitalwerte aus der → *Inventur*. Dadurch wird bereits der Erfolg ausgewiesen. Die Erfolgsbilanz übernimmt die Aufwendungen und Erträge aus der Saldenbilanz II und weist die Entstehung des Erfolgs (Reingewinn/Reinverlust) aus (→ *Summenbilanz*, → *Saldenbilanz I*, → *Umbuchungen*, → *Saldenbilanz II*, → *Schlussbilanz*).

Betriebsvereinbarung. Rechtliches Ergebnis des Zusammenwirkens von Arbeitgeber und → *Betriebsrat*. Durch sie werden die Fragen, über welche eine Einigung erzielt worden ist, in rechtliche Form gekleidet und auf diese Weise für den einzelnen Betriebsangehörigen verbindlich gemacht. Betriebsvereinbarungen sind, im Gegensatz zu dem häufig einen ganzen Wirtschafts- oder Gewerbezweig erfassenden → *Tarifvertrag*, grundsätzlich auf den Einzelbetrieb beschränkt und erzeugen nicht Berufsrecht, sondern Betriebsrecht. Gegenstand von Betriebsvereinbarungen können grundsätzlich all diejenigen Angelegenheiten sein, welche zum Aufgabenbereich des Betriebsrats gehören und üblicherweise nicht durch Tarifvertrag geregelt werden.

Betriebsverfassungsrecht. Spezialgebiet des → *Arbeitsrechts*. Die Interessen der Arbeitnehmerschaft in den einzelnen Unternehmen werden kollektiv durch die Organe der Betriebsverfassung wahrgenommen. Rechtsgrundlage ist das Betriebsverfassungsgesetz (BetrVG). In Betrieben mit mindestens fünf wahlberechtigten Arbeitnehmern, von denen drei wählbar sind, werden Betriebsräte gewählt. Wahlberechtigt sind alle Arbeitnehmer, die das 18. Lebensjahr vollendet haben. Wählbar sind alle wahlberechtigten Arbeitnehmer, die dem Betrieb sechs Monate angehören. Besteht das Unternehmen aus mehreren Betrieben oder Zweigniederlassungen, wird ein Gesamtbetriebsrat gewählt, gehört das Unternehmen zu einem Konzern, ein Konzernbetriebsrat. In Religionsgemeinschaften und Tendenzbetrieben gelten Sonderregeln; ebenso für die leitenden Angestellten. Im Betrieb können ferner Jugend- und Auszubildendenvertretungen gewählt werden.

Organe der Betriebsverfassung

- Betriebsrat,
- Gesamtbetriebsrat,
- Konzernbetriebsrat,
- Ausschüsse, z.B. Wirtschaftsausschuss,
- Jugend- und Auszubildendenvertretung,
- Betriebsversammlung.

Im Verhältnis zwischen dem Arbeitgeber und dem Betriebsrat gilt der Grundsatz der vertrauensvollen Zusammenarbeit. Die praktisch bedeutende Form der Einigung zwischen Arbeitgeber und Betriebsrat ist die Betriebsvereinbarung. Betriebliche Angelegenheiten können formlos durch mündliche Betriebsabsprachen geregelt werden. Betriebsvereinbarungen sind dagegen schriftlich niederzulegen und gelten unmittelbar und zwingend zwischen dem Arbeitgeber und den im Betrieb beschäftigten Arbeitnehmern. Zur Beilegung von Meinungsverschiedenheiten zwischen Arbeitgeber und Betriebsrat ist eine Einigungsstelle zu bilden. Die Einigungsstelle wird tätig, wenn das Betriebsverfassungsgesetz dies ausdrücklich vorsieht. In anderen Fällen kann sie vom Arbeitgeber oder vom Betriebsrat angerufen werden. Der Spruch der Einigungsstelle ersetzt die erforderliche Einigung zwischen Arbeitgeber und Betriebsrat und ist für beide Seiten bindend. Ein erzwingbares Einigungsstellenverfahren ist insbesondere in sozialen Angelegenheiten und bei der Aufstellung eines Sozialplans vorgesehen.

Im Bereich der Aufgaben des Betriebsrats wird zwischen der Mitwirkung und der Mitbestimmung unterschieden. Die Mitwirkungsrechte räumen dem Betriebsrat Einflussmöglichkeiten im Sinne von Informationsrechten, Vorschlags- und Antragsrechten, Beratungs- und Anhörungsrechten ein. Aber erst im Bereich der Mitbestimmung erhält der Betriebsrat eine Beteiligung an der Entscheidung des Arbeitsgebers. Die Mitbestimmungsrechte des Betriebsrats sind in einfache und zwingende Mitbestimmungsrechte zu unterteilen.

Mitwirkungs- und Mitbestimmungsrechte

Mitwirkung	Mitbestimmung
Informationsrecht	Zustimmungserfordernis
Vorschlagsrecht	Durchführungsverlangen
Antragsrecht	Mitentscheidungsbefugnis
Beratungsrecht Anhörungsrecht	(nur in Angelegenheiten der zwingenden Mitbestimmung)

Das Betriebsverfassungsgesetz (BetrVG) regelt einfache Mitbestimmungsrechte in Form des Zustimmungserfordernisses (z.B. bei personellen Einzelmaßnahmen) und in Einzelfällen auch des Durchführungsverlangens (z.B. bei der Druckkündigung). In diesen Fällen entscheidet das Arbeitsgericht auf Antrag des Arbeitgebers oder des Betriebsrats. Die Zustimmung des Betriebsrats zu einer personellen Einzelmaßnahme (Einstellung, Eingruppierung, Umgruppierung und Versetzung) kann durch das Arbeitsgericht ersetzt werden. Die Anhörung des Betriebsrats im Kündigungsfall bedarf besonderer Aufmerksamkeit. Denn eine ohne Anhörung des Betriebsrats ausgesprochene Kündigung ist unwirksam. Anders ist die Rechtslage in den Fällen der zwingenden Mitbestimmung. Wenn das Betriebsverfassungsgesetz anordnet, dass bei fehlender Einigung zwischen Arbeitgeber und Betriebsrat die Einigungsstelle zu entscheiden hat, ist dem Arbeitgeber die Entscheidung über die betreffende Angelegenheit entzogen. Die Einigungsstelle entscheidet in dieser Sache durch Beschluss, der für beide Teile bindend ist. Der Arbeitgeber hat den Spruch der Einigungsstelle umzusetzen. Beispiele für die zwingende Mitbestimmung des Betriebsrats sind die sozialen Angelegenheiten gem. § 87 Abs. 1 BetrVG. Neben den personellen und den sozialen Angelegenheiten stehen dem Betriebsrat auch in wirtschaftlichen Angelegenheiten Beteiligungsrechte zu. Diese beschränken sich zumeist auf Informationsrechte. Erst bei Betriebsänderungen ist unter Mitwirkung des Betriebsrats ein Sozialplan aufzustellen.

Die Kosten für die Tätigkeit des Betriebsrats trägt der Arbeitgeber. Er hat den Betriebsrat für die Wahrnehmung seiner Aufgaben unter Fortzahlung der Vergütung freizustellen. Der Betriebsrat genießt einen besonderen Kündigungsschutz. In den Mitgliedstaaten der Europäischen Union wurde ein europäisches Betriebsverfassungsrecht geschaffen. Danach kann in gemeinschaftsweit tätigen Unternehmen oder Unternehmensgruppen mit Sitz des herrschenden Unternehmens in der EU ein europäischer Betriebsrat gewählt werden.

Literaturempfehlung: Brox: Arbeitsrecht, 14. Auflage, Stuttgart 1999. Steckler/Schmidt: Arbeitsrecht und Sozialversicherung, 5. Auflage, Ludwigshafen 2001. Danne, H. / Keil, T.: Wirtschaftsprivatrecht II, Berlin 2001.

Betriebsvermögen (Bilanzierung). Man unterscheidet zwei Begriffsverwendungen:

1. Ermittlungstechnische Bezeichnung für den steuerrechtlichen → *Betriebsvermögensvergleich* zur Gewinnberechnung. Betriebsvermögen wird mit Eigenkapital gleichgesetzt.
2. Ansatztechnischer Begriff für die → *Bilanzierungsvorschriften*. In der Bilanz des Unternehmens ist nur das Betriebsvermögen auszuweisen. Privatvermögen, welches bei Einzelkaufleuten und Personenhandelsgesellschaften existiert, darf dagegen nicht zum Ansatz kommen.

Abschnitt 13 Abs. 1 der Einkommensteuerrichtlinien nimmt dementsprechend eine Abgrenzung vor. Hierbei wird unterschieden:

Das notwendige Betriebsvermögen beinhaltet alle Wirtschaftsgüter, die ausschließlich und unmittelbar für eigenbetriebliche Zwecke genutzt werden oder dazu bestimmt sind (z. B. Patente, Betriebsgrundstücke, Produktionsmaschinen, Betriebsstoffe, Betriebsschulden). Bei gemischt genutzten Wirtschaftsgütern muss die betriebliche Nutzung über 50 % liegen.

Das notwendige Privatvermögen umfasst alle Vermögensgegenstände sowie Schulden, die weder unmittelbar noch mittelbar dem Betrieb dienen und ihrer Natur nach eine feste Beziehung zur Privatsphäre des Unternehmers haben (z. B. privat genutztes Einfamilienhaus, Segeljacht, Privatschulden). Bei gemischt genutzten Wirtschaftsgütern muss die betriebliche Nutzung unter 10 % liegen. Das gewillkürte Betriebsvermögen enthält die gemischt genutzten Vermögensgegenstände, die in einem gewissen objektiven Zusammenhang mit dem Betrieb stehen und ihn zu fördern bestimmt und geeignet sind (z. B. betrieblich und privat genutztes Kraftfahrzeug). Liegt die betriebliche Nutzung zwischen mindestens 10 % und bis zu 50 %, so besteht ein Wahlrecht. Bei Ansatz in der Bilanz ergibt sich gewillkürtes Betriebsvermögen und bei Nichtansatz so genanntes gewillkürtes Privatvermögen.Bei Kapitalgesellschaften sind diese ertragsteuerlichen Regeln mangels einer Privatsphäre nicht anzuwenden. Diese Rechtsformen weisen lediglich notwendiges Betriebsvermögen auf.

Betriebsvermögensvergleich, unvollständig (Bilanzierung). Für dieses → *Gewinnermittlungsverfahren* ist § 4 Abs. 1 Satz 1 EStG maßgebend. Gewinn ist hierbei der Unterschiedsbetrag zwischen dem → *Betriebsvermögen* (BV) am Schluss des Wirtschaftsjahrs und dem Betriebsvermögen am Schluss des vorangegangenen Wirtschaftsjahrs, vermehrt um den Wert der Entnahmen und vermindert um den Wert der Einlagen. Betriebsvermögen ist der Unterschiedsbetrag zwischen dem Vermögen (Aktivseite der Bilanz) und den Schulden (Passivseite der Bilanz) des Unternehmens. Betriebsvermögen ist somit das Betriebsreinvermögen (Eigenkapital). Ein Beispiel soll das erläutern: Das Betriebsvermögen eines Gewerbetreibenden beträgt nach der Bilanz zum 31.12.02 80.000 € und nach der Bilanz zum 31.12.01 50.000 €. Im Laufe des Jahres 02 hat der Steuerpflichtige für 20.000 € Waren entnommen und in seinem Haushalt verbraucht. Außerdem hat er von seinem privaten Sparkonto 10.000 € abgehoben und auf das betriebliche Bankkonto eingezahlt. Der Gewinn durch Betriebsvermögensvergleich errechnet sich wie folgt:

	Betriebsvermögen am Schluss des Wirtschaftsjahrs (31.12.02)	80.000 €
–	BV am Schluss des vorangegangenen Wirtschaftsjahrs (31.12.01)	– 50.000 €
=	Unterschiedsbetrag	= 30.000 €
+	Entnahme	+ 20.000 €
–	Einlage	– 10.000 €
=	Gew. aus Gewerbebetrieb in 02	= 40.000 €

Bei diesem Betriebsvermögensvergleich sind lediglich die einkommensteuerlichen, nicht jedoch die handelsrechtlichen → *Bilanzierungs-* und → *Bewertungsvorschriften* zu beachten.

Betriebsvermögensvergleich, vollständig (Bilanzierung). Dieses → *Gewinnermittlungsverfahren* (§5 EStG) entspricht im Prinzip dem des → *unvollständigen* Betriebsvermögensvergleichs, da beiden Arten derselbe Gewinnbegriff nach § 4 Abs. 1 Satz 1 EStG zu Grunde liegt. Jedoch müssen neben den einkommensteuerrechtlichen auch noch die handelsrechtlichen → *Bilanzierungs-* und → *Bewertungsvorschriften* beachtet werden. Da bei dieser Gewinnermittlung für den Ansatz des → *Betriebsvermögens* die Vorschriften des Handelsrechts maßgebend sind, wird dies als Grundsatz der Maßgeblichkeit (so genanntes → *Maßgeblichkeitsprinzip*) bezeichnet (§ 5 Abs. 1 Satz 1 EStG). Zur Demonstration soll folgendes Beispiel dienen: 7.000 € betragen die ursprünglichen Anschaffungskosten von Waren. Inzwischen sind die Preise gefallen. Der momentane Marktpreis (→ *Börsen-* und Marktpreis) dieser Ware liegt am Abschlussstichtag nur noch bei 6.000 € (→ *Teilwert*). Ermittelt der Unternehmer den Gewinn nach § 4 Abs. 1 Satz 1 EStG (unvollständiger Betriebsvermögensvergleich), so kann (Wahlrecht) er die Waren bei voraussichtlich dauernder Wertminderung entweder mit den Anschaffungskosten von 7.000 € (keine Gewinnauswirkung) oder mit dem niedrigeren Teilwert von 6.000 € (Gewinnminderung von 1.000 €) oder einem dazwischen liegenden Wert (entsprechende Gewinnminderung) in der Bilanz ansetzen. Bei nur vorübergehender Wertminderung darf keine Teilwertabschreibung vorgenommen werden. Wird dagegen der Gewinn nach § 5 EStG ermittelt, so muss (kein Wahlrecht) nach § 253 Abs. 3 HGB gemäß dem strengen → *Niederstwertprinzip* unabhängig von der Dauer der Wertminderung die Ware auf 6.000 € abbewertet werden.

Betriebsversammlung → *Mitbestimmung* auf Betriebsebene.

Betriebswirtschaftslehre, BWL. Siehe dazu den Artikel auf Seite 54.

Bevorratungsebene. Bei der Vorfertigung von → *Baugruppen* mit dem Ziel einer kürzeren Lieferzeit legt die Bevorratungsebene innerhalb der → *Erzeugnisstruktur* die maximal erlaubte Vorfertigungsstufe fest. Im Allgemeinen endet die Vorfertigungserlaubnis, wenn die → *Mehrfachverwendbarkeit* nicht mehr gewährleistet ist.

Bewegungsdaten. Im »Tagesgeschäft« eines Unternehmens veränderliche Daten in einem DV-System. Beispiele: Aufträge, Bestände, Bestellungen, Reservierungen etc.

Bewertungsstetigkeitsprinzip. Bewertungsgrundsatz im → *Rechnungswesen*. Die Bewertungsmethoden des Vorjahrs (z. B. Abschreibungsmethode) sollen dabei beibehalten werden.

Bewertungsvereinfachungsverfahren (Bilanzierung). Grundsätzlich sind Vermögensgegenstände einzeln zu bewerten (§ 252 Abs. 1 Nr. 3 HGB). Dies kann jedoch im Einzelfall bei hohen

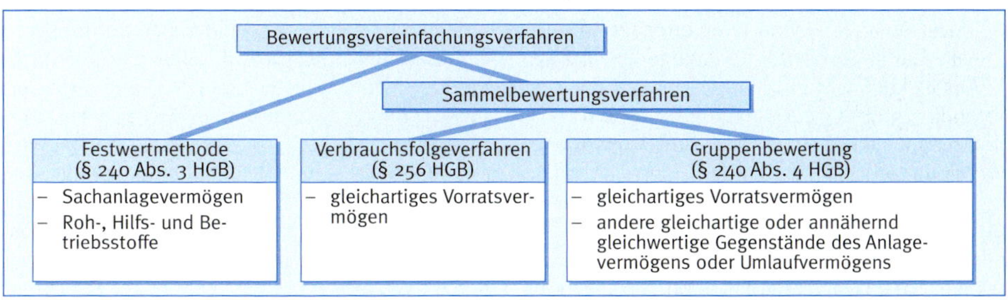

Abb. 4: Bewertungsvereinfachungsverfahren

Betriebswirtschaftslehre

Gegenstand sind zweckgerichtet organisierte Wirtschaftseinheiten, in denen sich der Prozess der Leistungserstellung und -verwertung vollzieht; dabei werden Güter bzw. Dienstleistungen beschafft, verwertet, verwaltet und abgesetzt. Sie werden als Unternehmen bzw. Unternehmung oder Betrieb bezeichnet – oft synonym, teilweise unterschiedlich zueinander abgegrenzt. Im Mittelpunkt steht der Betrieb als Einzelwirtschaft, der – anders als Haushalte, die auf Eigenbedarfsdeckung ausgerichtet sind – den Zweck der Fremdbedarfsdeckung verfolgt. BWL zählt zusammen mit der Volkswirtschaft zu den Wirtschaftswissenschaften; eine Trennung, die in den angelsächsischen und romanischen Ländern weniger scharf erfolgt. Es wird unterschieden in

- allgemeine BWL (Themen, die alle Betriebe unabhängig vom speziellen Wirtschaftszweig betreffen) und
- spezielle BWL, die branchenbezogene Besonderheiten behandelt, z. B. Industrie, Handel, Banken Versicherungen etc.

Der Wirtschaftsprozess kann in zwei bzw. drei Strömen dargestellt werden: Der güterwirtschaftliche Prozess (Leistungsstrom) umfasst → *Beschaffung*, → *Produktion* und → *Absatz*, er ist zu erweitern um → *Lager* und → *Investition*, siehe Schaubild. Da mit der Beschaffung Ausgaben und mit dem Absatz Einnahmen verbunden sind, verläuft parallel dazu, aber in umgekehrter Richtung der finanzwirtschaftliche Prozess (Zahlungsstrom) → *Finanzierung*. Zunehmend wird dieses Bild ergänzt durch den informationellen Prozess (Informationsfluss) → *Informationsmanagement* → *Organisation*.

Eine andere Darstellungsform ist der → *betriebliche* Wertekreislauf. Im Leistungsprozess erfolgen der Einsatz und die Kombination der benötigten Faktoren (Input) zum Leistungsergebnis (Output), woraus sich die Funktionen ableiten.

Ein weiter Ansatz fokussiert die zum Einsatz kommenden Faktoren (→ *Produktionsfaktor*) und deren Kombination. Wirtschaften ist der Umgang mit knappen Gütern. Entsprechend ist das → *Wirtschaftlichkeitsprinzip* (Ökonomisches Prinzip) Grundlage der BWL. Daneben gilt es, die Zahlungsfähigkeit des Unternehmens zu sichern, Prinzip des finanziellen Gleichgewichts → *Liquidität*. Zunehmend wird aus der ökonomischen Dimension die Schaffung notwendiger Erfolgspotenziale als drittes Elementarziel genannt, um den nachhaltigen Bestand des Unternehmens zu gewährleisten.

In Erweiterung der Sicht und der unternehmerischen Verantwortung werden heute neben der ökonomischen Dimension die humane (soziale) und die ökologische aufgeführt. Zu ersteren gehören Arbeitsmotivation/-zufriedenheit, humane Arbeitsbedingungen, Arbeitsplatzgestaltung und → *Mitbestimmung*. Letztere umfasst schonenden Umgang mit Rohstoffen/Energie, Minderung der Umweltbelastung, Wahrung natürlicher Lebensgrundlagen und der Lebensqualität. Wirtschaft vollzieht sich nicht isoliert, sondern innerhalb des betrieblichen Umfeldes. Die bestehende Wirtschaftsordnung ist ein Teil

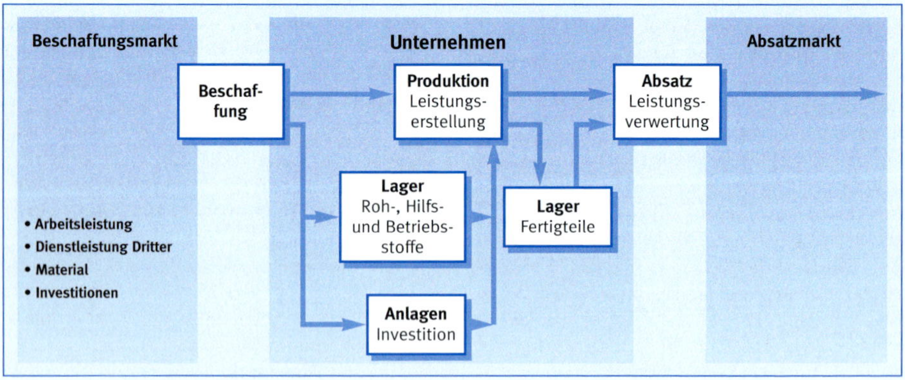

Abb. 5: Erweiterung des güterwirtschaftlichen Prozesses

davon. Neben den zuvor aufgeführten systemunabhängigen Faktoren ist die Marktwirtschaft geprägt von dem Autonomieprinzip für den einzelnen Betrieb, dem Prinzip des Privateigentums und dem erwerbswirtschaftlichen Prinzip, d.h. dem Streben nach Gewinn. Typisch für die Planwirtschaft (zentralgeleitete Wirtschaft) sind Organprinzip anstelle dezentraler Planung, Prinzip des Gemeineigentums und der Planerfüllung. Mit der sozialen Markwirtschaft wird eine Marktordnung angestrebt, welche die Vorteile der (freien) Marktwirtschaft und der entsprechenden Eigeninitiative verbinden soll mit sinnvollen staatlichen Eingriffen.

In der BWL als theoretische Wissenschaft werden oft Modelle gebildet sowie Annahmen und Restriktionen vorgenommen – z.B. die des homo ökonomikus, der rein rational handelt und volle Transparenz über alle entscheidungsrelevanten Daten besitzt. Als angewandte Lehre wird berücksichtigt, dass subjektiv geprägte Menschen handeln und somit zusätzliche Aspekte einwirken; entsprechend sind Erkenntnisse aus sozialwissenschaftlichen und anderen Gebieten zu beachten. Oftmals als Managementlehre bezeichnet will sie konkrete Hilfestellung zur Unternehmensführung leisten.

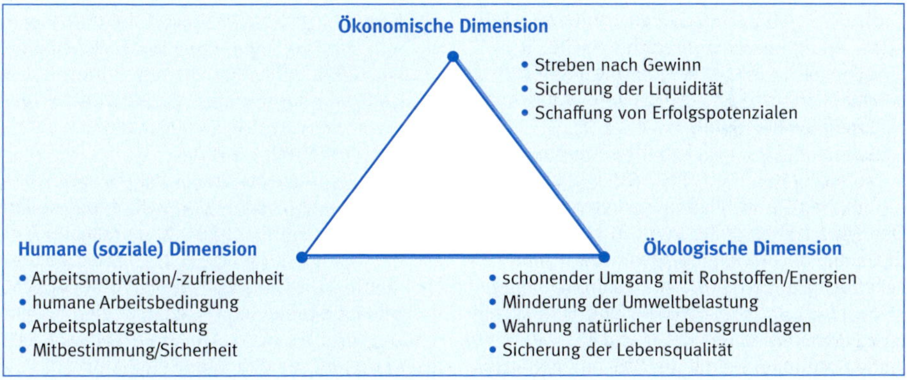

Abb. 6: Spannungs-Dreieck

Beständen zu erheblichen Schwierigkeiten führen. Es wäre beispielsweise wirtschaftlich nicht vertretbar, wenn der gesamte Schraubenbestand einzeln erfasst werden müsste. Aus diesen und ähnlichen Gründen sind unter bestimmten Voraussetzungen folgende Erleichterungsverfahren (siehe Abbildung) bei der Bewertung anwendbar: die → *Festwertmethode*, die → *Gruppenbewertung* und die → *Verbrauchsfolgeverfahren*.

Bewertungsvorschriften. Bewertungsvorschriften, Bewertung, Bilanzbewertung, Bilanzierung der Höhe (dem Werte) nach. Bei der Erstellung des Jahresabschlusses müssen vor der Bewertung zunächst Fragen zum Inhalt der Bilanz (→ *Bilanzierungsvorschriften*) und der Ordnung der Bilanzpositionen (→ *Bilanzgliederung*) geklärt werden. Durch das → *Maßgeblichkeitsprinzip* nach § 5 Abs. 1 Satz 1 des Einkommensteuergesetzes (EStG) gelten die handelsrechtlichen Bewertungsvorschriften grundsätzlich auch für die → *Steuerbilanz*, soweit dem keine steuerlichen Bestimmungen entgegenstehen (siehe dazu auch die Abbildung). Dieser so genannte Bewertungsvorbehalt hat seinen Niederschlag im § 5 Abs. 6 EStG gefunden, der an weiteren Gesetzesstellen und sogar in den nur die Finanzverwaltung bindenden Einkommensteuerrichtlinien weiter konkretisiert wird. Hierbei kann es zum Teil zu erheblichen Abweichungen gegenüber der → *Handelsbilanz* kommen:

- Beispielsweise umfassen die steuerlichen → *Herstellungskosten* mehr Pflichtbestandteile (Steuergewinnausweis in dem Jahr dadurch höher).
- Bei der Anwendung von → *Bewertungsvereinfachungsverfahren* ist insbesondere bei den → *Verbrauchsfolgeverfahren* lediglich

das Lifo-Verfahren (§ 6 Abs. 1 EStG) erlaubt. Das handelsrechtliche Bewertungswahlrecht (§ 256 HGB) entfällt und somit die Maßgeblichkeit.

- Bei der Absetzung für Abnutzung (AfA), das steuerliche Pendant zu den handelsrechtlichen Abschreibungen, ist die degressive Abschreibungsmethode für bewegliche Wirtschaftsgüter nach § 7 Abs. 2 EStG nur begrenzt auf maximal von 20% der → *Anschaffungs*- oder Herstellungskosten möglich (Steuergewinnausweis in dem Jahr dadurch höher).
- Handelsrechtlich kann ein erworbenes Gebäude über die tatsächliche Nutzungsdauer von z.B. 100 Jahren mit 1% planmäßig abgeschrieben werden (§ 253 Abs. 2 HGB). Steuerlich sind allerdings nur 50 Jahre Nutzungsdauer, das heißt 2% AfA, zulässig (§ 7 Abs. 4 Satz 1 Nr. 2a EStG). Der Unternehmer kann jetzt entweder zwei getrennte Bilanzen aufstellen oder es erfolgt eine Anpassung der Handelsbilanz- an die Steuerbilanzwerte (§ 254 HGB) im Sinne einer Umkehrung der Maßgeblichkeit.
- Der durch Unternehmenskauf erworbene Geschäfts- oder Firmenwert muß steuerlich ungeachtet der handelsrechtlichen Behandlung aktiviert werden und über 15 Jahre (= 6,66%) abgeschrieben werden (§ 7 Abs. 1 EStG). Handelsrechtlich kann der Geschäfts- oder Firmenwert aktiviert werden und wenn ja, dann ist dieser über mindestens 25% (auch 30 oder 40% wären möglich) abzuschreiben. Um ein Auseinanderlaufen beider Bilanzen zu verhindern, kann nach § 255 Abs. 4 HGB die steuerliche Abschreibung übernommen werden. Das Resultat ist ebenfalls eine Umkehrung der Maßgeblichkeit.
- Besteht handelsrechtlich ein Bewertungsgebot (Pflicht) und steuerrechtlich ein Bewertungswahlrecht, so setzt sich das Handelsrecht in der Steuerbilanz durch. Beim Umlaufvermögen ist beispielsweise der → *Börsenpreis* oder Marktpreis am Abschlussstichtag anzusetzen, wenn dieser unter den Anschaffungs- oder Herstellungskosten liegt (§ 253 Abs. 3 HGB). Steuerlich kann bei dauernder Wertminderung eine entsprechende Abschreibung vorgenommen werden (§ 6 Abs. 1 Nr. 2 EStG). Das strenge → *Niederstwertprinzip* des HGB gilt über das Maßgeblichkeitsprinzip auch für die Steuerbilanz mit der Folge, dass aus dem Wahlrecht ein Gebot wird. Dies gilt jedoch nur bei der Gewinnermittlung nach § 5 EStG (→ *Betriebsvermögensvergleich*, vollständig).
- Besteht handelsrechtlich als auch steuerrechtlich ein Bewertungswahlrecht, so muss der gewählte Wert zuvor in der Handelsbilanz angesetzt werden. Dies führt zur Umkehrung der Maßgeblichkeit, da der Wert aus dem Steuerrecht kommt. Als Beispiel soll eine Maschine herangezogen werden, die handelsrechtlich korrekt linear abgeschrieben wird. Steuerlich könnte auch die degressive Abschreibung gewählt werden. Dies geht jedoch nur dann, wenn gleichermaßen in der Handelsbilanz die degressive Methode gewählt wird.

Die vorgenannten Beispiele geben nur einen kleinen Einblick in die Wechselwirkungen von Han-

Bilanzierung der Höhe nach

Zwingende steuerliche Bewertungsvorschriften sind in der Steuerbilanz ungeachtet der handelsrechtlichen Regelungen auszuüben (so genannter Bewertungsvorbehalt des § 5 Abs. 6 Einkommensteuergesetz)

Handelsbilanz	Steuerbilanz
1. Bewertungswahlrecht	a) Wenn keine steuerliche Vorschrift vorhanden ist, so muss der Ansatz der Handelsbilanz übernommen werden (Maßgeblichkeitsprinzip) b) Besteht steuerliches Wahlrecht, so muss der gewählte Ansatz zuvor in der Handelsbilanz angesetzt werden (umgekehrte Maßgeblichkeit)
2. Bewertungsgebot	a) Ist keine steuerliche Vorschrift vorhanden, so muss der Ansatz der Handelsbilanz übernommen werden (Maßgeblichkeitsprinzip) b) Besteht ein steuerliches Wahlrecht, so muss die Steuerbilanz der zwingenden Bewertung in der Handelsbilanz folgen (Maßgeblichkeitsprinzip)

Abb. 7: Bewertungsvorschriften (nach Hinz, Michael, Grundlagen der Unternehmensbesteuerung, 1995, S. 46).

dels- und Steuerbilanz bei der Bewertung. Die Angabe von weiteren Unterschieden und Zusammenhängen ließe sich beliebig fortsetzen

Bei der Bewertung werden u.a. folgende mögliche Bewertungsgrößen (-maßstäbe) herangezogen:

- → *Anschaffungskosten*,
- → *Herstellungskosten*,
- → *Börsenpreis und Marktpreis*,
- → *beizulegender Wert*,
- → *Teilwert*.

Bezahlungssystem (im Vertrieb). Ein Bezahlungssystem legt fest, wie bei einem ergebnisabhängigen Einkommen das konkrete Einkommen ermittelt wird. Es ist üblich, nur einen Teil des Einkommens dem Incentive-System zu unterwerfen, der übrige Teil wird als Grundgehalt monatlich fest ausgezahlt. Es besteht die Möglichkeit, die Mitarbeiter über die Höhe des variablen und des fixen Anteils selbst entscheiden zu lassen

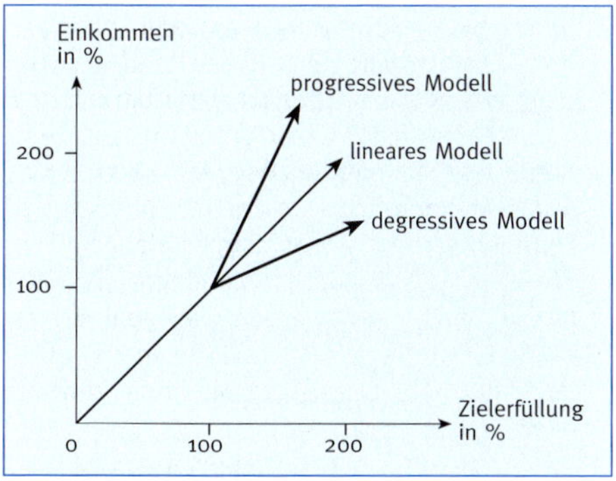

Abb. 8: Progressives, lineares, degressives Modell

(z.B. 30% variabel, 70% fix), auf diese Weise kann eine noch stärkere Identifikation des Mitarbeiters mit den ihm vorgegebenen Zielen erreicht werden. Außerdem kann ab einer bestimmten Zielgröße die Vergütung linear, progressiv oder degressiv gestaltet werden.

Beziehungsmanagement. Die Bearbeitung einer Kundenbasis zur Sicherstellung einer langfristigen Beziehung mit dem Kunden.

Bezugskurs (oder Ausgabekurs). Betrag, zu dem im Rahmen einer Aktienausgabe die neuen Aktien (auch junge Aktien genannt) zum Kauf angeboten werden. Die Höhe des Bezugskurses bei bereits gehandelten Aktienwerten liegt regelmäßig unterhalb des Aktienkurses der Altaktien, um den Absatz der neuen Aktien sicherzustellen. Das Recht auf den Bezug günstigerer junger Aktien hat einen Wert, den Bezugsrechtswert (→ *Beteiligungsfinanzierung*). Bei der erstmaligen Ausgabe von Aktien im Rahmen eines Börsengangs kann der Emissionskurs nach dem → *Bookbuilding-Verfahren* oder nach dem → *Festpreisverfahren* festgelegt werden.

Bezugsrecht → *Beteiligungsfinanzierung*.

Bilanzgliederung. Nach den allgemeinen Gliederungsvorschriften gem. § 247 HGB sind nur das Anlage- und Umlaufvermögen, das Eigenkapital, die Schulden sowie die Rechnungsabgrenzungsposten gesondert auszuweisen. Die speziellen Vorschriften für Kapitalgesellschaften (§ 266 HGB) sehen dagegen eine genauere Gliederung vor. Die herrschende Meinung geht davon

Aktiva	**Passiva**
A. Ausstehende Einlagen – davon eingefordert	A. Eigenkapital
B. Aufwendungen für die Ingangsetzung und Erweiterung des Geschäftsbetriebs	I. Gezeichnetes Kapital II. Kapitalrücklage
C. Aufwendungen für die Währungsumstellung auf den Euro	III: Gewinnrücklagen 1. gesetzliche Rücklage 2. Rücklage auf eigene Anteile
D. Anlagevermögen I. Immaterielle Vermögensgegenstände	3. satzungsmäßige Rücklagen 4. andere Gewinnrücklagen
1. Konzessionen, gewerbliche Schutzrechte und ähnliche Rechte und Werte sowie Lizenzen an solchen Rechten und Werten	IV. Gewinnvortrag/Verlustvortrag V. Jahresüberschuss/Jahresfehlbetrag B. Sonderposten mit Rücklageanteil
2. Geschäfts- oder Firmenwert 3. geleistete Anzahlungen	C. Rückstellungen 1. Rückstellungen für Pensionen und ähnliche Verpflichtungen

Aktiva (Fortsetzung)	Passiva (Fortsetzung)
II. Sachanlagen 1. Grundstücke, grundstücksgleiche Rechte und Bauten einschließlich der Bauten auf fremden Grundstücken 2. technische Anlagen und Maschinen 3. andere Anlagen, Betriebs- und Geschäftsausstattung 4. geleistete Anzahlungen und Anlagen im Bau III. Finanzanlagen 1. Anteile an verbundenen Unternehmen 2. Ausleihungen an verbundene Unternehmen 3. Beteiligungen 4. Ausleihungen an Unternehmen, mit denen ein Beteiligungsverhältnis besteht 5. Wertpapiere des Anlagevermögens 6. sonstige Ausleihungen E. Umlaufvermögen I. Vorräte 1. Roh-, Hilfs- und Betriebsstoffe 2. unfertige Erzeugnisse, bis zu 1 Jahr 3. fertige Erzeugnisse und Waren 4. geleistete Anzahlungen II. Forderungen und sonstige Vermögensgegenstände 1. Forderungen aus Lieferungen und Leistungen – davon mit einer Restlaufzeit von mehr als 1 Jahr bis zu 1 Jahr 2. Forderungen gegen verbundene Unternehmen – davon mit einer Restlaufzeit von mehr als 1 Jahr 3. Forderungen gegen Unternehmen, mit denen ein Beteiligungsverhältnis besteht – davon mit einer Restlaufzeit von mehr als 1 Jahr 4. Sonstige Vermögensgegenstände – davon mit einer Restlaufzeit von mehr als 1 Jahr III. Wertpapiere 1. Anteile an verbundenen Unternehmen 2. eigene Anteile 3. sonstige Wertpapiere IV. Schecks, Kassenbestand, Bundesbank- und Postgiroguthaben, Guthaben bei Kreditinstituten F. Abgrenzungsposten für latente Steuern G. Rechnungsabgrenzungsposten – davon Disagio H. Nicht durch Eigenkapital gedeckter Fehlbetrag	2. Steuerrückstellungen 3. Rückstellungen für latente Steuern 4. sonstige Rückstellungen D. Verbindlichkeiten 1. Anleihen – davon konvertibel – davon mit einer Restlaufzeit bis zu 1 Jahr 2. Verbindlichkeiten gegenüber Kreditinstituten – davon mit einer Restlaufzeit bis zu 1 Jahr 3. erhaltene Anzahlungen auf Bestellungen – davon mit einer Restlaufzeit bis zu 1 Jahr 4. Verbindlichkeiten aus Lieferungen und Leistungen – davon mit einer Restlaufzeit bis zu 1 Jahr 5. Verbindlichkeiten aus der Annahme gezogener Wechsel und Ausstellungen eigener Wechsel – davon mit einer Restlaufzeit bis zu 1 Jahr 6. Verbindlichkeiten gegenüber verbundenen Unternehmen – davon mit einer Restlaufzeit bis zu 1 Jahr 7. Verbindlichkeiten gegenüber Unternehmen, mit denen ein Beteiligungsverhältnis besteht – davon mit einer Restlaufzeit bis zu 1 Jahr 8. Sonstige Verbindlichkeiten – davon Steuern – davon im Rahmen der sozialen Sicherheit – davon mit einer Restlaufzeit bis zu 1 Jahr E. Abgrenzungsposten

Verfeinertes Bilanzgliederungsschema für Kapitalgesellschaften nach § 266 HGB

aus, dass über die → *Grundsätze* ordnungsmäßiger Buchführung diese Regelungen sinngemäß auch für Einzelkaufleute und Personenhandelsgesellschaften anwendbar sind. Auf der Aktivseite wird insbesondere nach steigender Liquidierbarkeit und auf der Passivseite nach fallender Fristigkeit gruppiert. In der folgenden Tabelle wird ein umfassendes Schema für große und mittelgroße Kapitalgesellschaften dargestellt. Dagegen sieht § 266 Abs. 1 HGB für kleine Kapitalgesellschaften nur eine verkürzte Bilanz vor, in der lediglich die mit Buchstaben und römischen Zahlen bezeichneten Positionen enthalten sein müssen.

Bilanzidentitätsprinzip. Bewertungsgrundsatz im → *Rechnungswesen*. Die Wertansätze in der Eröffnungsbilanz eines → *Geschäftsjahrs* müssen mit denen der Schlussbilanz des Vorjahrs übereinstimmen.

Bilanzierungsverbote (§ 248 HGB). Aufwendungen für die Gründung des Unternehmens und für die Beschaffung des → *Eigenkapitals* dürfen in die Bilanz nicht als Aktivposten aufgenommen werden. Für immaterielle Vermögensgegenstände des → *Anlagevermögens*, die nicht entgeltlich erworben wurden, darf ein Aktivposten nicht angesetzt werden.

Bilanzierungsvorschriften. Bei der Erstellung des Jahresabschlusses müssen vor den → *Bewertungsvorschriften* zunächst die Ansatzvorschriften beachtet werden, die Aussagen über → *Aktivierungs-* und → *Passivierungsgebote*, über → *Aktivierungs-* und → *Passivierungswahlrechte* sowie über → *Aktivierungs-* und → *Passivierungsverbote* treffen.

Bilanzklarheit. Das aus den → *Grundsätzen* ordnungsmäßiger Bilanzierung und Bewertung abgeleitete Prinzip (§ 243 Abs. 2 HGB) fordert eine klare Bezeichnung der Bilanzpositionen und eine klare → *Bilanzgliederung*. Es ist u.a. das Saldierungsverbot gemäß § 246 Abs. 2 HGB zu beachten, wonach weder Aktiv- und Passivposten, wie beispielsweise Forderungen und Verbindlichkeiten, noch Aufwands- und Ertragsposten miteinander verrechnet werden dürfen.

Bilanzkontinuität. Basierend auf den → *Grundsätzen* ordnungsmäßiger Bilanzierung und Bewertung beinhaltet dieses Prinzip u.a. den

a) Grundsatz der Bilanzidentität (Bilanzenzusammenhang) im Sinne einer Übereinstimmung der Eröffnungsbilanz der Rechnungsperiode mit der Schlussbilanz der vorangegangenen Rechnungsperiode (§ 252 Abs. 1 Nr. 1 HGB). Der
b) Grundsatz der formalen Bilanzkontinuität soll eine willkürliche Änderung verhindern und damit die Vergleichbarkeit über mehrere Zeitperioden hinweg ermöglichen, indem die Beibehaltung der gewählten → *Bilanzgliederung*, der inhaltlichen Abgrenzung und der Bezeichnung der einzelnen Bilanzpositionen gefordert wird. Ohne zwingende wirtschaftliche Gründe (z.B. Branchenwechsel) ist eine Änderung nicht zulässig. Der
c) Grundsatz der materiellen Bilanzkontinuität beinhaltet die Bewertungskontinuität (Bewertungsstetigkeit) und das Prinzip des Wertzusammenhangs (Wertstetigkeit). Durch die Bewertungskontinuität sollen die angewandten Bewertungsmethoden des vergangenen Jahresabschlusses beibehalten werden (§ 252 Abs. 1 Nr. 6 HGB). Der Grundsatz des Wertzusammenhangs bedeutet, dass die in der Bilanz angesetzten Werte grundsätzlich auch für die Bewertung der Folgeperioden maßgebend sind. Dieses Prinzip kann durch handels- und steuerrechtliche → *Bewertungsvorschriften* teilweise aufgehoben werden, jedoch dürfen die historischen → *Anschaffungskosten* bzw. → *Herstellungskosten* keineswegs überschritten werden (§ 253 Abs. 1 HGB).

Bilanzpolitik. Man spricht auch von Rechnungslegungspolitik oder engl.: window dressing. Bilanzpolitik ist die bewusste ziel- und interessengerichtete Steuerung der Vermögens-, Kapital- und Ertragsstruktur in der → *Handels-* und → *Steuerbilanz* samt → *Gewinn-* und Verlustrechnung. Bei Kapitalgesellschaften kommt noch der Anhang hinzu. Die zahlreichen Bilanzierungs-, Bewertungs- und Methodenwahlrechte des deutschen Bilanzierungsrechts machen es dabei möglich, dass nicht alle Daten aus der Buchhaltung ohne weiteres bei der Erstellung des Jahresabschlusses übernommen werden müssen.

Ergebnis ist vielfach bei positiver Unternehmenssituation eine Verlagerung von Gewinnen in spätere Perioden durch die Bildung von → *stillen*

Reserven, wohingegen Unternehmen mit eher negativen wirtschaftlichen Verhältnissen zu einer optimistischeren Jahresabschlussdarstellung tendieren, indem auch stille Reserven aufgelöst werden.

Maßgebliche Ziele der Bilanzierenden

Steuerlastminimierung, Steuerung des Ausschüttungsvolumens (Dividendenpolitik), Substanzerhaltung, Steigerung der Kreditwürdigkeit, optische Gestaltung der Bilanz- und Ertragsstruktur, Verhaltensbeeinflussung der Adressaten des Jahresabschlusses, Beeinflussung der Vermögens-, Kapital-, Ertrags- und Liquiditätssituation.

Als Instrumente dienen die → *formelle* sowie die → *materielle* Bilanzpolitik. Bei bilanzpolitischen Gestaltungen ist jedoch zu berücksichtigen, dass sich gerade die mit kurzfristigen Maßnahmen erzielten Ergebnisse häufig in späteren Perioden wieder umkehren. Wenn beispielsweise erhöhte Abschreibungen vorgenommen wurden, so steht in zukünftigen Jahren entsprechend weniger Restabschreibungsvolumen zur Verfügung (sogenannte Zweischneidigkeit des Wertansatzes). Im Übrigen sind die bilanzpolitischen Möglichkeiten bei Kapitalgesellschaften durch die einengenden Vorschriften (insbesondere §§ 279-283 HGB) im Vergleich zu den übrigen Kaufleuten geringer.

Bilanzpolitik, formelle. Diese nimmt Einfluss auf die äußere Gestaltung des Jahresabschlusses. Dabei können u.a. folgende Möglichkeiten in Betracht kommen:

- Die Gliederung des Jahresabschlusses. Es gelten für die Gliederung der Bilanz (→ *Bilanzgliederung*) und der → *Gewinn-* und Verlustrechnung Mindestvorschriften, von denen im Einzelfall abgewichen werden kann.
- Der Gewinnermittlungszeitraum. Regulär läuft der vom 1.1. bis 31.12. des jeweiligen Jahres. Hiervon kann jedoch abgewichen werden (§ 4a Einkommensteuergesetz). Gerade bei Saisonbetrieben wird aus Gründen der Beeinflussung der Vermögens- und Finanzstruktur häufig davon Gebrauch gemacht.
- Der Publizitätszeitpunkt des Jahresabschlusses. Nach § 243 Abs. 3 HGB ist dieser innerhalb der einem ordnungsmäßigen Geschäftsgang entsprechenden Zeit aufzustellen. Große und mittelgroße Kapitalgesellschaften nach § 267 Abs. 2 und 3 HGB müssen dies in den ersten drei Monaten nach dem Bilanzstichtag bewerkstelligen. Kleine Kapitalgesellschaften haben dazu insgesamt sechs Monate Zeit (§ 264 Abs. 1 HGB). Für Einzelkaufleute und Personenhandelsgesellschaften kann eine Frist von zwölf Monaten angenommen werden. Die vorschriftsmäßige Steuererklärungsfrist endet dagegen schon am 31.5. des neuen Jahres. Das Hinausschieben der Aufstellung kann insbesondere für die → *Wertaufhellung* genutzt werden. Auch die für die Gewinnausschüttung benötigten Finanzmittel werden dadurch dem Unternehmen nicht so schnell entzogen.

Bilanzpolitik, materielle. Mit ihr soll auf die Vermögens- und Ertragslage unmittelbar eingewirkt werden. Hierbei können grundsätzlich folgende Wege beschritten werden:

- Gestaltungen vor dem Abschlussstichtag. Es werden Maßnahmen noch in der laufenden Periode vorgenommen. Beispielsweise können durch das Vorziehen von Investitionen oder Desinvestitionen die gewünschten Ziele (z.B. Gewinnung zusätzlicher Abschreibungsmasse oder die Auflösung → *stiller* Reserven z.B. durch Sale and lease back) eher erreicht werden.
- Gestaltungen nach dem Abschlussstichtag. Hierbei geht es um die Bildung oder Auflösung stiller Reserven. Beispielsweise ergeben sich stille Ermessensreserven bei Bilanzierungswahlrechten (durch nicht ausüben von → *Aktivierungswahlrechten* oder ausüben von → *Passivierungswahlrechten*), bei Bewertungswahlrechten (z.B. durch Ansatz der Wertuntergrenze bei den → *Herstellungskosten*) sowie bei Methodenwahlrechten (z.B. durch Wahl der Abschreibungsmethode oder der → *Bewertungsvereinfachungsverfahren*, wie der → *Festwertmethode*, → *Gruppenbewertung* und → *Verbrauchsfolgeverfahren*). Außerdem können Schätzreserven (durch unterschätzte Nutzungsdauer und → *beizulegenden Wert* oder überschätzten Forderungsausfall und Rückstellungen) den Jahresabschluss beeinflussen.
- Die Auflösung stiller Reserven kann z.B. durch Zuschreibungen (Höherbewertung von vormals außerplanmäßig abgeschriebenen Vermögensgegenständen und Niedrigerbewertung des → *Teilwerts* von einst aufgewerteten Schulden) erfolgen.

Bilanzstichtag. Der letzte Kalendertag des Geschäftsjahrs. Zu diesem Termin werden alle → *Konten* abgeschlossen. Vorher werden noch verschiedene Bewertungen vorgenommen, etwa durch → *Abschreibungen* auf Sachanlagen und/oder Forderungen, Bewertung der Vorräte etc. Außerdem sind zu diesem Termin die Verbrauchsmengen der Inventur festzustellen und periodengerechte Abgrenzungen vorzunehmen.

Bilanzübersichtlichkeit. Beruht auf den → *Grundsätzen* ordnungsmäßiger Bilanzierung und Bewertung. In der Bilanz sind das Anlage- und das Umlaufvermögen, das Eigenkapital, die Schulden sowie die Rechnungsabgrenzungsposten gesondert auszuweisen und hinreichend aufzugliedern (§ 247 Abs. 1 HGB). Eine nach Liquiditätsgesichtspunkten aufgebaute Bilanz wird verlangt (§§ 265 ff. HGB).

Bilanzverkürzung. Durch einen → *Geschäftsvorfall* nimmt sowohl auf der Aktiv- als auch auf der Passivseite ein (oder mehrere) Posten ab (z.B. Rückzahlung einer Hypothek). Beide Bilanzseiten verkürzen sich dadurch (→ *Bilanzverlängerung*).

Bilanzverlängerung. Durch einen → *Geschäftsvorfall* nimmt sowohl ein (oder mehrere) Aktivposten als auch ein (oder mehrere) Passivposten zu (z.B. Wareneingang auf Ziel). Beide Bilanzseiten verlängern sich dadurch (→ *Bilanzverkürzung*).

Bilanzvollständigkeit. Grundsatz der Bilanzvollständigkeit. Dieser ergibt sich aus den → *Grundsätzen* ordnungsmäßiger Bilanzierung und Bewertung. Danach sind insbesondere sämtliche betrieblichen Vermögensgegenstände und Schulden (Wirtschaftsgüter) in der Bilanz zu erfassen. Für die Aktivierung ist nicht nur das juristische Eigentum, sondern auch das wirtschaftliche Eigentum (§ 39 Abs. 2 AO) maßgebend. Beispielsweise werden unter Eigentumsvorbehalt gekaufte Güter (juristischer Eigentümer ist noch der Verkäufer) vom Käufer als wirtschaftlichem Eigentümer aktiviert, da dieser schon die tatsächliche Herrschaft über das Gut in der Form ausübt, dass er den Verkäufer für die gewöhnliche Nutzungsdauer von der Einwirkung auf das Gut ausschließen kann. Außerdem muss der Grundsatz der → *Wertaufhellung* berücksichtigt werden.

Bilanzwahrheit. Grundsatz der Richtigkeit und Willkürfreiheit in der Bilanz. Hervorgehend aus den → *Grundsätzen* ordnungsmäßiger Bilanzierung und Bewertung sollen die Wertansätze in dem Jahresabschluss richtig und vollständig sein. Eine absolute Wahrheit kann es aber nicht geben, da handels- und steuerrechtliche Bilanzierungs- und Bewertungswahlrechte dem entgegenstehen, sodass von einer relativen Wahrheit auszugehen ist. Wahr oder unwahr ist ein Bilanzansatz deshalb nur unter Beachtung der Zwecksetzung der jeweiligen Bilanz.

Binär → *Digitalität*.

Binärdatei. Eine → *Datei*, die eine Folge von → *Bits* enthält, welche Codes ergeben, die nicht als Zeichen des Zeichensatzes (→ *ANSI-Zeichensatz*) auslegbar sind. Binäre Dateien können z.B. ausführbare Programme, Zeichnungen, Grafiken oder Klang-/ Sprach-/Musikdaten enthalten. Eine Binärdatei muss mit entsprechender → *Anwendungssoftware* verarbeitet werden, d.h., man kann eine Binärdatei i.d.R. nicht als lesbaren Text anzeigen. Technisch betrachtet bestehen alle Computerdateien (auch Textdateien) aus Bits und sind daher → *binär*. Allerdings wird die Bezeichnung binär benutzt, um darauf hinzuweisen, dass eine Datei Daten in »roher« Form enthält, die nicht der Kodierung eines Zeichensatzes folgen.

Biometrie. Anwendungsbereich der → *Künstlichen* Intelligenz. Biometrische Erkennungssysteme erfassen unverwechselbare personenspezifische Merkmale und gelten als besonders fälschungssicher. Mit Sensoren (Videokamera, akustische Aufnahmegeräte etc.) werden die Kennzeichen eines Zugangsberechtigten erfasst und gespeichert, z.B. Muster der Augeniris, Handlinien, Mimik, Gestik, Stimme oder Handschrift, einzeln oder in Kombination. Bei jedem Zugangsversuch werden dann die von den Sensoren übermittelten Informationen mit den zur betreffenden Person gespeicherten Daten verglichen. Anwendungsbeispiele: Bislang wurde die biometrische Identifizierung insbesondere in Bereichen und Unternehmen mit hohen Sicherheitsanforderungen eingesetzt, z.B. beim Eintritt in militärische Anlagen oder in Tresorräume von Banken. Für die nächsten Jahre wird mit einer sprunghaften Zunahme von Biometriesystemen im Alltag gerechnet. Biometrische Identifizierung könnte z.B. die Passwörter für den Zugang zu Computernetzen (→ *Computernetz*) oder beim Mobilfunk ersetzen, geschäftliche Transaktionen im → *Internet* absichern (→ *Electronic Commerce*) und bei der Benutzung von Geld- oder Kreditkarte anstelle der PIN (Personal Identification Number) stehen. Auch Fahrzeuge ließen sich mit einer individuellen Zugangs- und Nutzungsberechtigung besser vor Diebstahl schützen.

Bit. Kunstwort, gebildet aus dem Begriff Binary Digit (dt. Binärzeichen). Ein Bit ist die kleinste Informationseinheit zur Darstellung von Daten in der Informationsverarbeitung. Es kann nur zwei Werte annehmen, entweder 0 (binäre Null) oder 1 (binäre Eins). Durch Gruppierung einer bestimmten Anzahl von Bits zu Bitfolgen lassen sich sog. Binärcodes erzeugen (→ *Byte*). Während man das Byte mit einem großen B abkürzt, wird das Bit zur Unterscheidung mit einem kleinen b abgekürzt.

Bitmap. Rastergrafik bzw. pixelorientierte Speicherungsformatierung, in der zu jedem Punkt eines Bildes die jeweils anzuzeigende Farbe definiert ist. Dies bedingt sehr große Dateien. Die Auflösung ergibt sich aus der Anzahl der Einzelpunkte je Flächeneinheit.

Bitrate. Maß für die Datenfernübertragungsgeschwindigkeit (Bit per Second/BpS).

Blankokredit. Kredit, der ohne Sicherheiten vergeben wird. Basis für die Vergabe von Blankokrediten ist die → *Kreditwürdigkeit* des Kreditnehmers bzw. des finanzierten Projektes.

Blocklager. Form der → *Bodenlagerung*.

Bluetooth. Standardisiertes Verfahren für die drahtlose Vernetzung von Geräten im Kurzstreckenbereich. Die Reichweite liegt je nach Ausführung bei 10 bis max. 100 Metern. Mittels Bluetooth können sowohl mobile Kleingeräte wie Mobiltelefone und → *PDAs* als auch → *PC* und Peripheriegeräte miteinander Daten austauschen. Es unterstützt die Übertragung von Sprache und Daten, wobei auch eine → *Verschlüsselung* der transportierten Daten möglich ist. Ein Bluetooth-Gerät kann gleichzeitig bis zu sieben Verbindungen aufrechterhalten, allerdings müssen sich diese Geräte die verfügbare → *Bandbreite* teilen.

Bodenlagerung. Einfachste Form der Lagerung, bei der das Lagergut auf dem Boden im Block (Paletten zusammengeschoben und aus dem mittleren Bereich ohne Umlagerung nicht mehr herauszuholen) oder in Zeilen gelagert wird (bei Einlagigkeit jede Palette direkt zugreifbar).

Bonität → *Kreditwürdigkeit*.

Bonus. Umsatzrückvergütung, die ein Lieferant einem Kunden gewähren kann, wenn im Verlauf eines → *Geschäftsjahrs* eine bestimmte, vorher vereinbarte Gesamtmenge von ihm bezogen wurde.

Bonussystem. Komponente eines → *Bezahlungssystems*, bei der für das Erreichen bestimmter Ergebnisse ein Bonus festgelegt wird.

Bookbuilding-Verfahren. Verfahren, nach dem der Ausgabekurs beim erstmaligen Börsengang festgelegt wird. Dabei werden in einem ersten Schritt von der Emissionsbank Zeichnungswünsche und Preisvorstellungen von potenziellen Käufern erfasst. Danach wird unter Berücksichtigung der eingegangenen Kaufangebote der Emissionspreis festgelegt und ggf. eine Zuteilung der Aktien vorgenommen. Alternative zum → *Festpreisverfahren*.

Bookmark. Bestandteil des → *Browsers*, mit dem Internetadressen unkompliziert und komfortabel in einer Datei gespeichert und so immer wieder per Mausklick aufgerufen werden können. Dies erfolgt analog zu Lesezeichen, mit denen man häufig gebrauchte WWW- und FTP-Seiten im Browser markieren kann, sodass sie leicht wieder auffindbar sind. Die Bookmarks können auch als WWW-Seiten veröffentlicht werden.

Booten. Hochfahren eines Computers nach dem Einschalten, um ihn in Betriebsbereitschaft zu versetzen.

Bordero. Transportbegleitpapier beim Speditionsbetrieb.

Börse. Regelmäßige Marktveranstaltung, bei der Teilnehmer, Abläufe und Handelsobjekte reglementiert sind. An Effektenbörsen werden Effekten bzw. Wertpapiere gehandelt. Die bekanntesten Börsen sind die öffentlichen Wertpapierbörsen. In der Bundesrepublik Deutschland existieren zurzeit acht Wertpapierbörsen, von denen die Börse in Frankfurt bezüglich des Handelsvolumens eine dominante Stellung einnimmt. Bevor Wertpapiere an diesen Börsen gehandelt werden, muss ein entsprechender Antrag auf Börsenzulassung in einem der angebotenen Marktsegmente gestellt werden (→ *Amtlicher Markt*, → *Geregelter Markt*, → *Freiverkehr*, → *Neuer Markt*). Während der Börsenstunden werden von Börsenmaklern Preise fortlaufend festgestellt, die sich aus den jeweils vorliegenden Kauf- und Verkaufsangeboten ergeben.

Börsenpreis und Marktpreis (Bilanzierung). Ist am Abschlussstichtag der Börsenpreis von Vermögensgegenständen des Umlaufvermögens niedriger als die → *Anschaffungskosten* oder → *Herstellungskosten*, so ist dieser nach § 253 Abs. 3 HGB anzusetzen. Diese Folgebewertung bereits in der Vergangenheit angeschaffter/hergestellter Güter ist Ausdruck des → *Vorsichtsprinzips*. Der Börsenpreis wird dabei an einer amtlich anerkannten Börse festgestellt. Wird die Ware nicht an einer Börse gehandelt, so wird ersatzweise der Marktpreis herangezogen, der an einem Handelsplatz für Güter einer bestimmten Gattung von durchschnittlicher Art und Güte ermittelbar ist. Ist auch dieser Wert nicht feststellbar, so ist der → *beizulegende* Wert zu berücksichtigen.

Börsenrecht. Spezialgebiet des → *Bankrechts*. Rechtsgrundlagen sind u.a. das Börsengesetz (BörsG), das Gesetz über den Wertpapierhandel (WpHG) und die Börsenordnungen als Satzungen der Börsen (BörsO). Das Börsen- und Kapitalmarktrecht wird stark vom → *Europäischen Wirtschaftsrecht* geprägt. Dies ergibt sich aus der Schaffung des gemeinsamen Marktes und dem Grundsatz des freien Kapitalverkehrs zwischen den Mitgliedstaaten der EU. Die Börsen unterliegen der staatlichen Aufsicht zur Verhinderung von Insiderdelikten, einer allgemeinen Marktaufsicht und einer Rechtsaufsicht. Als oberste Bundesbehörde ist das Bundesaufsichtsamt für den Wertpapierhandel zuständig. Die Börsenaufsichtsbehörden der Länder überwachen den Geschäftsverkehr an der Börse und die Börseneinrichtungen. Die Institutionen des Wertpapier-, Bank- und Börsenwesens dienen insbesondere dem Anlegerschutz. Die Prospekthaftung gibt dem Anleger Ansprüche auf Schadensersatz oder Rücknahme gegen die für einen unrichtigen oder unvollständigen Prospekt verantwortlichen Personen. Rechtsgrundlage ist das Wertpapier-Verkaufsprospektgesetz. Die fehlerhaften Angaben im Prospekt müssen für die Beurteilung des Wertes des Wertpapiers erheblich sein. Prognosen oder Wertungen in Prospekten sind nur dann unrichtig, wenn sie auf falschen Tatsachen beruhen, wenn darin bloße Vermutungen enthalten sind, wenn sie gegen Denkgesetze verstoßen oder außerhalb der üblichen Risikoüberlegungen liegen. Es besteht ferner ein Verbot des Insiderhandels, das sog. Insidergeschäfte unter Strafe stellt (§ 14 WpHG). Insider sind Personen, welche Insiderinformationen unmittelbar durch ihren Beruf erfahren und zum eigenen oder fremden Vorteil ausnutzen (Primärinsider). Ferner ist die Verwertung von Informationen verboten, die von einem Primärinsider stammen. Auch die Publizitätspflichten im Börsenbereich dienen dem Anlegerschutz.
Literaturempfehlung: Claussen: Bank- und Börsenrecht, 3. Auflage, München 2003.

Bottom-Up-Planung → *Unternehmensplanung*.

Boxpalette. Palette mit Aufbau aus geschlossenen Holzwänden oder Drahtgitter.

Brainstorming. Eine der bekanntesten → *Kreativitätstechniken*.

Break-Even-Analyse. Ermittlung des Outputs (in Mengen- und/oder Geldeinheiten), bei dem die Kosten eines Produkts durch die Umsätze gedeckt sind; oberhalb dieses Punkts gerät das betreffende Produkt »ins Plus«, d.h. in die Gewinnzone. Für das Management eines Unternehmens kann z.B. bei rückläufigen Verkaufszahlen etablierter Produkte die Frage auftauchen, ob in künftigen Perioden angestrebte Gewinnziele (noch) zu realisieren sind. Inwieweit die Erreichung eines bestimmten Gewinns möglich ist, kann mithilfe der Break-Even-Analyse (Synonyme: Gewinnschwellen-, Nutzenschwellenanalyse, Untersuchung des toten Punktes bzw. des Out-of-Pocket-Points) festgestellt werden. Die

Break-Even-Analyse findet auch bei der Fundierung von Neuprodukt-Entscheidungen Verwendung. Ein neues Produkt gilt als empfehlenswert, wenn die zumeist durch die Marktforschung ermittelte erwartete Absatzmenge nicht kleiner ist als die Break-Even-Absatzmenge, d.h. die Gewinnschwelle erreicht wird.

Typische Anwendungsfragen

Wie beeinflussen Kostenänderungen den Break-Even-Punkt? Wie wirken Verkaufspreisänderungen auf den toten Punkt? Inwieweit beeinflussen Verkaufspreis- und Mengenänderungen den Gewinn? Wie wirken Verfahrensänderungen (z.B. höhere Fixkosten und niedrigere variable Kosten) auf die Nutzenschwelle bzw. den Gewinn?

Die Nutzenschwellen-Analyse beruht auf Teilkosteninformationen, nämlich auf der Unterscheidung zwischen → *fixen* und → *variablen Kosten*. Erstgenannte fallen auch an, wenn nichts produziert wird. Deshalb lassen sie sich auch als beschäftigungsunabhängige bzw. Stillstandskosten bezeichnen. Variable Kosten hingegen entstehen mit Aufnahme der Produktion. Sie verändern sich beschäftigungsabhängig mit der hergestellten Menge. Mit der Untersuchung des toten Punktes werden die Absatzmenge und die dazugehörigen Umsatzerlöse ermittelt, bei denen die mengenabhängigen (variablen) und mengenunabhängigen (fixen) Kosten der Produktionsbereitschaft gedeckt sind. Während sich ein Unternehmen vorher in der Verlustzone befindet, wird ab dem Break-Even-Point Gewinn erzielt. Der Break-Even-Umsatz wird durch Multiplikation der Break-Even-Absatzmenge mit dem Stückerlös errechnet.

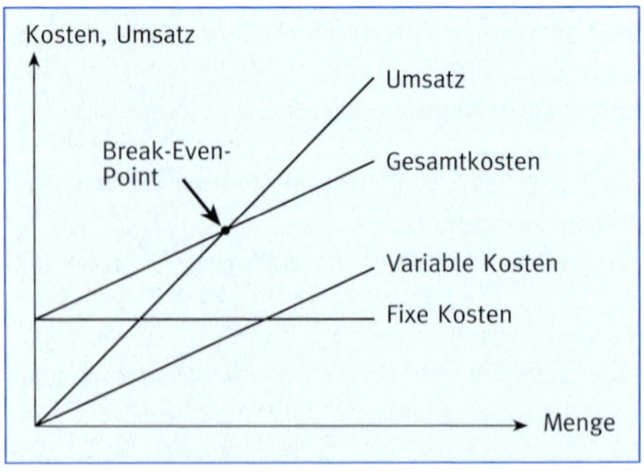

Abb. 9: Break-Even-Analyse

Ermittlung der Break-Even-Menge

Formal wird vom toten Punkt das Lot auf die Mengenachse gefällt, um zum Break-Even-Absatz als der zur Gewinnerzielung mindestens erforderlichen Menge zu kommen. Diese Absatzmenge wird mit folgender Formel ermittelt:

$$\text{Break-Even-Absatzmenge} = \frac{\text{Fixkosten der Periode}}{\text{Stückerlös} - \text{var. Stückkosten}}$$

Die Gewinnschwellen-Analyse beruht auf einigen Prämissen. So wird davon ausgegangen, dass nur ein Produkt hergestellt wird. Außerdem wird angenommen, dass Kosten, Preise und Kapazitäten bekannt sind. Die Preise, die variablen Stückkosten und die Fixkosten werden dabei als mengenunabhängig unterstellt. Weiterhin wird davon ausgegangen, dass produzierte und abgesetzte Menge übereinstimmen und demnach keine Lagerhaltung berücksichtigt werden muss. Trotz dieser zum Teil realitätsfernen Annahmen veranschaulicht die Break-Even-Analyse wichtige ökonomische Grundsachverhalte im Gesamtzusammenhang. Es liegt ein zwar grobes, jedoch leicht handhabbares betriebswirtschaftliches Instrument vor, das leicht an betriebsindividuelle Situationen anzupassen ist. Wenn also ein Unternehmen seine Fixkosten (z.B. für eine stufenweise → *Deckungsbeitragsrechnung*) differenziert betrachtet, kann auch ermittelt werden, ab welcher Absatzmenge ein Produkt wenigstens seine Fixkosten deckt. Hierzu sind die speziellen Fixkos ten der Produktart (also ohne »künstlich« zugerechnete Unternehmensfixkosten etwa der Geschäftsführung) durch Stückerlös abzüglich variable Stückkosten zu dividieren.

Literaturempfehlung: Baus, J.: Controlling, 2. Aufl., Berlin 2000. Horvath, P.: Controlling, 6. Auflage, München 1996. Reichmann, T.: Break-Even-Point-Analyse, in: Horvath; P./Reichmann, T. (Hg.): Vahlens Großes Controllinglexikon, München 1993, S. 83–85. Reichmann, T.: Controlling mit Kennzahlen und Managementberichten, 5. Aufl., München 1997. Wolfstetter, G.: Verfahren der Kostenrechnung, Köln 1998.

Breitbandkommunikation. Form der elektronischen Kommunikation unter Nutzung eines Übertragungswegs (Medium) mit hoher → *Bandbreite* und damit hoher Übertragungskapazität (→ *Übertragungsrate*). Die Gesamtbandbreite des Mediums wird auf mehrere Kanäle mit geringerer Bandbreite verteilt (Multiplexing). In Breitbandnetzen können dadurch (anders als in Schmalbandnetzen) mehrere verschiedene Datenströme gleichzeitig verschickt werden. Breitbandnetze erreichen so maximale Übertragungsraten von mehreren Gigabit pro Sekunde (Gbps). Sie eignen sich daher insbesondere für multimediale Anwendungen (→ *Multimedia*) wie z. B. Videokonferenzen oder Bildtelefonie, bei denen große Datenmengen übertragen werden müssen.

Bringsystem. Bei diesem System besteht seitens des Vormateriallagers die Pflicht, für Fertigung und Montage benötigte Materialien zu kommissionieren und auf bestimmten Plätzen bereitzustellen.

Browser (von engl. to browse = schmökern, blättern, umherstreifen). Computerprogramm, mit dem Informationsseiten aus dem → *World Wide Web* (WWW) abgerufen und angezeigt werden können. Der Browser kommuniziert als → *Client* auf der Grundlage des → *Hypertext Transfer Protocol* (HTTP) mit den → *Servern* im → *Internet*. Damit die Informationsseiten vom Browser am Bildschirm richtig dargestellt werden können, müssen sie in der → *Hypertext* Markup Language (HTML) kodiert sein. Neben der reinen Informationsdarstellung bietet ein Browser umfangreiche Funktionen, um sich im WWW zu bewegen (zu navigieren). Die Standardfunktionalität eines Browsers lässt sich durch spezielle Programmbausteine, sog. Plug-Ins, erweitern, die meist direkt aus dem Internet geladen werden können. So enthalten z. B. alle gängigen Browser eine Java Virtual Machine, um Java-Programme (→ *Java*) ablaufen zu lassen (→ *Applet*). Populäre Browser sind der Navigator von Netscape sowie der Internet Explorer von Microsoft.

Bruttobedarf. Die sich aus Kundenaufträgen oder Prognoseaufträgen ergebenden Mengenbedarfe an Erzeugnissen, Halbfertigerzeugnissen und Rohstoffen ohne Berücksichtigung eventuell vorhandener Lagerbestände oder bereits in Zulieferung befindlicher Mengen.

Bruttobedarfsermittlung. Addition von Kundenbedarfsmengen und Ergänzung dieser Mengen um Prognosemengen, die bei Eintreffen von entsprechenden Kundenaufträgen durch diese ersetzt werden.

Buchführung. Siehe dazu den Artikel auf Seite 66.

Buchungsartenschlüssel. Ein den Erfassungsdialog bei Warenein- und -ausgangsbuchungen steuernder Schlüssel. Wird z. B. ein Wareneingang zur Bestellung (Schlüssel z. B. 101) gebucht, so verlangt das Buchungsprogramm die Bestellnummer, wird von Fertigungsauftrag an Lager (Schlüssel z. B. 261) gebucht, so muss die Fertigungsauftragsnummer erfasst werden etc.

Buchungssatz. Grundlage der Verbuchung. Nennt die → *Konten*, auf denen der → *Geschäftsvorfall* zu buchen ist. Dabei wird zuerst das Konto mit der Sollbuchung (Lastschrift) genannt, dann das Konto mit der Habenbuchung (Gutschrift) bzw. bei gemischten Buchungssätzen zuerst alle Soll- und dann alle Habenkonten. Beide werden durch das Wort »an« verbunden. Die Summe der Sollseitenbeträge muss mit der Summe der Habenseitenbeträge übereinstimmen. Der Buchungssatz wird meist durch Vorkontierung auf den Belegen dokumentiert. Dabei ist zu prüfen, welche Posten der Bilanz durch den Geschäftsvorfall berührt werden und welche dieser Posten auf der Aktiv- bzw. welche auf der Passivseite berührt werden. Die Buchungssätze werden zunächst im Grundbuch erfasst und danach auf die Konten des → *Hauptbuchs* übertragen.

Buchungsstoff. Gesamtheit der Inhalte, die in einem Buchungserfassungsdialog eingegeben werden einschließlich vom Rechner eventuell ergänzter Daten wie z. B. einer automatisch erzeugten Belegnummer.

Buchwert. Wert eines Anlageguts, mit dem es in der Bilanz geführt wird. Er entsteht durch Abzug der aufgelaufenen → *Abschreibungen* von den → *Anschaffungskosten* oder → *Herstellungskosten*. Von Erinnerungswert spricht man, wenn bei direkter Abschreibung bereits alle Abschreibungen vorgenommen worden sind und ein negativer Buchwert vermieden bzw. ein Merkposten für das Vorhandensein des Anlageguts im Betrieb (1 €) behalten werden soll.

Sie dient der planmäßigen, lückenlosen sowie zeitlich und sachlich geordneten Aufzeichnung aller wertmäßig relevanten Geschäftsvorfälle. Untergliedert wird in Geschäfts- bzw. Finanzbuchhaltung (pagatorisch) und Betriebsbuchhaltung (kalkulatorisch) → *Rechnungswesen*.

Das System der doppelten Buchführung geht davon aus, dass jeder buchungsfähige Geschäftsvorfall zwei wertgleiche Buchungsteile zur Folge hat: Soll- und Haben-Buchung. Neben dem Journal (→ *Grundbuch*), in dem die Geschäftsvorfälle in chronologischer Reihenfolge erfasst werden, erfolgen die sachlichen und systematisch geordneten Buchungen auf einzelnen Konten → *Buchungssatz*. Die Konten werden unterschieden (siehe Schaubild) in

a) Bestandskonten, unterteilt in Aktiv- und Passivkonten, sowie
b) Erfolgskonten, unterteilt in Aufwands- und Ertragskonten; sie haben im Gegensatz zu den Bestandskonten keine Saldenvorträge und geben ihren Endsaldo an die »Gewinn- und Verlustrechnung« ab.

Erfolgswirksame Geschäftsvorfälle berühren sowohl ein Erfolgs- als auch ein Bestandskonto: Aufwandskonto Soll – Aktiv-/Passiv-Konto Haben oder Ertragskonto Haben – Aktiv-/Passiv-Konto Soll.

Bei erfolgsunwirksamen Geschäftsvorfällen erfolgen Buchung und Gegenbuchung (Soll und Haben) auf Bestandskonten: zwei Aktivkonten (Aktivtausch), zwei Passivkonten (Passivtausch), Aktivkonto Soll/Passivkonto Haben (z. B. bei Einkauf auf Kredit gleichzeitige Zunahme von Vermögen und Verbindlichkeit) sowie Passivkonto Soll/Aktivkonto Haben (Minderung bei Vermögen und Verbindlichkeit, z. B. Barzahlung einer Schuld).

Das Schaubild zeigt den Zusammenhang zwischen Buchhaltung und Bilanz bzw. → *Jahresabschluss*.

Zusätzlich können gesonderte Buchhaltungen vorgelagert sein, in denen die Vorgänge detaillierter dargestellt werden, um dann komprimierte Werte in die Finanz- und/oder Betriebsbuchhaltung zu übernehmen: z. B. Lohn- und Gehaltsbuchhaltung, Anlagenbuchhaltung (→ *Nebenbücher* der Buchhaltung) oder → *Lagerbuchführung*, in der sowohl Geldbeträge als auch Mengen erfasst werden können.

Das Führen von Geschäftsbüchern – zunächst konzentriert auf den Nachweis von Forderungen und Schulden – geht weit zurück. Der italienische Professor für Mathematik Pacioli verfasste in seinem Handbuch der angewandten Mathematik (1494) u. a. die wohl älteste Abhandlung über die doppelte Buchführung als Beschreibung der Praxis venezianischer Kaufleute. Die wirtschaftliche Entwicklung verlangte, dass zunehmend staatliche Bestimmungen für Buchführung und Bilanzierung erlassen wurden (z. B. 1937 die Richtlinien zur Organisation der Buchführung) mit dem Streben nach Vereinheitlichung und Transparenz, u. a. → *Kontenrahmen*. Die Nutzung der EDV erforderte zusätzliche Regelungen.

Buchführungsaufgaben. Dazu gehören a) der Nachweis des Vermögens- und Schuldenstandes, b) der Nachweis des → *Eigenkapitals* als Saldo von Vermögen und → *Schulden*, c) der Hinweis auf Veränderungen des Vermögens und der Schulden, d) der Nachweis der Aufwendungen und Erträge, e) der Nachweis des Jahreserfolgs als Saldo von Aufwendungen und Erträgen, f) der Hinweis auf Veränderungen von Aufwendungen und Erträgen nach Art und Höhe, g) die Bereitstellung von aktuellen Zahlen für die Preiskalkulation, h) die Bereitstellung von aktuellen Zahlen für Kontrollzwecke, i) der Nachweis von Besteuerungsgrundlagen, j) der Nachweis als Beweisgrundlage bei Rechtsstreitigkeiten, Katalogausschreibung, k) die Bereitstellung von Auskünften für berechtigte Interessenten.

Buchführungspflicht (§ 238 HGB). Jeder Kaufmann ist verpflichtet, Bücher zu führen und in diesen neue Handelsgeschäfte und die Lage seines Vermögens nach den → *Grundsätzen* ordnungsmäßiger Buchführung ersichtlich zu machen. Die → *Buchführung* muss so beschaffen sein, dass sie einem sachverständigen Dritten innerhalb angemessener Zeit einen Überblick über die → *Geschäftsvorfälle* und über die Lage des Unternehmens vermitteln kann. Die Geschäftsvorfälle müssen sich in ihrer Entstehung und Abwicklung verfolgen lassen. Der Kaufmann ist verpflichtet, eine mit der Urschrift

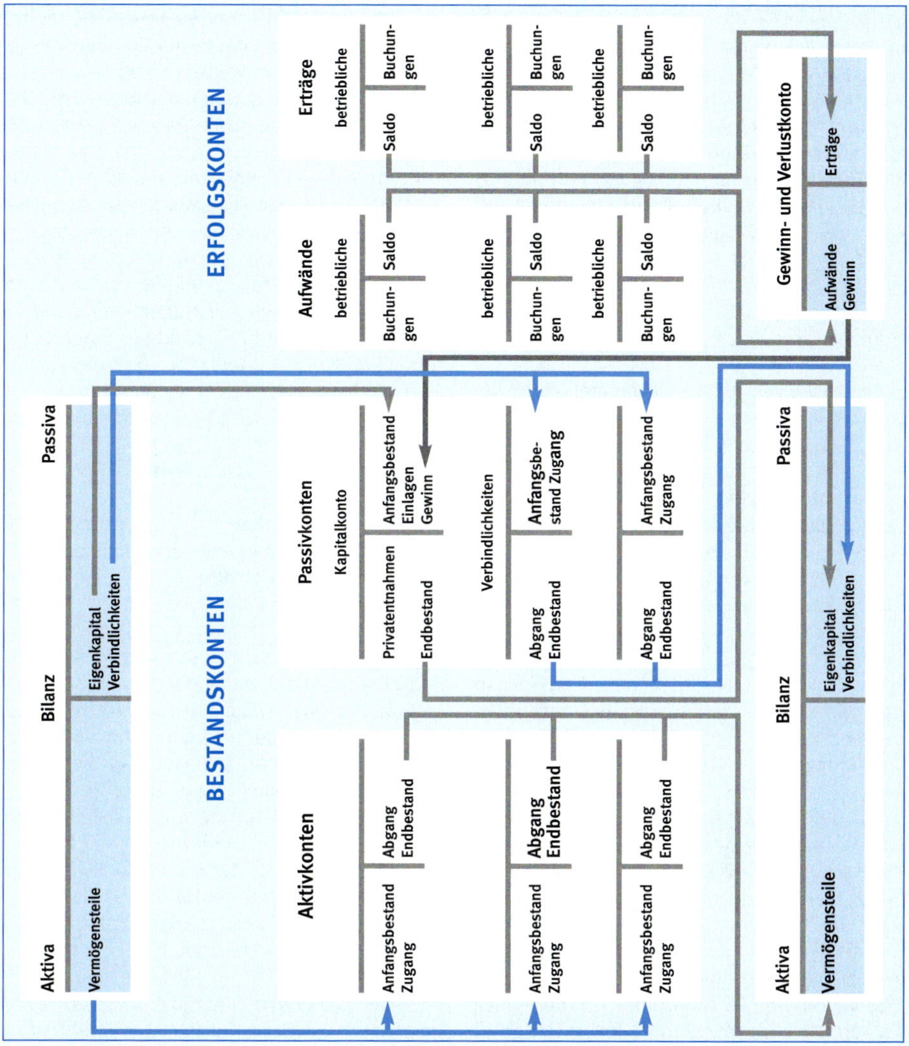

Abb. 10: Schematischer Zusammenhang zwischen Buchhaltung und Bilanz

übereinstimmende Wiedergabe der abgesandten Handelsbriefe (...) zurückzubehalten. Zur doppelten Buchführung sind Vollkaufleute verpflichtet. Für sie gelten die entsprechenden handels- und steuerrechtlichen Vorschriften. Minderkaufleute sind handelsrechtlich nicht buchführungspflichtig. Steuerrechtlich sind sie buchführungspflichtig, sofern die Umsatz- bzw. Gewinngrenzen von § 141 AO überschritten werden. Nichtkaufleute, Minderkaufleute, Kleingewerbetreibende sowie Land- und Forstwirte ermitteln ihren Gewinn nach → *Einnahme-Überschuss*-Rechnung, sofern sie nicht anderweitig handels- oder steuerrechtlich zur → *Buchführung* verpflichtet sind. Wird die Buchführung nicht oder nicht ordnungsmäßig geführt, wird die Besteuerungsgrundlage geschätzt. Außerdem drohen strafrechtliche Konsequenzen.

Budget. Mit dem Budget werden einer organisatorischen Einheit (z.B. einer Abteilung, einem Profit-Center, einem Projekt etc.) für die Erledigung und Durchführung der ihr übertragenen Aufgaben (Zielvorgaben, Maßnahmen) bestimmte Mittel (ausgedrückt als finanzielle Zielgrößen) für einen festen Zeitraum (Planungsperiode) zur Verfügung gestellt. Durch das Budget gewinnt die (operative oder strategische) Planung einen besonders hohen Grad an Detaillierung, Transparenz und Verbindlichkeit. Das Schaubild zeigt nicht nur die Überleitung der geplanten Maßnahmen einer Periode in ein Budget, sondern ebenfalls die verschiedenen Auswertungsmöglichkeiten, z.B. hinsichtlich der Ergebnisrechnung, der Finanzierung und eventueller Planbilanz. Damit wird es zu einem wesentlichen Instrument im → *Controlling* und einer zielorientierten Unternehmensführung.

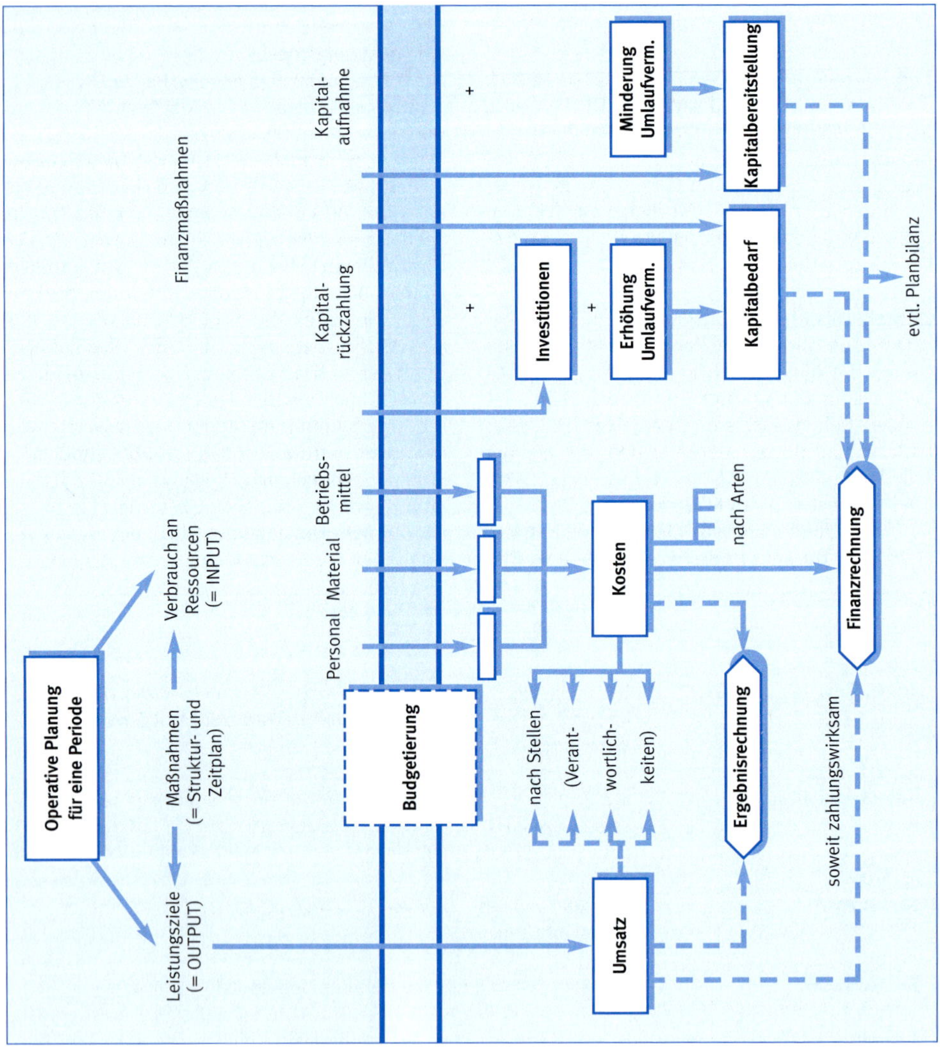

Abb. 11: Operative Planung und Budgetierung

Bug (engl. für Wanze). Programmfehler. Das Eliminieren solcher Fehler nennt man Debugging.

Bundesbank (Deutsche). Die Deutsche Bundesbank ist als nationale Zentralbank der Bundesrepublik Deutschland in das System der Europäischen Zentralbanken integriert. Zu ihren Aufgaben gehört die Mitwirkung an der Erfüllung der Aufgaben des Eurosystems, die Abwicklung des nationalen und internationalen Banken-Zahlungsverkehrs, die Ausgabe von Bargeld (Noten) sowie die Mitwirkung bei der Bankenaufsicht.

Bundessteuern. → *Steuern*, die ausschließlich der Bund, d.h. die Bundesrepublik Deutschland, als Gebietskörperschaft erhält. Es sind die → *Verbrauchsteuern* – ohne die Biersteuer, die auf Grund einer Initiative von Bayern Landessteuer geworden ist – und die Zuschläge zur Einkommen-, Lohn- und Körperschaftsteuer, z.B. der Solidaritätszuschlag von zzt. 5,5 %.

Bürgerliches Recht. Die Rechtsverhältnisse natürlicher und juristischer Personen untereinander werden im bürgerlichen Recht geregelt. Dieses Gebiet ist im Bürgerlichen Gesetzbuch (BGB) und einigen Nebengesetzen niedergelegt. Das BGB umfasst fünf Bücher, darunter den allgemeinen Teil, das → *Schuldrecht*, das → *Sachenrecht*, das Familienrecht und das Erbrecht.

Für Kaufleute sind vor allem die Inhalte der ersten drei Bücher des BGB von Bedeutung. Diese werden neben anderen Rechtsgebieten dem privaten → *Wirtschaftsrecht* zugeordnet. Der Grundsatz der Privatautonomie prägt insbesondere das → *Vertragsrecht*.

Im allgemeinen Teil des BGB werden Grundbegriffe definiert. Rechtssubjekte sind natürliche oder juristische Personen. Rechtsobjekte sind bewegliche und unbewegliche Sachen. Die Grundform der juristischen Person ist der Verein. Die Rechtsfähigkeit des Menschen beginnt mit seiner Geburt; die Geschäftsfähigkeit mit Vollendung des 18. Lebensjahres. Das Minderjährigenrecht, die Vertretungsregeln und die → *Verjährungsvorschriften* sind im allgemeinen Teil enthalten.

Das → *Schuldrecht*, Gegenstand des 2. Buchs, beruht auf dem Begriff der Leistung. Kraft eines Schuldverhältnisses ist der Gläubiger berechtigt, von dem Schuldner eine Leistung zu fordern. Das BGB definiert den Ort und die Zeit der Leistung als dispositives Recht. Soweit die Vertragsparteien keine andere Vereinbarung treffen, gelten nachrangig die Vorschriften des BGB. Im allgemeinen Teil des Schuldrechts werden u.a. die Pflichtverletzungen und ihre Rechtsfolgen beschrieben. Das Recht der Schuldverhältnisse umfasst auch die Beteiligung Dritter am Vertrag, z.B. durch Abtretung, ferner das Gesamtschuldverhältnis und die Beendigungstatbestände, z.B. Erfüllung, Aufrechnung, Rücktritt und Kündigung. Im besonderen Teil des Schuldrechts sind einzelne Vertragsarten aufgeführt, z.B. der → *Kaufvertrag*, der Mietvertrag und der Werkvertrag

Übersicht Bürgerliches Gesetzbuch

1. Buch **Allgemeiner Teil des BGB**	Darin sind die Grundbegriffe des Vertragsrechts und der Vertragsgestaltung enthalten, u.a. Definitionen und die Rechtsgeschäftslehre mit Verjährungsregeln.
2. Buch **Schuldrecht AT und BT**	Das Recht der Schuldverhältnisse enthält einen Allgemeinen Teil (Pflichtverletzungen u.a.) und einen Besonderen Teil (einzelne vertragliche und gesetzliche Schuldverhältnisse).
3. Buch: **Sachenrecht**	Eigentum und Besitz gehören zu den Grundlagen unserer Rechts- und Wirtschaftsordnung.
4. Buch: **Familienrecht**	In diesem Teil sind das Ehe- und das Kindschaftsrecht enthalten.
5. Buch: **Erbrecht**	Die Erbfolge und das Testament sind Bestandteil dieses Buches.

(→ *Vertragsrecht*). Ferner werden die gesetzlichen Schuldverhältnisse und ihre Rechtsfolgen dargestellt. Hierzu gehören die Geschäftsführung ohne Auftrag, die ungerechtfertigte Bereicherung und das Recht der unerlaubten Handlungen (auch Deliktsrecht). Die Produzentenhaftung wird aus dem → *Deliktsrecht* hergeleitet.

Das 3. Buch des BGB enthält das → *Sachenrecht* mit den grundlegenden Regeln über Eigentum und Besitz. Man unterscheidet zwischen dem Mobiliarsachenrecht und dem Immobiliarsachenrecht.

Zudem ist im BGB das → *Verbraucherschutzrecht* geregelt. Hierzu gehören u. a. das Recht der → *Allgemeinen* Geschäftsbedingungen, das Verbraucherkreditrecht, Finanzierungshilfen für Verbraucher, der Zahlungsverzug, Widerrufs- und Rückgaberechte sowie der Verbrauchsgüterkauf, das Haustürwiderrufsrecht und das → *Produkthaftungsrecht*.

Das Bürgerliche Recht wird stark von der Entwicklung des → *Europäischen* Wirtschaftsrechts beeinflusst.

Literaturempfehlung: Köhler: AT des BGB, 28. Auflage, München 2004. Danne, H./Keil, T.: Wirtschaftsprivatrecht I, Berlin 2002. Steckler: Wirtschaftsrecht, 6. Auflage, Ludwigshafen 2003. Wörlen: Schuldrecht AT, 6. Auflage, Köln 2003.

Bürgschaft. Die Bürgschaft ist ein Vertrag, durch welchen sich der Bürge verpflichtet, gegenüber dem Gläubiger eines Dritten für die Erfüllung der Verbindlichkeiten des Dritten einzustehen. Der Bürge haftet mit seinem gesamten Vermögen für die Verpflichtung des Dritten. Bürgschaften dienen bei Krediten als Sicherheit des Kreditgebers (→ *Kreditsicherungsrecht*, → *Kreditwürdigkeit*). Man unterscheidet die Ausfallbürgschaft und die selbstschuldnerische Bürgschaft. Bei Ersterer kann ein Gläubiger erst auf den Bürgen zugreifen, wenn er alle Möglichkeiten der Eintreibung beim ursprünglichen Schuldner ausgeschöpft hat, bei Letzterer kann der Gläubiger unmittelbar bei Zahlungsverweigerung des Schuldners auf den Bürgen zur Zahlung zugreifen. Jede Bürgschaft eines Kaufmanns ist eine selbstschuldnerische Bürgschaft, vgl. § 350 HGB.

Bus. Aus vielen parallelen Leitungen bestehende interne Verbindung zwischen einer CPU und den anderen Komponenten des Rechners. Man unterscheidet Adressbus, Datenbus und Steuerbus, Erweiterungsbus ist die Steckverbindung zum Anschluss zusätzlicher Komponenten.

Buying Center. Bei Firmenkunden entscheidet i.d.R. nicht eine Einzelperson über eine Beschaffung. Vielmehr sind mehrere Personen in eine Beschaffung involviert. Dabei werden unterschiedliche Rollen »gespielt«, z.B. Benutzer, Beeinflusser, Einkäufer, Entscheider, Informationsselektierer. Die Mitglieder eines Buying Centers haben durchaus nicht immer die gleiche Meinung über Kriterien und Ziele einer Beschaffung. Es ist eine der wichtigsten Aufgaben eines Vertriebsmitarbeiters, die Personen und Rollen in einem Buying Center zu kennen, zu analysieren und sein Angebot entsprechend zu präsentieren. Dem Buying Center eines Kunden kann auch ein eigenes → *Selling* Center gegenübergestellt werden.

Byte. Kunstwort, gebildet aus dem Begriff »Binary Term« (dt. Binärbegriff), das eine Gruppe von acht → *Bits* bezeichnet. Durch Kombination der Nullen und Einsen auf den acht Stellen lassen sich insgesamt 256 (28) verschiedene Zahlencodes erzeugen (Binärcode). Der Wert, den ein Byte enthält, ist nicht mehr und nicht weniger als eine Zahl. Erst der Kontext, den ein Programm liefert, macht aus dieser Zahl eine Information. So würde z.B. ein Byte mit dem Zahlenwert Dezimal 32, das in einer → *ASCII-Datei* vorkommt, ein Leerzeichen bedeuten, da der ASCII-Zeichensatz Dezimal 32 als Leerzeichen definiert. Das Byte wird als grundlegende Maßzahl verwendet, um z.B. den Umfang einer → *Datei* oder die Kapazität eines Speichermediums (→ *Massenspeicher*) zu beschreiben.

1 Kilobyte	(1 KB)	= 210 Byte	= 1.024 Byte
1 Megabyte	(1 MB)	= 220 Byte	= 1.024 KB
1 Gigabyte	(1 GB)	= 230 Byte	= 1.024 MB
1 Terabyte	(1 TB)	= 240 Byte	= 1.024 GB
1 Petabyte	(1 PB)	= 250 Byte	= 1.024 TB

C

Cache. Zwischenspeicher (Puffer), bestehend aus sehr schnellen Speicherchips (→ *Chip*), der selbstständig häufig angeforderte → *Daten* aus dem → *Arbeitsspeicher* aufnimmt und bei Bedarf wieder zur Verfügung stellt. Dazu speichert der Cache den Inhalt häufig angesprochener Speicherzellen des Arbeitsspeichers sowie die Adressen, unter welchen diese Daten dort gespeichert sind. Wenn der Prozessor (→ *CPU*) die Daten einer bestimmten Speicheradresse anfordert, prüft der Cache, ob er diese bereits besitzt. Ist das der Fall, werden dem Prozessor die betreffenden Daten direkt aus dem Cache übergeben, andernfalls werden sie aus dem regulären Speicher abgerufen. Ein Cache trägt auf diese Weise dazu bei, die Arbeitsgeschwindigkeit des Rechners zu erhöhen, da die im Cache zwischengespeicherten Daten nicht erneut angefragt werden müssen und der Cache eine wesentlich höhere Zugriffsgeschwindigkeit bietet als die regulären Speicher.

Call-Option → *Kaufoption*.

Cap. Zinsobergrenze bei Anleihen mit variablen Zinsvereinbarungen → *Floating* Rate Notes (FRN).

CAS → *Computer Aided Selling*.

Cashflow. Einnahmeüberschuss einer Periode. Es fehlt eine einheitliche Vorgehensweise bei der Ermittlung des Cashflows. Unterschieden wird eine originäre und eine derivative Ermittlungsmethode. Bei der originären Ermittlung wird der Cashflow unmittelbar aus den Zahlungsvorgängen der Periode abgeleitet (Einzahlungen der Periode abzüglich Auszahlungen der Periode = Cashflow). Bei der derivativen Ermittlung basiert die Ermittlung auf Bestands- und Stromgrößen des Jahresabschlusses. Dabei kann der Cashflow ausgehend von den Umsatzerlösen (progressiv) oder ausgehend vom Jahresüberschuss (retrograd) ermittelt werden. Bei der retrograden Ermittlung ergibt sich der Cashflow wie folgt:

Jahresüberschuss/-fehlbetrag	
+	alle nicht liquiditätswirksamen Aufwendungen
–	alle nicht liquiditätswirksamen Erträge
=	Cashflow

Nicht liquiditätswirksame Aufwendungen sind z. B. Abschreibungen oder die Bildung von Rückstellungen, nicht liquiditätswirksame Erträge z. B. die Auflösung von Rückstellungen. Werden ausschließlich Abschreibungen und Rückstellungen bei der Cashflow-Ermittlung berücksichtigt, resultiert die in der Praxis häufig anzutreffende Annäherungsrechnung:

Jahresüberschuss/-fehlbetrag	
+	Abschreibungen
+	Rückstellungsbildung
–	Rückstellungsauflösung
=	Cashflow

In Analogie zur Erfolgsspaltung im Rahmen der Jahresabschlussanalyse kann der Cashflow aufgespalten werden in einen Cashflow aus dem Leistungsbereich, einen Cashflow aus dem Finanzbereich und einen Cashflow aus dem außerordentlichen Bereich. Bedeutung wird dem Cashflow insbesondere bei der Beurteilung der Finanzkraft und Finanzlage der Unternehmen beigemessen. Die Beurteilung der Fähigkeit, zukünftig Zahlungsüberschüsse (Cashflow) zu erwirtschaften, ist wesentliches Element der Kreditwürdigkeitsprüfung (→ *Kreditwürdigkeit*).

Cash-Management → *Finanzmanagement*.

CC. Abk. für Carbon Copy. »Durchschlag« einer Mitteilung. Bei → *E-Mail*-Nachrichten sind die CC-Empfänger diejenigen, welche die Nachricht »zur Kenntnis« erhalten.

CD → *Optische Speichermedien*.

CE-Zeichen. Hersteller, deren Erzeugnisse oder Verfahren der Kennzeichnungspflicht unterliegen (z. B. Telekommunikationsendgeräte), erklären mit der Anbringung des CE-Zeichens (für Conformité Européenne) gegenüber der Gewerbeaufsicht unter ihrer alleinigen Verantwortung die Konformität mit allen für ihre Leistungen gültigen Forderungen einer europäischen Richtlinie (z. B. technische Sicherheit, Gesundheits-, Arbeits-, Umweltschutz). Das CE-Zeichen entspricht damit einem EU-Freihandelszeichen, d. h., die Vermarktung in der gesamten EU ist auf Grundlage der Konformitätsbewertung möglich, es ist hingegen kein Herkunftszeichen, auch kein Qualitäts- oder Gütezeichen. Entsprechend gekennzeichnete Leistungen entsprechen den technischen Harmonisierungsrichtlinien der EU und dürfen daher im europäischen Binnenmarkt in Verkehr gebracht werden. Sie können dann national nicht mehr mit Hinweis auf mangelnde Qualitätsanforderungen oder unzureichende Sicherheit zurückgewiesen werden. Für nicht geregelte Bereiche gilt eine Prüfpflicht durch anerkannte Stellen. Kennzeichnungspflichtige Erzeugnisse dürfen innerhalb der EU, gleich ob auf dem Inlandsmarkt oder außerhalb der EU produziert, nicht ohne CE-Zeichen vertrieben werden. Die Anbringung auf nicht kennzeichnungspflichtigen Erzeugnissen ist verboten. Die Aufbringung des Zeichens hat gut sichtbar, leserlich und dauerhaft zu erfolgen.

Chaotische Lagerführung. Anderer Ausdruck für → *Freiplatzlagerung*.

Charge. Mengenbegriff der → *Fertigung*. Jedes Stück (bzw. Teilmenge) einer Charge hat bei feindifferenzierter Betrachtung (chemisch-physikalisch) dieselben Eigenschaften, da sie aus einem gemeinsam durchlaufenen Produktionsschritt stammen; wichtig für die Produktfolgehaftung, z. B. bei Arzneimitteln oder sicherheitsrelevanten Teilen. Verschiedene Chargen können dieselbe → *Artikelnummer* aufweisen, daher müssen sie unter einer zusätzlich zugeordneten Chargennummer gelagert werden.

Chat (dt. Geplauder). Bezeichnet im → *Internet* einen Dienst, der eine elektronische Unterhaltung via Tastatur ermöglicht, bei der man nahezu in Echtzeit (→ *online*) mit einem oder mehreren anderen Teilnehmern kommunizieren kann. Innerhalb eines Chatrooms (virtueller Konferenzraum) wird nicht das gesprochene, sondern das in den Computer »getippte« Wort übertragen. Sobald ein Chat-Teilnehmer seinen Beitrag auf der Tastatur eingetippt hat, erscheint dieser auf den Bildschirmen aller anderen Teilnehmer, die nun ihrerseits darauf antworten können. Technisch ist der Chat-Dienst über ein standardisiertes → *Protokoll* namens Internet Relay Chat (IRC) realisiert.

Chip. Auf einem dünnen Träger (Plättchen, engl. Chip) aus kristallinem Silizium oder auf einem anderen sog. Halbleiter untergebrachte Schaltelemente. Man unterscheidet Chips, die Daten speichern (→ *Arbeitsspeicher*) oder als miniaturisierte Rechner (→ *Mikroprozessor*) Funktionen ausführen.

CIM → *Computer Integrated Manufacturing*.

CIT → *Kritische Ereignismessung*.

City-Logistik. Ansatzweise verwirklichtes Konzept zur Warenbelieferung der Innenstädte von einem am Rande der Stadt gelegenen Umschlagdepot aus. Lastzüge sollen so aus der Innenstadt fern gehalten werden und damit soll eine ökologische Verbesserung der Verkehrssituation erreicht werden.

Clickable Image Map. Grafik auf einer HTML-Seite mit mehreren anklickbaren Flächen, die als Aktion jeweils auf unterschiedliche Seiten eines Online-Angebots führen.

Client. Computersystem oder -programm, das auf Dienste und/oder Ressourcen zurückgreift, die ein zweites Computersystem oder -programm (→ *Server*) in einem → *Computernetz* zur Verfügung stellt. Ein Client kann somit über das Netz z. B. auf Datenbestände zugreifen, die von einem Datenbankserver gehalten werden, oder Programme nutzen, die auf einem Anwendungsserver ausgeführt werden (→ *Client/Server-Prinzip*). Programmumgebung des Nutzer-PCs bzw. Programm, das die Anfragen an einen Server stellt und Inhalte vom Server erhält.

Client/Server-Prinzip (C/S). Prinzip zur Verteilung von Datenbeständen und Rechenleistung in einem → *Computernetz*. Client/Server ist ein Merkmal von → *Anwendungssoftware*. Im Gegensatz zu zentral organisierter Software, bei der alle Funktionen der Anwendung in einer Einheit realisiert sind, die also nur auf einem Computersystem laufen kann, wird bei Client/Server die Anwendung in einzelne kleinere Softwareeinheiten gegliedert, die sich unabhängig von den anderen Teilen derselben Anwendung auf weiteren Rechnern in einem Netzwerk installieren und betreiben lassen. So wird beispielsweise der Aufruf einer Funktion, die in einem anderen Programmteil realisiert ist, über das Netzwerk als Anfrage an die zuständige Softwareeinheit auf einem anderen Rechner weitergegeben. Dort wird die Anfrage ausgeführt und das Ergebnis über das Netzwerk an die auslösende Softwareeinheit zurückübermittelt. In diesem Fall wird die anfragende Softwareeinheit als → *Client*, die ausführende Softwareeinheit als → *Server* bezeichnet. Anwendungsbeispiele:

1. Im → *World Wide Web* (WWW) sind die Informationsseiten in sog. Websites weltweit verteilt gespeichert. Zu jeder → *Website* gehört ein Server (Webserver), der die Anfragen der Internet-Nutzer entgegennimmt und die gewünschten Seiten übermittelt. Auf dem Rechner des Nutzers hingegen läuft der → *Browser*, ein Client, der die Anfrage nach einer bestimmten Informationsseite an den zuständigen Server überträgt, deren Daten dann entgegennimmt und am Bildschirm anzeigt.
2. Die betriebswirtschaftliche Standardsoftware SAP R/3 teilt die Anwendung dreistufig in Präsentation, Anwendungslogik und Datenbank auf. Dabei sorgt der Präsentationsclient für eine benutzerfreundliche Aufbereitung der Ergebnisdaten, welche die Anwendungslogik aus den Daten der Datenbank erzeugt hat.

Coaching. Begleitung und Motivierung (häufig »on the job«) der Mitarbeiter zur Verbesserung ihrer individuellen Leistung, → *Mitarbeiterführung*, → *Motivation*.

Cold Call (Kaltanruf). Unaufgeforderter Anruf eines Anbieters bei potenziellen Nachfragern (Nichtkunden). Ist im privaten Bereich (B2C) immer verboten, es sei denn, es liegt das ausdrückliche, in aller Regel schriftliche Einverständnis des Angerufenen hierfür vor, auch im gewerblichen Bereich (B2B) nur dann erlaubt, wenn auf Grund der Geschäftsumstände davon auszugehen ist, dass der Angerufene Bedarf für die angebotene Leistung hat.

Collar. Zinskorridor bzw. kombinierte Zinsober- und Zinsuntergrenze bei Anleihen mit variablen Zinsvereinbarungen (→ *Floating Rate Notes* [FRN]). Wenn der Referenzzinssatz, z. B. → *EURIBOR*, zu einem zukünftigen Zinsanpassungstermin über der Zinsobergrenze liegt, wird der Zinssatz auf die vereinbarte Obergrenze festgelegt. Bei Unterschreiten der Untergrenze wird entsprechend verfahren.

Commercial Paper (CP). Ungesicherte kurzfristige Finanzierungsinstrumente, die von Industrieunternehmen hoher Kreditwürdigkeit zur flexiblen Deckung ihres kurzfristigen Finanzbedarfs eingesetzt werden. Die Laufzeit dieser Geldmarktpapiere liegt meist zwischen 30 Tagen und einem Jahr. Im Rahmen von Commercial-Paper-Programmen, arrangiert und platziert von Bankkonsortien, steht Großunternehmen der regelmäßige Zugriff auf Geldmarktfinanzierungen bis zu einer in dem CP-Programm spezifizierten Obergrenze zur Verfügung.

Communicon. Kunstwort als Oberbegriff für Smiley, → *Emoticon* oder andere Formen verkürzter Kommunikationsinhalte durch Tastaturkombinationen aus Buchstaben und Symbolen. Dies ist erforderlich, weil aus der schriftlichen Darstellung der emotionale Status des Kommunizierenden (Syntax), der ansonsten durch Körpersprache oder Tonfall erkennbar ist, nicht erkennbar wird.

Community. Virtuelle Gemeinschaft auf der Basis von → *Mailing-Lists*, Chatrooms oder Pinboards.

Computer Aided Design (CAD). Computerunterstütztes Konstruieren. Häufig besteht eine Datenschnittstelle zum → *Computer Aided Manufacturing*, wobei Raumkoordinaten als Fräsanweisungen oder Flächenkoordinaten als Schneidanweisungen übergeben werden. Zum → *PPS-System* gibt es eine Schnittstelle, über die Stücklistendaten aus CAD-Zeichnungen übertragen werden. Die Stücklistendaten müssen in der Regel innerhalb der Stammdatenpflege des PPS-Systems nachbearbeitet werden, damit sie zu Fertigungsstücklisten werden.

Computer Aided Engineering (CAE). Unterstützung der Ingenieurs-Arbeit durch Computerprogramme. Beispiel: CAD-System-gestütztes Spezialprogramm zum automatischen Konstruieren von Tragwerken für Hallen.

Computer Aided Manufacturing (CAM). Computer-unterstütztes Fertigen. Die Steuerung der Fertigungsmaschinen erfolgt auf Basis von Steuerprogrammen, die mittels → *Computer Aided Planning* erstellt werden, nach CAD-erzeugten Geometriedaten.

Computer Aided Planning (CAP). Arbeitspläne innerhalb von → *PPS-Systemen* enthalten im Wesentlichen die Bearbeitungsfolge von Werkstücken, die Betriebsmittel, Lohndaten und Hinweise auf Toleranzen. Die computergestützte automatisierte Arbeits-Planung im Sinne von CAP geht über die rein organisatorische Arbeitsplanung hinaus. Unter dem Begriff CAP werden folgende Funktionen verstanden: automatische Erzeugung von Fertigungswegen, abhängig von der Belastungssituation der Fertigung, automatische Erzeugung von Arbeitsgangfolgen, NC-Programme (Numerical Control), CNC-Programme (Computerized Numerical Control), DNC-Programme (Direct Numerical Control), Roboter-Programme (auch Teach-Verfahren).

Computer Aided Quality Assurance. Computergestützte Qualitätssicherung. Ziel des Einsatzes von CAQ ist die Rationalisierung von Planung, Ausführung und Dokumentation der Qualitätsprüfungen und damit Senkung der Prüfkosten sowie der Aufbau eines qualitätsbezogenen Informationswesen mit den Merkmalen Durchgängigkeit, Aktualität und Verfügbarkeit.

Computer Aided Selling (CAS). Interaktives Computersystem, in dem (Absatz-) Informationen gesammelt und gespeichert werden. Das System ist hierdurch in der Lage, bestimmte Routineentscheidungen ohne weitere Intervention Dritter vorwegzunehmen. Außerdem dient es dazu, beim Kundengespräch vor Ort die nötigen Informationen bereitzustellen (z.B. auf einem Laptop-PC), um dem Kunden möglichst schnell ein umfassendes Angebot machen zu können. Allerdings muss auch erwähnt werden, dass die durch CAS geschaffene Transparenz aller Marketing- und Vertriebsaktivitäten für viele Außendienstmitarbeiter psychologisch nicht einfach zu verkraften ist, da die früheren »Freiräume« der Außendiensttätigkeit damit deutlich reduziert werden.

Computer Based Training (CBT). Dt. computergestütztes Lernen. Lernen am und mithilfe des Computers. Als CBT bezeichnet man den Einsatz von Computern und spezieller Lern-Software in der Ausbildung und Schulung. Dabei werden anstelle von oder zusätzlich zu Lehrbüchern i.d.R. multimediale Lernprogramme (→ *Multimedia*) verwendet. Diese können z.B. auf CD-ROM (→ *optische Speichermedien*), aber auch auf einem → *Server* in einem → *Computernetz* gespeichert sein. Lernprogramme zeichnen sich insbesondere durch hohe Interaktivität aus, stehen also in einem ständigen Dialog mit dem Nutzer. Dadurch wird es dem Lernenden möglich, für sich ein individuelles Lerntempo zu bestimmen sowie (z.B. bei einem Vokabeltrainer) seine Lernfortschritte selbst zu kontrollieren. CBT wird überwiegend im Selbststudium (vor allem an Schulen und Hochschulen), aber auch im angeleiteten Lernen (z.B. in der betrieblichen Weiterbildung) eingesetzt. Von → *Web Based Training* (WBT) spricht man, wenn die Lernprogramme auf einem → *Webserver* bereitgestellt werden und die Lernenden diese → *online* nutzen können.

Computer Integrated Manufacturing (CIM). Integrierte Software zur Regelung aller Funktionen des Fertigungsbetriebs, bisher ansatzweise realisiert; Umfang → *PPS-Software*, Fertigungsleitsoftware, Steuerung unterlagerter Systeme wie Prozessrechner, Handhabungsrechner, Roboter, Integration von der Konstruktion mit CAD über automatische Modellerzeugung bis zum Einsatz in der Fertigung, Schnittstelle zu numerisch gesteuerten Werkzeugmaschinen. Ein vollständiges CIM-System ist derzeit nicht käuflich. CIM-Konzepte versuchen, eine Software mit maximalem Funktionsumfang durch Ergänzung mit fehlenden Komponenten sowie Schnittstellenprogrammierung zu einen firmenindividuellen CIM-System zusammenzuschweißen.

Computernetz. Ein räumlich verteiltes Verbindungssystem zur technischen Abwicklung des Datenaustauschs zwischen mehreren Kommunikationspartnern. Der Begriff »Computernetz« wird in der Datenkommunikation weitgehend synonym zu den Begriffen »Netz«, »Netzwerk« oder »Rechnernetz« verwendet. Man unterscheidet Netze a) nach der geografischen Ausdehnung: → *lokales Netzwerk* (LAN), Stadtgebietsnetz (→ *Metropolitan Area Network*) oder → *Weitverkehrsnetzwerk* (WAN); b) nach der Übertragungskapazität (→ *Bandbreite*): Schmalbandnetz oder Breitbandnetz; c) nach der logischen Struktur: z.B. Stern, Ring oder Bus; d) nach der Arbeitsweise: Verteilnetz oder Vermittlungsnetz; e) nach dem Zugang: geschlossenes Netz oder offenes Netz.

Computersimulation. Exaktes oder näherungsweises Nachbilden realer naturwissenschaftlicher, technischer, betriebswirtschaftlicher oder anderer Zusammenhänge und Abläufe durch ein (meist mathematisches) Modell, das mithilfe eines Computers entwickelt, gerechnet und ausgewertet wird. Computersimulation wird schwerpunktmäßig dort eingesetzt, wo ein Experimentieren mit dem simulierten Sachverhalt in der Realität nicht möglich oder zu gefährlich ist. Obwohl sich das Entwickeln geeigneter Modelle in der Praxis zunächst sehr aufwändig gestalten kann, ist der Einsatz der Computersimulation i. d. R. wirtschaftlich, da, im Vergleich zur Durchführung realer Experimente, enorme Zeit- und Kosteneinsparungen erzielt werden können.

Anwendungsbeispiele: Eine wichtige Rolle spielt die Computersimulation beim Entwickeln neuer Produkte (Automobilbau), im Bereich der Aus- und Weiterbildung (Flugsimulatoren) und in der Forschung (Klima). So werden z. B. im Rahmen der Ausbildung von Piloten bei der Luftwaffe und bei den Heeresfliegern spezielle Simulatoren eingesetzt, die nicht nur das Flugverhalten bestimmter Flugzeugtypen nachbilden, sondern ganze Einsatzszenarien (→ *Virtuelle Realität*), mit denen die Piloten z. B. auf Kampfeinsätze vorbereitet werden können. In der Automobilindustrie wird die Computersimulation eingesetzt, um virtuelle Crashtests durchzuführen. Mithilfe von Hochleistungscomputern werden hierzu Unfallszenarien durchgespielt, in denen u. a. die Verformung der Karosserie ermittelt wird.

Computerviren. Gegen den Willen des jeweiligen Nutzers in einen Computer bzw. ein → *Computernetz* eingeschleuste Programme, die sich (in Anlehnung an ihr biologisches Vorbild) selbsttätig vermehren und Schäden im infizierten System verursachen, indem sie Programme und/oder Daten zerstören oder verändern.

Nach einer Untersuchung der International Computer Security Association (ICSA, Pennsylvania) im Jahr 1998 mussten in den Unternehmen im Durchschnitt 45,6 Personenstunden pro Virenbefall aufgewendet werden, um den entstandenen Schaden zu beheben. Die Kosten, die weltweit durch Computerviren verursacht werden, liegen in Milliardenhöhe. Anfang 2000 betrug die Gesamtzahl der bekannten Computerviren (je nach Zählweise) ca. 30.000 bis 45.000, von denen jedoch nur wenige (ein bis zwei %) als potenziell gefährlich gelten. Zu den verbreitetsten Computerviren zählen:

1. Datei-Viren, die vor allem die ausführbaren Programmdateien angreifen.
2. Bootsektor-Viren, die sich beim Start des Computers selbstständig in den → *Arbeitsspeicher* kopieren und dort ihre Funktion starten.
3. Makro-Viren, die z. B. Dokumente der Office-Produktlinie von Microsoft (Word, Excel) befallen und sich selbst aktivieren, wenn das infizierte Dokument geöffnet wird; auf diese Gruppe entfielen 1999 ca. achtzig Prozent aller Schadensmeldungen.
4. Trojanische Pferde, die sich in Programmdateien verbergen, Kennwörter und andere Systeminformationen ausspähen, um diese dann über das → *Internet* an einen anderen Computer zu übertragen.

Schutz vor Computerviren bieten sog. Anti-Viren-Programme, die sowohl den → *Arbeitsspeicher* als auch die → *Massenspeicher* (z. B. Festplatten, Disketten) auf Virenbefall hin untersuchen und entdeckte Viren unschädlich machen.

Das Aufspüren von Computerviren wird dadurch erschwert, dass einige Exemplare über die Zeit ihr Erscheinungsbild ändern, indem sie bei ihrer Vermehrung mutieren, d. h. ihren eigenen Programmcode verändern.

Conjoint-Analyse. Sie ist der Vergleich der Kostenanteile eines Produkts mit den (aus Kundensicht ermittelten) Nutzenanteilen und stellt eine mögliche Verfeinerung des → *Target Costing* dar. Während die Kostenanteile grundsätzlich von der → *Kostenträgerrechnung* geliefert werden, lassen sich die Nutzenanteile am besten durch ein Experiment ermitteln, in dem (potenzielle) Kunden entscheiden, welche unterschiedlichen Kombinationen von Produktmerkmalen (und Produktpreis) zweier unterschiedlicher Produkte sie jeweils bevorzugen. Wird dieser Test für hinreichend viele »Produktpaare« durchgeführt, lassen sich die Nutzenanteile durch ein Gleichungssystem ermitteln. Faustregel (die im Einzelfall begründet durchbrochen werden kann): Bei Kostenanteil › Nutzenanteil soll nach Möglichkeiten der Kosteneinsparung, bei Nutzenanteil › Kostenanteil nach solchen der Qualitätserhöhung gesucht werden. Das Verfahren ist somit (wie die

→ *Restriktionsanalyse*) ein heuristisches, das keine Garantie für das Finden einer absolut optimalen Lösung beinhaltet.

Container. Eine Ausprägung der → *Förderhilfsmittel*. Container sind international genormt und werden sowohl auf dem Landweg als auch im Schiffsverkehr weltweit eingesetzt. Es gibt 20- und 40-Fuß-Container.

Containerschiff. Besondere Bauform von Frachtschiffen für den Einsatz von Containern.

Content Provider. Unternehmen, Organisation oder Personen, die Daten, Programme und sonstige Telekommunikationsinhalte Service Providern zur Verfügung stellen, die sie wiederum via technischer Verteilwege an die angeschlossenen Empfänger entgeltlich oder unentgeltlich weitergeben. Die Inhalte lassen eine Nutzung der Telekommunikation attraktiver werden.

Content-Seite. Alle Internet-Seiten, bei denen es sich nicht um reine Werbe- oder Navigationsseiten handelt.

Control Chart → *Statistische Prozessregelung*.

Controlling. Die Wortentstehung »Controlling« weist auf die lateinischen Begriffe »contra« und »rotulus« hin. Im Französischen wurde daraus »contrerôle« (Gegenrolle) und im Englischen der »countreroullour« oder später (im 12. Jahrhundert) der »contreroullour« als Berufsbezeichnung für denjenigen, der die Gegenrolle (das zweite für Kontrollzwecke im Zusammenhang mit Geld- und Güterbewegungen geführte Register) führte (historisches Controllingverständnis). Im 15. Jahrhundert gab es am englischen Königshof einen »Controller of Accounts«, der mit der Überprüfung von Aufzeichnungen über den Geld- und Güterverkehr betraut war. Im 16. Jahrhundert entstand aus einer Fehlinterpretation der Begriff »controller« (frz. compter = rechnen, zählen). Im Jahr 1778 wurde vom amerikanischen Kontinentalkongress das Amt eines »Comptrollers« geschaffen. Seine Aufgabe bestand in der Verwaltung des staatlichen Haushalts und der Überwachung der Mittelverwendung. Seit 1863 existiert der »Controller of the Currency« als Leiter der amerikanischen Bankenaufsicht und ab 1921 der »Comptroller General« als Leiter des obersten Rechnungshofes. Die erste »Comptroller«stelle in einem privatwirtschaftlichen Unternehmen wurde im Jahre 1880 in der amerikanischen Eisenbahngesellschaft »Atchison, Topeka & Santa Fe Railway System« eingerichtet. Die Firma »General Electric Company« beschäftigte ab 1892 als erster Industriebetrieb einen Controller. Zusammenfassend lässt sich feststellen, dass die Entwicklung eines institutionalisierten Controllings ihren Ursprung im Bereich des Rechnungswesens und der Finanzwirtschaft der staatlichen Verwaltung hat. Die Aufgaben bestanden vornehmlich in Kontroll- bzw. Überwachungshandlungen. Die Entwicklung des Controllings in den USA in den Zwanzigerjahren und zeitversetzt in der Bundesrepublik Deutschland nach dem Ende des Zweiten Weltkriegs erklärt sich vor dem Hintergrund einzel- und gesamtwirtschaftlicher Veränderungen. Der Nachfrageboom bis in die Siebzigerjahre führte zu einem enormen Unternehmenswachstum, aber auch zu großen und unbeweglichen Betriebseinheiten mit steigendem Kommunikations- und Koordinationsaufwand. Um wieder marktnäher und flexibler agieren zu können, teilten sich in den Sechzigerjahren viele Großunternehmen in selbstständig abrechnungsfähige dezentrale Organisationseinheiten auf, zu deren Koordination zusätzliche Planungs- und Steuerungssysteme eingerichtet werden mussten. Stagnationserscheinungen infolge zunehmender Marktsättigung, verkürzte Innovationszyklen, wachsende Umweltdynamik und verstärkte Globalisierung ließen Defizite etwa im Bereich der Führungs- und Organisationsstrukturen, der Strategieentwicklung, der Planung und Informationsversorgung erkennen. Die Reaktion vieler Unternehmen auf diese Entwicklungen bestand in der Einrichtung eines Controllings mit der Generalaufgabe der Verbesserung des Führungsinstrumentariums aus einer ganzheitlichen betriebswirtschaftlichen Sicht. Die Grundlage für ein heutiges, modernes Controllingverständnis bilden die empirisch nachweisbaren Controlleraufgaben im Zusammenhang mit ihrer betriebswirtschaftlichen Interpretation und Einordnung. Die International Group of Controlling (IGC) definiert das Controlling tendenziell aus dem Berufs- und Rollenbild des Controllers: »Controller leisten begleitenden betriebswirtschaftlichen Service für das Management zur zielorientierten Planung und Steuerung. Das heißt: Controller sorgen für Ergebnis-, Finanz-, Prozess-

und Strategietransparenz und tragen somit zu höherer Wirtschaftlichkeit bei. Controller koordinieren Teilziele und Teilpläne ganzheitlich und organisieren unternehmensübergreifend zukunftsorientiertes Berichtswesen. Controller moderieren den Controlling-Prozess so, dass jeder Entscheidungsträger zielorientiert handeln kann. Controller sichern die dazu erforderliche Daten- und Informationsversorgung. Controller gestalten und pflegen die Controllingsysteme. Controller sind die internen betriebswirtschaftlichen Berater aller Entscheidungsträger und wirken als Navigator der Zielerreichung.« Die betriebswirtschaftlich orientierten Interpretationen ordnen das Controlling als abgeleitete Managementfunktion sozialer Organisationen ein, der führungsunterstützende bzw. führungsergänzende Dienstleistungsaufgaben zukommen. Definitorische Unterschiede bestehen vor allem in den Ausprägungen der Controllingmerkmale wie Zielbezug (Soll das Controlling die Erreichung von Erfolgszielen, Erfolgs- und Finanzzielen oder sämtlichen Sach- und Formalzielen einer Organisation unterstützen?), Breite der Führungsunterstützung (Umfasst die Unterstützung das gesamte Führungssystem oder nur einzelne Führungsfunktionen [Führungsteilsysteme] wie Planung und Kontrolle, Personalführung, Informationsversorgung, Organisationsgestaltung?), Tiefe der Führungsunterstützung (Ist das Controlling nur verantwortlich für die Integration und Koordination vorhandener Führungsteilsysteme oder werden ihm auch strukturschaffende und ablaufgestaltende Aufgaben zugebilligt, die bis in den Bereich der echten Führungsentscheidungen hineinreichen?). Aus der Sicht des systemorientierten Ansatzes der Betriebswirtschaftslehre lässt sich jedes Führungssystem über die primären Führungsaufgaben in ein Planungs- und Kontrollsystem, ein Personalführungssystem, ein Organisationssystem und ein Informationssystem aufteilen.
Literaturempfehlung: Jackson, J.H.: The Growth of the Controllership Function, in: Bradshaw, T.F./Hull, Ch.C. (Hg.): Controllership in Modern Management, Chicago 1950. Baus, J.: Controlling, 3. Aufl., Berlin 2003.

Cookies. Digitale, browserspezifische Kennung auf der Festplatte des Nutzers, die es → *Content-Providers* ermöglicht, Nutzerprofile ihrer Besucher zu erstellen. Cookies identifizieren die → *Browser*, von denen aus auf ein Internet-Angebot wiederholt zugegriffen wird. Die Zulassung von Cookies lässt sich im Browser-Menü aus Datenschutzgründen ausschalten. Durch die hinterlegten Angaben kann der Online-Anbieter ein Profil des Nutzers gewinnen und ihm mutmaßlich maßgeschneiderte Angebote offerieren. Die Einwilligung der Betroffenen für die Verarbeitung personenbezogener Daten ist einzuholen (→ *Datenschutzrecht*, → *Teledienstedatenschutz*).

Corporate Identity (CI). Mit dem Aufbau und der Anwendung von CI verfolgt ein Unternehmen das Ziel, eine umfassende, eigenständige und unverwechselbare Unternehmensidentität bzw. Unternehmenspersönlichkeit zu generieren.

Strukturmerkmale von Corporate Identity

1. Unternehmensverhalten (Corporate Behaviour): schlüssige und widerspruchsfreie Ausrichtung aller Verhaltensweisen der Unternehmensmitglieder.
2. Unternehmenskommunikation (Corporate Communication): externe und interne Unternehmenskommunikation.
3. Unternehmenserscheinungsbild (Corporate Design): Markierungen (Symbol, Farbe), Architektur und Sachmittelgestaltung etc.

Corporate Identity ist das Bild, das sich die wichtigsten Bezugsgruppen (Kunden, Medien, Mitarbeiter, Aktionäre, Lieferanten) vom Unternehmen machen. Das Unternehmen hat zum Ziel, eine Unternehmensidentität zu schaffen, die unverwechselbar und positiv wahrgenommen wird. Man spricht auch von Unternehmenspersönlichkeit. Stellt das Unternehmen Güter her, die sich von Konkurrenzprodukten kaum unterscheiden, ist es besonders wichtig, dem Kunden → *Kernkompetenzen* und Glaubwürdigkeit deutlich zu machen. Vorteile zeigen sich aber auch auf anderen Gebieten, wie der Gewinnung qualifizierter Mitarbeiter für das Unternehmen, der Attraktivität für Aktionäre, der Identifikation der Mitarbeiter mit dem Unternehmen. Die Unternehmensidentität wird geprägt durch: Corporate Design (Unternehmenserscheinungsbild): alle visuell-stilistischen Ausdrucksformen des Unternehmens wie Firmenname, Firmenzeichen, verwendete Farben, Wiedererkennbarkeit im Design der Produkte, Ausstattung der Geschäftsräume, Architektur etc. Corporate Communication (Unternehmenskommunikation): alle Maßnahmen der Werbung und Öffentlichkeitsarbeit, die zur Information sowie zur Steuerung von Meinungen, Einstellungen und Verhaltensweisen eingesetzt werden. Beispiele sind Werbeanzeigen, Firmenbroschüren, Funk- und Fernsehwerbung. Corporate Attitude (Corporate Behaviour, Unternehmens- und Mitarbeiterverhalten): Die Verhaltensweisen des Unternehmens drücken sich in der Unternehmenspolitik und im Verhalten der Mitarbeiter gegenüber der Umwelt und untereinander aus. Beispiele sind: Informationspolitik, Verhalten bei Reklamationen, Führungsstil, Behandlung der Kundenwünsche. Alle drei Elemente sollten in Wechselwirkung mit der → *Unternehmenskultur* und im Einklang miteinander das angestrebte positive Image des Unternehmens bilden und festigen.

Cost driver → *Prozesskostenrechnung*

Courtage. Gebühren der Börsenmakler für die Vermittlung von Börsengeschäften.

CPU (Central Processing Unit, dt.: Zentraleinheit, Zentralprozessor). Die CPU ist die zentrale Rechen- und Steuereinheit eines Computers. Sie besteht aus einem oder mehreren → *Mikroprozessoren*, welche die einzelnen Befehle der Programme zerlegen und ausführen. Die Leistungsfähigkeit (Performance) eines Rechners ergibt sich u.a. aus der Geschwindigkeit, mit der eine CPU Rechenoperationen ausführen kann. Sie wird in Floating Point Operations per Second (FLOPS) und Million Instructions per Second (MIPS) gemessen. Die Taktfrequenz, mit der eine CPU Rechenoperationen ausführt, wird in Megahertz (MHz) gemessen.

Culpa in Contrahendo. Lat.: Verschulden bei Vertragsabschluss. Ein Schuldverhältnis entsteht auch bei der Anbahnung von Verträgen durch die Aufnahme von Vertragsverhandlungen oder ähnlichen geschäftlichen Kontakten, vgl. § 311 BGB. Verletzt der Geschäftspartner eine Pflicht aus dem vorvertraglichen Schuldverhältnis, kann der andere Schadensersatz verlangen, vgl. § 280 BGB. Sorgfaltspflichten im Anbahnungsverhältnis sind z.B. Beratungs-, Aufklärungs-, Informations- und Mitteilungspflichten über den Vertragsgegenstand. Häufige Anwendungsbeispiele finden sich in Bank- und Anlagegeschäften sowie anderen Geschäftsbesorgungsverträgen, aber auch bei größeren Investitionen im Maschinen- und Anlagenbau oder in der Computerbranche, wenn vor Vertragsabschluss ein besonderer Beratungsbedarf besteht. Vorvertragliche Sorgfaltspflichten bestehen auch bei der Einrichtung von Geschäfts- und Verkaufsräumen, zu denen die Öffentlichkeit Zugang hat. Die Räume müssen so gestaltet und die Waren so gelagert werden, dass den potenziellen Kunden kein Schaden entsteht, z.B. wenn in einem Heimwerkermarkt ein unsachgemäß beladenes Regal umstürzt.
Literaturempfehlung: Steckler: Kompakt-Training Wirtschaftsrecht, 2. Auflage, Ludwigshafen 2003. Danne, H. / Keil, T.: Wirtschaftsprivatrecht I, 2. Auflage, Berlin 2002.

Customer Satisfaction → *Kundenzufriedenheit*.

Customizing. Prozess der Anpassung von → *Standardsoftware* an die individuellen Anforderungen eines Kunden. Voraussetzung für Customizing ist Modularität, d.h., die Software besteht aus einzelnen Programmbausteinen (Modulen), welche die jeweiligen Funktionen der Anwendung darstellen. In jedem Programmbaustein existieren meist zusätzliche Einstellungsmöglichkeiten (Parameter), über welche die Art der Funktionsausführung beeinflusst werden kann. Customizing versucht nun, die Programmbausteine der Standardsoftware so auszuwählen und deren Parameter so zu setzen, dass sich eine (gemessen an den Kundenanforderungen) optimale Software-Variante ergibt. Anwendungsbeispiel: Das R/3-System von SAP ist ein typischer Vertreter betriebswirtschaftlicher Standardsoftware, die erst nach einem mehr oder weniger umfangreichen Customizing beim Kunden einsetzbar ist. Das Customizing wird i.d.R. von hoch qualifizierten Spezialisten des Herstellers oder Beratungsunternehmens durchgeführt und kann sich (abhängig von den Anforderungen des Kunden) über mehrere Monate erstrecken.

Cybermoney. Virtuelles Geld oder Zahlungsmittel, das über Internet geladen und ausgegeben werden kann. Derzeit ist noch kein einheitlicher Standard etabliert.

Cyberspace. Kunstwort, das der amerikanische Science-Fiction-Autor William Gibson in seinem Roman »Neuromancer« (1985) geprägt hat und das von dem englischen Begriff »cybernetics« (dt. Kybernetik; Steuerungs- und Regelungstechnik) abgeleitet ist. Der Cyberspace bezeichnet bei Gibson die Welt der vernetzten Computer und die in dieser Welt herrschende Kultur. Darunter sind vom Computer erzeugte (virtuelle) Welten zu verstehen, in denen sich ein Nutzer mithilfe einer speziellen mit Sensoren ausgestatteten Ausrüstung bewegen kann. Der Begriff wird oft auch als Synonym für → *Virtuelle Realität* verwendet.

D

Damnum → *Disagio*.

Darlegungsgrad. Ausmaß, in dem ein (qualitätsrelevanter) Nachweis geführt wird, um Vertrauen zu schaffen, dass spezifizierte Forderungen erfüllt werden. Dies ist möglich als Bestätigung des Vorhandenseins eines Objekts, Zurverfügungstellung detaillierter Dokumente, Nachweis über Erfüllung einer Forderung o. Ä.

Data Mining (abgeleitet von engl.: to mine= [zu Tage] fördern). Die Analyse großer Datenmengen mit dem Ziel, bislang verborgene Beziehungen der → *Daten* untereinander (Zusammenhänge, Gesetzmäßigkeiten) aufzuspüren. Data Mining bedient sich verschiedenster Techniken wie z. B. statistische Kennzahlenbildung, Zeitreihenanalyse, Mustererkennung sowie Techniken der → *Künstlichen Intelligenz* (→ *Neuronales* Netz). Ausgangspunkt bildet eine umfangreiche → *Datenbank*, in der die zu untersuchenden Daten zusammengefasst sind (idealerweise ein → *Data Warehouse*). Insbesondere im Marketing gewinnt Data Mining zunehmend an Bedeutung. So werden beispielsweise einzelne Daten, die für sich genommen kaum Informationswert besitzen, zusammengeführt und zueinander in Beziehung gesetzt, um Rückschlüsse auf das individuelle Kaufverhalten zu ziehen und detaillierte Kundenprofile zu erstellen. Die Verarbeitung personenbezogener Daten bedarf der Einwilligung der Betroffenen (→ *Datenschutzrecht*, → *Teledienstedatenschutz*).

Database Marketing. Ein Absatz- und Marketingunterstützungssystem, das in erster Linie auf die Absatzfunktion ausgerichtet ist (→ *MIS*, → *MAIS*, → *CAS*, → *VIS*). Bereits für das → *Direct-Marketing* ist die Erstellung einer Datenbank unabdinglich, in der alle über den Kunden oder Interessenten bekannten Informationen, Aktionen und Reaktionen gespeichert sind. Stellt man diese Datenbank auch dem Außendienst selbst zur Verfügung, kann man von Database Marketing sprechen.

Data Warehouse (dt.: Datenlager). Ein Data Warehouse umfasst eine spezielle → *Datenbank*, in welche ausgewählte → *Daten* aus verschiedenen (unternehmensinternen wie auch externen) Datenquellen einfließen, sowie eine spezielle → *Anwendungssoftware* zur Auswertung dieser Daten. Zweck eines Data Warehouse ist es, den Führungskräften im Sinne eines Führungsinformationssystems genau die Informationen zukommen zu lassen, die sie zur Entscheidungsfindung und zur Kontrolle interner Abläufe benötigen. Interne Datenquellen können die verschiedenen → *Administrationssysteme* und → *Dispositionssysteme* des Unternehmens sein. Als externe Datenquellen kommen z. B. Informationsangebote in Betracht, die über das → *Internet* frei oder kostenpflichtig zugänglich sind (Kreditzinsen, Aktienkurse etc.). Automatisierte Prozesse kopieren die für das Data Warehouse vorgesehenen Daten in regelmäßigen Abständen (z. B. täglich oder wöchentlich) aus den einzelnen Datenquellen und fügen sie in die Datenbank des Data Warehouse ein. Da die Daten aus der Vergangenheit i. d. R. aufbewahrt werden, wächst der Datenbestand zunächst an und bildet so eine hervorragende Basis für unterschiedlichste Auswertungen (→ *Data Mining*). Um das Fassungsvermögen der Datenbank nicht zu sprengen, werden historische Daten nach einer bestimmten Zeit wieder aus dem Datenbestand entfernt oder

verdichtet. Gleichartige, aber weniger umfangreiche Datenbanksysteme auf Abteilungsebene oder für Filialen werden als Data Mart (dt.: Datenmarkt) bezeichnet.
Literaturempfehlung: Lusti, M.: Data Warehousing and Data Mining. Eine Einführung in entscheidungsunterstützende Systeme, Berlin/Heidelberg 1999.

Datei (engl.: file). Eine Menge von → *Daten*, denen ein Name gegeben und die auf einem Datenträger gespeichert wurden. Bei einer Datei kann es sich z.B. um ein Textdokument, eine Sammlung von Datensätzen (→ *Datenorganisation*) oder eine → *Binärdatei* handeln.

Dateitransfer. Datenübertragung zwischen zwei oder mehr Computern, die mit der dazu notwendigen Übereinstimmung zwischen Sende- und Empfangsrechner in der Übertragungsgeschwindigkeit oder Art der Prüfbits parametrisiert abläuft.

Daten. Angaben über Sachverhalte und Vorgänge in einer maschinell verarbeitbaren Form. Zur Speicherung oder Übertragung werden Daten i.d.R. zu → *Dateien* zusammengefasst.

Datenauswertung (in der Marktforschung). Die durch Datengewinnung vorliegenden Urdaten lassen sich abhängig vom Skalenniveau deskriptiv (z.B. über Häufigkeitsverteilungen, den dazugehörigen Mittelwerten und Streumaßen) auswerten. Unter Zugrundelegung der Anzahl der bei einer Datenauswertung zu berücksichtigenden Variablen wird zwischen der univariaten, bivariaten und multivariaten Datenauswertung differenziert. Zu den uni- und bivariaten Verfahren gehören Kreuztabellierung, einfache Korrelations- und Regressionsanalysen. Die multivariaten Methoden werden repräsentiert durch Faktoren und Clusteranalyse, multiple Regressionsanalyse, Diskriminanz- und Varianzanalyse, multidimensionale Skalierung sowie die Conjoint-Analyse und die Kausalanalysen. Für Marktprognosen stehen intuitive (z.B. Befragung, Szenariotechnik, Delphi-Methode) und systematische Prognoseverfahren zur Verfügung. Am häufigsten findet bei den systematischen Prognoseverfahren die Trendextrapolation Anwendung, bekannt sind auch die einfachen Verfahren der gleitenden Durchschnitte und der exponentiellen Glättung. Die Datenauswertung wird wesentlich erleichtert und qualifizierter durch die Anwendung statistischer Standardsoftware (z.B. SPSS, SAS, BMDP).

Datenbank. Engl.: Database. Unter einer Datenbank versteht man im Allgemeinen ein elektronisches Archiv für die strukturierte, speicherplatzsparende Aufbewahrung großer Mengen inhaltlich zusammengehöriger → *Daten*, aus dem i.d.R. mehrere Programme und/oder Endbenutzer gleichzeitig und mit kurzen Zugriffszeiten Daten abrufen können. Ein Datenbanksystem umfasst die aus den eigentlichen Daten bestehende Datenbasis (Datenbestand), eine Datenbankbeschreibung, die über Aufbau und Organisation der Datenbank informiert, und die Programme, welche die Datenbank steuern und verwalten (→ *Datenbankmanagementsystem*). Gegenüber der Ablage von Daten in voneinander unabhängigen → *Dateien* bietet eine Datenbank den wesentlichen Vorteil, dass der Datenbestand zentral gepflegt und aktualisiert sowie ohne großen Programmieraufwand im Sinne eines Informationssystems nach beliebigen Gesichtspunkten ausgewertet werden kann. Gängige Datenbanksysteme arbeiten auf der Basis des sog. Relationenmodells und bilden die Daten in einfachen Tabellenstrukturen ab. Sie werden daher als relationale Datenbanksysteme bezeichnet. Hier bildet jeder → *Datensatz* eine Zeile (Tupel), jedes → *Datenelement* eine Spalte (Attribut) einer Tabelle. Die einzelnen Zellen in den Tabellen eines relationalen Datenbanksystems können untereinander in Beziehung (Relation) gesetzt werden. Neuere Datenbanksysteme ergänzen das Relationenmodell um eine objektorientierte Sichtweise. Dadurch verbessert sich die Flexibilität der Datenbank bezüglich der zu speichernden Daten. So können in einer objektrelationalen Datenbank z.B. auch multimediale Objekte (→ *Multimedia*) wie Bilder, Klänge und Videos verwaltet werden. Anwendungsbeispiel: Nahezu alle großen betriebswirtschaftlichen Anwendungssysteme (→ *Anwendungssoftware*) wie z.B. das SAP R/3-System arbeiten auf der Basis eines Datenbanksystems. Alle Daten über Artikel, Lieferanten, Kunden, Fertigungsaufträge etc. werden nicht in einzelnen Dateien, sondern in einer zentralen Datenbank gespeichert und verwaltet. Auf diese Datenbank greifen alle Programmteile der Anwendungssoftware (z.B. die

Lagerbestandsführung oder die Produktionsplanung) zu, indem sie Daten lesen, hinzufügen, ändern oder löschen.

Datenbankmanagementsystem (DBMS). Der Teil eines Datenbanksystems (→ *Datenbank*), der die → *Daten* verwaltet. Es beinhaltet Funktionen zur Einrichtung und Pflege der Datenbank und führt alle von der → *Anwendungssoftware* oder dem Endbenutzer verlangten Zugriffe (Lesen, Hinzufügen, Ändern, Löschen von Daten) auf die Datenbank aus. Einen besonderen Stellenwert im Aufgabenspektrum eines Datenbankmanagementsystems hat die Gewährleistung der Korrektheit (Integrität) und Widerspruchsfreiheit (Konsistenz) der Daten (→ *Transaktion*). So muss z.B. dafür gesorgt sein, dass auch nach Störungen der Hardware ein in sich stimmiger Zustand der Daten wiederhergestellt ist oder dass nur speziell berechtigte Nutzer auf sensible (z.B. personenbezogene) Daten zugreifen können. Bestandteil eines Datenbankmanagementsystems ist i.d.R. auch eine Datenbanksprache wie z.B. → *SQL* (Structured Query Language), die von Programmierern und Endbenutzern zur Formulierung von Zugriffen auf die Datenbank genutzt werden kann.

Datenelement. Die kleinste Einheit in einem → *Datensatz*. Ein Datenelement speichert genau eine Art von Information in einem hierfür festgelegten Format. So besteht z.B. die Information »Zeitpunkt der letzten Bearbeitung dieses Dokuments« aus zwei Datenelementen, einem Datum und einer Uhrzeit. Jedes Datenelement wird in einem festgelegten Format gespeichert. Im Falle des angeführten Beispiels könnte die Information z.B. wie folgt abgelegt werden: 04.01.2001. 14:20 (im Format TT.MM.JJJJ.SS:MM).

Datenhandschuh. Mit Sensoren ausgestatteter Handschuh, der Bewegungsabläufe von Hand und Fingern erkennen kann und an Virtual-Reality-Anwendungen weitergibt. Dadurch kann sich der Nutzer in künstlichen dreidimensionalen Umgebungen bewegen und z.B. virtuelle Gegenstände greifen.

Datenkompression. Reduzierung des benötigten Platzes für die Speicherung oder Übertragung von → *Daten*. Es lässt sich zwischen Datenkompression ohne und mit Informationsverlust unterscheiden. Letztere wird u.a. bei der Kompression von Bild- und Klangdateien angewandt, wo ein gewisser Informationsverlust zu vertreten ist, solange der Gesamteindruck des Bildes bzw. Klanges erhalten bleibt. Verbreitete Kompressionsverfahren in diesem Bereich sind → *JPEG* (Joint Photographic Experts Group) für Bilddateien und → *MPEG* (Motion Picture Experts Group) für Klang- und Videodateien. Bei der Datenkompression ohne Informationsverlust wird die Größe einer Datei durch Anwendung mathematischer Verfahren verringert, die z.B. wiederholt auftretende Zeichenfolgen in der Datei aufspüren und zusammenfassen. Diese Kompressionsverfahren werden z.B. beim Erzeugen von Archivdateien verwendet (z.B. ZIP, TAR, ARJ, Z etc.).

Datenorganisation. Methoden und Prinzipien zur Ordnung und Strukturierung von → *Daten* mit dem Ziel, → *Dateien* oder eine → *Datenbank* aufzubauen. Ausgangspunkt ist die kleinste Organisationseinheit von Daten, das → *Bit*. Es kann nur zwei Werte annehmen (0 oder 1). Eine definierte Anzahl von Bits (→ *Byte*) stellt ein Zeichen dar. Ein → *Datenelement* wiederum ist eine Zusammenfassung von Zeichen zu einer Zeichenfolge, der eine bestimmte Bedeutung zugeordnet ist. Als → *Datensatz* bezeichnet man die Zusammenfassung mehrerer Datenelemente, die logisch zu einem bestimmten Objekt gehören. Die Menge der Datensätze gleicher Art wird schließlich als → *Datei* bezeichnet.

Datensatz (engl.: Record). In der → *Datenorganisation* eine Zusammenfassung von → *Datenelementen*, die zu einem Objekt gehören und in einer → *Datei* abgelegt sind. Ein Adressdatensatz könnte z.B. aus den Elementen Anrede, Name, Vorname, Straße, Hausnummer, Postleitzahl und Ort bestehen.

Datenschutzrecht. Das Recht auf informationelle Selbstbestimmung ist Bestandteil des allgemeinen Persönlichkeitsrechts gem. Art. 2 GG. Datenschutz bedeutet, dass jede Bürgerin und jeder Bürger darüber entscheiden kann, ob personenbezogene Daten preisgegeben werden und was mit ihnen geschieht. Auf den in der Übersicht genannten, verfassungsrechtlichen Grundsätzen basieren die Datenschutzgesetze des Bundes und der Länder.

Grundsätze des Datenschutzes	
Normenklarheit	Bürgerinnen und Bürger sollen eindeutig erkennen können, zu welchem Zweck ihre Daten verwendet werden.
Erforderlichkeit	Das rechtsstaatliche Prinzip des geringsten Eingriffs beschränkt die einzelnen Maßnahmen auf ihren unabdingbaren Umfang (Übermaßverbot).
Zweckbindung	Die personenbezogenen Daten dürfen nur zu dem Zweck verarbeitet oder übermittelt werden, für den sie erhoben wurden. Jede Zweckänderung bedarf einer Rechtsgrundlage.
Verhältnismäßigkeit	Der Umfang der Verarbeitung personenbezogener Daten muss in einem angemessenen Verhältnis zu dem angestrebten Ziel bleiben.
Informationelle Gewaltenteilung	Jede datenverarbeitende Stelle darf nur die personenbezogenen Daten erheben und verarbeiten, welche zur Erfüllung ihrer Aufgaben erforderlich sind.
Transparenz der Datenverarbeitung	Ein effektiver Rechtsschutz erfordert, dass die Betroffenen Kenntnis haben, welche Stelle ihre Daten verarbeitet und wohin diese übermittelt werden.

Das Datenschutzrecht wird dem öffentlichen Recht zugeordnet (→ *Wirtschaftsrecht*). Der Regelungsgehalt des Bundesdatenschutzgesetzes (BDSG) betrifft die Verarbeitung personenbezogener Daten in Dateien durch öffentliche und nicht-öffentliche Stellen. Personenbezogene Daten sind Angaben über persönliche und sachliche Verhältnisse der Betroffenen. Dazu gehören z.B. Name, Anschrift, Familienstand, Geburtsdatum, Staatsangehörigkeit, Konfession, Eigenschaften, Gesundheitszustand, Fingerabdrücke, ferner Grundbesitz, Bauplanung, vertragliche Rechtsverhältnisse, Führen eines Telefongesprächs, Arztbesuch etc.

Als datenverarbeitende Stellen kommen öffentlich-rechtliche Stellen und privatrechtliche Unternehmen in Betracht. Dateien sind Datensammlungen, die nach bestimmten Merkmalen erfasst und geordnet und nach anderen Merkmalen sortiert und ausgewertet werden können. Akten privater Unternehmen gehören in aller Regel nicht dazu. Sofern jedoch Arbeitnehmerdaten, Kundendaten etc. in automatisierten Verfahren erfasst werden, sind sie als Dateien anzusehen.

Die Phasen der Datenverarbeitung sind gesetzlich definiert. Das BDSG geht von einem Verbot mit Erlaubnisvorbehalt aus. Die Verarbeitung personenbezogener Daten in Dateien ist grundsätzlich unzulässig, weil darin eine Beeinträchtigung des Persönlichkeitsrechts liegt. Ausnahmsweise ist die Datenverarbeitung zulässig, wenn ein Erlaubnisvorbehalt besteht. Dieser ergibt sich durch Gesetz oder durch die Einwilligung des Betroffenen. Der Gesetzesvorbehalt bedeutet, dass eine Rechtsvorschrift die Verarbeitung personenbezogener Daten erlaubt oder die Zweckbestimmung eines Vertrages die Datenverarbeitung erfordert. Die Einwilligung des Betroffenen ist gegeben, wenn dieser zuvor über den Umfang und den Zweck der Datenerhebung und -verarbeitung informiert worden ist. Die Erklärung der Einwilligung bedarf der Schriftform. Es bestehen bereichsbezogene Datenschutzgesetze, z.B. für Teledienste im Teledienstedatenschutzgesetz und für Mediendienste im Mediendienste-Staatsvertrag,
→ *Teledienstedatenschutz* und → *Medienrecht*.

Im Personalwesen ist der → *Arbeitnehmerdatenschutz* zu berücksichtigen. Der Verrat von → *Betriebs- und Geschäftsgeheimnissen* ist eine wettbewerbsrechtliche Spezialnorm. Die datenverarbeitenden Stellen haben bei zulässiger Datenverarbeitung Maßnahmen der Datensicherung zu treffen. Dazu gehören die Zugangskontrolle, die Zugriffskontrolle, die Weitergabekontrolle, die Eingabekontrolle, die Auftragskontrolle, die Verfügbarkeitskontrolle und die Organisationskontrolle. Für die Maßnahmen der Datensicherung ist bei der Auftragsdatenverarbeitung der Auftraggeber verantwortlich.

Literaturempfehlung: Steckler: Grundzüge des EDV-Rechts, München 1999. Tinnefeld/Ehmann: Datenschutzrecht, 4. Auflage, München 2004.

Datensicherheit. In der Informationsverarbeitung alle technischen und organisatorischen Maßnahmen zum Schutz von → *Daten* vor Missbrauch, Verfälschung und Zerstörung. Ziel der Datensicherheit ist es, zu jeder Zeit die Vollständigkeit, Korrektheit und Widerspruchsfreiheit aller Daten zu gewährleisten (→ *Datenschutzrecht*).

Datenverschlüsselung. Verfahren, durch die Daten für Unbefugte unkenntlich gemacht werden. Die Datenverschlüsselung kann symmetrisch oder asymmetrisch erfolgen. Sie wird von Hackern zu knacken versucht.

DBM → *Database Marketing*.

Decision Support System (DSS) → *Führungsinformationssystem*.

Deckungsbeitrag, relativer. Dies ist der Deckungsbeitrag, der nicht auf die Einheit »Output«, sondern die Einheit »Engpassnutzung« bezogen wird.

Das Verfahren funktioniert, wenn mindestens zwei Outputarten genau einen gemeinsamen → *Engpass* durchlaufen.

Beispiel: Produkt A erzielt einen Stück-DB I von 8 €, Produkt B einen Stück-DB I von nur 5 €. Wenn eine Verpackungsmaschine den Engpass darstellt und dort Produkt A 2 Min. und Produkt B nur 1 Min. benötigt, erbringt 1 Min. Engpassnutzung bei Produkt A = 4 € und bei Produkt B 5 €. Folgerung: Die Aufträge für B sind – abgesehen von strategischen Argumenten wie z. B. Bevorzugung von Stammkunden – in dieser Situation vorrangig gegenüber denen für A durchzuführen. Bei mehreren Engpässen → *Produktionsprogramm, gewinnoptimales*.

Deckungsbeitragsrechnung. Entscheidungsvorbereitende Rechnung, die durch Trennung in (mindestens) → *fixe Kosten* und → *variable Kosten* das Erreichen betrieblicher Ziele (häufig → *Gewinnmaximierung*) unterstützt; dabei verzichtet man bewusst auf einen strengen Bezug zu Belegen der → *Buchhaltung*. Eine Deckungsbeitragsrechnung beruht immer auf einer Teilkosten- und einer Erlösrechnung. Sie wird als → *kurzfristige Erfolgsrechnung* verwendet und dient damit der unterjährigen, kurzfristigen Steuerung des Unternehmens. Durch die Gegenüberstellung von Erlösen und Teilkosten entstehen Deckungsbeiträge. Die Deckungsbeitragsrechnung sollte nach den wesentlichen Erkenntnisobjekten eines Unternehmens ausgewertet werden können. Dies können z. B.

- Produkte und Produktgruppen,
- Kunden und Kundengruppen,
- Aufträge und Auftragsgruppen,
- Absatzkanäle sowie
- Außendienstmitarbeiter und Vertriebsbezirke sein.

Alle wesentlichen zu verknüpfenden Informationen sind für solche Erkenntniszwecke bei der Fakturierung (= Rechnungserstellung) in der Rechnung zu erfassen. Deshalb findet man durchaus auch auf Kassenzetteln Angaben über die betreffenden Warengruppen, der Einzelhandel will damit »Renner« und »Ladenhüter«, Produkte mit guten und schlechten »Rohgewinnen« (= Verkaufspreis – Einstandspreis »frei Haus«, Letzterer inkl. Bezugskosten wie der Speditionsrechnung) unterscheiden.

Die einstufige Deckungsbeitragsrechnung wird im ersten Schritt durch Subtraktion der variablen Kosten von den Umsatzerlösen eines Erkenntnisobjektes (z. B. der einzelnen Produkte) gebildet. Es ergibt sich der Deckungsbeitrag des betrachteten Produkts. Von der Summe der produktbezogenen Deckungsbeiträge werden die verbleibenden fixen Kosten abgezogen. Es ergibt sich das Betriebsergebnis als periodenbezogener Gewinn oder Verlust. Die Bezeichnung Deckungsbeitrag ist darauf zurückzuführen, dass er zur Deckung (zuerst) der verbleibenden fixen Kosten und (ab dem → *Break-Even-Point*) zur Erzielung des Betriebsergebnisses beiträgt.

Da sich bei steigender Automatisierung der Fixkostenblock erhöht, er aber bei der einstufigen Deckungsbeitragsrechnung nicht weiter transparent gemacht wird, wurde die stufenweise Fixkostendeckungsrechnung entwickelt. Sie wird auch als mehrstufige Deckungsbeitragsrechnung bezeichnet. In ihr wird der Fixkostenblock z. B. in a) Produkt-, b) Produktgruppen-, c) Kostenstellen-, d) Bereichs- und e) Unternehmensfixkosten unterteilt. Vom ersten Deckungsbeitrag werden diese einzelnen Fixkostenschichten stufenweise subtrahiert. Es ergeben sich entsprechende Deckungsbeiträge, bis wiederum das Betriebsergebnis erreicht wird.

Besonders im Marketing ist die Deckungsbeitragsrechnung von entscheidender Bedeutung zur kaufmännischen Steuerung des Sortiments. Zur Optimierung des Produktprogramms kann (unter der Prämisse der unbegrenzten Marktaufnahmefähigkeit für die einzelnen Produkte und der Nichtexistenz von Engpasssituationen) der Stückdeckungsbeitrag (= Verkaufspreis abzüglich variable Kosten) herangezogen werden. Je höher der Stückdeckungsbeitrag, desto förderungswürdiger das Produkt. Tritt ein → *Engpass* auf, findet der → *relative Deckungsbeitrag* Verwendung. Bei mehreren Engpässen wird die lineare Optimierung (→ *Produktionsprogramm*, gewinnoptimales) eingesetzt. Zugleich ist aus den variablen Kosten die kurzfristige Preisuntergrenze herzuleiten. Da die Fixkosten unabhängig von der Ausbringungsmenge sind, müssen die variablen Kosten mindestens durch die Verkaufspreise gedeckt sein, damit nicht schon bei der Herstellung der Produkte Verluste produziert werden. Langfristig muss die volle Kostendeckung erzielt werden und ein Gewinn existieren, um am Markt überleben zu können (zum Risiko fehlender Kostendeckung → *Kostenträgerrechnung*). Aber es kommt auf den Gewinn des ganzen Sortiments an; einzelne »Verlustbringer« sind sogar zweckmäßig, wenn sie z.B. als »Lockvogel« dienen (→ *Kalkulation*).

Deckungsbeitragsrechnung mit relativen Einzelkosten → *Relative* Einzelkostenrechnung.

Deckungsbeitragsvorgaben (im Vertrieb). Der Deckungsbeitrag kann eine wichtige Rolle als Vorgabegröße spielen. Hier seien zunächst die Vorteile dargestellt:

1. Deckungsbeitragsziele führen zur starken Orientierung des Außendienstes an der Rentabilität, der auf die rentablen Produkte des Unternehmens gelenkt wird.
2. Ein deckungsbeitragsorientiert arbeitender Außendienstmitarbeiter wird versuchen, hohe Rabatte zu vermeiden, da diese überproportional seinen Deckungsbeitrag beeinflussen (bei einem »Anfangs«-Deckungsbeitrag von 30% führt ein Rabatt von 10% auf den Basispreis zu einer Reduzierung des Deckungsbeitrags von 30 auf 20 Prozentpunkte, also um 33% des »Anfangs«-Deckungsbeitrags.
3. Dadurch wird der Außendienst generell zu kosten- und ertragsbewusstem Handeln angehalten. Der praktischen Realisierung einer deckungsbeitragsorientierten Zielvorgabe stehen einige schwer wiegende Gegenargumente gegenüber:

a) Der Deckungsbeitrag ist oft schwierig zu ermitteln und aktuell zu halten; dies gilt vor allem, wenn die Vorkalkulation nur grobe Anhaltspunkte für den tatsächlich eintretenden Deckungsbeitrag geben kann. Behilft man sich dann mit festen Verrechnungssätzen, entfernt man sich von der reinen Deckungsbeitragsorientierung.
b) Selbst wenn es gelingt, für jedes Produkt den Deckungsbeitrag zu ermitteln, besteht damit eine große Gefahr, dass Wettbewerber und Kunden zu viel Einblick in die Rentabilitätssituation des Anbieters erhalten, denn es ist nie auszuschließen, dass derartige Vorgabezahlen nach außen gelangen.
c) Eine Steuerung auf strategisch wichtige, aber noch relativ unrentable Produkte ist ebenfalls nicht möglich.

Deliktsrecht. Auch: Recht der unerlaubten Handlungen. Regelt außervertragliche Schuldverhältnisse. Es handelt sich um ein Spezialgebiet des → *Bürgerlichen Rechts*. Durch unerlaubte Handlungen entstehen Haftungsfolgen, insbesondere Unterlassungs- und Schadensersatzansprüche. Die Tatbestände der Rechtsgutverletzungen sind nicht abschließend aufgeführt; auch die Verletzung »sonstiger Rechte« wird eingeschlossen. Dazu gehören z.B. das allgemeine Persönlichkeitsrecht, die → *gewerblichen Schutzrechte* und das → *Urheberrecht* sowie das Recht am eingerichteten und ausgeübten Gewerbebetrieb. Auch die → *Produzentenhaftung* als Folge der Verletzung einer Verkehrssicherungspflicht fällt darunter. Der Unternehmer haftet auch für deliktische Handlungen seiner Verrichtungsgehilfen, d.h. der Arbeitnehmer und anderer Personen, derer er sich zur Ausübung seines Gewerbes bedient. Die Haftung für entstandene Sach- und Personenschäden durch unerlaubte Handlungen der Verrichtungsgehilfen ist ausgeschlossen, wenn sich der Unternehmer exkulpieren kann. Er kann den Exkulpationsnachweis erfolgreich führen, sofern er darlegt, dass ihn weder ein Auswahlverschulden bei der Person des Verrichtungsgehilfen noch eine Sorgfaltspflichtverletzung bei der Beschaffung der Produktionsmaschinen und -geräte trifft. Sofern aus deliktischen Schäden mehrere Personen nebeneinander verantwortlich sind, haften sie als Gesamtschuldner.

Literaturempfehlung: Brox: Besonderes Schuldrecht, 29. Auflage, München 2004. Köhler: Recht Schuldverhältnisse, 18. Auflage, München 2000.

Deming Application Prize (Qualitätsauszeichnung). W. Edwards Deming gilt als einer der Begründer der Qualitätsbewegung in Japan. Der Deming Prize ist auf unternehmensweite Qualitätsanstrengungen insgesamt, auf die ständige Verbesserung und die Einführung von Qualitätszirkeln ausgerichtet. Dabei werden statistische Methoden verstärkt eingesetzt. Eine Bewerbung steht nicht nur japanischen (Groß- und Klein-) Unternehmen sowie Geschäftseinheiten und Einzelpersonen, sondern auch ausländischen Unternehmen sowie öffentlichen und gemeinnützigen Organisationen offen. Dem Beurteilungsprozess liegt eine Checklist mit zehn gleichgewichtigen Hauptkriterien zu Grunde, die in insgesamt 63 Unterkriterien aufgeteilt sind. Alle Bewerber, die mindestens 70 von 100 maximal erreichbaren Punkten erzielen, werden ausgezeichnet. Nicht berücksichtigte Bewerber können sich im Folgejahr erneut bewerben und werden dann nur noch in den als nicht ausreichend erachteten Kriterien geprüft. Die Kriterien sind dabei im Einzelnen die folgenden: Unternehmenspolitik und -ziele, Organisation und ihre Wirkungsweise, Aus- und Weiterbildung, Informationssammlung, -verbreitung und -nutzung, Analysen, Standardisierung, Steuerung, Qualitätssicherung, Ergebnisse, Zukunftspläne. Gemessen an amerikanischen und europäischen Qualitätsauszeichnungen handelt es sich beim japanischen Deming Prize um ein relativ undifferenziertes Bewertungsschema.

Derivative Finanzinstrumente. Aus anderen Finanzinstrumenten abgeleitete finanzielle Ansprüche. Hierzu zählen die Gruppe der → *Termingeschäfte* (bedingte, z. B. Optionen, und unbedingte, z. B. Futures) und → *Swaps*.

Design of Experiments (DoE). Anspruchsvolle statistische Versuchsplanung mit Einstellung der Kenngrößen eines Produkts oder Prozesses vor Beginn der Serie (offline) derart, dass sich optimale Ergebnisse bei möglichst geringer Streuung ergeben, weiterhin auch laufend während der Leistungserstellung (online). Ziel ist die Realisierung robuster Prozesse. Dabei wird unterstellt, dass jedes Produkt/jeder Prozess Steuergrößen, die sich leicht einstellen und korrigieren lassen, und Störgrößen, die nur aufwändig gegenzusteuern sind (z. B. situative Faktoren, Unvollkommenheiten der Produktionsbedingungen, Abnutzungserscheinungen), unterliegt. Ziel der Versuchsplanung ist die Bestimmung der Steuergrößen zur Erreichung optimaler Sollwerte und einer minimalen Varianz, die Gestaltung von robusten Prozessen, ohne die Störgrößen auszuschalten, und die Minimierung der gesamten Qualitätsschwankungen ohne Kostenerhöhung. Beim DoE ist die Bestimmung der Einfluss- und Störgrößen auf die Qualität theoretisch (nach Taguchi) durch ein vollständiges faktorielles Design notwendig, das allerdings extrem aufwändig ist (vier Kriterien mit je drei Ausprägungen ergeben bereits 81 Kombinationen [3 x 3 x 3 x 3]). Demgegenüber werden praktisch gegen Störgrößen robuste Designs auf teilfaktorieller (fraktioneller) Basis eingesetzt. Diese bergen jedoch den Nachteil, dass Interaktionseffekte (Wechselwirkungen zwischen den Haupteffekten der Steuergrößen) nicht identifiziert werden können. Die gefundenen Verbesserungen werden danach vorgenommen und in einem Bestätigungsexperiment überprüft. Ergeben sich keine oder wenige Verbesserungen, liegen Wechselwirkungen zwischen Einflussgrößen vor, das fraktionelle Experiment muss dann in anderer Anordnung erneut durchgeführt oder durch ein faktorielles Design ersetzt werden.

Design Review. Dokumentierte, umfassende und systematische Untersuchung eines Designs, um seine Fähigkeit zu beurteilen, die Qualitätsforderung zu erfüllen, um Probleme, falls vorhanden, zu identifizieren sowie um die Entwicklung von Lösungen dazu vorzuschlagen.

Desinvestition. Komplementärer Begriff zu → *Investition*. Während bei einer Investition Kapital in Form finanzieller Mittel zur Beschaffung von Gütern (z. B. Produktionsmittel) verwendet (damit gebunden) wird, läuft eine Desinvestition in umgekehrter Richtung ab. D. h., Produktionsmittel werden in absetzbare Fertigerzeugnisse und Leistungen verwandelt bzw. direkt veräußert. Über den Absatzprozess erfolgt die Wiedergeldwerdung (d. h. Freisetzung) der vorher gebundenen Mittel. Somit setzt der Desinvestitionsprozess eines → *Investitionsprojekts* (z. B.

einer Anlage) mit Beginn der Nutzungsphase ein. Die Desinvestitionsplanung beinhaltet in diesem Sinne die Gestaltung von Kapitalfreisetzungsprozessen. Damit können Desinvestitionen zugleich als eine wesentliche Finanzierungsquelle angesehen werden. Unter dem Aspekt einer simultanen (gleichzeitigen) Investitions- und Produktionsplanung führen Investitionen zu Kapazitätserhöhungen, während Desinvestitionen Kapazitätsverringerungen zur Folge haben.

Devisen. Zahlungsmittel in fremder Währung in der Form von Buchgeld (Fremdwährungsbargeld = Sorten). Das sind täglich fällige Guthaben bei ausländischen Banken, auch Schecks und Wechsel, die im Ausland zahlbar sind.

DFÜ. Abk. für Datenfernübertragung. Verbindung zweier entfernter Rechner mittels Modem über das Telefonnetz.

D-I-B-Management-Modell (des Deutschen Instituts für Betriebswirtschaft e.V.). Es kombiniert die → *Management-by-Prinzipien* → *Management by Objectives*, → *Management by Delegation*, → *Management by Participation*, → *Management by Exception*, → *Management by Results* und Management by Motivation zu einem Führungsmodell. Es unterscheidet die Teilsysteme Führung, Leitung und Management.

1. Das System der Führung beschreibt Techniken zur Führung und Förderung der Mitarbeiter. Hierzu gehören u.a. Führungsgrundsätze, Funktionsbeschreibungen, Mitarbeiterbeurteilung.
2. Das System der Leitung stellt Techniken der Planung und Steuerung des Unternehmens bereit. Beispiele sind Zielsetzung, Leitungsorganisation, Budgetierung, Festlegung von Leistungsstandards, Controlling.
3. Das System des Managements integriert Führung und Leitung zu einem umfassenden Modell.

Dienstleistungslogistik. Zusammenfassender Begriff für alle logistischen Tätigkeiten, die durch logistische Dienstleister erbracht werden. Beispiele für Dienstleister und ihre Tätigkeiten: Speditionen: Fern- und Nahverkehr, Lagerbetrieb, Ver- und Entsorgungssysteme, Full-Service-Logistik, Hilfsproduktion. Öffentlicher Personennahverkehr ÖPNV: Netzplanung, Transportlogistik, Optimierung von Fahrzeug-Verfügbarkeiten entsprechend dem Personenaufkommen. Deutsche Bahn AG: Personen- und Güterverkehr, Umschlagsysteme, → *gebrochene Verkehre* (Bahn, Schiff etc.). Paketservice: Betrieb von Umschlag- und Distributionssystemen, Netzplanung; Reeder: Binnen- und Seeschifffahrt, Spezialgüter-Verschiffung. Flughäfen: Flughafenlogistik für Außen- und Innenbetrieb. Hafenbetriebe: Hafenlogistik mit Umschlag, Abwicklung und Lagerung.

Dienstleistungsqualität. Fähigkeit eines Anbieters, die Beschaffenheit einer primär intangiblen und der Kundenintegration bedürfenden Leistung auf Grund von Kundenerwartungen auf einem bestimmten Anforderungsniveau zu erstellen. Sie bestimmt sich aus der Summe der Eigenschaften bzw. Merkmale von Dienstleistungen, bestimmten Anforderungen gerecht zu werden. Da für die Qualität das subjektive Erlebnis von Kunden weitaus bedeutsamer ist als die objektiven Gegebenheiten, stellt sich das Problem, gültige und zuverlässige Beurteilungsmaßstäbe für das Qualitätsniveau von Dienstleistungen zu ermitteln.

Digitale Signatur. Das elektronische Gegenstück zu einer handschriftlichen Unterschrift. Eine Funktion, die auf eine → *Datei* (Nachricht, Dokument) angewendet wird und diese mit einer eindeutigen und unnachahmlichen Kennzeichnung versieht. Im elektronischen Geschäftsverkehr sind durch die digitale Signatur die Herkunft (Identität) und die Unversehrtheit (Integrität) der verschickten Dokumente (z.B. Verträge oder Rechnungen) sichergestellt. Digitale Signaturen arbeiten nach dem Prinzip der → *Public-Key-Verschlüsselung*. Zunächst wird aus dem Inhalt der betreffenden Datei mithilfe einer mathematischen Funktion ein so genannter Hashwert, eine Art Prüfzahl mit fest vorgegebener Länge (z.B. 160 Bit), erstellt. Anschließend signiert der Absender seine Datei, indem er den Hashwert mit seinem geheimen Schlüssel (engl.: private key) verschlüsselt. Die so erzeugte digitale Signatur ist also ein verschlüsselter Zahlencode, der zu genau einer Person und genau einer Datei gehört. Üblicherweise wird die Signatur an das Ende der Datei angehängt und kann dann zusammen mit dieser z.B. per → *E-Mail* verschickt werden. Zur Überprüfung der Gültigkeit der Signatur entschlüsselt der Empfänger der signierten

Datei zunächst den Signaturcode mit dem öffentlichen Schlüssel (engl.: public key) des Absenders und erhält somit wieder den ursprünglich beim Signaturvorgang erzeugten Hashwert. Anschließend wird der Hashwert der signierten Datei ein zweites Mal erzeugt und mit dem entschlüsselten Hashwert verglichen. Stimmen beide Prüfzahlen überein, herrscht Gewissheit, dass die Datei tatsächlich von diesem Absender stammt (Identität) und dass die Datei während der Übertragung nicht manipuliert worden ist (Integrität). Elektronische Nachrichten oder Dokumente lassen sich somit gegen Fälschung und Manipulation schützen. Zusätzliche Sicherheit kann durch die Einschaltung einer Zertifizierungsstelle (→ *Trust Center*) erreicht werden, die als vertrauenswürdige Einrichtung (Instanz) die öffentlichen Schlüssel der Kommunikationspartner verwaltet und zur Überprüfung von Signaturen zur Verfügung stellt. Über den zertifizierten öffentlichen Schlüssel des Absenders kann sich der Empfänger einer signierten Datei nun auch noch Gewissheit darüber verschaffen, dass der Absender tatsächlich der ist, der er vorgibt zu sein (Authentizität). In der Praxis sieht der Anwender von diesen komplizierten Abläufen allerdings nicht allzu viel, da sowohl das Erzeugen wie auch das Überprüfen einer Signatur durch spezielle Software wie z. B. → *PGP* erledigt wird. Komfortable Versionen integrieren sich bei der Installation auf Wunsch sogar in das E-Mail-Programm des Anwenders. Per Knopfdruck lässt sich dann eine ausgehende Nachricht signieren bzw. die Signatur einer eingehenden Nachricht auf Gültigkeit überprüfen.

Digitalisierung. Überführung von Information aus einer nicht digitalen in eine digitale Form (→ *Digitalität*). Bilder können mithilfe eines → *Scanners* digitalisiert werden. Das Ergebnis ist eine → *Binärdatei*. Die Digitalisierung urheberrechtlich geschützter Werke ist eine Vervielfältigung, die nur mit Einverständnis des Urhebers (Lizenz) zulässig ist (→ *Urheberrecht*).

Digitalität. Darstellung von Information durch Zeichenfolgen, wobei die benutzten Zeichen aus einem vereinbarten Zeichenvorrat stammen. Eine besondere Form der digitalen Darstellung ist die binäre Darstellung von Information, bei welcher der benutzte Zeichenvorrat nur zwei Zeichen umfasst, meist als 0 und 1 dargestellt (→ *Bit*).

Direct Mail. Direktes Anschreiben von Kunden und Interessenten mit personalisierten Adressen.

Direct-Marketing. Die beiden wesentlichen Nachteile des klassischen Direktvertriebs mit Außendienstmitarbeitern sind die hohen Kosten und die geringe zeitliche Kapazität. Vor allem die begrenzte zeitliche Verfügbarkeit der hoch qualifizierten Außendienstmitarbeiter hat in den letzten Jahren viele Unternehmen veranlasst, die Aufgaben des Direktvertriebs genauer zu analysieren und möglichst viele dieser Aufgaben dem Vertriebsinnendienst zu übertragen. Dieser Schritt wurde erleichtert durch die deutlich gestiegenen Möglichkeiten der technischen Kommunikation (Fax, Laptops, Electronic Mail, Internet) wie auch durch die Entwicklung völlig neuer Arbeitstechniken in verschiedenen Vertriebsbereichen. Unter der Bezeichnung »Direct-Marketing« werden die Tätigkeiten zusammengefasst, die es erlauben, eine größere Zahl von Kunden und Interessenten »direkt«, aber kostengünstig zu erreichen, um diejenigen herauszufiltern, die tatsächlich vom Außendienst besucht werden sollten. Dies wird besonders klar, wenn man berücksichtigt, dass die durchschnittlichen Kosten eines Kundenbesuchs durch den Außendienst je nach Branche z.T. sehr hoch sein können (→ *Telemarketing*, → *Tele-in-Geschäft*, → *Tele-out-Geschäft*, → *Direct Mail*).

Direct-Response-Werbung. Der klassischen Printmedienwerbung zuzuordnende Vorstufe der Direktwerbung. Über den Werbemitteln beigefügte Kupons oder Antwortkarten oder Umschläge mit kompletten Bestellunterlagen (z.B. bei Lotterielosen, Kreditkartenorganisationen) kann jedoch eine Adressdatei für künftige Direktwerbung aufgebaut werden.

Direkte Steuern. Diese → *Steuern* hat der Steuerpflichtige zu zahlen und auch zu tragen. Er kann sie nicht auf andere Steuerträger überwälzen wie bei → *indirekten* Steuern. Typische direkte Steuern sind z.B. die Einkommensteuer, die Lohnsteuer, die Körperschaftsteuer, die Kraftfahrzeugsteuer einer Privatperson, die Erbschaftsteuer.

Direktionsrecht. Leitungs- oder Weisungsbefugnis des Arbeitgebers. Der Umfang des Direktionsrechts orientiert sich an dem bestehenden Arbeitsverhältnis (→ *Arbeitsrecht*).

Direktmarketing. Umfasst sämtliche Kommunikationsmaßnahmen zur zielgerichteten Einzelansprache von Adressaten, um in der ersten Stufe (Adressensammlung durch Kommunikation mit Responsefunktion) einen Kontakt zum Unternehmen herzustellen. In der zweiten Stufe wird auf Basis der vorliegenden Adressen und Zielgruppenprofile (Database) ein Dialog zur Durchsetzung der Kommunikationsziele aufgebaut. Medien im Direktmarketing sind adressierte und unadressierte Mailings, aktives und passives Telefonmarketing, E-Mails. Medien des Direktmarketings sind Außenwerbung, Pressebeilagen, Anzeigen, Funk, Fernsehen und Internet.

Direktvertrieb. Dabei werden Produkte und Dienstleistungen eines Unternehmens direkt, ohne eine Zwischenhandelsstufe, an den Endkunden verkauft, siehe auch → *Distribution*, → *indirekter Vertrieb*. Grundsätzlich kann der Direktvertrieb (also ohne Einsatz unternehmensfremder Absatzorgane) erfolgen

a) mittels eigener Verkaufsniederlassungen bzw. im Fabrikverkauf oder
b) durch direkten Besuch der Kunden durch angestellte Reisende (siehe aber → *Absatzhelfer*, die als Sonderform dem indirekten Vertrieb zugeordnet werden),
c) durch Sonderformen wie Homepartys, Katalog- und Versandhandel sowie Einsatz von Kommunikationsmedien (Telefon, Fax, Internet etc.).

Direktwerbung. Adressierte Einzelansprache von Kunden mit dem Ziel, die Werbeziele im Dialog mit den Kunden zu erreichen. Instrumente der Direktwerbung sind vorrangig adressierte Werbesendungen, aktive und passive Telefonwerbung, → *E-Mails* mit Werbebotschaften. Vorteile liegen in der zielgenauen, terminierten und individuellen Ansprache, den geringen Streuverlusten, der einfachen Erfolgskontrolle.
Literaturempfehlung: Löffler, H. / Scherfke, A.: Praxishandbuch Direkt-Marketing, Berlin 2000.

Disagio (auch Abgeld genannt). Negative Differenz zwischen dem Ausgabekurs und dem Nominalbetrag (Nennwert) eines finanziellen Anspruchs, d. h., der Ausgabekurs ist kleiner als der Nennwert. Bei Anleihen oder Krediten wird häufig ein Disagio vereinbart, um die Effektivverzinsung den Marktbedingungen anzupassen oder um die laufenden Zinszahlungen zu reduzieren (→ *Finanzierungskosten*). Bei Krediten wird der Ausgabeabschlag auch als Damnum bezeichnet. (Ggs. → *Agio*).

Diskont. Zins im Wechselgeschäft, der nach einer Zinsformel in Anlehnung an den Diskontsatz errechnet wird.

Diskontkredit → *Kreditfinanzierung*.

Dispositionsstufenverfahren. Eine Dispositionsstufe ist diejenige Stufe innerhalb einer mehrstufigen → *Erzeugnisstruktur*, in der ein → *Kaufteil* oder ein → *Eigenfertigungsteil* zum ersten Mal vorkommt. Bei der → *Bedarfsermittlung* nach Dispositionsstufen werden alle errechneten Bedarfe aus höheren Stufen zu dem ersten (in der jeweils niedrigsten Stufe) vorkommenden Bedarf addiert und zu dessen Termin bestellt bzw. durch die Fertigung bereitgestellt. Durch dieses Verfahren wird eine Mehrfachbestellung (bzw. Mehrfachfertigung) desselben Teils verhindert und so der damit verbundene Organisationsaufwand reduziert.

Dispositionssystem. → *Anwendungssoftware*, die zusätzlich zu den Aufgaben eines Administrationssystems auch dispositive Aufgaben, z. B. das Fällen von Routineentscheidungen in wohl definierten Situationen, übernimmt. Typische Einsatzgebiete sind z. B. die Berechnung optimaler Bestellmengen in der Beschaffung oder die Zuordnung von Fertigungsaufträgen zu Maschinen einer Maschinengruppe in der Produktion.

Distribution. Alle Maßnahmen, die dazu dienen, das Produkt bzw. die Leistung eines Unternehmens dem Endkunden zugänglich zu machen. Man unterscheidet insbesondere:

1. Absatzwege (Absatzkanäle), die direkt oder unter Einschaltung von Zwischenhandel gestaltet sein können, siehe Abb. 12, sowie → *Direktvertrieb* und → *indirekter Vertrieb*.
2. Absatzmethoden regeln die Kundenkontakte und die Kauffunktionen, z. B. Bedienung in eigenen Verkaufsräumen oder Besuch des Kunden durch Reisende etc. (einschließlich Art und Häufigkeit), Versand- oder Katalogverkauf etc.
3. Absatzorganisation setzt die Konzepte bezüglich der Absatzwege und -methoden um

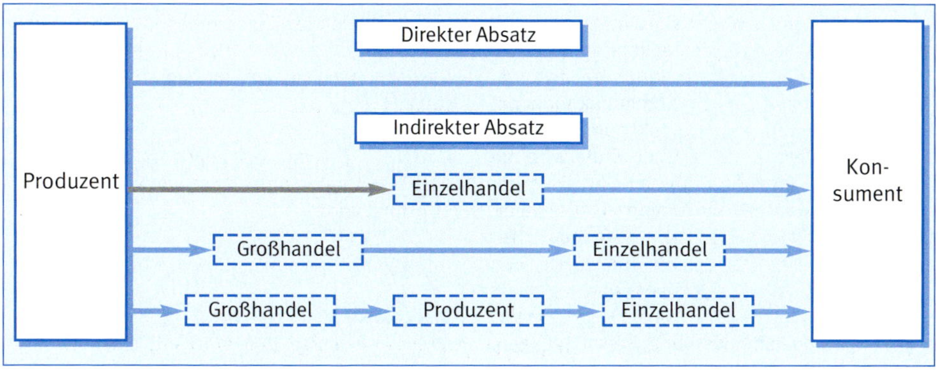

Abb. 12: Absatzketten im Binnenhandel

und berücktigt dabei die Kunden- und Sortimentsstruktur; insbesondere im Handel haben sich dabei eine Fülle von Betriebsformen entwickelt.

4. Physische Distribution regelt die Fragen der Güterzustellung etc. → *Marketing-Logistik*.

Distributionsgrad. Anteile der → *Outlets*, in denen ein Produkt angeboten wird, im Verhältnis zur Gesamtzahl der Outlets, in der vergleichbare Produkte angeboten werden. Anbieter wie Coca Cola versuchen, Distributionsgrade von nahezu 100 % zu erreichen.

Distributionskosten. Kosten der Materialverteilung: → *Lagerkosten*, Umschlagkosten, Kosten der → *Transporte* zwischen den → *Lagern* und zu den Kunden, Kosten des zugehörigen → *Informationsflusses*.

Distributionslogistik. Bindeglied zwischen der → *Produktion* und dem → *Absatz* des Unternehmens. Sie umfasst alle Lager- und Transportvorgänge von Waren zum Abnehmer sowie die damit verbundenen Informations-, Steuerungs- und Kontrolltätigkeiten. Ziel ist es, die richtige Ware zum richtigen Zeitpunkt am richtigen Ort in der richtigen Menge und Qualität bereitzustellen und dabei einen optimalen Zustand zwischen einem bestimmten Lieferservice, den sich das Unternehmen vorgenommen hat oder der vom Kunden gefordert wird, und den anfallenden Kosten zu finden. Die wichtigsten Problemstellungen der Distributionslogistik betreffen: die Standortwahl der Distributionslager, die Lagerhaltung, die → *Auftragsabwicklung*, die → *Kommissionierung* und → *Verpackung*, den → *Warenausgang* und die → *Ladungssicherung* sowie den → *Transport*. In nachstehender Abbildung ist die klassische Verteilung über mehrere → *Distributionsstufen* dargestellt.

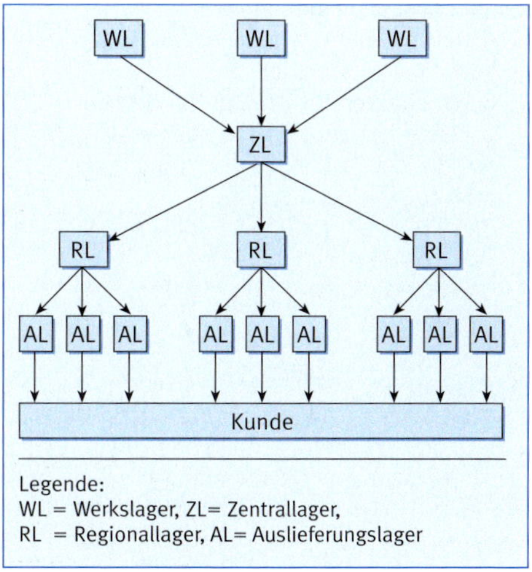

Abb. 13: Klassische Distributionsstruktur

Es kommen nicht nur → *Materialflüsse* entsprechend den gezeichneten Linien vor, sondern es sind auch Direktlieferungen vom → *Werkslager* an die → *Regionallager* oder sogar direkt an die Endkunden denkbar.

Bei der Versorgung der jeweils niedrigeren Lagerstufe kann eine → *Liefermengenoptimierung* durchgeführt werden. Die beteiligten Kosten und die Lage eines Kostenminimums sind prinzipiell aus der Abb. 14 ersichtlich.

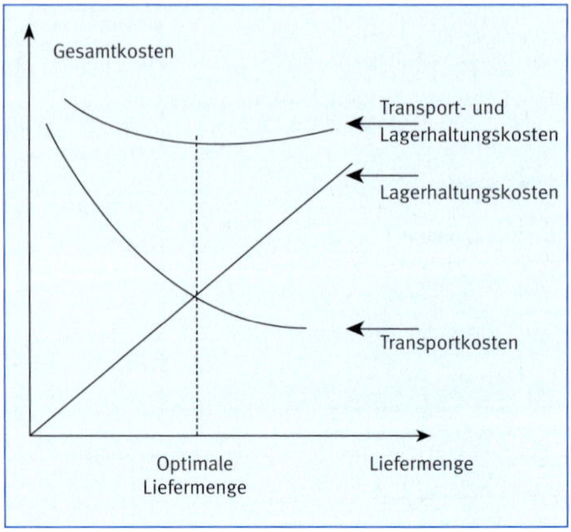

Abb. 14: Ermittlung der optimalen Liefermenge

Distributionsstrategie. Planung des Distributionssystems unter Wahrung der eigenen Kostenziele bei gleichzeitiger optimaler Kundenbedienung. Hierbei werden Kriterien entwickelt, um zur Auslegung der geeigneten horizontalen und vertikalen → *Distributionsstruktur* zu gelangen. Kriterien für die horizontale Distributionsstruktur sind: Abnehmerkreis, Bestellmenge und Bestellverhalten der Kunden, Produktionsstandorte, → *Lager*-, Bestandhaltungs- und → *Transportkosten* zwischen Produktionsstätten und → *Lagern* sowie für die Warenauslieferung (Warehouse location problem = Zuordnung von Lagern zu Absatzgebieten). Kriterien für die vertikale → *Distributionsstruktur*: Bei der Entscheidung für eine geeignete Anzahl von → *Lagerstufen* sind die Unternehmensziele zu berücksichtigen, z. B. die gewünschte Soll-Lieferzeit. Kostenüberlegungen betreffen u. a.: Anzahl und Größe der Lager, Umschlagkosten, Transportkosten für Bewegungen zwischen den Lagern, Auslieferungskosten zu den Kunden, Höhe der → *Bestände*. Bei geringer Kundenzahl und großen Abnahmemengen besteht die Möglichkeit zur Zentralisation.

Distributionsstruktur, horizontale. Anzahl, Kapazität und geografische Verteilung der → *Lager* innerhalb einer → *Lagerstufe*.

Distributionsstruktur, vertikale. Anzahl der → *Lagerstufen* sowie Anzahl, Kapazität und geografische Verteilung der → *Lager* auf die verschiedenen → *Lagerstufen*.

Distributionsstufen → *Lagerstufen* des Distributionssystems.

Distributor → *Händler*.

Diversifikation. Ein Unternehmen dehnt seine Geschäftstätigkeit auf neue Branchen mit neuen Produkten aus (→ *Produkt-Markt-Matrix*). Landläufig spricht man von der »Bildung eines zweiten Standbeins«. Beispiel ist die DaimlerChrysler AG, die sich durch planmäßige Diversifikation vom Automobilhersteller zum Technologiekonzern entwickelt hat. Diversifikationsstrategien werden unterschiedlichsten Zielen der Unternehmen dienstbar gemacht.

Wachstum	Typisches Vorgehen für Wachstum von Umsatz und Gewinn großer Unternehmen
Reduzierung des Risikos	Das Engagement in mehreren Branchen reduziert das Risiko für das gesamte Unternehmen, z.B. bei Marktsättigung, Nachfrageschwankungen, verstärkter Konkurrenz
Reduzierung der Abhängigkeit vom Lieferanten	Das Risiko, durch Ablaufstörungen beim Lieferanten oder Qualitätsmängel der Vorprodukte in Schwierigkeiten zu geraten, soll reduziert werden
Kapitalanlage	Zur Reinvestition der Gewinne
Ausnutzung von Synergievorteilen	Das Unternehmen strebt eine bessere Nutzung der eigenen Ressourcen und Kompetenzen an

Ziele der Diversifikation

Im Hinblick auf Richtung und Ausmaß der Abweichung vom bestehenden Leistungsprogramm werden folgende Arten der Diversifikation unterschieden: Horizontale Diversifikation: Das Produktprogramm wird um Leistungen erweitert, die mit dem bisherigen Angebot in engem Zusammenhang stehen. Die neuen Leistungen stehen auf der gleichen Produktionsstufe. Die Produktionsbreite wird ausgeweitet, die Produktionstiefe beibehalten. Die Nähe zum derzeitigen Geschäftsschwerpunkt kann sich durch gleiche oder ähnliche Kunden, Technologien, Lieferanten, Werkstoffe, Vertriebskonzepte etc. ausdrücken. Beispielsweise umfasst das Produktprogramm der Brau und Brunnen AG neben Biermarken auch Mineralwasser und andere

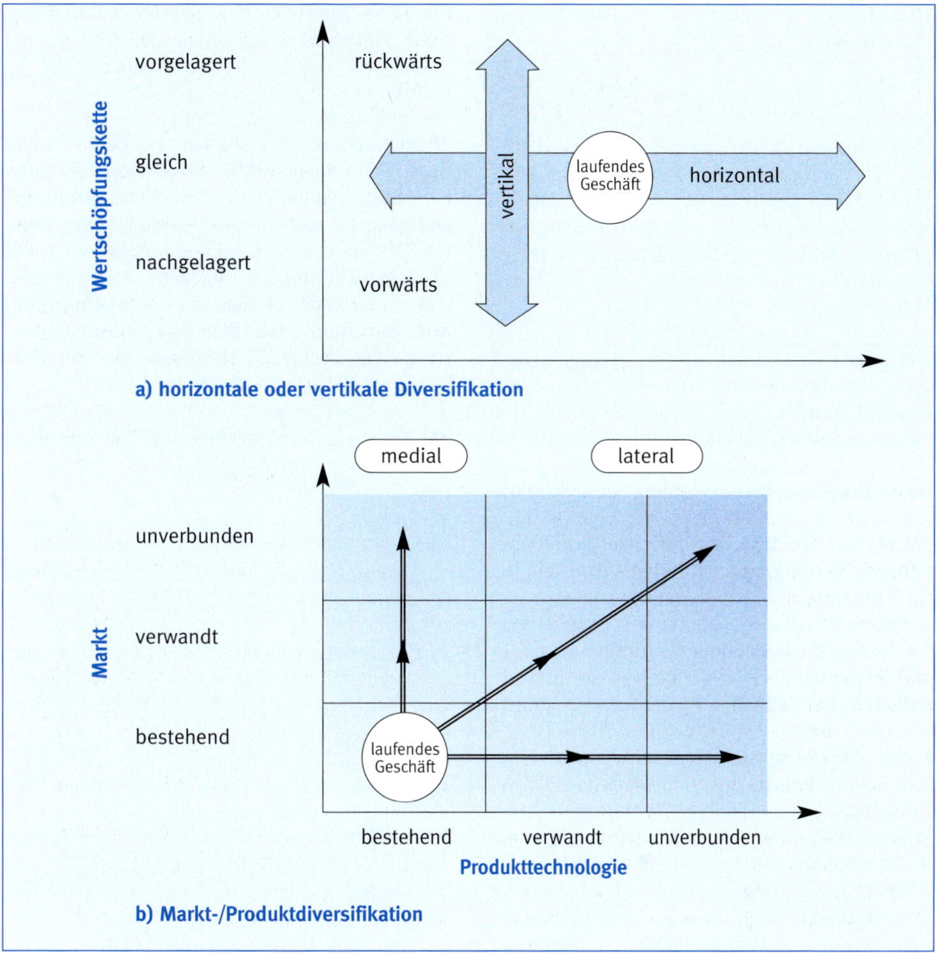

Abb. 15: Diversifikationsstrategie (nach Birker, K., Beitrag Unternehmensstrategie/Handbuch Praktische Betriebswirtschaft)

Erfrischungsgetränke. Vertikale Diversifikation: Das Unternehmen integriert Leistungen in das eigene Produktionsprogramm, die bisher noch zu vorgelagerten oder nachgelagerten Wirtschaftsstufen gehörten. Man spricht daher auch von vertikaler Integration. Bei der Rückwärtsintegration werden vorgelagerte Leistungen des Lieferanten, bei der Vorwärtsintegration nachgelagerte Leistungen der Weiterverarbeitung oder des Handels selbst erbracht. Laterale Diversifikation: Das Produktprogramm wird um Leistungen erweitert, die mit dem bisherigen Angebot in keinem Zusammenhang stehen. Wird die laterale Diversifikation durch Unternehmensfusionen realisiert, entstehen sog. Mischkonzerne.

Zur Realisierung der Diversifikation stehen grundsätzlich drei Wege zur Verfügung:

- Akquisition, es werden Unternehmensteile oder Betriebe übernommen;
- Eigenaufbau, der Bereich wird selbst entwickelt (oft zunächst mühsamer, jedoch langfristig häufig erfolgreicher);
- Kooperation, z.B. durch Lizenznahme, Franchising, gemeinsame Firmen mit Dritten, Joint-Ventures etc.

Diversifikationsinvestitionen → *Erweiterungsinvestitionen*.

Dividende. Gewinnanteil der Aktionäre, d. h. der Eigentümer der Aktiengesellschaft. Auf Vorschlag des Vorstands und des Aufsichtsrats beschließt die Hauptversammlung über die Höhe der Dividende. Sie ist in ihrer Höhe abhängig von dem erzielten Gewinn und der für erforderlich gehaltenen Stärkung des Eigenkapitals durch Gewinneinbehalt, Thesaurierung genannt (Selbstfinanzierung → *Innenfinanzierung*).

DNS-Server. Computer, der leichter merkfähige, alphanumerische Domain-Klartextnamen in Rechner-verarbeitbare, numerische → *IP-Adressen* umwandelt. Alle Nutzer im Internet benutzen den nächstgelegenen Name-Server, um die IP-Adresse eines Zielrechners zu ermitteln. Für weiter entfernte Rechner wird die Anfrage weitergereicht.

Dokumenten-Management-System (DMS). Damit lassen sich Dokumente in elektronischer Form archivieren und anhand von Suchkriterien wiederfinden. Herkömmliche Schriftstücke, die bereits auf Papier vorliegen (z. B. Eingangspost), werden in elektronische Dokumente umgewandelt (digitalisiert → *Digitalisierung*), verschlagwortet (klassifiziert) und in das zentrale Archivsystem eingefügt. Zur Speicherung der Dokumente werden meist → *optische Speichermedien* eingesetzt. Die Vorteile von Dokumenten-Management-Systemen liegen insbesondere in der wirtschaftlichen Archivierung und dem schnellen Zugriff. Sie werden meistens in Unternehmen oder Behörden eingesetzt, wo täglich sehr viele Dokumente oft unterschiedlicher Art eingehen und/oder entstehen, die zunächst abgelegt und zu einem späteren Zeitpunkt (zur Fortsetzung der Vorgangsbearbeitung) wieder aufgegriffen werden müssen.

Domain. Namenskonvention im Internet, die als Adressform standardisiert ist durch user host.subdomain. domain.topleveldomain›. Die Adressierung erfolgt also hierarchisch durch → *Top Level Domain*, Secondary Domain und Rechnername. Man unterscheidet thematische und Länder-bezogene Domains als höchste übergeordnete Internet-Adresse, Schlüsselwörter für Art bzw. Ort auf zweiter Ebene sind z. B. edu (Bildungseinrichtungen), com (kommerzielle Unternehmen), gov (Regierungsstellen), mil (militärische Einrichtungen), net (Netzanbieter), org (sonstige Organisationen), de (Deutschland).

Domain Name System (DNS). Zuordnung von → *IP-Adressen* zu logischen Namen von Rechnern im Internet. Dies ist immer dann erforderlich, wenn andere Rechner nicht direkt mit IP-Nummern angesprochen werden sollen (können). Über die Domain-Datenbanken jedes Provider-Servers wird eine Zuordnung der logischen (semantischen) DNS-Namen in numerische oder alphanumerische (syntaktische) Server-Adressen vorgenommen. Der Name-Server wandelt alle Adressen in näherer Umgebung des Rechners um. Bei Adressen weiter entfernter Rechner wird die Anfrage auf die nächsthöhere Ebene transferiert und von dort an einen Rechner in näherer Umgebung weitergeleitet.

Doppelbesteuerung. Entsteht dadurch, dass ein Steuerpflichtiger im Land A der unbeschränkten Steuerpflicht und gleichzeitig im Land B der → *beschränkten Steuerpflicht* unterliegt. Beispiel: Frau Christ wohnt in Deutschland und unterhält in Frankreich einen Friseursalon, der einen Jahresgewinn von 60.000 € erbringt. Ihre inländischen Einkünfte betragen 200.000 €. Sie ist in Deutschland unbeschränkt einkommensteuerpflichtig, also auch mit den Einkünften aus dem Friseursalon in Frankreich, und in Frankreich beschränkt einkommensteuerpflichtig – lediglich mit den Einkünften aus dem Friseursalon. Um die Doppelbesteuerung dieses Gewinns von 60.000 € zu vermeiden bzw. zu verringern, hat die Bundesrepublik Deutschland mit den meisten Ländern Doppelbesteuerungsabkommen abgeschlossen. In der Regel erhält der Staat, in dem die Einkünfte erzielt werden, das volle Besteuerungsrecht (im Beispiel Frankreich). Im Wohnsitzstaat (hier Deutschland) werden die entsprechenden Einkünfte entweder freigestellt, oder es werden die bereits gezahlten Steuern angerechnet. Mit der Freistellung ist in der Regel der → *Progressionsvorbehalt* verbunden. Das bedeutet, dass sich bei Frau Christ für ihre deutschen Einkünfte von 200.000 € ein Steuersatz ergibt, der bei Einkünften von 260.000 vorgesehen ist.

Doppelgesellschaft. Besteht aus zwei rechtlich selbstständigen Gesellschaften, typischerweise aus einer → *Personengesellschaft* und einer → *Kapitalgesellschaft*.

Denkbar ist z.B. eine Betriebsaufspaltung, bei der eine Kapitalgesellschaft die Erstellung und den Verkauf der betrieblichen Leistungen übernimmt (Betriebsgesellschaft), während Produktionsmittel und Betriebseinrichtungen, also das Anlagevermögen, von einer Personengesellschaft gehalten werden (Besitzgesellschaft), die diese wiederum an die Kapitalgesellschaft verpachtet. Dies kann zu Vorteilen bei den Haftungsverhältnissen führen, weil die operativen Risiken von der Kapitalgesellschaft getragen werden, die Vermögenswerte aber bei der Personengesellschaft verbleiben.

Auch steuerliche Erwägungen können ein Motiv für die Bildung einer Doppelgesellschaft sein; z.B. wenn durch die Ansiedlung der Gesellschaften in unterschiedlichen Ländern Gewinnverlagerungen möglich werden, die zur Ausnutzung internationaler Steuerunterschiede führen.

Ein weiterer Grund kann darin liegen, dass die Gesellschaftsanteile unterschiedlich verteilt sein können bzw. jemand beispielsweise an der Betriebs-, nicht aber an der Besitzgesellschaft beteiligt wird.

Doppelspiel (Logistik). Kombination einer Einlagerung mit einer Auslagerung mit dem Ziel, Leerfahrten zu vermeiden. Die → *Lagerleistung* wird in Doppelspielen pro Stunde gemessen.

Doppelte Buchführung (Doppik). Bedeutet, dass aus systematischen Gründen von jedem → *Geschäftsvorfall* zwei → *Konten* angesprochen werden (Konto/Gegenkonto) und aus organisatorischen Gründen jede Buchung in zwei verschiedenen Büchern erfolgt (→ *Hauptbuch* / → *Grundbuch*). Jeder → *Geschäftsvorfall* taucht daher doppelt auf. Dies gilt auch für den Erfolg der Geschäftstätigkeit, der einmal in der Bilanz als Veränderung des Eigenkapitals ausgewiesen wird und ein anderes Mal in der Gewinn- und Verlustrechnung als Saldo des GuV-Kontos. Meist werden Grund- und Hauptbuch in einem einzigen Formular vereinigt (Amerikanisches Journal) oder mithilfe computerisierter Datenverarbeitungsanlagen durch Stammdaten und Bewegungsdaten bewältigt. Die Dateneingabe erfolgt durch Übertragung von Datenträgern oder durch direkte Eingabe am System. Häufig werden diese Aufgaben von externen Spezialisten (DATEV) übernommen.

Download → *File Transfer Protocol*.

DPI. Abk. für Dots per Inch, Punkte pro Zoll. Maßeinheit für die Bildauflösung bei Druckern, Scannern und Monitoren. Gibt an, wie viele Bildpunkte (Pixels) pro Inch (2,54 cm) Oberfläche verteilt sind, auch als Linien pro Zentimeter ausweisbar.

Drittelparität. Im → *Betriebsverfassungsgesetz* verankerte Mitbestimmung. Hierbei gilt für alle Aktiengesellschaften (AG) und für alle Kommanditgesellschaften auf Aktien (KGaA) bis zu 2.000 Arbeitnehmern eine Besetzung des Aufsichtsrats mit 1/3 Arbeitnehmervertretern (§ 76 BetrVG). Auf Aktiengesellschaften, die Familiengesellschaften sind und weniger als 500 Arbeitnehmer beschäftigen, findet die Drittelparität keine Anwendung (§ 76 Abs. 6 BetrVG). Bei der GmbH, der bergrechtlichen Gewerkschaft mit eigener Rechtspersönlichkeit, bei Versicherungsvereinen auf Gegenseitigkeit und bei Erwerbs- und Wirtschaftsgenossenschaften mit mehr als 500 Arbeitnehmern kommt die Drittelparität ebenfalls zur Anwendung (§ 77 BetrVG).

DSL. Abk. für Digital Subscriber Line, Übertragung von digitalen Daten über ein → *Netzwerk*, das parallel noch für andere Daten geeignet ist und sehr schnell arbeitet.

Duale Berufsausbildung. Die berufliche Bildung in Deutschland ist neben einer Hochschulausbildung durch ein duales Wirken von privaten Unternehmen und öffentlichen Arbeitgebern auf der einen Seite und den Berufsschulen auf der anderen Seite gekennzeichnet. Die Arbeitgeber übernehmen dabei den praktischen Teil der Ausbildung und die Berufsschulen den theoretischen Teil. Gemäß → *Berufsbildungsgesetz* von 1969 soll mit der betrieblichen (dualen) Berufsausbildung eine breit angelegte berufliche Grundbildung umgesetzt werden, bei der die für die Ausübung einer qualifizierten beruflichen Tätigkeit notwendigen fachlichen Fertigkeiten und Kenntnisse sowie die erforderliche Berufserfahrung vermittelt werden.

Duales System Deutschland (DSD). Flächendeckendes, haushaltsnahes, privatwirtschaftliches Erfassungssystem zur Rücknahme gebrauchter Verkaufsverpackungen, dessen

Kosten die Handelsstufe trägt und an die privaten Endabnehmer weiterberechnet. Zum DSD haben sich Handel, Abfüller, Unternehmen der Konsumgüterindustrie, von Verpackungen, Rohmaterialien und für Entsorgung zusammengeschlossen. Das DSD stellt sicher, dass alle Verpackungen erfasst, sortiert und stofflich verwertet werden.

Durchlaufende Steuern. Aus betrieblicher Sicht handelt es sich um Steuern, die den Betrieb nicht belasten, sondern nur »durchlaufen«. Es sind vor allem Umsatz- und Vorsteuer, Lohnsteuer (mit Solidaritätszuschlag und Kirchensteuer), Kapitalertragsteuer und Zinsabschlagsteuer. Die Steuern belasten nicht den Betrieb, sondern die Verbraucher, die Mitarbeiter und die Kapitalanleger.

Durchlaufender Posten. Beträge, die für ein Unternehmen weder → *Aufwand* noch → *Ertrag* darstellen, d. h., dem Eingang des Postens steht ein exakt gleicher Ausgang dieses Postens gegenüber. Nur die Mehr- oder Minderbeträge stellen Aufwand bzw. Ertrag dar.

Durchlaufregal. → *Lagertyp*, bei dem die → *Lagereinheiten* auf schrägen Rollbahnen gelagert werden. Auf den tiefer gelegenen Seiten jeder Bahn wird Material entnommen, auf der höher gelegenen zugeführt. Da jede Bahn artikelrein sein muss, wird hierdurch eine physikalische Sicherstellung des FIFO-Prinzips erreicht. Haupteinsatzgebiet ist im Lebensmittelhandel.

Durchlaufterminierung. Berechnung der Zeiten der einzelnen → *Arbeitsvorgänge* eines Fertigungsauftrages im Fertigungsdurchlauf. Pro → *Fertigungsauftrag* sind folgende Zeiten und Zeitpunkte definiert:

- Startzeitpunkt des → *Fertigungsauftrages*,
- Pufferzeit vor Beginn des ersten → *AVOs*,
- Startzeitpunkt des ersten AVOs,
- Bearbeitungszeit des ersten AVOs,
- Endzeitpunkt des ersten AVOs,
- → *Übergangszeit* vom ersten AVO zum zweiten AVO,
- → *Startzeitpunkt* des zweiten AVOs
- ...
- Ende des letzten AVOs,
- Pufferzeit nach dem letzten AVO,
- Ende des Fertigungsauftrages.

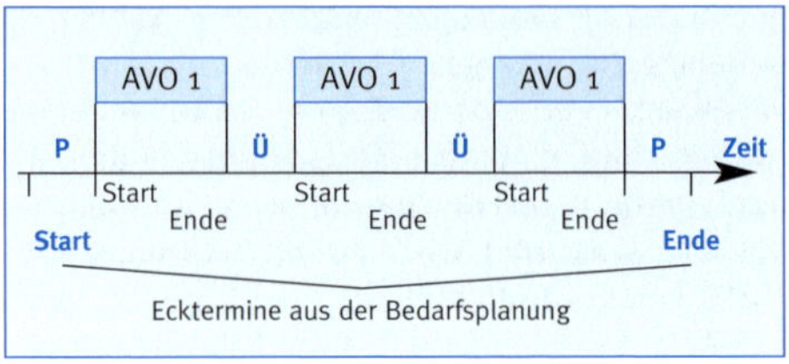

Abb. 16: Zeitpunkte und -abschnitte bei der Durchlaufterminierung von Fertigungsaufträgen

Mehrere → *Fertigungsstufen* sind dergestalt miteinander verknüpft, dass der Endtermin eines untergeordneten Fertigungsauftrages zugleich der Starttermin für den folgenden, übergeordneten Fertigungsauftrag ist (siehe Abb. 17).

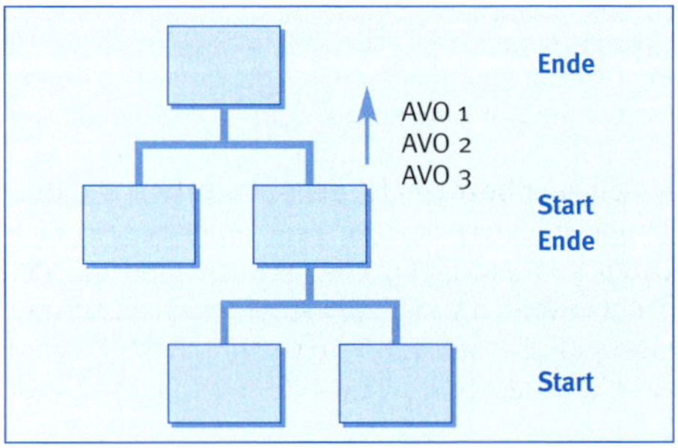

Abb. 17: Verknüpfung zweier Fertigungsaufträge

Je Fertigungsstufe entsteht ein eigener Fertigungsauftrag. Je Fertigungsauftrag besteht ein eigener → *Arbeitsplan*. Die zeitliche Verknüpfung findet nur auf Basis der Start- und Endtermine der Fertigungsaufträge statt, daher ist durch Einbau der Pufferzeiten ein gewisser zeitlicher Spielraum je Fertigungsstufe gewährleistet

Durchschnittliche Kapitalbindung. Zinsen werden im Rahmen der Anwendung der statischen Kalküle der Investitionsrechnung auf das einer »repräsentativen Durchschnittsperiode« zugeordnete durchschnittlich gebundene Kapital verrechnet. Man möchte damit ausdrücken, dass dem Investor in einer Durchschnittsperiode gerade Zinsgewinne in Höhe der Zinsen auf das durchschnittlich gebundene Kapital entgehen, weil dieses Kapital auf dem Kapitalmarkt nicht mehr zinsbringend angelegt werden kann. Zinsen auf die durchschnittliche Kapitalbindung stellen daher → *Opportunitätskosten* dar. Als

→ *Zinssatz* (→ *Kalkulationszinssatz*) kann z.B. derjenige Zinssatz gewählt werden, zu dem das im Projekt gebundene Kapital hätte angelegt werden können, wenn es frei verfügbar wäre. Bei der Ermittlung des Nettogewinns sind die Zinsen auf die durchschnittliche Kapitalbindung Bestandteil der Gesamtkosten.

Durchschnittsbestand. Mittelwert des → *Bestandes* eines Artikels während eines definierten Zeitabschnitts. Es gibt vielfältige Berechnungsmethoden. Eine für die meisten Fälle geeignete Näherungsformel ist folgende

$$\text{Durchschnittlicher Lagerbestand} = \frac{\text{AB} + 4 \text{ Quartalsbestände}}{5}$$

$$\text{Durchschnittlicher Lagerbestand} = \frac{\text{AB} + 12 \text{ Quartalsbestände}}{13}$$

AB = Anfangsbestand

Auf ein Jahr bezogen ist der Anfangsbestand derjenige am 31.12. des abgelaufenen Jahres. Die Daten können häufig aus dem monatlichen Berichtswesen entnommen werden und sind daher recht praktikabel. Der Durchschnittsbestand wird für die Berechnung vieler Kennzahlen benötigt (→ *Umschlagshäufigkeit*, → *Reichweite*, → *Lagerkostensatz*, → *Lagerhaltungskostensatz*).

Durchschnittssteuersatz. Im Unterschied zum → *Grenzsteuersatz* handelt es sich beim Durchschnittssteuersatz um den Steuersatz, der sich beispielsweise aus dem tariflichen Steuerbetrag bei einem bestimmten zu versteuernden Einkommen als Relation zu diesem Einkommen ergibt. Man entnimmt diesen am besten aktuellen Tabellen.

Durchschreibebuchführung. Dabei können Journal (amerikanische Buchführung) sowie Sach- und Kontokorrentkonten in einem Arbeitsgang angesprochen werden. Voraussetzung dafür sind die Auflösung von → *Grundbuch*, → *Hauptbuch* und → *Nebenbüchern* der Buchführung in Einzelblätter und die übereinstimmende Lineatur auf diesen Blättern. Das Grundbuch enthält je eine Doppelspalte für Personen- und Sachkonten. In regelmäßigen Abständen (z.B. monatlich) werden die Summen der Spalten in das Hauptbuch übertragen. Die Buchungen können dabei sowohl manuell als auch maschinell erfolgen (→ *amerikanische Buchführung*, → *EDV-Buchführung*).

DVD → *Optische Speichermedien*.

E

EAN-Code → *European Article Number*.

EBCDIC (Extended Binary Coded Decimal Interchange Code). Zeichensatz der Firma IBM, der alle acht Bits eines Bytes zur Darstellung von Zeichen (Buchstaben, Ziffern, Satz- und Sonderzeichen) verwendet. Dadurch kann der EBCDIC 256 (2^8) Zeichen darstellen, während z.B. der → *ASCII-Zeichensatz* nur 7 der 8 Bits eines Byte nutzt und deswegen maximal 128 (2^7) Zeichen umfasst. Während EBCDIC vor allem von IBM-Großrechnern verwendet wird, findet in Personal Computern (→ *PC*) überwiegend der ASCII-Zeichensatz Verwendung. EBCDIC und ASCII teilen weitgehend die gleichen Zeichen, allerdings mit unterschiedlichen Code-Belegungen, sodass beim Datenaustausch zwischen unterschiedlichen Systemen eine Code-Umsetzung notwendig ist.

E-Business. Electronic Business ist ein in der Literatur nicht einheitlich definierter Oberbegriff für Methoden und Verfahren zur Abwicklung von → *Geschäftsprozessen* über → *Computernetze*, wobei das → *Internet* und die dort verwendeten → *Protokolle* und Dienste eine wesentliche Rolle spielen. Ziel ist es, den betrachteten Geschäftsprozess durch eine möglichst durchgängige elektronische Abwicklung effizienter und damit kostengünstiger zu gestalten. Dies wird z.B. durch die Beseitigung von Medienbrüchen erreicht, indem → *Anwendungssysteme* aus unterschiedlichen Funktionsbereichen oder über Unternehmensgrenzen hinweg miteinander verbunden werden. Zudem sollen manuelle Eingriffe in den Geschäftsablauf auf das notwendige Minimum reduziert werden. Die elektronische Abwicklung von Geschäftsprozessen im Bereich der Beschaffung (E-Procurement) und des Vertriebs (→ *E-Commerce*) zählen sicherlich zu den Kernfeldern des E-Business.

E-Cash. Electronic Cash (dt.: elektronisches Geld) ist die allgemeine Bezeichnung für Zahlungsmittel im → *Internet*. E-Cash bietet eine Alternative zur Zahlung per Kreditkarte, hat erst sehr geringe praktische Bedeutung.

Ecktermine. Start- und Endtermine der → *Fertigungsaufträge* bei der → *Durchlaufterminierung*.

E-Commerce. Unter Electronic Commerce (dt.: elektronischer Handel) versteht man die elektronische Anbahnung und Abwicklung von Geschäften über das → *Internet* bzw. ähnliche offene oder geschlossene Computernetze (→ *Extranet*). Teilbereich des → *E-Business*. Man unterscheidet zwei große Felder:

1. Business-to-Business (B2B): Geschäfte, die Unternehmen untereinander abwickeln, z.B. der Geschäftsverkehr zwischen einem Produktionsbetrieb und einem Großhändler. Hauptziele sind die Verringerung der Kosten sowie die Verkürzung der Durchlaufzeiten. Die Abwicklung der Geschäfte wird dadurch begünstigt, dass sich die Geschäftspartner i.d.R. kennen und sich über die organisatorischen und technischen Details der Abwicklung verständigen können. Der Austausch vertraulicher Daten, wie z.B. bei der Zahlungsabwicklung, stellt daher kaum ein Problem dar (→ *EDI* und → *EDIFACT*).
2. Business-to-Consumer (B2C): Geschäfte zwischen Unternehmen und Endverbrauchern, z.B. das Einkaufen im Internet (Internet-Shopping, → *Online-Shop*, → *E-Commerce-Recht*). Neben der Verringerung der Vertriebskosten wird in diesem Bereich eine stärkere Kundenorientierung angestrebt. Derzeit bleibt dieser Bereich des E-Commerce gemessen am Umsatzvolumen deutlich hinter dem Bereich Business-to-Business zurück. Allerdings sind die jährlichen Steigerungsraten viel versprechend. Ein Großteil der Internet-Nutzer bringt – oft auch aus Unkenntnis – den Verfahren zur Abwicklung des Zahlungsverkehrs im Internet noch wenig Vertrauen entgegen und sorgt sich um den Verbleib der personenbezogenen Daten, wie z.B. Name, Anschrift, Bankverbindung usw. → *Teledienstedatenschutz*).

E-Commerce-Recht. Die Europäische Union hat u.a. durch die E-Commerce-Richtlinie die Rahmenbedingungen für den elektronischen Geschäftsverkehr geprägt. Damit ist ein europäischer Standard des → *Verbraucherschutzes* für Internet-Verträge geschaffen worden. Das Angebot von Waren und Dienstleistungen im Internet wird als Teledienst oder als Mediendienst angesehen, sodass das Teledienstegesetz (TDG) und das Teledienstedatenschutzgesetz (TDDSG) für Teledienste und der Mediendienste-Staatsvertrag (MDStV) für Mediendienste Anwendung finden.

Teledienste sind Angebote der Individualkommunikation, u.a. auch Datenbanken im Internet mit unmittelbarer Bestellmöglichkeit der Kunden. Zu den Mediendiensten gehört das Teleshopping als Angebot an die Allgemeinheit, das eine Produktpräsentation mit der Möglichkeit telefonischer Bestellung bietet. Die Anbieter von Tele- und Mediendiensten haften nicht nur für eigene Informationen, sondern auch für fremde Informationen, die sie durchleiten oder speichern, → *Internet-Recht*. Die Einbeziehung von Online-AGB, die Frage des Schriftformerfordernisses und die Beweiswürdigung digitaler Dokumente sind nur einige Beispiele. Die elektronische Signatur ersetzt zwar nicht die Schriftform, da die eigenhändige Unterschrift fehlt; sie bietet aber einen internationalen Sicherheitsstandard. Die unverfälschte Datenübermittlung und die Identität des Absenders lassen sich feststellen. In vielen Fällen reicht zudem die Textform aus, sodass die Datenspeicherung den Beweiswert der Erklärung sichert.

In Fernabsatzverträgen zwischen einem Unternehmer und einem Verbraucher besteht ein Widerrufs- und Rückgaberecht der Verbraucher, → *Fernabsatzvertrag*. Die Unternehmer haben Mindestinformationen über sich selbst, das Produkt bzw. die Leistung und die Zahlungskonditionen zu geben. Dies gilt für alle unter Verwendung von Fernkommunikationsmitteln (Brief, Telefon, E-Mail, Tele- und Mediendienst) geschlossenen Verträge. Bedient sich ein Unternehmer zum Zweck des Vertragsabschlusses eines Tele- oder Mediendienstes, sind weiter gehende Pflichten vorgesehen, vgl. § 312e BGB. Im elektronischen Geschäftsverkehr hat der Unternehmer technische Mittel zur Verfügung zu stellen, mit deren Hilfe der Kunde Eingabefehler vor Abgabe seiner Bestellung erkennen und berichti-

gen kann. Er hat für die Kunden umfangreiche Informationen einschließlich der Allgemeinen Geschäftsbedingungen online bereitzustellen. Im E-Commerce gilt der vertragsrechtliche Grundsatz der freien Rechtswahl, → *Kollisionsrecht*.
Literaturempfehlung: Steckler: Urheber-, Medien- und Wettbewerbsrecht, Berlin 2003.

Economies of Learning. Lern- oder Übungsvorteile. Je mehr Erfahrung ein Unternehmen mit der Erstellung bestimmter Leistungen hat, desto geringer sind die Durchschnittskosten. Einsparungen werden durch professionelle Mitarbeiter und sukzessiv verbesserte Abläufe möglich.

Economies of Scale. Skalen- oder Größenvorteile. Durch die Ausweitung der Produktionsmenge ergeben sich verminderte Durchschnittskosten. Wichtigste Ursache ist die sog. → *Fixkostendegression*. Bei höherer Kapazitätsauslastung werden die Fixkosten auf eine größere Produktionsmenge aufgeteilt. Hiermit verbunden ist die Strategie der Kostenführerschaft durch Produktion auf Lager und Massenfertigung.
Literaturempfehlung: Hinterhuber, H.H.: Strategische Unternehmensführung, Band 2, Strategisches Handeln, 6. Auflage, Berlin/New York 1997.

Economies of Scope. Verbund- oder Synergievorteile. Sie liegen dann vor, wenn die gleichen Mengen verschiedenartiger Leistungen insgesamt kostengünstiger in einem als in mehreren Unternehmen erstellt werden können. Kosteneinsparungen resultieren aus der Breite der Produktpalette. Voraussetzung ist, dass die gleichen oder ähnliche Kompetenzen und Ressourcen für die Leistungserstellung genutzt werden können. Wichtige Ursache ist eine bessere Kapazitätsauslastung durch mehrere Leistungen. Die Strategie der Differenzierung bietet sich bei Vorliegen von Verbundeffekten an. Ein Beispiel ist der Verkauf von Benzin und Waren des täglichen Bedarfs an Tankstellen. In der Industrie tritt dieser Effekt beispielsweise auf, wenn erst ein enger Kontakt zum Kunden oder ein dauerhafter → *After-Sales-Service* die vom Kunden erwartete Leistung ermöglicht.

ECR → *Efficient Consumer Response*.

EDI (Electronic Data Interchange). Standardisiertes Verfahren und Datenformat für den Austausch von Geschäftsinformationen über → *Computernetze*. Bei EDI werden Dokumente, die bisher manuell erstellt und versandt wurden (z.B. per Post oder Telefax), automatisch elektronisch erstellt und verschickt bzw. automatisch empfangen und in ein → *Anwendungssystem* eingelesen. Dabei ist kein manueller Eingriff mehr erforderlich, d.h., die Daten werden direkt vom Computersystem eines Unternehmens zum Computersystem eines anderen Unternehmens übertragen. Die Entwicklung von EDI wurde nicht zentral koordiniert (Ausnahme → *EDIFACT*). Daher entstanden je nach Branche und Land abweichende EDI-Formate. Im zwischenbetrieblichen elektronischen Geschäftsverkehr (Business to Business; → *Electronic Commerce*) wird ein wesentlicher Bestandteil des Geschäftsvolumens über EDI abgewickelt. EDI-Transaktionen (→ *Transaktion*) fanden früher aus Sicherheitsgründen hauptsächlich in geschlossenen Netzen statt. Zunehmend werden aber auch das → *Internet* sowie auf dessen Technik aufbauende → *Extranets* als Medium für EDI eingesetzt.

EDIFACT (Electronic Data Interchange for Administration, Commerce and Trade). Von den Vereinten Nationen (UN) verwalteter, international und branchenübergreifend einsetzbarer EDI-Standard (→ *EDI*). EDIFACT beschreibt alle Handelsdokumente (z.B. Bestellung, Rechnung, Lieferschein, Akkreditiv, Frachtbrief etc.) der Welt für alle Branchen in elektronischer Form. Für jedes dieser elektronischen Dokumente sind von branchenspezifisch organisierten Arbeitsgruppen Richtlinien zur optimalen Verwendung erarbeitet worden (sog. Branchen-Subsets).

EDV-Buchhaltung. → *Grundbuch*, → *Hauptbuch* und → *Nebenbücher* der Buchführung dürfen auf Datenträgern ausgegeben werden, diese müssen zehn Jahre aufbewahrt werden (§ 239,4 HGB). Bilanz und Gewinn- und Verlustrechnung müssen jedoch immer in ausgedruckter Form aufbewahrt werden. Die EDV-Buchhaltung enthält Stammdaten und Bewegungsdaten. Stammdaten sind Daten, die über einen längeren Zeitraum unverändert bleiben, z.B. Kontenplan, Kontennummern, Kontenbezeichnungen, Gliederung der Bilanz und der Gewinn- und Verlustrechnung, Zuordnung der Sachkonten zur Bilanz und Gewinn- und Verlustrechnung, Kundenkonten, Kundennummern, Kundenadressdaten, Lieferantenkonten, Lieferantennummern, Lieferantenadressdaten, Steuerschlüssel, Bankverbindungen. Bewegungsdaten ändern sich mit jedem neuen Geschäftsvorfall, z.B. Buchungsdaten, Sollkonto, Habenkonto, Belegnummer, Belegdatum, Buchungsbeleg, Buchungstext. Bei Stapelbuchungen werden die Buchungen nicht unmittelbar auf die jeweiligen Konten, sondern zunächst auf einem Zwischenspeicher vorgenommen. Dadurch ist eine zwischenzeitliche Änderung möglich. Die Übertragung erfolgt zweckmäßigerweise erst nach Ausdruck eines Erfassungsprotokolls, durch einen Verarbeitungsbefehl. Bei Dialogbuchungen werden Buchungen unmittelbar für die einzelnen Konten gebucht. Eine Rückgängigmachung ist dann nur noch durch Storno möglich. Dafür ist jederzeit der jeweilige Kontenstand erkennbar.

Effekten. Verbriefte, vertretbare (fungible) und leicht handelbare Wertpapiere. Alle Effekten sind Wertpapiere, allerdings weisen nicht alle Wertpapiere die genannten Eigenschaften von Effekten auf.

Effektivität. Bedeutet, die richtigen Dinge zu tun. Maßnahmen sind dann effektiv, wenn sie grundsätzlich zur Erreichung bestimmter Ziele geeignet sind (➜ *Effizienz*).

Effektivverzinsung ➜ *Finanzierungskosten*.

Efficient Consumer Response (wörtlich: effiziente Reaktion auf das Kundenverhalten). Es handelt sich um eine logistische Zusammenarbeit zwischen ➜ *Handel* und Hersteller dergestalt, dass auf der ganzen Transportstrecke zwischen Werk und letzter Verteilerstufe (z.B. Supermarkt an der Datenkasse) möglichst geringe Bestände vorgehalten werden.

Effizienz. Bedeutet, die Dinge richtig zu tun. Maßnahmen sind dann effizient, wenn sich mit ihnen bestimmte Ziele wirtschaftlich erreichen lassen (➜ *Effektivität*).

Eichung. Qualitätsprüfung einer Messeinrichtung in Bezug auf die Forderungen der Eichvorschrift und, bei Erfüllung dieser Forderungen, deren entsprechende Kennzeichnung. Sind die Forderungen der Eichvorschrift erfüllt, wird eine entsprechende Kennzeichnung vorgenommen. Vorab kann eine ➜ *Justierung* erforderlich sein.

Eigenbetriebe ➜ *Rechtsformen, öffentlich-rechtliche*.

Eigenfertigungsteile. Fertigerzeugnisse oder Halbfertigerzeugnisse aus eigener Fertigung. (Ggs. ➜ *Kaufteile*).

Eigenfertigungszeit. Zeit zur Erstellung einer ➜ *Baugruppe* in der eigenen ➜ *Fertigung*; wird zur Ermittlung der Durchlaufzeit von Fertigungsaufträgen benötigt; entspricht der ➜ *Wiederbeschaffungszeit* bei ➜ *Kaufteilen*.

Eigenfinanzierung. Auch: Eigenkapitalfinanzierung. Alle Finanzierungen, die dem Unternehmen Eigenkapital zuführen. Die wichtigsten Formen dieser Finanzierung sind die der ➜ *Beteiligungsfinanzierung* und die der ➜ *Selbstfinanzierung* (➜ *Finanzierung*).

Eigenkapital. ➜ *Kapital*, das dem Unternehmen unbefristet zur Verfügung steht. Den Eigenkapitalgebern stehen die Herrschafts- und Leitungsrechte an dem Unternehmen zu, ebenso wie die erwirtschafteten Gewinne. Wesentliche Funktionen des Eigenkapitals sind neben der Finanzierung die Gründungs- und Ingangsetzungsfunktion, die Haftungs- und Garantiefunktion gegenüber den Gläubigern, die Existenzsicherung, die Gewinnverteilungs- sowie die Repräsentations- und Werbefunktion. Der Einsatz von Eigenkapital muss daher vor dem Hintergrund dieser verschiedenen Funktionen beurteilt werden, nicht ausschließlich aus der Finanzierungsperspektive. Mit der Hingabe von Eigenkapital übernehmen die Kapitalgeber deutlich höhere Risiken als bei der Zurverfügungstellung von Fremdkapital. Daher handelt es sich bei Eigenkapital um teures Kapital . Andererseits ist ohne zusätzliches Eigenkapital regelmäßig auch zusätzliches Fremdkapital nur begrenzt verfügbar (➜ *Finanzierungsregeln*). Dem Eigenkapital kommt daher im Rahmen der Unternehmensfinanzierung eine besonders hohe Bedeutung zu. Bei Personengesellschaften (oHG, KG) ist das Eigenkapital variabel und entspricht dem Eigenkapitalkonto, bei Kapitalgesellschaften (AG, GmbH) kann das Eigenkapital nur bedingt verändert werden, weil es durch Satzung/Handelsregistereintrag festgeschrieben ist. Aufwendungen vermindern das Eigenkapital, Erträge vermehren es. Das Eigenkapital ergibt sich als Reinvermögen, wenn man alle → *Schulden* von der Summe allen Vermögens abzieht. Das Reinvermögen zeigt an, welcher Teil des Vermögens eigenfinanziert, d.h. nicht mit Schulden finanziert ist (→ *Finanzierung*).

Eigenlager. In eigener Regie betriebenes → *Lager* (Ggs. → *Fremdlager*).

Eigenschaftsliste (systematische Kreativitätstechnik). Ausgehend von einer bekannten, bestehenden Problemlösung werden alle bzw. ihre wichtigsten Eigenschaften aufgelistet. Dann erfolgt eine schrittweise Modifikation zur Leistungsverbesserung. Der Ablauf ist dabei der folgende: Zunächst werden alle Merkmale des zu verbessernden Gegenstands (Produkt, Verfahren) systematisch aufgeführt. Diese werden danach hinsichtlich ihrer Eigenschaften beschrieben. Dann wird nach alternativen Gestaltungsmöglichkeiten dazu gesucht. Dies erfolgt durch eine Gruppe von vier bis acht Personen. Darauf folgt die Auswahl und Realisierung der präferierten Lösung. Ein Vorteil der Methode liegt in der Vielzahl möglicher Ideenansätze, die aus der partiellen (evolutionären) Veränderung eines bereits bestehenden Produkts folgen. Zugleich ist damit jedoch der Weg für revolutionäre Neuerungen womöglich verbaut, d.h., es kommt im Ergebnis eher zu marginalen Neuerungen.

Eigentum. Rechtliche Zuordnung einer Sache zu einem Rechtssubjekt. Das Eigentum ist im → *Sachenrecht* als Bestandteil des → *Bürgerlichen Rechts* geregelt. Rechtsgrundlage ist das dritte Buch des Bürgerlichen Gesetzbuchs (BGB). Während im → *Schuldrecht* relative Rechte der Vertragsparteien entstehen, handelt es sich bei dem Eigentum um ein absolutes Recht. Der Eigentümer kann Ansprüche gegen jeden geltend machen, der ihn in seinem Eigentumsrecht verletzt. Er kann andere Personen von jeder Einwirkung auf sein Eigentum ausschließen. Dem Eigentümer steht ein Herausgabeanspruch gegen den unberechtigten Besitzer der Sache zu. Bei Beeinträchtigungen seines Eigentums entstehen Beseitigungs- und Unterlassungsansprüche (→ *Deliktsrecht*). Im Übrigen hat er die Verfügungsbefugnis über sein Eigentum; er kann sein Eigentum belasten, verwerten oder veräußern. Als Eigentümer gilt derjenige, dem die Sache rechtlich zugeordnet wird. Besitzer ist, wer die tatsächliche Sachherrschaft ausübt (→ *Besitz*). Sofern der Eigentümer die Sache vermietet oder verpachtet hat, steht dem Besitzer ein Recht zum Besitz zu, das er dem Herausgabeanspruch des Eigentümers entgegensetzen kann. Erst wenn der Miet- oder Pachtvertrag beendet ist, entfällt das Recht zum Besitz und der Herausgabeanspruch des Eigentümers kann erfolgreich durchgesetzt werden. Der → *Eigentumserwerb* erfolgt durch Gesetz oder Rechtsgeschäft nach abstrakten sachenrechtlichen Regeln. Der → *Eigentumsvorbehalt* ist ein vertragliches Sicherungsrecht.
Literaturempfehlung: Danne, H. / Keil, T.: Wirtschaftsprivatrecht I, Berlin 2000. Steckler: Wirtschaftsrecht, 5. Auflage, Ludwigshafen 2000.

Eigentumserwerb. Das → *Eigentum* ist ein abstraktes dingliches Recht. Es handelt sich um die rechtliche Zuordnung einer Sache zu einer Person. In den Fällen des Eigentumserwerbs wird zwischen beweglichen und unbeweglichen Sachen (Immobilien) unterschieden. Rechtsgrundlage ist das → *Sachenrecht* als Bestandteil des → *Bürgerlichen Rechts*.

Der Erwerb von Immobilien erfordert neben der Einigung durch notariell beurkundeten Vertrag auch die Auflassung und Eintragung in das Grundbuch. Ein Eigentumsübergang bei beweglichen Sachen erfolgt durch Gesetz oder Rechtsgeschäft. Die gesetzlichen Formen des Eigentumserwerbs sind Verbindung, Vermischung oder Verarbeitung mit anderen Sachen, z.B. in der Produktion oder Fertigung. Dagegen beruht die rechtsgeschäftliche Eigentumsübertragung auf einem abstrakten sachenrechtlichen Verfügungsgeschäft.

Eigentumserwerb an beweglichen Sachen durch Rechtsgeschäft

- Einigung und Übergabe der Sache,
- Einigung und Vereinbarung eines Besitzkonstituts,
- Einigung und und Abretung des Herausgabeanspruchs

Auf Grund des Abstraktionsprinzips kann der Eigentümer die Sache auch dann übereignen, wenn er sie nicht im Besitz hat. Eine Einigung des Veräußerers und des Erwerbers über den Eigentumsübergang an der Sache ist in jedem Fall erforderlich. Die Übergabe erfolgt durch Lieferung. Sofern

der Veräußerer die Sache nicht übergeben kann oder will, kann die Übergabe durch die Vereinbarung eines Besitzkonstituts (z.B. Leihe, Miete oder Pacht) ersetzt werden. Ein wichtiger Anwendungsfall ist die Sicherungsübereignung. Befindet sich die Sache im Zeitpunkt der Veräußerung im Besitz eines Dritten, wird der Herausgabeanspruch abgetreten, um die Übereignung zu bewirken. Im Bürgerlichen Recht ist der gute Glaube des Erwerbers an das → *Eigentum* des Verkäufers geschützt, sofern das Eigentum durch Einigung und Übergabe übertragen wird. Im → *Handelsrecht* reicht bereits der gute Glaube an die Verfügungsbefugnis des Verkäufers aus, denn im kaufmännischen Rechtsverkehr werden häufig Sachen veräußert, die nicht im Eigentum des Verkäufers stehen, z.B. im Kommissionsgeschäft.
Literaturempfehlung: Steckler: Wirtschaftsrecht, 6. Auflage, Ludwigshafen 2003.

Eigentumsvorbehalt. Dingliches Sicherungsrecht. Da das → *Eigentum* im Fall der Weiterveräußerung einer Sache auf den Erwerber übergeht, kann zur Sicherung der Kaufpreisforderung ein Eigentumsvorbehalt vereinbart werden. Das Eigentum ist im → *Sachenrecht* geregelt, während der Eigentumsvorbehalt auf einer rechtsgeschäftlichen Vereinbarung basiert. Nach dem Grundsatz der Vertragsfreiheit kann der Eigentumsvorbehalt gestaltet werden. Der → *Eigentumserwerb* erfolgt durch ein abstraktes sachenrechtliches Verfügungsgeschäft, das neben das schuldrechtliche Verpflichtungsgeschäft (z.B. Kaufvertrag) tritt. Im Fall des einfachen Eigentumsvorbehalts steht die Übereignung der Kaufsache unter der aufschiebenden Bedingung vollständiger Kaufpreiszahlung. Bei dem erweiterten Eigentumsvorbehalt erfolgt die Übereignung erst dann, wenn auch die Ansprüche aus anderen Verträgen getilgt worden sind. Der verlängerte Eigentumsvorbehalt erstreckt sich auf den Veräußerungserlös aus einer Weiterveräußerung der Sache. Im Fall des weitergeleiteten Eigentumsvorbehalts verpflichtet sich der Erwerber, die Sache seinerseits nur unter Eigentumsvorbehalt weiterzuverkaufen.
Literaturempfehlung: Steckler: Wirtschaftsrecht, 6. Auflage, Ludwigshafen 2003. Danne, H. / Keil, T.: Wirtschaftsprivatrecht I, Berlin 2003.

Einfahrregal. Palettenregal mit Lagerbuchten, in denen jeweils vier bis sechs Paletten übereinander und hintereinander eingelagert und nach dem → *LIFO-Prinzip* ausgelagert werden können.

Einfuhrumsatzsteuer. Laut § 1 Abs. 1 Nr. 4 Umsatzsteuergesetz unterliegt die Einfuhr von Gegenständen aus dem Drittlandsgebiet in das Inland oder die österreichischen Gebiete Jungholz und Mittelberg der Einfuhrumsatzsteuer von zzt. 16% bzw. 7%. Einfuhr ist das Verbringen von Gegenständen aus ausländischen Nicht-EU-Staaten in das Inland bzw. in die sog. Zollanschlussgebiete. Die Einfuhrumsatzsteuer hat den Zweck, die eingeführten Gegenstände mit der gleichen inländischen Umsatzsteuer zu belasten, die auf inländischen Erzeugnissen liegt. In den Ländern, aus denen die Gegenstände kommen, werden sie in der Regel bei der Ausfuhr von der Umsatzsteuer dieser Länder befreit. Es gilt das → *Bestimmungslandprinzip*, nach dem eine Leistung in dem Land besteuert wird, für das sie bestimmt ist. Ein Unternehmer, der umsatzsteuerpflichtige Lieferungen und sonstige Leistungen ausführt bzw. erbringt, kann die Einfuhrumsatzsteuer laut § 15 Abs. 1 Nr. 2 Umsatzsteuergesetz als Vorsteuer abziehen.

Einheitsbilanz → *Steuerbilanz*.

Einheitswert. Einheitlicher Wert bestimmter Bewertungseinheiten für mehrere Steuerarten. Einheitswerte werden vor allem für Grundstücke und wurden bis Ende 1997 für das Betriebsvermögen ermittelt. Es sind fiktive Ertragswerte. Bei Grundstücken werden sie aus dem Produkt von fiktiver Miete und einem Vervielfältiger ermittelt, z.B. Jahresmiete (nach den Verhältnissen von 1964) 3.000 · Vervielfältiger 10 = 30.000 €. Dieser Wert wird gemäß § 121 a Bewertungsgesetz mit 140% = 42.000 € angesetzt. Der Wert entspricht nur einem Bruchteil des heutigen Marktwertes eines entsprechenden Grundstücks. Man benötigt den Einheitswert heute nur noch für die Grundsteuer und für die Gewerbesteuer bei der Kürzung gemäß § 9 Nr. 1 Gewerbesteuergesetz. Die übrigen Anwendungen sind weggefallen: Gewerbekapital- und Vermögensteuer werden nicht mehr erhoben. Für die Schenkung- und Erbschaftsteuer werden seit 1996 gesonderte Grundbesitzwerte ermittelt. Das Betriebsvermögen wird auf Grund einer besonderen Vermögensaufstellung errechnet, in der bis auf die Grundbesitzwerte und die Kurswerte von Wertpapieren die Werte der Steuerbilanz angesetzt werden.

Einkauf → *Beschaffung*

Einkaufspreis-Erfolg. Eine der → *Logistik-Kennzahlen*: Summe der Preisabweichungen gegenüber dem geplanten Beschaffungsbudget, bezogen auf das Beschaffungsbudget in Prozent. Ist die Summe negativ, hat sich ein Einsparungseffekt ergeben.

Einkommen. Laut § 2 Abs. 4 Einkommensteuergesetz ist das Einkommen der Gesamtbetrag der Einkünfte, vermindert um die Sonderausgaben und die außergewöhnlichen → *Belastungen*. Das Einkommen setzt sich also aus bis zu sieben verschiedenen Einkunftsarten zusammen: Land- und Forstwirtschaft, Gewerbebetrieb, selbstständige Arbeit, nicht selbstständige Arbeit, Kapitalvermögen, Vermietung und Verpachtung und bestimmte sonstige Einkünfte. Die Summe dieser Einkünfte ist vermindert worden um den → *Altersentlastungsbetrag*, um einen Freibetrag für Land- und Forstwirtschaft, um Verluste (nach einer sehr komplizierten Berechnungsregelung → *Verlustausgleich*) und schließlich um die Sonderausgaben und außergewöhnlichen Belastungen, um das Einkommen zu erhalten.

Einkommensteuer. In den meisten Ländern ist die Einkommensteuer die aufkommensstärkste Steuer. In ihren verschiedenen Formen macht sie mehr als die Hälfte des gesamten Steueraufkommens aus. In Deutschland gibt es vier Formen der Einkommensteuer im weiteren Sinne:

1. Die Einkommensteuer im engeren Sinne, die sich bei natürlichen Personen auf alle sieben Einkunftsarten bezieht. Sie wird im → *Veranlagungsverfahren* ermittelt.

Ermittlung des zu versteuernden Einkommens gemäß §2 EStG:

Einkünfte aus

- → Land- und Forstwirtschaft
- → Gewerbebetrieb
- → selbstständiger Arbeit

= Gewinneinkünfte
(Betriebseinnahmen – Betriebsausgaben)

- → nicht selbstständiger Arbeit
- → Kapitalvermögen
- → Vermietung und Verpachtung
- → sonstige Einkünfte laut § 22 EStG

= Überschusseinkünfte
(Einnahmen – Werbungskosten)

= Summe der Einkünfte
Wegen der komplizierten Verlustverrechnung ist die Summe der Einkünfte getrennt nach positiven und negativen Einkünften zu ermitteln.
– Altersentlastungsbetrag laut § 24 a EStG ab 64. Lebensjahr (maximal 1.908 €)
– Freibetrag für Land- und Forstwirte laut § 13 Abs. 3 EStG: 670 € bzw. 1.340 €, sofern die Summe der Einkünfte 30.700 € bzw. 61.400 € nicht übersteigt.

= Gesamtbetrag der Einkünfte
– Sonderausgaben gemäß §§ 10 ff. EStG
– außergewöhnliche Belastungen gemäß §§ 33 ff. EStG

= Einkommen
– Kinderfreibeträge gemäß § 32 Abs. 6 EStG (pro Kind jährlich 3.564 €), wenn eigene Einkünfte und Bezüge des Kindes 7.188 € nicht überschreiten. Werden Kinderfreibeträge in Anspruch genommen, so muss das gezahlte Kindergeld gemäß § 36 Abs. 2 der ESt hinzugerechnet werden.
– Haushaltsfreibetrag gemäß § 32 Abs. 7 EStG (2.916 €) für Alleinstehende mit mindestens einem Kind

= zu versteuerndes Einkommen

Abb. 18: Schema zur Ermittlung des zu versteuernden Einkommens

2. Die → *Lohnsteuer*, die sich nur auf Einkünfte aus nicht selbstständiger Arbeit bezieht und im → *Quellenabzugsverfahren* erhoben wird.
3. Die → *Kapitalertragsteuer* und → *Zinsabschlagsteuer*, die bei Einkünften aus Kapitalvermögen ebenfalls direkt an der Quelle abgezogen wird.
4. Die → *Körperschaftsteuer*. Hierbei handelt es sich vor allem um die Einkommensteuer für Kapitalgesellschaften. Sie betrifft insbesondere die Einkunftsart Gewerbebetrieb.

Das Grundschema für die Berechnung der Einkommensteuer ergibt sich aus § 2 EStG: Auf das zu versteuernde Einkommen ist die jeweils gültige Grundtabelle bei allein Stehenden bzw. die Splittingtabelle bei zusammenveranlagten Ehepaaren anzuwenden. Bei höheren Einkommen wird die Steuer nach der Formel in § 32 a Abs. 1 Nr. 4 EStG berechnet: Spitzensteuersatz · Einkommen – Abzugsbetrag.

Dadurch ergibt sich:
Tarifliche Einkommensteuer
– einbehaltene Lohnsteuer
– anrechenbare Körperschaftsteuer (letztmalig 2001)
– anrechenbare Kapitalertragsteuer
– anrechenbare Zinsabschlagsteuer
– Einkommensteuervorauszahlungen
= Abschlusszahlung bzw. Erstattung

Einkünfte (bei Gewinneinkünften). Betriebseinnahmen minus Betriebsausgaben. Ein positives Ergebnis bezeichnet man als Gewinn, ein negatives Ergebnis als Verlust. Bei Überschusseinkünften ergeben sich Einkünfte nach der Formel Einnahmen minus Werbungskosten. Ein positives Ergebnis nennt man Überschuss, ein negatives Ergebnis wie bei Gewinneinkünften Verlust.

Einlinienorganisation. Auch: Liniensystem. Eine nachgeordnete → *Stelle* erhält dabei ausschließlich von der ihr direkt vorgesetzten Leitungsstelle Anweisungen. Die Linie ist der formale Kommunikationsweg. Eine Abstimmung zwischen Stellen verschiedener Linien ohne Einschaltung ihrer Vorgesetzten ist nicht vorgesehen. Eine bewusste Verletzung dieses Prinzips stellt die Fayol'sche Brücke dar, bei der direkte Kommunikationsbeziehungen zwischen Stellen der gleichen Hierarchieebene verschiedener Linien möglich sind. Die Linie ist der Dienstweg für Anordnungen, Anrufungen, Beschwerden und Informationen. Wege außerhalb der Linie entsprechen nicht der formalen Organisation (→ *Leitungssysteme*).

Die Anordnung kann nach dem Prinzip der Verrichtungszentralisation (Beschaffung, Produktion, Absatz etc.) oder der Objektzentralisation (z. B. Produktgruppen) gestaltet sein. Erstere wird auch als Funktionsprinzip bezeichnet, die zweite zu Profitcentern führen. In einer Mischform: betriebsinterne Aufgaben in Zentralbereichen (funktional) und marktnahe Aufgaben (Einkauf, Vertrieb etc.) nach Objekten/Produkten organisiert (siehe auch → *Zentralbereichsorganisation*).

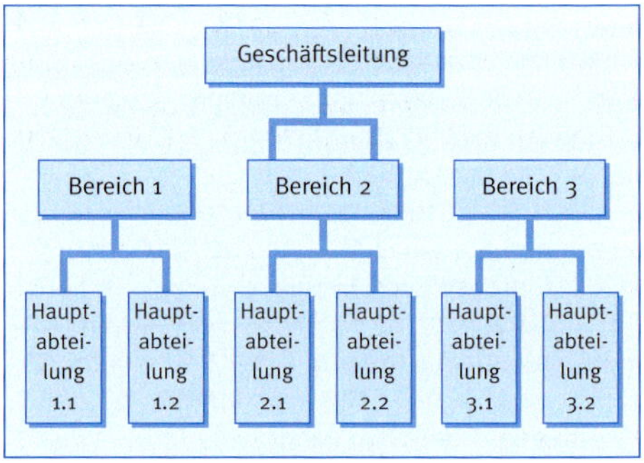

Abb. 19: Einlinienorganisation

Einloggen (Log In). Anmeldung eines Rechners mit der → *User-ID* und dem → *Password* bei einem entfernten Computersystem (Ggs.: Ausloggen/Abmeldung, Log Off).

Einnahmen. Brutto zufließende Beträge bei den vier → *Überschusseinkünften*: Bruttogehälter, Zinsen, Dividenden, Mieten, Ertragsanteile von Renten, Spekulationsgewinne. Im Unterschied zu den Einkünften handelt es sich bei den Einnahmen um Bruttobeträge, von denen noch keine Werbungskosten abgesetzt worden sind.

Einnahme-Überschussrechnung. Gilt für Kleingewerbetreibende und Minderkaufleute (§ 4,3 EStG). Die Gewinnermittlung erfolgt als Differenz von Betriebseinnahmen und Betriebsausgaben. Erstere sind alle Einnahmen, die dem Betrieb im Rahmen der Geschäftstätigkeit im Kalenderjahr zufließen. Letztere sind alle Ausgaben, die betrieblich veranlasst im Kalenderjahr abfließen. Als Bücher zur Gewinnermittlung dienen das Einnahmen- und Ausgabenbuch, das Bestandsverzeichnis des Anlagevermögens, das Wareneingangs- und Warenausgangsbuch, das Lohnbuch und die Reisekostenabrechnung. Der Gewinn ergibt sich als Differenz aus dem Betriebsvermögen am Ende des abgelaufenen Wirtschaftsjahrs und dem Betriebsvermögen am Ende des vorangegangenen Wirtschaftsjahrs, vermindert um private Einlagen und vermehrt um private Entnahmen.

Einspruch. Wichtigster Rechtsbehelf gegen Steuerbescheide im Rahmen des sog. außergerichtlichen Rechtsbehelfsverfahrens (vgl. hierzu §§ 347 ff. Abgabenordnung). Ist eine Steuerpflichtige mit den Feststellungen in einem Steuerbescheid nicht einverstanden, weil z.B. Werbungskosten, Sonderausgaben oder außergewöhnliche Belastungen in einem Einkommensteuerbescheid nicht vollständig berücksichtigt wurden oder weil die tarifliche Einkommensteuer nicht korrekt ermittelt wurde, sollte sie spätestens innerhalb eines Monats nach Bekanntgabe des Steuerbescheids Einspruch einlegen. Durch die Einlegung des Einspruchs wird die Vollziehung des angefochtenen Steuerbescheids nicht gehemmt, d.h., die Steuerzahlung hat pünktlich zu erfolgen. Die Finanzbehörde kann die Vollziehung jedoch aussetzen. Gibt das Finanzamt dem Einspruch nicht statt, hat die Steuerpflichtige die Möglichkeit der Klage vor dem Finanzgericht. Im Unterschied zum außergerichtlichen Rechtsbehelfsverfahren ist das Finanzgerichtsverfahren jedoch gebührenpflichtig. Der Einspruch ist der Begriff für Rechtsbehelfe gegen Steuerbescheide des Finanzamts. Der entsprechende Rechtsbehelf gegen Steuerbescheide der Gemeinde (Gewerbesteuer-, Grundsteuer-, Hundesteuerbescheid) ist der Widerspruch.

Einstandspreis. Preis, den ein Unternehmen zahlt, um in den Besitz von Waren zu gelangen. Dazu gehören neben dem Rechnungspreis alle Bezugskosten (Fracht, Verpackung etc.).

Einstellung. Verstellung des Ist-Werts eines Messgeräts für einen bestimmten Wert auf den Soll-Wert im Rahmen des Qualitätsmanagements.

Einwegpalette. Ladungsträger, der nicht an einem Tauschsystem beteiligt ist und nach Gebrauch entsorgt wird.

Einzelbeschaffung. → *Beschaffung* bei Einzelbedarf; Gegensatz zur → *Vorratsbeschaffung* oder → *verbrauchssynchronen Beschaffung*.

Einzelbewertungsprinzip. Bewertungsgrundsatz im → *Rechnungswesen*. Vermögensgegenstände und Schulden sind danach grundsätzlich einzeln zu bewerten. Ausnahmen bilden bestimmte Gruppen von Vermögensgegenständen (z.B. Vorräte), die nach → *Gruppenbewertung* oder Sammelbewertung bewertet werden dürfen (§§ 240,3 und 256 HGB).

Einzelfertigung. Auftragsfertigung, bei der jedes Erzeugnis kundenindividuelle Besonderheiten aufweist.

Einzelhändler. Der Einzelhandel verkauft Waren an Endverbraucher, die er beim Produzenten oder beim → *Großhandel* bezieht (→ *Distribution*, → *Handel*). Es haben sich eine Fülle von Formen entwickelt, die häufig kategorisiert werden, siehe Übersicht auf dieser Seite.

Kategorien des Einzelhandels

- **Fachgeschäft:** Waren einer Branche mit oftmals tiefem Sortiment,
- **Spezialgeschäft:** noch spezielleres, schmales und tieferes Sortiment ,
- **Fachmarkt:** auf den Kundenbedarf ausgerichtetes Sortiment, z.B. Baumärkte,
- **Warenhaus:** Großbetrieb des Einzelhandels mit einem Sortiment aus mehreren Branchen,
- **Kaufhaus:** ähnlich dem Warenhaus, aber engeres und tieferes Sortiment,
- **Supermarkt:** hauptsächlich Waren des täglichen Bedarfs,
- **Verbrauchermarkt:** ähnlich dem Warenhaus, aber mit zentralen Kassenausgängen und oft aggressiver Preispolitik,
- **Discounter:** konsequente Niedrigpreispolitik mit zumeist weitgehender Beschränkung auf problemlose Waren des täglichen Bedarfs,
- **Einkaufszentrum:** Zusammenfassung vieler selbstständiger Einzelhändler und Dienstleister in einer räumlichen Einheit,
- **Versandhandel:** Vertrieb über Katalog und zunehmend Internet.

Einzelkosten. Nach der Zurechenbarkeit Kosten, die durch Erstellung eines Kostenträgers (also Produkt oder Dienstleistung) verursacht werden. Einzelkosten sind häufig → *variable Kosten* (z. B. Fertigungsmaterial, das unmittelbar ins Produkt eingeht), können aber auch → *Fixkosten* sein (z. B. Fertigungslohn bei auch in »schlechten Zeiten« unverzichtbarem Stammpersonal). Im weiteren Sinne (→ *relative Einzelkostenrechnung*) können sie einem sie verursachenden einzelnen betriebsinternen Prozess (→ *Prozesskostenrechnung*) oder einer Kostenstelle (z. B. Abteilung, Maschine) direkt zugeordnet werden (→ *Gemeinkosten*).

Einzelunternehmung. Wird von einer einzelnen Person betrieben und rechtlich vertreten. Dem Einzelunternehmer obliegt allein die Geschäftsführung und damit die Leitung des Unternehmens, die Führungskapazität ist naturgemäß beschränkt. Er trägt das gesamte geschäftliche Risiko und haftet unbeschränkt, d. h. auch mit seinem Privatvermögen, für die Schulden der Gesellschaft. Da außer ihm keine weiteren Gesellschafter (Eigenkapitalgeber) existieren, sind auch die Möglichkeiten, finanzielle Mittel zu beschaffen, bei der Einzelunternehmung deutlich begrenzt. Für die Zuführung von Eigenkapital kommt neben der (in beliebiger Höhe zu tätigenden) Einlage des Unternehmens vor allem die Einbehaltung von Gewinnen (Selbstfinanzierung) in Betracht. Die Möglichkeiten zur Aufnahme von Fremdkapital hängen ab vom Umfang der Kreditsicherheiten, die der Inhaber aus seiner Privatsphäre heraus zu gewähren in der Lage ist. Die Einzelunternehmung eignet sich vor allem für Geschäfte mit einem überschaubaren Kapitalbedarf. Sie ist die am häufigsten gewählte Rechtsform für kleine Unternehmen.

Eiserner Bestand → *Mindestbestand*.

EKS. Im von Mewes entwickelten Konzept der kybernetischen Managementlehre (wozu der Autor zwischen 1970 und 1978 zwölf Bände herausgegeben hat) steht die Abkürzung EKS für engpass-konzentrierte Strategie (teilweise auch als energo-kybernetische Strategie bezeichnet). Mewes geht u. a. davon aus, dass mit der Konzentration bzw. Beseitigung des »wirksamsten Mangels« ein optimales Ergebnis mit geringstmöglichem Einsatz erreicht wird, da zugleich bisher durch den Engpass ungenutzt gebliebene Kapazitäten anderer Bereiche eingesetzt werden können (→ *Ausgleichsgesetz der Planung*). In einer kundenbezogenen Strategie bedeutet dies eine Konzentration auf den Punkt, der dem Kunden den größten Nutzen bietet, indem er ihm hilft, seinen Minimumsektor zu beseitigen.

E-Learning. Abk. für Electronic Learning, dt.: elektronisch unterstütztes Lernen. Oberbegriff für den Einsatz von elektronischen Informations- und Kommunikationstechnologien (Computer, Internet) im Kontext des Lernens und Lehrens (→ *Computer Based Training*, → *Web Based Training*).

Electronic Business → *E-Business*.

Electronik Commerce → *E-Commerce*.

Elektronische Unterschrift → *Digitale Signatur*.

Elektronischer Geschäftsverkehr → *Electronic Commerce*.

E-Mail (Electronic Mail, dt. elektronische Post). Nachrichten, die auf elektronischem Wege über → *Computernetze*, z. B. das → *Internet* oder ein firmeneigenes → *Intranet*, verschickt werden. Außer Texten können u. a. Bilder, Grafiken, Video- oder Klangdateien sowie Programm- und Datendateien verschickt werden. Hauptvorteile von E-Mail gegenüber der herkömmlichen Briefpost sind die hohe Geschwindigkeit des Transports (innerhalb von wenigen Minuten kann eine Nachricht an nahezu jeden Punkt der Welt gelangen), die relativ geringen Kosten für das Versenden einer Nachricht und die Möglichkeit, Dokumente zur Weiterbearbeitung durch den Empfänger zu übermitteln. E-Mail-Nutzer besitzen eine E-Mail-Adresse und ein elektronisches Postfach (Mailbox), das die eingehenden Nachrichten empfängt und so lange speichert, bis sie mittels einer Zugangssoftware abgerufen werden. Das Versenden von E-Mails hat bei den Online-Nutzern höchsten Stellenwert, noch vor der Inanspruchnahme von → *Suchmaschinen* oder ähnlichen Diensten zur Informationsrecherche. Vertrauliche Informationen und personenbezogene Daten sollten im Internet niemals unverschlüsselt per E-Mail verschickt werden (→ *Verschlüsselung*).

Emballage → *Verpackung*.

Emission.

a) Erstausgabe bzw. Verkauf von Wertpapieren auf → *Finanzmärkten*. Bei Verkauf durch das ausgebende Unternehmen ohne Einschaltung Dritter spricht man von Selbstemission, bei Platzierung durch eine Bank oder ein Bankenkonsortium von Fremdemission.
b) Alle von einer Anlage ausgehenden Einwirkungen auf die Umwelt, vor allem Kontaminierungen von Luft und Wasser, Geräusch- und Erschütterungsbelästigungen, Licht-, Wärme- und Strahlungsabgänge etc.

Emoticon. Zum Beispiel **:-)** für gut gelaunt, **:-(** für schlecht gelaunt. Grafisches Symbol, das in wenigen, auf Konvention beruhenden, Tastaturzeichen (meist als Gesicht) die Beziehungsebene von Aussagen in der Online-Kommunikation, die wegen des Fehlens nonverbaler Kommunikation ansonsten nicht erkennbar ist, wiedergibt. Emoticons müssen entgegen dem Uhrzeigersinn um 90° gedreht werden, damit man sie versteht (z. B. Smiley).

Empfangsspediteur. Spediteur, der bei → *gebrochenem* Verkehr den → *Nachlauf* abwickelt.

Emulation. Einstellung eines Rechners als Terminal (ohne eigene Intelligenz) für einen anderen Rechner.

End-of-Pipe-Technologie. Umfasst – als Gegenstück zum produktionsintegrierten Umweltschutz – alle Umweltschutzmaßnahmen am logistischen Ende (Senke) eines Leistungsprozesses, die durch Behandlung von Abfall, Abluft oder Abwasser versuchen, etwaig negativ einwirkende Einflüsse auf die Umgebung möglichst gering zu halten oder ganz zu vermeiden.

Engpass. Auch als »Flaschenhals« oder »bottle neck« bezeichnet, beschreibt er den Zustand oder das vorübergehende Auftreten knapper Kapazitäten. Dies kann grundsätzlich in allen Betriebsbereichen eintreten, z. B. Produktion, Material und Zulieferung, Absatz, Finanzen, Personal (insbesondere bestimmte Fachkräfte), Managementkapazität etc. Typisch ist, dass durch den Engpass an einer Stelle auch ausreichende Kapazitäten in anderen Bereichen oft nicht ausgelastet werden können (→ *Ausgleichsgesetz der Planung*).

Engpass-Planung → *OPT-System*.

Enterprise Resources Planning (ERP). Umfassender konzeptioneller Ansatz zur integrierten DV-Unterstützung aller betrieblichen Abläufe. Erweiterung der Konzepte → *CIM* und → *MRP II*.

Entscheidung. Bewusste und verpflichtende Auswahl zwischen mindestens zwei Alternativen. Sie ist damit einerseits ein Akt der Willensbildung, zwischen mehreren Handlungsalternativen zur Realisierung eines Ziels auszuwählen, andererseits ein Akt der Willensdurchsetzung, etwas so und nicht anders zu tun. Erstere ist sachorientiert, sie betont, dass mit Wirtschaften immer die Suche und Auswahl der bestmöglichen Alternative verbunden ist; Letztere ist verhaltensorientiert, sie legt den Schwerpunkt auf eine durchsetzende menschliche Verhaltensweise. Entscheidungen begleiten den gesamten → *Management-Prozess* der Planung, Realisierung und Kontrolle. In der Planung müssen viele laufende Entscheidungen getroffen werden, z. B. über Bewertungskriterien, Anzahl der betrachteten Alternativen etc. Die bedeutendste Entscheidung liegt am Ende der Planungsphase, wenn über ein zu realisierendes Konzept entschieden wird. In der Realisierung werden verstärkt handlungsorientierte Entscheidungen gefordert, die erst die Umsetzung des Konzeptes ermöglichen. In der Kontrollphase wird auf Basis eines Vergleiches der Ist-Werte mit den Soll-Werten über Anpassungsmaßnahmen entschieden (→ *Entscheidungstheorie*).

Entscheidungsanalyse. Im engeren Sinne Entscheidungsanalyse nach R. v. Nitzsch als Sonderfall der → *Nutzwertanalyse*. In einem weiten Sinne jede Analyse, die eine konkrete Entscheidung vorbereitet, also z. B. auch → *Nutzwertanalyse*. Auch die Entscheidungsanalyse (im engeren Sinne) nach v. Nitzsch setzt notwendig subjektive Vorlieben (»Präferenzen«) voraus. Sie fragt (EDV-unterstützt für Dokumentation und Rechentechnik) Gleichwertigkeiten (»Indifferenzen«) von Kombinationen unterschiedlicher Zielausprägungen ab, z. B.: Wenn eine Alternative 10 % Rendite, aber 8 % Risiko von Liquiditätsengpässen hat, wie hoch darf dieses Risiko bei einer konkurrierenden Alternative mit 12 % Rendite sein? Wegen des Einbaus gerade der gegenseitigen Abhängigkeiten zwischen den Zielen und Bereinigung des Zielsystems (wie Ersetzung von Stellvertreter-Zielen durch die eigentlich angestrebten, z. B. Kriterium »Kosten pro Monat« statt unterschiedlicher einzelner Einflussfaktoren auf die Kosten), ist sie exakter als Nutzwert- und → *Restriktionsanalyse*. Dafür erfordert sie recht abstrakte Aussagen vom Entscheidungsträger.

Entscheidungsprozess. Vollziehen sich Entscheidungsprozesse in Strukturen, die die Entscheidungsfindung transparent machen, unterstützt dies Einzelentscheidungen und insbesondere die Verständigung zwischen mehreren → *Entscheidungsträgern*. Der Auslöser eines Entscheidungsprozesses ist häufig das Auftauchen eines Problems oder einer Handlungsnotwendigkeit. Der Prozess wird durch das Wahrnehmen des Entscheidungsbedarfs (manchmal wird der Handlungsbedarf zu spät oder ungenügend erkannt) ausgelöst und i. d. R. mit einem Handlungsentschluss abgeschlossen. Der dazwischen liegende Entscheidungsprozess kann durch einzelne Phasen bewusst gemacht und damit verbessert werden.
Eine hilfreiche Struktur:

1. Behandlung des Ist-Zustandes, Verdeutlichung der Entscheidungsumstände;
2. Konkretisierung des Problems bzw. Mangels, Hinwendung vom Problem- zum Lösungsdenken;
3. Festlegung der Maßstäbe zur Beurteilung der Lösungen, was wird dann anders sein, Zielorientierung;
4. Sammlung von Lösungsalternativen, Aktivierung der kreativen Phase, z. B. durch → *Brainstorming*;
5. Bewertung der Alternativen, kognitive Überprüfung anhand der Maßstäbe (Phase 3);
6. Abschätzung evtl. Zusatzwirkungen, z. B. sonstige Risiken und Konsequenzen etc. auch als Vernetzung mit anderen Entscheidungen in einem ganzheitlichen Rahmen (theoretisch könnte diese Phase unterbleiben, wenn es gelänge, alle Nebenbedingungen ausreichend einzubeziehen, ohne die Ausgangsentscheidung zu komplex werden zu lassen);
7. Beschlussfassung als verbindliche Zielvereinbarung.

Der Ablauf der einzelnen Phasen als Strategie der Entscheidungsfindung kann im Bedarfsfall variiert werden, z. B. kann zu vorhergehenden Phasen zurückgekehrt werden.

Entscheidungstheorie. Beschäftigt sich mit der Erklärung von Entscheidungen (deskriptive Entscheidungstheorie) und mit Normen für Entscheidungen (normative Entscheidungstheorie). Die deskriptive Entscheidungstheorie versucht Antworten auf die Frage zu bekommen, warum Entscheidungen so und nicht anders getroffen werden. Sie nutzt soziologische und vor allem psychologische Erkenntnisse. Die normative Entscheidungstheorie geht von einem in jeder Situation ökonomisch rational handelnden Menschen aus (Homo oeconomicus), systematisiert Entscheidungssituationen und leitet Regeln für eine optimale Entscheidung ab. Es werden insbesondere Entscheidungssituationen untersucht, bei denen das Ergebnis durch die Entscheidung allein noch nicht festgelegt ist, sondern unterschiedliche Umweltentwicklungen, z. B. durch Reaktionen des Gegners, zu verschiedenen Ergebnissen führen. Die normative Entscheidungstheorie nutzt statistische Modelle. Diese Modelle werden sehr komplex, wenn realitätsnahe Entscheidungssituationen zu Grunde gelegt werden.

Die integrative Entscheidungstheorie nach Birker verbindet beide Ansätze. Der um objektive und rationale Ergebnisse bemühte → *Entscheidungsträger* akzeptiert zugleich subjektive Wertmaßstäbe und unvollkommene Informationen; neben Entscheidungsverhalten und Entscheidungsregeln wird dies unterstützt durch den → *Entscheidungsprozess*.

Entscheidungsträger. Person bzw. Personen, denen es obliegt, Entscheidungen zu treffen. Ihre Fähigkeiten, methodischen Kenntnisse, Wertvorstellungen, Erfahrungen, Überzeugungen, Ziele, Prioritäten, ihr methodischen Wissen und Engagement sowie ihre Verbundenheit zum Unternehmen, Risikobereitschaft etc. bestimmen ihr Entscheidungsverhalten. Entscheidungsbefugnis kann einer Einzelperson allein übertragen sein, so genannte Individualentscheidung, oder mehreren zusammen, die gemeinsam an der Beschlussfassung mitwirken, Kollektiventscheidung. Im letzteren Falle kann auch das Verhältnis der Gruppenmitglieder zueinander die Entscheidung beeinflussen, die z.B einstimmig oder mit Mehrheit gefällt wird. Die Entscheidungsbefugnis sollte im Unternehmen eindeutig geregelt sein.

Entsorgungsdienstleister. Erbringer entsorgungslogistischer Leistungen, insbesondere der

Prozesse Transportieren, Umschlagen und Lagern (→ *TUL-Prozesse*) für Reststoffe, Leergut, Abfall. Weiter gehende Leistungen: Erstellung von Entsorgungskonzepten, Gefahrgutabwicklung, Abfallbehandlung, Behördenabwicklung.

Entsorgungslogistik. Planung, Gestaltung, Abwicklung und Kontrolle der → *logistischen* Ketten der Reststoffe und »unverkäuflichen Produkte« von ihrer Entstehung in Produktions- oder Nutzungsprozessen (Quellen) bis zu den heute benutzten Senken. Logistische Prozesse der Entsorgungslogistik sind hierbei: → *Transport*, Lagerung, Umschlag, Sammlung, Sortierung, → *Verpackung* und → *Auftragsabwicklung*. Aufbereitungsprozesse sind: Demontage, Filtration, magnetische Trennung, Entwässerung, Zerkleinerung, Verfestigung. Entsorgungsprozesse sind: Wiederverwendung, Weiterverwendung, Wiederverwertung, Weiterverwertung, Kompostierung, Verbrennung, Deponierung. Die zunehmend sich verschärfende Gesetzeslage lässt klar die Prioritäten-Reihenfolge Vermeidung vor Verwertung vor Beseitigung erkennen.

Entwicklungsinvestition → *Forschungs- und Entwicklungsinvestition*.

Entwicklungslenkung. Qualitätsmanagementphase Ressource und Prozessrealisierung. Es muss sichergestellt sein, dass die Konzeption von Produkten auf Grund gesicherter Anforderungen stattfindet, dass konzeptionelle Änderungen festgehalten werden und dass das Entwicklungsergebnis geprüft wird. Es muss ein Verfahren existieren, das je nach Projektgröße verschiedene Phasen der Entwicklung festlegt. Es muss sichergestellt sein, dass die Entwicklun auf einer Spezifikation basiert, die so mit dem Kunden abgestimmt ist oder die Kundenwünsche klar definiert. Diese Spezifikation muss vor allem die Annahmekriterien des Kunden umfassen. Für die Entwicklung müssen ausreichend qualifizierte Mitarbeiter zur Verfügung gestellt werden, deren Projektverantwortlichkeiten eindeutig festgelegt sind. Es muss ein Projektplan erstellt werden, dessen Umfang abhängig ist von der Projektgröße, der mindestens aber als Checkliste ausgearbeitet ist. Es ist sinnvoll, schon bei kleineren Projekten eine Konzeption festzulegen, die aus vielen Phasen besteht. Am Ende jeder Phase wird das bis dahin erreichte Ergebnis mit den Vorgaben verglichen und die Durchführung dieser Prüfschritte dokumentiert. Und es muss sichergestellt sein, dass keine nachfolgende Phase begonnen wird, bevor nicht das Ergebnis der vorhergehenden geprüft und freigegeben wurde. Vor allem darf die Leistung nur dann erstmalig erbracht werden, wenn das Entwicklungsergebnis gegenüber den Vorgaben geprüft wurde. Während der Entwicklung muss der Status der Leistung erkennbar sein. Die Qualität der Leistung muss vor der erstmaligen Auslieferung vom Herstellerunternehmen geprüft werden. Der Kunde darf also nicht mit Anlauffriktionen belastet werden.

Entwicklungspolitik. Neben der volkswirtschaftlichen Bedeutung (politische Förderung und Unterstützung der Entwicklungsländer) hat dieser Begriff auch eine betriebswirtschaftliche Bedeutung (→ *Stakeholder-Politik*).

Erbschaftsteuer. Belastet den Erwerb von Todes wegen und auch die Schenkungen unter Lebenden. International gibt es zwei Systeme, die Nachlasssteuer, die den gesamten Nachlass des Erblassers besteuert, und die Erbanfallsteuer, die den Erbanfall bei den Erben besteuert. In Deutschland gilt die Erbanfallsteuer, die grundsätzlich vorteilhafter ist, weil sie an die finanzielle Leistungsfähigkeit der Erben anknüpft. Beispiel: Eine Witwe mit drei Kindern hinterlässt ein Vermögen von 900.000 €. Bei einer Nachlasssteuer wäre der Tarif auf den Gesamtbetrag von 900.000 € anzuwenden. Bei der geltenden Erbanfallsteuer hat jedes Kind nur 300.000 € zu versteuern. Wie bei der Einkommen- und Körperschaftsteuer unterscheidet man auch bei der Erbschaftsteuer zwischen unbeschränkter und beschränkter Steuerpflicht. Eine unbeschränkte Steuerpflicht ergibt sich, wenn der Erblasser zur Zeit seines Todes bzw. der Schenker zur Zeit der Ausführung der Schenkung oder der Erwerber (Erbe bzw. Beschenkte) Inländer ist. Bei unbeschränkter Steuerpflicht wird grundsätzlich der gesamte Vermögensanfall einschließlich Auslandsvermögen im Inland besteuert. Eine beschränkte Steuerpflicht liegt vor, wenn keine der am Erbfall bzw. an einer Schenkung beteiligten Personen Inländer ist. Dann unterliegt nur der Vermögensanfall in Form von Inlandsvermögen der deutschen Erbschaftsteuer. Durch Abkommen mit den meisten Ländern werden Doppelbesteuerungen beseitigt bzw. gemindert. Bemessungsgrundlage für die Erbschaft- bzw. Schenkungsteuer ist grundsätzlich die Bereicherung des Erwerbers, d.h. der Vermögensanfall abzüglich der Nachlassverbindlichkeiten. Die Bewertung ist bei Kapitalvermögen am einfachsten. Für Immobilien gelten spezielle Grundstückswerte, die nur etwa 50 % der jeweiligen Zeitwerte ausmachen. Auch für noch nicht fällige Lebensversicherungen gelten besondere Berechnungen. Das Betriebsvermögen ergibt sich aus der letzten Steuerbilanz. Dabei sind Grundstücke mit dem Grundstückswert laut Bewertungsgesetz und Wertpapiere mit dem Kurswert anzusetzen. Die Höhe der Steuerbelastung hängt einerseits vom Verwandtschaftsverhältnis zum Erblasser oder Schenker und andererseits vom Wert des steuerpflichtigen Erwerbs ab. Das Erbschaftsteuergesetz unterscheidet drei Steuerklassen, die den abnehmenden Verwandtschaftsgrad berücksichtigen:

Wert des steuerpflicht. Erwerbs in €		**Steuersatz in der Steuerklasse**		
		I	**II**	**III**
bis	52.000	7 %	12 %	17 %
bis	256.000	11 %	17 %	23 %
bis	512.000	15 %	22 %	29 %
bis	5.113.000	19 %	27 %	35 %
bis	12.783.000	23 %	32 %	41 %
bis	25.565.000	27 %	37 %	47 %
über	25.565.000	30 %	40 %	50 %

Erbschaftsteuertarife

In der Steuerklasse I gibt es allgemeine Freibeträge für den Ehegatten (307.000 €) und pro Kind (205.000). Bei Schenkungen können die Freibeträge alle zehn Jahre neu genutzt werden, gegenüber Kindern sogar von beiden Ehepartnern getrennt. Beispiel: Ein Ehepaar schenkt seiner Tochter im Jahre 2000 410.000 € und im Jahre 2011 noch einmal 410.000 €. Beide Schenkungen sind steuerfrei. Neben den allgemeinen Freibeträgen gibt es besondere Versorgungsfreibeträge. Für Hausrat sind vorweg 41.000 € steuerfrei und für sonstige Gegenstände laut § 13 Erbschaftsteuergesetz 10.300 €. Für das Betriebsvermögen gelten drei Vergünstigungen: Ein Freibetrag von 256.000 €, der übersteigende Betrag wird nur zu 60 % angesetzt bzw. es wird ein Bewertungsabschlag von 40 % berücksichtigt und beim Erwerb durch natürliche Personen gilt immer die günstigere Steuerklasse I. Voraussetzungen sind eine Behaltensfrist von fünf Jahren und keine zu hohen Entnahmen in den ersten fünf Jahren.

Erfahrungskurve → *Kostenerfahrungskurve*.

Erfolg. Bezeichnet Gewinn oder Verlust eines Unternehmens, die sich aus dessen Geschäftstätigkeit ergeben. In der Gewinn- und Verlustrechnung werden die Quellen des Erfolgs ausgewiesen. Der Erfolg wird häufig auf einem Unterkonto des Eigenkapitalkontos verbucht, und zwar im Soll bei Aufwand, im Haben bei Ertrag.

Erfolgskonten. Aufwendungen mindern das Eigenkapital, → *Erträge* mehren das Eigenkapital. Aufwendungen fallen für Personalkosten (Löhne, Gehälter), Raumkosten (Miete, Strom, Heizung, Wasser), Transportkosten, allgemeine Verwaltungskosten, Abschreibungen etc. an. Erträge fallen aus Warenverkäufen, Zinsen, Provisionen, Mieten etc. an. Aufwendungen und Erträge unmittelbar im Eigenkapitalkonto zu verrechnen, hat den Nachteil, dass die Buchungen leicht unübersichtlich werden. Daher werden Erfolgskonten als Unterkonten des Eigenkapitalkontos geführt. Aufwandskonten verbuchen Zugänge auf der Sollseite und Abgänge auf der Habenseite. Ertragskonten verbuchen Zugänge auf der Habenseite und Abgänge auf der Sollseite. Der Abschluss dieser Konten erfolgt über ein gesondertes Konto, die → *Gewinn- und Verlustrechnung* (GuV). Gewinne (Eigenkapitalmehrungen) treten dort auf der Sollseite auf, Verluste (Eigenkapitalminderungen) auf der Habenseite, → *Buchführung*.

Erfolgsrechnung → *kurzfristige Erfolgsrechnung*.

Ergebnislücke → *GAP-Analyse*.

Erlösabweichung → *Plankostenrechnung*.

Eröffnungsbilanz (§§ 242–245 HGB). Der Kaufmann hat zu Beginn seines Handelsgewerbes und für den Schluss eines jeden → *Geschäftsjahrs* einen das Verhältnis seines Vermögens und seiner Schulden darstellenden Abschluss (...) aufzustellen. Auf die Eröffnungsbilanz sind die für den → *Jahresabschluss* geltenden Vorschriften entsprechend anzuwenden, soweit sie sich auf die Bilanz beziehen. Er hat für den Schluss eines jeden Geschäftsjahrs eine Gegenüberstellung der Aufwendungen und Erträge des Geschäftsjahrs (Gewinn- und Verlustrechnung) aufzustellen. Die Bilanz und die Gewinn- und Verlustrechnung bilden den → *Jahresabschluss*. Der Jahresabschluss ist nach den → *Grundsätzen* ordnungsmäßiger Buchführung aufzustellen. Er muss klar und übersichtlich sein. Der Jahresabschluss ist innerhalb der einem ordnungsmäßigen Geschäftsgang entsprechenden Zeit aufzustellen, und zwar in deutscher Sprache und in €. Der Jahresabschluss ist vom Kaufmann unter Angabe des Datums zu unterzeichnen. Sind mehrere persönlich haftende Gesellschafter vorhanden, so haben sie alle zu unterzeichnen (→ *Schlussbilanz*).

Eröffnungsbilanzkonto. Gegenkonto des Schlussbilanzkontos des Vorjahrs. Die Eröffnungsbilanz dient der Buchung der Geschäftsvorfälle des neuen Jahres. Dazu werden durch Überbrückun mit dem Eröffnungsbilanzkonto die Anfangsbestände von der Aktivseite der Eröffnungsbilanz auf die Sollseite der Aktivkonten gebucht sowie die Anfangsbestände von der Passivseite der Eröffnungsbilanz auf die Habenseite der Passivkonten. Das Eröffnungsbilanzkonto ist also ein Hilfskonto zur Übertragung der Anfangsbestände auf die einzelnen Konten. Es ist das Gegenkonto für die Eröffnungsbuchungen in den Bestandskonten, und zwar im Rahmen der doppelten Buchführung systematisch bedeutsam, jedoch gesetzlich nicht vorgeschrieben (→ *Schlussbilanzkonto*).

ERP → *Enterprise Resources Planning*.

Ersatzinvestition. Investition im Zusammenhang mit der Fortführung der Unternehmung, bei der die alten und/oder nicht mehr nutzbaren → *Investitionsprojekte* durch grundsätzlich leistungsmäßig identische ersetzt werden. In diesem streng verstandenen Sinne gehen von einer Ersatzinvestition keine kapazitätserweiternden Wirkungen aus. Als Beispiel für einen solchen identischen Ersatz kann auch eine Großreparatur angesehen werden. Werden unter den Bedingungen des technischen Fortschritts nicht mehr nutzbare Projekte durch vergleichbare neue ersetzt, so sind damit i.d.R. zugleich leistungsmäßige Verbesserungseffekte verbunden (→ *Rationalisierungsinvestitionen*), sodass »reine« Ersatzinvestitionen in der Praxis nur sehr selten anzutreffen sind.

Erstinvestitionen → *Gründungsinvestitionen*.

Ertrag. Wertzuwachs, der sich aus der betrieblichen Tätigkeit ergibt. Dazu gehören Absatzleistungen (Umsatzerlöse, Eigenverbrauch), Lagerleistungen (Bestandsmehrung) und aktivierte Eigenleistungen (selbst erstelltes Anlagevermögen).

Ertragsanteil. Fiktive Einnahmen aus sog. Leibrenten, vor allem aus Renten aus der gesetzlichen Rentenversicherung. Der Gesetzgeber unterstellt in § 22 Nr. 1 Einkommensteuergesetz, dass in den Rentenzahlungen Zinszahlungen enthalten sind, die pauschal in einer Tabelle festgelegt worden sind (Beispiele: Bei Beginn der Rente vollendetes Lebensalter des Rentenberechtigten: 60 (62; 65) ergibt einen Ertragsanteil von 32% (30%; 27%)). Erhält eine Steuerpflichtige mit 65 Jahren eine Altersrente von monatlich 1.000 € = 12.000 € jährlich, so sind als sonstige Einkünfte gemäß § 22 Einnahmen in Höhe von 27% von 12.000 € = 3.240 € anzusetzen. Davon können gemäß § 9a Einkommensteuergesetz Werbungskosten in Höhe von 102 € pauschal abgesetzt werden, um die Einkünfte zu ermitteln. Bei Steuerpflichtigen, die nur eine Rente erhalten, wird der Ertragsanteil minus Werbungskosten selten höher als der → *Grundfreibetrag* ausfallen, sodass Ertragsanteile in vielen Fällen keine Einkommensteuerzahlungen verursachen.

Erweiterungsinvestitionen. Investitionen, die auf ein Wachstum des Unternehmens abzielen. Dazu gehören zum einen Investitionen, die zu einer Kapazitätserweiterung (Erhöhung der mengenmäßigen Produktion) der bereits im Produktionsprogramm befindlichen Erzeugnisse führen (etwa um auf einem neuen Absatzmarkt wirksam zu werden), zum anderen solche, die zu einer weiteren Ausdehnung in vor- oder nachgelagerte Produktionsstufen führen. Wird in Maschinen investiert, die dazu dienen, das Produktionsprogramm um bisher nicht in ihm befindliche Erzeugnisse zu erweitern, so spricht man auch von Diversifikationsinvestitionen.

Erwerbsteuer. Laut § 1 Abs. 1 Nr. 5 Umsatzsteuergesetz unterliegt der innergemeinschaftliche Erwerb im Inland gegen Entgelt der Umsatzsteuer, die man auch als Erwerbsteuer bezeichnet. Es handelt sich um Lieferungen von Gegenständen aus EU-Ländern, die im Unterschied zur Einfuhr von Gegenständen aus Nicht-EU-Ländern als innergemeinschaftlicher Erwerb bezeichnet werden. Wie die → *Einfuhrumsatzsteuer* hat auch die Erwerbsteuer den Zweck, die gelieferten Gegenstände mit der gleichen inländischen Umsatzsteuer zu belasten, die auf inländischen Erzeugnissen liegt. In den EU-Ländern, aus denen die Gegenstände kommen, werden sie als innergemeinschaftliche Lieferung von der Umsatzsteuer befreit. Auch innerhalb der EU gilt das → *Bestimmungslandprinzip*, nach dem eine Leistung in dem Land besteuert wird, für das sie bestimmt ist. Ein Unternehmer, der umsatzsteuerpflichtige Lieferungen und sonstige Leistungen ausführt bzw. erbringt, kann die Erwerbsteuer laut § 15 Abs. 1 Nr. 3 Umsatzsteuergesetz als Vorsteuer abziehen.

Erzeugungsstruktur. Grafische Darstellung der Verknüpfung von → *Baugruppen*.

EUREX (European Exchange). Der gemeinsame elektronische Terminmarkt (Markt für → *Termingeschäfte*) der deutschen und Schweizer Börse. Gehandelt wird über ein Standort-unabhängiges elektronisches Netzwerk (Computerbörse). Handelsobjekte sind → *Futures* und → *Optionen* auf diverse Basiswerte.

EURIBOR (European Interbank Offered Rate). Referenzzinssätze (unterschiedlicher Laufzeit) für den Euro-Geldmarkt. Sie werden geschäftstäglich aus den von 57 europäischen Banken gemeldeten Briefsätzen (Zinssätze für Ausleihungen an andere Banken bester Bonität) für Ein- bis Zwölf-Monatsgelder als Durchschnittssätze errechnet und publiziert.

Eurobonds. Bond ist die amerikanische/englische Bezeichnung für langfristige festverzinsliche Wertpapiere. Eurobonds sind → *Anleihen*, die auf Euromärkten ausgegeben werden. Es handelt sich regelmäßig um große Emissionen, die gleichzeitig in mehreren Ländern ausgegeben werden.

Euromarkt. Sammelbezeichnung für Euro-Geldmärkte und Euro-Kapitalmärkte. Als Euromarkt gelten solche Märkte, auf denen Währungen anderer Länder aufgenommen, angelegt und gehandelt werden.

Euronotes. Kurzfristige Schuldtitel, die von Schuldnern erstklassiger Bonität am → *Euromarkt* ausgegeben werden. Die Laufzeiten liegen in einem Bereich zwischen einem und zwölf Monaten. Häufig werden Euronotes im Rahmen von Finanzierungsprogrammen fortlaufend entsprechend den Finanzierungsanforderungen der Emittenten ausgegeben.

Europäische Union (EU). Ausgehend von den ursprünglich sechs Staaten der EWG bzw. EG ([west-]europäische Wirtschaftsgemeinschaft) wurde dieser → *Zusammenschluss* von zwischenzeitlich 15 auf zuletzt 25 Staaten erweitert. Zur EU gehören heute west- und osteuropäische Staaten, geleitet vom Wunsch, den großen Industrie-/Wirtschaftsräumen und Machtblöcken Amerika, Asien (incl. VR China) und Russland (bzw. weiter gehende aus dem ehemaligen Ostblock) zunehmend gleich stark und gleichgewichtig wirtschaftlich und politisch gegenüberzutreten. Die neuen EU-Länder haben dabei unabhängig von ihrer bisherigen politischen und Wirtschaftsstruktur alle Gesetze und Bedingungen der alten E(W)G- Industrieländer zu übernehmen, → *europäisches Wirtschaftsrecht*.

Europäisches Wirtschaftsrecht. In den Mitgliedstaaten der Europäischen Union werden die nationalen Gesetze und Verordnungen zunehmend von europäischen Regelungen überlagert. Dies gilt insbesondere für das → *Wirtschaftsrecht*. Der gemeinsame Markt sichert die Freiheit des Waren-, Dienstleistungs-, Kapital- und Zahlungsverkehrs. Damit ist auch die Niederlassungsfreiheit für Unternehmer und Angehörige selbstständiger Berufe und die Freizügigkeit der Arbeitnehmer verbunden. Rechtsgrundlage ist der Vertrag zur Gründung der Europäischen Gemeinschaft (EGV). Darin sind als Organe der Rat, das Europäische Parlament und die Kommission festgelegt. Als primäres Binnenmarktrecht gelten die Verordnungen, Richtlinien, Entscheidungen und Empfehlungen. Das sekundäre Binnenmarktrecht umfasst die Integration von Verord-

Europäische Rechtsangleichung	
Wettbewerbs- und Kartellrecht	Kartelle und abgestimmtes Verhalten, Wettbewerbsbehinderung, Unternehmenskooperationen und Gruppenfreistellungen, Missbrauchsaufsicht, Diskriminierung, Fusionen etc.
Handelsrecht	Richtlinien über Zweigniederlassungen, Handelsvertreter, Versicherungsbilanzen, Fernabsatz, E-Commerce etc.
Verbraucherschutzrecht	Richtlinien über Produkthaftung, Haustür- und Verbraucherkreditgeschäfte, Pauschalreisen, Time-Sharing etc.
Gesellschaftsrecht	Verordnung über die Europäische Wirtschaftliche Interessengemeinschaft, Richtlinien über Publizität-, Kapitalschutz, Verschmelzung, ferner Bilanz-, Struktur-, Spaltungs-, Konzernbilanz-, Abschlussprüfer-, Konzern-, Fusions-, Einpersonen-GmbH-, Gesellschaftssteuer-, Fusionsbesteuerungs-, Konzernbesteuerungs-Mittelstands- GmbH Co. KG-, Übernahmeangebotsrichtlinie etc.
Arbeitsrecht	Richtlinien über Entgelt, Gleichberechtigung, Betriebliche Sozialleistungen, Selbstständige, Mutterschaft, Nachweisregeln, Arbeitszeit, Betriebsübergang, Entgeltssicherung, Massenentlassungen etc.
Bank-, Börsen- und Wertpapierrecht	Bankbilanz-, Eigenmittel-, Unternehmensgruppen-, Geldwäsche-, Großkredit-, Bankrechtkoordinierungs-, Eigenkapital-, Einlagensicherungs-, Bankzweigniederlassungs-, Investment-, Transparenz-, Emmissionsprospekt-, Insider-, Wertpapierdienstleistungsrichtlinie.
Gewerblicher Rechtsschutz und Urheberrecht	Gemeinschaftsmarkenverordnung, Markenrechtsharmonisierungs-, Halbleiterschutz-, Computerprogramm-, Vermiet- und Verleih-, Satellit- und Kabel-, Schutzdauer-, Datenbankrichtlinie.
Telekommunikations- und Medienrecht	Mobilfunk-, Telekommunikationsendgeräte-, Fernseh-, Open-Network-Provision-, Kommunikationsdienste-, Funkruf-, Digital-Communication-, Satellitenfernseh-, Mietleitungs-, Satellitenfunk-, Satellitenkommunikationsrichtlinie.
Datenschutzrecht	Datenschutzrichtlinie

nungen, die Umsetzung von Richtlinien und die Übernahme technischer Normen in das nationale Recht der Mitgliedstaaten der Europäischen Union. Darüber hinaus gehören auch die Leitentscheidungen des Europäischen Gerichtshofs zum europäischen Wirtschaftsrecht. In vielen Gebieten ist eine Harmonisierung bzw. Rechtsangleichung erfolgt.

Die Aufzählung in der Übersicht ist beispielhaft und nicht abschließend. Sie zeigt den Einfluss der Europäischen Richtlinien und Verordnungen auf die nationalen Wirtschaftsgesetze. Die Bereiche der Landwirtschaft und des Natur- und Umweltschutzes sind ebenfalls zu erwähnen.

Für Kaufleute ist das europäische Wettbewerbsrecht von besonderer Bedeutung (vgl. Art. 81 ff. EGV). Die Wettbewerbsregeln der EU umfassen das Kartellrecht und Teile des unlauteren Wettbewerbs, z.B. Sittenwidrigkeit, Irreführung, verbotene Werbung. Die Lauterkeit des Handels im Rahmen der Waren-, Dienstleistungs-, Kapital- und Zahlungsverkehrsfreiheit gehört zu den zwingenden Erfordernissen des europäischen → *Wettbewerbsrechts*.

Literaturempfehlung: Kilian: Europäisches Wirtschaftsrecht, München 1996.

Europalette. In Europa genormte mehrfach verwendbare Holzpalette mit den Abmessungen 1.200 x 800 mm.

European Article Number (EAN). Auf europäischer Ebene genormte → *Artikelnummer*, die auf den meisten Konsumverpackungen als Barcode auftaucht. Der EAN-Code ist ein wesentliches Rationalisierungsinstrument zur Beschleunigung des → *Materialflusses* und zur Steigerung der Abwicklungssicherheit. Der 13-stellige EAN-Code hat die Struktur: Land (2), Hersteller (5), Artikel (5), Prüfziffer (1). Die Nummernkreisvergabe erfolgt durch die von Handel und Industrie getragene Gesellschaft COORGANISATION mit Sitz in Köln.

European Quality Award (EFQM). Qualitätsauszeichnung als Modell für unternehmerische Spitzenleistungen in Europa, das aus Befähigern (Enablers) besteht, die das Qualitätsmanagementsystem des Unternehmens und die Art und Weise, wie die verschiedenen Aktivitäten ausgeführt werden (vier Kriterien), und Ergebnisse (Results), die auf die vier Hauptinteressentengruppen Kunden, Mitarbeiter, Gesellschaft und Financiers abstellen, und das Leistungsniveau (was) erfassen. Unternehmen, die sich für den EQA bewerben, reichen zunächst ein Bewerbungsdokument ein, das von einem Prüferteam aus Managern und Qualitätsspezialisten einstimmig beurteilt und an ein Gremium von Juroren weitergeleitet wird. Diese wählen aus allen Bewerbungen die Finalisten aus, deren Betriebsstätten dann besichtigt werden. Auf Basis dieser Eindrücke bestimmen die Juroren in einem zweiten Treffen die Gewinner von Qualitätsmedaillen (Quality Prizes), die Qualitätsmanagement in hervorragender Art und Weise praktizieren. Unter den Medaillengewinnern wird dem besten Unternehmen wiederum die EQA-Trophäe (Quality Award) als erfolgreichstem Vertreter des TQM in Europa für ein Jahr verliehen. Die Berechtigung für die Bewerbung um den Award ist an einige Voraussetzungen gebunden. Der Bewerber muss eine wesentliche Bindung an Westeuropa nachweisen (mind. 50% des Geschäftsumfangs der letzten fünf Jahre). Bei mehr als 500 Beschäftigten können auch Unternehmensteile Gegenstand der Bewerbung sein, sofern ein eigener Firmenname/Warenzeichen geführt wird, eine eigenständige Geschäftseinheit besteht, mehr als 50% des Umsatzes mit externen Kunden/Lieferanten getätigt wird und ein breites Spektrum betrieblicher Funktionen vorhanden ist. Nicht berechtigt zur Teilnahme sind Regierungsbehörden, Non-Profit-Organisationen, Wirtschaftsverbände und Standesvereinigungen. Der EQA besteht aus den Kriterien Führung, Ressourcen, Politik und Strategie, Mitarbeiterführung, Mitarbeiterzufriedenheit, Prozessmanagement, Geschäftsergebnisse, Kundenzufriedenheit und Auswirkungen auf die Gesellschaft. Insgesamt werden 1.000 Punkte vergeben. Davon gehen 50% auf das Konto Befähiger und 50% auf das Konto der Ergebnisse. Teil A: Befähiger: Das Kriterium der Führung macht 10% (= 100 Punkte) aus, Politik und Strategie 8% (= 80 Punkte), Mitarbeiterorientierung 9% (= 90 Punkte), Ressourcen 9% (= 90 Punkte) und Prozessmanagement 14% (= 140 Punkte). Teil B: Ergebnisse: Das Kriterium Kundenzufriedenheit macht 20% (= 200 Punkte) aus, gesellschaftliche Verantwortung 6% (= 60 Punkte) und Geschäftsergebnisse 15% (= 150 Punkte).

Event-Marketing. Dient als Kommunikationsmittel der erlebnisbezogenen Vermittlung wichtiger Botschaften für Mitarbeiter des eigenen Unternehmens, Kunden und Kooperationspartner und die Öffentlichkeit. Events können z.B. in Form von arbeitsorientierten Veranstaltungen (Seminare, Kongresse) von Infotainment (Road-shows, Kick-off-Meetings) und von freizeitorientierten Aktivitäten (Kultur- und Reiseveranstaltungen wie z.B. Marlboro-Erlebnisreisen, Szene-Partys, z.B. für Partygetränke) durchgeführt werden. Dabei soll ein Event die Zielgruppe zur Teilnahme mobilisieren, informieren und die interaktive Kommunikation ermöglichen, aktivieren, nicht alltägliche (einmalige) Erlebnisse und Unterhaltung vermitteln. Event-Marketing kann inhaltlich durch unterschiedliche Instrumente des Kommunikationsmix (→ *Kommunikationsinstrumente*) wie z.B. → *PR* sowie Werbung, Verkaufsförderung und Ausstellungen/Messen geprägt sein.

Experiment (Testmarktforschung). Mithilfe des Experiments als eine Sonderform der Primärforschung soll festgestellt werden, inwiefern sich die Veränderung einer oder mehrerer unabhängiger Variablen auf eine oder mehrere abhängige Variablen auswirkt. Das Experiment wird unter Anwendung der Befragungs- und Beobachtungsmethoden durchgeführt und kann als Feldexperiment (→ *Markttest*, → *Storetest*) oder Laborexperiment angelegt sein. Z.B. lässt sich die Aufmerksamkeitswirkung einer farblich veränderten Waschmittelpackung im Supermarkt testen. Die unabhängigen Variablen wären dann die unterschiedlichen Verpackungen, ggf. unterschiedliche Regalplätze und unterschiedliche Testzeiten, die abhängigen Variablen können die Anzahl der Käufe oder die Anzahl des Greifers nach dem Waschmittel sein. Einem Experiment liegen Hypothesen zu Grunde, die im Ergebnis des Experiments entweder bestätigt oder abgelehnt werden (Hypothesentest).

Expertenbeobachtung. Kundenbezogene, objektivierende Servicequalitätsmessung. Geschulte Fachleute registrieren und analysieren dabei typische Kundenkontaktsituationen (teils mithilfe von Fotoaufnahmen, Tonband- bzw. Videoaufzeichnungen) nach einem Punktbewertungsschema und reporten Auffälligkeiten, die zur Qualitätsverbesserung genutzt werden können. Problematisch ist die Authentizität der Ergebnisse und das Vorhandensein von Beobachtungseffekten.

Expertensystem → *Künstliche Intelligenz*.

Exponentielle Glättung. Methode zur Prognose, bei der Vergangenheitswerte in die Berechnung eingehen. Formel:

Neuer Vorhersagewert = Vorhersagewert der Vorperiode + x (Ist-Wert – Vorhersagewert der Vorperiode)

Es wird also der Vorhersagewert der Vorperiode um die mit x multiplizierte Soll-Ist-Abweichung korrigiert. Man nennt x den Glättungsfaktor; er ist empirischen Untersuchungen zufolge zwischen 0,1 und 0,3 zu wählen.

Exportfactoring → *Außenhandelsfinanzierung*.

Externe Fehlerkosten. Entstehen als Fehlerbeseitigungs- oder Nachbesserungskosten nach der Auslieferung und erfordern insofern Wiedergutmachung bei Kunden, z. B. für Gewährleistungen, Ersatzlieferungen, Schadensersatz, Kundendienstkosten, Teillieferungen.

Extranet. Unternehmenseigenes → *Computernetz* für eine geschlossene Benutzergruppe auf der Grundlage der gleichen Protokolle (→ *Protokoll*) und Dienste, die auch im → *Internet* verwendet werden. Der Datentransport erfolgt i. d. R. über öffentliche Netze. Das Extranet ist als Erweiterung des unternehmensinternen Computernetzes (→ *Intranet*) zu verstehen, durch das auch außen stehende Nutzer eine Zugriffsmöglichkeit auf das Intranet erlangen. Ein Unternehmen kann damit Zulieferern, Partnerunternehmen oder Kunden, aber auch den eigenen Außendienstmitarbeitern bestimmte betriebliche Anwendungen und Daten kontrolliert zugänglich machen. Technische Schutzvorkehrungen (→ *Firewall*) sowie der Einsatz von Verschlüsselungsverfahren (→ *Verschlüsselung*) und Signaturen (→ *Digitale Signatur*) gewährleisten die Sicherheit und Vertraulichkeit der im Extranet übertragenen Daten. Aus diesem Grund spielen Extranet-Lösungen auch eine wichtige Rolle bei der Umsetzung von Anwendungsszenarien des → *E-Business*.

F

Fachbodenregal. Standardform eines Regallagers mit einzelnen Fächern.

Factoring. Regelmäßiger Verkauf von Forderungen aus dem Geschäftsverkehr vor ihrer Fälligkeit an einen Factor (banknahe Finanzierungsgesellschaften, spezialisiert auf den Ankauf von Forderungen). Mit Factoring werden die gegenüber den Kunden zugestandenen Zahlungsziele finanziert (Finanzierungsfunktion). Neben der Finanzierungsfunktion übernimmt der Factor auf Wunsch und gegen Bezahlung das Ausfallrisiko (Delkrederefunktion). In diesem Fall wird auch von »echtem« Factoring gesprochen. Weitere Dienst-

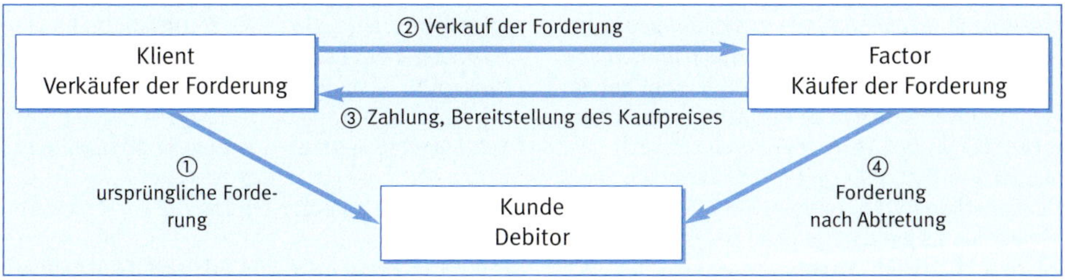

Abb. 20: Beteiligte am Factoring

leistungen im Bereich der Abwicklung von Forderungen, so z.B. die Zahlungsüberwachung und Buchhaltung, gehören ebenfalls zum Leistungsspektrum der Factoring-Gesellschaften (→ *Finanzierung*). Die Risikoübernahme, die Zinslast sowie der Abwicklungsaufwand werden mit einem prozentualen Abschlag bei der Werksrechnung honoriert. Man unterscheidet das offene Factoring, von dem der Schuldner Kenntnis hat, und das stille Factoring, bei dem der Schuldner keine Kenntnis vom Verkauf der Forderung hat, also mit befreiender Wirkung gegenüber seinem Gläubiger leistet.

Fahrerloses Transportsystem (FTS). Durch Computer gesteuertes, automatisch laufendes → *Flurförderzeug*. Die Fixierung auf den Fahrweg erfolgt meistens durch induktive oder funktechnische Kopplung an in den Boden eingelassene elektrisch leitende Drähte.

FAQ. Abk. für Frequently Asked Questions. Liste häufig gestellter Fragen zu einem Angebot/Anbieter, für die Standardantworten vorformuliert sind.

Fehler. Bedeutet gemäß DIN EN ISO 8402 die Nichterfüllung (Nichtkonformität) einer festgelegten Forderung i.S.v. Qualitäts- und Zuverlässigkeitsmerkmalen und führt zur Fehlfunktion oder Funktionsunfähigkeit eines Produkts. Davon zu unterscheiden ist ein Mangel, d.h. die Nichterfüllung einer beabsichtigten oder auch nur berechtigten, den Umständen angemessenen Erwartung für den Gebrauch einer Einheit. Ein Mangel beeinträchtigt also nicht die Verwendbarkeit der betrachteten Einheit, ein Fehler sehr wohl.

Rechtlich ist eine Einheit fehlerhaft, wenn sie von der vereinbarten Beschaffenheit abweicht und dadurch ihr Wert oder ihre Tauglichkeit zum normalerweise vorgesehenen oder vertraglich vereinbarten Gebrauch aufgehoben oder mehr als unerheblich gemindert wird. Man unterscheidet offene Fehler (diese sind durch den Stand der Technik entsprechende Verfahren und bei Anwendung der üblichen Sorgfalt bei einer Prüfung erkennbar) und verdeckte Fehler (diese sind nicht erkennbar). Werden offene Fehler von Leistungsempfängern abgenommen, gelten sie vom Abnehmer als genehmigt, bei verdeckten Fehlern können hingegen Gewährleistungsrechte aktiviert werden.

Fehlerbaumanalyse (FBA). Mit der Fehlerbaumanalyse wird das Verhalten eines Produktes oder Prozesses beim Auftreten eines Fehlers untersucht. Die FBA dient zur deduktiven Ermittlung der logischen Verknüpfungen von Komponenten- oder Teilsystemausfällen, die zu einem nicht erwünschten Ergebnis führen. Davon ausgehend wird eine Baumstruktur mit allen Ausfallursachen aufgestellt. Die Ereignisse werden dabei durch logische Verknüpfungen miteinander verbunden. Zunächst erfolgt eine Untersuchung des Systems mithilfe einer Systemanalyse, dann erfolgt die Festlegung des unerwünschten Ereignisses und der Ausfallkriterien. Jedes unerwünschte Ereignis wird in einem separaten Fehlerbaum dargestellt. Es folgt die Analyse der Ursache-Wirkung-Beziehungen und die Ableitung der möglichen Ausfall- oder Versagensarten der Komponenten sowie die Aufstellung des Fehlerbaums ausgehend vom unerwünschten Ereignis. Dadurch werden alle möglichen Ausfallkombinationen erfasst und grafisch zur Beschreibung der Ereignisfolgen dargestellt. Daraus lässt sich wiederum die Eintrittswahrscheinlichkeit der Ausfallkombinationen errechnen.

Fehlergewichtung. Einteilung der Fehler einer Einheit nach Fehlergewichtsklassen durch Bewertung möglicher Fehler. Die Bedeutung kann an den Auswirkungen des Fehlers in der Produktion, beim Kunden, am Aufwand zur Fehlerentdeckung oder an der Bedeutung für die Qualitätslenkung ausgerichtet sein.

Fehlerklassifizierung. Meist werden kritische Fehler, Hauptfehler und Nebenfehler unterschieden. Kritische Fehler sind Fehler, bei deren Entstehung für die betroffene Umgebung kritische Folgen wirksam werden (z.B. Personengefährdung, Produktionsausfall). Hauptfehler sind nicht-kritische Fehler, die zu einer erheblichen Beeinträchtigung der betroffenen Umgebung führen (z.B. Brauchbarkeit des Produkts für den vorgesehenen Einsatz). Nebenfehler haben hingegen keine wesentlichen Folgen.

Fehlerkosten, externe → *Externe Fehlerkosten*.

Fehlerkosten, interne → *Interne Fehlerkosten*.

Fehlermöglichkeiten- und Fehlereinflussanalyse (FMEA für Failure Mode and Effect Analysis oder

Schwachstellenanalyse). Absicht ist es dabei, mögliche Fehler sowie deren Risiken und Folgen bereits vor ihrer Entstehung systematisch und vollständig zu erfassen und zu vermeiden. Es wird daher versucht, alle denkbaren Fehler und Irrtumsmöglichkeiten bei einer Leistungserstellung systematisch aufzulisten und diese auf einem Kontinuum mit Eintrittswahrscheinlichkeiten für a) ihre Häufigkeit und b) ihr Verborgenbleiben zu versehen. Beide sich ergebenden Werte werden dann multipliziert. Je größer dieser Index, d.h. a) je häufiger Fehler auftreten und b) je größer die Gefahr ist, dass sie verborgen bleiben, desto dringlicher ist es, sich ihnen im Sinne der Qualitätssicherung zu widmen.

- Eine Produkt-FMEA untersucht alle relevanten Ausfälle und Fehler eines Produkts im FuE- wie Produktionsbereich.
- Eine Prozess-FMEA untersucht alle relevanten Ausfälle und Fehler in Produktionsverfahren.
- Eine System-FMEA untersucht alle Ausfälle und Fehler, die auf Wechselwirkungen zwischen Teilsystemen zurückzuführen sind.

Die Methodik der Untersuchung ist jeweils gleichartig. Basis ist eine Punktbewertung jeder möglichen Fehlerursache nach ihrer Auftrittswahrscheinlichkeit, der Bedeutung ihrer Fehlerfolgen für den Betroffenen und der Wahrscheinlichkeit für die Fehlerentdeckung. Daraus ergibt sich eine Risikoprioritätszahl (RPZ) als Produkt aus Wahrscheinlichkeit des Auftretens, Bedeutung der Folgen und Wahrscheinlichkeit der Entdeckung (meist je 1–10 Punkte, macht multiplikativ 1–1.000 Punkte insgesamt). Lösungsmaßnahmen zur Durchführung setzen bei der Fehlervermeidung statt der Fehlerentdeckung an und erfolgen in ihrer Priorität nach der RPZ. Danach erfolgt prozessbegleitend eine Restrisikobetrachtung durch erneute Risikobeurteilung und Entscheidung über Freigabe des Produkts/Prozesses oder erweiterte Lösungsmaßnahmen. Die Differenz aus alter und neuer RPZ ergibt also den Maßnahmenerfolg.

Probleme liegen in der mangelnden Objektivität durch Quantifizierung subjektiver Größen (Fehlerbedeutung für Kunden). Dann in der mangelnden Genauigkeit der Werte, die sich bereits bei kleinen Abweichungen durch das Rechenverfahren hochmultiplizieren. Und schließlich im Verborgenbleiben von Fehlern, die schwer entdeckbar sind und gerade deshalb Schwachstellen darstellen. Problematisch ist auch die Ermittlung der Werte, denn Fehler, die häufig verborgen bleiben, treten wahrscheinlich häufiger auf als unterstellt, bleiben eben nur zumeist verborgen, während umgekehrt Fehler, die selten verborgen bleiben, in ihrer Häufigkeit überschätzt werden. Der Aufwand zur Erhebung ist zudem als recht hoch anzusehen.

Fehlersammelliste. Element der Seven Tools (Qualitätsmanagement). Sie stellt die rationelle Erfassung und übersichtliche Darstellung von attributiven Daten (Fehlerkategorien) nach ihrer Art und Anzahl dar und wird vorwiegend für Routinearbeiten eingesetzt. Die einfache Erfassung soll ohne Behinderung der Abläufe erfolgen und »wahr« sein. Dazu tragen eine unkomplizierte Erhebungsform (Checklisten, Fehlerort-Darstellungen etc.) und Gebrauchsanweisung zur Erhebung sowie die Schulung des Erhebungspersonals und die übersichtliche Darstellung bei. Dabei werden Fehler nach Gruppen eingeteilt, am Fehlerort erfasst und in Form einer Tabelle dargestellt. Um eine Vollständigkeit der Erfassung zu gewährleisten, werden neben bekannten bzw. vermuteten Fehlern immer auch alle anderen Fehler erfasst (Merkmal »Sonstiges«). Probleme dieses Verfahrens liegen darin, dass die zeitliche Abfolge der erfassten Daten verloren geht. Zudem werden nur vorgegebene Merkmale geprüft. Wichtig ist auch, dass demjenigen, der die Fehler »sammelt«, daraus keine nachteiligen Folgen entstehen dürfen.

Fehlerverhütungskosten. Auch als Qualitätssicherungskosten bezeichnet, dienen sie Maßnahmen zur Fehlervermeidung (damit zur Senkung der → *Fehlerkosten*) und zur Qualitätssicherung.

Fehlinvestition. Getätigte → *Investition*, die sich im Nachhinein als unwirtschaftlich erweist. Um Fehlinvestitionen zu vermeiden, müssen Investitionen sorgfältig geplant werden (→ *Investitionsplanung*). Weiterhin sollte man die für den → *Investitionsprozess* typischen Schwachstellen kennen, um sie im eigenen Unternehmen gar nicht erst auftreten zu lassen. Schließlich sollten → *Investitionskontrollen* dazu genutzt werden, sich anbahnende Fehlinvestitionen rasch zu erkennen und rechtzeitig Gegenmaßnahmen treffen zu können. Eine wesentliche Voraussetzung zur Vermeidung von Fehlinvestitionen stellt die sachgerechte Anwendung der Kalküle der → *Investitionsrechnung* dar.

Fehlleistung. Wertmindernde Leistung, die ungeplant infolge nicht fähiger bzw. nicht beherrschter Prozesse und deren Auswirkungen ist. Im Einzelnen handelt es sich um Ausschuss, Nacharbeit, Fehllieferung, Maschinenausfall, Fehler- und Störungsfolgen, Garantie- und Reklamationsaufwendungen. Es kommt also weder zu einer Werterhöhung noch zu einem Kundennutzen.

Fehlleistungsaufwand. Bewerteter Verzehr von Leistungen (Prozessen) und Gütern (Produktionsfaktoren), der durch Fehlhandlungen und deren Auswirkungen entsteht. Demnach erfolgt keine Werterhöhung am Produkt, der Kundennutzen wird nicht gesteigert, vielmehr tritt eine Minderung von Effizienz und Ertrag ein, da dem Input ein um die Fehlleistungen geminderter Output gegenübersteht. Eine Quantifizierung dieser Kosten ist allerdings schwierig.

Fehllieferungsquote. → *Logistik-Kennzahl*; Anteil der fehlerhaften Lieferungen an der Anzahl aller Lieferungen in Prozent.

Feindliche Übernahme. Unfreiwilliger → *Zusammenschluss* von Firmen, durch Übernahme der Aktienmehrheit, in der Regel initiiert von den Kapitalgebern/Banken. Dies erfolgt meist unter Mithilfe kooperierender Manager, Gewerkschafter/Betriebsräte, evtl. auch der Kirchen und anderer Interessenverbänden«. Ein sehr bekanntes Beispiel aus den letzten Jahren ist Mannesmann/Vodafone.

Fernabsatzvertrag. Das bürgerliche Gesetzbuch enthält Regelungen zum Verbraucherschutz für Fernabsatzverträge in den §§ 312b bis 312d BGB. Es handelt sich um Verträge über die Lieferung von Waren oder über die Erbringung von Dienstleistungen, die zwischen einem Unternehmer und einem Verbraucher unter ausschließlicher Verwendung von Fernkommunikationsmitteln abgeschlossen werden. Der Unternehmer muss über ein für den Fernabsatz organisiertes Vertriebs- und Dienstleistungssystem verfügen. Er setzt zur Anbahnung und zum Abschluss von Verträgen Briefe, Kataloge, Telefonanrufe, Telekopien, E-Mails sowie Rundfunk, Tele- und Mediendienste ein (→ *Internet-Recht*).

Zu den Telediensten gehören u.a. Online-Angebote für den elektronischen Geschäftsverkehr mit unmittelbarer Bestellmöglichkeit, zu den Mediendiensten Angebote des Teleshopping (→ *E-Commerce-Recht*).

In Fernabsatzverträgen bestehen besondere Unterrichtungspflichten des Unternehmers und ein Widerrufs- und Rückgaberecht des Verbrauchers innerhalb von 2 Wochen, vgl. §§ 312d, 355 BGB. Die Widerrufsfrist beginnt nicht vor Erfüllung der Informationspflichten durch den Unternehmer. Zudem bestehen zahlreiche Ausnahmen.

Darüber hinaus sind weitergehende Pflichten für den Unternehmer gegenüber seinem Kunden im elektronischen Geschäftsverkehr vorgesehen. Dazu gehören die Ermöglichung der Korrektur von Eingabefehlern, ausführliche Informationen über die Identität der Vertragsparteien und den Vertragsinhalt, unverzügliche Bestätigung der Bestellung und Speicherung der Vertragsbestimmungen, vgl. § 312e BGB. Weitere Informationspflichten ergeben sich aus den §§ 1 und 3 BGB-InfoVO.

Literaturempfehlung: Steckler: Urheber-, Werbe- und Medienrecht, Berlin 2003

Fertigmeldung. Letzte und besonders gekennzeichnete → *Rückmeldung* zu einem → *Fertigungsauftrag*. Sie ist die Voraussetzung für die Freigabe von für den Auftrag reservierten Rest-Vormaterialmengen und Kapazitäten, Nachkalkulation und Archivierung des Fertigungsauftragsdatensatzes.

Fertigung. Erzeugung von Sachgütern und Energie. Im Gegensatz hierzu ist der Begriff Produktion weiter gefasst. Dabei werden ergänzend die Dienstleistungserstellung und die Bildung von Rechten hinzugezählt.

Fertigungsart. Je nach organischer Gestaltung des Fertigungsblaufes, der räumlichen Anordnung der Betriebsmittel und der damit verbundenen, auch zeitlichen Struktur werden bestimmte typische Organisationsformen unterschieden, siehe Abb. 21.

Fertigungsauftrag (auch Werkstattauftrag oder Betriebsauftrag genannt). Anweisung zur Erstellung einer → *Baugruppe*. Die Auftragsunterlagen bestehen aus Deckblatt mit Fertigungsauftragsnummer, → *Artikelnummer* samt Menge und Termin des herzustellenden Fertig- oder Halbfertigteils, → *Arbeitsplan*, → *Stückliste*, Material-

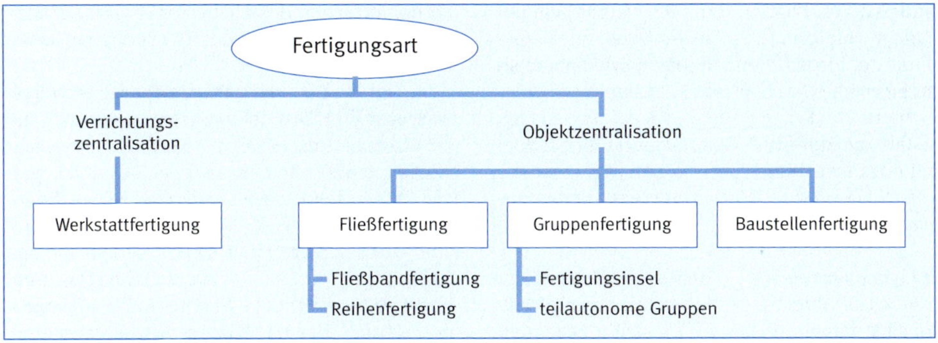

Abb.21: Grundtypen der Fertigungsart

entnahmescheinen, Rückmeldescheinen, Lohnscheinen, evtl. Einzelteilzeichnungen und Qualitätsvorschriften. Infolge der Materialentnahmen sowie der Arbeiten zum Fertigungsauftrag entsteht auf dem mitlaufenden Auftragskonto ein zunehmender Wertschöpfungsbetrag, der in der Summe über alle aktiven Fertigungsaufträge dem Umlaufbestandswert des angearbeiteten Materials entspricht (Work in Process). Dieser plus die Summe der Rohstoffe und Halbfertigerzeugnisse im Werkstattbereich ergibt zusammengenommen den Umlaufbestandswert.

Fertigungsausführung. Unterschieden wird in Einzel-, Serien- und Massenfertigung.

Fertigungshilfsstellen → *Hilfskostenstellen*.

Fertigungsinvestition. Investition im Fertigungsbereich eines Unternehmens. Solche Investitionen betreffen vor allem Maschinen, Anlagen, technische Ausrüstungen etc. Der in den letzten Jahrzehnten eingetretene Wandel vom Verkäufer- zum Käufermarkt hat zu bedeutenden Umstrukturierungen in der Fertigung geführt. Während vorher Massenfertigung (wenige Produkte und Varianten) bei hoher Stückzahl überwog, ist heute eine kunden- und auftragsorientierte Fertigung (sehr hohe Zahl von Produkten und Varianten bei sehr niedrigen Stückzahlen) vorherrschend. Damit werden Bereitstellungsplanung und Fertigungsplanung wesentlich komplexer. Diese höhere Komplexität kann jedoch mit traditionellen Maschinenkonzepten und klassischen Organisationsformen nicht mehr beherrscht werden, vielmehr sind vernetzte Prozessstrukturen und neue, flexiblere Maschinenkonzepte erforderlich. Das sind komplexe Fertigungssysteme, die aus hochintegrierten flexiblen Maschinen bestehen, die an die unterschiedlichsten fertigungstechnischen Gegebenheiten angepasst werden können. → *Investitionsplanungen* im Fertigungsbereich müssen den Erfordernissen dieser vernetzten Prozessstrukturen mit ihrem erhöhten Flexibilitäts- und Koordinationsbedarf Rechnung tragen. Insbesondere müssen sie mit Überlegungen darüber verknüpft werden, wie ein Komplexitätsabbau mit anschließender besserer Komplexitätsbeherrschung erreicht werden kann.

Moderne Instrumente einer besseren Komplexitätsbeherrschung sind das → *Total Quality Management* (ein umfassendes integratives Qualitätsmanagementkonzept), die prozessorientierte Organisation der Produktion (Beschleunigung der Abwicklung von Prozessen durch Reduzierung von sog. »Totzeiten«), flexible Maschinenkonzepte CIM (computerintegrierte Fertigung und Datenverarbeitung) und → *Lean Management* (eine »schlanke«, effizient gestaltete, am Kundennutzen orientierte Wertschöpfung). Darüber hinaus ergeben sich besondere Anforderungen an solche Fertigungsprozesse, die zu keiner oder nur zu geringer Umweltbelastung führen.

Fertigungsleitsystem (FLS). Computersystem zur zeitnahen Steuerung der → *Fertigung*. Hierzu gehören z.B. ein grafischer → *Leitstand* und → *BDE-Terminals*. DV-organisatorisch ist es unterhalb des → *PPS* angesiedelt. Es tauscht mit diesem Fertigungsauftragsdaten und → *Rückmeldungen* hierzu aus. Außerdem werden Materialbewegungen sowohl im FLS als auch im PPS abgebildet.

Fertigungsprogramm. Zeitliche und mengenmäßige Festlegung der in der eigenen → *Fertigung* zu produzierenden Mengen. Hiervon zu unterscheiden ist das → *Produktionsprogramm*.

Fertigungssegment. Teilbereich einer Fabrik mit einer eigenständigen → *Ablauforganisation*, eigenem Produktspektrum und Ergebnisverantwortung.

Fertigungssteuerung. Hauptaufgabe des → *Fertigungsleitsystems*. Die Fertigungssteuerung ist zeitnäher (minutengenau) als die Steuerung durch ein → *PPS*, außerdem werden erforderlichenfalls die einzelnen Produktionsstücke materialflussmäßig verfolgt. Ist ein FLS nicht vorhanden, wird die Aufgabe vom PPS übernommen.

Fertigungsstufe. Zwischenebene in der → *Erzeugnisstruktur*. Mit jeder gefertigten → *Baugruppe* innerhalb der Struktur wird eine weitere Fertigungsstufe überwunden.

Fertigungstiefe. Bezeichnet die Anzahl der → *Fertigungsstufen*.

Fertigungszelle. Durch einen Sicherheitszaun umschlossene automatisierte Fertigungsmaschine mit eigener Materialflusszuführung und -abführung im Nahbereich.

Festpreisverfahren. Verfahren der erstmaligen Ausgabe von Aktien, bei welchem auf der Basis einer Unternehmensbewertung Volumen und Preis der auszugebenden Aktien von der ausgebenden Unternehmung und den begleitenden Banken festgelegt werden. Bei Fehleinschätzung der Nachfrage nach den Aktien kann es zu erheblichen Absatzproblemen oder Preiseinbrüchen nach der Emission kommen. Alternative dazu ist das → *Bookbuilding-Verfahren*.

Festwertmethode (Bilanzierung). Diese zählt zu den → *Bewertungsvereinfachungsverfahren* und beruht auf der Annahme, dass sich Zu- und Abgänge an Vorräten in etwa entsprechen. Die Bewertung erfolgt mit einer gleich bleibenden Menge und einem gleich bleibenden Preis (Festmenge zu Festpreisen). Zugänge werden sofort als Aufwand verbucht. Der Festwert gilt (Wahlrecht) nach § 240 Abs. 3 HGB für Vermögensgegenstände des Sachanlagevermögens sowie für Roh-, Hilfs- und Betriebsstoffe (nicht für Handelswaren, unfertige und fertige Erzeugnisse), wenn sie regelmäßig ersetzt werden und ihr Gesamtwert für das Unternehmen von nachrangiger Bedeutung ist (Festwerte dürfen nach Ansicht der Finanzverwaltung 10% der Bilanzsumme nicht übersteigen). Außerdem darf der Bestand in seiner Größe, seinem Wert und seiner Zusammensetzung nur geringen Veränderungen unterliegen. Dafür muss i.d.R. alle drei Jahre eine körperliche Bestandsaufnahme (Inventur) vorgenommen werden. Bei bis zu 10% Erhöhung darf der Festwert beibehalten werden, über 10% Erhöhung muss eine Aufstockung erfolgen (Abschnitt 31 Abs. 4 Einkommensteuerrichtlinien). Bei Preissenkungen im Umlaufvermögen muss in der → *Handelsbilanz* nach dem strengen → *Niederstwertprinzip* und in der → *Steuerbilanz* jedoch nur bei voraussichtlich dauernder Wertminderung der Wert nach unten angepasst werden. Beim Anlagevermögen muss sowohl handelsrechtlich als auch steuerlich nur bei dauernder Wertminderung eine Korrektur nach unten erfolgen. Die Bewertung mit dem Festwert kann insbesondere bei folgenden Vermögensgegenständen vorkommen: Bahnanlagen, Beleuchtungsanlagen, Hotelbestecke, Hotelgeschirr sowie Hotelwäsche, Betriebs- und Geschäftsausstattung, Gerüst- und Schalungsteile, Rebstöcke im Weinbau, Werkzeuge und Werkzeugvorrichtungen, Verbrauchsstoffe (z.B. Brennstoffe, Kleinmaterial etc.).

FIFO-Prinzip (First In First Out) → *Verbrauchsfolgeverfahren*.

Fileserver. Computer, der seine Dateien/Dokumente anderen Computern im Netz zur Verfügung stellt, sodass diese auf einen einheitlichen Datenbestand zugreifen können.

File Transfer Protocol (FTP). Ein → *Protokoll* des → *Internets*, das regelt, wie Dateien (z.B. Grafik- oder Programmdateien) von einem → *Server* zu einem → *Client* und umgekehrt übertragen werden. Der Vorgang der Übertragung vom Server zum Client wird dabei als Download, die Übertragung vom Client zum Server als Upload bezeichnet.

Finanzamt. Örtliche Finanzbehörden, die in sachlicher Hinsicht für die Festsetzung, Erhebung und Beitreibung der meisten Steuern zuständig sind. Sie verwalten neben den → *Landessteuern* auch bestimmte → *Bundessteuern* sowie die → *Gemeinschaftssteuern* im Auftrag des Bundes. Auch die Steueraufsicht und die Verfolgung von → *Steuerordnungswidrigkeiten* und → *Steuervergehen* gehören zu den Aufgaben der Finanzämter. Für die Gemeinden setzen die Finanzämter bei den sog. Realsteuern (Grundsteuer, Gewerbesteuer) die → *Steuermessbeträge* fest. Nach der örtlichen Zuständigkeit sind zu unterscheiden: Wohnsitzfinanzamt, Betriebsfinanzamt, Lagefinanzamt und Tätigkeitsfinanzamt.

Finanzcontrolling. Ziel ist die kostenoptimale Sicherstellung der situativen und strukturellen Liquidität. Die Aufgaben sind Unterstützung der finanziellen Führung zur Schaffung einer ausgeglichenen Finanzierungs- und Kapitalstruktur zur Sicherung der strukturellen und situativen Liquidität; Optimierung der Finanzierungskosten; Mitwirkung an der Generierung unternehmensspezifischer Finanzierungsgrundsätze; Mitgestaltung der langfristigen und kurzfristigen Finanzplanung; Kontrolle der Einhaltung der Finanzpläne, z.B. Cash-Controlling (Steuerung der kurzfristigen Zahlungsströme), Kreditcontrolling (Ausnutzung von Kreditlinien, Strukturierung des Kreditbestands nach Kreditarten, Kündigungs- und Prolongationsmöglichkeiten), Risikocontrolling (Beobachtung, Analyse und Begrenzung von Verlustpotenzialen aus Wechselkurs- und Zinsänderungsrisiken und politischen Debitorenausfallrisiken); Finanzberichterstellung, etwa in Form eines gestuften Kennzahlenberichts. Instrumente: Neben den finanzbezogenen Soll-Ist-Analysen (insbesondere Bilanzanalysen) → *Kapitalflussrechnungen*, Risikorechnungen.

Finanzderivate. Wertpapiere oder Ansprüche, die sich auf einen anderen Nominalwert (Basiswert genannt) beziehen. Beispiele sind → *Option* und → *Swaps*.

Finanzierung. Siehe dazu den Artikel auf Seite 120.

Finanzierungssurrogate. Instrumente und/oder Techniken, die dazu führen, dass ein Finanzierungsbedarf im Unternehmen nicht entsteht oder reduziert wird. Beispiele sind das → *Factoring* und das → *Leasing*.

Finanzierungsziele. Angesichts der Vielzahl möglicher Finanzierungsquellen und Finanzierungsvarianten ist eine Auswahl nur anhand von Zielkriterien möglich, (→ *Finanzierung*). Unabhängig davon, dass sich aus den Unternehmenszielen weitere Ziele für den Finanzbereich ableiten, gelten als wesentlich:

- Sicherung der Liquiditiät, also der Fähigkeit, fällige Zahlungen jederzeit termingerecht erfüllen zu können, da Zahlungsunfähigkeit (Illiquidität) zur Insolvenz des Unternehmens führen kann. Selbst kurzfristige Zahlungsunfähigkeit kann bereits den Betriebsablauf und das Verhältnis zu Geschäftspartnern erheblich stören. Man spricht hier auch vom Prinzip des finanziellen Gleichgewichts.
- Wirtschaftlichkeit bedeutet, dass die Finanzwirtschaft Wirtschaftlichkeitsprinzipien zu beachten hat. Das gilt sowohl für die Abwicklung des Zahlungsverkehrs, die möglichst rentable Anlage liquider Mittel (Reserven) als auch bei der Beschaffung und Bereitstellung der Mittel.
- Sicherung der finanziellen Unabhängigkeit, z.B. durch rechtzeitige Dispositionen auf der Basis eines → *Finanzplanes*. Die Kapitalhergabe ist oft mit Mitwirkungsrechten verbunden, die insbesondere dann nicht mehr abgelehnt oder abgemildert werden können, wenn das Unternehmen dringend auf Mittelzufuhr angewiesen ist, z.B. wegen bereits eingegangener Verpflichtungen.

Zur Abstimmung der originären Ziele der Finanzierung untereinander und mit anderen Zielen im Rahmen der Gesamtplanung dienen u.a. Wirtschaftlichkeits- und Investitionsrechnungen, siehe auch → *Finanzmanagement*.

Finanzinnovationen. Neuartige Instrumente und Techniken der Finanzierung und des Handels von Finanzrisiken. Eine exakte Abgrenzung von Innovationen und traditionellen Instrumenten und Techniken ist angesichts des Veränderungstempos der Finanzmärkte nicht möglich. Im Bereich der Produktinnovationen entstehen neue Finanzinstrumente häufig durch Erweiterung oder Mischung bekannter Instrumente mit Optionselementen oder anderen Termingeschäftselementen. Beispielhaft hierfür ist die Aktienindex-Anleihe, dabei handelt es sich um eine Anleihe, deren Rückzahlungsbetrag an die Entwicklung eines bestimmten Aktienindexes, z.B. den DAX,

Grundlagen

Die Aufgaben bestehen in der Steuerung des Zahlungsstroms im Rahmen der Finanzdisposition und des Zahlungsverkehrs sowie in der Kapitalbereitstellung, also einer rechtzeitigen und ausreichenden Versorgung des Unternehmens mit Eigen- und Fremdkapital. Sie orientiert sich dabei an den → *Finanzierungszielen*. Die Arten der Finanzierung lassen sich einteilen nach der Rechtsstellung des Kapitalgebers (Eigen- und Fremdkapital) sowie nach der Mittelherkunft (Außen- und Innenfinanzierung); Abb. 22 zeigt die sich daraus ergebende Untergliederung.

Das → *Eigenkapital* kann somit als → *Beteiligungsfinanzierung* von außen zugeführt oder als → *Selbstfinanzierung* im Unternehmen geschaffen werden. Die mit dem Erwerb von Eigenkapital verbundenen Rechte und Pflichten sowie die Art des Kapitalausweises in der Bilanz etc. sind für die einzelnen → *Rechtsformen* unterschiedlich geregelt. Die Wahl der Rechtsform ist generell für das Unternehmen von besonderer Bedeutung (→ *Konstitutionelle* Entscheidungen) und speziell im Rahmen der Finanzierung neben der unmittelbaren Kapitalbereitstellung auch für die Möglichkeiten bei der Beschaffung von Fremdkapital.

Fremdkapital wird dem Unternehmen zur Verfügung gestellt, ohne dass damit Beteiligungsrechte verbunden sind. Aufwendungen für seine Beschaffung (Nebenkosten der Finanzierung) und die Zinsen sind für das Unternehmen Kosten, mindern also den Gewinn. Mit der Überlassung von → *Fremdkapital* ist ein Schuldverhältnis verbunden, d.h., der Kapitalgeber – zumeist Kreditgeber genannt – hat als Gläubiger einen Zahlungsanspruch gegenüber dem Unternehmen.

Die verschiedenen Arten der → *Kreditfinanzierung* lassen sich nach mehreren Kriterien gliedern:

- Fristigkeit; bei der Dauer der vereinbarten Kreditüberlassung wird unterschieden in kurzfristig (in Literatur und Praxis unterschiedlich angegeben, z.B. 90 Tage, sechs Monate oder zumeist bis ein Jahr), mittelfristig (länger als kurzfristig und kürzer als langfristig) und langfristig (Laufzeit über vier Jahre – gelegentlich wird die Grenze mit fünf Jahren angegeben).
- Herkunft; Kreditgeber/Gläubiger können sein: Banken, Lieferanten, Kunden, verbundene oder nahe stehende Unternehmen, sonstige Personen oder Unternehmen sowie die öffentliche Hand.
- Sicherheiten; mit der Kreditgewährung verbindet der Gläubiger die Erwartung auf fristgerechte Rückzahlung (Tilgung)und Zahlung der vereinbarten Zinsen. Wird die Bonität des Kreditnehmers zurückhaltend beurteilt (→ *Rating*), so kann dies als eine Art Risikozuschlag zu höheren Zinsen führen, eventuell auch zu zusätzlichen Informations- und Kontrollrechten, z.B. Mitsprache bis hin zu einem Sitz in Aufsichtsgremien. Andererseits können auch zusätzliche Sicherheiten gestellt werden (→ *Kreditsicherungsrechte*). Grundsätzlich kann somit unterschieden werden in: Blanko-Kredit (ohne besondere Sicherheiten), Personalsicherheiten (eine dritte Person haftet zusätzlich zum Kreditnehmer) und Realsicherheiten (Rechte an Sachwerten werden als Sicherheit gestellt).
- Repräsentation durch Urkunden; Unterscheidungskriterium ist, ob über den Kreditbetrag eine Urkunde ausgefertigt wird, die beispielsweise eine Übertragung oder die recht-

Rechtsstellung des Kapitals	Herkunft des Kapitals	
	bei Außenfinanzierung	bei Innenfinanzierung
Eigenfinanzierung	Beteiligungsfinanzierung	Selbstfinanzierung
Fremdfinanzierung	Kredite etc.	Rückstellungen
Neutral	–	Finanzierung aus Kapitalfreisetzung

Abb. 22: Übersicht der Finanzierungsarten

liche Geltendmachung bei Zahlungsverzug erleichtern kann.
- Verbindung zu Lieferungs- und Leistungsvorgängen; das Fremdkapital kann durch Geldmittel oder durch die Überlassung von Gütern und Dienstleistungen zur Verfügung gestellt werden, die nicht sofort zu bezahlen sind, also kreditiert werden, z. B. Lieferantenkredite, aber auch Kundenanzahlungen.
- Mittelbereitstellung; zu unterscheiden ist in Geldkredit, Sachkredit und Kreditleihe (zur Erleichterung der Kreditaufnahme, z. B. Akkreditive, Akzept- und Avalkredite).
- Zweckgebundenheit, sie liegt vor, wenn das Fremdkapital nicht zur freien Verfügung übertragen wird, beispielsweise bei öffentlichen Krediten.

Die Übersicht der Einteilungskriterien macht die verschiedenen Aspekte deutlich, die bei der Kreditgewährung bzw. Kreditaufnahme von Bedeutung sein können.

Als → *Innenfinanzierung* mit Fremdkapitalcharakter gelten die → *Rückstellungen*, die bereits im Zeitpunkt ihrer Bildung zu Aufwand führen, aber erst später zu Zahlungen - daraus ergibt sich der → *Rückstellungsfinanzierungseffekt*.

Den auf der Passivseite der Bilanz ausgewiesenen Finanzierungsmitteln (gegliedert in Eigen- und Fremdkapital) als Kapitalbereitstellung stehen auf der Aktivseite gegenüber die Mittelbindungen als Kapitalanlage (Anlage- und Umlaufvermögen) einschließlich der liquiden Mittel (Bargeld, Bankguthaben). Zusätzliche Finanzierungsmittel stehen zur Verfügung, wenn im Unternehmen Kapitalbindungen aufgelöst werden, die – soweit nicht damit Kapitalrückzahlungen verbunden sind – anderweitig eingesetzt werden können. Da diese Mittel ohne Kapitalzufuhr von außen durch Maßnahmen innerhalb des Unternehmens entstehen, zählen sie als → *Finanzierung aus Kapitalfreisetzung* ebenfalls zur Innenfinanzierung. In der Rechtsstellung werden sie als neutral bezeichnet, weil sie nicht direkt dem Eigen- oder Fremdkapital zuzurechnen sind.

Sonderformen

Gegenüber den traditionellen Formen der Finanzierung stellt eine andere Sichtweise darauf ab, dass es für den Betrieb wesentlicher auf die Nutzungsrechte an den Investitionen und Betriebsmitteln ankommt als auf die rechtliche Zurechenbarkeit, wie sie sich bei Vermögen und Verbindlichkeiten in der Bilanz auswirkt. Werden solche Anlagen genutzt, ohne als Vermögen in der Bilanz zu erscheinen, so ergibt sich hieraus eine Bilanzverkürzung mit entsprechend geringerem Kapitalausweis auf der Passivseite. Es ist umstritten, ob und, wenn ja, in welcher Weise diese als besondere Formen der Finanzierung anzusehen sind:
- Einige behandeln sie als gesonderte Formen der Fremdfinanzierung, indem weniger abgestellt wird auf die bilanzmäßige Behandlung, sondern auf eine wirtschaftliche Betrachtung, also auf das Eingehen finanzieller Verpflichtungen und damit verbundenem Kapitaldienst, z. B. beim Leasing die Leasing-Rate (vergleichbar den Zins- und Tilgungsleistungen bei Kreditfinanzierung).
- Die extreme Gegenposition setzt sie den Dauerschuldverhältnissen gleich und behandelt z. B. die Leasing-Rate wie sonstige Mieten, sodass sie lediglich mit den aus ihnen resultierenden Zahlungsverpflichtungen in die Finanzplanung eingehen.
- Oftmals werden sie als Kreditsubstitute oder als → *Finanzierungssurrogate* bezeichnet, die herkömmliche Finanzierungen ersetzen. Die Bezeichnung »Kapital schonende Finanzierung« betont den Finanzierungscharakter mit dem jedoch zugleich der Kapitalbedarf im üblichen Sinne reduziert wird. Dabei ist zu beachten, dass beispielsweise neben dem Leasen einer Anlage zumeist die zum Betrieb notwendigen Vorratshaltungen etc. traditionell zu finanzieren sind. In diesem Rahmen wird außer → *Leasing* und → *Factoring* auch → *Franchising* mit seinen möglichen Aspekten einer Kapitalschonung gesehen.

Für die Finanzplanung ist zu berücksichtigen, dass durch die Ausgliederung von Vermögenswerten – z. B. den Verkauf von Forderungen beim Factoring – zumeist die Sicherheiten und damit auch die Möglichkeiten für andere Kreditaufnahmen beeinträchtigt werden.

Bezüglich → *Finanzplanung* und → *Finanzmanagement* wird auf die gesonderten Artikel verwiesen.

Finanzierung aus Kapitalfreisetzung

Da Finanzmittel freigesetzt werden statt zusätzlicher Kapitalaufnahme, gehört sie zu den Innenfinanzierungen und ist weder dem Eigen- noch dem Fremdkapital zuzurechnen, siehe oben. Sie ist dadurch gekennzeichnet, dass gebundenes Kapital in disponibles umgewandelt wird. Üblicherweise wird untergliedert in

- Veräußerung von Vermögensteilen und
- Finanzierung aus Abschreibungsgegenwerten.

Auch durch bessere Prozessabläufe bei den einzelnen Leistungsbereichen im Unternehmen (Just in time bezüglich Lagerhaltung, Prozessoptimierung und -beschleunigung z. B. durch Projektarbeit, schlanke Organisation, verbessertes Mahnwesen etc.) kann sich eine erhebliche Senkung der Kapitalbindung und damit des Kapitalbedarfs ergeben; wegen der engen Verzahnung zur Gesamtplanung wird dies jedoch hier nicht im Rahmen der Finanzierung behandelt.

Die Veräußerung von Vermögensteilen kann sich auf materielle oder immaterielle Werte des Anlage- oder Umlaufvermögens beziehen. Handelt es sich dabei um solche, die nicht dem eigentlichen Unternehmenszweck dienen, so bleibt dies ohne Auswirkungen auf die Leistungsbereitschaft. Oft ist die Grenze jedoch fließend, z. B. bisher nicht genutzte Grundstücke, die vorsorglich in Hinblick auf künftige Erweiterungen erworben wurden. Zusätzlicher Abwägungen (auch langfristiger Auswirkung) bedarf es, wenn im Leistungsprozess eingesetzte Werte veräußert werden sollen, insbesondere wenn Liquiditätsüberlegungen im Vordergrund stehen. Dies kann auch für Sales-and-lease-back-Verfahren gelten, also dem Verkauf mit Rückleasen, → *Leasing*.

Bei der Finanzierung aus Abschreibungsgegenwerten resultiert der Effekt daraus, dass langlebige Vermögenswerte erst nach Ablauf der Nutzungsdauer ersetzt werden müssen, während die kalkulierten → *Abschreibungen* auf das Anlagevermögen zur Freisetzung von finanziellen Mitteln führen, wenn der Gegenwert für die Erlöse, also der Verkaufspreis, zumindest den Selbstkosten entspricht. Soweit diese freigesetzten Finanzmittel nicht zur Tilgung der ursprünglichen Anlagefinanzierung benötigt werden, kann man sie (bevor eine Anschlussinvestition ansteht) entweder allgemeinen Finanzmitteln zuführen (Kapitalfreisetzungseffekt) oder als Kapazitätserweiterungseffekt zusätzlich investieren.

In diesem Zusammenhang ist auch der so genannte Lohmann-Ruchti-Effekt zu sehen, nachdem die laufende Investition der Abschreibungsbeträge zu einer (fast verdoppelten) Anlagekapazität führt, ohne dass (theoretisch) weiteres Kapital zugeführt werden muss. Dies beruht darauf, dass im Zeitablauf von der Anfangsinvestition bis zum Ende der Nutzungszeit bei linearer Abschreibung der Durchschnittswert nur gut die Hälfte des Anschaffungswerts beträgt. Diese von H. Ruchti und M. Lohmann beschriebene Wirkung wurde bereits von Marx/Engels erkannt, aber nicht in allen Konsequenzen ausgeleuchtet. Das Lohmann-Ruchti-Modell ist eine typisch theoretische Darstellung, die auf einigen Annahmen beruht, insbesondere: Finanzierung der Erstausstattung ist dauerhaft; es wird eine weitgehende Teilbarkeit der Anlagegüter angenommen, sodass in jeder Periode eine Kapazitätserweiterung möglich ist, es wird mit konstanten Beschaffungspreisen gerechnet; der Absatzmarkt ermöglicht jederzeit den Verkauf der zusätzlichen Produktion zu entsprechenden Preisen, sodass auch der Abschreibungsgegenwert anfällt; technischer Fortschritt bleibt unberücksichtigt.

Dennoch sind Rückschlüsse für die Investitions- und Finanzierungspolitik möglich. Wenn einzelne Investitionen nicht isoliert, sondern im Rahmen eines Gesamtprogramms betrachtet werden, läßt sich bei sinnvoller Staffelung der Anschaffungen die Leistungsbereitschaft aufrechterhalten mit einer dauerhaften Finanzierung in Höhe von nur etwa 2/3 der Summe aller Anschaffungswerte.

Finanzierungsregeln

Darunter versteht man die aus Erfahrungen abgeleiteten Vorgaben hinsichtlich des Einsatzes von Finanzierungsmitteln in Unternehmen. Sie sollen Hinweise darauf geben, in welcher Unternehmenssituation welche Finanzierung eingesetzt werden soll. Finanzierungsregeln werden in der Form von Bilanzkennziffern zum Ausdruck gebracht. Es werden

- horizontale und
- vertikale Finanzierungsregeln

unterschieden.

Eine bekannte horizontale Finanzierungsregel ist die »goldene Finanzierungsregel« , auch »goldene Bankregel« genannt. Sie fordert, dass die Fristigkeit der finanziellen Mittel (Laufzeit der Finanzierungen) mit der Fristigkeit ihrer Verwendung (Laufzeit der Investitionen) übereinstimmen sollte. Hintergrund dieser Forderung ist, dass bei weitgehend übereinstimmenden Fristen zwischen Finanzierungen und Investitionen die Gefahr einer Zahlungsunfähigkeit deutlich reduziert wird. Die »goldene Bilanzregel« konkretisiert die Forderung der Fristenkongruenz, indem für die Bilanzkennzahl

$$\text{Langfristiger Deckungsgrad} = \frac{\text{Eigenkapital + langfr. Fremdkapital}}{\text{Anlagevermögen}}$$

ein Wert größer Eins erwartet wird.

Vorgaben für die Relation »Eigenkapital zu Gesamtkapital«, die Eigenkapitalquote, werden als vertikale Kapitalstrukturregeln bezeichnet. So könnte z. B. eine Bedingung im Kreditvertrag lauten: »Der Kreditnehmer stellt sicher, dass der Eigenkapitalanteil an der Bilanzsumme über die Laufzeit des Kredites mindestens 20% beträgt.« Hintergrund solcher Vorgaben durch Kreditgeber ist, dass ein definiertes Eigenkapitalpolster als Puffer in Verlustjahren das Konkursrisiko und damit das Kreditausfallrisiko reduziert. Die Aussagefähigkeit der Finanzierungsregeln für die Einschätzung der finanziellen Stabilität der Unternehmen wird von der betriebswirtschaftlichen Theorie gering eingeschätzt, da der wirtschaftliche Erfolg und die Fähigkeit eines Unternehmens, im Bedarfsfall Finanzierungsquellen zu erschließen, nicht von der sich jeweils zum Jahresende ergebenden Bilanzstruktur abhängt. Dennoch orientiert sich das Kreditvergabeverhalten wichtiger Kapitalgebergruppen an solchen Bilanzstrukturregeln. Zentrale Bedeutung bei fast allen Finanzierungsregeln kommt dem Eigenkapital zu, siehe auch → *Leverage-Effekt*.

gekoppelt ist. Prozessinnovationen nutzen häufig den technischen Fortschritt im Bereich der Informations- und Nachrichtentechnik, z.B. die Entwicklung von hoch entwickelten Cash-Management-Systemen.

Finanzinvestition (Nominalinvestition). Darunter versteht man Auszahlungen, aus denen geldwerte Ansprüche erwachsen. Finanzinvestitionen können sowohl im Umlaufvermögen als auch im Anlagevermögen getätigt werden. Bank- und Postscheckguthaben sind z.B. Erscheinungsformen solcher Investitionen im Umlaufvermögen. Im Anlagevermögen äußern sich Finanzinvestitionen im Erwerb bestimmter Forderungs- oder Beteiligungstitel. Beispiele für Forderungstitel sind langfristige Darlehensforderungen, die das Unternehmen erwirbt, wenn es gegenüber Dritten als Darlehensgeber auftritt. Beteiligungstitel erlangt das Unternehmen hingegen dann, wenn es als Eigenkapitalgeber anderer Unternehmen fungiert. Dies kann z.B. durch Aufkauf von Aktien oder anderen Anteilen geschehen.

Finanzmanagement. Die Aufgaben des Finanzmanagements lassen sich hinsichtlich unterschiedlicher Dimensionen systematisieren. Zum einen ist dies die Unterscheidung von Finanzplanungs-, Finanzentscheidungs- und Finanzkontrollaufgaben. Zum anderen lassen sich strategische (grundlegende, langfristige) und operative (wiederkehrende, kurzfristige) Aufgabenstellungen des Finanzmanagements unterscheiden. In einer weiteren, sachlichen Abgrenzung der Arbeitsgebiete des Finanzmanagements sind die Arbeitsbereiche Liquiditätsmanagement (Workingcapital-Management), Kapitalstrukturmanagement, Risikomanagement und Finanzrepräsentation bzw. Beziehungsmanagement zu unterscheiden. Diese Arbeitsbereiche werden auch unter der amerikanischen Bezeichnung Treasuring bzw. der institutionellen Bezeichnung des Treasurers als Finanzmanager des Unternehmens zusammengefasst.

1. Liquiditätsmanagement: Ziel des Liquiditätsmanagements ist es, die Zahlungsbereitschaft des Unternehmens, d.h. die Liquidität, sicherzustellen. Dabei sind die übrigen → *Finanzierungsziele* zu beachten. In bilanzieller Betrachtung ist die Liquidität abhängig von der Struktur des Workingcapitals (Workingcapital = Umlaufvermögen abzüglich kurzfristiger Verbindlichkeiten). Workingcapital-Management lässt sich grob als zielgerichtete Steuerung des Netto-Umlaufvermögens beschreiben. Entsprechend der Zusammensetzung des Umlauf-

vermögens lässt sich dieser Bereich weiter untergliedern in das Cash-Management, Kreditmanagement, Vorratsmanagement und Anlagemanagement. Im Rahmen des Cash-Managements werden die Zahlungsvorgänge und die täglichen Liquiditätsdispositionen optimiert. Bei zahlreichen Konten, Bankverbindungen, Währungen und Unternehmensstandorten ist dies eine Aufgabe von beachtlicher Komplexität. Banken bieten zur Unterstützung dieser Aufgabe zahlreiche Dienstleistungen an. Die Entwicklungen hin zum Electronic-Banking haben zu einer Effizienzsteigerung des Cash-Managements geführt, insbesondere durch die Beschleunigung der Zahlungsverkehrstransaktionen bei gleichzeitiger Kostenreduktion. Im Rahmen des Kreditmanagements ist festzulegen, welchen Kunden in welcher Höhe nach welchen Kriterien welche Zahlungsbedingungen eingeräumt werden. Darüber hinaus ist eine Überwachung der Zahlungseingänge sowie das Mahn- und Inkassowesen des Unternehmens zu organisieren und effizient durchzuführen. Beim Vorratsmanagement geht es um die Frage der optimalen Vorratshaltung. In welchem Umfang welche Waren bevorratet werden, ist eine Fragestellung, die nur interdisziplinär über die betrieblichen Funktionen hinweg beantwortet werden kann. Der Beitrag des Finanzmanagements liegt in der Beantwortung der Teilfrage, welche Finanzierungskosten mit einer Bevorratung verbunden sind. Im Anlagenmanagement geht es um die Aufgabenstellung, überschüssige liquide Mittel entsprechend den finanziellen Zielen des Unternehmens anzulegen. Risiko, Rendite und Verfügbarkeit der Mittel sind bei den Anlageentscheidungen gegeneinander abzuwägen.
2. Kapitalstrukturmanagement: Im Rahmen des Kapitalstrukturmanagements geht es um die Frage der zieloptimalen Gestaltung der langfristigen Unternehmensfinanzierung. Zum einen sind die relativen Anteile der Eigenkapital- und Fremdkapitalfinanzierung festzulegen (→ *Finanzierungsregeln*), zum anderen sind die konkreten Finanzierungsinstrumente und -bedingungen festzulegen. Welche Art des Eigenkapitals soll eingesetzt werden, welche Rechte erhalten die neuen Gesellschafter? Welcher Kredit mit welcher Laufzeit in welcher Währung soll aufgenommen werden?
3. Risikomanagement: Das finanzielle Risikomanagement umfasst die Risikobereiche Zinsrisiken, Währungsrisiken, Liquiditätsrisiken und Kapitalstrukturrisiken (→ *Finanzierungsregeln*). Dabei ist es Aufgabe des Finanzmanagements, diese Risiken zu identifizieren, sie zu bewerten und eine Risikostrategie zu definieren. Als mögliche Strategien kommen die Absicherung, Vermeidung und/oder Übernahme von Teilrisiken in Betracht. Die identifizierten Risiken sind laufend zu überwachen.
4. Beziehungsmanagement: Die Präsentation des Unternehmens gegenüber aktuellen oder potenziellen Kapitalgebern, die Finanzrepräsentation oder das finanzielle Beziehungsmanagement sind eine zunehmend wichtige Aufgabe des Finanzmanagements. Der Kontakt zu den → *Finanzmärkten* ist erforderlich, um eine faire bzw. positive Bewertung des Unternehmens zu unterstützen und gleichzeitig notwendig, um einschätzen zu können, ob und zu welchen Konditionen das Unternehmen in der Lage ist, zusätzliche Finanzmittel zu erhalten. Damit ist das Beziehungsmanagement ein wichtiges Element der Liquiditätssicherung. Instrumente der Pflege der Beziehung zu den Eigenkapitalgebern (Investor Relations) sind z.B. Unternehmensdarstellungen vor Investoren oder vor Analysten von Fondsgesellschaften sowie empfängerorientiert gestaltete Geschäftsberichte, Finanzanzeigen, Pressemitteilungen etc. Neben den Eigenkapitalgebern kommt den Banken eine besondere Bedeutung im Rahmen der Unternehmensfinanzierung zu. Die Pflege der Beziehungen zu Banken bzw. Bankvertretern (Bank Relations) erfolgt z.B. über regelmäßige Informationsgespräche, Mitteilungen über signifikante Veränderungen im Unternehmensumfeld oder über Kooperationen in Beiräten (→ *Finanzmarketing*).

Finanzmarketing. An den Bedürfnissen der Kapitalgeber ausgerichteter, zielorientierter Einsatz des finanzwirtschaftlichen Instrumentariums. Ausgangspunkt für die Marktorientierung des betrieblichen Finanzmanagements ist die Tatsache, dass Kapital ein knappes Gut ist, welches nur im Wettbewerb mit anderen Anlagealternativen der Investoren zu erhalten ist. Je effizienter die Kapitalmarktbearbeitung erfolgt, umso günstiger sind die Voraussetzungen einer dauerhaften Finanzierungszielerfüllung (→ *Finanzierungsziele*).

Basis des Finanzmarketings bildet die Finanzmarktforschung. Gegenstand der Finanzmarktforschung ist die Informationsgewinnung über Entwicklungen und Zusammenhänge auf den unterschiedlichen relevanten Finanzteilmärkten (→ *Finanzmärkte*). So ist es für jedes Unternehmen wichtig zu wissen, unter welchen Bedingungen Banken und andere Kapitalgeber bereit wären, zusätzliches Kapital zur Verfügung zu stellen. Die Einschätzung des eigenen Unternehmens durch die Kapitalmarktteilnehmer zu kennen und Kenntnisse über die Faktoren zu erhalten, die diese Einschätzung beeinflussen, sind wesentliche Voraussetzungen für eine zielgerichtete Gestaltung der Marktbeziehungen.

Der Finanzmarketingprozess kann in fünf Teilphasen abgebildet werden:

1. Feststellung des Kapitalbedarfs (→ *Finanzplanung*),
2. Analyse und Prognose der Kapitalmarktbedingungen,
3. Planung der Finanzierungsmaßnahme und des Marketingmix,
4. Durchführung der Ausgabe und
5. Kontrolle und korrigierender Einsatz des Marketinginstrumentariums zur laufenden Marktpflege während der Laufzeit der Finanzierungen.

Finanzmärkte. Ergeben sich durch das Aufeinandertreffen von Angebot und Nachfrage nach Geld oder Rechten auf Geld (Nominalwerten). Sie gliedern sich in diverse Teilmärkte, deren Ab-

Finanzmarketingmix

In Analogie zum leistungswirtschaftlichen Absatzmarketingmix lassen sich folgende Gestaltungsbereiche als Elemente des Finanzmarketingmix bezeichnen:

- Produktpolitik: Wie müssen die Finanzierungsinstrumente gestaltet und ausgestattet sein, damit die ausgewählte Zielgruppe der Kapitalgeber interessiert ist? Neben der Festlegung der eingesetzten Finanzierungsinstrumente sind Laufzeiten, Tilgungsmodalitäten und Sicherheiten entsprechend den Präferenzen der Kapitalgeber zusammenzustellen.
- Distributionspolitik: Auf welchen Wegen soll den Kapitalgebern die Finanzierung angeboten werden? Das Unternehmen kann einzelne potenzielle Kapitalgeber ansprechen (Direktvertrieb), es kann einen oder mehrere Spezialisten mit dieser Aufgabe betrauen (Banken, Finanzmakler) oder es kann selber oder über Spezialisten die Wertpapiere über einen institutionalisierten Markt (Börse) anbieten. Die Ansprache der Kapitalgeber kann lokal, national oder international erfolgen.
- Kommunikationspolitik: Sie umfasst alle Maßnahmen des Unternehmens, die Wahrnehmung der Finanzierungsprodukte durch aktuelle und potenzielle Kapitalgeber positiv zu beeinflussen. Hierzu können verschiedene Instrumente eingesetzt werden, abhängig von der jeweiligen Zielgruppe der Finanzierungsprodukte. So kann die klassische Werbung eingesetzt werden, um Nachfrage für den bevorstehenden Börsengang zu stimulieren. Bei Ausgabe eines Schuldscheindarlehens wird dagegen eher der Weg einer persönlichen Information der Entscheidungsträger bei Versicherungen, Banken und Fonds in Betracht kommen. Das Instrument der Öffentlichkeitsarbeit wird von Unternehmen im Bereich des Finanzmarketings extensiv eingesetzt. Dabei handelt es sich um Instrumente der Beeinflussung des in der Öffentlichkeit wahrgenommenen Bildes der Unternehmung als Anbieter von Finanzierungsprodukten. Dies kann durch Presseberichte, Pressekonferenzen, Vorträge oder spezielle Veranstaltungen für Meinungsführer, wie z.B. Finanzanalysten oder Wertpapierberater, erreicht werden. Die Maßnahmen der Beeinflussung der relevanten Eigenkapitalgebermärkte werden auch unter der Bezeichnung »Investor Relations« und die der Beeinflussung des Bankenmarktes als »Bank Relations« zusammengefasst.
- Preispolitik: Sie besteht in erster Linie aus der Festlegung der Emissionskonditionen des Finanzierungsprodukts. Diese sind unmittelbar abhängig von der Produktgestaltung und den Kapitalmarktbedingungen zum Ausgabezeitpunkt. Die Kombination der Elemente des Finanzmarketingmix macht die Finanzmarktstrategie der Unternehmung aus. Die Zusammenstellung und kontinuierliche Fokussierung dieser Strategie auf die Finanzierungsziele kann als Finanzmarketingprozess bezeichnet werden.

grenzung nicht immer eindeutig ist. Insbesondere durch neue Finanzprodukte (→ *Finanzinnovationen*), die häufig Elemente unterschiedlicher Teilmärkte kombinieren, verschwimmen zunehmend die Grenzen zwischen den verschiedenen finanziellen Märkten. Trotz dieses Unschärfebereichs lassen sich Marktschwerpunkte hinsichtlich folgender Kriteriendimensionen abgrenzen: Handelsobjekte, Art der Leistungsverpflichtung und Handelswährung. Bei der Marktsegmentierung nach Handelsobjekten kann grob zwischen den Märkten für Eigenkapital (z. B. Aktienmärkte) und Fremdkapitalmärkten (z. B. Kreditmärkte, Märkte für Bankkredite) differenziert werden. Märkte für Eigenkapitalansprüche lassen sich nach der Rechtsform der ausgebenden Unternehmung unterscheiden.

Eine herausgehobene Bedeutung haben die an Börsen gehandelten Anteile der Aktiengesellschaften, die Aktien. Aktienmärkte lassen sich wiederum nach verschiedenen Kriterien untergliedern, z. B. nach der Art der Wertpapierzulassung in → *Amtlicher Markt*, → *geregelter Markt*, → *neuer Markt* und → *Freiverkehr*. Bei den Fremdkapitalmärkten lassen sich als Teilmärkte Geldmarkt, Kreditmarkt und Rentenmarkt unterscheiden. Am Geldmarkt werden Großbeträge mit Laufzeiten bis zu einem Jahr von Banken und Großunternehmen höchster Bonität gehandelt. Die gehandelten Produkte sind Tages- und Termingelder sowie Schuldscheine mit kurzer Laufzeit (Geldmarktpapiere). Handelsobjekte der Kreditmärkte sind kurz- und langfristige Kreditverhältnisse zwischen Banken und Nichtbanken in ihren unterschiedlichen Ausprägungen (→ *Finanzierung*). Auf den Rentenmärkten werden mittel- bis langfristige verbriefte Fremdkapitaltitel gehandelt. Dies sind → *Anleihen* (auch Schuldverschreibungen oder Obligationen genannt), die nach den Emittenten unterteilt werden in Anleihen der öffentlichen Hand, Bankschuldverschreibungen, Industrieobligationen sowie Auslandsanleihen. Finanzderivate sind abgeleitet aus anderen Finanzmarkt-Handelsobjekten oder Finanzwerten. So werden beim Finanzswap Zinszahlungen (→ *Swaps*) und/oder Währungen zwischen den Vertragspartnern ausgetauscht. Ziel solcher Swaptransaktionen können Renditevorteile oder Risikovorteile im Bereich des Zins- und/oder Währungsmanagements sein. Ein weiteres Segment der Finanzderivatemärkte sind die Zinsbegrenzungsvereinbarungen. Bei einer zinsvariablen Anleihe wird der Zinssatz periodisch (z. B. halbjährlich) an den Referenzzinssatz, z. B. → *EURIBOR*, angepasst. Die daraus entstehenden Risiken können mit → *Caps* (Zinsobergrenzen), → *Floors* (Zinsuntergrenzen) oder → *Collars* (Zinsbandbreiten) flexibel zwischen Gläubigern und Schuldnern verteilt werden. Solche Zinsabsprachen können auch unabhängig von der zu Grunde liegenden Finanzierung gehandelt werden. Ebenfalls zu den Finanzderivaten zählen die Indexmärkte, auf denen Wertpapiere gehandelt werden, deren Wert in Abhängigkeit von der Entwicklung eines spezifischen Indexes (z. B. Aktienindex DAX) bestimmt wird.

Nach der Art der Leistungsverpflichtung lassen sich Kassa- und Terminmärkte unterscheiden. Bei Kassamarktgeschäften fallen Abschluss und Erfüllung der Transaktion zeitlich zusammen. Terminmarktgeschäfte zeichnen sich dadurch aus, dass zwischen dem Geschäftsabschluss und damit Festlegung der Geschäftsbedingungen und Geschäftserfüllung ein vertraglich festgelegter Zeitraum liegt. Mit dem Abschluss von Termingeschäften können Marktpreisrisiken weitergegeben werden, sie werden handelbar. Die Terminmärkte lassen sich weiter unterteilen in unbedingte und bedingte Terminmärkte. Auf den unbedingten Terminmärkten werden → *Forwards* und → *Futures* gehandelt.

Beispiel: Ein Unternehmen erhält aus einem Auslandsgeschäft in drei Monaten 1.000 Dollar. Da der Dollar-/Eurokurs schwankt, besteht ein Wechselkursrisiko. Zur Risikoabsicherung könnte ein Dollar-Termingeschäft mit der Bank abgeschlossen werden (Forward-Geschäft). Die Bank verpflichtet sich darin, zu einem festgelegten Wechselkurs (Terminkurs) in drei Monaten 1.000 Dollar anzukaufen. Die Bank übernimmt somit das Wechselkursrisiko ihres Kunden.

Futures unterscheiden sich von Forwards dadurch, dass sie hinsichtlich Betrag, Laufzeit und Abwicklung standardisiert sind und damit auch die Voraussetzungen für einen Handel an der Börse (z. B. → *EURAX*) erfüllen. Forwards sind einzeln konfektionierte Termingeschäfte, die von Banken angeboten werden und in Höhe, Fälligkeit und Intention auf die Wünsche des Unternehmens abgestellt werden. Bedingte Terminmärkte werden auch als Optionsmärkte bezeichnet. Eine (finanzwirtschaftliche) Option beinhaltet das Recht eines Optionserwerbers, während der Optionslaufzeit (amerikanischer

Optionstyp) oder zum Laufzeitende (europäischer Optionstyp) vom Optionsverkäufer eine festgelegte Menge eines Handelsobjekts (z.B. Wertpapiere, Devisen) zu einem festgelegten Preis (Basispreis oder Ausübungspreis) zu kaufen (Kaufoption oder Call-Option) oder zu verkaufen (Verkaufsoption oder Put-Option). Optionen sind bedingte Termingeschäfte, weil die zukünftige Transaktion der Handelsobjekte nur dann stattfindet, wenn sich der zukünftige Marktpreis des Handelsobjekts aus Sicht des Optionserwerbers vorteilhaft entwickelt.

Beispiel: Über den Verkauf von 1.000 Dollar wird mit der Bank eine Devisen-Verkaufsoption (europäischer Optionstyp) mit einer Laufzeit von drei Monaten zu einem Basiskurs von 1,02 Dollar/Euro vereinbart. Zum Optionsverfall in drei Monaten wird der Optionskäufer die Option nur ausüben, wenn der Dollar-/Eurokurs unter 1,02 Dollar/Euro liegt (eine Abwertung des Dollars gegenüber dem Euro erfolgt). Liegt er darüber, verstreicht der Optionszeitpunkt ohne Konsequenzen.

Der Optionsverkäufer, auch Stillhalter genannt, erhält dafür, dass er das Optionsrecht gewährt, bei Vertragsabschluss eine Prämie, die Optionsprämie.

Hinsichtlich der Handelswährung lässt sich der Heimatwährungsmarkt (Euro-Markt) von den Fremdwährungsmärkten (übrige Währungen) unterscheiden. Eine weitere, in der vorgestellten Systematik nicht aufgenommene Marktabgrenzungsdimension, ist die in Primärmärkte und Sekundärmärkte. Von Transaktionen an Primärmärkten wird immer dann gesprochen, wenn Finanztitel erstmals ausgegeben (emittiert) werden (→ *Emissionsmarkt*). Werden die Finanztitel im Folgenden zwischen den Marktteilnehmern gehandelt, sind dies Transaktionen am Sekundärmarkt. Finanzmärkte für Unternehmensfinanzierungstitel (Aktienmärkte, Anleihemärkte, Kreditmärkte) sind Gegenstand des → *Finanzmarketings*.

Finanzmarktforschung → *Finanzmarketing*.

Finanzplanung. Systematische Zusammenstellung zukünftiger Einzahlungen und Auszahlungen. Sie erfüllt folgende Funktionen:

a) Ermittlung der gegenwärtigen und Prognose der zukünftigen Liquidität.
b) Sicherstellung, dass bestehende und zukünftige Zahlungsverpflichtungen eingehalten werden können.
c) Analyse und Gestaltung von Finanzierungsmaßnahmen.
d) Die externe Kommunikation der Finanzkraft,
e) der Finanzierungsrestriktionen.

Die Finanzplanung ist zusammen mit den sich anschließenden Plan-Ist-Vergleichen und Abweichungsanalysen das zentrale Instrument des → *Finanzcontrollings* und der Liquiditätssicherung. Die Aufgaben der Finanzplanung reichen von der Sicherstellung der täglichen Liquidität bis hin zur Sicherstellung der langfristigen finanziellen Handlungsfähigkeit. Diesen unterschiedlichen Zielhorizonten wird mit untereinander verbundenen Teilplanungen Rechnung getragen. Die zentrale Aufgabe der Sicherstellung der täglichen Liquidität (situative Liquidität) wird mit der Erstellung eines Liquiditätsstatus oder Liquiditätsplans erfüllt.

Planungsintervall	täglich, für einen Zeitraum von fünf bis zehn Tagen
Planungsinhalte	Anfangsbestände (Geschäftskonten) + realisierte und geplante Einzahlungen des Tages – realisierte und geplante Auszahlungen des Tages = geplante Endbestände (Geschäftskonten)
	Entwicklung der Liquiditätsreserve: ungenutzte Kreditlinien, kurzfristig veräußerbare Wertpapiere
Ausgleichsmaßnahmen	Auszahlungen aufschieben, Einzahlungen anfordern, Tagesgelder aufnehmen, Überziehungen mit Banken absprechen

Liquiditätsstatus

Zur Sicherstellung der Liquiditätsentwicklung im Jahreszyklus ist es erforderlich, den Planungshorizont unter Hinnahme abnehmender Planungsgenauigkeit auszudehnen. Zur zieloptimalen Gestaltung kurzfristiger Finanzierungen und zur Sicherstellung der dispositiven Liquidität ist ein Finanzplan (im engeren Sinne) aufzustellen (s. Tabelle nächste Seite).

Zur Sicherung der strukturellen Liquidität, d.h. der Fähigkeit, die sich aus der Unternehmensstrategie ergebenden Finanzierungserforder-

Planungsintervall	zunächst Woche, danach Monate, üblich für ein Jahr im Voraus
Planungsinhalte	Anfangsbestände (Geschäftskonten) + Planeinzahlungen – Planauszahlungen = geplanter Endbestand
	Entwicklung des Umlaufvermögens: Forderungen aus Lieferung und Leistung, Vorräte
Ausgleichsmaßnahmen	Disponible Auszahlungen verschieben, Einzahlungen beschleunigen, neue Kreditlinien mit der Bank aushandeln, Nutzung anderer kurzfristiger Finanzierungsinstrumente

Finanzplan (im engeren Sinne)

nisse flexibel erfüllen zu können, reicht der Zeithorizont des Finanzplans nicht aus. Hierzu ist es erforderlich, einen über mehrere Jahre reichenden Kapitalbedarfsplan zu erstellen, anhand dessen die langfristigen Finanzdispositionen gestaltet, optimiert und kommuniziert werden können.

Planungsintervall	jährlich, für zwei bis zehn Jahre im Voraus
Planungsinhalte	Anfangsbestand (freie Liquidität) + Kapitalzuführung und Kapitalfreisetzung – Kapitalbindung und Kapitalentzug = geplanter Endbestand
	Entwicklung wichtiger Finanzierungskennzahlen: Eigenkapitalquote, Deckungsgrad, Schuldentilgungsdauer
Ausgleichsmaßnahmen	Investitionsprogramm strecken bzw. reduzieren, höhere Gewinnmargen anstreben, Eigenkapitalerhöhung, Auslagerung von Randaktivitäten

Kapitalbedarfsplan

Während ein Liquiditätsstatus von den meisten Unternehmen angefertigt wird, sind Kapitalbedarfsplanungen in geringerem Umfang anzutreffen. Eine wesentliche Schwierigkeit wird in der hohen Prognoseungenauigkeit für solche Mehrjahresplanungen gesehen. Obwohl dies kein triviales Problem ist, geht der Nutzen einer solchen Planung auch bei großer Ungenauigkeit einzelner Planungsansätze nicht verloren. Dies gilt insbesondere für die Entwicklung einer gemeinsamen Sichtweise über die zukünftige Entwicklung des Unternehmens und deren einheitliche Darstellung nach außen.

Finanzrisiken. Die wichtigsten Risiken im Bereich der unternehmerischen Finanzwirtschaft sind Liquiditätsrisiken, Zinsrisiken, Währungsrisiken und Kreditrisiken.

Das Liquiditätsrisiko besteht in der Gefahr, dass auf Grund fehlender Finanzmittel zukünftig die (unabhängige) Unternehmensexistenz gefährdet ist. Instrument der Liquiditätssicherung ist die → *Finanzplanung*.

Zinsrisiken bestehen darin, dass zinsvariable Finanzierungen bzw. erforderliche Anschlussfinanzierungen bei steigendem Marktzinsniveau teurer werden. Fällt das Marktzinsniveau, so ist dies für die finanzierende Unternehmung vorteilhaft. Das Zinsrisiko ist somit ein zweiseitiges Risiko, mit einer positiven und einer negativen Seite. Zinsrisiken können mit → *Cap-Vereinbarungen*, → *Swaps* oder anderen zinsbezogenen Termingeschäften gesteuert werden.

Währungsrisiken treten in der Form bilanzieller Risiken (Umrechnungsrisiken), bezogen auf konkrete Fremdwährungstransaktionen (Transaktionsrisiken), und als allgemeine zukunftsgerichtete Risiken (ökonomische Risiken) auf. Das ökonomische Risiko besteht in der durch Wechselkursveränderungen ausgelösten Abweichung zukünftiger Zahlungsströme von den erwarteten Werten. Zur Sicherung von Währungsrisiken steht ein differenziertes finanzwirtschaftliches Instrumentarium zur Verfügung. Hierzu zählen Devisentermingeschäfte, Devisenoptionen und → *Währungsswaps*.

Kreditrisiken resultieren aus der Gefahr, dass Kreditnehmer ihren Verpflichtungen zu spät, zum Teil oder gar nicht nachkommen (Ausfallrisiko). Unternehmen tragen dieses Risiko in größerem Umfang hinsichtlich der gewährten Zahlungsziele gegenüber ihren Abnehmern. Kreditrisikoversicherungen oder der Einsatz des → *Factorings* sind (bei entsprechender Ausgestaltung) Möglichkeiten der Begrenzung dieser Risiken.

Finanzverwaltung. Zur Bewältigung der vielfältigen öffentlichen Aufgaben bedarf es einer geeigneten Verwaltungsstruktur. In der Finanzverwaltung findet sich ein zweizügiger Aufbau, der jeweils drei Organisationsebenen umfasst. Zu unterscheiden sind Bundes- und Landesfinanzbehörden. Die Bundesfinanzverwaltung wird durch das Bundesfinanzministerium geleitet. Es wird in seiner Arbeit durch Oberbehörden unterstützt (z.B. Bundesamt für Finanzen, Bundesaufsichtsämter für das Kredit- bzw. Versicherungswesen). Oberste Landesfinanzbehörde ist das jeweilige Landesfinanzministerium. Gemeinsame Mittelbehörden von Bund und Ländern sind die Oberfinanzdirektionen. Sie leiten die Finanzverwaltung des Bundes und der Länder in ihrem regionalen Bezirk und üben die Dienstaufsicht aus. Örtliche Organisationseinheiten sind die Hauptzoll- und Finanzämter. Den Finanzämtern obliegt die Durchführung des Besteuerungsverfahrens. Dazu sind sie aufgabenbezogen organisiert. Besondere Arbeitsgebiete sind zuständig für die Veranlagung der wichtigsten Steuern (z.B. Einkommen-, Körperschaft-, Umsatz- und Kfz-Steuer). Spezielle Stellen sind zuständig für Rechtsbehelfe, Bußgeld- und Strafsachen, die Beitreibung festgesetzter Steuern sowie die Bewertung von Grundstücken. Vielfach sind bestimmte Aufgaben bei einzelnen Finanzämtern konzentriert. Das gilt vorrangig für Betriebsprüfung und Steuerfahndung, Veranlagung zur Körperschaftsteuer und die Finanzkasse. Zahlreiche Bemühungen zielen auf eine Steigerung der Effizienz der Verwaltung ab. So werden z.B. die EDV-Programme zur Steuerfestsetzung und -erhebung zwischen den einzelnen Bundesländern vereinheitlicht. PC-gestützte Arbeitsabläufe ermöglichen es den Mitarbeitern, die Steuerbescheide dialogorientiert zu erstellen. Dadurch hat sich die Bearbeitungsdauer bereits erheblich verkürzt.

Finanzwirtschaft. Oberbegriff für die auf die Gestaltung der betrieblichen Zahlungsströme gerichteten Bereiche → *Finanzierung* und → *Investition*. Bei Finanzierungen handelt es sich um Zahlungsströme, die mit einer Einzahlung beginnen. Sie sind erforderlich für die Durchführung von Investitionen. Zwischen Investitions- und Finanzierungsentscheidungen besteht ein Abhängigkeitsgeflecht, welches bei den Entscheidungen in den jeweiligen Bereichen berücksichtigt werden sollte; → *Betrieblicher Wertekreislauf*.

Finanzwirtschaftliches Gleichgewicht. Nachhaltige, zu jedem Zeitpunkt ausgeglichene oder ausgleichbare Höhe der Einzahlungen und Auszahlungen des Betriebs. Das finanzwirtschaftliche Gleichgewicht ist damit inhaltlich identisch mit dem Ziel der Liquidität (→ *Finanzierungsziele*), also der Fähigkeit, allen berechtigten Zahlungsverpflichtungen termin- und betragsgenau nachkommen zu können.

Firewall (dt.: Brandmauer). Computersystem, das den Datenverkehr zwischen einem unternehmenseigenen (→ *lokales Netzwerk*) und einem externen Netz, z.B. dem → *Internet*, regelt und das eigene Netz vor unbefugten Zugriffen von außen schützt. Firewalls überprüfen anhand von hinterlegten Sicherheitsregeln die Datenströme, die in das lokale Netz hinein- bzw. aus dem lokalen Netz herausfließen, und blockieren Datenströme verdächtiger Absender und/oder verdächtigen Inhalts. Wenn z.B. ein Anwender im lokalen Netz auf ein Angebot im externen Netz zugreift, geschieht dies über den Firewall-Rechner, der als Einziger mit der Außenwelt verbunden ist. Dieser lädt dann die gewünschten Daten aus dem externen Netz und schickt sie an den Rechner in dem lokalen Netz, der sie angefordert hat. Durch den Einsatz von Firewalls können die mit dem Betrieb von → *Computernetzen* verbundenen Sicherheitsrisiken zwar erheblich abgesenkt, jedoch nicht völlig ausgeschaltet werden. Anwendungsbeispiel: Unternehmen koppeln häufig ihr → *Intranet* mit dem Internet, damit die Mitarbeiter an ihren Arbeitsplätzen Internet-Dienste wie z.B. → *E-Mail* nutzen können. Dadurch wird das unternehmenseigene Netz geöffnet und von außen angreifbar. Als Angriff bezeichnet man z.B. das Ausspionieren, Verändern oder Zerstören von Daten sowie die unbefugte Nutzung von Netzwerken oder Computersystemen. Um dieses Sicherheitsrisiko zu mindern, wird an der Verbindungsstelle zwischen dem unternehmenseigenen Netz und dem Internet eine Firewall eingesetzt, welche die ein- und ausgehenden Datenströme überwacht. Als weitere Sicherheitsmaßnahme kann an dieser zentralen Stelle zusätzlich zur Firewall ein spezielles Computersystem eingesetzt werden, das die eingehenden Datenströme auf → *Computerviren* hin überprüft.
Literaturempfehlung: Pohlmann, N.: Firewall-Systeme, Sicherheit für Internet und Intranet, Bonn 1998.

First-In-First-Out-Prinzip. Ein Auslagerungsprinzip, bei dem die zuerst eingelagerten Güter als Erste wieder ausgelagert werden; wird physikalisch beim ➜ *Durchlaufregal* erzwungen.

Fixe Kosten. Sind unabhängig vom Beschäftigungsgrad (➜ *Beschäftigungsabweichung*). Fixe Kosten entstehen also für einen gegebenen Zeitraum in gleicher Höhe, selbst wenn nichts produziert wird (z.B. Raummiete, Darlehenszinsen). Der Grad der Auslastung kann auch als Relation Nutz- zu Leerkosten dargestellt werden, siehe Abb. 23. Fixe Kosten lassen sich umso leichter durch Umsätze decken, je größere Mengen produziert werden (➜ *Kostendegression*, Ggs. ➜ *variable Kosten*).

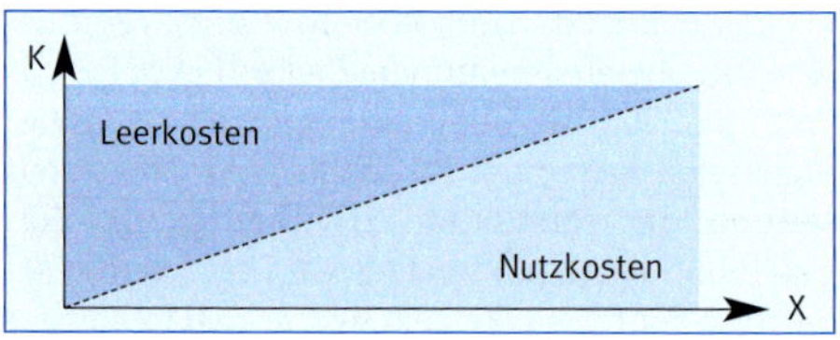

Abb. 23: Nutzkosten zu Leerkosten

Fixkostendegression ➜ *Kostendegression*.

Flächentarifvertrag. Schriftlicher Vertrag, der zwischen Einzelgewerkschaften (➜ *Deutscher Gewerkschaftsbund*) und ➜ *Arbeitgeberverbänden* für eine bestimmte Branche und Region bzw. (praktisch seltener) auch einzelnen Arbeitgebern dann als sog. ➜ *Haustarifvertrag* vereinbart wird.

Flachgutregal. Besondere Lagerform für Flachgut wie z.B. Stahlplatten.

Flame. Beleidigende ➜ *E-Mail* oder Mitteilung in einer ➜ *Newsgroup*, wird häufig bei Verstoß gegen die ➜ *Netiquette* versandt, zumeist als Antwort auf die Meldung oder elektronische Meinungsäußerung eines Teilnehmers.

Flexibles Fertigungssystem. Computergesteuerte Aneinanderreihung von materialflussmäßig verknüpften ➜ *Fertigungszellen*. Durch Programmänderung können auf flexible Weise verschiedene Produkte hergestellt werden.

Fliege. Einbettung einer kleinen, unsichtbaren Grafik in eine ➜ *HTML-Seite*. Alle ➜ *Browser* werden angewiesen, beim Zugriff die Fliege vom Ursprungsserver zu laden. Auf diese Weise kann festgestellt werden, welche Seiten angefordert wurden (Verfahren der Werbeeffizienzmessung bei Online-Diensten).

Fließfertigung. Fertigungsform mit Zwangsmaterialfluss. Alle Arbeitsstationen sind synchronisiert; der Bestand an ➜ *Umlaufmaterial* ist im Vergleich zur ➜ *Werkstattfertigung* minimal. Mechanische Lösungen werden durch umlaufende Fließbänder, Kreisförderer u.Ä. erreicht. Beispiele für Fließfertigung: Automobilfertigung, Dosenherstellung mit weitgehend vollautomatischem ➜ *Materialfluss*, Getränkeabfüllanlagen, Brauereien. Automatisierte Fertigungsanlagen hängen weitgehend von der Verfügbarkeit der eingesetzten Computersysteme ab, da diese sowohl die Materialflüsse als auch die Arbeitsreihenfolge steuern.

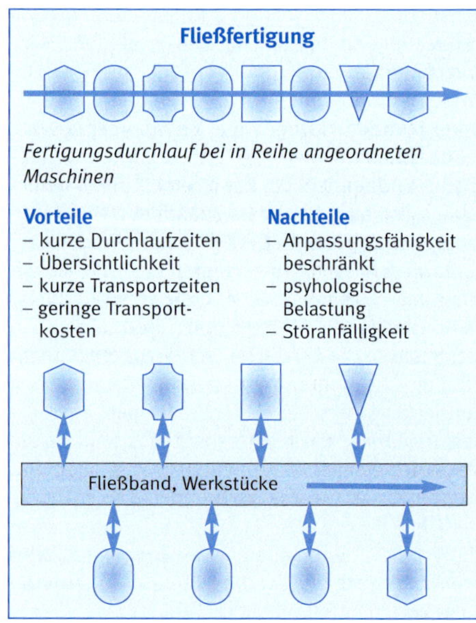

Abb. 24: Varianten der Fließfertigung

Floating Rate Notes (FRN). ➜ *Anleihen*, die eine variable Zinsvereinbarung tragen. In periodischen Abständen, z.B. halbjährlich, wird der Zinssatz in Abhängigkeit von der Entwicklung des vereinbarten Referenzzinssatzes, z.B. ➜ *EURIBOR*, neu festgelegt. Damit erhält der Anleiheschuldner eine langfristige Finanzierung zu den über die Laufzeit bestehenden kurzfristigen Zinssätzen (Geldmarktzinssätzen). Das Zinsrisiko der FRN kann flexibel über die zusätzliche Vereinbarung von → *Cap*, → *Floor* oder → *Collar* gesteuert werden.

Floor. Zinsuntergrenze bei Anleihen mit variablen Zinsvereinbarungen (→ *Floating Rate Notes*). Eine Floor-Vereinbarung begrenzt das Zinsrisiko des Kapitalgebers. Er erhält, wenn der Referenzzinssatz unter den spezifizierten Mindestzinssatz fällt, den Mindestzinssatz ausgezahlt.

Flurförderzeuge → *Flurgebundenes Transportmittel*.

Flurgebundenes Transportmittel. Auf dem Boden fahrende Transportmittel wie Stapler, Werksbahn, → *FTS* etc. im Ggs. zu Krananlagen und Elektrohängebahnen.

FMEA → *Fehlermöglichkeiten- und Fehlereinflussanalyse*.

Fokusgruppe. Kundenbezogene, explorative Servicequalitätsmessung. Dabei werden bedeutende Endkunden in Form eines Gruppengesprächs hinsichtlich ihres Qualitätseindrucks einer Leistung befragt (Kundenforum). Denkbar ist auch die Erhebung bei bedeutsamen Zwischenabnehmern (Händlerbeirat) oder von Multiplikatoren (Beta-User). Allerdings sind dabei interessengeleitete Äußerungen zu erwarten, deren Aussagewert begrenzt ist.

Footer. Zeile, die automatisch am Ende eines Artikels in einer → *Newsgroup* angefügt wird und Programmnamen und Versionsnummer enthält.

Fördergut. Gegenstand des → *Transports*; wird in → *Förderhilfsmitteln* durch ein → *Fördermittel* bewegt.

Förderhilfsmittel. Ladungsträger für den → *Transport*, z.B. → *Europaletten*, → *Gitterboxen*, → *Tankpaletten*, → *Werkstückträger*, → *Container*, → *Tablare*.

Fördermittel. Einrichtung zum → *Transport* von Gütern. Beispiele: Lkws, Flugzeuge, Waggons, Stapler, Loren, Werksbahn, Krane, Aufzüge.

Fördersystem. Verknüpfung von → *Fördermitteln* zu einem umfassenden → *Materialflusssystem*.

Forderungsabtretung. Auch: Sicherungsabtretung, Zession. Form der Kreditsicherung. Es handelt sich dabei um die treuhänderische Übertragung von Forderungen des Kreditnehmers gegenüber Dritten (z.B. Kunden, Mieter) an den Kreditgeber zum Zweck der Kreditsicherung. Im kurzfristigen Kreditgeschäft ist die Forderungsabtretung eine der wichtigsten Sicherungsformen; → *Finanzierung*.

Fordismus. Rationalisierung des industriellen Produktionsprozesses durch Massenproduktion in Fließfertigung. Henry Ford I. (1863–1947) entwickelte die handwerklich orientierte Vorstellung der Arbeitsteilung von Taylor (→ *Scientific Management*) weiter. Sein Name ist mit hoher Standardisierung der Produkte, hoher Mechanisierung der Produktion (Fließfertigung), Eignungsuntersuchung zur Auswahl der besten Arbeiter, Arbeitszeitverkürzung (48 Stunden pro Woche) und Verbot von Gewerkschaften in seinen Betrieben verbunden. Wesentlich ist Fords Marketingstrategie, nicht von den Kosten abgeleitet den Angebotspreis zu ermitteln, sondern marktbezogen unter Berücksichtigung von Absatzwirkungen des Preises einen Zielpreis festzulegen und die Kosten entsprechend zu managen.

Forfaitierung. Verkauf einzelner mittel- bis langfristiger Forderungen aus Lieferungen und Leistungen in das Ausland (Exportforderungen). Der Ankauf wird von Banken oder banknahen Finanzierungsinstituten durchgeführt. Der Exporteur erhält den Forderungsbetrag abzüglich Zinsen, Gebühren und Provisionen der Forfaitierungsgesellschaft ausgezahlt. Alle Risiken der Forderungsrealisierung liegen bei der Forfaitierungsgesellschaft. Es handelt sich also um einen regresslosen Verkauf (d.h. ohne Möglichkeit des Rückgriffs auf den Verkäufer) von größeren Einzelforderungen (→ *Außenhandelsfinanzierung*).

Forschungs- und Entwicklungscontrolling. Ziel ist die Steigerung der Effektivität und Effizienz der Forschung und Entwicklung und Sicherung der Prozess- und Kostenwirtschaftlichkeit der Forschungs- und Entwicklungsaktivitäten. Aufgaben sind die Steuerung der Ressourcen in Richtung auf strategierelevante Kompetenzen, Unterstützung der zeit- und kostenorientierten Planung und Steuerung der bestehenden Forschungs- und Entwicklungsprojekte, Entwicklung eines entsprechenden Instrumentariums z.B. zur Früherkennung und zur Abschätzung FuE-relevanter Umweltveränderungen, zur strategischen Kostenreduktion, zum operativen FuE-Kostenmanagement.

Forschungs- und Entwicklungsinvestition. Investition im Bereich der Forschung und Entwicklung. Hierbei handelt es sich i.d.R. um Ausgaben, die getätigt werden, um neue technische Wirkprinzipien und deren Anwendungsmöglichkeiten bzw. neue Anwendungsmöglichkeiten für bereits bekannte Wirkprinzipien zu erforschen oder aber neue Produkte bzw. Verfahren zu entwickeln. Von der Sache her liegt daher eine immaterielle → *Realinvestition* vor. Forschungs- und Entwicklungsprojekte stellen ganz besondere Anforderungen an die Projektsteuerung (→ *Investitionsdurchführung*). Das resultiert vor allem aus dem durch das Wirken der Marktkräfte sich verstärkenden Wettbewerbsdruck. Dieser führt einerseits zu einer Verkürzung der Produktlebenszyklen insgesamt, andererseits verlängert sich auf Grund zunehmender Komplexität tendenziell die Phase der Entwicklung neuer Produkte und Verfahren. Dieser Tendenz kann nur durch Anwendung neuer Managementtechniken und Logistikkonzepte entgegengewirkt werden. Ein viel versprechender neuer Ansatz ist das Simultaneous Engineering, das auf einer weit gehenden zeitlichen Parallelisierung von Forschungs- und Entwicklungsaktivitäten beruht (wie sie für das Projektmanagement typisch ist). Dabei hat sich insbesondere die gemeinsame Lösung von Aufgaben durch interdisziplinär zusammengesetzte Teams bewährt.

Fortschrittszahlensystem. Form der → *PPS*, Entstehung in der Automobilindustrie. Die Unternehmensbereiche werden in Kontrollblöcke gegliedert, z.B. Vorfertigung, Fertigung, Montage etc. Je Kontrollblock gibt es Eingangs- und Ausgangsfortschrittszahlen, z.B. Mengenangaben pro Zeiteinheit. Die Steuerung erfolgt über den Vergleich Soll-Fortschrittszahl (FZ) zu Ist-FZ.

Forum. Diskussionsgruppe in kommerziellen Online-Diensten, spezieller Teilbereich für ein bestimmtes Thema in einer Mailbox oder bei einem Online-Dienst.

Forwards. Unbedingte → *Termingeschäfte*, deren Laufzeiten und Konditionen zwischen den Vertragsparteien frei ausgehandelt werden (→ *Futures*).

Frachtbrief. Begleitpapier beim → *Transport*.

Frachtenbörse. Informationsdrehscheibe für Angebote und Nachfragen nach Frachtraum. Die Vermittlungsfunktion wird von vielen logistischen Dienstleistern (→ *Dienstleistungslogistik*) im Internet angeboten.

Frachtführer. Von der → *Spedition* beauftragter Durchführender des physikalischen Transports, das kann ein Lkw-Betreiber, die Bahn, eine Fluggesellschaft oder eine Reederei sein.

Frachtraumdisposition. Planung von Frachtraum für Lkws, Schiffe, Bahn oder Flugzeuge.

Franchisegeber. Unternehmen, das eine Geschäftsidee über das → *Franchising* an Dritte (→ *Franchisenehmer*) vergibt.

Frame. Seitengestaltungselement für → *HTML-Seiten*, das es erlaubt, eine → *Web-Seite* in mehrere fest definierte Bereiche aufzuteilen. Frames werden zur Verringerung der Ladezeit eingesetzt, wenn es über mehrere Seiten gleich bleibende Inhalte gibt (z.B. Navigationselemente). Damit bleiben diese Inhalte der Seite auch dann sichtbar, wenn der Nutzer eine andere Seite innerhalb der → *Website* aufruft.

Franchisenehmer. Unternehmer, der die Geschäftsidee eines → *Franchisegebers* in Form des → *Franchising* betreibt.

Franchising. Auf der Basis eines Franchise-Vertrages wird eine langfristige Kooperation zwischen einem Franchise-Geber einerseits und in der Regel mehreren, rechtlich selbstständigen Franchise-Nehmern andererseits begründet. Der besondere Charakter liegt in der engen Bindung der Franchise-Partner bei gleichzeitiger Wahrung ihrer rechtlichen Selbstständigkeit, wobei Vorteile eines Großunternehmens mit den Vorzügen kleinerer, flexibler und überschaubarer Einheiten verbunden werden sollen. Grundlage ist das Franchise-Konzept, welches die besonderen Aspekte berücksichtigen muss, z.B. der Branche und der Marktsituation. Die Leistungen des Franchise-Gebers können u.a. Exklusiv-Produkte, Lizenzen und sonstige Schutzrechte, aber auch Marketingunterstützung und sonstige Dienstleistungen sein. Er erhebt hierfür eine laufende und/oder einmalige Franchise-Gebühr. Dem Franchise-Nehmer wird gestattet, unter einem für den Franchise-Geber geschützten Namen am Markt aufzutreten (wodurch das Franchising z.T. für außen Stehende kaum erkennbar ist) sowie die Leistungsangebote zu nutzen. Gelegentlich arbeiten Filialen und Franchise-Partner nebeneinander, zumeist mit entsprechendem Gebietsschutz.

Beispiele für Franchise-Systeme: Avis, Benetton, Biffar, Coca Cola, Eduscho, Hertz, Holiday Inn, Mc Donalds, Nordsee, OBI, Photo Porst, Rosenthal, Tchibo.

Man kann unterscheiden in

- Produkt-Franchising (die Exclusivität des Produkts bzw. des Sortimentes steht im Vordergrund) und
- System-Franchising (Servicefunktionen und Marketingunterstützungen bilden die Grundlage, oft sogar ohne Warenlieferung direkt durch den Franchise-Geber.).

Rechtlich begründet der Franchise-Vertrag ein Dauerschuldverhältnis, das Elemente eines Lizenz- oder eines Dienstleistungsvertrages enthalten kann. Die langfristige und enge Bindung gibt den Partnern einerseits Sicherheit, kann andererseits deren Handlungsfreiheit einschränken, insbesondere wenn Anpassungen an veränderte Rahmenbedingungen erforderlich werden. Auch kann sich für den Franchise-Nehmer trotz rechtlicher Selbständigkeit eine wirtschaftliche Abhängigkeit ergeben. Daher ist im beiderseitigem Interesse beim Vertragsabschluss Sorgfalt geboten, evtl. sollten kundige Berater oder Fachanwälte etc. hinzugezogen werden.

FRAP → *Frequenz-Relevanz-Analyse für Probleme*.

Freeware. Software, die vom Entwickler kostenlos zum Download ins Internet eingestellt wird und unter Einhaltung bestimmter Auflagen kopiert und verteilt werden kann. Die Urheberrechte bleiben insofern erhalten, als diese Software nicht verändert werden darf.

Betriebswirtschaftliche Aspekte von Franchising

Absatzwirtschaftliche Aspekte

Das gemeinsame Auftreten der Partner am Markt unter einheitlichem Namen mit entsprechender Aufgabenteilung soll zu einer besseren Marktstellung, gesicherteren Absatzchancen und letztendlich höheren Renditen und/oder einem geminderten Risiko verhelfen. Wesentliche Ziele des Franchise-Gebers sind meistens eine Umsatzsteigerung sowie Ausbau und Festigung seiner Marktstellung durch Vergrößerung des absoluten und relativen Marktanteil. Zusätzliche Märkte können besser und schneller erschlossen werden. Franchising ermöglicht so den Ausbau des Vertriebsnetzes; Absatzwege können effizienter koordiniert und überwacht werden. Für den Franchise-Nehmer liegen die Gründe beispielsweise im Wettbewerbsvorteil gegenüber seiner regionalen Konkurrenz durch Nutzung des gebotenen Know-hows, des Images der aufgebauten Marke oder der besseren Konditionen beim Einkauf im Verbund.

Finanzwirtschaftliche Aspekte

Nach der klassischen Begriffsdefinition bezieht sich → *Finanzierung* auf die Mittelbereitstellung, die Beschaffung von Kapital, ausgewiesen auf der Passivseite der Bilanz. Wie bei den anderen Formen Kapital schonender Finanzierung besteht der Finanzierungseffekt darin, dem Unternehmen eine wirtschaftliche Nutzung zu ermöglichen, ohne dass z.B. für Investitionen eigenes Kapital erforderlich wird. Der Kapital schonende Effekt wird dann erst richtig deutlich, wenn die Alternativen betrachtet werden. Der Franchise-Geber kann seine absatzpolitischen Ziele realisieren, ohne z.B. ein eigenes Netz von Filialen oder Niederlassungen allein aufzubauen und zu finanzieren. Andererseits ist die Entwicklung eines Franchise-Systems oft mit erheblichen Vorinvestitionen verbunden, die sich später durch Franchise-Gebühren und evtl. Zusatznutzen amortisieren sollen. Der Franchise-Nehmer erspart sich die Entwicklungskosten für Konzepte etc., die ihm durch das System des Franchise-Gebers zur Verfügung gestellt werden; oftmals wird ihm erst so eine Existenzgründung ermöglicht.

Freibetrag (Steuer). Wird von der Bemessungsgrundlage abgezogen, wobei sich grundsätzlich kein Minusbetrag ergeben darf.

Freigrenze. Ist streng vom → *Freibetrag* zu unterscheiden. Bei der Freigrenze handelt es sich um einen Betrag, bei dessen Überschreitung die Steuerpflicht erst beginnt. So bleiben gemäß § 23 Abs. 3 Satz 6 Einkommensteuergesetz Gewinne steuerfrei, wenn der aus den privaten Veräußerungsgeschäften erzielte Gesamtgewinn im Kalenderjahr weniger als 512 € betragen hat. Die Freigrenze liegt also bei 511,99 €, bei 512 € ist der volle Betrag steuerpflichtig. Eine entsprechende Freigrenze gibt es in § 4 Abs. 5 Nr. 1 Einkommensteuergesetz für Kundengeschenke in Höhe von 40 € oder in § 19 Abs. 1 Umsatzsteuergesetz für die Nichterhebung von Umsatzsteuer von 16.620 € bzw. 50.000 €.

Freilager. → *Lager* im Außenbereich ohne Witterungsschutz.

Freiplatzlagerung. Effiziente Lagerung mit variablen Platzzuweisungen für das Lagergut. Wird üblicherweise in automatisierten → *Lagern* mit Computersteuerung genutzt. Vorteil: Je nach Zugriffshäufigkeit können die »wichtigsten« Artikel in der Nähe des → *Warenausgangs* gelagert und so kann eine höhere → *Lagerleistung* erzielt werden; außerdem kann frei gewordener Platz sofort wieder genutzt werden; der Füllgrad des → *Lagers* ist höher als bei Festplatzverwaltung.

Freiverkehr. Marktsegment der Börse. Dort werden Wertpapiere, die keine Zulassung zu einem anderen Marktsegment aufweisen, gehandelt. Dies sind überwiegend Aktien kleinerer Aktiengesellschaften sowie ausländische Wertpapiere. Der Handel im Freiverkehr unterliegt der Missbrauchsaufsicht und den Richtlinien der jeweiligen Börsenorganisation (→ *Finanzmärkte*).

Fremdfinanzierung. Zufluss finanzieller Mittel meist gegen die Einräumung von Ansprüchen auf Zinszahlungen, Rückzahlung des Kapitalbetrags und gegebenenfalls weiterer Rechte. Eigentumsrechte und -pflichten erhalten die Kapitalgeber einer Fremdfinanzierung nicht (→ *Finanzierung*, → *Kreditfinanzierung*).

Fremdkapital. Ergebnis von → *Fremdfinanzierungen*. In Abgrenzung zum Eigenkapital steht Fremdkapital dem finanzierenden Betrieb regelmäßig nur zeitlich befristet zur Verfügung. Die Fremdkapitalgeber erhalten für die Kapitalüberlassung gewinnunabhängige Zinszahlungen (→ *Finanzierung*, → *Kreditfinanzierung*).

Fremdlager. → *Lager* bei einem logistischen Dienstleister (→ *Dienstleistungslogistik*), der im Auftrag die Bestandsführung des Kundenmaterials übernimmt.

Frequenz-Relevanz-Analyse für Probleme. Kundenbezogene, problemorientierte Qualitätsmessung (FRAP, Weiterentwicklung der Problementdeckungsmethode). Alle Situationen, in denen aus Kundensicht Probleme auftreten können, werden nach ihrer Häufigkeit bewertet sowie nach ihrer Relevanz, resultierend aus der Verärgerung des Kunden und seiner Verhaltensreaktion. Entsprechend ergeben sich Probleme mit häufigem Auftritt und großer Relevanz, denen man sich zunächst zur Lösung zuwenden muss, sowie Probleme mit seltenem Auftritt und großer Relevanz bzw. häufigem Auftritt und geringer Relevanz, denen man sich danach zuwendet und schließlich Probleme mit seltenem Auftritt und geringer Relevanz, die man bearbeitet, sofern dafür Ressourcen frei sind.

Fristenkongruenz → *Finanzierungsregeln*.

FTP → *File Transfer Protocol*.

FTS → *Fahrerloses Transportsystem*.

Führung. Man unterscheidet ein-, zwei- und dreidimensionale Führungsmodelle.

Eindimensional ist der Führungsstil als Verhaltensmuster ausgebildet. Dabei handelt es sich um Folgende:

a) Despotischer Führungsstil mit charismatischem Herr-im-Haus-Standpunkt, bei dem das Eigentum an Produktionsmitteln Herrschaftsdenken legitimiert.
b) Patriarchalischer Führungsstil, d.h., der Vorgesetzte entscheidet, ist aber bestrebt, seine Untergebenen zu überzeugen, bevor er anordnet.
c) Paternalischer Führungsstil, d.h. autokratisches Herrschen mit Verantwortungsgefühl für Mitarbeiter, ohne diese aber aktiv zu beteiligen.
d) Pädagogischer Führungsstil, d.h. gezielte Förderung der Mitarbeiter zu größerer Selbst-

ständigkeit, indem Fragen gestattet werden, um die Akzeptanz der Lösungen zu erhöhen.
e) Partnerschaftlicher Führungsstil mit Selbstbestimmung bei der Aufgabenerfüllung und Beteiligung der Mitarbeiter an der Zielfindung durch Aufforderung zur Partizipation.
f) Partizipativer Führungsstil, d.h. Anerkennung der Mitarbeiter und Einbeziehung deren Wissens und Könnens sowie die Erarbeitung von Entscheidungsvorschlägen, aus denen der Vorgesetzte auswählt.
g) Kollektiver Führungsstil, d.h., Gruppenführung ersetzt die Vorgesetztenrolle, dieser zeigt nur das Problem auf und steckt die Entscheidungsgrenzen ab.
h) Selbstverwalterischer Führungsstil, d.h., die Gruppe entscheidet autark, der Vorgesetzte fungiert nur noch als Koordinator und vertritt die Entscheidung nach außen hin.

Zweidimensional ist das Verhaltensgitter (Blake/Mouton) ausgebildet. Dieses Führungsmodell wird durch das personenorientierte und das aufgabenorientierte Führungsverhalten bestimmt (beide Dimensionen sind jeweils ordinal, in niedrig, mittel, hoch, unterteilt):
a) Niedrige Einstufung in beiden Dimensionen (Personenorientierung/Aufgabenorientierung) führt zum Führungsverhalten mit geringstmöglicher Einwirkung auf Arbeitsleistung und Mitarbeiter.
b) Hohe Einstufung in beiden Dimensionen (Personenorientierung/Aufgabenorientierung) führt zu hoher Arbeitsleistung begeisterter Mitarbeiter und zur Verfolgung der gemeinsamen Ziele.
c) Hohe Einstufung bei der Betonung der Leistung (Aufgabenorientierung) und niedrige beim Menschen (Personenorientierung) führt zur Erreichung hoher Arbeitsleistung, ohne dass viel Rücksicht auf zwischenmenschliche Beziehungen genommen wird.
d) Hohe Einstufung bei der Betonung des Menschen (Personenorientierung) und niedrige bei der Leistung (Aufgabenorientierung) führt zu einer bequemen, freundlichen Arbeitsatmosphäre, die jedoch durch geringe Arbeitsintensität erkauft wird.
e) Mittlere Einstufung in beiden Dimensionen (Personenorientierung/Aufgabenorientierung) führt zu genügender Arbeitsleistung und -freude als tragfähigem Kompromiss.

Dreidimensional ist die Theorie des situativen Reifegrades (Hersey/Blanchard). Aus den Dimensionen des Reifegrades der Mitarbeiter durch stellenbezogene Reife als der technischen Fähigkeit, eine Aufgabe zu erfüllen, und der psychologischen Reife als Selbstvertrauen und Motivation (jeweils niedrig oder hoch) sowie Aufgabenorientierung bzw. Mitarbeiterorientierung ergeben sich vier situative Positionen:
a) Beim autoritären Führungsstil (Telling; niedrige Mitarbeiterorientierung, hohe Aufgabenorientierung, niedriger bis mittlerer Reifegrad) fixiert der Vorgesetzte eindeutig die Tätigkeiten der Untergebenen und gibt Zeitpunkte für ihre Erfüllung vor (militärischer Kommandoton). Es ist ein geringer Reifegrad der Mitarbeiter (Motivation, Wissen, Fähigkeiten fehlen) gegeben (Reifegrad M 1). Dem Mitarbeiter mangelt es sowohl an Antrieb als auch an Motivation sowie an Qualifikation und Kompetenz, eine Aufgabe erfolgreich zu erfüllen.
b) Beim integrierenden Führungsstil (Selling: hohe Mitarbeiterorientierung, hohe Aufgabenorientierung, niedriger bis mittlerer Reifegrad) berücksichtigt der Vorgesetzte auch die Meinung der Mitarbeiter, aber entscheidet selbst, er ist bemüht, seine Entscheidung zu »verkaufen«. Es ist ein geringer bis mäßiger Reifegrad der Mitarbeiter (Motivation vorhanden, aber fehlende Fähigkeiten) gegeben (Reifegrad M 2). Der Mitarbeiter hat zwar den Willen, die Aufgabe zu erfüllen, es fehlen ihm aber die nötigen Fähigkeiten.
c) Beim partizipativen Führungsstil (Participating: hohe Mitarbeiterorientierung, niedrige Aufgabenorientierung, mittlerer bis hoher Reifegrad) spielt der Mitarbeiter bei Entscheidungsfindung und Durchführung eine wichtige Rolle, wer entscheidet, ist nicht eindeutig festgelegt. Es ist ein mäßiger bis hoher Reifegrad der Mitarbeiter (Fähigkeiten vorhanden, aber Motivation fehlt) gegeben (Reifegrad M 3). Der Mitarbeiter hat zwar die erforderlichen Fähigkeiten, es fehlt ihm jedoch am Willen, seine Arbeit konsequent durchzuführen.
d) Beim delegierenden Führungsstil (Delegating: niedrige Mitarbeiterorientierung, niedrige Aufgabenorientierung, mittlerer bis hoher Reifegrad) kommt es zum Verzicht auf Führung, da Mitarbeiter über Mittel und Wege selbst ent-

scheiden. Es ist ein hoher Reifegrad der Mitarbeiter (Motivation, Wissen und Fähigkeiten vorhanden) gegeben (Reifegrad M 4). Der Mitarbeiter hat sowohl den Willen als auch die Fähigkeiten, seine Aufgabe zu erfüllen.

Führungsebenen. Einteilung der Organisationshierarchie eines Unternehmens typischerweise in

- Topmanagement,
- Middle-Management und
- Lower-Management.

Top-Management: oberste Führungsebene des Unternehmens, die aus einer Person oder mehreren Personen bestehen kann. Abhängig von der Rechtsform wird ein Unternehmen vom Unternehmer selbst, dem Komplementär, Geschäftsführer oder Vorstand geleitet. Die oberste Führungsebene beschäftigt sich primär mit unternehmerischen Zielsetzungen sowie der Entwicklung und Umsetzung der Unternehmensstrategie. Middle-Management: mittlere Führungsebene des Unternehmens. Je nach Größe des Unternehmens können hier eine oder mehrere Hierarchieebenen angesiedelt sein.

Zum Middle-Management zählen u.a. Bereichsleiter, Hauptabteilungsleiter, Abteilungsleiter, also Personen, die für einen Teilbereich des Unternehmens wie Personalabteilung, Fertigung, Rechnungswesen etc. verantwortlich sind. Die mittlere Führungsebene setzt die Grundsatzentscheidungen des Top-Managements um, indem Entscheidungen für den zuständigen Bereich getroffen und verwirklicht werden. Hierfür sind sie in der Regel mit Prokura oder Handlungsvollmacht ausgestattet.

Lower-Management: unterste Führungsebene des Unternehmens. Das Lower-Management ist Vorgesetzter von Mitarbeitern, die mit ausführenden Tätigkeiten betraut sind, und ist unmittelbar für Qualität und Effizienz des Leistungsprozesses verantwortlich. Zum Lower-Management zählen Gruppenleiter, Büroleiter, Meister. Die unterste Führungsebene setzt Entscheidungen der Vorgesetzten um, indem die Mitarbeiter oder die unterste Führungsebene selbst die Betriebsleistungen erbringen.

Middle- und Lower-Management sind einem doppelten Erwartungsdruck ausgesetzt, da sie einerseits Zielvorgaben ihrer Vorgesetzten erfüllen müssen, andererseits die Mitarbeiter eigene Vorstellungen und Ansprüche durchsetzen wollen. Man spricht auch bildlich von einer »Hammer-Amboss-Situation«. Seit jüngster Vergangenheit setzt sich eine zunehmende Dezentralisation von Aufgaben und Kompetenzen durch. Gefördert wird dies durch immer höhere Qualifikationsanforderungen an die Mitarbeiter, die bereit sind und häufig fordern, selbst Verantwortung zu übernehmen. Teamorientiertes Arbeiten, flache Hierarchien, die Pflege offener Kommunikation und umfangreiche kommunikationstechnische Unterstützung sind Mittel, Dezentralisation im betrieblichen Alltag zu etablieren. Diese Tendenz führt zur Verlagerung der Koordinationsaufgaben auf die operativ tätigen Mitarbeiter und damit zum Abbau der mittleren Führungsebene, zur »Verschlankung«, zum → *Lean Management*. Die drei Führungsebenen können durch unterschiedene Tätigkeitsschwerpunkte, die im Spektrum zwischen strategischen Entscheidungen und Ausführung liegen, näher beschrieben werden.

Strategische Entscheidungen: → *Entscheidungen* über Sachverhalte, die die strukturelle und langfristige Entwicklung des Unternehmens be-

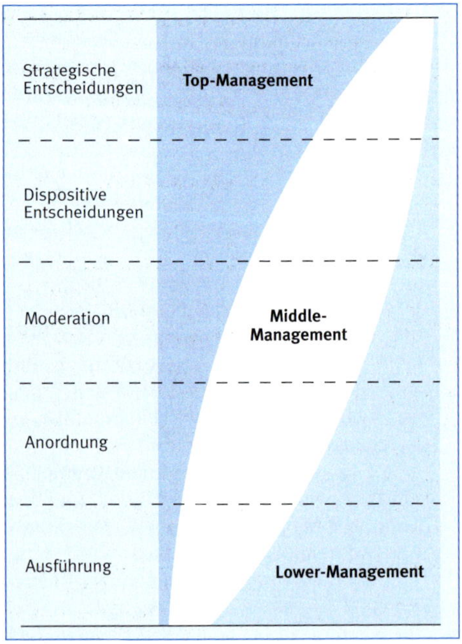

Abb. 25: Führungsebenen und ihre Aufgaben (in Anlehnung an Schierenbeck 2000, S. 85, und Steinle 1999, S. 153.

stimmen. Hierzu gehören Grundsatzfragen, z.B. Fusion, Rechtsformwechsel, Outsourcing von Geschäftsfeldern, Neuorganisation, Bildung von Unternehmensleitlinien, die Koordination der großen betrieblichen Teilbereiche, die Entscheidung über bedeutsame Einzelvorhaben wie Großaufträge oder große Projekte, die Besetzung der Führungspositionen. Hier liegen die wichtigsten Betätigungsfelder der obersten Führungsebene. Dispositive Entscheidungen: Die Strategien werden genauer formuliert und über verschiedenste Aktivitäten, z.B. in Projekten, umgesetzt oder durch verändertes Verhalten der Verantwortungsträger berücksichtigt. Unabhängig von Veränderungen ist die mittlere Führungsebene im Tagesgeschäft mit Einzelentscheidungen gefordert. Je nach Verantwortungsbereich sind vielfältige Entscheidungen zu treffen, z.B. im Fertigungsbereich über die Termintreue, Qualitätssicherung; im Controlling über Softwareeinsatz, Berichtssysteme; im Finanzbereich über Liquidität, Fremdfinanzierung etc. Moderation: Zunehmende Spezialisierung und die raschen Innovationszyklen bringen es mit sich, dass Führungskräfte immer stärker vom Wissen verschiedenster Personen des Unternehmens unterstützt werden müssen. Über starr vorgegebene Berichtswege und hierarchische Anordnungen ist die Vermittlung des für die effiziente Entscheidung und Aufgabenbearbeitung benötigten Wissens nur bedingt möglich. Gefragt ist Kooperation, Teamarbeit, Kommunikation und Moderation über alle Führungsebenen hinweg. Ziel- und Aufgabenvereinbarung treten bei der Mitarbeiterführung an die Stelle von Anweisungen. Anordnung: Auch heute werden in der betrieblichen Praxis bei vielen operativen Aufgaben detaillierte Anweisungen über das Was, Wer und Wann der Aufgabenerfüllung benötigt. Häufig sind dies Routineentscheidungen oder die direkte Umsetzung von Vorgaben der Vorgesetzten. Hier liegt das primäre Betätigungsfeld des Lower-Managements. Ausführung: Die vorgesehenen Tätigkeiten zur Aufgabenerfüllung werden den Anforderungen entsprechend realisiert. Neben den Mitarbeitern ist i.d.R. auch die untere Führungsebene mit ausführenden Tätigkeiten beschäftigt.

Führungsinformationssystem. → *Anwendungssoftware*, die das Management eines Unternehmens bei seinen Aufgaben, insbesondere bei der Entscheidungsfindung, unterstützt. Anderer Begriff: Management-Informationssystem (→ *MIS*). Grundlegende Idee eines Führungsinformationssystems ist es, die für bestimmte Entscheidungssituationen wesentlichen (relevanten) Informationen verdichtet und in geeigneter Form (z.B. grafisch oder tabellarisch) darzustellen, um den Entscheidungsträgern eine schnelle Informationsaufnahme zu ermöglichen. Als Datenquellen kommen i.d.R. die → *Administrationssysteme* und → *Dispositionssysteme* des Unternehmens in Betracht (→ *Data Warehouse*). Führungsinformationssysteme bilden die Grundlage für die computergestützte Unternehmensplanung. In diesem Bereich spricht man jedoch eher von Entscheidungsunterstützungssystemen (engl. Decision Support System [DSS]) oder computergestützten Planungssystemen. Die Unterstützung von Planungsprozessen, insbesondere in schwach strukturierten oder komplexen Problemsituationen, geschieht auf der Basis von Planungsmodellen. Dazu gehört die einfache Durchführung von Alternativrechnungen und Simulationen (→ *Computersimulation*) sowie die Berücksichtigung von Modellvarianten und -änderungen (Szenariorechnung).

Führungsstil. Ohne hier auf die vielfältigen Erklärungsansätze einzugehen, kann definiert werden: Führungsstil ist die Grundhaltung und das sich daran orientierende Verhaltensmuster, mit denen jemand seine Führungsaufgaben, bezogen auf andere – Einzelpersonen oder Gruppen – wahrnimmt; siehe auch → *Mitarbeiterführung*. Arbeitsmethodik und Führungstechniken sind nicht unmittelbar Gegenstand der Erforschung der Führungsstile. In der Literatur sind inzwischen mehr als 50 Stile und Modelle beschrieben worden; teilweise handelt es sich um unterschiedliche Ansätze, teilweise eher um Variationen. Gelegentlich werden unterschiedliche Verhaltensweisen des Vorgesetzten im Eingehen auf spezielle Gruppenmitglieder gleichfalls als Führungsstile bezeichnet (z.B. als gruppenorientierte); sie erscheinen jedoch eher als Formen in Kommunikation und Teamführung. Eine übliche Einteilung, der auch hier gefolgt wird, gliedert in ein- und mehrdimensionale Führungsstile, siehe dazu die Übersicht auf S. 138.

Fungibilität. Handelbarkeit von Waren oder Rechten. Die Fungibilität von Rechten oder Wertpapieren ist umso höher, je standardisierter diese Rechte und je geringer die formalen Anforderungen an die Übertragung dieser Rechte sind.

I. Eindimensional

Eindimensional bedeutet, dass die Klassifizierung anhand eines Merkmals erfolgt.

Hierzu zählen

1. Die tradierenden Führungsstile, die auf Max Weber (traditional, charismatisch und bürokratisch) zurückgehen und insbesondere von Witte und Häusler differenziert wurden, gegliedert in
   a) autokratisch im Sinne von Alleinherrschaft;
   b) patriarchalisch, ebenfalls ein absoluter – i.d.R. vom Eigentum abgeleiteter – Herrschaftsanspruch, der jedoch auf Autorität und Güte basiert, Leitbild ist der strenge, aber gütige Vater als unumstrittenes Familienoberhaupt;
   c) charismatisch (Gnadengabe, starke persönliche Ausstrahlung) ist ein Führungsstil, der sich nicht aus Eigentum, Erbfolge etc. ableitet, sondern aus der Kraft der Persönlichkeit;
   d) bürokratisch, der Führungsanspruch eines Stelleninhabers leitet sich aus Kompetenzen einer Instanz (Stellenbeschreibung, Richtlinien etc.) ab.

   Tradieren bedeutet so viel wie überliefern und verbindet Führungsverhalten mit Fragen der Legitimation.
2. Die klassischen Führungsstile gehen auf Experimente insbesondere von K. Lewin zurück, bei denen die Auswirkung von Führungsverhalten auf Produktivität, Zufriedenheit und Gruppenzusammenhalt der Geführten untersucht wurde:
   a) autoritär, Entscheidung und Kontrolle obliegen dem Vorgesetzten, den Mitarbeitern verbleibt die Ausführung;
   b) kooperativ, Mitarbeiter werden an der Willensbildung beteiligt, Delegation auf nachgelagerte Ebenen wird möglich;
   c) laisser-faire, hoher Freiheitsgrad für die Mitarbeiter und eher zufälliger Informationsfluss, es mangelt oft am Gestaltungswillen des Vorgesetzten, sodass dann vom Stil des »Nicht-Führen" gesprochen wird.
3. In der Skala nach Tannenbaum/Schmidt werden unter dem Aspekt der Beteiligung am Prozess der Willensbildung basierend auf den beiden Polen imperativ (autoritär) und kooperativ in Abstufung sieben Führungsstile aufgezeigt: autoritär, patriarchalisch, beratend konsultativ, partizipativ sowie delegativ, nochmals unterteilt nach Grad der Mitwirkung des Vorgesetzten.
4. Die managementbezogenen Führungsstile entwickelt R. Likert bezogen auf vier Führungssysteme des Managements:
   a) ausbeuterisch autoritär,
   b) wohlwollend autoritär,
   c) konsultativ und
   d) gruppenpartizipativ.
5. Integrativer Führungsstil als Autonomie unter Coaching (K. Birker); die Führungskraft bleibt als Coach verantwortlich, die Mitarbeiter vorzubereiten und zu unterstützen, ihren Aufgabenbereich weitgehend selbstständig zu erfüllen, und ist zudem zuständig, sinnvolle Rahmenbedingungen zu schaffen sowie die erforderlichen Ressourcen zur Verfügung zu stellen; hierzu zählen auch klare Zielvorgaben sowie die Abstimmung mit anderen Bereichen des Unternehmens.

II. Mehrdimensional

Mehrdimensional ist ein Führungsstil, wenn für seine Darstellung mehrere Beurteilungskriterien beachtet werden müssen, die jedes für sich und unabhängig vom anderen unterschiedlich intensiv ausgeprägt sein können. Sie basieren auf umfassenden empirischen Experimenten in den 50er-Jahren, um mehr praktische Relevanz zu erreichen. Unterschieden wurde in Mitarbeiter-/Beziehungs- sowie Produktions-/Aufgaben-Orientierung.

Die Michigan-Schule ging von einem eindimensionalen Kontinuum aus und kam in ihrer Analyse zum Ergebnis, dass bei Arbeitnehmerorientierung mit Mitarbeiterzufriedenheit bessere Resultate erreichbar sind (vergleichbar siehe I. 4 + 5).

Anders die Ohio-Schule, welche auf Unabhängigkeit beider Dimensionen schloss und damit Grundlage für Zweidimensionalität wurde.

1. Das Verhaltensgitter (Managerial Grid) von Blake/Mouton, ist das wohl bekannteste.
   In Abb. 26 sind beide Dimensionen jeweils auf ihrer Achse in eine Wertskala von 1 – 9 eingeteilt; von den 81 Kombinationen sind die fünf markantesten hervorgehoben:

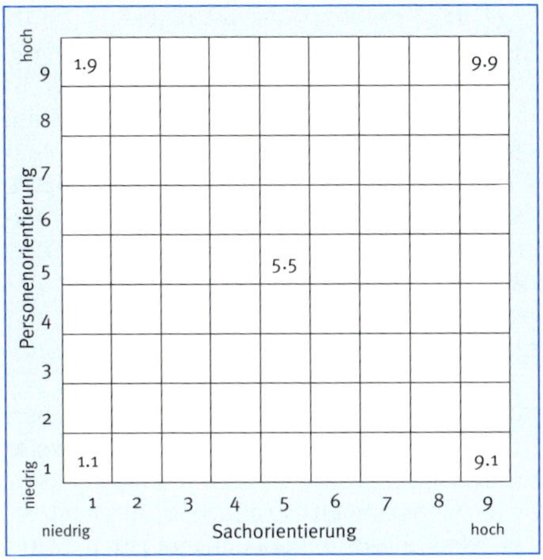

Abb. 26: Verhaltensgitter nach Blake/Mouton

- 1.9 hohe Personenorientierung, in der die gute Atmosphäre Vorrang hat,
- 9.1 betont demgegenüber die Leistung,
- 5.5 strebt einen Ausgleich, einen Kompromiss an;
- in den von dieser Achse abweichenden Extrempunken werden bei 1.1 beide Dimensionen gering berücksichtigt und
- 9.9 symbolisiert, dass die stärkere Beachtung eines Merkmales nicht zwangsläufig zur Minderung des anderen führt, sondern sich beide ergänzen und unterstützen können.

Das gesamte Grid-Konzept umfasst auch die Einführung einer → *Organisationsentwicklung*.

2. Die 3-D-Theorie von Reddin steht für drei Dimensionen (Aufgaben-, Beziehungs-Orientierung und Effektivität). Sie kennt vier Grundstile (Verfahrens-, Beziehungs-, Aufgaben- und Integrationsstil), die bei weniger Effektivität zu Bürokrat, Gefälligkeitsapostel, Autokrat und Kompromisser werden bzw. bei mehr Verwalter, Förderer, Macher und Integrierer.
3. Bei der „Reifegrad"-Theorie von Hersey und Blanchard (ebenfalls dreidimensional) erfolgt eine effektive Auswahl des Führungsstils unter Berücksichtigung von Mitarbeiter- und Aufgabenbezogenheit abhängig vom Reifegrad des jeweiligen Mitarbeiters, siehe auch → *Führung*, insbesondere letzter Teil.

Die Fungibilität wird gefördert durch organisierte und effiziente Finanzmärkte. Eine hohe Fungibilität weisen an Börsen notierte Wertpapiere, z. B. Aktien und Anleihen, auf. Gering ist regelmäßig die Fungibilität von Anteilen an einer Personengesellschaft, da potenzielle Erwerber nur mit hohem Aufwand zu finden sind, die Abwicklung der Transaktion langwierig und kostenintensiv ist.

Funktionsorganisation (Organisationseinteilung). Gliedert sich nach dem Verrichtungsprinzip ab der zweiten Ebene (bzw. auf der zweiten Ebene, weil auf den weiteren Ebenen wieder andere Organisationsprinzipien angewandt werden können), siehe Beispiel in Abb. 27.

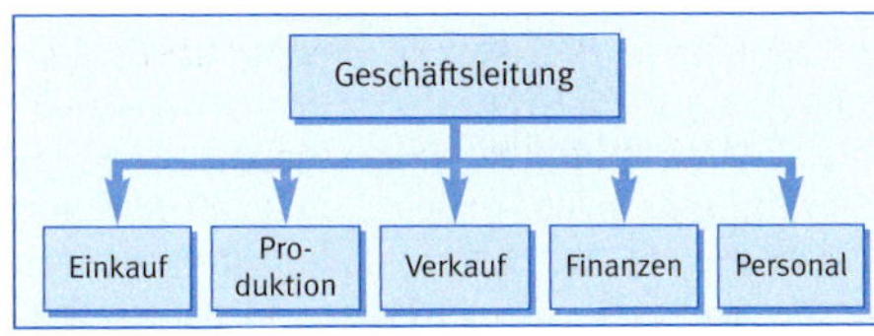

Abb. 27: Funktionsorganisation

Fusion. Auch Merger. Unternehmenszusammenschluss, bei dem die beteiligten Unternehmen ihre wirtschaftliche und rechtliche Selbstständigkeit aufgeben (z. B. DaimlerChrysler). Die Fusion kann durch Aufnahme eines oder mehrerer Unternehmen vollzogen werden, indem das Vermögen des/der aufzunehmenden Unternehmen(s) auf das aufnehmende Unternehmen übertragen wird (Fusion durch Aufnahme). Bei einer Fusion durch Neugründung gehen ein oder mehrere Unternehmen mit ihren gesamten Vermögenswerten in einer neu gegründeten Gesellschaft auf. Die Beweggründe für die Fusionierung von Unternehmen können z. B. die Realisierung einer wettbewerbskritischen (Mindest-) Unternehmensgröße, eine allgemeine Verbesserung der Marktposition und/oder die Erzielung von Synergieeffekten sein. Fusionen unterliegen dem Gesetz gegen Wettbewerbsbeschränkungen; → *feindliche Übernahme*.

Futures. Standardisierte, an Börsen gehandelte unbedingte Termingeschäfte. Unterschieden werden Financial Futures, denen Finanzgeschäfte zu Grunde liegen, und Commodity Futures, denen Warengeschäfte zu Grunde liegen.

Fuzzy Logic → *Neuronales Netz*.

G

GAN. Abk. für Global Area Network, erdumspannendes Datennetz.

Gantt-Diagramm. Begriff aus der → *Netzplantechnik*: Aktivitätendarstellung als waagerechtes Balkendiagramm auf der Zeitachse.

GAP-Analyse. Untersucht die zu erwartende Lücke zwischen der Fortschreibung der derzeitigen Entwicklung und der strategischen Zielsetzung des Unternehmens. Zukünftige Probleme sollen erkannt und eine rechtzeitige Gegensteuerung ermöglicht werden. Zunächst wird hierzu die Zielgröße, z.B. der Umsatz in der gewünschten potenziell erreichbaren Höhe im Zeitablauf, als Soll vorgegeben. Als Vergleich und zu erwartende Ist-Größe dient der prognostizierte Umsatz des Basisgeschäfts bei unveränderter Unternehmensaktivität. Zielgrößen können aber beispielsweise auch der Gewinn oder der Unternehmenswert sein. Die Differenz zwischen den beiden Entwicklungslinien zeigt an, inwieweit das Potenzial des Unternehmens und die Marktchancen genutzt werden. Der Korridor zwischen den beiden Linien setzt sich aus der operativen und der strategischen Lücke zusammen. Die operative Lücke wird auf realisierbare Verbesserungsmöglichkeiten des bisherigen Geschäfts zurückgeführt. Maßnahmen zur Schließung der Lücke sind z.B. Motivation der Mitarbeiter, Rationalisierung, Intensivierung der Werbung. Die strategische Lücke wird auf das realisierbare Neugeschäft zurückgeführt. Diese Lücke lässt sich durch neue Produkte und neue Märkte schließen. Beispiele sind veränderte Absatzwege, → *Diversifikation*, Unternehmenserwerb, → *Outsourcing*. (→ *Investitionsplanung, strategische*).

Garantie. Vertrag, in dem sich der Garant verpflichtet, für einen bestimmten Erfolg oder das Ausbleiben eines bestimmten Schadens einzustehen. Sie ist ähnlich einer → *Bürgschaft*, jedoch in ihrem Bestand unabhängig von der zum Zeitpunkt der Garantieabgabe bestehenden Forderung des Garantiebegünstigten. Die Bankgarantie hat als Avalkredit im Rahmen der kurzfristigen → *Kreditfinanzierung* eine gewisse Bedeutung.

Gateway. Computersystem, das mit mehreren Netzwerken (→ *Computernetz*) verbunden ist und Datenpakete innerhalb dieser Netzwerke zuordnen und zustellen kann. Ein Gateway ist in der Lage, zwischen unterschiedlichen → *Protokollen* oder Datenformaten zu übersetzen. Es wird daher üblicherweise eingesetzt, um Netzwerke unterschiedlicher Bauart oder von verschiedenen Herstellern miteinander zu verbinden.

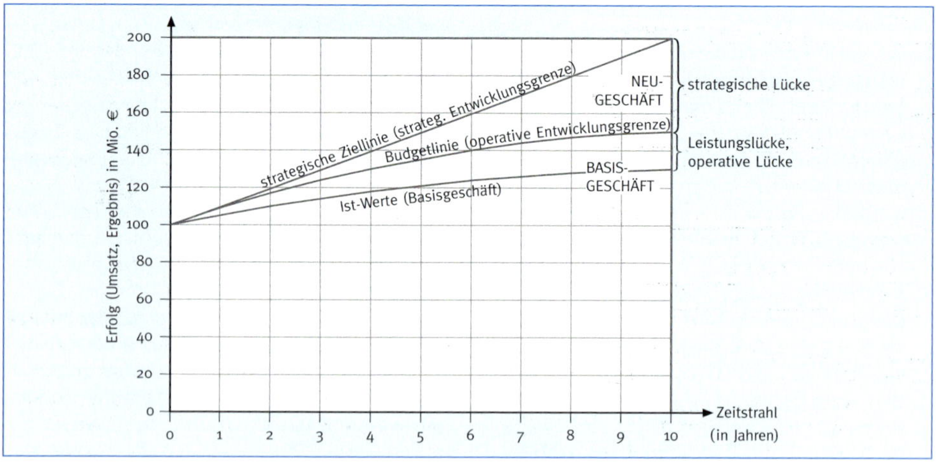

Abb. 28: Beispielkurven einer GAP-Analyse

Gebietsleiter. Ein Verkäufer auf mittlerer Managementebene, der eine Reihe von Verkäufern in einem bestimmten geografischen Gebiet leitet.

Gebietsorganisation (Area-Management). Objekt-orientierte Organisationsform im Rahmen der Sekundärorganisation. Dies ist möglich als
- Stab-Gebietsmanagement,
- Linien-Gebietsmanagement oder
- Matrix-Gebietsmanagement mit funktionalen Organisationseinheiten in der anderen Dimension sowie als
- Gremien-Gebietsmanagement (Ausschuss).

Vorteile
1. Spezialisierung auf verschiedene Absatzmärkte. Gerade bei verbreitet international tätigen Unternehmen nimmt die Streuung der Charakteristika der Absatzmärkte extrem zu; global erdachte Strategien müssen auf regionale Besonderheiten heruntergebrochen werden. Daher ist nur dadurch eine effiziente Abdeckung großer Absatzgebiete überschaubar möglich.
2. Eingehende Kenntnis und Betreuung der gebietsansässigen Kunden; der Gebietsmanager erhält Zugang zu Kultur und Mentalität seiner Gesprächspartner und damit größere Chancen zum Geschäftsabschluss. Dies gilt vor allem für Gebiete, die dem Stammland mental sehr entrückt sind.
3. Berücksichtigung regionaler Besonderheiten; inwieweit der Gebietsmanager freilich auf die Spezifika der Region eingehen kann, hängt vom Grad der Zentralisation der Entscheidungsfindung ab.

Nachteile:
1. Mögliche Koordinationsprobleme zwischen den einzelnen Marktgebieten; dies ist zu Zeiten verstärkten internationalen Austauschs und grenzüberschreitender Kommunikation insofern bedeutsam, als es leicht zu Irritationen durch abweichende Strategieausprägungen in verschiedenen Gebieten kommen kann.
2. Gefahr übertriebener Abteilungskonkurrenz. So ergeben sich mehrfache Produkt- und Kundenzuständigkeiten mit Erhöhung des Koordinationsaufwands und Aufblähung des Anteils administrativer gegenüber dem eigentlich produktiver Arbeiten.

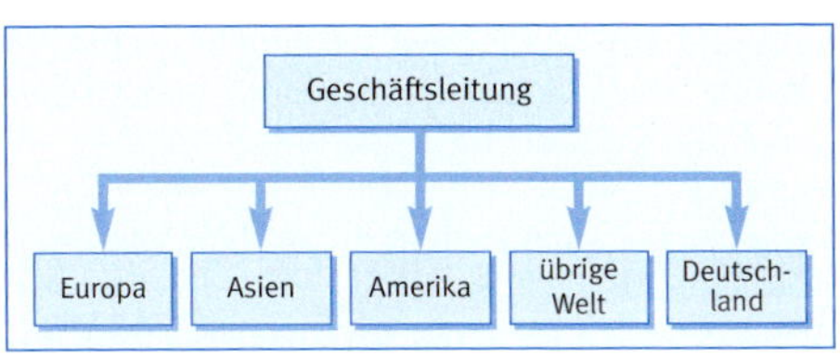

Abb. 29: Gebietsorganisation

Gebietszuweisung (im Verkauf). Wichtig für die Organisation des Außendienstes ist eine eindeutige Zuordnung der Außendienstmitarbeiter zu »Gebieten«; darunter sind eindeutig abgrenzbare Gruppen von Kunden und Interessenten zu verstehen. Als Abgrenzungskriterium kommen geografische Gebiete, Produktgruppen und Branchen infrage sowie Kombinationen dieser drei Kriterien. Eine eindeutige Zuordnung durch eine »Gebietszuweisung« ist im Direktvertrieb deswegen erforderlich, weil die Kunden nicht in ein Ladengeschäft kommen, sondern von den Außendienstmitarbeitern aktiv betreut werden müssen. Nur durch eine Gebietszuweisung kann sichergestellt werden, dass für jeden Kunden und Interessenten eine eindeutige Verantwortung besteht und nicht mehrere Außendienstmitarbeiter des gleichen Anbieters die gleichen Produkte bei einem attraktiven Kunden anbieten, während ein vermeintlich unattraktiver Kunde von keinem Außendienstmitarbeiter betreut wird. Eine eindeutige Zuordnung von Kunden und Außendienstmitarbeitern ist auch deshalb notwendig, um ergebnisorientierte Zahlungen wie Provisionen etc. korrekt ermitteln zu können.

Gebinde. Packungseinheit, z.B. Sechserpack.

Gebrauchsmuster. Spezialgebiet des → *gewerblichen Rechtsschutzes*. Das Gebrauchsmuster wird für Erfindungen erteilt, die neu sind, auf einem erfinderischen Schritt beruhen und gewerblich anwendbar sind. Die Eintragung in die Gebrauchsmusterrolle erfolgt schnell und preiswert, da weder Neuheit noch Erfindungshöhe überprüft werden. Es entsteht ein vollwertiges gewerbliches Schutzrecht vergleichbar dem → *Patentrecht*. Dem Vorteil der einfachen Erlangung eines »kleinen Patents« steht das Risiko einer nachträglichen Überprüfung der Schutzvoraussetzungen in einem Löschungsverfahren oder in einem gerichtlichen Verletzungsprozess gegenüber. Dennoch hat sich das Gebrauchsmuster durchgesetzt. Es verschafft dem Rechtsinhaber ein Ausschlussrecht. Er kann z.B. die

Herstellung, den Vertrieb und die Nutzung seines Gebrauchsmusters untersagen oder durch → *Lizenzvertrag* nutzen. Die Schutzhöchstdauer beträgt zehn Jahre.
Literaturempfehlung: Steckler: Grundzüge des Gewerblichen Rechtsschutzes, 2. Auflage, München 1996.

Gebrochener Verkehr. Transport mit unterschiedlichen Verkehrsmitteln längs der Logistikkette. Beispiel: → *Vorlauf* mit dem Lkw zum Hafen, → *Hauptlauf* mit dem Schiff, → *Nachlauf* mit der Bahn.

Gefahrgutverordnung Straße. Regelwerk für die Gefahrgutbeförderung.

Gegenstrom-Planung. Die Willensbildung erfolgt hierbei vom Top-Management an die Basis (Top Down) und von dieser wieder an das Top-Management zurück (Bottom Up). Die Unternehmensleitung denkt eine Entscheidung an und gibt sie zum Zweck der Akzeptanzprüfung in die Organisation. Dort findet eine Meinungsbildung statt, die zurückgemeldet wird. Besteht Übereinstimmung zwischen Entscheidungsvorhaben und Meinungsrückfluss, kann die Entscheidung nun durchgesetzt werden. Gibt es Divergenzen, wird die Entscheidung modifiziert und evtl. erneut in der Organisation getestet, und zwar so lange, bis ein Konsens erzielt ist. Auf diese Weise kann das Top-Management die Willensbildung aktiv steuern und dennoch die Basis einbeziehen. Allerdings bedingt dieses Prinzip einen hohen Koordinations- und Zeitaufwand, sodass es de facto meist derart angewendet wird, dass nur ausgewählte Gremien der Organisation (Beirat, Betriebsrat, Ausschuss etc.) konsultiert werden.

Gehalt → *Arbeitsentgelt*, Arbeitsentgeltformen.

Geldmarkt → *Finanzmärkte*.

Gelegenheitsgesellschaft, zeitlich begrenzt → *Gesellschaft bürgerlichen Rechts* (GbR).

Gemba. Begriff aus der japanischen Produktion, meint die Werkstatt als Ort der Wertschöpfung. Die Verwaltung wird nur als Serviceabteilung gesehen. Insofern ist immer der Arbeitsplatz aufzusuchen, wenn eine Qualitätsabweichung auftritt. Notwendig sind dann eine Überprüfung der Arbeitsumgebung sowie die Ursachenanalyse und Fehlerquellenbeseitigung zur Vorbeugung gegen ein Wiederauftreten desselben Fehlers.

Gemeindesteuern. Steuern, die ausschließlich bzw. überwiegend der jeweiligen Gemeinde zufließen. Es sind vor allem die → *Gewerbesteuer*, die → *Grundsteuer*, die Hundesteuer, die Getränkesteuer und die Zweitwohnungssteuer.

Gemeinkosten. Im Gegensatz zu → *Einzelkosten* fallen Gemeinkosten im engeren »traditionellen« Sinne für mindestens zwei Kostenträger, im weiteren Sinne für mindestens zwei interne Prozesse, Kostenstellen (allgemein: Verursacher) gemeinsam an. Zur Ermittlung z. B. der → *Stückkosten* von Produkten müssen sie rein rechentechnisch anteilig verteilt werden (typische Beispiele sind Kostenstellen wie Verwaltung für das Gesamtunternehmen oder Lohnabrechnung für die Fertigung). Wenn dies geschieht, ist das zahlenmäßige Ergebnis kein Abbild der Wirklichkeit mehr, es beantwortet günstigstenfalls »Was wäre wenn«-Fragen und führt im schlechtesten Fall (z. B. Einstellung einer Produktion wegen vorübergehendem Unterschreiten eines »theoretisch« kalkulierten Preises; als Gegenmittel → *Deckungsbeitragsrechnung*) zu wirtschaftlich falschen Entscheidungen.

Gemeinkosten, unechte. → *Einzelkosten*, die zur Verwaltungsvereinfachung als → *Gemeinkosten* erfasst und »verrechnet« werden (in vielen Unternehmen z. B. Portokosten).

Gemeinschaftssteuern. Es sind Steuern, die Bund, Ländern und Gemeinden gemeinschaftlich zufließen. Hierzu gehören die aufkommensstärksten Steuern, nämlich die Einkommen- und Lohnsteuer, die → *Körperschaftsteuer* und die → *Umsatzsteuer*. Die Steuereinnahmen sind jeweils auf Bund, Länder und Gemeinden aufzuteilen, z. B. bei der Umsatzsteuer etwa je zur Hälfte auf Bund und Länder, bei der Einkommen- und Lohnsteuer zu je 42,5 % auf Bund und Länder und zu 15 % auf die Gemeinden.

Gemeinschaftsunternehmen → *Joint Venture*.

Gemischtes Konto. Enthält teilweise den Bestand, teilweise den Erfolg (z. B. Warenkonto mit

Anfangsbestand und Zugängen zu Einkaufspreisen und Abgängen zu Verkaufspreisen). Dies führt freilich zu einer Verzerrung der Aussage, da der Saldo regelmäßig weder mit dem tatsächlichen Bestand noch mit dem Erfolg übereinstimmt.

Generalversammlung → *Genossenschaft, eingetragene (eG)*.

Genossenschaft, eingetragene (eG). Genossenschaften wurden in Deutschland vor allem im 19. Jahrhundert als wirtschaftliche Selbsthilfeorganisation gegründet und besitzen auch heute noch in bestimmten Wirtschaftszweigen (z.B. in der Landwirtschaft und im Kreditgewerbe) eine wichtige praktische Bedeutung. Die eG ist gesetzlich im Genossenschaftsgesetz (GenG) geregelt. Sie besitzt als juristische Person eine eigene Rechtspersönlichkeit und wird durch einen schriftlichen Vertrag (»Statut«) durch mindestens sieben Gesellschafter (Genossen) gegründet. Eine Besonderheit der eG besteht in ihrer nicht geschlossenen Mitgliederzahl, d.h., die Zahl der Genossen kann sich durch freien Wechsel ständig verändern. Wie die → *Aktiengesellschaft* (AG) verfügt auch die eG über drei Organe. Der → *Vorstand* führt die laufenden Geschäfte und wird durch den → *Aufsichtsrat* kontrolliert. Die Generalversammlung als Anteilseignervertretung wählt im Unterschied zur → *Aktiengesellschaft* (AG) Vorstand und Aufsichtsrat und entlastet beide Organe am Ende des Geschäftsjahrs. Unabhängig von seinem Geschäftsanteil hat jeder Genosse in der Generalversammlung eine Stimme. Das Anteilskapital der Genossenschaft setzt sich aus den Einlagen der Genossen zusammen. Die nicht geschlossene Mitgliederzahl hat zur Folge, dass das Eigenkapital im Unterschied zu den → *Kapitalgesellschaften* schwanken kann, weil Genossen, die aus der Gesellschaft austreten, ihren Geschäftsanteil ausbezahlt bekommen. Die Haftung ist wie bei den → *Kapitalgesellschaften* geregelt, d.h. auf das Gesellschaftsvermögen beschränkt.

Genussschein. Von Unternehmen zur Finanzierung ausgegebenes verbrieftes Recht auf »Genüsse«, z.B. gewinnabhängige Auszahlungen, ohne dass der Genussrechtsinhaber Eigentumsrechte, d.h. Stimmrechte erhält. Die Gestaltung der Genussrechte ist sehr unterschiedlich. Als Grundtypen lassen sich festverzinsliche Scheine mit Verlustbeteiligung, Scheine mit Mindestausschüttung und gewinnabhängigem Bonus und vollkommen gewinnabhängig verzinste Scheine unterscheiden. Je nach Ausgestaltung der Genussrechte wird das Genusskapital steuerlich als Fremd- oder als Eigenkapital eingestuft. Angestrebt wird regelmäßig die Einstufung als steuerlich günstigeres Fremdkapital. Genussscheine können auch zum Börsenhandel zugelassen werden, sodass sich deren → *Fungibilität* erhöht. Die Genussscheinfinanzierung ist eine Mischform der Außenfinanzierung (→ *Finanzierung*).

Gerätetreiber. Programm, das einem bestimmten Gerät eines Computersystems (z.B. Bildschirm oder Drucker) den Datenaustausch mit dem → *Betriebssystem* ermöglicht. Gerätetreiber für Standardgeräte sind meist bereits im Lieferumfang des Betriebssystems enthalten und brauchen vom Nutzer lediglich konfiguriert (auf das Gerät eingestellt) zu werden. Andere Gerätetreiber werden mit dem Gerät mitgeliefert und müssen erst auf dem Computersystem installiert werden.

Geregelter Markt. Marktsegment der deutschen Börse, welches sich gegenüber dem → *Amtlichen Markt* durch reduzierte Zulassungsvoraussetzungen auszeichnet. Der geregelte Markt soll es auch kleineren und mittleren Unternehmen ermöglichen, über den Gang an die Börse ihre Eigenkapitalposition auszubauen. Die Erleichterungen beziehen sich auf reduzierte Anforderungen an das Emissionsvolumen und die Art und Häufigkeit der Information von Aktionären und Öffentlichkeit.

Gesamtabsatzpotenzial. Das höchste in einem Markt innerhalb eines bestimmten Zeitraums mögliche zu erreichende Absatzvolumen. Dieses Volumen basiert auf Daten der Absatz- und/oder Marketingforschung.

Gesamtabweichung (von Kosten) → *Plankosten* minus → *Ist-Kosten*. Die Gesamtabweichung wird in der → *Plankostenrechnung* in Teilabweichungen (Stand der Technik: mindestens → *Beschäftigungs*-, → *Verbrauchs*- und → *Preisabweichung*) und dadurch verschiedenen mutmaßlichen Ursachen (gruppen) zugeordnet. Gesamtabweichung der Erlöse: → *Ist-Erlös* minus

→ *Planerlös*. Sie kann rechnerisch auch in Teilabweichungen zerlegt werden. Da Absatzmengen und -preise meist nicht unabhängig sind, ist diese Zerlegung für praktische Zwecke im Allgemeinen nicht aussagekräftig. Die genannten Definitionen führen zu der Interpretation der Vorzeichen der Abweichung: Plus ist gut, Minus schlecht für den Unternehmensgewinn. In der Literatur werden Abweichungen bei den Kosten z.T. umgekehrt definiert, sodass Minus für Kostenunterschreitung, Plus für Kostenüberschreitung steht. Abweichungen können deshalb nur in Kenntnis ihrer Definition interpretiert werden.

Gesamtkostenverfahren (Bilanzierung). Es ist neben dem → *Umsatzkostenverfahren* eine Möglichkeit zur Erstellung einer → *Gewinn- und Verlustrechnung* (§ 275 Abs. 2 HGB). Sie wird gerade in Deutschland sehr häufig gewählt und ist leicht handhabbar, da die unmittelbare Ableitung aus der Buchführung keine größeren Schwierigkeiten bereitet. Bei vorliegenden Bestandsveränderungen werden die Umsatzerlöse (beziehen sich auf die Absatzmenge) an das Mengengerüst der Periodenaufwendungen (beziehen sich auf die Produktionsmenge) angeglichen. Ausgangsgrundlage sind zunächst die gesamten nach Kostenarten gegliederten Produktionsaufwendungen (wie z.B. Material- und Personalaufwendungen), unabhängig davon, ob sich diese auf am Markt schon verkaufte oder auf Lager genommene Waren beziehen. Die Erträge werden dann um Bestandsveränderungen noch korrigiert und ergeben gemeinsam die Gesamtleistung. Bestandserhöhungen (Produktionsmenge größer als Absatzmenge) steigern und Bestandsminderungen (Absatzmenge größer als Produktionsmenge) verringern die Gesamtleistung. Die Differenz zwischen der Gesamtleistung und den gesamten Produktionsaufwendungen der Periode ergibt dann den Erfolg (ein Rechenbeispiel findet sich bei der → *Gewinn- und Verlustrechnung*).

Das Gesamtkostenverfahren ist ein Verfahren zur Synchronisation von Kosten und Umsätzen. Dabei werden sämtlichen in der betrachteten Periode anfallenden → *Erträgen* sämtliche während dieser Zeit anfallenden Aufwendungen gegenübergestellt, die bei Erbringen der Betriebsleistungen entstanden sind. Die rechnerische Angleichung von Aufwand und Ertrag erfolgt folgendermaßen: Umsatzerlöse einer Periode zuzüglich Bestandserhöhungen an unfertigen und fertigen Erzeugnissen (bewertet mit den → *Herstellungskosten*) abzüglich Bestandsminderungen an unfertigen und fertigen Erzeugnissen (bewertet zu Herstellungskosten) abzüglich gesamte Herstellungskosten einer Periode abzüglich Verwaltungs- und Vertriebsgemeinkosten der Periode.

Geschäftsbesorgungsvertrag. Dieser Vertrag ist auf eine entgeltliche wirtschaftliche Tätigkeit im Interesse des Auftraggebers gerichtet. Dazu gehören z.B. Bankverträge, Speditionsverträge, Baubetreuungsverträge, Beratungsverträge, Betriebsführungs- und Geschäftsführungsverträge. Rechtsgrundlage ist das Bürgerliche Gesetzbuch (BGB) mit dem besonderen Teil des → *Schuldrechts*. Es gilt der Grundsatz der Privatautonomie (→ *Vertragsrecht*).
Literaturempfehlung: Steckler: Wirtschaftsrecht, 6. Auflage, Wiesbaden 2003.

Geschäftseinheiten, strategische. Produkt-Markt-Kombinationen, für die sich eigenständige Strategien entwickeln lassen (→ *Produkt-Markt-Matrix*, → *Planung, strategische*). Für dieses Konzept werden auch die Begriffe strategische Geschäftsbereiche, Strategic Business Units verwendet. Typische Kriterien für strategische Geschäftseinheiten sind:

1. Kundenbezogene Marktaufgabe mit einem vom Umfang her attraktiven Marktpotenzial;
2. Möglichkeit der Abgrenzung der strategischen Geschäftseinheiten gegeneinander;
3. eindeutig bestimmbarer Kreis von Konkurrenten, von denen man sich abheben kann. Zunächst ist das Konzept der strategischen Geschäftseinheiten die planerische Konstruktion von ganzheitlich am Markt agierenden Einheiten quer über die Funktionen des Unternehmens hinweg und damit unabhängig von der bestehenden → *Organisation*.

Zur Umsetzung bietet sich die → *Sparten*- oder → *Matrixorganisation* an. Die Bildung strategischer Geschäftseinheiten unterstützt durch ihre Marktnähe auf mannigfache Art die Unternehmensziele wie durch bessere Marktbearbeitung, schnelleres Erkennen von Chancen und Risiken, höhere Flexibilität, Planung durch Spezialisten, schnelleres Erkennen von Erfolgsfaktoren.

Geschäftsfreundebuch → *Nebenbücher der Buchführung*.

Geschäftsgeheimnisse → *Betriebsgeheimnisse*.

Geschäftsjahr. Meist identisch mit dem Kalenderjahr, für Voll- und Sollkaufleute sowie bestimmte Berufsgruppen besteht die Möglichkeit, davon abzuweichen. Durch Übergang zu einem kalenderabweichenden Geschäftsjahr zu Zeiten hoher Gewinne können faktisch Steuern erspart bzw. zeitlich verschoben werden.

Geschäftsprozess. Organisationsbegriff, mit dem wesentliche Abwicklungsschritte in Wirtschaftsbetrieben zusammengefasst werden. Beispiele: Angebotserstellungsprozess, Auftragsabwicklungsprozess, Entwicklungsprozess, Beschaffungsprozess, Distributionsprozess. Die Geschäftsprozess-Organisation löst die tayloristische Arbeitsteilung zu Gunsten einer geschlossenen Abwicklung ab. → *Aufbau*- und → *Ablauforganisation* werden so angepasst, dass der jeweilige → *Geschäftsprozess* optimal unterstützt wird. Hierdurch sollen die Kernleistungen des Unternehmens in besonderer Weise gefördert werden.

Geschäftsvorfall. Ist gegeben, wenn sich Vermögen und/oder → *Schulden* eines Unternehmens verändern oder sich ein Werteverzehr und/oder Wertezuwachs ergibt. Jeder Geschäftsvorfall muss durch → *Belege* dokumentiert werden, damit er buchhalterisch erfasst werden kann (keine Buchung ohne Beleg).

Gesellschaft bürgerlichen Rechts (GbR). Es handelt sich um die Grundform einer Personengesellschaft, vgl. → *Gesellschaftsrecht*. Die GbR ist eine durch Vertrag begründete Personenvereinigung zur Verfolgung eines gemeinsamen Zwecks. Rechtsgrundlage sind die §§ 705 ff BGB. Typische Erscheinungsformen in der Wirtschaftspraxis sind Interessengemeinschaften, Werbegemeinschaften, Kartelle, Konsortien, Forschungs- und Entwicklungskooperationen etc. Auch Zusammenschlüsse von Freiberuflern, die nicht in der Rechtsform der Partnerschaftsgesellschaft (PartG) kooperieren, wählen die Rechtsform der GbR (Ärzte, Rechtsanwälte, Steuerberater, Unternehmensberater etc.).

In der GbR sind die Gesellschafter Träger aller Rechte und Pflichten. Sie besorgen selbst die Geschäftsführung und Vertretung (Selbstorganschaft). Es wird ein Gesamthandsvermögen gebildet. Die Gesellschafter haften persönlich, unbeschränkt und gesamtschuldnerisch für die Verbindlichkeiten der GbR. Die Gesellschaft ist nicht rechtsfähig.

Literaturempfehlung: Steckler: Wirtschaftsrecht, 6. Auflage, Ludwigshafen 2003. Danne, H. / Keil, T.: Wirtschaftsprivatrecht II, Berlin 2001.

Gesellschaft mit beschränkter Haftung (GmbH). Es handelt sich um die häufigste Form der körperschaftlichen Handelsgesellschaften, vgl. → *Gesellschaftsrecht*. Rechtsgrundlage ist das Gesetz über die GmbH (GmbHG). Die GmbH wird durch notariellen Gesellschaftsvertrag von einer oder mehreren Personen gegründet. Die Satzung enthält mindestens Firma und Sitz der Gesellschaft, Gegenstand des Unternehmens, den Betrag des Stammkapitals und die Stammeinlagen. Die Summe aller Stammeinlagen bildet das Stammkapital von mindestens 25.000 Euro. Es kann eine Bar- oder eine Sachgründung vorgenommen werden. Erst mit der Eintragung in das Handelsregister entsteht die GmbH als juristische Person und die Haftungsbeschränkung wird wirksam. Die Haftung beschränkt sich dann auf das Gesellschaftsvermögen. Bei fehlender Kapitalaufbringung im Gründungsstadium kann eine Differenzhaftung oder eine Schadensersatzpflicht der Gründer gegeben sein. Organe der GmbH sind der Geschäftsführer (als Vertreter), die Gesellschafterversammlung und bei über 500 Arbeitnehmern auch der Aufsichtsrat.

Literaturempfehlung: Danne, H. / Keil, T.: Wirtschaftsprivatrecht II, Berlin 2001. Steckler: Wirtschaftsrecht, 6. Auflage, Ludwigshafen 2003.

Gesellschaftsrecht. Jede durch Vertrag begründete Personenvereinigung zur Verfolgung eines gemeinsamen Zwecks ist eine Gesellschaft. Rechtsgrundlagen des Gesellschaftsrechts sind im Bürgerlichen Gesetzbuch (BGB), im Handelsgesetzbuch (HGB) und in Spezialgesetzen enthalten. Man unterscheidet Personengesellschaften und Körperschaften. Die Grundformen sind im → *Bürgerlichen Recht* geregelt. Grundform der Personengesellschaft ist die → *Gesellschaft bürgerlichen Rechts* (GbR), Sonderformen für den Handelsverkehr sind u.a. die → *offene Handelsgesellschaft* (OHG) und die → *Kommanditgesellschaft* (KG). Der Verein ist die Grundform der Körperschaft. Er erlangt Rechtsfähigkeit durch die Eintragung in das Vereinsregister (e.V.) und wird als juristische Per-

Übersicht über Gesellschaftsformen	
a) Personengesellschaften	
Gesellschaft bürgerlichen Rechts (GbR)	Die Gesellschafter verpflichten sich zur Förderung eines gemeinsamen Zwecks.
Partnerschaftsgesellschaft	Angehörige freier Berufe schließen sich zur Ausübung ihrer Tätigkeiten zusammen.
offene Handelsgesellschaft (oHG)	Der Gesellschaftsvertrag ist auf den Betrieb eines Handelsgewerbes unter gemeinschaftlicher Firma gerichtet.
Kommanditgesellschaft (KG)	Die KG entspricht der oHG; nur ist die Haftung eines Gesellschafters auf seine Vermögenseinlage (Kommanditanteil) beschränkt.
stille Gesellschaft	Beteiligung des stillen Gesellschafters an einem Handelsgeschäft.
GmbH & Co. KG (Mischform)	Eine KG, in der die unbeschränkte Haftung von einer GmbH übernommen wird.
b) Körperschaften	
Verein	Der Verein entsteht durch Eintragung in das Vereinsregister. Organe sind der Vorstand und die Mitgliederversammlung.
Gesellschaft mit beschränkter Haftung (GmbH)	Die GmbH ist eine Handelsgesellschaft, die durch Eintragung in das Handelsregister entsteht. Organe sind der Geschäftsführer, die Gesellschafterversammlung und der Aufsichtsrat.
Aktiengesellschaft (AG)	Die AG ist eine Handelsgesellschaft, deren Grundkapital in Aktien zerlegt ist. Organe sind der Vorstand, die Hauptversammlung und der Aufsichtsrat.
Kommanditgesellschaft auf Aktien	Die KG a. A. ist eine Handelsgesellschaft mit mindestens einer natürlichen Person als Komplementär. Der Kommanditanteil der KG ist in Aktien zerlegt.
Genossenschaft	Die Genossenschaft entsteht durch Eintragung in das Genossenschaftsregister. Ihr Zweck ist auf die Förderung der Mitglieder durch gemeinsamen Geschäftsbetrieb gerichtet. Organe sind der Vorstand, die Generalversammlung und der Aufsichtsrat.
Kommanditgesellschaft auf Aktien (KG a. A.)	Eine KG mit einem in Aktien zerlegten Kommanditanteil (Mischform).

son Eigentümer des Gesellschaftsvermögens. Sonderformen der Körperschaft sind u.a. die → *Gesellschaft mit beschränkter Haftung* (GmbH) und die → *Aktiengesellschaft* (AG). Im Gesellschaftsrecht herrscht der Numerus clausus der Gesellschaftsformen. Es kann nur eine der aufgeführten Gesellschaftsformen gewählt werden, zu denen auch Mischtypen gehören. Im Innenverhältnis für den Gesellschaftsvertrag gilt dagegen der Grundsatz der Privatautonomie, wobei Körperschaften strengeren Regeln unterliegen.

Literaturempfehlung: Eisenhardt: Gesellschaftsrecht, 11. Auflage, München 2003. Steckler: Wirtschaftsrecht, 6. Auflage, Ludwigshafen 2003. Danne, H./Keil, T.: Wirtschaftsprivatrecht II, Berlin 2001.

Gewerbeertrag. Laut § 7 Gewerbesteuergesetz der Gewinn aus dem Gewerbebetrieb vermehrt um die sog. → *Hinzurechnungen* und vermindert um die sog. → *Kürzungen*. Der Gewerbeertrag kann also höher oder niedriger als der Gewinn aus Gewerbebetrieb ausfallen, je nachdem ob Hinzurechnungen oder Kürzungen größer sind. Ein negativer Gewerbeertrag wird als Gewerbeverlust bezeichnet. Der Gewerbeverlust ist nicht zu verwechseln mit dem Verlust aus Gewerbebetrieb, der sich ergibt, wenn die Betriebsausgaben die Betriebseinnahmen übersteigen.

Gewerbesteuer. Mit 27 Milliarden € Aufkommen im Jahre 2001 steht die Gewerbesteuer nach der Umsatzsteuer, Lohnsteuer und Mineralölsteuer an vierter Stelle. Es ist die wichtigste Einnahmequelle für die Gemeinden. Bis 1979 basierte die Gewerbesteuer auf drei Grundlagen, der Lohnsumme, dem Gewerbekapital und dem Gewerbeertrag. 1979 wurde die Lohnsummensteuer abgeschafft und 1998 die Gewerbekapitalsteuer, sodass seitdem nur noch der → *Gewerbeertrag* besteuert wird. Somit ist die Gewerbesteuer eine reine Gewerbeertragsteuer. Gemäß § 2 Gewerbesteuergesetz ist der Steuergegenstand der Gewerbebetrieb, soweit er im Inland betrieben wird. Als Gewerbebetrieb gilt jedes gewerbliche Unternehmen im Sinne von § 15 Abs. 2 Einkommensteuergesetz. Danach kann man folgende Merkmale unterscheiden:

Positive Merkmale	Negative Merkmale
Selbstständigkeit der Betätigung	keine Land- und Forstwirtschaft
Nachhaltigkeit der Betätigung	keine selbstständige Arbeit
Gewinnerzielungsabsicht	keine Vermögensverwaltung
Beteiligung am allgemeinen wirtschaftlichen Verkehr	d.h. keine Kapitalnutzung, keine Vermietung und Verpachtung

Merkmale eines Gewerbebetriebes

Nach diesen Merkmalen gehören vor allem Handels-, Industrie- und viele Dienstleistungsbetriebe in den Rechtsformen des Einzelunternehmens und der Personengesellschaft zu den Gewerbebetrieben. Sie werden in der Regel auf Dauer selbstständig betrieben, um Gewinne zu erzielen. Sie bieten ihre Leistungen der Allgemeinheit an und beteiligen sich dadurch am wirtschaftlichen Verkehr. Kapitalgesellschaften und Genossenschaften gelten laut § 2 Abs. 2 Gewerbesteuergesetz stets und in vollem Umfang als Gewerbebetriebe. Daher ist z.B. auch eine Steuerberatungs- oder eine Unternehmensberatungs-GmbH stets gewerbesteuerpflichtig, obwohl die freiberufliche Tätigkeit grundsätzlich keinen Gewerbebetrieb darstellt. Die sachliche Steuerpflicht bezieht sich ausschließlich auf den Gewerbeertrag des steuerpflichtigen Gewerbebetriebes. Bei Einzelunternehmen und Personengesellschaften beginnt die Steuerpflicht mit der Aufnahme und endet entsprechend mit der tatsächlichen Einstellung der gewerblichen Tätigkeit. Gründungs- und Liquidationsphase sind somit nicht gewerbesteuerpflichtig. Daher ist z.B. der Liquidations- und Veräußerungsgewinn eines Personenunternehmens nicht gewerbesteuerpflichtig. Bei Kapitalgesellschaften beginnt die Gewerbesteuerpflicht mit der Eintragung in das Handelsregister und endet erst in dem Zeitpunkt, in dem das Unternehmen liquidiert und das Vermögen an die Gesellschafter verteilt worden ist. Gründungs- und Liquidationsphase sind hier also voll gewerbesteuerpflichtig. Die Berechnung der Gewerbesteuer (→ *Hinzurechnungen*) ist vereinfacht in der nachfolgenden Übersicht veranschaulicht (Beispielzahlen in €).

Ein besonderes Problem ergibt sich dadurch, dass die Gewerbesteuer als Betriebssteuer den Gewinn mindert. Man benötigt zur Berechnung also einen Gewinn, bei dem die zu berechnende Gewerbesteuer bereits als Betriebsausgabe berücksichtigt ist. Aus Gründen der Klarheit geht man zunächst von einem Gewinn aus, bei dem noch keinerlei Gewerbesteuer des laufenden Jahres berücksichtigt worden ist. Das bedeutet, dass die auf die Jahresschuld geleisteten Gewerbesteuer-Vorauszahlungen, die bereits als Betriebsausgaben angesetzt worden sind, wieder zum Gewinn addiert werden müssen. Die Abzugsfähigkeit der Gewerbesteuer kann durch die Anwendung der sog. 5/6-Methode oder eine Pro-

	Ausgangsgröße: Gewinn aus Gewerbebetrieb (§ 7 GewStG)		340.120
+	Hinzurechnungen laut § 8 GewStG	+	6.360
–	Kürzungen laut § 9 GewStG	–	7.790
=	Gewerbeertrag vor Verlustabzug		338.690
–	Gewerbeverlust laut § 10 a GewStG	–	50.000
=	Gewerbeertrag nach Verlustabzug		288.690
	Abrundung auf volle 50 € laut § 11 Abs. 1 GewStG		288.650
–	Freibetrag bei natürlichen Personen und Personengesellschaften laut § 11 Abs. 1 Nr. 1 GewStG	–	24.500
–	2. Freibetrag bei natürlichen Personen und Personengesellschaften laut § 11 Abs. 2 GewStG auf Grund der sog. Staffelregelung	–	24.000
=	**(steuerpflichtiger) Gewerbeertrag**		**240.150**
·	Steuermesszahl: 5 %		
=	Steuermessbetrag		12.007,50
·	Hebesatz laut § 16 GewStG: 400 %		
=	**Gewerbesteuer**		**48.030**

Beispielhafte Berechnung der Gewerbesteuer

zentrechnung vom vermehrten Wert berücksichtigt werden.

Beispiel: Gewerbesteuer vor Berücksichtigung der Abzugsfähigkeit der Gewerbesteuer 600.000 €
Gewerbesteuer nach Berücksichtigung der Abzugsfähigkeit der Gewerbesteuer 5/6 = 500.000 €

Bei einem → *Hebesatz* von 400% entspricht diese Rechnung auch der exakten Rechnung; denn eine Steuermesszahl von 5% x 400% Hebesatz ergibt einen »Steuersatz« von 20%, d.h., das Ergebnis vor Abzug der Gewerbesteuer beträgt 120% = 600.000. 100% sind somit 600.000: 120 x 100 = 500.000 €. Hat ein Gewerbebetrieb Betriebsstätten in mehreren Gemeinden, so muss der Steuermessbetrag und damit auch die Gewerbesteuer nach dem Verhältnis der Arbeitslöhne, die in den einzelnen Gemeinden gezahlt werden, aufgeteilt werden. Seit 2001 wird intensiv die Abschaffung der Gewerbesteuer diskutiert. Hauptnachteile sind die Konjunkturabhängigkeit und die einseitige Belastung von Gewerbebetrieben. Die Gewerbesteuer soll durch eine Gemeinde-Einkommensteuer ersetzt werden, die alle in einer Kommune ansässigen Personen belastet, die von der Bereitstellung der Infrastruktur und den übrigen Leistungen der Gemeinde profitieren.

Gewerblicher Rechtsschutz. Im Bereich des geistigen Eigentums sind die gewerblichen Schutzrechte vom → *Urheberrecht* abzugrenzen. Gewerbliche Schutzrechte, z.B. Muster, Marken und Patente, entstehen i.d.R. durch die Eintragung in ein öffentliches Register. Sie geben dem eingetragenen Rechtsinhaber einen Vorsprung im Wettbewerb für die Dauer des Schutzrechts. Das Ausschlussrecht des Rechtsinhabers hat zwei Vorteile. Es entsteht für die Dauer des Schutzrechts ein negatives Verbietungsrecht gegenüber anderen Wettbewerbsteilnehmern. Der Rechtsinhaber kann das Recht wirtschaftlich nutzen, indem er → *Lizenzverträge* abschließt und anderen in dem vertraglich vereinbarten Umfang die Mitnutzung an seinem Recht gestattet. Anders als die gewerblichen Schutzrechte ist das → *Urheberrecht* ein Persönlichkeitsrecht, das mit der Person des Urhebers verbunden ist. Dagegen sind die gewerblichen Schutzrechte Vermögensrechte. Sie können beschränkt und unbeschränkt (durch Lizenzierung) im Rechtsverkehr übertragen werden. Die rechtliche Möglichkeit zur beschränkten Mitnutzung an dem Recht ist der wirtschaftliche Vorteil des Rechtsinhabers, den er durch Lizenzvergabe nutzt.

Patent	Erfindungen und Verfahren
Gebrauchsmuster	Erfindungen (nur Erzeugnisse, keine Verfahren)
Halbleiter	dreidimensionale Strukturen (Topografien) von Halbleitererzeugnissen
Sorten	Pflanzensorten lt. Artenverzeichnis
Geschmacksmuster	Form- und Farbgestaltungen von Mustern und Modellen
Typografien	typografische Schriftzeichen
Marken	Marken (Warenzeichen und Dienstleistungsmarken), geschäftliche Bezeichnungen und geografische Herkunftsangaben

Gewerbliche Schutzrechte

Patente werden für Erfindungen und Verfahren erteilt, die neu sind, auf einer erfinderischen Tätigkeit beruhen und gewerblich anwendbar sind. Es ist eine Eintragung in die Patentrolle erforderlich (→ *Patentrecht*). Gebrauchsmuster werden nur für Erfindungen erteilt. Neuheit und Erfindungshöhe werden nicht geprüft, sodass der Erwerb dieses Schutzrechts schnell und einfach ist (→ *Gebrauchsmusterrecht*). Der spezielle Rechtsschutz für Topografien von Halbleitererzeugnissen wurde geschaffen, weil diese meist nicht patent- oder gebrauchsmusterfähig sind. Nach dem Halbleiterschutzgesetz werden dreidimensionale Strukturen mikroelektronischer Halbleitererzeugnisse geschützt, wenn sie eine besondere Eigenart aufweisen. Der Sortenschutz betrifft die im Artenverzeichnis aufgeführten Pflanzensorten, sofern sie unterscheidbar, homogen, beständig und neu sind und eine Sortenbezeichnung aufweisen. Es erfolgt eine Eintragung in das Sortenregister. Der Geschmacksmusterschutz bezieht sich auf die eigentümliche Gestaltung von Mustern und Modellen. Es ist die Eintragung in das Geschmacksmusterregister erforderlich. Auch neue und eigenartige typografische Schriftzeichen können durch Eintragung in das Musterregister geschützt werden.

Der Markenschutz umfasst neben den eingetragenen Marken und geschäftlichen Kennzeichen auch geografische Herkunftsangaben. Eine Marke muss Kennzeichnungs- und Unterscheidungsfunktion aufweisen. Sofern eine Marke einen hohen Bekanntheitsgrad aufweist, kann der Markenrechtsschutz auch ohne Eintragung in das Markenrechtsregister entstehen (→ *Markenrecht*).

Alle gewerblichen Schutzrechte gewähren dem Rechtsinhaber Unterlassungs- und Schadensersatzansprüche zur Verfolgung von Schutzrechtsverletzungen. Ein ergänzender Rechtsschutz besteht nach den Regeln des → *Wettbewerbsrechts*. Im Bereich des gewerblichen Rechtsschutzes spielen europäische und internationale Abkommen eine bedeutende Rolle. Nach der Pariser Verbandsübereinkunft (1883) genießen die Angehörigen der Mitgliedstaaten den Schutz ihres geistigen Eigentums nach dem Grundsatz der Inländerbehandlung. Sie werden in jedem anderen Mitgliedstaat behandelt, als wäre ihr Schutzrecht dort entstanden. Auch die Inanspruchnahme der Unionspriorität ist gewährleistet. Das TRIPS-Abkommen über handelsbezogene Aspekte der Rechte des geistigen Eigentums (1995) ist für den Welthandel von großer Bedeutung. Es verpflichtet die Mitglieder zur Angleichung ihres Schutzniveaus an einen internationalen Standard.

Literaturempfehlung: Steckler: Grundzüge des gewerblichen Rechtsschutzes, 2. Auflage, München 1996. Danne, H. / Keil, T.: Wirtschaftsprivatrecht II, Berlin 2001.

Gewerkschaften (Einzelgewerkschaften). Freiwillige, auf Dauer angelegte Interessenvereinigungen der Arbeitnehmer mit dem Ziel der Absicherung und Verbesserung ihrer wirtschaftlichen und sozialen Lage bzw. Arbeitsbedingungen.

Gewinneinkünfte. Einkünfte gemäß § 2 Abs. 2 Nr. 1 Einkommensteuergesetz: Einkünfte aus Land- und Forstwirtschaft, aus Gewerbebetrieb und aus selbstständiger Arbeit. Sie ergeben sich als Saldo aus Betriebseinnahmen und Betriebsausgaben. Ein positiver Saldo ist Gewinn, ein negativer Saldo Verlust.

Gewinnermittlung. Bei → *Gewinneinkünften* kann die Gewinnermittlung nach folgenden Verfahren durchgeführt werden:

- Überschussrechnung gemäß § 4 Abs. 3 → *Einkommensteuergesetz* bei Steuerpflichtigen, die nicht der Buchführungspflicht unterliegen und die auch nicht freiwillig Bücher führen.

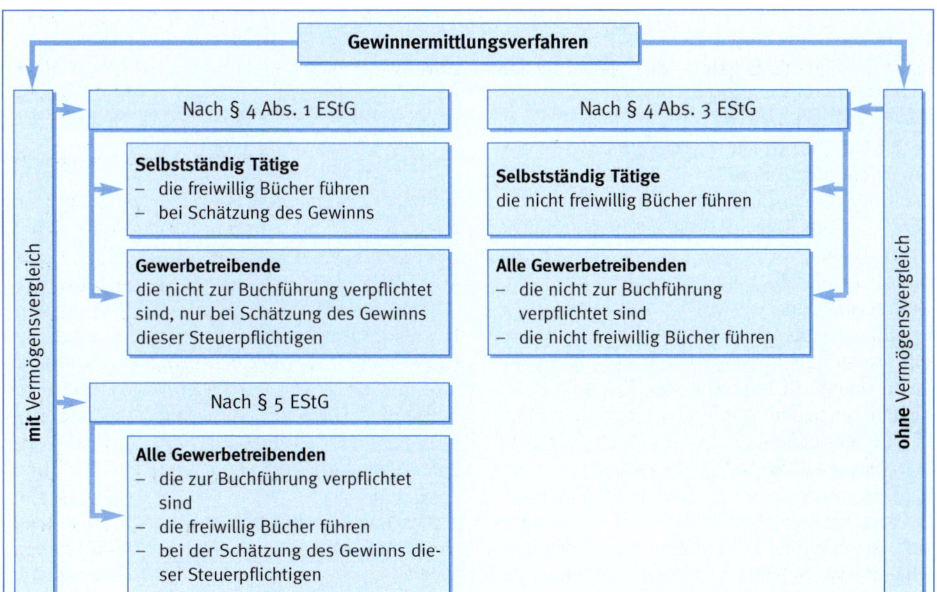

Abb. 30: Gewinnermittlungsverfahren (in Anlehnung an Rauser, H./Rauser, K.-D.: Steuerlehre für Ausbildung und Praxis, 22. Auflage, Darmstadt 1995, S. 287)

Hier werden lediglich → *Betriebseinnahmen* und → *Betriebsausgaben* gegenübergestellt.

- Allgemeiner → *Betriebsvermögensvergleich* gemäß § 4 Abs. 1 Einkommensteuergesetz, insbesondere bei Land- und Forstwirten, die buchführungspflichtig sind, und bei Freiberuflern, die freiwillig Bücher führen. Gewinn ist der Saldo zwischen dem Betriebsvermögen am Ende des Jahres und am Ende des Vorjahres plus Privatentnahmen minus Privateinlagen.
- Kaufmännischer Betriebsvermögensvergleich gemäß § 5 Einkommensteuergesetz bei Vollkaufleuten und bestimmten anderen Gewerbetreibenden. Das Betriebsvermögen ist nach handelsrechtlichen Grundsätzen ordnungsmäßiger Buchführung anzusetzen, d.h., die Handelsbilanz ist maßgebend für die Steuerbilanz. Es gilt jedoch auch die sog. umgekehrte Maßgeblichkeit der Steuerbilanz für die Handelsbilanz.
- Schätzung gemäß § 162 Abgabenordnung, wenn keine Buchführung bzw. keine ordnungsmäßige Buchführung vorliegt.

Gewinnmaximierung. Gewinn = Umsatz minus Kosten. Der Gewinn lässt sich also maximieren, indem der Umsatz vergrößert und/oder die Kosten verringert werden. Das Prinzip der Gewinnmaximierung beschreibt eine Verhaltensannahme, gemäß der ein Unternehmen danach strebt, generell und/oder bei bestimme Vorhaben den größtmöglichen Gewinn zu erzielen. Das Gewinnstreben ist Teil des erwerbswirtschaftlichen Prinzips, jedoch herrscht heute die Überzeugung vor, dass dieses nicht allein das Unternehmensverhalten bestimmt, → *Betriebswirtschaftslehre*. Als vereinfachende Annahme dient es aber oft als Zielfunktion bei Wirtschaftlichkeitsberechnungen.

Gewinn- und Verlustkonto. Abschlusskonto für alle Erfolgskonten. Es sammelt auf der Sollseite

Für die Periode 01 ergeben sich Bestandserhöhungen (Produktionsmenge größer als Absatzmenge) mit nachstehenden Daten:

Umsatzerlöse in 01			750.000 €
Bestandserhöhungen bei den Erzeugnissen in 01			200.000 €
setzen sich zusammen aus:	Materialaufwendungen:	110.000 €	
	Personalaufwendungen:	50.000 €	
	Abschreibungen:	40.000 €	
Aufwendungen der gesamten Geschäftsperiode in 01			500.000 €

Dies führt zu folgenden Berechnungen:

GuV nach dem Gesamtkostenverfahren		**GuV nach dem Umsatzkostenverfahren**	
Umsatzerlöse	750.000 €	Umsatzerlöse	750.000 €
Bestandserhöhung	+ 200.000 €	Herstellungskosten zur Erzielung	
Aufwendungen	– 500.000 €	der Umsatzerlöse	– 300.000 €
Jahresüberschuss	450.000 €	Jahresüberschuss	450.000 €

In der nächsten Periode 02 liegen Bestandsminderungen (Absatzmenge größer als Produktionsmenge) mit nachfolgenden Werten vor:

Umsatzerlöse in 02	1.000.000 €
Bestandsminderungen bei den Erzeugnissen in 02	150.000 €
Aufwendungen der gesamten Geschäftsperiode in 02	250.000 €

Hieraus resultieren die entsprechenden Darstellungsmöglichkeiten:

GuV nach dem Gesamtkostenverfahren		**GuV nach dem Umsatzkostenverfahren**	
Umsatzerlöse	1.000.000 €	Umsatzerlöse	1.000.000 €
Bestandminderung	– 150.000 €	Herstellungskosten in Erzielung	
Aufwendungen	– 250.000 €	der Umsatzerlöse	– 400.000 €
Jahresüberschuss	600.000 €	Jahresüberschuss	600.000 €

Vereinfachtes Beispiel zur Verdeutlichung des Gesamt- und Umsatzkostenverfahrens über zwei Perioden mit Bestandsveränderung

alle Aufwendungen und auf der Habenseite alle Erträge. Der Saldo stellt den Gewinn oder den Verlust der Abrechnungsperiode dar. Dieser wird auf das Eigenkapitalkonto übertragen. Ein Gewinn erhöht das Eigenkapital, ein Verlust vermindert es. Der Erfolg des Unternehmens ergibt sich daher sowohl durch den Saldo des Gewinn- und Verlustkontos als auch durch den Zeitvergleich des Eigenkapitalkontos.

Gewinn- und Verlustrechnung (GuV). Durch die Methode der doppelten Buchhaltung besteht ein rechentechnischer Zusammenhang zwischen der Bilanz und der GuV. Durch Bilanzen als zeitpunktbezogene Bestandsrechnung wird der Erfolg (Ergebnis) mithilfe eines vollständigen Betriebsvermögensvergleichs (Eigenkapital) als eine Gesamtsumme abgeleitet. Die GuV als zeitraumbezogene Stromgrößenrechnung ermittelt das gleiche Ergebnis über die Differenz zwischen Erträgen und Aufwendungen und macht damit noch die Erfolgsstruktur sichtbar. Das korrespondierende Ergebnis lässt sich daraus erklären, dass jede Aufwands- oder Ertragsverbuchung auch Auswirkung auf das entsprechende Bestandskonto hat. Für eine korrekte Erfolgsermittlung ist es wichtig, dass sich die Aufwendungen und Erträge auf dasselbe Mengengerüst beziehen. Dies macht keine Schwierigkeiten, wenn Leistungs- und Absatzmenge in einem Jahr identisch sind.

In diesem selten vorkommenden Fall kann dann eine einfache Subtraktion der Aufwendun-

Gesamtkostenverfahren	**Umsatzkostenverfahren**
1. Umsatzerlöse	1. Umsatzerlöse
2. Bestandsveränderungen an Erzeugnissen	2. Herstellungskosten der zur Erzielung der Umsatzerlöse erbrachten Leistungen
3. Andere aktivierte Eigenleistungen	3. Bruttoergebnis vom Umsatz
4. Sonstige betriebliche Erträge	4. Vertriebskosten
5. Materialaufwand a) Roh-, Hilfs-, Betriebsstoffe und bezogene Waren b) bezogene Leistungen	5. Allgemeine Verwaltungskosten
6. Personalaufwand a) Löhne und Gehälter b) Soziale Abgaben, Altersversorgung und Unterstützung	6. Sonstige betriebliche Erträge
7. Abschreibungen auf Vermögensgegenstände mit Ausnahme von Ziffer 12. (11.)	7. Sonstige betriebliche Aufwendungen
8. Sonstige betriebliche Aufwendungen	

= so genanntes Betriebsergebnis

9.	(8.)	Erträge aus Beteiligungen
10.	(9.)	Erträge aus anderen Wertpapieren und Ausleihungen des Finanzanlagevermögens
11.	(10.)	Sonstige Zinsen und ähnliche Erträge
12.	(11.)	Abschreibungen auf Finanzanlagen und auf Wertpapiere des Umlaufvermögens
13.	(12.)	Zinsen und ähnliche Aufwendungen
14.	(13.)	Ergebnis der gewöhnlichen Geschäftstätigkeit
15.	(14.)	Außerordentliche Erträge
16.	(15.)	Außerordentliche Aufwendungen
17.	(16.)	Außerordentliches Ergebnis
18.	(17.)	Steuern vom Einkommen und vom Ertrag
19.	(18.)	Sonstige Steuern
20.	(19.)	Jahresüberschuss (oder Jahresfehlbetrag)

(die in Klammern gesetzten Ziffern beziehen sich auf das Umsatzkostenverfahren)

Vergleich der Gewinn- und Verlustrechnungs-Gliederung nach dem Gesamt- und Umsatzkostenverfahren (§ 275 Abs. 2 und 3 HGB)

gen von den Erträgen erfolgen. Meist unterscheiden sich aber Produktions- und Absatzmenge, die dann eine rechnerische Angleichung erforderlich machen. Dies kann entweder über das → *Gesamtkosten*- oder über das → *Umsatzkostenverfahren* geschehen, die beide betragsmäßig zum selben Periodenerfolg führen. Besondere Gliederungsvorschriften haben Einzelkaufleute und Personenhandelsgesellschaften neben den → *Grundsätzen* ordnungsmäßiger Buchführung nicht zu beachten. Die GuV kann entweder in Konto- oder Staffelform aufgestellt werden. Dagegen gelten die speziellen Gliederungsvorschriften der §§ 275 – 278 HBG, die ausschließlich die Staffelform vorsehen, nur für Kapitalgesellschaften.

Gewinnvergleichsrechnung → *Investitionsrechnung, Statische Kalküle der*.

Gewogener gleitender Mittelwert. Methode zur Verbrauchsprognose, bei der im Gegensatz zum → *gleitenden Mittelwert* die Vergangenheitsverbrauchswerte mit unterschiedlichen Gewichten in die Berechnung eingehen. Formel: Neuer Vorhersagewert = Summe mehrerer gewichteter Vergangenheitswerte: durch die Summe der Gewichte. Die Gewichte nehmen in Richtung Vergangenheit ab. Mit jeder neuen Vorhersageperiode fällt der älteste Vergangenheitswert bei der Berechnung weg.

GGVS → *Gefahrgutverordnung Straße*.

GIF. Abk. für Graphics Interchange Format, stark komprimierendes Dateiformat für kleine Animationen und Grafiken, das rechnerunabhängig arbeitet.

Gitterboxpalette. Genormtes → *Förderhilfsmittel* bzw. → *Lagerhilfsmittel* mit Gitterwänden, gehalten durch Profilrahmen. Grundfläche 1.200 · 800 mm, stapelfähig. Eignung für Maschinen- und Gussteile.

Gleichbehandlungsgrundsatz. Im Arbeitsverhältnis ist der Arbeitgeber verpflichtet, bei kollektiven Maßnahmen, die er ohne Rechtspflicht anordnet oder trifft, Arbeitnehmer nicht ohne sachlichen Grund unterschiedlich zu behandeln. Beispiele sind die Zahlung von Gratifikationen, Lohnzuschlägen, aber auch Torkontrollen, Alkohol- oder Rauchverbote etc. Der Gleichbehandlungsgrundsatz gehört zu den Rechtsquellen des → *Arbeitsrechts*. Danach ist der Arbeitgeber gehalten, Differenzierungen sachlich zu rechtfertigen. Er könnte z.B. einzelne Arbeitnehmer nicht von einer Gratifikationszahlung ausnehmen. Dagegen wäre es zulässig, die Gratifikation an Leistungsmerkmale, an Betriebstreue oder an soziale Merkmale zu knüpfen.
Literaturempfehlung: Steckler/Schmidt, Arbeitsrecht und Sozialversicherung, 5. Auflage, Ludwigshafen 2001.

Gleichteil. Teile einer → *Variantenstückliste*, die in allen Varianten gleich bleiben.

Gleichungsverfahren → *Verrechnungspreise, innerbetriebliche*.

Gleisgebundene Transportmittel → *Flurförderzeuge* auf Gleisen. Beispiele: Werkbahn, Loren.

Gleisloses Transportmittel (frei bewegliches) → *Flurförderzeug*.

Gleitender Mittelwert. Methode zur Verbrauchsprognose, bei der Vergangenheitsverbrauchswerte in die Berechnung eingehen. Formel:

$$\text{Neuer Vorhersagewert} = \frac{\text{Summe mehrerer Vergangenheitswerte}}{\text{durch Anzahl der Werte.}}$$

Mit jeder neuen Vorhersageperiode fällt der älteste Vergangenheitswert bei der Berechnung weg.

Gleitpreisverfahren. Bestandsbewertungsverfahren, bei dem aus den Neu-Zukaufspreisen eines Artikels und den vorhandenen, bereits bewerteten Beständen ein neuer Mittelwert berechnet wird.

Gliederungszahl → *Kosten-Kennzahlen*.

Globalisierung. Ausweitung des Handlungsraums vom Unternehmen (und Staaten) auf die gesamte Welt durch internationale Zusammenarbeit bei Einkauf und/oder Absatz von Produkten und Dienstleistungen aller Art. Internationale Zusammenarbeit der Völker und fairer (Welt-) Handel werden überwiegend begrüßt. Globalisierungsgegner kritisieren jedoch negative Auswirkungen, wozu u.a. die bloße, auf Gewinnmaximierung ausgerichtete, Grundidee der Globalisierung gehört, zunehmend alles dort zu produzieren oder einzukaufen, wo es (geldmäßig) am billigsten ist. Die Gegenargumente beziehen sich erstens darauf, dass dies immanent ursprünglichen Grundsätzen der → *Ökonomie* widerspricht. Zweitens werden auftretende Gefahren hinsichtlich der die Existenzgefährdung (großer Teile) der Menschheit sowie ökologische Probleme ins Feld geführt.

Global Sourcing. Internationaler Einkauf.

Globalurteil. Kundenbezogene, explorative Qualitätsmessung. Dabei werden bei Kunden undifferenziert Fragen zur Qualitätswahrnehmung eines Angebots erhoben. Die daraus abzuleitenden Erkenntnisse sind jedoch begrenzt, da es meist an der Systematik fehlt.

GmbH → *Gesellschaft mit beschränkter Haftung*.

GmbH & Co. KG. Zulässige Typenvermischung im → *Gesellschaftsrecht*. Die GmbH & Co. KG ist eine → *Kommanditgesellschaft*, in der die → *GmbH* die Komplementärstellung einnimmt. Dadurch entsteht eine Personenhandelsgesellschaft, in der eine (begrenzt haftende) Kapitalgesellschaft (GmbH) Vollhafter ist. Diese Gesellschaftsform hat in der Praxis viele Vorteile, z.B. die Haftungsbeschränkung, die Fremdorganschaft, den Zugang zum Finanz- und Kapitalmarkt und die Lösung des Nachfolgeproblems. Rechtsgrundlagen sind das Handelsgesetzbuch (HGB) und das GmbH-Gesetz. Obwohl es keine natürlichen Personen geben muss, die voll haften, gilt die GmbH & Co. KG als Personengesellschaft, was im Einzelfall zu positiven Auswirkungen bei der Besteuerung führen kann. Die GmbH & Co. KG ist von den kombinierten Rechtsformen die am meisten verbreitete; weitere Möglichkeiten bestehen in der Kombination von AG und KG (AG & Co. KG), von GmbH und oHG (GmbH & Co. oHG) sowie von AG und oHG (AG & Co. oHG).
Literaturempfehlung: Steckler, Wirtschaftsrecht, 5. Auflage, Ludwigshafen 2000. Danne, H. / Keil, T.: Wirtschaftsprivatrecht II, Berlin 2001.

Going-Concern-Prinzip. → *Bewertungsgrundsatz* im → *Rechnungswesen*. Bei der Bewertung ist von der Fortführung der Unternehmenstätigkeit auszugehen. Ausnahmen bestehen nur bei Liquidation oder Konkurseröffnung bzw. -nähe, dann kann der Einzelveräußerungswert angesetzt werden.

Goldene Bankregel → *Finanzierungsregeln*.

Graphical User Interface (GUI). Grafische Benutzeroberfläche mit den Bedien- und Anzeigeelementen eines Programms oder Betriebssystems.

Gratisaktien → *Beteiligungsfinanzierung*.

Gremienorganisation. Gremien sind eine Mehrzahl von Personen, die über einen längeren Zeitraum in direkter Interaktion zueinander stehen. Gremien sind beständig und weisen eine direkte Interaktion der Mitglieder auf. Sie sind durch gemeinsame Normen geeint und durch ein Wir-Gefühl gekennzeichnet (wobei allerdings meist Untergruppen/Cliquen gegeben sind). Die Gremienmitglieder nehmen verschiedene → *Aufgaben* wahr. Man unterscheidet Vollzeitgremien (mit hauptamtlichen Mitgliedern/Standing commission) und Teilzeitgremien (Ausschuss/Komitee). Nach der Art der Aufgaben kann es sich um Daueraufgaben handeln oder befristete Aufgaben (Projektgruppe). Die Zusammenarbeit kann kontinuierlich (regelmäßig) oder diskontinuierlich (fallweise/task-force) erfolgen.

Im Direktorialprinzip gibt es einen Leiter, der allein entscheidet, im Kollegialprinzip entscheiden alle Mitglieder gemeinsam, bei der Primatkollegialität entscheidet der Leiter bei Stimmengleichheit durch seine Stimme, bei der Abstimmungskollegialität wird mit einfacher bzw. qualifizierter Mehrheit entschieden und bei der Kassationskollegialität wird nur einstimmig entschieden.

Das Gremium dient abgestuft entweder dem Austausch von Informationen, der Beratung über Sachverhalte, der Entscheidung über Sachverhalte oder der Ausführung von Entscheidungen. Es handelt sich um eine Personenmehrheit, der bestimmte Aufgaben dauerhaft übertragen werden und die sich in regelmäßigen Abständen abstimmt. Die Teilnehmer sind für die Zeit der Gremienarbeit von ihrer hauptamtlichen Tätigkeit freigestellt. Gremien dienen der Information und Beratung, nicht jedoch der Ausführung. Ein Gremium kann gleichrangig oder verschiedenrangig, homogen oder heterogen besetzt sein. Leitungsgremien haben Entscheidungsbefugnis, Arbeitsgruppen geben Empfehlungen ab.

Grenzplankostenrechnung. Vereinfachte Version der → *Plankostenrechnung*, die nur die variablen Teile der → *Plankosten* (Grenzplankosten) mit (meist leger gesagt) variablen Ist-Kosten (→ *Ist-Kosten*, variable) vergleicht und dadurch die → *Verbrauchsabweichung* ausweist. Dies ist in der Praxis verbreitet, aber wegen der Definition der variablen Ist-Kosten anfällig für fehlerhafte Interpretationen und wegen des Verzichts u.a. auf den Ausweis von → *Beschäftigungsabweichungen* wenig aussagekräftig.

Grenzsteuersatz. Im Unterschied zum Durchschnittsteuersatz der Steuersatz, der sich lediglich auf das zusätzliche zu versteuernde Einkommen bezieht. Ab 2005 gilt: der Grenzsteuersatz steigt bei der Einkommensteuer in drei Stufen von 15 % auf 42 %, d.h. nach Überschreiten des → *Grundfreibetrags* von 7.664 € wird das zusätzliche Einkommen zunächst mit dem Grenzsteuersatz von 15 %, nach Überschreiten von 52.152 € mit dem Grenzsteuersatz von 42 % besteuert.

Großhändler. Der Großhandel kauft (vom Hersteller oder von anderen Großhändlern) und verkauft an Einzelhändler, andere Großhändler, Weiterverwender oder Großverbraucher Waren auf eigene Rechnung und im eigenen Namen. Als Betriebsform wird unterschieden:
- Binnengroßhandel (nur im Inland tätig),
- Außenhandel (Ex- und/oder Importhandel),
- Sortimentsgroßhandel (breites, aber flaches Sortiment),
- Fach-/Spezialgroßhandel (schmales, aber tiefes Sortiment),
- Cash&Carry-Großhandel (Abholgroßhandel) sowie
- Rack-Jobber (Regelgroßhändler, der Regalflächen im Einzelhandel anmietet zum Warenverkauf auf eigene Rechnung).

Großkundenbetreuer → *Key Account Management*.

Groupware (auch Workgroup-Computing). → *Anwendungssoftware* zur Unterstützung von Gruppen, deren Mitglieder gemeinsam an Projekten oder zusammenhängenden Aufgaben arbeiten. Groupware setzt auf ein → *lokales* Netzwerk auf und enthält i.d.R. Anwendungen für folgende Probleme: Informationsaustausch zwischen den Gruppenmitgliedern, Terminplanung, gemeinsames Erstellen von Dokumenten, Entscheidungsfindung in der Gruppe, Koordination der Gruppenarbeit. Eines der bekanntesten Groupware-Produkte ist Lotus Notes von IBM, ein multifunktionales System, das seinen Nutzern eine Vielzahl von Groupware-Funktionen zur Verfügung stellt.

Grundbuch. Dem Begriff kommen zwei unterschiedliche Bedeutungen zu.

I. Buchführung: Hier werden → *Geschäftsvorfälle* unabhängig von ihrer sachlichen Zusammengehörigkeit in der zeitlichen Reihenfolge ihres Auftretens erfasst. Aus dem Grundbuch müssen der Geschäftsvorfall, der zu Grunde liegende Vorgang, das Datum des Geschäftsvorfalls, das Datum der Buchung, der Beleg (Belegnummer) und die Buchung (Kontierung) hervorgehen.

II. Grundstücksrecht: Ein beim Grundbuchamt (Abteilung des Amtsgerichts) geführtes, öffentliches Register, aus dem die Rechte am Grundstück erkennbar sind (Publizitätsprinzip).

Grundfreibetrag. Ein Betrag, der das Existenzminimum im Einkommensteuerrecht freistellen soll. Es gehört zum Grundsatz der Berücksichtigung der finanziellen Leistungsfähigkeit bei der Besteuerung, dass das Existenzminimum nicht besteuert werden darf. Im Einkommensteuerrecht ist der Grundfreibetrag bei allein Stehenden in folgender Höhe festgesetzt worden: in den Jahren 2001 und 2002 = 7.235 €, in den Jahren 2003 und 2004 = 7.426 € und ab dem Jahre 2005 = 7.664 €.

Grundkapital → *Aktiengesellschaft* (AG).

Grundkosten. Kosten, die zugleich → *Aufwand* sind. Diese finden sich also sowohl in der → *Buchführung* als auch in der → *Kosten- und Leistungsrechnung*. Gegensatz in der Kostenrechnung → *kalkulatorische Kosten*, in der Bilanzierung: neutraler Aufwand als Teil des → *neutralen Ergebnisses*.

Grundsätze ordnungsmäßiger Bilanzierung und Bewertung. Umfassen Grundsätze im Zusammenhang mit der Erstellung des Jahresabschlusses und leiten sich aus den → *Grundsätzen ordnungsmäßiger Buchführung* (GoB im weiteren Sinne) ab. Die → *Bilanzierungsvorschriften* sind in den §§ 246–251 HGB und die → *Bewertungsvorschriften* in den §§ 252–256 HGB geregelt. Es sind sowohl formelle als auch materielle Prinzipien bei der Bilanzierung zu beachten.

Die Grundsätze ordnungsmäßiger Bilanzierung sind vornehmlich der Grundsatz der Bilanzklarheit, Grundsatz der Bilanzübersichtlichkeit, Grundsatz der Bilanzwahrheit, Grundsatz der Bilanzvollständigkeit, Grundsatz der Bilanzkontinuität.

Literaturempfehlung: Meyer, C.: Bilanzierung nach Handels- und Steuerrecht, 12. Auflage, 1998, S. 42 ff. Baus, J.: Bilanzpolitik, Berlin 1999.

Grundsätze ordnungsmäßiger Buchführung (GoB) und Inventur. Siehe dazu Artikel auf S. 156

Grundsteuer. Neben der Gewerbesteuer eine wichtige Gemeindesteuer. Sie gehört zu den ältesten Steuern. Steuergegenstand ist der Grundbesitz im Sinne des Bewertungsgesetzes. Maßgebend ist der → *Einheitswert*, der vom Finanzamt in einem Einheitswertbescheid festgesetzt wird. Entsprechend der Berechnung der → *Gewerbesteuer* ergibt sich für die Grundsteuer folgende Berechnung:

Einheitswert · Steuermesszahl = Steuermessbetrag
Steuermessbetrag · Hebesatz = Jahressteuer.

Die Steuermesszahlen sind in § 15 Grundsteuergesetz folgendermaßen festgesetzt worden: allgemein (für unbebaute Grundstücke, Betriebsgrundstücke, Eigentumswohnungen) 3,5 vom Tausend, für Einfamilienhäuser: für die ersten 38.347 € = 2,6 vom Tausend und für den darüber hinausgehenden Teil 3,5 vom Tausend, für Zweifamilienhäuser 3,1 vom Tausend.

Gemäß § 25 Grundsteuergesetz ist der Hebesatz – wie bei der Gewerbesteuer – von der zuständigen Gemeinde festzusetzen. Je größer die Gemeinde, desto höher ist in der Regel der Hebesatz, z.B. in Schwedeneck (nördlich von Kiel an der Ostsee) nur 260%, in der Landeshauptstadt Kiel 450% und in der Bundeshauptstadt Berlin 600%.

Beispiel: Für eine Eigentumswohnung mit einem Einheitswert von 40.000 € ergibt sich somit folgender Steuermessbetrag:

40.000 · 3,5 vom Tausend = 140 €.

Das ergibt eine Grundsteuer

von (140 · 260%)	= 364 € in Schwedeneck,
(140 · 450%)	= 630 € in Kiel
oder (140 · 600%)	= 840 € in Berlin.

Grundstoffindustrie. Industriezweig, der sich mit der Rohstoffgewinnung und -aufbereitung für den Einsatz in der → *Verarbeitungsindustrie* befasst.

Gründungsfinanzierung. → *Finanzierung*.

Gründungsinvestitionen. Errichtungsinvestitionen, Erstinvestitionen, Anfangsinvestitionen. Es handelt sich um Investitionen, die im Zusammenhang mit dem Aufbau der Unternehmung getätigt werden. Dabei steht nicht das einzelne → *Investitionsprojekt*, sondern der gesamte zu errichtende Betrieb im Mittelpunkt des Interesses. Damit hat eine Gründungsinvestition einen engen Bezug zum Begriff der → *Investition* im weiteren Sinne.

Grüner Punkt. Wird vom Dualen System Deutschland vergeben und hat im Einzelnen vier Funktionen.

1. Hinweis für den Verbraucher, die Verpackung nach Gebrauch einem gesonderten Erfassungssystem neben der öffentlichen Abfallentsorgung zuzuführen.
2. Sortiererleichterung im Haushalt für Abfall (nicht wiederverwertbar) und Wertstoff (wiederverwertbar) in getrennten Systemen (gelbe Tonne, Sack).
3. Innovativer Ausweis für die Anbieter, am umweltfreundlichen dualen System teilzunehmen (naturgemäß mit Ausnahme von Mehrwegverpackungen).
4. Finanzierungsträger des DSD für die organisierte Entsorgung (die Kennzeichnung bedarf der Entrichtung einer Lizenzgebühr durch Nutzer).

Bei der Realisierung sind diverse Probleme aufgetaucht, sodass das System in seiner Fortführung ebenso wie konkurrierende Modelle weiter in der politischen Diskussion steht.

Gruppenbewertung (Bilanzierung). Das verbreitetste → *Bewertungsvereinfachungsverfah-*

Grundsätze ordnungsmäßiger Buchführung (GoB) im weiteren Sinne

Als allgemeine gesetzliche Generalnorm (§ 238 Abs. 1 und § 243 Abs. 1 HGB, § 5 Abs. 1 EStG) kommt den GoB im Rahmen der Buchführung und des Jahresabschlusses eine zentrale Bedeutung zu. Die GoB sind im Laufe der Zeit von der Wissenschaft, Verwaltung, Rechtsprechung und der kaufmännischen Praxis mitgestaltet und geprägt worden. Zahlreiche wichtige GoB lassen sich in den → *Bilanzierungsvorschriften* der §§ 246–251 HGB sowie in den → *Bewertungsvorschriften* der §§ 252–256 HGB finden. Trotz der nunmehr zum Teil gesetzlich festgelegten Regelungen handelt es sich immer noch um einen unbestimmten Rechtsbegriff, der sich dauernd weiterentwickelt und sich wegen des wirtschaftlichen Fortgangs auch weiterentwickeln wird. Denn keine noch so genaue Rechtsvorschrift kann sämtliche Einzelfälle der Praxis umfassend regeln.

Rangordnung

Bei auftretenden Fragen zum externen Rechnungswesen ist folgende Rangordnung zu beachten:

a) Zunächst Sonderbestimmungen für die entsprechende Rechtsform berücksichtigen, z.B. das GmbHG bei einer GmbH;
b) danach Bestimmungen, die nur für eine Gruppe von Rechtsformen gelten, z.B. für Kapitalgesellschaften die §§ 264 ff. HGB;
c) dann erst die alle Rechtsformen betreffenden Regelungen, dementsprechend die §§ 238–263 HGB;
d) zuletzt erst die GoB.
Die GoB lassen sich einteilen in:

- Grundsätze ordnungsmäßiger Buchführung (GoB im engeren Sinne), nachfolgend behandelt, einschließlich Regelungen bei DV-gestützten Buchungssystemen (GoBS),
- Grundsätze ordnungsmäßiger Inventur (GoI), ebenfalls nachfolgend behandelt, sowie in
- → *Grundsätze ordnungsmäßiger Bilanzierung und Bewertung*.

Grundsätze ordnungsmäßiger Buchführung (GoB) im engeren Sinn

Diese ergeben sich aus den Regelungen des HGB (§§ 238 ff. bzw. §§ 265 ff.) und stellen die allgemeinste rechtsformenunabhängige Buchführungs- und Bilanzierungsnorm dar, die für alle Unternehmen gilt. Die Grundsätze betreffen vor allem solche Fälle, für die im Gesetz (HGB, AktG, EStG) keine oder keine eindeutige anderweitige Regelung getroffen wird. Die GoB werden weniger aus der Praxis ordentlicher und ehrenwerter Kaufleute hergeleitet als vielmehr aus den Zwecken der handelsrechtlichen Rechnungslegung (z.B. Dokumentation, Information, Gläubigerschutz, Ausschüttungsbemessung etc.). Unterstützend kommen die einschlägige Rechtsprechung sowie Standesverlautbarungen hinzu.

Die GoB folgen folgenden Grundsätzen:

a) Klarheit und Übersichtlichkeit: Dies betrifft Forderungen nach der Anwendung eines Kontenrahmens und -plans, nach der Anwendung eines ausreichend detaillierten Gliederungsschemas, nach der Anwendung des Bruttoprinzips/Saldierungsverbots, der Verwendung eindeutiger Abkürzungen, dem Verbot nachträglicher Änderungen etc.
b) Vollständigkeit: Dies besagt, dass alle Vermögens- und Kapitalpositionen vollständig erfasst sind und alle Informationen zur Bilanzierung und Bewertung berücksichtigt werden.
c) Kontinuität: Dies bedeutet, dass die Schlussbilanz des vorausgegangenen Jahres und die Eröffnungsbilanz des nachfolgenden Jahres identisch sein müssen (Bilanzidentität), Form und Gliederung der Bilanz und GuV-Rechnung beibehalten werden müssen (formelle Bilanzkontinuität) und die Bewertungsmethoden und Wertansätze gleichmäßig fortgeführt sein sollen (materielle Bilanzkontinuität).
d) Wahrheit: Dies meint, dass die Positionen in Bilanz und Gewinn- und Verlustrechnung mit den Werten anzusetzen sind, die den Bilanzzwecken und -zielen bestmöglich entsprechen (Willkürfreiheit).
e) Kaufmännische Vorsicht: Dies fordert die Berücksichtigung von Risiken in der → *Buchführung* und Bilanzierung, damit nur solche Vermögenswerte und Gewinne ausgewiesen werden, die auch bei vorsichtiger Einschät-

zung der Geschäftslage als relativ sicher angesehen werden können. Dies beinhaltet, dass nur realisierte Gewinne in der Bilanz ausgewiesen werden dürfen (Realisationsprinzip), dass Verluste und Vermögensminderungen auch schon verbucht werden müssen, wenn sie noch nicht realisiert sind (Imparitätsprinzip), dass von mehreren möglichen Wertansätzen bei Vermögenswerten immer der niedrigste Wert zu aktivieren ist (Niederstwertprinzip) und von mehreren möglichen Wertansätzen bei Schuldenpositionen immer der höchste Wert zu passivieren ist (Höchstwertprinzip).

Weiterhin entstehen Anforderungen auf Grundlage des Steuerrechts (EStG). Danach sind sämtliche Geschäftsvorfälle zeitnah (innerhalb zehn Tagen) und der Zeitfolge nach im Grundbuch zu erfassen. Bei Kreditgeschäften ist eine Erfassung bis zum Ablauf des auf den Geschäftsvorfall folgenden Monats möglich, sofern sichergestellt ist, dass kein Vorgang »verloren geht«.

Die Entstehung und Tilgung von Forderungen und Schulden ist im Grundbuch getrennt zu behandeln. Für Kreditgeschäfte ist ein Kontokorrentkonto getrennt für Debitoren und Kreditoren (Personenkonten) oder als Offene-Posten-Buchhaltung zu führen, außer die Zahl der Kreditgeschäfte ist gering oder es handelt sich um einen Handels- oder Handwerksbetrieb.

Die Eintragungen müssen in einer lebenden Sprache erfolgen. Die Beträge in der Bilanz sind in Inlandswährung auszuweisen.

Die Geschäftsvorfälle sind

- vollständig,
- richtig,
- zeitgerecht und
- geordnet zu erfassen.

Es dürfen keine Geschäftsvorfälle unterschlagen werden.

Die Bücher sollen fortlaufend durchnummeriert sein. Der ursprüngliche Buchungsinhalt darf nicht unleserlich gemacht werden. Daher sollen keine Bleistifteintragungen oder Radierungen erfolgen. Elektronisch gespeicherte Daten dürfen während der Aufbewahrungsfrist nicht gelöscht oder überspielt werden. Zwischen den Buchungen dürfen keine leeren Räume gelassen werden.

Es darf keine Buchung ohne Beleg ausgeführt werden. Die Belege sind fortlaufend nummeriert aufzubewahren.

Aufbewahrung

Bücher, → *Inventare* und Bilanzen sind zehn Jahre, Belege und sonstige Aufzeichnungen sechs Jahre aufzubewahren. Die Handelsbücher und die sonstigen erforderlichen Aufzeichnungen können auch auf elektronischen Datenträgern geführt werden. Dabei muss allerdings sichergestellt sein, dass die Daten während der Dauer der Aufbewahrungsfrist verfügbar sind und jederzeit innerhalb angemessener Frist lesbar gemacht werden können.

Inventur

Bei der Gründung eines Unternehmens und am Schluss eines jeden Geschäftsjahres ist grundsätzlich eine Inventur vorzunehmen. Daraus werden ein Inventar und daraus wieder eine Bilanz erstellt.

Kasse

Kasseneinnahmen und -ausgaben müssen täglich aufgezeichnet werden. Käufe und Verkäufe auf Kredit sind in einem Kontokorrentbuch festzuhalten.

Übersichtlichkeit

Die Buchführung muss einem sachverständigen Dritten (z.B. Prüfer, Gläubiger) jederzeit eine Übersicht über die Vermögens- und Ertragslage des Unternehmens ermöglichen. Hierbei wird unterschieden in

a) die materielle Ordnungsmäßigkeit im Sinne einer Richtigkeit und Vollständigkeit: erfolgte Geschäftsvorfälle sollen richtig und vollständig aufgezeichnet werden, nicht stattgefundene Geschäftsvorfälle dürfen nicht aufgezeichnet werden (§ 239 Abs. 2 HGB, § 146 Abs. 1 AO), sowie in
b) die formelle Ordnungsmäßigkeit im Sinne einer Übersichtlichkeit und Klarheit: keine Buchung ohne Beleg (§ 238 Abs. 1 Satz 3 HGB, § 145 Abs. 1 AO).

Die Buchführung muss so beschaffen sein, dass sich ein sachverständiger Dritter innerhalb angemessener Zeit einen Überblick über die Geschäftsvorfälle und über die Lage des Unternehmens verschaffen kann (§ 238 Abs. 1 HGB, § 145 Abs. 1 AO). Buchungen und sonst erforderliche Aufzeichnungen sind in einer lebenden Sprache vorzunehmen (§ 239 Abs. 1 HGB, § 146 Abs. 3 AO). Buchungen sind geordnet vorzunehmen (§ 239 Abs. 2 HGB, § 146 Abs. 1 AO). Buchungsmaterial darf nicht in einer Weise geändert werden, dass der ursprüngliche Inhalt nicht mehr feststellbar ist (§ 239 Abs. 3 HGB, § 146 Abs. 4 AO). Bücher und sonst erforderliche Aufzeichnungen können auch in der geordneten Ablage von Belegen bestehen oder auf Datenträgern geführt werden (§ 239 Abs. 4 HGB, § 146 Abs. 5 AO).

Grundsätze ordnungsmäßiger DV-gestützter Buchführungssysteme (GoBS)

DV-gestützte Buchführungssysteme arbeiten ganz oder größtenteils unter Nutzung elektronischer Datenverarbeitung (Gleiches gilt für mikrofilmgestützte → *Buchführung*). Dabei ist sicherzustellen, dass während der Dauer der DV-Speicherung die Bücher, Belege und sonstigen Aufzeichnungen jederzeit innerhalb einer angemessenen Frist verfügbar und klarschriftlesbar gemacht werden können.
Die buchungspflichtigen → *Geschäftsvorfälle* müssen

- zutreffend,
- vollständig und
- zeitgerecht

erfasst werden und sich in ihrer Entstehung und Abwicklung verfolgen lassen. Sie sind so zu verarbeiten, dass sie geordnet darstellbar sind und einen Überblick über die Vermögens- und Ertragslage bieten. Die Buchungen müssen einzeln und nach Konten geordnet ausgewiesen werden. Die Konten müssen in Kontensummen und Salden fortgeschrieben, nach Abschlusspositionen dargestellt und jederzeit lesbar gemacht werden können. Maßstab ist dabei, ob ein sachverständiger Dritter sich in dem angewendeten Buchführungsverfahren binnen angemessener Zeit zurechtfindet und sich daraus einen Überblick über die Geschäftsvorfälle und die Lage des Unternehmens verschaffen kann.

Dazu muss eine Verfahrensdokumentation die aktuellen und vergangenen Verfahrensinhalte nachweisen, verständlich und nachvollziehbar machen. Dabei ist nachzuweisen, dass das im konkreten Fall eingesetzte Programm komplett der Dokumentation entspricht. Die Verfahrensdokumentation hat vor allem die Aufgabe, den Zusammenhang zwischen einem Geschäftsvorfall und dessen DV-gestützter Buchung darzustellen. Die Buchungen können auf konventionellen Papierbelegen oder Daten aus automatischer Erfassung, programmierten Routinen oder Datenfernübertragung beruhen. Dabei müssen jeweils der Vorgang hinreichend erläutert, der Buchungsbetrag oder entsprechende Mengen- und Wertangaben, das Vorgangsdatum und die Vorgangsbestätigung ausgewiesen werden. Aus den Belegen müssen diese Angaben eindeutig erkennbar hervorgehen, dies gilt vor allem für Fremdbelege.

Die vollständige zeitgerechte und richtige Erfassung kann durch entsprechende Protokolle nachgewiesen werden, und zwar bereits bei der Datenerfassung/-übernahme oder bei der maschinellen Verarbeitung. Die Protokolle können als Papierausdruck oder Datei vorliegen.

Erforderlich ist die Vorlage in zeitlicher Reihenfolge der Geschäftsvorfälle sowie übersichtlich und verständlich nach Sach- und Personenkonten getrennt. Wichtig ist auch, dass auf einzelne Geschäftsvorfälle auf Wunsch gezielt zugegriffen werden kann. Außerdem darf nach erfolgter Buchung keine unbefugte oder nicht nachweisbare Änderung an den Daten möglich sein. Korrigierte Daten, z. B. infolge falscher Erfassung, können vorher gespeicherte Daten überschreiben, solange der Vorgang noch nicht verbucht ist. Nach Verbuchung müssen hingegen sowohl die ursprünglichen als auch die korrigierten Daten verfügbar sein. Änderungsnachweise sind als Bestandteil der Buchführung aufzubewahren. Dies gilt auch für alle anderen Informationen, die nachweisbar sein müssen.

Die Datenträger sind vor Vernichtung oder Beeinträchtigung durch Umgebungszustände (wie Feuer, Temperaturschwankungen, Feuchtigkeit, Magnetfeldeinstreuungen) zu schützen, die Lesbarkeit der Daten ist von Zeit zu Zeit zu überprüfen.

Grundsätze ordnungsmäßiger Inventur (GoI, Bilanzierung).

Sind ein Teilbereich der Grundsätze ordnungsmäßiger Buchführung (GoB im weiteren Sinne) und beschäftigen sich mit der Bestandsaufnahme. Hierbei lassen sich folgende Prinzipien ableiten (§ 240 HGB):

a) Es sind sämtliche Bestände mit den richtigen Werten anzugeben (Grundsätze der Vollständigkeit und Richtigkeit).
b) Die Aufzeichnungen müssen nachvollziehbar sein und für die einzelnen Bestände werden zur Identifikation Gegenstandsbezeichnungen verlangt (Grundsätze der Nachprüfbarkeit und Klarheit).
c) Bei bestimmten Vorräten, beispielsweise auf Halde lagernde Bestände, lassen sich nur Schätzungen vornehmen, da eine genaue Ermittlung unzumutbar wäre (Grundsätze der Wirtschaftlichkeit und Wesentlichkeit).

ren in der Praxis (zur Ermittlung der → *Anschaffungs*- oder → *Herstellkosten*) in der Art, dass nach § 240 Abs. 4 HGB gleichartige Vermögensgegenstände des Vorratsvermögens sowie andere gleichartige oder annähernd gleichwertige bewegliche Vermögensgegenstände und Schulden zu einer Gruppe zusammengefasst und mit dem gewogenen Durchschnittswert angesetzt werden können (Wahlrecht). Unter gleichartig wird verstanden, dass es artgleiche Gegenstände (nach herrschender Meinung Güter der gleichen Warengattung wie beispielsweise Damenstrümpfe unterschiedlicher Größe und Qualität) oder funktionsgleiche Gegenstände (Güter mit gleichem Verwendungszweck, wie beispielsweise Nägel und Schrauben aus verschiedenartiger Beschaffenheit) sind. Es muss sich somit nicht um gleiche Güter handeln. Dagegen ist eine annähernde Gleichwertigkeit dann gegeben, wenn noch ein Preisunterschied bis zu 20% zwischen höchstem und niedrigstem Wert in einer Gruppe besteht.

Gruppenfertigung. Fertigungsorganisation, bei der mehrere Werker gemeinsam für einen Fertigungsschritt verantwortlich sind. Soll gegenüber der Fließbandfertigung motivationssteigernde Wirkung haben.

Guided Tour. Voreingestellte Navigation, die Besucher einer Website systematisch durch das dort vorzufindende Angebot führt.

Gurtförderer. Begriff aus der → *Materialflusstechnik* für alle Formen von Förderbändern.

Güterverkehrszentrum (GVZ). Am Stadtrand angesiedeltes logistisches Gewerbegebiet, bei dem alle wesentlichen logistischen Leistungen erbracht werden. Die Lage eines GVZs verbindet meistens Straße, Schiene und Wasserweg. Betreiber sind logistische Dienstleister (→ *Dienstleistungslogistik*).

Gütezeichen. Gütezeichen stellen, wenn sie sich am Markt durchgesetzt haben, eine Möglichkeit zur Dokumentation von Qualität vor allem gegenüber Kunden dar. Eine Reihe von Gütezeichen bestätigt allerdings in erster Linie die Einhaltung von Gesetzen und anderen Normen oder EU-Richtlinien (z.B. das CMA-Prüfsiegel, → *CE-Zeichen*). Andere Gütezeichen sollen z.B. umweltfreundliche Produkte auszeichnen, etwa der »Blaue Engel«, der vom RAL-Institut für umweltfreundliche Produkte vergeben wird. Da nur ausgewählte Merkmale berücksichtigt werden, ist seine Aussagekraft jedoch umstritten. Ein Umwelt-Label der Europäischen Union ist die (allerdings ebenfalls umstrittene) »Euroblume«.

GuV → *Gewinn- und Verlustrechnung*.

GVZ → *Güterverkehrszentrum*.

H

Habenzinsen → *Zinsen*.

Hafenbetrieb. Binnenhafen oder Seehafen; Zentrum logistischer Dienstleistungen (→ *Dienstleistungslogistik*).

Haftung. Für Schäden an einer Kaufsache selbst, also für unmittelbare Mangelschäden, haftet der Verkäufer gegenüber dem Käufer, sofern keine vertraglichen Vereinbarungen hierüber bestehen, im Rahmen der gesetzlichen Gewährleistungsregelung. Ist es durch die Benutzung eines mangelhaften Produktes zu Schäden an anderen Rechtsgütern gekommen, dann spricht man von Mangelfolgeschäden; für die Produkthaftung greift das Vertrags- und Deliktrecht.

Mit dem Produkthaftungsgesetz ist festgelegt, dass im Kern eine verschuldungsunabhängige Produkthaftung des Herstellers für Personen oder private Sachschäden besteht. Oftmals führen vertragliche Vereinbarungen zu Änderungen der gesetzlichen Vorschriften; hierbei handelt es sich um Garantiezusagen. Diese bedeuten allerdings nicht immer eine Erweiterung der Gewährleistungsansprüche, sondern häufig auch ihre Einschränkung, dann spricht man von Freizeichnungsklauseln. Übernimmt ein Anbieter die Haftung, ohne hierzu rechtlich verpflichtet zu sein, dann erbringt er Kulanzleistungen.

Halbeinkünfteverfahren. Verfahren zur Besteuerung von Gewinnausschüttungen bei Kapitalgesellschaften, das mit der Unternehmensteuerreform 2001 eingeführt wurde. Für ausgeschüttete Gewinne galt bis einschließlich Veranlagungszeitraum (VZ) 2000 das sog. Anrechnungsverfahren, d.h., die Körperschaftsteuer von 30% (und auch die Kapitalertragsteuer von 25%) einschließlich SolZ wurden auf die zu zahlende Einkommensteuer auf die Brutto-Dividenden in voller Höhe angerechnet, sodass der Gesellschafter einer Kapitalgesellschaft immer nur seinen persönlichen Einkommensteuersatz (einschl. SolZ) auf den ausgeschütteten Gewinn zu zahlen hatte.

Seit VZ 2002 werden ausgeschüttete Gewinne (bei verdeckter Gewinnausschüttung bereits ab VZ 2001) nach dem Halbeinkünfteverfahren besteuert, d.h. nur zur Hälfte. Insgesamt ergibt sich dann bei einem persönlichen Einkommensteuersatz von 40% ebenfalls eine Gesamtbelastung von 40% und somit das gleiche Ergebnis wie vor 2002 bzw. vor 2001 beim sog. Anrechnungsverfahren (siehe Tabelle S. 161).

Beispiel: Aus Vereinfachungsgründen bleiben → *Solidaritätszuschlag*, der jeweils in Höhe von 5,5% hinzuzurechnen ist, und → *Kapitalertragsteuer* unberücksichtigt, die bei beiden Systemen voll anrechnungsfähig sind und die Steuerbelastung somit nicht erhöhen (alle Zahlen in €).

Aus den Rechnungen ergibt sich, dass bei beiden Verfahren beim ESt-Satz von 40% eine Nettodividende (nach Abzug aller Steuern) von 60 übrig bleibt. Bis einschließlich VZ 2000 wurde die Bruttodividende als zu versteuerndes Einkommen mit dem persönlichen ESt-Satz belastet. Bereits gezahlte Körperschaft- und Kapitalertragsteuern wurden angerechnet. Beim Halbeinkünfteverfahren sind auf die Bruttodividende von 100 zunächst 25% KSt und auf den halben Restbetrag von 37,5 40% ESt zu entrichten, sodass sich insgesamt auch eine Belastung von 40% der Bruttodividende ergibt. Bei geringeren ESt-Sätzen als 40% ist das Halbeinkünfteverfahren für den Gesellschafter nachteiliger als das bisherige Anrechnungsverfahren.

Beispiel: Gesamte KSt- und ESt-Belastung einer Bruttodividende im Jahre 2002, wenn der persönliche Steuersatz des Aktionärs 30% beträgt: 25% KSt von + 30% ESt von (1/2 von 75) 37,5 = 11,25%, insgesamt somit 36,25%.

Beim Anrechnungsverfahren im Jahre 2000 bzw. 2001 war die Gesamtbelastung immer identisch mit dem persönlichen ESt-Satz, also 30%. Vom Halbeinkünfteverfahren profitieren somit die sog. besser Verdienenden.

Handel. Unternehmen, das die logistischen Aufgaben der Raum-, Zeit- und Mengenüberbrückung sowie Beratungs- und Verkaufsleistungen erbringt. Die → *Logistik* ist ein wesentliches Arbeitsgebiet des Handels und wird daher auch als → *Handelslogistik* bezeichnet.

Handelsbilanz (originäre oder ursprüngliche Bilanz). Aus den instrumentalen Daten der laufenden doppelten Buchhaltung sowie den Ergeb-

	Anrechnungsverfahren bis VZ 2000/01	Halbeinkünfteverfahren ab 2001/02
Gewinn nach GewSt, vor KSt	100	100
– Körperschaftsteuer	30 % = 30	25 % = 25
= Gewinn nach Steuern	**70**	**75**
+ KSt-Hochrechnung beim Anrechnungsverfahren	+ 30	–
– 1/2 des Gewinns nach Steuern beim Halbeinkünfteverfahren	–	– 37,5
= zu versteuerndes Einkommen	**100**	**37,5**
40 % Einkommensteuer	40	15
– KSt-Anrechnung	– 30	–
= Einkommensteuerschuld	**10**	**15**
= Nettodividende	**100 – 40 = 60**	**100 – 25 – 15 = 60**

Anrechnungsverfahren versus Halbeinkünfteverfahren

nissen der Inventur wird die Hauptabschlussübersicht (Betriebsübersicht) gebildet, um daraus die Handelsbilanz zu erstellen. Diese stellt den Abschluss des externen Rechnungswesens dar, den Kaufleute nach § 242 Abs. 1 HGB zum Beginn ihres Handelsgewerbes (Eröffnungsbilanz) und für den Schluss eines jeden Geschäftsjahrs aufzustellen haben. Die Handelsbilanz dient zur Information externer Interessengruppen, wie beispielsweise Gläubiger, Kapitalgeber, Belegschaft, Gewerkschaften, dem Kapitalmarkt und der Öffentlichkeit und wirkt über das → *Maßgeblichkeitsprinzip* auf die Erstellung der → *Steuerbilanz* ein. Die Bilanz ist Teil des → *Jahresabschlusses*.

Handelsklauseln. Im → *Handelsrecht* sind nationale und internationale Handelsklauseln gebräuchlich. Es entspricht der Sorgfaltspflicht eines ordentlichen Kaufmanns, ihre Anwendungsbereiche und Auslegungen zu kennen. Ein Kaufmann kann sich nicht darauf berufen, er habe nicht gewusst, dass die Selbstbelieferungsklausel den Verkäufer bei fehlender Lieferung von seiner Leistungspflicht befreit oder die Kassaklausel eine Vorleistungspflicht des Käufers ohne vorherige Prüfung der Kaufsache begründet.

Neben den nationalen Handelsklauseln sind die International Commercial Terms (→ *Incoterms*) für den grenzüberschreitenden Warenverkehr von Bedeutung. Ihre einheitliche Auslegung

Angebot »freibleibend«	Die Bindungswirkung des Angebots wird ausgeschlossen. Dagegen enthalten die Klauseln »Preise frei bleibend« oder »Lieferung frei bleibend« bindende Vertragsangebote.
Zwischenverkauf vorbehalten	Das Angebot des Verkäufers steht unter der auflösenden Bedingung des anderweitigen Verkaufs.
Kauf »wie besichtigt«	Die Gewährleistung für offene Mängel wird ausgeschlossen.
Lieferung »Abruf«	Der Käufer bestimmt den Fälligkeitszeitpunkt der Leistung. Der Abruf ist eine Hauptleistungspflicht.
Lieferung »frachtfrei«	Der Verkäufer trägt die Transportkosten. Der Erfüllungsort bleibt unverändert, da der Gefahrübergang durch die Kostenabrede nicht berührt wird.
Lieferung »frei Haus«	Die Klausel ist auslegungsbedürftig. Es kann eine Gefahrtragungsregel oder die Übernahme der Transportkosten durch den Verkäufer gemeint sein.

Nationale Handelsklauseln

ergibt sich aus den Regeln der Internationalen Handelskammer.
Literaturempfehlung: Steckler, Wirtschaftsrecht, 6. Auflage, Ludwigshafen 2003.

Handelslogistik. Logistisches Aufgabenfeld im → *Handel*. Es unterscheidet sich von der Industrielogistik durch teilweise wesentlich umfangreichere Lager- und Transportbewegungen, erheblich größere Dimensionen logistischer Einrichtungen, andere Schwerpunktbildungen und Funktionalitäten. So wird die DV-Unterstützung der Abläufe durch → *Warenwirtschaftssysteme* geleistet (Industrie: → *PPS*), die Einkaufsabteilung ist üblicherweise nicht in die → *Beschaffungslogistik* eingebunden und die → *Kommissionierleistungen* haben einen wesentlich höheren Stellenwert, was einen höheren Automatisierungsgrad zur Folge hat.

Handelsmakler → *Absatzhelfer*.

Handelsrecht. Sonderprivatrecht für Kaufleute. Es gelten die Vorschriften des → *Bürgerlichen Rechts*, die für den besonderen Bedarf im Wirtschaftsleben modifiziert und ergänzt worden sind. Rechtsgrundlagen sind das Bürgerliche Gesetzbuch (BGB), das Handelsgesetzbuch (HGB) und Spezialgesetze (z.B. AktG, AWG, CISG, GmbHG, GWB, ProdHaftG, UWG). Der Anwendungsbereich des Handelsrechts wird durch die Kaufmannseigenschaft begründet.

Das HGB enthält Regelungen über das → *Handelsregister*, die Firma, die Handelsgeschäfte und die Personenhandelsgesellschaften (→ *Gesellschaftsrecht*). Insbesondere sind Vertretungsformen für Kaufleute, wie die → *Prokura* und die → *Handlungsvollmacht*, geregelt. Das Handelsrecht umfasst auch besondere Vertriebsformen. Das Recht der Handelsvertreter, Kommissionäre, Kommissionsagenten, Vertragshändler, Franchisenehmer und Handelsmakler ist unmittelbar oder analog dem HGB zu entnehmen.

Handelsbräuche und Handelsklauseln entfalten unter Kaufleuten auch dann ihre Wirkung, wenn sie ihnen nicht bekannt sind. Hierzu gehören die Lehre vom → *kaufmännischen Bestätigungsschreiben*, die besonderen kaufmännischen Gewohnheiten sowie nationale und internationale → *Handelsklauseln*.

Kaufmannsbegriff und Gewerbe

- Kaufmann im Sinne des HGB ist, wer ein Handelsgewerbe betreibt. Als Handelsgewerbe gilt jeder Gewerbebetrieb, wobei Kleingewerbetreibende ausgenommen werden (§ 1 HGB).
- Unter einem Gewerbe versteht man eine selbstständige außengerichtete und planmäßige Tätigkeit in Gewinnerzielungsabsicht. Die freien Berufe werden nicht als Gewerbe angesehen.
- Ein Kleingewerbe bedarf nach Art und Umfang keiner kaufmännischen Organisation. Es werden qualitative und quantitative Kriterien herangezogen, z.B. die Organisation und Größe des Unternehmens, Art der gewerblichen Tätigkeit und Internationalität, Umsatz und Werbung.

Sind die Kriterien erfüllt, entsteht die Kaufmannseigenschaft kraft Gesetz (Ist-Kaufmann). Andernfalls kann eine Eintragung in das Handelsregister erfolgen (Kann-Kaufmann). Der Rechtsschein des Handelsregisters spricht für die Kaufmannseigenschaft des eingetragenen Unternehmens, auch wenn die gesetzlichen Voraussetzungen nicht mehr bestehen (Schein-Kaufmann). Die Handelsgesellschaften sind Kaufleute infolge ihrer Rechtsform (Form-Kaufmann).

Es gelten zahlreiche Sondervorschriften für Handelsgeschäfte (Spezifikations- und Fixklauseln etc.) und speziell für den Handelskauf. Hervorzuheben ist die → *kaufmännische Untersuchungs- und Rügepflicht*. Ferner enthält das HGB weitere handelsrechtliche Vertragsarten wie das Speditions-, Lager und Frachtgeschäft.
Literaturempfehlung: Canaris: Handelsrecht, 23. Auflage, München 2000. Klunzinger: Grundzüge des Handelsrechts, 12. Auflage, München 2002. Steckler: Wirtschaftsrecht, 6. Auflage, Ludwigshafen 2003. Danne, H. / Keil, T.: Wirtschaftsprivatrecht I, 2. Auflage, Berlin 2003.

Handelsregister. Wird als öffentliches Register von den Registergerichten geführt. Rechtsgrundlage ist das Handelsgesetzbuch (HGB). Das Handelsregister hat Publizitätswirkung, indem die Rechtsverhältnisse der → *Kaufleute* offen gelegt werden. Kaufleute nutzen die Publizitätswirkung für die Bekanntgabe wichtiger Tatsachen an Kunden und Geschäftspartner, z.B. eines Haftungsausschlusses. Die Eintragungen können konstitutive oder deklaratorische Wirkung entfalten. Die Prokura entsteht z. B. mit der Erteilung, daher hat ihre Eintragung in das Handelsregister nur deklaratorische Wirkung. Der Rechtsschein des Handelsregisters schützt den guten Glauben an die Richtigkeit der Eintragungen. Er betrifft daher auch nur die eintragungspflichtigen Tatsachen. Es sind deshalb die eintragungspflichtigen und eintragungsfähigen Tatsachen zu unterscheiden. Eintragungspflichtige Tatsachen:

- Firma
- Erteilung und Erlöschen der Prokura
- offene Handelsgesellschaft
- Kommanditgesellschaft
- Ausschluss eines persönlich haftenden Gesellschafters von der Vertretung
- Eintreten und Ausscheiden von Gesellschaftern einer oHG oder KG

Sofern eintragungspflichtige Tatsachen im Handelsregister eingetragen und bekannt gemacht wurden, gelten sie als existent im Handelsverkehr (positive Publizität). Sofern keine Eintragung vorliegt, gelten sie als nicht vorhanden (negative Publizität). Der Rechtsschein des Handelsregisters geht auch von unrichtig eingetragenen oder unrichtig bekannt gemachten Tatsachen aus. Den Kaufmann trifft daher eine besondere Sorgfaltspflicht zur Überprüfung der Eintragungen und Veröffentlichungen.
Literaturempfehlung: Steckler: Wirtschaftsrecht, 6. Auflage, Ludwigshafen 2003.

Handelsvertreter. Personen und Unternehmen, die für einen Dritten einen Teil der Vertriebsfunktionen übernehmen. Dabei ist weniger an einen einzelnen reisenden Vertreter zu denken, sondern an Firmen, die eigene Produkte und Dienstleistungen vertreiben und Produkte eines Herstellers in der Vertragsform des Handelsvertreters mit vertreiben. Da diese Unternehmen dem Produkt wesentliche eigene Komponenten hinzufügen, es aber für den Kunden durchaus noch erkennbar lassen, werden sie auch als »Value-Added-Reseller« (VAR) bezeichnet.

Ein Beispiel ist ein Softwarehaus, das in erster Linie seine Software verkauft, dem Kunden aber eine vollständige Lösung anbieten will und daher die entsprechende Hardware mit verkauft.

Der entscheidende Unterschied zum Händler besteht darin, dass der Handelsvertreter auf Rechnung des Herstellers verkauft. Er vermittelt demnach nur die Aufträge und erhält dafür vom Hersteller eine Vermittlungsprovision. Er wird auch nicht Eigentümer der Waren. Wie groß der tatsächliche Umfang dieser Tätigkeiten für den Hersteller ist, lässt sich nicht generell sagen, da ein weites Spektrum zu beobachten ist. In einem Extrem beschafft der Handelsvertreter lediglich die Aufträge, alle übrigen Funktionen, insbesondere Lieferung und Fakturierung, obliegen dem Hersteller. Im anderen Extrem ist der Handelsvertreter vom Händler nach außen kaum zu unterscheiden, er kann sogar ein Lager unterhalten (das aber nicht sein Eigentum ist, sondern Kommissionsware des Herstellers enthält). Lediglich einem kleinen Zusatz auf der Rechnung (»Verkauf im Auftrag und auf Rechnung der Firma X«) ist zu entnehmen, dass es sich um einen Handelsvertreter handelt. Dies ist z. B. bei den meisten Tankstellen der Fall, zumindest im Treibstoffgeschäft. Die rechtlichen Rahmenbedingungen (Provisionsansprüche, Wettbewerbsverbot, Kündigung und Ausgleichsanspruch etc.) sind im Handelsgesetzbuch enthalten, vgl. §§ 93 ff. HGB (→ *Handelsrecht*, → *Absatzhelfer*).

Handhabung, Lagerung, Verpackung, Konservierung und Versand. Qualitätsmanagementphase Ressource. Diese Anforderung besagt, dass alle Produkte nach der Produktion, bis sie zum Kunden gelangen, so behandelt werden müssen, dass sie keinen Schaden erleiden können. Damit soll eine Zustandsverschlechterung außerhalb der eigentlichen Bearbeitungsschritte ausgeschlossen werden.

Handhabungsgerät. Gerät zur Manipulation von Gütern im → *Materialfluss*, Beispiel: Roboter.

Händler bzw. Distributoren. Unternehmen, die Produkte eines rechtlich unabhängigen Herstellers auf eigene Rechnung kaufen und nahezu unverändert wieder auf eigene Rechnung und eigenes Risiko weiterverkaufen. Zwischen den Begriffen »Händler« und »Distributor« bestehen einige Unterschiede, die aber keine konsistente Differenzierung der Begriffe erlauben.

Häufig wird ein Händler eher als → *Einzelhändler* betrachtet: Er ist also die letzte Stufe der Absatzmittlung vor dem eigentlichen Benutzer. Demgegenüber wird Distributoren oft eine großhandelsähnliche Funktion (→ *Großhändler*) zugeordnet. Andererseits sind aber auch viele Handelsorganisationen zu beobachten, die sich Distributor nennen, aber durchaus und überwiegend an Endkunden liefern. Diese Sprachverwirrung hat ihre Ursache möglicherweise im englischen Sprachgebrauch: In der englischsprachigen Fachliteratur wird durchweg von »distributor« gesprochen.

Ein Händler übernimmt normalerweise für den Hersteller den gesamten Vertrieb von dessen Produkten, dazu gehört die Betreuung von bestehenden Kunden, die Akquisition von neuen Kunden und die dazugehörende Werbung und Promotion. An diesen Aufgaben kann sich jedoch der Hersteller nach Absprache beteiligen (z.B. durch Lead-Generierung (→ *Lead*) mithilfe zentralen → *Database-Marketings* oder durch zentrale Werbung mit Nennung der Händleradressen). Auf jeden Fall ist der Händler bei der Verhandlung seiner Verkaufspreise und sonstigen Konditionen autonom. Daneben obliegt dem Händler ein großer Teil der physischen → *Distribution*: Er muss eine eigene Auftragsbearbeitung einsetzen, muss eigene Lagerhaltung betreiben, muss für die Auslieferung an seine Kunden sorgen und gegebenenfalls auch Produkte zurücknehmen. Die Produktkonfektionierung ist ebenfalls vom Händler zu leisten, dazu gehört die Kombination verschiedener Produkte zu dem vom Kunden gewünschten funktionsfähigen Gesamtsystem. Auch die Inbetriebnahme und gegebenenfalls die Garantieabwicklung wird i.d.R. dem Händler übertragen.

Handling. Manipulation von Waren: Umschlagen, → *Kommissionieren*, Etikettieren, Verpacken (→ *Verpackung*).

Handlingkosten → *Logistikkosten*.

Handlungsvollmacht. Besonders ausgestaltete Vollmacht für Kaufleute. Die allgemeinen Vertretungsregeln sind im → *Bürgerlichen Recht* vorgegeben. Das → *Handelsrecht* enthält Sonderformen der Vertretung wie die Prokura, die Handlungsvollmacht und die Ladenvollmacht. Als Handlungsvollmacht gilt jede von einem Kaufmann erteilte Vollmacht, die nicht als → *Prokura* anzusehen ist. Ihr Umfang ist auf branchenübliche und gewöhnliche Geschäfte im Betrieb des Handelsgewerbes beschränkt. Der Handlungsbevollmächtigte ist ferner nicht berechtigt, Grundstücke zu veräußern oder zu belasten, Wechselverbindlichkeiten einzugehen, Darlehen aufzunehmen und das Handelsunternehmen gerichtlich zu vertreten. Die Erteilung der Handlungsvollmacht bedarf keiner Eintragung in das → *Handelsregister*.

Literaturempfehlung: Danne, H. / Keil, T.: Wirtschaftsprivatrecht I, 2. Aufl., Berlin 2002. Steckler: Wirtschaftsrecht, 6. Auflage, Ludwigshafen 2003.

Harzburger Modell. Wurde von der Akademie für Führungskräfte der Wirtschaft Bad Harzburg entwickelt. Es fand durch die Lehr- und Beratungstätigkeit der Akademie weite Verbreitung und besaß bis in die 70er-Jahre eine erhebliche Bedeutung. Wie beim → *Management by Delegation* sollen autoritäre, patriarchalische, auf Befehl und Gehorsam basierende Führungsprinzipien abgelöst werden. Sie gelten als nicht zeitgemäß und an die Stelle der Befehle tritt die Nutzung von Kompetenz, Initiative und selbstständiger Handlungsfähigkeit der Mitarbeiter.

Das Harzburger Modell ist durch Delegation der Verantwortung, Handlungsverantwortung, Führungsverantwortung, Dienstaufsicht und Erfolgskontrolle geprägt.

Im Mittelpunkt steht die Delegation von Verantwortung, bei welcher der selbstständige Mitarbeiter, nicht der Untergebene gefordert ist. Die Pflichten des Vorgesetzten sind festgelegt, er delegiert und greift nur in vom Normalfall abweichenden Situationen ein. Der Mitarbeiter übernimmt Handlungsverantwortung, die in der Stellenbeschreibung dokumentiert ist; der Vorgesetzte übernimmt die Führungsverantwortung im Rahmen von normierten Führungsrichtlinien wie Einhaltung des Dienstweges, kein Überspringen von Hierarchieebenen, keine Rücknahme der Handlungsverantwortung. Bei der Dienstaufsicht wird durch Stichproben die richtige Ausführung der Aufgaben geprüft, in der Erfolgskontrolle wird nicht die Handlung selbst, sondern nur das Ergebnis beurteilt. Dem Modell liegt eine klare hierarchisch gegliederte Organisationsstruktur zu Grunde, bei der Führungsverantwortung und Handlungsverantwortung deutlich unterschieden werden. Mehr als 315 Regeln unterstützen die betriebliche Umsetzung. Das Modell wurde von vielen Seiten kritisiert. Es sei zu starr, benötige zu viele Regelungen, wirkliche Kooperation fände nicht statt, Hierarchien würden zementiert, Ressortdenken gefördert, autoritäre Strukturen durch bürokratische Strukturen ersetzt. Die Kritik, als Gefahr des Modells interpretiert, ist sicherlich berechtigt. Im historischen Zusammenhang kommt diesem umfassenden Führungskonzept das Verdienst zu, wichtige Elemente in das Management eingebracht zu haben, die auch heute noch bedeutsam sind: Entscheidungen nur dann auf oberen Ebenen zu treffen, wenn es die unteren Ebenen überfordert, Mitarbeitern einen festen Arbeitsbereich zu übergeben, Normen für das Verhalten von Mitarbeitern und Vorgesetzten zu formulieren, sind Beispiele für Inhalte, die sich auch in modernen Managementkonzepten wiederfinden.

Hauptabschlussübersicht. Wechselvokabel für → *Betriebsübersicht*.

Hauptbuch (Buchführung). Hier werden → *Geschäftsvorfälle* sachlich geordnet erfasst und auf die einzelnen → *Konten* verbucht (z. B. Löhne auf das Lohnkonto, Wareneinkäufe auf das Warenkonto). Aus dem Hauptbuch müssen der Geschäftsvorfall, der zu Grunde liegende Vorgang, das Datum des Geschäftsvorfalls, das Datum der Buchung, der Beleg (Belegnummer), der Buchungsbetrag und der Verweis auf die Grundbuchseite hervorgehen (→ *Grundbuch*).

Hauptkostenstellen. Kostenstellen, deren Leistungen in der → *Kostenstellenrechnung* mit eigenständigen Zuschlagsätzen (→ *Kostenträgerrechnung*) oder anderen Verrechnungseinheiten (z. B. nach Maschinenstunden) kalkuliert werden. In den meisten Betrieben werden als Hauptkostenstellen die Bereiche Fertigung, Material, Verwaltung, Vertrieb definiert. Von Fall zu Fall können solche Hauptkostenstellen stärker differenziert (z. B. Fertigung I: Teilefertigung, Fertigung II: Montage) oder zusammengefasst (in Kleinunternehmen oft Verwaltung/Vertrieb) werden.

Hauptlauf. Haupttransport bei → *gebrochenem* Verkehr. Beispiel: Bahntransport mit → *Vorlauf* durch den → *Versandspediteur* und → *Nachlauf* durch den → *Empfangsspediteur*.

Hauptversammlung. Die Hauptversammlung einer → *Aktiengesellschaft* (AG) besteht aus allen Aktionären der Gesellschaft und hat in wichtigen Fragen, welche die Kapitalgeberinteressen betreffen, Entscheidungsrecht. Sie ist ein gesetzlich vorgeschriebenes Organ, dessen Aufgabenbereiche in den §§ 118–147 AktG geregelt sind. Die wesentlichen Funktionen der Hauptversammlung bestehen in der Wahl und Abberufung der Aktionärsvertreter im Aufsichtsrat, in Beschlussfassungen über die Verwendung des Bilanzgewinns, über Satzungsänderungen und über Maßnahmen, welche die Kapitalstruktur betreffen (z. B. Kapitalerhöhungen). Dabei bemisst sich der Umfang des Stimmrechts der Aktionäre nach dem Nennwert der gehaltenen Aktien. Die Hauptversammlung ist zuständig für die Entlastung des Vorstands und des Aufsichtsrats, besitzt aber praktisch keinen Einfluss auf operative Entscheidungen der Geschäftsführung.

Haushaltsfreibetrag. Ein Freibetrag lt. § 32 Abs. 7 Einkommensteuergesetz, den vor allem Steuerpflichtige vom → *Einkommen* abziehen können, wenn sie einen Kinderfreibetrag oder Kindergeld für mindestens ein Kind erhalten, das in ihrer Wohnung im Inland gemeldet ist. Dieser Freibetrag läuft im Rahmen einer Neuregelung der Familienbesteuerung ab 2002 allmählich aus.

Haustarifvertrag → *Flächentarifvertrag*.

Header. Vorspann und Teil des Datenpakets (→ *E-Mail* oder → *Website*), der den eigentlichen Daten vorangestellt ist, mit Informationen über Absender, Empfänger, Betreff, Datum, Prüfsumme und Format der enthaltenen Nachricht.

Hebesatz. Hundertsatz des → *Steuermessbetrags* für die Berechnung der → *Gewerbesteuer* und → *Grundsteuer*, der von der jeweiligen Gemeinde festgesetzt wird. Die Gewerbesteuer bzw. Grundsteuer ergibt sich durch die Rechnung:

Besteuerungsgrundlage (Gewerbeertrag bzw. Einheitswert des Grundstücks) · Steuermesszahl
= Steuermessbetrag

Steuermessbetrag · Hebesatz = Steuerbetrag

Die Hebesätze schwanken von Gemeinde zu Gemeinde. In der Regel sind die Hebesätze in den Großstädten viel höher als in kleineren Gemeinden. Hebesätze für die Gewerbesteuer und Grundsteuer sind häufig unterschiedlich hoch.

Hebezeuge. Gruppe der nicht flurgebundenen Förderzeuge. Beispiele: Krane und Aufzüge.

Heijunka. Begriff aus der japanischen Produktion, Harmonisierung des Produktionsflusses durch mengenmäßigen Produktionsausgleich, der Warteschlangen vermeidet (Liege- und Transportzeiten). An die Stelle der Werkstatt- tritt die Fließproduktion (Continuous Flow Manufacturing) mit kurzen Transportwegen und Komplettbearbeitung. Dies ist vor allem angesichts komplexer, mehrstufiger Produktion von hoher Bedeutung. Jeweils der Engpasssektor wirkt hier limitierend auf den Unternehmenserfolg (Ausgleichsgesetz der Planung) und erzeugt zugleich bei allen anderen Teilen Verschwendung.

Herstellkosten (Begriff der Kostenrechnung). Summe aus Materialkosten (abhängig zumindest von den Materialmengen) und Fertigungskosten (abhängig zumindest von Lohnstunden, die das Personal aufwendet, oder Maschinenlaufzeiten). In der traditionellen Vollkostenrechnung inkl. entsprechender → *Gemeinkosten* (z. B. Materialgemeinkosten für das Teilelager, Fertigungsgemeinkosten für nicht direkt produktive Stellen, etwa Meisterbereich).

Herstellungskosten (§ 255 HGB). Begriff der Bilanzierung. Aufwendungen, die durch den Verbrauch von Gütern und die Inanspruchnahme von Diensten für die Herstellung eines Vermögensgegenstands, seine Erweiterung oder für eine über seinen ursprünglichen Zustand hinausgehende wesentliche Verbesserung entstehen.

Zu den Herstellungskosten gehören: Materialkosten, die Fertigungskosten und die Sonderkosten der Fertigung. Bei der Berechnung der Herstellungskosten dürfen auch angemessene Teile der notwendigen Materialgemeinkosten, der notwendigen Fertigungsgemeinkosten und des Wertverzehrs des → *Anlagevermögens*, soweit er durch die Fertigung veranlasst ist, eingerechnet werden. Kosten der allgemeinen Verwaltung sowie Aufwendungen für soziale Einrichtungen des Betriebs, für freiwillige soziale Leistungen und für betriebliche Altersversorgung brauchen nicht eingerechnet zu werden. Aufwendungen (für Zinsen und Abschreibungen auf Geschäfts- bzw. Firmenwert) dürfen nur insoweit berücksichtigt werden, als sie auf den Zeitraum der Herstellung entfallen.

Keine Herstellungskosten sind: Vertriebskosten (sie dürfen nicht in die Herstellungskosten einbezogen werden) und Zinsen für Fremdkapital.

Angesetzt werden dürfen jedoch Zinsen für Fremdkapital, das zur Finanzierung der Herstellung eines Vermögensgegenstands verwendet wird, soweit sie auf den Zeitraum der Herstellung

	Handelsrecht § 255 II Nr. 3 HGB	**Steuerrecht** Abschnitt 33, 33a Einkommensteuerrichtlinien	
Ansatzpflicht	Einzelkosten Materialeinzelkosten Fertigungseinzelkosten Sonderkosten der Fertigung = Wertuntergrenze	Einzelkosten Materialeinzelkosten Fertigungseinzelkosten Sonderkosten der Fertigung Gemeinkosten Materialgemeinkosten Fertigungsgemeinkosten Wertverzehr für das Anlagevermögen = Wertuntergrenze	**Ansatzpflicht**
Ansatzwahlrecht	Gemeinkosten Materialgemeinkosten Fertigungsgemeinkosten Wertverzehr für das Anlagevermögen Kosten der allgemeinen Verwaltung Aufwendungen für soziale Einrichtungen des Betriebes Aufwendungen für freiwillige soziale Leistungen Aufwendungen für betriebliche Altersversorgung Zinsen für Fremdkapital = Wertobergrenze	Kosten der allgemeinen Verwaltung Aufwendungen für soziale Einrichtungen des Betriebes Aufwendungen für freiwillige soziale Leistungen Aufwendungen für betriebliche Altersversorgung Zinsen für Fremdkapital = Wertobergrenze	**Ansatzwahlrecht**

Abb. 31: Herstellungskosten nach Handels- und Steuerrecht (in Anlehnung an: Meyer, C.: Bilanzierung nach Handels- und Steuerrecht, 12. Auflage, 1998, S. 108)

entfallen; in diesem Fall gelten sie als Herstellungskosten des Vermögensgegenstands.

Als Geschäfts- oder Firmenwert darf der Unterschiedsbetrag angesetzt werden, um den die für die Übernahme eines Unternehmens bewirkte Gegenleistung den Wert der einzelnen Vermögensgegenstände des Unternehmens abzüglich der Schulden im Zeitpunkt der Übernahme übersteigt. Der Betrag ist in jedem folgenden Geschäftsjahr zu mindestens einem Viertel durch Abschreibungen zu tilgen. Die Abschreibung des Geschäfts- oder Firmenwerts kann aber auch planmäßig auf die Geschäftsjahre verteilt werden, in denen er voraussichtlich genutzt wird.

Die Herstellungskosten ergeben sich unter bestimmten Voraussetzungen aus der Kostenrechnung. Sie sind die Basis für Abschreibungsbeträge. Bei der Aktivierung selbst hergestellter Anlagegüter erfolgt die Sollbuchung im Anlagekonto, die Habenbuchung im Konto aktivierte Eigenleistungen. Zu den Aufwendungen gehören auch Großreparaturen, welche die Nutzungsdauer verlängern (→ *Anschaffungskosten*). Bei einem Vergleich zwischen Handels- und Steuerrecht ergeben sich folgende Unterschiede: Für die Einzelkosten besteht → *Aktivierungspflicht*. Diese bilden die handelsrechtliche Wertuntergrenze (Mindestwertansatz). Steuerrechtlich müssen noch die Material- und Fertigungsgemeinkosten (einschließlich Abschreibungen) hinzukommen. Für diese Bestandteile gilt handelsrechtlich nur ein → *Aktivierungswahlrecht*. Es ergibt sich somit eine höhere steuerliche Wertuntergrenze. Für die weiteren Kostenbestandteile ergeben sich keine Abweichungen, sodass die Wertobergrenzen (Höchstwertansatz) identisch sind. Die umfangreichen Wahlrechtsmöglichkeiten können handelsrechtlich im Sinne einer → *Bilanzpolitik* beispielsweise so genutzt werden, dass nur durch den Ansatz der Mindestwerte erhebliche → *stille Reserven* im Unternehmen gebildet werden. In der → *Steuerbilanz* ist der bilanzpolitische Spielraum dagegen nicht so weit, jedoch lässt sich auch hier der Steuerbilanzgewinn beeinflussen. Zu beachten ist das → *Maßgeblichkeitsprinzip*.

Heuristisches Entscheidungsverfahren → *Restriktionsanalyse*.

HIFO (Highest In First Out) → *Verbrauchsfolgeverfahren*.

Hilfskostenstellen. Im weiteren Sinne alle Kostenstellen, die ihre Leistungen nur innerbetrieblich an die → *Hauptkostenstellen* weiter verrechnen (→ *Kostenstellenrechnung*). Im engeren Sinne die sog. Fertigungshilfsstellen, die Leistungen nur an Hauptkostenstellen der Fertigung weiter verrechnen (z.B. werden die Kosten des Meisterbereichs auf Teilefertigung und Montage verteilt). Sofern sich Hilfskostenstellen gegenseitig beliefern (z.B. Energiegewinnung liefert Wärme und/oder Strom an die hauseigene Reparaturwerkstatt, die ihrerseits auch Anlagen der Energiegewinnung repariert), ist die Bildung innerbetrieblicher → *Verrechnungspreise* nötig.

Hinzurechnungen. Beträge, die dem Gewinn hinzugerechnet werden müssen, um eine objektive Ertragsgröße für die Berechnung der → *Gewerbesteuer* zu erhalten. Die wichtigsten Hinzurechnungen laut § 8 GewStG sind:

- Zinsen (Entgelte) für Dauerschulden
- Gewinnanteile des (typisch) stillen Gesellschafters
- Miet- und Pachtaufwendungen
- Verlustanteile an in- und ausländischen Personengesellschaften
- Spenden bei Kapitalgesellschaften

Zunächst war der Gesetzgeber konsequent und verlangte, Zinsen für Dauerschulden hinzuzurechnen. Seit 1984 müssen jedoch nur noch 50% der Zinsen zum Gewinn hinzugerechnet werden, und zwar der Zinsen bzw. Entgelte für Schulden, die wirtschaftlich mit der Gründung, dem Erwerb, der Erweiterung oder Verbesserung des Betriebes zusammenhängen oder der nicht nur vorübergehenden Verstärkung des Betriebskapitals dienen.

Typische Dauerschulden sind Anleihen, Obligationen, Grund- und Hypothekenschulden, mittel- und langfristige Bankkredite. Laufende Schulden hingegen, die nur der vorübergehenden Verstärkung des Betriebskapitals dienen, sind vor allem Warenschulden, Wechselschulden und kurzfristige Bankkredite. Einen Sonderfall stellen Kontokorrentkredite dar, die theoretisch täglich fällig sind, praktisch jedoch der dauernden Verstärkung des Betriebskapitals dienen und in der jährlichen Mindesthöhe als Dauerschulden zu berücksichtigen sind. Als Mindestbetrag ist nach Abschnitt 45 Abs. 7 Satz 9 Gewerbesteuerrichtlinien der achtniedrigste Saldo anzusetzen, also der Mindestbetrag, der an 358 bzw. 359 Tagen im Jahr zur Verfügung stand.

Beispiel: Ein Unternehmen ermittelt auf Grund der Auszüge für das Kontokorrentkonto im Jahre 2002 die folgenden Schuldsalden unter 100.000 €:

Wochentag	Datum	Kontostand in €	Rangfolge
Mittwoch	10. 01.	40.000	Rang 9
Freitag	24. 03.	20.000	Rang 6, 7, 8
Grün-donnerstag	12. 04.	10.000	Rang 1, 2, 3, 4, 5

Beispielhafte Schuldsalden

Die Freitags- oder Feiertagssalden sind besonders günstig, da sie für drei bis fünf Tage bestehen, sodass bereits zwei Feiertagssalden den achtniedrigsten Saldo bilden können.

Im Beispiel bestand der Saldo von Gründonnerstag fünf Tage (Karfreitag, Sonnabend, Ostersonntag, Ostermontag). Der Freitagssaldo vom 24. 03. bestand an drei Tagen (Freitag, Sonnabend, Sonntag), sodass dieser Saldo bereits den achtniedrigsten Saldo darstellt.

Gewinnanteile des typischen stillen Gesellschafters, der dem Unternehmen ein Darlehen zur Verfügung gestellt hat und dafür einen gewinnabhängigen Zins erhält, sind wie Zinsen – allerdings in voller Höhe – dem Gewinn hinzuzurechnen. Der typische stille Gesellschafter hat eher die Stellung eines Gläubigers und bezieht einkommensteuerrechtlich Einkünfte aus Kapitalvermögen, während der atypische stille Gesellschafter eher als Mitunternehmer einzustufen ist und daher Einkünfte aus Gewerbebetrieb bezieht. Da diese Einkünfte der Gewerbesteuer unterliegen, müssen sie laut § 8 Nr. 3 GewStG nicht hinzugerechnet werden.

Miet- und Pachtaufwendungen können ebenfalls Fremdkapitalzinscharakter haben und sind daher unter bestimmten Voraussetzungen hinzuzurechnen. Auf Grund einer Anmietung von Anlagen wird Eigen- oder Fremdkapital erspart. Die Hinzurechnung zu 50% erfolgt jedoch nicht bei Immobilien und nicht bei gewerblichen Vermietern oder Verpächtern, die gewerbesteuerpflichtig sind.

Verlustanteile an in- und ausländischen Personengesellschaften, die den Gewinn des Gewerbebetriebes gemindert haben, sind wieder zu addieren, um den Ertrag des Gewerbebetriebes zu ermitteln. Bei Kapitalgesellschaften sind Spenden zur Förderung mildtätiger, kirchlicher, religiöser, wissenschaftlicher und gemeinnütziger Zwecke, die als sog. abziehbare Aufwendungen gemäß § 9 Abs. 1 Nr. 2 KStG den Gewinn aus Gewerbebetrieb gemindert haben, wieder hinzuzurechnen. Bei Einzelunternehmen und Personengesellschaften sind diese Spenden bei der Gewinnermittlung nicht abziehbar. Sie können nur vom Inhaber im Rahmen der → *Sonderausgaben* vom Gesamtbetrag der → *Einkünfte* gemäß § 10 b EStG berücksichtigt werden. Die Hinzurechnung bei Kapitalgesellschaften erfolgt somit, um bei Personenunternehmen und Kapitalgesellschaften einen vergleichbaren Gewinn aus Gewerbebetrieb zu erhalten.

Histogramm. Element der → *Seven Tools* (Qualitätsmanagement). Es dient der übersichtlichen Darstellung und Klassifizierung aufgetretener Fehler in Form eines Säulendiagramms. Dabei ist die Säulenfläche proportional zur Häufigkeit der Merkmalsklasse; bei gleicher Klassenbreite gilt dies also auch für die Säulenhöhe. Zur Erfassung dienen Strichlisten und Häufigkeiten. Das Histogramm zeigt die Lokalisation (Mittenlage) und Dispersion (Streuverhalten) von Fehlern an. Probleme dieses Verfahrens liegen in einer evtl. zu groben Klasseneinteilung und darin, dass Klassenweiten sich durchaus unregelmäßig ergeben. Zur Erfassung der Fehler können → *Fehlersammellisten* genutzt werden.

Hit. Zugriff eines → *Browsers* auf ein einzelnes Seitenelement. Da die Dokumente im Web meist miteinander verknüpft sind und aus mehreren Elementen bestehen, ist dies keine aussagefähige Messgröße.

Hochregallager. 12 bis 40 Meter hohes Palettenregallager, das entweder mit Staplern oder → *Regalförderzeugen* bedient wird. Es gibt Lagerbauten mit mehr als 100.000 Palettenplätzen. In ein Lagerfach passen meistens drei → *Europaletten* oder zwei → *Industriepaletten*. Investitionsaufwand für ein automatisches Hochregallager: 700 bis 800 € (Basis 1999) pro Palettenplatz.

Höchstwertprinzip. Umgekehrtes → *Niederstwertprinzip* (Bilanzierung). Gemäß § 6 Abs. 1 Nr. 3 EStG sowie dem Vorsichtsprinzip gilt, dass Verbindlichkeiten unter sinngemäßer Anwendung der → *Bewertungsvorschriften* für das Umlaufvermögen festzusetzen sind. Anstatt der Abschreibung auf den niedrigeren → *Teilwert* ergibt sich eine Zunahme auf den höheren Teilwert.

Beispiel: Ein Unternehmen hat eine Währungsverbindlichkeit gegenüber einem amerikanischen Lieferanten im Wert von 10.000 US-Dollar. Der Wechselkurs zum Zeitpunkt der Lieferung beträgt einen US-Dollar (0,85 €). Daraus folgt, dass zum Kaufzeitpunkt die Verbindlichkeit mit dem aktuellen Rückzahlungsbetrag von 8.500 € entstanden ist und entsprechend verbucht wurde. Zum Bilanzstichtag ist der Dollarkurs auf 0,95 € angestiegen. Es muss jetzt die Währungsverbindlichkeit mit 9.500 € bilanziert werden. Es entsteht dadurch ein Aufwand von 1.000 €.

Holding → *Konzern*.

Holding-Organisation (Dachgesellschaft). Reine Finanz-Holding, welche die angeschlossenen operativen Einheiten als Beteiligungsgesellschaften unter finanziellem Primat führt, oder als Management-Holding, welche die angeschlossenen operativen Einheiten durch Planung, Organisation und Kontrolle im Management führt.

Holsystem. System, bei dem der Empfänger einer Ware diese selbst abholen muss (Ggs. → *Bringsystem*).

Homepage. (→ *Website*). Startseite, Eingangsseite, Eröffnungsseite, erste Seite einer Website, die Benutzern nach dem Aufruf einer Website (Sammlung weiterer Dokumente) auf einem lokalen WWW-Server präsentiert wird, meist zur Vorstellung des Anbieters und zur weiteren Orientierung (analog Deckblatt oder Inhaltsverzeichnis bei einer Zeitschrift). Von dort aus gehen → *Hyperlinks* zu den verschiedenen Themenbereichen des Anbieters ab. Sie dient aber auch als Visitenkarte des Anbieters.

Horizontal-Karussell. Umlaufendes → *Fachbodenregal* zur Kommissionierung nach dem → *Ware-zum-Mann-Prinzip*.

Host. Der Begriff Host wird in der Informationsverarbeitung in verschiedenen Bedeutungen verwendet. In Client/Server-Umgebungen (→ *Client/Server*) bezeichnet man als Host den Rechner, auf dem die Server-Software läuft. Dabei können auf einem Host durchaus mehrere → *Server* laufen, z.B. je ein Server für → *FTP* und → *E-Mail*. Der Zugriff auf einen Host erfolgt mithilfe von → *Clients*, z.B. mit einem → *Browser* oder einem E-Mail-Programm. Da der Ausdruck Server außer für das entsprechende Programm (also die Software) oft auch für den Rechner verwendet wird, auf dem das Programm läuft (also die Hardware), wird in der Praxis nicht klar zwischen Server und Host unterschieden.

Als Host bezeichnet man auch den zentralen Computer in einem System von miteinander vernetzten Computern. Der Host ist der Rechner, an dem die Arbeitsstationen (→ *Workstation*, → *Terminal*) angeschlossen sind und auf dem große Anwendungsprogramme (→ *Anwendungssoftware*) laufen. Ein Host kann z.B. das → *Data Warehouse* eines Unternehmens verwalten. In dieser Verwendung des Wortes Host wäre z.B. ein → *Mainframe* der Host für die daran angeschlossenen Terminals.

Hosting. Möglichkeit, einen eigenen Rechner bei einem → *Provider* zu platzieren oder eigene Daten entgeltlich auf dem Server des Provider zu speichern, um sie im Internet verfügbar zu machen.

Hotline. Spezielle, zu bekanntgegebenen festen Zeiten besetzte und unmimttelbar erreichbare Rufnummer oder Call-Center für die Klärung von Kundenanfragen; wird oft für Reklamationen und technischen Support eingesetzt.

House of Quality. Optische Darstellung der Auswahl, Klassifizierung und Gewichtung von Qualitätsmerkmalen sowie der schrittweisen Konkretisierung aller Einzelforderungen an die Realisierung bezüglich Zweck, Anspruchsklasse und Möglichkeiten. Dabei stellen die Kundenanforderungen die linke Wand des Hauses dar, die daraus abgeleiteten Qualitätsmerkmale die Decke, die Beziehungen untereinander den Innenraum, die Konkretisierung der Qualitätsmerkmale in Zielgrößen den Boden, der Vergleich mit konkurrierenden Problemlösungen die rechte Wand und Wechselwirkungen der Qualitätsmerkmale das Dach.

HRL → *Hochregallager*.

HTML → *Hypertext Markup Language*.

HTTP → *Hypertext Transfer Protocol*.

Hubwagen. Handbetriebener oder elektrisch angetriebener Transportwaren mit Gabeln zur Aufnahme von Euro- oder Gitterboxpaletten.

Huckepackverkehr. Form des Bahntransports, bei dem ganze Lastzüge auf tief liegenden Waggons befördert werden.

Hyperlink. Hervorgehobene Stelle im WWW-Dokument, die per Mausklick angewählt werden kann und unmittelbar zu anderen Dateien oder zu externen Seiten/Dokumenten durchverbindet (wie bei Querverweis im Lexikon). Neben Textdokumenten kann auch auf an anderen Orten abgelegte Bilder, Musik oder Programme verwiesen werden. Dazu ist ein globales Netz von miteinander verbundenen Computern notwendig, die auf der Grundlage eines gemeinsamen Netzwerkprotokolls kommunizieren (TCP/IP). Hyperlinks sind optisch, meist farbig oder durch Unterstreichung, hervorgehoben. Das Klicken auf solche Hypertext-Verknüpfungen führt zu anderen → *Web-Seiten*. Über solchen Stellen ändert sich der Mauszeiger des Browsers in ein Handsymbol. Meist werden Links unterstrichen dargestellt. Sind sie aktiviert worden, ändern sie meist ihre Farbe.

Hypermedia. Konzept des Aufbaus und der Organisation von Computer-Dateien und des Umgangs mit den in → *Hypertext-Dokumenten* enthaltenen Daten. Wesentliches Merkmal ist die Verknüpfung unterschiedlicher technischer Komponenten sowie unterschiedlicher Datenformate bzw. Dateien. Hierbei sind Medien zu Multimedia-Bedingungen zusammengefasst, die zusätzlich eine Interaktivität zwischen Medium und Nutzer vorsehen.

Hypertext. Organisationsmethode, bei der elektronische Dokumente durch Verweise (→ *Hyperlinks*) miteinander vernetzt werden. Das Aktivieren eines Verweises (z.B. durch Mausklick) führt dazu, dass zusätzliche inhaltlich verwandte oder weiter gehende Information auf dem Bildschirm angezeigt wird. Verweise werden meist durch hervorgehobene Wörter sowie durch spezielle Schaltflächen oder Grafiken dargestellt. Ein Verweis kann sich auf einen Text im gleichen oder in einem anderen Dokument beziehen, aber auch auf völlig andere Medien, wie z.B. Bilder oder Tonfolgen.

Mithilfe der Hypertext-Methode lassen sich netzwerkartig aufgebaute multimediale Informationsangebote (Hypertext-Systeme) von nahezu beliebigem Umfang schaffen (→ *Multimedia*). Üblicherweise bleibt es dem Nutzer überlassen, in welcher Reihenfolge in einem Hypertext-System Texte gelesen, Bilder angesehen und Töne gehört werden.

Ein Beispiel: Angenommen, der Leser liest zuerst den mit A markierten Text, dann bietet die Hypertext-Struktur in diesem Beispiel nicht nur eine, sondern gleich drei Möglichkeiten an, um mit dem Lesen fortzufahren: nämlich den mit B, D oder E bezeichneten Text. Wählt der Leser die Variante B, so kann er mit dem als C oder E bezeichneten Text fortfahren und von E wiederum auf D übergehen. Da es aber auch möglich ist, sofort von dem mit A auf den als D bezeichneten Text zuzugreifen, zeigt dieses Beispiel, dass die Hypertext-Methode verschiedene Pfade erlaubt, um von einem Element zu einem anderen zu gelangen. Der wichtigste Informationsdienst im → *Internet*, das → *World Wide Web*, besteht aus Millionen von Hypertext-Systemen.

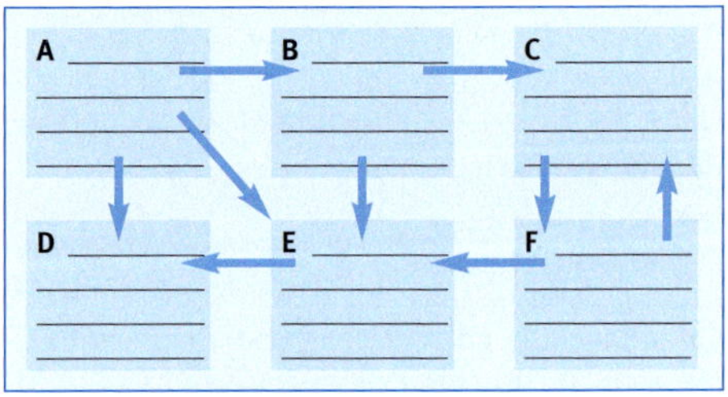

Abb. 32: Hypertextsystem

Hypertext Markup Language (HTML). Seitenbeschreibungssprache, die im → *Internet* verwendet wird, um Informationsseiten (Webpages) für die Darstellung in einem → *Browser* aufzubereiten. Mithilfe von HTML lassen sich in einem Dokument die Eigenschaften von Informationsobjekten (z.B. die Schriftart eines Textes oder die Größe einer Grafik) sowie Verweise (Hyperlinks) auf andere Dokumente festlegen. Zusammen mit dem → *Hypertext* Transfer Protocol (HTTP) bildet HTML die technische Grundlage des → *World Wide Web*.

Hypertext Transfer Protocol (HTTP). Ein → *Protokoll* des → *Internet*, das auf dem → *TCP/IP-Protokoll* aufsetzt und primär verwendet wird, um im Rahmen des → *World Wide Web* → *Webseiten* von einem → *Webserver* zu einem → *Browser* zu übertragen.

Beispiel: Nach Eingabe der → *URL* http://www.firma.de/infotext.html in die Adresszeile des Browsers wird an den Webserver mit der Adresse www.firma.de die Anfrage gerichtet, die Datei mit dem Namen infotext.html an den Browser zu senden. Sofern die Adresse gültig und der Zugriff auf die Datei zulässig ist, kommt der Webserver der Aufforderung nach und überträgt die Datei an den anfragenden Browser.

Für eine hinlänglich gesicherte Übermittlung von Webseiten vertraulichen Inhalts, wie z. B. personenbezogene Daten, Kreditkartennummern etc., wurde HTTPS (Hypertext Transfer Protocol Secure) entwickelt. Hierbei werden die zu übertragenden Daten über das → *SSL-Protokoll* verschlüsselt und damit weitestgehend »abhörsicher« gemacht. Aus technischem Blickwinkel betrachtet ist HTTPS Protokollstapel, bestehend aus den Protokollen TCP/IP, SSL und HTTP.

I

IAS (International Accounting Standards), IAS-Rechnungslegung (Bilanzierung). Diese dienen der weltweiten Harmonisierung der → *Rechnungslegung* (international) und sind prinzipiell nicht als nationale Rechnungslegungsgrundsätze zu verstehen. Die IAS werden vom International Accounting Standards Committee (IASC), einer im Jahre 1973 in London gegründeten privatrechtlichen Vereinigung von Berufsverbänden der Wirtschaftsprüfer und anderer Fachkundiger des externen Rechnungswesens aus rund hundert Ländern, herausgegeben. Zu den Gründungsmitgliedern gehörten u. a. die Wirtschaftsprüferkammer und das Institut der Wirtschaftsprüfer (IDW) aus Deutschland. Als Satzungszwecke sind die Formulierung und Veröffentlichung von internationalen Rechnungslegungsgrundsätzen im Sinne einer Vereinheitlichung der unterschiedlichen nationalen → *Bilanzierungsvorschriften* festgelegt.

Bisher hat der IASC rund 30 Standards entwickelt. Ziel ist es, vor allem die aus dem Kompromiss zwischen kontinentaleuropäischer und amerikanischer Rechnungslegungstradition hervorgegangenen Bilanzierungswahlrechte im Sinne einer besseren weltweiten Vergleichbarkeit der Jahresabschlüsse zu beseitigen. Die Grundsätze nähern sich sehr stark den amerikanischen → *US-GAAP* an, da sich in den internationalen Gremien weitgehend angelsächsische Mehrheiten gebildet haben. Die IAS sind jedoch gegenüber den US-GAAP nicht so detailliert und beinhalten noch zum Teil umfangreiche Wahlrechte. Der Investorschutz (Kapitalmarktorientierung) im Sinne einer umfassenden Information der gegenwärtigen und zukünftigen Eigenkapitalgeber über die Rentabilität ist gegenüber dem Gläubigerschutz sehr stark ausgeprägt.

Vergleichende Merkmale der IAS

Wird das deutsche Recht mit den Standards verglichen, so lassen sich für die IAS folgende wesentliche Abweichungen feststellen:

- weniger Bilanzierungs- und Bewertungswahlrechte,
- das → *Vorsichtsprinzip* ist unterbetont;
- das → *Realisationsprinzip* ist aufgeweicht (statt → *Anschaffungswertprinzip* kann eine Neubewertung von Anlagevermögen zu Verkehrswerten erfolgen);
- handels- und steuerrechtliche Bilanzierung sind konsequent getrennt;
- Bildung von Aufwandsrückstellungen sind unzulässig;
- ausführlichere Angaben im Anhang und Erläuterungen;
- ein Lagebericht ist nicht vorgeschrieben;
- eine Kapitalflussrechnung muss aufgestellt werden.

Von deutschen börsennotierten Muttergesellschaften wird für die Aufstellung eines Konzernabschlusses bisher die IAS-Rechnungslegung eher bevorzugt als die US-GAAP. Darüber hinaus hat die EU-Kommission den Mitgliedstaaten empfohlen, ab Anfang 2005 alle börsennotierten Unternehmen zu verpflichten, die internationalen Rechnungslegungsgrundsätze anzuwenden. Gleiches gilt für Gesellschaften, die einen Börsengang vorbereiten. Die EU-Staaten können auch nicht notierten Unternehmen die Anwendung der IAS-Grundsätze vorschreiben. In Amerika mit dem weltgrößten Kapitalmarkt dagegen werden die IAS bisher noch nicht anerkannt.

Icon. Digitale Computerhieroglyphe mit besonderem Bedeutungsinhalt, die in einer Ähnlichkeitsbeziehung zu dem Objekt steht, das es darstellt. Zum Beispiel als Steuersymbol auf der Bildschirmoberfläche, das stellvertretend für Inhalte steht und per Mausklick aktiviert werden kann und daraufhin eine Funktion zur Ausführung bringt.

Identnummer → *Artikelnummer*.

Illiquidität → *Zahlungsunfähigkeit*.

IMAP. Abk. für Internet Mail Access Protocol. Protokoll zum Abholen von → *E-Mails* aus dem eigenen elektronischen Postfach. Damit kann der Empfänger festlegen, welche Teile einer elektronischen Post übertragen werden sollen (z. B. keine Bilder). Dient auch der Erstellung, Löschung und Umbenennung von Mailboxes.

Imparitätsprinzip (Bilanzierung). Es lässt sich aus dem → *Vorsichtsprinzip* ableiten und ist wie das → *Realisationsprinzip* in § 252 Abs. 1 Nr. 4 HGB festgelegt. Danach sind bei der Bewertung der Bilanzpositionen alle vorhersehbaren Risiken und Verluste, die bis zum Abschlussstichtag entstanden sind, zu berücksichtigen, selbst wenn diese erst zwischen dem Abschlussstichtag und dem Tag der Aufstellung des Jahresabschlusses bekannt geworden sind. Verluste also, die absehbar, aber noch nicht eingetreten sind, müssen auf Grund des Grundsatzes der besseren Erkenntnis (→ *Wertaufhellung*) im alten Jahr noch als Aufwand verbucht werden (Verlustantizipation). Es schränkt somit das Realisationsprinzip für Aufwendungen ein und führt zu einer ungleichen Behandlung (Imparität = Ungleichheit) von Gewinnen (Erträgen) und Verlusten (Aufwendungen). Außerdem wird es beim Vermögen durch das → *Niederstwertprinzip*, bei den Schulden durch das → *Höchstwertprinzip* und durch die Behandlung von drohenden Verlusten bei → *schwebenden* Geschäften ergänzt. Durch den besonders stark ausgeprägten Vorsichtsgedanken sollen insbesondere die Gläubiger vor überhöhten Gewinnausschüttungen und -entnahmen geschützt werden.

Improvisation. Vorläufige und von vornherein zeitlich befristete Regelungen (in Abgrenzung zur → *Organisation*). Es handelt sich um Ad-hoc-Regelungen, die intuitiv (gefühlsgesteuert) oder heuristisch (erfahrungsbedingt) getroffen werden. Sie haben meist nur vorläufigen Charakter, da auf die sorgfältige Analyse der ihnen zu Grunde liegenden Entscheidungssituationen verzichtet wird. Improvisation ist ein Zeichen mangelnder Organisation (Unterorganisation).

Incentive. Eine besondere Entlohnung für einen Verkäufer (oder Vermittler), wenn ein bestimmtes (Verkaufs-) Ziel erreicht wurde. Im englischen Sprachgebrauch ist damit jede ergebnisabhängige Bezahlung gemeint, während im Deutschen unter Incentive üblicherweise Prämien verstanden werden, die nicht Geld sind (also z. B. Sachgeschenke, Reisen etc.).

Incoterms (International Commercial Terms). Handelsklauseln im grenzüberschreitenden Warenverkehr. Durch die internationalen Handelsklauseln wird festgelegt, ab welchem Punkt der → *Transportkette* das Transportrisiko auf den Erwerber übergeht und wer ab welchem Punkt der Transportkette die Kosten für → *Transportversicherung* und Verzollung trägt.

Beispiele: Ex Works = ab Werk trägt der Käufer alle Lasten, Delivered Duty Paid = Frei-Haus-Lieferung verzollt.

Incoterms sind internationale Handelsbräuche, die unter Kaufleuten auch dann gelten, wenn diese keine Kenntnis von ihrer Bedeutung haben. Kaufleute sollten die Auslegungsregeln der Internationalen Handelskammer für die Incoterms kennen.

Indirekte Steuern. Bei diesen Steuern sind Steuerzahler und Steuerträger nicht identisch. Sie werden vom Steuerzahler auf den Steuerträger überwälzt, z. B. die Umsatzsteuer, alle Verbrauchsteuern, die Versicherungsteuer. In der Regel werden in einem Staat die Steuern zu je 50 % als → *direkte Steuern* und indirekte Steuern erhoben, um positive und negative Wirkungen der verschiedenen Steuern etwas auszugleichen und vor allem, um den Steuerbürgern die Gesamtbelastung mit Steuern nicht zu zeigen.

Indirekter Vertrieb. Der indirekte Vertrieb beginnt, sobald wirtschaftlich unabhängige Organisationen mit dem Vertrieb der Produkte betraut werden. In diesem Zusammenhang ist daher auch ein Vertrieb über zwar rechtlich selbstständige Unternehmen, auf die aber der Hersteller auf Grund einer kapitalmäßigen Verflechtung einen wirtschaftlichen Einfluss ausübt, als → *Direktvertrieb* zu bezeichnen, nicht jedoch bei unternehmensfremden → *Absatzmittlern*. Zur Abgrenzung siehe auch → *Distribution*. Typische Zwischenstufen sind der → *Großhändler* und der → *Einzelhändler*. Die so genannten herstellergebundenen Absatzorgane wie Vertragshändler, → *Franchising* sowie Handelsvertreter, Kommissionäre und Makler sind Sonderformen des indirekten Vertriebs.

Individualsoftware. Softwareprodukt, (i. d. R. → *Anwendungssoftware*), das als Einzelanfertigung für einen Kunden (ein Unternehmen) entwickelt wird. Individualsoftware wird exakt auf die technischen, organisatorischen und funktionalen Anforderungen des Auftraggebers zugeschnitten. Mit der zunehmenden Verbreitung anpassbarer → *Standardsoftware* (→ *Customizing*) nimmt der Stellenwert von Individualsoftware im Softwaremarkt ab.

Industriepalette. Besondere Form einer Palette mit den Abmessungen 1.200 x 1.000 mm, zählt zu den → *Förderhilfsmitteln*.

Informale Beziehungen. Beruhen auf persönlichen Zielen, Wünschen, Einstellungen und Verhaltensmustern der Organisationsmitglieder und sind damit nicht Gegenstand geplanter organisatorischer Regelungen. Dazu gehört die informale Kommunikation als Weitergabe von Informationen außerhalb des betrieblichen Leistungsprozesses bzw. Weitergabe betrieblicher Informationen außerhalb formalisierter Kommunikationswege. Informale Gruppen sind nicht Bestandteil der formellen Organisation und daher auch nicht im Organigramm verzeichnet. Sie entstehen durch individuelle Bedürfnisse nach Sozialkontakt, Sicherheit, Anerkennung etc. Informale Führer sind Personen, die auf Grund ihrer Persönlichkeit oder fachlichen Eignung anerkannte Autoritäten innerhalb der Organisation sind und auf das geplante betriebliche Geschehen vielfältigen Einfluss nehmen. Informale Normen sind Verhaltenserwartungen der Gruppenmitglieder, die gegenüber den formal vorgegebenen Normen abweichen und daher zu Normenkonflikten führen können. Informaler Status bezeichnet den Status eines Organisationsmitglieds, der sich nicht auf Grund formaler Kriterien ergibt, sondern auf Grund von Alter, Berufserfahrung, sozialer Herkunft etc. Informale Beziehungen etablieren eine »Nebenhierarchie« neben der formalen Hierarchie und bergen damit ein nicht geringes Konfliktpotenzial.

Informationsfluss. Gesamtheit aller betrieblichen Informationsverarbeitungsvorgänge. Diese können DV-gestützt oder manuell erfolgen. Beispiele: Für warenbegleitende Informationen: Lieferschein, Ladelisten, Barcode-Aufkleber, Chipkarten mit Waren beschreibenden Informationen, Anhängescheine, Gebrauchsanleitungen. Beispiele für vorauseilende Informationen: Auftragsbestätigungen, Lieferankündigungen (Avisierung). Beispiele für nachlaufende Informationen: Getrennt verschickte Wertdokumente (z. B. Kfz-Brief), Rechnungen. Beispiel für dem → *Materialfluss* entgegenlaufende Informationen: Kundenauftrag, Mengenplanung für die Produktion, Mengenplanung für das zu beschaffende Material, Bestellung beim Lieferanten.

Informationsmanagement. Ist in der Praxis mit zwei unterschiedlichen Bedeutungen belegt:

1. Aus der Sicht der Fachleute der Informationsverarbeitung bedeutet Informationsmanagement das Management der technischen und personellen Ressourcen ihres Bereichs. Dazu zählen insbesondere die Rechner, die Software, die Netze, das Personal sowie die mit der Informationsverarbeitung eng verbundenen Bereiche wie z. B. die Telekommunikation. Informationsmanagement plant, steuert und kontrolliert sowohl die Entwicklung neuer → *Anwendungssysteme* wie auch den Betrieb der Technik, auf der diese Systeme laufen.
2. Aus der Sicht der Unternehmensleitung verkörpert Informationsmanagement einen Managementansatz, dessen Aufgabe die möglichst optimale Versorgung aller betrieblichen Stellen mit denjenigen Informationen ist, die zur Erreichung der Unternehmensziele benötigt werden. Aus der Erkenntnis heraus, dass die Wertschöpfung in einem Unternehmen in zunehmendem Maße von der Qualität der Informationsversorgung abhängt, werden Information als wichtigster Produktionsfaktor und

Informationsverarbeitung als strategischer Wettbewerbsfaktor verstanden.

Informationssystem. Mensch-Computer-System (sozio-technisches System), das aus menschlichen und technischen Komponenten besteht. Aufgabe eines Informationssystems ist die optimale Bereitstellung von Information in wirtschaftlich sinnvoller Weise. Informationssysteme versorgen den Nutzer mit allen Informationen, die dieser zur Erledigung seiner Aufgaben im Unternehmen benötigt. → *Anwendungssysteme* sind Bestandteil computergestützter Informationssysteme.

Inhaberaktien → *Aktienarten*.

Innenfinanzierung. Sie wird im Unternehmen selbst geschaffen und ist als → *Selbstfinanzierung* Eigenkapital und hat als → *Rückstellung* Fremdkapitalcharakter, → *Finanzierung*. Außerdem zählt hierzu die → *Finanzierung aus Kapitalfreisetzung*.

Innerbetriebliche Leistungsverrechnung. Bewertung innerbetrieblicher, nicht direkt an Endkunden gehender Leistungen. Dadurch entsteht eine Kostenentlastung beim internen Lieferanten und eine Kostenbelastung beim internen Kunden (im Allgemeinen rechnerisch, ohne realen Geldfluss). Stand der Technik ist die → *Prozesskostenrechnung*, im Fall gegenseitiger Lieferanten-Kunden-Beziehung die Nutzung eines mathematischen Gleichungsverfahrens (→ *Verrechnungspreise*, innerbetriebliche).

Innerbetriebliche Logistik. Umfasst folgendes Aufgabenspektrum: Alle Arten von Transformationsprozessen wie Abpacken, Zerteilen, Zuschneiden, Montieren, Reifungsprozesse, innerbetrieblicher → *Materialfluss* einschließlich des zugehörigen → *Informationsflusses*, → *Lagerung*, Betrieb von Produktionsanlagen (z. B. einer Fleischfabrik) und Anwendung eines → *Warenwirtschaftssystems*.

Innovation. Alle produkt-, prozess- und marktbezogenen Neuerungen, die bei den betreffenden Nutzern mit der Erwartung eines spezifischen Kundennutzens das erste Mal zur Anwendung kommen. Werden bereits auf dem Markt befindliche innovative Problemlösungen von anderen Unternehmen übernommen (»nachgeahmt«), wird dies als Imitation bezeichnet (z. B. »Me-too«-Strategien). Unternehmen können sich kurz- oder langfristig zwischen der Verfolgung von → *Innovations- oder Imitationsstrategien* entscheiden.

Diese Entscheidung für eine Innovations- oder für eine Imitationsstrategie wird beeinflusst durch die Einschätzung externer und interner Erfolgsfaktoren für Innovationen. Zu den externen Erfolgsfaktoren zählen (z. B. das Marktwachstum, das Marktvolumen, der Wettbewerb im Marktsegment und die unternehmenseigenen Konkurrenzvorteile sowie die innovationsfördernden Umfeldbedingungen. Den internen Erfolgsfaktoren sind die unternehmensbezogenen (z. B. CI-Konzept, Marketing-Know-how, Flexibilität gegenüber sich verändernden Markt- und Kundenforderungen, Mitarbeiterqualifikation, technisch-technologisches Niveau und Forschungskapazität, Unternehmenswachstum, Innovationsförderung als Führungsaufgabe, Qualitätssicherung der Produkte und Leistungen, effiziente Organisationen) und die innovationsbezogenen Erfolgsfaktoren (z. B. Einzigartigkeit bzw. die Überlegenheit der Produktidee, zu erwartende Wirtschaftlichkeit, inhaltliche Vorbereitung und optimales Timung des Markteintritts) zuzuordnen.

Innovationsprozess. Der Innovationsprozess für Produkte gliedert sich in sieben Prozessschritte, die im engeren Sinne den Ablauf aufzeigen:
- die Ideenfindung,
- die Ideengenerierung,
- die Forschungs- und Entwicklungsplanung,
- die Produktentwicklung,
- die Herstellung von Funktions- und Fertigungsmustern,
- die Erprobung und
- die Markteinführung.

Im Wesentlichen handelt es sich hier um Aufgaben des Bereiches Forschung und Entwicklung, der Konstruktion und der Fertigung. Das Marketing übernimmt zu Beginn des Innovationsprozesses die Funktion eines Bindegliedes zwischen Unternehmen und Kunden (Einfluss auf die Kunden- und Marktorientierung der Produktentwicklung). Sowohl bei der Ideensuche als auch bei der Ideengenerierung liefert das Marketing markt- und kundenbezogene Kriterien zur Beurteilung der Erfolgschancen der Neuentwicklung. Parallel mit der Erarbeitung des Forschungs- und

Entwicklungsplans wird begonnen, die Markteinführungskonzeption in ihren Grundzügen zu erstellen. Markt- und kundenbezogene Daten, Daten aus der strategischen Situationsanalyse (→ *Marketingplanung*) fließen in die Lastenhefte ein. In der Phase der Erprobung ist auch der Produkt- und Markttest (→ *Marktforschungsmethoden*) angesiedelt. Unter Adoption wird die Übernahme einer Innovation durch bestimmte Nutzer verstanden bzw. die Annahme einer Innovation, z.B. eines neuen Produktes, durch eine einzelne Person. Als Diffusion wird die Verbreitung von Innovationen in einem bestimmten Umfeld (z.B. in einem sozialen System) bezeichnet. Zusammen mit dem Diffusionsprozess bestimmt der Adoptionsprozess die Absatz- bzw. Umsatzentwicklung eines Produkts, wie sie der Produkt-Lebenszyklus (→ *Marketingplanung*) beschreibt. Adoptions- und Diffusionsprozesse beruhen auf Entscheidungsprozessen der Konsumenten.

Mit den Produktinnovationen sind i.d.R. Prozessinnovationen verbunden. Produktinnovationen können auf der einen Seite aus technischen, wirtschaftlichen, sozialen und/oder organisatorischen Gründen Prozessinnovationen nach sich ziehen. Auf der anderen Seite fördern Prozessinnovationen vor allem solche innovativen Produktentwicklungen, die unter den bisherigen Prozessrestriktionen nicht durchführbar bzw. unwirtschaftlich oder mit unvertretbaren Einschränkungen (z.B. Gesundheitsgefährdung, Sicherheitsrisiken) verbunden waren. Prozessinnovationen können aber auch dazu dienen, vorhandene Produkt- und Leistungsprogramme im Unternehmen wirtschaftlicher, flexibler, zuverlässiger und sicherer herzustellen und damit in der Produktpolitik die Relaunch-Strategie zu unterstützen. Diese mit der Produktinnovation verbundenen Prozessveränderungen können sowohl beim Hersteller als auch beim Nutzer in Erscheinung treten.

Insolvenzrecht. Ziel des Insolvenzverfahrens ist die gemeinschaftliche Befriedigung der Gläubiger durch Verwertung des Vermögens eines Schuldners. Der Erlös aus der Verwertung wird verteilt oder geht in einen Insolvenzplan zum Erhalt des Unternehmens ein. Rechtsgrundlage ist die Insolvenzordnung (InsO). Das Insolvenzrecht stellt ein Spezialgebiet des → *Wirtschaftsrechts* dar. Die Insolvenz führt aber nicht zwingend zur Auflösung eines Unternehmens (→ *Gesellschaftsrecht*). Im Insolvenzfall kann in einem einheitlichen Verfahren zwischen Liquidation oder Sanierung abgewogen werden. Zudem enthält die InsO Regelungen über die Verbraucherinsolvenz und bietet die Möglichkeit der Restschuldbefreiung.

Das Insolvenzverfahren wird auf Antrag eines Gläubigers oder im Einzelfall auch des Schuldners eröffnet. Eröffnungsgründe sind die Zahlungsunfähigkeit, die drohende Zahlungsunfähigkeit oder die Überschuldung. Das Insolvenzgericht bestellt einen Verwalter und legt dem Schuldner ein Verfügungsverbot auf. Die Aufgaben des Insolvenzverwalters bestehen in der Verwaltung und Verwertung der Insolvenzmasse. Ihm obliegen auch die arbeitsrechtlichen Befugnisse im Unternehmen. Es ist ein Verzeichnis der Massegegenstände, ein Gläubigerverzeichnis und eine Vermögensübersicht aufzustellen. Im Berichtstermin beschließt die Gläubigerversammlung darüber, ob das Unternehmen des Schuldners stillgelegt oder vorläufig fortgeführt werden soll. Zum Zweck der Unternehmenssanierung kann dem Insolvenzverwalter die Aufstellung eines Insolvenzplans aufgegeben werden. Im Prüfungstermin werden die Forderungen festgestellt. Danach wird entweder mit der Befriedigung der Insolvenzgläubiger begonnen oder in einem Erörterungs- und Abstimmungstermin über den Insolvenzplan zur Unternehmenssanierung beschlossen. Für Insolvenzfälle kleiner Unternehmen und Verbraucherinsolvenzen ist die Möglichkeit der Eigenverwaltung gegeben. Ferner ist eine Restschuldbefreiung für redliche Schuldner vorgesehen. Es kann auch mit dem Eröffnungsantrag ein Schuldenbereinigungsplan vorgelegt werden. Dieser hat durch die Annahme der Gläubiger die Wirkung eines Vergleichs.

Insourcing → *Verrechnungspreise, innerbetriebliche.*

Inspektion. Maßnahmen zur Feststellung und Beurteilung des Ist-Zustands von technischen Mitteln eines Systems.

Instandhaltung.

a) Umfasst Maßnahmen zur Bewahrung und Wiederherstellung des Soll-Zustands sowie zur Feststellung und Beurteilung des Ist-Zustands von technischen Mitteln eines Systems. Die Instandhaltungstiefe gibt den

Umfang der hintereinander ausgeführten Tätigkeiten der Instandhaltung im Vergleich zu den insgesamt durchführbaren Tätigkeiten an (funktionale Sicht).

b) Zugleich Betriebsabteilung, die für die Aufrechterhaltung einer reibungslosen → *Produktion* (im Industriebetrieb) oder logistischen Abwicklung (Produktions-, Handels- oder Dienstleistungsbetrieb) verantwortlich ist. Die Instandhaltung wird häufig in die Bereiche Elektrik, Mechanik, Bauwesen untergliedert. Instandhaltungsleistungen werden von betriebseigenen Abteilungen oder Dienstleistern erbracht (institutional).

Instandsetzung. Umfasst Maßnahmen zur Wiederherstellung des Soll-Zustands von technischen Mitteln eines Systems (Reparatur). Die Instandsetzungstiefe gibt den Umfang der Tätigkeiten einer Instandsetzung im Vergleich zu den insgesamt sinnvollen Tätigkeiten an.

Instanz. Organisatorische → *Stelle*, die verbindliche Entscheidungen treffen kann und Weisungen gibt, die von untergeordneten Stellen auszuführen sind. Instanzen haben Weisungs-, Vertretungs-, Entscheidungs-, Verfügungs- und Informationskompetenzen. Dies beinhaltet auch die fachliche Weisungsbefugnis in Bezug auf die Art und Weise der Aufgabenerfüllung und die disziplinarische Weisungsbefugnis in Bezug auf personalpolitische Maßnahmen. Instanzen tragen eine Eigenverantwortung, die sie gegenüber Dritten für eigene Entscheidungen und Handlungen einstehen lässt. Und sie tragen eine Fremdverantwortung, die sie auch für Entscheidungen und Handlungen ihnen untergeordneter Stellen einstehen lässt. Man unterscheidet Topmanagementinstanzen, die Grundsatzentscheidungen treffen, und Middle-Management-Instanzen und Lower-Management-Instanzen, die lediglich Ausführungsentscheidungen treffen. Stellen ohne Leitungskompetenzen werden nicht Instanzen (Leitungsstellen), sondern Ausführungsstellen genannt. Sie besitzen nur eine Teilkompetenz im Sinne der Selbstentscheidung. Leitungsstellen können als Singularinstanz (eine Person) oder Pluralinstanz (mehrere Personen) ausgebildet sein. Im letzteren Fall können die Aufgaben/Kompetenzen durch alle Mitglieder gemeinsam wahrgenommen werden (Gesamtkollegialität), durch jedes Mitglied nur für seinen Verantwortungsbereich (Ressortkollegialität) oder in Mischformen daraus.

Integrierte Informationsverarbeitung. Unter Integration versteht man im Allgemeinen das Zusammenführen von einzelnen Teilen zu einem einheitlichen Ganzen. In der betrieblichen Informationsverarbeitung sind vor allem Funktionen, Prozesse und → *Daten* Gegenstand der Integration. So ist z. B. das Ziel der Datenintegration, Daten aus mehreren betrieblichen Funktionsbereichen (i. d. R. in einer → *Datenbank*) zusammenzuführen, um sie unmittelbar für verschiedene Aufgaben nutzbar zu machen. Dadurch wird insbesondere vermieden, dass dieselben Daten an verschiedenen Stellen des Unternehmens mehrfach erfasst und gespeichert werden. Anwendungsbeispiel: Nahezu alle großen betriebswirtschaftlichen Anwendungssysteme wie z. B. das SAP R/3-System (→ *Anwendungssoftware*) folgen dem Prinzip der integrierten Informationsverarbeitung. In einer Datenbank werden alle Daten über Artikel, Lieferanten, Kunden, Fertigungsaufträge gespeichert und den einzelnen Programmteilen der Anwendungssoftware (z. B. Auftragsabwicklung, Lagerbestandsführung oder Produktionsplanung) zur Nutzung bereitgestellt. Die Datenintegration gewährleistet, dass z. B. der Preis eines bestimmten Artikels von einer verantwortlichen Stelle gepflegt wird und in allen Anwendungsteilen, die ihn benötigen (z. B. Angebotserstellung oder Fakturierung), mit dem aktuellen Wert erscheint.

Integrierte Managementsysteme. Stellen eine Erweiterung von → *Qualitätsmanagementsystemen* dar. In der Praxis immer weiter verbreitet sind Systeme, die das Qualitäts-, Umweltschutz- und Arbeitssicherheitssystem umfassen. Wichtigstes Argument für viele Unternehmen stellen dabei mögliche Kosteneinsparungen dar (auch durch die Integration der Handbücher). Außerdem kann häufig eine bessere Abstimmung z. B. der qualitäts- und umweltschutzbezogenen Entscheidungen erreicht werden.

Integriertes Marketing. Fordert als zentrale Marketingphilosophie die Koordinierung sämtlicher Funktionsbereiche mit direktem und indirektem Bezug zum Markt hinsichtlich eines abgestimmten geschlossenen Marktauftritts. Synergieeffekte können besser ausgeschöpft werden, Funktionsbereiche mit geringerer Marktnähe qualifizierter zum marktorientierten Handeln befähigt werden, Wettbewerbsvorteile erzielt werden.

Intercast. Standard zur Übertragung von Daten aus dem Internet in das Fernsehnetz durch Nutzung der Austastlücke bei der Fernsehübertragung.

Interface → *Schnittstelle*.

Interlace. Technik, die in der Bildschirmwiedergabe zunächst die geraden und dann die ungeraden Bildzeilen aufbaut, dadurch ist das Bild schneller in seiner Grundstruktur erkennbar.

International Accounting Standards → *IAS*

Internationales Wirtschaftsrecht. Der Regelungsbereich des internationalen Wirtschaftsverkehrs umfasst Normen zur wirtschaftlichen Betätigung von Staaten, internationalen Unternehmen und Privatunternehmen. Im internationalen Wirtschaftsrecht greifen Völkerrecht, → *Wirtschaftsverwaltungsrecht* und das private → *Wirtschaftsrecht* ineinander.

Zu den Rechtsgrundlagen gehören u.a. die Abkommen über den zwischenstaatlichen Wirtschaftsverkehr, z.B. das GATT (General Agreement of Tariffs and Trade), und regionale Wirtschaftskooperationen wie die Europäischen Gemeinschaften und die NAFTA (North American Free Trade Agreement). Daher ist auch das → *Europäische Wirtschaftsrecht* ein Teil des internationalen Wirtschaftsrechts. Im privaten Wirtschaftsverkehr sind zahlreiche Abkommen geschlossen worden. Für internationale Warenlieferungen gilt das UN-Kaufrecht. Rechtsgrundlage ist die Convention of International Sales of Goods (CISG). Ferner bestehen Abkommen zur Anerkennung gerichtlicher Zuständigkeiten und der Vollstreckung gerichtlicher Entscheidungen in Zivil- und Handelssachen: Anwendung des UN-Kaufrechts, Kauf- oder Werklieferungsvertrag über Waren, die Parteien haben ihre Niederlassungen in verschiedenen Staaten, Berührung eines Vertragsstaates des CISG, Vertragsabschluss nach dem 1.1.1991 oder Einbeziehung in einen älteren Vertrag. Das UN-Kaufrecht liegt dem internationalen Warenkauf eines deutschen Unternehmens zu Grunde, wenn keine andere Rechtswahlklausel vereinbart wird (→ *Kollisionsrecht*). Es enthält Regelungen über den Vertragsabschluss und die Pflichten der Vertragsparteien sowie über den Gefahrübergang und die Gewährleistung. Insbesondere die Gewährleistungsregeln weichen vom deutschen → *Kaufvertragsrecht* ab. Einen Anspruch auf Vertragsaufhebung hat der Käufer nur dann, wenn die Schlecht- oder Nichterfüllung eine wesentliche Vertragsverletzung darstellt. Zudem besteht eine unverzügliche Verpflichtung zur Warenuntersuchung und Mängelanzeige. Im Vertragsrecht sind auch die internationalen Handelsbräuche und die anerkannten Auslegungsregeln der → *Incoterms* durch die Internationale Handelskammer zu beachten.

Literaturempfehlung: Herdegen: Internationales Wirtschaftsrecht, 4. Auflage, München 2003;. Schlechtriem: Internationales UN-Kaufrecht, 2. Auflage, Tübingen 2003.

Interne Fehlerkosten. Entstehen als Fehlerbeseitigungskosten bei der Kombination der Produktionsfaktoren zur Abdeckung von Pannen, Leistungsmängeln, Verlusten, Planungsfehlern, Abwesenheit, Arbeitsunfällen, Streiks, Materialbruch etc. Sie sind daher korrigierbar.

Interne Qualitätsaudits. Qualitätsmanagementphase Bewertung. Audits müssen in regelmäßigen Abständen vorgenommen werden, um die Wirksamkeit des Qualitätsmanagementsystems zu überprüfen. Interne System-Audits müssen vor dem Zertifizierungsaudit mindestens einmal durchgeführt werden. Die Kombination der Qualitätsaudits mit betriebswirtschaftlichen Revisionsmaßnahmen empfiehlt sich, da sie für die Auditierten zusätzlichen Aufwand spart. Bei der Durchführung der Audits muss darauf geachtet werden, dass nicht im inquisitorischen Stil vorgegangen wird. Vielmehr ist ein partnerschaftlicher Ansatz anzustreben, denn nur dann werden die Auditierten bereit sein, betriebliche Schwachstellen zu offenbaren.

Interne Zinsfußmethode. Klassischer dynamischer Kalkül der Investitionsrechnung (→ *Investitionsrechnung, dynamische Kalküle*).

Internet. Weltweit größtes → *Computernetz*, das dem Benutzer den rechnergestützten Zugriff auf Informationen in aller Welt sowie die Kommunikation mit anderen angeschlossenen Anwendern ermöglicht. Das Internet ist kein zentral organisiertes Netz, sondern ein loser Verbund einzelner Netze, die dezentral organisiert sind sowie ein einheitliches → *Protokoll* (→ *TCP/IP*) für die Datenübertragung und ein einheitliches Schema zur Adressierung verwenden. Mit dem Internet verbundene Computer können Dienste anbieten (→ *Server*) oder Dienste abrufen (→ *Client*). Dienste sind z. B. → *E-Mail*, → *FTP*, → *Chat* oder das → *World Wide Web* (WWW).

Auf Grund seiner dezentralen Struktur gibt es im Internet kein zentral gepflegtes und vollständiges Inhalts- oder Adressverzeichnis. Die Informationssuche wird durch eine Vielzahl von Verzeichnis- und Suchdiensten unterstützt, die jedoch für sich genommen immer nur einen Teil des gesamten Informationsangebots abdecken. Speziell im WWW existieren leistungsfähige → *Suchmaschinen*, die eine Schlagwortsuche im Volltext erlauben.

Der Zugang zum Internet wird über einen → *Online-Dienst* oder einen → *Internet Service Provider* (ISP) hergestellt, welche spezielle Netzwerkcomputer betreiben, über die sich die Nutzer ins Internet einwählen können (→ *Modem*, → *ISDN*, → *DSL*). Das Internet selbst hat keinen Besitzer. Nur die einzelnen Datenleitungen, welche die Internetrechner miteinander verbinden, gehören Telekommunikationsunternehmen oder -behörden. Die für das Internet geltenden Standards und Verfahren werden nicht von einer zentralen Stelle festgelegt, sondern von technisch versierten Internetnutzern in Diskussionen erarbeitet. In 2004 waren mehr als 230 Millionen → *Domain-Adressen* (→ *Websites*) registriert. Die Zahl der Nutzer wurde zu diesem Zeitpunkt auf mehr als 800 Millionen geschätzt

Internet-Domain-Recht. Die wirtschaftliche Nutzung des Internets erfordert, dass die Kunden eine Internetadresse vorfinden, die das Unternehmen kennzeichnet. Das neue Gebiet des → *Internet-Rechts* befindet sich noch im Aufbau. Die internationalen und nationalen Vergabestellen für Internetadressen sind private Einrichtungen. Das Vergabeverfahren folgt dem Grundsatz »first come, first served«. Falls der gewünschte Domain-Name bereits vergeben ist, muss die Freigabe verlangt werden, notfalls gerichtlich. Wenn ein stärkeres Recht an der Domain besteht, ist der Freigabeanspruch erfolgreich. Auf der nationalen Ebene ».de« kann die Firma, die Marke oder eine eingeführte Unternehmenskennzeichnung ein starkes Recht begründen. Argumente kommen aus dem → *Bürgerlichen Recht* (Name), aus dem → *Handelsrecht* (Firma), aus dem → *Markenrecht* (Marke, geschäftliches Kennzeichen) und aus dem → *Wettbewerbsrecht* (Unlauterkeit, Irreführung). Im internationalen Kontext ».com« ist das Markerecht ein erfolgreiches Argument, falls die Domain im Markenrechtsregister regstriert wurde.

Literaturempfehlung: Steckler: Grundzüge des EDV-Rechts, München 1999.

Internet-Provider. Dienstleister, der privaten und gewerblichen Endkunden Zugang zum Netz des → *Net-Provider* und dessen Inhalten sowie zum Internet (→ *Service-Provider*) selbst ermöglicht (Ggs.: → *Content-Provider*: nur Inhalte und Angebote, nicht Zugang; Access-Provider: nur Zugang). Internet-Provider haften sowohl für eigene als auch für fremde Inhalte nach Maßgabe des Teledienstegesetzes und des Mediendienste-Staatsvertrages, vgl. §§ 5 TDG und 5 MDStV.

Internet-Recht. Der elektronische Geschäftsverkehr hat neue Rechtsfragen aufgeworfen. Informations- und Kommunikationsdienste im Internet befinden sich nicht in einem rechtsfreien Raum. Das Recht der Online-Dienste kann zwar dem → *Wirtschaftsrecht* zugeordnet werden, berührt aber zahlreiche unterschiedliche Bereiche.

Diese Fragen hängen mit der Interaktivität und weltweiten Verfügbarkeit der Online-Dienste zusammen. Sie werden aus dem Zusammenhang des angesprochenen Rechtsgebiets beantwortet. Dabei sind die internationalen Aspekte des → *Kollisionsrechts* zu beachten. Im Internet bilden sich zudem ethische Regeln heraus, die losgelöst vom geltenden Territorialprinzip zu berücksichtigen sind. → *Internet-Domain-Recht*: Streitigkeiten um die Freigabe einer Domain werden danach entschieden, wer über das stärkere Kennzeichnungsrecht verfügt. Dies ist in aller Regel eine international anerkannte Marke. Vertragsrecht: Im elektronischen Geschäftsverkehr bestehen neue Regelungen im→ *Vertragsrecht* (→ *E-Commerce-Recht*). Werberecht: Im Internet sind die Vorschriften des → *Wettbewerbs-* und → *Werberechts* anzuwenden. Das Online-Angebot muss z. B. die Preisangabenver-

Fragen zum Internet-Recht	
Internet Domain Recht	Was ist zu veranlassen, wenn der gewünschte Domain-Name vergeben ist oder jemand Freigabe der Domain verlangt?
Vertragsrecht	Bestehen für den Vertragsabschluss im Internet besondere Regeln? Wie werden Online-AGB Vertragsbestandteil?
Verbraucherschutzrecht	Welche Verbraucherschutzregeln sind für den elektronischen Geschäftsverkehr maßgeblich? Wann besteht ein Widerrufsrecht der Verbraucher?
Werberecht	Gelten im Internet Besonderheiten für die Werbung und Verkaufsförderung?
Urheberrecht	Sind Lizenzen einzuholen, wenn ein Katalog ins Internet gestellt wird?
Telekommunikations- und Medienrecht	Sind Tele- und Mediendienste zulassungs- und anmeldefrei? Wie ist die Haftung der Provider geregelt?
Datenschutzrecht	Gibt es besondere Datenschutzanforderungen für Online-Dienste?
Strafrecht	Ist der Provider für rechtswidrige Inhalte verantwortlich?
Kollisionsrecht	Welches Recht findet in Zweifelsfällen Anwendung?

ordnung beachten und darf nur Bruttopreise nennen. Vergleichende oder irreführende Werbung wird nicht dadurch zulässig, dass sie im Internet aufgerufen werden kann. Der Verbraucher kann aber nicht erwarten, dass er die im Internet beworbene Ware in der Filiale seines Wohnortes findet. Die Ware muss unter den im Internet angekündigten Bedingungen lieferbar sein. Besondere Verpflichtungen bestehen für die Werbung und Verkaufsförderung durch Tele- und Mediendienste, z. B. für Internet-Auktionen, Online-Shopping oder Teleshopping. Urheberrecht: Anwendungen im Internet sind multimedial. Sie enthalten urheberrechtlich geschützte Werke, deren Nutzung Lizenzen über → *Urheberrechte* erfordern. Wenn ein aus Texten und Bildern bestehender Katalog oder Teile daraus auf der eigenen Homepage präsentiert werden, müssen die bestehenden Lizenzen überprüft werden. Denn die Digitalisierung und Nutzung im Internet sind andere Nutzungsarten. Telekommunikations- und Medienrecht: Der Zugang zum Internet ist zulassungs- und anmeldefrei. Für Tele- und Mediendienste bestehen aber neue gesetzliche Regeln, die eine Haftung des Internet-Providers auch für fremde Informationen vorsehen. Ein Link auf eine fremde Homepage sollte daher vertraglich abgesichert und/oder regelmäßig überwacht werden. Eine Inhaltskontrolle findet nur für Mediendienste statt (→ *Medienrecht*). Datenschutzrecht: Im Bereich der Online-Dienste besteht ein bereichsbezogener Datenschutz (→ *Teledienstedatenschutz*). Dadurch sind neben dem allgemeinen → *Datenschutzrecht* besondere Regeln zu beachten. Strafrecht: Die strafrechtliche Verantwortung folgt den allgemeinen Grundsätzen (→ *Wirtschaftsstrafrecht*). Kollisionsrecht: Für den Bereich des E-Commerce gilt der vertragsrechtliche Grundsatz der freien Rechtswahl. Die Verbraucherschutzrechte werden in der EU durch E-Commerce-Richtlinie erhalten. Im Strafrecht kommt es auf den Ort der Handlung oder des Handlungserfolgs an. Doch bleiben im Internet-Recht noch viele Fragen offen (→ *Kollisionsrecht*).
Literaturempfehlung: Steckler: Urheber-, Werbe- und Medienrecht, Berlin 2003. Strömer: Onlinerecht, 3. Auflage, Heidelberg 2002.

Internet-Telefonie → *IP-Telefonie*

Internet-Werbung. Werbung im Internet kann über den Werbeträger »unternehmenseigene Website« (→ *Direktwerbung*) erfolgen oder durch die Platzierung von Bannern auf dem Werbeträger »fremde Website« (Online-Sponsoring). Weitere Möglichkeiten sind Netz-Events, E-Mails, Interstituals. Die Werbung im Internet sollte den internationalen Verhaltenskodex für Internetaktivitäten von Unternehmen berücksichtigen.

Interpreter. Programm, das den Quellcode von Programmen, die in einer Interpreter-Sprache geschrieben wurden, lädt und interpretiert, also Anweisung für Anweisung in Maschinencode übersetzt und sofort ausführt. Die Befehle werden erst während der Laufzeit eines Programms in Maschinencode übersetzt, bevor sie ausgeführt werden können (Ggs.: Compiler, sofort lauffähig, damit schneller).

Interviewtechnik. Methode bei der Erhebung der → *Ist-Aufnahme* bei der Durchführung von logistischen Organisationsprojekten (ähnlich bei anderen Prozessen). Beim »strukturierten« Interview werden drei Schritte durchlaufen:

1. Gesprächseinleitung mit Information des Befragten über Ziel und Aufgabenstellung des Projektes sowie im engeren Sinne des durchzuführenden Gespräches. Hierdurch soll eine motivierende Wirkung erzeugt werden, indem der Gesprächspartner Vertrauen gewinnt und sich in das Projekt eingebunden fühlt.
2. Informeller Teil: Es werden die in das Arbeitsgebiet des Befragten einströmenden Informationen nach den Kriterien WAS, WIE OFT, WOMIT, DURCH WEN, DURCH WELCHEN INFORMATIONSKANAL, IN WELCHER FORM erhoben. Danach erfolgt die Ermittlung der Verarbeitung dieser Information und anschließend die Herausgabe gleicher oder neuer Informationen analog zu obigen Kriterien. Die Darstellung kann in Form von Flussdiagrammen oder Input-Prozess-Outputdiagrammen erfolgen.
3. Konzeptioneller Teil: Mit dem Interviewpartner wird eine Diskussion von Schwachstellen und Lösungsmöglichkeiten durchgeführt. Hierbei wird davon ausgegangen, dass optimale Ergebnisse durch die Kombination des Wissens des Interviewten mit dem Methodenwissen des Interviewers erzielt werden

Intranet. Ein → *lokales Netzwerk*, das keine oder nur eine gesicherte Verbindung (→ *Firewall*) mit dem → *Internet* hat, aber die gleichen → *Protokolle* und Dienste verwendet, die auch im Internet verwendet werden. Ein Intranet hat den Vorteil, dass die meist sehr kostengünstige oder kostenfreie → *Anwendungssoftware* (z. B. → *Browser*) des Internet genutzt werden kann, ohne dass das Unternehmen sich den Sicherheitsrisiken einer Verbindung mit dem Internet ausliefert.

Inventar. Verzeichnis aller Bestände, das auf Grund der → *Inventur* erstellt wird und damit zwischen dieser und der Bilanz die Verbindung herstellt (§ 240 HGB). Jeder Kaufmann hat zu Beginn seines Handelsgewerbes seine Grundstücke, seine Forderungen und Schulden, den Betrag seines baren Geldes sowie seine sonstigen Vermögensgegenstände genau zu verzeichnen und dabei den Wert der einzelnen Vermögensgegenstände und Schulden anzugeben. Er hat demnächst für den Schluss eines jeden → *Geschäftsjahrs* ein solches Inventar aufzustellen. Die Dauer des Geschäftsjahrs darf zwölf Monate nicht überschreiten. Die Aufstellung des Inventars ist innerhalb der einem ordnungsmäßigen Geschäftsgang entsprechenden Zeit zu bewirken.

Regelungen zur vereinfachten Inventaraufstellung:

- Vermögensgegenstände des Sachanlagevermögens sowie Roh-, Hilfs- und Betriebsstoffe können, wenn sie regelmäßig ersetzt werden und ihr Gesamtwert für das Unternehmen von nachrangiger Bedeutung ist, mit einer gleich bleibenden Menge und einem gleich bleibenden Wert angesetzt werden, sofern ihr Bestand in seiner Größe, seinem Wert und seiner Zusammensetzung nur geringen Veränderungen unterliegt. Jedoch ist i. d. R. alle drei Jahre eine körperliche Bestandsaufnahme durchzuführen.
- Gleichartige Vermögensgegenstände des Vorratsvermögens sowie andere gleichartige oder annähernd gleichwertige bewegliche Vermögensgegenstände können jeweils zu einer Gruppe zusammengefasst und mit dem gewogenen Durchschnittswert angesetzt werden.

Das Inventar ist demnach das ausführliche Verzeichnis über das art-, mengen- und wertmäßige Ergebnis der Inventur. Dort sind alle Vermögensgegenstände und Schulden einzeln aufgezeichnet, die Daten werden in verkürzter Form in der Bilanz dargestellt.

Das Inventar hat eine Staffelform, d. h., die einzelnen Positionen erscheinen untereinander (im Gegensatz zur Bilanz, die Kontoform hat, d. h., Vermögen und Schulden werden gegenübergestellt). Das Inventar enthält Mengen- und Wertangaben (im Gegensatz zur Bilanz, die nur Wertangaben enthält). Und im Inventar werden jeder Vermögensgegenstand und jede Schuld einzeln aufgeführt (im Gegensatz zur Bilanz, in der gleichartige Positionen zusammengefasst werden).

Das Inventar ist unterteilt in das Verzeichnis

a) des Anlagevermögens, d. h. aller Vermögensteile, die dauernd dem Betrieb zur Verfügung stehen und für seine Aufrechterhaltung notwendig sind (z. B. Grundstücke, Gebäude, Maschinen und maschinelle Anlagen, Werkzeuge, Betriebs- und Geschäftsausstattung);

b) des Umlaufvermögens, d.h. aller Vermögensteile, die sich durch Umsatzakte ständig verändern und nicht dauerhaft im Betrieb verbleiben (z.B. Warenvorräte, Forderungen, Bankguthaben, Bargeld). Innerhalb des Umlaufvermögens werden die einzelnen Positionen nach ihrer Flüssigkeit (Liquidität) geordnet,
c) der Schulden, die nach Fälligkeit gegliedert und in langfristige (z.B. Hypothek, Darlehen) und kurzfristige Verbindlichkeiten aufgegliedert werden. Kapitalgesellschaften müssen den Anteil von Verbindlichkeiten mit einer Restlaufzeit von über fünf Jahren und bis zu einem Jahr getrennt angeben,
d) des Reinvermögens, das sich als Differenz aus der Summe der Vermögensteile und der Summe aller Schulden ergibt und das Eigenkapital des Unternehmens darstellt. Durch die Trennung von Vermögensteilen und Schulden ist insofern der Ausweis des Reinvermögens möglich.

Durch Vergleiche der Inventare mehrerer aufeinander folgender Jahre kann die Entwicklung der einzelnen Bestände beurteilt werden. Für die Bilanzierung der inventarisierten Gegenstände ist es bedeutsam, ob sie ausschließlich betrieblich, ausschließlich privat oder überwiegend betrieblich (notwendiges Betriebsvermögen) oder überwiegend privat (gewillkürtes oder notwendiges Privatvermögen) genutzt werden. Die einzelnen Vermögensgegenstände werden in der Bilanz zu sinnvollen Bilanzpositionen zusammengefasst. Das Inventar ist die Grundlage für die Bilanz, die nur überprüfte Ist-Bestände ausweisen darf. Es ist auch auf Datenträgern abspeicherbar.

Inventur. Obligatorische mengenmäßige Erfassung des Vermögens und der → *Schulden* eines Unternehmens mit nachfolgender Bewertung dieser Mengen mit Preisen zum Zeitpunkt der Eröffnung oder Übernahme eines Unternehmens, am Schluss eines jeden → *Geschäftsjahrs* sowie bei Auflösung oder Veräußerung des Unternehmens. Man unterscheidet verschiedene Arten der Inventur, vor allem die → *Stichtagsinventur*, die → *permanente* Inventur und die zeitlich verlegte Inventur.

Die Inventur erfolgt als körperliche Inventur bei materiellen Gütern mittels Zählen, Wiegen, Messen und Schätzen bzw. als Buchinventur bei Schulden und immateriellen Wirtschaftsgütern. Eine körperliche Bestandsaufnahme des beweglichen Anlagevermögens entfällt, wenn für jedes Anlagegut eine gesonderte Anlagenkartei geführt wird (mit Bezeichnung, Anschaffungstag, Anschaffungswert, Nutzungsdauer, jährlicher Abschreibung, Abgangstag etc.). Die Buchinventur erstreckt sich auf alle nicht körperlichen Gegenstände, Forderungen, Bankguthaben sowie alle Arten von Schulden, die wertmäßig auf Grund buchhalterischer Aufzeichnungen und Belege feststellbar und nachweisbar sind.

Die Inventur erfüllt Kontroll-, Nachweis-, Ergänzungs- und Ausgleichsfunktionen. Alle Gegenstände des Betriebsvermögens sind dabei grundsätzlich einzeln zu bewerten. Bei annähernd gleichwertigen Vermögensgegenständen ist eine Zusammenfassung zu einer Gruppe zulässig. Wirtschaftsgüter, deren Bestände in Größe, Wert und Zusammensetzung nur geringen Veränderungen unterliegen, können auch mit einem Festwert angesetzt werden. Eine Inventur ist grundsätzlich zum Ende eines Wirtschaftsjahrs erforderlich, das Wirtschaftsjahr umfasst einen Zeitraum von 12 Monaten, die vom Kalenderjahr unabhängig sein können.

Man unterscheidet im Einzelnen die
a) Einzelaufnahme, nach der jedes einzelne Wirtschaftsgut des Anlage- und Umlaufvermögens getrennt aufzunehmen und gesondert auszuweisen ist;
b) Gruppenaufnahme, wonach gleichartige Vermögensgegenstände mit ihrem gewogenen Durchschnittswert (jedoch in Bezug auf ihre Menge einzeln) erfasst werden;
c) Festbestände, die den Ausweis von Inventargegenständen zu gleich bleibendem Wert in gleich bleibender Menge erlauben, wenn diese Gegenstände nur geringen Veränderungen unterliegen,
d) → *Stichprobeninventur*, wenn die Bestandsermittlung mithilfe anerkannter mathematisch-statistischer Methoden auf Grund von Stichproben möglich ist. Der Vorteil liegt im geringen Zählaufwand.

Die → *permanente* Inventur wird zweckmäßigerweise dann durchgeführt, wenn der → *Bestand* Null oder nur gering von Null verschieden ist, da dann der Zählaufwand am geringsten ist. Vorteil der → *permanenten* Inventur: Zählung kann durch Lagerarbeiter in Zeiten geringen Betriebs durchgeführt werden; Sonderaktionen mit ungeübtem Personal aus allen Betriebsbereichen, wie es bei der → *Stichtagsinventur* der Fall ist, können so vermieden werden.

Inventur, permanente → *Permanente Inventur*.

Inventur, zeitlich verlagerte. Dabei wird die Bestandsaufnahme der Warengruppen zu unterschiedlichen Zeitpunkten innerhalb der letzten drei Monate vor dem → *Bilanzstichtag* oder der ersten drei Monate nach dem Bilanzstichtag durchgeführt (§ 241 HGB). Die Veränderungen der Bestände zwischen dem Inventur- und Bilanzstichtag sind wertmäßig fortzuschreiben bzw. zurückzurechnen. Dazu ist die Ermittlung der Mengen auf den zeitlich verlegten Inventurstichtag erforderlich, außerdem die Bewertung der Mengen auf diesen Inventurstichtag, die Abstimmung des Inventurbestands mit dem Sollbestand der Buchhaltung am Inventurstichstag und die Fortschreibung bzw. Rückrechnung der Werte vom Inventurstichtag auf den Bilanzstichtag (→ *Inventur*).

Inventurvereinfachungsverfahren (§ 241 HGB). Bei der Aufstellung des → *Inventars* darf der Bestand der Vermögensgegenstände nach Art, Menge und Wert auch mithilfe anerkannter mathematisch-statistischer Methoden auf Grund von Stichproben ermittelt werden. Das Verfahren muss den → *Grundsätzen* ordnungsmäßiger Buchführung entsprechen. Der Aussagewert des auf diese Weise aufgestellten Inventars muss dem Aussagewert eines auf Grund einer körperlichen Bestandsaufnahme aufgestellten Inventars gleichkommen. Bei der Aufstellung des Inventars für den Schluss eines Geschäftsjahrs bedarf es einer körperlichen Bestandsaufnahme der Vermögensgegenstände für diesen Zeitpunkt nicht, soweit durch Anwendung eines den Grundsätzen ordnungsmäßiger Buchführung entsprechenden anderen Verfahrens gesichert ist, dass der Bestand der Vermögensgegenstände nach Art, Menge und Wert auch ohne die körperliche Bestandsaufnahme für diesen Zeitpunkt festgestellt werden kann. In dem Inventar für den Schluss eines → *Geschäftsjahrs* brauchen Vermögensgegenstände nicht verzeichnet zu werden, wenn der Kaufmann ihren Bestand auf Grund einer körperlichen Bestandsaufnahme oder auf Grund eines (anderen zulässigen) Verfahrens nach Art, Menge und Wert in einem besonderen Inventar verzeichnet hat, das nur für einen Tag innerhalb der letzten drei Monate vor oder der ersten beiden Monate nach dem Schluss des Geschäftsjahrs aufgestellt ist, und auf Grund des besonderen Inventars durch Anwendung eines den Grundsätzen ordnungsmäßiger Buchführung entsprechenden Fortschreibungs- oder Rückrechnungsverfahrens gesichert ist, dass der am Schluss des Geschäftsjahrs vorhandene Bestand der Vermögensgegenstände für diesen Zeitpunkt ordnungsgemäß bewertet werden kann.

Investition. Siehe S. 183.

Investition, immaterielle (immaterielle → *Realinvestition*). Darunter werden solche Auszahlungen verstanden, die sich in immateriellen Gütern niederschlagen. Immaterielle Güter können bilanzierungsfähig oder nicht bilanzierungsfähig sein. Bilanzierungsfähig sind immaterielle Güter, die käuflich erworben wurden, wie z.B. gegen Entgelt erhaltene Lizenzen und Nutzungsrechte. Selbst geschaffene immaterielle Güter hingegen sind nicht bilanzierungsfähig, beispielsweise selbst erarbeitete Patente, eine im Unternehmen aufgebaute Organisationsstruktur oder Ausgaben für Forschung und für Werbung.

Investitionen, einander ausschließende. Bezeichnung für zwei oder mehrere zur Auswahl stehende → *Investitionsprojekte*, von denen aus technischen Gründen sinnvollerweise nur eines realisiert werden kann. Eine solche Situation liegt z.B. dann vor, wenn zur Beseitigung eines Engpasses in der Fertigung die Anschaffung nur einer zusätzlichen Fräsmaschine erforderlich ist und der Betrieb alternativ zwischen den Maschinen A, B und C wählen kann. Als funktionsgleiche Alternativen schließen sich A, B und C technisch aus, weil zur Lösung des Problems genau eine Anlage benötigt wird. Entscheidungen der beschriebenen Art gehören zu den Investitionseinzelentscheidungen. Instrumentarien zur Fundierung solcher Entscheidungen stellen die sukzessiven Kalküle der Investitionsrechnung, speziell die Partialmodelle, bereit.

Investitionen, einander nicht ausschließende. Bezeichnung für mehrere → *Investitionsprojekte*, die prinzipiell gemeinsam, d.h. zeitlich parallel und/ oder ganz bzw. teilweise nacheinander, realisiert werden können. In diesem Sinne handelt es sich um komplementäre, sich gegenseitig er-

Investition – Überblick und Begriffe

Im weiteren Sinne versteht man unter Investition die Verwendung des von Kapitalgebern (z. B. vom Unternehmer, von Banken) bereitgestellten Eigen- und/oder Fremdkapitals zur Beschaffung von Vermögen (Sachvermögen, immateriellem Vermögen, Finanzvermögen, Kasse). Im engeren Sinne meint Investition die Verwendung finanzieller Mittel zur Beschaffung von Gütern, die dem Unternehmenszweck dienen und somit einen spezifischen Beitrag zur Erreichung der Unternehmensziele leisten sollen. Die engere und die weitere Begriffsfassung sind eng miteinander gekoppelt.

Die Bereitstellung von Kapital schlägt sich i. d. R. zunächst in Form von liquiden Mitteln (z. B. Kassenvermögen) im Unternehmen nieder. Diese Mittel werden sodann zur Güterbeschaffung verwendet (d. h. ausgegeben). Unter dem (alleinigen) Blickwinkel der an die Verausgabung finanzieller Mittel geknüpften Erwartung von (künftigen) Einzahlungen (bzw. Einzahlungsüberschüssen) kann »Investition im engeren Sinne« auch abstrakter definiert werden als Gesamtheit von Entscheidungen, die einen Zahlungsstrom auslösen, der (zunächst) mit Auszahlungen beginnt und (später) Einzahlungen (Einzahlungsüberschüsse) erwarten lässt. An die zuletzt formulierte begriffliche Fassung knüpft unmittelbar der Begriff der → *Zahlungsreihe* an.

Der Investitionsbegriff lässt sich nach verschiedenen Kriterien gliedern.

Nach dem Grad der Entscheidungsfreiheit unterscheidet man zwischen Investitionen ohne Entscheidungsfreiheit (→ *Muss-Investitionen*) und Investitionen mit Entscheidungsfreiheit (→ *Kann-Investitionen*). Liegt die Spezifik des → *Investitionsprojekts* der Gliederung zu Grunde, ist eine Unterteilung nach → *Realinvestitionen* und → *Finanzinvestitionen* sinnvoll. Beide Begriffe lassen sich weiter untergliedern, so z. B. die Realinvestition nach den unternehmerischen Funktionsbereichen, in denen die Auszahlungen getätigt werden, nach → *Forschungsinvestitionen*, → *Fertigungsinvestitionen*, → *Absatzinvestitionen* → *Beschaffungsinvestitionen* etc.

Ist der Zweck der Investition Gliederungskriterium, lässt sich eine Einteilung in Errichtungs- oder → *Gründungsinvestitionen* einerseits und Fortführungs- und Wachstumsinvestitionen andererseits vornehmen. Letztere lassen sich weiter unterteilen in → *Ersatzinvestitionen* und Großreparaturen, → *Erweiterungsinvestitionen*, → *Diversifikationsinvestitionen* und → *Rationalisierungsinvestitionen*. Allerdings ist eine völlig trennscharfe Abgrenzung nicht möglich. Beispielsweise kann eine Ersatzinvestition mit Rationalisierungseffekten einhergehen, wenn die ersetzende neue Anlage auf Grund des technischen Fortschritts effizienter arbeitet als die zu ersetzende alte Anlage.

Nach dem Kriterium der gleichzeitigen Realisierbarkeit zweier oder mehrer → *Investitionsprojekte* bietet sich eine Einteilung in → *einander ausschließende* Investitionen und → *einander nicht ausschließende* Investitionen an. Wird vom Kriterium »gegenseitige Beeinflussbarkeit der → *Zahlungsreihen* der beteiligten Projekte bei gleichzeitiger Realisierung der Projekte« ausgegangen, können (voneinander) → *abhängige Investitionen* und (voneinander) → *unabhängige Investitionen* unterschieden werden.

Wichtige Voraussetzung für die Realisierbarkeit von Investitionen ist die Aufrechterhaltung der Zahlungsfähigkeit der Unternehmung während der gesamten → *Nutzungsdauer* eines Investitionsprojekts. Somit kann die Durchführung von Investitionen niemals abgekoppelt von Finanzierungsüberlegungen erfolgen. Der Aspekt der gleichzeitigen (simultanen) Berücksichtigung von Investition und Finanzierung erlangt bei Entscheidungen über das → *Investitionsprogramm* einen besonderen Stellenwert.

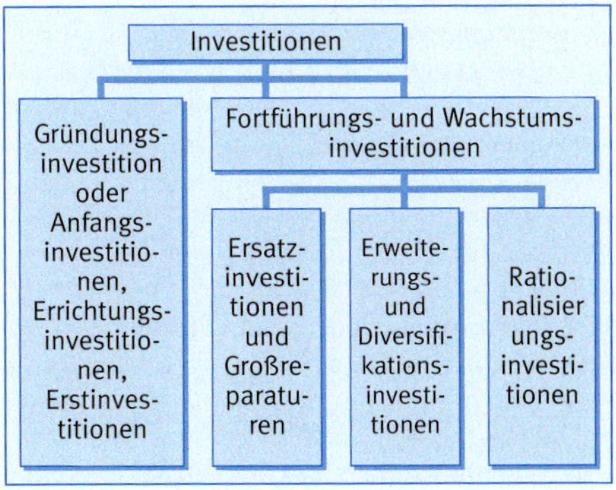

Abb. 33: Gliederung nach dem Zweck der Investition

gänzende Projekte. Der Investor steht vor dem Problem, aus der Menge der sich einander nicht ausschließenden Investitionsprojekte für einen bestimmten Planungszeitraum eine solche Zusammenstellung auszuwählen, die seiner Zielsetzung am besten gerecht wird. Damit werden Fragen der Planung von → *Investitionsprogrammen* angesprochen. Bei den in das Investitionsprogramm einzubeziehenden Projekten kann es sich um voneinander abhängige Investitionen oder um voneinander unabhängige Investitionen handeln. Ein leistungsfähiges Instrumentarium zur Unterstützung von Programmentscheidungen liefern die simultanen Kalküle der Investitionsrechnung. Es handelt sich dabei um Totalmodelle.

Investitionen, Nutzungsphase. Die sich an die Phase der → *Investitionsdurchführung* (Realisationsphase) anschließende Phase, in welcher das Projekt im Unternehmen bis zu seinem Ausscheiden aus dem Unternehmensprozess entsprechend seiner Zweckbestimmung genutzt wird.

Investitionen, voneinander abhängige. → *Investitionsprojekte*, bei denen es im Hinblick auf die Auszahlungen und Einzahlungen, die durch ein jedes Projekt (mit) ausgelöst werden, nicht belanglos ist, welche anderen Projekte gleichzeitig mit ihm realisiert werden. Es macht dann auch keinen Sinn, einzelnen Projekten für sich genommen (d.h. isoliert von anderen gleichzeitig zu realisierenden Projekten) → *Zahlungsreihen* zuordnen zu wollen. Vielfach wird es sogar von vornherein nur möglich sein, einem »Projektverbund« als Ganzem eine Zahlungsreihe zuzuordnen. Beispiel: Ein Betrieb möchte sein Produktionsprogramm erweitern. Dazu kann er alternativ eine der beiden neuen Fertigungsstraßen I und II aufbauen. Auf Fertigungsstraße I könnte das neue Produkt PI, auf Fertigungsstraße II das neue Produkt PII hergestellt werden. Fertigungsstraße I (Programmalternative I) besteht aus Maschine A und der Universalmaschine U, Fertigungsstraße II (Programmalternative II) aus Maschine B und der Universalmaschine U. Sicher wird U im Verbund mit A eine andere Zahlungsreihe erzeugen als im Verbund mit B. Dieses Beispiel macht zweierlei deutlich:

1. Die Zahlungsreihen der Programmalternativen können bei von einander abhängigen Investitionen nicht durch zeitpunktweise Addition von Zahlungsreihen der in ihnen enthaltenen Projekte gewonnen werden.
2. Die Planung des → *Investitionsprogramms* muss in diesem Fall mit der Planung von Produktion und Absatz gekoppelt werden.

Investitionen, voneinander unabhängige. → *Investitionsprojekte*, bei denen es im Hinblick auf die Auszahlungen und Einzahlungen, die durch jedes Projekt ausgelöst werden, belanglos ist, welche anderen Projekte gleichzeitig mit ihm realisiert werden. Die → *Zahlungsreihen* der → *Investitionsprogramm-Alternativen* ergeben sich dann einfach dadurch, dass die Zahlungsreihen der in ihnen enthaltenen Investitionsprojekte zeitpunktweise addiert werden. Ein Beispiel für (weitgehend) voneinander unabhängige Investitionsprojekte sind die auf verschiedenen Routen verkehrenden Reisebusse eines Busunternehmens.

Investitionsanregung. Erkennen eines Problems, das zum Auslöser für Überlegungen zur Planung, Realisation und Nutzung von → *Investitionen* wird. Investitionen werden also als Möglichkeit gesehen, das erkannte Problem zu lösen. Solche Anregungen können von innen (z.B. im Ergebnis von → *Investitionskontrollen*) oder aber von außen (z.B. Informationen über das Auftreten von Produktinnovationen) kommen. Werden dem Unternehmen neue Entwicklungstrends (bezüglich der Kundenanforderungen und/ oder der technischen Entwicklung) bekannt, so muss es die damit für das »eigene Überleben« verbundenen Chancen und Risiken erkennen. Werden diese Chancen und Risiken den eigenen Stärken und Schwächen gegenübergestellt, so können sich daraus wichtige Anregungen für die → *Investitionspolitik* und → *Investitionsplanung* ergeben. Die Investitionsanregung ist die erste Teilphase im Rahmen der Planungs- und Entscheidungsphase des → *Investitionsprozesses*.

Investitionsbereich, Schwachstellen. Auftretende Unzulänglichkeiten im Zusammenhang mit der Tätigung von → *Investitionen*. Die Analyse von Schwachstellen bildet einen wichtigen Ausgangspunkt für die Erarbeitung von Maßnahmen zur Verbesserung der Investitionstätigkeit im Unternehmen. Um dabei gezielt vorgehen zu können, ist es wichtig, die typischen Schwachstellen zu kennen. Diese sind mangelndes Organisationskonzept, Fehlen geschlossener Wirkungskreise (z. B. wegen fehlender Investitionskontrolle), »Verwässerung« des Bewilligungsverfahrens, Überlastung der Leitungsorgane, mangelnde Koordinierung der Investitionsplanung mit anderen betrieblichen Bereichen, fehlende Alternativen, Über- oder Unterbewertung steuerlicher Gesichtspunkte, fehlende oder ungeeignete Investitionsrechnung. Vordringliche Aufgabe des Investitionscontrollings ist es, solche Schwachstellen gar nicht erst entstehen zu lassen; sollten sie dennoch bereits aufgetreten sein, sind Wege zu ihrer schnellen, effektiven und effizienten Beseitigung zu beschreiten.

Investitionsbudget Für die Realisierung eines → *Investitionsprojekts* bzw. → *Investitionsprogramms* verfügbarer Kapitalbetrag. Die Aufteilung von Budgets auf Projekte (Budgetierung) ist wegen der Kapitalknappheit erforderlich. Mit der Budgetierung soll erreicht werden, dass diejenigen Investitionsprojekte realisiert werden, die den größten Beitrag zur Realisierung des Unternehmensziels leisten. Modelle der → *Investitionsrechnung* können entweder von einem fest vorgegebenen Budget ausgehen oder aber so aufgebaut sein, dass das Investitionsprogramm simultan (gleichzeitig) mit dem Investitionsbudget (d. h. dem Finanzierungsprogramm) optimiert wird. Im letzteren Fall werden Interdependenzen (wechselseitige Abhängigkeiten) zwischen Investition und Finanzierung berücksichtigt.

Investitionscontrolling. Methodisches Instrumentarium zur zielorientierten Planung, Steuerung und Kontrolle von → *Investitionsprozessen* im Rahmen des Unternehmensprozesses. Damit ist Investitionscontrolling integrierter Bestandteil des Unternehmenscontrollings.

Durch das Controlling werden sämtliche Planungs-, Steuerungs-, Kontroll-, informationsseitigen und organisatorischen Aktivitäten im Unternehmen zielorientiert koordiniert. Auf diese Weise soll es gelingen, das Unternehmen rasch auf Zielkurs zu bringen und (auch durch marktwirtschaftliche Turbulenzen hindurch) zu halten. Damit steht das Controlling vor der Aufgabe, das Verantwortungsbewusstsein, die Lernfähigkeit, das Schöpfertum und die Innovationsbereitschaft der Führung wie der Mitarbeiter auf die effektive und effiziente Gestaltung des Wertschöpfungsprozesses auszurichten. Das bedeutet, diesen Prozess in allen Phasen und auf allen Hierarchieebenen so zu beherrschen, dass

a) bei der Planausarbeitung die künftigen Anforderungen in adäquater Weise gedanklich vorweggenommen werden,
b) für anstehende Entscheidungen zielgerechte Alternativen erarbeitet und unter Zugrundelegung geeigneter Kalküle die jeweils günstigste ausgewählt werden kann,
c) im Realisations- und Nutzungsprozess auftretende Plan-Ist-Abweichungen sofort erkannt, analysiert und korrigiert werden können,
d) über Kontrollen ermittelte Soll-Wird-Abweichungen (Abweichungen zwischen ursprünglich vorgegebenem Sollwert und dem auf Grund aktuellster Prognosen zu erwartenden Wird-Wert) so frühzeitig wie möglich zu Plankorrekturen führen und
e) marktwirtschaftlichen Turbulenzen rechtzeitig, innovativ, flexibel, effektiv und effizient begegnet werden kann.

Das allgemein für das Controlling charakteristische Prinzipschema des Controlling-Regelkreises trifft in vollem Maße auch auf das Investitionscontrolling zu:

1. Festsetzung von Leistungsvorgaben (Planung),
2. Prozessrealisierung in Verbindung mit Kontrollen (Durchführung von Soll-Ist-Vergleichen),
3. Ursachenanalyse und Festlegung von Korrekturmaßnahmen,
4. Anpassung/Neufestsetzung von Leistungsvorgaben (Neuplanung). Das bedeutet z. B., dass ursprünglich geplante Eigenschaften eines → *Investitionsprojekts* sich in der Realisationsphase (→ *Investitionsdurchführung*) als unrealistisch erweisen können (→ *Investitionskontrolle*), sei es, dass bei der Planung bestimmte Rahmenbedingungen nicht angemessen berücksichtigt wurden, oder sei es, dass der technische Fortschritt inzwischen verbesserte Lösungsmöglichkeiten bietet. Dann erscheint es sinnvoll, noch einmal in die Planungsphase (→ *Investitionsplanung*) »zurückzuspringen«, um entsprechende Nachbesserungen konzipieren zu können.

Die für das Controlling wesensbestimmende Koordinationsfunktion erlangt im Investitionscontrolling einen ganz besonderen Stellenwert. Koordinationserfordernisse ergeben sich aus der

Notwendigkeit heraus, bei der Gestaltung des Unternehmensprozesses vielfältige Interdependenzen berücksichtigen zu müssen. Interdependenzen sind solche Kopplungsbeziehungen zwischen den einzelnen Teilsystemen oder Teilprozessen des Unternehmensprozesses, die für den Unternehmenserfolg von ausschlaggebender Bedeutung sind. Daher muss den Interdependenzen bei der Gestaltung des Investitionsprozesses besonderes Augenmerk geschenkt werden. Interdependenzen treten u. a. auf

a) zwischen verschiedenen Investitionsprojekten,
b) als Folge einer mehrstufigen Fertigung,
c) zwischen Produktionsprogramm und → *Investition* und
d) zwischen Investition und Finanzierung. Ein Beispiel für eine Interdependenz zwischen Produktionsprogramm und Investition liegt vor, wenn durch Anschaffung einer zusätzlichen Maschine (Investition) ein Engpass in der Produktion beseitigt werden kann, der es ermöglicht, ein zusätzliches Produkt in das Produktionsprogramm aufzunehmen.

Interdependenzen zwischen Investition und Finanzierung bestehen z. B. dann, wenn einerseits mehrere einander nicht ausschließende Investitionen getätigt werden können, andererseits mehrere gleichzeitig realisierbare Finanzierungsmöglichkeiten zu unterschiedlichen Konditionen (bezüglich Betrag, Zinssatz, Laufzeit, Tilgungsmodalitäten etc.) vorhanden sind. Es kommt dann darauf an, diejenige »Zusammenstellung« von Investitions- und Finanzierungsmöglichkeiten herauszufinden, die den höchsten Beitrag zur Erreichung des Unternehmensziels (z. B. langfristige Gewinnmaximierung) zu leisten vermag.

Die Koordinationsaufgabe des Controllings ist auf zwei Ebenen angesiedelt. Auf der ersten Ebene tritt sie als systembildende Koordination auf. In dieser Eigenschaft schafft sie geeignete Rahmenbedingungen, durch die eine effektive und effiziente Koordination überhaupt erst ermöglicht wird (z. B. Schaffung geeigneter Organisations- und Prozessstrukturen durch die Einführung moderner Managementkonzepte [→ *Investitionsprozess*], wie z. B. Lean Management oder Supply Chain Management). Auf der zweiten Ebene ist sie laufende oder systemkoppelnde Koordination und befasst sich mit operativen Abstimmungsproblemen im Leistungsprozess. Im Zusammenhang mit der Gestaltung von Investitionsprozessen muss die systembildende Koordination u. a. sicherstellen, dass bestehende Interdependenzen wenigstens von der Tendenz her bei der Planung erfasst werden. Ein Problem besteht z. B. darin, dass klassische Kalküle der → *Investitionsrechnung* gerade von bestehenden Interdependenzen abstrahieren. Das kommt u. a. darin zum Ausdruck, dass die → *Zahlungsreihe* eines jeden Projekts isoliert von den Zahlungsreihen der anderen Projekte bestimmt wird. In einem solchen Fall kommt dem Controlling die Aufgabe zu, die »künstlich zerschnittenen« Interdependenzen wieder sichtbar zu machen. Ein anderer Weg besteht darin, moderne Kalküle anzuwenden, welche die bestehenden Interdependenzen von vornherein berücksichtigen. Allerdings können solche Kalküle mit einem ungleich höheren Aufwand (Informationsbeschaffung, Modellformulierung, Rechenzeit) verbunden sein (im konkreten Fall ist der zusätzliche Nutzen auf Grund der höheren Aussagefähigkeit stets mit dem zusätzlichen Aufwand zu vergleichen, den der leistungsfähigere Kalkül verursacht).

Neben der Koordinationsfunktion hat das Controlling auch die Servicefunktion für die Unternehmensführung zu erfüllen. In diesem Sinne wirkt es beratend und unterstützend bei der Vorbereitung und Durchsetzung von Entscheidungen sowie bei Kontrollen während der Realisation. Hilfestellungen kann das Controlling dem Management dabei u. a. geben

a) bei der sinnvollen Gestaltung von Entscheidungsmodellen,
b) durch Bereitstellung geeigneter Methoden zur Informationsbeschaffung, Planung und Kontrolle,
c) durch zweckgerichtete Aufbereitung von Informationen (z. B. über eine geeignete inhaltliche und organisatorische Gestaltung des Berichtswesens).

Schließlich ist die Anpassungs- und Innovationsfunktion des Controllings darauf ausgerichtet, eine Atmosphäre des ständigen Suchens nach Verbesserungsmöglichkeiten im Unternehmen zu schaffen. Diese Funktion ist für das Investitionscontrolling besonders bedeutsam: Investitionsprozesse können nur dann erfolgreich sein, wenn die → *Investitionsplanung* von den künftigen Anforderungen ausgeht (→ *Investitionsplanung, strategische*).

Investitionsdurchführung. Realisations- und Steuerungsphase im Rahmen des → *Investitionsprozesses*. In ihr erfolgt die praktische Durchsetzung der gewählten Investitionsalternative im Betrieb. Sie beinhaltet zum einen vorbereitende, zum anderen unmittelbare Aktivitäten zur Planausführung.

Die Investitionsdurchführung beginnt, nachdem eine Entscheidung für eine bestimmte Investitionsalternative getroffen wurde; sie endet, wenn das Investitionsprojekt in einen betriebsbereiten Zustand versetzt worden ist. Bei einer erweiterten Sichtweise kann jedoch auch noch die Nutzung des Projekts/ der Projekte (d.h. die Betriebsphase) als Bestandteil der Realisationsphase angesehen werden. In der Praxis ist die Realisationsphase oft mit erheblichem Zeitaufwand verbunden (z.B. für die Einleitung von Genehmigungsverfahren, für Vertragsabschlüsse, für die Lieferung der Investitionsprojekte und nicht zuletzt für den Bau und die Errichtung der Anlagen).

Eng in die Realisationsphase integriert ist die Phase der Investitionssteuerung. Diese bezieht sich zum einen auf die Beherrschung der bei längeren Realisationsphasen meist notwendig werdenden Nachbesserungen, zum anderen auf koordinierende Aktivitäten im Rahmen des Zeitmanagements.

Während der Realisations- und Steuerungsphase besitzt das Unternehmen (noch) bedeutsame Möglichkeiten, auf die Wirtschaftlichkeit der Investitionsprojekte Einfluss zu nehmen. Eine solche Einflussnahme kann über die Gestaltung der → *Zahlungsreihe* erfolgen. Gestaltungsmöglichkeiten betreffen die Höhe und die zeitliche Verteilung der Auszahlungen während des Realisationszeitraums, den Zeitpunkt der Fertigstellung des Investitionsprojekts (und damit der Länge der → *Nutzungsdauer*) sowie die Höhe der (künftigen) jährlichen → *Einzahlungsüberschüsse*. So hängt es von der Art der Steuerung und von der Organisation ab, zu welchen Zeitpunkten innerhalb der Durchführungsphase welche Teile der Anschaffungsausgaben anfallen. Damit kann u.a. Einfluss auf die Sicherung der Liquidität (Zahlungsfähigkeit) genommen werden. Die Höhe der Auszahlungen kann in dieser Phase durch Kontrolle des → *Investitionsbudgets* beeinflusst werden, indem beispielsweise Möglichkeiten einer Vermeidung oder zeitlichen Verlagerung bestimmter Entwicklungsaktivitäten erschlossen werden.

Von der Entwicklungsdauer des Projekts schließlich wird der Zeitpunkt der Markteinführung bestimmt. Dieser kann zugleich einen entscheidenden Einfluss auf die Höhe der Einzahlungsüberschüsse ausüben. Das ist z.B. dann der Fall, wenn das Unternehmen mit einem neuen Produkt als Erster am Markt ist und damit größere Mengen absetzen und/oder höhere Preise erzielen kann als seine Konkurrenten. Umgekehrt liefert die Industriegeschichte viele Beispiele dafür, dass Unternehmen mit guten Produkt- oder Verfahrensideen nicht erfolgreich waren. Sie verpassten den richtigen Zeitpunkt des Markteintritts, weil sie die Steuerungsphase nicht beherrschten und dadurch zu viel Zeit verloren. Zugleich wurden durch ineffiziente Organisationsformen die Kosten in die Höhe getrieben.

Gegenwärtig wird die Tendenz zur Verlängerung der Realisationsphase immer mehr zu einem praktischen Problem. Daraus erwachsen für die Investitionssteuerung und somit für das → *Investitionscontrolling* besondere Aufgaben. In diesem Zusammenhang können vier eng miteinander gekoppelte Teilaufgaben genannt werden:

1. Durch das Controlling muss ein einheitliches Verständnis von der Projektentwicklung sowie eine gemeinsame Prioritätenordnung bei allen am Projekt beteiligten Mitarbeitern und Abteilungen geschaffen werden; das einheitliche Verständnis bezieht sich u.a. auf Spezifikationen sowie die Art der Konstruktion und der Projektabwicklung. Prioritäten betreffen die Zuteilung der Ressourcen. Nur durch ein gemeinsames Verständnis können solche Zeit- und Kostenziele formuliert werden, die von allen am Projekt Beteiligten akzeptiert werden. Ferner tragen geeignete Formen der Aufbau- und Ablauforganisation sowie der Personalführung dazu bei, dass die Unternehmensinteressen gegenüber den Interessen der Fachabteilungen Priorität besitzen.
2. Das Gesamtprojekt ist so in abgrenzbare Teilaktivitäten aufzugliedern, dass auf logisch sinnvolle Weise möglichst viele Aktivitäten parallel geschaltet werden können. Als effektives und effizientes Instrumentarium hat sich in diesem Zusammenhang der → *Netzplan* erwiesen. Allerdings steigt durch verstärkte Parallelausführung von Aktivitäten auch der Ko-

ordinationsaufwand. Daher ist der aus dieser Form der Zeitverkürzung resultierende zusätzliche Nutzen stets gegen den damit verbundenen zusätzlichen Aufwand abzuwägen.

3. Die Dauer der einzelnen mit einem Projekt verbundenen Teilaktivitäten wird maßgeblich durch den materiellen und personellen Ressourceneinsatz bestimmt. Eine zeitliche Verkürzung muss i.d.R. durch einen höheren Ressourceneinsatz »erkauft« werden. Es gilt daher, schwerpunktmäßig diejenigen Aktivitäten zu verkürzen, bei denen eine solche Verkürzung (bei optimaler Koordination) eine wesentliche Verkürzung der Entwicklungsdauer des Gesamtprojekts bewirken kann. Auf diese Weise kann ein günstiges Nutzen-Aufwand-Verhältnis erreicht werden.
4. Um den Ressourceneinsatz und damit die Auszahlungen stets unter Kontrolle zu haben, sind die ursprünglich geplanten Budgets der einzelnen Entwicklungsstufen des Investitionsprojekts in der Steuerungsphase ständig zu überwachen. Ein hoher Stellenwert kommt dabei der Erschließung von Rationalisierungspotenzialen zu. Das gelingt mit der Bestimmung von Zielkosten (→ *Target* Costing). Der Grundgedanke dieser Methode besteht darin, die Projektkosten ausgehend von den künftigen Marktanforderungen zu ermitteln. Daraus resultieren schöpferische Problemlösungsprozesse, die zu Innovationen in der Realisationsphase führen.

In diesem Umfeld sind auch die laufenden Nachbesserungen angesiedelt. Sie sind vor allem typisch für Projekte mit langer Entwicklungsdauer. Auslöser für solche Nachbesserungen sind einerseits neue rechtliche Vorschriften (z.B. im Hinblick auf die Arbeitssicherheit oder den Umweltschutz), andererseits ein unerwartet eintretender technischer Fortschritt (Auftreten neuer Produkte oder Verfahren). Solche Nachbesserungen, die zu immer weiteren Investitionen im Rahmen der ursprünglichen Investition führen (»Investitionen in Investitionen«), erfordern eine laufende Aktualisierung der ursprünglichen → *Investitionsrechnung*.

Eine unabdingbare Voraussetzung für die Schaffung einer effizienten Organisation der Projektentwicklung stellt der Einsatz moderner Managementmethoden wie Just-in-Time, Lean Management, CIM und → *Supply Chain Management* dar. Durch ihren Einsatz können Projektdauern wesentlich verkürzt sowie der Ressourceneinsatz vermindert werden. Insbesondere Lean Management und Supply Chain Management gewinnen ihre hohe Wirksamkeit aus dem schöpferischen Potenzial sowie der Teamfähigkeit der (an der Projektrealisierung beteiligten) Mitarbeiter (→ *Investitionsprozess*).

Die Abwicklungsdauer eines Projekts hängt maßgeblich von zwei Faktoren ab: Zum einen von der Anzahl der Aktivitäten, in die eine (Teil-) Aufgabe zerlegt wird, zum anderen von der zeitlichen Anordnung der einzelnen Aktivitäten. Als praktische Faustregel gilt: Die Arbeitsinhalte (Teilaufgaben) sollten nicht in zu viele Aktivitäten aufgespalten werden und es sind möglichst viele Aktivitäten zeitlich parallel auszuführen.

Adam gibt dazu ein einfaches, prägnantes Beispiel: »Die Bearbeitung eines Antrags auf Betriebsgenehmigung wird im zuständigen Amt in 20 aufeinander folgende Bearbeitungsgänge zerlegt, die jeweils eine Stunde Arbeit erfordern. Hat eine Stelle ihre Arbeiten erledigt, müssen die entsprechenden Unterlagen der nachfolgenden Stelle zugeleitet werden. Da die interne Post aber nur einmal täglich befördert wird, sind allein schon für die erforderlichen neunzehn Postbeförderungen neunzehn Tage zu veranschlagen. Wenn nur noch fünf Stellen nacheinander tätig werden müssten, wären lediglich vier Tage für die Übergangszeiten erforderlich. ... Werden von den fünf Aktivitäten, ... z.B. die ersten vier parallel abgewickelt, kann der Auftrag bereits nach einem Tag in der für den fünften Arbeitsgang zuständigen Stelle sein und eine Übergangszeit von nur einem Tag ist erforderlich.« Eine solche kurze Abwicklungszeit erfordert allerdings eine gute Koordination von parallel und hintereinander geschalteten Aktivitäten. Dazu bedarf es eines leistungsfähigen → *Investitionscontrollings*.

Investitionsentscheidung. Verbindliche Festlegung darüber, welches → *Investitionsprojekt* bzw. → *Investitionsprogramm* zu realisieren ist. Eine solche Festlegung wird i.d.R. am Ende der Planungs- und Entscheidungsphase des → *Investitionsprozesses* getroffen. Damit ist eine Investitionsentscheidung kein »Willkürakt«, sondern stellt gewissermaßen das Ergebnis (oder den »Kulminationspunkt«) eines planmäßig gestalteten Problemlösungsprozesses dar (→ *Investitionsplanung*). Man spricht auch vom Prozess der Investitionsentscheidung, wenn die sachlogisch bestimmte Organisation des Ablaufs der Planungs- und Entscheidungsphase im Mittelpunkt der Betrachtung steht. Zur Entscheidungsunterstützung stehen leistungsfähige Instrumentarien zur Verfügung. Im Rahmen der strategischen Investitionsplanung (→ *Investitionsplanung*, strategische) sind das z. B. Checklisten, → *Nutzwertanalysen* und Eignungsprofile, für die taktische Investitionsplanung kommt den Kalkülen der → *Investitionsrechnung* ein hoher Stellenwert zu.

Investitionsgut. In einer weiteren begrifflichen Fassung kann man darunter alle diejenigen materiellen und immateriellen Gegenstände verstehen, die ein Investor beschafft, um → *Investitionen* zu tätigen. In einer engeren Begriffsfassung versteht man darunter gewerbliche Gebrauchsgüter, die i. d. R. als Betriebsmittel Verwendung finden, wie z. B. Maschinen und Anlagen.

Investitionskette. Nacheinanderausführung identischer oder nicht identischer Investitionen. Man unterscheidet zwischen endlichen und unendlichen Investitionsketten (→ *Investitionsprojekt*, Nutzungsdauer).

Investitionskontrolle. Kontrollphase im Rahmen des → *Investitionsprozesses*. Gegenstand der Investitionskontrolle ist die gesamte betriebliche → *Investitionspolitik*. Als Objekte der Kontrolle kommen sowohl die Ergebnisse als auch die Verfahren der Investitionstätigkeit infrage. Die Ergebniskontrolle bezieht sich auf die wirtschaftlichen Resultate der Investition, die Verfahrenskontrolle auf die Handlungen im Rahmen der Investitionstätigkeit einerseits und auf die handelnden Subjekte andererseits. Somit ist die Ergebniskontrolle auf das → *Investitionsprojekt*, die Verfahrenskontrolle vorwiegend auf die angewandten Planungsverfahren ausgerichtet. Von den Kontrollzielen hängen Umfang, Verfahren und Zeitpunkt der Kontrolle ab.

Die hauptsächlichen Ziele sind:

1. Die Beurteilung des Erfolgs der Investitionspolitik in einzelnen Unternehmensbereichen (feststellen, ob die Investitionstätigkeit in den damit betrauten Organisationseinheiten entsprechend den Planvorgaben durchgeführt wird).
2. Das Erkennen von Fehlentwicklungen als Voraussetzung für Korrekturmaßnahmen (Gewinnung von Informationen, die im Bedarfsfall ein kurzfristiges, korrigierendes Eingreifen in der Realisationsphase der Investition ermöglichen).
3. Die Verbesserung künftiger Planungen durch Einbeziehung von Erfahrungswerten (Auslösung von Lernprozessen, die zu einer künftig besseren Beherrschung der Investitionsplanung und -realisation führen sollen).
4. Das Aufdecken und die Verhinderung von Manipulationen (um künftigen zu optimistischen bzw. zu pessimistischen Schätzungen in der Planung vorzubeugen).
5. Die Aufdeckung von Schwachstellen in Planungsprozessen (um diese gezielt beseitigen zu können).

Als grundlegende Funktionen der Investitionskontrolle sind die Informationsfunktion und die Verhaltensbeeinflussungsfunktion zu nennen. Die bei der Investitionskontrolle gewonnenen Informationen können dann die Grundlage für Korrekturen in der Realisationsphase des → *Investitionsprozesses* bilden (Vornahme von Nachbesserungen). Zugleich können Möglichkeiten zur Verbesserung der → *Investitionsplanung* erschlossen werden.

Die Verhaltensbeeinflussungsfunktion bezieht sich vor allem auf die psychologischen Wirkungen der Kontrolle. Die mit der Investition betrauten Mitarbeiter sollen auf bewusstes Fehlverhalten verzichten und durch erhöhte Aufmerksamkeit unbewusstes Fehlverhalten weitgehend vermeiden. Die Frage, wie wichtig eine Information ist und welchen (zusätzlichen) Aufwand man zu ihrer Gewinnung zu tätigen bereit sein sollte, kann grundsätzlich so beantwortet werden: Eine zusätzliche Kontrolle lohnt sich dann, wenn der durch sie verursachte zusätzliche Aufwand durch den aus der gewonnenen Information resultierenden zusätzlichen Nutzen mindestens kompensiert (und möglichst überkompensiert) wird. Leider bereitet die Messung eines solchen Nutzens häufig Probleme. Eine für die Praxis sinnvolle Vorgehensweise kann darin bestehen, Aussagen über das Nutzenpotenzial von Investitionskontrollen zu gewinnen. Dieses wird maßgeblich durch drei Einflussfaktoren (Kriterien) bestimmt: durch die Größe des Investitionsprojekts (abhängig vom finanziellen, personellen und zeitlichen Umfang des Projekts), durch die Häufigkeit der Wiederholung des Projekts oder ähnlicher Projekte (d. h. die Anzahl der Projekte, die auf Grund der Kontrollinformation effizient gestaltet werden können), und durch die Schätzgenauigkeit der Daten der ➜ *Investitionsplanung* (abhängig vom Unsicherheitsgrad), mit der die Schätzung der künftigen mit dem Projekt verbundenen Ein- und Auszahlungen behaftet ist.

Ordnet man den einzelnen Investitionsprojekten die Ausprägungen dieser Kriterien zu, so können zumindest grobe Aussagen über das Nutzenpotenzial einer Investitionskontrolle getroffen werden. Beispielsweise besitzt ein großes Projekt mit hoher Wiederholhäufigkeit bei hoher Schätzgenauigkeit ein weit höheres Nutzenpotenzial als ein kleines Projekt mit geringer Wiederholhäufigkeit bei niedriger Schätzgenauigkeit.

Durch Gegenüberstellung von Nutzenpotenzial und Kontrollaufwand bei den einzelnen Projekten können Aussagen über deren Kontrolldringlichkeit gewonnen werden. So besitzt ein Projekt mit hohem Nutzenpotenzial und niedrigem Kontrollaufwand eine recht hohe Kontrolldringlichkeit, während ein Projekt mit geringem Nutzenpotenzial und hohem Kontrollaufwand eine geringe Kontrolldringlichkeit besitzt.

Zeitaspekte der Investitionskontrolle betreffen zum einen die Häufigkeit, zum anderen die Wahl der günstigsten Zeitpunkte für Kontrollen. Hinsichtlich der Bestimmung der optimalen Kontrollhäufigkeit sind Aufwand-Nutzen-Überlegungen anzustellen. Während man i. d. R. (zumindest grob) unterstellen kann, dass der Kontrollaufwand annähernd proportional zur Kontrollhäufigkeit wächst, zeigt die Entwicklung des Kontrollnutzens einen anderen Verlauf. Zunächst wird der Nutzen überproportional zur Kontrollhäufigkeit ansteigen, später wird der Anstieg schwächer; der Nutzen wird bei einem Häufigkeitswert sein Maximum erreichen, um bei größerer Kontrollhäufigkeit sogar wieder abzunehmen (weil zu häufige Kontrollen zu Störungen im Prozessablauf führen können). Theoretisch ist die optimale Kontrollhäufigkeit dann erreicht, wenn der zusätzliche Kontrollnutzen aus einer weiteren Erhöhung der Kontrollhäufigkeit den zusätzlichen Kontrollaufwand nicht mehr übertrifft. Praktisch wird sich jedoch die oben beschriebene (idealtypische) Verlaufsform des Kontrollnutzens kaum exakt ermitteln lassen. Wichtig zu wissen ist dennoch, dass sowohl zu niedrige als auch zu hohe Kontrollhäufigkeiten kein optimales Aufwand-Nutzen-Verhältnis besitzen. Letzteres wird sicher nur auf Grund langjähriger praktischer Erfahrungen annähernd zu ermitteln sein.

Als für die Praxis relevante Kontrollzeitpunkte können genannt werden:

a) das Ende der Anlaufperiode,
b) das Auftreten verbesserter, funktionsgleicher Anlagen,
c) der Zeitpunkt einer erforderlichen Großreparatur,
d) der Zeitpunkt einer Produktionsprogrammumstellung,
e) das Ende der Plan-Amortisationsdauer,
f) der Zeitpunkt für das Ablaufen von Garantiefristen,
g) der Zeitpunkt eines Funktionswechsels der Anlage,
h) der Zeitpunkt der Beschaffung von Zusatzaggregaten,
i) der Zeitpunkt des Abschlusses der Einführungsphase von neuen Produkten,
j) der Zeitpunkt des Auftretens neuer Konkurrenten,
k) das Ende der Plannutzungsdauer der Anlage.

Im Hinblick auf die Organisation der Investitionskontrolle muss zum einen die Frage nach dem Träger, zum anderen die Frage nach dem organisatorischen Aufbau beantwortet werden. Nach dem Träger unterscheidet man zwischen internen und externen Kontrollen. Während externe Kontrollen stets Fremdkontrollen sind, können interne Kontrollen sowohl Eigen- als auch Fremdkontrollen sein. Im Zeitalter des Lean Management, des Simultaneous Engineering und des Supply Chain Managements sollte den Eigenkontrollen durch die am Prozess beteiligten Mitarbeiter die höchste Priorität zuerkannt werden. Der organisatorische Aufbau von Investitionskontrollen bezieht sich auf die drei Teilfunktionen der Überwachung, der Datengewinnung und der Datenverarbeitung.

Der Prozess der Investitionskontrolle läuft in den vier Phasen Kontrollplanung, Informationsgewinnung, Vergleichshandlungen und Auswertung der Kontrollergebnisse ab. Die Kontrollplanung beinhaltet das Festlegen der Kontrollaufgabe, die Bestimmung der Kontrollträger und der Aufgabenverteilung zwischen diesen sowie die Strukturierung des Kontrollprozesses. Aufgabe der Informationsgewinnung ist es, die für den Vergleich benötigten Ist-Daten (die tatsächlich erreichten Werte) zu ermitteln. Die auf das Projekt bezogenen Plandaten (die geplanten Werte) können den Unterlagen der → *Investitionsplanung* entnommen werden. Der Ermittlung der Ist-Daten liegen sowohl direkte Messungen am Investitionsprojekt als auch Unterlagen des betrieblichen Rechnungswesens zu Grunde. Lassen sich die Ist-Werte im konkreten Fall weder durch direkte Messungen noch aus dem betrieblichen Rechnungswesen ermitteln, so muss mit Schätzwerten gearbeitet werden. Unter den möglichen Vergleichshandlungen kommt in der Praxis dem Soll-Ist-Vergleich sowie dem Soll-Wird-Vergleich ein ganz besonderer Stellenwert zu. Beim Soll-Ist-Vergleich stellen die Soll-Werte die Ergebnisse der Investitionsvorkalkulation dar, die im Rahmen einer → *Investitionsvorrechnung* ermittelt wurden (Beispiel: die ermittelten Soll-Werte für die → *Zahlungsreihe* eines Investitionsprojekts und der daraus ermittelte Soll-Kapitalwert). Die diesen Soll-Werten gegenüberzustellenden Ist-Werte sind im Rahmen einer → *Investitionsnachrechnung* (Kontrollrechnung) zu ermitteln, d.h., sie sind die Ergebnisse der Investitionsnachkalkulation (Beispiel: die ermittelten Ist-Werte für die Zahlungsreihe eines Investitionsprojekts und der daraus ermittelte Ist-Kapitalwert). Aus den Ergebnissen solcher Soll-Ist-Vergleiche (auch als Plan-Ist-Vergleiche bezeichnet) lassen sich gewisse Rückschlüsse auf Genauigkeit und Sicherheit der eingesetzten Planungsmethoden und/oder auf aufgetretene Probleme in der Realisations- bzw. Nutzungsphase des Investitionsprojekts ziehen. Demgegenüber kommt dem Soll-Wird-Vergleich eine Steuerungsfunktion zu. Wird-Größen stellen die aus jeweils gegenwärtiger Sicht ermittelten Prognosewerte dar. Gegenüber den bereits zu einem früheren Zeitpunkt ermittelten bzw. festgelegten Soll-Werten liegen ihnen daher aktuellere Informationen zu Grunde. Im Ergebnis von Soll-Wird-Vergleichen können somit (noch rechtzeitig) Plankorrekturen vorgenommen werden. Schwächen in der Planung werden aufgedeckt und es wird möglich, Störungen in der Planausführung bereits vor ihrem Eintreten zu erkennen und damit zu verhindern. Die Auswertung der Kontrollergebnisse dient zum einen der Ermittlung der Abweichungsursachen, zum anderen der Ableitung von Empfehlungen zur Beseitigung der festgestellten Abweichungsursachen. Unter Umständen kann aus dem Kontrollergebnis auch die Empfehlung abzuleiten sein, das Projekt abzubrechen. Je frühzeitiger eine solche Erkenntnis gewonnen wird, umso geringer kann der dem Unternehmen entstehende wirtschaftliche Schaden gehalten werden. Im Ergebnis der Investitionskontrolle ist ein Kontrollbericht zu erstellen. Als wichtiger Grundsatz im Zusammenhang mit Investitionskontrollen sollte gelten, dass festgestellte Abweichungen niemals als »Schuldbeweise« zu interpretieren sind, sondern den Ausgangspunkt für die Einleitung von Maßnahmen zur Prozessverbesserung bilden.

Investitionsmanagement. Führung von Investitionsprozessen im Unternehmen. Das setzt eine koordinierte Abstimmung mit den anderen im Unternehmen ablaufenden Prozessen (z.B. der Produktion, der Beschaffung, des Absatzes, der Forschung und Entwicklung, der Finanzierung etc.) unter Berücksichtigung bestehender Interdependenzen voraus (→ *Investitionscontrolling*). Dieses koordinierte Vorgehen muss auf Führungsgrundsätzen beruhen, die den zu erreichenden Zielen sowie dem zu Grunde liegenden Bedingungsgefüge adäquat sind.

Wesentliche Anforderungen an ein effektives und effizientes Investitionsmanagement betreffen die Gestaltung angemessener Organisationsformen, die Schaffung leistungsfähiger Systeme der Planung, Kontrolle und Informationsversorgung (→ *Investitionsplanung*, → *Investitionskontrolle*), die Motivation der an den → *Investitionsprozessen* beteiligten Mitarbeiter sowie deren Führung. Ein vorausschauendes Investitionsmanagement sollte darüber hinaus die typischen Schwachstellen im Investitionsbereich kennen, um ihnen bereits vor ihrem Auftreten effektiv und effizient begegnen zu können. Investitionsmanagement kann auch als ein Führungsverhalten zur Verfolgung und Umsetzung einer möglichst optimalen → *Investitionspolitik* angesehen werden.

Investitionsnachrechnung (Investitionskalkultion). Anwendung bestimmter Kalküle der Investitionsrechnung (→ *Investitionsrechnung*, Kalküle der), z.B. der Kapitalwertmethode, auf die im Rahmen von → *Investitionskontrollen* ermittelten tatsächlichen Werte (Ist-Werte). Auf dieser Basis können Soll-Ist-Vergleiche dadurch erfolgen, dass die Ist-Werte (z.B. die tatsächlich angefallenen Anschaffungsauszahlungen und Einzahlungsüberschüsse sowie der ermittelte tatsächliche Kapitalwert) den Soll-Werten (z.B.

den in der → *Investitionsvorrechnung* ermittelten Anschaffungsauszahlungen und Einzahlungsüberschüssen sowie dem daraus errechneten Kapitalwert) gegenübergestellt werden. Es ist daher im Rahmen von Kontrollen unbedingt darauf zu achten, dass bei der Investitionsnachrechnung die gleichen Kalküle zu Grunde gelegt werden wie bei der Investitionsvorrechnung.

Investitionsobjekt → *Investitionsprojekt*.

Investitionsplanung. Gestaltende, gedankliche Vorwegnahme eines zu realisierenden (und künftig zu nutzenden) → *Investitionsprojekts* bzw. → *Investitionsprogramms*. Die Investitionsplanung vollzieht sich im Rahmen der Planungs- und Entscheidungsphase des → *Investitionsprozesses*. Sie stellt einen auf Informationsverarbeitung basierenden Problemlösungsprozess dar. Die Investitionsplanung beinhaltet (miteinander verbundene) Investitionsverarbeitungsprozesse in den Teilphasen der → *Investitionsanregung*, der → *Investitionsuntersuchung*, der Beurteilung der Investitionsalternativen sowie der → *Investitionsentscheidung*.

Anregungsinformationen kann das Unternehmen von außen erhalten, sie können aber auch aus der Analyse unternehmensinterner Prozesse (z. B. durch → *Investitionskontrollen*) gewonnen werden. Eine Anregung von außen liegt beispielsweise vor, wenn bekannt wird, dass ein Konkurrent zu einem effizienteren Produktionsverfahren übergegangen ist oder ein neues technisches Wirkprinzip anwendet. Wird hingegen bei einer Kontrolle während der Nutzungsphase eines Investitionsprojekts festgestellt, dass die tatsächlichen Kosten die geplanten wesentlich überschreiten (Soll-Ist-Abweichung), so könnte eine Ursachenanalyse zu der Erkenntnis führen, dass das Problem nur durch Investition in ein besseres Projekt gelöst werden kann. Damit wäre eine interne Anregungsinformation gegeben.

Um eine hohe Wirksamkeit der Planung zu gewährleisten, sind geeignete Organisationsformen zur Erfassung und Weiterleitung der Anregungsinformationen zu schaffen. Ist das mit der → *Investition* zu verfolgende Ziel klar formuliert, schließt sich die Suche nach Lösungsmöglichkeiten, d. h. nach Projektalternativen, an (→ *Investitionsuntersuchung*). Ein solcher Suchprozess kann durch den Einsatz von Kreativitätstechniken wesentlich unterstützt werden. Solche Techniken setzten die schöpferischen Fähigkeiten der am Problemlösungsprozess beteiligten Mitarbeiter frei (z. B. durch die Methode des Brainstorming), machen durch systematische Problemstrukturierung die grundsätzlichen Lösungsmöglichkeiten besser transparent (z. B. Methode des morphologischen Kastens) oder gestatten es, von der Natur hervorgebrachte Lösungen auf technische Sachverhalte zu übertragen (z. B. Bionik). Die Beurteilung (Bewertung) der erarbeiteten Alternativen erfolgt nach Kriterien, die aus der mit der Investition verfolgten Zielsetzung abzuleiten sind. Allerdings hängt die Wahl der Kriterien auch davon ab, ob sich in der betreffenden Situation quantifizierbare Daten ermitteln lassen oder nicht. Liegen z. B. quantifizierbare Daten vor, aus denen die Höhe der Kosten, Erlöse und Gewinne errechnet werden kann, so können diese Größen als Kriterien fungieren. Bewertungsmethoden unter Anwendung solcher (messbaren) Kriterien werden als quantitative Methoden bezeichnet. Sind die zu Grunde liegenden Daten nicht ausreichend quantifizierbar, bieten sich qualitative Bewertungsmethoden, wie z. B. Checklisten oder Punktbewertungsmodelle (»Scoringmodelle«), an. Die zuletzt genannte Situation liegt häufig im Rahmen der Investitionsplanung (→ *Investitionsplanung*, strategische) vor. Die unter Zugrundelegung des betreffenden Kriteriums bzw. der angewandten Bewertungsmethode beste Projektalternative kann zur Realisierung empfohlen werden. Zu beachten ist jedoch, dass der Entscheidungsträger bei seiner Entscheidung außer auf die hier angesprochenen i. d. R. auf weitere Kriterien (vor allem auch auf nicht monetäre) zurückgreifen wird.

Der Erfolg des gesamten Prozesses der Investitionsplanung hängt wesentlich von der Qualität der Informationsgewinnung und -auswertung in allen seinen Teilphasen ab. Werden z. B. bei der Alternativensuche nur zweit- oder drittklassige Lösungsmöglichkeiten erarbeitet, so kann die leistungsfähigste Bewertungsmethode daraus keinen erstklassigen Entscheidungsvorschlag ableiten. Und umgekehrt, beste Ergebnisse bei der Alternativensuche können zunichte gemacht werden, wenn infolge der Anwendung eines ungeeigneten Bewertungskriteriums eine Fehlentscheidung getroffen wird.

Die Investitionsplanung darf niemals zu eng auf das Projekt an sich ausgerichtet sein. Vielmehr ist das gesamte Umfeld, in welches das Investitionsprojekt eingebettet ist, bei der Planung zu berücksichtigen. Man spricht auch davon, dass Planung ein vernetztes, ganzheitliches Denken erfordert. Soll z.B. ein neues Produkt entwickelt werden, ist u.a. zu überlegen, welcher verbesserte Kundennutzen mit ihm erreicht werden kann, welche Kundengruppen und Marktsegmente angesprochen werden sollen, welche Marktanteile angestrebt werden, welche konstruktiven und technischen Realisationsmöglichkeiten infrage kommen, ob zu seiner Produktion vorhandene Kapazitäten genutzt werden können oder neue geschaffen werden müssen, welche Konsequenzen sich daraus für den künftigen Personaleinsatz ergeben, welche Auflagen des Umweltschutzes zu beachten sind, ob die erforderlichen Finanzierungsmöglichkeiten gegeben sind und wie in der Phase der Projektrealisierung und -nutzung die Zahlungsfähigkeit (Liquidität) gesichert werden kann.

Die Planung muss häufig auf unsichere Daten über die künftige Entwicklung zurückgreifen. Dadurch kommt es zu Abweichungen (z.B. von Soll-Ist-Abweichungen, → *Investitionskontrolle*). Diese Abweichungen gilt es frühzeitig zu erkennen, um die Ergebnisse der Planung immer wieder von neuem mit den tatsächlich erreichten Ergebnissen abgleichen zu können.

Eine weitere Möglichkeit zur Berücksichtigung der Unsicherheit der Datenentwicklung besteht darin, von vornherein die gesamte Bandbreite der künftig für möglich gehaltenen Datenkonstellationen in die Überlegung einzubeziehen. Es sind dann die Spannweiten zwischen optimistischen und pessimistischen Erwartungen zu berücksichtigen. Auf diese Weise bietet es sich an, die Alternativen so zu formulieren, dass Szenarien der künftigen Entwicklung »durchgespielt« werden können. Gelingt dies hinreichend, wird es möglich, elastische Pläne zu formulieren, die sich verschiedenen Datensituationen ohne zu starke Zieleinbußen anpassen lassen.

Ein weiteres Planungsprinzip zur Beherrschung von unsicheren Datensituationen ist die rollierende oder überlappende Planung. Dabei wird zunächst die gesamte Planungsperiode in mehrere Teilperioden zerlegt. Für jede Teilperiode werden Planvorgaben festgelegt. Am Ende der ersten Teilperiode wird ein Soll-Ist-Vergleich vorgenommen. Nun wird der gesamte Planzeitraum um eine weitere Teilperiode verlängert und für alle Teilperioden (einschließlich der neu hinzugekommenen) werden neue Planvorgaben bestimmt. Diesen neuen Planvorgaben liegen Erkenntnisse zu Grunde, die aus der im Anschluss an den Soll-Ist-Vergleich vorgenommenen Ursachenanalyse sowie aus weiteren neuen Planungsinformationen gewonnen werden. Dieser Vorgang wird von Teilperiode zu Teilperiode fortgesetzt. Dadurch wird insgesamt eine »gleitende« Anpassung des Plans an neue Datensituationen möglich.

Eine hohe Dynamik der wirtschaftlichen Entwicklung (Verkürzung der Lebenszyklen der Produkte und die damit verbundene Notwendigkeit, möglichst als Erster mit neuen Lösungen auf den Markt zu kommen) zwingt Unternehmen mehr und mehr zu einem strategischen, übergreifenden Denken. Es ist nach solchen Erfolgsfaktoren zu suchen, die den künftigen Unternehmenserfolg nachhaltig sichern. So gesehen ist strategische Planung Grundsatzplanung, die den Rahmen für die nachgeordneten Stufen der taktischen und der operativen Planung vorgibt. Sie muss daher auf der obersten Hierarchieebene der Unternehmensführung angesiedelt sein, muss zur »Chefsache« gemacht werden. Den Zusammenhang zwischen strategischer, operativer und taktischer Planung soll das folgende einfache Beispiel skizzieren.

Beispiel: Ein Unternehmen entschließt sich, zur Erweiterung seiner Kapazitäten eine zusätzliche Anlage zu installieren (strategische Planung). Danach geht es darum, Projektalternativen zu erarbeiten und die günstigste auszuwählen (taktische Planung). Wurde die ausgewählte Anlage installiert, sind während der Nutzungsphase die Maschinenbelegungen sowie die Reihenfolge der zu bearbeitenden Aufträge zu planen (operative Planung).

Investitionsplanung, strategische. Grundsatzplanung von → *Investitionen*. Strategische Investitionsplanungen sind daher eng mit Grundsatzentscheidungen der → *Investitionspolitik* verknüpft. Sie betreffen i.d.R. noch nicht die konkreten → *Investitionsprojekte* selbst, sondern zunächst erst einmal diejenigen »Grundrichtungen«, die den künftigen Unternehmenserfolg langfristig und nachhaltig bestimmen (z.B. neue Technologien, neue Produkte, neue Logistikkonzepte, neue Produktionsstandorte).

Entsprechende strategische → *Investitionsanregungen* werden häufig durch → *Investi-*

tionskontrollen ausgelöst, die im Rahmen der → *Nutzungsphase* von Investitionen durchgeführt werden.

Beispiel: Für den Umsatz der Erzeugnisse einer Produktgruppe wurde ursprünglich ein lineares Wachstum prognostiziert und auf dieser Basis sind die Zielvorgaben für die künftigen Umsatzentwicklungen (als Soll-Vorgaben) formuliert worden. Eine heute vorgenommene Kontrolle (→ *Investitionskontrolle*) stellt eine Soll-Ist-Abweichung beim Umsatz fest, d.h., der geplante Soll-Wert wurde nicht erreicht. Die sich anschließende Ursachenanalyse kommt u.a. zu dem Schluss, dass sich die festgestellte »Lücke« zwischen Soll- und Ist-Wert künftig weiter vergrößern wird, weil die unter Berücksichtigung von neueren Marktprognosen erwarteten Umsätze (die Wird-Größen) nur noch unterproportional ansteigen werden.

Die Differenz zwischen einem künftigen Soll-Wert und dem dazugehörigen Wird-Wert wird auch als »strategische Lücke« (GAP → *GAP-Analyse*) bezeichnet.

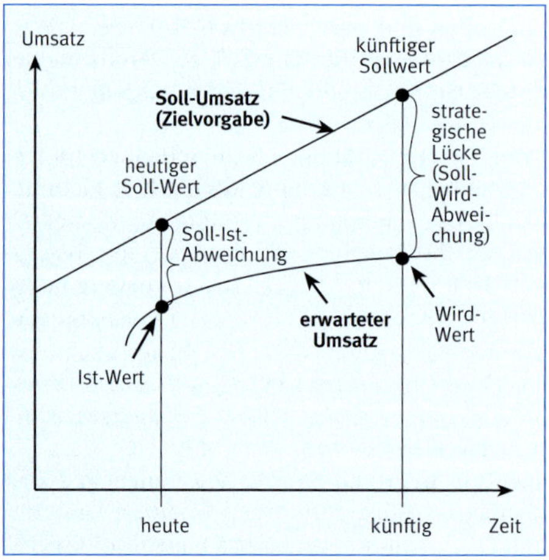

Abb.34: GAP-Analyse (Lückenanalyse)

Aufgabe der strategischen Planung ist es, die bereits entstandene Lücke so schnell wie möglich zu schließen und somit die strategische Lücke gar nicht erst entstehen zu lassen. Liegt die Ursache für das eingetretene rückläufige Umsatzwachstum z.B. darin, dass die den gegenwärtigen Produkten zu Grunde liegende Prinziplösung nicht mehr den gewachsenen Kundenanforderungen entspricht, kann sich eine rasch zu treffende Grundsatzentscheidung über eine Neuproduktentwicklung als notwendig erweisen. Die

Checklisten als qualitative Planungsverfahren/ Weiterführung bis zur Nutzwertanalyse

In einer ersten Phase wird die Checkliste erstellt. Dazu werden alle für die Beurteilung der strategischen Alternativen als Kriterien fungierenden Eigenschaften oder »Dimensionen« erfasst und aufgelistet.

In der zweiten Phase erfolgt eine Untersuchung der Alternativen anhand der in der Liste erfassten Eigenschaften durch Experten. Bei einigen Eigenschaften wird lediglich von Interesse sein, ob bestimmte Mindestanforderungen erfüllt werden oder nicht (Ja/Nein-Antworten), bei anderen möchte man vielleicht wissen, ob sie sehr gut, gut, befriedigend, ausreichend oder ungenügend erfüllt werden (»Notenskala«). Die erstgenannte Möglichkeit betrifft z.B. die Frage, ob bestimmte Mindestanforderungen des Umweltschutzes erfüllt werden, die zweite Möglichkeit kann sich etwa auf den Erfüllungsgrad bestimmter Kundenanforderungen beziehen.

Unter Zugrundelegung einer Checkliste kann eine Nutzwertanalyse entwickelt werden.

Den sog. Nutzwert für eine Alternative erhält man dadurch, dass die bezüglich der einzelnen Kriterien erreichten Ausprägungen zunächst in Punkte umgerechnet werden und diese Punkte dann (unter zusätzlicher Berücksichtigung der unterschiedlichen Bedeutung der einzelnen Kriterien) zu einem einzigen »Gesamtwert« (dem Nutzwert) zusammengefasst werden. Als günstigste Alternative gilt dann diejenige mit dem höchsten Nutzwert.

Eine solche Vorgehensweise ist allerdings in verschiedener Hinsicht kritikwürdig. U.a. geht durch die Zusammenfassung zu einem einzigen Nutzwert die Information verloren, hinsichtlich welcher Eigenschaften (Kriterien) die verschiedenen Alternativen ihre »Stärken« und »Schwächen« besitzen. Diese Information ist jedoch insofern bedeutsam, als im weiteren Verlauf der Untersuchung vielleicht Möglichkeiten zur Beseitigung von Schwächen erschlossen werden könnten, die eine vorher als ungünstig eingestufte Alternative nunmehr in eine vorteilhafte verwandeln würden.

strategische Investitionsplanung steht bei der Beurteilung und Auswahl (bzw. Vorauswahl) von Alternativen häufig vor dem Problem, auf Datenmaterial zurückgreifen zu müssen, das sich im

Hinblick auf messbare betriebswirtschaftliche Kriterien (wie Kosten, Absatzmengen, Preise) nicht bzw. noch nicht quantifizieren lässt. Dann muss auf solche Beurteilungskriterien (Eigenschaften) zurückgegriffen werden, von denen man annehmen kann, dass sie auf den künftigen wirtschaftlichen Erfolg einen maßgeblichen Einfluss ausüben (z. B. Anwendergerechtheit, Material- und Energieeinsparungspotenzial, Umweltgerechtheit). Zur Auswahl bzw. Vorauswahl von Alternativen können sog. qualitative Methoden eingesetzt werden.

Beispiele für qualitative Methoden sind Checklisten und → *Nutzwertanalysen*. Checklisten stellen ein einfaches und praktikables Instrument zur besseren Problemstrukturierung dar.

Als Instrument zur Entscheidungsunterstützung bestens bewährt hat sich in der Praxis die Arbeit mit Eignungsprofilen: Ein Eignungsprofil erhält man durch grafische Darstellung der bei den einzelnen Alternativen mithilfe der Checkliste erfassten Kriterienausprägungen (d. h. der »Notenwerte«). Abb. 35 veranschaulicht diese Vorgehensweise für zwei Alternativen unter Verwendung von fünf Beurteilungskriterien.

Die strategische Investitionsplanung stellt den Rahmen für die taktische Investitionsplanung dar. Das bedeutet: Wurde im Ergebnis der strategischen Planung eine Grundsatzentscheidung (z. B. über die Einführung eines neues Produkts, die Umsetzung eines neuen Logistikkonzepts oder die Errichtung eines neuen Produktionsstandorts) getroffen, so geht es in der taktischen Investitionsplanung darum, konkrete Alternativen von → *Investitionsprojekten* zu erarbeiten und die günstigste Alternative nach Wirtschaftlichkeitskriterien auszuwählen. Dabei können dann i. d. R. Kalküle der Investitionsrechnung (→ *Investitionsrechnung*, Kalküle der) zur Entscheidungsunterstützung herangezogen werden.

Investitionspolitik. Erarbeitung von Zielen für die Investitionstätigkeit im Unternehmen in Verbindung mit einer auf konkreten Zielsetzungen basierenden Gestaltung des → *Investitionsprogramms*. Investitionspolitik bezieht sich damit auf alle geplanten Investitionen (→ *Investitionsrechnung*, dynamische Kalküle der) unter Berücksichtigung aller bereits realisierten Investitionen (→ *Investitionskontrolle*). Als optimal wird eine Investitionspolitik dann angesehen, wenn ein Investitionsprogramm bestimmt wurde, das unter den jeweils konkreten Bedingungen einen maximal möglichen Grad der Zielerreichung verspricht. Das setzt allerdings voraus, dass die Ziele selbst sinnvoll formuliert sind. So lässt sich z. B. zeigen, dass die Maximierung des Endvermögens und die Maximierung der Breite des Entnahmestroms (→ *Investitionsrechnung*, dynamische Kalküle der) keine sinnvollen Ziele sind, wenn die Länge des Planungszeitraums noch nicht festgelegt wurde.

Aufgabe der Unternehmensführung ist es, eine an den übergeordneten Unternehmenszielen orientierte Investitionspolitik zu verfolgen und durchzusetzen (→ *Investitionsmanagement*).

Investitionsprogramm. Komplette Investitionsalternative, die aus einer Gesamtheit einander nicht ausschließender Investitionen (Projektalternativen) besteht. Die zu einem Investitionsprogramm gehörenden Projektalternativen können zeitlich sowohl (ganz oder teilweise) parallel als auch (ganz oder teilweise) nacheinander realisiert werden. Dabei steht für jede einzelne Projektalternative der gesamte Nutzungszeitraum fest. Zwischen den Projektalternativen eines Investitionsprogramms bestehen horizontale und (zeitlich) vertikale Interdependenzen. Interdependenzen sind solche Kopplungen oder Wech-

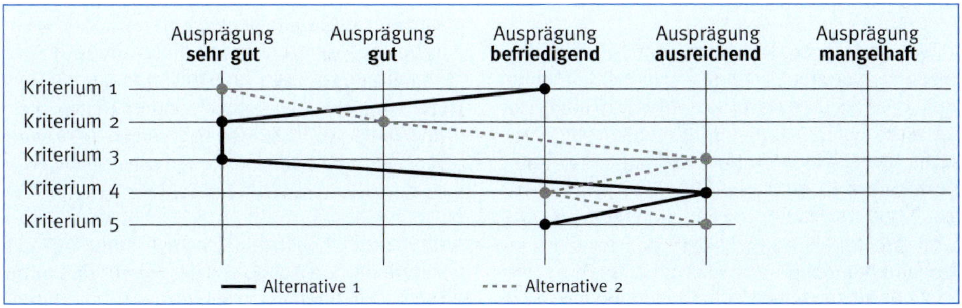

Abb. 35: Prinzipschema eines Eignungsprofils

selbeziehungen zwischen den Projektalternativen, die einen Einfluss auf den Grad der Zielerreichung ausüben.

Erstes Beispiel für horizontale Interdependenz: Der Investor steht vor der Frage, ob er Maschine A oder Maschine B in das Investitionsprogramm aufnehmen soll. Die verfügbare Kapazität reicht nur für eine der beiden Maschinen aus. Mit Maschine A kann die Produktionsmenge von Produkt 1, mit Maschine B die Produktionsmenge von Produkt 2 erhöht werden. Damit üben Maschine A und Maschine B (jeweils im Verbund mit den anderen zum Programm gehörenden Maschinen, Anlagen etc.) unterschiedliche Wirkungen auf die erzielbaren Erlöse, Kosten und Gewinne des Unternehmens aus.

Zweites Beispiel für (zeitlich) vertikale Interdependenz: Der Investor steht vor der Frage, ob er in dieser Periode eine Anlage X oder in der nächsten Periode eine Anlage Y in das Investitionsprogramm aufnehmen soll. Beides zusammen ist nicht möglich, weil die verfügbaren finanziellen Mittel sowie die Raumkapazitäten nicht ausreichen würden, um in dieser Periode Anlage X und in der nächsten Periode Anlage Y zu installieren. Anlage X ermöglicht es, ein Produkt in höherer Menge herzustellen, das zurzeit noch gut nachgefragt wird, jedoch in den kommenden Jahren nur noch geringere Marktchancen hat, weil die Konkurrenz eine Produktneuheit anbieten wird. Anlage Y ist in der Lage, gerade diese Produktneuheit herzustellen. Entscheidet sich der Investor also, in dieser Periode Anlage X zu installieren, erzielt er zwar jetzt einen höheren Gewinn, läuft jedoch Gefahr, seine Konkurrenzfähigkeit und damit künftige Gewinnchancen zu verlieren. Fällt seine Entscheidung hingegen zu Gunsten von Anlage Y aus, so verzichtet er auf einen gegenwärtigen Gewinnzuwachs, sichert sich dafür jedoch seine Konkurrenzfähigkeit und damit künftige Gewinnchancen.

Solche Interdependenzen sollten bei der Investitionsplanung zumindest »von der Tendenz her« berücksichtigt werden. Möglichkeiten zur Erfassung sämtlicher Interdependenzen (zwischen Investition, Produktion/Absatz und Finanzierung) bieten prinzipiell die Kalküle der linearen Programmierung.

Investitionsprojekt (Investitionsobjekt). Bezeichnung für ein Gut, das im Zusammenhang mit der Tätigung einer → *Investition* erlangt bzw. geschaffen wird. Dabei kann es sich um ein materielles bzw. immaterielles Gut oder aber um ein geldwerte Ansprüche repräsentierendes Nominalgut (z. B. eine Darlehensforderung) handeln.

Geht man konsequent vom Begriff der → *Investition* im engeren Sinne aus, so fallen unter den Begriff des Investitionsprojekts prinzipiell alle Güter, für die Auszahlungen getätigt werden, um (später) mit ihrer Hilfe Einzahlungen bzw. Einzahlungsüberschüsse zu erzielen. Zu solchen Gütern zählen sämtliche Produktionsfaktoren, aber beispielsweise auch zu schaffende Organisationsstrukturen im Unternehmen, durchzuführende Werbeaktivitäten sowie zu erzielende Ergebnisse in Forschung und Entwicklung. Jedoch erscheint es sinnvoll und praktikabel, den Begriff des Investitionsprojekts nur mit längerfristig dem Unternehmenszweck dienenden Vermögenspositionen und Nutzungspotenzialen in Verbindung zu bringen.

Kurzfristig (i. d. R. weniger als ein Jahr) genutzte Güter (wie einzelne Mengen bestimmter Rohstoffe, Arbeitsleistungen zur Erledigung der einzelnen laufend anfallenden Arbeitsaufgaben etc.) werden nicht als eigenständige Investitionsprojekte aufgefasst. Man berücksichtigt sie vielmehr in der Weise, dass die mit ihrem Verbrauch verbundenen Auszahlungen den → *Zahlungsreihen* der längerfristig verfügbaren Vermögenspositionen und Nutzungspotenzialen mit zugeordnet werden. So werden z. B. im Rahmen von → *Investitionsrechnungen* Auszahlungen für Rohstoffe und Löhne den Zahlungsreihen derjenigen Maschinen zugerechnet, auf denen diejenigen Güter gefertigt werden, in welche entsprechende Rohstoffe und Arbeitsleistungen einfließen.

So gesehen ist es bereits eine starke begriffliche Vereinfachung, wenn davon gesprochen wird, dass einem Investitionsprojekt (z. B. einer Maschine) Auszahlungen zugeordnet werden. Sie ist aber notwendig, um überhaupt Investitionsplanungen und Investitionsrechnungen mit vertretbarem Aufwand objektivieren zu können. Während es i. d. R. keine besonderen Schwierigkeiten bereitet, einem Investitionsprojekt Auszahlungen im eben beschriebenen Sinne (zusammen mit weiteren Auszahlungen) zuzuordnen, ist die Zuordnung von Einzahlungen auf ein einzelnes Projekt häufig schwierig, wenn nicht gar unmöglich. Das liegt darin begründet, dass die im Unternehmen hergestellten Güter, aus deren Veräußerung Einzahlungen resultieren, meist aus einem Kombinationsprozess hervorgehen, an dem mehrere Betriebsmittel (Maschinen, Anlagen, ...) beteiligt sind.

Statt von der Einzahlung/der Zahlungsreihe des Investitionsprojekts zu sprechen, ist es begrifflich exakter, von der Einzahlung/der Zahlungsreihe zu sprechen, die durch die Entscheidung (bzw. die Handlung), das Projekt zu realisieren, ausgelöst wird. Auf diese Weise kann man häufig den entsprechenden Entscheidungen (oder Handlungen) Einzahlungen/ Zahlungsreihen zuordnen, obwohl eine Zuordnung zu dem betreffenden Projekt für sich genommen nicht möglich ist. Wird z. B. in eine Maschine investiert, die einen Engpass in der Fertigung beseitigt, können mehr verkaufsfähige Produkte gefertigt und damit (über die Verkaufserlöse) höhere Einzahlungen erhalten werden. Diese Steigerung der Ausbringungsmenge resultiert zweifellos aus einer Verbundwirkung, die durch die Kombination der neu beschafften Maschine mit den bereits vorhandenen Maschinen im Fertigungsprozess erzielt wird. Man kann also (in Bezug auf die eingetretene Erlössteigerung) streng genommen nicht von den Einzahlungen der neuen Maschine sprechen. Wohl aber kann man sagen, dass diese Einzahlungen durch die Entscheidung, diese Maschine anzuschaffen, ausgelöst werden. → *Investitionsentscheidungen* zu Grunde liegende Investitionsprojekte können einander ausschließen oder einander nicht ausschließen. Letztere können voneinander unabhängig oder voneinander abhängig sein.

Investitionsprojekt, Abschreibung. Erfassung der Wertminderung eines abnutzbaren Vermögensgegenstandes (z. B. einer Maschine) im Verlauf seiner planmäßigen Nutzung oder infolge außerplanmäßiger Ereignisse. Abschreibungen sind einerseits Kosten im Rahmen der betrieblichen Kostenrechnung, andererseits werden sie als Aufwand im Rahmen der Gewinn- und Verlustrechnung (externes Rechnungswesen) erfasst. Dabei kann es zu Unterschieden bei der Wahl der Abschreibungsbasis (d. h. des Ausgangsbetrags für die Abschreibung), der → *Abschreibungsmethode* sowie der zu Grunde gelegten → *Nutzungsdauer* kommen. Die über die Abschreibungen ausgewiesenen Wertminderungen eines → *Investitionsprojekts* (z. B. einer Maschine) sowie die anderen Kostenbestandteile werden in einem wirtschaftlich arbeitenden Unternehmen über die beim Absatz der hergestellten Produkte erzielten Erlöse wieder kompensiert oder sogar »überkompensiert«. Derjenige Teil der Erlöse, der der Höhe der Abschreibungen entspricht, wird auch als »verdiente Abschreibungen« bezeichnet. Er liegt in Geldform vor und kann zum Zwecke der Reinvestition verwendet werden.

Investitionsprojekt, Nutzungsdauer. Zeitdauer von der Inbetriebnahme eines Investitionsprojekts bis zum Zeitpunkt seiner Aussonderung aus dem Unternehmensprozess (Liquidation). Für → *Investitionsentscheidungen* ist die Bestimmung der optimalen Nutzungsdauer eines Projekts ein eigenständiges Problem. Häufig tritt – wie beim Gebrauchtwagen auch – die Tendenz auf, dass die gewinnoptimale Nutzungsdauer kürzer ist als die technisch mögliche.

Investitionsprojekt, Zahlungsreihe. Vereinfachte Abbildung des während der → *Nutzungsdauer* eines Investitionsprojekts mehr oder weniger kontinuierlich anfallenden Zahlungsstroms durch eine Reihe von Aus- und Einzahlungen. Dabei wird die (i. d. R. mehrjährige) Nutzungsdauer des Projekts in Perioden gleicher Länge (z. B. Jahresperioden) unterteilt. Dem Anfangszeitpunkt oder Investitionszeitpunkt ($t = 0$) werden die Auszahlungen des Projekts zugeordnet. Die in den einzelnen Perioden mit der Nutzung des Projekts verbundenen Einzahlungen (z. B. erzielte Umatzerlöse aus dem Verkauf der auf einer Anlage hergestellten Produkte) werden den Endzeitpunkten $t = 1, t = 2, ..., t = n$ der ersten, zweiten, ...n-ten Periode zugeordnet (wobei Periode n die letzte Periode der Nutzungsdauer ist).

Die Zuordnung der mit der Nutzung des Projekts in den einzelnen Perioden verbundenen Auszahlungen (z. B. für Material, Löhne, Reparaturen etc.) erfolgt in analoger Weise.

Die Differenz zwischen den Einzahlungen und den Auszahlungen einer bestimmten Periode wird auch als Einzahlungsüberschuss (bei positiver Differenz) oder als Einzahlungsfehlbetrag (bei negativer Differenz) bezeichnet. Werden nun schließlich dem Zeitpunkt $t = 0$ die Anschaffungsauszahlungen und den Zeitpunkten $t = 1, t = 2, ..., t = n$ die Einzahlungsüberschüsse/ Fehlbeträge zugeordnet, so erhält man die Zahlungsreihe des Investitionsprojekts. Diese kann

Lfd. Nr.	Größen	t = 0	t = 1	t = 2	t = 3	t = 4
1	Anschaffungsauszahlung	1.000				
2	Menge		100	200	300	200
3	Preis pro Mengeneinheit		3	4	4	3
4	**Erlöse und Einzahlungen gesamt**		**300**	**800**	**1.200**	**600**
5	variable Auszahlung pro Mengeneinheit		1	1	1,1	1,2
6	variable Auszahlung gesamt		100	200	330	240
7	konstante Auszahlung		50	50	70	70
8	Auszahlung für Entsorgung					90
9	**Auszahlung gesamt**	**1.000**	**150**	**250**	**400**	**400**
10	Zahlungsreihe	–1.000	150	550	800	200

Ermittlung der Zahlungsreihe einer Anlage

z. B. für ein Projekt mit vierjähriger Nutzungsdauer folgendes Aussehen haben:

t = 0	t = 1	t = 2	t = 3	t = 4
–1.000	150	550	800	200

Das Zustandekommen dieser Zahlungsreihe wird im Folgenden am Beispiel einer Anlage demonstriert, auf der ein bestimmtes marktgängiges Produkt hergestellt werden soll. Die prognostizierten Werte für Mengen, Preise, variable und konstante Auszahlungen, für die Entsorgungsauszahlungen am Ende der Nutzungsdauer sowie die voraussichtlichen Anschaffungsauszahlungen sind der zum Beispiel gehörenden Tabelle zu entnehmen.

Dabei werden variable Auszahlungen durch diejenigen Faktorverbräuche verursacht, die zu variablen Kosten führen (z. B. Fertigungsmaterial, Fertigungslöhne). Hinter den konstanten Auszahlungen verbergen sich diejenigen Faktorverbräuche, die unabhängig von der Ausbringungsmenge sind (Miete, Versicherung, Reparaturen etc.).

Zu bemerken ist allerdings, dass derartige Prognosen, Beurteilungen und Einschätzungen mit mehr oder weniger großen Unsicherheiten behaftet sind (→ *Investitionsrisiko*). Auch gibt es in späteren Phasen (z. B. in der Realisations- und Steuerungsphase) vielfältige Möglichkeiten für eine gestaltende Einflussnahme auf die Zahlungsreihe (→ *Investitionsdurchführung*). Weiterhin muss beachtet werden, dass es nicht in jedem Falle möglich ist, von der Zahlungsreihe eines Investitionsprojektes zu sprechen. Dann kann es vielleicht sinnvoll sein, von der Zahlungsreihe zu sprechen, die durch die Entscheidung (oder Handlung), ein bestimmtes Projekt zu realisieren, ausgelöst wird (→ *Investitionsprojekt*).

Schließlich gibt es Fälle, in denen es gar nicht möglich ist, einem Projekt (außer den Anschaffungsauszahlungen und den Auszahlungen der einzelnen Perioden) eine Zahlungsreihe zuzuordnen. Die oben beispielhaft entwickelte Zahlungsreihe liegt auch den Beispielen der Kapitalwertmethode und zum vollständigen Finanzplan zu Grunde (→ *Investitionsrechnung, dynamische Kalküle der*).

Investitionsprozess. In idealisierter Form lässt sich der Investitionsprozess in vier Phasen untergliedern:

1. Planungs- und Entscheidungsphase (→ *Investitionsplanung*, → *Investitionsentscheidung*),
2. Realisations- und Steuerungsphase (→ *Investitionsdurchführung*),
3. Kontrollphase (→ *Investitionskontrolle*),
4. Nachbesserungsphase. Bei längeren Realisationsphasen (die sich über mehrere Jahre erstrecken können) schließt sich an die Kontrollphase noch eine Nachbesserungsphase an.

Diese kann durch Impulse ausgelöst werden, die in → *Investitionskontrollen* ihren Ursprung haben. Diskrepanzen zwischen den ursprünglichen Erwartungen und der eingetretenen Realität können auch im (nicht vorhergesehenen) technischen Fortschritt begründet liegen. Werden z. B. inzwischen neuartige Produkte nachgefragt oder neue Produktionsverfahren angewandt, sind die ursprünglich erwarteten Einzahlungen nicht mehr zu erreichen; auch die konzipierte Nutzungsdauer kann sich in Anbetracht der neuen Informationslage als illusorisch erweisen und muss überprüft werden. Es ist dann zu überlegen, ob durch geeignete Nachbesserungen eine Anpassung an die neue Situation erfolgen kann oder ob das Projekt besser abzubrechen ist.

Die idealisierte Form der Beschreibung der Phasenstruktur des Investitionsprozesses darf nicht den Eindruck erwecken, dass die einzelnen Aktivitäten tatsächlich nur im strengen zeitlichen Nacheinander auszuführen seien. Vielmehr bestehen sowohl zwischen den als auch innerhalb der einzelnen Phasen Rückkopplungsbeziehungen. Eine Rückkopplung zwischen Kontrolle und Realisation liegt z.B. dann vor, wenn eine rechtzeitig festgestellte Abweichung zwischen geplantem und (bisher) realisiertem Ergebnis zum Auslöser für Nachbesserungsmaßnahmen wird. Dabei kann es unter Umständen sogar erforderlich sein, in die Planungs- und Entscheidungsphase »zurückzuspringen«. Neue Lösungsalternativen werden gesucht und beurteilt, bevor eine Entscheidung über die günstigste Form der Nachbesserung getroffen wird.

Ein Beispiel für Rückkopplungen innerhalb der Planungs- und Entscheidungsphase liegt vor, wenn bei der Beurteilung der erarbeiteten Alternativen festgestellt werden muss, dass diese der Zielsetzung des Investors nicht entsprechen. Dann nämlich ist nach verbesserten Alternativen zu suchen. Sollten solche trotz aller Bemühungen nicht zu finden sein, empfiehlt es sich sogar zu überprüfen, ob die Problemstellung falsch formuliert und/oder die Ziele nicht richtig gesetzt wurden.

Gegenwärtig zwingt der Druck der Wettbewerbskräfte jedes Unternehmen, die kritischen Wettbewerbsfaktoren (wie z.B. Kundennutzen, Kosten, Preise, Qualität, Service, Umweltgerechtheit, Zeit) im Komplex immer besser zu beherrschen. Diese Forderung trifft auf die Gestaltung von Investitionsprozessen in ganz besonderem Maße zu. Eine zu installierende neue Anlage oder Fertigungsstraße wird nur dann zur Erreichung der wirtschaftlichen Zielsetzung beitragen können, wenn oben genannte Faktoren in allen Phasen der Prozessgestaltung in angemessener Weise berücksichtigt werden. Der Zeitfaktor erfordert z.B., alle Aktivitäten so aufeinander abzustimmen, dass das Investitionsprojekt zum frühestmöglichen (wirtschaftlich sinnvollen) Zeitpunkt fertiggestellt wird. Ein verspäteter Beginn der Nutzung kann einen Verlust an Kunden und damit von Marktanteilen bedeuten. Umgekehrt können Maßnahmen zur (immer weiteren) Verkürzung der Projektdauer schließlich auch zu überhöhten Auszahlungen führen, weil die Anzahl der zeitlich parallel tätigen Mitarbeiter und damit zugleich der Koordinationsaufwand enorm steigt. Somit muss der Nutzen aus einer Verkürzung der Projektdauer stets mit den daraus resultierenden höheren Aufwendungen abgewogen werden.

Zur besseren Beherrschung der kritischen Wettbewerbsfaktoren bei der Gestaltung von Investitionsprozessen bietet sich der Rückgriff auf moderne Managementmethoden und Logistikkonzepte an, wie z.B. Just-in-Time (optimale zeitliche Abstimmung und Koordination von Aktivitäten bei der Realisierung des Unternehmensprozesses), Lean Management (Schaffung schlanker, d.h. effizienter, am Kundennutzen orientierter Managementstrukturen in allen Prozessphasen), Simultaneous Engineering (parallele Ausführung möglichst vieler Aktivitäten im Rahmen von F&E-Prozessen) und Supply Chain Management (effektivere und effizientere Gestaltung des gesamten Wertschöpfungsprozesses von den Lieferanten [und deren Lieferanten] bis zu den Kunden [und deren Kunden]).

Als leistungsfähiges Instrumentarium zur besseren Beherrschung von Investitionsprozessen, besonders in der Phase der Realisation, hat sich die Arbeit mit Netzplänen erwiesen. In jeder Phase des Investitionsprozesses können Controllinginstrumente eingesetzt werden. Hauptaufgabe des → *Investitionscontrollings* ist es, die Aktivitäten sämtlicher Phasen des Investitionsprozesses nach Maßgabe der Zielsetzung des Unternehmens zu koordinieren. Dabei muss es zugleich den am Investitionsprozess beteiligten Abteilungen das zur Lösung ihrer Aufgaben benötigte methodische Rüstzeug bereitstellen (z.B. geeignete Instrumentarien zur Beurteilung der Investitionsalternativen für die damit betraute Planungsabteilung).

Investitionsrechnung. Siehe dazu Artikel auf S. 200.

Investitionsrechnung, dynamische Kalküle. Zu ihnen zählen die Kapitalwert-, die interne Zinsfuß- und die Annuitätenmethode sowie die Amortisationsrechnung in ihrer dynamischen Ausgestaltungsform als klassische Kalküle; der Vollständige Finanzplan (VoFi) ist hingegen als modernes

Investitionsrechnung

Unter Investitionsrechnung fasst man Rechenverfahren zur Bestimmung der Vorteilhaftigkeit von alternativ realisierbaren → *Investitionsprojekten* und → *Investitionsprogrammen* nach Wirtschaftlichkeitskriterien entsprechend den unternehmerischen Zielsetzungen zusammen. Dazu gehören auch Verfahren zur Ermittlung der optimalen Nutzungsdauer von Projekten. In diesen Funktionen treten → *Investitionsrechnungen* als Investitionsvorrechnungen in der Teilphase der Beurteilung (Bewertung) innerhalb der Planungs- und Entscheidungsphase des → *Investitionsprojektes* auf (→ *Investitionsplanung*, → *Investitionsentscheidung*). Kalküle der Investitionsrechnung dienen zugleich auch als Grundlage für Investitionsrechnungen im Zusammenhang mit → *Investitionskontrollen*.

Das Ergebnis der Investitionsrechnung stellt (nur) ein wesentliches Kriterium für die → *Investitionsentscheidung* dar. Neben den Ergebnissen von Informationsrechnungen werden der Entscheidungsfindung weitere (insbesondere auch nicht-monetäre) Kriterien zu Grunde gelegt. Um den Beitrag von Projekt- oder Programmalternativen zur Erreichung der Unternehmensziele richtig erfassen zu können, müssten Investitionsrechnungen zumindest »von der Tendenz her« die bestehenden Interdependenzen (→ *Investitionsprogramm*) der betreffenden Investitionsalternative(n) zu den anderen Alternativen sowie zum Produktions-/Absatz- und Finanzierungsprogramm berücksichtigen. Darüber hinaus sind Rahmenbedingungen der verschiedensten Art zu beachten (z.B. begrenzte Kapazitäten und Absatzmöglichkeiten, Kreditobergrenzen, Auflagen des Umweltschutzes und der Arbeitssicherheit etc.). Weiterhin sind Risikoaspekte in die Betrachtung einzubeziehen, die sich aus der Unsicherheit der Daten, insbesondere bezüglich der künftigen Entwicklung, ergeben (→ *Investitionsrisiko*).

Vielfach stehen die Entscheidungsträger vor der Frage, ob die reale Komplexität im Modell annähernd erfasst werden kann bzw. soll (z.B. bezüglich der Konditionenvielfalt auf dem Finanzierungssektor) oder ob mit der Modellbildung eine Komplexitätsreduktion zu verbinden ist (z.B. Unterstellung eines vollkommenen Kapitalmarkts als starke Vereinfachung des realen Kapitalmarkts). In diesem Zusammenhang erhebt sich zugleich auch die Frage nach dem Aufwand-Nutzen-Verhältnis bei der Anwendung mehr oder weniger anspruchsvoller Kalküle.

In der Praxis stellt sich diese Frage etwa so: Lohnt sich der Aufwand für den Einsatz eines anspruchsvolleren Kalküls im Vergleich zu dem dadurch gewonnenen höheren (entscheidungsrelevanten) Informationsgehalt?

Es kann nämlich durchaus besser sein, auf Grundlage eines »groben« Kalküls ein höheres Risiko für eine Fehlentscheidung in Kauf zu nehmen, anstatt mit bedeutendem Aufwand unter zwei nahezu gleichwertigen Alternativen die »höchstwahrscheinlich beste« zu ermitteln.

Umgekehrt sollte man sich, vor allem wenn es sich um »große« Projekte (hoher Kapitaleinsatz, lange Laufzeit) geht, auch nicht scheuen, ein paar tausend Euro mehr für die Informationsgewinnung und die Investitionsrechnung auszugeben, wenn ansonsten die Gefahr besteht, durch eine Fehlentscheidung auf mehrere Millionen Euro verzichten zu müssen.

Als Ziel eines auf Dauer angelegten Unternehmens kann im Allgemeinen langfristige → *Gewinnmaximierung* unterstellt werden. Dies kann in den beiden Varianten Entnahmemaximierung und Endwertmaximierung auftreten (→ *Investitionsrechnung*, dynamische Kalküle der). Als kurzfristige »Ersatzziele« für diese langfristigen Ziele können (unter gewissen Einschränkungen) der Periodengewinn und die Periodenrentabilität (→ *ROI*) angesehen werden. Im Folgenden soll ein Überblick über die Kalküle der Investitionsrechnung gegeben werden.

Sukzessive Kalküle

Bei den sukzessiv arbeitenden Kalkülen werden in einem ersten Schritt die verfügbaren finanziellen Mittel festgelegt. Im zweiten Schritt wird

a) im Fall von Investitionseinzelentscheidungen geprüft, welche von zwei oder mehreren einander ausschließenden Projektalternativen der Zielsetzung des Investors am besten entspricht, bzw.
b) im Fall von mehreren einander nicht ausschließenden Projektalternativen diejenige Kombination von Alternativen (d.h. dasjeni-

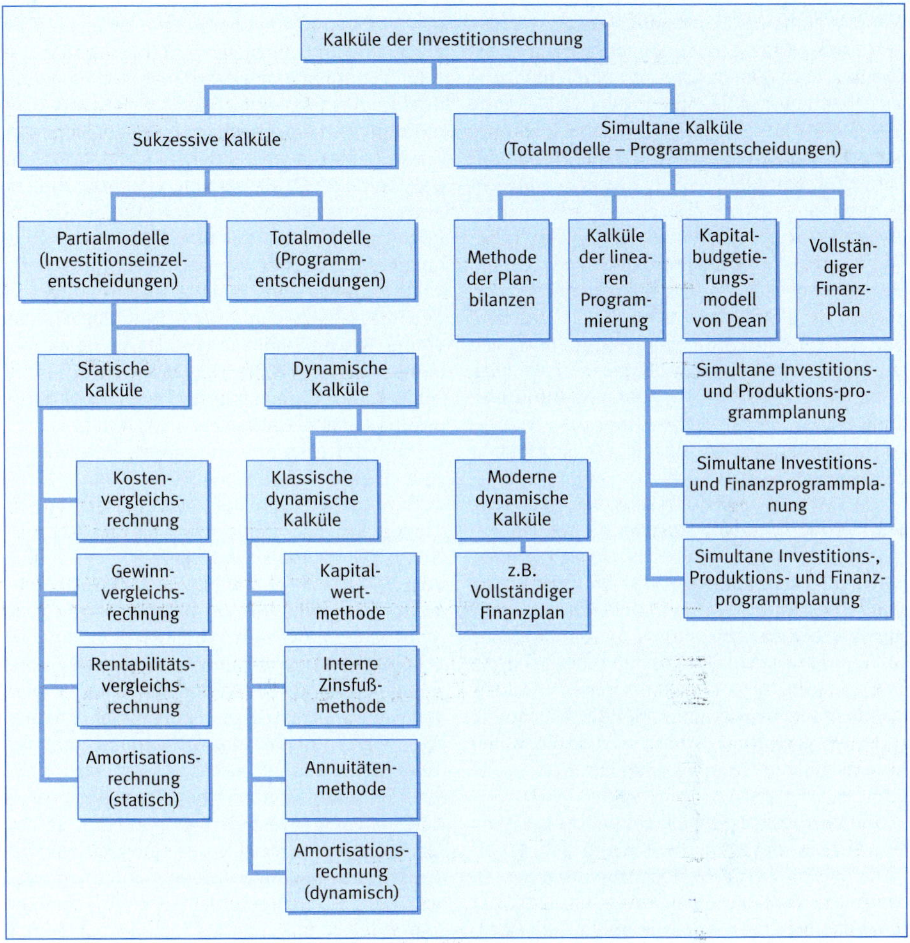

Abb. 36: Überblick über die Kalküle der Investitionsrechnung

ge → *Investitionsprogramm*) gesucht, die (das) der Zielsetzung am ehesten gerecht wird.

Im Fall b) spricht man auch von Totalmodellen. Zu den Partialmodellen gehören die statischen Kalküle der Investitionsrechnung (Kostenvergleichsrechnung, → *Gewinnvergleichsrechnung*, → *Rentabilitätsvergleichsrechnung*, statische Amortisationsrechnung) sowie die dynamischen Kalküle der Investitionsrechnung (→ *Kapitalwertmethode*, → *interne* Zinsfußmethode, → *Annuitätenmethode, dynamische* → *Amortisationsrechnung*) als klassische Kalküle sowie moderne Kalküle, wie z.B. der auf Einzelentscheidungen bezogene → *vollständige Finanzplan*.

Simultane Kalküle

Sie sind stets Totalmodelle und dienen der Bestimmung optimaler Investitionsprogramme. Im Gegensatz zu einem sukzessiven Totalmodell erfolgt aber durch den simultanen Modellansatz die gleichzeitige gemeinsame Optimierung des → *Investitionsprogramms* mit dem Finanzierungsprogramm oder sowohl mit dem Produktions- als auch dem Finanzierungsprogramm. Zu den simultanen Kalkülen gehören die Kalküle der linearen Programmierung, der auf die Investitions- und Finanzierungsprogrammplanung bezogene vollständige Finanzplan, die Methode der Planbilanzen (Planbilanzkalküle) sowie das Kapitalbudgetierungsmodell von Dean (→ *interne* Zinsfußmethode).

Vergleich der unterschiedlichen Kalküle

Die theoretisch anspruchsvollsten Kalküle sind die simultanen Kalküle der linearen Programmierung. Sie berücksichtigten vom Modellansatz her sämtliche horizontalen und vertikalen Interdependenzen sowohl zwischen den (sich einander nicht ausschließenden) Investitionsalternativen als auch die zwischen den Investitionsalternativen und denen der Produktion und/oder der Finanzierung.

Diesem Vorteil steht als Nachteil gegenüber, dass sowohl der Aufwand für Informationsgewinnung als auch der Rechenaufwand unvertretbare Ausmaße annehmen kann, wenn eine sehr hohe Anzahl von Alternativen in die Untersuchung einbezogen wird. U.a. vermögen die Kalküle der linearen Programmierung auch die Bedingungen des unvollkommenen Kapitalmarkts mit seiner gesamten Konditionenvielfalt unterschiedlicher Finanzierungs- und Geldanlagemöglichkeiten in adäquater Weise zu erfassen.

Die sukzessiven Kalküle ermöglichen es vom Modellansatz her nicht, die im ersten Schritt vorgenomme Entscheidung über die verfügbaren finanziellen Mittel zu einem späteren Zeitpunkt zu revidieren. Das kann sich dann als ein Nachteil erweisen, wenn ein ansonsten sehr »lukratives« Investitionsprojekt nur deswegen nicht in die (Einzel- oder Programm-) Entscheidung einbezogen werden kann, weil dadurch der (vielleicht willkürlich) gesetzte finanzielle Rahmen gesprengt würde.

Statische Kalküle sind in der Praxis sehr beliebt, weil auf ihrer Grundlage Entscheidungen mit vergleichsweise niedrigem Aufwand für Informationsbeschaffung und Berechnung getroffen werden können. Gleichwohl sind ihre Prämissen problembehaftet: Einmal steht der Investor vor dem Problem, eine Auswahl über Projektalternativen mit mehrjähriger Nutzungsdauer treffen zu müssen. Dabei stehen ihm als (Ersatz-) Kriterien einperiodische Erfolgsgrößen wie Kosten und Gewinn zur Verfügung. Die Beurteilung erfolgt dann unter Zugrundelegung eines »repräsentativen« Durchschnittsjahrs. Damit kann aber die sich in den einzelnen Perioden der Nutzungsdauer vollziehende unterschiedliche Bindung und Freisetzung von Kapital nicht adäquat erfasst werden: Die Zinsen auf das im Periodendurchschnitt gebundene Kapital (von der Sache her Opportunitätskosten) gestatten keine Aussagen über mehrperiodisch auftretende Zinseszinsen; auch kann im Kalkül nicht unterschieden werden, ob für das im Projekt gebundene Kapital eigene liquide Mittel eingesetzt werden können oder ob Fremdkapital (z.B. in Form eines Kredits) aufzunehmen ist.

Bei statischen Alternativvergleichen werden zudem keine vollständigen Alternativen zu Grunde gelegt. Unterscheiden sich zwei zu vergleichende Projekte in den Anschaffungsauszahlungen (→ *Anschaffungsauszahlungen* eines Investitionsprojekts), müsste z.B. die Frage beantwortet werden, wie der Differenzbetrag (zwischen den beiden Anschaffungsauszahlungen) angelegt wird, wenn das Projekt mit den niedrigeren Anschaffungsauszahlungen realisiert werden soll; unterscheiden sich die Projekte hingegen in ihrer Nutzungsdauer, so müsste gefragt werden, in welches »Anschlussprojekt« während der Zeitspanne zwischen den beiden »Nutzungsdauern« investiert werden sollte, sofern das Projekt mit der kürzeren Nutzungdauer zu realisieren ist. Auf Grund der genannten Probleme ist die Gefahr von Fehlentscheidungen unter Zugrundelegung statischer Kalküle weit größer als bei den anspruchsvolleren dynamischen Kalkülen.

Die dynamischen Kalküle beziehen sich auf die gesamte Nutzungsdauer der Investitionsprojekt-Alternativen. Anstelle der einperiodischen Kosten- und Gewinngrößen wird mit den während der Nutzungsdauer voraussichtlich anfallenden Ein- und Auszahlungen gearbeitet (→ *Zahlungsreihe* eines Investitionsprojekts). Damit können grundsätzlich auch die Zins- und Zinseszinseffekte adäquat erfasst werden. Fehlentscheidungen, die bei statischen Kalkülen infolge Nichtberücksichtigung dieser Effekte getroffen werden, können also bei dynamischen Kalkülen weitgehend vermieden werden. Allerdings beruhen die klassischen dynamischen Kalküle auf der Prämisse eines vollkommenen (und unbeschränkten) Kapitalmarkts. Das bedeutet, dass Kapital in beliebiger Menge zum gleichen Zinssatz angelegt und auch aufgenommen werden kann: Habenzinssatz = Sollzinssatz. Darüber hinaus wird dieser einheitliche Zinssatz in diesen Kalkülen meist über alle Perioden der Nutzungsdauer beibehalten. Damit erfolgt unter Zugrundelegung der klassischen dynamischen Kalküle eine stark vergröberte Abbildung der realen Kapitalmarktbedingungen, die durch Konditionenvielfalt auf dem Geldanlage- und Finanzierungssektor gekennzeichnet ist. Geld kann zu sehr unterschiedlichen Konditionen bezüglich Laufzeit, Zinssatz, Rückzahlungsmodalitäten etc. angelegt oder aufgenommen werden. Darüber hinaus gibt es häufig sowohl für die Geldanlage als auch für die Aufnahme von Fremdkapital obere Grenzen. Diese reale Konditionenvielfalt versuchen moderne dynamische Kalküle, wie z. B. der → *Vollständige Finanzplan* (VoFi), zu erfassen. Letzterer ermöglicht es u. a., für ein zu realisierendes Investitionsprojekt die günstigsten Finanzierungsmöglichkeiten zu bestimmen. Sind mehrere einander ausschließende Projektalternativen zu vergleichen, ermöglicht es ein VoFi, das »beste« Projekt zusammen mit den günstigsten Finanzierungsmöglichkeiten herauszufinden.

Kalkül einzustufen. Während die klassischen Kalküle auf der Prämisse eines vollkommenen (und unbeschränkten) Kapitalmarkts basieren, vermag der VoFi grundsätzlich die Bedingungen des unvollkommenen (und beschränkten) Kapitalmarkts in ihrer ganzen Konditionenvielfalt zu berücksichtigen. Der entscheidende Unterschied zu den statischen Kalkülen liegt bei den dynamischen Kalkülen in der Berücksichtigung sämtlicher Aus- und Einzahlungen, die vom Beginn bis zum Ende der → *Nutzungsdauer* des Investitionsprojekts anfallen. In vereinfachter Form werden diese Zahlungen über die → *Zahlungsreihen* der Investitionsprojekte erfasst.

Beispiel zur Kapitalwertmethode

Es soll ein Investitionsprojekt (z. B. eine Sachanlage) betrachtet werden, das die Zahlungsreihe –1.000, 150, 550, 800, 200 (bezogen auf die Zeitpunkte t = 0, ... t = 4) besitzt (zum Zustandekommen dieser Zahlungsreihe → *Investitionsprojekt*, Zahlungsreihe). Bei der Kapitalwertmethode ist der als Beurteilungskriterium fungierende Kapitalwert nach folgender Formel zu ermitteln:

$$C_0 = -A_0 + \sum_{t=1}^{n} Zt \cdot \frac{1}{(1+i)^t}$$

Hierin ist

C_0 = Kapitalwert,

A_0 = Anschaffungsauszahlung,

n = Nutzungsdauer des Projekts (in Jahren),

t = laufender Index der Endpunkte der Jahresperioden,

Zt = Einzahlungsüberschuss des Jahres t und i = (einheitlicher) Kalkulationszinssatz , hier beispielhaft 10 % (i = 0,1)

Die Methode ist so aufgebaut, dass die Einzahlungsüberschüsse der einzelnen Perioden unter Zugrundelegung des Zinssatzes i auf den Anfangszeitpunkt t = 0 abgezinst werden. Die Abzinsung des Einzahlungsüberschusses Zt der Periode t erfolgt durch Multiplikation mit dem Abzinsungsfaktor (→ *Zinseszinsen*) 1 : (1+i)t. Die abgezinsten Einzahlungsüberschüsse werden auch als Barwerte (der Einzahlungsüberschüsse) bezeichnet. Den Kapitalwert erhält man schließlich, indem man die Summe der Barwerte bildet und davon die Anschaffungsausgaben subtrahiert. Ist der Kapitalwert positiv, so gilt die Investition als vorteilhaft und von zwei Projekten gilt dasjenige mit dem höheren Kapitalwert als das günstigere. Hingegen sollten Projekte mit negativem Kapitalwert nicht realisiert werden. Im Beispiel erhält man für die Zeitpunkte t = 1, t = 2, t = 3 und t = 4 nacheinander die Abzinsungsfaktoren 0,9091; 0,8264; 0,7513 und 0,6830. Werden diese jeweils mit dem Einzahlungsüberschuss Zt der betreffenden Periode multipliziert, so erhält man als Barwerte 136,36; 454,52; 601,04 und 136,6. Die Summe der Barwerte beträgt damit 1.328,52. Werden davon die Anschaffungsauszahlungen Ao abgezogen, erhält man für den Kapitalwert Co = 1.328,52 – 1.000 = 328,52. Damit kann das untersuchte Projekt als vorteilhaft eingestuft werden.

Auf die Höhe des Kapitalwerts haben die Höhe der Anschaffungsauszahlungen, der Zinssatz sowie Höhe und zeitliche Verteilung der Einzahlungsüberschüsse Einfluss. Die zeitliche Verteilung der Überschüsse wirkt sich so aus, dass sich der Kapitalwert bei gleicher Summe der Einzahlungsüberschüsse erhöht, wenn höhere Überschüsse zeitiger und niedrigere Überschüsse später anfallen. Wird z. B. in obiger Zahlungsreihe der Überschuss der zweiten Periode (550) mit dem der dritten Periode (800) vertauscht, so erhöht sich der Kapitalwert der Investition auf 347,30. Um den Kapitalwert inhaltlich interpretieren zu können, vergleicht man die Investition mit einer alternativen Geldanlage zum Kalkulationszinssatz im Zeitpunkt $t = 0$, die genau die gleichen Einzahlungsüberschüsse erzeugt wie das Investitionsprojekt. Eine solche Geldanlage muss dann aber gerade in Höhe der Summe der Barwerte erfolgen. Legt man nämlich den durch einjährige Abzinsung erhaltenen Barwert wieder für ein Jahr, den durch zweijährige Abzinsung erhaltenen Barwert für zwei Jahre, ..., den durch n-jährige Abzinsung erhaltenen Barwert für n Jahre an, so erhält man zu den einzelnen Periodenenden im Rahmen der Laufzeit genau die gleichen Einzahlungsüberschüsse wie bei Realisierung des Investitionsprojekts.

Mit anderen Worten: Entscheidet man sich für das Investitionsprojekt anstelle der Geldanlage, benötigt man zur Erreichung derselben Zielbeiträge (Einzahlungsüberschüsse) eine um die Höhe des Kapitalwerts niedrigere Anschaffungsauszahlung. Man »spart« also in $t = 0$ Anschaffungsauszahlungen in Höhe des Kapitalwerts. In diesem Sinne stellt der Kapitalwert einen barwertigen Überschuss (im negativen Falle einen entsprechenden Fehlbetrag) gegenüber einer vergleichbaren Geldanlage zum Kalkulationszinssatz dar.

Ein bestimmter Kapitalwert sagt für sich genommen nichts darüber aus, ob er mit hohem oder niedrigem Kapitaleinsatz erzielt wurde, d. h. wie rentabel das Projekt ist. Derartige Aussagen erhofft man sich in der Praxis häufig vom internen Zinsfuß. Er ist derjenige Zinssatz, bei dem der Kapitelwert Null wird. Der interne Zinsfuß beträgt im Beispielsfall $i^* \approx 0{,}23$ (= 23 %). Das bedeutet, dass eine vergleichbare Geldanlage erst bei einem Zinssatz von 23 % die gleichen Einzahlungsüberschüsse zu erzeugen vermag wie das Investitionsprojekt. Wird ein einzelnes Projekt nach dem internen Zinsfuß beurteilt, so gilt es dann als vorteilhaft, wenn i^* größer ist als der Kalkulationssatz i. Unter mehreren sich gegenseitig ausschließenden Investitionen gilt diejenige mit dem höchsten internen Zinsfuß als die günstigste. Obwohl sich der interne Zinsfuß in der Praxis nach wie vor großer Beliebtheit erfreut, können gegen seine Anwendung als Vorteilhaftigkeitskriterium bei Einzelentscheidungen schwer wiegende Bedenken erhoben werden. Zum einen sagt die Rentabilität nichts über den Grad der Zielerreichung (Entnahmemaximierung oder Endwertmaximierung) aus (ein selbst »zusammengezimmerter« Bauchladen könnte, sofern damit überhaupt etwas mit Überschuss verkauft wird, eine Rentabilität von unendlich erreichen, ohne in der Lage zu sein, seinen Besitzer zu ernähren), zum anderen gibt es mathematische Gründe, die es fragwürdig erscheinen lassen, ob der interne Zinsfuß überhaupt die Rentabilität eines Projekts widerspiegelt. Die Bestimmungsgleichung für den internen Zinsfuß (die Kapitalwertformel) ist nämlich ein Polynom n-ten Grades und dieses kann eine, mehrere oder auch gar keine reellen Lösungen (interne Zinsfüße) besitzen.

Diese mathematischen Probleme sind u. a. mit ein Grund dafür, dass der interne Zinsfuß auch bei Programmentscheidungen zur simultanen Bestimmung von Investitions- und Finanzierungsprogrammen als Kriterium im Allgemeinen nicht funktionieren kann. Lediglich im Einperiodenfall bietet er in Verbindung mit dem Kapitalbudgetierungsmodell von Dean einen adäquaten Lösungs- und interessanten Denkansatz. Hat man nämlich mehrere einperiodige Investitions- und Fremdfinanzierungsmöglichkeiten, so kann man das optimale Investitions- und Finanzierungsprogramm auf recht einfache Weise simultan bestimmen. Dazu ordnet man zunächst die Investitionsprojekte nach fallenden internen Zinsfüßen und die Finanzierungsmöglichkeiten nach steigenden Zinssätzen. Dann nimmt man entsprechend der gebildeten Reihenfolge so lange Investitionsprojekte und Finanzierungsmöglichkeiten in das Programm auf, bis man bei einem Investitionsprojekt angelangt ist, zu dem es nur noch Finanzierungsmöglichkeiten gibt, deren Fremdkapitalzinssätze größer sind als der interne Zinsfuß dieses Investitionsprojekts. Eine unmittelbar aus der Kapitalwertmethode abgeleitete Methode ist die Annuitätenmethode. Bei ihr wird der Kapitalwert in gleichmäßige, nachschüssige Rentenzahlungen über die n Jahre der Nutzungsdauer des Investitionsprojekts umgerechnet. Der so ermittelte Rentenbetrag wird als Annuität bezeichnet.

Im Beispielfall beträgt die Annuität des Investitionsprojekts 103,63. Bei der Einzelentscheidung über ein Investitionsprojekt sollte das Projekt verwirklicht werden, wenn seine Annuität positiv ist. Ist unter mehreren Investitionen nur eine auszuwählen, so sollte die Wahl zu Gunsten desjenigen Projekts mit der höchsten Annuität getroffen werden. Voraussetzung ist allerdings dabei, dass alle Projekte auf die gleiche Planungsperiode bezogen sind.

Die Annuitätenmethode führt ebenso wie die Kapitalwertmethode unter Zugrundelegung der Prämissen des vollkommenen Kapitalmarkts sowohl für die Zielstellung »Entnahmemaximierung« als auch für die Zielstellung »Endwertmaximierung« zu richtigen Entscheidungen. Für die Amortisationsdauer existiert außer der statischen noch eine dynamische Ausgestaltungsform. Diese dynamische Amortisationsdauer, die neben den Rückflüssen der Anschaffungsauszahlungen auch die geforderte Verzinsung der zwischenzeitlich freigesetzten Mittel berücksichtigt, ist diejenige (vom Zeitpunkt t = 0 an gerechnete) Zeitspanne, während der die aufaddierten Barwerte der Überschüsse gerade die Höhe der Anschaffungsauszahlungen erreichen.

Im Beispielfall amortisiert sich das Projekt gegen Ende des dritten Jahres.

Soll bei Investitionseinzelentscheidungen die gesamte Konditionenvielfalt auf dem Finanzierungs- und Geldanlagesektor berücksichtigt werden, so eignet sich dazu in hervorragender Weise der ➜ *Vollständige Finanzplan* (VoFi). Er ermöglicht nicht nur die Auswahl des wirtschaftlichsten Projekts zusammen mit den günstigsten Finanzierungsmöglichkeiten. Darüber hinaus bietet er einen periodengenauen und gut nachvollziehbaren Einblick in die Entwicklung der Liquiditätssituation über die gesamte ➜ *Nutzungsdauer* des Projekts hinweg. Wie mit einem VoFi gearbeitet werden kann, soll im Folgenden an einem Beispiel demonstriert werden.

In der hier dargestellten Version ging der Investor von der Maximierung des Endwerts als Zielsetzung aus. Die Möglichkeit der Tätigung von Entnahmen in den einzelnen Perioden der Nutzungsdauer wurde im Beispielfall nicht betrachtet. Es sind jedoch auch Zielsetzungen unter Berücksichtigung von Entnahmen möglich. Beispielsweise könnte der Investor auch diejenige Projektalternative bevorzugen, die ihm bei fest vorgegebenem Endwert ermöglicht, jeweils am Ende der einzelnen Perioden der Nutzungsdauer einen maximal möglichen gleichen Betrag zu entnehmen (Streben nach Maximierung der Breite des Entnahmestroms oder kurz »Entnahmemaximierung«).

Beispiel zum Vollständigen Finanzplan

Ein Investor verfügt über eigene liquide Mittel in Höhe von 200 GE. Er möchte dieses Geld so anlegen, dass er nach vier Jahren über einen höchstmöglichen Endwert (EW) verfügt. Dazu bieten sich ihm zwei Möglichkeiten:

1. Er kann er eine ➜ *Sachinvestition* tätigen, die eine Nutzungsdauer von vier Jahren mit der (bereits aus dem Kapitalwertbeispiel bekannten) ➜ *Zahlungsreihe* – 1.000, 150, 550, 800, 200 hat.
   Zur Unterstützung bietet ihm seine Hausbank einen Kredit bis zu maximal 800 GE an, der nur in t = 0 ausgezahlt werden kann. Dieser Kredit hat eine Laufzeit von vier Jahren und ist in gleichen Jahresraten zu tilgen. Der Zinssatz beträgt 10 % pro Jahr über die gesamte Laufzeit. Für den Fall, dass zu einem bestimmten Zeitpunkt ein negativer Zahlungssaldo entstehen würde, räumt die Bank jederzeit einen Kontokorrentkredit mit einem Zinssatz von 15 % pro Jahr ein, der nach einem Jahr zurückzuzahlen ist. Am Ende einer Periode vorhandene überschüssige finanzielle Mittel können als pauschale Geldanlage zu 5 % Zinsen pro Jahr für jeweils ein Jahr angelegt (»reinvestiert«) werden.
2. Der Investor hat die Möglichkeit, eine Festgeldanlage über einen Zeitraum von vier Jahren zum äußerst lukrativen Zinssatz von 20 % zu tätigen (als Opportunität zur Tätigung der Investition). Der Endwert der Opportunität (EWo) berechnet sich unter Zugrundelegung der Zinseszinsformel zu:

$$EWo = 200 \cdot (1 + 0{,}2)^4 = 414{,}72 \text{ GE}$$

Die Ermittlung des Endwerts des Investitionsprojekts (EWIP) soll nun mithilfe eines VoFi vorgenommen werden.

	t = 0	t = 1	t = 2	t = 3	t = 4
Zahlungsreihe	– 1.000	150	550	800	200
Eigene liquide Mittel	200				
Kredit mit Ratentilgung					
+ Aufnahme	800				
– Tilgung		200	200	200	200
– Sollzinsen (10 % p. a.)		80	60	40	20
Kontokorrentkredit					
+ Aufnahme		130			
– Tilgung			130		
+ Sollzinsen (15 % p. a.)			19,50		
Geldanlage pauschal					
– Geldanlage			140,50	567,02	15,38
+ Auflösung					
+ Habenzinsen (5 % p. a.)				7,02	35,38
Finanzierungssaldo	0	0	0	0	0
Kreditstand					
Ratentilgung	800	600	400	200	0
Kontokorrentkredit	0	130	0	0	0
Guthabenstand					
Geldanlage pauschal			140,50	707,52	722,90
Bestandssaldo	–800	–730	259,50	507,52	722,90 = EW_{IP}

VoFi zum Beispielfall

Da die Anschaffungsauszahlungen in t = 0 1.000 GE betragen, der Investor jedoch nur über 200 GE an eigenen liquiden Mitteln verfügt, wird er den angebotenen Kredit von 800 GE in voller Höhe in Anspruch nehmen. Davon werden in t = 1, t = 2, t = 3 und t = 4 je 200 GE getilgt. Die zu zahlenden → *Sollzinsen* (jeweils bezogen auf den → *Kreditstand* zu Beginn der betreffenden Periode) betragen dann 80 GE in t = 1, 60 GE in t = 2, 40 GE in t = 3 und 20 GE in t = 4. Das Investitionsprojekt erzeugt in t = 1 zwar einen Überschuss von 150 GE, jedoch müssen für den Kredit 200 GE an Tilgung und 80 GE an Sollzinsen gezahlt werden. Der finanzielle Fehlbetrag in Höhe von 130 GE muss durch einen Kontokorrentkredit ausgeglichen werden, der in t = 2 zuzüglich Zinsen in Höhe von 19,50 GE zurückzuzahlen ist. Darüber hinaus fallen in t = 2 wiederum die gleichen Kredittilgungen an wie in t = 1, dazu Zinsen in Höhe von 60 GE. Dem steht diesmal jedoch ein Überschuss aus der Zahlungsreihe des Projekts in Höhe von 550 GE gegenüber. Der sich insgesamt ergebende finanzielle Überschuss (140,50 GE) wird nun als pauschale Geldanlage getätigt. Diese wirft in t = 3 Habenzinsen in Höhe von 7,02 GE ab. Hinzu kommt der Überschuss aus der Zahlungsreihe. Diese Überschüsse werden vermindert durch Tilgungen und Zinszahlungen aus dem Ratenkredit, sodass in t = 3 insgesamt ein Überschuss von 567,02 GE verbleibt, der als zusätzliche Geldanlage zu tätigen ist. Der Guthabenstand beträgt nun insgesamt 707,52 GE. Durch eine weitere einjährige Geldanlage resultieren daraus in t = 4 Zinsen in Höhe von 35,38 GE. Zusammen mit dem Überschuss von 200 GE aus der Zahlungsreihe sowie den letzten Tilgungen und Zinszahlungen resultiert daraus in t = 4 insgesamt noch ein verbleibender Überschuss von 15,38 GE. Dieser erhöht den bereits vorhandenen Guthabenstand, der sich dadurch nunmehr auf 722,90 GE beläuft. Der letzte Guthabenstand ist zugleich der Endwert EWIP des Investitionsprojekts, da sämtliche Schulden getilgt sind. Demzufolge erwirtschaftet das Investitionsprojekt einen höheren Endwert als die Opportunität:

EWIP – EWo = 722,90 GE – 414,72 GE = 308,18 GE.

Der Investor sollte sich also für die Tätigung der Investition entscheiden.

Investitionsrechnung, statische Kalküle. Zu ihnen zählen die Kosten-, Gewinn- und Rentabilitätsvergleichsrechnung sowie die Amortisationsrechnung in ihrer statischen Ausgestaltungsform (→ *Investitionsrechnung*). Wie bei der Anwendung dieser Kalküle vorzugehen ist, soll im Folgenden anhand eines Beispiels demonstriert werden:

Es sollen zwei Anlagen I und II beurteilt werden, von denen nur eine realisiert werden kann. Beide Anlagen haben eine Nutzungsdauer von fünf Jahren, jedoch hat Anlage I höhere Anschaffungsauszahlungen als Anlage II: Der Kalkulationszinssatz soll ausdrücken, wie hoch sich das im (Jahres-) Durchschnitt an das jeweilige Projekt gebundene Kapital verzinsen würde, wenn man es anderweitig (etwa als Geldanlage) angelegt hätte.

Bei der Ermittlung des durchschnittlich gebundenen Kapitals geht man von der Überlegung aus, dass im → *Investitionszeitpunkt* genau die Anschaffungsausgaben gebunden sind, dass jedoch im Laufe der Nutzung die Kapitalbindung linear abnimmt und am Ende der Nutzungsdauer den Wert Null erreicht. Damit ist das im Jahresdurchschnitt gebundene Kapital genau halb so groß wie die Anschaffungsauszahlungen. Multipliziert man das durchschnittlich gebundene Kapital mit dem Kalkulationszinssatz, so erhält man die Zinsen auf das durchschnittlich gebundene Kapital. Fixe, d.h. von den auf der Anlage produzierten Erzeugnismengen unabhängige, Kosten sind die Abschreibungen, die Zinsen auf das durchschnittlich gebundene Kapital sowie die sonstigen fixen Kosten (z.B. für Heizung, Beleuchtung, Raummiete etc.) Beide Anlagen haben zwar unterschiedliche Kapazitäten, jedoch wird für den Vergleich eine gleiche Auslastung beider Anlagen von 10.000 ME unterstellt (nämlich die in einem »repräsentativen Durchschnittsjahr« vorgesehene Produktions- und Absatzmenge). Variable Kosten pro Stück multipliziert mit der produzierten Stückzahl (Kapazitätsauslastung) ergeben die variablen Kosten gesamt. Die Kosten gesamt (Zeile 13 der Tabelle) setzen sich aus der Summe der Fixkosten gesamt (Zeile 8) und den variablen Kosten gesamt (Zeile 12) zusammen. Für den Kostenvergleich wollen wir zunächst die Zeilen 14 bis 17 der Tabelle ignorieren und stattdessen unterstellen, dass die auf Anlage I produzierten Erzeugnisse beim Absatz die gleichen Erlöse erzielen wie die auf Anlage II produzierten.

Lfd. Nr.	Daten	Anlage I	Anlage II
1	Nutzungsdauer (Jahre)	5	5
2	Anschaffungsauszahlung (GE)	50.000	30.000
3	kalkulatorische Abschreibung (GE/Jahr)	10.000	6.000
4	Kalkulationszinssatz pro Jahr (%)	10	10
5	durchschnittlich gebundenes Kapital (GE/Jahr)	25.000	15.000
6	kalkulatorische Zinsen auf das durchschnittlich gebundene Kapital (GE/Jahr)	2.500	1.500
7	sonstige fixe Kosten	1.000	800
8	Fixkosten gesamt (Summe der Positionen 3, 6 und 7; GE/Jahr)	13.500	8.300
9	Kapazität (ME/Jahr)	22.000	20.000
10	Kapazitätsauslastung (ME/Jahr)	10.000	10.000
11	variable Kosten pro Mengeneinheit (GE/ME)	0,40	0,70
12	variable Kosten gesamt (10 x 11, GE/Jahr)	4.000	7.000
13	Kosten gesamt (Summe der Positionen 8 und 12; GE/Jahr)	17.500	15.300
14	Erlöse pro Mengeneinheit (GE/ME)	2,00	1,80
15	Erlöse gesamt (GE/Jahr)	20.000	18.000
16	Gewinn (netto; GE/Jahr)	2.500	2.700
17	Gewinn (brutto; GE/Jahr)	5.000	4.200

Beispiel zur Anwendung der statischen Kalküle der Investitionsrechnung

Trifft das zu, so wird mit derjenigen Anlage der höchste Gewinn erzielt, welche die niedrigsten Kosten verursacht (vorausgesetzt, die gesamten Erlöse übertreffen die gesamten Kosten). Im Beispielfall wäre die Entscheidung für Anlage II zu treffen, da sie bei der im Jahresdurchschnitt geplanten Kapazitätsauslastung von 10.000 ME Gesamtkosten von nur 15.300 GE gegenüber Anlage I mit Gesamtkosten von 17.500 GE verursacht.

Bei einer anderen Höhe der Kapazitätsauslastung kann es durchaus zum Wechsel der Vorteilhaftigkeit kommen. Bei einer Auslastung von 18.000 ME beispielsweise schneidet Anlage I mit Gesamtkosten von 20.000 GE gegenüber Anlage II mit 20.900 GE besser ab. Die sog. kritische Auslastung qk ermittelt sich nach der Formel:

$$q_k = \frac{K_f^{I} - K_f^{II}}{k_v^{II} - k_v^{I}}$$

und beträgt im Beispiel etwa 17.333 ME. Sie ist diejenige Auslastung, bei der beide Anlagen die gleichen Gesamtkosten verursachen würden und damit als gleichwertig einzustufen wären. In obiger Formel bedeuten KIf und KIIf die Fixkosten der Anlagen I und II, kIIv und kIv die variablen Kosten pro ME der Anlagen II und I. Unterscheiden sich die zu vergleichenden Projektalternativen zusätzlich in ihren Erlösen, so liefert ein Kostenvergleich keine adäquate Entscheidungsgrundlage mehr. Es ist dann ein Gewinnvergleich vorzunehmen.

Im Beispielfall sollen nun die in den Zeilen 14 bis 17 enthaltenen Daten mit einbezogen werden. Es wird deutlich, dass die auf Anlage I produzierten Erzeugnisse einen höheren Erlös pro Stück erzielen als die auf Anlage II hergestellten (etwa auf Grund besserer Produktqualität). Die Erlöse gesamt ergeben sich jeweils als Produkt aus den Erlösen pro ME und der Ausbringungsmenge (Kapazitätsauslastung). Werden jeweils von den Erlösen gesamt die Kosten gesamt subtrahiert, so erhält man den jeweiligen Gewinn (netto). Zum Gewinn (brutto) gelangt man dann, wenn man die Zinsen auf das durchschnittlich gebundene Kapital (die sog. »Zinskosten«) in die Ermittlung der Gesamtkosten nicht mit einbezieht, die Gesamtkosten also um den Betrag der Zinskosten verringert werden. Somit gilt: Bruttogewinn gleich Nettogewinn plus Zinskosten. Nach dem Kriterium Gewinn pro Jahr ist von zwei oder mehreren Alternativen diejenige vorzuziehen, die den höchsten Gewinn (netto bzw. brutto) erzielt. Ist lediglich eine einzelne Alternative hinsichtlich ihrer Vorteilhaftigkeit zu beurteilen, so lohnt sich die Investition dann, wenn der Gewinn (netto) positiv ist bzw. wenn der Gewinn (brutto) die Zinsen auf das durchschnittlich gebundene Kapital übertrifft. Nach dem Kriterium Gewinn (netto) ist nunmehr Anlage I als die bessere einzustufen. Letztere Aussage gilt allerdings nur unter Vorbehalt. Da von den für die Finanzierung verfügbaren Mitteln (50.000 GE) Alternative II nur 30.000 GE benötigt, kann gefragt werden, in welches Projekt die restlichen 20.000 GE (d. h. der Differenzbetrag) investiert werden sollen (Problem der Ergänzungsinvestition oder Differenzinvestition). Es könnte ja sein, dass neben Projekt II ein weiteres Projekt im Unternehmen realisiert werden kann, das einen zusätzlichen Gewinn erwirtschaftet. Wird ein solches (Sach-) Projekt nicht identifiziert, kann etwa (bezogen auf eine Durchschnittsperiode) unterstellt werden, dass eine Geldanlage in Höhe des durchschnittlich gebundenen Kapitals des Differenzbetrags zum Kalkulationszinsfuß getätigt werden kann. Diese würde aber dann genau einen Nettogewinn von Null »erwirtschaften« (weil ein Erlös in Höhe der kalkulatorischen Zinsen auf diesen Kapitalbetrag erzielt wird und Kosten ebenfalls genau in Höhe dieser kalkulatorischen Zinsen anfallen). Damit würde eine solche Geldanlage aber keinen zusätzlichen Nettogewinn erzielen und es reicht für den Gewinnvergleich aus, allein die beiden Sachprojekte I und II zu vergleichen. Sollte jedoch ein Sachprojekt existieren, das gerade Anschaffungsauszahlungen in Höhe des Differenzbetrags verursacht und einen positiven Nettogewinn erwirtschaftet, so müsste Projekt II zusammen mit diesem Projekt (d. h. der Differenzinvestition) dem Projekt I beim Gewinnvergleich gegenübergestellt werden. Kostenvergleiche können nur dann sinnvoll vorgenommen werden, wenn die zu vergleichenden Investitionsprojekte keine unterschiedlichen Auswirkungen auf die Absatzchancen der auf ihnen hergestellten Produkte haben (d. h., wenn sie die gleichen Umsatzerlöse ermöglichen). Das trifft stets auf reine → *Ersatzinvestitionen*, häufig auch auf → *Rationalisierungsinvestitionen* zu.

Im Fall von Erweiterungsinvestitionen trifft eine solche Vergleichbarkeit nur dann zu, wenn die zu beurteilenden Projekte gleich hohe Umsatzsteigerungen erwarten lassen. Gewinnvergleiche sind hingegen dann angebracht, wenn sich die Projektalternativen hinsichtlich der Produktions- und Absatzmengen und/oder in den Erlösen pro Stück der auf ihnen hergestellten Erzeugnisse unterscheiden. Das trifft häufig zu bei vergleichenden Alternativen für Erweiterungsinvestitionen, bei Ersatz- und Rationalisierungsinvestitionen nur dann, wenn diese mit unterschiedlichen Erweiterungseffekten verbunden sind. Wird der durch ein Projekt erzielbare Gewinn ins Verhältnis zum durchschnittlich gebundenen Kapital gesetzt, so erhält man die Rentabilität oder den ROI (Return of Investment) des Projekts:

$$ROI = \frac{\text{Gewinn}}{\text{Durchschnittlich gebundenes Kapital}}$$

Steht im Zähler der Nettogewinn (ROI netto), so spricht man von der Nettorentabilität, unter Verwendung des Bruttogewinns erhält man die Bruttorentabilität (ROI brutto). Ein einzelnes Projekt gilt dann als rentabel, wenn

ROIbrutto > Kalkulationszinssatz bzw. ROInetto > 0

ist. Gilt diese Bedingung, so erwirtschaftet das Projekt einen höheren Überschuss als eine Geldanlage in Höhe des durchschnittlich gebundenen Kapitals zum Kalkulationszinssatz. Entsprechend ist von zwei Projektalternativen nach dem Kriterium der Rentabilität diejenige vorzuziehen, die den höchsten ROI (netto bzw. brutto) aufweist.

Im Beispiel erhält man für Alternative I ROInetto 0,14 bzw. ROIbrutto 0,24 bzw. für Alternative II ROInetto 0,18 bzw. ROIbrutto 0,28. Nach Maßgabe eines solchen Rentabilitätsvergleichs wäre also Projekt II dem Projekt I vorzuziehen.

An diesem Beispiel wird zugleich die Problematik der Rentabilität als Vorteilhaftigkeitskriterium deutlich. Wenn der Investor seinen Gewinn maximieren möchte, so muss er im vorliegenden Fall Projekt I realisieren. d. h., die Rentabilität ist im Falle sich gegenseitig ausschließender Projekte als Kriterium keine geeignete Entscheidungsgrundlage.

Die zuletzt formulierte Aussage gilt immer dann, wenn sich die zu vergleichenden Projekte in den Anschaffungsauszahlungen und/oder in der Nutzungsdauer unterscheiden. Die → *Amortisationsrechnung* soll die Frage beantworten, nach wie vielen Jahren die Anschaffungsauszahlungen eines Investitionsprojekts über die erzielten Gewinne und die »verdienten« (d. h. über die erzielten Erlöse zurückgewonnenen) Abschreibungen zurückgeflossen sind (→ *Abschreibung*). Der durchschnittliche Rückfluss pro Jahr (Cashflow) ergibt sich als Differenz zwischen den Erlösen und den auszahlungswirksamen Kostenbestandteilen. Das bedeutet, von den Gesamtkosten müssen vor der Differenzbildung die nicht auszahlungswirksamen Kosten abgezogen werden. Unter Berücksichtigung dieser Zusammenhänge erhält man

Jahresüberschuss/-fehlbetrag
\+ alle nicht ausgabenwirksamen Aufwendungen
− alle nicht einzahlungswirksamen Erträge
= Cashflow

Die Amortisationsdauer ergibt sich dann als Quotient aus Cashflow und Anschaffungsauszahlungen. Im Beispiel beträgt die Amortisationsdauer 3,12 Jahre für Projekt I und 2,94 Jahre für Projekt II. Die Amortisationsdauer ist zwar kein eigenständiges Vorteilskriterium, liefert jedoch eine wichtige zusätzliche Information. Unter sonst gleichen Bedingungen ist eine kürzere Amortisationsdauer auch unter Risikoaspekten günstiger zu beurteilen als eine längere.

Investitionsrisiko. Objektiv bestehende und/oder wahrgenommene Gefahr, dass die in der → *Zahlungsreihe* eines Investitionsprojekts prognostizierten Werte ungünstiger ausfallen können als (im Rahmen einer »Durchschnittsbetrachtung«) erwartet. So können die wirklichen Anschaffungsauszahlungen höher ausfallen als ursprünglich kalkuliert, ebenso die Einzahlungsüberschüsse niedriger als prognostiziert. Die Ursache dafür liegt in der Unsicherheit der Kenntnis des Investors über die künftige Datensituation begründet. Diese Unsicherheit an sich kann zwar prinzipiell nicht behoben werden. Jedoch ist es möglich und für das Treffen fundierter Entscheidungen sinnvoll, sich Klarheit über das Ausmaß der Unsicherheit und die sich daraus für die Zielerreichung möglicherweise ergebenden Konsequenzen zu verschaffen. Das kann dadurch geschehen, dass die → *Investitionsrechnungen* unter Berücksichtigung unsicherer Erwartungen vorgenommen werden. Das methodische Instrumentarium dafür liefert die → *Entscheidungstheorie*.

Investitionsuntersuchung. Suchphase zur Ermittlung und (gedanklichen) Konstruktion von

Investitionsalternativen (d.h. alternativ zu realisierenden → *Investitionsprojekten* oder → *Investitionsprogrammen*). Die Suchphase ist mit einer Reihe von Untersuchungen verbunden (Prognosen, Analysen der Umwelt und des Unternehmens, Ermittlung der zu berücksichtigenden rechtlichen, technischen und wirtschaftlichen Restriktionen etc.). Sie schließt sich an die Investitionsanregung an und bereitet die Beurteilung und Entscheidung vor (→ *Investitionsprozess*, → *Investitionsplanung*, → *Investitionsentscheidung*).

Investitionsvorrechnung (Investitionskalkulation). Anwendung bestimmter Kalküle der Investitionsrechnung (→ *Investitionsrechnung*, dynamische/statische Kalküle), z.B. der → *Kapitalwertmethode*, auf die Beurteilung der Vorteilhaftigkeit von Investitionsalternativen. Die Investitionsvorrechnung erfolgt innerhalb der → *Investitionsplanung*. Das Ergebnis der Investitionsvorrechnung (z.B. der vermittelte Kapitalwert) stellt ein wesentliches Entscheidungskriterium bei der Projektauswahl dar. Für das ausgewählte und realisierte → *Investitionsprojekt* bilden die in der Investitionsvorrechnung ermittelten Werte (z.B. der → *Kapitalwert*, die Werte der → *Zahlungsreihe* des Investitionsprojekts) die Soll-Vorgaben (Soll-Werte). Im Rahmen von → *Investitionskontrollen* werden diese Soll-Werte mit den tatsächlich realisierten Werten (Ist-Werten) oder den nach neuestem Erkenntnisstand prognostizierten Werten (Wird-Werten) verglichen (Soll-Ist-Vergleich bzw. Soll-Wird-Vergleich).

Investitionszeitpunkt. Beginn der Nutzungsphase eines → *Investitionsprojekts* (→ *Zahlungsreihe* eines Investitionsprojekts).

Investitionszulage. Zulage, auf die »Steuerpflichtige im Sinne des Einkommensteuergesetzes und des Körperschaftsteuergesetzes, die im Fördergebiet begünstigte Investitionen ... vornehmen«, Anspruch haben (§ 1 Investitionszulagengesetz). Die begünstigten Investitionen werden in den §§ 2–4 des Investitionszulagengesetzes genannt. Fördergebiete sind entsprechend § 1 dieses Gesetzes die Länder Berlin, Brandenburg, Mecklenburg-Vorpommern, Sachsen, Sachsen-Anhalt und Thüringen nach dem Gebietsstand vom 3.10.1990.

Investor Relations → *Finanzmarketing*.

IP. Abk. für Internet Protocol. Standardisiertes → *Protokoll* für die Datenübertragung im → *Internet*. Dabei werden die zu übertragenden → *Daten* zu Paketen fester Größe gruppiert und auf dem Weg vom Absender zum Empfänger über verschiedene → *Computernetze* dirigiert. IP wird zur so genannten Internet-Protokoll-Familie gezählt (→ *TCP/IP*).

IP-Adresse. Abk. für Internet-Protocol-Adresse. Jeder Rechner im Internet verfügt über eine eineindeutige, weltweit einmalige IP-Adresse, die aus vier Zahlenkombinationen, die jeweils durch Punkte voneinander abgetrennt sind, gebildet wird. Jede Zahlenkombination ist dreistellig, allerdings werden führende Nullen weggelassen. Die beiden ersten Zahlen beschreiben das Netzwerk, in dem der → *Host* steht, die letzten beiden Zahlen den Host selbst. Als ASCII, 32-Bit-Adresse können über vier Milliarden eindeutige Rechneradressen nach → *TCP/IP-Übertragungsprotokoll* generiert werden. Die Adressvergabe erfolgt durch nationale Organisationen (z.B. DE-NIC). Statische IP-Adressen bleiben immer unverändert, dynamische IP-Adressen werden vom Internet/Service Provider aus einem Set von IP-Adressen nach Belegung jeweils zugewiesen. Die rechtliche Absicherung kann z.B. durch Anmeldung und Eintragung des Domain Namens in das Markenrechtsregister erfolgen (→ *Internet-Domain-Recht*).

IP-Telefonie. Engl.: Voice over IP, kurz: VoIP). Telefonieren über ein → *Computernetz* auf der Grundlage des Internet Protocol (IP). Während bei der herkömmlichen Telefonie die Sprachinformation über eine geschaltete Verbindung, also eine für die gesamte Dauer des Gespräches reservierte Leitung übertragen wird, gelangt die Sprachinformation hier in Form vieler kleiner Datenpakete auf vorher nicht festgelegten Wegen zum Ziel. Dadurch kann sich die IP-Telefonie die zu Grunde liegende Infrastruktur, also das Netzwerk, mit vielen anderen Kommunikationsdiensten teilen, was zu einer besseren Auslastung der vorhandenen Leitungen führt. Damit die Sprachqualität gewährleistet bleibt, müssen die Datenpakete innerhalb einer bestimmten Laufzeit (200 ms) beim Gesprächspartner ankommen. Andernfalls wird die Verzögerung (engl.: Delay) als störend wahrgenommen. Wird IP-Telefonie über das Internet betrieben, spricht man auch von Internet-Telefonie.

I-Punkt. Identifikationspunkt im innerbetrieblichen Materialfluss. Hier wird (z. B. mittels Barcodeleser) eine Transporteinheit sowie deren Inhalt identifiziert und diese Information an die Materialflusssteuerung weitergeleitet, damit der weitere Weg der Transporteinheit festgelegt werden kann.

IRC → *Chat*.

ISDN. Kurzwort für »Integrated Services Digital Network« (dt.: digitales Netzwerk mit integrierten Diensten). ISDN ist in Deutschland realisiert durch das → *digitale Fernmeldenetz* der Telekom AG (T-ISDN), das dem Anwender zwei Nutzkanäle mit einer → *Übertragungsrate* von jeweils 64 Kbps (ca. 64.000 Bits pro Sekunde) und einen Steuerkanal mit 16 Kbps (ca. 16.000 Bits pro Sekunde) zur Verfügung stellt. Über dieses Netz werden verschiedene Dienste aus dem Bereich der Sprach-, Daten und Textkommunikation angeboten.

Ishikawa-Diagramm → *Ursache-Wirkungs-Diagramm*.

Ist-Aufnahme. Phase bei der Abwicklung von → *Projekten*, dient dem Kennenlernen der aktuellen → *Aufbau- und Ablauforganisation* sowie des → *Material- und Informationsflusses*, soll nach Möglichkeit mit quantitativen Angaben untermauert werden. Bei der späteren Beurteilung des Fortschritts als Ergebnis der Projektarbeit wird üblicherweise der Vergleich zur ursprünglichen Situation hergestellt.

Ist-Besteuerung. Besteuerungsverfahren im Umsatzsteuerrecht. Die Steuer wird nach vereinnahmten Entgelten berechnet. Der Gegensatz ist die Ermittlung nach vereinbarten Entgelten, d. h., der Unternehmer hat die Umsatzsteuer erst zu zahlen, wenn er das Geld von seinen Kunden bzw. Mandanten erhalten hat (→ *Soll-Besteuerung*). Das Verfahren ist laut § 20 Abs. 1 Umsatzsteuergesetz zulässig, wenn der Gesamtumsatz im Vorjahr nicht mehr als 125.000 € betragen hat, oder wenn der Unternehmer nicht buchführungspflichtig ist, oder, soweit er Umsätze aus einer Tätigkeit als Angehöriger eines freien Berufs ausführt.

Ist-Kosten, variable. Variable Ist-Kosten = Ist-Menge multipliziert mit Planpreis minus fixe → *Plankosten* eines Produktionsfaktors. Variable Ist-Kosten sind eine in der → *Grenzplankostenrechnung* verwendete Rechengröße, die nicht unmittelbar aus der Buchhaltung ableitbar ist.

IT-Controlling. Ziel ist die Sicherung der Qualität und Wirtschaftlichkeit administrativer und informationsversorgender IT-Systeme. Die Aufgaben beinhalten: anforderungsgerechte Auswahl betriebswirtschaftlicher Anwendungssysteme, betriebswirtschaftliche Begleitung von IT-Projekten, Überwachung der Wirtschaftlichkeit des IT-Bereichs zur Schaffung von Leistungs- und Kostentransparenz einschließlich Unterstützung von Outsourcing-Entscheidungen, die Entwicklung eines entsprechenden Instrumentariums zur Messung von IT-Kosten, IT-Qualität und IT-Leistungen.

J

Jahresabschluss. Nach § 242 Abs. 3 HGB besteht dieser für die bilanzierungspflichtigen Einzelkaufleute und Personenhandelsgesellschaften aus der → *Handelsbilanz* und der → *Gewinn- und Verlustrechnung* (GuV). Bei den Kapitalgesellschaften wird dieser um einen → *Anhang* erweitert (§ 264 Absatz 1 HGB). Außerdem muss noch ein → *Lagebericht* von den Kapitalgesellschaften erstellt werden, der jedoch nicht mehr Bestandteil des Jahresabschlusses ist

Jahresabschluss, Rechtsgrundlagen. Zur Erstellung und Veröffentlichung von Jahresabschlüssen (externe Rechnungslegung) sind die entsprechenden Vorschriften in verschiedenen Gesetzen des Privatrechts, wie z. B. des Handelsgesetzbuches (HGB) und u.a. der Abgabenordnung (AO) und des Einkommensteuergesetzes (EStG) als öffentliches Recht enthalten. Die Vorschriften des HGB, die in starkem Maße dem Schutz der Gläubiger des Unternehmens unterliegen, gelten für alle bilanzierungspflichtigen Kaufleute. Der Kaufmannsbegriff (→ *Handelsrecht*) wird in den §§ 1–6 HGB näher erläutert. Insbesondere Personengesellschaften, wie die offene Handelsgesellschaft (oHG) und die Kommanditgesellschaft (KG), Kapitalgesellschaften wie die Gesellschaft mit beschränkter Haftung (GmbH), die Aktiengesellschaft (AG) und die Kommanditgesellschaft auf Aktien (KGaA) sowie die Genossenschaften (eigentlich) zählen zu den Kaufleuten. Desgleichen Einzelunternehmen, die ein Handelsgewerbe betreiben und im Handelsregister eingetragen sind. Im dritten Buch des HGB finden sich in den §§ 238–263 die Vorschriften für die doppelte Buchführung im Sinne eines vollständigen Betriebsvermögensvergleichs und für den Jahresabschluss aller Kaufleute in den §§ 264–289 die ergänzenden Vorschriften für den Einzelabschluss von Kapitalgesellschaften und in den §§ 290–315 für den Konzernabschluss sowie in den §§ 336–339 die ergänzenden Vorschriften für den Einzelabschluss von Genossenschaften.

Dagegen sind die Vorschriften des Aktiengesetzes (AktG), GmbH-Gesetzes (GmbHG) und Genossenschaftsgesetzes (GenG) rechtsformspezifisch. Eine GmbH muss zunächst die Bestimmungen des HGB bei der Erstellung von Jahresabschlüssen berücksichtigen und zusätzlich die Vorschriften des GmbHG.

Für Einzelunternehmen und Personenhandelsgesellschaften besteht eine Offenlegungs- und Prüfungspflicht erst dann, wenn sie unter die Größenkriterien des Publizitätsgesetzes (PublG) fallen.

Die Vorschriften des Kreditwesengesetzes (KWG) und des Versicherungsaufsichtsgesetzes (VAG) sind nur für Unternehmen dieser Branchen von Bedeutung. Ein Kreditinstitut in der Rechtsform der Aktiengesellschaft muss für die Erstellung und Veröffentlichung des Jahresabschlusses somit den gesetzlichen Anforderungen des HGB, AktG und KWG entsprechen. Der Jahresabschluss dient u.a. auch dem Staat zur Ermittlung der Steuern. Nach Steuerrecht ist zunächst auch der Unternehmer zur doppelten Buchführung verpflichtet, der nach Handelsrecht gemäß § 238 HGB buchführungspflichtig ist (§ 140 AO). Dies wird als derivate oder auch als (aus dem Privatrecht heraus) abgeleitete Buchführungspflicht bezeichnet. Dagegen ist im § 141 AO die originäre oder auch ursprüngliche Buchführungspflicht, da aus dem Steuerrecht selbst heraus begründet, kodifiziert. Betroffen davon sind nur gewerbliche Unternehmer (§ 15 EStG) und land- und fortwirtschaftliche Unternehmer (§ 13 EStG), insbesondere dann, wenn der Jahresumsatz mehr als 260.000 € oder der Jahresgewinn mehr als 25.000 € beträgt.

Demnach sind selbstständig Tätige (§ 18 EStG), wie beispielsweise Freiberufler, sowohl nach HGB als auch nach AO von der doppelten Buchführung ausgenommen. Für diese Unternehmer reicht eine einfache Buchführung im Sinne einer Überschussrechnung aus.

	Vorschriften		
Allgemein	**rechtsform-spezifisch**	**größen-spezfisch**	**branchen-spezifisch**
HGB	HGB	HGB	KWG
AO	AktG	PublG	VAG
EStG	GmbHG	PublG	GenG

Überblick zu den Rechtsgrundlagen der Rechnungslegung

Java. Objektorientierte Programmiersprache, die von der Firma Sun Microsystems geschaffen wurde, um Computerprogramme zu entwickeln, die unabhängig von der verwendeten Hardware ausgeführt werden können. Java-Programme laufen üblicherweise auf einer Java Virtual Machine, d.h. einer Softwareplattform, die die Spezifika von Hardware und → *Betriebssystem* für das Programm verbirgt. Dadurch lassen sich Programme mit geringem Aufwand über das → *Internet* verteilen. Java gilt daher als Quasi-Standard für die Entwicklung anspruchsvoller Informationsseiten und interaktiver Anwendungen im → *World Wide Web* (→ *Applet*, → *Browser*).

JavaScript. Einfach zu verwendende, an die Programmiersprache → *Java* angelehnte Skriptsprache zur Entwicklung und Integration interaktiver Elemente in eine → *HTML-programmierte* Webseite.

Beispiele: Formulare, die eigenständige Berechnungen durchführen, oder Schaltflächen, die ihr Aussehen verändern, wenn der Mauszeiger darüber gelenkt wird

Jidoka. Begriff der japanischen Produktion. Dies ist ein selbststeuerndes Fehlererkennungssystem mit Sensoren an Maschinen, die bei Fehlfunktion automatisch ansprechen. Die Sensoren halten Maschinen an, um zu verhindern, dass Fehler sich im Produktionsfluss weitertransportieren.

JIS. Just-in-Sequence, reihenfolgegerecht ➜ *Just-in-Time*-Anlieferung.

JIT ➜ *Just-in-Time*.

Job Enlargement. Vergrößerung des Arbeitsumfangs durch Zusammenfassung mehrerer strukturell gleichartiger oder ähnlicher Arbeitsaufgaben. Es handelt sich um eine quantitative Ausweitung des Aufgabenumfangs (➜ *Job Rotation*, ➜ *Job Enrichment*).

Job Enrichment. Vergrößerung des Arbeitsinhalts durch Zusammenfassung mehrerer strukturell verschiedenartiger Arbeitsaufgaben. Es handelt sich um eine qualitative Ausweitung des Aufgabeninhalts (➜ *Job Rotation*, ➜ *Job Enlargement*).

Job Rotation. Dabei wechseln mehrere Personen in einem vorgegebenen Rhythmus ihre Tätigkeiten und Arbeitsplätze. Dies kann Bestandteil einer systematischen Ausbildung sein (Training on the Job), eines festgelegten Arbeitsverteilungsplans oder einer Springer-Funktion (➜ *Job Enlargement*, ➜ *Job Enrichment*).

Journal ➜ *Grundbuch*, ➜ *Buchhaltung*.

JPEG. Abk. für Joint Photographic Experts Group, Standard zur Komprimierung digitaler Dateien und Standbilder. Das Verfahren ist für die Speicherung von Halbtonbildern und Farbbildern ausgelegt und erlaubt die Reduzierung des Datenvolumens um den Faktor 2 bis 50. Ein JPEG-komprimiertes Bild lässt sich normalerweise nicht mehr vollständig in das ursprüngliche Bild zurückverwandeln. Beim Komprimieren kann zwischen einer möglichst guten Bildqualität oder einer möglichst hohen Kompressionsrate gewählt werden, allerdings bei höherer Kompression mit sichtbaren Verlusten. Dabei werden einzelne Bildinformationen zulasten der Wiedergabequalität zerstört.

Junk Mail. Unerwünschte ➜ *E-Mails*, vor allem auch Werbesendungen, aber auch alle anderen unaufgefordert zugesandten E-Mails.

Justierung. Minimierung der systematischen Messabweichungen durch Abgleich eines Prüfmittels derart, dass die Ausgangsgröße vom richtigen Wert so wenig wie möglich abweicht, dies setzt regelmäßig eine Kalibrierung voraus.

Just-In-Time (JIT). »Gerade zeitgerecht«. Versorgungsform, bei der ein nahezu kontinuierlicher Materialstrom eingerichtet ist. Die Belieferung erfolgt ein- oder mehrmals täglich.

Beispiel: Anlieferung von Sitzen an die Automobilindustrie. Es werden hierbei ganze Wagenladungen angeliefert. Ziel der JIT-Abwicklung ist es, Materialbestände auf der gesamten Versorgungsstrecke zu vermeiden. Daraus folgt, dass die Montagesteuerung des belieferten Werkes direkten Kontakt zur ➜ *Fertigungssteuerung* des Lieferwerkes hält.

Voraussetzungen für den Aufbau einer JIT-Lieferbeziehung: hohe Produktionssicherheit des Lieferanten, 100%ige Qualität, gesicherte Transportstrecke, enge Zusammenarbeit der beteiligten Partner.

Fälschlicherweise wird gelegentlich auch dann von JIT-Anlieferung gesprochen, wenn eine ➜ *produktionssynchrone* Beschaffung aus dem ➜ *Lager* einer ➜ *Spedition* erfolgt. Diese Form der Belieferung führt jedoch nicht zur Bestandssenkung auf der ganzen Versorgungsstrecke, sondern nur beim Empfänger – zulasten des Lieferanten!

K

Kaizen (wörtlich: Wandel zum Guten, also fortschreitende Verbesserung oder kontinuierlicher Verbesserungsprozess/KVP). Zielt auf die ständige Verbesserung der Wertschöpfungsprozesse ab. Als Leitbild dient das Ideal einer anzustrebenden Lösung. Da der Umfeldwandel diese beste Lösung stetig verändert, ist die Notwendigkeit zu immer neuen Verbesserungsmaßnahmen gegeben. Dies bedingt für jeden Mitarbeiter lebenslanges Lernen. Dieser übergeordnete Begriff manifestiert sich durch Elemente wie Kundenorientierung, Total Quality Control, Qualitätszirkel, Vorschlagswesen, Automatisierung, Total Productive Maintenance, Kanban, Just in Time, Teamarbeit, Fehlervermeidung, Qualitätsverbesserung, Produktivitätssteigerung, Standardisierung, Quality Function Deployment, Cross-Functional Management und Total Quality Management.

Das Prinzip stammt aus der japanischen Fertigungsindustrie. Im Mittelpunkt steht das stete Bemühen um eine kontinuierliche Weiterentwicklung. Das Gute soll durch das Bessere ersetzt werden. Primär will Kaizen auf betriebliche Prozesse im Hinblick auf Qualität, Kosten und Zeit einwirken. Hierbei setzt das Prinzip auf vielfältige Verbesserungen bei Mitarbeitern und Management hinsichtlich Engagement, Fertigkeiten, Disziplin, Kommunikation und Leistungsmoral.

Kalibrierung. Ermittlung der systematischen Messabweichungen einer Messeinrichtung ohne Veränderung der Messeinrichtung durch Feststellung des Zusammenhangs zwischen einer Ausgangsgröße (Anzeige) und einer korrespondierenden Eingangsgröße (Maßverkörperung).

Kalkulation. Allgemein das Berechnen von Kosten und Preisen. Im engeren Sinne Teil der Kostenrechnung, und zwar als Kostenträgerstückrechnung, → *Kostenträgerrechnung*, mit der Aufgabe, die Selbstkosten zu ermitteln. Darauf aufbauend kann eine Preiskalkulation erfolgen. Die »Leitsätze für die Preisermittlung auf Grund von Selbstkosten« (LSP) sind bei bestimmten Arten öffentlicher Aufträge vorgeschrieben – ansonsten können die verschiedenen Methoden betrieblichen Zwecken angepasst sein.

Man unterscheidet in Vor- und Nachkalkulation, erste zu Berechnungen im Voraus, letztere zur Kontrolle im Nachhinein. Bei einer Vorwärtsrechnung (progressive Kalkulation) wird bei bekannten Kosten der Absatzpreis ermittelt, bei einer Rückwärtsrechnung (retrograde Kalkulation) ist der am Markt erzielbare Absatzpreis bekannt, die zulässigen Kosten werden gesucht – als Differenzkalkulation wird bezeichnet, wenn bei gegebenen Kosten und Absatzpreisen der (Stück-) Gewinn errechnet wird. Kalkulationen können sich auf Serienfertigungen, Chargen oder Partien, und auf Einzelfertigung beziehen, bei denen in der Vorkalkulation Schätzungen zu Mengengerüst und Preise der Kosten notwendig werden.

Eine einfache Methode ist die Divisionskalkulation, die für Betriebe mit Massenfertigung gleicher Produkte geeignet ist. Wird nicht ein einziges Erzeugnis hergestellt, sondern verschiedene, jedoch artverwandte, so kann die Äquivalenzziffern-Kalkulation (auch Divisionskalkulation mit Äquivalenzziffern) sinnvoll sein.

Die Zuschlagskalkulation beruht darauf, dass Einzelkosten direkt zugerechnet werden und Gemeinkosten über entsprechende, auf Wertgrößen bezogene, Zuschlagssätze – sie können summarisch oder differenziert (auf derGrundlage einzelner Kostenstellen) ermittelt werden. Im Handel sind Kalkulationsaufschläge (Handelsspanne) gebräuchlich als prozentualer Aufschlag auf den Wareneinstandspreis zur Ermittlung des Verkaufspreises. Bei der Verrechnungssatzkalkulation werden ähnlich wie in der Zuschlagskalkulation Einzelkosten direkt zugerechnet, jedoch die Gemeinkosten nicht durch Zuschläge, sondern mittels Verrechnungssätzen. Gebräuchliche Bezugsgrundlagen sind Maschinen- oder Arbeitsstunden sowie Verbrauchsmengen (z. B. Stück), daher auch die Bezeichnung Bezugsgrößen-Kalkulation. Dies wird beispielsweise im Handwerk und bei kleinen Betrieben oft angewendet.

Eine Kalkulation bei Kuppelprodukten wird dadurch erschwert, dass im Fertigungsprozess zwangsläufig mehrere unterschiedliche Erzeugnisse anfallen, sodass eine direkte Zuordnung der Kosten kaum möglich ist. Bei mehreren Hauptprodukten kann die Verteilungsrechnung sinnvoll sein. Je mehr jedoch die übrigen Erzeugnisse den Charakter von Nebenprodukten einnehmen, finden die Restwertrechnung oder die Grenzergebnismethode Anwendung, bei denen letztendlich der von den Nebenprodukten tragbare Anteil als Kostenminderung beim Hauptprodukt behandelt wird.

Eine verursachungsgerechte Zurechnung der Kosten stößt oft an Grenzen, sodass statt einer vollen Kostenverteilung sich die Frage stellen kann, welche unabhängig von einer Auslastung (Fixkosten) und welche bei der Produktion zusätzlich (variable Kosten) anfallen → *Teilkostenrechnung*. Hier liegt dann der Fokus einer Kalkulation darauf, ab welcher Preishöhe ein positiver Deckungsbeitrag verbleibt.

Da herkömmliche Kalkulation mit Vollkosten die Nachfragereaktionen vernachlässigt, kann als Kompromiss zur Deckungsbeitragsrechnung die Kompensations- oder Ausgleichskalkulation dienen. Das gewählte Kalkulationsschema wird für mindestens zwei Produkte/Produktgruppen durchgerechnet. Anschließend wird unter Berücksichtigung von Nachlass bei Stückpreis und Absatzmengen der rechnerische Verlust beim „Lockvogel" durch entsprechenden rechnerischen Gewinn bei Produkten mit weniger preisempfindlicher Nachfrage ausgeglichen.

Kalkulationszinssatz. Bezeichnung für den einheitlichen → *Zinssatz* des vollkommenen Kapitalmarkts, zu dem sowohl Geld angelegt als auch Fremdkapital aufgenommen werden kann. Zugleich kalkulatorischer → *Zinssatz* für die auf die durchschnittliche → *Kapitalbindung* zu verrechnenden → *Zinsen*. Letztere stellen → *Opportunitätskosten* dar.

Kalkulatorische Kosten. Im Unterschied zu aufwandsgleichen Kosten, die aus der → *GuV-Rechnung* übernommen werden können, sind diese neu zu berechnen. Dazu gehören der kalkulatorische Unternehmerlohn, die kalkulatorischen Zinsen, die kalkulatorischen Abschreibungen und die kalkulatorischen Wagnisse. Kalkulatorische Kosten sind Kosten, die trotz Fehlens entsprechender Belege (»Zusatzkosten«) oder anderer Höhe (»Anderskosten«) laut Beleg(en) der → *Buchhaltung* in der Kostenrechnung verwendet werden, z. B. kann ein kalkulatorischer Zins berechnet werden. Als Zusatzkosten auf das zur Verfügung gestellte Eigenkapital (der Zinssatz orientiert sich dann am entgangenen Zins auf dem Kapitalmarkt, wenn man etwa statt ins eigene Unternehmen in Anleihen investiert hätte). Oder als Anderskosten, indem das gesamte betriebsnotwendige Kapital (nicht nur das Fremdkapital) einheitlich, z. B. mit dem Kreditzinssatz, als zu verzinsen unterstellt wird. Kalkulatorische Abschreibungen orientieren sich nicht an Normen des Handels- und Steuerrechts, sondern versuchen, z. B. die Abnutzung von Maschinen möglichst realistisch abzubilden.

KAM → *Key Account Management*.

Kammern → *Unternehmensverbände*.

Kanban-System. → *Materialflussgetriebenes* Fertigungssteuerungssystem, bei dem mittels Anforderungskarten (jap.: Kanbans), die von einer höheren → *Fertigungsstufe* jeweils an die nächstniedrigere Fertigungsstufe übergeben werden, die Nachfertigung von Halbfertigerzeugnissen ausgelöst wird. Die versorgende Fertigungsstufe wird jedoch nicht unmittelbar nach Eintreffen eines Kanbans tätig, sondern sammelt die Karten bis zu einer festgelegten Höchstzahl; erst dann erfolgt die Nachfertigung. In der Zwischenzeit bedient sich die nachfolgende Fertigungsstufe aus dem ebenfalls festgelegten Materialvorrat am Arbeitsplatz. Der → *Bestand* an → *Umlaufmaterial* kann durch Herausnehmen von Kanbans aus dem System gesenkt werden. Übertreibt man dies, kann es zu Produktionsabbrüchen kommen.

Kann-Investition. → *Investition*, bei welcher es im Ermessen des Investors liegt, ob er sie tätigt oder nicht, er besitzt volle Entscheidungsfreiheit. Die Vorteilhaftigkeit der Durchführung von einzelnen Investitionen bzw. der Realisierung von → *Investitionsprogrammen* sowie die Bestimmung der optimalen Nutzungsdauer der → *Investitionsprojekte* wird der Investor nach seinen Zielsetzungen beurteilen. Als Entscheidungshilfe stehen ihm dafür z. B. die Kalküle der Investitionsrechnung (→ *Investitionsrechnung, Kalküle der*) zur Verfügung.

Kapazität. Die während einer bestimmten Periode auf einer Maschine oder Anlage unter definierten Bedingungen maximal herstellbare Menge an zu produzierenden Erzeugnissen, Teilen etc.

Kapazitätsauslastung. Die während einer bestimmten Periode auf einer Maschine oder Anlage unter definierten Bedingungen tatsächlich hergestellte bzw. geplante Menge an zu produzierenden Erzeugnissen, Teilen etc. Die Obergrenze für die Kapazitätsauslastung wird durch die → *Kapazität* bestimmt.

Kapazitätsorientierte variable Arbeitszeit (KAPOVAZ). Die aus den USA stammende und unter der Bezeichnung KAPOVAZ bekannte Form der Teilzeitarbeit beinhaltet Vereinbarungen, durch welche die Arbeitszeit dem tatsächlichen Arbeitsanfall flexibel angepasst wird und der Teilzeitbeschäftigte auf Abruf des Arbeitgebers zur Verfügung stehen muss.

Kapazitätsplanung. Tätigkeit der betrieblichen Arbeitsvorbereitung im Rahmen der → *Produktionsplanung* und -steuerung. Die → *Fertigungsaufträge* bewirken eine kapazitative Belastung der Arbeitsplätze in der Einheit Stunden. Bei Überlastungssituationen muss der Planer Fertigungsaufträge zeitlich so verschieben, dass eine gleichmäßige Kapazitätsbelastung entsteht. Die Verschieblichkeit der Fertigungsaufträge wird durch die bei der → *Durchlaufterminierung* vorgesehenen Pufferzeiten ermöglicht. Weitere Maßnahmen zur Anpassung der Nachfrage an die verfügbare Kapazität: Aufträge vorziehen oder in Teilaufträge splitten und teilweise nach hinten schieben; zur Anpassung der Kapazität an die Nachfrage: Maschinen stilllegen oder Sonderschichten fahren, gegebenenfalls Reservemaschinen einsetzen.

Kapazitätsverfügbarkeitsprüfung. Wird bei der Freigabe von → *Fertigungsaufträgen* durchgeführt. Je Arbeitsplatz werden die Stunden aus allen Aufträgen addiert und gegen eine Obergrenze, die durch den Betriebskalender und die Schichtzahl vorgegeben ist, geprüft.

Kapital. Betriebswirtschaftlich überwiegend das Verfügungsrecht über Finanzierungsmittel als Ergebnis von Finanzierungen oder Finanzierungsvorgängen. Diese Sichtweise folgt dem monetären Kapitalbegriff, in dem Kapital als »Geld auf Zeit« oder als Verfügungsgewalt über Geld verstanden wird. Art und Zusammensetzung des Kapitals ist der Passivseite der Bilanz zu entnehmen (→ *Finanzierung*). Kapital und Vermögen sind zwei Betrachtungsebenen ein und derselben Sache. Kapital bezieht sich auf die Beschaffungsseite des Geldes und Vermögen auf dessen Verwendungsseite. In welcher Vermögensform Unternehmen Kapital verwenden, ist aus der Aktivseite der Bilanz zu erkennen. Es kann sich um Sachvermögen, Finanzvermögen oder immaterielles Vermögen handeln.

Kapital, bedingtes → *Beteiligungsfinanzierung*.

Kapital, durchschnittlich gebundenes → *Kapitalbindung*.

Kapital, genehmigtes → *Beteiligungsfinanzierung*.

Kapitalbedarfsplan → *Finanzplanung*.

Kapitalbindung. Entsteht im Zusammenhang mit der Tätigung von Investitionen dadurch, dass ein bestimmter Geldbetrag (z. B. die → *Anschaffungsauszahlungen*) aufgebracht werden muss, um das → *Investitionsprojekt* anzuschaffen. Damit ist der ursprünglich frei verfügbare Geldbetrag nunmehr an das betreffende Projekt gebunden. Dieses Kapital wird jedoch während der → *Nutzungsdauer* schrittweise über die »verdienten« → *Abschreibungen* wieder freigesetzt. Somit entspricht das in einem Investitionsprojekt gebundene Kapital zu Beginn der Nutzungsdauer den Anschaffungsauszahlungen (bei selbst erstellter Projekte den Herstellungskosten) und hat am Ende der Nutzungsdauer wieder den Wert Null. Da sich die statischen Kalküle der Investitionsrechnung (→ *Investitionsrechnung, statische Kalküle*) stets auf eine repräsentative Durchschnittsperiode beziehen, spielt bei ihrer Anwendung das während der Nutzungsdauer durchschnittlich gebundene Kapital eine besondere Rolle. Es entspricht (im Falle kontinuierlicher linearer Zeitabschreibung bis auf Null) der Hälfte der Anschaffungsauszahlungen.

Kapitalerhöhung → *Beteiligungsfinanzierung*.

Kapitalertragsteuer. Vorauszahlung auf die Einkommensteuer bei Einkünften aus Dividendenzahlungen (Quellenabzugsverfahren) laut § 43 Abs. 1 Satz 1 Nr. 1 a Einkommensteuergesetz. Laut § 43 a Abs. 1 Satz 1 beträgt die Kapitalertragsteuer grundsätzlich 20 % der ausgeschütteten Dividende. Die Kapitalertragsteuer wird laut § 36 Abs. 2 Satz 2 Nr. 2 auf die Einkommensteuer angerechnet.

Kapitalflussrechnung. Sie liefert folgende, grundsätzlich aus Bilanz und → *Gewinn- und Verlustrechnung* ableitbare Informationen:

- Wie hat sich ein je nach betrieblicher Situation definierter »Fonds« an liquiden Mitteln entwickelt; verbreitete enge Definition: Bargeld + Sichtguthaben + Besitzwechsel – Girokonto – Schulden (bei einer weiteren Definition werden auch geldnahe Forderungen und Verbindlichkeiten berücksichtigt)?
- Welche Zu- bzw. Abflüsse haben die gesamte Veränderung liquider Mittel beeinflusst (gängige Einteilung: Umsatzprognose unter Berücksichtigung der Entwicklung von Vorräten, Forderungen und Verbindlichkeiten sowie der Steuern, Investitionen, Außenfinanzierung mit Eigen- und Fremdkapital)?

Das Rechenschema kann auch zukunftsorientiert zur Prognose der Liquiditätsentwicklung eingesetzt werden.

Kapitalgesellschaften. Sind im Unterschied zu → *Personengesellschaften* eigene Rechtspersönlichkeiten (juristische Person), sie können z. B. Eigentum erwerben, Verbindlichkeiten eingehen und müssen auch selbst Steuern zahlen (→ *Körperschaftsteuer*). Weitere wesentliche Merkmale der Kapitalgesellschaften sind:

a) Gesellschafter haften grundsätzlich nur in Höhe ihres Anteils, also nicht mit ihrem Privatvermögen,
b) die Leitung der Gesellschaft (Vorstand, Geschäftsführung) ist grundsätzlich nicht an eine Kapitalbeteiligung gebunden; die fehlende Haftung im Insolvenzfall bringt erhöhte Kontrollerfordernisse mit sich,
c) Abstimmungen in der Gesellschafterversammlung erfolgen nach Kapitalanteilen, Vetorechte einzelner Gesellschafter bestehen nicht,
d) die Kontinuität der unternehmerischen Tätigkeit ist bei den Kapitalgesellschaften unabhängig von der Person der Gesellschafter, ein Gesellschafterwechsel ist durch Verkauf bzw. Übertragung der Anteile jederzeit möglich.

Zu den wichtigen Kapitalgesellschaften zählen die → *Aktiengesellschaft* (AG), die → *Gesellschaft mit beschränkter Haftung* (GmbH) und die → *Kommanditgesellschaft auf Aktien* (KGaA), auch die → *Genossenschaft* (eG) trägt als juristische Person kapitalgesellschaftliche Züge.

Kapitalmarkt, beschränkter. Liegt vor, wenn die Möglichkeiten, Kapital auf dem Kapitalmarkt zu bestimmten Bedingungen anzulegen bzw. aufzunehmen, in ihrer Höhe stets begrenzt sind. Das trifft im Prinzip auf die realen Kapitalmarktbedingungen zu.

Kapitalmarkt, unbeschränkter. Liegt vor, wenn Kapital in beliebiger Höhe auf dem Kapitalmarkt ausgeliehen und auch angelegt werden kann. Die klassischen dynamischen Kalküle der Investitionsrechnung (→ *Investitionsrechnung, dynamische Kalküle der*) gehen von der Prämisse eines unbeschränkten Kapitalmarkts aus.

Kapitalmarkt, unvollkommener. Liegt vor, wenn Geld zu unterschiedlichen Zinssätzen angelegt und aufgenommen werden kann. Insbesondere gilt, dass die Sollzinssätze zumeist größer als die Habenzinssätze sind. Im Gegensatz zum vollkommenen Kapitalmarkt werden damit weitgehend die Bedingungen des realen Kapitalmarkts erfasst.

Kapitalmarkt, vollkommener. Liegt vor, wenn es auf dem gesamten Kapitalmarkt nur einen einzigen → *Zinssatz* gibt, d. h., wenn sämtliche Zinssätze sowohl für Geldanlagen als auch für Fremdkapital stets gleich groß sind. Unter dieser Bedingung gilt also stets → *Sollzinssatz* = → *Habenzinssatz*. Diesen einheitlichen Zinssatz bezeichnet man auch als → *Kalkulationszinssatz*. Das Konstrukt des vollkommenen Kapitalmarkts stellt eine theoretische Idealisierung der wirklichen Kapitalmarktbedingungen dar. Auf dieser vereinfachenden Prämisse basieren die klassischen dynamischen Kalküle der Investitionsrechnung (→ *Investitionsrechnung, dynamische Kalküle der*).

Kapitalstrukturregel → *Finanzierungsregeln*.

Kapitalwertmethode. Klassischer dynamischer Kalkül der Investitionsrechnung (→ *Investitionsrechnung, dynamische Kalküle der*).

KAPOVAZ → *Kapazitätsorientierte variable Arbeitszeit*.

Kartellart	Inhalt/Ziel
Mindestpreis-Kartell	Festlegung von Preisen, die vom Handel nicht unterschritten werden dürfen, um höhere Margen zu realisieren
Quotenkartell	Verteilung bestimmter (Höchst-) Produktionsquoten mit dem Ziel der Angebotsverknappung, sodass die Gesamtmenge nicht größer ist, als die Nachfrage zu überhöhtem Einheitspreis abnimmt
Syndikat	Gemeinsame Verkaufs- bzw. Einkaufseinrichtung, um Produktionsquoten und Absatzpreise zu kontrollieren und so die Angebotsmacht zu überhöhen (höchster Grad der Kartellierung)
Submissionskartell	Ziel: Bei Ausschreibungen der öffentlichen Hand überhöhte Preise zu realisieren; Mitglieder geben bis auf einen sehr stark überhöhte Angebote ab
Gebietskartelle	Räumliche Aufteilung des Absatzmarktes, um gebietsweise Monopolstellungen zu erhalten
Exportkartelle	Vereinbarungen zur Sicherung und Förderung der Ausfuhr (mit/ohne Inlandswirkung)
Importkartelle	Absprache inländischer Importeure gegen die Machtstellung ausländischer Anbieter
Spezialisierungs-kartell	Jedes Mitglied beschränkt sich auf die Produktion bestimmter Produkte mit dem Ziel, je eine Monopolstellung in diesem Fach zu erhalten
Strukturkrisen-kartell	Bildung bei nachhaltigem Absatzrückgang auf Grund von Überkapazitäten, um ein Gesundschrumpfen der Herstellerkapazitäten zu erleichtern
Konditionenkartell	Festlegung übereinstimmender Geschäfts-, Liefer- und Zahlungsbedingungen mit dem Ziel der Erhöhung der Markttransparenz und Konzentration auf den Qualitäts- und Preiswettbewerb
Rabattkartell	Vereinheitlichung der Rabattrichtlinien und -sätze mit dem Ziel, einen Rabattwettbewerb zu verhindern
Einkaufskartell	Gemeinsamer Einkauf kleiner und mittlerer Unternehmen ohne Bezugszwang zur Stärkung ihrer Wettbewerbschancen

Wichtige Kartellarten

Kartell. Kartelle sind Absprachen zwischen Unternehmen auf vertraglicher Basis, die wettbewerbsbeschränkend wirken. Die Absprachen können verschiedenen Inhalts sein, entsprechend existiert eine große Zahl von Kartelltypen. Kartelle sind gemäß dem Gesetz gegen Wettbewerbsbeschränkungen (GWB) grundsätzlich verboten; es gibt allerdings eine Reihe von Ausnahmen, → *Kartellrecht*.

Kartellrecht. Spezialgebiet des öffentlichen → *Wirtschaftsrechts*. Der freie Verkehr mit Waren und Leistungen wird durch das Gesetz gegen Wettbewerbsbeschränkungen (GWB) gewährleistet. Nach dem Kartellverbot sind wettbewerbsbeschränkende Vereinbarungen zwischen miteinander im Wettbewerb stehenden Unternehmen rechtswidrig. Dies gilt auch für wettbewerbsbeschränkende Beschlüsse von Unternehmensvereinigungen und aufeinander abgestimmte Verhaltensweisen.

Das Kartell ist eine vertragliche Bindung zweier oder mehrerer Unternehmen zu einem gemeinsamen Zweck, die geeignet ist, den Wettbewerb zu beschränken. Es kann sich um Kooperationen zu unterschiedlichen Zwecken, Gebietsaufteilungen, Preis- und Ausschließlichkeits- und Vertriebsbindungen etc. handeln. Bei Investitionen, Baumaßnahmen im Bereich der Forschung und Entwicklung etc. ist eine Marktbeeinflussung oft außerordentlich schwer festzustellen.

Es gibt Ausnahmen vom grundsätzlichen Kartellverbot. Erlaubniskartelle bedürfen der Genehmigung der Kartellbehörde. Dazu gehören z. B. Strukturkrisen-, Export-, Rationalisierungs- und Importkartelle. Anmeldekartelle bedürfen lediglich einer Anmeldung bei der Kartellbehörde, darunter Normen- und Typenkartelle und Exportkartelle ohne Inlandswirkung. Weitere Anmeldekartelle werden erst nach einer dreimonatigen Widerspruchsfrist wirksam, z. B. Konditionenkartelle, Rabattkartelle, Spezialisierungskartelle und Kooperationskartelle für kleine und mittlere Unternehmen. Austauschverträge unterliegen der Missbrauchsaufsicht der Kartellbehörde. Sie können hinsichtlich der Preisgestaltung oder der allgemeinen Geschäftsbedingungen unwirksam sein.

Im Gesetz gegen Wettbewerbsbeschränkungen ist ferner das Verbot abgestimmten Verhaltens, der Missbrauch einer marktbeherrschenden Stellung, die Fusionskontrolle und das Diskriminierungsverbot für marktbeherrschende Unternehmen geregelt. Die Kartellbehörden haben verschiedene Eingriffsmöglichkeiten; sie können Verbote oder Gebote bei missbräuchlicher Kartellbildung aussprechen, Ausschließlichkeitsbindungen aufheben oder eine Fusion untersagen. Einzelne Verstöße gelten als Verletzungen des → *Wettbewerbs*- oder → *Werberechts*. Das europäische Wettbewerbsrecht hat für die meisten Unternehmen eine zunehmende Bedeutung gewonnen (→ *Europäisches Wirtschaftsrecht*).
Literaturempfehlung: Emmerich: Kartellrecht, 9. Auflage, München 2001.

Kassakurs. Der sich aus Angebot und Nachfrage ergebende Marktpreis für Geschäfte, die »Zug um Zug« abgewickelt werden (Ggs. zum → *Terminkurs*).

Käufermarkt. Er liegt vor, wenn das Produktangebot die Nachfrage übersteigt, und führt tendenziell zu niedrigeren Preisen. Der Absatzmarkt wird zum Engpass und zum entscheidenden Faktor für den Unternehmenserfolg, → *Marketing*. Im Gegensatz dazu ist beim Verkäufermarkt die Nachfrage höher als das Angebot.

Kaufmann → *Handelsrecht*.

Kaufmännische Untersuchungs- und Rügepflicht. Eine Besonderheit des → *Handelsrechts* ist die kaufmännische Untersuchungs- und Rügepflicht. Im beiderseitigen Handelskauf oder Werklieferungsvertrag sind Qualitätsabweichungen der Lieferung von der Bestellung unverzüglich zu rügen. Die fehlende oder nicht rechtzeitige Rüge hat zur Folge, dass die gelieferte Ware als ordnungsgemäße Vertragserfüllung akzeptiert wird. Der Vertrag wird modifiziert und eventuelle → *Mängelgewährleistungsansprüche* sind ausgeschlossen (→ *Kaufvertragsrecht*). Die Kaufpreisforderung bleibt ungemindert bestehen.

In der Wirtschaftspraxis und insbesondere bei überbetrieblicher Arbeitsteilung bedarf die kaufmännische Untersuchungs- und Rügepflicht vertraglicher Gestaltung. Die Untersuchungspflicht kann auf den Zulieferer verlagert und durch dessen Qualitätssicherung und Warenausgangskontrolle ersetzt werden. Die handelsrechtliche Rügepflicht ist dagegen nicht abdingbar, doch kann die Rügefrist bedarfsorientiert verlängert werden.
Literaturempfehlung: Steckler, Wirtschaftsrecht, 6. Auflage, Ludwigshafen 2003.

Kaufmännisches Bestätigungsschreiben. Gehört wie die → *Handelsklauseln* zu den besonderen kaufmännischen Gewohnheiten (→ *Handelsrecht*). Es entspricht der Sorgfaltspflicht eines ordentlichen Kaufmanns, mündliche Vertragsabschlüsse gegenüber dem Vertragspartner unverzüglich schriftlich zusammenzufassen. Das kaufmännische Bestätigungsschreiben hat Festlegungs- und Beweisfunktion. Es dokumentiert, dass ein Vertrag zu Stande gekommen ist und welchen Inhalt die Parteien vereinbart haben. Diese Wirkung tritt unabhängig von der Kenntnis der Kaufleute ein, sofern der Empfänger nicht unverzüglich widerspricht.
Literaturempfehlung: Steckler, Wirtschaftsrecht, 6. Auflage, Ludwigshafen 2003. Danne, H. / Keil, T.: Wirtschaftsprivatrecht I, Berlin 2000.

Kaufoption → *Finanzmärkte*.

Kaufteile. Einkaufsmaterial. Stellt man sich eine → *Erzeugnisstruktur* als Baum vor, sind die Kaufteile die Blätter des Baumes, da sie keine weitere Untergliederung aufweisen.

Kaufvertragsrecht. Kaufverträge gehören zu den Grundtypen des → *Vertragsrechts*. Es sind Austauschverträge, die auf die Übereignung einer Sache gegen Zahlung des Kaufpreises gerichtet sind. Gegenstand des Kaufvertrages können Sachen in jedem Aggregatzustand sein (Immobilien, Maschinen und technische Geräte, Bauteile, Gase oder Flüssigkeiten), aber auch Sachgesamtheiten (ein Unternehmen mit Inventar, Hard- und Software) und Rechte (Wertpapiere, Gesellschaftsanteile etc.). Das Kaufvertragsrecht ist ein Spezialgebiet des → *Bürgerlichen Rechts*. Rechtsgrundlage ist das Bürgerliche Gesetzbuch, vgl. §§ 433 ff. BGB. Als Verpflichtungsgeschäft ist der Kaufvertrag ein schuldrechtlicher Vertrag. Der Eigentumsübergang an den veräußerten Sachen erfolgt dagegen nach den Regeln des → *Sachenrechts*.

Im Kaufvertragsrecht sind die Rechtsfolgen von Vertragsverletzungen ausführlich geregelt. Es wird zwischen der Rechts- und der Sachmängelgewährleistung unterschieden:

- Ein Rechtsmangel ist gegeben, wenn Dritte in Bezug auf die Sache Rechte gegen den Käufer geltend machen können.
- Ein Sachmangel liegt vor, wenn die Kaufsache bei Gefahrübergang nicht die vereinbarte Beschaffenheit hat, vgl. § 434 BGB. Die Sache ist mängelfrei, wenn sie sich für die nach dem Vertrag vorausgesetzte oder die gewöhnliche Verwendung eignet. Zur Beschaffenheit gehören auch Eigenschaften der Sache, die der Käufer nach den öffentlichen Äußerungen des Verkäufers oder des Herstellers, insbesondere in der Werbung, erwarten kann. Daher haben auch Werbeaussagen des Herstellers oder Händlers haftungsrechtliche Konsequenzen. Ein Sachmangel ist auch gegeben, wenn die vereinbarte Montage durch den Verkäufer unsachgemäß durchgeführt wurde oder wenn die Montageanleitung mangelhaft ist.

Was kann der Käufer tun, wenn der Kaufgegenstand Mängel aufweist?	
Nacherfüllung	Der Käufer kann als Nacherfüllung nach seiner Wahl die Beseitigung des Mangels oder die Lieferung einer mangelfreien Sache verlangen. Die für die Nacherfüllung erforderlichen Aufwendungen trägt der Verkäufer.
Rücktritt	Der Käufer kann eine angemessene Frist zur Nacherfüllung setzen und nach erfolglosem Fristablauf vom Kaufvertrag zurücktreten. Im Fall der Verweigerung der Nacherfüllung oder bei zweimaliger erfolgloser Nachbesserung kann der Käufer ebenfalls zurücktreten.
Minderung	Der Käufer kann statt des Rücktritts unter den gleichen Voraussetzungen den Kaufpreis mindern.
Schadensersatz	Der Käufer kann Schadensersatz geltend machen, sofern der Verkäufer den Mangel zu vertreten hat.
Aufwendungsersatz	Der Käufer kann anstelle des Schadensersatzes statt der Leistung Aufwendungsersatz verlangen, falls er im Vertrauen auf den Erhalt der Leistungen Aufwendungen gemacht hat.

Mangelgewährleistung

Die Gewährleistung kann vertraglich gestaltet, aber nicht ausgeschlossen werden. Eine Garantievereinbarung tritt rechtlich neben die gesetzlichen Gewährleistungsansprüche. Bei formularmäßiger Gestaltung einer Garantie sind die Regelungen über → *Allgemeine Geschäftsbedingungen* einzuhalten.

Auf den Handelskauf sind die Vorschriften des → *Handelsrechts* anzuwenden. Im beiderseitigen Handelskauf ist die → *kaufmännische* Untersuchungs- und Rügepflicht zu beachten. Nur im Fall einer unverzüglichen Mängelrüge bleiben die Gewährleistungsrechte erhalten.

Der Kaufvertrag tritt in der Praxis in zahlreichen Sonderformen in Erscheinung, darunter z.B. der Verbrauchsgüterkauf, der Kauf auf Probe, der Wiederkauf, der Vorkauf, der Sukzessivlieferungsvertrag etc. Die kaufvertraglichen Vorschriften haben Bedeutung über den Kaufvertrag hinaus. Sie werden z.B. in → *Lizenzverträgen* oder in Leasingverträgen angewandt, wenn die Sach- und Rechtslage dies zulässt. In Verträgen über internationale Warenlieferungen werden häufig die Regeln des UN-Kaufrechts vereinbart, → *Internationales Wirtschaftsrecht*. Auch das → *Außenwirtschaftsrecht* und internationale Handelsklauseln haben erhebliche praktische Bedeutung.

Literaturempfehlung: Steckler, Kompakt-Training Wirtschaftsrecht, 2. Auflage, Ludwigshafen 2003. Danne, H. / Keil, T.: Wirtschaftsprivatrecht I, 2. Auflage, Berlin 2002.

Keilprinzip-Planung. Die Willensbildung in der Organisation erfolgt hierbei von einer oder mehreren getrennten Organisationsgruppen ausgehend in die gesamte Organisation hinein. Häufig handelt es sich um das Middle-Management als Ausgangspunkt, weil es einerseits Ansprechpartner der Unternehmensleitung bei der Vorbereitung von Entscheidungen ist und andererseits primärer Adressat von Entscheidungskonsequenzen. Allerdings trägt es zugleich auch die Last der operativen Arbeit, sodass sich die Frage stellt, ob damit nicht insgesamt eine Überbelastung eintritt. Mehrere dezentrale Stellen der Willensbildung im Unternehmen beruhen meist auf informellen Kontakten in der Organisation, auf großer Qualifikation oder hohem Zusammengehörigkeitsgefühl der betreffenden Gruppen. Diese Kerne wirken dann meinungsbeeinflussend auf ihr Umfeld ein und schaffen damit eine Lobby, die sowohl geeignet ist, Themen auf die Agenda der Unternehmensleitung zu bringen als auch die Implementierung von Entscheidungen zu forcieren. Allerdings spielen dabei nicht selten egoistische Interessen eine Rolle, die zulasten der Allgemeinheit oder schwächerer Gruppen gehen.

Kennzahlen. Sie dienen dazu, wesentliche betriebswirtschaftliche Tatbestände in konzentrierter Form zu beschreiben und Relationen aufzuzeigen, oft besser als absolute Werte. Auch als Vergleichszahlen bezeichnet, wird unterschieden in:

1. Gliederungszahlen; ein Teil wird in Verhältnis zum Ganzen gesetzt, häufig als Prozent ausgedrückt (z. B. Anlagevermögen in Prozent zur Bilanzsumme, Anteil Export am Gesamtumsatz).
2. Beziehungszahlen; wesensverschiedene Zahlen, die aber im logisch sinnvollen Zusammenhang stehen, werden in Beziehung zueinander gesetzt (z. B. Umsatz je Mitarbeiter, Eigenkapital zu Anlagevermögen).
3. Indexzahlen; zwei gleichartige Größen, die zu unterschiedlichen Zeiten oder an verschiedenen Orten etc. entstanden sind, werden zueinander in Verhältnis gesetzt, indem die eine Größe den Wert 100 erhält und die anderen an diesem Index gemessen werden, um insbesondere Entwicklungen gut aufzuzeigen (z. B. bei Lohnkosten oder Lebenshaltungskosten-Index in der Volkswirtschaft.

Werden verschiedene Kennzahlen im sinnvollen Zusammenhang dargestellt (z. B. zur Beurteilung von Planungen, Bilanz- oder Finanzanalysen), so spricht man von Kennzahlensystemen.

Eine Übersicht über die typischen finanzwirtschaftlichen Kennzahlen findet sich auf Seite 222.

Kennzahlen, grafische Darstellung. (→ *Kostenkennzahlen*). Ziel jeder Betriebsgründung und jeder Unternehmensführung sollte dauerhafte Gewinnerzielung sein. In Geschäftsberichten/Bilanzen/Gewinn- und Verlustrechnungen sind in aller Regel nur Zahlen des aktuellen Jahres und des Vorjahrs enthalten. Selten bis nie gibt es eine aussagefähige Grafik über mehrere Jahre (Ausnahme: Umsatzgrafiken). Dabei kann man erstaunlich schnell erkennen, »was und wie es läuft«, wenn man einige wenige Kennzahlen aus den Bilanz-GuV-Daten mehrerer Jahre, wie z. B.

- Umsatzerlöse,
- Kosten, gegebenenfalls aufgeschlüsselt,
- Betriebsergebnis (Gewinn oder Verlust),
- Eigen- und Fremdkapitalentwicklung,
- Forderungen und Verbindlichkeiten,
- Bilanzsumme = Eigenkapital + Fremdkapital = Anlagevermögen + Umlaufvermögen,
- kumuliertes Betriebsergebnis
- Betriebsergebnis/Umsatz = Umsatzrendite,
- Betriebsergebnis/Eigenkapital = Eigenkapitalrendite,

nicht nur übernimmt bzw. berechnet, sondern zusätzlich grafisch darstellt (»ein Bild sagt mehr als tausend Worte«). Bereits bei der Erstellung der Tabellen für die Grafiken fallen ansonsten kaum bemerkte Änderungen in der Bilanzstruktur, Kostenverteilung etc. und fehlende Informationen auf. Auch ein Querschnittsvergleich zwischen Unternehmen für gleiche Zeiträume/-punkte lässt sich grafisch verdeutlichen. Besonders wichtig ist die Auswahl vergleichbarer Kennzahlen.

Kennzahlenanalysen. Dienen der Beurteilung eines Entscheidungsproblems hinsichtlich seiner Wirkungen auf die Gesamtunternehmenssituation und auf die Lösung eines Problems. Es lassen sich Kennzahlen für das gesamte Unternehmen (z. B. Rentabilitätskennzahlen, Cashflow, Kennzahlen der Wirtschaftlichkeit und der Produktivität, Finanzierungs- und Liquiditätskennzahlen sowie Risikokennzahlen) und Bereichskennzahlen (wichtige Marketingkennzahlen, z. B. Angebotserfolgsraten, Marktanteile, Kundenumsätze, Innovationsgrad der Produkte und Leistungen, Bekanntheitsgrad, Anteil an Stammkunden sowie Exportziffern) ermitteln.

Kennzeichnung und Rückverfolgbarkeit von Produkten. Qualitätsmanagementphase Prozessrealisierung. Dabei geht es um die Sicherstellung

Ausgewählte finanzwirtschaftliche Kennzahlen

Kennzahlen zur Investitionsanalyse und Vermögensstruktur

$$\frac{\text{Anlagevermögen}}{\text{Gesamtvermögen}} = \text{Anlageintensität}$$

$$\frac{\text{Unlaufvermögen}}{\text{Gesamtvermögen}} = \text{Umlaufintensität}$$

$$\frac{\text{Anlagevermögen}}{\text{Umlaufvermögen}} = \text{Anlagenkoeffizient}$$

Umsatzrelationen/Umschlagskoeffizienten

$$\text{Umschlagshäufigkeit} = \frac{\text{Abgang in der Periode}}{\text{durchschnittlicher Bestand}}$$

$$\text{Umschlagsdauer (z. B. in Tagen)} = \frac{\text{durchschnittl. Bestand} \cdot 365}{\text{Abgang in der Periode}}$$

Kennzahlen zur Investitions- und Abschreibungspolitik

Anlageabnutzungsgrad =

$$\frac{\text{kumulierte Abschreibungen des Sachvermögens}}{\text{Sachvermögen zu historischen Anschaffungs- bzw. Herstellungskosten}}$$

IInvestitionsdeckung =

$$\frac{\text{Abschreibung auf Sachanlagen im Geschäftsjahr}}{\text{Netto-Investitionen Sachanlagen im Geschäftsjahr}}$$

Kennzahlen zur Finanzierungsanalyse und Kapitalstruktur

$$\text{Eigenkapitalanteil} = \frac{\text{Eigenkapital}}{\text{Gesamtkapital}}$$

$$\text{Anspannungsgrad} = \frac{\text{Fremdkapital}}{\text{Gesamtkapital}}$$

$$\text{statischer Verschuldungsgrad} = \frac{\text{Eigenkapital}}{\text{Fremdkapital}}$$

$$\text{Verschuldungskoeffizient} = \frac{\text{Fremdkapital}}{\text{Eigenkapital}}$$

$$\text{Bilanzkurs} = \frac{\text{Bilanzielles Eigenkapital} \cdot 100}{\text{gezeichnetes Eigenkapital (nominell)}}$$

Kennzahlen zur Liquiditätsanalyse

$$\text{Deckungsgrad A} = \frac{\text{Eigenkapital}}{\text{Anlagevermögen}}$$

Deckungsgrad B =

$$\frac{\text{Eigenkapital + langfristiges Fremdkapital}}{\text{Anlagevermögen}}$$

Deckungsgrad C =

$$\frac{\text{Eigenkapital + lang- u. mittelfristiges Fremdkapital}}{\text{Anlagevermögen + langfristig geb. Umlaufvermögen}}$$

$$\text{Liquidität 1. Grades (Barliquidität)} = \frac{\text{liquide Mittel}}{\text{kurzfristiges Fremdkapital}}$$

$$\text{Liquidität 2. Grades (auf kurze Sicht)} = \frac{\text{monetäres Umlaufvermögen}}{\text{kurzfristiges Fremdkapital}}$$

$$\text{Liquidität 3. Grades (auf mittlere Sicht)} = \frac{\text{monetäres UV + Vorräte}}{\text{kurzfristiges Fremdkapital}}$$

Umsatzüberschusskennzahlen und Cashflow

	finanzwirksame Erträge
–	finanzwirksame Aufwendungen
=	Umsatzüberschuss

	Jahresüberschuss
+	finanzunwirksame Aufwendungen
–	finanzunwirksame Erträge
=	Umsatzüberschuss

	Jahresüberschuss/Jahresfehlbetrag
+	Abschreibungen (./. Zuschreibung zu Gunsten des Ergebnisses)
+	Erhöhung (./. Verminderung) von langfristigen Rückstellungen
=	vereinfachter Cashflow

	nicht entnommener Gewinn
+	neu gebildete Rücklagen
+	Abschreibungen
+	Pauschalwertberichtigungen
=	Cashflow im engeren Sinne

Kennziffern zur strukturellen Ergebnisanalyse

$$\text{Personalintensität} = \frac{\text{Personalaufwand}}{\text{Gesamtaufwand}}$$

$$\text{Materialintensität} = \frac{\text{Materialaufwand}}{\text{Gesamtaufwand}}$$

Kennziffern zur Rentabilitätsanalyse

$$\text{Eigenkapitalrentabilität} = \frac{\text{Jahresüberschuss}}{\text{Eigenkapital}}$$

Gesamtkapitalrentabilität =

$$\frac{\text{Jahresüberschuss (einschließlich Zinsen)}}{\text{Gesamtkapital}}$$

$$\text{Umsatzrentabilität} = \frac{\text{Jahresüberschuss}}{\text{Umsatz}}$$

$$\frac{\text{Jahresüberschuss}}{\text{Umsatz}} \cdot \frac{\text{Umsatz}}{\text{investiertes Kapital}} =$$

$$\text{RoI = Return on Invest} = \frac{\text{Jahresüberschuss}}{\text{investiertes Kapital}}$$

der Zuordnung einer Leistung zu den ihr entsprechenden Plänen und Spezifikationen und der Rückverfolgbarkeit der Leistung durch die früheren Phasen ihres Lebenszyklus. Es muss sichergestellt sein, dass zu jedem Zeitpunkt die Entwicklungsgeschichte eines Produkts nachvollziehbar ist. Sehr viele Unternehmen lösen dieses Problem, indem sie jeder Leistung eine eindeutige Ident-Nummer zuordnen, die durch alle Lebensphasen unverändert beibehalten wird. Dies ist wichtig im Hinblick auf die Kundenorientierung, da es eine angemessene Reaktion bei Kundenanfragen erleichtert.

KEP. Abkürzung für Kurier-, Express- und Paketdienste, → *Dienstleistungslogistik*.

Kernkompetenz. Stellt eine besondere Fähigkeit des Unternehmens dar, die es von der Konkurrenz abhebt. Kernkompetenzen sind für den Kunden erkennbar wertvoll, gegenüber der Konkurrenz einmalig, schwer imitierbar und eröffnen den Zugang zu Märkten. Primär bestehen sie in der hervorragenden Beherrschung von Technologien und Produktionsverfahren. Kernkompetenzen erbringen damit hinsichtlich Kosten und Qualität einen Konkurrenzvorteil. Sie können sich aber auch in anderen Gliedern der → *Wertschöpfungskette* bemerkbar machen: In der Beschaffung, in Forschung und Entwicklung oder im Marketing. Ein Beispiel ist die Firma »Swatch«, deren Kernkompetenz in der Kombination von Automatisierungstechnologie, Design und Marketing besteht. Oder die Firma Braun, die sich bei technisch einfachen elektrischen Geräten wie Rasierern durch unverwechselbares Produktdesign eine besondere Marktstellung verschafft hat.

Key Account Management. Eine Form der Vertriebsorganisation, bei der Verkäufer oder Vertriebsleiter für die Verkaufsaktivitäten in Bezug auf einen oder mehrere Großkunden verantwortlich sind.

KG → *Kommanditgesellschaft*.

KGaA → *Kommanditgesellschaft auf Aktien*.

Kinderfreibetrag. Freibetrag, der bei der Veranlagung zur Einkommensteuer für jedes zu berücksichtigende Kind des Steuerpflichtigen vom → *Einkommen* abgezogen wird. Grundsätzlich wird ein Kind berücksichtigt, welches das 16. Lebensjahr noch nicht vollendet hat oder behindert ist. Der Kinderfreibetrag soll ein Äquivalent für das sächliche Existenzminimum des Kindes sein. Ab 01. 01. 2002 beträgt der Kinderfreibetrag pro Jahr bei einem zusammenveranlagten Ehepaar 3.648 €. Der Kinderfreibetrag kann nur geltend gemacht werden, wenn gezahltes Kindergeld der Einkommensteuer hinzugerechnet wird (vgl. § 36 Abs. 2 Satz 1 Einkommensteuergesetz).

Kippschalensorter. Häufig verwendetes Sortier- und Verteilsystem im → *Handel* und bei Paketdienstleistern (→ *Dienstleistungslogistik*).

Kirchensteuer. Steuer, die von einer als Körperschaft des öffentlichen Rechts anerkannten Religionsgemeinschaft (evangelische, katholische und jüdische Kirchengemeinden) nach Länder-Kirchensteuergesetzen erhoben wird. Bemessungsgrundlage bildet die Einkommensteuer, die unter Beachtung des § 51 a Abs. 2 Einkommensteuergesetz für ein fiktives zu versteuerndes Einkommen festzusetzen wäre. Dabei werden Steuerfreistellungen im Rahmen des → *Halbeinkünfteverfahrens* rückgängig gemacht. Außerdem sind die Kinder- und Betreuungsfreibeträge gemäß § 32 Abs. 6 Einkommensteuergesetz abziehbar. Eine Hinzurechnung des erhaltenen Kindergeldes – wie bei der Festsetzung der Einkommensteuer – erfolgt nicht. Auch die Tarifermäßigung für gewerbliche Einkünfte nach § 35 EStG bleibt außer Ansatz. Der Steuersatz beträgt je nach Bundesland 8% oder 9% der maßgebenden Bemessungsgrundlage. Bei hohen Einkommen ist häufig eine sog. Kirchensteuerkappung auf 3 bis 4% des zu versteuernden Einkommens vorgesehen. Die Kirchensteuer ist als → *Sonderausgabe* unbeschränkt abzugsfähig.

KKV → *Komparativer Konkurrenzvorteil*.

Knoten. Zugangspunkt zu den Rechnern im Netzwerk durch Zusammentreffen mehrerer Datenleitungen. Auch Begriff beim → *Netztplan*.

Koalitionsmodell → *Mitbestimmungsgesetz* von 1976.

Koalitionsfreiheit. Die Bildung von Vereinigungen zur Wahrung und Förderung der Arbeits- und Wirtschaftsbedingungen hat den Rang eines

Grundrechts, vgl. Art. 9 Abs. 3 GG. Daher können Arbeitnehmer durch freiwilligen Zusammenschluss Gewerkschaften gründen; ebenso können Arbeitgeber sich zu Arbeitgeberverbänden zusammenschließen. Neben der positiven Koalitionsfreiheit (Gründung bzw. Beitritt) ist auch die negative Koalitionsfreiheit grundgesetzlich geschützt (Fernbleiben oder Austritt). Weder in Tarifverträgen noch in Arbeitsverträgen darf in die Koalitionsfreiheit eingegriffen werden. Das Grundrecht der Koalitionsfreiheit gewährt einen Bestands- und Betätigungsschutz für die Koalitionen und ist daher auch die Grundlage für das Streikrecht der Gewerkschaften (→ *Tarifvertragsrecht*, → *Arbeitgeberverbände*, → *Gewerkschaften*).

Literaturempfehlung: Steckler/Schmidt, Arbeitsrecht und Sozialversicherung, 6. Auflage, Ludwigshafen 2004.

Kollisionsrecht. Der grenzüberschreitende Handels- und Dienstleistungsverkehr berührt die Interessen mehrerer Staaten. Es entsteht die Frage des anzuwendenden Rechts. Anknüpfungspunkt ist in erster Linie der Ort der Handlung oder des Handlungserfolgs (Territorialitätsprinzip). Bei personenorientierten Rechtsverhältnissen kommt es auf die Staatsangehörigkeit und den Wohnsitz an (Personalitätsprinzip). Bei gesellschaftsrechtlichen Beziehungen ist das Recht am Sitz des Unternehmens maßgeblich. Für das Angebot von Tele- und Mediendiensten mit Sitz in der EU gilt das Herkunftslandprinzip, das jedoch zahlreiche Ausnahmen kennt (E-Commerce-Richtlinie).

Im Vertragsrecht gilt der Grundsatz der freien Rechtswahl. Die Vertragsparteien vereinbaren das für ihren Vertrag anzuwendende Recht. Im internationalen Warenkauf ist das UN-Kaufrecht (CISG) anzuwenden, wenn es nicht ausdrücklich ausgeschlossen wurde und der Vertrag eine Berührung zu einem Vertragsstaat des Abkommens hat (→ *Internationales* Wirtschaftsrecht). Diese Regeln sind auch bei Vertragsabschlüssen im Internet anzuwenden.

Das → *Verbraucherschutzrecht* darf nicht ausgeschlossen werden. Eine Rechtswahlklausel darf nicht dazu führen, dass dem Verbraucher der Schutz des Staates entzogen wird, in dem er seinen Wohnsitz hat. Im → *Wettbewerbsrecht*, im → *gewerblichen* Rechtsschutz und → *Urheberrecht* und im → *Wirtschaftsstrafrecht* ist der Ort des Handlungserfolgs für das anzuwendende Recht maßgeblich. Als Begehungsort gilt der Ort der Interessenkollision. Vom anzuwendenden materiellen Recht zu unterscheiden ist der Ort des Gerichtsstandes. Dieser kann vertraglich durch eine Gerichtsstandsklausel vereinbart werden. Für außervertragliche Handlungen begründet der Ort der Begehung die Zuständigkeit der Gerichte. Die Vollstreckung der erlangten Gerichtsentscheidung orientiert sich an zwischenstaatlichen Vollstreckungsabkommen. Im internationalen Wirtschaftsverkehr haben außergerichtliche Verfahren zur Streitbeilegung (Mediation u.a.) eine erhebliche Bedeutung erlangt.

Literaturempfehlung: Hay: Internationales Privatrecht, 2. Auflage, München 2002.

Kombinierter Ladungsverkehr. Sonderform des → *gebrochenen Verkehrs*, bei dem in Containerbahnhöfen der Deutschen Bahn AG Wechselaufbauten, Sattelauflieger oder Container von Lkws auf spezielle Waggons umgeladen werden. Der → *Hauptlauf* erfolgt mit nach Fahrplänen verkehrenden Güterzügen durch ganz Europa.

Kommanditgesellschaft (KG). Sonderform der Personengesellschaft (→ *Gesellschaftsrecht*). Für die KG gilt das Prinzip der Selbstorganschaft. Die Geschäftsführungs- und Vertretungsbefugnisse werden von den vollhaftenden Gesellschaftern ausgeübt. Die KG hat eine eingeschränkte Rechtsfähigkeit; sie kann z.B. unter ihrer Firma Verträge abschließen. Der Unterschied zur → *offenen Handelsgesellschaft* (oHG) liegt in den Haftungsverhältnissen der Gesellschafter. Die Gesellschafter der oHG haften unbeschränkt, persönlich und gesamtschuldnerisch. Dagegen ist in der KG die Haftung der Kommanditisten auf ihre Kommanditeinlage beschränkt, während die Komplementäre unbeschränkt haften. Die Haftungsbeschränkung der Kommanditisten ist davon abhängig, dass die Kommanditeinlage geleistet und in das → *Handelsregister* eingetragen wurde.

Gesetzliche Grundlage der KG sind die §§ 161–177 HGB. Kommanditisten haben kein Recht zur Führung der Geschäfte, sind aber mit bestimmten Kontrollrechten (z.B. Einsicht in die Geschäftsbücher) und Widerspruchsrechten (z.B. bei Aufnahme neuer Gesellschafter) ausgestattet. Eine KG besteht aus mindestens einem Komplementär und mindestens einem Komman-

ditisten, deren Rechte und Pflichten im Gesellschaftsvertrag gestaltbar sind. Verglichen mit anderen → *Personengesellschaften* ist die KG für einen größeren Kreis potenzieller Eigenkapitalgeber interessant, nämlich solche, die zwar bereit sind, sich am Unternehmen zu beteiligen, aber keine Geschäftsführungsaufgaben übernehmen wollen oder können und für die eine Haftungsbeschränkung Voraussetzung für das Kapitalengagement ist. Aus Sicht der Gesellschaft verbessert das die Möglichkeiten der Eigenkapitalbeschaffung und hat den zusätzlichen Vorteil, dass die Entscheidungskompetenzen der bestehenden Geschäftsführung nicht eingeschränkt werden. Die Rechtsform der KG kommt unter diesem Gesichtspunkt auch für größere Unternehmen in Betracht.
Literaturempfehlung: Danne, H. / Keil, T.: Wirtschaftsprivatrecht II, Berlin 2001. Steckler: Wirtschaftsrecht, 6. Auflage, Ludwigshafen 2003.

Kommanditgesellschaft auf Aktien (KGaA). Die KGaA ist eine zulässige Typenvermischung im → *Gesellschaftsrecht*. Es handelt sich um eine Sonderform der Körperschaft. In der KGaA gibt es zwei Arten von Gesellschaftern. Mindestens ein persönlich haftender Gesellschafter (Komplementär) übernimmt die Geschäftsführung und Vertretung. Die Aktionäre sind mit Aktien am Grundkapital beteiligt. Infolge dieser Struktur ist die KGaA eine juristische Person. Die KGaA weist eine starke Verwandtschaft zur → *Aktiengesellschaft* (AG) auf und verfügt wie diese über drei Organe. Die Funktion des Vorstands wird vom Komplementär übernommen, der unbeschränkt, d. h. mit seinem ganzen Vermögen, für die Schulden der Gesellschaft haftet. Das Kommanditkapital ist in Aktien zerlegt, die → *Hauptversammlung* wird daher durch sog. Kommanditaktionäre gebildet. Sie wählt einen → *Aufsichtsrat*, der die Interessen der Aktionäre gegenüber dem Komplementär vertritt. Im Unterschied zur Aktiengesellschaft nimmt der Aufsichtsrat lediglich eine Kontrollfunktion gegenüber dem Komplementär wahr, kann ihn aber nicht bestellen bzw. abberufen. Die Besonderheit der KGaA liegt darin, dass sie die Finanzierungsmöglichkeiten der → *Aktiengesellschaft* (AG) mit der starken Position eines persönlich haftenden Gesellschafters verbindet. Allerdings spielt sie in Deutschland als Rechtsform lediglich eine untergeordnete Rolle.

Kommanditist → *Kommanditgesellschaft*.

Kommissionär → *Absatzhelfer*.

Kommissionieren. Zusammenstellen von Artikeln auf Basis einer Bedarfsinformation, z. B. eines Kommissionierauftrags, einer Kommissionierliste (im → *Handel*) oder einer → *Stückliste* (in der → *Fertigung*). Der Kommissionierauftrag kann zur Vorkommissionierung (Bereitstellung von summarisch ausgefassten → *Artikeln* für mehrere Kunden bei mehrstufiger Kommissionierung) oder zur kundenbezogenen Kommissionierung (bei einstufiger Kommissionierung) dienen. Eine halbautomatische Form ist das beleglose Kommissionieren, bei dem der Kommissioniervorgang durch computergesteuerte Leuchtanzeigen und Bedienerquittierungstasten geführt wird.

Kommissionierleistung. → *Logistik-Kennzahl*: Anzahl absortierter Auftragspositionen je Stunde.

Kommunalobligation. Eine → *Anleihe* oder Schuldverschreibung, ausgegeben von einer Gebietskörperschaft (Städte, Landkreise).

Kommunikationsinstrumente. Dazu gehören → *Werbung* (Werbung in Massenmedien und → *Direktwerbung*), persönliche Werbung (z. B. im Rahmen des persönlichen Verkaufs), Verkaufsförderung (Verkäufer-, Händler- und Verbraucherförderung), → *Product-Placement*, → *Messen* und Ausstellungen, Events, → *Public Relations*, → *Sponsoring* und Internetwerbung. Die Kommunikationsinstrumente sind kombiniert einzusetzen (Kommunikationsmix, integriertes Marketing, integrierte Kommunikation).

Kommunikationsplanung. Hat die Aufgabe, den Einsatz aller Kommunikationsinstrumente unternehmensextern und -intern lang- und kurzfristig anhand der Kommunikationsziele festzulegen. Für die Festlegung der → *Kommunikationsziele* bilden die Situationsanalyse und die Marketingziele den Ausgangspunkt. Entsprechend den identifizierten relevanten Zielgruppen lassen sich aus den Kommunikationszielen die Strategien ableiten, das Budget, die Botschaft und die geeigneten → *Kommunikationsinstrumente* planen. Eine Erfolgskontrolle sollte in den Planungsprozess unbedingt integriert sein, da Unternehmenskommunikation i.d.R. mit einem hohen Budget versehen ist.

Kommunikationspolitik. Umfasst alle Kommunikationsmaßnahmen in Verbindung mit dem Einsatz aller dem Unternehmen zur Verfügung stehenden Kommunikationsinstrumente, um die Leistungen des Unternehmens und das Unternehmen auf den relevanten Märkten und in der Öffentlichkeit darzustellen. Auf Basis der aus den Unternehmens- und Marketingzielen abzuleitenden → *Kommunikationsziele* erfolgt die → *Kommunikationsplanung*.

Kommunikationsziele. Lassen sich systematisieren nach kognitivorientierten Zielen (z.B. Marken- und Produktkenntnis, Wissen über Produkte und das Unternehmen); affektiv-orientierten Zielen (z.B. Einstellungen, Image, emotionales Erleben von Marken) und konativ-orientierten Zielen (Informationsverhalten, Kaufverhalten) sowie ökonomisch-orientierten Zielen (→ *Marketingziele*).

Kommunikationszyklus (im Vertrieb). Der klassische Vertrieb lässt sich in die Phasen Kundensuche, Kundenqualifizierung, Kompetenzdarstellung, Abschluss, Kundenpflege unterteilen. Für jede dieser Phasen sind unterschiedliche Formen der Kommunikation sinnvoll.

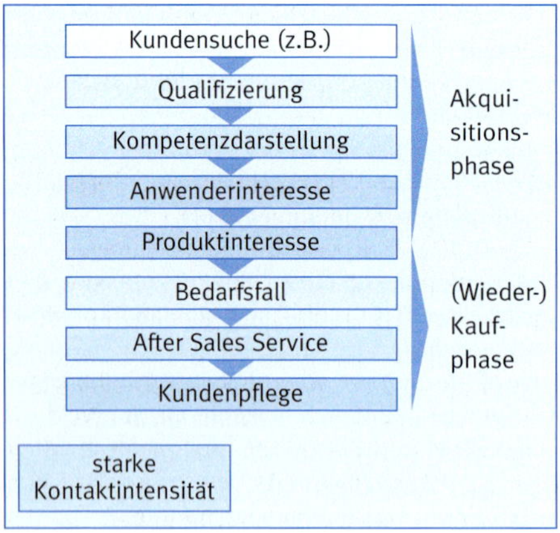

Abb. 37: Kundenkommunikation

Komparativer Konkurrenzvorteil. Das Bestreben, insgesamt der Konkurrenz weit voraus zu sein, ist bei den eng umkämpften Märkten kaum noch realisierbar. Im Vergleich mit den Hauptkonkurrenten hat das Unternehmen schon dann einen komparativen (vergleichsweisen) Konkurrenzvorteil, wenn es zielgruppenbezogen nur mit einer einzigen Wettbewerbskomponente »besser, anders oder neu« auf dem Markt ist. Eine Telefongesellschaft kann z.B. von der Zielgruppe allein durch die sekundengenaue Gebührenabrechnung als »besser« wahrgenommen werden. Der Wettbewerb bei der Telefonauskunft zeigt, dass bei gleicher Basisleistung »Suchen und Ansagen der gewünschten Rufnummer« die Auskunftsleistungen, z.B. eine Auskunft per Computerstimme oder von einer menschlichen Stimme, als »anders« wahrgenommen werden und damit die Kunden entsprechend ihren Präferenzen den entsprechenden Anbieter wählen. Unter der Komponente »neu« sind Innovationen auf dem Handy-Markt (z.B. Infrarotschnittstelle zum Computer) einzuordnen.

Kompatibilität. Bezeichnet im Allgemeinen die Verträglichkeit verschiedener Objekte oder Sachverhalte. In der Informationsverarbeitung versteht man darunter die Möglichkeit, verschiedene Hardwarekomponenten (z.B. Geräte unterschiedlicher Hersteller) bzw. verschiedene Softwareprodukte zusammen oder aufeinander abgestimmt zu nutzen.

Komplementär → *Kommanditgesellschaft*.

Komponententausch. Element der statistischen Versuchsplanung. Hier geht es um das wechselseitige Vertauschen der Komponenten von guten und schlechten Einheiten mit anschließender grafischer Auswertung der Ergebnisveränderung. Dies setzt eine zerstörungsfreie Zerlegung je einer guten und schlechten Einheit voraus, danach erfolgt die Reintegration und erneute Messung. Gibt es einen Unterschied, liegt die Ursache in dieser Reintegration. Andernfalls werden die Teile nach der Wahrscheinlichkeit ihrer Verursachung absteigend gereiht, dann wird das wichtigste Teil der guten Einheit in die schlechte Einheit integriert und gemessen. Dann werden alle anderen Teile nacheinander einzeln ebenso integriert und gemessen. Wird die schlechte Einheit dabei besser bzw. die gute Einheit schlechter, ist das entsprechende Teil Fehler verursachend (Umkehr der Ergebnisse).

Kompression. → *Datenkompression*

Konditionenpolitik. Alle kontrahierungspolitischen Instrumente, die außer dem Preis Gegenstand vertraglicher Vereinbarungen über das Leistungsentgelt sein können. Konditionen, die sich auf Qualität, Verpackung, Transport, Lieferart und Zahlungsbedingungen beziehen, können jedoch ebenso der Distributionspolitik und vor allem im Handelsmarketing zusätzlich der Produkt- und Kommunikationspolitik zugeordnet werden. Im Einzelnen sind dies vor allem → *Rabatte*, → *Absatzkredite*, → *Lieferungs- und Zahlungsbedingungen*; → *Preis- und Kontrahierungspolitik*.

Konfiguration. In der → *Organisation* die äußere Form des Stellengefüges. Zur Veranschaulichung dient ein Organigramm. Darin erfolgt von oben nach unten (top down) eine zunehmende Aufgabendifferenzierung und Aufgabendelegation bzw. von unten nach oben (bottom up) eine zunehmende Aufgabenverdichtung und Aufgabenkombination. Die Konfiguration erfolgt nach Funktionen (→ *Funktionsorganisation*) oder nach Objekten (→ *Objektorganisation*). Letztere kann z. B. nach hergestellten/vertriebenen Produkten (→ *Produktorganisation*), nach bedienten Kunden/Kundengruppen (→ *Kundenorganisation*) oder nach bearbeiteten Regionen (→ *Gebietsorganisation*) vorgehen.

Konkurs → *Insolvenzrecht*.

Konossement. Wertpapier, das eine Schiffsladung beschreibt und diese wertmäßig repräsentiert (Analogie: Kfz-Brief und zugehöriges Auto).

Konsignationslager. → *Lager* auf dem eigenen Werksgelände, dessen Inhalt jedoch dem Lieferanten gehört.

Konsolidierung. Im Bereich der → *Finanzierung* die Umwandlung von kurzfristigen Schulden in Eigenkapital oder langfristige Verbindlichkeiten, zumeist zur Stabilisierung der Kapitalstruktur. Oft zur Abwendung oder als Teil einer → *Sanierung* im Rahmen eines (vorbeugenden) → *Krisenmanagements*.

Im Rechnungswesen handelt es sich um die Vorarbeiten zur Erstellung eines → *Konzernabschlusses*. Dabei werden konzerninterne (bilanz- und erfolgsbezogene) Vorgänge aufgerechnet, z. B. Beteiligungen (Kapitalverpflechtungen) oder interne Warenströme und Leistungen (Erfolgskonsolidierung, um »nur intern erwirtschaftete« Erfolge herauszurechnen). Nach HGB ist zu unterscheiden in Konsolidierungs-Gebot (§ 294), -Verbot (§ 295) und -Wahlrecht (§ 296).

Konsortium (auch Arbeitsgemeinschaft). Wird zur Erfüllung zeitlich befristeter und inhaltlich klar abgegrenzter Aufgaben gebildet und nach deren Beendigung dann wieder aufgelöst. Hierbei handelt es sich meist um Aufgaben, deren Durchführung die Leistungskapazität bzw. -bereitschaft einzelner Unternehmen übersteigt. Beispiel sind Versicherungskonsortien (zur Abdeckung von Großrisiken), Bankenkonsortien (z. B. zur Durchführung von Aktienemissionen) oder Baukonsortien (zur Erstellung von Großprojekten, z. B. Flughäfen), auch als ARGE (Arbeitsgemeinschaft) bezeichnet.

Konstant-Modell. Beschreibungsmodell für den Vergangenheitsverbrauch eines Artikels; dient zur Auswahl des Prognoseverfahrens. Beim Konstant-Modell wird von einer gleich bleibenden Verbrauchssituation ausgegangen.

Konstant-Saison-Modell. Beschreibungsmodell für den Vergangenheitsverbrauch eines Artikels; dient zur Auswahl des Prognoseverfahrens. Beim Konstant-Saison-Modell wird von einer gleich bleibenden Verbrauchssituation ausgegangen, bei der sich jedoch zu bestimmten periodisch auftretenden Zeitpunkten Verbrauchsspitzen überlagern.

Konstitutionelle Entscheidungen. Auch als konstitutive Entscheidungen bezeichnet, sind sie von grundlegender Bedeutung und zumeist langfristiger Wirkung. Fehlentscheidungen sind nur schwer oder mit erheblichen Aufwand korrigierbar.

Am Anfang einer Unternehmensgründung stehen zumeist die Idee, die Vision und der Wille zur Selbstständigkeit, denen nunmehr ein sinnvoller Rahmen zu geben ist. Zu den grundsätzlichen Entscheidungen zählen insbesondere:

- Standort; mit seiner Wahl werden zumeist wichtige Weichen gestellt für die weitere Entwicklung, sodass entsprechende Sorgfalt geboten ist, → *Standortwahl*. Der Entscheidungsspielraum ist manchmal durch die Dominanz eines → *Standortfaktors* eingeschränkt. Zusätzlich können persönliche Gründe eine abgewogene Entscheidung beeinflussen oder gar verhindern, z.B. Geburtsstadt, Präferenz für eine Region, bereits vorhandenes Grundstück etc. – beachtenswerte Gesichtspunkte, die aber einer sorgfältigen → *Standortananlyse* nicht im Wege stehen sollten.

– Rechtsform; mit ihr wird die juristische Struktur bestimmt, welche die Rechtsbeziehungen sowohl nach außen (z.B. Vertretung etc. → *Rechtsformen*) als auch nach innen (interne Befugnisse und Beschlussfassungen der Unternehmensleitung) prägt. Zugleich hat sie Auswirkungen auf die Kapitalbereitstellung und die Möglichkeiten der Beschaffung von Fremdkapital, → *Finanzierung*, letztendlich ebenfalls ein wesentlicher Faktor bei der Schaffung der Rahmenbedingungen. Oft wird die Rechtsform auch als das »juristische Kleid« bezeichnet – manchmal als »Firmenkleid«, worunter eigentlich jedoch die sämtlichen Anteile an einer Kapitalgesellschaft verstanden werden, die bei einer nicht mehr aktiven AG oder GmbH gehandelt werden können und beim neuen Unternehmen zu Einsparungen der Gründungskosten führen, gegebenenfalls auch bei Steuern, wenn damit die Übernahme von Verlustvorträgen verbunden ist. Insoweit kann auch dieser Aspekt bei Unternehmensgründung relevant sein. Zur Abwägung der verschiedenen Gesichtspunkte → *Rechtsformwahl*.
– Organisation; sie bezieht sich auf die Schaffung der Strukturen im Unternehmen, u.a. auf die Verteilung vom Kompetenzen, Leitungsbefugnissen, Verantwortungsbereiche etc. und die Regelungen für die Ablaufprozesse, → *Organisation*, und ist somit eine Vorraussetzung, um den Geschäftsbetrieb aufzunehmen.
– Unternehmensleitsätze; mit ihnen sollen die grundlegenden Visionen, Ideen und Ziele, die Basis für die Unternehmensaktivitäten sind, festgehalten werden, sodass sie auch im Tagesgeschäft als Orientierungshilfe dienen können: → *Unternehmensgrundsätze*, → *-kultur*, → *-verfassung* und → *-visionen* sowie → *Zielszenario*.
– Unternehmensstrategie; sie beschreibt insbesondere, wie und mit welchem Leistungsangebot das Unternehmen sich an welche Zielgruppe wenden will, → *Strategie*.

Konstitutionelle Entscheidungen sollen dem Unternehmen Konstanz und Verlässlichkeit geben und sind somit tendenziell längerfristig angelegt. Dennoch können z.B. Marktveränderungen, neue rechtliche und steuerrechtliche Bestimmungen sowie sonstige Entwicklungen im Unternehmensumfeld, aber auch Unternehmenswachstum oder Wechsel bei den Gesellschaftern veranlassen, die getroffenen Entscheidungen zu überdenken und gegebenenfalls zu korrigieren. Es bleibt also wie so oft das Spannungsfeld zwischen langfristiger Stabilität und situationsbezogener Flexibilität. Dabei sind besonders Strategien und Organisationsbereiche regelmäßig zu überprüfen und weiterzuentwickeln.

Auch wenn konstitutionelle Entscheidungen zunächst im Zusammenhang mit der Unternehmensgründung behandelt werden, sind sie also auch begleitend zur Entwicklung des Unternehmens zu sehen. Solche Herausforderungen können in positiven Wachstumsphasen auftreten, aber auch in Krisensituationen, → *Krisenmanagement*.

Konstruktions-FMEA. Gilt für eine Leistung in der Entwicklungs- und Designphase, also beim Entwurf des Produkts, die Absicherung dieses Produkts gegen Schwachstellen aller Art (in Bezug auf Funktionalität, Zuverlässigkeit, Geometrie, Arbeitsmittelauswahl, Wirtschaftlichkeit der Erstellung etc.) betreffend. Dazu erfolgt eine Zerlegung des Gesamtsystems in Teilsysteme, in Teilleistungsgruppen und schließlich in Einzelleistungen.

Konsumentenverhalten. Die Erfassung von typischen Reaktionen und Aktionen der Konsumenten beim Kauf oder der Nutzung eines Produkts / einer Dienstleistung dient dem Ziel, Gemeinsamkeiten und Unterschiede im Verhalten zu finden. Gemeinsamkeiten wirken zielgruppenbildend (→ *Marktsegmentierung*). Konsumentenverhalten und unternehmerisches Beschaffungsverhalten sind voneinander zu trennen. Eine Reihe von Verhaltensmodellen unterstützt die Konsumentenforschung, z.B. Howard/Sheth-Modell, Bernoulli-Modell, Lavington-Modell, Klenger/Krauter-Modell, Amstutz-Modell und das unternehmerische Beschaffungsverhalten, z.B. Sheth-Modell, Modell von Webster/Wind.

Kontenart. In der → *Buchführung* unterscheidet man

a) Sachkonten als Bestandskonten (Aktiv-/Passivkonten), Erfolgskonten (Aufwands-/Ertragskonten) oder Sammelkonten (Eröffnungsbilanz-/Schlussbilanz-/Gewinn- und Verlustkonto) sowie
b) Personenkonten für Mitarbeiter (Lohnbuchhaltung), Kreditoren (für Verbindlichkeiten) und Debitoren (Forderungen).

Kontenplan. Aus einem überbetrieblichen Ordnungsschema (→ *Kontenrahmen*) abgeleitetes betriebsindividuelles Ordnungsschema der Sachkonten. Die Grundgliederung besteht aus zehn Klassen (0–9) für die Zuordnung der Bestands- und Erfolgskonten. Die Klassen sind wiederum in zehn Gruppen (00–99) unterteilt. Bei Bedarf kann weiterhin dreistellig (Artenkonten) oder vierstellig (Unterartenkonten) unterteilt werden. Kontenpläne sind kontinuierlich zu aktualisieren und auf ihre Konsistenz hin zu überprüfen.

Kontenrahmen. Bildet für alle Unternehmen eines Wirtschaftszweigs die einheitliche Grundlage für die Gliederung und Bezeichnung der Konten. Dadurch ist eine Vereinfachung und Vereinheitlichung der Buchungen sowie ein Quer- und Längsschnittvergleich der Inhalte möglich. Die Konten haben einheitliche Nummern nach Dezimalsystem. Die Kontenklasse (0–9) wird durch die erste Stelle der Kontennummer angegeben, die Kontengruppe (0–9) durch die zweite Stelle.

Wirtschaftsverbände empfehlen den Kontenrahmen für alle Unternehmen ihrer Branche. Für Industriebetriebe gelten der Gemeinschaftskontenrahmen der Industrie (GKR) nach Prozessgliederungsprinzip oder der Industriekontenrahmen (IKR) nach Abschlussgliederungsprinzip.

Kontinuierliche Verbesserung → *Kaizen*.

Konto. Zweiseitig geführte Rechnung, die linke Kontoseite bezeichnet man als Soll-, die rechte als Haben-Seite. Alle Zugänge (Bestandsmehrungen) stehen auf der Seite des Anfangsbestands, weil sie diesen erhöhen. Alle Abgänge (Bestandsminderungen) stehen auf der gegenüberliegenden Seite, die auch den Endbestand enthält.

Bei Aktivkonten steht der Anfangsbestand auf der Soll-Seite, der Schlussbestand auf der Haben-Seite, bei Passivkonten ist es genau umgekehrt. Der Schlussbestand wird auch als Saldo bezeichnet; → *Kontoabschluss*, → *Kontenrahmen*, → *Buchführung*.

Kontoabschluss. In der → *Buchführung* wird die wertmäßig größere Seite eines → *Kontos* addiert und als Summe auf die kleinere Seite übertragen, davon werden alle Beträge der kleineren Seite abgezogen. Es ergibt sich ein Saldo als Differenz. Dieser wird auf das jeweilige Abschlusskonto gebucht, bei Unterkonten (z. B. Privatkonten) auf das entsprechende Oberkonto (z. B. Eigenkapitalkonto), bei Erfolgskonten auf das Gewinn- und Verlust-Konto, bei Bestandskonten auf das Schlussbilanzkonto.

Kontokorrentkredit → *Kreditfinanzierung*.

Kontrollmitteilung. Mitteilung auf Grund von Feststellungen anlässlich einer → *Betriebsprüfung* von Verhältnissen dritter Personen, die steu-

GKR (Prozessgliederungsprinzip)	Kontenklasse	IKR (Abschlussgliederungsprinzip)
Anlage- u. Kapitalkonten (ruhende Konten)	0	Sachanlagen u. immaterielle Anlagewerte
Finanzkonten	1	Finanzanlagen
Abgrenzungskonten	2	Umlaufvermögen u. aktive RAP
Bestände – Stoffe (RHB)	3	Eigenkapital, Sonderposten u. Rückstellungen
Kostenarten	4	Verbindlichkeiten u. passive RAP
Kostenstellen	5	Erträge
Herstellkosten	6	betriebliche Aufwendungen
Bestandskonten unfertige u. Fertigerzeugnisse	7	Zinsen, Steuern u. sonstige Aufwendungen
Verkaufs- und Erlöskonten	8	Eröffnungs- u- Abschlusskonten
Abschlusskonten	9	Kosten- u. Leistungsrechnung

Gegenüberstellung von GKR- und IKR-Gliederung beim Kontenrahmen

erlich relevant sein können, vor allem, um Hinweise auf → *Steuerordnungswidrigkeiten* und → *Steuervergehen* zu erhalten. Die Auswertung von Kontrollmitteilungen ist laut § 194 Abs. 3 Abgabenordnung ausdrücklich zulässig. Sie setzen keinen konkreten Verdacht der Steuerverkürzung voraus. Bei Betriebsprüfungen (Außenprüfungen) in Kreditinstituten dürfen allerdings keine Kontrollmitteilungen über Guthabenkonten oder Depots von Bankkunden ausgeschrieben werden.

Konzern. Zusammenschluss mehrerer rechtlich selbstständiger Unternehmen unter einheitlicher Leitung. Im Regelfall sind ein herrschendes und ein oder mehrere abhängige Unternehmen unter einer einheitlichen Leitung zusammengefasst (sog. Unterordnungskonzern, § 18 Abs. 1 AktG). Die Beherrschung kann vertraglich (Beherrschungsvertrag), durch Mehrheitsbeteiligung (Interessendurchsetzung über → *Aufsichtsrat* und → *Vorstand*) oder durch eine vollständige wirtschaftliche Integration des abhängigen Unternehmens begründet werden. Die Mehrzahl der Konzerne ist heute als Holding-Gesellschaften organisiert, d.h., sie halten Beteiligungen an Tochtergesellschaften, ohne in deren operatives Geschäft einzugreifen.

Konzernabschluss. Für den → *Konzern* ist seit 1985 im HGB grundsätzlich der Konzernabschluss (Konzern-Bilanz, -G+V, -Anhang und evtl. -Lagebericht) vorgeschrieben. Er wird auch als konsolidierter Jahresabschluss bezeichnet, da zur Vorbereitung → *Konsolidierungen* durchzuführen sind. Ziel ist es, die einzubeziehenden Unternehmen in ihrer Gesamtheit so darzustellen als wären sie ein einziges Unternehmen (Einheitstheorie). Basis für die Besteuerung bleiben die Jahresabschlüsse der einzelnen Konzernunternehmen. Der Konzernabschluss soll mit der Konsolidierung der konzerninternen Beziehungen möglicherweise unzureichende Einblicke in die Vermögens-, Finanz- und Ertragslage beseitigen und so zur besseren Transparenz beitragen.

Kooperation. Zusammenarbeit von Unternehmen zu größeren Wirtschaftseinheiten mit dem Ziel, bestimmte Vorteile aus der Zusammenarbeit zu realisieren. Wichtiges Merkmal von Kooperationen ist die Erhaltung der rechtlichen und wirtschaftlichen Selbstständigkeit der Beteiligten, als wesentliche Ausprägungen sind → *Kartelle*, → *Konsortien*, → *Unternehmensverbände*, → *Joint Ventures*, → *Franchising* und → *strategische Allianzen* zu nennen. Kooperationen können zwischen Unternehmen derselben Wirtschaftsstufe, z.B. Produktionsunternehmen einer Branche (horizontale Kooperation), zwischen Unternehmen aufeinander folgender Wirtschaftsstufen, z.B. Hersteller – Handel (vertikale Kooperation) oder zwischen branchenfremden Unternehmen (diagonale Kooperation) vereinbart werden.

Koordination. Organisatorische Abstimmung von Einzelaktivitäten im Hinblick auf ein übergeordnetes Gesamtziel. Dies kann im Feedforward-Prinzip erfolgen, also als Vorauskoordination auf Basis von Planung und Standardisierung, oder im Feedback-Prinzip, also als Einzelfallentscheidung. Die Entscheidung erfolgt dann in Linien. Die Koordination erfolgt durch persönliche Weisungen (vertikal, hierarchisch) oder durch Standardisierung (programmierte Entscheidungen). Die Koordination durch persönliche Weisungen erfolgt durch die Leitungsstelle des von der Koordinationsentscheidung betroffenen Bereichs. Die Koordination durch Selbstabstimmung erfolgt durch die Gruppe der von der Koordinationsentscheidung betroffenen Personen. Die Koordination durch Standardisierung bedeutet die Festlegung von Verhaltensvorschriften.

Körperschaft öffentlichen Rechts → *Rechtsformen, öffentlich-rechtliche.*

Körperschaftsteuer. Einkommensteuer für juristische Personen, das sind vor allem Kapitalgesellschaften, Genossenschaften, Stiftungen, Körperschaften und Anstalten des öffentlichen Rechts. Diese juristischen Personen haben eine eigene Rechtspersönlichkeit, d.h., sie können selbst Rechte und Pflichten übernehmen. Im Unterschied zu Personenunternehmen kann es bei Kapitalgesellschaften zwischen Gesellschafter und Gesellschaft Rechtsbeziehungen geben, sodass Gehälter, Mieten und Zinsen an Gesellschafter Betriebsausgaben darstellen.

Bei der Ausschüttung von Gewinnen kommt es seit Veranlagungszeitraum 2001 wieder zur Doppelbesteuerung, die jedoch durch den niedrigen Körperschaftsteuersatz und das Halbeinkünfteverfahren gering ist.

Wie im Einkommensteuerrecht, so gibt es auch im Körperschaftsteuerrecht eine unbeschränkte und eine beschränkte Steuerpflicht. Unbeschränkt steuerpflichtig sind laut § 1 KStG vor allem Kapitalgesellschaften und Genossenschaften, die ihre Geschäftsleitung oder ihren Sitz im Inland haben. Beschränkt steuerpflichtig sind laut § 2 KStG Körperschaften, Personenvereinigungen und Vermögensmassen, die weder ihre Geschäftsleitung noch ihren Sitz im Inland haben, mit ihren inländischen Einkünften. Die sachliche Steuerpflicht bezieht sich auf das erzielte Einkommen eines Kalenderjahrs. Das KStG verweist hinsichtlich des Begriffs und der Ermittlung des Einkommens in § 8 Abs. 1 auf das EStG. Grundsätzlich gehören bei einer Kapitalgesellschaft alle Einkünfte zur Einkunftsart Gewerbebetrieb. Das Einkommen einer Kapitalgesellschaft ist nach folgendem Schema zu ermitteln:

	Gewinn laut Handelsbilanz (missverständlich als Jahresüberschuss bezeichnet)
+	verdeckte Gewinnausschüttungen
–	steuerfreie Vermögensmehrungen (Investitionszulagen, ausländische Gewinne)
+	nicht abzugsfähige Betriebsausgaben gemäß § 4 Abs. 5 EStG
+	nicht abziehbare Aufwendungen gemäß § 10 KStG
+	sämtliche Spenden
=	Summe der Einkünfte
–	abziehbare Aufwendungen gemäß § 9 KStG (vor allem Spenden)
=	Gesamtbetrag der Einkünfte
–	evtl. Verlustabzug gemäß § 10 d EStG
=	Einkommen (= zu versteuerndes Einkommen)

Schema zur Berechnung des Einkommens einer Kapitalgesellschaft

Vom VZ 1977 bis einschließlich VZ 2000 gab es für einbehaltene und ausgeschüttete Gewinne einen unterschiedlichen Steuersatz:

	einbehaltene Gewinne	ausgeschüttete Gewinne
VZ 1977 bis VZ 1989	56 %	36 %
VZ 1990 bis VZ 1993	50 %	36 %
VZ 1994 bis VZ 1998	45 %	30 %
VZ 1999 bis VZ 2000	40 %	30 %
ab VZ 2001	25 %	25 %

Entwicklung der Körperschaftsteuersätze ab 1977

Seit VZ 2001 beträgt der Regelsteuersatz der Körperschaftsteuer laut § 23 Abs. 1 KStG 25 % des zu versteuernden Einkommens. Der Steuersatz gilt unabhängig davon, ob die Gewinne ausgeschüttet oder einbehalten werden. Die Körperschaftsteuerbelastung für einbehaltene Gewinne ist somit in den letzten 25 Jahren von 56% auf 25% gesunken. Unter Einbezug des 5,5 %igen Solidaritätszuschlags ergibt sich seit VZ 2001 nur noch folgende Gesamtbelastung: 25 % KSt + 5,5 % SolZ = 26,38 %.

Hinzu kommt die Gewerbesteuer. Dazu werden hier Gewinn und Gewerbeertrag aus Gründen der Vereinfachung gleichgesetzt. Als Hebesatz werden 400 % angenommen. Es ergibt sich folgender »Gewerbesteuersatz«: 5 % Steuermesszahl · 400 % Hebesatz = 20 %. Diese Gewerbesteuer von 20 % mindert ihre eigene Bemessungsgrundlage und belastet den Gewerbeertrag tatsächlich mit (20 % : 1,2 =) 16,67 %. Da die Gewerbesteuer als Betriebsausgabe den Gewinn mindert, wirkt sie sich nur in Höhe von 16,67 – (26,38 % von 16,67) = 12,27 % aus, sodass sich eine Gesamtbelastung ergibt von: 26,38 % + 12,27 % = 38,65 %. Für ausgeschüttete Gewinne gilt seit Veranlagungszeitraum 2001 bzw. 2002 das → *Halbeinkünfteverfahren*. Die bis einschließlich Veranlagungszeitraum 2000 erforderliche Gliederung des verwendbaren Kapitals fällt nach neuem Recht weg.

Auf die bis 2001 einbehaltenen Gewinne (Gewinnvorträge und -rücklagen) wurde eine jeweils höhere Steuer bezahlt, die bei Auflösung als Erstattungsbetrag der dann auf die Ausschüttung zu zahlenden Steuer gegengerechnet wird. Wegen der damals höheren Besteuerung gegenüber dem jetzt geltenden Steuersatz würden sich hierdurch erhebliche Steuererstattungen ergeben – um diese sofortige Wirkung zu vermeiden, wurde eine Übergangsregelung bis 2016 eingeführt.

Korrektur- und Vorbeugungsmaßnahmen. Qualitätsmanagementphase Bewertung. Die Anforderung besagt, dass jeder Fehler Korrekturmaßnahmen auslösen muss, die sicherstellen, dass der gleiche Fehler nicht weitere Male auftritt. Schon beim Erkennen potenzieller Fehler müssen Vorbeugungsmaßnahmen ergriffen werden. Sehr häufig geben Kundenzufriedenheitsmessungen gute Informationen über fehlerhafte Leistungen oder potenzielle Fehlerquellen. Freigabetests stellen weitere Informationen zur Verfügung.

Wichtig ist die strikte Trennung von Korrekturmaßnahmen (bereits eingetretene Fehler) und Vorbeugungsmaßnahmen (noch nicht eingetretene Fehler). Fehler, die nur mit unverhältnismäßig hohem Aufwand zu beseitigen sind, müssen nicht unbedingt korrigiert werden (Risikoabschätzung).

Korrelationsdiagramm. Element der → *Seven Tools* (Qualitätsmanagement). Damit können Intensität und Richtung eines Zusammenhangs festgestellt werden, dies ist jedoch nicht mit Kausalität zu verwechseln. Die Korrelationsfunktion wird zumeist als Gerade durch eine Punktwolke von Erhebungswerten nach Augenmaß oder Kleinstquadratabweichung etc. eingetragen. Die Stärke des Zusammenhangs wird durch den Wert des Korrelationskoeffizienten gemessen, die Richtung des Zusammenhangs ergibt sich aus dem Vorzeichen der Funktion. Am anschaulichsten für den verbreiteten linearen Fall ist das Bestimmtheitsmaß. Es beantwortet die Frage: Wie viel Prozent der Unterschiede in der abhängigen Variablen (z.B. Fehleranzahl) lassen sich durch Unterschiede der unabhängigen Variablen (z.B. Produktionsmenge) rechnerisch erklären? Das Bestimmtheitsmaß wird 100% bei quasi naturgesetzlichen Zusammenhängen, häufig bei Energieverbrauch in Abhängigkeit von Stückzahlen. Es wird 0% bei völliger Unabhängigkeit der Größen, z.B. Heizung in der Konzernzentrale und Mitarbeiterzahl in weit entfernter Filiale. Die 0% können aber auch einen nicht-linearen Zusammenhang »verdecken«, z.B. mit wachsender Teamgröße steigt zunächst die Produktivität, um oberhalb eines Optimums wieder zu sinken. Hinweis: Rechnerisch gilt für lineare Zusammenhänge: Bestimmtheitsmaß = Quadrat des Korrelationskoeffizienten r, also r2.

Kosten. Leistungsbezogener und zweckgerichteter Verbrauch von Gütern und Dienstleistungen im Rahmen des Betriebsablaufs (Herstellung inkl. Absatz und Zusatzfunktionen) sowie zur Sicherung (Schaffung und Erhaltung) der Betriebsbereitschaft. Zur Abgrenzung der Begriffe »Kosten« einerseits und »Aufwand« im Sinne der → *Buchhaltung* und → *Bilanzierung* andererseits (→ *Kosten- und Leistungsrechnung*). Demnach werden Kosten größtenteils aus Buchhaltungszahlen abgeleitet (bei diesem Bezug auf über kurz oder lang erfolgende Zahlungsvorgänge spricht man vom »pagatorischen Kostenbegriff«).

Steht die Frage »Wie kann ich eine Produktivkraft bzw. einen Produktionsfaktor anderweitig, eventuell lukrativer nutzen?« im Vordergrund, so löst man sich vom Bezug auf Belege und orientiert sich an der jeweiligen Entscheidungssituation (»wertmäßiger Kostenbegriff«, der knappe Ressourcen tendenziell höher, »unterbeschäftigte« tendenziell niedriger bewertet als der pagatorische). Die Benennung von Kosten besteht nicht nur aus Geldeinheiten. Denn eine Aussage »Die Personalkosten betrugen x Euro« muss ergänzt werden um einen Zeit- und/oder Mengenbezug. Beispiel: Für praktische Zwecke nutzbar sind demnach Informationen wie

a) Personalkosten im Monat... (ggf. weitere Ergänzungen, etwa in Abteilung ...),
b) durchschnittliche → *Stückkosten* (also € pro produziertem Stück),
c) Transportkosten in € pro Tonne · Kilometer.

In der Literatur wird das Begriffspaar »direkte/indirekte Kosten« überwiegend als Synonym für »Einzel-/Gemeinkosten« verwendet. Da die Terminologie in der Kostenrechnung z.T. uneinheitlich ist, muss im konkreten Fall stets hinterfragt werden, was als »direkt« bzw. »indirekt« definiert wurde. Gerechnet wird meist nur mit bereits vorhandenen Kosten. Kostenvermeidung kommt meist zu kurz; z.B. vorbeugende/vorsorgende Maßnahmen für Arbeitsschutz, Umweltschutz, Sozialausgaben etc. Weitere Unterteilungen: → *Fixe/variable Kosten*, → *Einzelkosten/Gemeinkosten*.

Kosten, fixe → *Fixe Kosten*.

Kosten, sekundäre → *Sekundäre Kosten*.

Kostenartenrechnung. Siehe dazu den Artikel über Kostenrechnung auf S. 235.

Kostendegression. Ein degressiver Kostenverlauf liegt vor, wenn sich eine höhere Produktionsmenge nur unterdurchschnittlich auf die Gesamtkosten niederschlägt. In anderen Worten: Je höher die Stückzahlen, desto niedriger die Kosten pro Stück (Gesamtkosten geteilt durch Produktionsmenge). Um preisgünstige Waren anzubieten, sollte man somit seine betriebliche Anlage so hoch wie möglich auslasten, also möglichst viel produzieren. Um das Phänomen der

Kostendegression genau zu verstehen, sind folgende Kostenverläufe zu unterscheiden:

a) Proportionale Gesamtkosten: Sie steigen gleichmäßig mit der Produktionsmenge. Daraus folgen konstante Stückkosten.

Beispiel für einen proportionalen Verlauf: Sie telefonieren in einer öffentlichen Telefonzelle und bezahlen 20 Cent pro Einheit. Ihre Kosten steigen entsprechend Ihren verbrauchten Einheiten, die Stückkosten bleiben stets bei 20 Cent.

b) Progressive (überproportionale) Gesamtkosten: Sie steigen überdurchschnittlich mit den Stückzahlen. Daraus folgen steigende Stückkosten.

Beispiel für einen progressiven Verlauf: Sie überziehen Ihr Girokonto über das vereinbarte Kreditlimit hinaus. Bei geduldeten Überziehungen werden oft höhere Zinsen berechnet.

c) Degressive (unterproportionale) Gesamtkosten: Sie steigen schwächer als die Produktionsmenge.

Beispiel für eine degressive Kostensteigerung: Sie bezahlen für Ihr Telefon eine fixe (unveränderliche) Anschlussgebühr und eine variable (veränderliche) Verbrauchsgebühr, die durch die verbrauchten Telefoneinheiten bestimmt wird. Die Stückkosten pro Telefoneinheit errechnen sich aus den Gesamtkosten (Anschlussgebühr plus Verbrauchsgebühr) dividiert durch die Telefoneinheiten. Hier gilt folgende Stückkostentendenz: Je mehr Sie telefonieren, umso geringer werden die Stückkosten. Die Fixkosten lassen sich bei vielen Telefonaten auf mehr Einheiten verteilen als bei wenigen Telefonaten.

Der empirische Sachverhalt der Kostendegression ist nicht nur innerhalb eines Betriebs häufig zu finden, sondern des Öfteren auch im Vergleich von verschiedenen Betriebsgrößen. Je größer die Produktionsanlage, desto niedriger die Stückkosten (»Gesetz der Massenproduktion«). Der Praktiker darf sich nicht nur mit der Stärke (oder Schwäche) von Degressionen in seinem Betrieb und seiner Branche befassen. Er sollte auch nach den Ursachen von Degressionen forschen, da Degressionen nicht naturgegeben sind, sondern oft durch technische Entwicklungen verändert werden. Ursache für degressive Kostenverläufe in einem Betrieb sind Fixkosten.

Unter Fixkosten versteht man unveränderliche Kosten, die immer entstehen, egal ob die Fabrik mit Volldampf arbeitet oder alles ruht, also die Kosten der Industrieanlage, des Maschinenparks etc. Fast unveränderbar sind auch die Kosten für die Dienstbereitschaft bei Eisenbahn, Speditionen und Gastronomie. Selbst wenn ein Restaurant nur wenige Gäste erwartet, sind die Speiseräume herzurichten und verderbliche Lebensmittel einzukaufen. Die Degression zeigt sich deutlich in der zweiten und dritten Zeile unserer Tabelle. Die Produktion schnellt um 300% in die Höhe (von 5 auf 20 Stück), die Gesamtkosten dagegen nur um 50% (von 60.000 auf 90.000 €). Je höher der Fixkostenanteil an den Gesamtkosten, desto stärker schlägt die Degression durch.

Produktmenge in Stück	Fixkosten €	variable Kosten €	Gesamtkosten €	Stückkosten €
0	50.000	0	50.000	0
5	50.000	10.000	60.000	12.000
20	50.000	40.000	90.000	4.500
60	50.000	120.000	170.000	2.833

Beispiel für Kostendegression

Jedoch ist es nicht zwangsläufig, dass sich die Kosten entsprechend der Tabelle entwickeln. Möchte man beispielsweise ein Drei-Schicht-System einführen, um die produzierte Menge von 20 auf 60 Stück zu steigern, dann können einige Kosten überdurchschnittlich steigen. Oft sind Zuschläge für Nacht- und Wochenendarbeit zu bezahlen, Maschinen können bei der Dauerbelastung eines Drei-Schicht-Betriebs überdurchschnittlich verschleißen.

Ursachen für degressive Kostenverläufe zwischen verschiedenen Betriebsgrößen sind:

a) Technische Ursachen: In einigen Branchen arbeiten große Produktionsanlagen produktiver als kleine, z. B. Ölraffinerien, Brauereien, Schmelzöfen und Montagefließbänder.

b) Wirtschaftliche Ursachen: Je größer die Einkaufsmenge, desto stärker steigt die Verhandlungsmacht gegenüber Lieferanten.

Fazit: Ein Praktiker und dynamischer Unternehmer muss zweifach die Augen offen halten. Erstens bezüglich der gegenwärtigen Lage: Wie stark sind die Degressionen in seinem Betrieb? Und gibt es zurzeit Degressionen zwischen verschiedenen Betriebsgrößen? Zweitens bezüglich der Zukunft: Werden sich die Ursachen für degressive Kostenverläufe verändern? Gibt es Technologien und Erfindungen, welche die bisherigen Ursachen für degressive Kostenverläufe zerstören, z.B. Mindestbetriebsgröße und Fixkosten drastisch senken?

Kostenerfahrungskurve. Die preisbereinigten Stückkosten eines Produkts sinken mit der Zunahme der kumulierten Produktionsmenge im Zeitablauf (= Erfahrung). Der Effekt bezieht sich nicht nur auf die Fertigung, sondern auf die gesamte → *Wertkette* des Unternehmens.

Die Beobachtung sinkender Kosten pro Stück ist von vielen empirischen Wirtschaftsforschern bestätigt worden. Die Unternehmensberatung »Boston Consulting Group« hat in den 60er-Jahren des 20. Jahrhunderts einen potenziellen Stückkostenrückgang von 20 – 30% bei Verdoppelung der kumulierten Produktionsmenge ermittelt. Schätzungen von Meffert in den 90er-Jahren berücksichtigen Unterschiede in der Größenordnung des Effekts je nach Branchenzugehörigkeit eines Unternehmens. Er gibt als ungefähre Zahlenwerte für die Automobilbranche 12%, bei Fernsehern 20%, für die Halbleiterbranche 40 bis 50% an. Die Ursachen sind vielfältig, beispielhaft können angegeben werden: Eine stärkere Automatisierung durch Spezialmaschinen oder Roboter wird erst bei höheren Stückzahlen rentabel, kürzere Fertigungszeiten, bessere Kapazitätsanpassung, Lerneffekte, Aus- und Weiterbildung, verbesserte Verfahren, verbesserte Arbeitsorganisation, technischer Fortschritt.

Kostenkennzahlen. Im engeren Sinne sind vor allem Quotienten gemeint, die als Anteil eines Teils am Ganzen (»Gliederungszahlen«, z.B. Kostenart ... in Prozent des Umsatzes) oder als inhaltlich (hoffentlich) sinnvolle Beziehung zwischen zwei Größen (»Beziehungszahlen«, z.B. Prozesskostensätze in Euro pro betriebsinternem Prozess, → *Prozesskostenrechnung*) definiert sind. Im weiteren Sinne sind auch absolute Zahlen pro Monat, Jahr etc. Kennzahlen; Beispiele → *Kennzahlen*, grafische Darstellung. Solche Kennzahlen beinhalten grundsätzlich ein Risiko der Fehlinterpretation und ermöglichen nur in Kenntnis der dazugehörigen absoluten Zahlen die Beurteilung von tatsächlichen Entwicklungen.

Steigt z.B. der Kostensatz für Entsorgungsprozesse, kann dies eine ökonomisch und ökologisch positive Entwicklung anzeigen. Z.B. können bei gleicher Produktion Abfallmengen sinken und so wegen Fixkostendegression Stückkosten steigen. Die Verbesserung kann auf Einführung neuer Produktionsprozesse beruhen, die einen Teil der Abfälle gar nicht entstehend lassen.

Kostenkontrolle. Bewertender, vergangenheitsorientierter Vergleich der → *Ist-Kosten* mit einem Vergleichsmaßstab. In einfachen Vergleichen mit den Ist-Kosten des Vorjahrs, im → *Benchmarking* denen des »klassenbesten« Konkurrenten, am differenziertesten in der → *Plankostenrechnung* mit den vorgegebenen → *Plankosten*. Die Kontrolle kann stattfinden auf Ebene der → *Kostenartenrechnung* (in der → *kurzfristigen Erfolgsrechnung* werden Plan- und Ist-Werte gegenübergestellt, dadurch werden negative Entwicklungen zwecks Gegensteuern früher aufgezeigt, aber auch positive zwecks Nachahmung), der → *Kostenstellenrechnung* und der → *Kostenträgerrechnung* (wobei ein Plan-Ist-Vergleich von Monatszahlen die Wirklichkeit widerspiegelt, ein solcher von Stückkalkulationen durch das »Umrechnen« → *fixer Kosten* auf die Stückzahl aber unrealistisch ist). Kostenkontrolle erfordert also als notwendiges Gegenstück eine → *Kostenplanung*.

Kostenplanung. Ermittlung von Prognosewerten für die Höhe künftiger Kosten. Kosten können und sollen soweit möglich vorausgeplant und berechnet werden (→ *Gewinnmaximierung*). Unerlässlich ist die ständige Beobachtung von Kosten und Absatz und die schnelle Reaktion (→ *kurzfristige Erfolgsrechnung*) insbesondere bei Minusabweichungen, (Ist-Kosten höher als Plankosten und/oder falls der Umsatz unter Plan liegt). In der Theorie wird zuweilen ein Gegensatz zwischen vergangenheitsorientierten Ist- und »am grünen Tisch« errechneten Plankosten behauptet. Realistischere Ergebnisse werden durch ein doppelt abgesichertes Vorgehen erzielt, das Ist-Zahlen der Vergangenheit im eigenen Betrieb, der Branche, beim »Klassenbesten« (→ *Benchmarking*) und theoretische Überlegungen/Modellversuche verwendet, um erreichbare Ziele zu formulieren. Dabei orientiert sich eine Kalkulation am momentan Erreichbaren, während in der Kostenkontrolle anspruchsvollere Ziele gesetzt werden können (Motivationswirkung berücksichtigen). Kostenplanung macht nur Sinn, wenn sie mit → *Kostenkontrolle* zusammenspielt.

Kostenrechnung. Siehe Hauptartikel auf S. 235.

Material-Einzelkosten: unmittelbare Rohstoffe, Zubehör	
+	Personal-Einzelkosten: unmittelbare Arbeitszeit
+	Material-Gemeinkosten: Energie, Miete, Maschinennutzung
+	Personal-Gemeinkosten: Beratungszeit eines Meisters
=	Herstellkosten
+	Verwaltungsgemeinkosten
+	Vertriebsgemeinkosten
=	Selbstkosten

Netto-Verkauferlöse	
–	Selbstkosten
=	Betriebserfolg

Woher stammen die Werte? Die Einzelkosten liefert die Kostenartenrechnung, die Gemeinkosten liefert die Kostenstellenrechnung. Die eigentlichen Monatswerte sollte man durch die Angaben des bisherigen Jahres (z.B. Januar bis März), des Vorjahres und des Budgets ergänzen. Ziel der Kostenträgerstückrechnung ist die Ermittlung der Stückkosten, um Preise zu kalkulieren. Einfach ist das, wenn der Betrieb nur ein identisches Produkt herstellt. Dann teilt man die Gesamtkosten durch die produzierte Menge (Divisionskalkulation).

Beispiel: Eine Rohzuckerfabrik produziert in einem Monat 500 Tonnen Rohzucker. Die Gesamtkosten betragen 1.504.000 €, sodass sich die Stückkosten (Zucker pro Tonne) wie folgt ermitteln: 1.504.000 € / 500 Tonnen = 3.008 € Selbstkosten pro Tonne Rohzucker.

Bei einem Mehrproduktbetrieb ist detaillierter zu verfahren, um die Kosten je Produkt zu ermitteln.

		Produkt A
Material-Einzelkosten		20,00 €
+	Personal-Einzelkosten	+ 20,00 €
+	Material-Gemeinkosten	+ 10,00 €
+	Personal-Gemeinkosten	+ 25,00 €
=	Herstellkosten	75,00 €
+	Verwaltungsgemeinkosten	+ 15,00 €
+	Vertriebsgemeinkosten	+ 10,00 €
=	Selbstkosten	100,00 €
+	10 % Gewinn	+ 10,00 €
=	Preis	110,00 €

Daneben differenziert man zwischen Voll- und Teilkosten. Stückkosten auf Vollkostenbasis bedeutet, dass alle Kosten auf die Produkte umgelegt werden, wie im Rechenbeispiel oben geschehen.

Gegen diese Prozedur kam Kritik auf. Gemeinkosten wie die allgemeine Verwaltung, Mieten und Versicherungen seien durch einzelne Produkte streng genommen überhaupt nicht verursacht. Deshalb dürfe man nur die Einzelkosten den Produkten zuschreiben. Die Teilkostenrechnung war geboren mit ihren Varianten Deckungsbeitragsrechnung, relative Einzelkostenrechnung und Grenzplankostenrechnung. Die Empfehlung der Teilkostenrechnung war: Nimm deine Einzelkosten als absolute Preisuntergrenze.

Diese Empfehlung blieb nicht unwidersprochen. Wenn sich auf gesättigten Märkten viele Unternehmen an diese Preisuntergrenze halten, dann fällt der allgemeine Marktpreis auf dieses Niveau. Bedenkt man weiterhin, dass die zurechenbaren Einzelkosten oft nur 40 % der Gesamtkosten betragen, dann zeigt sich darin die gesamte Dramatik der Kalkulationsempfehlung. Bei Einzelkosten von 40 % deckt der Preis nicht einmal die Hälfte der Gesamtkosten. Der Praktiker sollte sich nicht zu Gunsten eines Kalkulationsschemas entscheiden, sondern alle EDV-gestützten Kostenrechnungsschemata anwenden (soweit es finanziell vertretbar ist). Der utopische und naive Anspruch, verursachungsgerechte Kosten und Preise zu ermitteln, ist fallen zu lassen. Die Kostenträgerrechnung taugt nicht als universelles Schuldzuweisungsinstrument. Besser ist das Motto: »Alle Kostenmodelle sind falsch, aber einige sind hilfreich«. Hilfreich insbesondere, um die Aufmerksamkeit der Unternehmensleitung auf Kostentreiber und Kostenexplosionen zu konzentrieren.

Die Kostenrechnung dient als Entscheidungshilfe: Bei der Preisgestaltung, z.B. die Teilkostenrechnung zur Ermittlung der Preisuntergrenze (positiver Deckungsbeitrag) sowie die Vollkostenrechnung, um die nachhaltig zu erzielenden Erlöse aufzuzeigen. Im Kostenmanagement unterstützt sie die Kostenoptimierung, indem Alternativen beurteilt werden, z.B. auch in Hinblick auf Risiken durch unterschiedliche Relationen von fixen und variablen Kosten.

Kostenrechnung, EDV-Unterstützung. Übertragung insbesondere reiner Rechenarbeiten bei hohen Informationsmengen in der Kostenrechnung vom Menschen auf die EDV. Wichtigster Punkt ist die Kenntnis der Möglichkeiten, vor allem aber der Grenzen des Systems. Computer ersetzen keinesfalls den fehlenden Überblick und können schon gar nicht die Zukunft berechnen.

EDV-Unterstützung in der Kostenrechnung ist in der Praxis von singulären Anwendungen (angefangen bei bloßer Abwicklung von Rechenvorgängen) bis zu integrierten Systemen anzutreffen, die beispielsweise mit Buchhaltungssystemen gekoppelt sind.

Singuläre Lösungen werden vielfach mit Tabellenkalkulationsprogrammen realisiert (bekanntestes Beispiel EXCEL), evtl. in Verbindung mit Datenbanken (wie ACCESS). Sie bieten bereits eine vergleichsweise einfache und komfortable Möglichkeit, auch komplexere Berechnungen mit vordefinierten und selbst definierbaren Funktionen auszuführen, allgemein verständlich zu dokumentieren und grafisch darzustellen.

Entscheidender Vorteil ist die schnelle Änderung von Parametern/Formeln (Vorsicht, Dokumentation) und die sofortige Anzeige der Ergebnisse, d. h., es können Varianten/Szenarien (»was wäre, wenn«) durchgespielt werden. Bei neueren Programmen wird dies durch eingebaute Sonderfunktionen unterstützt (z. B. in EXCEL: Zielwertsuche, Solver, Scenario-Manager; zu beachten ist, dass Zielwertsuche und Solver nicht immer das absolute Optimum finden: diese »tools« denken nicht, sondern probieren).

Ein Nachteil derartiger Lösungsansätze besteht im oft schlecht funktionierenden Im-/Export von Daten; selbst Microsoft-Produkte untereinander haben da zuweilen ihre »Sprachprobleme«.

Die Anschaffung integrierter Systeme ist unter Kosten-, Bedienungs- und Nutzengesichtspunkten gründlich zu überlegen. Als »High-End-Lösungen« gelten hier hoch komplexe Systeme wie die der SAP AG. Deren ausgereifte Technologie ist vorteilhaft für große Datenmassen und Routineprobleme, z. B. der Materialwirtschaft, und sie sind dementsprechend in Großbetrieben fast durchgängig anzutreffen. Jedoch gibt es auch einige Nachteile: der hohe Investitions- und Schulungsbedarf, das Fehlen von Einflussmöglichkeit auf das »Innenleben« (uns ist jedenfalls keine Überlassung der »Quellcodes« bekannt) und zum Teil die Nutzung übervereinfachter Modelle wie der → *Grenzplankostenrechnung*.

Kostenremanenz → *variable Kosten.*

Kostenstellenausgleich → *Verrechnungspreise, innerbetriebliche.*

Kostenstellenrechnung. Siehe Artikel über Kostenrechnung auf S. 235.

Kostenträgerrechnung. Siehe Artikel über Kostenrechnung auf S. 235.

Kosten- und Erfolgscontrolling. Sichert bereichsübergreifend die Wirtschaftlichkeit der eingesetzten Ressourcen und ermöglicht eine erfolgsorientierte Steuerung aller Controllingobjekte (z. B. Unternehmensbereiche, Sparten, Beteiligungen, Projekte). Dieser objektorientierte Ansatz ist bereichsspezifisch zu vertiefen (z. B. durch ein Beschaffungs-, Produktions-, Marketingcontrolling).

Aufgaben sind u. a.

- laufende Erfolgs- und Wirtschaftlichkeitskontrolle,
- Aufzeigen und Bewertung von Anpassungsmaßnahmen an veränderte Markt- und Unternehmensverhältnisse (z. B. Preispolitik, Sortimentsbereinigung, produktionstechnische Anpassungsmaßnahmen).

Instrumente sind die

- Kostenartenanalyse (Einzelkosten, Gemeinkosten, variable Kosten, fixe Kosten) zur Schaffung von Transparenz hinsichtlich Kostenhöhe und Kontierungsobjekt,
- Kostenstellenanalyse zur Wirtschaftlichkeitskontrolle der entstandenen (Gemein-) Kostenarten und erbrachten Leistungen auf der Kostenstelle,
- Prozesskostenanalyse zum Aufspüren von Rationalisierungspotenzialen in den indirekten Leistungsbereichen und damit Verbesserung der Effizienz der Geschäftsprozesse, zur verursachungsgerechteren Verrechnung der dort entstandenen Gemeinkosten auf Kostenträger und Verbesserung von Entscheidungsgrundlagen für strategische und operative Produktentscheidungen,
- Kalkulationsanalyse zur Erfassung und Kontrolle der einzelnen Komponenten der Kalkulation in ihrer Höhe und Bedeutung,

- Kostenträgererfolgsanalyse zur Gewinnung relevanter Steuerungsinformationen (z.B. Deckungsbeiträge, Erfolgsgrößen, Umsatzgrößen, Kennzahlen) bezogen auf die jeweiligen Kalkulationsobjekte.

Kosten- und Leistungsrechnung. Betriebliches Gesamtsystem der Erfassung (der Mengen) und Bewertung (in Geldeinheiten) des für betriebliche Zwecke verwendeten Inputs (»Kosten«) und des dadurch entstandenen Outputs (»Leistungen«). Die Kosten- und Leistungsrechnung bildet neben der alle innerbetrieblichen Mengendaten erfassenden Statistik und der zukunftsorientierten Planungsrechnung den wesentlichen Baustein des internen Rechnungswesens.

Da die Kosten- und Leistungsrechnung in einem Unternehmen angewendet wird, stehen ihre entscheidungsorientierten Informationen in der Regel nur den eigenen Mitarbeitern zur Verfügung. Damit ist sie vom externen Rechnungswesen mit der Bilanz und der Gewinn- und Verlustrechnung (Aufwand und Ertrag) und den außerhalb des Unternehmens befindlichen Empfängern, wie z.B. Banken und Aktionären, deutlich abzugrenzen.

Die Kostenrechnung bildet den auf eine Periode bezogenen und betriebsbedingten Werteverzehr der Produktionsfaktoren ab. Sie hat die Aufgabe, die Kosten möglichen Verursachern gerecht zuzuordnen und für eine entscheidungsgerechte Transparenz der Kostensituation zu sorgen. Dazu werden die verbrauchten, d.h. verzehrten Mengen der Produktionsfaktoren mit den entsprechenden Einkaufspreisen bewertet (Kosten = Einkaufspreis · Menge). Bei der Schilderung der Kosten- und Leistungsrechnung steht zumeist das Gebiet der → Kostenrechnung im Mittelpunkt.

Die Leistungs- bzw. Erlösrechnung stellt die »andere Seite der Kostenmedaille« dar. Hier werden die betrieblichen Leistungen erfasst. Die den Kosten gegenüberstehenden Umsatzerlöse ergeben sich aus den mit Verkaufspreisen bewerteten abgesetzten Mengen (Umsatz = Verkaufspreis · Menge). Die auf Lager gehenden Produkte (die Lagerleistungen) werden mit den → *Herstellkosten* bewertet. Für innerbetriebliche Leistungen werden → *Verrechnungspreise* gebildet.

Die Kosten- und Leistungsrechnung arbeitet mit Grundkosten, die Aufwendungen des externen Rechnungswesens entsprechen, und mit Kosten, die keine Aufwendungen darstellen, den sog. Zusatzkosten. Dies sind kalkulatorische Kosten, wie z.B. der kalkulatorische Unternehmerlohn, die kalkulatorischen Zinsen und die kalkulatorischen Mieten. Sie geben an, wie viel ein Unternehmer für seine Arbeitskraft, sein Geldkapital und seine Immobilien erzielen könnte, wenn diese statt im eigenen Unternehmen anderweitig verwendet würden (z.B. wenn der Unternehmer abhängig beschäftigt wäre). Sie entspringen damit dem Denken in Opportunitätskosten. Außerdem werden Kosten verwendet, die im externen Rechnungswesen in anderer Höhe existieren, die sog. Anderskosten. Dies sind beispielsweise die kalkulatorischen im Gegensatz zu den bilanziellen Abschreibungen (→ *kalkulatorische Kosten*).

Die Kostenrechnung gliedert sich in Kostenarten-, Kostenstellen- und Kostenträgerrechnung. Die Kostenträgerrechnung wird nochmals unterteilt:

1. in die Kostenträgerstückrechnung (hier erfolgt die Kalkulation der einzelnen Produkte) und
2. die Kostenträgerzeitrechnung (hier werden für unterjährige Zeitabschnitte Kosten ermittelt, um sie Erlösen gegenüberzustellen und damit ein Betriebsergebnis zu bilden).

Die Erlösrechnung gliedert sich, wie die Kostenrechnung, in Erlösarten-, Erlösstellen- und Erlösträgerrechnung.

Die Gegenüberstellung der Kosten und der Erlöse geschieht in der (kurzfristigen) → *Erfolgsrechnung*. Kostenrechnungssysteme können in den Dimensionen Verrechnungsumfang und Kosteninhalt aufgebaut werden. Als Ersteres wird der Umfang, in dem Kosten auf die Kostenträger verrechnet werden, bezeichnet. In der »traditionellen« Vollkostenrechnung werden alle Kosten, d.h. Einzel- und Gemeinkosten, den Kostenträgern zugerechnet. Eine »moderne« Teilkostenrechnung ordnet nur einen Teil der Kosten (→ *variable Kosten*, → *Grenzplankostenrechnung*, → *Deckungsbeitragsrechnung*) oder relative Einzelkosten (→ *relative Einzelkostenrechnung*) Kostenträgern zu. Als Kosteninhalt wird der Zeitbezug näher betrachtet. → *Ist-Kosten* sind tatsächlich angefallene Kosten einer vergangenen Abrechnungsperiode, d.h., Menge und Preise sind bekannt. Für das Controlling wird auch eine → *Plankostenrechnung* benötigt. Hier werden

Mengen und Preise geplant. Die Gegenüberstellung von Plan- und Ist-Kosten ermöglicht Soll-Ist-Vergleiche, Abweichungsanalysen und das Ergreifen von Gegensteuerungsmaßnahmen. Darüber hinaus kennt die Kostenrechnung noch sog. Normalkosten. Sie werden als Durchschnittswerte von vergangenen Ist-Werten gebildet.

Kosten- und Leistungsrechnung, Zwecke. Mit der Kosten- und Leistungsrechnung wird eine möglichst verursachungsgerechte Kostenzuordnung und eine hohe interne Transparenz der Kostensituation angestrebt. Die Kosten- und Leistungsrechnung hat dazu methodisch zunächst einmal den Zweck,

a) die Kosten (und Erlöse) systematisch zu erfassen (Kostenartenrechnung),
b) sie den Orten der Kostenentstehung zuzuordnen (Kostenstellenrechnung),
c) die Kosten eines einzelnen Produktes zu ermitteln (Kostenträgerstückrechnung) und
d) das Betriebsergebnis in festgelegten, unterjährigen Abrechnungsperioden zu ermitteln (Kostenträgerzeitrechnung).

Grundsätzlich liefert die Kostenrechnung Informationen zur Preisstellung, d. h. zur Preiskalkulation und zur Preisbeurteilung. Hier werden Preisuntergrenzen für das Marketing (→ *Deckungsbeitragsrechnung*) und → *Verrechnungspreise* für interne Leistungen ermittelt. In der Vergangenheit hat die Kostenrechnung vorwiegend zur Bildung des individuellen Angebotspreises gedient. Hauptaufgabe war also die Kalkulation. Darüber hinaus ermöglicht die Kostenrechnung die Kontrolle der Wirtschaftlichkeit des Unternehmens und seiner Teile.

Zur Lösung dieser Überwachungsaufgabe können Zeit-, Betriebs- und Soll-Ist-Vergleiche durchgeführt werden. Außerdem liefert die Kostenrechnung Informationen zur Bestimmung des Betriebsergebnisses (Aufgabe der Erfolgsermittlung) sowie zur wertmäßigen Ermittlung der Bestände und der selbst erstellten Anlagen (Bewertungsaufgabe). Darüber hinaus dient die Kosten- und Leistungsrechnung dem Management eines Unternehmens zur Entscheidungsunterstützung, d.h., sie soll die kurzfristigen, operativen Planungs- und Steuerungsaufgaben mit passenden Informationen unterstützen.

Wesentliche Entscheidungsbereiche stellen dabei

a) die Sortimentsoptimierung,
b) die Ermittlung der kostengünstigsten Produktionsverfahren,
c) die Maschinenbelegung,
d) die Wahl des kostengünstigsten Absatzweges,
e) die Bestimmung des Erfolges von Vertriebsgebieten und
f) die Frage der Eigenerstellung oder des Fremdbezuges (make or buy) dar. Leistungsfähigstes Instrument in der Praxis: → *Deckungsbeitragsrechnung*.

Kostenverantwortung → *Verursacherprinzip, betriebs- und volkswirtschaftlich*.

Kostenvergleichsrechnung → *Investitionsrechnung, statistische Kalküle der*.

K-Punkt. Kontrollpunkt im → *Materialfluss*.

Kragarmregal. Lagertyp zu Aufnahme von → *Langgut*.

Kredit. Kann von einem Anbieter (Verkäufer) eines Produkts/einer Leistung an den Abnehmer (Unternehmen, Handel, Endkunden) direkt vergeben oder über eine Bank in Anspruch genommen werden. Kredite lassen sich unterteilen nach dem Verwendungszweck (z. B. Investitionskredit, Umsatzmittelkredit, Produktionskredit, Zwischenfinanzierungskredit) und den Kreditempfängern (Lieferantenkredit, Konsumentenkredit, Kundenanzahlung). Typische Kreditarten sind Absatzgüterkredite, der Kontokorrentkredit (in Form des Betriebsmittel-, Dispositions-, Saison-, Umsatz- oder Anlagekredits), Wechseldiskontkredit (Diskontkredit), Überbrückungskredit bzw. Zwischenkredit, Lombardkredit, Ratenkredit, Realkredit (Hypothekarkredit), Leasing-Kredit, Factoring-Kredit, Kreditleihe (Akzeptkredit, Avalkredit).

Kreditfinanzierung. Finanzierung durch einen Kreditvertrag oder eine indirekte Kreditvereinbarung, in der als Gegenleistung für die Kreditvergabe eine Rückzahlung sowie Zinszahlungen und/oder andere Vorteile und Rechte zu Gunsten des Geldgebers vereinbart werden. Systematisiert nach der vertraglichen Grundlage der Finanzierung, lassen sich Kreditfinanzierungen aus laufenden Geschäften und aus (kurz- und langfristigen) Kreditgeschäften unterscheiden; weitere Aspekte → *Finanzierung*).

Finanzierungen aus laufenden Geschäften (aus leistungswirtschaftlichen Transaktionen):
- Kundenanzahlungen,
- Lieferantenkredit,
- Stundungsfinanzierung.

Finanzierung aus Kreditgeschäften (aus finanzwirtschaftlichen Transaktionen):
- Kurzfristige Kredite:
  Kontokorrentkredit,
  Diskontkredit,
  Lombardkredit,
  Akzeptkredit,
  Avalkredit;
- Langfristige Kredite:
  Bankdarlehen,
  Schuldscheindarlehen,
  Obligation oder Anleihe.

Finanzierungen aus leistungswirtschaftlichen Transaktionen sind an ein Grundgeschäft gebunden und nicht nur aus finanzwirtschaftlicher Perspektive zu optimieren. Eine Anzahlungsfinanzierung liegt vor, wenn ein Kunde vor Leistungserstellung bereits einen Teil des Kaufpreises bezahlt. Der Lieferantenkredit entsteht, indem ein Lieferant Waren liefert, die erst zu einem späteren Zeitpunkt (z.B. nach 30 Tagen) bezahlt werden müssen. Die Ausnutzung eines Lieferantenkredits ist oft auch recht einfach, jedoch bedeutet sie in der Regel eine teure Finanzierung, wenn dabei auf Skontoabzüge verzichtet wird. Stundungsfinanzierungen resultieren ebenfalls aus dem zeitlichen Auseinanderfallen der Entstehung einer Zahlungsverpflichtung und der tatsächlichen Zahlung. Beispiele sind die Vergütung der Mitarbeiter am Ende des Monats oder der Aufbau von Arbeitzeitkonten durch die Mitarbeiter.

Die kurzfristige Kreditfinanzierung aus finanzwirtschaftlichen Transaktionen ist im Wesentlichen eine Bankenfinanzierung. Der Kontokorrentkredit ist eine Vereinbarung zwischen Kreditinstitut und Unternehmen, die es dem Unternehmen gestattet, das Geschäftskonto bis zu einer Höchstgrenze (Kreditlinie) zu überziehen. Der Diskontkredit entsteht durch den Ankauf eines → *Wechsels* vor seiner Fälligkeit durch eine Bank. Als Lombardkredit wird ein kurzfristiger Bankkredit bezeichnet, der durch die Verpfändung beweglicher Sachen oder Rechte gesichert ist. Als Pfand dienen häufig Wertpapiere; es handelt sich dann um einen Effektenlombardkredit. Der Akzeptkredit besteht aus einer Vereinbarung zwischen Unternehmen und Kreditinstitut, in der sich das Kreditinstitut verpflichtet, bis zu einer bestimmten Wertgrenze vom Unternehmen ausgestellte Wechsel als Schuldner zu akzeptieren. Das so genannte Bankakzept verbessert die Qualität des Wechsels. Die Bank erhält für die übernommene Wechselverpflichtung eine Akzeptprovision. Der Avalkredit ist eine → *Garantie* oder → *Bürgschaft* eines Kreditinstituts für Leistungen des Kreditnehmers gegenüber anderen Personen oder Unternehmen. So wird z.B. ein Anzahlungsaval eingesetzt, um dem Anzahlungsgeber die Sicherheit zu geben, dass der Anzahlungsempfänger die angezahlte Leistung auch tatsächlich erbringt. Ist der Kreditnehmer hierzu nicht willens oder in der Lage, erstattet das Kreditinstitut dem Anzahlungsgeber die Anzahlung zurück. Die Bank erhält für die Garantieübernahme eine Avalprovision.

Das langfristige Bankdarlehen ist die Standardform der langfristigen Fremdkapitalfinanzierung kleiner und mittelständischer Unternehmen. Im Darlehensvertrag werden die Kreditbedingungen festgelegt. Dies sind u.a. die Kredithöhe und der Auszahlungsbetrag (Differenz = → *Disagio*), Kreditlaufzeit, Termine und Höhe der Rückzahlungen (→ *Tilgung*), Zinshöhe und Zinstermine sowie die zu stellenden Kreditsicherheiten (→ *Kreditsicherungsrecht*).

Ein Schuldscheindarlehen sind Großkredite, die meist langfristig von Kapitalsammelstellen (das sind im Wesentlichen Versicherungen, Bausparkassen und Banken) an Schuldner höchster → *Kreditwürdigkeit* vergeben werden. Die Kreditverträge in der Form von Schuldscheinen können von den Kapitalgebern während der Kreditlaufzeit verkauft werden, d.h., sie sind marktfähig. Industrieobligationen, auch Industrieanleihen genannt, sind langfristige Darlehen, die Großunternehmen über die Börse aufnehmen. Der Gesamtbetrag der → *Anleihe* wird in Teilbeträge gestückelt, die dann als Teilschuldverschreibungen an der Börse eingeführt und danach gehandelt werden. Grundlage für alle Formen der Kreditfinanzierung ist die → *Kreditwürdigkeit* oder Bonität des Kreditnehmers.

Aus Sicht des finanzierenden Unternehmens weisen die unterschiedlichen Kreditfinanzierungen spezifische Vorteile und Nachteile auf.

Kreditgarantiegemeinschaften (oder Bürgschaftsbanken). Landesgarantiekassen sind öffentlich-rechtliche Einrichtungen, deren Aufgabe es ist, für Klein- und Mittelbetriebe Bürgschaften gegenüber Kreditgebern zu übernehmen. Ziel ist die Unterstützung dieser Betriebe bei der Krediterlangung. Kreditgarantiegemeinschaften sind überwiegend branchenorientiert und in nahezu allen Bundesländern zu finden (→ *Subventionsfinanzierung*).

Kreditlaufzeit. Zeitdauer von der Aufnahme des → *Kredits* bis zu dem Zeitpunkt, zu welchem der → *Kredit* vollständig getilgt sein muss (→ *Tilgung*, Tilgungsplan eines Kredits).

Kreditlimit. Der maximale ausstehende Betrag, der einem Kunden gewährt wird.

Kreditpolitik. Mit der Kreditpolitik im Vertrieb wird seitens des Abnehmers das Ziel verfolgt, zu einem möglichst frühen Zeitpunkt das Produkt bzw. die Leistung zu erhalten und erst zu einem späteren Zeitpunkt den Kaufpreis zu bezahlen. Durch den Zahlungsaufschub (→ *Kredit*) werden gegenwärtig nicht zahlungsfähige potenzielle Kunden in die Lage versetzt, das Produkt zu kaufen bzw. die Leistung in Anspruch zu nehmen.

Kreditsicherungsrecht. Im Zusammenhang mit Kredit- und Finanzierungsgeschäften (Darlehen, Abzahlungskauf, finanzierter Kauf, Finanzierungsleasing etc.) sind Kreditsicherheiten erforderlich. Dies ist ein Spezialgebiet des → *Bürgerlichen Rechts*, das dem → *Bankrecht* nahe steht. Es wird zwischen den Sachsicherheiten und den Personalsicherheiten unterschieden.

Sachsicherheiten: Ein Pfandrecht kann durch Gesetz oder durch Rechtsgeschäft erworben werden. Für Kaufleute sind die gesetzlichen Unternehmer-, Vermieter- und Verpächterpfandrechte relevant. Im → *Handelsrecht* bestehen gesetzliche Pfandrechte des Kommissionärs, des Spediteurs, des Lagerhalters und des Frachtführers. Sicherungseigentum entsteht durch einen Sicherungsübereignungsvertrag. Der Eigentumsübergang erfolgt durch Einigung und Vereinbarung eines Besitzkonstituts (→ *Sachenrecht*). Infolge des Bestimmtheitsgrundsatzes erfordert z.B. die Sicherungsübereignung eines Warenlagers die Kennzeichnung der Sachen, z.B. durch Raumsicherung, Markierungssicherung oder Inventarsicherung. Der Eigentumsvorbehalt ist eine Vereinbarung im Kaufvertrag oder bei der Lieferung. Die Übereignung der Kaufsache steht unter der aufschiebenden Bedingung vollständiger Kaufpreiszahlung. Nach dem Grundsatz der Vertragsfreiheit haben sich in der Praxis bedarfsorientierte Formen des Eigentumsvorbehalts herausgebildet (→ *Sachenrecht*). Die Sicherungszession besteht in der Abtretung einer Forderung zum Zweck der Sicherung. Der Zessionar ist als Sicherungsnehmer zur Einziehung der Forderung erst im Insolvenzfall des Zedenten berechtigt. Bei Zusammentreffen mit dem Eigentumsvorbehalt ist die Sicherungszession nachrangig. Das Grundpfandrecht ist ein dingliches Recht an einem Grundstück. Es kann als Hypothek, Grundschuld oder Rentenschuld bestellt werden (→ *Sachenrecht*).

Personalsicherheiten: Die → *Bürgschaft* gehört zu den wichtigsten Personalsicherheiten; sie ist ein streng akzessorisches Sicherungsrecht. Die Garantie ist dagegen ein nicht formbedürftiges und nicht akzessorisches Sicherungsrecht. Es handelt sich um die vertragliche Übernahme der Haftung für einen eventuellen Schadenseintritt. Der Schuldbeitritt erfordert einen Vertrag zwischen dem Gläubiger der Forderung und dem Übernehmer. Es entsteht eine Gesamtschuld. Der Übernehmer tritt neben den bisherigen Schuldner.

Literaturempfehlung: Weber: Kreditsicherheiten, 6. Auflage, München 1998.

Kreditstand (Restschuld). Rückzuzahlender (ursprünglicher) Kreditbetrag abzüglich der bereits geleisteten Tilgungszahlungen (→ *Tilgungsrate*).

Kreditoren. Gläubiger, i.w.S. aller Art, z.B. Bank- und Darlehensgläubiger; i.E.S. eines Unternehmens aus Lieferungen auf Kredit. In der Buchhaltung Kreditoren-Konten als Gegenbuchung zum Warenbezug.

Kreditprovision. Die von Kreditinstituten berechnete Bereitstellungsprovision für zugesagte Kredite, die nicht oder nicht rechtzeitig abgerufen werden.

Kredittilgungsplan. Schema in Tabellenform, in dem die sich aus den vereinbarten Kreditkonditionen für die einzelnen Perioden der → *Kre-*

ditlaufzeit ergebenden Tilgungs- und Zinszahlungen sowie → *Kreditstände* in übersichtlicher Form dargestellt werden.

Kreditwürdigkeit (Bonität). Die Fähigkeit und Bereitschaft einer Person oder eines Unternehmens, die im Rahmen einer Finanzierung übernommenen Zahlungsverpflichtungen zukünftig zu erfüllen, wird als Kreditwürdigkeit bezeichnet. Der Grad der Kreditwürdigkeit wird im Rahmen von Kreditwürdigkeitsprüfungen ermittelt. Art und Umfang dieser Kreditwürdigkeitsprüfungen variieren abhängig von der Art, Höhe und Laufzeit des Kredits und sind in ihren Details von den spezifischen Erfahrungen und Regelungen des Kreditgebers abhängig. Ein standardisiertes Kreditwürdigkeitsurteil ermitteln Rating-Agenturen (→ *Rating*) und Wirtschaftsauskunfteien als Dienstleistung für die Kreditgeber bzw. auch für die Kreditnehmer. Die wichtigsten Elemente der Kreditwürdigkeitsprüfung sind folgende:

Persönliche Kreditwürdigkeit	Wirtschaftliche Kreditwürdigkeit
– unternehmerische Fähigkeiten – fachliche Qualifikation – Erfahrung – Führungsqualitäten – Zuverlässigkeit	– Markt- und Branchenentwicklung – Vermögens-/Finanz-/Ertragssituation – Spezifische Unternehmensrisiken – Kreditverwendung – Sicherheiten

Kriterien der Kreditwürdigkeitsprüfung

Als Informationsgrundlage für die Kreditwürdigkeitsprüfung dienen neben den Jahresabschlüssen vergangener Jahre Geschäftpläne und insbesondere Finanzpläne über den Kreditzeitraum. Persönliche Gespräche mit dem Kreditnehmer, Branchenexperten, Kunden und Mitarbeitern sowie Betriebsbesichtigungen dienen der Informationsgewinnung über »weiche«, qualitative Faktoren der Kreditwürdigkeitsprüfung. Obwohl nicht unumstritten, kommt der Jahresabschlussanalyse sowie den Kreditsicherheiten bei der Kreditwürdigkeitsprüfung entscheidende Bedeutung zu. Die Jahresabschlussanalyse wird von Kreditinstituten regelmäßig dazu genutzt, Entwicklungen in den Bilanzkennzahlen zu identifizieren, die auf drohende finanzielle Probleme des analysierten Unternehmens hinweisen. In zahlreichen Studien wurden Bilanzkennzahlen auf ihre Prognosekraft hinsichtlich einer zukünftigen Insolvenz untersucht. Einige Kennzahlen tauchen in diesen Studien verstärkt auf und finden daher auch bei der Kreditwürdigkeitsanalyse erhöhte Aufmerksamkeit. Hierzu zählen:

$$\text{Eigenkapitalquote} = \frac{\text{Eigenkapital}}{\text{Bilanzsumme}}$$

$$\text{Langfristiger Deckungsgrad} = \frac{\text{Eigenkapital + langfristiges Fremdkapital}}{\text{Anlagevermögen}}$$

$$\text{Tilgungskraft} = \frac{\text{Cashflow}}{\text{Fremdkapital}}$$

$$\text{Eigenkapitalrentabilität} = \frac{\text{Gewinn}}{\text{Eigenkapital}}$$

Ein Vergleich der → *Kennzahlen* im Zeitablauf und mit anderen Unternehmen der Branche kann auf Probleme hindeuten, die einer weiteren Analyse zu unterziehen sind.

Klasse R1	Kurz- und mittelfristig äußerst stabil; langfristig sehr stabil; zahlungsfähig auch bei schwersten ungünstigen Entwicklungen
Klasse R2	Kurz- und mittelfristig sehr stabil, langfristig stabil, Rückzahlungsquellen auch bei anhaltend ungünstigen Entwicklungen genügend
Klasse R3	Kurz- und mittelfristig auch bei größeren Schwierigkeiten zahlungsfähig; langfristig können kleine ungünstige Entwicklungen aufgefangen werden
Klasse R4	Kurzfristig sehr stabil; innerhalb eines Jahres sind kreditgefährdende Änderungen nicht zu erwarten; mittelfristig genügend Substanz, um überleben zu können; langfristige Entwicklung noch unsicher
Klasse R5	Kurzfristig stabil; innerhalb eines Jahres sind kreditgefährdende Änderungen nicht zu erwarten; mittelfristig können nur kleine ungünstige Entwicklungen aufgefangen werden
Klasse R6	Weitere ungünstige Entwicklungen können bereits innerhalb von Monaten zu Kreditverlusten führen
Klasse R7	Kreditverluste (Kapital und/oder Zinsen) sind mit hoher Wahrscheinlichkeit zu erwarten
Klasse R8	Kreditverluste (Kapital und/oder Zinsen) müssen angenommen werden; es besteht Rückstellungsbedarf; weitere ungünstige Entwicklungen führen direkt zu Kreditverlust

Beispiel einer Risikoklassifikation

Kreditsicherheiten vermindern das Ausfallrisiko unmittelbar und sind damit für die Kreditwürdigkeit von wesentlicher Bedeutung. Zu unterscheiden sind Personalsicherheiten (→ *Bürgschaften* und → *Garantien*) und Realsicherheiten (→ *Eigentumsvorbehalt*, → *Forderungsabtretung*, → *Sicherungsübereignung*, Hypothek, Grundschuld). Regelmäßig wird der mit dem Kredit finanzierte Vermögenswert als Sicherheit herangezogen. Ergebnis der Kreditwürdigkeitsprüfung ist häufig die Einstufung des Kreditnehmers (evtl. auch der Bürgen) in eine Risikoklasse. Von dieser Einstufung hängen die Kreditvergabe und die Konditionen der Kreditvergabe ab; bei höherem Risiko ist von einer erhöhten Zinsforderung des Kreditgebers auszugehen.

In der Tabelle (S. 243) wird die Risikoklassifizierung einer großen internationalen Bank exemplarisch wiedergegeben. Kreditwürdigkeitsprüfungen werden nicht nur vor dem Abschluss von Kreditverträgen, sondern auch während der Kreditbeziehung durchgeführt, um auf eine Verschlechterung der Kreditwürdigkeit rechtzeitig reagieren zu können. Im Rahmen einer aktiven Gestaltung der Finanzierungsbeziehungen stellt die Pflege der Kreditwürdigkeit eine wesentliche Aufgabenstellung des unternehmerischen → *Finanzmarketings* dar.

Kreislaufwirtschaftsgesetz. Grundidee ist dabei, alle anfallenden nicht vermeidbaren Rückstände aus Produktion und Konsum als Sekundärrohstoffe in den Wirtschaftskreislauf zurückzuführen; Ziel ist es, bis zum Jahre 2010 eine vollständige Kreislaufwirtschaft in der BRD einzuführen. Die Förderung umweltverträglicher Kreislaufwirtschaft erfolgt mittels Stoffbilanzen, d.h. Bilanzen über den Verbleib von Rückständen. Das Vermeiden oder stoffliche Verwerten geht dabei vor der energetischen Verwertung, vor der Abfallbehandlung und vor der Abfallentsorgung. Es fordert Hersteller und Vertreiber zur neuen Produktverantwortung auf, damit umweltverträgliche Produkte entwickelt, produziert und bislang offene Stoffkreisläufe geschlossen werden. Das zwingt Hersteller dazu, den ganzen Lebenszyklus eines Produkts als ganzheitliches System zu betrachten. Vor allem Rücknahmepflichten der Hersteller und Vertreiber für Altprodukte sollen die Demontage und Wiederverwertung zu einem zentralen Punkt der Kreislaufwirtschaft machen. Dafür sind bundesweit Abfallwirtschaftskonzepte zu erarbeiten.

Krisenmanagement. Nach neuerer und vorherrschender Meinung können Unternehmenskrisen als ungeplante und ungewollte Prozesse von begrenzter Dauer und Beeinflussbarkeit definiert werden, durch die überlebensrelevante (dominante) Ziele beeinträchtigt werden, deren Gefährdung oder Nichterreichung zugleich die Existenz des Unternehmens gefährdet oder gar vernichtet. Dominante Basisziele beziehen sich auf: Liquidität, Gewinnstreben und (auch strategische) Erfolgspotenziale. Entsprechend unterschiedlich können die Krisensituationen und die Maßnahmen zu ihrer Behebung sein. Der Ausgang der Bedrohung ist ambivalent; sowohl die erfolgreiche Bewältigung der Krise ist möglich als auch im Extremfall die Vernichtung des Unter-

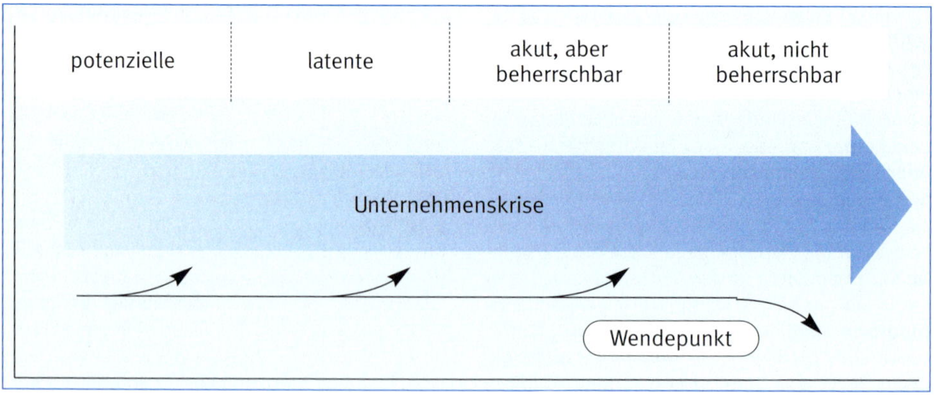

Abb. 38: Phasen einer Krise im Prozess

nehmens. Abb. 38 zeigt die Phasen einer Krise im Prozess. Dabei ist zu beachten, dass auch aus generell Erfolg versprechenden Strategien mit guten Chancen potenzielle Risiken entstehen können.

Krisenmanagement als besondere Form der Unternehmensführung soll Krisen vermeiden oder bewältigen. Zur Bewältigung zählen z. B. auch → *Sanierungen*, möglichst auf der Grundlage einer ausreichenden Ursachenanalyse. Der Krisenvermeidung durch frühzeitiges Erkennen kritischer Entwicklungen und rechtzeitiges Gegensteuern kommt besondere Bedeutung zu. Die Bezeichnung »Krisenbewusstes Management" betont die permanente Beachtung der Aspekte in der Unternehmensführung.

Kritische Ereignismessung. Kundenbezogene, ereignisorientierte Servicequalitätsmessung (CIT). Von allen Ereignissen wird nur der Teilbereich der subjektiv als qualitätsrelevant wahrgenommenen (d. h. besonders zufrieden stellenden oder besonders unbefriedigenden) Ereignisse beurteilt, da ihnen die größte Bedeutung zukommt. Dazu werden zunächst aus allen wahrnehmbaren die positiv oder negativ herausgehobenen Ereignisse selektiert. Von diesen wird angenommen, dass sie die Teilqualitäten im Einzelnen überstrahlen. Damit kommt es zu einer Vereinfachung der Erhebung und zur Vermeidung der Überforderung der Auskunftspersonen.

Kryptographie. Wissenschaft zur Konstruktion von Verfahren der Datenverschlüsselung, zugleich Sammelbezeichnung für Verschlüsselungsprogramme von Dateien sowohl vor als auch nach der Datenübertragung.

Kryptologie. Verschlüsselung von Informationen durch Kommunikationspartner in eine für außen stehende unverständliche Form, um den Inhalt der Daten und Fakten zu schützen.

Kulanz. Entgegenkommen im Geschäftsverkehr, z. B. gegenüber Kunden ohne Verpflichtung zur → *Haftung*.

Kundenanzahlung → *Kreditfinanzierung*.

Kundenbarometer. Kundenbezogene, objektivierende Qualitätsmessung. Repräsentativ ausgewählte Personen werden branchenübergreifend und in regelmäßigen Abständen (Welenerhebung) nach ihrer Qualitätswahrnehmung bei Anbietern befragt. Die Ergebnisse werden auf breiter Basis publiziert. Entsprechend soll öffentlicher Druck auf die Anbieter mit als unzureichend angesehener Qualität ausgeübt werden, Anstrengungen zur Anhebung ihres Leistungsniveaus zu unternehmen. Ebenso können Bestleistungen (Benchmarks) identifiziert werden.

Kundenklassifizierung. Die Gliederung der Käufer nach bestimmten ihnen zugeteilten Kriterien, wie z. B. Umsatz/Absatzanteil für das Unternehmen oder Zahlungsmoral. Diese Unterteilung wird zur Abstimmung der Verkaufsaktivitäten verwandt und kann als Grundlage für die Errichtung einer Kundenpyramide dienen (→ *Kundenprofil*).

Kundennutzen. Das Schaffen von Kundennutzen ist ein Hauptziel der → *Produkt- und Dienstleistungspolitik*. Der Kundennutzen kann sich aus unterschiedlichen Komponenten zusammensetzen. Beim Kauf eines Produkts bzw. der Inanspruchnahme einer Dienstleistung muss ein Grundnutzen durch Erfüllung eines bestimmen Nutzungszwecks (Funktion) in geforderter Qualität vorhanden sein. Kein Unternehmen kann sich unter den verschärften Wettbewerbsbedingungen längerfristig am Markt behaupten, ohne dem Käufer einen Grundnutzen anzubieten. Beispielsweise besteht der Grundnutzen für den Kauf eines Handys im mobilen Telefonieren (Nutzungszweck), verbunden mit einem Zeit- oder Kostenvorteil. Erst durch das Hinzufügen eines Zusatznutzens haben die Wettbewerber eine Chance, einen → *komparativen Konkurrenzvorteil* zu erzielen, indem sie zielgruppenorientiert (→ *Marktsegmentierung*) spezifische Kundenwünsche erfüllen. Von emotionalem bzw. sozialem Zusatznutzen spricht man, wenn der Kunde mit dem Kauf einen spezifischen Imagegewinn verbindet. Persönlicher Individualnutzen als Zusatznutzen ist zu erwarten, wenn z. B. durch gestalterische Maßnahmen eine ästhetische Wirkung oder ein besonderes Wohlfühlen beim Kunden entsteht. Im Fall des Handykaufs ist z. B. für einige Handybenutzer das »Business-Image« wichtig oder eine edle Formgebung. Ebenfalls dem Zusatznutzen zuzurechnen sind zusätzliche Produktfunktionen und Dienstleistungen wie beispielsweise beim Handy der Internetzugang und Serviceleistungen der Telefongesellschaft.

Kundenorganisation (Key Account Management). Objektorientierte Organisationsform im Rahmen der Sekundärorganisation. Dies ist möglich als

- Stabs-Kundenmanagement,
- Linien-Kundenmanagement,
- Matrix-Kundenmanagement mit funktionalen Organisationseinheiten in der anderen Dimension sowie als
- Gremien-Kundenmanagement (Ausschuss).

Die Vorteile liegen

a) in der Spezialisierung auf die jeweilige Kundengruppe wie Wiederverkäufer, Weiterverarbeiter, institutionelle Abnehmer etc. Diese weisen zwischenzeitlich zumeist ein bedrohliches Maß an Nachfragemacht auf, sodass nur die umfassende Kenntnis und stetige Erforschung der Kundenwünsche den Geschäftserfolg sichern;
b) in der engeren Beziehung zu den Kunden durch das Angebot qualifizierter Ansprechpartner. Auf diese Weise entstehen informelle Bindungen, die im Zweifel, d.h. bei ansonsten gleichwertigem Angebot, den Ausschlag zu Gunsten des eigenen Angebots geben können;
c) in der besseren Berücksichtigung der spezifischen Anforderungen verschiedener Abnehmergruppen.

So können Maßnahmen auf die Belange des jeweiligen Kunden hin maßgeschneidert werden und führen damit mutmaßlich zu größerem Erfolg.

Die Nachteile liegen

a) in möglicherweise mangelhafter Abgrenzung der Abnehmergruppen. Ist nicht genau festgelegt, welcher Mitarbeiter welche Kunden zu betreuen hat, kann es zu Überschneidungen (Mehrfachbetreuung) oder Lücken (fehlende Betreuung) kommen. Dies hinterlässt zwangsläufig einen wenig guten Eindruck;
b) in Kompetenzschwierigkeiten zwischen den Kundenmanagern. Denn natürlich beansprucht jeder von ihnen für seine Kunden Priorität. Dann ist es schwierig zu objektivieren, nach welchen Prioritäten Ressourcen für Kunden bereitgestellt werden sollen;
c) in hohen Kosten der Betreuung. Werden viele Kundenmanager beschäftigt, steigt zwar a priori die Betreuungsqualität der Kunden, zugleich aber steigt auch der Gemeinkostenanteil, der die Handlungsfähigkeit im Wettbewerb einschränkt;
d) in der Gefahr mangelnder Einheitlichkeit der Strategie. Durch starke Anpassung an die Forderungen der Kunden driften die Maßnahmen nicht selten weit auseinander, sodass der übergreifende Gedanke der Strategie nur mehr schwerlich erkennbar ist.

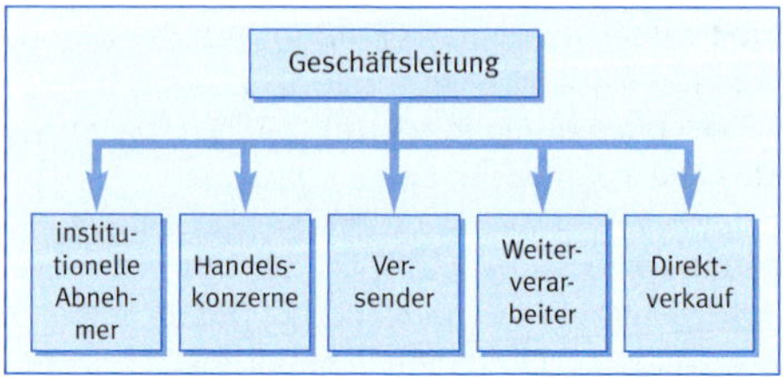

Abb. 39: Kundenorganisation (Beispiel Gebrauchsgüterhersteller)

Kundenportfolio → *Kundenklassifizierung*.

Kundenprofil. Die Beschreibung der geschäftlich relevanten Eigenschaften eines Kunden. Hierin ist die Umsatz- und/oder Absatzkategorie enthalten, in die der Kunde einzustufen ist, die Art der gekauften Waren oder Dienstleistungen, das Kaufverhalten, die Kaufentscheidungsverfahren, persönliche Angaben zur Entscheidungseinheit, die Zahlungsmoral, das Kreditlimit und weitere Einzelheiten.

Kundenzufriedenheit. Entsteht als Ergebnis des Vergleichs von Erwartungen eines Kunden an einen Kauf bzw. an ein Produkt mit seinen Kauf- und Produkterfahrungen. Bei Unzufriedenheit werden möglicherweise Beschwerden geäußert. Das → *Beschwerdemanagement* umfasst entsprechend die Planung, Durchführung und Kontrolle sämtlicher Maßnahmen, die ein Unternehmen im Zusammenhang mit Kundenbeschwerden ergreift, also z.B. die Regelungen für den Ersatz von Produkten und die »Wiedergutmachung«.

Da Beschwerden aber nur die »Spitze des Eisbergs« der Unzufriedenheit ausmachen, sind Unternehmen inzwischen vielfach bemüht, die Kundenzufriedenheit aktiv zu erfassen. Für eine solche Messung der Kundenzufriedenheit kommen verschiedene Verfahren infrage. Zunächst gibt es so genannte »objektive« Verfahren. Hier werden z.B. Informationen über die Entwicklung des Absatzes ausgewertet. So drückt die »Wiederkaufrate« aus, wie viele Kunden sich nach ihren Erfahrungen mit einem Produkt, z.B. einem Auto, beim nächsten Kauf erneut für diese Marke entscheiden. Die so genannten »subjektiven« Verfahren stellen stärker auf direkte Kundenzufriedenheitsbefragungen ab. Dabei kann entweder die Zufriedenheit allgemein (»global«) erfragt werden (»Sind Sie mit dem gekauften Produkt zufrieden?«) oder es wird die Zufriedenheit von Kunden mit verschiedenen Produkteigenschaften abgefragt (multiattributives Verfahren). Zusätzlich kann die Bedeutung der Produkteigenschaften erhoben werden, sodass aus den Ergebnissen auch erkennbar wird, an welchen Punkten Verbesserungsmaßnahmen besonders zweckmäßig sind.

Besondere Probleme der Erfassung von Kundenzufriedenheit bestehen zum einen darin, dass sie sehr aufwändig ist. Zum anderen wird die Kundenzufriedenheit i.d.R. mit Zeitverzug nach der Produktnutzung bzw. dem Produktgebrauch erfragt, sodass Kunden zwischen dem Entstehen der (Un-)Zufriedenheit und der Befragung unter Umständen neue Produkterfahrungen machen oder weitere Informationen aufnehmen. Die Ergebnisse sind dadurch möglicherweise verzerrt. Trotzdem ist die Erfassung und Auswertung der Kundenzufriedenheit ein im Rahmen eines auf die Kundenanforderungen ausgerichteten Qualitätsmanagements aufschlussreiches Instrument.

Kündigungsrecht. Gestaltungsrecht, das auf die Beendigung des Vertrags gerichtet ist (→ *Vertragsrecht*). Rechtsgrundlage ist das → *Schuldrecht* als Bestandteil des Bürgerlichen Gesetzbuches (BGB). Das Rücktrittsrecht entsteht durch Gesetz oder Rechtsgeschäft. Gesetzliche Rücktrittsrechte sind z.B. im → *Kaufvertrag* und im → *Werkvertrag*, im → *Mietvertrag* und im → *Arbeitsvertrag* vorgesehen. Es ist zwischen der ordentlichen Kündigung und der außerordentlichen Kündigung zu unterscheiden. Im Fall der ordentlichen Kündigung endet der Vertrag durch Ablauf einer Kündigungsfrist, bei der außerordentlichen Kündigung aus wichtigem Grund. Kündigungsrechte können in jedem Vertrag vereinbart werden, der als Dauerschuldverhältnis ausgestaltet ist, z.B. im Sukzessivlieferungsvertrag, im → *Leasingvertrag* oder im → *Lizenzvertrag*. Nach dem Grundsatz der Vertragsfreiheit können die Vertragsparteien die Umstände festlegen, bei deren Eintritt sie den Vertrag kündigen wollen. In Dauerschuldverhältnissen besteht zudem ein gesetzliches Kündigungsrecht aus wichtigem Grund, vgl. § 313 BGB.
Literaturempfehlung: Steckler: Wirtschaftsrecht, 6. Auflage, Ludwigshafen 2003.

Kündigungsschutzrecht. Der Kündigungsschutz ist ein spezieller Bereich des Arbeitnehmerschutzrechts. In Betrieben mit mehr als fünf Arbeitnehmern ist das Kündigungsschutzgesetz anzuwenden. Danach ist die Kündigung sozialwidrig, wenn das Arbeitsverhältnis länger als sechs Monate bestanden hat. Sozial gerechtfertigt ist eine Kündigung nur aus personenbedingten, verhaltensbedingten oder betriebsbedingten Gründen. Im Kündigungsfall gilt das Ultima-Ratio-Prinzip. Die Kündigung ist auch dann sozialwidrig, wenn der Arbeitnehmer nach geeigneten Umschulungs- oder Fortbildungsmöglichkeiten oder in einem anderen Betrieb desselben Unternehmens weiterbeschäftigt werden könnte. Die Änderungskündigung ist der Beendigungskündigung vorzuziehen.

Neben dem allgemeinen Kündigungsschutz gibt es besondere Schutzvorschriften für bestimmte Arbeitnehmergruppen (werdende Mütter, Erziehungsgeldberechtigte, Schwerbehinderte, Auszubildende, Mitglieder der Betriebsverfassung etc.). Es wird grundsätzlich zwischen der ordentlichen und der außerordentlichen Kündigung unterschieden. Im Fall der außerordentlichen Kündigung muss ein wichtiger Grund bestehen, eine Interessenabwägung erfolgen und eine 14-tägige Kündigungserklärungsfrist eingehalten werden, vgl. § 626 BGB. Im Fall der ordentlichen Kündigung sind lediglich die gesetzlichen, tariflichen oder vertraglichen Fristen zu beachten, vgl. § 622 BGB. Im Übrigen darf die Kündigung nicht sozialwidrig sein und die Anhörung des Betriebsrats nicht übersehen werden. Eine ohne Anhörung des Betriebsrats ausgesprochene Kündigung ist unwirksam. Die Rechtswirksamkeit einer Kündigung kann im Kündigungsschutzprozess überprüft werden. Sofern der Arbeitnehmer nicht innerhalb von drei Wochen nach Zugang der Kündigungserklärung die Kündigungsschutzklage einreicht, wird die Kündigung wirksam.
Literaturempfehlung: Schaub: Arbeitsrechts-Handbuch, 10. Auflage, München 2002; Söllner/Waltermann: Grundriss des Arbeitsrechts, 13. Auflage, München 2003; Steckler/Schmidt: Arbeitsrecht und Sozialversicherung, 6. Auflage, Ludwigshafen 2004.

Künstliche Intelligenz (KI; engl.: Artificial Intelligence, AI). Forschungszweig der Informatik, der sich mit der Nachahmung menschlichen Denkens und menschlicher Intelligenz durch Computer beschäftigt. Ziel der künstlichen Intelligenz ist es, den Computer in die Lage zu versetzen, das über ein bestimmtes Anwendungsgebiet gespeicherte Wissen selbstständig zur Lösung von Aufgaben zu nutzen. Er soll Informationen aus seiner Umgebung analysieren, auf Grund logischer Schlussfolgerungen mit ihr kommunizieren und analog dem menschlichen Verstand lernen können.

Anwendungsbeispiel sind die Expertensysteme: Computerprogramme, die innerhalb eines speziellen Wissensgebiets (z.B. Medizin) mittels künstlicher Intelligenz Entscheidungen treffen oder Probleme lösen (z.B. Diagnosen erstellen). Ein Expertensystem analysiert Aussagen auf der Basis von Wenn-dann-Folgerungen. Die Grundfunktionen sind in zwei miteinander verbundenen Komponenten enthalten: Die Wissensbasis stellt Fakten und Regeln zu einem bestimmten Sachverhalt bereit, die Schlussfolgerungsmaschine liefert die Fähigkeit des Expertensystems, auf der Grundlage der Wissensbasis logische Schlüsse zu ziehen. Neurocomputer (→ *Neuronales Netz*).

Kupon. Zins- und Dividendenschein bei festverzinslichen Wertpapieren/Anleihen oder Aktien, die in einem Kuponbogen zusammengestellt, dem Papier beigefügt sind. Der jeweils einzelne Kupon wird am Zinstermin eingereicht und berechtigt zur Auszahlung des fälligen Betrags. Der letzte Kupon eines Bogens dient dem Bezug eines neuen Bogens.

Kuppelproduktion. Technologisch verbundene Produktion → *Verursachungsprinzip*.

Kurier-, Express- und Paketdienste. Erscheinungsform logistischer Dienstleister (→ *Dienstleistungslogistik*).

Kurzfristige Erfolgsrechnung. Def.: Rechtlich nicht verpflichtende, für interne Kontrolle zweckmäßige Erstellung einer »inoffiziellen« → *Gewinn-und-Verlust-Rechnung* während des laufenden Geschäftsjahrs; meist monatlich und häufig mit Schätzwerten für rechtlich beeinflusste Größen wie Abschreibungen oder erst am Jahresende genau bekannte Größen wie die Höhe eines → *Bonus*. Sie orientiert sich wegen ihrer Erstellung aus Daten der → *Buchhaltung* häufig an den nur zum Jahresende verpflichtenden Schemata wahlweise des → *Gesamt*- oder des → *Umsatzkostenverfahrens*.

Das Umrechnen von einer Gliederung nur nach Kostenarten in der GKV in eine Gliederung z.T. nach Kostenstellen in der UKV erfolgt durch Verwendung eines Betriebsabrechnungsbogens (BAB), siehe Beispiel in der Tabelle.

Dabei bildet die Summe der vier grau unterlegten Felder (also Einzel- und Gemeinkosten jeweils für Material und Fertigung) die → *Herstellungskosten* (im Sinne der → *Kostenrechnung*), zugleich steuerliche Untergrenze der → *Herstellungskosten* (im Sinne der → *Bilanzierung*). In der UKV werden die Herstellungskosten des Umsatzes um die 1.000 Td Bestandserhöhung entlastet; dieser Lagerzugang wird also als »negativer Kostenbestandteil« interpretiert. Die in den unteren Zeilen ausgewiesenen Zuschlagsätze ergeben sich jeweils aus einer Division der Gemeinkosten einer Spalte durch die direkt darunter ausgewiesene so genannte Zuschlagsbasis, also z.B. für Material-Gemeinkosten 2.106 Td Gemeinkosten: 8.424 Td Einzelkosten = 25%. Auf diese Weise ermittelte Prozentsätze werden in differenzierten Formen der → *Zuschlagskalkulation* weiter verwendet.

Controlling-gerechte Gestaltung:

Für Controlling-Zwecke wird ein BAB die sehr grobe Kostenartengliederung des GKV vermeiden, d.h. die in der Buchführung stärker differenzierten Aufwandsarten auch aussagekräftiger dokumentieren. Im konkreten Beispiel wurden beispielhaft die 6.312 Td Personalkosten in Fertigungslohn, Gemeinkosten-Löhne, Gehälter und sozialen Aufwand aufgeteilt. Letzterer ist deshalb in der Kostenstelle »Fertigung« besonders hoch, weil er auch für den Fertigungslohn anfällt.

Wenn im Beispiel die Bestandsmehrung nach Kriterien der → *Steuerbilanz* bewertet wurde, enthalten die Herstellungskosten pro Stück zwingend zugerechnete (nicht zwangsläufig verursachte!) → *Gemeinkosten* der Material- und Fertigungs-Kostenstellen (→ *Kostenstellenrechnung*). Erfahrungsgemäß sind dies zu einem beträchtlichen Teil → *fixe Kosten* (wie meist auch ein Teil der → *Einzelkosten*).

Bewertet man entsprechend dem Prinzip der → *Deckungsbeitragsrechnung* die Bestandsänderung zu → *variablen Kosten* (das ist nur betriebsintern rechtlich problemlos!), so wird bei

GUV–GKV (§275,II) 20x1 (TEU)	
Umsatz ALPHA	44.292,0
Umsatz BETA	0,0
Umsatz GAMMA	0,0
Bestandsänd.	1000,0
Gesamtleistung	**45.292,0**
Mat.-Einsatz	8.424,0
Rohertrag	36.868,0
Pers.-Aufw. (Prod.)	6.312,0
Sonst. Aufw.	23.550,0
Zinsen (Darlehen)	320,0
Zinsen (kfr.)	200,0
BCF	**6.486,0**
Abschr. (Masch.)	2.500,0
Abschr. (Gebäude)	280,0
AUFWAND	**41.586,0**
Überschuss v. St.	3.706,0
EE-Steuern (42%)	1.853,0
Überschuss n. St.	**1.853,0**

Ko-Stellen	**SUMME**	**Mat./Lager**	**Fertigung**	**Verwaltung**	**Vertrieb**
Zinsaufwand	520,0	52,0	416,0	26,0	26,0
GK-Löhne	1.262,4	126,2	505,0	252,5	378,7
Gehälter	1.893,6	189,4	757,4	378,7	568,1
GK f. soz. Auf.	1.052,0	63,1	673,3	126,2	189,4
GK f. sonst. Auf.	23.550,0	1.619,3	8.249,3	5.733,6	7.947,8
Abschreibung	2.780,0	56,0	2.500,0	112,0	112,0
SUMME GK	31.058,0	**2.106,0**	**13.101,0**	6.629,0	9.222,0
	41.586,0	**8.424,0**	**2.104,0**	25.735,0	25.735,0
		Fert.-Mat.	Fert.-Lohn	Hers.-Kosten (GKV)	
		25,0%	622,7%	25,8%	35,8%
		Mat.-GK(%)	Fert.-GK(%)	Verw.-GK(%)	Vertr.-GK(%)

Herstellungskosten (TEU)	
Einzelmaterial	8.424,0
Material-GK	2.106,0
Materialkosten	10.530,0
Einzellöhne	2.104,0
Fertigungs-GK	13.101,0
Fertigungsk.	15.205,0
Herst.k. GKV	25.735,0
Bestandsmind.	0,0
Bestandserh.	1.000,0
Bestandsänd.	-1.000,0
Herst.-K. UKV	**24.735,0**

Umsatzkostenv.	
Umsatzerlöse	44.292,0
Herstellungsk.	24.735,0
BRUTTOERG.	19.557,0
Vertriebsk.	9.222,0
Verwaltungsk.	6.629,0
Sonst. b. Er.	0,0
Sonst. b. A..	0,0
Überschuss v. St.	**3.706,0**
EE-Steuern	1.853,0
Überschuss n. St.	**1.853,0**

Gesamtkonstenverfahren versus Umsatzkonstenverfahren (Teil des unter www.p-haas.de als Freeware erhältlichen Gesamtplans nach Haas; Zahlen variiert)

Lageraufbau ein entsprechend geringerer Überschuss ausgewiesen. Der Ausweis von Erträgen, denen mangels »echtem« Kunden kein Geldfluss entspricht, ist damit eingeschränkt; die Erfolgsrechnung passt besser zur finanzwirtschaftlichen Liquiditätsrechnung. Wird z. B. im nächsten Monat der Lagerbestand entsprechend verringert, so äußerte sich dies auch in einem dann entsprechend günstigeren Überschuss.

Es ist zweckmäßig, in Planung und Kontrolle Aussagen zu treffen über

- finanzielle Liquidität (z. B. Brutto-Cashflow) und
- wirtschaftlichen Erfolg (z. B. Überschuss).

Gerade gegenläufige Entwicklungen müssen realistisch interpretiert werden, z. B.:

- Cashflow positiv, Überschuss negativ: kurzfristig sind genügend flüssige Mittel vorhanden, aber das dicke Ende kommt in Form z. B. aufgeschobener Zahlungsverpflichtungen nach (Frühwarnfunktion durch z. T. mehrere Monate Vorlauf, ehe das Problem auf dem Kontoauszug auftritt!)
- Cashflow negativ, Überschuss positiv: »eigentlich« geht es dem Unternehmen gut, sofern die hohen Forderungen tatsächlich einzutreiben sind; es lohnt sich kurzfristiges finanzielles Krisenmanagement, während bei auch negativem Überschuss langfristige Konsequenzen nötig sind (optimistisch: Kostensenkung, Umsatzausweitung etc.; pessimistisch: bis hin zur Betriebsschließung).

Kürzungen. Beträge, die vom Gewinn abzusetzen sind, um eine objektive Ertragsgröße für die Berechnung der ➜ *Gewerbesteuer* zu erhalten. Zu den Kürzungen gehören laut § 9 Gewerbesteuergesetz vor allem die so genannte kalkulatorische Miete bei selbst genutzten Betriebsgrundstücken, die Gewinnanteile an anderen Unternehmen, die Hälfte der Miet- und Pachterträge, sofern sie beim Vermieter oder Verpächter hinzugerechnet wurde, und Spenden zur Förderung mildtätiger, kirchlicher, religiöser, wissenschaftlicher und der als besonders förderungswürdig anerkannten gemeinnützigen Zwecke.

L

Ladeeinheit. Einheitslast, die gleichzeitig Transport, Förder-, Lager-, Versand-, Verbrauchs- und Handhabungseinheit ist. Sie besteht aus der Ladung und einem → *Förderhilfsmittel*, z.B. einer → *Europalette*. Vorteil von Ladeeinheiten: Reduzierung von Umladeaufwand und Umschlagszeiten.

Ladeliste. Begleitpapier bei der → *Spedition*.

Ladungssicherung. Sichert die → *Ladeeinheiten* beim → *Transport*. Es gibt eine Vielzahl von Verfahren zur Ladungssicherung. Einige Beispiele: Stretchfolie, Schrumpffolie, Umreifung, Gurtsicherung.

Lagebericht (Bilanzierung). Dieser muss neben dem → *Jahresabschluss* von Kapitalgesellschaften erstellt werden. Nach § 289 HGB sind der Geschäftsverlauf und die Lage der Kapitalgesellschaft so darzulegen, dass ein den tatsächlichen Verhältnissen entsprechendes Bild vermittelt wird. Außerdem soll darin u.a. auf nach dem Schluss des Geschäftsjahrs eingetretene bedeutungsvolle Vorgänge (Nachtragsbericht), die voraussichtliche Entwicklung (Prognosebericht) und auf die Forschung und Entwicklung eingegangen werden.

Lager. Wesentliche Ressource der logistischen Abwicklung. Lager dienen der → *Zeitüberbrückung* und dem Mengenausgleich. Weitere Funktionen sind: Sicherung der Vormaterialversorgung und damit Schutz vor Produktionsstörungen, Spekulationsfunktion, um erwartete Preiserhöhungen abzufangen, Veredelungsfunktion für Reifungsprozesse bzw. Trocknungsprozesse und Assortierungsfunktion zur Bildung von sortimentsbezogenen Lagern.

Die Auswahl eines geeigneten Lagersystems erfolgt entsprechend der sachlogischen Reihenfolge vom Lagergut zum → *Lagerhilfsmittel* zum Lagersystem. Man erkennt, dass Langgut (z.B. runder Stabstahl mit erheblicher Handhabungsgefahr) sinnvollerweise in Kassetten und diese in einem Kragarmregal gelagert werden sollten. Kleinstteile werden in Schubladenschränken, Stückgut wird auf Paletten in einem Palettenregal gelagert. Es gibt weit über hundert verschiedene Lagertypen, die jeweils für bestimmte Einsatzzwecke optimiert sind.

Lagerarten. → *Lager* lassen sich nach verschiedenen Gesichtspunkten klassifizieren. Einteilung nach der Stellung im a) → *Wertschöpfungsprozess*: Eingangslager, → *Zwischenlager*, Absatzlager. b) Verwaltung: → *Eigenlager*, → *Fremdlager*. c) Standort: internes Lager, → *Außenlager*. d) Anzahl der Bedarfsträger: allgemeines Lager, Bereitstellungslager, Handlager. e) Witterung: → *Freilager*, Innenlager. f) Zentralisationsgrad: → *Zentrallager*, dezentrales Lager.

Lagerabbild → *Lagerspiegel*

Lagerbestand → *Bestandsführung*.

Lagerbuch → *Nebenbücher der Buchführung*.

Lagerbuchführung. Schriftliche oder DV-gestützte Aufschreibungen über Mengen und Wert der Lagerbestände. Die Fortschreibung auf Grund von Materialbewegungen erfolgt durch Warenein- und -ausgangsbuchungen. Parallel hierzu werden die Buchwerte in den Konten der Finanzbuchhaltung fortgeschrieben. Gelegentliche Abweichungen zwischen Buchbestand und physikalischem → *Bestand* werden erkennbar durch die → *Inventur*. Bei den meisten Betrieben erfolgt die Lagerbuchführung mit DV-Unterstützung.

Lagerei. Lagerhaltung für Kunden. Begriff aus der → *Dienstleistungslogistik*; wird durch → *Speditionen* und → *Hafenbetriebe* durchgeführt.

Lagereinheit. Logistische Einheit, in der Lagergut gelagert wird. Entspricht häufig der → *Ladeeinheit*, z.B. einer → *Europalette* oder → *Gitterboxpalette* samt Ladung.

Lagereinrichtung. Alle Arten von → *Regalen*, Stellagen, Lagerautomaten und Schränken, die der Lagerung dienen.

Lagerergänzungen. Auffüllen von Lagerbeständen, um bestimmte Bestandshöhen zu erreichen. Anlass kann z. B. eine Unterschreitung des → *Meldebestandes* sein.

Lagerführung → *Bestandsführung*.

Lagerhaltungskosten. → *Lagerkosten* plus Zinskosten auf Bestände.

Lagerhaltungskostensatz. → *Lagerkostensatz* plus Zinssatz auf Bestände. Typischer Wert 23 % (15 + 8). Der Lagerhaltungskostensatz geht in die → *Andler'sche Formel* ein.

Lagerhilfsmittel. Zum Teil mit den → *Förderhilfsmitteln* deckungsgleiche Lagergut-Aufnahme-Behältnisse wie Paletten, → *Tablare*, Kassetten, Kästen etc.

Lagerkosten. Kosten des → *Lagers* ohne → *Bestandskosten* (→ *Lagerhaltungskosten*). Hierzu zählen: Personalkosten, Kapitalkosten der → *Lagereinrichtung*, Energie- und Raumkosten, Kosten für → *Schwund*, Verderb, Abschreibung auf Bestände, Miete, → *Instandhaltung*.

Lagerkostensatz. Lagerkosten bezogen auf den Bestandswert in Prozent. Typischer Wert: 15 %.

Lagerleistung. Maß für den Durchsatz eines → *Lagers* pro Zeiteinheit. Bei automatisierten Lagern wird die Lagerleistung in → *Doppelspielen* pro Stunde gemessen.

Lagernutzungsgrad. → *Logistikkennzahl*: anteilige Flächenbelegung mit Lagergütern in Prozent.

Lagerplatz. Platz innerhalb eines → *Lagers*, an dem das Lagergut liegt. Jeder Platz kann in automatischen Lagern einzeln adressiert werden. Bei → *Hochregallagern* werden dreidimensionale Raumkoordinaten verwendet.

Lagerquote. Wert aller gelagerten → *Bestände* bezogen auf den Unternehmensumsatz in Prozent. Maß für den (Bestands-) Kapitaleinsatz, mit dem Umsatz erzielt wird.

Lagerspiegel. Übersicht über die aktuelle Belegung der → *Lagerplätze*.

Lagersteuerung. Computerprogramm zum Betrieb von automatisierten Lagern.

Lagerstufen. Begriff aus der Distributionslogistik. Die wesentlichen Stufen sind → *Werkslager*, → *Zentrallager*, → *Regionallager*, → *Auslieferungslager*.

Lagertypen. Es gibt mehr als hundert verschiedene Lagertypen, die für den jeweiligen Einsatzzweck optimiert sind. Man unterscheidet zwischen → *Bodenlagerung* und → *Regallagerung*. Die → *Regale* werden weiter in → *Palettenregale*, → *Fachbodenregale*, → *Flachgutregale* und Sonderregale unterteilt. Es gibt bewegliche und feststehende Regallager. Beispiele für Bodenlagerung: → *Blocklager*, → *Zellenlager*. Beispiele für Regallagertypen: automatisches (mit → *RFZ* bedientes) → *Hochregallager* für Paletten, staplerbedientes → *Hochregallager*, Fachumlaufregal, palettenorientiertes → *Verschieberegal*, Fach-Verschieberegal, → *Paternosterlager*, → *Durchlaufregal*, → *Einfahrregal*.

Lagerverwaltung. Personal- und → *Bestandsführung* von → *Lagern*.

LAN (Local Area Network) → *Lokales Netzwerk*.

Landessteuern. Steuern, die ausschließlich einem Bundesland zustehen. Alleiniger Steuergläubiger ist das jeweilige Bundesland bei der Erbschaftsteuer, der Biersteuer, der Kraftfahrzeugsteuer, der Grunderwerbsteuer und der Spielbankenabgabe.

Langgut. Stabstähle, Profilbretter u. Ä., wird typischerweise in → *Kragarmregalen* gelagert.

Last In First Out (LIFO). Reihenfolge bei Ein- und Auslagerung. Unkritisch bei Teilen derselben → *Charge*, da hier die Reihenfolge des Verbrauchs keine Rolle spielt. → *Verbrauchsfolgeverfahren*.

Lead. Unternehmung oder Individuum, das Dritten als potenzieller Kunde für ein Produkt dargestellt wird (→ *Neukundenakquisition*).

Lean Management. Ausschließlich die zur Leistungserzielung notwendigen betrieblichen Prozesse und Strukturen sollen in Unternehmen erhalten bleiben bzw. aufgebaut werden. Lean Management will durch Konzentration auf die wertschöpfenden Prozesse eine »Verschlankung« der Unternehmensorganisation erreichen und damit Kosten- und Zeitersparnisse erzielen. Im Ergebnis werden meist Hierarchieebenen abgebaut. Ein Beispiel ist das Werk der Opel AG in Eisenach, das Anfang der Neunzigerjahre mit fünf Organisationsebenen geplant wurde: Werkleiter, Bereichsleiter, Bereichsingenieur, Teamsprecher und Teammitglied. Im Vergleich waren bis dahin bis zu 14 Ebenen in der deutschen Automobilindustrie üblich. Mit dem Lean Management sind häufig weitere Zielstellungen verbunden wie verstärkte Kundenorientierung, kurze Lieferzeiten, geringe Fertigungskosten, hohe Produktqualität.

Leasing. Langfristige Gebrauchsüberlassung eines Wirtschaftsgutes gegen Bezahlung der Leasingraten. Hinsichtlich der Laufzeit und der Risikenverteilung zwischen Leasinggeber und Leasingnehmer ist zwischen dem operativen Leasing (Operating Leasing) und dem Finanzierungsleasing (Financial Leasing) zu unterscheiden.

Die Verträge des operativen Leasings unterscheiden sich nicht von herkömmlichen Mietverträgen. Die Vertragsdauer ist kürzer als die betriebsgewöhnliche Nutzungsdauer bzw. der Vertrag ist jederzeit kündbar. Der Vermieter oder Leasinggeber trägt damit das Investitionsrisiko und schafft den Leasinggegenstand seinen Vorstellungen über die jederzeitige Vermietbarkeit entsprechend an.

Beim Finanzierungsleasing trägt dagegen der Leasingnehmer den wesentlichen Teil des Investitionsrisikos; der Leasinggeber übernimmt die Rolle des Finanziers. Das Investitionsrisiko übernimmt der Leasingnehmer, indem die Leasingraten innerhalb der Vertragslaufzeit die Amortisation (Kapitalrückfluss und Verzinsung) der Investition beim Leasinggeber sicherstellen (Vollamortisationsverträge). Beim Finanzierungsleasing übernimmt der Leasingnehmer die wirtschaftliche Beschaffung und regelmäßig auch Pflege und Wartung des Objekts.

Die konkrete Ausgestaltung der Leasingverträge wird durch die Leasinggesellschaften ständig weiterentwickelt und auf die Interessen der beteiligten Parteien zugeschnitten. Beispiele für besondere Formen sind als Maintainance-Leasing (steht für »Erhalten« und bedeutet, dass der Leasinggeber für Wartung und Reparaturen des Objekts aufkommt) sowie das Sale-and-lease-back-Verfahren (der künftige Leasingnehmer war zunächst Eigentümer des Leasingobjektes). Außerdem ist beim Leasinggut zu unterscheiden in Immobilien, Investionsgüter, Konsumgüter und gebrauchte Wirtschaftsgüter (Second-Hand).

Üblich sind Vertragsgestaltungen, die es ermöglichen, dass der Leasinggeber den Leasinggegenstand bilanziert und der Leasingnehmer die Leasingraten als Betriebsausgaben steuerlich geltend machen kann. Dabei sind jedoch steuerliche Voraussetzungen einzuhalten.

Ob der Einsatz des Leasings zweckmäßig ist, hängt von vielen Faktoren ab. Wichtige Gründe für das Leasing als Alternative zu einer traditionellen Fremdfinanzierung können sich aus Steuervorteilen ergeben, aus Beschaffungs- und/oder Finanzierungsvorteilen der Leasinggesellschaft oder daraus, dass dem Leasingnehmer keine alternative 100-%-Fremdfinanzierung zur Verfügung steht. Zunehmend werden Leasingangebote von Herstellern langlebiger Wirtschaftsgüter als Absatzinstrument eingesetzt, sodass sich die Leasingalternative über den Nutzungszyklus der Anlage als die günstigste Beschaffungsvariante herausstellen kann.

Leasingvertragsrecht. Tritt in zwei Erscheinungsformen auf. Das Operating Leasing ist eine langfristige Gebrauchsüberlassung. Der Vertrag ähnelt dem Mietvertrag, sodass im Gewährleistungsfall mietvertragliche Regeln gelten. Das Finanzierungsleasing ist eine dreiseitige Vereinbarung zwischen dem Hersteller des Leasingguts und dem Leasinggeber (Kaufvertrag) sowie der Leasingvereinbarung mit dem Leasingnehmer. Die Gefahrtragungs- und → *Mängelgewährleistungsregeln* können sich nach Kauf- oder Mietrecht richten. Falls die Finanzierung im Vordergrund steht und die Summe der Zahlungen sowie die Vertragslaufzeit dem Verbrauchswert der Sachsubstanz entspricht, wird → *Kaufvertragsrecht* angewandt. Es gilt der Grundsatz der Privatautonomie (→ *Vertragsrecht*). Die mietrechtlichen Gewährleistungsregelungen werden vom Leasinggeber bei gleichzeitiger Abtretung der kaufrechtlichen Gewährleistungsansprüche ausgeschlossen. Bei Mängeln der Mietsache kann sich der Leasingnehmer daher aus abgetretenem

Recht an den Hersteller oder Händler des Leasinggutes wenden.
Literaturempfehlung: Steckler: Wirtschaftsrecht, 6. Auflage, Ludwigshafen 2003.

Lebenszyklus → *Produktlebenszyklus*.

Leergutverwaltung. Erstreckt sich auf Poolpaletten (Tauschsystem) und Sonderleergut, wie es in der Industrie häufig verwendet wird. Der Arbeitsaufwand kann erhebliche Ausmaße annehmen, andererseits ist er erforderlich, da erhebliche Kapitalmengen im Leergut gebunden sind. Die Leergutverwaltung wird häufig von logistischen Dienstleistern (→ *Dienstleistungslogistik*) angeboten.

Leerkosten → *Fixe Kosten*.

Leistungsbeurteilung. Damit soll die individuelle oder auch gruppenbezogene Leistung von Mitarbeitern, unabhängig von den Anforderungen, die aus einem Arbeitsplatz resultieren (→ *Arbeitsbewertungsverfahren*), ex post anhand von Zielvereinbarungen gemessen werden. Die Leistungsbeurteilung kann demnach als eine reine Output-Verteilung von Mitarbeitern untereinander bei gleichen Arbeitsplatzbedingungen aufgefasst werden. Als Bewertungsmerkmale dienen hierbei qualitative und quantitative Größen: Richtigkeit, d.h. fehlerfreies Arbeiten; Termingerechtigkeit, d.h. zeitgenaues Arbeiten; Rationalität, d.h. wirtschaftliches und kostengerechtes Arbeiten; Verwertbarkeit, d.h. brauchbares Arbeiten, und die Arbeitsmenge je Zeiteinheit, d.h. quantitatives Arbeiten. Zur Leistungsbeurteilung sind verschiedene Verfahren entwickelt worden: die freie Beurteilung, die Beurteilung durch Leistungsstandards, das Rangordnungsverfahren, das Check-List-Verfahren, die Critical-Incident-Technique und das Einstufungsverfahren.

Leistungserstellung. Zur Erfüllung des Betriebszwecks werden unterschiedliche Produktionsfaktoren kombiniert und somit neue vermarktbare Produkte geschaffen. Insofern liegen sowohl ein Werteverzehr (z.B. Verbrauch an eingesetzten Roh-, Hilfs- und Betriebsstoffen) als auch ein Wertzuwachs (Absatz- oder Lagerleistung) vor. Bezogene Leistungen liegen vor, wenn von Dritten eine Dienstleistung für das Unternehmen erbracht wird.

Leistungsprogramm → *Konstitutionelle Entscheidungen*.

Leistungsstörungen → *Vertragspflichtverletzung*.

Leistungstest. Kundenbezogene, objektivierende Qualitätsmessung. Dabei wird die Qualität meist konkurrierender Leistungen aus Kundensicht durch neutrale Institutionen (Medien, Warenteststiftung) ermittelt, zu einem Gesamturteil verdichtet und publiziert. Die Ergebnisse leiden jedoch unter der Anlegung teils kundenferner Kriterien und Bewertungen.

Leitstand. Steuerinstrument zur Feinplanung und Kontrolle der Fertigungsabwicklung. Meist PC-basiert mit grafischer Oberfläche. Wird datenmäßig über Schnittstellen von übergeordneten DV-Systemen versorgt, z.B. durch Kopplung an ein → *PPS*.

Leitungshilfsstellen. Haben ausschließlich unterstützende und entlastende Aufgaben in Bezug auf die Instanz, der sie zugeordnet sind. Dazu zählen Assistenzstellen (z.T. auch Sekretariate), die Informationen beschaffen, sammeln, aufbereiten und ordnen, und Stäbe, die weder Entscheidungs- noch Anweisungskompetenz haben, sondern ihrer Linieninstanz nur zuarbeiten.

Leitungsspanne (Span of Control). Die horizontale Leitungsspanne betrifft in der → *Organisation* die Anzahl der einer → *Instanz* direkt unterstellten Mitarbeiter/Stellen. Die Leitungsspanne hängt vor allem von den Merkmalen der Aufgaben, der Qualifikation der Mitarbeiter und dem angewandten Führungsprinzip ab. Die vertikale Leitungsspanne betrifft die Anzahl der Hierarchieebenen unterhalb der obersten Leitung eines Unternehmens. Eine steile Hierarchie beschreibt zahlreiche Ebenen unterhalb der Geschäftsleitung, eine flache Hierarchie beschreibt wenige Ebenen unterhalb der Geschäftsleitung. Der Trend geht eindeutig in Richtung flacher Hierarchien (Lean Management). Flache Hierarchien weisen zugleich eine große horizontale Leitungsspanne auf, d.h. wenige Hierarchiestufen, die dafür aber breit ausdifferenziert sind. Die Leitungsintensität gibt die Relation von primären Leitungs- zu primären Ausführungsstellen an. Sie ist umso geringer, je flacher die Hierarchie ist.

Leitungssysteme. Jedes Leitungssystem stellt die Rangverhältnisse der einzelnen Stellen und Abteilungen in der Weise dar, dass die Anweisungsbefugnisse deutlich werden einschließlich der Über- und Unterordnungen, → *Aufbauorganisation*. Wesentliche Grundformen sind behandelt unter → *Einlinienorganisation*, → *Mehrlinienorganisation*, → *Stablinienorganisation* und → *Matrixorganisation*.

Lenkung (Qualitätsmanagement). Der Begriff wird in den einzelnen Phasen eines Qualitätsmangementsprozesses verwendet, um Dokumente und Daten, Qualitätsaufzeichnungen, vom Kunden beigestellte Produkte und fehlerhafte Teile zeitlich und räumlich an die richtige Stelle zu bringen. Der Ablauf der Lenkung ist in die Verfahrensanweisungen des jeweiligen Prozesses aufzunehmen.

Lernkurve → *Erfahrungskurve*.

Leverage-Effekt Auch als Hebelwirkung des Verschuldungsgrades bzw. der Kapitalstruktur bezeichnet, besagt dies: Solange die Rendite zusätzlich finanzierter Investitionen höher ist als die dafür anfallenden Fremdkapitalzinsen steigt zugleich die Eigenkapitalrendite. Hieraus darf jedoch nicht unreflektiert eine → *Finanzierungsregel* für eine optimale Kapitalstruktur abgeleitet werden, da die Hebelwirkung auch in umgekehrter Weise wirkt; sinkt die Rendite der Investition (z.B. durch mangelnde Auslastung) und/oder steigt der Zins für Fremdkapital, so mindert dies die Eigenkapitalrendite, die dann sogar negativ werden könnte. Insoweit ist ein sinnvoller Ausgleich zu finden zwischen Gewinnstreben und Sicherheit, also der Berücksichtigung von Risiken beispielsweise durch Alternativrechnungen mit vorsichtigeren Annahmen.

LIBOR (London Interbank Offered Rate). Die am Finanzplatz London ermittelten durchschnittlichen Zinssätze, zu denen dort Banken bereit sind, anderen Banken Geld kurzfristig auszuleihen. Der LIBOR wird für die wichtigen Handelswährungen geschäftstäglich ermittelt.

Lieferantenbewertung. Aktivität in der → *Beschaffung*. Man unterscheidet zwischen A-, B- und C-Lieferanten. A-Lieferanten werden bevorzugt beauftragt, da sie in der Vergangenheit die höchste Lieferqualität erreicht haben. Beurteilungskriterien sind u.a. Produktqualität, Preishöhe sowie die → *Lieferservice-Komponenten*. Die Beurteilung kann mittels einer → *Nutzwertanalyse* durchgeführt werden.

Lieferantenkredit → *Kreditfinanzierung*.

Lieferantenquote. → *Logistikkennzahl*: Anzahl verschiedener Lieferanten pro zu beschaffendem Artikel. Maß für die Auswahlmöglichkeit beim Einkauf.

Lieferanweisungen. Vorschriften für den Lieferanten zur Lieferungsgestaltung, z.B. für Kennzeichnungen der Lieferung. Werden solche Anweisungen nicht eingehalten, kann dies zur Annahmeverweigerung im → *Wareneingang* führen.

Lieferbereitschaft. → *Lieferservicekomponente* als Maß für die Fähigkeit, angeforderte Auslieferungen »sofort«, d.h. innerhalb der üblichen Wartezeit des Kunden (auch des »internen Kunden«, wie z.B. des Monteurs), durchzuführen. Eine einfache Formel: Ausgelieferte Menge dividiert durch geforderte Menge in Prozent. Es gibt eine Vielzahl weiterer Definitionen. Durchschnittswerte werden über den Lagerumsatz gebildet: Getätigter Umsatz dividiert durch geforderten Umsatz in Prozent.

Lieferbeschaffenheit. → *Lieferservicekomponente* als → *Qualität* der Lieferung nach Richtigkeit der Artikel, nach Menge und Einhaltung der Lieferanweisungen.

Lieferflexibilität. → *Lieferservicekomponente* als Reaktionsfähigkeit des Lieferanten auf Änderungswünsche des Kunden bezüglich Menge und Termin.

Liefermengenoptimierung. Bei der Versorgung von → *Lagern* kann unter Berücksichtigung der Kostenarten → *Transportkosten* und → *Lagerhaltungskosten* eine optimale Liefermenge nach der → *Andler'schen Formel* ermittelt werden. Die Bestellfixkosten müssen hierbei durch die → *Transportkosten* ersetzt werden.

Lieferservicekomponenten. Logistische Qualitätsmerkmale bei der Belieferung von Kunden.

Hierzu zählen: → *Lieferzeit*, → *Lieferzuverlässigkeit*, → *Lieferbereitschaft*, → *Lieferbeschaffenheit*, → *Lieferflexibilität*.

Liefertermintreue. → *Lieferservicekomponente* als Grad der Einhaltung von zugesagten Lieferterminen. Einfache Formel: Quotient aus Anzahl der pünktlichen Lieferungen und Anzahl der gesamten Lieferungen in Prozent.

Beispiel für eine Liefertermintreue-Statistik: Differenzierter lässt sich die Situation durch eine Häufigkeitsverteilung entsprechend Abb. 40 darstellen. Nur die Aufträge auf der Nulllinie sind pünktlich. Rechts davon sind verspätet gelieferte, links davon zu früh gelieferte Aufträge dargestellt. Verspätungen haben u. U. Vertragsstrafen zur Folge, zu frühe Lieferungen werden möglicherweise abgewiesen.

Lieferungs- und Zahlungsbedingungen. Stellen im Rahmen eines Kaufvertrages einen Katalog von Bestimmungen und Regelungen unter dem Begriff »Geschäftsbedingungen« bzw. »Allgemeine Geschäftsbedingungen« dar. Hierin werden Inhalt und Ausmaß der erbrachten oder der angebotenen Leistung spezifiziert. Unter der Voraussetzung, dass durch eine verschärfte Konkurrenzsituation auf den Zielmärkten die Anbieter adäquate Produkte und Leistungen anbieten, gibt oftmals die Art und Weise der Gestaltung der Lieferungs- und Zahlungsbedingungen den Ausschlag für das Zustandekommen eines Kaufvertrags.

Die Lieferungsbedingungen enthalten im Wesentlichen Regelungen zu

- den Lieferverpflichtungen des Lieferanten (Hersteller/Händler), z. B. Ort und Zeit der Lieferung, Mindestmengen und Mindestmengenzuschläge,
- rechtliche Regelungen und Konsequenzen bei Nichteinhaltung der Vereinbarungen seitens des Lieferanten und des Abnehmers,
- Angabe der mit dem Transport verbundenen Kosten (Fracht- und Versicherungskosten, Zölle).

Typische Lieferklauseln des internationalen Warenverkehrs (→ *Incoterms*) definieren alle Pflichten des Verkäufers und Käufers exakt.

Die Zahlungsbedingungen ergeben sich aus dem Rechnungsgeschäft und den Formen der Kreditfinanzierung. Während der Käufer beim Rechnungsgeschäft die Gegenleistung für den Erhalt einer Ware oder einer Leistung durch eigene finanzielle oder materielle Mittel erbringt, finanziert er die Ware oder die Leistung bei der Kreditfinanzierung über fremde finanzielle Mittel. Die Finanzierungsart ist Grundlage des Kaufvertrags. Die Zahlungsbedingungen beziehen sich hauptsächlich auf die Zahlungsverpflichtungen des Abnehmers hinsichtlich der Zahlungsweise und der Zahlungsfristen (Barzahlung, Vorauszahlung, Zahlung nach Erhalt der Ware, Teilzahlungsbedingungen, Skonti). Bei Kompensationsgeschäften als Zahlungsform erhält der Lieferant für seine Absatzleistungen nicht Geld, sondern gleichfalls Güter, Dienste oder Rechte. Außerdem werden Zahlungsabwicklung und Zahlungssicherungen geregelt; siehe → *Preis- und Kontrahierungspolitik*.

Lieferzeit. → *Lieferservicekomponente* als Zeit von der Auftragsannahme bis zur Verfügbarkeit der Ware beim Kunden. Die Lieferzeitverkürzung

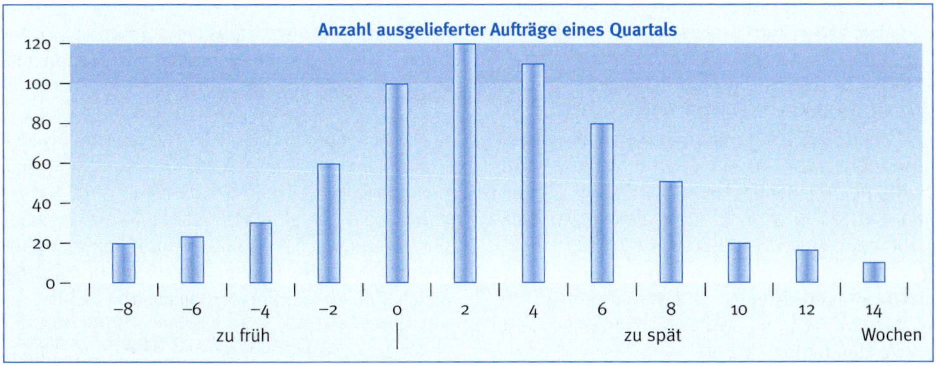

Abb. 40: Beispiel zur Liefertermintreue-Statistik

ist Ziel vieler logistischer → *Projekte* in Industrie und → *Handel*.

Lieferzuverlässigkeit → *Liefertermintreue*.

LIFO-Prinzip → *Last-In-First-Out*.

Liquidation. Die freiwillige oder zwangsweise Auflösung eines Unternehmens wird als Liquidation bezeichnet, → *Schaubild*. Dabei ist zu unterscheiden in Total- oder Teilliquidation.

Liquide Mittel. Bezeichnung für Zahlungsmittel (z. B. Bargeld, Bankschecks).

Liquidität. Fähigkeit eines Unternehmens, berechtigte Zahlungsanforderungen termin- und betragsgenau erfüllen zu können, → *Finanzierung*.

Liquiditätsmanagement → *Finanzmanagement*.

Liquiditätssicherung. Sicherung der Zahlungsfähigkeit.

Liquiditätsstatus → *Finanzplanung*.

Listserver. Programm, das → *Mailing Lists* verwaltet, indem es auf Anfragen automatisch antwortet und neue Nachrichten als Rundschreiben einem Adressverteiler zuleitet. Neue Internet-Nutzer können sich in den Postverteiler eines Listservers eintragen lassen (analog Abonnement bei Printtiteln).

Lizenzen, Vertrieb über. Besonders im Auslandsgeschäft genutzte Variante der Distribution, besteht in der Vergabe von Lizenzen. Dabei vergibt der Lizenzgeber das Recht zur Nutzung eigenen Know-hows (Produkte, Fertigungstechniken etc.) für eine befristete Zeit oder Menge an andere Unternehmen, die Lizenznehmer. Lizenzen haben für Lizenzgeber wie für Lizenznehmer aus Marketingsicht folgende Vor- und Nachteile.

Vorteile für den Lizenzgeber:
- schneller Marktzutritt für seine Technologie in Märkten, auf denen für den Anbieter hohe Markteintrittsbarrieren bestehen,
- kostengünstige und risikoarme Erschließung von Randmärkten,
- Einbinden von potenziellen Wettbewerbern: Wettbewerber, welche die Technologie des Lizenzgebers nutzen, können stärker kontrolliert werden.

Alle diese Vorteile führen zu einer Vergrößerung des Gesamtmarktanteils der Technologie des Lizenzgebers; dies kann sehr wichtig sein bei der Durchsetzung von Industriestandards im Systemgeschäft.

Nachteile für den Lizenzgeber:
- negative Imageeffekte, falls der Lizenznehmer Produkte schlechter Qualität liefert,
- Verlust des lukrativen Dienstleistungsgeschäfts, das mit den Produkten verbunden ist,
- Aufbau potenzieller Wettbewerber: Lizenznehmer können die »Starthilfe« Lizenz nutzen, um sich am Markt zu etablieren und dann später mit eigenen Produkten dem ursprünglichen Lizenzgeber Schwierigkeiten bereiten.

Vorteile für den Lizenznehmer:
- Wegfall eigener kosten- und risikoreicher Entwicklungsarbeit,
- Teilhabe an Industriestandards,

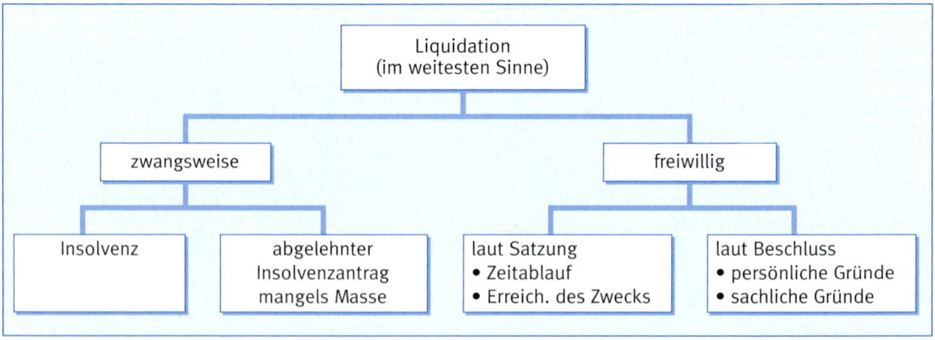

Abb. 41: Liquidationsgründe

– lukratives Dienstleistungsgeschäft und
– Image-Gewinn.

Nachteile für den Lizenznehmer:

– keine Alleinstellungsmerkmale und
– Abhängigkeit vom Lizenzgeber und dessen Produktplänen.

Lizenzvertragsrecht. Gegenstand des Lizenzvertrages ist die Mitnutzung an einem Recht, z.B. an einem Patentrecht, einem Markenrecht oder einem Urheberrecht (→ *Gewerblicher Rechtsschutz*, → *Urheberrecht*). Der Vertragstyp beruht auf dem Grundsatz der Privatautonomie (→ *Vertragsrecht*). Der Lizenzvertrag gehört zum → *Bürgerlichen Recht* und unterliegt daher den Regeln des → *Schuldrechts*. Im Unterschied zum Kaufvertrag werden keine Sachen übereignet; es wird auch nicht wie im Mietvertrag der Gebrauch einer Sache überlassen; vielmehr geht es um die Nutzung von Rechten.

Die Aufzählung ist nicht abschließend. Der Lizenzvertrag hat in der Praxis erhebliche Bedeutung, z.B. bei überbetrieblicher Arbeitsteilung und im Bereich der Informationstechnologie (→ *Internet-Recht*). Vereinbarungen über die Lizenzierung von Schutzrechten sind häufig Bestandteile von Forschungs- und Entwicklungsverträgen. Die Lizenz setzt voraus, dass das Recht besteht, z.B. Patent-, Muster- oder Markenrechte existieren. Ferner muss der Lizenzgeber zur Vergabe der Lizenz berechtigt sein. Im Lizenzvertrag werden Nutzungsbeschränkungen aller Art vereinbart, z.B. hinsichtlich des Ortes und der Art der Rechtsausübung und der Vertragsdauer. Ein Patentlizenzvertrag kann z.B. nur die Herstellung, den Vertrieb, den Gebrauch oder die Einfuhr der Erfindung einschließen. Eine Urheberrechtslizenz über ein Computerprogramm kann z.B. eine Einfach- oder Mehrfachnutzung, eine Netzwerknutzung oder eine auf das Unternehmen und die Filialen beschränkte Nutzung umfassen. In jedem einzelnen Fall ist der Umfang der Lizenz von der Art und dem Inhalt des lizenzierten Rechts abhängig. Bei Gewährleistungsfragen werden Analogien zum → *Kaufvertrag*, Werkvertrag oder Mietvertrag gebildet.

Literaturempfehlung: Steckler: Grundzüge des Gewerblichen Rechtsschutzes, 2. Auflage, München 1996.

LOFO-Prinzip (Lowest In First Out) → *Verbrauchsfolgeverfahren*.

Logfile. Datei, die Besuche von → *Web-Seiten* protokolliert und auswertet. Logfiles sind auf dem → *Server* der entsprechenden → *Websites* installiert und registrieren exakt jeden Zugriff von anderen Rechnern auf Text-, Bilder- oder Audio-Dateien. Registriert wird auch, welcher Rechner, jedoch nicht, welcher Nutzer auf ein Angebot zugreift. Dies erlaubt durch Analyse Rückschlüsse auf → *Visits*, → *AdClicks* etc. für die Werbeeffizienzmessung.

Login (auch Logon). Prozess, um sich in einem Computersystem oder Netzwerk meist mit registriertem Namen oder Kennung anzumelden und sich so zu identifizieren (vom einfachen Drücken der »Enter«-Taste bis zu komplizierten Passwörtern) (Ggs.: Logoff). Das Einloggen bildet die Anmeldung bei einem Rechner mit Benutzerkennung und Passwort.

Logistik. Der Logistikbegriff stammt ursprünglich aus dem Militärbereich. Schon bei den Römern hatte die Logistik die Aufgabe, das Heer mit Nachschub und Nahrung zu versorgen. Mitte der 70er-Jahre des 20. Jahrhunderts fanden logisti-

Arten von Lizenzverträgen

Patentlizenz	Nutzungsrechte an patentierten Erfindungen, patentierten Verfahren und den daraus gewonnenen Erzeugnissen.
Gebrauchsmusterlizenz	Nutzungsrechte an Erfindungen, für die ein Gebrauchsmusterschutz besteht.
Markenlizenz	Nutzungsrechte an Markenrechten.
Firmen- oder Namenslizenz	Nutzungsrechte an Firmenrechten oder der Geschäftskennzeichnung.
Urheberrechtslizenz	Nutzungsrechte an einem urheberrechtlich geschützten Werk, z.B. an einem Computerprogramm oder einer Datenbank.
Know-How-Vertrag	Nutzungsrechte an betrieblichem Know-How.

sche Methoden Eingang in den zivilen Bereich des Wirtschaftslebens. Hierin ist die Logistik definiert als Planung, Gestaltung, Abwicklung und Kontrolle des gesamten → *Materialflusses* sowie des begleitenden → *Informationsflusses* vom Lieferanten in das Unternehmen, innerhalb des Unternehmens, vom Unternehmen zum Kunden und von dort in den Recyclingprozess.

Die Logistik kann auf dreierlei Weise gegliedert werden:

1. In der Verrichtungssicht unterscheidet man Lagern, Transportieren und Informieren.
2. In der Phasensicht unterscheidet man entsprechend dem → *Wertschöpfungsprozess* → *Beschaffungslogistik*, → *innerbetriebliche Logistik* (Handel) bzw. → *Produktionslogistik* (Industrie) und → *Distributionslogistik*.
3. Die institutionelle Sicht unterteilt nach Industrielogistik, → *Handelslogistik* und → *Dienstleistungslogistik*.

Mit dem Ausbau des Umweltschutzes, der seinen besonderen Niederschlag im → *Kreislaufwirtschaftsgesetz* findet, gewinnt die → *Entsorgungslogistik* als wesentliche Komponente der Recyclingindustrie zunehmend an Bedeutung.

Das Hauptziel der Logistik ist die Optimierung der → *Logistikleistung*. Der Leistungsbegriff ist hierbei relativ zum Aufwand zu verstehen. Es geht darum, die für das betrachtete Unternehmen erforderlichen logistischen Verrichtungen möglichst kostenoptimal zu erbringen. Die Kostenoptimierung findet dort ihre Grenze, wo der Markt einen bestimmten Logistik-Service erwartet. Wenn z.B. ein Versandhaus einen 24-Stunden-Lieferservice anbietet und dieses marktüblich ist, kann ein Wettbewerber langfristig nicht ohne Marktanteilsverlust auf ein gleichwertiges Angebot verzichten, auch wenn die Logistikkosten hierbei steigen. Die Logistikziele sind in Abhängigkeit von den Unternehmenszielen zu definieren. Hat das Unternehmen sich z.B. vorgenommen, den Marktanteil zu steigern, dann kann dies für die Logistik bedeuten, dass eine bestimmte → *Lieferbereitschaft* sicherzustellen ist.

Eine andere Zieldefinition kann in den 6 »R« der Logistik gesehen werden. Hiernach ist es die Aufgabe der Logistik, die richtige Ware zur richtigen Zeit, am richtigen Ort in der richtigen Menge in der richtigen Qualität und zu den richtigen Kosten bereitzustellen.

Die Logistik kann als Motor des Wirtschaftslebens im Logistikkreislauf durch die Bereiche → *Grundstoffindustrie*, → *Verarbeitungsindustrie*, → *Handel* und Recyclingindustrie verstanden werden (s. Abb. 42) und befindet sich somit in Übereinstimmung mit den Zielen des → *Kreislaufwirtschaftsgesetzes*, demzufolge ein geschlossener Güterkreislauf entstehen soll.

Logistik-Controlling. Ziel ist die Optimierung der Logistikkosten (Kosten der Lagerhaltung, des Handlings und des Transports logistischer Objekte innerhalb eines bzw. zwischen verschiedenen Unternehmen) unter Berücksichtigung von Art,

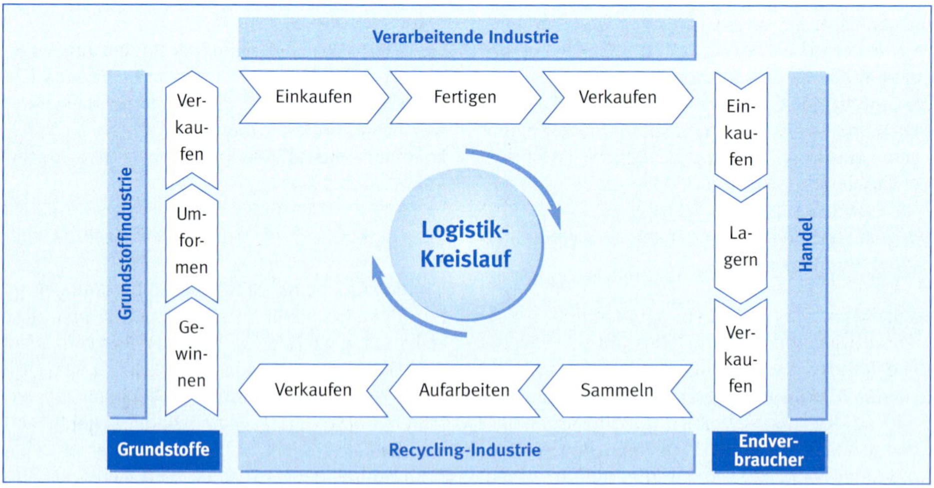

Abb. 42: Logistik verbindet die Wirtschaftsbereiche

Menge, Termin und Qualität der benötigten Materialien. Aufgaben sind die Entwicklung eines Logistik-Zielsystems, Entwicklung eines Mengengerüsts zur Messung logistischer Leistungen, Entwicklung einer Logistikkosten- und Leistungsrechnung, Unterstützung der strategischen und operativen Logistikplanung, Unterstützung des Aufbaus eines → *Supply* Chain Management, das auf eine optimale Steuerung der gesamten von den Lieferanten bis zu den Kunden reichenden → *Wertschöpfungskette* abzielt, Schaffung von Instrumenten zur Analyse und Steuerung der Kostenwirtschaftlichkeit der Prozesse.

Logistikeffizienz (auch Logistikerfolg genannt). Bezeichnet das Verhältnis von Aufwand und Nutzen logistischer Leistungen.

Logistik-Kennzahlen. Wesentliches Instrument des → *Logistik-Controllings*. Die Gesamtsituation der → *Logistik* lässt sich mit Kennzahlen wirkungsvoll überwachen. Gibt man für jede Kennzahl einen Soll-Wert vor, so kann sich die Überwachung auf die Bearbeitung der Ausnahmen beschränken. Wichtige Kennzahlen zur → *Beschaffungslogistik*: → *Bestellleistung*, → *Bestellquote*, → *Positionswert*, → *Lieferantenquote*, → *Liefertermintreue*, → *Einkaufspreis-Erfolg*, → *Wareneingangsleistung*, Wareneingangskosten. Wichtige Kennzahlen zum Lieferservice: → *Lieferzeit*, → *Liefertermintreue*, → *Lieferbereitschaft*, → *Fehllieferungsquote*. Wichtige Kennzahlen zu Lagerung und Logistik allgemein: → *Lagernutzungsgrad*, → *Durchschnittsbestand*, → *Lagerquote*, → *Lagerkostensatz*, → *Lagerhaltungskostensatz*, → *Umschlagshäufigkeit*, → *Reichweite*, → *Logistikkostensatz*, Bearbeitungskosten (organisatorisch) eines → *Fertigungsauftrags*. Wichtige Kennzahlen der → *Distributionslogistik*: → *Kommissionierleistung*, → *Pickrate*, → *Warenausgangsleistung*, Warenausgangskosten, → *Transportkosten* je Sendung.

Logistikkosten. Bestehen aus mehreren Elementen: Bestandskosten ≙ Zins auf das gebundene Kapital, Versicherungen, Abwertung, Verlust durch Schwund; → *Lagerkosten* inkl. Ein- und Auslagerungsaufwand; Handlingkosten ≙ Kommissionieren, Handling, Verpacken; Transportkosten ≙ Kosten des internen und externen Warenverkehrs; Steuerungskosten ≙ Kosten der → *PPS*, → *WWS*, → *Disposition*, → *Auftragsabwicklung*, → *Fertigungssteuerung* etc.; Systemkosten ≙ Gestaltung, Planung und Kontrolle des → *Materialflusses*.

Logistikkostenarten. Gruppen von zusammengefassten Einzelkostenarten, die inhaltlich der → *Logistik* zuzuzählen und Betrachtungsgegenstand des → *Logistik-Controllings* sind. Beispiele: Logistikpersonalkosten, Frachtkosten, → *Lagerkosten*, Fuhrparkkosten, Kosten für logistische Dienstleistungen (→ *Dienstleistungslogistik*).

Logistikkostensatz. → *Logistikkosten* bezogen auf den Umsatz in Prozent.

Logistikkostenstellen. Alle mit der Erbringung logistischer Leistungen befassten Kostenstellen. Beispiele: → *Lager*, Außentransport, Werksverkehr, Krane, → *Materialfluss*, Innentransport. Je nach Bedeutung der → *Logistik* im Unternehmen kommen noch folgende Abteilungen hinzu: → *Beschaffung*, → *Produktionsplanung* und -steuerung, → *Versand*, Auftragszentrum.

Logistikleistung. Leistung logistischer Verrichtungen, gemessen mittels → *Logistikkennzahlen* wie → *Umschlagshäufigkeit*, → *Lagerleistung*, Transportmenge pro Zeit, Perfektion der → *Lieferservicekomponenten* etc. Je geringer die spezifischen Kosten für den logistischen Leistungserstellungsprozess sind, desto größer ist die → *Logistikeffizienz*.

Logistische Kette. Aufeinanderfolge von Transportschritten, insbesondere bei → *gebrochenem Verkehr*.

Lohmann-Rucht-Effekt → *Finanzierung aus Kapitalfreisetzung*.

Lohn → *Arbeitsentgelt*, Arbeitsentgeltformen.

Lohnsteuer. Eine besondere Erhebungsform der Einkommensteuer bei Einkünften aus nicht selbstständiger Arbeit. Die Lohnsteuer wird – wie jede Quellensteuer – gemäß § 36 Abs. 2 Satz 2 Nr. 2 Einkommensteuergesetz im Veranlagungsverfahren auf die Einkommensteuer angerechnet. Wichtige lohnsteuerpflichtige Einnahmen sind Bruttolöhne und -gehälter, Betriebsrenten und Pensionen. Bestimmte Einnahmen sind begrenzt steuerfrei. Eine große Bedeutung haben Einnahmen in Geldeswert (geldwerte Vorteile, Sachbezüge), die ebenfalls der Lohnsteuer unterliegen. Für Werbungskosten kann ein Pauschbetrag von 1.044 € angesetzt werden. Höhere Kosten sind einzeln nachzuweisen: Fahrten zwischen Wohnung und Arbeitsstätte, Beiträge zu Berufsverbänden, Arbeitsmittel, Fortbildungskosten, Kosten von Dienstreisen, Umzugskosten und evtl. Kosten einer doppelten Haushaltsführung.

Grundlage der Lohnsteuerberechnung ist die Lohnsteuerkarte mit Eintrag einer Steuerklasse. Der Familienstand wird vor allem in den Steuerklassen I, II und III berücksichtigt (allein stehend, mit mindestens einem Kind und verheiratet). Die Klassen IV und V sind für Ehepartner gedacht, die entweder gleich viel oder weniger als der andere Ehepartner verdienen. Die Klasse VI berücksichtigt weitere Arbeitsverhältnisse. Je nach Steuerklasse werden unterschiedliche Freibeträge vorgesehen: Grundfreibetrag, Haushaltsfreibetrag, Arbeitnehmer-Pauschbetrag, Sonderausgaben-Pauschbetrag und Vorsorgepauschale in Höhe von 20% des Arbeitslohns, jedoch maximal bis zum Vorweghöchstbetrag – 16% des Arbeitslohns + Grund- und hälftiger Höchstbetrag. Bei höheren Werbungskosten, übrigen Sonderausgaben, außergewöhnlichen Belastungen und Verlusten sollte sich der Arbeitnehmer auf der Lohnsteuerkarte entsprechende Freibeträge eintragen lassen.

Der Lohnsteuer-Jahresausgleich (Tabellenausgleich) führt zu Lohnsteuererstattungen, wenn der Arbeitnehmer während des Jahres sehr unterschiedliche Monatsbezüge erhalten hat. Die Einkommensteuerveranlagung ist bei den Steuerklassen V und VI immer erforderlich, bei Steuerklasse IV, wenn Ehepartner unterschiedlich hohe Arbeitslöhne bezogen haben. Außerdem ist die Veranlagung nötig, wenn zusätzliche Freibeträge, Werbungskosten, Sonderausgaben, außergewöhnliche Belastungen und negative Einkünfte geltend gemacht werden sollen. Für die Steuerpflicht anderer Einkünfte gibt es eine Freigrenze von 410 €.

Lohn- und Gehaltsbuch → *Nebenbücher der Buchführung*.

Lokales Netzwerk (engl.: Local Area Network – LAN). → *Computernetz*, das die Datenkommunikation zwischen mehreren Rechnern in einem begrenzten geografischen Gebiet (Gebäude, Betriebsgelände, Campus) ermöglicht. Es befindet sich i.d.R. im Besitz und Gebrauch einer einzelnen Organisation. Typische Dienste, die in einem LAN genutzt werden können, sind z.B. das Absenden von Druckaufträgen an Netzwerkdrucker, der Zugriff auf Daten und Programme, die auf der Festplatte eines → *Servers* gespeichert sind, oder die Kommunikation per → *E-Mail* (→ *Weitverkehrsnetzwerk*).

Durch den Einsatz von Funktechnologie entsteht ein drahtloses LAN (WLAN, Wireless Local Aera Network). WLAN werden überwiegend im so genannten Infrastrukturmodus betrieben, bei dem eine oder mehrere Basisstationen (Access Points) die Kommunikation mit den Endgeräten koordinieren. Die Reichweite liegt abhängig von den baulichen Gegebenheiten zwischen 30 und 100 Meter. Je nach Übertragungsstandard liegt die maximale → *Bandbreite* einer WLAN-Verbindung zwischen 11 und 54 Megabit pro Sekunde (Mbps). Eine starke Verbreitung erfahren öffentlich zugängliche Access Points (»Hotspots«), die z.B. in Flug- und Bahnhöfen, Bibliotheken und Cafés installiert werden. Nutzer erhalten dadurch die Möglichkeit, ihre mobilen Endgeräte über einen Hotspot mit dem → *Internet* zu verbinden. Die Abrechnung dieser Dienstleistung erfolgt i.d.R. nach Zeit- oder Volumentarifen.

Lombardkredit → *Kreditfinanzierung*.

Los. Mengenbegriff. Beispiele: Fertigungslos (in einem Durchgang ohne Umrüsten gefertigte Menge desselben Artikels), Bestelllos (Menge einer Lieferposition eines Artikels), Transportlos. Mit der Losgrößenoptimierung (z.B. entsprechend der → *Andler'schen Formel*) wird versucht, die Gesamtkosten niedrig zu halten (Rüstkosten plus → *Lagerhaltungskosten* auf Basis der Herstellkosten; Bestellabwicklungskosten plus → *Lagerhaltungskosten* auf Basis des Einstandspreises; → *Transportkosten* plus → *Lagerhaltungskosten* auf Basis der → *Verkaufspreise*).

Lost-Order-Report. »Verlorene-Aufträge-Report«. Auswertung über den Umsatzverlust auf Grund unzureichender → *Lieferbereitschaft*. Lässt sich i.d.R. nur durch Kundenbefragung ermitteln.

Lower Management → *Führungsebenen*.

Lückenanalyse → *GAP-Analyse*.

M

Mailbox. »Elektronischer Briefkasten«. Online-System, in dem empfangene, private und kommerzielle Nachrichten zwischengespeichert und vom berechtigten Empfänger abgerufen werden können (→ *E-Mail*). Dahinter verbergen sich meistens von Privaten betriebene Computer in Online-Diensten, die E-Mails oder Diskussionsforen zulassen. Die Benutzer müssen sich dazu für eine Mailbox registrieren lassen.

Mail Bombing. Versand großer Datenmengen per → *E-Mail* durch Nutzer an eine Person, die im → *Usenet* durch ihr Verhalten Verärgerung ausgelöst hat und dadurch sanktioniert werden soll.

Mailing List. Verteilersystem für → *E-Mails*, zu dem sich Teilnehmer über einen → *Listserver* angemeldet haben. Man erhält alle Mitteilungen eines bestimmten Themas oder eines bestimmten Absenders. Dabei gibt es drei Grundformen: Informationsdienste, die eingetragene Nutzer automatisch über Neuigkeiten der vertreibenden Stelle informieren, unmoderierte Mailing Lists, die alle eingehenden Mails automatisch an eingetragene Teilnehmer der Liste verteilen, und moderierte Mailing Lists, bei denen eingehende Mails von einem Moderator selektiert und sortiert werden, bevor sie an die eingetragenen Teilnehmer der Liste verteilt werden.

Mail Server. Rechner eines Internet-Providers, der den → *E-Mail*-Verkehr abwickelt.

Mainframe. Großrechner, an den viele Arbeitsstationen (→ *Workstation*, → *Terminal*) angeschlossen sind und den dadurch viele Anwender (mehrere Hundert bis mehrere Tausend) gleichzeitig benutzen können. Kennzeichnend sind die hohe Verarbeitungsgeschwindigkeit, die große Speicherkapazität (→ *Arbeitsspeicher* und → *Massenspeicher*) und die Fähigkeit, eine große Zahl von Ein- und Ausgabegeräten zu bedienen. Mainframes benötigen i. d. R. klimatisierte Räume und speziell ausgebildetes Bedienungspersonal (Operator) und kommen vorwiegend in Rechenzentren zum Einsatz.

MAIS → *Marketing-Informationssystem*.

Makro. Kombination einzelner Befehle und Vorgänge, die fest abgespeichert wird. Bei Aufruf eines solchen Makros werden die gespeicherten Arbeitsschritte automatisch abgearbeitet.

Malcolm Baldrige National Quality Award (Qualitätsauszeichnung). Beabsichtigt, das Bewusstsein für Qualität als entscheidenden Wettbewerbsfaktor zu stärken, die Notwendigkeit für hervorragende Qualität bewusst zu machen und Informationen über erfolgreiche Qualitätskonzepte und die Vorteile, die aus ihrer Einführung herrühren, publik zu machen. Der US-Präsident verleiht dann den MBNQA (bei Ausscheiden gibt es jeweils Feedback-Berichte über Gründe für den zumindest vorläufigen Misserfolg). Als die sieben Hauptkriterien gelten Führung zur Qualität (Leadership), Informationsverarbeitung und Analyse, strategische Qualitätsplanung, Personaleinsatz und -entwicklung, Prozessmanagement für Produkte/Dienste, Qualitäts- und Betriebsresultate und Kundenzufriedenheit. Diese werden in 28 gewichtete Einzelkriterien untergliedert. Zwischen diesen Größen herrschen dynamische Zusammenhänge. Man kann grob zwischen Kriterien zu Ergebnissen (max. 250 Punkte) und solchen zu Prozessen (max. 750 Punkte) unterscheiden. Der größte Wert des MBNQA wird in der von einer tatsächlichen Bewerbung unabhängigen Optimierung für die Identifikation von Stärken und Schwächen des Qualitätsmanagementsystems, für Trainingszwecke oder unternehmensinterne Qualitätswettbewerbe gesehen, dies reicht von der Übernahme der Fragenkataloge über die interne Evaluation als »Scheinbewerbung« bis hin zur Evaluation durch externe Experten (Audit).

Management by. Siehe dazu den Artikel auf S. 262.

Managementebenen → *Führungsebenen*.

Managementfähigkeiten. Management-Funktionen können nur effektiv wahrgenommen werden, wenn der Manager über bestimmte Fähigkeiten verfügt: technische Kompetenz, Fachwissen über die betriebswirtschaftlichen und

Management

Mit Management bezeichnet man die zielorientierte Gestaltung, Steuerung und Entwicklung des Unternehmens und seiner Teilbereiche. Dieser schillernde Begriff taucht erstmals in England und den USA im 19. Jahrhundert auf. Im deutschen Sprachraum wird er seit Ende der 40er-Jahre des 20. Jahrhunderts verwendet. Das Verb »to manage« wird auf den lateinischen Ausdruck »manus agere« (»jemand an der Hand führen«, »ein Pferd in allen Gangarten trainieren«) bzw. »mansionem agere« (»das Haus für jemanden bestellen«) zurückgeführt.

In der Betriebswirtschaftslehre wird inhaltlich i. d. R. nicht zwischen Unternehmensführung und Management unterschieden. Die Komplexität des Managements erfordert eine Betrachtungsweise, die aus mehreren Blickwinkeln den Begriff strukturiert, Abb. 43 zeigt die wichtigsten auf.

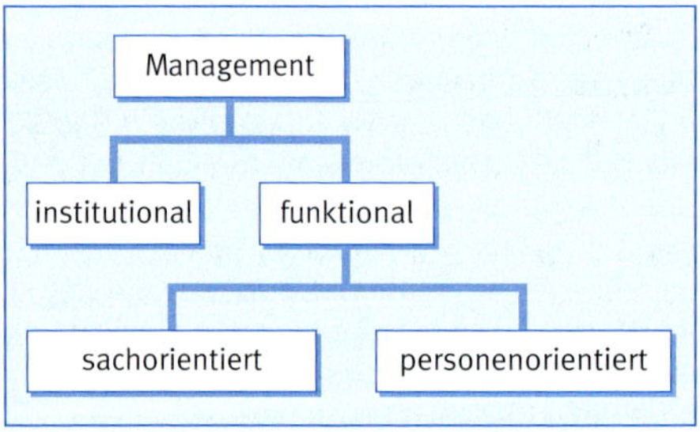

Abb. 43: Struktur des Managementbegriffs

- Institutionaler Managementbegriff: Als Management werden die Personen und Funktionsträger bezeichnet, die über Entscheidungs-, Anordnungs- und Kontrollkompetenzen verfügen, wie z. B. Vorstand, Abteilungsleiter. Das Management wird nach → *Führungsebenen* unterteilt.
- Funktionaler Managementbegriff: Unter Management werden alle zur Führung des Unternehmens benötigten gestaltenden und steuernden Aufgaben verstanden. Eine weitere Beschreibung findet sich unter → *Management-Funktionen*.
- Sachorientiertes Management: Managen heißt, zunächst zielgerichtet eine Angelegenheit durchdenken, planen, organisieren, festlegen, überprüfen; also rein sachorientierte Aufgaben (→ *Managementprozess*).
- Personenorientiertes Management: Managen heißt auch, Personen für die Unternehmensziele gewinnen und mit ihnen umgehen, sei es mit Mitarbeitern, im Team oder mit Geschäftspartnern (→ *Personalführung*).

Unter einem anderen Blickwinkel wird Management auf den Ebenen normativ, strategisch und operativ differenziert.

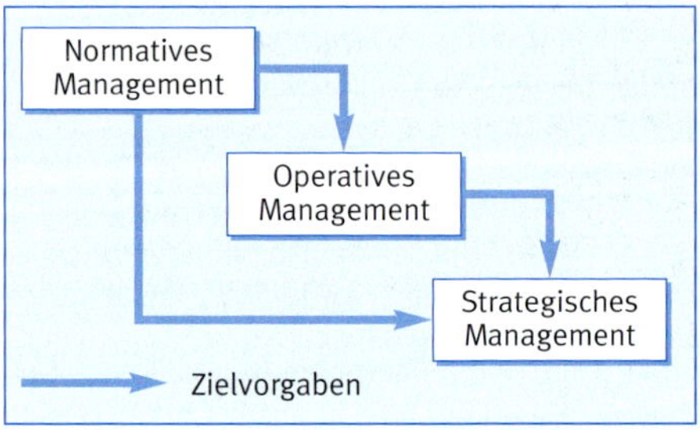

Abb. 44: Management und Zielvorgaben

- Normatives Management: Das Management muss → *Ziele* setzen. Diese werden als Norm für die Lebensfähigkeit, die Entwicklung und den inneren Zusammenhalt des Unternehmens benötigt. Ausdruck findet das normative Management in der langfristigen → *Rahmenplanung*, → *Corporate Identity*, → *Unternehmensvision*, → *Unternehmensphilosophie*, → *Unternehmensethik*, → *Unternehmenspolitik*, → *Unternehmensführung* und den → *Unternehmensgrundsätzen*.

Beispielsweise entscheidet sich ein Unternehmen der Softwarebranche, Individualsoftware zu erstellen und nicht in die Produktion von Standardsoftware zu investieren.

- Strategisches Management: Das strategische Management präzisiert die Ziele des normativen Managements und richtet die für die Zielerreichung benötigten Aktivitäten aus. Erfolgspotenziale sollen erkannt und aufgebaut werden. In der → *Strategie des Unternehmens* und der strategischen Planung (→ *Planung, strategische*) findet das seinen Niederschlag. Zum oben genannten Beispiel: Das Softwareunternehmen konzentriert sich auf spezielle Kundengruppen wie Banken und Versicherungen.

- Operatives Management: Ziele und Maßnahmen des normativen und strategischen Managements werden in konkretes betriebliches Handeln im operativen Management umgesetzt. Dabei steht die wirtschaftliche Effizienz der Leistungs-, Finanz- und Informationsprozesse im Vordergrund. Die operative Planung legt die Handlungen fest (→ *Planung, operative*). Zum obigen Beispiel: Qualifizierte Mitarbeiter werden gewonnen und in Projekten der Individual-Softwareentwicklung eingesetzt.

Die konkrete Ausgestaltung von Management, in der Regel einem Mix der Blickwinkel folgend, vollzieht sich durch so genannte »Management-by-Techniken« (wovon man in der Literatur mittlerweile über 50 verschiedene vorfindet). Eine Auswahl wichtiger ist nachfolgend zusammengestellt und kurz charakterisiert.

Management by Break-through. Führung durch Überwindung von Widerständen. Dieser offensive Führungsstil betrachtet als wichtigste Ziele des Managements, Verbesserungen des Leistungsprozesses zum Durchbruch zu bringen und durch Kontrollen das bestehende Leistungsniveau zu sichern. Beide Ziele sind nicht unmittelbar erreichbar, sie benötigen vielmehr eine konsequente schrittweise Vorgehensweise. Einzelne Schritte sind beispielsweise Herbeiführen positiver Einstellungen der Beteiligten, Aufbrechen verfestigter Strukturen, Aneignung neuen Wissens und Könnens, Überwindung von Widerständen, konsequente Durchführung und Kontrolle. Der Prozess der Einführung von Veränderungen und die Überwindung der dabei entstehenden Widerstände sind zentrale Anliegen dieses Prinzips.

Management by Decision Rules. Führung durch Entscheidungsregeln. Mit der Delegation von Aufgaben werden auch die zur Erfüllung anzuwendenden Verhaltensnormen und Regeln vorgegeben. Das Prinzip stellt eine Ergänzung des → *Management by Delegation* dar.

Management by Delegation. Führung durch Delegation. Verantwortung für das Handeln wird auf die Mitarbeiter übertragen. Beim Vorgesetzten bleiben Führungsverantwortung und Aufgabenstellungen von besonderer Bedeutung. Das verlangt klare organisatorische Regelungen der Zuständigkeiten und Kompetenzen sowie einen reibungslosen Informationsfluss zwischen den Beteiligten. Die Führungsebene muss bereit sein, Zuständigkeiten an die Mitarbeiter abzugeben, die Mitarbeiter müssen die Herausforderung des eigenverantwortlichen Handelns annehmen wollen. Mit Ausnahme der reinen Führungsaufgaben kann grundsätzlich jede Aufgabe delegiert werden. Typischer Anwendungsfall ist jedoch die Delegation von Routineaufgaben und von wenig herausfordernden Tätigkeiten. Das mindert in der Praxis die grundsätzlichen Vorteile des Systems: Entlastung der Führungsebene, Verbesserung der Motivation, der Kreativität und der Verantwortungsbereitschaft der Mitarbeiter. Management by Delegation ist ein Teilaspekt des → *Harzburger Modells*.

Management by Direction and Control. Führung durch Anweisung und Kontrolle. Management by Direction and Control stellt das Sinnbild des traditionellen, autoritären Führungsstils in einer hierarchischen, zentral ausgerichteten Linienorganisation dar. Dieser Ansatz entspricht dem → *Scientific Management* von Taylor. Er gilt als veraltet, ist jedoch wegen vielfacher Vorteile in der Praxis beliebt. Vorteile sind u.a. schnelle und einheitliche Entscheidungsumsetzung, einfache Abwicklung von Routineprozessen, eindeutige Zuständigkeiten. Nachteile sind u.a.: mangelnde Problemnähe, geringe Flexibilität, fehlende Initiative, ungenutzte Fähigkeiten.

Management by Exception. Führung im Ausnahmefall. Der Vorgesetzte greift nur in den Betriebsablauf ein, wenn Abweichungen von den Plänen auftreten. Das setzt Zielsetzung, Planvorgaben, eindeutige Zuständigkeiten für die Aufgaben, einen zeitnahen Soll-Ist-Vergleich, die Fixierung von kritischen Abweichungen und die Beschreibung der Ausnahmefälle voraus. Das Management kann sich auf die wesentlichen Führungsaufgaben konzentrieren. Es greift erst ein, wenn Rückkopplungen der Mitarbeiter oder Überprüfungen den Hinweis geben, dass der Ausnahmefall kritischer Ist-Werte oder neuer Tatbestände eingetreten ist und Führung erforderlich macht. Dieses Managementprinzip harmoniert mit → *Management by Delegation* und → *Management by Objectives*.

Management by Ideas. Führung durch Leitbilder. Die Vermittlung von Grundeinstellungen zum Unternehmen und seiner Umwelt, die gemeinsam von allen im Unternehmen tätigen Personen getragen werden, steht im Mittelpunkt des Prinzips. Durch eine grundsätzliche Orientierung zum Unternehmen und seiner Umwelt sollen Verhaltensweisen und Handeln aller Mitarbeiter und Führungskräfte eine gemeinsame Norm und Ausrichtung bekommen. Die Grundorientierung wird auf Basis der → *Unternehmensethik*, → *Unternehmensphilosophie*, → *Unternehmensvision* und → *Unternehmenskultur* vermittelt.

Management by Objectives. Führung durch Ziele. Das Grundprinzip besteht darin, Ziele im Unternehmen zu etablieren und die zielführenden Handlungen den beauftragten Personen zu überlassen. Damit ist verbunden, dass Ziele gebildet, Aufgaben delegiert und deren Erfüllung kontrolliert werden.

1. Zielbildungsprozess: Die Ziele sind Dreh- und Angelpunkt des Systems. Sie können zwar autoritär von der Unternehmensleitung vorgegeben werden, typisch ist jedoch die kooperative Zielvereinbarung. In Abstimmung mit den Mitarbeitern wird ein System von hierarchisch aufgebauten Zielen mit Ober- und Unterzielen entwickelt. Dadurch werden sowohl die Interessen des Unternehmens als auch die der Mitarbeiter berücksichtigt und in ein gemeinsam getragenes Zielsystem integriert.
2. Aufgabendelegation: Die Basis für dezentrale Entscheidungen und deren Kontrolle bilden Leistungsvereinbarungen und Kontrollstandards, die aus den Zielen abgeleitet werden. Den Mitarbeitern werden weit gehende Handlungsfreiräume in der Erwartung gegeben, dass sie diese im Sinne der Unternehmensziele verantwortungsbewusst, initiativ und aktiv handelnd nutzen.
3. Kontrolle: Die Zielerreichung wird unter den Gesichtspunkten überprüft, eventuelle Anpassungsmaßnahmen veranlassen zu können und die Leistung der Mitarbeiter objektiv an den Zielen zu messen. Das Anreiz-, Förderungs- und Entlohnungssystem wird am Grad der Zielerreichung ausgerichtet. Dadurch entsteht ein hohes Maß der Selbstregulierung mit geforderten, aber auch motivierten Mitarbeitern. Management by Objectives ist ein umfassendes, in der betrieblichen Praxis anerkanntes und weit verbreitetes System. Einige besonders zu erwähnende Wirkungen zeichnen dieses System aus. Dies sind: hohe Leistungsbereitschaft durch Zielvereinbarungen, auf die der Einzelne einen maßgeblichen Einfluss hat; Abstimmung von Unternehmens- und Mitarbeiterzielen und damit Förderung der individuellen persönlichen Fähigkeiten; dezentral ausgerichtete Organisationsstrukturen ermöglichen Problemnähe, Innovationen und Flexibilität.

Management by Participation. Führung durch Mitarbeiterbeteiligung. Die Beteiligung der Mitarbeiter drückt sich primär durch ihre Mitwirkung an der Zielbestimmung aus. Dieser kooperative Ansatz versucht über eine stärkere Einbeziehung der Mitarbeiter die Identifikation mit den Unternehmenszielen zu erreichen und damit Einsatz und Leistung für das Unternehmen zu fördern. Konflikte zwischen den Interessen der Mitarbeiter und den Leistungserwartungen des Unternehmens sollen erst gar nicht entstehen bzw. möglichst reibungslos im Sinne der Unternehmensziele gelöst werden. Das Prinzip harmoniert mit dem → *Management by Objectives*.

Management-by-Prinzipien. Grundsätzliche Verhaltensweisen und Regeln, wie Management ausgeführt werden kann. Synonym werden die Begriffe Management-by-Ansätze, Management-by-Konzepte, Management-by-Systeme, Management-by-Techniken verwendet. Die Prinzipien reichen von umfassenden Managementprinzipien bis hin zu einfachen Grundsätzen der Personalführung. Das Spektrum ist so weit, dass jeder Teilaspekt des Managements zum Gegenstand von Management-by-Prinzipien gemacht werden kann. Sie sind so populär, dass sie innerbetrieblich manchmal humorvoll, manchmal zynisch für die Umschreibung von Verhaltensmustern genutzt werden. Bei den ernst zu nehmenden Management-by-Systemen liegt der Schwerpunkt mehr auf Prinzipien zur steuernden Einflussnahme des Betriebsablaufes, weniger auf der Zukunftsgestaltung des Unternehmens. Am umfassendsten sind → *Management by Delegation*, ‹ *Management by Objectives* und → *Management by Systems*. Der besondere Wert ist darin zu sehen, dass die Systeme eine Leitlinie und Orientierungshilfe für das Managen liefern sowie schlaglichtartig und assoziativ bereits durch die bildhafte Begriffswahl das zu Grunde liegende Managementprinzip und die Denkhaltung beleuchten. Sie zeigen die Fassetten unterschiedlicher Führungskonzepte auf und weisen damit auf Gegensätzlichkeiten und Unvereinbarkeiten ebenso hin wie auf die gemeinsame und harmonische Anwendbarkeit der verschiedenen Prinzipien.

Management by Results. Ergebnisorientierte Führung. Im Zentrum dieses Prinzips steht das Ergebnis des betrieblichen Leistungsprozesses. Das Management soll seine ganze Aufmerksamkeit der Vorgabe und Kontrolle von Leistungszielen widmen. Damit steht dieses Prinzip im engen Zusammenhang mit dem → *Management by Objectives*. Einen Ausdruck findet das Prinzip in der Bildung von Profit Centers als organisatorische Einheit mit Ergebnisverantwortung. Charakteristika des Managements by Results sind: Vorgabe von Zielen, Übergabe der Ergebnisverantwortung an untergeordnete Stellen, Kontrolle der Ergebnisse, Kopplung des Anreiz- und Entlohnungssystems an die Erreichung der Ergebnisse. Durch Vorgabe der Leistungsnorm und der allgegenwärtigen Überprüfung wird versucht, leistungsfördernd zu wirken. In diesem Sinne ist das Management by Results den autoritären Führungsmethoden zuzuordnen.

Management by Systems. Management durch Systemsteuerung. Die betrieblichen Abläufe sollen durch ein System von Netzwerken und Regelkreisen selbstregulierend organisiert werden. Grundüberlegung ist der im → *Management-Kreis* dargestellte Handlungs- und Abstimmungsprozess von Zielsetzung, Realisierung, Kontrolle mit Rückkopplungen, die Maßnahmen der Anpassung und Störungsbeseitigung auslösen.

Dieses umfassende Prinzip berücksichtigt die Komplexität und Verflechtung der Unternehmensprozesse. Eine systematische Ordnung wird mit dem Ziel geschaffen, die Unterstützung und Entlastung der Unternehmensführung zu erreichen, die Effizienz aller Prozesse zu verbessern, Qualität, Leistung und Flexibilität des Managements zu erhöhen.
Elemente des Systems sind
- Abgrenzung der zu einem Teilsystem zugehörigen Aufgaben,
- Schaffung von vereinfachten und transparenten Abläufen,
- ein gut ausgebautes Informationssystem,
- Festlegung der Verfahren zur Koordination im Unternehmen und in den Teilsystemen.

Das Denken in Systemen verführt dazu, personenbezogene Führung und Konflikte außer Acht zu lassen und das Unternehmen nicht als Organismus, sondern als Mechanismus zu betrachten, der durch die Etablierung technisch-organisatorischer Regeln leicht steuerbar ist. Dadurch besteht die Gefahr einer Überorganisation und Bürokratisierung.

technischen Strukturen des zu führenden Bereiches. Die Innovationsgeschwindigkeit in der Wirtschaft bringt es mit sich, dass die Mitarbeiter über genauere Detailkenntnisse verfügen. Gute Führungskräfte müssen daher bei Wahrung ihrer fachlichen Autorität und gutem Überblickswissen die Detailkenntnisse der Mitarbeiter aktivieren, zur Lösungssuche motivieren und das Ergebnis prüfen.

Hinzu kommt soziale Kompetenz als die Fähigkeit, mit anderen Menschen sachgerecht zusammenzuarbeiten. Der Manager führt nicht nur seine Mitarbeiter, er muss auch mit Vorgesetzten, Kollegen, Kunden, Lieferanten, Behörden und der Öffentlichkeit kooperieren. Er sollte daher kommunikationsfähig, konfliktfähig, teamfähig sowie verhandlungsstark sein und eine personale Autorität besitzen. Konzeptionelle Kompetenz: die Fähigkeit, einzelne Problemstellungen im Gesamtzusammenhang zu erkennen und in eine tragfähige Lösung einzubetten. Vom Manager ist daher zu erwarten, dass er logisch-analytisch denkt, ein Problem aus unterschiedlichen Perspektiven betrachtet, eine ganzheitliche Sichtweise einnimmt, Pläne und Handlungen aufeinander abstimmt und objektiv bewertet.

Managementfunktionen. Alle Aufgaben, die zur Führung eines Unternehmens oder dessen Teilbereichen gehören. Da Management eine komplexe Aufgabenstellung ist, sind bisher unzählige Aufgabenkataloge entwickelt worden, die sich hinsichtlich der Abgrenzung und des Betrachtungsschwerpunkts auf die Management-Funktionen, vornehmlich jedoch im Detaillierungsgrad und der Terminologie unterscheiden. Gliedert man die komplexen, sich ineinander fügenden Managementfunktionen in die Dimensionen Prozess, Struktur und Personal, lassen sich Soll-Hauptfunktionen des Managers beschreiben und die einzelnen Aufgaben systematisch zuordnen:

- Prozessorientierte Managementfunktionen: Der Manager verfolgt die Unternehmensziele systematisch. Er folgt dem Phasenschema Planung, Realisierung, Kontrolle. Er beginnt mit der Planung. Hier werden Ziele gesetzt, Alternativen der Zielerreichung formuliert und bewertet sowie über das zu realisierende Konzept entschieden. Hierauf folgt die Realisierung, in der Maßnahmen ergriffen werden, das Konzept umzusetzen. Ist dies geschehen, folgt die Kontrolle in Form des Soll-Ist-Vergleichs und Abweichungsanalysen. Eine feinere Untergliederung zeigt der → *Managementprozess* und die Klassifikation → *POSDCORB*.
- Strukturorientierte Managementfunktionen: Der Manager organisiert. Er schafft den strukturellen Rahmen für eine effiziente Arbeitsteilung durch → *Organisation* der betrieblichen Abläufe. Er legt Zuständigkeiten und Weisungsbefugnisse fest. Er formuliert dauerhafte Regelungen für gleichartige Fälle, lässt Freiräume für Einzelfallentscheidungen und schafft damit eine betriebliche Ordnung, die Spezialisierung, koordinierte Zusammenarbeit, Stabilität, Flexibilität, Vorhersehbarkeit und Vereinfachung laufender Führungsaufgaben gewährleisten soll.
- Personalorientierte Managementfunktionen: Der Manager muss Mitarbeiter führen, aber sich auch von Vorgesetzten führen lassen, mit Kollegen und anderen Abteilungen vertrauensvoll zusammenarbeiten und mit Kunden, Kreditgebern und anderen Externen kommunizieren. Bei der → *Personalführung* verfolgt er ein Doppelziel. Er motiviert die Mitarbeiter zur Leistung für das Unternehmen und schafft die Bedingungen, die Mitarbeiterzufriedenheit gewährleisten (→ *Mitarbeiterführung*).

Management-Informationssystem → *Führungsinformationssystem*.

Management-Kreis. Stellt den → *Managementprozess* in einem Kreis dar, der in aufeinander folgenden Phasen zyklisch durchlaufen wird. In gröbster Untergliederung wird der gesamte Managementprozess in die Phasenfolge der Fachfunktionen Planung, Realisierung, Kontrolle unterteilt. Es wird veranschaulicht, dass selbstverständlich

a) der Realisierung die Planung vorangestellt ist,
b) die Kontrolle unabdingbar Ist-Informationen aus der Realisierung und Soll-Informationen aus der Planung benötigt und
c) Kontroll-Informationen die Basis für die nächsten Planungen sind.

Die Punkte b) und c) verdeutlichen die von beiden Seiten ausgehende enge Zusammengehörigkeit von Planung und Kontrolle. Man spricht auch von Kontrolle als »Zwillingsschwester« der Planung oder, auf den Punkt gebracht: »Planung ohne Kontrolle ist sinnlos, Kontrolle ohne Planung unmöglich«.

Alle drei Phasen haben einen Anteil rein ausführender Tätigkeiten, der in der Realisierungsphase in aller Regel am größten ist. Die Phasen können nur sachgerecht abgewickelt werden, wenn das Management den gesamten Prozess gestaltet und führt. Dies zeigt das Innere des Kreises. Führung bezieht die Personalfunktion des Managements mit ein. Eng verzahnt mit den Fachfunktionen führt dies erst zu den gewünschten Ergebnissen. Führungshandlungen wie Kommunikation, Koordination, Entscheidung und Durchsetzung, welche die Fachfunktionen des Managements durchdringen, werden in jeder Phase benötigt, treten jedoch in unterschiedlicher Form und Intensität auf. Eine wichtige Entscheidung liegt z. B. am Ende der Planungsphase. Personalführung wird verstärkt in der Realisierung benötigt, Durchsetzung an der Schnittstelle zwischen den Phasen Planung und Realisierung.

Managementlehre (Entwicklungsstufen). Die Managementlehre der letzten fünfzig Jahre hat sich als Reaktion auf die sich verändernden Herausforderungen der Unternehmen entwickelt. War in der Aufbauphase nach dem 2. Weltkrieg die Produktion als Engpassfaktor bei einer scheinbar nicht zu sättigenden Nachfrage auszumachen, änderte sich das Bild in den 60er-Jahren. Die mangelnde Nachfrage wurde nun immer stärker von den Unternehmen als kritischer Entpass wahrgenommen. In den 70er- und 80er-Jahren machte u.a. die Energiekrise deutlich, dass sich die Zukunft nicht einfach durch Hochrechnung der Vergangenheitserfahrungen vorhersehen lässt. Strukturbrüche verlangten nach einer strategisch ausgerichteten Planung und Unternehmensführung. In den 90er-Jahren nimmt die Komplexität und Dynamik des Wandels zu. Globalisierung, internationale Kapitalmärkte, stetig sich verkürzende Halbwertzeiten des Wissens, rasante Fortschritte der Kommunikationstechnologie, die Entdeckung der Information und des Wissens als wichtigste wirtschaftliche Ressource, rasche Veränderungen der Marktstrukturen bestimmen die Diskussion.

Managementprozess. Die Betrachtung des Managementprozesses stellt die Handlungsabfolge aller Managementaktivitäten in aufeinander folgenden Phasen in den Vordergrund. Es wird verdeutlicht, dass der Manager nicht punktuelle Wahlentscheidungen trifft, sondern einen strukturell immer gleichen Regelkreis von verschiedenen Handlungen, den → *Managementkreis*, durchläuft.

Zu Beginn steht die Planung. Das Management muss festlegen, was in Zukunft zu tun ist und wie die Handlungen gestaltet werden sollen. Hierzu gehört die Formulierung der → *Ziele* als erwünschter zukünftiger Zustand. Sie bilden den Fixpunkt und die Norm für alle folgenden Aktivitäten und bieten den Handelnden Orientierung.

Es folgt die Problemanalyse, in der die derzeitige betriebliche Lage festgehalten, analysiert, prognostiziert und den Zielen gegenübergestellt wird. Nach der Problemerkenntnis folgt die Suche und Beschreibung der alternativen Lösungen. Sie sollen dazu beitragen, das Problem zu beheben und die betrieblichen Ziele zu verwirklichen. Hiermit verbunden ist die Prognose von Wirkungen der Alternativen und deren Bewertung. Bei der Alternativensuche besteht die Kunst darin, ein vernünftiges Gleichgewicht zwischen zeitlichem und finanziellem Aufwand einerseits und der Anzahl und der Präzision der Alternativen andererseits zu finden. Die Planung schließt mit der → *Entscheidung* für eine Alternative ab. Sind andere Organisationseinheiten von der Planung betroffen, muss die Entscheidung noch im Unternehmen durchgesetzt werden. Die Durchsetzung wird erleichtert, wenn die betroffenen Personen bereits in der Planungsphase einbezogen wurden.

Nach der Planung als gedankliche Arbeit folgt die Realisierung, um die Pläne mit Leben zu fül-

Jahr	Hauptproblem, Mangel an:	Lösungsansatz
1950	Kostenübersicht, Mengenausstoß	Rationalisierung, Kostenrechnung, Organisation
1955	Führungswissen, Steuerungsmechanismen, Soll/Ist-Erkenntnisse	Spezialisierung nach Funktionsbereichen, Unternehmensplanung, Controlling
1960	Nachfrage, Marktorientierung	Marketing, Vertrieb
1970	Strategische Orientierung	Strategie, strategische Planung, Szenario-Planung, Portfolio-Analyse
1980	Umsetzung	strategische Unternehmensführung, Internationalisierung
1990	Organisatorisches Lernen, unternehmerisches Verhalten	Total Quality Management, Kernkompetenzen, Prozessmanagement, Lean Management, lernende Organisation, Wertsteigerung
2000	Ganzheitliches Denken und Handeln, planetarisches Bewusstsein	Netzwerkansatz, virtuelle Organisationen, Beziehungsmanagement

Entwicklungsstufen der Managementlehre ab 1950 (in Anlehnung an Hinterhuber, 1996, S. 35).

len. Begonnen wird mit der → *Organisation* (strukturelle Komponente). Die für die Realisierung notwendigen Aufgaben werden ermittelt, zeitlich und sachlich geordnet und sodann bestehenden oder neu zu schaffenden Stellen zugewiesen. Es folgt der Personaleinsatz (personelle Komponente). Die Stellen werden mit Personen besetzt, die die beschlossenen Maßnahmen kennen, deren Umsetzung wollen, dazu fähig und mit Kompetenzen und Ressourcen ausgestattet sind. Sollten hier Mängel auftreten, so wird z.B. durch Personalentwicklung, Motivation, verbesserte Ressourcenzuteilung den absehbaren Qualitätslücken entgegengewirkt. Sind die strukturellen und personellen Voraussetzungen geschaffen, so beginnt die Steuerung und Führung durch konkrete und dauerhafte Veranlassung der Arbeitsaufgaben. Hier werden die → *Managementfähigkeiten* der sozialen, aber auch technischen Kompetenz wie Fachwissen, Kommunikations- und Motivationsfähigkeit, personale Autorität besonders gefordert.

Letztes Glied der Kette ist die Kontrolle. Ein Vergleich von Planung und Realisierung in Form eines Soll-Ist-Vergleichs und durch Analyse und Bewertung der Abweichungen führt zu Überlegungen, ob und welche Gegenmaßnahmen getroffen werden müssen. So können Realisierungsstörungen ebenso vorliegen wie Planungsfehler oder veränderte Zielsetzungen. Je nach Bewertung der Abweichungen werden Rückkopplungen zu näher oder entfernter vorgelagerten Phasen erforderlich.

Managementrollen. Der amerikanische Managementforscher H. Mintzberg hat 1973 fünf Topmanager in fünf amerikanischen Unternehmen unter dem Aspekt beobachtet: Was und wie arbeiten Manager? Seine Beobachtungen des Managerhandelns hat er in zehn Rollen zusammengefasst. Diese Management-Rollen werden als gültig für jede Managementposition angesehen. Unterschiede ergeben sich hinsichtlich Intensität und Dauer der Tätigkeit in Abhängigkeit vom

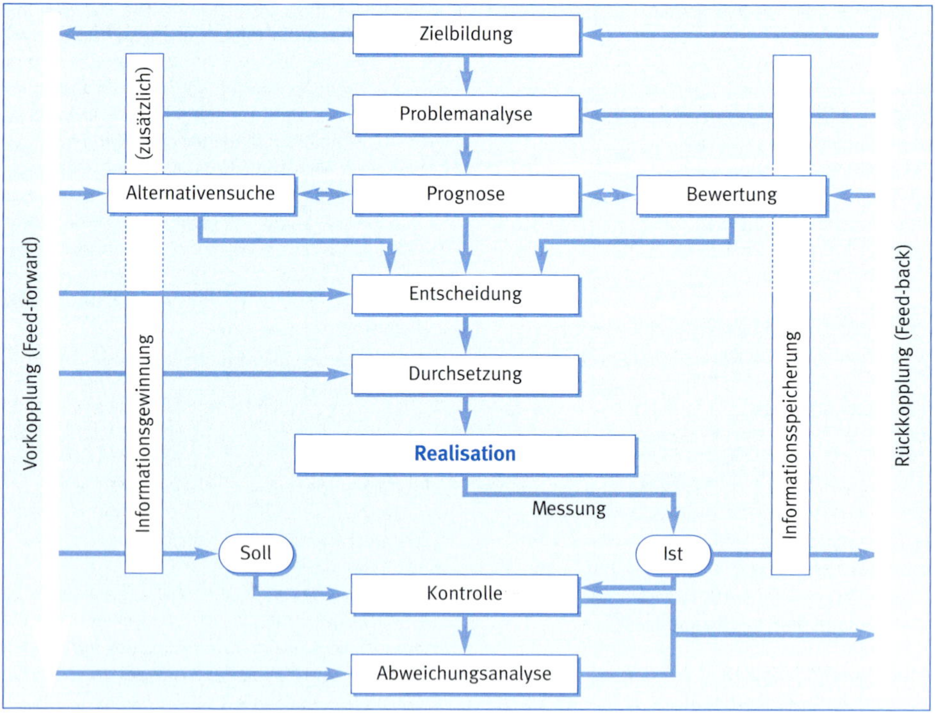

Abb. 45: Phasenstruktur des Managementprozesses (Quelle: Schierenbeck, H.: Grundzüge der Betriebswirtschaftslehre, 14. Auflage, München 2000, S. 87)

Funktionsbereich im Unternehmen, beispielsweise Marketing oder Produktion, der Persönlichkeit, der Hierarchieebene und der Branche.

Beziehungspflege	
Repräsentant	Vertretung und Repräsentation nach innen und außen
Führer	Auswahl und Führung der Mitarbeiter
Koordinator	Kommunikation und Kontakte innerhalb und außerhalb des Unternehmens
Information	
Informationssammler	Aufnahme und Sammlung aller bedeutsamen Informationen
Informationsverteiler	Darstellung von Fachinformationen und Verhaltensnormen gegenüber Mitarbeitern und Kollegen
Informant externer Gruppen	Informieren externer Gruppen
Entscheidung	
Unternehmer	Aufspüren von Chancen und Realisieren des Wandels
Krisenmanager	Konflikte und Störungen meistern
Ressourcenzuteiler	Verteilung von Aufgaben, finanziellen Ressourcen und eigener Zeit
Verhandlungsführer	Vertretung des Unternehmens in Verhandlungen

Management-Rollen (in Anlehnung an: Mintzberg, H.: The Nature of Managerial Work, New York 1990)

Managementsystem. Die → *Management-Funktionen* werden z.T. durch festgelegte Instrumentarien, Regeln, Institutionen und Prozesse erfüllt. Wichtige Elemente des Managementsystems sind das Planungs- und Kontrollsystem (→ *Planung*, → *Controlling*), das Informations- und Kommunikationssystem (→ *Wirtschaftsinformatik*), das Personalführungssystem (→ *Personalführung*), das Organisationssystem (→ *Organisation*).

Managementtechniken. Zur Lösung typischer Managementprobleme bedient sich das Management bestimmter Instrumente, Methoden, Modelle und Verfahren.

Da die → *Managementfunktionen* bereits vielfältig und komplex sind und jede einzelne Managementfunktion durch mehrere Managementtechniken unterstützt werden kann, ergibt sich eine unübersehbare Fülle von Techniken. Wichtige und traditionelle Informationsquelle für das Management ist das betriebliche → *Rechnungswesen* mit der → *Kosten- und Leistungsrechnung*. Auch die → *Controllinginstrumente* und die Methoden der → *Personalführung* leisten einen wesentlichen Beitrag.

Managerherrschaft. Aus der Machtverteilung in großen Kapitalgesellschaften abgeleitete These, dass nicht die Eigentümer, sondern die angestellten Manager die dominierenden Personen bei Entscheidungen über alle Fragen der Unternehmensführung sind. Das schließt Entscheidungen über Sachverhalte ein, die formal Angelegenheit der Gesellschafter sind. Ursächlich hierfür ist die Trennung zwischen Eigentum und Verfügungsgewalt. Ein professionelles Management hat Informations- und Gestaltungsvorteile gegenüber den Anteilseignern, die nur aus gewisser Distanz das Unternehmensgeschehen beurteilen können. Hinzu kommt, dass sich Aktien häufig in Streubesitz befinden. In vielen Fragen sind die Interessen von Eigentümern und Managern nicht gleich. Beispielsweise können Manager ihre Stellung durch Umsatzwachstum, einbehaltene Gewinne, Vertuschung von Verlusten, Expansionsstrategien halten oder verbessern, ohne dass für die Eigentümer eine höhere Rentabilität, Wertsicherung oder Wertsteigerung resultiert. Eine → *Shareholdervalue-Politik* rückt die Interessen der Anteilseigner in den Vordergrund.

Mangel. Beeinträchtigung der Verwendbarkeit einer Sache, die mit Merkmalen behaftet ist, die den Wert oder die Tauglichkeit zu dem gewöhnlichen oder dem nach dem Vertrag vorausgesetzten Gebrauch aufheben oder mindern (Unterschied zu Fehlern).

Mängelgewährleistungsrecht. Spezialgebiet des → *Bürgerlichen Rechts*, das im → *Schuldrecht* geregelt ist. Die Voraussetzungen und Rechtsfolgen der Mängelgewährleistung sind für die einzelnen Vertragstypen unterschiedlich ausgestaltet. In der Praxis muss daher zunächst der Vertragstyp definiert werden, um auf die speziellen Gewährleistungsregeln zugreifen zu können, vgl. → *Vertragsrecht*.

Man unterscheidet zwischen Rechts- und Sachmängelgewährleistung. Ein Rechtsmangel im Kaufvertrag liegt vor, wenn Dritte in Bezug auf die Kaufsache Rechte gegen den Käufer geltend machen können. Denn der Verkäufer ist verpflichtet, dem Käufer die Sache frei von Rechten Dritter zu verschaffen. Ein Sachmangel ist gegeben, wenn die Kaufsache bei Gefahrübergang nicht die vereinbarte Beschaffenheit hat.

Zu den Rechtsfolgen im Kaufvertrag gehören die Rechte des Käufers auf Nacherfüllung, Rücktritt vom Vertrag, Minderung des Kaufpreises, Schadensersatz oder Aufwendungsersatz. Die Gewährleistungsansprüche aus dem Kaufvertrag verjähren in 2 Jahren beim Kauf beweglicher Sachen, beginnend mit der Ablieferung der Sache, vgl. § 438 BGB. Mängelgewährleistungsansprüche entstehen auch im Werkvertrag bei fehlerhafter Erstellung des Werkes oder im Mietvertrag bei Mängeln der Mietsache. In anderen Verträgen, z. B. im Leasingvertrag und im Lizenzvertrag, werden die Gewährleistungsvorschriften des Kaufrechts, des Mietrechts oder des Werkvertragsrechts analog angewandt. Zudem sind in den Fällen der Leistungsstörungen die allgemeinen Bestimmungen des Bürgerlichen Rechts zu den → *Vertragspflichtverletzungen* zu berücksichtigen. Kaufleute haben darauf zu achten, dass die Gewährleistungsansprüche bei fehlender oder verspäteter Mängelrüge im beiderseitigen Handelskauf oder Werklieferungsvertrag untergehen, → *kaufmännische* Untersuchungs- und Rügepflicht.

Literaturempfehlung: Danne, H. / Keil, T.: Wirtschaftsprivatrecht I, 2. Auflage, Berlin 2002. Steckler: Kompakt-Training Wirtschaftsrecht, 2. Auflage, Ludwigshafen 2003

Mann-zur-Ware-Prinzip. Materialbereitstellungsprinzip, bei dem der Entnehmer der Ware sich persönlich zum Ort des Lagerguts begeben muss (Ggs. → *Ware-zum-Mann-Prinzip*).

Manufacturing Resources Planning. Von Oliver Wight entwickeltes Konzept MRP II (im Gegensatz zu MRP = Material Requirement Planning) zur hierarchischen Planung über die Stufen → *Absatzprogramm*, → *Produktionsprogramm*, Beschaffungsplanung sowie → *Produktionsplanung und -steuerung* mithilfe der → *Stücklistenauflösung*. Die Abläufe sind dabei in die → *logistische Kette* eingebunden. Das MRP-II-Konzept ist wesentlicher Bestandteil der meisten käuflichen → *PPS-Systeme*.

Markenrecht. Spezialgebiet des → *Gewerblichen Rechtsschutzes*. Die eingeführte Marke stellt infolge ihrer Werbefunktion einen bedeutenden wirtschaftlichen Wert für das Unternehmen dar. Nach dem Markenrechtsgesetz werden neben der Marke auch geschäftliche Bezeichnungen und geografische Herkunftsangaben geschützt.

Als Marke gilt ein Kennzeichen, das geeignet ist, Waren oder Dienstleistungen eines Unternehmens von denjenigen anderer Unternehmen zu unterscheiden. In das Markenrechtsregister werden Wort-, Bild- oder Kombinationszeichen eingetragen, ferner akustische Zeichen, plastische Gebilde oder Aufmachungen der Ware oder Dienstleistung. Als geschäftliche Bezeichnungen werden Werktitel und Unternehmenskennzeichen angesehen. Bei der Eintragung in das Markenregister werden absolute Schutzhindernisse wie die Unterscheidungskraft geprüft. Es entsteht ein Ausschlussrecht des Markenrechtsinhabers. Er kann Schutzrechtsverletzungen untersagen oder die Mitnutzung der Marke durch → *Lizenzvertrag* gestatten. Der Markenrechtsschutz umfasst ein Abwehrrecht gegen die Verwendung identischer Marken für identische oder verwechslungsfähige Waren oder Dienstleistungen. Auch gegen die Gefahr der Verwechslung oder der Verwässerung seiner Marke ist der Markenrechtsinhaber geschützt. Wenn ein gewerbliches Kennzeichen durch die Benutzung im geschäftlichen Verkehr einen hohen Bekanntheitsgrad erlangt hat, entsteht der Markenrechtsschutz auch ohne die Eintragung in das Markenrechtsregister.

Das Markenrecht ist als Vermögensrecht des Unternehmens veräußerbar. Es hat infolge weltweiter Akzeptanz und internationaler Abkommen einen hohen wirtschaftlichen Stellenwert. Auch die Harmonisierung des europäischen Markenrechts hat dazu beigetragen.

Internet Domain-Namen können u. a. durch das Markenrecht geschützt werden (→ *Internet-Domain-Recht*).

Literaturempfehlung: Steckler: Grundzüge des Gewerblichen Rechtsschutzes, 2. Auflage, München 1996. Danne, H. / Keil, T.: Wirtschaftsprivatrecht II, Berlin 2001.

Marketing

Grundanliegen des Marketings als Unternehmensfunktion ist die marktorientierte Unternehmensführung (Unternehmensphilosophie und Managementfunktion). Auf Grund institutioneller Besonderheiten des Marketings wird unterschieden in

- Konsumgütermarketing,
- Investitionsgütermarketing und
- Dienstleistungsmarketing.

Weiterhin weist Marketing für die Profitbereiche und für Non-Profit-Bereiche wesentliche Zielunterschiede und daraus resultierend unterschiedliche Marketingmaßnahmen auf.

Erfolgreiches Marketing wird über den Grad des → *Kundennutzens* und des → *komparativen* Konkurrenzvorteils bzw. über den USP (Unique Selling Proposition) definiert und erfordert integriertes Marketing (Integration aller Marketingaktivitäten im Unternehmen). Nahezu alle Bereiche und Abteilungen eines Unternehmens haben einen Bezug zum → *Markt*, beispielsweise die Verkaufsabteilung, der Kundendienst und die Marktforschung direkt, die Abteilung Finanzen (z. B. Erstellen und Begleichen von Rechnungen von Kunden und Lieferanten) oder die Personalabteilung indirekt.

Marketing als Managementfunktion erfordert die Koordinierung und Einbeziehung aller Funktionsbereiche und ihrer Marketingaktivitäten entsprechend den Unternehmens- und speziell den → *Marketingzielen* für ein einheitliches Vorgehen innerhalb des Unternehmens und vor allem am Markt.

Konsumgütermarketing betreiben Unternehmen, die ihre Verbrauchs- und Gebrauchsgüter, zunehmend gepaart mit Dienstleistungen, privaten Konsumenten anbieten. Dabei spielen → *Markenprodukte* eine besondere Rolle in der Vermarktung. Bestimmende Faktoren für das Konsumgütermarketing sind vor allem: Marketing für Massenmärkte, preiswesentliches Verkaufsargument, kurze Innovationszyklen, mehrstufiger Vertrieb, handelsgerichtete Marketingkonzeptionen.

Industriegütermarketing betreiben Unternehmen, die Industriegüter (Rohstoffe bis hin zu komplexen Anlagen) anderen Unternehmen für ihre Leistungserstellung anbieten. Bestimmende Faktoren für das Industriegütermarketing sind: kollektive Kaufentscheidungsprozesse (Buying Center), vorherrschendes Beziehungsmarketing, hoher Stellenwert des Vertrauens und der Kommunikation, Individualmarkt (Kunden meist bekannt), Systemlösungen, Direktvertrieb, häufig Kosten- und Qualitätsorientierung vor Preisorientierung (z. B. durch längere Nutzungszeiten).

Dienstleistungsmarketing ist sowohl im Konsumgüter- als auch im Investitionsgüterbereich vorzufinden. Dienstleistungen werden in großer Vielfalt unmittelbar für den Kunden erbracht und mit individuellen Fähigkeiten und Fertigkeiten des Dienstleistenden verbunden. Bestimmende Faktoren für das Dienstleistungsmarketing sind: Immaterielle Leistungen lassen sich nicht auf Vorrat produzieren, sind nicht lager- und transportfähig, die Leistungsqualität wird wesentlich geprägt durch den Dienstleistenden, der Kunde ist in den Leistungsprozess direkt oder indirekt integriert, persönliche Kommunikation nimmt eine Vorrangstellung beim Einsatz der Marketinginstrumente ein.

Marktanteil → *Absatzvolumen*.

Marketingcontrolling (auch Vertriebscontrolling genannt). Ziel ist die Sicherstellung der Steuerbarkeit der absatzbezogenen Engpassfaktoren entsprechend den Unternehmenszielen.

Aufgaben: Mitarbeit an der strategischen Planung, z. B. Suche nach Problemlösungsgebieten auf künftigen Märkten, Auswahl von Marktsegmenten und Festlegung von Grundsätzen der Marketing-Mix-Gestaltung, Gesamtsicht aller Produkt-Markt-Kombinationen; Mitarbeit an der operativen Marketingplanung, z. B. Ziel- und Maßnahmenkonkretisierung, Schätzung der Erfolgskonsequenzen von operativen Maßnahmen; Ergebniskontrollen der Marketingaktivitäten, z. B. nach Erfolgsgrößen des Rechnungswesens, Analyse der Interpretation von Abweichungen, Empfehlung von Steuerungsmaßnahmen und Mitwirkung bei deren Umsetzung; Beratung und Schulung der Vertriebsmitarbeiter.

Marketingforschung. Umfasst die Gewinnung, Auswertung und Interpretation von Informationen über jetzige und zukünftige Marketingsituationen und -entscheidungen einer Unternehmung. Die Marketingforschung kombiniert die Absatzmarktforschung (→ *Marktforschung*) mit unternehmensinternen Informationen.

Marketing-Informationssystem (MAIS). Interaktives Computersystem, das Entscheidungsträger im Marketing- und Absatzbereich bei der Lösung gering strukturierter Probleme mithilfe von Daten und Modellen unterstützt. Das Hauptziel eines MAIS besteht in der Transparenz der Absatz- und Marketingprobleme, damit qualitativ bessere Entscheidungen getroffen werden können.

Marketinginstrumente. Dienen der Durchsetzung marktorientierter unternehmerischer Zielsetzungen und Strategien. Theoretische Grundlage bilden die »4 P's« von McCarthy zur Charakterisierung der Marketinginstrumente.

Die 4 (bzw. 7) P's des Marketing

1. → *Produkt*- und Dienstleistungspolitik (Product),
2. → *Preis*- und Konditionenpolitik (Price),
3. → *Distributionspolitik* (Place),
4. die → *Kommunikationspolitik* (Promotion). Nicht im ursprünglichen Ansatz enthalten, aber in der neueren Literatur – und insbesondere für das Dienstleistungsmarketing – werden als Erweiterung aufgeführt
5. Personalpolitik (Personnel)
6. Prozesspolitik (Process)
7. Ausstattungspolitik (Physical Facilities)

Der Einsatz der Marketinginstrumente erfolgt kombiniert, deshalb wird häufig auch der Begriff »Marketing-Mix« angewendet. Jedes einzelne Marketinginstrument verfügt wiederum über eigene Instrumente (Kommunikationsinstrumente, preisproduktpolitische und distributorische Instrumente), die ebenfalls kombiniert zum Einsatz kommen (Sub-Mix oder Instrumente-Mix).

Marketingkonzeption. Schlüssiger, ganzheitlicher Handlungsplan (»Fahrplan«), der sich an angestrebten Zielen (»Wunschorten«) orientiert, für ihre Realisierung geeignete Strategien (»Route«) wählt und auf ihrer Grundlage die adäquaten Marketinginstrumente (»Beförderungsmittel«) festlegt. Daraus leiten sich drei Konzeptionsebenen für Marketingentscheidungen ab:

1. Konzeptionsebene: Marketingziele-Zielsetzungsentscheidungen (→ *Marketingziele*),
2. Konzeptionsebene: Marketingstrategie-Zielerreichungsentscheidungen (→ *Marketingstrategien*),
3. Konzeptionsebene: Marketing-Mix, Zielerreichungsentscheidungen (→ *Marketinginstrumente*).

Marketingmanagement. Umfasst die marktorientierte Unternehmensführung. Ihm liegt die → *Marketingkonzeption* (konzeptioneller Marketingansatz) zu Grunde. Bestandteile des Marketingmanagements sind die Marketing-Führungsfunktionen und die hiermit betrauten Führungskräfte und Mitarbeiter (prozessualer Marketingansatz, → *Unternehmensführung*) sowie die → *Marketingorganisation*.

Marketing-Mix → *Marketinginstrument*

Marketingorganisation. Umfasst alle Elemente eines Organisationssystems, die der Durchsetzung der marktorientierten Unternehmensführung (im engeren Sinne Planung, Organisation, Durchführung und Kontrolle von Marketingmaßnahmen) dienen. Grundsätze für die Gestaltung der Marketingorganisation sind vor allem darin zu sehen, dass

a) die Aufbauorganisation ein integriertes Marketing ermöglicht,
b) die Marketingorganisation den Flexibilitätsbedingungen genügt,
c) den Organisationsformen der Vorzug gegeben wird, die Kreativität und Innovationsbereitschaft erhöhen, und
d) eine sinnvolle Spezialisierung der Organisationsstruktur nach Funktionen, Produkten, Kunden und Märkten gewährleistet ist.
   Grundtypen der Marketingorganisation sind
   – funktionsorientierte,
   – produktorientierte,
   – kundenorientierte und
   – gebietsorientierte Marketingstrukturen.

Eine funktionsorientierte Marketingorganisation gliedert das Marketing nach Verrichtungen, d.h. nach Funktionen gleicher Art, wie z.B. Werbung, Verkaufsförderung, Verkauf etc. Produktorientierte Marketingorganisation ist für Unternehmen mit heterogenem Produktions- und Absatzprogramm geeignet. Kundenorientierte Marketingorganisation ermöglicht, den Trend der zunehmenden Kooperations- und Konzentrationsprozesse auf der Nachfrageseite berücksichtigend, die bestmögliche zielgruppenorientierte Kombination der Marketinginstrumente. Eine gebietsorientierte Marketingorganisation orientiert sich an den Arealstrategien (➜ *Marketingstrategien*) des Unternehmens. Das Marketing kann auch Bestandteil einer Matrixorganisation sein. Je nach Reifegrad der Unternehmensorganisation sind z. B. folgende Einordnungen des Marketings zu beobachten: Marketing als Stabstelle, als Unterabteilung oder als Hauptabteilung des Verkaufs, Marketing als Geschäftsleitungs- oder Vorstandsposition.

Marketingplanung. Umfasst vorrangig die Prozesse der Auswahl von Zielmärkten (strategische Planung), der Marktbearbeitung und der Auswahl des Produkt- und Leistungsprogramms (strategische und operative Planung). Die Notwendigkeit der Marketingplanung ergibt sich aus folgenden Aspekten:

a) Kundenorientierung und daraus resultierend die Notwendigkeit des Schritthaltens mit den sich immer schneller vollziehenden Markt- und Umweltveränderungen einschließlich der Innovationsproblematik;
b) hohes Tempo des wissenschaftlich-technischen Fortschritts;
c) Zunahme an Komplexität und Kompliziertheit betrieblicher Prozesse und Erfordernis der Koordinierung und Flexibilisierung komplexer Prozesse;
d) Trend zum Lean Management, verbunden mit Kosteneinsparungen und mit höheren Ansprüchen an die Unternehmensführung insgesamt;
e) zunehmende Internationalisierung unternehmerischer Aktivitäten;
f) wachsender Kapitalbedarf.

Die langfristige Marketingplanung dient der Strategiebildung (➜ *Marketingstrategien*), insbesondere in Verbindung mit Produktions-, Investitions-, Personal-, Beschaffungs-, Forschungs- und Entwicklungs- sowie Finanzierungsplanung. Wesentliche Teilgebiete der Marketingplanung sind die lang- und kurzfristige Produkt- und Produktprogrammplanung sowie die Werbe- und Absatzplanung. Welche Funktionsbereiche für die strategische und operative Marketingplanung die Verantwortung tragen, entscheidet die Organisationsform des Unternehmens. Bei der funktionalen Marketing-Organisationsform werden beispielsweise der Verkaufsleiter für die Absatzplanung und der Werbeleiter für die Werbeplanung verantwortlich zeichnen. Bei der produktorientierten Marketingorganisation in Verbindung mit einer Matrixorganisation im Unternehmen liegt die Planungsverantwortung bei den Produktmanagern auf der Basis der funktionsbezogenen Abstimmung, z. B. mit den Funktionsbereichen Verkauf, Werbung und Verkaufsförderung.

Marketingplanung, Methoden und Techniken. Eine komplexe Analyse für die langfristige Planung steht in Form der strategischen Situationsanalyse zur Verfügung. In der ersten Ebene der strategischen Situationsanalyse werden Unternehmensdaten (Unternehmenspotenzialanalyse), Markt- und Marktteilnehmerdaten (Marktanteilsanalyse, Kunden-, Absatzmittler- und Konkurrenzanalysen) und Umweltdaten (Umweltanalyse) getrennt voneinander analysiert und in der zweiten Ebene miteinander kombiniert bzw. zueinander in Beziehung gesetzt (➜ *SWOT-Analyse*, ➜ *Portfolio-Analyse*).

Eine weitere Analyse stellt das ➜ *Erfahrungskurvenkonzept* dar. Es beruht auf folgenden empirischen Ergebnissen: Mit jeder Verdopplung der kumulierten Produktionsmenge und der damit zunehmenden Erfahrung reduzieren sich die auf den Wertschöpfungsprozess bezogenen inflationsbereinigten Stückkosten um 20 bis 30% durch Lernkurveneffekt, Mengenrabatte von Lieferanten, Technologiepflege und Verbesserung der Qualitätsarbeit (➜ *Total Quality Management*).

Im Marketing häufig Anwendung finden auch solche aus der Planung allgemein bekannten Analysen wie ➜ *GAP-Analyse*, ➜ *Break-Even-Point-Analyse*, ABC-Analysen und Operation-Research-Verfahren. Für die Planung der ➜ *Produkt- und Produktprogrammpolitik* sind beispielhaft die Lebenszyklusanalyse (➜ *Produktlebenszyklus*) und die Produktprogrammanalysen zu nennen. Produktprogrammanalysen dienen der Bestimmung des Anteils einzelner Produkt- und Leistungsarten am unternehmerischen Erfolg. Dieser meist unterschiedliche Beitrag lässt sich durch eine Umsatzstrukturanalyse und eine Erfolgsstrukturanalyse aufzeigen. Aufschluss über die künftig zu erwartende Umsatzentwicklung und den Deckungsbeitrag gibt die Altersstruktur- und Deckungsbeitragsanalyse.

Umsatzstrukturanalyse als Prognose- und Entscheidungsmethoden: Markt- und Absatzprognosen befassen sich mit der Einschätzung der zukünftigen Entwicklung des Markt- und Absatzpotenzials, des Markt- und Absatzvolumens und der Marktanteile auf den Zielmärkten. Die Wirkungsprognosen schließen aktuelle Probleme der Erfolgsfaktorenforschung ein. Mithilfe der zur Verfügung stehenden Prognosetechniken lassen sich Absatz- und Marktpotenzialschätzungen vornehmen und die Absatz- und Marktvolumenentwicklung prognostizieren. Potenzialschätzungen basieren auf einer Vorausschau hinsichtlich der Möglichkeiten, absatz- und marktpolitische Ziele zu erreichen. Volumenschätzungen ergeben sich aus unmittelbaren Vergangenheits- und Ist-Werten der Absatz- und Marktentwicklung.

Marketingplanungsprozess. Bestandteile des Planungsprozesses sind die

1. Analysephase, bestehend aus der Informationsbeschaffung und -auswertung (→ *Marketingforschung*, → *Marktforschung*).
2. Phase der Ziel- und Strategiebildung (→ *Marketingziele*, → *Marketingstrategien* [Maßnahmensuche und Bewertung]).
3. Entscheidungsphase: Für Marketingentscheidungen ist charakteristisch, dass sie i.d.R. unter einem hohen Grad an Unsicherheit zu treffen sind, induziert durch heterogenes Kundenverhalten und teilweise indeterminiertes Vorgehen der Wettbewerber auf dem Zielmarkt und durch sich ändernde Markt- und Umfeldbedingungen.
4. Budgetierungsphase, umfasst die langfristige Festlegung der Budgetgrößenordnungen zur Erfüllung der Marketingaufgaben sowie der Prinzipien der Budgetbildung. Operativ (Maßnahmenplanung) findet die Aufteilung des jährlich (auch monatlich, wöchentlich, täglich) verfügbaren Marketingbudgets, z.B. für den Vertrieb, für die Durchführung von Verkaufs-, Werbe- und Marktforschungsaktivitäten statt.
5. Phase der Durchführung und Kontrolle: Mit der Durchführung der Maßnahmen geht eine permanente Wirkungskontrolle in Form des Vergleichs zwischen Zielstellung (Soll) und Ergebnis (Ist) einher. Die Kontrolle erfüllt dabei die Funktionen
   a) der Sicherung der Zielerreichung mithilfe der eingeleiteten Marketingmaßnahmen (Sicherungsfunktion),
   b) der rechtzeitigen Gegensteuerung bei Zielabweichungen (Korrekturfunktion) und
   c) der Einschätzung der Güte der getroffenen Marketingentscheidungen als Mittel zur Zielerreichung und zur Vermeidung künftiger Planungsfehler (Planungsbeurteilungsfunktion).

   Die Kontrolle umfasst die Schritte der Erhebung der Ist-Daten (z.B. umsatz-, kunden-, produkt- und wettbewerberbezogene Daten), des Vergleichs zwischen Soll- und Ist-Werten, der Analyse der Abweichungen (Abweichungsanalysen, Ursachenanalysen) und der Maßnahmen zum Einsatz der Marketinginstrumente.

   Dabei ist die Früherkennung von Markt- und Umweltänderungen von großer Bedeutung (Frühwarnsystem oder Früherkennungssystem). Das Marketing-Audit stellt neben der Marketingkontrolle eine kritische Prüfung sämtlicher Verfahrensweisen und Entscheidungsprozesse im Marketing dar. Methoden des Marketing-Auditing → *Marketingplanung*, Methoden und Techniken.
6. Phase der Plankoordinierung: Die Koordinierung der langfristigen Marketingpläne ist auf die Optimierung von Unternehmenspotenzial und Absatzmärkten gerichtet.

Marketingstrategie. Marketingstrategien legen den Weg fest, wie die strategischen Marketingziele zu erreichen sind. Sie richten sich im Wesentlichen auf das Verhalten gegenüber den Wettbewerbern (konkurrenzgerichtet), den Kunden (abnehmergerichtet) und die Zusammenarbeit mit dem Handel (absatzmittlergerichtet) sowie auf den Einsatz der Marketinginstrumente (instrumentengerichtet). Grundsätzlich lassen sich Marketingstrategien in → *Marktwahlstrategien* und → *Marktbearbeitungsstrategien* unterteilen. Der strategischen Marketingplanung können → *Normstrategien* als Orientierung dienen.

Marketingziele. Sind, abhängig von ihrer Ausrichtung (z.B. Zielmarkt, Kunden, eigenes Unternehmen, Konkurrenz), angestrebte Zustände und Ergebnisse, die durch geeignete Strategien und Maßnahmen längerfristig und/oder kurzfristig erreicht werden sollen. Marketingziele sind hinsichtlich ihrer Inhalte (z.B. Marktdurchdringung), Ausrichtung (z.B. Jugendliche bis 25 Jahre in Spanien), Fristigkeit (z.B. bis 1.3.2006), ihres Zielerreichungsgrades (z.B. 5 % Neukundengewinnung) genau zu definieren und zu operationalisieren (Kontrollfähigkeit der Zielerreichung).

Es lassen sich zwei Grundformen von Marketingzielen herausstellen:
- ökonomische Ziele und
- psychologische Ziele.

Zu den ökonomischen Zielen zählen besonders der Gewinn, der Deckungsbeitrag, die Rendite, der Umsatz und der Absatz sowie der Marktanteil. Psychologische Ziele sind vorrangig der Bekanntheitsgrad, z.B. von Produkten, Marken, Unternehmen, Händlern, das Image bzw. Einstellungen und Präferenzen zu Produkten, Marken, Unternehmen, Händlern und damit verbunden das Erreichen von Kundenzufriedenheit und Kundenbindung (→ *Customer-Relationship*-Marketing).

Markt. Besteht aus allen aktuellen und potenziellen Kunden mit einem bestimmten Bedürfnis oder Wunsch, die willens und fähig sind, durch einen Austauschprozess das Bedürfnis oder den Wunsch zu befriedigen. Aus Sicht der Anbieter ist der relevante Markt genau zu definieren, d.h. der Absatzmarkt, der bearbeitet werden soll. Für den relevanten Markt sind die → *Strategien* der Marktbearbeitung, die Zielgruppen, das Konsumentenverhalten, die Konkurrenzsituation, das Marktumfeld (geografische Gegebenheiten, Infrastruktur, volkswirtschaftliche Situation, gesetzliche Bestimmungen etc.) und der Einsatz der → *Marketinginstrumente* zu analysieren und nach erfolgter → *Marktsegmentierung* festzulegen. Der Beschaffungsmarkt wird aus der Sicht des Anbieters von allen Marktteilnehmern gebildet, die bei der Produktion oder der Erstellung von Dienstleistungen Zulieferungen leisten oder am Erstellungsprozess mit Teilleistungen beteiligt sind (Zulieferer/Kooperationspartner).

Marktbearbeitungsstrategien (→ *Marktteilnahmestrategien*). Strategien zur erfolgreichen Behauptung des Unternehmens auf den Zielmärkten. Sie können marktbezogen erstens als Strategie der Nischenspezialisierung (Konzentration auf einen Teilmarkt) oder zweitens als Massenmarktstrategie in Form der undifferenzierten Abdeckung von Massenmärkten (z.B. Lego) sowie drittens als Marktdurchdringungsstrategie (→ *Normstrategie*) und viertens als Marktspezialisierungsstrategie (Parzellierungsstrategie, z.B. Gaststättenkette für Vegetarier) angewendet werden. Instrumentalstrategien sind Strategien für den Einsatz der Marketinginstrumente. Hierzu zählen z.B. Vertriebsstrategien, Preis-Mengen-Strategien, Kommunikationsstrategien und produktbezogen die Produktentwicklungs- und Diversifikationsstrategien (→ *Innovationsstrategie*), z.B. die Strategien der Produktspezialisierung oder der -vereinheitlichung.

Marktentwicklung → *Produkt-Markt-Matrix*.

Marktformen. Charakterisieren die Konkurrenzsituation auf dem Markt in Relation von Angebot und Nachfrage. Stehen einer, wenige oder viele Anbieter einem, wenigen oder vielen Nachfragern gegenüber? Siehe Abb. 46.

Marktforschung. Stellt eine systematische zielgerichtete Marktanalyse zur Informationsgewinnung (Marktdaten) über Beschaffungs- und

Nachfrage \ Angebot	einer	wenige	viele
einer	Bilaterales Monopol	Beschränktes Nachfragemonopol	Nachfragemonopol
wenige	Beschränktes Angebotsmonopol	Bilaterales Oligopol	Nachfrageoligopol
viele	Angebotsmonopol	Angebotsoligopol	Vollkommene (atomistische) Konkurrenz (bilaterales Polypol)

Abb. 46: Marktformen

Absatzmärkte dar und schließt die Datenauswertung und Interpretation ein. Mithilfe der Marktforschung lassen sich Entscheidungsprozesse qualifizieren, z.B. durch frühzeitige Risikenerkennung (Frühwarnfunktion), Marktchancenbestimmung, Innovationenförderung, Informationsselektion hinsichtlich unternehmensrelevanter Marktdaten.

Die Marktforschung liefert Informationen zur Beurteilung von Marketingsituationen, für die Marketingziel- und Marketingstrategieplanung, für die Einsatzplanung des Marketinginstrumentariums und für die Analyse und Prognose der Marketingkosten. Untersucht werden in der Marktforschung marktbezogene Daten nach relevanten Teil- und Gesamtmärkten, produkt- und preisbezogene Daten (Verpackungs-, Produkt- und Preistests, Produkt- und Preisakzeptanz und Produkt- bzw. Markenbekanntheit). Weitere Untersuchungsgebiete sind die Kommunikationsforschung (Werbeforschung), die Absatzforschung und die Konsumentenforschung.

Aus theoretischer Sicht kann eine Unterscheidung nach demoskopischer und ökoskopischer Marktforschung getroffen werden. Die demoskopische Marktforschung ermittelt die mit den Marktsubjekten untrennbar verbundenen objektiven Daten wie Alter, Geschlecht, Religion, Beruf, Einkommen und subjektiven Daten wie Einstellungen, Meinungen und Bedürfnisse. Die ökoskopische Marktforschung erfasst dagegen die objektiven, von den Marktteilnehmern unabhängigen Marktdaten wie Umsatz, Gewinn und Distributionsgrad. Diese Größen stellen das Handlungsergebnis bzw. die Verhaltensweisen der Marktsubjekte dar.

Eine weitere Differenzierung der Marktforschung kann nach den anzuwendenden Forschungsmethoden vorgenommen werden, in Marktanalysen (Zeitpunktanalyse, einmalige oder intervalldeterminierte Ermittlung der Marktdaten), Marktbeobachtung (Zeitreihenanalyse, Ermittlung der Marktdaten über einen längeren Zeitraum), Marktprognose (Vorhersage künftig zu erwartender Marktsituationen auf der Basis von Marktanalysen und Marktbeobachtungen → *Datenauswertung*).

Die Marktforschung kann in Form der Eigenmarktforschung oder Fremdmarktforschung (Beauftragung Dritter mit der Datenbeschaffung und Auswertung, z.B. Marktforschungsinstitute) erfolgen. Bei komplexen Marktforschungsproblemen sollte aus kapazitiven und methodischen Gründen nur bei Vorhandensein einer unternehmensinternen Marktforschungsabteilung Eigenmarktforschung angestrebt werden.

Bei der Beschaffung der Informationen wird unterschieden in → *Sekundärerhebung* (Rückgriff auf besehende Daten, z.B. veröffentlichte Statistiken) und in → *Primärforschung* (Datenerhebung speziell für einen bestimmten Zweck).

Marktforschungsbericht. Die Interpretation und Darstellung der Marktforschungsergebnisse wird in einem Marktforschungsbericht zusammengestellt. Ein Marktforschungsbericht sollte grundsätzlich folgende Bestandteile aufweisen:

1. Die Kurzfassung der Problemstellung, den Auftraggeber und den Auftragnehmer (die Marktforscher) sowie den Zeithorizont als erste Seite, (eventuell) als Deckblatt.
2. Gliederung des Marktforschungsberichts mit Seitenangaben.
3. Marktforschungsproblem insgesamt (Research Briefing) und die (eventuell in einem Problemkatalog) identifizierten Teilprobleme.
4. Methodisches Vorgehen hinsichtlich des Einsatzes der Marktforschungsinstrumente und der statistischen Methoden.
5. Charakterisierung der Stichprobe, wenn es sich nicht um eine Vollbefragung handelt.
6. Darstellung der entscheidenden Ergebnisse verbal und mit grafischen Mitteln, einschließlich der Bewertung dieser Ergebnisse hinsichtlich der angewendeten Messmethoden (Validität, Reliabilität, Trennschärfe und Utilität) sowie methodischer und sachlicher Interpretationsgrenzen.
7. Schlussfolgerungen, Maßnahmen, Vorschläge einschließlich Hinweisen zu eventuell notwendigem Folgeuntersuchungsbedarf.
8. Anlagen enthalten die Dokumentation aller Ergebnisse, Übersichten über wichtige Teilergebnisse, Berechnungsschritte, nicht direkt ergebnisrelevante zusätzlich erhaltene Informationen. Marktforschungsergebnisse sind in Form von Zwischenberichten oder Abschlussberichten dem Auftraggeber häufig zu präsentieren.

Marktforschungsprozess. Setzt sich aus folgenden Arbeitsschritten zusammen:

1. Definition der Problemstellung einschließlich des Untersuchungsziels,

2. Bestimmung des methodischen Vorgehens (Auswahl des Zielmarktes, der inhaltlichen Fragestellungen, der Marktforschungsmethoden, Methoden der → *Sekundärforschung*, → *Primärforschung* und der Auswertungsmethoden,
3. Datengewinnung,
4. → *Datenauswertung*,
5. Dokumentation und Präsentation der Ergebnisse (→ *Ergebnisdokumentation*).

Marktintensivierung → *Produkt-Markt-Matrix*.

Marktpenetration → *Produkt-Markt-Matrix*.

Marktsegmentierung. Zerlegung des heterogenen relevanten Gesamtmarktes in homogene Teilmärkte. Sie dient der differenzierten Marktbearbeitung (z.B. differenzierte Kundenansprache und Produkt-/Leistungsentwicklung) und der Identifizierung von Marktlücken, Marktnischen und Zukunftsmärkten, der Erzielung von Wettbewerbsvorteilen sowie dem gesamten Einsatz begrenzter Unternehmensressourcen und ist damit ein Instrument zur Bildung von → *Marketingstrategien*.

Abhängig von der Unternehmensspezifik, den Marketingzielen können unterschiedliche Segmentierungsansätze gewählt werden:

- Beim soziodemografischen Segmentierungsansatz werden Zielgruppen/relevante Märkte durch Kriterien wie Alter, Geschlecht, Einkommen, Bildungsniveau, Familienstand, Familiengröße, Wohnort abgegrenzt.
- Der psychografische Segmentierungsansatz legt als Kriterien allgemeine Persönlichkeitsmerkmale, Lebensgewohnheiten (Lifestyle), Einstellungen und Präferenzen (Verhaltensmuster) zu Grunde.
- Mit dem kaufverhaltensbezogenen Segmentierungsansatz werden Kriterien der Produkt- und Markenwahl, des Kaufvolumens bzw. der Kaufintensität, des Preisverhaltens, der Einkaufsstättenwahl und der Mediennutzung (Mediennutzung auch als eigenständiger Segmentierungsansatz »nach der Ansprachemöglichkeit« anwendbar) verbunden.

Markttest. In einem Markttest werden die vorgesehenen Marketingmaßnahmen (z.B. alternative Preise, alternative Verkaufsförderungsmaßnahmen, Warenplatzierungen) im Rahmen eines probeweisen Verkaufs von neuen bzw. variierten/modifizierten Produkten in einem geografisch abgegrenzten Markt auf ihre Wirksamkeit und ihre Marktchancen für eine Markteinführung überprüft.

Marktwahlstrategie. Die strategische Auswahl zu bearbeitender Märkte trifft das Unternehmen nach der Einschätzung der Attraktivität der Teilmärkte und der eigenen Wettbewerbsstärke. Das setzt die exakte Formulierung der Marketingziele, die Bestimmung des relevanten Marktes entsprechend den strategischen Geschäftsfeldern (SGF) und der → *Marktsegmentierung* voraus (Segmentierungsstrategie). Markteintrittsstrategien (national, international) und Marktaustrittsstrategien (abhängig von der Marktattraktivität und dem Unternehmenspotenzial) basieren auf der Bestimmung der Marktsituation. Sind keine Wettbewerber auf dem Markt, nimmt das Unternehmen mit dem Markteintritt die »Pionier-Position« ein, sind bereits Wettbewerber auf dem Markt, handelt es sich um eine »Folger-Position«. Marktarealstrategien beziehen sich auf den Umfang der zu bearbeitenden Marktgebiete. Hierzu zählen die Weltmarktstrategie sowie die internationale, multinationale, nationale, überregionale, regionale und lokale Strategie.

Maschinendatenerfassung. Sonderform der → *Betriebsdatenerfassung*, bei der durch automatische Sensoren Fertigungsmengen und -zeiten erfasst und dem → *Fertigungsleitsystem* gemeldet werden.

Massenkündigung und -entlassung → *Kündigungsschutzgesetz*.

Maschinenstundensatzrechnung. Da traditionelle Formen der → *Kalkulation* einen großen Teil der Gemeinkosten losgelöst vom → *Verursachungsprinzip* über hohe Zuschlagsätze verteilen, wurden Gemeinkosten gerade im Fertigungsbereich seit Jahrzehnten zunehmend nicht mehr über die Zuschläge auf Lohn-, sondern auf Maschinenstunden verrechnet. Hier schafft die Maschinenstundensatzrechnung Abhilfe, das Verfahren stellt eine Vorstufe zur → *Prozesskostenrechnung* dar.

Massenspeicher. Im Gegensatz zum → *Arbeitsspeicher* eines Computers ein nicht flüchtiger

Speicher mit hoher Kapazität zur dauerhaften Speicherung von → *Daten*. Massenspeicher werden i.d.R. durch magnetische (Festplatte, Diskette) und/oder → *optische Speichermedien* realisiert.

Maßgeblichkeitsprinzip (Bilanzierung). Gesetzliche Grundlage ist der § 5 Abs. 1 Satz 1 EStG. Bei Gewerbetreibenden, die auf Grund gesetzlicher Vorschriften verpflichtet sind, Bücher zu führen und regelmäßig Abschlüsse zu machen, oder die ohne eine solche Verpflichtung Bücher führen und regelmäßig Abschlüsse machen, ist für den Schluss des Wirtschaftsjahrs das → *Betriebsvermögen* anzusetzen (§ 4 Abs. 1 EStG), das nach den handelsrechtlichen → *Grundsätzen* ordnungsmäßiger Buchführung (GoB) auszuweisen ist. Dies führt zu einer engen Verzahnung zwischen → *Handelsbilanz* und → *Steuerbilanz*. → *Bilanzierungs*- und → *Bewertungsvorschriften* (ob Gebot, Verbot oder Wahlrecht) sind in beiden Rechenwerken grundsätzlich identisch auszuüben.

Sollen gewisse steuerliche Vergünstigungen in Anspruch genommen werden, ist meist auch eine entsprechende Behandlung im Handelsrecht geboten. Die Anpassung der Handelsbilanz an die Steuerbilanz hinsichtlich der Inanspruchnahme von Steuervorteilen wird als sog. umgekehrte Maßgeblichkeit (§ 5 Abs. 1 Satz 2 EStG) oder auch als Maßgeblichkeit der Steuerbilanz bezeichnet.

Das Maßgeblichkeitsprinzip findet jedoch dann seine Grenzen, wenn das Steuerrecht besondere, vom Handelsrecht abweichende Regelungen vorsieht. Dieser sog. Bewertungsvorbehalt ist in § 5 Abs. 6 EStG geregelt. Die wichtigsten eigenständigen → *Bewertungsvorschriften* sind die §§ 6 und 7 EStG. Beispiele: Steuerlich dürfen nur maximal 30% degressiv abgeschrieben werden. Handelsrechtlich gibt es keine vergleichbare Obergrenze, mit der Folge, dass in der Steuerbilanz für das Wirtschaftsgut ein höherer Wert steht. Auch Abschnitt 33 der Einkommensteuerrichtlinien (EstR), der nur für die Finanzverwaltung bindend ist, hat die Pflichtbestandteile der → *Herstellungskosten* gegenüber dem HGB weiter gefasst.

Für die Aktivseite der Bilanz lassen sich folgende grundlegende Zusammenhänge aufzeigen:

a) handelsrechtliches → *Aktivierungsgebot* (Pflicht) = steuerliche Aktivierungspflicht,
b) handelsrechtliches → *Aktivierungsverbot* = steuerliches Aktivierungsverbot,
c) handelsrechtliches → *Aktivierungswahlrecht* = steuerliche Aktivierungspflicht,
d) handelsrechtliche Bilanzierungshilfe = steuerliches Aktivierungsverbot.

Für die Passivseite der Bilanz gelten nachstehende grundsätzliche Regelungen:

a) handelsrechtliches → *Passivierungsgebot* = steuerliche Passivierungspflicht,
b) handelsrechtliches → *Passivierungsverbot* = steuerliches Passivierungsverbot,
c) handelsrechtliches → *Passivierungswahlrecht* = steuerliches Passivierungsverbot.

Materialbedarfsplanung. Ausgehend von den → *Primärbedarfen* werden durch → *Stücklistenauflösung* die Mengen und Bereitstellungszeitpunkte für alle Komponenten (→ *Eigenfertigungsteile* und → *Kaufteile*) der → *Strukturstückliste* errechnet. Diejenige Zeit, um die eine in der Struktur tiefer liegende Baugruppe früher gefertigt werden muss, nennt man → *Vorlaufzeitverschiebung*. Aus der Vorlaufzeitverschiebung für alle Baugruppen und Kaufteile ergeben sich die Bereitstellungszeitpunkte (→ *Bewertungsvorschriften*).

Materialdisposition. Planung von Mengen und Terminen für die Materialbereitstellung.

Materialfluss. Laut VDI-Richtlinie 3300 versteht man unter Materialfluss die »Verkettung aller Vorgänge beim Gewinnen, Be- und Verarbeiten sowie bei der Verteilung von stofflichen Gütern innerhalb festgelegter Bereiche«. Zum Materialfluss lassen sich ebenso globale Güterflüsse wie innerbetriebliche Transportvorgänge zählen. Innerbetriebliche Stationen des Materialflusses sind: → *Warenein*- und → *Warenausgänge*, Prüfvorgänge, Lagerungsvorgänge, Bearbeitungsvorgänge. Außerbetriebliche Stationen sind: → *Zentrallager*, Aufenthalt auf Waggons und in Umschlagslagern, Verschiffungsvorgänge etc.

Materialfluss-Gestaltungsprinzipien. Anordnungsregeln für Maschinen und sonstige Betriebsmittel (Gebäude) zur Gestaltung eines optimalen → *Materialflusses*. Die Idealform ist ein linearer Materialfluss mit → *Wareneingang* an einem Ende, → *Warenausgang* am anderen und an jedem Ende eine Straße. Steht insgesamt nur eine Straße zur Verfügung, ist ein U-förmiger Materialfluss die zweitbeste Lösung. In der japanischen Industrie wird oft der U-förmige Materialfluss bevorzugt.

Materialflusssteuerung. Computergestützte Steuerung innerbetrieblicher → *Materialflüsse*, z.B. bei → *Warenverteilzentren* und Paketumschlagsystemen.

Materialverfügbarkeit → *Verfügbarkeitsrechnung*.

Materialwirtschaft. Arbeitsgebiet, das sich mit der wirtschaftlichen → *Beschaffung* von Gütern für das Unternehmen sowie der effizienten Bewirtschaftung der → *Bestände* befasst. Aufbauorganisatorisch werden der Materialwirtschaft häufig auch der innerbetriebliche → *Materialfluss*, der Fuhrpark einschließlich der Dienstfahrzeuge sowie die Führung aller → *Lager* zugeordnet. Die Aufgaben der Materialwirtschaft decken sich zu großen Teilen mit denen der → *Logistik*; Unterschiede sind in der Praxis bei der organisatorischen Einbindung der Einkaufsfunktion sowie der produktionslogistischen Planungsaufgabe feststellbar. Aufgaben der Fabrikplanung werden ausschließlich der Logistik zugeordnet.

Matrix-Daten-Diagramm. Element der → *Seven New Tools* (Qualitätsmanagement). Dieses, auch Portfolio genannte, Verfahren schafft die Reduktion großer Datenmengen auf eine zweidimensionale Darstellung im Koordinatensystem, dazu werden Betrachtungsdimensionen sowie Richtung und Stärke von deren Ausprägung ausgewiesen. Insofern erlaubt es, eine große Anzahl von Daten unter Ausnutzung von Korrelationen auf die wesentlichen Zusammenhänge zu komprimieren.

Matrixdiagramm. Element der → *Seven New Tools* (Qualitätsmanagement). Es ermöglicht, komplexe Wechselwirkungen zwischen Aspekten von Problemen in Spalten und Zeilen zu erkennen. So kann eine Ursache mehrere Auswirkungen haben, wie auch eine Auswirkung durch verschiedene Ursachen hervorgerufen werden kann. Die Aspekte werden in Zeilen und Spalten notiert und die Zusammenhänge durch Symbole in den Schnittfeldern gekennzeichnet.

Matrixorganisation. Organisationsform unter gleichzeitiger Anwendung zweier Gestaltungsdimensionen, meist einer funktions- und einer objektorientierten Dimension. Die beiden Dimensionen sind zumeist gleichberechtigt, d.h., es besteht ein Zwang zur Einigung durch institutionalisierte Konfliktlösung. Bei ungleicher Kompetenzverteilung ist eine Dimension der anderen übergeordnet. Dadurch können zwar schneller Entscheidungen herbeigeführt werden, aber Konflikte bleiben auch länger ungelöst. Werden drei oder gar mehr gleichberechtigte Dimensionen vorgesehen, so handelt es sich um eine Tensororganisation (z.B. funktions-, objekt- und regionalorientert). Diese erhöht gleichermaßen die Vor- und die Nachteile der Matrixorganisation.

Zu den charakteristischen Eigenschaften gehört die Perfektionierung der → *Mehrlinienorganisation*, die systematische Regelung von Kompetenzkreuzungen und die Pflicht zur Teamarbeit der Dimensionsleiter. Generelle Vorteile sind:

a) Zwang zu interessenausgleichenden, sachgerechten Teamentscheidungen. Keine Maßnahme ist a priori gegen den Willen komplementärer Stellen durchsetzbar.
b) Übersichtliche, klare, formale Koordination, die dafür sorgt, dass Konflikte nicht auf Nebenkriegsschauplätzen ausgetragen, sondern durch die Organisationsform institutionalisiert werden. Es besteht eine implizite Veranlagung zur Konsensfindung und zu einer kooperativen Unternehmenskultur.
c) Es gibt psychologische Vorteile, die genutzt werden können. So haben es jeweils spezialisierte Manager miteinander zu tun, sodass der Mutmaßung mangelnder Kompetenz vorgebeugt wird. Gleichzeitig wird dadurch das innerbetriebliche Konkurrenzdenken gefördert.
d) Entlastung von Leitungsspitze und Zwischeninstanzen, da direkte Wege der Operationsverantwortlichen eingeschlagen werden. Außerdem besteht die Möglichkeit, Projekte als eigene Dimension zu definieren und aus den Routineprozessen herauszulösen.

Generelle Nachteile sind:

a) Aufwändige Kompetenzabgrenzung. Denn alle Dimensionen der Organisation können zu Recht auf ihre Fachkompetenz verweisen. Daher bedarf es letztlich eines Schiedsrichters, wie überhaupt innerbetriebliche Machtkämpfe um Ressourcen zu befürchten sind.

b) Notwendigkeit intensiver Kommunikation. So wünschenswert diese auch wegen der Transparenz und des Interessenausgleichs sein mag, so schluckt sie doch viel Zeit für operative Vorgänge, die womöglich besser am Markt eingesetzt wäre.
c) Kaum mehr nachvollziehbare Entscheidungsprozesse. Die Verzahnung ist so vielfältig, dass eine Zurechenbarkeit auf Beteiligte kaum gegeben ist. Damit fehlt aber auch die eindeutige kommerzielle Ergebnisverantwortung der Dimensionsleiter, stattdessen gibt es immer die Exculpation des Abstimmungszwangs.
d) Gefahr ständiger Kompromisse. Es liegt nahe, sich bei Meinungsverschiedenheiten auf den kleinsten gemeinsamen Nenner zu einigen. Dass dies nicht immer die im Sinne des Unternehmens beste Lösung darstellt, dürfte unstreitig sein.
e) Großer Bedarf an Leitungskräften. Denn alle Positionen der Matrix müssen mit erstklassigen Managern besetzt werden. Abgestufte Qualifikationen führen zu einer Schwächung der Matrix und mindern daher die Effektivität des Systems.

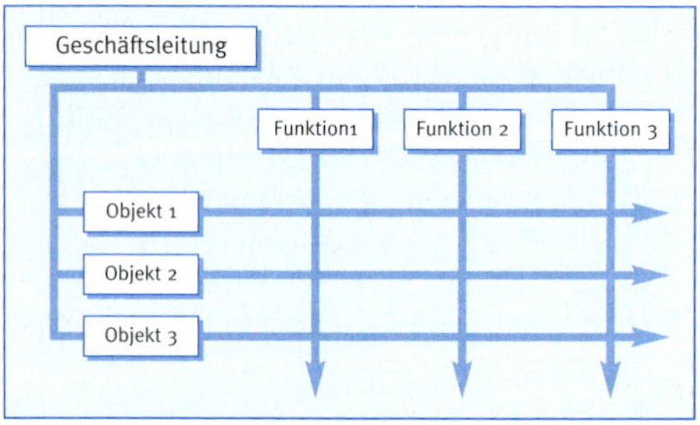

Abb. 47: Matrixorganisation

MDE → *Maschinendatenerfassung*.

Medienrecht. Spezialgebiet des öffentlichen → *Wirtschaftsrechts*. Zum Recht der Medien gehören Presse, Rundfunk und Film. Rechtsgrundlage für die Meinungs- und Informationsfreiheit ist Art. 5 GG. Danach sind die Pressefreiheit, die Rundfunkfreiheit und die Filmfreiheit gewährleistet. Infolge der Entwicklung in der Informationstechnologie sind die rechtlichen Rahmenbedingungen den elektronischen Medien angepasst worden. Das Medienrecht schließt heute auch Online-Angebote der Mediendienste ein. Da die Gesetzgebungskompetenz bei den Ländern liegt, ist neben dem Rundfunk-Staatsvertrag (RStV) der Mediendienste-Staatsvertrag (MDStV) entstanden. Mediendienste sind an die Allgemeinheit gerichtete elektronische Informations- und Kommunikationsdienste. Sie sind von Telediensten zu unterscheiden, die zur Individualkommunikation gehören.

Angebot der Mediendienste:
- Verteildienste in Form direkter Angebote an die Öffentlichkeit für den Verkauf, den Kauf, die Miete oder Pacht von Erzeugnissen oder die Erbringung von Dienstleistungen (Fernseh-Einkauf),
- Verteildienste, in denen Messergebnisse und Datenermittlungen in Text und Bild mit oder ohne Begleitton verbreitet werden,
- Verteildienste in Form von Fernsehtext, Radiotext oder vergleichbaren Textdiensten,
- Abrufdienste, bei denen Text-, Ton- oder Bilddarbietungen auf Anforderung aus elektronischen Speichern zur Nutzung übermittelt werden, mit Ausnahme von solchen Diensten, bei denen der individuelle Leistungsaustausch oder die reine Übermittlung von Daten im Vordergrund steht.

Der MStV enthält für das Angebot von Mediendiensten die grundsätzliche Verpflichtung zur Anbieterkennzeichnung, spezielle Verpflichtungen bei kommerziellen Kommunikationen und eine Impressumspflicht, falls das Angebot Auszüge aus periodischen Druckerzeugnissen in journalistisch-redaktioneller Gestaltung einschließt. Es ist wie im Presserecht eine verantwortliche Person zu benennen. – Angebote in Mediendiensten unterliegen einer staatlichen Aufsicht. Das Trennungsgebot zwischen Werbung und redaktionellen Inhalten muss beachtet werden. Es besteht ein Recht auf Gegendarstellung. – Die Haftung der Anbieter von Mediendiensten nach dem MStV entspricht der Regelung für Teledienste. Die Anbieter von Mediendiensten sind für eigene Informationen, die sie zur Nutzung bereithalten, nach den allgemeinen Gesetzen verantwortlich. Sie haben für Verstöße gegen das Strafrecht ebenso einzustehen wie für Verletzungen des → *Urheberrechts*, des → *Wettbewerbsrechts* und des → *Datenschutzrechts*. Eine eingeschränkte Haftung besteht für die Durchleitung und Speicherung fremder Informationen.

Literatur: Steckler: Urheber-, Medien- und Wettbewerbsrecht, Berlin 2003.

Mehrlinienorganisation. Sie wird auch als (Taylor'sches) Funktionssystem bezeichnet. Eine nachgeordnete → *Stelle* erhält von mehreren vorgesetzten Leitungsstellen Anweisungen (Mehrfachunterstellung). Dadurch entstehen zwar kurze Kommunikationswege, jedoch kann es zu Weisungskonflikten kommen. Zu den charakteristischen Eigenheiten gehören die Übereinstimmung von Fachkompetenz und Entscheidungsfähigkeit sowie die Spezialisierung, die direkte Wege bei Mehrfachunterstellung ermöglicht.

Generelle Vorteile sind:

a) Fachkundige Entscheidungen durch die ungleich engere Abstimmung von Tätigkeiten infolge der engmaschigen Vernetzung mit gegenseitigem Feed-back. So wird das Informationsniveau verbessert und der daraus entstehende Maßnahmen-Mix optimiert.

b) Job-Spezialisierung des Vorgesetzten unter Berücksichtigung der jeweilig spezifischen Eignung mit raschem Erwerb von Wissen und Erfahrungen. Fachkompetenz wird damit über hierarchische Position gestellt.

c) Entbürokratisierung durch kurze Kommunikationswege mit Entlastung der Spitzen- und Zwischeninstanzen. Für eine Entscheidung ist es nicht mehr erforderlich, alle Organisationsstufen zu durchlaufen, sondern beteiligte Mitarbeiter können sich direkt kurzschließen.

d) Psychologische Wirkung funktionaler gegenüber organisationaler Autorität. Denn fachliche Kompetenz ist überzeugender als formale, dadurch werden Auseinandersetzungen versachlicht und wirken konstruktiv.

Generelle Nachteile sind:

a) Praktisch unvermeidliche Kompetenzkonflikte. Denn bei vielfachen Zuständigkeiten muss sich immer irgendjemand übergangen fühlen und hat Grund zur Unzufriedenheit, die der Schlichtung bedarf. Dabei bleibt die eigentliche Arbeit irgendwann auf der Strecke.

b) Unsicherheit bei Vorgesetzten wie bei Mitarbeitern. Die enge Verzahnung bringt erhebliche Unwirtschaftlichkeiten durch stetigen Informationsaustausch und eine Vielzahl unübersichtlicher Aktivitäten mit sich, die teilweise inkonsistent sind.

c) Komplizierte Kommunikationsstruktur mit schwieriger Koordination und Kontrolle. Es droht die Übersicht verloren zu gehen. Dies ist in reaktionsschnellen Marktumfeldern eine ernstliche Bedrohung der Existenz.

d) Fehlender Blick für das Ganze, verursacht durch Ressortdenken und Überbewertung der eigenen Aufgabe. Die Gegenkopplung verabredeter Maßnahmen zu den Unternehmenszielen bleibt unterentwickelt, auch besteht eine Tendenz zur Vereinbarung fauler Kompromisse.

Mehrplatzsystem (engl.: Multi User System). Computersystem, an dem gleichzeitig mehrere Benutzer arbeiten können. Jedem Benutzer steht hierzu ein → *Terminal* (i. d. R. bestehend aus Bildschirm und Tastatur) zur Verfügung. Im Gegensatz dazu kann an einem Einplatzsystem (engl.: Single User System) zu einem bestimmten Zeitpunkt nur ein Benutzer arbeiten (→ *PC*).

Meldebestand (auch Bestellpunkt genannt). Bestandshöhe, bei deren Erreichen eine Nachbe-

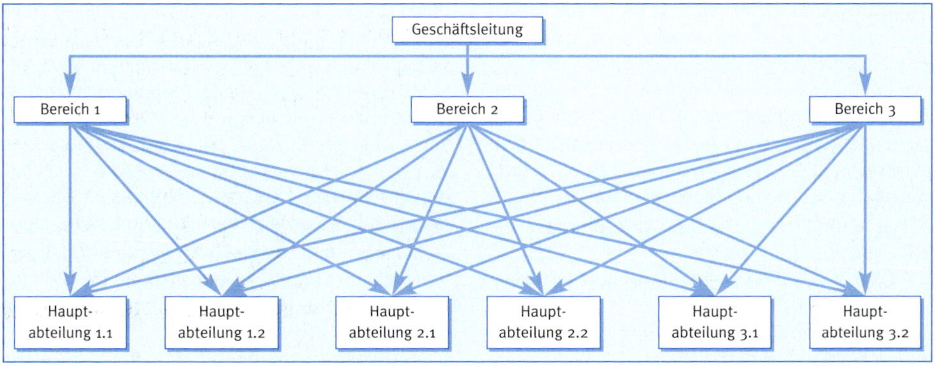

Abb. 48: Mehrlinienorganisation

stellung ausgelöst wird; Verwendung bei der verbrauchsgesteuerten → *Bestandsführung*.

Mengenstückliste. Liste mit aufsummierten Mengen je Artikel aus einer → *Stückliste* ohne Berücksichtigung der strukturellen Verknüpfungen.

Mengen-Wege-Bild. Nach VDI-Norn 3300 erstellte Darstellung von Materialflüssen. Auf einer Grundrisszeichnung wird im verkleinerten Maßstab der → *Materialfluss* durch mengenproportional breite Doppellinien visualisiert.

Merger → *Fusion*.

Message Authentication. Sicherstellung der Unversehrtheit einer transferierten Nachricht in der Telekommunikation.

Messen und Ausstellungen. Veranstaltungen mit Marktcharakter. Sie offerieren entweder ein umfassendes Angebot eines Wirtschaftszweiges (Fachmesse) oder mehrerer Wirtschaftszweige (Universalmesse, allgemeine Messe, technische Messe) und finden in regelmäßigem Turnus und am gleichen Ort statt. Ausstellungen ohne Marktcharakter dienen ausschließlich der Kommunikation und Information.

Meta-Suchmaschine. Suchmaschine (Indices) mit Angebot zur Informationsrecherche in allen oder ausgewählten Suchmaschinen.

Metropolitan Area Network (MAN). → *Computernetz*, dessen geografische Ausdehnung sich auf das Gebiet einer Stadt oder eines Ballungsraums erstreckt. Ein MAN nimmt hinsichtlich des von ihm verkabelten Gebietes eine Zwischenstellung zwischen einem LAN (→ *Lokales Netzwerk*) und einem WAN (→ *Weitverkehrsnetzwerk*) ein. Es zeichnet sich meist durch eine hohe → *Bandbreite* aus und ermöglicht eine hohe → *Übertragungsrate*. MAN werden oft von Stadtwerken oder städtischen Energieversorgungsunternehmen betrieben.

Middle Management → *Führungsebenen*.

Mietvertragsrecht. Spezielgebiet des Bürgerlichen Rechts. Der Mietvertrag wird durch die Gebrauchsüberlassung einer Sache gegen Zahlung des Mietzinses charakterisiert. Auch im Mietvertragsrecht ist die → *Mängelgewährleistung* ausführlich geregelt. Rechtsgrundlage ist das Bürgerliche Gesetzbuch (BGB) mit dem besonderen Teil des → *Schuldrechts*. Es gilt der Grundsatz der Privatautonomie (→ *Vertragsrecht*).

Mikroprozessor. Elektronischer Logikbaustein (→ *Chip*), der als miniaturisierter Rechner Funktionen ausführt. Die am meisten verbreiteten Produktlinien, die in Personal Computers (→ *PC*) als Zentralprozessoren (→ *CPU*) eingesetzt werden, stammen von den Firmen Intel und Advanced Micro Devices (AMD). Der im Jahr 2001 erstmals vorgestellte Pentium-4-Prozessor von Intel ist z. B. in seiner aktuellen Ausführung in der Lage, Computerbefehle mit einer Taktrate von mehr als 3 Gigahertz (entspricht 3 Milliarden Arbeitsschritten pro Sekunde) zu verarbeiten. Auf Grund der zunehmenden Nachfrage nach mobilen Endgeräten (→ *Notebooks*) werden spezielle Prozessorvarianten entwickelt, die sich durch extrem niedrigen Energieverbrauch auszeichnen.

MIME. Abk. für Multipurpose Internet Mail Extension, → *E-Mail-Standard*, mit dem digitale Anlagen verschickt und geöffnet werden können. Damit wird es möglich, formatierte, multimediale Mail-Nachrichten zu versenden und an die E-Mail weitere Dateien anzuhängen (nicht nur ASCII-Textdateien).

Minderungsrecht. Minderung ist ein → *Mängelgewährleistungsrecht*, das in der Herabsetzung des Kaufpreises, des Mietzinses bzw. des Werklohnes besteht. Die Voraussetzungen und Rechtsfolgen sind für die einzelnen Verträge unterschiedlich im Bürgerlichen Gesetzbuch geregelt, → *Vertragsrecht*. Voraussetzung ist ein Mangel der Kaufsache, des Werkes oder der Mietsache. Im → *Kaufvertrag* und im → *Werkvertrag* ist die Entstehung des Minderungsrechts davon abhängig, dass zunächst das → *Nacherfüllungsrecht* verfolgt wurde, vgl. → *Mängelgewährleistungsrecht*. Nach → *Mietvertragsrecht* muss der Mieter eine Mängelanzeige vornehmen und die Mietminderung unter Fristsetzung zur Mängelbeseitigung androhen.

Kaufleute haben darauf zu achten, dass Gewährleistungsansprüche im beiderseitigen Han-

delskauf bei fehlender oder verspäteter Mängelrüge untergehen, → *kaufmännische Untersuchungs- und Rügepflicht*.
Literaturempfehlung: Steckler: Kompakt-Training Wirtschaftsrecht, 2. Auflage, Ludwigshafen 2003. Danne, H. / Keil, T.: Wirtschaftsprivatrecht I, 2. Auflage, Berlin 2002.

Mindestbestand (auch eiserner → *Bestand* oder Sicherheitsbestand genannt). Untere Bestandsgrenze bei der → *Bestandsführung* eines Artikels; dient der Überbrückung von Lieferausfällen. Faustregel für großzügige Bemessung: diejenige Menge, die während einer → *Wiederbeschaffungszeit* verbraucht wird; knappe Bemessung: 50% der vorgenannten Menge.

Mirror. Gespiegelter Datenbereich im Computer zur Sicherung gegen Systemausfälle und Beschleunigung von Zugriffen. Auch Server, der FTP- und WWW-Seiten anderer, meist weit entfernter Rechner kopiert, um Langstreckenverbindungen zu vermeiden und damit das Netz zu entlasten.

MIS. (Abkürzung für Management-Informations-System). Ein integriertes System, in dem sämtliche kaufmännischen Informationen elektronisch gespeichert werden. Dieses System wird anstatt eines getrennten → *Marketing-Informations-Systems* (MAIS) und → *Vertriebsinformations-Systems* (VIS) verwandt.

Mischkonzern → *Diversifikation*.

Mischkosten → *variable Kosten*.

Mitarbeiterbeteiligung. Umfassender Begriff für alle materiellen und immateriellen Partizipationsmodelle von Mitarbeitern an ihrem arbeitgebenden Unternehmen. Als materielle Form werden die Erfolgsbeteiligung und die Kapitalbeteiligung unterschieden.

Bei der Erfolgsbeteiligung werden die Mitarbeiter entweder gemäß ihren Leistungen auf Basis der Produktion, des Absatzes oder von Produktivitätserhöhungen sowie Kostenersparnissen beteiligt. Die Ertragsbeteiligung unterteilt sich in eine Umsatz-, Gesamtleistungs-, Rohertrags- oder Wertschöpfungsbeteiligung.

Die eigentliche Erfolgsbeteiligung stellt allerdings die Teilhabe der Mitarbeiter am Gewinn des Unternehmens dar. Hierbei spielen Fragen der Gewinndefinition im Rahmen einer gerechten Verteilung des Unternehmensgewinns eine herausragende Rolle. Beteiligen sich die Mitarbeiter über eine Erfolgsbeteiligung am Kapital eines Unternehmens, so liegt eine Kapitalbeteiligung vor. Diese kann entweder in Form von Eigenkapital oder von Fremdkapital (Darlehen) erfolgen.

Unter einer immateriellen Beteiligung wird neben den Möglichkeiten der → *gesetzlichen* Mitbestimmung (→ *Betriebsverfassungsgesetz*, → *Montanmitbestimmungsgesetz*, → *Mitbestimmungsgesetz* von 1976) auch die von Unternehmensleitungen freiwillig eingeräumte Partizipation von Mitarbeitern am Unternehmensprozess verstanden.

Mitarbeiterführung. Sie kann definiert werden als die bewusste und zielgerichtete Verhaltensbeeinflussung mit der Absicht, sowohl die Ziele der Unternehmung als auch die der in ihr tätigen

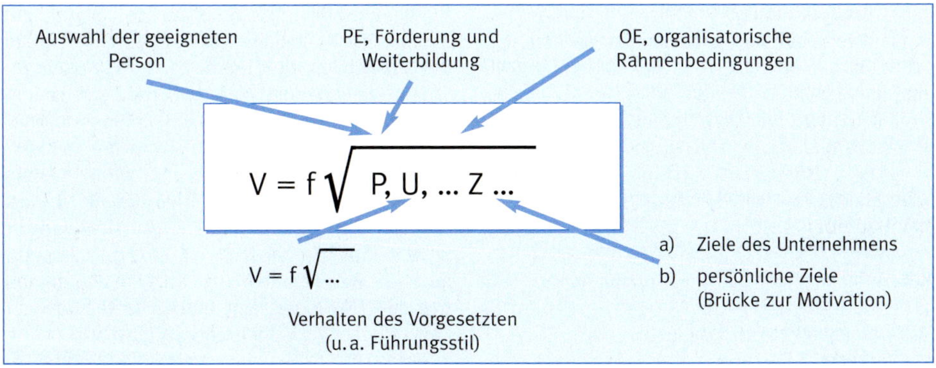

Abb. 49: Einflussfaktoren auf das Mitarbeiterverhalten

Menschen möglichst weitgehend zu verwirklichen; siehe auch → *Führung*, → *Management*, → *Unternehmensführung*. Es geht also um die Berücksichtigung sowohl leistungs- als auch mitarbeiterbezogener Gesichtspunkte. K. Lewin hat bereits in den 30er-Jahren die Modellvorstellung der Feldtheorie zur Darstellung sozialpsychologischer Gegebenheiten übernommen. In Anlehnung daran kann Verhalten (V) als von verschiedenen Faktoren, wie z. B. Persönlichkeit (P) und Umfeld (U), geprägt verstanden und formal als Funktion ausgedrückt werden. Im Sinne zielorientierter Führung wurde die im Schaubild gezeigte Formel von Birker um Ziele (Z) ergänzt.

P steht für Person und kann neben den persönlichen Prägungen auch den Bezug zu entsprechenden Eigenschaften, Talenten und Fähigkeiten darstellen. Einflussnahme auf die Entwicklung der Persönlichkeit ist durch Förderung und Weiterbildung etc. mehr oder weniger erfolgreich möglich. Für die Besetzung einer Stelle gehört es zu den Führungsaufgaben, eine Person auszuwählen, die geeignet ist und möglichst optimale Voraussetzungen für die Erfüllung der anstehenden Aufgaben mitbringt.

Das Umfeld U repräsentiert ein Bündel von Einflüssen. Neben anderen wirken hierauf die Rahmenbedingungen, die Organisation des Betriebes und die zur Verfügung stehenden Ressourcen ein, die z. T. hilfreich von der Führung gestaltet werden können. Ausserdem ist das Verhalten des Vorgesetzten ein Teil des Umfeldes für den Mitarbeiter. Insoweit beeinflusst die Führungskraft das Mitarbeiterverhalten und trägt entsprechende Verantwortung, z. B. durch den → *Führungsstil*.

Z (Ziele) betont zwei Ebenen. Zum einen sind es die Ziele des Unternehmens, die dem Mitarbeiter zur Klärung der Erwartungen durch die Führung zu verdeutlichen sind. Daneben wirken die persönlichen Ziele; die Aussicht auf ihre Erfüllung kann für den Betreffenden als → *Motivation* wirken.

Mitbestimmung auf Betriebsebene. Ist im Betriebsverfassungsgesetz geregelt, das bereits ab einer Zahl von fünf Beschäftigten Gültigkeit besitzt. Gemäß seinen Bestimmungen werden die Interessen der Arbeitnehmer kollektiv vor allem durch vier Organe vertreten:

- Betriebsrat,
- Betriebsversammlung,
- Jugend- und Auszubildendenvertretung sowie
- Sprecherausschuss der leitenden Angestellten.

Der Betriebsrat als ständiger Vertreter der Beschäftigten wird alle vier Jahre von der Arbeitnehmerschaft (ohne leitende Angestellte) gewählt. Seine Mitwirkung bezieht sich auf verschiedene Bereiche:

1. In sozialen Angelegenheiten muss die Zustimmung des Betriebsrats eingeholt werden. Hierzu gehören u. a. Arbeitszeit- und Urlaubsregelungen, Fragen der Lohngestaltung und Arbeitsschutzregelungen.
2. Bei personellen Angelegenheiten hat der Betriebsrat Mitwirkungsrechte in allgemeinen Personalfragen (z. B. Grundsätze der Personalpolitik), bei personellen Einzelmaßnahmen hat er ein weitergehendes Mitbestimmungsrecht, z. B. kann er Kündigungen widersprechen.
3. Bei der Gestaltung von Arbeitsplätzen und -abläufen hat der Betriebsrat ein Beratungsrecht.
4. In wirtschaftlichen Angelegenheiten besteht ein Informations- und Anhörungsrecht, das in größeren Betrieben durch einen sog. Wirtschaftsausschuss (in dem Arbeitgeber und Betriebsratsmitglieder vertreten sind) wahrgenommen wird.

Die Betriebsversammlung ist die Versammlung der Arbeitnehmer, die i. d. R. quartärlich vom Betriebsrat einberufen wird, um einen Tätigkeitsbericht abzulegen. Einmal jährlich erfolgt im Rahmen der Betriebsversammlung zudem ein Bericht des Arbeitgebers über die wirtschaftliche Situation.

Die Jugend- und Auszubildendenvertretung vertritt die besonderen Interessen der Jugendlichen und Auszubildenden und wird aus deren Reihen gewählt.

In Betrieben mit zehn oder mehr leitenden Angestellten gilt seit 1988 das Gesetz über Sprecherausschüsse der leitenden Angestellten. Es sieht die Einrichtung eines Sprecherausschusses der leitenden Angestellten, die durch den Betriebsrat nicht vertreten werden, vor. Der Sprecherausschuss stellt ein Pendant zum Betriebsrat dar, hat aber insgesamt beschränktere Mitwirkungsmöglichkeiten.

Mitbestimmung auf Unternehmensebene. → *Montanmitbestimmungsgesetz*, → *Mitbestimmungsgesetz* (von 1976), → *Betriebsverfassungsrecht*, → *Unternehmensverfassung*.

Mitbestimmungsgesetz (von 1976). Das auch als Koalitionsmodell bezeichnete Mitbestimmungsgesetz von 1976 gilt für → *Kapitalgesellschaften* des Nicht-Montanbereichs mit mehr als 2.000 Beschäftigten. Es regelt im Wesentlichen folgende Tatbestände: a) paritätisch, d.h. aus gleicher Zahl von Anteilseigner- und Arbeitnehmervertretern besetzter → *Aufsichtsrat*; b) bei Stimmengleichheit gibt die Stimme des Aufsichtsratsvorsitzenden, der i.d.R. der Seite der Anteilseigner zuzurechnen ist, den Ausschlag; c) im Vorstand ist ein Mitglied zu berufen, das die Funktion eines Arbeitsdirektors mit Zuständigkeiten in Personal- und Sachfragen hat. Gegenüber der → *Montanmitbestimmung* weist das Koalitionsmodell aus Arbeitnehmersicht zwei gravierende Einschränkungen auf. Das doppelte Stimmrecht des Aufsichtsratsvorsitzenden setzt die formell bestehende Parität zwischen Arbeitnehmern und Arbeitgebern faktisch außer Kraft, zudem kann der Arbeitsdirektor grundsätzlich auch gegen die Stimmen der Arbeitnehmervertreter im → *Aufsichtsrat* berufen werden. Von den Gesetzen zur Regelung der Mitbestimmung auf Unternehmensebene kommt dem Mitbestimmungsgesetz von 1976 die (gemessen an der Zahl der betroffenen Arbeitnehmer) mit Abstand größte praktische Bedeutung zu.

Mitbestimmungsrecht des Betriebsrats → *Betriebsverfassungsrecht*.

Mobbing. Das Wort kommt aus dem Englischen. Mob heißt Pöbel, Mobbing pöbeln, Menschen fertig machen. Am Arbeitsplatz mobbt, wer Arbeitskollegen aus der betrieblichen Gemeinschaft ausgrenzt, indem er sie niedermacht. »Täter« können Vorgesetzte und/oder Arbeitskollegen/Untergebene sein. Sind die Arbeitsbedingungen nicht mehr zumutbar und hat das Opfer erfolglos Abhilfe verlangt, kann es eine Frist setzen und danach der Arbeit fern bleiben. Das → *Arbeitsentgelt* muss dann weitergezahlt werden. Gegen die Täter kann das Opfer auf Unterlassung, Schadensersatz und Schmerzensgeld klagen.

Modem. Kurzwort für Modulator/Demodulator. Ein Modem setzt die digitalen → *Daten* aus dem Computer, z.B. Bild- oder Textdaten, in analoge Signale um (Modulation), die sich per Telefonleitung übertragen lassen. Das Modem auf der Empfängerseite wandelt die Signale wieder in digitale Daten um (Demodulation), die der dortige Computer dann verarbeiten kann. Seit Ende 1998 ist der Standard V.90 etabliert, der garantiert, dass alle Modems die maximale → *Datenübertragungsrate* von 56 Kbps (ca. 56.000 Bits pro Sekunde) nach dem gleichen technischen Verfahren erreichen.

Modular Sourcing. »Modul-Einkauf«, auch Systemeinkauf genannt. Um die Anzahl der Lieferantenkontakte sowie die eigene → *Fertigungstiefe* zu vermindern, werden zunehmend vormontierte → *Baugruppen* eingekauft. Ein Hauptlieferant übernimmt dabei die Vormontage und Koordination der Unterlieferanten.

Montage. Letzte → *Fertigungsstufe*, bei der → *Eigenfertigungsteile* und → *Kaufteile* gemeinsam verarbeitet werden.

Montagslieferantenproblem. Spitzenbelastung im → *Wareneingang* durch Häufung von Anlieferungen am Montag. Abhilfe: → *Speditionen* tagesgenau anliefern lassen, Einkauf zu Terminvorschriften für die Lieferanten anhalten.

Montanmitbestimmungsgesetz. Die Montanmitbestimmung vom 21. Mai 1951 regelt die Beteiligungsrechte der Arbeitnehmer in Aufsichtsräten von Unternehmen der Montanindustrie (Kohle und Stahl). Auf Arbeitnehmer- und Arbeitgeberseite ist eine gleich große Anzahl von Aufsichtsräten vertreten. Es herrscht also eine Parität zwischen Arbeit und Kapital. Bei Kampfabstimmungen entscheidet ein zusätzliches (neutrales) Aufsichtsratsmitglied, das sowohl von der Arbeitnehmer- als auch von der Arbeitgeberbank einvernehmlich bestellt wird. Der montanmitbestimmte Aufsichtsrat besteht deshalb gem. § 4 Montan-MitbestG aus elf Mitgliedern; er kann gem. § 9 bei Vorliegen der Voraussetzungen durch Satzung oder Gesellschaftsvertrag auf 15 oder 21 Mitglieder festgelegt werden. Das Herausragende an der Montanmitbestimmung ist auch das Recht der Gewerkschaften, einen → *Arbeitsdirektor* als gleichberechtigtes Vorstandsmitglied vorzuschlagen. Nach § 13 Montan-MitbestG kann der Arbeitsdirektor nicht gegen die Stimmen der Mehrheit der Arbeitnehmervertreter im Aufsichtsrat bestellt oder abberufen werden. Das Montanmitbestimmungsgesetz ist durch mehrere Montanmitbestimmungsergänzungsgesetze auf Konzernebene angepasst bzw. ergänzt worden.

Motivation. Motiv kann als Beweggrund, Antrieb, Zielvorstellung, Zweck, Anlass etc. verstanden werden. Dementprechend ist Motivation als Summe der bewusst und unbewusst wirkenden Motive zu verstehen, die das Verhalten oder eine Handlung auslösen. In der modernen Motivationstheorie wird davon ausgegangen, dass eine Motivation für ein Tätigwerden am wirksamsten ist, je mehr drei Aspekte erfüllt sind: Stärke des Wunsches, Wert des Handlungsergebnisses für den Betreffenden; Erwartung bezüglich der Lösbarkeit einer Aufgabe; Wahrscheinlichkeit, dass mit dieser Handlung das angestrebte Ziel erreicht wird. Damit wird es auch für die → *Mitarbeiterführung* besonders wichtig, sich mit den Akzenten und Zusammenhängen zu beschäftigen, → *Motivationsforschung*.

Motivationsforschung. In der BWL hat die Motivationsforschung vor allem im Rahmen der Human-Relations-Bewegung Beachtung erlangt, wobei die Mitarbeiterzufriedenheit bedeutsam war. Spätere Beobachtungen ließen den Schluss zu, dass die Zufriedenstellung langfristig allein noch nicht automatisch bessere Leistungen garantiert, sondern die Führung zugleich betriebliche Ziele einzubeziehen hat. Motivationstheorien sind Modelle, welche die Bedeutung einzelner Motivationen für den Menschen erklären wollen, sodass sich daraus entsprechende Verhaltensweisen und sinnvolle, fördernde Maßnahmen ableiten lassen.

Eine der bekanntesten Darstellungen ist die Bedürfnispyramide nach Maslow, siehe Abb. 50.

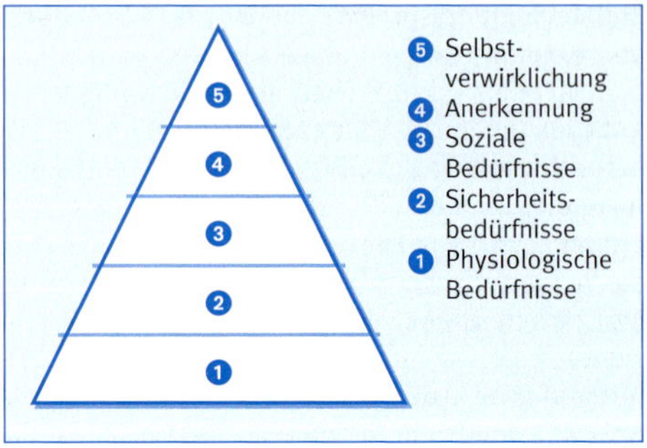

Abb. 50: Bedürfnispyramide von Maslow

Die unteren vier Kategorien werden auch als Defizitbedürfnisse, die obere als Wachstumsbedürfnisse bezeichnet. Aufbauend auf Managerbefragungen hat Herzberg seine in Abb. 51 dargestellte Zwei-Faktoren-Theorie entwickelt.

Alderfer war bestrebt, ein Modell zu entwickeln, welches sich auf den arbeitenden Menschen und lediglich drei Bedürfnisklassen fokussierte sowie sich von einer Rangfolge der Bedürfnisse distanzierte. Diese E-R-G-Theorie unterscheidet: Existence needs, Existenzbedürfnisse (Sicherheit, Bezahlung etc.), Relatedness needs, soziale Bedürfnisse (z.B. Kontakt, Beachtung, Wertschätzung) und Growth needs, Wachstums- und Selbstverwirklichungsbedürfnisse (Entfaltung). Er leitet daraus sieben Thesen zur Bedürfnisbefriedigung und -aktivierung ab.

Im Gegensatz zu den Inhaltstheorien versucht die Prozesstheorie zu erklären, wie die Motivation menschlichen Verhaltens zu Stande kommt. Grundidee ist, Menschen wählen diejenigen Wege, von denen sie vermuten, so zu einem als erstrebenswert erachteten Ziel oder Ergebnis zu gelangen; entsprechend wird auch vom Weg-

Unzufriedenheit/Nicht-Unzufriedenheit	**Nicht-Zufriedenheit/Zufriedenheit**
Hygienefaktoren	**Motivationsfaktoren**
Geschäftspolitik und Art der Geschäftsführung	Erfolg
Arbeitsaufsicht	Anerkennung für erbrachte Leistung
Einkommen	die Arbeit selbst
Beziehung zu Kollegen und Arbeitsbedingungen	Verantwortung und beruflicher Aufstieg
äußerliche Inhalte	**Arbeitsnhalte**

Abb. 51: Faktorentheorie von Herzberg

Ziel-Konzept gesprochen, z.B. die VIE-Theorie von Vroom.

Die Anreiz-Beitrag-Theorie (March und Simon) geht von einer Organisation als System mit wechselseitigen sozialen Beziehungen aus. Die Organisation bietet Anreize, die Mitglieder leisten zur Erlangung entsprechende Beiträge. Jemand wird so lange dauerhaft im System verbleiben, wie sich für ihn das Verhältnis aus gebotenen Anreizen und verlangten Beiträgen positiv, zumindest ausgeglichen darstellt. Bei Anreizsystemen unterscheidet man in intrinsische Motive (Leistungs-, Macht-, Neugier-, Kompetenz-, Fähigkeits-, Selbstaktualisierungs- und Gesellschaftsmotiv) und in extrinsische Motive (Geld-, Sicherheits- und Prestigemotiv).

Ein weiterer Ansatz stellt darauf ab, die motivierenden Erwartungen der Mitarbeiter und den Nutzen des Unternehmens in Einklang zu bringen. Dabei ist zu unterscheiden in Handlung (das zu veranlassende Verhalten), Handlungsergebnis (der angestrebte Erfolg) und die daraus resultierenden Handlungsfolgen (letztendlich Auslöser und Anreiz), die für Mitarbeiter und Betrieb unterschiedlich sein werden, aber wirksam bleiben,

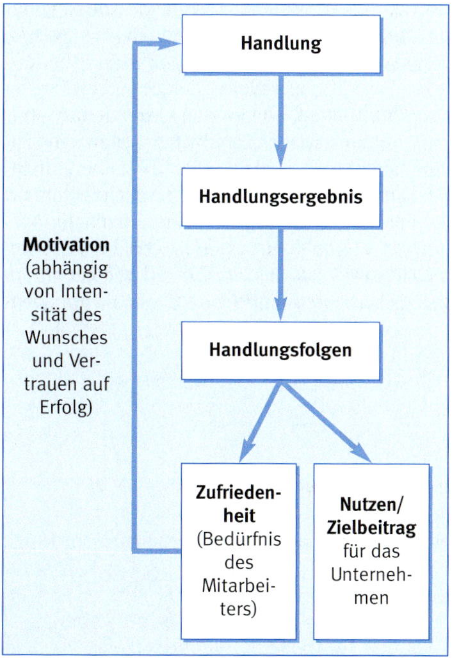

Abb. 52: Motivation und Nutzenerwartung

solange sie für beide ausreichend wertvoll sind. Somit kann man sich auf eine Handlung einigen, ohne in den grundlegenden Zielen übereinstimmen zu müssen (K. Birker).

Für die Mitarbeiterführung ist es sinnvoll, die Motive nicht nur theoretisch und allgemein gültig zu sehen, sondern zuzuhören, was für den Mitarbeiter im konkreten Einzelfall wesentlich ist; entsprechend dem alten Verkäufersatz: »Der Köder muss dem Fisch und nicht dem Angler schmecken«.

MPEG. Abk. für Motion Picture Experts Group, standardisiertes Codierungs- und Kompressionsverfahren für Bilder und Videos mit den zugehörigen Audiodaten sowie für die Synchronisation von Video- und Audio-Datenströmen, wobei nicht Einzelbilder abgefragt werden, sondern Veränderungen gegenüber Vorgängerbildern. Dabei wird eine Komprimierung mit einer Reduktion des Datenvolumens um den Faktor 20 bis 100 erreicht. Dies ist erforderlich, um beim derzeitigen Stand der Technik die enormen Datenmengen von Bewegtbildern mit Ton angemessen verarbeiten zu können.

MRP II → *Manufacturing Resources Planning*.

Muda, Mura, Muri. Begriffe der japanischen Produktion. Es gilt, Muda (Verschwendung), Mura (Unausgeglichenheit) und Muri (Überlastung) bei den Elementen Mitarbeiter, Technik, Methode, Zeit, Möglichkeit, Arbeitsmittel, Material, Produktionsvolumen, Umlaufbestände, Arbeitsplatz, Denkart etc. zu vermeiden. Im Einzelnen betrifft dies vor allem Verschwendung durch Überproduktion, hohe Bestände, unnötige Transporte, lange Wartezeiten, schlechte Nutzung der Betriebsmittel, unnötige Vorgänge, Fehler, unzureichende Organisation etc.

Multimedia. Computeranwendungen, die unterschiedliche Sinne (z.B. Sehen und Hören) für die Vermittlung oder die Präsentation von Inhalten ansprechen. Die beiden wesentlichen Kennzeichen einer multimedialen Anwendung sind zum einen die Kombination verschiedener Medien, zum anderen die Interaktivität, d.h., die Anwendung wird vom Nutzer individuell gesteuert. Bei den Medien unterscheidet man

a) statische (zeitunabhängige) Formen wie z.B. Daten, Texte, Grafiken und Bilder sowie

b) dynamische (zeitabhängige) Formen, wie z. B. animierte Grafik, Film, Sprache, Musik und Geräusche.

Voraussetzung für die Realisierung multimedialer Anwendungen ist die vollständige → *Digitalisierung* aller beteiligten Informationsformen.

Multiple Sourcing. Einkauf bei mehreren Bezugsquellen.

Multiprocessing. Sequenzielles Abarbeiten mehrerer eigenständiger Prozesse (Tasks, Jobs, → *Threads*), wobei die CPU für jeden Prozess eine gewisse Zeitspanne zur Verfügung steht. Dies geschieht so schnell, dass eine quasi-parallele Verarbeitung vorliegt. Die Zeitscheibeneinteilung und Prioritäten können gesteuert werden.

Multi-Projekt-Controlling. Sonderform des Projekt-Controllings. Da in vielen Firmen eine Reihe von Projekten (auch Logistik-Projekten) parallel laufen, ergibt sich für das Management ein Überwachungsproblem. Dies kann dadurch gelöst werden, dass von allen Projektleitern eine einheitliche Status-Berichtsform verlangt wird (z. B. Fertigstellungsgrad der Arbeiten in %-Angaben) und monatlich ein »Projekttag« stattfindet, bei dem über alle Projekte innerhalb eines vorgegebenen Zeitrahmens (z. B. 20 min.) in einer standardisierten Form berichtet wird.

Multitasking. Fähigkeit eines → *Betriebssystems*, mehrere Tasks (Aufgaben), also Programme bzw. Teile von Programmen, parallel auszuführen. Um dies zu ermöglichen, erlaubt das Betriebssystem in schnell abwechselnder Folge jeder Aufgabe Zugriff auf den Prozessor (→ *CPU*). Dabei entsteht der Eindruck, dass mehrere Programme zeitgleich ausgeführt werden. Die Umschaltung zwischen den Aufgaben ist für den Benutzer nicht wahrnehmbar. Multitasking liegt z. B. vor, wenn an einem → *PC* gerade → *online* neue Nachrichten aus einer Mailbox (→ *E-Mail*) abgeholt werden, während im Hintergrund das Textverarbeitungsprogramm ein umfangreiches Dokument ausdruckt. Die gebräuchlichen Betriebssysteme (z. B. Windows NT oder Linux) unterstützen das Multitasking. Multithreading und Multitasking ähneln sich und werden oft miteinander verwechselt. Unter Multithreading versteht man jedoch den gleichzeitigen Ablauf mehrerer Prozesse (Programmfunktionen) desselben Programms. Multitasking ist somit Voraussetzung für Multithreading.

Multithreading → *Multitasking*.

Multi-User-System → *Mehrplatzsystem*.

Multi-Variations-Karte. Element der statistischen Versuchsplanung. Hierbei geht es um das Erkennen und Einstufen der Haupteinflussgrößen für Qualität. Dazu werden jeweils drei bis fünf Einheiten im Zeitablauf gemessen, um dadurch einen Ausweis der Lage der Qualitätswerte (wenige Fehler/viele Fehler), ihrer Abweichungen vom Mittelwert (große Abweichung, geringe Abweichung) und ihrer Streuung im Zeitablauf (gleich bleibend, verbessert, verschlechtert) zu erhalten.

Muss-Investition. Liegt vor, wenn der Investor auf Grund rechtlicher Vorschriften gezwungen ist, eine bestimmte Investition zu tätigen, unabhängig davon, ob sie für ihn wirtschaftlich vorteilhaft ist oder nicht. Er besitzt keine Entscheidungsfreiheit. Hierbei kann es sich beispielsweise um Investitionen handeln, die erforderlich sind, um gesetzlich vorgeschriebene Normen des Umweltschutzes zu erfüllen oder der Arbeitssicherheit zu gewährleisten.

N

Nachaudit (Teil des Qualitätsmanagements) → *Zertifizierung*.

Nacherfüllungsrecht. Es handelt sich um ein → *Mängelgewährleistungsrecht*, das in den Voraussetzungen und Rechtsfolgen für die einzelnen Verträge im Bürgerlichen Gesetzbuch (BGB) geregelt ist, vgl. → *Vertragsrecht*. Das Nacherfüllungsrecht entsteht im → *Kaufvertrag* und im → *Werkvertrag* kraft Gesetzes als vorrangiges Gewährleistungsrecht. Voraussetzung ist ein Mangel der Kaufsache oder des Werkes. Der

Käufer oder Besteller muss den Verkäufer oder Unternehmer unter Fristsetzung zur Nacherfüllung auffordern. Die zum Zweck der Nacherfüllung erforderlichen Aufwendungen trägt der Verkäufer bzw. der Werkunternehmer.

Im Kaufvertrag kann der Käufer als Nacherfüllung nach seiner Wahl die Beseitigung des Mangels oder die Lieferung einer mangelfreien Sache verlangen. Erst bei erfolglosem Fristablauf können die Käufer oder die Werkbesteller ihre Rechte auf Rücktritt oder Minderung bzw. Schadensersatz geltend machen. Dies gilt auch bei zweimaligem Fehlschlagen der Nachbesserung. Einer Fristsetzung bedarf es nicht, wenn der Verkäufer bzw. Werkunternehmer die Nacherfüllung verweigert oder diese unzumutbar ist.

Im Werkvertragsrecht kann der Besteller den Mangel nach erfolglosem Ablauf der Frist auch selbst beseitigen. Kaufleute haben darauf zu achten, dass die Gewährleistungsansprüche bei fehlender oder verspäteter Mängelrüge im beiderseitigen Handelskauf oder Werklieferungsvertrag untergehen, → *kaufmännische Untersuchungs- und Rügepflicht*.
Literaturempfehlung: Steckler: Wirtschaftsrecht, 6. Auflage, Ludwigshafen 2003.

Nachfrage. Streben der Wirtschaftssubjekte nach Erwerb von Gütern i. w. S. Nachfrage entsteht aus Bedürfnis gepaart mit Kaufkraft. Diese ist für den Nachfrager i. d. R. begrenzt und muss auf den Erwerb verschiedener Leistungen verteilt werden; der Nutzen aus der Befriedigung eines Bedürfnisses ist somit zugleich Nutzenverzicht in anderen Bereichen. Das konkrete Nachfragevolumen für ein Produkt hängt vom Preis des Produkts, vom Preis der Alternativgüter und dem gesamt verfügbaren Einkommen ab, → *Preistheorie*.

Nachkaufmarketing → *After-Sales-Service*.

Nachlauf. Letzter Transportabschnitt bei → *gebrochenem Verkehr*. Wird vom → *Empfangsspediteur* durchgeführt. Beispiel: Transport mit dem LKW von der Bahn zum Kunden (Ggs. → *Vorlauf*).

Nachtsprung. Transport über Nacht.

Namensaktie → *Aktienarten*.

Navigation (auch Surfen genannt). »Reise« durch das WWW durch Aktivierung von → *Hyperlinks* in den → *Web-Seiten*, um damit von Web-Seite zu Web-Seite zu springen.

Nebenbücher der Buchführung. Man unterscheidet mehrere Nebenbücher:

a) Das Geschäftsfreundebuch (auch Kundenbuch, Lieferantenbuch, Personenbuch, Kontokorrentbuch genannt) enthält alle Kreditgeschäfte, aufgegliedert nach Kunden (Debitoren) und Lieferanten (Kreditoren). Darin werden für die wichtigen Geschäftspartner Unterkonten für deren Verbindlichkeiten und Forderungen als Personenkonten eingerichtet (teilweise als Offene-Posten-Buchhaltung).
b) Das Lohn- und Gehaltsbuch dient dem Nachweis abgerechneter bzw. ausgezahlter Löhne und Gehälter für jeden Arbeitnehmer. Es erfasst alle Geschäftsvorfälle, die mit der Bezahlung von Arbeitsentgelten an Mitarbeiter in Verbindung stehen (auch Sozialkosten wie Kranken-, Pflege-, Renten- und Arbeitslosenversicherung).
c) Das Wechselbuch enthält Angaben über die gezogenen oder eingegangenen Besitz- und Schuldwechsel zur Überwachung von deren Betrag, Fälligkeit, Ausstellung, Bezogenem und Indossanten.
d) Das Anlagenverzeichnis weist jedes Wirtschaftsgut des → *Anlagevermögens* getrennt aus mit Bezeichnung, Inventarnummer, Anschaffungsdatum, Nutzungsdauer, → *Anschaffungskosten* / → *Herstellungskosten*, Abschreibungsmethode/-technik, Bilanzwert am Bilanzstichtag und am Abgangstag. Es dokumentiert die Veränderungen (Zu- und Abgänge) des Anlagevermögens.
e) Das Lagerbuch enthält für jeden einzelnen Artikel den Warenbestand nach Bezeichnung, Datum, Buchungstext, Belegnummer, Art, Anfangs-/Endbestand, Einstandspreis und Journalseite. Es dokumentiert die Veränderungen der Stoff- und Warenbestände.

Negoziationskredit → *Außenhandelsfinanzierung*.

Nennwertaktien → *Aktienarten*.

Netiquette. Kunstwort aus Netz und Etikette. Ungeschriebene Benimmregeln für Online-Nutzer, sie dienen der Einhaltung von Mindestverhaltensstandards im virtuellen Umgang.

NetNews. Weltweites, öffentliches Diskussionsforum, das aus dem → *Usenet* abstammt. Es ist in themenbezogene Diskussionsforen gegliedert.

Netpromotion. Publizierung von Internet-Angeboten im Internet, z.B. durch Eintrag in → *Suchmaschinen*, Aufnahme in → *Newsgroups* oder → *Mailing Lists*.

Net Provider. Unternehmen, das die physikalische Anbindung an das Internet herstellt (durch Kabel oder Funk).

Network Computer. Computertyp, bei dem Software nicht mehr auf gigantischen Festplatten gespeichert ist, sondern je nach Anwendungsbedarf aus dem Internet heruntergeladen werden kann. Dadurch sind billigere und einfacher zu bedienende PCs möglich. Ob sich dieser Ansatz durchsetzt, ist fraglich.

Network Provider. Stellen Netzwerkkapazitäten zur Verfügung, die von Unternehmen oder Zugangs-Providern in Bandbreite und Datenvolumen als Zwischenhändler angekauft werden, um sie ihrerseits an Endkunden zu verkaufen.

Nettobedarf (Logistik). Ergibt sich aus dem → *Bruttobedarf* abzüglich des → *verfügbaren* Bestandes. Der verfügbare Bestand ist der Saldo aus dem physikalischen → *Bestand* plus Bestellbestand minus Reservierungsbestand. Der Qualitätsprüfbestand (Material in der Qualitätsprüfung) wird i.d.R. zum physikalischen → *Bestand* gezählt, wobei von der Vermutung ausgegangen wird, dass das Material die Prüfung erfolgreich durchlaufen wird. Der Nettobedarf ist wie der verfügbare Bestand zeitabhängig. Obwohl der oben genannte Saldo über die ganze betrachtete Zeitstrecke positiv sein kann, ist eine Unterdeckung zu einem dazwischen liegenden Zeitpunkt möglich, wenn z.B. der Zugang aus Bestellung später liegt als die Anforderung aus einer → *Reservierung*. Diese Untersuchung ist Gegenstand der → *Verfügbarkeitsrechnung* im Rahmen der → *Materialbedarfsplanung*.

Netzplan. Dies ist die übersichtliche Darstellung der zeitlichen Abfolge von Maßnahmen, die zum Erreichen eines Ziels geplant sind. Der Netzplan erleichtert das Erkennen gegenseitiger Abhängigkeiten einzelner Teilaktivitäten und somit die Planung und Kontrolle des gesamten Ablaufs. So können u.a. einzelne Vorgänge parallel und dennoch aufeinander abgestimmt gesteuert werden, was z.B. in Projekten die Zeit verkürzt. Daher ist der Netzplan besonders für komplexe Vorhaben (z.B. in der Entwicklung) geeignet. Er basiert auf der gerichteten Graphentheorie.

- Im Vorgangspfeilnetzplan werden Vorgänge durch Pfeile und Anfangs- und Endergebnisse durch Knoten dargestellt (z.B. CPM).
- Im Vorgangsknotennetzplan werden Vorgänge durch Knoten dargestellt und deren Abhängigkeiten untereinander (d.h. ein Vorgang muss abgeschlossen sein, bevor der nächste einsetzen kann) durch Pfeile (z.B. MPM).
- Im Ereignisknotennetzplan werden Ereignisse inhaltlich festgelegt und den Knoten zugeordnet, die Pfeile zeigen die Zeitabstände zum nächsten Ereignis auf (z.B. PERT).

Der Netzplan ist auch ein Element der → *Seven New Tools* (Qualitätsmanagement).

Netzplantechnik. Planungsmethode, bei der Aktivitäten nach ihrem Zeitbedarf und der Abhängigkeit in ihrer Reihenfolge geplant werden.

Netzwerk. Verbund aus mehreren Rechnern, die untereinander über eine Datenleitung zusammengeschlossen sind. Je nach räumlicher Ausdehnung unterscheidet man lokale Netzwerke (→ *LAN*), Ballungsraumnetzwerke (→ *MAN*), überregionale Netzwerke (→ *WAN*) und internationale Netzwerke (→ *GAN*).

Netzwerkorganisation (virtuelle Organisation). Besteht aus relativ autonomen Mitgliedern (Personen, Gruppen, Institutionen), die langfristig durch gemeinsame Ziele miteinander verbunden sind und koordiniert zusammenarbeiten. Interne Netzwerke werden durch Mitglieder der Organisation gebildet, externe Netzwerke durch Mitglieder verschiedener Organisationen in Form von Systempartnerschaften, Dauerschuldverhältnissen oder Gemeinschaftsunternehmen. Die Mitglieder der Netzwerkorganisation erbringen gemeinsam eine wirtschaftliche Leistung in Form eines Produkts oder einer Dienstleistung und treten dabei gegenüber Dritten wie ein eigenständiges Unternehmen auf, ohne tatsächlich ein solches zu sein.

Merkmale sind eine längerfristige Zusammenarbeit, die Vernetzung unterschiedlicher Kernkompetenzen, die Dezentralisation von Kernprozessen in der Erstellung bzw. die Zentralisation des Kernprozesses Absatz und der Verzicht auf eine zentrale Leitungsstelle.

Neuer Markt. Handelssegment der Deutschen Börse für innovative Wachstumsunternehmen. Für die Zulassung der Aktien am Neuen Markt muss die ausgebende Gesellschaft umfangreiche Bedingungen erfüllen. Diese beziehen sich auf das Emissionsvolumen, auf das Verhalten der Gesellschaft und auf an internationalen Standards orientierte Publizitätsanforderungen. Ziel der Errichtung des Neuen Marktes ist es, den dort notierten Gesellschaften internationale Kapitalanlegerkreise zu erschließen und einen aktiven Handel in den Einzelwerten herbeizuführen.

Neukundenakquisition. Gezielte Suche nach Neukunden. Die geografische und die branchenmäßige Organisation sind für das Gewinnen von Neukunden grundsätzlich geeignet. Dennoch empfiehlt es sich in vielen Fällen, diese Aufgaben speziellen Mitarbeitern oder sogar ganzen Abteilungen zu übertragen. Die Ursache dafür liegt in den deutlich unterschiedlichen Abläufen und Chancen bei der Neukundenakquisition.

Neuronales Netz (Neuron, griech.: Nervenzelle). Nach dem Vorbild des menschlichen Gehirns aufgebauter Rechner. → *Mikroprozessoren* werden zu einem Netz verknüpft, mit dem der Aufbau und die Funktion des menschlichen Gehirns mit seinen Neuronen (Gehirnzellen) nachgeahmt wird. Die verwendeten Chips besitzen wie die menschlichen Nervenzellen einen Eingangskanal und mehrere Ausgangskanäle. Durch selbstständige Schaltungen des Systems werden Lernprozesse simuliert. Während jedoch im Gehirn etwa 100 Milliarden Neuronen zusammenwirken, konnten mit Neurocomputern bislang nur einige Tausend Prozessoren zusammengeschaltet werden.

Da sich die Nachbildung des menschlichen Gehirns mit Hardware sehr aufwändig gestaltet, werden neuronale Netze auch als reine Software-Lösungen realisiert. Die Software simuliert dabei die Nervenzellen und deren Kommunikation untereinander. Der Vorteil ist, dass derart simulierte neuronale Netze auf herkömmlichen Computersystemen einsetzbar sind. Ihre Leistungsfähigkeit bleibt jedoch deutlich hinter den Hardware-Lösungen zurück. Im Gegensatz zu herkömmlichen Computersystemen können neuronale Netze mit sog. unscharfen Werten (Fuzzy Logic) arbeiten und Zahlenwerte als Wahrscheinlichkeiten darstellen. Dadurch gelingt es, die intuitive Methode des Menschen bei der Lösung komplexer Probleme nachzuvollziehen. Fuzzy Logic wird mit Erfolg dort eingesetzt, wo komplizierte Zusammenhänge eine streng logische Lösung erschweren oder wo keine genauen Messwerte vorliegen (→ *Künstliche Intelligenz*). Anwendungsgebiete für neuronale Netze sind z. B. die Sprach- und Mustererkennung oder die Prognose von Wertpapierkursen.

Neutrales Ergebnis (Buchführung). Enthält alle Aufwendungen und Erträge, die das Betriebsergebnis nicht tangieren und deshalb nicht in die Kostenrechnung eingehen. Man unterscheidet im Einzelnen:

a) Betriebsfremde Aufwendungen: Dies sind Aufwendungen, die nicht mit dem Betriebszweck im Zusammenhang stehen (z. B. Spenden).
b) Betriebsfremde Erträge: Dies sind → *Erträge*, die nicht mit dem Betriebszweck im Zusammenhang stehen (z. B. Spekulationsgewinne).
c) Periodenfremde betriebliche Aufwendungen: Dies sind Aufwendungen, die nicht in dem Jahr verbucht werden, in dem sie erfolgswirksam eingetreten sind (z. B. Steuernachzahlung).
d) Periodenfremde betriebliche Erträge: Dies sind Erträge, die nicht in dem Jahr verbucht werden, in dem sie erfolgswirksam eingetreten sind (z. B. Steuererstattung).
e) Außerordentliche betriebliche Aufwendungen: Dies sind Aufwendungen, die zwar mit dem Betriebszweck im Zusammenhang stehen, jedoch außerplanmäßig sind und daher die betriebliche Kostenstruktur nicht verzerren sollen (z. B. Brandschaden).
f) Außerordentliche betriebliche Erträge: Dies sind Erträge, die zwar mit dem Betriebszweck im Zusammenhang stehen, jedoch außerplanmäßig sind und daher die betriebliche Leistungsstruktur nicht verzerren sollen (z. B. Schadensersatz).
g) Wertverschiedene Aufwendungen, die ihrer Art nach Kosten sind, aber statt mit ihrem tat-

sächlichen mit einem kalkulatorischen Normwert in die Kostenrechnung eingehen sollen (z. B. weichen die rechtlich normierten bilanziellen Abschreibungen häufig von möglichst realistischen kalkulatorischen Abschreibungen ab).

Newsgroup (dt.: Nachrichtengruppe, treffender: Diskussionsforum). Newsgroups sind die schwarzen Bretter des → *Internets*. Eine Nachricht (z. B. eine Frage oder ein Diskussionsbeitrag), die ein Nutzer mittels → *E-Mail* an eine Newsgroup schickt, wird weltweit an eine bestimmte Gruppe von Computersystemen, die sog. Newsgroup-Server, verteilt. Über diese → *Server* erhalten zeitgleich Millionen von interessierten Nutzern die Möglichkeit, diese Nachricht zu lesen und ihrerseits darauf zu antworten. Die Newsgroups sind hierarchisch nach Themen geordnet, d. h., dass es zu einem bestimmten Hauptthema (z. B. Sport) eine ganze Reihe untergeordneter Themen (z. B. Fußball, Segeln, Tennis etc.) geben kann. Die Zahl der unterschiedlichen Themen, und damit der Newsgroups, geht inzwischen in die Zigtausende. Einige Newsgroups sind moderiert. Dort entscheidet ein Moderator, welche der eingehenden Beiträge veröffentlicht werden und welche nicht.

Newsletter. → *Mailing-List*, mit der ein Anbieter thematisch zentrierte Informationen an eingetragene Abonnenten weiterleitet.

News Server. Server, der öffentliche Nachrichten nach thematischen Gruppen sortiert und jedem zugänglich macht, der sich für eine Gruppe interessiert. Die Übertragung erfolgt durch Network News Transfer Protocol/NNTP.

Niederstwertprinzip (Bilanzierung). Ein aus dem → *Imparitätsprinzip* abgeleiteter → *Grundsatz ordnungsmäßiger Buchführung* für die Bewertung von Vermögensgegenständen bei zwei möglichen Wertansätzen. Abhängig von der Vermögensart wird in zwei Ausprägungsformen unterschieden:

a) Das handelsrechtliche gemilderte (gemäßigte) Niederstwertprinzip beim Anlagevermögen (§ 253 Abs. 2 HGB). Bei voraussichtlich dauernder Wertminderung muss (Pflicht) und bei nur voraussichtlich vorübergehender Wertminderung kann (Wahlrecht) der niedrigere Zeitwert angesetzt werden. Steuerrechtlich hingegen darf (Wahlrecht) nur bei voraussichtlich dauernder Wertminderung abbewertet werden, dies führt jedoch über das → *Maßgeblichkeitsprinzip* zu einer Pflicht. Beispiel: Ein Betriebsgrundstück wurde vor vier Jahren zu 400.000 € angeschafft. Es wurde im letzten Jahr ein Atomkraftwerk neben dem Grundstück errichtet mit der Folge, dass der aktuelle Zeitwert dauerhaft auf 100.000 € gesunken ist und damit eine außerplanmäßige Abschreibung von 300.000 € vorgenommen werden muss. In der → *Steuerbilanz* wird entsprechend in gleicher Höhe auf den → *Teilwert* (§ 6 Abs. 1 Nr. 1 EStG) abgeschrieben.
b) Das handelsrechtliche strenge Niederstwertprinzip beim Umlaufvermögen (§ 253 Abs. 3 HGB). Unabhängig von der Dauer der Wertminderung muss (Pflicht) immer der niedrigere Zeitwert genommen werden. Steuerrechtlich darf (Wahlrecht) allerdings nur bei voraussichtlich dauernder Wertminderung abbewertet werden. Bei voraussichtlich vorübergehender Wertminderung ist eine Abbewertung jedoch verboten. In der → *Handelsbilanz* muss demnach niedriger und in der Steuerbilanz höher bewertet werden. Damit kommt es zu einer Durchbrechung des Imparitäts- und auch des → *Maßgeblichkeitsprinzips*.

Nominalinvestition → *Finanzinvestition*.

Norm 9000:2000. Die Novellierung der Qualitätsnormenreihe gründet auf acht Managementprinzipien als Grundsätzen jedes Qualitätsmanagements: kundenorientierte Ausrichtung der Organisation, konsequente Führung in Bezug auf Qualität, frühzeitige und weit gehende Einbeziehung der Mitarbeiter, prozessorientierter Ansatz des Qualitätsmanagements, systemorientierte Managementprinzipien, kontinuierliche Verbesserung der Qualitätsstandards, rationaler Ansatz zur Entscheidungsfindung, Gestaltung der Lieferantenbeziehungen zum gegenseitigen Nutzen.

Die Norm enthält insofern eine explizite Kundenorientierung. Als Kunde wird dabei der Empfänger eines Produkts bezeichnet, dies kann ein Endverbraucher, Endabnehmer, Wiederverkäufer, Nutznießer oder Käufer sein. Es kann sich um eine Privatperson oder den Angehörigen einer

Organisation handeln. Ziele, die im Rahmen der Novellierung verfolgt werden, sind die gleichermaßen gute Eignung für große, mittlere und kleine Betriebe, die Begrenzung des Dokumentationsaufwands, die Vereinfachung der Sprache, um die Darstellung nutzerfreundlicher zu machen, sowie insbesondere die prozessorientierte Konzeption der Elemente der Normen 9001 bis 9003:1994. Dies erfordert eine prozessorientierte Überarbeitung bereits vorhandener Dokumente wie Qualitätsmanagementhandbuch, Arbeitsanweisungen, Verfahrensanweisungen.

Wesentliche Änderungen der Auslegung gegenüber der vordem geltenden Qualitätsnormenreihe von 1994 betreffen die Betonung der Managementaufgaben, den detaillierten Zielsetzungs- und -bewertungsprozess für alle relevanten Mitarbeiter und Ebenen im Unternehmen, die umfassende Bewertung des Qualitätsmanagementsystems, z.B. anhand von Kennzahlen, die Verpflichtung zum kontinuierlichen Verbesserungsprozess, die Messung und Bewertung von Prozessleistungen, die Betonung der Kundenorientierung, z.B. durch Abfrage von Kundenzufriedenheit, sowie die geregelte Kommunikation über Kundenforderungen, Prozesse, Leistung des Qualitätsmanagementsystems etc.

Norm 9001:2000. Nach der Novellierung der Qualitätsnormenreihe die einzige Darlegungsnorm als verlässlicher Nachweis der Qualitätsmanagementsysteme. Sie ist dazu in neun Abschnitte unterteilt:

Abschnitte der Norm 9001:2000

0 = Einleitung
1 = Anwendungsbereich
2 = Verweis auf andere Normen
3 = Begriffe
4 = Qualitätsmanagementsystem
5 = Verantwortung der Leitung
6 = Management der Ressourcen
7 = Prozessrealisierung
8 = Messung, Analyse und Verbesserung.

Für die Zertifizierung sind die Abschnitte 5–8 entscheidend. Eine Zuordnung der vormaligen Normelemente ist infolge der Prozess- statt der Strukturorientierung nunmehr nicht mehr überschneidungsfrei möglich.

- Die Phase Verantwortung der Leitung (Management Responsibility) umfasst die Orientierung an Kundenbedürfnissen und -forderungen, die Formulierung der Qualitätspolitik mit Qualitätszielen und -planungen, die Durchsetzung eines Qualitätsmanagementsystems und dessen Bewertung durch das Management.
- Die Phase Management der Ressourcen (Resource Management) umfasst die Bereitstellung sowohl personeller Ressourcen als auch informatorischer und infrastruktureller Ressourcen.
- Die Phase Prozessrealisierung (Process Management) umfasst die Modellierung kundenbezogener Prozesse, das Design und die Entwicklung kundengewünschter Produkte, eine qualitätsadäquate Beschaffung, die Modellierung der Produktions- und Dienstleistungsprozesse, die Gegensteuerung bei Abweichungen und einen Kundendienst auch nach Auftragserfüllung.
- Die Phase Messung, Analyse und Verbesserung (Measurement, Analysis, Improvement) umfasst die Prüfung und Bewertung von Produkten, die Analyse der daraus resultierenden Ergebnisse und Daten sowie stetige Qualitätsverbesserungen.

Norm 9004:2000. Leitfaden für das Qualitätsmanagement und Elemente eines Qualitätsmanagementsystems, für Produktionsbetriebe, Dienstleister, Software-Entwickler und verfahrenstechnische Betriebe. Sie betrachtet außerdem interessierte Parteien wie Kunden, Endabnehmer, Mitarbeiter des Unternehmens, Eigentümer und/oder Investoren, Lieferanten und Gesellschaft.

Normal. Allgemein Messgerät, Referenzmaterial, Maßverkörperung, um eine Einheit darzustellen, zu bewahren oder zu reproduzieren, um diese an andere Messgeräte, Referenzmaterialien, Maßverkörperungen durch Vergleich weiterzugeben.

Normstrategien. Aus strategischen Analyseinstrumenten (z.B. → *Marketingplanung*: Wettbewerbsvorteils-Marktattraktivitäts-Portfolio von McKinsey & Comp., Produkt-Markt-Matrix von Ansoff) abgeleitete Verhaltensrichtlinien für die längerfristige Planung.

Ist die Wettbewerbsposition stark und der Markt für das Unternehmen attraktiv, dann wird das Unternehmen die Marktführerschaft anstreben. Diese erreicht man i. d. R. durch Unternehmenswachstum, verbunden mit Investitionen.

Bei geringfügiger Marktattraktivität und/oder geringen Wettbewerbsvorteilen kann zuerst überlegt werden, so lange ohne nennenswerte Investitionen auf dem Markt zu bleiben, bis der Gewinn unzureichend wird (Abschöpfungsstrategie). Sind die Gewinnerwartungen inakzeptabel, dann empfiehlt sich der Rückzug aus dem Zielmarkt (Marktaustrittsstrategien/Desinvestitionsstrategien).

Die Selektionsstrategie ist bei differenzierten Marktsituationen anzuwenden.

Unter Berücksichtigung der Produkt-Markt-Konstellation wird die Strategie der Marktdurchdringung dann angewendet, wenn das Unternehmen auf dem bereits erschlossenen Zielmarkt den Absatz für ein Produkt weiter steigern will. Das kann durch Kundengewinnung von der Konkurrenz, Erschließung von bisherigen »Nichtanwendern« und Erweiterung der Anwendungsmöglichkeiten für einen größeren Anwenderkreis erfolgen.

Die Marktentwicklungsstrategie bedeutet die Erschließung eines neuen Zielmarktes mit im Unternehmen bereits auf anderen Märkten bewährten Produkten. Bietet ein Unternehmen ein für das Unternehmen neues bzw. neu entwickeltes Produkt (➜ *Innovationsstrategie*) auf einem bereits erschlossenen Zielmarkt an, handelt es sich um die Produktentwicklungsstrategie.

Neue Produkte auf einem für das Unternehmen neuen Markt anzubieten, wird als Diversifikation bezeichnet. Sie ist aus Gründen häufig mangelnder Erfahrung mit dem größten Unternehmensrisiko behaftet.

- Ein Unternehmen kann horizontale Diversifikation betreiben, indem es sein Produktprogramm erweitert (Angebot kompletter Büroausstattungen).
- Vertikale Diversifikation bedeutet das Hinzunehmen vor- und nachgelagerter Leistungen (Halbleiter und Computerproduktion mit Recycling).
- Von konzentrischer (auch: lateraler) Diversifikation spricht man, wenn kein Zusammenhang zum unternehmenstypischen Produktprogramm besteht (Hersteller von Autoreifen beschließt, Sekt zu produzieren). Einerseits liegt der Vorteil hier in der Risikostreuung zwischen unterschiedlichen Märkten, andererseits stellt mangelnde Markterfahrung ein erhöhtes Risiko dar.

Normung. Soll eine Normung erreicht werden, so sind die Veröffentlichung des Normvorhabens, die Erarbeitung eines Normenentwurfs durch Arbeitsausschüsse und die Veröffentlichung des Normentwurfs erforderlich. Wenn kein fristgerechter Einspruch erfolgt, wird die Norm als (in Deutschland) DIN-Norm oder (international) EN- bzw. ISO-Norm veröffentlicht. Erfolgt jedoch ein fristgerechter Einspruch, kommt es zur erneuten Beratung unter Beteiligung des/der Einsprechenden. Bei Ablehnung des Einspruchs wird sodann die Norm veröffentlicht, bei Zulassung des Einspruchs kommt es zu einem Schlichtungs- oder Schiedsverfahren. Normen können verschiedene Ausprägungen haben. Sind sie gesetzliche Pflicht, müssen Produkte ein entsprechendes Zulassungszeichen tragen; ist ihre Anwendung freiwillig, handelt es sich um ein Sicherheitszeichen. Die Einhaltung von Normen wird durch Konformitätszeichen angezeigt. Gütezeichen hingegen weisen nur auf die Einhaltung selbst gesetzter Qualitätsstandards hin.

Notebook. Tragbarer ➜ *PC*, der in seiner Leistungsstärke und Ausstattung den Tisch- und Standgeräten kaum nachsteht. Auf Grund ihrer äußerst kompakten Bauweise können für Notebooks kaum Standardbauteile aus dem PC-Bereich verwendet werden. Die Preise liegen daher deutlich über denen vergleichbarer Tisch- und Standgeräte.

Null-Fehler-Programm (Zero Defects Concept). Bedeutet fehlerfreie Produktion ohne Ausschuss und Nacharbeit, denn nicht die Produktion von Qualität verursacht vermeidbare Kosten, sondern die Behebung von Fehlern. Fehlervermeidung setzt daher bereits in der Entwicklungs- und Konstruktionsphase an. Dazu erforderlich sind etwa eine Lenkungsgruppe Qualität (die das Programm durchführt), die Messung der Qualität und der Qualitätskosten, die Schaffung eines umfassenden Verantwortungsgefühls in der Belegschaft für Qualität und die Ermutigung der Mitarbeiter zur Initiative, die Einleitung von Korrekturmaßnahmen, eine Null-Fehler-Planung, flankierende Maßnahmen wie Mitarbeiterschulung/-training, Dramatisierung der Qualitätsdenkweise (z. B. durch Events wie Tag der Qualität), konkrete Qualitätszielsetzungen, die konsequente Beseitigung von Fehlerursachen, die Sicherung geeigneter Kommunikationswege, die Nutzung des Wissens von Qualitätsexperten und die Anerkennung von Qualitätsleistungen.

Null-Kupon-Anleihe. Eine → *Anleihe*, die keine laufende Verzinsung vorsieht. Als Ausgleich für die entfallenden Zinsen und Zinseszinsen erhalten die Kapitalgeber einen deutlich über dem Ausgabekurs liegenden Rückzahlungsbetrag.

Nutzleistung. Werterhöhende Leistung, die geplant und wertverändernd (positiv) ist. Die Nutzleistung betrifft die Hauptzeiten von Vorkombination, Endkombination, Entwicklung, Beschaffung und Marketing. Im Einzelnen handelt es sich um Fertigungsprozesse, verfahrenstechnische Prozesse, Montageprozesse, Entwicklungsprozesse und Dienstleistungsprozesse.

Nutzwertanalyse. Rechenschema, das Entscheidungsfindung bei Zielsystemen mit mindestens zwei Zielen (»Mehrzielentscheidung«) durch Errechnung des gewichteten arithmetischen Mittels aus Punktbewertungen beansprucht. Nutzwertanalyse eignet sich für EDV-Unterstützung mit Tabellenkalkulationen wie EXCEL (Achtung: Scheingenauigkeit).

Beispiel:

Ein mittelständisches Unternehmen verfolgt als wichtigste Ziele:

- langfristigen Gewinn (z. B. anhand des Kriteriums → *Kapitalwert* einer Investition),
- Liquiditätssicherung,
- Unabhängigkeit von anderen Unternehmen.

Der Entscheidungsträger muss nun die Wichtigkeit der Kriterien subjektiv kenntlich machen, z. B. durch eine prozentuale Gewichtung (hier: Gewinn und Liquidität je 40%, Unabhängigkeit 20%). Danach ist für jede nach Grobauswahl infrage kommende Investitions-Alternative (was z. B. für das Unternehmen offensichtlich überdimensioniert wäre, fällt vorab raus!) eine Punktzahl je nach Erfüllung des Teilziels zu vergeben, aus diesen Punktzahlen mittels der Gewichtungen ein Durchschnitt (»Nutzwert«) zu bilden (hier mit Spielraum zwischen 0 und 10 Punkten, in der sich ergebenden Rangfolge geordnet):

	Gewinn:	Liquidität:	Unabhängigk.:
Alternative 1:	6 · 0,4	+ 7 · 0,4	+ 9 · 0, 2
	= 7,0 Punkte (von 10 möglichen)		
Alternative 2:	6 · 0,4	+ 7 · 0,4	+ 8 · 0, 2
	= 6,8 Punkte (von 10 möglichen)		
Alternative 3:	9 · 0,4	+ 5 · 0,4	+ 5 · 0, 2
	= 6,6 Punkte (von 10 möglichen)		
Alternative 4:	6 · 0,4	+ 5 · 0,4	+ 5 · 0, 2
	= 5,4 Punkte (von 10 möglichen)		

Als in der Literatur überwiegend empfohlener Stand der Technik würde hier Nutzwertanalyse die obige Rangfolge behaupten (wobei Verfeinerungen vorab Alternative 2 als »durch die Bank« schlechter gegenüber Alternative 1, d. h. von dieser »dominiert«, ausscheiden – eine wichtige Vereinfachung bei hoher Zahl von Alternativen!). Sofern die Punktwerte realistisch erscheinen, fällt Alternative 4 natürlich offensichtlich weg, da sie von allen anderen dominiert wird.

Liegen wie hier insbesondere die durch unterschiedliches Profil gekennzeichneten Möglichkeiten 1 und 3 fast gleich auf, so ist die Rationalität des Verfahrens anzuzweifeln, anders gesagt: der Manipulationsspielraum des Analysierenden gegenüber dem Entscheidungsträger enorm!

Bessere Möglichkeiten → *Restriktionsanalyse*; → *Entscheidungsanalyse*.

O

Objektorganisation. Organisationseinteilung nach dem Objektprinzip ab der zweiten Ebene (bzw. auf der zweiten Ebene, weil auf den weiteren Ebenen wieder andere Organisationsprinzipien angewandt werden können). Dies wird auch als Divisionalisierung (Geschäftsbereichsorganisation) bezeichnet. Meist werden die hergestellten oder verkauften Produkte zu Grunde gelegt (Produktdivisionalisierung) oder die bedienten Kunden/Kundengruppen (Kundendivisionalisierung) oder die bearbeiteten Regionen (Gebietsdivisionalisierung). Je nach Kompetenzen der Geschäftsbereichsleiter werden unterschieden:

a) Cost Center mit Entscheidungsbefugnis in Bezug auf das einzusetzende Kostenbudget,
b) Profit Center mit Entscheidungsbefugnis in Bezug auf erfolgswirksame Aktivitäten,
c) Investment Center mit Entscheidungsbefugnis in Bezug auf Ressourcenallokation.

Wesentliche Vorteile der Objektorganisation liegen in folgenden Aspekten: Anpassungs- und Reaktionsorientierung, kurze Entscheidungswege, volle Verantwortlichkeit der Manager für alle operativen, administrativen und politischen Entscheidungen, erfolgsorientiertes Karrieresystem, geeignet auch für heterogene Produktprogramme, Lern- und Innovationsprozesse stehen im Vordergrund, an die geschäftliche Entwicklung des Unternehmens flexibel anpassbar, Entlastung des Topmanagements durch Dezentralisation. Wesentliche Nachteile der Objektorganisation liegen in folgenden Aspekten: hoher Personalaufwand durch funktionale Mehrfacharbeit, komplexes System mit Wettbewerb untereinander, uneinheitliche Entscheidung, häufige Kommunikationserfordernis.

Objektsteuern. Im Unterschied zu → *Subjektsteuern* wird bei Objekt- oder Realsteuern keine Person, sondern ein Objekt – der Betrieb oder das Grundstück – besteuert. Typische Beispiele sind somit die Gewerbesteuer und die Grundsteuer. Die persönliche Leistungsfähigkeit des Steuerzahlers ist für die Höhe der Steuern ohne Bedeutung.

Obligation → *Anleihen*.

OCR. Optical Character Recognition; dt.: Optische Zeichenerkennung. Verfahren, nach dem Texte mithilfe eines Scanners (→ *Scanner*) in einen Computer eingelesen werden können. Moderne OCR-Software kann neben speziellen standardisierten OCR-Schriftarten auch Schreibmaschinenschrift und sogar leserliche Handschrift erkennen. OCR wurde zunächst vor allem von Finanzinstituten und Versandhäusern zum Einlesen von Überweisungsträgern, Bestellscheinen und anderen Belegen verwendet.

OEM. »Original Equipment Manufacturer« sind Unternehmen, welche die Produkte des Herstellers in ihre eigenen Produkte einbauen; für den Endkunden ist nicht ohne weiteres erkennbar, welche Komponenten ein OEM in seinen Produkten verwendet. Aus der Marketingsicht des Herstellers sind die OEMs wichtige, aber auch sehr schwierige Partner. Insbesondere dann, wenn die Abnehmer des Herstellers ausschließlich OEM's sind, hat der Hersteller wenig Aktionsparameter. Gerade in solch engen Marktstrukturen wie in der Automobilindustrie ist es außerordentlich gefährlich, nur von OEM's abhängig zu sein. Bei einer stärker segmentierten Kunden- und Marktstruktur ist ein OEM allerdings auch ein guter Absatzweg, um überschüssige Produktionsmengen ohne erheblichen Einfluss auf die übrigen Marktsegmente abzusetzen. In diesem Fall ist eine erhebliche Preisdifferenzierung möglich, aber auch nötig. Auch im OEM-Geschäft kann ein Hersteller neben dem vorherrschenden Push-Marketing ein Pull-Marketing betreiben; ein Beispiel dafür ist INTEL, die es geschafft haben, mit dem Slogan »intel inside« ein starkes Markenbewusstsein bei den Kunden der Computerhersteller zu etablieren.

Offene Handelsgesellschaft (oHG). Personenhandelsgesellschaft, deren Zweck auf den Betrieb eines Handelsgewerbes ausgerichtet ist. Es handelt sich um eine Sonderform der Personengesellschaft (→ *Gesellschaftsrecht*). Rechtsgrundlagen sind das Bürgerliche Gesetzbuch (BGB) und das Handelsgesetzbuch (HGB). Die oHG kann mit einvernehmlicher Geschäftsaufnahme durch die Gesellschafter auch schon vor der Eintragung in das → *Handelsregister* entstehen.

Für die oHG gilt das Prinzip der Selbstorganschaft. Die Geschäftsführungs- und Vertretungsbefugnisse werden von den Gesellschaftern ausgeübt. Es gilt das Prinzip der Einzelgeschäftsführung und Einzelvertretung. Jeder Gesellschafter ist allein zur Geschäftsführung und Vertretung der oHG berechtigt, wenn im Gesellschaftsvertrag nichts anderes vereinbart wurde.

Die oHG hat eine eingeschränkte Rechtsfähigkeit; sie kann z. B. unter ihrer Firma Verträge abschließen und Prozesse führen.

Der Unterschied zur → *Kommanditgesellschaft* (KG) liegt in den Haftungsverhältnissen der Gesellschafter. Die Gesellschafter der oHG haften unbeschränkt, persönlich und gesamtschuldnerisch für Gesellschaftsverbindlichkeiten. Dagegen ist in der KG die Haftung der Kommanditisten auf ihre Kommanditeinlage beschränkt, während die Kommanditeure unbeschränkt haften.

Der Finanzierungsspielraum der oHG bemisst sich nach der Höhe der Eigenkapitaleinlagen der Gesellschafter, kann aber durch die Möglichkeit, mehrere Gesellschafter aufzunehmen, erweitert werden. Eine große Zahl von Gesellschaftern kann allerdings auch die Leitung des Unternehmens erschweren, weil jeder von ihnen zur Geschäftsführung berechtigt und verpflichtet ist.
Literaturempfehlung: Steckler: Wirtschaftsrecht, 6. Auflage, Ludwigshafen 2003. Danne, H. / Keil, T.: Wirtschaftsprivatrecht II, Berlin 2001.

Offline. Bezeichnet den Zustand, wenn ein Computer nicht mit einem → *Computernetz* verbunden ist und dessen Dienste somit nicht nutzen kann (Ggs. → *Online*).

Öko-Audit. Systematische, dokumentierte, regelmäßige und objektive Bewertung der Leistung der Organisation, des Managements und der Abläufe zum Schutz der Umwelt. Es zielt auf die Erleichterung der Managementkontrolle von Verhaltensweisen ab, die Auswirkungen auf die Umwelt haben oder haben können, sowie auf die Beurteilung der Übereinstimmung tatsächlicher Verhaltensweisen mit der ökologiebezogenen Unternehmenspolitik. Reglementiert erfolgt das Öko-Audit auf Basis der EG-Öko-Audit-Verordnung. Dazu muss vor allem eine kontinuierliche Verbesserung im betrieblichen Umweltschutz nachgewiesen werden, sowohl in Bezug auf eine konkrete Verringerung der Umwelteinwirkungen als auch auf eine Verbesserung des Umweltmanagements. Insofern geht es um die Überprüfung der Wirksamkeit eines Umweltmanagementsystems.

Ökobilanz. Oberbegriff für die bilanzierende und beurteilende Betrachtung eines ökologisch relevanten Systems. Gegenstand sind vor allem Produkte, Produktionsprozesse und ganze Unternehmen. Dabei kann es sowohl um den Ausweis der absoluten Höhe der Umgebungseinwirkungen als auch um die vergleichende Betrachtung alternativer Vorgänge mit Einwirkung durch Produkte, Systeme, Verfahren oder Verhaltensweisen gehen. Ziel ist jeweils die Identifizierung von Schwachpunkten, die Verbesserung der Umwelteigenschaften der betreffenden Objekte und allgemein die Begründung von ökologisch basierten Handlungsempfehlungen. Hauptbestandteile der Ökobilanz sind die Zieldefinition, die Sachbilanz, die Wirkungsbilanz und die Bilanzbewertung.

Öko-Instrumente. Hoheitliche Umweltpolitik bedient sich im Einzelnen nicht fiskalischer Ansätze sowie öffentlicher Ausgaben und Einnahmen. Dazu einige wichtige Instrumente (Wicke), zunächst nicht fiskalische Instrumente:

a) Umweltauflagen wie Emissionsauflagen, Auflagen für Produktionsprozesse, Produktauflagen,
b) umweltplanerische Instrumente wie gesamtplanerische Instrumente, fachplanerische Instrumente, Umweltverträglichkeitsprüfungen,
c) umweltbedeutsame Änderungen der rechtlichen Rahmenbedingungen wie Umweltlizenzen, Privatisierung von umweltbedeutsamen Gütern, Schaffung exklusiver Verfügungsrechte an öffentlichen Umweltgütern, verbesserte Umweltkontrolle und -überwachung, Verschärfung der Umwelthaftung, sonstige umweltverbessernde Maßnahmen (z. B. Risikosteigerung für Umweltsünder), Einführung einer obligatorischen Umwelthaftpflichtversicherung,
d) umweltpolitische Kooperationslösungen wie Branchenabkommen, Verbandslösungen,
e) zwangsfreie umweltpolitische Instrumente wie Steigerung des freiwilligen umweltbewussten Handelns, Verhandlungslösungen,
f) Benutzervorteile, umweltplanerische Instrumente.

Umweltpolitik mithilfe öffentlicher Ausgaben erfolgt etwa über:

a) direkten öffentlichen Umweltschutz mit Gebühren- und Beitragsfinanzierung, z. B. für Entwässerung, Abwasserbeseitigung, Abfallbeseitigung, Wasserversorgung,
b) direkte öffentliche Umweltschutz-Steuerfinanzierung, z. B. Lärmschutzmaßnahmen, Grüngürtel, nachträgliche Gewässersanierung,
c) Finanzierung sonstiger umweltrelevanter Maßnahmen, z. B. Fernwärmeausbau, öffentlicher Personennahverkehr, umweltfreundlicher Verkehrswegebau, Betriebsverlagerung,
d) umweltbewusste staatliche Beschaffungspolitik (Vorreiterrolle des Staates),
e) Induzierung von Umwelt verbessernden privatwirtschaftlichen Aktivitäten durch Subven-

tionen, z. B. Zuschüsse, Zuwendungen, rückzahlbare Darlehen, Bürgschaften, Prämien, oder durch Steuervergünstigungen zur Förderung umweltfreundlicher Produktionsverfahren, Produkte und Einsatzstoffe sowie umweltrelevante Kompensationszahlungen,

f) umweltbedeutsame Forschungs- und Entwicklungsförderung,

g) Finanzierung des institutionellen Umweltschutzes durch Umweltadministration und Förderung umweltrelevanter Personen und Organisationen, z. B. als Umweltberatung, Umweltverbände.

Umweltpolitik mit öffentlichen Einnahmen kann etwa betrieben werden durch: Vergabe von Umweltlizenzen, Umweltabgaben als Umweltsteuern, z. B. Umweltfinanzierungssteuer, Umweltschutzsteuer, als Umweltgebühren und -beiträge, z. B. öffentliche Umwelteinrichtungen, kooperativer Umweltschutz, als reine Emissionsabgaben, z. B. Internalisierungsabgabe, Umweltqualitätsabgabe, als kombinierte abgabendominierte oder auflagendominierte Systeme, als Abgaben auf Produkte und/oder Rohstoffe.

Ökologisches Rechnungswesen. Dabei erfolgt eine Verbindung von Daten der Sachbilanz mit gesamtwirtschaftlichen Daten. Durch zweckmäßige Aggregation stofflicher Einzeldaten entstehen somit ökologische Kerninformationen.

Ökonomie. Sparsamer Umgang mit Ressourcen wie Arbeitskraft, Energie und Rohstoffen; von dieser ursprünglichen Wortbedeutung abweichend wird das Wort zunehmend gebraucht für Wissenschaft und Praxis betrieblichen und gesellschaftlichen Handelns im Interesse der → *Wirtschaftlichkeit*; → *Betriebswirtschaft*.

Ökosteuern. Sammelbegriff für Steuern, die zur Senkung des Energieverbrauchs und zur Verbesserung der Umwelt führen sollen. So bezeichnet man die Steuererhöhungen für den Energieverbrauch in den Jahren 1999 bis 2002 allgemein als Ökosteuern.

Online. Zustand, wenn ein Computer mit einem → *Computernetz* verbunden ist und dessen Dienste nutzen kann (Ggs. → *Offline*).

Online-Befragung. Fragebogen per E-Mail versenden (mit Einverständnis des zu Befragenden) oder ihn direkt auf einer Website (→ *Panel*) aufrufen und beantworten, ist eine Sonderform der schriftlichen Befragung. Der Vorteil liegt in der schnellen, kostengünstigen Befragung, der begrenzt möglichen Interaktivität und Minimierung der Datenerfassung. Die Zielgruppe ist weitestgehend bekannt.

Online-Dienste. Angebot elektronischer Informations- und Kommunikationsdienste im Internet. Es ist zwischen Telediensten zum Zweck der Individualkommunikation und zwischen Mediendiensten als Informationsangebot für die Allgemeinheit zu unterscheiden. Teledienste unterliegen dem → *Teledienstegesetz (TDG)*, Mediendienste dagegen dem → *Mediendienste-Staatsvertrag (MDStV)*. Die Homepage eines Unternehmens im Internet kann sowohl Angebote der Tele- als auch der Mediendienste einschließen, → *Internet-Recht*. Teledienste sind Angebote der Individualkommunikation, Mediendienste richten sich an die Allgemeinheit und weisen teilweise eine redaktionell-journalistische Gestaltung auf. Infolge der Interaktivität durch die unmittelbare Bestellmöglichkeit von Waren und Dienstleistungen aus Datenbanken sind Online-Shops regelmäßig als Teledienste anzusehen. Auch der Web-Auftritt eines Unternehmens mit der Präsentation des Dienstleistungsangebotes ist als Teledienst zu qualifizieren. Dagegen ist das Teleshopping im Rundfunk als Angebot an die Allgemeinheit ein Mediendienst.

Angebote der Teledienste

- Angebote im Bereich der Individualkommunikation (z. B. Telebanking, Datenaustausch),
- Angebote zur Information oder Kommunikation, soweit nicht die redaktionelle Gestaltung zur Meinungsbildung für die Allgemeinheit im Vordergrund steht (Datendienste, z. B. Verkehrs-, Wetter-, Umwelt- und Börsendaten, Verbreitung von Informationen über Waren- und Dienstleistungsangebote),
- Angebote zur Nutzung des Internets oder weiterer Netze,
- Angebote zur Nutzung von Telespielen,
- Angebote von Waren und Dienstleistungen in elektronisch abrufbaren Datenbanken mit interaktivem Zugriff und unmittelbarer Bestellmöglichkeit.

Für die Anbieter von Tele- und Mediendiensten mit Sitz in der EU gilt das Herkunftslandprinzip. Sie sind zulassungsfrei, unterliegen jedoch allgemeinen Informationspflichten sowie besonderen Informationspflichten bei kommerziellen Kommunikationen. Die Grundsätze der Verantwortlichkeit betreffen eigene Informationen ebenso wie auch Haftungsbeschränkungen bei der Durchleitung, Zwischenspeicherung und Speicherung fremder Informationen. Zudem gibt es für Teledienste Sonderbestimmungen für den Schutz personenbezogener Daten der Nutzer nach dem Teledienstedatenschutzgesetz (TDDSG). Anbieter von Mediendiensten haben weitere Pflichten, → *Medienrecht*.

Literaturempfehlung: Steckler: Urheber-, Medien- und Wettbewerbsrecht, Berlin und Düsseldorf 2003.

Online-Kommunikation. Kommunikation mit direkter Datenverbindung in Echtzeitverarbeitung, die über eine Stand- oder Wählleitung zwischen Computer und Zentralrechner den Zugriff auf elektronische Daten ermöglicht, z.B. für Teleshopping, Telebanking, Mitteilungstransfer, Zugriff auf → *Datenbanken*, Nachrichtendienste, Diskussionsforen etc. Bei professionellen Informationsanbietern wird eine zeitabhängige Nutzungsgebühr berechnet.

Online-Shop. (Virtueller) Laden im → *Internet*, genauer im → *World Wide Web*, in welchem ein Unternehmen Produkte und/oder Dienstleistungen anbietet. Der Kunde »betritt« den Online-Shop, indem er die Adresse der Homepage (→ *Website*) des Ladens mit seinem → *Browser* ansteuert.

Online-Shops bestehen aus einzelnen Informationsseiten (Webpages), auf denen das Sortiment ausgestellt ist. I.d.R. kann man nach Produkten suchen sowie Beschreibungen und/oder Abbildungen dieser Produkte abrufen. Die meisten Online-Shops bieten die Möglichkeit, die gewünschten Produkte sofort → *online* zu bestellen.

Die Auslieferung der Produkte erfolgt durch die Post oder einen Paketdienst. Bestimmte Produkte und Dienstleistungen, wie z.B. Software oder Vermittlungsdienstleistungen, können allerdings auch direkt über das Internet geliefert bzw. erbracht werden.

Für die Zahlungsabwicklung bieten viele Online-Shops mehrere Alternativen zur Auswahl (z.B. Kreditkarte, Rechnung, in Deutschland auch: Lastschrift und Nachnahme).

Elektronische Einkaufszentren, sog. Online-Shopping-Malls, entstehen, wenn sich mehrere Online-Shops unter einer gemeinsamen Internet-Adresse zusammentun. Aufwändige Shops oder Malls verwenden Elemente der → *virtuellen Realität*, um bei den Kunden ein gewisses Einkaufserlebnis zu erzeugen (→ *Electronic Commerce*).

Operation Blanche. Strategie von Aktionären, an einer Kapitalerhöhung durch Ausgabe neuer Aktien teilzunehmen, ohne zusätzliche liquide Mittel einzusetzen. Dabei werden so viele Bezugsrechte verkauft, dass der Verkaufserlös ausreicht, den Ausgabekurs für die verbleibenden Bezugsrechte zu finanzieren (→ *Beteiligungsfinanzierung*).

Opportunitätskosten. Gewinn (oder ein anderer Zielbeitrag), auf den man infolge einer bestimmten Entscheidung verzichten muss. Hat ein Investor z.B. die Möglichkeit, einen bestimmten Geldbetrag zinsbringend auf der Bank anzulegen, und entscheidet sich stattdessen dafür, von diesem Betrag eine Maschine zu kaufen, auf der er gut absetzbare Produkte herstellen kann, so entgehen ihm dadurch seine Zinsgewinne. Die entgangenen Zinsgewinne sind somit die Opportunitätskosten für seine Entscheidung, die Maschine zu kaufen.

Optimale Betriebsgröße. Durch möglichen Output (in Mengen- und Geldeinheiten), oft auch durch Inputfaktoren wie Zahl der Arbeitskräfte, definierte Betriebsgröße, die → *Gewinnmaximierung* erwarten lässt. Die optimale Betriebsgröße lässt sich theoretisch abschätzen und durch praktisches Probieren »fein einstellen«. Für Großbetriebe sprechen Effekte wie → *Kostendegression* und überhaupt die Fähigkeit, entsprechende Projekte etwa im Anlagenbau in kurzer Zeit zu bearbeiten. Für Kleinbetriebe sprechen Flexibilität und oft Verzicht auf teure »Wasserköpfe« in der Verwaltung.

Optimierung, lineare. Formale Systeme mit Zielfunktion, Zielerreichungsvorschriften und Restriktionen, → *Produktionsprogramm*, gewinnoptimales

Optimized Production Technology System (OPT-System). Fertigungssteuerungssystem, bei dem der gesamte → *Materialfluss* so eingestellt wird, dass die Engpassmaschinen immer zu 100 % ausgelastet sind; Erfinder: Eli Goldratt. Der Algorithmus wird immer zusammen mit der entsprechenden Software verkauft und ist nur in Grundzügen offen gelegt worden.

Option. Ein vertragliches Recht des Optionsinhabers, vom Optionsgeber, auch Stillhalter genannt, ein Basisobjekt zu einem vereinbarten Preis (Basispreis) zu kaufen (→ *Kaufoption*) oder dieses an ihn zu verkaufen (→ *Verkaufsoption*). Die Option ist ein einseitiges Wahlrecht, für das der Optionserwerber dem Optionsgeber eine Prämie bezahlt, die Optionsprämie. Die Höhe der Optionsprämie ist u. a. abhängig vom Basispreis, der Laufzeit, dem Preis des Basisobjekts zum Bewertungszeitpunkt sowie der Schwankungsintensität des Wertes des Basisobjekts, der Volatilität.

Optionsanleihe. → *Anleihe(n)* einer Aktiengesellschaft, die neben den Rechten auf Zinszahlung und Rückzahlung ein Optionsrecht auf den Bezug von Aktien der ausgebenden Gesellschaft verbrieft. Der Optionsteil der Anleihe, die Optionsscheine oder Warrants, können häufig als abgetrenntes Recht selbstständig gehandelt werden. Durch das zusätzliche Optionsrecht kann die laufende Verzinsung des Anleiheteils geringer angesetzt werden als bei einer vergleichbaren Anleihe ohne Optionsrecht.

Optionsprämie → *Option*.

Optische Speichermedien. → *Massenspeicher*, auf denen die → *Daten* nicht durch Magnetisierung wie bei Festplatten oder Disketten, sondern durch optische Verfahren (Laser) gespeichert und wieder gelesen werden. Verbreitete Formen:

1. CD-ROM (Compact Disc-Read Only Memory). Die Daten auf einer CD-ROM werden bei der Herstellung durch Einpressen mikroskopisch feiner Vertiefungen aufgebracht. Sie können von Computern mittels eines Abspielgeräts (CR-ROM-Player) zwar gelesen, aber nicht verändert werden. Eine CD-ROM hat einen Durchmesser von 10 cm und fasst ca. 600 Megabyte Daten.
2. CD-R (Compact Disc-Recordable). Die CD-R hat gleichen Durchmesser und gleiche Speicherkapazität wie die CD-ROM. Die Daten werden nicht bei der Herstellung, sondern durch den Anwender selbst mittels eines kombinierten Schreib-/Lesegeräts (CD-Brenner) aufgebracht. Die CD-R kann nur einmal beschrieben werden.
3. CD-RW (Compact Disc-Rewritable). Im Gegensatz zur CD-R kann die CD-RW nahezu beliebig oft beschrieben werden. Das hier zur Speicherung angewendete Verfahren erlaubt es, die Daten wieder zu löschen und den freien Speicherplatz erneut zu beschreiben. Die Speicherkapazität liegt ebenfalls bei ca. 600 Megabyte.
4. DVD (Digital Versatile Disc). Neueres optisches Speichermedium, das die Compact Disc (CD) als Speichermedium nahezu abgelöst hat. Die Speicherkapazität beträgt bei einer Standard-DVD etwa 4,7 Gigabyte, bei doppelt beschichteten Scheiben (dual layer) 8,5 Gigabyte und bei zweiseitig beschriebenen Scheiben dementsprechend bis zu 17 Gigabyte. Als Nur-Lese-Speicher hat sich die DVD mittlerweile im Videobereich und bei der Distribution umfangreicher Softwareprodukte durchgesetzt. Wie bei der Compact Disc existieren auch bei der DVD spezielle Formate für das einmalige (DVD-R, DVD+R) bzw. mehrfache Beschreiben (DVD-RW, DVD+RW, DVD-RAM) mittel eines Brenners.
5. HD-DVD (High Density DVD). Gilt ebenso wie die Blue-ray Disc als mögliches Nachfolgeformat der DVD. Beide arbeiten mit blauem Laserlicht, das eine deutlich höhere Aufzeichnungsdichte erlaubt. Die Speicherkapazität dieser Scheiben liegt bei mehr als 20 Gigabyte.

OPT-System → *Optimized Production Technology System*.

Organigramm. Zeigt bildhaft die → *Spezialisierung* der Organisationseinheiten nach Funktionen oder Objekten an, die Zusammenfassung von → *Stellen* zu → *Abteilungen*, Hauptabteilungen, Bereichen etc., die Rangordnung der verschiedenen Leitungsstellen und die Zuordnung von → *Stabsstellen* und institutionalisierten → *Gremien*.

Organisation. Siehe dazu Artikel auf S. 301.

Organisationaler Wandel. Umfasst alle geplanten, gesteuerten, organisierten und kontrollier-

Organisation und Organisationsentwicklung

Organisation

Der Begriff »Organisation« wird sowohl im Sprachgebrauch als auch in der Literatur unterschiedlich verwendet. Es ist zu differenzieren:

- Instrumental; die Ordnung, die – zumeist auf längere Zeit angelegt und generell verbindlich – einem Unternehmen (ebenso sonstigen sozialen Gebilden, auch im Non-Profit-Bereich), gegeben wird, um im Gegensatz zur Improvisation den einzelnen Stellen Zuständigkeiten, Kompetenzen und Verantwortung zuzuteilen und Abläufe zu regeln. »Die Unternehmung hat eine Organisation.«
- Institutional; hier wird unter Organisation verstanden das Unternehmen selbst, aber z. B. auch Behörden, Hochschulen, Verbände und sonstige Institutionen, also die arbeitsteilig gestalteten Handlungssysteme. »Das Unternehmen ist eine Organisation.«
- Funktional; im weitesten Sprachgebrauch im Sinne von »Man hat das Fest, sich Karten etc. organisiert« gebraucht (= die Handlung), umfasst dies insbesondere die Tätigkeit, durch die eine Organisationsstruktur gestaltet wird. »Das Unternehmen wird organisiert.«

Üblicherweise ist die Organisation gegliedert in Aufbau- und Ablauforganisation. Zunehmend wird die Organisation des Informationswesens als drittes selbstständiges Teilgebiet behandelt, dies sowohl wegen seiner Bedeutung als auch, weil es nicht allein einem der anderen Bereiche zuzuordnen ist.

In der → *Aufbauorganisation* geht es vorrangig um die Struktur eines Stellensystems, d. h. die Bildung von Stellen und die Gestaltung ihrer Beziehungen zueinander einschließlich der Verteilung von Kompetenzen, Zuständigkeiten und Verantwortungen.

Mit der → *Ablauforganisation* sollen die Aufgaben in einzelne Teilaufgaben gegliedert und zu sinnvollen Arbeitsprozessen strukturiert werden in Hinblick auf effiziente Zielerreichung.

Bei der Organisation des Informationswesens steht die Gestaltung des Informationsflusses und Informationsaustausches im Vordergrund, der neben den »materiellen« Arbeitsprozessen eine wachsende Eigenständigkeit erlangt hat. Auch wenn dabei häufig die Themen der Datenverarbeitung im Zentrum stehen, so geht die Aufgabenstellung deutlich darüber hinaus: Berichtswesen und Dokumentation, nicht computerunterstützte Kommunikation etc. sowie die Integration der Informationsverarbeitung mit den anderen Bereichen.

Anforderungen an die Organisation/Merkmale

Die Organisation soll dem Unternehmen Stabilität verleihen (→ *Konstitutionelle Entscheidungen*) und den Mitarbeitern Sicherheit für ihre Aktivitäten. Sie ist daher tendenziell auf Dauerhaftigkeit und Verlässlichkeit ausgerichtet – somit auf entsprechende Wiederholung vergleichbarer Vorgänge. Dem kann die Anforderung nach Flexibilität entgegenstehen, die aber nicht reine Improvisation sein sollte. So sind auch hierfür Anleitungen entwickelt worden. Sie werden teilweise als »sekundäre Organisationsformen" bezeichnet, dann oft im Zusammenhang mit der Aufbauorganisation – da diese aber ebenfalls die Ablaufprozesse und Informationsflüsse betreffen, erscheint es sinnvoller, in ihnen eine zusätzliche Säule zu sehen:

Unter einem Projekt versteht man beispielsweise das Bündeln von Tätigkeiten, die auf ein eindeutiges, in absehbarer Zeit zu erreichendes Ziel ausgerichtet sind; sie verlangen daher nach einer Organisationsstruktur, welche die Einmaligkeit betont und sich an der Lösung für den speziellen Fall (im Gegensatz zu wiederkehrenden Vorgängen) orientiert → *Projektorganisation*.

Ähnliches gilt für → *Zentralabteilungsorganisation*, → *Gremienorganisation* oder allgemeiner für eine → *Teamorganisation*, bei denen jedoch weniger die zeitliche Begrenzung im Vordergrund steht, als vielmehr ein Lösungsansatz über starre Organisationsgrenzen hinweg.

Organisationsgrundsätze

Hierbei handelt es sich nicht um Gesetzmäßigkeiten im naturwissenschaftlichen Sinne, sondern um Fragen der Zweckmäßigkeit. Der Katalog solcher Grundsätze wird unterschiedlich tief gegliedert:

- Substitutionsprinzip der Organisation; die zu organisierenden Tatbestände und Abläufe sollen möglichst zu gleichförmigen und sich wiederholenden Vorgängen geordnet werden, sodass für ihre Behandlung generelle Regeln aufgestellt werden können.

- Prinzip des organisatorischen Gleichgewichts; die Suche nach einem ausgewogenen Optimum zwischen grundsätzlicher Regelung und fallweiser Bearbeitung.
- Festlegung von Aufgaben, Kompetenzen und Verantwortung; diese sind eindeutig und in aufeinander abgestimmter Weise festzulegen.
- Delegation und einheitliche Willensbildung; trotz – oder wegen – der Aufgabenteilung sind die einzelnen Handlungen auf ein gemeinsames Ziel auszurichten.
- Prinzip der Beherrschbarkeit; Personen mit Leitungsbefugnis sollen nicht mehr Mitarbeiter unmittelbar unterstellt werden, als sie leiten, führen und kontrollieren können, → *Leitungsspanne*.
- Prinzip der Eindeutigkeit und Klarheit; einfache und übersichtliche Ausrichtung der Organisation auf das Betriebsziel hin.

Organisationsentwicklung

Strategien des geplanten und systematischen Wandels von und in Organisationen werden als Oraganisationsentwicklung (OE bzw. OD, Organisation Development) bezeichnet, wobei eine möglichst weit gehende Beteiligung der betroffenen Personen angestrebt wird (»Betroffene zu Beteiligten machen«). Die OE will die sich aus den unterschiedlichen Zielen ergebenden Konflikte durch eine ganzheitliche Sicht lösen, welche die Wechselwirkungen zwischen beteiligten Einzelpersonen, Gruppen, Organisation, technologische Veränderungen, Umfeld und Zeit ebenso berücksichtigt wie Machtkonstellationen, Kommunikationsverhalten, Wertsysteme etc. OE setzt weniger auf den »großen Wurf« als vielmehr auf einen Entwicklungsprozess, der zumeist Geduld erfordert.

Erste Projekte der OE werden auf 1957 datiert, als in den USA einerseits McGregor sich mit der Ordnung des Lerntransfers in Trainingsgruppen beschäftigte und andererseits etwa zur gleichen Zeit Blake und Shepard Programme entwickelten, die auf Befragung und Diagnose mit anschließender Auswertung in Gruppensitzungen basierten. Jedoch reichen die Wurzeln weit zurück, z. B. Lewin (Gruppendynamik), das Londoner Tavistock Institut of Human Relation (Theorien zu sozio-technischen Systemen) oder Impulsen aus der → *Personalwirtschaft*, wissenschaftliche Ansätze/Theorien, der.

Ansatzpunkte der Interventionen können sein: personen-, gruppen- und strukturbezogen (individuelle und soziale Verhalten sowie organisatorische Gestaltung) oder ganzheitliche Orientierung.

Der Prozess des organisatorischen Wandels kann in drei Phasen eingeteilt werden:

- Auftauen (Unfreezing), um festgefahrene Strukturen bewusst zu machen und gegebenenfalls aufzubrechen;
- Verändern (Changing), darauf aufbauend, gemeinsam Maßnahmen planen;
- Stabilisieren (Freezing), Umsetzen und Festigen der Ergebnisse.

Um die Entwicklung und das Lernen lebendig zu halten, sind die Schritte später erneut zu wiederholen.

Als Konzepte seien beispielhaft genannt:

a) Survey Feed-back, auch Daten-Rückkopplungs-Methode genannt (Survey = Datensammlung, mit standardisierten Fragebögen oder Interviews zu Organisation, → *Führungsstil*, Arbeitszufriedenheit oder –klima; Feed-back = Daten-Rückkopplung, Auswertung mit den Beteiligten; Entwicklung von Aktionsplänen),
b) GRID (→ *Führungsstil*),
c) Arbeitsstrukturierung (→ *Job Enlargement*, → *Job Enrichment*, → *Job Rotation*), Quality Circle (→ *Qualitätszirkel*).

ten Anstrengungen zur antizipativen und zielgerichteten Organisationsgestaltung mit dem Zweck der Effizienzsteigerung. Der organisationale Wandel wird durch externe Faktoren (wie Marktdruck, Wertewandel etc.) bedingt, aber auch durch interne Faktoren (wie Strategie, Management etc.). Es gibt allerdings vielfache Widerstände gegen organisationalen Wandel, neben rein rationalem Widerstand vor allem politische Widerstände und emotionale Widerstände. Meist wird dabei ein Drei-Phasen-Ansatz verfolgt:

1. Auftauen (Unfreezing) bestehender, verhärteter Organisationsstrukturen durch Verunsicherung, Induzierung von Schuldangst und Sicherheitsgefühl trotz Wandels,
2. Verändern (Moving) der Organisationsstruktur in die gewünschte Richtung. Diese kann dabei vom Management vorgegeben (Top down) oder durch die Organisationsteilnehmer selbst entwickelt werden (Bottom up). Denkbar ist auch die Veränderung von einer oder mehreren Innovationsgruppen ausgehend,
3. Wiedereinfrieren (Refreezing) der neuen, gewünschten Organisationsstruktur.

Nach der Intensität des organisationalen Wandels kann ein evolutionärer Wandel (kontinuierliche Verbesserung) oder ein revolutionärer Wandel angestrebt werden (Business reengineering). Kontinuierliche Verbesserung bedeutet, dass die Organisation in kleinen, sukzessiven, aufeinander aufbauenden Schritten planvoll von einem bestehenden (Ist-) Zustand in einen gewünschten (Soll-) Zustand überführt wird. Dabei wird darauf geachtet, dass alle Organisationsmitglieder das Tempo mithalten können. Allerdings kann es sein, dass diese stete Optimierung letztlich dauerhaft unterhalb des Niveaus bleibt, das durch eine fundamentale Veränderung erreichbar wäre.

Business reengineering hingegen verlangt das Tabula-rasa-Prinzip, d.h., es wird so getan, als wenn es die Organisation selbst nicht gäbe, wohl aber die Erfahrungen, die man mit dieser Organisation gesammelt hat. Ziel ist die Neugestaltung (Redesign) der Organisation in einer Form, wie man sie nach heutigem Wissensstand gestalten würde, und zwar ohne Rücksicht auf mehr oder minder zufällig bereits vorhandene Strukturen. Dann wird die neue Gestaltung in einem Quantensprung durchgesetzt, also in einem kurzen, schmerzvollen, radikalen Veränderungsprozess. Als Kompromiss sind beide Veränderungsprozesse gemeinsam erforderlich, das radikale Redesign, um auf eine grundsätzlich chancenreichere Ausgangsplattform zu gelangen, und die kontinuierliche Verbesserung, um diese Plattform weiter zu optimieren. Hilfreich sind Lenkungsausschüsse auf dem Weg des organisationalen Wandels sowie externe Change Agents (Transformationspromotoren).

Organisationales Lernen. Fähigkeit einer → *Organisation*, Fehler zu entdecken, zu korrigieren und die organisationale Werte- und Wissensbasis so zu verändern, dass neue Problemlösungs- und Handlungskompetenzen entstehen. Dabei wird unterstellt, dass Organisationen Organismen darstellen wie Lebewesen, die grundsätzlich lernfähig sind. Das Lernen kann sich auf drei Arten vollziehen:
1. Single Loop Learning bedeutet Anpassungslernen innerhalb eines vorgegebenen Rahmens.
2. Double Loop Learning bedeutet Veränderungslernen durch Überprüfung der Rahmenbedingungen.
3. Deutero Learning bedeutet das Lernen der Vorgehensweise zum Lernen (Prozesslernen). Organisationen lernen aus Erfahrung (Bestand der Organisation), aus Wissensvermittlung anderer Organisationen (Vorbildlernen), aus akquiriertem Wissen (z.B. Beschaffung neuer Mitarbeiter, Eingliederung neuer Unternehmensteile) und aus selbstreferenziellem, neuem Wissen.

Eine lernende Organisation ist eine solche, die fähig ist, Wissen zu generieren, zu sammeln und zu vermitteln, und die ihr Verhalten auf der Grundlage gewonnener Einsichten verändern kann.

Organisationsentwicklung. Siehe dazu Artikel auf S. 302.

Organisationsgruppe. Begrenzte Anzahl von Menschen, die über einen längeren Zeitraum hinweg in relativ häufiger, direkter Interaktion zueinander stehen, durch Rollendifferenzierung und gemeinsame Normen gekennzeichnet sind und durch ein Wir-Gefühl verbunden werden. Man unterscheidet Klein- und Großgruppen. Die Arbeitsgruppe ist eine formale Organisationseinheit, bei der mehrere Personen in Form der Gruppenarbeit eine gemeinsame Aufgabe bewältigen.

Organisationshandbuch. Gegliederte Zusammenfassung aller wesentlichen Organisationsregelungen eines Unternehmens. Es soll allen Mitarbeitern die organisatorischen Strukturen und Prozesse aufzeigen und daher in jeder Abteilung verfügbar sein. Die wesentlichen Inhalte sind die Darstellung
a) des Unternehmens mit seiner Geschichte, Entwicklung und aktuellen Zielen,

b) der → *Aufbauorganisation* durch Organigramm, Stellen- und Verantwortungsregelungen,
c) der → *Ablauforganisation* in Bezug auf Arbeits-, Berichts-, und Kommunikationsabläufe,
d) der übergreifenden Informationen wie Adressen, Gebäudegrundriss, Kontenplan etc.

Die praktische Umsetzung des Organisationshandbuchs erfolgt meist als Loseblattwerk, damit eine problemlose Aktualisierung möglich ist, großenteils sind die Inhalte auch bereits computergespeichert und per Intranet abrufbar.

Organisationskultur. Die Gesamtheit der im Laufe der Zeit in einer Organisation entstandenen und zu einem bestimmten Zeitpunkt wirksamen Wertvorstellungen, Verhaltensvorschriften und Einstellungen. Sie ist durch Vision, Leitbilder, Normen, Symbole und Helden gekennzeichnet. Eine Vision ist ein realistisches, glaubwürdiges und attraktives Zukunftsbild (Szenario), das in eine bestimmte Richtung weist, ohne Details exakt und verbindlich vorzugeben. Ein Leitbild ist die konkretisierte Vision in Form von Zielen, Werten und Aktivitäten einer Organisation. Eine Norm ist ein Verhaltensstandard, der zur Orientierung der Organisationsmitglieder in konkreten Situationen dient. Ein Symbol konkretisiert die zu wesentlichen Teilen unsichtbaren Visionen, Leitbilder und Normen und operationalisiert sie dadurch. Ein Held der Organisation ist eine Person, welche die Wertvorstellungen der Organisationskultur beispielhaft verkörpert. »Starke« Organisationskulturen sind ein enorm wichtiger Erfolgsfaktor unternehmerischer Tätigkeit, jedoch sind sie auf Grund ihrer Stärke auch nur mehr schwerlich Änderungen zugänglich, sodass die Anpassungsflexibilität an rapide Umfeldveränderungen leidet.

Organisationssystem. Ein System ist eine gegenüber der Umwelt abgegrenzte Gesamtheit von Elementen, die durch Beziehungen untereinander verknüpft sind. Die Elemente (Stellen/Personen) sind also Teil des Systems, sie sind miteinander mehr oder minder eng verbunden. Einige Elemente unterhalten Beziehungen auch zu externen Elementen (Umwelt wie Lieferanten, Kunden, Kapitalgeber etc.). Eng miteinander verbundene Elemente bilden Subsysteme (z.B. Abteilungen), die mit anderen Subsystemen innerhalb der Organisation Kontakt halten. Geschlossene Systeme verwehren außen Stehenden den Zutritt, offene Systeme gewähren ihn. Unternehmen als Spezialfall der Organisation sind zweckorientierte, offene, dynamische, soziotechnische Systeme, sie wandeln Inputs (Einsatzfaktoren) in Outputs um, wofür sie vom Markt honoriert werden, was ihre Lebensfähigkeit erhält.

Organisationsziel. Anzustrebender Zustand der Zukunft. Sachziele bilden den konkreten Gegenstandsbereich ab (z.B. Funktionsfähigkeit der Organisation), Formalziele sind Zwischenziele zur Erreichung dieser Sachziele (z.B. geringe Leitungsspanne). Formalziele werden meist als quantitativer Oberbegriff für Erfolgsziele und Finanzziele, also monetär, definiert.

Organschaft. Typisch für eine Organschaft ist ein bestehendes Über- und Unterordnungsverhältnis zwischen dem Organträger und der Organgesellschaft bzw. den Organgesellschaften. Organträger und Organgesellschaft bilden den Organkreis. Die Organschaft hat für die Körperschaftsteuer, für die Gewerbesteuer und für die Umsatzsteuer eine Bedeutung. Bei Vorliegen der Voraussetzungen wird der Organkreis wie eine Gesellschaft behandelt und entsprechend besteuert. Voraussetzung der körperschaftsteuerlichen Organschaft sind die finanzielle Eingliederung und ein Ergebnisabführungsvertrag. Dann ist das Einkommen der Organgesellschaft dem Organträger zuzurechnen. Vgl. § 14 Körperschaftsteuergesetz. Für die gewerbesteuerliche Organschaft sind neben der finanziellen auch die wirtschaftliche und organisatorische Eingliederung Voraussetzung. Ein Ergebnisabführungsvertrag ist nicht erforderlich. Bei Vorliegen der Voraussetzungen wird die Organgesellschaft als Betriebsstätte des Organträgers behandelt. Vgl. § 2 Abs. 2 Gewerbesteuergesetz. Auch für die umsatzsteuerliche Organschaft ist kein Ergebnisabführungsvertrag Voraussetzung. Laut § 2 Abs. 2 Nr. 2 Umsatzsteuergesetz liegt eine Organschaft vor, wenn eine juristische Person nach dem Gesamtbild der tatsächlichen Verhältnisse finanziell, wirtschaftlich und organisatorisch in das Unternehmen des Organträgers eingegliedert ist. Dann sind Umsätze, die von der Organgesellschaft an Dritte ausgeführt werden, dem Organträger zuzurechnen. Lieferungen und Leistungen innerhalb des Organkreises gelten als nicht steuerbare Innenumsätze.

Original Equipment Manufacturer → *OEM*.

Outlet. Einzelne Verkaufsniederlassung eines → *Händlers*.

Outplacement (»out« heißt draußen, »placement« Platzierung). Meint: jemanden außerhalb des Unternehmens platzieren. Stehen in einem Unternehmen Entlassungen an, kann den Betroffenen eine Beratung angeboten werden, die helfen soll, die Situation zu verarbeiten und wieder Arbeit zu finden.

Outsourcing. Organisatorische und rechtliche Ausgliederung einzelner Unternehmensfunktionen. Dahinter verbirgt sich die alte betriebswirtschaftliche Frage »make or buy?« mit dem Ziel, eine wirtschaftliche inner- und zwischenbetriebliche Arbeitsteilung zu schaffen oder Ressourcen zu schonen. Outsourcing wird realisiert durch Vergabe der betrieblichen Funktion an Externe, Gründung eines Tochterunternehmens, Kauf eines Unternehmens oder Gründung eines Unternehmens in Kooperation mit Partnern. Verbleibt die Funktion im Unternehmensverbund, werden die Leistungen i.d.R. auch Dritten angeboten. Die Motive für das Outsourcing sind sehr vielfältig. Dazu gehört die Kostensenkung und Leistungsverbesserung ebenso wie die Gewinnung neuer Märkte. Beispiele für das Outsourcing sind Reinigungsdienste, Wachdienste, Kantinen, Weiterbildungseinrichtungen, Rechenzentren, Projektführungsgesellschaften. Ggs → *Insourcing*.

Overlay-Struktur. Die verschiedenen Formen der → *Gebietszuweisung* im Vertrieb gehen davon aus, dass genau ein Außendienstmitarbeiter für einen Kunden zuständig ist. Dies ist in vielen Fällen aus fachlichen und sachlichen Gründen nicht möglich oder zweckmäßig. Eine Lösung ist eine »Overlay«-Struktur. Dabei wird für jeden Kunden ein Mitarbeiter eingesetzt, der als eindeutiger Primär-VB (»Vertriebsbeauftragter«) die Gesamtverantwortung für den Kunden (oder auch für mehrere Kunden) hat. Daneben treten für einzelne Produktsegmente Produkt- oder »Overlay«-VB, die bei einer größeren Gruppe von Kunden speziell für ihre Produkte verantwortlich sind.

P

Paarweiser Vergleich (Qualitätsmanagement). Element der statistischen Versuchsplanung. Hierbei wird versucht, die wesentlichen Störeinflüsse durch einen Vergleich von Gut- und Schlecht-Teilen einzugrenzen, indem jeweils eine gute und eine schlechte Einheit einer Leistung zufällig zu einem Paar zusammengestellt und hinsichtlich ihrer Abweichungen verglichen werden. Die Häufigkeitsanalyse von Unterschieden zwischen Gut- und Schlecht-Teilen führt zu wesentlichen Unterschieden, die Häufung von Unterschieden lässt Rückschlüsse auf Merkmale zu.

Packet Switching. Datenübertragung derart, dass eine zu versendende Datei in viele einzelne, kleine Datenpakete aufgeteilt wird, die unabhängig voneinander zum Empfänger geschickt und dort wieder in die richtige Reihenfolge gebracht werden, dies ist im Internet üblich.

Page. Einzelnes → *HTML-Dokument*, das Text, Bilder und andere Elemente enthalten kann. Die Seiten können statisch sein, aber auch wechselnde Elemente nach Usergruppen, Zeitraum oder Anklicken gestaffelt enthalten. Denkbar ist auch eine individuelle Seitenbestückung für bestimmte Nutzergruppen.

PageImpression. (früher PageView). Bezeichnet die Anzahl von Sichtkontakten mit einer potenziell werbeführenden → *Web-Seite* und dient damit als Messgröße für die Nutzung einzelner Seiten. Sind Werbeanteil und Inhalt (alles, außer Werbe- und Navigationselementen) im Web-Angebot getrennt, zählt jeder Sichtkontakt mit einer → *Content-Seite* als zusätzliche PageImpression für den zugehörigen Werbeanteil.

Palettenregal. Lagertyp zur Aufnahme von → *Paletten*.

Panel. Stellt als Sonderform der Primärforschung eine konstante Stichprobe ausgewählter, repräsentativer Auskunftspersonen dar, die über einen längeren Zeitraum hinweg regelmäßig über einen im Prinzip gleichen Gegenstand Auskunft geben. Die wichtigsten Panelarten sind:

- Verbraucherpanels (auch Haushaltspanels oder Individualpanels genannt, sie umfassen eine Stichprobe aus Haushalten oder Einzelpersonen);
- Handelspanels (Groß- und Einzelhandelspanels),
- Unternehmenspanels (Stichprobe aller/ ausgewählter Unternehmen oder einzelner Branchen, z.B. Kosmetikpanel) und
- Spezialpanels (z.B. lokale Testmarktpanels).
- Online-Panels ermöglichen über Internet schnell und kostengünstig Befragungen und begrenzt auch Tests mit beim Online-Panel anbietenden von Marktforschern registrierten Internet-Usern.

Methodische Probleme der Panels (Grenzen eines Panels) ergeben sich erstens bei einer großen Stichprobe (Panelgröße). So zeichnen sich bei Verbrauchsgüter- und Gebrauchsgüterpanels mit 5.000/10.000 Probanden Probleme mit der Aufrechterhaltung der Repräsentativität unter dem Stichwort der Panelsterblichkeit (Verlassen des Panels aus Gründen wie Umzug, Zeitmangel, Tod) ab. Ausfällen dieser Art wird mit einer Panelrotation (ausgefallene werden durch neue Teilnehmer ersetzt) begegnet. Zweitens, bei den Paneleffekten (Verhaltensänderungen werden durch wiederholte Befragungen induziert, z.B. »Overreporting«). Ein drittes Problem stellt der Grad der Marktabdeckung (Coverage) der Panels dar, denn Panelergebnisse können z.B. nicht alle Haushalte oder Handelsbetriebe repräsentieren, da die Teilnahmebereitschaft oft nicht einer repräsentativen Stichprobenstruktur entspricht.

PAP. Abk. für Password Authentication Protocol. Dies ist ein Authentifizierungsverfahren beim Internet-Zugang über das Übertragungsprotokoll → *PPP*. Das Password geht dabei unverschlüsselt über das Netz und kann daher womöglich ausspioniert werden (Ggs.: CHAP).

Parallelkommissionieren. Gleichzeitiges Kommissionieren mehrerer Personen für denselben Auftrag; dient der Beschleunigung.

Pareto-Analyse. Geht davon aus, dass ein großer Teil eines Problems (ca. 80 %) von nur wenigen wichtigen Ursachen (ca. 20 %) beeinflusst wird. Für die Lösung von Problemen ist es daher zweckmäßig, die verschiedenen möglichen Ursachen auf ihre Bedeutung hin zu untersuchen und die wichtigsten zuerst zu beseitigen. Um die wichtigen Ursachen zu ermitteln, werden auftretende Fehler nach Art und Häufigkeit in einem Formblatt erfasst, um dabei die jeweiligen Ursachen erkennen zu können.

Pareto-Diagramm. Element der → *Seven Tools* (Qualitätsmanagement). Fehler werden dazu nach ihrer Häufigkeit als ein Säulendiagramm gereiht, das Ursachen von Problemen in der Reihenfolge ihrer Bedeutung grafisch darstellt. Eine Kategorisierung führt zur ABC-Analyse. Nur wenige Fehlerarten (A) rufen den größten Teil aller Fehler hervor. Daher erfolgt eine Sortierung der Fehlerarten nach absteigender Fehleranzahl, eine Kumulierung der Fehlerzahlen und eine Ermittlung der Fehlerhäufigkeiten (erstes Drittel A für die am häufigsten auftretenden Fehlerarten, letztes Drittel C für die am seltensten auftretenden Fehlerarten, mittleres Drittel B). Erst wenn alle A-Fehler behoben sind, sollte sich der Anbieter den B-Fehlerarten zuwenden.

Parity Bit. Kontroll-Bit bei der Datenübertragung, das alle übertragenen Bits auf eine gerade oder ungerade Summe hin prüft.

Partitionierung. Aufteilung eines physischen Laufwerks in mehrere logische Laufwerke, mit denen getrennt auf Daten zugegriffen werden kann.

Partnerschaftsgesellschaft. Speziell auf die Bedürfnisse von Freiberuflern ausgerichtete Rechtsform, die im Partnerschaftsgesellschaftsgesetz (PartGG) von 1995 ihre gesetzliche Grundlage hat. Die Partnerschaftsgesellschaft zählt zu den → *Personengesellschaften*; insofern müssen ihre Mitglieder natürliche Personen sein, die freien Berufen angehören (z.B. Ärzte, Rechtsanwälte, Berater). Die Gründung der Gesellschaft erfolgt durch einen schriftlichen Vertrag; sofern dieser nichts Abweichendes vorsieht, ist jeder Partner einzeln zur Geschäftsführung und Vertretung der Gesellschaft befugt. Grundsätzlich haften alle Partner gesamtschuldnerisch für die Verbindlichkeiten der Gesellschaft; auch eine Beschränkung der Haftung auf einen bzw. einzelne Partner kann im Gesellschaftsvertrag vereinbart werden. Sie wird nicht im Handelsregister, sondern in einem gesonderten (bei einigen Amtsgerichten geführten) Partnerschaftsregister eingetragen.

Parts per Million → *Prozessfähigkeit*.

Passiva. Alle Posten auf der rechten Seite der Bilanz. Dazu gehören das Eigenkapital- und das Fremdkapitalkonto, z. B. in Form von → *Schulden*, → *Rückstellungen*, Verbindlichkeiten und passiven Rechnungsabgrenzungsposten (Gegensatz → *Aktiva*).

Passive Rechnungsabgrenzung → *Rechnungsabgrenzungsposten*.

Passivierungsgebote. Passivierungspflicht (Bilanzierung). Alle Verbindlichkeiten, Rückstellungen (§ 249 Abs. 1 HGB) für ungewisse Verbindlichkeiten (Prozessrisiken, Pensionsverpflichtungen gegenüber Arbeitnehmern u. Ä.), für unterlassene Instandhaltung (Nachholung nur innerhalb der ersten drei Monate des neuen Jahres), für unterlassene Abraumbeseitigung (Nachholung innerhalb von zwölf Monaten), für Gewährleistungen ohne rechtliche Verpflichtungen, für drohende Verluste aus → *schwebenden* Geschäften (steuerlich verboten), für nach § 274 Abs. 1 HGB latente Steuern (steuerlich verboten) und passive Rechnungsabgrenzungsposten (§ 250 Abs. 2 HGB) müssen passiviert werden.

Passivierungsverbote (Bilanzierung). Sonstige Rückstellungen, Eventualverbindlichkeiten (z. B. Bürgschaften, da keine konkrete Gefahr) und fiktive Schulden dürfen nicht passiviert werden.

Passivierungswahlrechte (Bilanzierung). Rückstellungen für unterlassene Instandhaltung (Nachholung in vier bis zwölf Monaten) nach § 249 Abs. 1 HGB, die sog. Aufwandsrückstellungen gemäß § 249 Abs. 2 HGB (z. B. für zukünftige Großreparaturen) und die Sonderposten mit Rücklageanteil (§ 247 Abs. 3 HGB) dürfen (können) passiviert werden. Steuerrechtlich besteht ein → *Passivierungsverbot* (→ *Maßgeblichkeitsprinzip*).

Passivkonten. Bindeglieder zwischen Eröffnungs- und Schlussbilanz bezogen auf die → *Passiva* der Bilanz (z. B. Darlehen, Verbindlichkeiten, Rückstellungen). Die Schlussbestände des vorherigen Wirtschaftsjahrs entsprechen dabei den Anfangsbeständen des nachfolgenden Wirtschaftsjahrs (Gegensatz → *Aktivkonten*).

Passivtausch. Ein (oder mehrere) Passivposten der Bilanz nimmt/nehmen zu, gleichzeitig nimmt/nehmen ein anderer (oder mehrere andere) Passivposten ab (z. B. kurzfristige → *Schulden* werden in langfristige prolongiert). Die Bilanzseite bleibt dabei unverändert (Gegensatz → *Aktivtausch*).

Password. Persönliches Kennwort, mit dem ein Nutzer sich identifizieren und authentifizieren kann. Zwischen Betreiber eines Rechners und Benutzer wird dazu ein Code vereinbart, der nur dem berechtigten Benutzer Zugriff auf den Rechner gewährt. Das Password kann eigengeneriert oder vom Systemverwalter zugewiesen werden. Es ist oft gestaffelt nach Hierarchie des Zugriffs auf Daten.

Patch. Ergänzung einer Software zur Behebung eines Fehlers oder zur Ausweitung von Funktionen. Er wird meist zum Herunterladen ins Netz gestellt.

Patentrecht. Spezialgebiet des → *gewerblichen Rechtsschutzes*. Ein Patent kann für Erfindungen und Verfahren erlangt werden. Diese müssen neu sein, auf einer erfinderischen Tätigkeit beruhen und gewerblich anwendbar sein. Die Eintragung in die Patentrolle erfolgt nach einem aufwändigen Prüfverfahren auf Neuheit und Erfindungshöhe. Das Patent verschafft dem Rechtsinhaber ein Ausschlussrecht. Er kann die Nutzung seines Erzeugnisses oder Verfahrens durch Vergabe von → *Lizenzverträgen* gestatten oder Schutzrechtsverletzungen untersagen. Die Schutzhöchstdauer beträgt 20 Jahre. Das Patent genießt durch weltweite Abkommen internationale Anerkennung. Das Anmelde- und Prüfverfahren kann auch bei dem Europäischen Patentamt erfolgen. Der Inhaber erhält den Patentschutz für die Länder des Europäischen Patentübereinkommens, die er benennt. Das Gemeinschaftspatent ist dagegen ein eigenständiges europäisches Patentrecht. International tätige Unternehmen nehmen die Patentanmeldung nach dem Patentzusammenarbeitsvertrag vor (Patent Cooperation Treaty = PCT). Nach einheitlicher PCT-Anmeldung werden die Bestimmungs-

länder benannt, in denen der Patentschutz begehrt wird.
Literaturempfehlung: Steckler: Grundzüge des Gewerblichen Rechtsschutzes, 2. Auflage, München 1996.

Paternosterlager. → *Lagertyp* mit senkrecht umlaufenden Schubladen; Einsatz in Apotheken und in größeren Varianten in Industrie- und Handelsunternehmen, wenn viele Kleinteile untergebracht werden müssen. Besonderer Aspekt: Diebstahlschutz, da ein geschlossenes System.

PC (Personal Computer). Rechner, der auf Grund seiner Hardware und → *Systemsoftware* für sich allein genommen, also unabhängig von anderen Computern, arbeitsfähig ist. Vor Einführung des PCs wurden in den Unternehmen (allein nicht arbeitsfähige) Arbeitsstationen (→ *Terminal*) an einen Großrechner (→ *Mainframe*) angeschlossen, der sämtliche Daten und Programme bereithielt. Im Unterschied zum gemeinsam genutzten »Multi-User-System« (→ *Mehrplatzsystem*) ist der PC ein »Single-User-System«, also ein Computer, an dem zu einem Zeitpunkt immer nur eine Person arbeiten kann. In der betrieblichen Praxis wird der PC immer weniger »stand alone« (isoliert), sondern zunehmend als → *Workstation* in → *Computernetzen* eingesetzt.

Mit dem Begriff »Notebook« (früher: Laptop) werden mobile Personal Computer bezeichnet, die sich bzgl. ihrer Leistungsmerkmale kaum noch von stationären Systemen (Desktop) unterscheiden. Begünstigt durch die Verfügbarkeit Strom sparender Komponenten (→ *Mikroprozessor*) und drahtloser Vernetzung (→ *WLAN*, → *Bluetooth*) erfreuen sich Notebook-PC wachsender Beliebtheit und werden nicht selten auch als Desktop-Ersatz für den Einsatz am Schreibtisch angeschafft.

PCMCIA. Abk. für Personal Computer Memory Card International Association, Bezeichnung für Schnittstellenstandard (Adapter in Scheckkartengröße), meist im Notebook-Computer-Bereich und für digitale Kameras. Es gibt Festspeicher-, Modem-, Sound- und Videokarten im PCMCIA-Format.

PDA (Personal Digital Assistant; dt.: persönlicher digitaler Assistent). Tragbarer Kleinstrechner zur Verwaltung und Abfrage von Termin- und Adressdaten, häufig auch als Organizer bezeichnet. Ein PDA ist kaum größer als ein herkömmlicher Taschenrechner. Einige Typen besitzen für die Dateneingabe eine kleine Tastatur, andere verfügen über ein mit Sensoren ausgestattetes Eingabefeld für handschriftliche Notizen (Touchscreen). PDA besitzen i.d.R. eine → *Schnittstelle*, um Termin- und Adressdaten von einem → *PC* zu übernehmen bzw. an diesen zu übergeben. Sie lassen sich häufig auch mit Mobiltelefonen verbinden, um → *E-Mails* zu versenden bzw. zu empfangen. Im englischsprachigen Raum ist neben PDA auch die Bezeichnung »Handheld Computer« gebräuchlich.

PDF (Portable Document Format). Dateiformat, mit dessen Hilfe Dokumente plattformübergreifend elektronisch publiziert werden können, wobei das Layout gegenüber der Ursprungsform immer unverändert bleibt. Wird über → *Plug-Ins* realisiert.

PDV → *Prozessdatenverarbeitung*.

Peer-to-Peer-Netzwerk. Jeder der am Netzwerk angeschlossenen Computer kann dabei sowohl als → *Server* wie auch als → *Client* fungieren.

Performancepolitik → *Shareholdervalue-Politik*.

Periodengerechte Abgrenzung. Im Rechnungswesen ist es notwendig, im → *Geschäftsjahr* genau den Erfolg auszuweisen, der diesem auch wirklich zurechenbar ist. Um dies zu erreichen, sind Abgrenzungen erforderlich:

a) Sonstige Forderungen bzw. sonstige Verbindlichkeiten erfassen Erträge bzw. Aufwendungen, die noch nicht gebucht wurden, aber zum Abschlussjahr gehören.
b) Aktive und passive → *Rechnungsabgrenzungsposten* erfassen Aufwendungen bzw. Erträge, die bereits gebucht wurden, obgleich sie tatsächlich einem Folgejahr zuzurechnen sind.
c) Rückstellungen werden gebildet für Beträge, die dem Grunde nach, nicht aber nach Höhe und Fälligkeit bereits im Abschlussjahr bekannt sind.

Permanente Inventur. Sofern die Bestände jederzeit aus Büchern oder Dateien entnommen werden können, ist eine permanente Inventur möglich (§ 241 Abs. 2 HGB). Dazu müssen Art und Menge der Bestände sowie deren Zu- und Abgänge laufend festgehalten werden. Es muss sichergestellt sein, dass im Verlauf eines Wirtschaftsjahrs alle Buchbestände (Soll-Bestände) einmal daraufhin überprüft werden, ob sie mit den tatsächlich vorhandenen Beständen (Ist-Bestände) übereinstimmen. Weicht der Ist-Bestand vom Soll-Bestand ab, muss Letzterer entsprechend berichtigt werden. Dadurch können die Inventurarbeiten über das ganze Jahr zeitlich verteilt werden. Eventuell können Bestände genau dann physisch aufgenommen werden, wenn ihr Vorrat am niedrigsten ist. Zudem können die Bestände leicht jederzeit aus den Büchern/Dateien entnommen werden (→ *Inventur*).

Personalarbeit. Da eine Vielzahl personalwirtschaftlicher Aufgaben nur im interdependenten Zusammenwirken mit den anderen Fachabteilungen in einem Unternehmen rational bewältigt werden kann, aber auch Aufgaben eine ausschließlich personalwirtschaftliche Kompetenz beinhalten, muss es eine Aufgabengliederung (Kompetenzverteilung) in der Personalarbeit geben. Diese sollte zur Vorbeugung von potenziellen Konflikten schriftlich festgelegt werden.

Als Aufgabengliederung sind zu unterscheiden:

- Grundsatz- bzw. Kernaufgaben,
- Richtlinienaufgaben und
- Konsultationsaufgaben.

Grundsatz- bzw. Kernaufgaben werden in Zielsetzung, Durchführung und Kontrolle autonom von der Personalwirtschaft erfüllt und verantwortet. Dazu gehören die Vertretung des Unternehmens in allen personalwirtschaftlichen Fragen gegenüber externen Stellen (Behörden wie der Arbeitsverwaltung, Arbeitsgerichten, Fürsorgestellen, → *Gewerkschaften*, → *Arbeitgeberverbänden* u.a.) sowie gegenüber den internen Interessenvertretungen der Arbeitnehmer (→ *Betriebsrat*, → *Wirtschaftsausschuss*), die Durchführung von Einigungsstellenverfahren, der Abschluss und die Festlegung der Inhalte von → *Arbeitsverträgen*, die Verwaltung der Personaldaten nach dem Datenschutzgesetz, die Meldung der Daten gegenüber dem Staat, insbesondere den Sozialversicherungsträgern, die Entgeltabrechnung und Sicherstellung der Auszahlung, die Einstufung bei Löhnen und Gehältern nach → *Tarifvertrag* oder individuellen Arbeitsvertragsbedingungen, die Zusammenstellung der operativen und strategischen → *Personalplanung* inkl. einer externen Arbeitsmarktbeobachtung und der Arbeitsmarktpolitik, die Erstellung der Personalcontrollingdaten und den daraus abgeleiteten personalwirtschaftlichen Kennziffern, die Personalanwerbung, die Verwaltung der Sozialeinrichtungen, Sozialberatung und Unternehmensfürsorge, Überwachung der Einhaltung von gesetzlichen und/oder unternehmensbezogenen und freiwillig festgelegten Arbeitsschutz- und Umweltbestimmungen inkl. des arbeitsmedizinischen Dienstes, die Überwachung der Arbeits- und Betriebsordnung sowie die Überwachung der Einhaltung von → *Betriebsvereinbarungen*.

Die im Rahmen der → *Personalpolitik* festgelegten Richtlinienaufgaben werden dagegen von der jeweiligen Fachabteilung durchgeführt bzw. umgesetzt. Um aber eine unternehmensweite Einheitlichkeit des Vorgehens sicherzustellen, muss die Personalwirtschaft hier die Kompetenz haben, die entsprechenden Richtlinien eigenverantwortlich für alle Fachabteilungen verbindlich zu erstellen und die Einhaltung zu kontrollieren. Hierzu gehören die Festlegung der Richtlinien für die → *Personalplanung*, insbesondere für die Ermittlung des Personalbedarfs, die Festlegung der Richtlinien für die Erst- und Weiterausbildung (Qualifikation → *Personalentwicklung*), die Richtlinien für die Ermittlung von Leistungsvorgaben, von Leistungsstandards sowie der Leistungserfassung, die Festlegung der Arbeitszeitgrundsätze, die Richtlinien über Mehrarbeit, die Ausarbeitung von Richtlinien für die Gewährung und Verwaltung von Sozialleistungen, die Erarbeitung der Richtlinien für Arbeits- und Umweltschutz, die Erarbeitung und Festlegung der Richtlinien für Werkswohnungen, Kantinen, Werkskindergärten.

Als dritte Aufgabengliederung sind unter Konsultationsaufgaben solche personalwirtschaftlichen Kompetenzen zu verstehen, die nur im kooperativen Zusammenwirken zwischen → *Personalwirtschaft* und der jeweiligen Fachabteilung sowie in Abstimmung mit den allgemeinen Unternehmenszielen bzw. mit der Geschäftsführung zu bewerkstelligen sind. Dabei impliziert die Konsultationspflicht eine Einigung bei Meinungsverschiedenheiten im Rahmen einer Konsenspflicht. Zu nennen sind hier die Erarbeitung von Grundsatzfragen der → *Personalpolitik* in Abstimmung mit der allgemeinen Unternehmenspolitik. Die Abstimmung der → *Personalplanung* mit der gesamten Unternehmensplanung, die Festlegung der Organisationsprinzipien für das → *betriebliche* Vorschlagswesen (BVW), die Personalauswahl bei Einstellungen vom → *externen* und internen Arbeitsmarkt, die Erarbeitung und Umsetzung sowie die Überwachung von Führungsgrundsätzen, die Festlegung der Arbeitsentgeltpolitik inkl. Erfolgsbeteiligungsmodellen (→ *Mitarbeiterbeteiligung*), die Durchführung der → *Arbeitsbewertung*, die Erarbeitung einer Arbeits- und Betriebsordnung, die Erarbeitung von Betriebsvereinbarungen, Maßnahmen der Arbeitsstrukturierung, die Erarbeitung von Arbeitsplatz- und Stellenbeschreibungen, die Festlegung von Aufgabenverteilungsplänen, die Festlegung der Nachwuchsförderung und die → *Personalentwicklung* sowie die Festlegung und Durchführung von personellen Disziplinarmaßnahmen.

Wichtig ist dabei die Erkenntnis, dass die Personalwirtschaft im Rahmen ihrer Tätigkeit keine direkt verwertbare (marktbezogene) betriebliche Leistung impliziert. Sie stellt vielmehr eine betrieblich interne Dienstleistung für das Unternehmen dar. Bei nicht direkt marktbezogenen Dienstleistungen ist der Erfolg/Misserfolg nicht unmittelbar, sondern allenfalls indirekt messbar. Ein aussagefähiges System der Erfolgsmessung und der Erfolgskontrolle muss hier letztlich unternehmensspezifisch anhand von Kennziffern (u.a. Aufwand Personalwirtschaft am gesamten Personalaufwand, Flexibilität bei der Personalbeschaffung und -freisetzung, Sicherstellung eines geforderten Qualifikationsstands beim Personal, Fluktuations- und Absentismusquoten) eingerichtet werden.

Zu beachten ist hierbei, dass die Aufwendungen für die Personalwirtschaft von den Kostenträgern (Produkten) eines Unternehmens getragen und im Markt über entsprechende Preise erlöst werden müssen. In neuerer Zeit werden im Hinblick auf eine ökonomische Effizienzsteigerung von Personalabteilungen neue Organisationsformen zumindest theoretisch diskutiert, aber auch bereits von einigen Großunternehmen in der Praxis erprobt. Dazu gehören unter dem Aspekt einer Dezentralisierung sowohl die Prüfung von Outsourcing-Möglichkeiten als auch die Einführung von Cost- und Profitcentern für die Personalwirtschaft.

Personalaufwand. Neben dem direkten → *Arbeitsentgelt* zählt man zum gesamten Personalaufwand auch alle indirekt verursachten Personalaufwendungen, die sog. → *Personalnebenkosten*. In der handelsrechtlichen Abgrenzung gemäß § 275 Abs. 2 Nr. 6 HGB wird der Personalaufwand aufgegliedert in

- Löhne und Gehälter,
- soziale Abgaben und
- Aufwendungen für Altersversorgung und für Unterstützung. Der Aufwand für Altersversorgung ist noch getrennt anzugeben.

Zu den Löhnen und Gehältern gehören natürlich auch die Lohnsteuer und die Arbeitnehmeranteile an der Sozialversicherung. Bei den sozialen Abgaben (Renten-, Kranken-, Arbeitslosen- und Pflegeversicherung) sowie bei den Beiträgen zur Berufsgenossenschaft (Unfallversicherung) ist zu beachten, dass auch Beiträge für die Insolvenzversicherung bei betrieblichen Versorgungszusagen hierher gehören. Als Unterstützungsbeträge kommen in Betracht: Zuschüsse zu Kur- und Krankenhausaufwendungen, Werksverpflegung u.a. Nicht zum handels- und steuerrechtlich definierten → *Personalaufwand* gehören dagegen alle nicht effektiven Aufwendungen, denen kein echter Geldmittelabfluss aus dem Unternehmen gegenübersteht. Hierzu zählen alle → *Opportunitätskosten* innerhalb des wertmäßigen → *Kostenbegriffs*.

Personalbeschaffung. Ist der quantitative und qualitative → *Nettopersonalbedarf* (→ *Personalplanung*) in Form einer Personalunterdeckung ermittelt, so löst dies eine Personalbeschaffung am → *externen* Arbeitsmarkt aus.

Als wesentliche externe Beschaffungswege sind zu nennen:

a) Arbeitsvermittlung: Hier kann sich das Unternehmen an die verschiedenen Institutionen der Bundesagentur für Arbeit wenden, welche die Aufgabe und das Recht der Arbeitsvermittlung besitzt. Neben der Bundesagentur für Arbeit dürfen seit 1994 auch private Arbeitsvermittler (Personalberater) nach einer hierfür durch die Bundesagentur für Arbeit erteilten Erlaubnis Arbeitskräfte und Unternehmen zusammenführen. Für diese private Vermittlung können die Arbeitsvermittler grundsätzlich nur vom Arbeitgeber Honorare bis zu maximal 15 % des monatlichen Arbeitsentgelts eines vermittelten Arbeitnehmers verlangen.

b) Stellenanzeige: Bei der Stellenanzeige liegt eine aktive Personalbeschaffung vor, wobei die Anzeige vom Unternehmen veranlasst wird. Sie kann aber auch von einem potenziellen Bewerber stammen. Außerdem sind sog. Selbstbewerbungen ohne ein konkret vorliegendes Unternehmensangebot zu beachten.

c) Personal-Leasing als sog. Arbeitnehmerüberlassung: Beim Personal-Leasing, das dem Arbeitnehmerüberlassungsgesetz (AÜG) unterliegt, beschafft sich ein Arbeitskräfte suchendes Unternehmen (Entleiher) von sog. Verleihfirmen (Leasing-Unternehmen) Personal auf Zeit. Der beschaffte Leiharbeitnehmer darf allerdings nur maximal zwölf hintereinander liegende Monate an denselben Entleiher verliehen werden. Ein i.d.R. unbefristeter Arbeitsvertrag mit Direktionsrecht kommt dabei nur zwischen dem Verleiher (Leasing-Unternehmen) und dem Leiharbeitnehmer zu Stande, während der Entleiher dem Leiharbeitnehmer gegenüber ein arbeitsbezogenes Weisungsrecht besitzt. Zwischen dem Verleiher und dem Entleiher entsteht ein Arbeitnehmerüberlassungsvertrag. Das Personal-Leasing bietet sich vor allem zur Abdeckung befristeter Personalspitzen und zur Kompensation von → *Absentismuszeiten* des Personals an. Insofern ist es gerade ein interessantes Instrument zur Abdeckung des personellen Reservebedarfs (→ *Personalplanung*).

Nach dem Eingang der Personalbewerbungen schließt sich ein Personalauswahlverfahren an, das einen Abgleich der Bewerbereignung mit den Anforderungen einer (vakanten) Stelle mithilfe von speziellen Auswahlinstrumenten vornimmt. Hierzu sind eine Reihe von verschiedenen Verfahren entwickelt worden. Zu einem vertieften Studium sei an dieser Stelle auf die einschlägige Literatur verwiesen. Insgesamt lässt sich das Personalauswahlverfahren in die Phasen einer Vorauswahl und eines Vorstellungsgesprächs (möglicherweise verbunden mit einem zusätzlichen Testverfahren) sowie einer Entscheidungsfindung zusammenfassen. Bei der Vorauswahl spielen die schriftlichen Bewerbungsunterlagen die entscheidende Rolle. Wichtig ist hierbei zur Beurteilung von Arbeitszeugnissen die Kenntnis über eine Formulierungsskala, wozu wiederum auf die einschlägige Fachliteratur verwiesen wird.

Die in die engere Wahl genommenen Bewerber werden zu einem → *Vorstellungsgespräch* eingeladen, das grundsätzlich in sieben Phasen unterteilt werden kann.

Phasen eines Vorstellungsgesprächs

- In Phase 1 erfolgt die Begrüßung des Bewerbers, Vorstellung des Gesprächspartners (oder auch der Gesprächspartner), Dank für die Bewerbung und das Kommen sowie die Versicherung von Vertraulichkeit der Bewerbung.
- In Phase 2 sollte die persönliche Situation des Bewerbers zur Sprache kommen (Familienstand, Wohnort, Interessen u.Ä.).
- In Phase 3 wird der schulische Werdegang (wenn vorhanden Hochschulabschluss) beleuchtet.
- In Phase 4 erfolgt eine ausführliche Erläuterung der bisherigen beruflichen Entwicklung des Bewerbers. Hier ist auf den erlernten Beruf, berufliche Veränderungen und auf die beruflichen Fähigkeiten einzugehen. Auch die Erwartungen an die weitere berufliche Entwicklung spielen dabei eine Rolle.

  Erlaubte und nicht erlaubte Fragen: In einem Vorstellungsgespräch sind nur die Fragen arbeitsrechtlich zulässig, die in einer konkreten Beziehung zu dem angestrebten Arbeitsverhältnis stehen. Dazu gehören Fragen nach dem schulischen und beruflichen Werdegang (Zeugnisse), aber auch Fragen nach den allgemeinen persönlichen Verhältnissen (Alter, Familienstand). Stellt der Arbeitgeber nach Einstellung des Bewerbers fest, dass diese Fragen falsch oder unvollständig beantwortet wurden, kann der Arbeitgeber fristlos kündigen und gegebenenfalls Schadensersatz beanspruchen. Arbeitsrechtlich unzulässige Fragen beziehen sich auf den rein persönlichen Bereich des Bewerbers. Hierzu zählen i.d.R. Fragen nach einer Schwangerschaft, gewerkschaftlicher, politischer und religiöser Zugehörigkeit. Eine unwahre oder unvollständige Beantwortung durch den Bewerber führt hier zu keinen nachteiligen arbeitsrechtlichen Folgen. Die häufig gestellten Fragen nach dem Gesundheitszustand und möglichen

Krankheiten eines Bewerbers sind ebenfalls nur dann erlaubt, soweit die Arbeitsfähigkeit des Bewerbers stark betroffen ist. Auch nach Vorstrafen darf nur dann gefragt werden, wenn diese die Eignung für den angestrebten Beruf infrage stellen (z.B. Unterschlagung bei Buchhaltern).

- In Phase 5 sollten dem Bewerber dann Informationen über das Unternehmen vermittelt werden. Dazu gehören allgemeine wirtschaftliche Unternehmensdaten, Daten zur Unternehmensorganisation, zur beschäftigenden Abteilung bzw. zum Arbeitsplatz mit einer ausführlichen Stellenbeschreibung bzw. den Leistungen, die man vom Bewerber auf der angebotenen Stelle erwartet.
- Phase 6 dient der Vorvertragsverhandlung. Hier werden Einzelheiten des Arbeitsvertrages (Entgelt, Arbeitszeit, Sozialleistungen u.Ä.) besprochen. Den Abschluss des Gesprächs bildet
- Phase 7: Hier sollten noch Hinweise auf das weitere Vorgehen (gegebenenfalls zweite Vorstellungsrunde) und den benötigten Zeitrahmen bezüglich einer Benachrichtigung über die Entscheidung erfolgen.

Abschließend ist wichtig, dass während des gesamten Gesprächs eine zwar verbindliche, aber auch eine angenehme Gesprächsatmosphäre gegeben ist. Die für die Personalbeschaffung Verantwortlichen (und eventuell ein hinzugezogener Berater) sollte(n) hierfür ausreichend Zeit ansetzen. Das Unternehmen gibt dabei seine »Visitenkarte« ab. Auch sollte das Unternehmen immer bedenken, dass die Verhandlungsbedingungen auf einer ökonomischen Ungleichheit der potenziellen Vertragspartner basieren. Der Arbeitnehmer ist finanziell regelmäßig dringender auf das Zustandekommen des Arbeitsvertrags angewiesen als der Unternehmer mit seinem laufenden Geschäftsbetrieb und daher in einer schwächeren Position, zumal das Unternehmen außerdem eine i.d.R. größere Auswahl unter mehreren Arbeitnehmer-Konkurrenten hat.

Ist die Auswahl des Personals letztlich erfolgt, d.h. die Entscheidung für einen bestimmten Mitarbeiter getroffen, bedarf es vor dem Abschluss eines Arbeitsvertrags noch der Zustimmung des → *Betriebsrats*. Der Betriebsrat hat bei personellen Einzelmaßnahmen gemäß § 99 Betriebsverfassungsgesetz (BetrVG) ein Mitbestimmungsrecht. Er kann die Einstellung unter bestimmten Gründen, die im § 99 Abs. 2 BetrVG geregelt sind, verweigern.

Personalbeurteilung. Soll Aussagen darüber machen, ob und inwieweit ein gegenwärtiger oder zukünftiger Mitarbeiter hinsichtlich seiner Eignung und Leistung den Anforderungen und Erwartungen, die ein Unternehmen an ihn stellt, entspricht. Hierzu stehen eine Reihe von Testverfahren als Hilfsmittel zur Verfügung. Psychologische Testverfahren, das Interview, das grafologische Gutachten, der biografische Fragebogen sowie das → *Assessment Center*.

Personalcontrolling. Die besondere Schwierigkeit beim Personalcontrolling liegt in einer auf personalwirtschaftliche Sachverhalte bezogenen häufig fehlenden quantitativen Messmethode. Außerdem sind für eine Vielzahl von beobachtbaren Größen im Personalbereich keine kausalen Beziehungen ausfindig zu machen. Dies gilt insbesondere im Hinblick auf monokausale Zusammenhänge.

Zum Aufbau eines Personalcontrollings sollten die folgenden Schritte realisiert werden.

1. Ziele setzen. Die Ziele müssen operational, realistisch und quantifizierbar sein. Bei der Festlegung der Zielinhalte muss entschieden werden, welche Ziele mit welchen Zielgrößen (Kennziffern) erreicht werden sollen. Daneben ist eine Festlegung des Zeitpunkts bzw. Zeitraums für die Zielinhalte notwendig. Ganz wichtig ist hier auch der Personenbezug. Welche Personen in welchen Bereichen, Abteilungen, Stellen sollen einem Personalcontrolling unterzogen werden.
2. Bestimmung der Planwerte, i.d.R. in Abstimmung mit der Fachabteilung sowie den Mitarbeitern.
3. Ermittlung der Ist-Situation. Um die Ist-Situation der einzelnen Elemente des Personalwesens nachvollziehbar erfassen zu können, muss eine Festlegung der Messbereiche erfolgen, der relevanten Mess- und Kenngrößen sowie eine Festlegung der Messpunkte und -verfahren.
4. Abweichungsanalyse, als Vergleich von Plan- und Ist-Werten inkl. einer Ursachenanalyse und Beschreibung.
5. Zukunftsgerichtete Maßnahmenplanung mit Zielvereinbarung, Festlegung der Verantwortlichen und der Termine. Die Maßnahmen müssen dabei auf der Ursachenanalyse aus dem vierten Schritt aufbauen.

Personaleinsatz. Der Organisation des Personaleinsatzes obliegt die Aufgabe, das Personal in der erforderlichen Quantität und Qualität zu dem für die Erstellung der betrieblichen Leistung notwendigen Zeitpunkt und an dem jeweiligen Einsatzort verfügbar zu machen.

Beim Personaleinsatz muss grundsätzlich ein hoher Grad an Arbeitsstrukturierung bedacht werden. Menschliche Arbeit wird dazu seit langem zur Steigerung der Produktivität und des Gewinns der Unternehmen vertikal geteilt und spezialisiert. Dies hat den Menschen von den von ihm geschaffenen Produkten, aber auch von den Arbeitsinhalten weitgehend entfremdet. Eine intrinsische Arbeitsmotivation, die für Unternehmensgründer und Manager eine Selbstverständlichkeit und Voraussetzung für ihren Erfolg darstellt, wird daher für die Masse der abhängig Beschäftigten immer wesensfremd sein und ihr vorenthalten bleiben. Durch die Arbeitsentfremdung sinkt aber die Arbeitszufriedenheit und damit die Motivation. Hierdurch verschlechtert sich wiederum die Produktivität, die eigentlich gesteigert werden sollte. Dieser Tatbestand zeigt gleichzeitig mit zunehmender Entfremdung des Menschen von der Arbeit immer mehr die immanenten Grenzen des Arbeitssystems auf, sodass in jüngerer Zeit neue Arbeitsformen im Sinne einer menschengerechteren Gestaltung der Arbeit erdacht worden sind.

Dazu gehören beispielsweise das → *Job Enlargement* (Arbeitserweiterung), → *Job Enrichment* (Arbeitsbereicherung für den Einzelnen oder in Form teilautonomer Arbeitsgruppen) sowie → *Job Rotation* (Arbeitsplatzwechsel). Zu einer Akzeptanz kommt es aber immer nur dann, wenn für alle Mitarbeiter der gesamte Unternehmensprozess durch eine offene Informations- und Kommunikationspolitik transparent gemacht wird.

Alle Arbeitsaufgaben sind durch Prozessaktivitäten in Form von Input-Output-Beziehungen sowohl horizontal als auch vertikal offen zu legen. Hierbei gilt uneingeschränkt, dass der Mensch nicht nur seine Arbeitskraft in diesen Arbeitsprozess einbringen will, sondern seine gesamte Person. »Eine Reduzierung des Menschen auf die Funktion des Aufgaben- oder Rollenträgers stellt die ökonomisch-technische Dimension einseitig in den Vordergrund und übersieht diesen sozialen und personellen Aspekt«. Zweitens muss ein »Konzept des Handlungsspielraums« bezogen auf den Tätigkeitsspielraum (Aufgabenstruktur), den Entscheidungsspielraum (Einflusspartizipationsstruktur) und den Interaktionsspielraum (sozial isoliert oder teamartige Arbeitskooperation) der Mitarbeiter entwickelt werden. Der Handlungsspielraum ist dabei letztlich eine Resultante aus der jeweiligen Ausprägung der Aufgabenstruktur (stark strukturierte, restriktive oder schwach strukturierte, offene Aufgabenstellung), der Einflussstruktur (fremdbestimmt oder autonom) und der Interaktionsstruktur.

In diesen gesamten Prozess eingebettet ist die Frage der Arbeitszeit, die eine wichtige Säule des Personaleinsatzes innerhalb einer Arbeitsorganisation bildet. Die Arbeitszeitfrage ist neben dem Lohn immer auch eine Verteilungsfrage zwischen Kapital und Arbeit (wer erhält wie viel vom Produktivitätswachstum?) und sie geht einher mit einer Beeinflussung der Produktivitätssteigerung sowie einer Erhöhung des wirtschaftlichen Wachstums. Dabei sind sowohl die Interessen des Unternehmens nach einer möglichst hohen Flexibilisierung und Anpassung der Arbeitszeit an die Auftragslage (»atmende Fabrik«) als auch technische Bedingungen (hohe Maschinenlaufzeiten) zu beachten, als auch die sich immer mehr verändernden Arbeitszeitpräferenzen der Mitarbeiter im Hinblick auf Freizeit- und Berufsverhalten (Frauenerwerbstätigkeit, gleitender Ein- oder Ausstieg ins Erwerbsleben, Freistellungen für Weiterbildung u.a.) und auf weitere Arbeitszeitverkürzungen. Um diese nicht immer kompatiblen Interessenlagen auszugleichen, sollten möglichst solche Arbeitszeitmodelle gewählt werden, die beide Interessenlagen miteinander versöhnen. Dies wird sich zwischen den beiden Extrempolen von völlig starren Arbeitszeiten (Dauer und Lage wird fest fixiert) und kapazitätsorientierten variablen Arbeitszeitformen (→ *KAPOVAZ*), hierbei erfolgt eine Arbeitsbewältigung auf Abruf, bewegen. Welches Arbeitszeitmodell dabei für ein Unternehmen am besten geeignet ist, sollte zwischen Inhaber und seinen Mitarbeitern in partizipativer Form gelöst werden. Ist ein → *Betriebsrat* gegeben, so sind bei der Festlegung der Arbeitszeiten außerdem die Mitbestimmungsrechte aus dem → *Betriebsverfassungsgesetz*, § 87 Abs. 1 Nr. 2 und 3 (BetrVG), zu beachten.

Losgelöst davon auf jeden Fall das seit dem 1. Januar 1994 gültige Arbeitszeitrechtsgesetz

(ArbZRG). Demnach darf die werktägliche Arbeitszeit der Mitarbeiter acht Stunden nicht überschreiten. Sie kann bis zu zehn Stunden nur verlängert werden, wenn innerhalb von sechs Kalendermonaten oder innerhalb von 24 Wochen im Durchschnitt acht Stunden werktäglich nicht überschritten werden (§ 3 ArbZRG). § 4 ArbZRG regelt die Ruhepausen und § 5 ArbZRG die Ruhezeit und Nachtarbeit sowie die Sonn-/Feiertagsarbeit. In Tarifverträgen bzw. Betriebsvereinbarungen können teilweise abweichende Regelungen getroffen werden (§§ 7, 12 ArbZRG).

Personalentwicklung. Alle Maßnahmen, die dazu dienen, die berufliche Qualifikation der Mitarbeiter auf dem erforderlichen Leistungsstand zu halten und sie zur Erbringung anspruchsvollerer Aufgaben oder zur Wahrnehmung zusätzlicher Aufgabenbereiche zu qualifizieren oder ihre Qualifikation den durch die technischen, wirtschaftlichen und organisatorischen Entwicklungen hervorgerufenen Veränderungen der Anforderungen anzupassen. Die Personalentwicklung greift demnach dort ein, wo die Beschäftigten nicht über die notwendigen Qualifikationen verfügen. Zur Personalentwicklung kann neben der weiterbildenden Qualifikation aber auch die Erstausbildung im Rahmen der → *dualen* Berufsausbildung gezählt werden.

Die einzelnen Maßnahmen der Personalentwicklung lassen sich ganzheitlich (holistisch) als Qualifizierungsmaßnahmen wie folgt kategorisieren:

a) Berufsvorbereitend: Dazu gehören entweder eine Hochschulausbildung oder die duale Berufsausbildung, das Anlernen von Tätigkeiten, die Trainee-Ausbildung und das Praktikum.
b) Berufsverändernd: Dazu gehören die Umschulung und die Rehabilitation.
c) Berufsbegleitend: Dazu gehören die Vermittlung von Anpassungsqualifikationen, die Vermittlung von Aufstiegsqualifikationen, das Coaching und die Vermittlung von Ergänzungsqualifikationen.

Zunächst ist der Qualifizierungsbedarf sowohl aus Sicht des Unternehmens als auch aus Sicht der Beschäftigten zu ermitteln. Dies sollte immer unter Beteiligung (Partizipation) des → *Betriebsrats* nach dem Konsensprinzip geschehen. Nur so entstehen letztlich die für jede Qualifikationsmaßnahme notwendigen Motivationen. Auch können dadurch nicht selten auftretende Ängste bei den Beteiligten abgebaut werden. Hinzu kommt, dass jede Qualifikationsmaßnahme die qualitative → *Personalplanung* tangiert, wobei der Betriebsrat gemäß § 92 BetrVG Mitbestimmungsrechte besitzt.

Ist der Personalentwicklungsbedarf festgestellt, so muss ein Personalentwicklungsplan erstellt werden. Dieser umfasst die Ziele der Personalentwicklung, den Teilnehmerkreis, die Inhalte, die Maßnahmen der Qualifikation, die Terminierung und die Finanzierung. Danach werden kollektive, individuelle und Standard-Personalentwicklungspläne entworfen. Bei den kollektiven Plänen handelt es sich um generelle wie auch um spezielle, auf einen bestimmten Zweck bezogene, Entwicklungsziele des Unternehmens, während es sich bei den individuellen Plänen um eine Personalentwicklungsplanung bezogen auf den einzelnen Mitarbeiter handelt. Wenn einige Beschäftigte ähnliche Voraussetzungen und Interessen haben und für ähnliche Maßnahmen vorgesehen sind, ist es rationeller, statt jeweils individueller Pläne sog. Standardpersonalentwicklungspläne auszuarbeiten.

Bei der Umsetzung der Personalentwicklung muss dann entschieden werden, ob diese durch externe Weiterbildungsinstitute oder einzelne Teamer/Berater oder mit »Bordmitteln«, d. h. mit eigenem Personal, geleistet werden soll. Auch über die Methoden der Qualifizierung muss entschieden werden. Hier stehen zur Disposition: die Einzel- oder Gruppenbildung, Training on the Job (Qualifizierung am Arbeitsplatz) oder Training off the Job (Qualifizierung außerhalb des Arbeitsplatzes).

Abschließend sollte dann noch eine Kontrolle der Personalentwicklungsmaßnahmen durchgeführt werden. Dazu gehört auf jeden Fall eine Kostenkontrolle. Hierbei werden sämtliche Kosten einer Qualifizierungsmaßnahme ermittelt. Im Einzelnen sind dies das Arbeitsentgelt für die ausgefallene Arbeitszeit (gegebenenfalls ein Arbeitsentgelt für Ersatzarbeitskräfte oder von anderen Mitarbeitern geleistete Mehrarbeit), Kosten für An- und Abreise, Räume, Verpflegung, Unterkunft, Arbeitsunterlagen u. Ä., Honorare für externe Referenten oder Teilnahmegebühren für externe Veranstaltungen (bei eigenen Referenten die Arbeitsausfallzeit) sowie die Kosten der Personalabteilung und der jeweils betroffenen Fachabteilung für die Ermittlung des Personalentwicklungsbedarfs als auch die Kosten für die Planung und die Umsetzung der Qualifizierungsmaßnahmen. Die so ermittelten Personalentwicklungskosten werden dann verursachungsgerecht den einzelnen Kostenstellen zugerechnet. Bei exakt messbarem Wissen (Faktenwissen) oder sich in konkreten Handlungen niederschlagenden Fähigkeiten (wie z.B. Schreibgeschwindigkeit, Sicherheit einer Maschinenbedienung) ist auch gemäß der folgenden Formel eine sog. Erfolgskontrolle möglich:

$$\text{Erfolg (E)} = \frac{W(K)n - W(K)v}{W(K)max. - W(K)v}$$

E = Kennziffer für Erfolg
W(K)n = Wissen (Fähigkeit und Können) nach der Durchführung der Maßnahmen
W(K)v = Wissen (Fähigkeit und Können) vor der Durchführung der Maßnahmen
W(K)max. = maximal erreichbares Wissen (Fähigkeit und Können)

Personalerhaltung. Alle präventiven und korrektiven Maßnahmen, die darauf gerichtet sind, die einem Unternehmen zur Verfügung stehende personelle Kapazität auch langfristig in ihrer Leistung zu sichern. Personalerhalt berührt die Bestimmungsfaktoren der → *Arbeitsleistung*. Durch Maßnahmen zum Personalerhalt soll die Leistungsfähigkeit und die Leistungsbereitschaft des Menschen erhalten oder wiederhergestellt werden. Bei der Leistungsfähigkeit werden die geistige und die körperliche unterschieden.

Die geistige Leistungsfähigkeit wird durch → *Personalentwicklung* beeinflusst. Bei der körperlichen Leistungsfähigkeit soll durch Pausenregelung und Erholungsgestaltung sowie durch einen vorbeugenden Arbeits- und Umweltschutz im Unternehmen gehandelt werden. Wichtig ist hier die Prävention im Bereich der Berufskrankheiten.

Die zweite wesentliche Größe der Personalerhaltung ist die Leistungsbereitschaft. Um sie zu erhalten, sollten alle Hemmnisse (Konflikte) vermieden werden. Konflikte können in der einzelnen Person liegen (intrinsische Unzufriedenheit, Depression), zwischen Personen auf Grund einer unterschiedlichen Persönlichkeitsstruktur und Wertvorstellungen, was bis zum → *Mobbing* gehen kann, in der Organisationsstruktur durch schlechte Kommunikation und Kompetenzverteilung, in der technischen Entwicklung mit sozioökonomischen Konsequenzen von Rationalisierungsmaßnahmen sowie der Einführung neuer Arbeitsmethoden als auch durch grundsätzliche Arbeitsbedingungen, wie z.B. Angst vor Versetzung, Herabstufung oder vor dem Verlust des Arbeitsplatzes. Ein wesentliches Konfliktfeld ist auch das → *Betriebsklima*. Es wird u.a. negativ beeinflusst durch ein autoritäres Führungsverhalten, schlechte Sozialleistungen, fehlende Mitbestimmungsmöglichkeiten.

Personalfreisetzung. Die Trennung von Mitarbeitern kann mehrere Gründe haben. Diese können in der Person des Mitarbeiters selbst begründet liegen (leistungs- und/oder verhaltensbedingt) oder auch betriebsbedingt (wirtschaftlich und/oder organisatorisch) veranlasst sein. Bevor es zu einer endgültigen Trennung des Personals in Form einer externen Personalfreisetzung durch eine Kündigung (→ *Kündigungsschutzgesetz*) kommt, sollten zunächst alle Möglichkeiten einer internen Personalfreisetzung ausgeschöpft werden. Dazu gehören z.B. der Abbau von Mehrarbeit, das Kündigen von Fremdfirmenaufträgen in Form eines Insourcing, das Vorziehen von Instandhaltungsarbeiten sowie von Qualifizierungsmaßnahmen, das Vorziehen des Jahresurlaubs sowie alle denkbaren Formen einer Reduzierung der regelmäßigen Arbeitszeit (notfalls Anmeldung von Kurzarbeit). Auch ist eine Entlassung auf Zeit möglich, bevor es zu einem tatsächlichen Personalabbau kommt. Hierbei sollte aber auch zunächst der jeweils mögliche Rahmen von vorzeitigen Pensionierungen voll ausgeschöpft werden. Bei allen Personalfreisetzungsmaßnahmen hat der → *Betriebsrat* Mitbestimmungsrechte.

Personalführung. Bewusste zielorientierte Beeinflussung der Mitarbeiter durch Vorgesetzte zur Realisierung von Unternehmenszielen. Es sind im Wesentlichen die folgenden fünf Aufgaben, die durch Personalführung zu bewältigen sind:

1. Warum wird die Arbeit gemacht?
2. Wo muss die Arbeit geschehen?
3. Wann soll die Arbeit erfolgen?
4. Wer soll die Arbeit ausführen?
5. Wie soll die Arbeit bewältigt werden?

Neben dem Personaleinsatz und der Personalentwicklung stellt die Personalführung eine weitere wichtige Managementaufgabe dar, wobei diese wiederum maßgeblich auf die Motivation der Mitarbeiter wirkt. Hierzu sind unterschiedlichste motivationstheoretische Ansätze (von Maslow, McGregor und Herzberg) entwickelt worden. Alle Ansätze gehen von der Erkenntnis aus, dass zwischen der Motivation und der Produktivität kein direkter automatischer Zusammenhang besteht, wie dies noch von dem Scientific-Management-Ansatz (Taylorismus, Fordismus) angenommen wurde, sondern dass der Mensch als ein soziales Wesen nach »eigenen Gesetzen« funktioniert.

Die unter der Bezeichnung »Human Resources« zusammengefassten Ansätze betonen deshalb den indirekten Zusammenhang zwischen Motivation bzw. (negativ) Frustration, Zufriedenheit und Leistung (Produktivität). In diesem Kontext kommt u.a. auch der Personalführung eine große Bedeutung zu, wobei in der Theorie und in den Unternehmen viel über Konsens und Teamorientierung sowie über Partizipation geredet wird. Das Handeln verrät jedoch nicht selten eine autoritäre Führung nach dem Prinzip »Befehl und Gehorsam«. Nirgendwo hat das Auseinanderklaffen von Anspruch und Wirklichkeit fatalere Folgen. Denn unter dem Alltagsdruck des operativen Geschäfts verharren viele Führungskräfte (und Unternehmer) in Anpassung und Kompromiss. Wie soll Innovation im Unternehmen reifen, wenn kritische Fragen und unbequeme Meinungen im Keim erstickt werden? Ein Führungsverhalten, das die Mitarbeiter dazu ermutigt, scheinbar Altbewährtes zu kopieren, verhindert offene Kommunikation und partnerschaftliches Engagement, ganz besonders im Konfliktfall.

Moderne Führung impliziert eine partizipative Führung im Sinne einer interaktiven und transformierenden Führung, wo die Betroffenen (Geführten) zu Beteiligten werden. Den Unternehmen sei daher in Sachen Führung ein Empowerment-Konzept, sinngemäß mit »Ermächtigung« übersetzt, empfohlen. Die Ermächtigung der Mitarbeiter, sich gleichberechtigt am Unternehmensprozess zu beteiligen (zu partizipieren), kann dabei zu einem enorm wichtigen Baustein bzw. Wettbewerbsvorteil werden.

Der Führende sollte daher Berater, Trainer und Mentor seiner Mitarbeiter sein. Er sollte Visionen und Zielorientierungen vermitteln, die immer ein offenes Fead-back seiner Mitarbeiter ermöglichen. Der Führende muss aber auch in Sachen Führung ein Herausforderer seiner Mitarbeiter in einem fairen Wettbewerb und gleichzeitig ein Talenteförderer sein. Dazu benötigt der Führende selbst zwei entscheidende Voraussetzungen:

a) fachliche Kompetenz; er muss bezogen auf die Berufs- und Arbeitsinhalte auf der Höhe sein, was eine Bereitschaft zum lebenslangen Lernen voraussetzt;
b) soziale Kompetenz; sie bildet den Ausdruck für die Kooperationsbereitschaft und Kooperationsfähigkeit eines Führenden, d.h. sein Wollen und Können, in einer sozialen Gemeinschaft (Unternehmen, Gruppe, etc.) interaktiv tätig zu sein.

Dies alles setzt voraus, dass die Unternehmen ein klares Führungskonzept besitzen und dass dessen offene Kommunikation im gesamten Unternehmen und im relevanten Umfeld gepflegt wird. Dazu gehört auch gegenüber den Mitarbeitern eine lückenlose Offenlegung der wirtschaftlichen Ergebnisse des Unternehmens, eine wichtige Komponente der partizipativen Führung. Denkt man das Konzept des Empowerments noch ein Stück weiter, so ist die »unternehmerische Mitarbeiterführung« nicht mehr weit. Hierbei sollen die Mitarbeiter zu einem unternehmerischen Handeln angeleitet werden. Soll dies nicht nur ein Lippenbekenntnis sein, so muss es aufseiten der Mitarbeiter zu einem Mitwirken auf der Entscheidungs- und Handlungsebene auf der einen Seite und zu einer monetären Gewinn- und Kapitalbeteiligung (→ *Mitarbeiterbeteiligung*) am Unternehmen auf der anderen Seite kommen; → *Mitarbeiterführung*.

Personalintensität. Drückt das Verhältnis zwischen dem gesamten → *Personalaufwand* und der mit diesem Aufwand realisierten Gesamtleistung (Umsatz plus/minus Bestandsänderungen plus aktivierte Eigenleistungen) in einem Unternehmen aus.

$$\text{Personalintensität} = \frac{\text{Personalaufwand}}{\text{Gesamtleistung}}$$

Die Personalintensität lässt sich in einer erweiterten Schreibweise auch wie folgt formulieren:

$$\text{Personalintensität} = \frac{\text{Lohnniveau}}{\text{Produktivität}}$$

Das Lohnniveau ist dabei wie folgt definiert:

$$\text{Lohnniveau} = \frac{\text{Personalaufwand}}{\text{Durchschn. Mitarbeiterzahl}}$$

und die Produktivität als

$$\text{Produktivität} = \frac{\text{Gesamtleistung}}{\text{Durchschn. Mitarbeiterzahl}}$$

Personalmanagement. Zur Einstufung einer Positionierung der Personalarbeit lassen sich zwischen den beiden Polen eines Aktions- und Konzeptionsgrades folgende Personalmanagementfelder definieren:

a) Ein aktionistisches Personalmanagement (A.PM), eingestuft als taten- bzw. aktionsreich mit Nachahmcharakter.
b) Ein reaktives Personalmanagement (R.PM), das als aktionsarm und bürokratisch bezeichnet werden kann.
c) Ein konzeptionistisches Personalmanagement (K.PM). Dies wird ebenfalls als aktionsarm eingestuft. Hier erfolgt eine personalwirtschaftliche Stabsarbeit »im eigenen Saft«.
d) Ein strategisches Personalmanagement (St. PM), das als anzustrebendes Management als tatenreich und kreativ bezeichnet werden kann. Es erfolgt eine mit der allgemeinen Unternehmenspolitik abgestimmte sowie integrative Vernetzung der Personalarbeit im Hinblick auf → *Personalplanung* und -controlling. Ebenso spielen die Elemente → *Personalführung*, → *Arbeitsentgelt* und → *Personalentwicklung* eine große Rolle.

Personalnebenkosten (auch als »zweiter Lohn« bezeichnet). Alle gesetzlich, tariflich und betrieblich freiwillig veranlassten indirekten Personalaufwendungen. Bei den gesetzlichen Personalnebenkosten handelt es sich um die Sozialversicherungsbeiträge der Arbeitgeber, um bezahlte Feiertage und sonstige Ausfallzeiten, Entgeltfortzahlung im Krankheitsfall sowie um sonstige gesetzliche Entgelte wie die Beiträge für die Unfallversicherung. Tariflich und betrieblich freiwillig vereinbarte Personalnebenkosten sind u. a. Urlaub einschließlich Urlaubsgeld, Sonderzahlungen (Gratifikationen, 13 Monatsgehalt etc.), betriebliche Altersversorgung, Vermögensbildung und sonstige freiwillige Zahlungen an die Mitarbeiter.

Je nach Wirtschaftszweig fallen die Personalnebenkosten unterschiedlich hoch aus. Man unterscheidet die echte und die unechte Quote:

$$\text{echte Quote} = \frac{\text{Personalnebenkosten}}{\text{Personalnebenkosten} + \text{direktes Arbeitsentgelt}}$$

$$\text{unechte Quote} = \frac{\text{Personalnebenkosten}}{\text{direktes Arbeitsentgelt}}$$

Personalorganisation. Die Bedeutung der Personalarbeit in einem Unternehmen lässt sich anhand des Organisationsaufbaus ablesen. Organisation impliziert dabei im Sinne eines institutionalisierten Organisationsbegriffs ein zielgerichtetes, offenes und soziales System mit einer formalen Struktur. Organisationsstrukturen sind auf Dauer angelegt und unterscheiden sich so von der fallweisen bzw. punktuellen Disposition sowie von der vorläufigen und von vornherein befristeten Regelung der Improvisation. Der Organisationsaufbau ist grundsätzlich von der jeweiligen Betriebsgröße abhängig.

In kleinen und mittelgroßen Unternehmen bis 500 Beschäftigte existiert i. d. R. keine eigenständige personalwirtschaftliche Organisation. »Die Tatsache, dass hier personelle Entscheidungen meist dem Unternehmer oder dem kaufmännischen Leiter vorbehalten sind, bedeutet, dass das Personalwesen automatisch in die Geschäftsleitung integriert ist. Dies gilt auch für den Fall, wenn für administrative Arbeiten im Verwaltungsbereich eine kleine Personalstelle eingerichtet ist« (Jung). Ab ca. 100 Belegschaftsmitgliedern sollten zwei bis drei Personen (Personalquotient 2 bis 3%) ausschließlich für die Bearbeitung der personellen Administration inkl. der Entgeltabrechnung und des Personalmanagements zuständig sein.

Die grundsätzliche Eingliederung der Personalwirtschaft in Großunternehmen mit mehr als 500 Mitarbeitern ist durch das allgemeine Organisationsgefüge eines Unternehmens bestimmt. Zu unterscheiden sind hier die Linienorganisation inkl. der Stab-und-Linien-Organisation, die Sparten- und Matrixorganisation. Innerhalb der Personalwirtschaft sind im Wesentlichen drei Organisationsformen möglich:

a) Mitarbeiterorientierte Formen, z.B. differenziert nach dem Mitarbeiterstatus für Arbeiter, Angestellte, Führungskräfte und leitende Angestellte. Aus einer solche Organisation ergeben sich heute allerdings nicht unbeträchtliche Konfliktpotenziale im Hinblick auf eine partizipative und ganzheitliche (holistische) → *Unternehmenskultur*.
b) Funktionale Gliederung nach den verschiedenen Funktionsbereichen der Personalarbeit wie → *Personalbeschaffung* und -freisetzung, → *Personaleinsatz*, Personalbetreuung, → *Personalentwicklung*, → *Personalplanung* und -controlling, Entgeltabrechnung u. a. Der

einzelne Mitarbeiter verliert bei diesem Organisationstyp der Personalwirtschaft einen einzelnen direkten Ansprechpartner.

c) Durch ein Referentensystem soll die zentrale funktionale Gliederung der → *Personalwirtschaft* ein Stück weit dezentralisiert werden. Personalwirtschaftlich übergeordnete Aufgaben und Grundsatzfragen bleiben hier funktionsmäßig zentralisiert, z. B. Entgeltabrechnung, → *Personalcontrolling*, während die unmittelbaren Personalbetreuungsaufgaben mit oder ohne → *Personalbeschaffung* und -freisetzung durch Personalreferenten wahrgenommen werden. Hierdurch wird ein unmittelbarer und intensiver Betreuungsrahmen für die Mitarbeiter durch einen Personalbeauftragten sichergestellt.

Die Eingliederung der Personalarbeit in die Unternehmenshierarchie stellt ein grundsätzliches Problem dar. Hierin erschließt sich die Bedeutung und Wichtigkeit, die man vonseiten der Geschäftsführung dem Personal in einem Unternehmen beimisst. In jedem Fall sollte die → *Personalwirtschaft* hierarchisch einen hohen Rang einnehmen. Zu unterscheiden sind zwei Führungsebenen: Auf der ersten Führungsebene ist dies das für die Personalwirtschaft insgesamt verantwortliche Mitglied der Geschäftsführung/Vorstand. Diese hierarchische Einordnung der Personalwirtschaft ist für alle Unternehmen der Montanindustrie ab 1.000 Belegschaftsmitglieder und für alle Kapitalgesellschaften ab 2.000 Beschäftigte gesetzlich vorgeschrieben. Hier vertritt ein → *Arbeitsdirektor* in der Geschäftsführung/Vorstand die Interessen der Personalwirtschaft. Auf der zweiten Führungsebene ist der Personalverantwortliche einem Mitglied der obersten Führungsebene direkt fachlich und disziplinarisch unterstellt, meist dem kaufmännischen Vertreter in der Geschäftsführung/dem Vorstand. Die dritte Führungsebene, der Personalverantwortliche, ist einem Bereichsleiter unterstellt, ist auf Grund der Bedeutung und Relevanz der Personalfunktion für Unternehmen heute nicht mehr akzeptabel.

Personalplanung. Quantitative, qualitative sowie zeitlich und räumlich richtige Bereitstellung von Personal als sog. Personalbedarfsplanung. Weiter gefasst lässt sich unter dem Begriff der Personalplanung außerdem noch die → *Personalbeschaffung* und → *Personalfreisetzung*, der → *Personaleinsatz* und die → *Personalentwicklung*, die → *Personalerhaltung* sowie das → *Personalcontrolling* inkl. der Personalkostenplanung subsumieren.

Die Beschäftigung von Mitarbeitern oder auch Auszubildenden verlangt vor dem eigentlichen Personalbeschaffungsvorgang zunächst einmal eine Personalbedarfsanalyse. Diese soll Aufschluss darüber geben, wie viel Personal (quantitativ) und welches Personal (qualitativ) das Unternehmen künftig benötigt. Die Personalwirtschaftslehre hat hierfür eine Reihe unterschiedlicher Methoden und Verfahren entwickelt. Dazu gehören sowohl globale Instrumente (wie die Trend-Extrapolation und Regressions- und Korrelationsrechnungen sowie ökonomische Modelle) als auch analytische Instrumente wie die Arbeitsplatzmethode oder Kennzahlenmethoden.

Bei der Ermittlung des Brutto-Personalbedarfs ist zunächst einmal zwischen dem Personaleinsatz- und dem Reservebedarf zu unterscheiden. Der Personaleinsatzbedarf wird durch die zu bewältigenden Arbeitsaufgaben aus Produktions- und Reparaturaufträgen oder durch Dienstleistungen marktbestimmt. Beeinflusst wird der Personaleinsatz aber auch durch technische Rationalisierungspotenziale sowie durch organisatorische Veränderungen sowie durch rechtliche und tarifliche Rahmenbedingungen, wie z. B. durch die Festlegung der Arbeitszeit. Der Reservebedarf bestimmt sich dagegen durch die jeweiligen Absentismuszeiten wie Urlaub, Krankheit und sonstige betriebsspezifische Fehlzeiten der Mitarbeiter. Wird der Reservebedarf bei der → *Personalplanung* nicht entsprechend berücksichtigt, so kommt es zu nachhaltigen kontraproduktiven Störungen im Arbeitsablauf mit Leerkosten. Das beschäftigte oder noch zu beschaffende Personal muss aber auch unter qualitativen Aspekten geplant werden. Dazu dienen Berufsklassifikationen und Anforderungsprofile. Bei der Berufsklassifikation werden die Anforderungen an eine Stelle bzw. an einen Arbeitsplatz bestimmten Berufsgruppen zugeordnet. Außerdem kann diese Zuordnung durch zusätzliche Qualifikationen (z. B. CAD-Kenntnisse, Sprachenkenntnisse, DV-Kenntnisse u. a.) ergänzt werden. Bei den Anforderungsprofilen wird dagegen für einzelne Anforderungsarten die Höhe der Anforderungen festgelegt. Diese Anforderungen können beispielsweise nach dem sog. Genfer Schema erfolgen oder auf ausführlichen Stellenbeschreibungen basieren. Als Anforderungen sind z.B. zu nennen: geistige Anforderungen (Ausbildung, Fachkenntnisse, Erfahrung, Denkfähigkeit), körperliche Anforderungen (Muskelbelastung, Belastung der Sinne und Nerven, Geschicklichkeit), Verantwortung (Betriebsmittel und Produkte, Sicherheit und Gesundheit, Arbeitsablauf) und Arbeitsbedingungen (Temperatur, Nässe, Schmutz, Lärm, Beleuchtung, Lichtmangel, Unfallgefahr).

Aus dem abgeleiteten quantitativen und qualitativen Brutto-Personalbedarf lässt sich unter Berücksichtigung des jeweiligen vorhandenen Personalbestands der Netto-Personalbedarf ermitteln.

Dabei kann sich eine Personalunterdeckung ergeben, die zu einer Erhöhung der Arbeitsleistung, z.B. durch Mehrarbeit, zwingt und/ oder die eine → *Personalbeschaffung* am → *externen* Arbeitsmarkt auslöst. Bei qualitativen Personalunterdeckungen (fehlende Qualifikation) müssen Personalentwicklungsmaßnahmen eingeleitet werden oder es muss personelle Qualität vom → *externen* Arbeitsmarkt beschafft werden.

Eine Personalüberdeckung impliziert dagegen Maßnahmen wie eine Verschiebung und/ oder Verkürzung der Arbeitszeit (durch Vorwegnahme des Urlaubs, Kurzarbeit) sowie Personalausgleichsmaßnahmen, z.B. durch Rücknahme von Fremdfirmenaufträgen, sowie einen Personalabbau, z.B. durch Frühpensionierung in Form von → *Aufhebungsverträgen* auf Basis von oder ohne betriebsbedingte(n) Kündigungen.

Rechtlich ist die Personalplanung unter Mitbestimmungsaspekten explizit im → *Betriebsverfassungsgesetz* § 92 geregelt. Der Arbeitgeber hat den Betriebsrat über die Personalplanung, insbesondere über den gegenwärtigen und künftigen Personalbedarf, sowie über die sich daraus ergebenden personellen Maßnahmen und Maßnahmen der Berufsbildung anhand von Unterlagen rechtzeitig und umfassend zu unterrichten.

Personalpolitik. Sämtliche grundsätzlichen Entscheidungen in einem Unternehmen, die das gesamte Personal berühren. Daraus folgt ein nur geringer Konkretisierungsgrad, d.h., sie ist i.d.R. nicht direkt in zu realisierende Handlungen umzusetzen. Hieraus erwächst die Notwendigkeit zu einer mehr operationalisierten Formulierung von Teilpolitiken für die einzelnen personalwirtschaftlichen Funktionen, wie z.B. der → *Personalführung* oder der Arbeitsentgeltpolitik.

Die Personalpolitik leitet sich aus den Grundsätzen der allgemeinen Unternehmenspolitik sowie den Unternehmenszielen ab, die wiederum in eine bestimmte → *Unternehmenskultur* eingebettet sind; ihr Charakter ist demnach weitgehend derivativ.

In der praktischen Umsetzung der Personalpolitik kommt es aber zu Interessenkonflikten zwischen Unternehmensleitung (Streben nach Gewinnmaximierung als generelles Unternehmensziel) und Arbeitnehmern bzw. deren Vertretern, den → *Betriebsräten* (Streben nach Arbeitsplatzerhalt und hohem Einkommen). Um diesen Zielkonflikt im Kompromiss zu lösen, obliegt der Personalpolitik eine Vermittlungsfunktion mit integrativem Charakter. D.h., die Personalpolitik hat nicht nur einen derivativen Einfluss auf das Personal, sondern sie sollte auf Grund ihrer Vermittlungsfunktion neben den anderen unternehmensbezogenen Teilpolitiken wie Absatz-, Investitions-, Produktions- oder Forschungs- und Entwicklungspolitik u.a. einen gleichberechtigten Status in der gesamten Unternehmenspolitik einnehmen.

Personalpolitik unterliegt nicht einem zeitstabilen Datum, sondern ständigen Veränderungen im Zeitablauf, d.h., sie weist einen Prozesscharakter auf. Sie unterliegt außerdem im personalwirtschaftlichen Zielentscheidungsprozess unternehmensexternen und -internen Einflussfaktoren. Hierzu zählen auf externer Seite gesellschaftliche Rahmenbedingungen in Form von Wertvorstellungen und Gewohnheiten, ökonomische Rahmenbedingungen wie die allgemeine Wirtschaftslage, die wiederum den → *externen* Arbeitsmarkt nachhaltig tangiert, als auch rechtlich-politische Einflussfaktoren wie das individuelle und kollektive → *Arbeitsrecht*. Nicht zuletzt üben auch technologische Rahmenbedingungen einen Einfluss auf die Personalpolitik aus, indem sie einerseits den Entscheidungsspielraum der Personalmanager einengen, ihn aber andererseits auch konstituieren und Forderungen der personalpolitischen Interessenträger (Beschäftigte, Betriebsräte) auslösen. Zu den internen Rahmenbedingungen zählen dagegen organisatorisch-institutionelle Einflussgrößen wie das Unternehmensalter, die Rechtsform des Unternehmens und vor allem die → *hierarchische*

Stellung der Personalwirtschaft im Organisationsaufbau. Als wesentliche ökonomische Größe beeinflusst die wirtschaftliche Lage (Rentabilität) des Unternehmens die Personalpolitik, weil hierdurch letztlich die finanziellen Möglichkeiten für eine arbeitnehmerbezogene Leistungs- und Sozialpolitik determiniert werden. Als interner politischer Einflussfaktor ist auch der gewerkschaftliche Organisationsgrad zu nennen, da dieser letztlich über die Verhandlungsstärke der Betriebsräte mit den Unternehmensleitungen entscheidet.

Personalwirtschaft (Abgrenzung). Wissenschaftliche Beschreibung und Analyse von sozial-ökonomischen Beziehungen zwischen Arbeitgebern und Arbeitnehmern im Zielsystem von Unternehmen, im weiteren Sinne auch von Organisationen (Verwaltungen). Sie ist einerseits eingebunden in auf Gewinnmaximierung abgestellte wirtschaftliche Forderungen der Unternehmer und Unternehmensleitungen und andererseits in soziale, den in den Unternehmen arbeitenden Menschen entspringende Erwartungen und Bedürfnisse sowie Interessen nach u.a. einem sicheren und interessanten Arbeitsplatz und einem möglichst hohen Arbeitsentgelt. Überlagert und beeinflusst werden die wirtschaftlichen und sozialen Aspekte von rechtlichen Bestimmungen des individuellen und kollektiven Arbeitsrechts sowie von technologischen Entwicklungen.

Personengesellschaft. Besteht gegenüber → *Einzelunternehmen* aus mindestens zwei Gesellschaftern, die sich auf der Grundlage eines Gesellschaftsvertrags zusammenschließen. Der Gesellschaftsvertrag regelt die Rechtsbeziehungen der Gesellschafter unter Berücksichtigung ihrer spezifischen Interessen untereinander und hat daher eine wesentliche Koordinationsfunktion. Der Gestaltungsspielraum hängt von den für die jeweilige Rechtsform geltenden gesetzlichen Bestimmungen ab und ist insofern unterschiedlich groß. Personengesellschaften sind im Wesentlichen durch folgende Merkmale gekennzeichnet:

a) Sie haben anders als → *Kapitalgesellschaften* keine eigene Rechtspersönlichkeit. Deshalb setzen Haftungs- und Besteuerungstatbestände jeweils bei den Gesellschaftern an (d.h., die Gesellschaft selbst haftet nicht und zahlt auch keine Steuern).
b) I.d.R. verfügt jede Personengesellschaft über mindestens einen voll haftenden Gesellschafter.
c) Nur die voll haftenden Gesellschafter sind zur Geschäftsführung berechtigt, d.h., Haftung und Leitung liegen prinzipiell in einer Hand. Beschlüsse müssen grundsätzlich unter Mitwirkung aller Gesellschafter unabhängig von der Höhe ihrer Kapitalbeteiligung getroffen werden.
d) Personengesellschaften sind in ihrer Existenz stark von der Person der Gesellschafter abhängig; das Ausscheiden eines Gesellschafters führt, sofern im Gesellschaftsvertrag nichts anderes bestimmt ist, zur Auflösung der Gesellschaft.

Zu den wichtigsten Personengesellschaften zählen die → *Offene Handelsgesellschaft* (oHG), die → *Gesellschaft bürgerlichen Rechts* (GbR), die → *Partnerschaftsgesellschaft*, die → *Kommanditgesellschaft* und die → *Stille Gesellschaft*. Auch die kombinierte Rechtsform der → *GmbH & Co. KG* und ihre Abwandlungen gelten als Personengesellschaften.

Pfandrecht. Das zur Sicherung einer Forderung bestimmte dingliche Recht der Verwertung einer fremden Sache oder eines fremden Rechts. Die Verpfändung erfolgt durch Einigung zwischen Pfandgeber und -nehmer sowie Übergabe der verpfändeten Sache; bei Rechten durch Anzeige an einen Dritten, gegenüber dem die Rechte bestehen. Das Pfandrecht ist die Basis der Vergabe des Lombardkredits (→ *Kreditfinanzierung*).

PGP. Abk. für Pretty Good Privacy. Weit verbreitetes, da für Privatanwender kostenlos nutzbares Programm zur → *Verschlüsselung* und Signierung (→ *Digitale Signatur*) elektronischer Nachrichten (→ *E-Mail*) und → *Dateien*. Es verwendet hierzu u.a. Verfahren der → *Public-Key-Verschlüsselung* mit Schlüssellängen bis zu 4.096 Bit. Auf Grund seiner hohen Verbreitung gilt es im Bereich der Verschlüsselungssoftware inzwischen als Quasi-Standard.

Pick-Rate. → *Logistik-Kennzahl* als Anzahl entnommener Packstücke pro Zeiteinheit; Leistungsmaß für die Kommissionierer. Die Pick-Raten sind bei Frauen und Männern unterschiedlich: In Lebensmittelhandels-Zentrallagern liegen sie bei 150 bis 200 pro Stunde bei Frauen, bei Männern werden Werte von 200 bis 300 erreicht.

PIMS-Studie (Profit Impact of Market Strategies). Branchenübergreifende Studie zur Ermittlung des Einflusses bestimmter Faktoren auf den Erfolg von Geschäftseinheiten. Der Ursprung der Studie geht auf ein Projekt des General Electric Konzerns im Jahr 1960 zurück. Es wurde versucht, die beeinflussenden Variablen auf Gewinn und Cashflow mithilfe von statistischen Verfahren zu identifizieren. Das Projekt war erfolgreich und so wuchs die Forderung, die Datenbasis durch Hinzunahme weiterer Firmen zu vergrößern. Seit 1975 wird die Studie durch ein eigenständiges Institut fortgeführt, das Strategic Planning Institute (SPI) mit Sitz in den USA und Zweigstellen in Europa. Die ca. 450 Mitglieder aus Amerika, Europa und Asien mit ca. 3.000 Geschäftseinheiten stellen Daten über ihre Geschäftstätigkeit zur Verfügung. Das SPI wertet die Daten im Hinblick auf von der Branche unabhängige Marktgesetze aus. Insgesamt werden mehr als 200 Variablen auf einen Einfluss auf Erfolgsgrößen getestet. Dabei stellte sich heraus, dass die Größen Marktanteil, Investmentintensität, Produktivität, Marktwachstum, Produktqualität, Produktdifferenzierung, vertikale Integration und Kostenposition die stärkste Wirkung auf den Erfolg ausüben.

PIN. Abk. für Persönliche Identifikations-Nummer. Sie dient als Zugangsberechtigung in elektronische Systeme, z. B. bei Electronic Cash durch Eingabe der PIN in ein Kassenterminal zusätzlich zur eingelegten Scheckkarte. Daraufhin folgt über Standleitung bei der Scheckkartenzentrale eine Autoritätsprüfung (gültige Karte, keine Kontosperrung, keine Kontoüberziehung etc.) und die Freigabe zur Verrechnung.

Pixel. Kunstwort aus Picture und Element, kleinstes, einzeln ansteuerbares Bildelement auf einem Monitor bzw. in einem Computerbild, Grundlage zur Messung der Bildauflösung.

Planauftrag (auch → *Bestellvorschlag* genannt). Vorschlag des Materialbedarfsplanungsprogramms, welche → *Eigenfertigungs-* bzw. → *Kaufteile* zu beschaffen sind. Einflussgrößen bei der Berechnung sind: physikalisch vorhandener → *Bestand* im → *Lager*, Bestellbestand, Reservierungsbestand sowie materialspezifische Daten wie Gebindegröße, Haltbarkeit etc. Die Umwandlung eines Planauftrags in eine → *Bestellung* (bei Kaufteilen) bzw. einen → *Fertigungsauftrag* (bei Eigenfertigungsteilen) fixiert die Daten. Ohne Umwandlung werden beim nächsten Materialbedarfsprogrammlauf alle »alten« Planaufträge gelöscht und unter Berücksichtigung neuerer Bestandsdaten neue Planaufträge gebildet.

Plankosten = Planmenge · Planpreis eines Produktionsfaktors, der zur Produktion einer Planmenge von Output benötigt wird. Gegebenenfalls kommt ein fixer Teil ohne Mengenbezug dazu, z. B. der Grundpreis beim Stromtarif. Plankosten lassen sich entsprechend den Anteilen an der Planmenge in einen fixen und einen variablen Teil zerlegen, z. B. Kosten von Stammpersonal und Kosten von Aushilfspersonal. Der variable Teil wird meist vereinfacht als proportional, also konstant pro Mengeneinheit Output, unterstellt.

Plankosten sind zukunftsorientierte Prognosewerte, in die praktisch sowohl Erfahrungen der Vergangenheit als auch Branchendurchschnitte und Prognosen über künftige Trends (z. B. technischer Fortschritt, Lohn-/Preis-Entwicklung) eingehen.

Plankosten, verrechnete → *Beschäftigungsabweichung*.

Plankostenrechnung. Instrument der Kostenkontrolle, das die → *Gesamtabweichung* zwischen Plan und Ist in verschiedene Teilabweichungen zerlegt, um Kostenursachen transparenter zu machen. Ältere Varianten: → *Beschäftigungsabweichung*; → *Grenzplankostenrechnung*. Stand der Forschung (also ein Wettbewerbsvorteil) ist die »praxisorientierte Plankostenrechnung«. Sie geht auf der Ebene der Einzelkosten und Erlöse eines Produkts vor, wie beispielhaft (nach H. Wilde) dargestellt: Unterstellt ist personalintensive Produktion, z. B. im Handwerk, bei der im Folgenden nur Personalkosten und Erlöse analysiert werden. Geplant waren Input: 30 fixe und 70 proportionale Lohnstunden à 60 €/Std., Output 1.000 Stück à 10 €/Stück. Tatsächlich fielen an: Input 92 Lohnstunden à 66 €/Std., Output 900 Stück à 11 €/Stück. Unter Verwendung der Formeln für

→ *Beschäftigungs-*, → *Verbrauchs-* und → *Preisabweichung* der Kosten sowie Ansatz einer Erlösabweichung (= Ist-Erlös minus Planerlös) → *Gesamtabweichung*) ergibt sich folgendes Lösungsschema:

Kosten:

– Plankosten:	100 Std. · 60 €/Std. = 6.000 €
– Echte Beschäftigungsabweichung:	6.000 € – 5.580 € = + 420 €
– Soll-Kosten:	(30 Std. + 70 Std.) · 900 €/St./1.000 St. · 60 €/Std. = 5.580 €
– Verbrauchsabweichung:	5.580 € – 5.520 € = + 60 €
– »Ist-Kosten zu Planpreisen«:	92 Std. · 60 €/Std. = 5.520 €
– Preisabweichung:	5.520 € – 6.072 € = – 552 €
– Ist-Kosten:	92 Std. · 66 €/Std. = 6.072 1

Erlöse:

– Planerlös:	1.000 St. · 10 €/St. = 10.000 €
– Erlösabweichung:	– 10.000 € + 9.900 € = – 100 €
– Ist-Erlös:	900 St. · 11 €/Std. = 9.900 €

Interpretation in zwei Stufen:

a) Schematische Verantwortlichkeit für den Saldo aus echten Beschäftigungsabweichungen aller analysierten Kostenarten (also zuzüglich Material, Energie etc.) plus Erlösabweichung: Marketing/Vertrieb (hier: + 420 – 100). Kernfrage: Überwiegen z.B. bei niedrigem Beschäftigungsgrad Kosteneinsparungen oder Umsatzverluste? (Im Beispiel hat sich der Übergang in ein höheres Preissegment gelohnt.) Für den Saldo der Verbrauchsabweichungen aller analysierten Kostenarten die Produktionsabteilung; für → *Preisabweichungen* die jeweiligen Einkaufsabteilungen.

b) Die oben genannten Abteilungen sind für die Abweichungen erklärungspflichtig und sollten nach gegebenenfalls tiefer gehenden Ursachen (Aufgabe nicht mehr der → *Kostenrechnung* allein, eher des → *Controllings*) suchen, z.B. im Vertrieb: allgemeine Konjunkturentwicklung, in der Produktion: technische Änderungen an Produkt und/oder Produktionsprozessen.

Literaturempfehlung: Wilde, H.: Plan- und Prozesskostenrechnung, München/Wien 2001.

Planung. Siehe Artikel auf Seite 324.

Planung, lineare → *Produktionsprogramm, gewinnoptimales*

Planung, rollierende → *Rollierende Planung*.

Planung, taktische. Wird als Begriff unterschiedlich verwendet. Manche Autoren ordnen sie der langfristigen operativen Planung zu, andere der kurzfristigen operativen Planung (→ *Planung*, operative), wieder andere sehen sie als gesonderten Bereich neben der operativen und strategischen Planung.

Planungsgrundsätze. Sie stellen Mindestanforderungen an die Planung dar, wesentliche sind in folgender Übersicht zusammengefasst.

Wesentliche Planungsgrundsätze

1. Realisierbarkeit: Die Pläne sollen durchführbar sein.
   Die Gründe für das Scheitern von Plänen sind vielfältig: zu hoch gesteckte Ziele, Unterschätzung der benötigten Zeit oder des Budgets, Unterschätzung betriebsinterner Widerstände, mangelnde Plankoordination etc.
2. Vollständigkeit: zeitlich fortlaufend, nicht sporadisch; integrierende Berücksichtigung aller Teilbereiche des Unternehmens (Produktionsplanung, Absatzplanung etc.); Beachtung der unternehmensexternen Entwicklungen.
3. Abgestimmtheit: Bei der Planung sind die Interdependenzen aller betrieblichen Teilbereiche zu berücksichtigen. Die Planung hat sich an den Faktoren auszurichten, die begrenzend wirken. Dieser Minimumsektor wirkt als Erstes restriktiv auf die unternehmerischen Aktivitäten. Er kann in der Planung berücksichtigt werden, indem er als feststehendes Datum hingenommen wird oder Maßnahmen vorgesehen werden, diesen Engpass zu beseitigen.
   Wenn z.B. die Absatzmengen restriktiv wirken, kann das entweder hingenommen werden und

u.a. in der Produktionsplanung als feststehend berücksichtigt werden oder es wird versucht, durch Maßnahmen des Marketings die Absatzmengen zu vergrößern.

4. Elastizität: Die spöttische Bemerkung mancher Manager: »Planung ersetzt den Zufall durch den Irrtum« ist sicher übertrieben, deutet jedoch auf die Notwendigkeit hin, Pläne so flexibel zu gestalten, dass sie veränderten Gegebenheiten angepasst werden können. Dies geschieht durch spätestmögliche Planverabschiedung, Alternativpläne, Planungsreserven, laufende Plankontrolle.
5. Stabilität: Einzelne Störungen sollten den Plan nicht insgesamt zunichte machen.
6. Verbindlichkeit: Alle betroffenen Personen sollen den Plan als verpflichtend ansehen. Umgesetzt wird diese Anforderung z.B. durch Vorgaben, Überzeugung, genaue Beschreibung des Ablaufs.
7. Kontrollierbarkeit: Die Pläne sollen so formuliert sein, dass eine Prüfbarkeit der Umsetzung (Ist) gegenüber den Planvorgaben (Soll) möglich ist. Hilfreich ist eine starke Strukturierung und strukturelle Gleichartigkeit der Pläne sowie die Quantifizierung der einzelnen Größen. Wirtschaftlichkeit: Ertrag und Aufwand der Planung selbst sollten in einem angemessenen Verhältnis zueinander stehen.

Planungslücke → *GAP-Analyse*.

Planungssystem. Eine nach einheitlichen Prinzipien aufgebaute geordnete und integrierte Gesamtheit von Teilplanungen.
Dazu gehören:

1. Die Planungsobjekte. Es muss systematisch festgelegt werden, welche Sachverhalte der strategischen und operativen Planung geplant werden.
2. Die Planer. Es muss bestimmt werden, welche Personen und Abteilungen planen.
3. Der Planungsprozess. Es wird bestimmt, wie die Planung selbst zeitlich und sachlich abläuft.
4. Die Planungsmethoden. Es wird festgelegt, welche Methoden und Werkzeuge eingesetzt werden.
5. Die Pläne (Planungsergebnisse). Es muss bestimmt werden, welche Ergebnisse zu erarbeiten sind.

Plug-In. Zusatzprogramm für Web-Browser, das dessen Funktionalitäten nachträglich erweitert, indem dieser neue Dateiformate verarbeiten kann. Sie werden aus dem Internet auf den Computer heruntergeladen, z.B. für Internet-Radio, Internet-Video oder 3-D-Wiedergabe. Sie müssen zusätzlich aufgerufen werden.

Point of Sales. »Punkt des Verkaufs«, Datenkasse als Quelle der Verkaufs- und Bestandsänderungsinformation; notwendig für die Datenweiterleitung an das → *Warenwirtschaftssystem*.

Poka yoke. Begriff der japanischen Produktion. Dies bedeutet die permanente Qualitätsverbesserung durch Vermeidung unbeabsichtigter, zufälliger Fehler, bei Maschinen bedingt durch Ausfallursachen, bei Menschen durch Unaufmerksamkeit, Auslassen, Vertauschen, Vergessen, Falschablesen, Missinterpretieren infolge Lärmbelästigung, schlechter Beleuchtung, Ermüdung, Unaufmerksamkeit etc. Fehler werden nicht als unvermeidbar hingenommen, sondern durch Inspektionsmethoden zur Fehlerquellenvermeidung bekämpft. Die Leistungserstellung wird so organisiert, dass falsche Prozesse verhindert oder zumindest angezeigt werden. Hinzu kommt eine Gestaltung des Orts der Leistungserstellung, die mögliche Fehlhandlungen von vornherein ausschließt.

POP. Abk. für Point of Presence, lokaler Einwahlknoten zum Internet. → *Internet-Provider* bieten dazu mehrere Anschlüsse innerhalb einer Region an. Je näher der Zugangspunkt ist, desto geringer fallen die Telekommunikationsgebühren (Leitungskosten) für den Nutzer aus.

POP-Server. Protokoll zum Zugriff auf zentrale → *Mail-Server*, die ihrerseits wiederum E-Mail für andere Rechner bereithalten, d.h. entgegennehmen, bis zu einer bestimmten Größe resident speichert und abrufbar machen. Es gibt zwischenzeitlich POP, POP 2 und POP 3, die untereinander nicht kompatibel sind.

Port. Schnittstelle eines Rechners zur Außenwelt (physisch durch Anschluss oder virtuell durch Adressierung).

Portabilität. Bezeichnet den Grad der Einsatzfähigkeit eines Softwareprodukts in verschiede-

Planung

Allgemein bezeichnet Planung das systematische, zukunftsbezogene Durchdenken und Festlegen von Zielen, Maßnahmen, Mitteln und Wegen zur zukünftigen Zielerreichung. Dem Management dient sie dazu, die unternehmerischen → *Ziele* zu erreichen, indem Maßnahmen gestaltet werden, die unter den zu erwartenden Umfeld- und Unternehmensgegebenheiten die beste Zielerreichung ermöglichen.

Planung bildet deshalb eine Kernfunktion im → *Managementprozess*, sie ist immer den unternehmerischen Zielen verpflichtet. Die in den letzten Jahren zu beobachtende zunehmende Komplexität und Dynamik der Märkte verschärfen das Grundproblem der Planung, d.h. die Vorhersage der für das Unternehmen bedeutsamen Ereignisse. Informationen veralten schneller, Prognosen werden unsicherer und betriebliche Ziele müssen den veränderten Gegebenheiten rascher angepasst werden. Für unternehmerisches Handeln spielt Planung eine bedeutende Rolle, oder, negativ formuliert, ohne Planung ist Wirtschaften unmöglich. Folgende positive Effekte machen dies deutlich:

1. Risikoerkenntnis und Risikoreduzierung.
2. Synergie durch Integration der betrieblichen Teilbereiche.
3. Erhöhung der Flexibilität.
4. Zielgerichtetes Handeln aller Beteiligten.
5. Effizienzsteigerung.
6. Möglichkeit der Kontrolle.
7. Verbesserung des Verständnisses und der Identifikation der Mitarbeiter hinsichtlich des betrieblichen Handelns.
8. Längerfristiges Denken.
9. Reduzierung des Krisenmanagements etc.

Planung als systematisch-methodischer Prozess der Erkenntnis und Lösung von Zukunftsproblemen kann zeitgleich alle Aufgabenfelder und Unternehmensbereiche erfassen (Simultanplanung) oder in einem festgelegten Hintereinander (Sukzessivplanung) erfolgen. In der Praxis hat sich die Simultanplanung als zu komplex und nicht beherrschbar erwiesen. Deshalb wird generell die Sukzessivplanung als Planungsabfolge, die mehrstufig der Hierarchie der Unternehmung folgt, eingesetzt. Man spricht von hierarchischer Unternehmensplanung (→ *Unternehmensplanung, hierarchische*).

In zeitlicher Hinsicht werden die Pläne im Spektrum zwischen Langfristigkeit und Kurzfristigkeit gegliedert. Das ist aus folgenden Gründen notwendig:

a) Langfristige Planungsinformationen weisen ein hohes Maß an Unsicherheit auf, bei kurzfristigen beteht hohe Informationssicherheit.
b) Die meisten betrieblichen Sachverhalte sind langfristig festlegbar , deren Beeinflussbarkeit nimmt jedoch stetig mit kürzerem Planungshorizont ab.
c) Nur kurzfristig wird eine exakte und detaillierte Planung zur Steuerung des betrieblichen Geschehens benötigt.

In der Praxis und der Literatur werden uneinheitliche zeitliche Gliederungen verwendet. Zunehmend setzt sich die Unterscheidung zwischen langfristiger → *Rahmenplanung*, strategischer Planung und operativer Planung durch, was nachfolgend differenziert wird.

Operative Planung

Sie legt konkrete Maßnahmen zur Realisierung der in der strategischen Planung formulierten Strategien fest. Man unterscheidet in der operativen Planung nach dem Planungszeitraum zwischen langfristig und kurzfristig:

- Bei der langfristigen operativen Planung umspannt der Planungszeitraum drei bis fünf Jahre. Hier ist die langfristige Projekt- und langfristige Bereichsplanung anzusiedeln. Es werden z.B. Kapazitätserweiterungen, organisatorische Änderungen, Verfahrensentwicklungen etc. geplant.
- Bei der kurzfristigen operativen Planung umspannt der Planungszeitraum ein Jahr, unterteilt in Monate. Es werden im Detail auf Basis der vorher festgelegten Grundstruktur die betrieblich bedeutsamen Parameter festgelegt; z.B. die genauen Produktionsmengen, Absatzzahlen, liquiden Mittel, Lagerbestände etc.

Hauptproblem der operativen Planung ist die konsistente Abstimmung der Teilpläne. Hierfür entwickelte EDV-Modelle sind in der Praxis in einem iterativen Planungsprozess einzusetzen, um etwaige → *Engpässe* realistisch abzubilden. Beispiel: Wenn ein für die eigentlich machbare Absatzmenge nötiger Maschinenkauf nicht finanzierbar

Merkmale	Strategische Planung	Operative Planung
Führungsebene	oberste	alle
Unsicherheit	groß	geringer
Art der Probleme	meistens unstrukturiert	relativ gut strukturiert, oft sich wiederholend
Planungszyklus	mittel- bis langfristig, unregelmäßig und problemorientiert	mittel- bis kurzfristig, regelmäßig und periodenorientiert
Ausrichtung	langfristige Existenzsicherung	Erfolg, Liquidität
Denkrichtung	sucht Innovation und Wachstum (die richtigen Dinge tun)	sucht Wirtschaftlichkeit, Effizienz und Konsistenz (die Dinge richtig tun)
Entscheidungsgrundlage	Chancen/Risiken/Stärken/Schwächen	Leistungen/Kosten, Ein-/Auszahlungen
Informationsbedürfnis	primär nach außen: Kunden und Konkurrenz	primär nach innen
Alternativen	weites Spektrum	Spektrum eingeschränkt
Umfang	einzelne wichtige Problemstellungen strategischer Geschäftseinheiten	umfasst und integriert alle Teilpläne der Funktionsbereiche
Grad der Detaillierung	globaler, weniger detailliert und vorwiegend qualitativ	relativ groß und quantifiziert

Merkmale der strategischen Planung in Abgrenzung zur operativen Planung (in Anlehnung an: Schierenbeck, H.: Grundzüge der Betriebswirtschaftslehre, 14. Auflage, München 2000)

wäre, müsste die Absatzmenge als Ausgangspunkt vieler Planungsmodelle nach unten angepasst werden.

Strategische Planung

Für einen Planungszeitraum von drei bis fünf Jahren wird die langfristige → *Rahmenplanung* näher bestimmt. Im Vergleich zur operativen Planung lässt sich die strategische Planung durch bestimmte Merkmale abgrenzen (siehe Tabelle). Die strategische Planung entstand in den 70er-Jahren als Reaktion auf die zunehmende Komplexität und Dynamik der Märkte. Neue Technologien, neue Produkte, rasch sich veränderndes Konsumverhalten, zunehmende Bedeutung der Marktgestaltung und Internationalisierung sind Faktoren, die auch heute das Umfeld unternehmerischer Tätigkeit charakterisieren. Dadurch entstehen für das Unternehmen immer mehr Chancen, aber auch Risiken.

Die strategische Planung versucht diesen Veränderungen Rechnung zu tragen, indem Methoden eingesetzt werden, die diskontinuierliche Entwicklungen und darauf basierende Chancen und Risiken frühzeitig erkennen helfen. Darauf aufbauend werden Märkte und Produkte identifiziert und eine geeignete → *Strategie* gewählt, die den künftigen Erfolg des Unternehmens erhalten und ausbauen soll.

Beispiel eines Elements der strategischen Planung ist das Ziel einer Luftverkehrsgesellschaft, in fünf Jahren 50% der Buchungen über das Internet abzuwickeln.

Die strategische Planung basiert auf Unternehmens- und Umweltanalysen, die Stärken und Schwächen des eigenen Unternehmens und der Konkurrenz untersucht und wichtige Veränderungen der Umwelt zu erkennen und einzuschätzen vermag. Methoden, die dabei eingesetzt werden, sind beispielsweise die → *GAP-Analyse*, die → *Produkt-Markt-Matrix*, der → *Produktlebenszyklus*, die → *Portfolio-Analyse*, die → *Kostenerfahrungskurve*, → *Wertkette*.

nen technischen Umgebungen. Die Portabilität ist dann hoch, wenn der Anpassungsaufwand bei der Übertragung in eine andere Umgebung (z.B. andere Hardware oder anderes → *Betriebssystem*) gering ist.

Portal. Ursprünglich eine Seite, die alle Werkzeuge und Informationen, die ein Nutzer benötigt, um im WWW zu navigieren, in einer Seite integriert. Zunehmend aber auch Eingangsebene, in der ein Nutzer unter einer Adresse alles Interessante zu einem Thema findet sowie Links zu entsprechenden weiteren Informationsangeboten (Portal Site).

Portfolio. Für die Abschätzung von Strategien wurden insbesondere aus der Beratertätigkeit heraus so genannte Portfolios entwickelt, die den Zusammenhang zwischen den zwei Kriterien Marktwachstum und relativer Marktanteil in Form einer Matrix darstellen, siehe Abb. 53.

Das Marktwachstum soll als Umfeldgröße die Chancen und Risiken abbilden. Der relative Marktanteil wird als Repräsentant für die eigenen Stärken und Schwächen im Verhältnis zum Wettbewerb gesehen. Beim Marktanteil wird zumeist der relative (Relation zum stärksten Mitbewerber) als aussagefähiger gegenüber dem absoluten (eigener Absatz zum Gesamtabsatz aller Anbieter) beurteilt.

Die Reduktion auf nur zwei Größen wird oft kritisch gesehen; empirische Untersuchungen bestätigen jedoch die Aussagefähigkeit zur Abschätzung des strategischen Erfolgs. Die vier aufgezeigten Felder repräsentieren entsprechende Konstellationen, die vorrangig der Analyse dienen und weniger (wie es teilweise geschieht) als Zuordnung von Strategieempfehlungen, auch wenn sie richtungsweisend für die jeweiligen Geschäftsfelder sein können.

Das Feld II (Stars) z.B. bietet beste Chancen, verlangt aber zum Erhalt der Marktstellung Reinvestitionen, die den → *Cashflow* beeinträchtigen und möglicherweise die betrieblichen Kapazitäten überfordern. Bei Feld IV (Problem, »Poor Dog«) ist man mit niedrigem Marktanteil auf einem gering (oder gar nicht) wachsenden Markt tätig, was die strategischen Chancen als gering erscheinen lassen kann - dennoch zeigen empirische Untersuchungen, z.B. → *PIMS-Studie*, dass über 40% der Geschäftseinheiten hier einzuordnen sind.

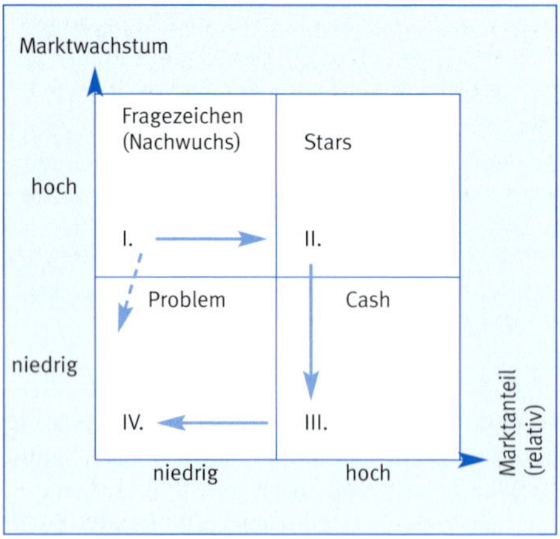

Abb. 53: Struktur des Portfolios

POS → *Point of Sales*.

POSDCORB. Eine auf den Management-Forscher Gulick (1937) zurückgehende Klassifikation der → *Management-Funktionen* in Planning (Zielsetzung und Planung), Organizing (Festlegung der Arbeitsorganisation und Leitungsstruktur), Staffing (Personal einstellen und schulen, Arbeitsplatz und Arbeitsumfeld einrichten), Directing (Entscheidungen treffen und durchsetzen), Coordinating (Einzelaktivitäten zielgerichtet abstimmen), Reporting (sich selbst informieren, die Vorgesetzten und Mitarbeiter), Budgeting (Aufstellung und Kontrolle der Budgets).

Positionskosten. Kennzahl aus der → *Beschaffung*. Die Jahres-Gesamtkosten der Einkaufsabteilung (Kostenstelle) werden durch die Anzahl der bestellten Artikel-Positionen dividiert; wichtige Größe bei der Anwendung der → *Andler'schen Formel*.

Positionswert. Durchschnittlicher Preis einer Bestellposition; wird ermittelt, indem das Jahres-Einkaufsvolumen durch die Anzahl der Bestellpositionen dividiert wird.

Positive Vertragsverletzung. Auch: Positive Forderungsverletzung; → *Vertragspflichtverletzung*.

Posting. Versenden eines öffentlichen Gesprächsbeitrags im → *Usenet*, der von jedermann jederzeit weiterverbreitet werden kann.

Post Office Protocol. Verfahrensfestlegung zur Übertragung von → *E-Mails* im Internet.

Postmaster. Verwalter eines Rechners im Internet, der für den Mail- und News-Verkehr zuständig ist, zugleich Ansprechadresse für Probleme bei einer → *E-Mail-Anbindung*, gibt auch Auskunft über die E-Mail-Adresse einer Person. Erreichbar unter der Adresse PostmasterHost.Domain.de

Postscript. Seitenbeschreibungssprache für das seitenweise Speichern und Ausdrucken von Grafiken und Texten als Plattform-unabhängiger Standard für PC's, mit dessen Hilfe die exakte grafische Wiedergabe von Druckseiten entsprechend der Bildschirmanzeige möglich ist.

Potenzieller Kunde. Person oder Unternehmung, mit der eine gemeinsame Kommunikation besteht, die sich jedoch noch nicht zu einem Kauf entschieden hat (→ *Prospect*).

PPP. Abk. für Point to Point Protocol, serielle Datenübertragung, die es erlaubt, Daten mehrerer Netzwerkprotokolle gleichzeitig zu übermitteln, indem ein Computer das TCP/IP-Protokoll über serielle Leitungen wie Telefonschaltkreise, RS-232-Kabel oder Modem nutzen kann. PPP ersetzt zunehmend das SLIP-Protokoll und unterstützt sowohl Router-to-Router- als auch Host-to-Network-Verbindungen.

PPS → *Produktionsplanung und -steuerung*.

Preisabweichung. Differenz Ist-Menge · Planpreis (auch »Ist-Kosten zu Planpreisen« genannt) minus Ist-Menge · Ist-Preis (d.h. »Ist-Kosten« [zu »Ist-Preisen«] = Ist-Menge · (Planpreis – Ist-Preis) eines Produktionsfaktors). Rechenbeispiel: → *Plankostenrechnung*. Interpretation: Hat die jeweilige Einkaufsabteilung (z.B. bei Arbeitskräften die Personalabteilung) »gute« oder »schlechte« Preise erzielt? Hinweise: In der Literatur erfolgt die Abgrenzung zur → *Verbrauchsabweichung* zum Teil mit anderen Formeln (Gewichtung mit Plan- statt Ist-Menge). Hier wird die zur → *Grenzplankostenrechnung* der Praxis besser kompatible Formel vorgezogen.

Preisbestimmung (preistheoretischer Modelle, marginalanalytische Preisbestimmung). Befasst sich mit der Erfassung funktionaler Zusammenhänge zwischen der Preishöhe und dem Realisierungsgrad preispolitischer Zielstellungen auf Basis unterschiedlicher → *Marktformen*. Zur Bestimmung des optimalen Preises und der gewinnorientierten Preisspannen müssen die typischen Funktionsverläufe des Absatzes in Abhängigkeit der Preishöhe (Preis-Absatz-Funktion), der Nachfrage-Reaktion auf Preisveränderungen (die Nachfrageelastizität) bekannt sein. Der Preis kann dann mithilfe der Differenzialrechnung bezüglich der Gewinn-, Umsatz- und der Rentabilitätsmaximierung bestimmt werden.

Die verbreiteten Methoden der praktischen Preisbildung sind

1. die kostenorientierte Preisbildung auf Basis der Teil- und der Vollkostenrechnung;
2. die marktorientierte Preisbildung mithilfe der Break-even-Analyse oder der Deckungsbeitragsrate sowie Anwendung der Entscheidungsmethoden unter Risiko (z.B. Entscheidungsbaum).

Preisdifferenzierung. Sie ist Teil der → *Preis- und Kontrahierungspolitik*. Kriterien können sein: räumlich (regional), zeitlich, personell, mengenmäßig oder nach Verwendungszweck, Produktvariante, Anspruch (Preisbereitschaft der Käufer), Funktion oder markenbezogen.

Preisfestsetzung. Preisentscheidungen werden durch folgende Faktoren maßgeblich beeinflusst:

1. branchentypisches Marktverhalten und die Entwicklungstrends der Branche,
2. Preisakzeptanz seitens der Händler und Kundenzielgruppen,
3. Wettbewerbssituation (Orientierung an Preisen der Wettbewerber, zumeist des Marktführers), einschließlich der prognostizierten Konkurrenzentwicklung auf relevanten Märkten,
4. konkrete Umweltbedingungen.

Dabei muss man unterscheiden, ob es sich um eine Preisentscheidung für neue Produkte und Leistungen, die keine Preisvergleiche auf den Zielmärkten ermöglichen (→ *Preisbestimmung*), oder vorhandene Produkte und Leistungen handelt (Preisfestsetzung). Der Prozess der Preisfestsetzung verläuft nach folgendem Phasenverlauf:

- Festlegung preispolitischer Ziele;
- Ableitung preispolitischer Strategien;
- Analyse des → *preispolitischen Spielraums*;
- Festlegung preis- und konditionenpolitischer Maßnahmen (→ *Konditionenpolitik*);
- Durchführung von Preiskontrollen.

Preis-Nutzen-Erwartung. Die Preishöhe dient dem Nachfrager häufig als Orientierungsgröße für den zu erwartenden Nutzen bzw. die Qualität eines Produkts und einer Leistung (Preis-Qualitäts-Zusammenhang). Daher sind bei der Preisfestsetzung verhaltensbedingte Einflussfaktoren zu berücksichtigen, wie Wahrnehmung zur tatsächlichen Leistung zu »billig« oder »teuer«, Einstellungen zur Qualitätsorientierung (Top-Niveau), Preisorientierung (Standard-Niveau), Image-Nutzen durch extrem hohe Preise bei Markenartikeln (»Snob-Preise«) und psychologisch-induzierter Nutzen durch gebrochene Preise (Odd-Pricing; z.B. 1,99 €). Diese können markt- und branchenspezifisch stark differieren.

Preispolitischer Spielraum. Der nachfragebezogene Spielraum wird durch Analysen der möglichen Veränderungen des Nachfrageverhaltens in Reaktion auf alternative Angebotspreise eingegrenzt. Die Analyse des konkurrenzbezogenen Spielraums richtet sich auf die Antizipierung der (Preis-) Reaktion durch die Konkurrenz auf die geplante Preisfestsetzung. Der nachfrage- und der konkurrenzbezogene Spielraum sind für die Preisobergrenze bestimmend. Die Preisobergrenze markiert das maximal zu erzielende Entgelt für ein Produkt bzw. eine Leistung, bei dem mindestens ein angebotenes Produkt bzw. eine angebotene Leistung abgesetzt wird (→ *Preis-Nutzen-Erwartungen*).

Preisstrategie. Bei ihr geht es um das langfristig ausgerichtete, strategische Preismanagement, im Gegensatz zu einem eher operativen. Im engeren, konkreten Sinne wird hierunter eine grundsätzliche Preispositionierung verstanden:

1. Hochpreispolitik (Premium-Preis) oberhalb des Durchschnittspreises der Mitbewerber, insbesondere zur Schaffung eines Exklusiv-Images;
2. Niedrigpreispolitik (Discount), im Extremfall am untersten Ende;
3. Medium- bzw. Marktpreispolitik, die sich eher konventionell am durchschnittlichen Preisniveau orientiert.

Neben einer starren Preisfestsetzung kann die Profilierung durch flexible Preisbestimmung gekennzeichnet sein:

1. Abschöpfungspreisstrategie, relativ hoher Preis bei Produkteinführung und späterer sukzessiver Absenkung (besserer Cashflow gegenüber später einsteigenden Konkurrenten, aber evtl. gerade durch hohes Vorgabeniveau Anreiz für Neueinsteiger);
2. Penetrationspreis als umgekehrte Strategie, niedriger Preis bei Markteinführung und sukzessive Preisanhebung;
3. Pulsationspreisstrategie mit flexibler Preisänderung (z.B. Aktionswochen, Sonder- und Saisonangebote etc.) bei tendenzieller Konstanz.

Preistheorie. Als Modell in der Wirtschaftswissenschaft wird unter → *Markt* das Zusammentreffen von Angebot und → *Nachfrage* verstanden. In der Marktwirtschaft besteht ein enger Zusammenhang zwischen abgesetzter Menge und Preis, siehe Abb. 54. Dabei wird davon ausgegangen, dass i.d.R. mit steigendem Preis die Angebotsmenge gleichfalls steigt und die Nachfrage sinkt. Preistheorie ist ein wesentlicher Teil der Mikro-Ökonomie im Rahmen der Volkswirtschaft mit Abstraktionen über das Verhalten der Marktteilnehmer, auf die hier nicht weiter eingegangen werden kann. Siehe auch → *Marktformen*, → *Preisbestimmung*, → *akquisitorisches Potenzial* sowie → *Preis- und Kontrahierungspolitik*.

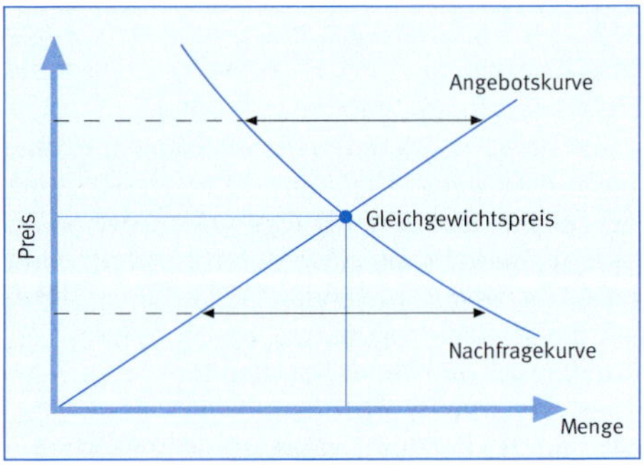

Abb. 54: Gleichgewichtspreis

Preis- und Kontrahierungspolitik. Neben Produkt und Leistung wird in der Kaufvereinbarung (Vertrag, Kontrakt) der Preis einschließlich Nebenbedingungen und Konditionen als Gegenleistung bestimmt. Der Preis bildet sich einerseits am Markt (→ *Preistheorie*), andererseits soll er so kalkuliert sein, dass die Kosten ausgeglichen werden und möglichst noch Gewinn erwirtschaftet wird (→ *Kalkulation*); im → *Käufermarkt* dominiert zumeist der Marktpreis. Daher das Bemühen im → *Marketing*, sich mit dem eigenen Angebot so von Mitbewerbern abzusetzen, dass ein gewisser Gestaltungsspielraum in der Preisbildung erreicht wird.

Als zusätzliche Gestaltung, auch als preispolitische Feinsteuerung bezeichnet, gelten neben

Preisnachlässen (Funktions-, Mengen-, Zeit- oder Sonderrabatt, sofort bzw. nachträglich - Bonus - als Geld- oder Naturalrabatt gewährt → *Rabatte*), → *Liefer- und Zahlungsbedingungen* (siehe auch → *Kreditfinanzierung*) sowie die → *Preisdifferenzierung*.

Preprocurement → *Vor-Akquisition*.

Primärbedarf. Unabhängiger → *Bedarf* an Enderzeugnissen, Halbfertigerzeugnissen oder → *Kaufteilen* (im Gegensatz zum abhängigen → *Sekundärbedarf*, der sich aus der → *Stücklistenauflösung* ergibt). Die Erfassung eines Primärbedarfs in einem → *PPS-System* bewirkt bei der → *Materialbedarfsplanung* die Erzeugung von → *Planaufträgen*. Auslöser für die Erfassung sind Kundenaufträge oder Aufträge zur → *Lagerergänzung*.

Primäre Kosten → *Kostenstellenrechnung* (Ggs. → *Sekundäre Kosten*).

Primärforschung (Field Research). Basiert auf zielgerichteter Datenerhebung zur Bearbeitung der konkret vorliegenden Marktforschungsaufgabe. Für die Datenerhebung stehen verschiedene qualitative und quantitative Erhebungsmethoden zur Auswahl, die miteinander kombiniert das jeweils geeignete Erhebungsdesign ergeben (→ *Prozess* der Marktforschung). Forschungsziel der qualitativen Primärforschung ist die Erfassung subjektiver Sachverhalte wie Einstellungen, Motive, Bedürfnisse, Wertsysteme (Valenzen) von Probanden. Die bekanntesten Methoden sind:

1. Einzel-Exploration: freies Gespräch anhand eines Leitfadens mit einem Befragten. Sie ist geeignet für intime oder kreative Befragungsthemen.
2. Gruppeninterview, ebenfalls ein freies Gespräch anhand eines Leitfadens, geeignet für kreative und meinungsbildende Themen.
3. Testverfahren mit Geräten.
4. Projektionsverfahren.
5. Assoziationsverfahren (z.B. Satzergänzungstests → *Werbeerfolgskontrolle*).

Die quantitative Primärforschung dient der Gewinnung marktrelevanter Informationen. Der Marktforschung stehen hierfür eine Reihe von Erhebungsmethoden wie die → *Befragung*, → *Beobachtung* und Sonderformen wie das → *Experiment* bzw. der Test, das → *Panel* sowie der → *Markt*- und der → *Storetest* zur Verfügung.

Primärmarkt → *Finanzmärkte*.

Primärorganisation. Verbindung aller dauerhaften → *Stellen* und → *Gremien* innerhalb einer hierarchischen Struktur. Sie ist das Gerüst der → *Aufbauorganisation* ab der zweiten Organisationsebene (unterhalb der Geschäftsleitung). Formen sind die → *Funktionsorganisation* (nach Verrichtungen) und die → *Objektorganisation* (Divisionalisierung nach Produkten, Kunden oder Gebieten) sowie die Formen der Linienorganisation (→ *Einlinienorganisation*, → *Mehrlinienorganisation*, → *Matrixorganisation*, → *Stablinienorganisation*).

Private Key Encryption. Verschlüsselungskonzept, bei dem Absender und Empfänger vorab vereinbarte, geheime Schlüssel verwenden, die aufeinander abgestimmt sind. Solange dieser Schlüssel geheim bleibt, ist eine extrem hohe Datensicherheit erreichbar.

Private Steuern. Aus betrieblicher Sicht Steuern, die ein Unternehmer privat zu zahlen hat und die als Privatentnahmen zu behandeln sind, wenn sie über Betriebskonten laufen. Beispiele: Einkommensteuer, Kirchensteuer, Hundesteuer (falls nicht geschäftlich), Kraftfahrzeugsteuer für private Fahrzeuge, Erbschaftsteuer.

Privatkonto. Sammelt alle Geldentnahmen, die ein Geschäftsinhaber für private Zwecke vornimmt. Außerdem werden Beträge für entnommene Waren, Nutzung betrieblicher Einrichtungen etc. (Eigenverbrauch) dort erfasst. Entnahmen werden auf der Sollseite verbucht. Sofern Privateinlagen vom Geschäftsinhaber vorgenommen werden, werden diese auf der Habenseite des Privatkontos verbucht. Privateinlagen führen dem Unternehmen neue Kapitalteile zu. Privatentnahmen werden zunächst auf einem Unterkonto des Eigenkapitalkontos gesammelt und zum Geschäftsjahresende auf das Eigenkapitalkonto abgeschlossen. Private Einlagen oder Entnahmen wirken sich nicht auf den Erfolg (Gewinn/Verlust) des Unternehmens aus. Privatentnahmen betreffen alle Wirtschaftsgüter (Barentnahmen, Waren, Erzeugnisse, Nutzungen und Leistungen), die der Unternehmer dem Betrieb für sich, für seinen Haushalt oder für andere betriebsfremde Zwecke im Verlauf eines Wirtschaftsjahrs entnimmt (§ 4, Abs. 1 EStG). Privateinlagen sind alle Wirtschaftsgüter (Bareinzahlungen, sonstige Wirtschaftsgüter), die der Unternehmer dem Betrieb im Verlauf eines Wirtschaftsjahrs zuführt (§ 4, Abs. 1 EStG).

Problementdeckungsmethode. Kundenbezogene, problemorientierte Servicequalitätsmessung (PDM). Alle Situationen, in denen aus Kundensicht Probleme auftreten können, werden nach ihrer Häufigkeit bewertet sowie nach ihrem Einfluss auf die Leistung. Entsprechend ergeben sich Probleme mit hohem Aufkommen und großem Einfluss, denen man sich zunächst zur Lösung zuwenden muss, sowie Probleme mit niedrigem Aufkommen und großem Einfluss bzw. hohem Aufkommen und geringem Einfluss, denen man sich danach zuwendet, und schließlich Probleme mit niedrigem Aufkommen und geringem Einfluss, die man bearbeitet, sofern dafür Ressourcen frei sind.

Problem-Entscheidungsplan. Element der → *Seven New Tools* (Qualitätsmanagement). Er soll bei der Umsetzung auftretenden Schwierigkeiten entgegenwirken, indem potenzielle Störungen antizipiert und Gegenmaßnahmen für den Fall des Auftretens von Störungen geplant werden. Die Struktur des Baumdiagramms wird dazu systematisch auf Störungen hin untersucht und es wird angestrebt, Schwierigkeiten bei der Umsetzung zu beherrschen. Der Plan kann grafisch oder textlich ausgelegt sein.

Problemlösungsgruppen → *Qualitätszirkel*.

Product Placement. In die Handlung eines Spielfilms, einer Fernsehsendung (z. B. Unterhaltungssendung) oder eines Videoclips (Musiksendung) wird gegen eine Geld- oder Sachzuwendung durch den Markenartikelhersteller gezielt ein Markenartikel platziert mit der Bedingung, dass der Markenartikel für den Zuschauer deutlich erkennbar ist. Die Vorteile des Product Placements sind: keine als lästig wahrgenommenen Werbeunterbrechungen, Imagetransfer von den Filmen/Sendungen/Stars auf das Produkt, indirekte Anwendungshinweise für das Produkt. Weitere Ausprägungen sind Generic Placement, Idea Placement, Innovation Placement, Corporate Placement und Country Placement.

Produktaudit (→ *Qualitätsaudit*). Bezieht sich auf die Untersuchung einer kleinen Zahl von Fertigprodukten auf deren Übereinstimmung mit den vorgegebenen Spezifikationen (als nachträgliche Überprüfung im Sinne der Momentaufnahme) zur Feststellung der Erfüllung von Kundenanforderungen bzw. Abweichungen zur Spezifikation. Dadurch sollen systematische Fehler, Fehlerschwerpunkte und langfristige Qualitätstrends offenbart werden.

Ein kritischer Fehler gefährdet die Sicherheit des Nutzers oder betrifft die grundlegende Funktionstüchtigkeit der Leistung. Es ist anzunehmen oder bekannt, dass er voraussichtlich für Personen gefährliche und unsichere Situationen schafft. Ein Hauptfehler stellt die Brauchbarkeit der Leistung vollständig oder teilweise infrage. Es handelt sich um einen schweren Fehler, der voraussichtlich zum Ausfall führt. Nebenfehler setzen die Brauchbarkeit teilweise herab (mittlerer Fehler) oder bedeuten die Abweichung von Sollvorgaben (leichter Fehler) ohne Beeinträchtigung von Gebrauch oder Funktion. Die Einstufung erfolgt auf Basis eines Fehlerkatalogs aus Kundensicht (z. B. nach einer Punktbewertung). Daraus folgt eine Qualitätskennziffer (QKZ). Die Summe der Fehlerpunkte wird zur Anzahl geprüfter Produkte in Relation gesetzt und auf ein zu Grunde liegendes Punktraster normiert.

Produktbilanz. Stoff- und Energiebilanz, die alle mit der Produktion eines bestimmten Produkts zusammenhängenden Stoff- und Energieströme über den gesamten Lebenszyklus des Produkts beschreibt und bewertet. Dabei kann sowohl eine betriebsübergreifende als auch eine betrieblich fokussierte Sichtweise eingenommen werden.

Produktentwicklung → *Produkt-Markt-Matrix*.

Produkt-FMEA → *Fehlermöglichkeits- und -einflussanalyse*.

Produkthaftpflicht → *Haftung*.

Produkthaftungsrecht. Der Hersteller haftet für Schäden, die durch die Nutzung seines Produkts entstehen. Es kommen zwei Rechtsgrundlagen in Betracht, das → *Deliktsrecht* oder das Produkthaftungsgesetz.

Das Deliktsrecht ist ein Spezialgebiet des → *Bürgerlichen Rechts*. Nach dem Recht der unerlaubten Handlung (= Deliktsrecht) wird die Produzentenhaftung aus der Verletzung der Verkehrssicherungspflicht des Herstellers hergeleitet. Rechtsgrundlage ist § 823 Abs. 1 BGB. Sofern der Hersteller auch nur fahrlässig Fehler übersieht, haftet er für alle sich daraus ergebenden Schäden. Es kann sich um Konstruktionsfehler, Fabrikations- und Materialfehler, aber auch um Informationsfehler oder um Produktbeobachtungsfehler handeln. Ein Informationsfehler liegt vor, wenn die Gebrauchs- und Bedienungsanleitungen unzureichende Hinweise auf den gefahrlosen Gebrauch enthalten. Auch die unzureichende Produktbeobachtung in der praktischen Anwendung führt zur deliktischen Haftung des Herstellers. Dieser hat durch organisatorische Maßnahmen für die Produktüberwachung und im Einzelfall für geeignete Maßnahmen der Gefahrabwendung einschließlich des Rückrufs der gefährlichen Produkte zu sorgen. Bei überbetrieblicher Arbeitsteilung wird der Endprodukthersteller im Außenverhältnis nicht entlastet; er haftet als Quasihersteller auch für die Schadensfolgen aus zugelieferten Teilen. Im Innenverhältnis gegenüber dem Zulieferer besteht ein Gesamtschuldverhältnis. Daher kann ein Rückgriff gegenüber dem Zulieferer erfolgen.

Das Produkthaftungsgesetz (ProdHaftG) ist infolge der Harmonisierung des → *Europäischen Wirtschaftsrechts* entstanden. Danach haftet der Hersteller auch ohne Verschulden für Schäden, die durch einen Produktfehler entstehen. Haftungstatbestand ist das Inverkehrbringen eines fehlerhaften Produkts. Begrifflich werden technische Anlagen, Fahrzeuge, Maschinen und Geräte, aber auch alle Arten von Konsumgütern, chemischen Erzeugnissen, Nahrungs- und Genussmitteln, Verpackungen etc. erfasst. Als fehlerhaft gilt ein Produkt, wenn es den Sicherheitserwartungen des Verkehrs nicht entspricht. Hersteller ist derjenige, welcher das (End-)Produkt verantwortlich erzeugt hat. Infolgedessen wird auch ein Zulieferer als Hersteller seines (Teil-) Produkts angesehen, nicht aber der Assembler, der die Teile nur zusammenfügt. Falls der Endprodukthersteller nicht ermittelt werden kann, haftet der Quasi-Hersteller, der das Produkt mit seiner Marke oder seiner Firma versehen hat. Kann ein Hersteller nicht festgestellt werden, haftet der Drittstaaten-Importeur, der das Produkt in das Gebiet der Europäischen Union eingeführt hat. Falls auch der Importeur nicht ermittelt werden kann, haftet jeder Lieferant. Das Produkthaftungsgesetz sieht einen Katalog von Haftungsausschlusstatbeständen vor. Sofern der Hersteller z.B. darlegen kann, dass das Produkt im Zeitpunkt des Inverkehrbringens fehlerfrei war, ist seine Ersatzpflicht ausgeschlossen. Es ist auch eine Haftungshöchstgrenze für Personenschäden vorgesehen, die bei 85 Mio. Euro liegt. Das Produkthaftungsgesetz enthält eine Ausschlussfrist von zehn Jahren nach dem Inverkehrbringen des Produkts.

Literaturempfehlung: Steckler: Wirtschaftsrecht, 6. Auflage, Ludwigshafen 2003

Produktion. Erzeugung von Sachgütern und Energie sowie die Erstellung von Dienstleistungen und die Bildung von Rechten. Im Gegensatz hierzu ist in der betriebswirtschaftlichen Literatur der Begriff → *Fertigung* enger gefasst. Hierunter wird nur die Erzeugung von Sachgütern und Energie verstanden.

Produktionscontrolling. Ziel des Produktionscontrollings ist die Sicherung der Wirtschaftlichkeit der Leistungserstellung im Produktionsbereich. Aufgaben sind die Informationsversorgung der Produktionsleitung durch Bereitstellung und Analyse von produktionswirtschaftlichen Daten für Zwecke der Produktionsplanung, Produktionssteuerung, Produktionskontrolle; Entwicklung entsprechender Systeme zur Kontrolle der Kostenstellenkosten und Leistungserstellungsprozesse; Entwicklung eines Instrumentariums, z.B. für Zwecke der kostenarten- und kostenstellenbezogenen Abweichungsanalyse, zur Abschätzung kostenmäßiger Folgen produktionswirtschaftlicher Entscheidungen.

Produktionsfaktor. Nach Gutenberg werden die Produktionsfaktoren in Elementarfaktoren und dispositive Faktoren unterschieden. Elementarfaktoren sind: menschliche Arbeit, → *Betriebsmittel* und Werkstoffe. Dispositive Faktoren sind: Betriebsführung (originärer Faktor) sowie die daraus abgeleiteten derivativen Faktoren Planung und Organisation. In machen Veröffentlichungen wird eine Ergänzung der Elementarfaktoren um den Begriff Wissen (Daten, Informationen) vorgeschlagen. Wöhe ergänzt den dispositorischen Faktor um Überwachung.

Die Einteilung in der BWL unterscheidet sich damit von der in der VWL klassischen Dreiteilung: Arbeit, Boden und Kapital. Bereits Soy (1787 – 1832) fügte die unternehmerische Tätigkeit als weiteren Faktor hinzu.

Produktionsintegrierter Umweltschutz → *Kostenkennzahlen*.

Produktionslager. Lagerung von Material im Fertigungsbereich.

Produktionslogistik. Logistisches Unterstützungssystem der → *Fertigung*. Zum Arbeitsgebiet der Produktionslogistik zählen folgende Aktivitäten: Bereitstellung und Abwicklung des innerbetrieblichen → *Materialflusses* einschließlich des Betriebs von → *Produktionslagern*, → *Produktionsplanung* und -steuerung, Betrieb von → *Fertigungsleitsystemen* und/ oder → *Leitständen*. Im erweiterten Sinne zählt man zur Produktionslogistik auch Fabrikplanungsaktivitäten unter besonderer Berücksichtigung einer materialflussgerechten Produktionsgestaltung.

Produktionsplanung und -steuerung. In fast allen größeren Produktionsbetrieben (ab 30 Mio. € Jahresumsatz aufwärts) werden heute DV-gestützte Produktionsplanungs- und -steuerungssysteme (PPS) eingesetzt. Hiermit sollen die Ziele hohe → *Termintreue*, hohe Kapazitätsauslastung, niedrige Bestände, hohe Planungssicherheit und kurze Durchlaufzeit erreicht werden.

Die Produktionsplanung umfasst die Funktionen Produktionsprogrammplanung (Mengen und Termine für die → *Enderzeugnisse*), Mengenplanung (→ *Eigenfertigungsbaugruppen*) und Termin- und → *Kapazitätsplanung* (Start- und Endtermine für alle → *Arbeitsvorgänge*). In der Produktionssteuerung werden im Rahmen der Auftragsveranlassung die → *Fertigungsaufträge* auf Machbarkeit überprüft und freigegeben; die Auftragsüberwachung befasst sich mit der terminlichen und mengenmäßigen Verfolgung der → *Fertigungsaufträge*.

Die DV-Programme zur Produktionsplanung und -steuerung sind häufig in ein sog. integriertes (→ *Integration*) Programmsystem eingebettet, welches auch die Belange des Rechnungswesens und des Vertriebs abdeckt. Der Ausdruck integriert bedeutet, dass alle Beteiligten eines Unternehmens auf dieselbe Datenbasis zugreifen können und so ein gemeinsamer online-aktueller Wissensstand entsteht, z. B. werden Lagerbewegungen synchron in den entsprechenden Konten nachgeführt, der Mitarbeiter in der Arbeitsvorbereitung ist genauso gut wie der Vertriebler über fertig gestellte Enderzeugnismengen informiert.

Produktionsprogramm. Planung für die Herstellung von Erzeugnissen einschließlich des Einbaus von → *Kaufteilen* in der Endmontage. Hiervon zu unterscheiden ist das → *Fertigungsprogramm*, in dem nur die Produktion der → *Eigenfertigungsteile* geplant wird.

Produktionsprogramm, gewinnoptimales. Das Sortiment von Produktionsmengen, das bei gegebenen Produktions- und Absatzmöglichkeiten maximalen Gewinn erwarten lässt. Das dafür geeignete mathematische Modell geht von einer auf → *Deckungsbeitragsrechnung* beruhenden Struktur aus, die durch ein Beispiel dargestellt wird.

Beispiel:

Ein Unternehmen stellt zwei Produkte X und Y mit Stück-Deckungsbeiträgen = Preis minus variable Kosten pro Stück 30 € und 70 € her. Maschine 1 hat eine Kapazität von 3.200 Maschinenstunden (z. B. pro Jahr); für ein Stück X werden 5, für ein Stück Y 2 Stunden benötigt. Maschine 2 hat eine Kapazität von 1.800 Maschinenstunden (z. B. pro Jahr); für ein Stück X werden 2, für ein Stück Y 3 Stunden benötigt. Maschine 3 hat (z. B. wegen fest eingeplanter Daueraufträge) eine Kapazität von nur 400 Maschinenstunden (z. B. pro Jahr); für ein Stück X wird keine Leistung dieser Maschine, für ein Stück Y 1 Stunde benötigt. Es ergibt sich folgendes Modell: Ziel (auch: Zielfunktion): Gewinn, max. also $30x + 70y$ (– Fixkosten) max., wobei die Fixkosten nur die Gewinnhöhe, nicht die optimale Mengenkombination verändern, Nebenbedingungen (Restriktionen):

$5x + 2y \leq 3.200$

$2x + 3y \leq 1.800$

$0x + 1y \leq 400$

Dabei dürfen x und y nicht negativ sein.

Lies:

Weitere Restriktionen sind z. B. Mindestmengen auf Grund vertraglicher Bindung.

Ergebnis zum Beispiel:

Zu fertigen sind 300 Stück von X und 400 Stück von Y.

Auslastungen der Maschinen

1. für X = 1.500 Std., Y = 800 Std., zusammen 2.300 Std.

2. für X = 600 Std., Y = 1.200 Std., zusammen 1.800 Std.
3. für X = 0 Std., Y = 400 Std., zusammen 400 Std.

Maschinen 2 und 3 sind ausgelastet, bei Maschine 1 sind 200 Std. unbelegt.

Lies: Deckungsbeitrag

X (300 Stück zu 30 €)	=	9.000 €
Y (400 Stück zu 70 €)	=	28.000 €
Summe	=	37.000 €

Produktionssynchrone Beschaffung. Anlieferung von Teilen ohne Zwischenlagerung (kurzlebige Pufferlager nicht mitgerechnet) an die Produktionsbänder. Bei dieser Abwicklung ist die Versorgung aus einem → *Lager* eines logistischen Dienstleisters (→ *Dienstleistungslogistik*) denkbar. Hiervon zu unterscheiden ist die → *Just-in-Time-Abwicklung*.

Produktivität. Sie ist die Ergiebigkeit der betrieblichen Faktorkombination, also Ausbringungsmenge zu Faktor Einsatzmenge. Spezielle Formen sind Arbeits-, Material- bzw. Werkstoff- und Betriebsmittelproduktivität, bei letzterer z. B. Ausbringungsmenge je Maschinenstunde. Produktivität wird auch als mengenmäßige bzw. technische → *Wirtschaftlichkeit* bezeichnet.

Produktlebenszyklus. Besagt, dass der Absatz eines Produkts typische Phasen von der Produktidee bis zum Ausscheiden aus dem Markt durchläuft. Die Phasen sind Einführung, Wachstum, Reife, Degeneration. Die Zeit vor Einführung in den Markt wird Entstehungszyklus genannt. Die Terminologie wird nicht einheitlich gebraucht. Manche Autoren verwenden für den Begriff Reifephase Sättigungsphase, für den Begriff Degeneration Sättigungs- oder Rückgangsphase, für den Begriff Produktlebenszyklus Marktzyklus, für den Begriff Entstehungszyklus Entwicklungs- oder Planungsphase.

Die Phasen sind durch typische Eigenschaften und einen typischen S-förmigen Verlauf gekennzeichnet. Jedes Produkt hat unterschiedliche Verweildauern in den Phasen bei unterschiedlichen Volumina. Die Kenntnis der Lebenszyklusphasen erleichtert Prognosen und ermöglicht den Einsatz spezieller, für eine Phase geeigneter Strategien und operativer Maßnahmen. In der Einführungsphase sind Maßnahmen zur Marktdurchdringung und technischen Veränderung vordringlich, u. a. sind »Kinderkrankheiten« zu heilen und die Bekanntheit und Akzeptanz des Produkts zu fördern. In der Wachstumsphase liegt der Schwerpunkt auf der Erreichung eines großen Marktvolumens, z. B. durch eine aggressive Preispolitik. In der Reifephase muss beispielsweise die Effizienz der Produktion verbessert werden, um dem erhöhten Preisdruck standhalten zu können. In der Degenerationsphase liegt das Hauptaugenmerk auf Ablösung oder Weiterentwicklung des Produkts, z. B. Maßnahmen zur Verlängerung des Lebenszyklus durch Produktveränderungen oder Zusatzleistungen.

Produkt-Markt-Matrix. Systematik für Wachstumsstrategien als wichtiges Orientierungsmuster für die Entwicklung von Strategien für neue Produkte und Märkte. Sie wurde von dem Managementforscher H.I. Ansoff im Jahr 1965 vorgestellt und wird auch heute noch verwendet, siehe Abb. 55. In einer Vier-Felder-Matrix werden die typischen Wachstumsstrategien eingeordnet:

- Marktdurchdringung (Market Penetration), auch Marktintensivierung, Marktpenetration genannt: Das Marktpotenzial der vorhandenen Produkte soll auf den bereits bestehenden Märkten besser ausgeschöpft werden. Ziele sind ein größeres Marktvolumen und eine Erhöhung des relativen Marktanteils. Maßnahmen können u. a. sein: Intensivierung der Werbung, aggressive Preispolitik, Veränderung der Distributionskanäle, Schulung des Verkaufspersonals.
- Produktentwicklung (Product Development): Die bestehenden Märkte sollen mit neuen Produkten beliefert werden. Diese Strategie ist verbunden mit Ersatz von alten Produkten, Sortimentserweiterung und Produktinnovation. Sie ist besonders wichtig bei Produkten mit kurzen → *Produktlebenszyklen*. Eine derartige Strategie stellt Forschung und Entwicklung und eine systematische Innovationspolitik in den Vordergrund.
- Marktentwicklung (Market Development): Für bestehende Produkte sollen neue Märkte gefunden werden. Verschiedene Stoßrichtungen der Vermarktung sind beispielsweise Erschließung zusätzlicher geografischer Marktgebiete im regionalen, nationalen oder internationalen Raum oder Eindringen in zusätzliche Marktsegmente durch neue Anwendungsmöglichkeiten oder Zusatzleistungen (→ *Diversifikation*).

Produkte, Leistungen \ Märkte	bestehende	neue
bestehende	**Marktdurchdringung ❶** – Marktbesetzung – Verdrängung	**Marktentwicklung ❷** – Internationalisierung – Marktsegmentierung
neue	**Produktentwicklung ❸** – neues Produkt – Produktdifferenzierung	**Diversikation ❹** – horizontal – vertikal – lateral

Abb. 55: Produkt-Markt-Matrix nach Ansoff

Produktorganisation (Product-Management). Objektorientierte Organisationsform im Rahmen der Sekundärorganisation. Diese ist möglich als

- Stabs-Produktmanagement,
- als Linien-Produktmanagement,
- als Matrix-Produktmanagement mit funktionalen Organisationseinheiten in der anderen Dimension sowie
- als Gremien-Produktmanagement (Ausschuss).

Als wesentliche Vorteile werden bessere Koordination durch einheitliche Produktzuständigkeit, enge Verknüpfung aller Bereiche mit dem Markt, schnelle Kommunikation und marktorientierte Innovation sowie differenziertes Marketing gesehen. Nachteile liegen u. a. in der Gefahr von Kompetenzkonflikten und zu starker Spezialisierung einzelner Programmsegmente.

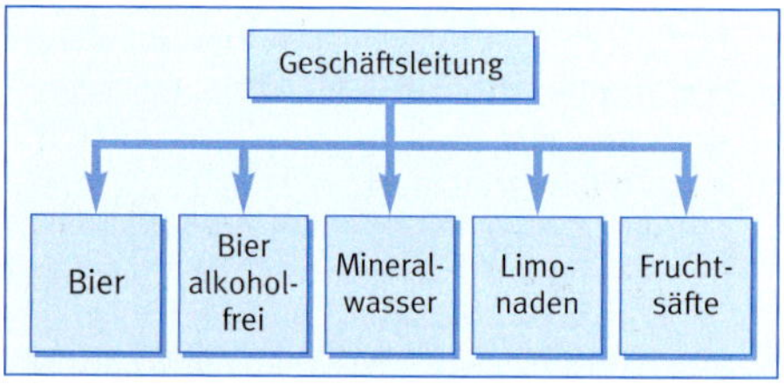

Abb. 56: Produktorganisation (Beispiel Getränkeunternehmen)

Progressionsvorbehalt. Eine Sonderregelung in § 32 b Einkommensteuergesetz, um die finanzielle Leistungsfähigkeit in folgenden Fällen besser zu berücksichtigen: bei Steuerpflichtigen mit Lohn- oder Einkommensersatzleistungen (Arbeitslosengeld, Schlechtwettergeld, Krankengeld), bei nur zeitweise unbeschränkt Steuerpflichtigen mit ausländischen Einkünften, die im Veranlagungszeitraum nicht der deutschen Einkommensteuer unterlegen haben, und bei unbeschränkt Steuerpflichtigen mit steuerfreien ausländischen Einkünften. In diesen Fällen ist auf das zu versteuernde Einkommen ein Steuersatz anzuwenden, der sich ergeben würde, wenn man die dem Progressionsvorbehalt unterliegenden (steuerfreien und steuerpflichtigen) Einkünfte addiert.

Projekt. Abwicklung eines Organisationsvorhabens oder Bauvorhabens mit Einmaligkeitscharakter. Im Gegensatz dazu stehen Routineabwicklungen wie die → *Auftragsabwicklung* nach festen → *Arbeitsplänen*. Ein Projekt wird nur dann erfolgreich abgewickelt werden können, wenn folgende Merkmale vorliegen: kompetenter und erfahrener Projektleiter, klare Projektziele, professionelle Planung in Hauptaktivitäten und Unteraktivitäten, Fortschrittsüberwachung durch wöchentliche interne Projektsitzungen und monatliche Sitzungen mit dem → *Projekt-Controlling*, begleitende Budgetkontrolle und hochmotivierte Projektmitarbeiter. Daher sollte im jeweils konkreten Einzelfall geprüft werden, welcher Weg der optimale ist.

Projektcontrolling. Ziel ist die unterstützende Begleitung der Planung, Steuerung und Kontrolle besonderer Vorhaben durch Bereitstellung und Analyse erfolgs- und finanzwirtschaftlicher Daten während des gesamten Projektverlaufs. Aufgaben:

1. Planungsphase: Mitwirkung bei der Erarbeitung von Projektzielen, Sicherung einer ergebnis- und liquiditätsorientierten Zielsetzung, Unterstützung der Projektevaluierung; Entwicklung und Einrichtung eines Planungs-, Kontroll- und Informationssystems; Initiierung und Unterstützung der Projektplanung.

2. Realisationsphase: Detaillierung von Struktur-, Faktorbedarfs- und Prozessplanung; Mitwirkung bei der Kosten-, Ergebnis- und Finanzplanung; mitlaufende integrierte Kontrolle von Kosten, Leistungen, Terminen.
3. Abschlussphase: Durchführung einer umfangreichen Abschlusskontrolle und Projektdokumentation; Pflege und Weiterentwicklung des Projektmanagementsystems.
4. Einsatz sämtlicher bekannter Controllinginstrumente.

Projektorganisation. Projekte sind zeitlich, sachlich und unter Umständen räumlich begrenzte Vorhaben mit definierter Aufgaben- und Zielstellung und im Wesentlichen durch ihre Einmaligkeit der Bedingungen gekennzeichnet. Sie beinhalten ein zielorientiertes und neuartiges Vorhaben, das eine besonders hohe Komplexität aufweist und eine interdisziplinäre Zusammenarbeit mehrerer Bereiche erfordert, und werden durch eine Projektgruppe bearbeitet, der ein/e Projektleiter/in vorsteht.

Innerhalb der Sekundärorganisation ist eine Einordnung als Projektausschuss, als Stabsstelle oder als Matrixprojekt möglich. Als stärkste Form hat jedoch das reine Projektmanagement zu gelten, das neben Zentralabteilungen tritt. Als Ausschuss wird eine Task force gebildet, die zwar über Entscheidungs-, nicht aber über Weisungsbefugnis verfügt. Als Stabsstelle wird vom Einfluss-Projektmanagement gesprochen, wobei allerdings keine Entscheidungs- oder Weisungsbefugnis gegeben ist. Als Matrix-Projektorganisation besteht Weisungsbefugnis des Projektmanagers, aber Entscheidungsbefugnis des Linienmanagers.

Notwendige Festlegungen für ein Projekt (Mindestanforderungen)

- Projektinhalt,
- Ursache/Anlass für das Projekt,
- Projektziele,
- Risiken/kritische Faktoren,
- Nutzen,
- Projektbudget/Rentabilität,
- Projektstart,
- Projektende,
- Projektauftraggeber,
- Projektleiter,
- Projektmitarbeiter.

Die Vorteile liegen
a) in der zentralen Ansprechstelle für alle Beteiligten bei interdisziplinären Projekten. Dies erleichtert die Koordination ungemein, da damit jemand als Verantwortlicher bestimmt wird und sich auch so fühlen kann;
b) in der koordinierten Ablaufplanung bei komplexen Projekten. Diese überfordern die eher auf routinisierte Abläufe ausgerichtete Aufbauorganisation ansonsten nur zu leicht;
c) in der gesamtprojektbezogenen Erfolgsrechnung. Denn die für ein Projekt aufgewendeten Kosten sind nicht nur für Sachleistungen, sondern auch für den hohen Anteil an Personalleistungen exakt abgrenzbar;
d) in der weit gehenden Autonomie der Projektleitung, die ein flexibles Eingehen auf Umfeld-

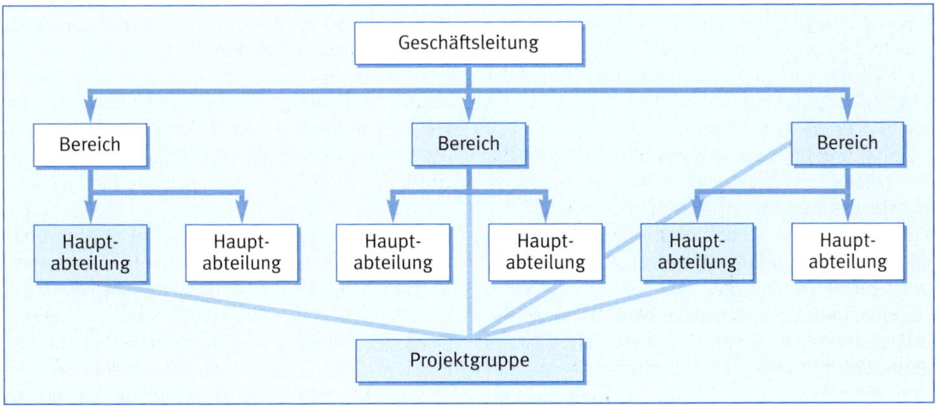

Abb. 57: Projektorganisation

erfordernisse ermöglicht. So braucht nicht auf starre interne Erfordernisse Rücksicht genommen zu werden.

Die Nachteile liegen

a) im Zusammenspiel von begrenzter Projektorganisation und genereller Aufbauorganisation im häufigen Fall der Sekundärorganisation. Dies schafft Probleme, wenn beide, was häufig der Fall ist, zumindest teilweise widerstrebende Anforderungen an Mitarbeiter stellen;
b) in Kompetenzproblemen der Mitarbeiter durch doppelte Unterstellung bei Disziplinarvorgesetzten und Projektleitern. Daher müssen klare Prioritätsregelungen geschaffen werden, die eigentlich nur zu Gunsten des Projekts ausfallen können, da es ansonsten nicht des Projektmanagements bedürfte;
c) in der Zuteilung knapper Ressourcen, wobei sich deren begrenzte Teilbarkeit bemerkbar macht und gewisse Mindestprojektumfänge erfordert. Dies bezieht sich sowohl auf maschinelle als auch auf personelle Kapazitäten;
d) in möglichen Reintegrationsproblemen der Projektmitarbeiter nach Beendigung eines Projekts. Denn deren Aufgaben sind zwischenzeitlich auf andere Weise weiter gelöst worden, sodass ein Folgeprojekt noch den besten Übergang schafft.

Projektphasen. Arbeitsabschnitte bei der Projektabwicklung. Beispiele: Projektplanung, Ist-Aufnahme, Schwachstellenanalyse, Soll-Konzept, Realisierung. Nach Abschluss jeder Projektphase ist eine Sitzung mit dem → *Projektcontrolling* erforderlich. Diese Zeitpunkte zwischen den Phasen sowie Start und Ende nennt man Meilensteine.

Eine andere Gliederung unterscheidet nach einer Vorbereitungsphase in Planung, Durchführung, Einführung und Controlling.

Prokura. Besonders ausgestaltete Vollmacht für Kaufleute. Während das → *Bürgerliche Recht* die allgemeinen Vertretungsregeln vorgibt, enthält das → *Handelsrecht* Sonderformen der Vertretung wie die Prokura, die Handlungsvollmacht und die Ladenvollmacht.

Die Prokura entsteht mit der Erteilung und erlischt mit dem Widerruf. Sie ist eine umfassende Vollmacht und ermächtigt zu allen Arten von Geschäften und Rechtshandlungen im Betrieb des Handelsgewerbes. Durch die handelsrechtliche Immobiliarklausel werden Verkäufe und Belastungen von Betriebsgrundstücken ausgenommen. Auch Grundlagengeschäfte darf der Prokurist nicht vornehmen, wie z.B. die Einstellung und Veräußerung des Unternehmens, die Firmenänderung, die Aufnahme von Gesellschaftern oder den Antrag auf Eröffnung des Insolvenzverfahrens. Nach den allgemeinen Vertretungsregeln wird der Kaufmann aus allen anderen gerichtlichen und außergerichtlichen Geschäften des Prokuristen verpflichtet. Sowohl die Erteilung als auch der Widerruf der Prokura ist eine selbstständige, im Handelsregister eintragungspflichtige Tatsache. Der Rechtsschein des → *Handelsregisters* geht nach der Eintragung und Veröffentlichung von dem Bestand der Prokura aus. Der Kaufmann kann sich auf den Widerruf der Prokura nur berufen, wenn eine entsprechende Eintragung vorliegt.

Literaturempfehlung: Steckler: Wirtschaftsrecht, 6. Auflage, Ludwigshafen 2003. Danne, H. / Keil, T.: Wirtschaftsprivatrecht I, 2. Auflage, Berlin 2002.

Prospect. → *Potenzieller Kunde*.

Prospecting → *Neukundenakquisition*.

Protokoll. Eine Reihe von Regeln und Vereinbarungen, die eingehalten werden müssen, damit die Übertragung von → *Daten* in einem → *Computernetz* möglich wird. Protokolle regeln u.a. den Auf- und Abbau von Verbindungen, den zeitlichen Ablauf der Kommunikation sowie das Erkennen und Behandeln von Übertragungsfehlern. Technisch sind Protokolle als Software-Bausteine realisiert und entweder im → *Betriebssystem* oder in einer → *Anwendungssoftware* enthalten. Eines der bekanntesten und am weitesten verbreiteten Protokolle ist → *TCP/IP*, das regelt, wie die Daten im Internet übermittelt werden.

Provider. Dienstleister, der technische Internet-Leistungen/Netzdienste auf Basis einer bestehenden Infrastruktur offeriert, als Internet → *Access Provider* (IAP, nur Zugang), Internet Gateway Provider (IGP, nur Zugang), Internet Service Provider (ISP, Zugang und Dienstleistung) und Online Service Provider (OSP, Zugang, Dienstleistung und eigenes Netz).

Provision. Eine finanzielle Vergütung, die ein Verkäufer oder Vermittler in Abhängigkeit von der erreichten Leistung erhält, z. B. einen Prozentsatz vom Umsatz.

Proxyserver. Server, der dazu eingesetzt wird, die über das Internet zu transportierenden Datenmengen zu reduzieren. Dies wird erreicht, indem Angebote, die besonders viele Nutzer anklicken, von den Proxy Servers zwischengespeichert werden, damit sie nicht über die volle Strecke zwischen dem entfernten Server eines Anbieters und dem Rechner eines Nutzers übertragen werden müssen. Ein Seitenabruf beim Anbieter einer zwischengespeicherten Seite findet dann bei Aufruf nicht zwingend statt. Dies hat allerdings manchmal zur Folge, dass man nicht ganz aktuelle Inhalte erhält. Dies kann durch Neuladen der Seite umgangen werden.

Prozess. Allgemein Serie von Handlungen, Tätigkeiten oder Verrichtungen zur Schaffung von Produkten oder Dienstleistungen, die in einem direkten Beziehungszusammenhang miteinander stehen, und zwar mit messbarer Eingabe, messbarer Wertschöpfung und messbarer Ausgabe. Prozesse sind allgemein auf die Erreichung von Zielen im Rahmen zeitlich befristeter Durchlaufzeiten gerichtet, d. h., das Ziel steht schon vor Tätigkeitsbeginn fest. Weiterhin gibt es ein Ereignis zum Anstoßen eines Tätigwerdens. Dabei wird ein Input (Quelle) durch Aktivitäten in einen Output transformiert, dies ist die Leistung. Dafür stehen Ressourcen bereit (Menschen, Sachmittel, Methoden, Informationen etc.). Es gibt Prozessketten im Unternehmen und zu den Märkten.

Zunehmend gewinnt in der → *Organisation* eine unabhängig von Abteilungsgrenzen strukturierte Prozessorientierung an Bedeutung (→ *Prozessmanagement*).

Prozessbilanz. Stoff- und Energiebilanz, die alle mit einem Fertigungsprozess zusammenhängenden Stoff- und Energieströme beschreibt und bewertet.

Prozesscontrolling. Ein Geschäftsprozess umfasst die Abarbeitung einzelner Tätigkeiten zur vollständigen und wertschöpfenden Bearbeitung eines Geschäftsobjekts. Geschäftsobjekte sind materielle Güter (z. B. Material, Maschinen) und immaterielle Güter (z. B. Kundenaufträge), die im Unternehmen zur Zielerreichung eingesetzt werden müssen. Geschäftsprozesse sind durch einen Input und Output mit dazwischen liegenden Bearbeitungsschritten gekennzeichnet und verlaufen funktionsübergreifend. Das Prozesscontrolling ist Teil des Kosten- und Erfolgscontrollings.

Prozessfähigkeit (Qualitätsmanagement). Maß dafür, ob ein Prozess die an ihn gestellten Anforderungen erfüllen kann. Wenn z. B. die Abfüllmenge für 0,5-l-Bierflaschen nur um +/– 1 ccm vom Mittelwert abweicht, so ist die Abfüllanlage als prozessfähig zu bezeichnen. Dies gilt allerdings auch, wenn die Menge zwischen 0,449 und 0,451 l schwankt, da die Maschine eigentlich exakt abfüllen kann, aber offenbar falsch eingestellt ist. In solchen Fällen spricht man von beherrschbaren Produktionsprozessen.

Prozess-FMEA. Betrifft die zur Erstellung eines Produkts erforderlichen Prozessschritte, um potenzielle Fehler zu erkennen und zu verhüten (Produktionsplanungsphase), mithin die Konzeption, Erstellung, Prüfung, Ermittlung aller möglichen Faktoren und Zustände, die einen einwandfreien Prozessablauf erschweren können. Es geht um Fehlerursachen, Fehlerarten und Fehlerfolgen.

Prozesskostenrechnung. Verursachungsgerechte Zuordnung von → *Gemeinkosten* durch Bezug auf innerbetriebliche Prozesse.

Der Stand der Technik dient in erster Linie einer möglichst verursachungsgerechten Kalkulation (→ *Kostenträgerrechnung*) in folgenden Schritten:

1. Feststellen, dass pauschale Zuschlagssätze für → *Gemeinkosten* (z. B. unabhängig von der Auftragsgröße) unrealistisch sind,
2. Herauslösen der Kostenvolumina aus den Gemeinkosten, die durch bestimmte betriebsinterne Prozesse (»cost drivers«) verursacht sind,
3. Ermittlung von Prozesskostensätzen nach der Formel Prozesskosten pro Monat dividiert durch Prozessmengen pro Monat,
4. die verbleibenden Rest-Gemeinkosten werden wahlweise weiterhin als Zuschlag auf die Einzelkosten oder auf die Prozesskostensätze des Schritts zuvor (also in beiden Varianten willkürlich) verteilt,

5. die Produkte werden jetzt unter Berücksichtigung der Kostenverursachung durch die internen Prozesse neu kalkuliert.

Im Stand der Forschung (Konkurrenzvorteil) wird als Vorstufe ausdrücklich eine Organisationsanalyse berücksichtigt, die häufig Unwirtschaftlichkeiten, z.B. Dopplungen von Prozessen (soweit nicht aus Sicherheitsgründen beabsichtigt) aufdeckt, dadurch Prozesskosten und -mengen tendenziell verringert (verbessertes Qualitätsmanagement z.B. erlaubt Verzicht auf Prüfung jedes einzelnen Teils; die Abteilung Qualitätskontrolle wird »schlanker«); die eigentliche Umverteilungsrechnung wird bei nun konstant bleibendem Kostenvolumen um die Möglichkeit der → *Kostenkontrolle* erweitert.

Prozesslenkung. Qualitätsmanagementphase Ressource und Prozessrealisierung. Diese Anforderung besagt, dass alle relevanten Prozesse beschrieben sein und unter beherrschten Bedingungen ablaufen müssen. Dabei geht es um die kritische Erstellung der eigentlichen Leistung. Deren Qualität hängt wesentlich von den Bedingungen der Produktion und von der Motivation und Qualifikation der sie erbringenden Mitarbeiter ab. Die Qualität der Leistung darf dabei nicht nur vom Kunden gemessen, sondern muss auch vom eigenen Unternehmen geprüft werden. Die Ergebnisse beider Prüfungen müssen miteinander verglichen und die Fähigkeiten und Fertigkeiten des erbringenden Personals regelmäßig überprüft werden (z.B. Fremdbeobachtung). Die Qualitätsmerkmale der Produktion müssen eindeutig festgelegt sein und Einrichtungen, die bei der Leistungserstellung benutzt werden, überwacht werden. Die Produktion selbst muss in Verfahrensanweisungen geregelt sein.

Prozessmanagement. Alle planerischen, organisatorischen und kontrollierenden Maßnahmen zur zielgerichteten Steuerung der Wertschöpfungskette eines Unternehmens im Hinblick auf die Zielsetzungen Kosten, Zeit, Qualität, Innovationsfähigkeit und Kundenzufriedenheit. Ein Prozess wird durch ein externes Ereignis angestoßen. Er transformiert einen Input (Quelle) in einen Output (Senke). Diese Transformation ist durch zweckgerechte Aktivitäten gekennzeichnet. Dabei werden Ressourcen verbraucht und Werte geschaffen. Der → *Prozess* wird innerhalb einer Durchlaufzeit aktiviert. Man unterscheidet

- materielle und informationelle Prozesse,
- operative und dispositive Prozesse sowie
- Primärprozesse (Kernprozesse) und Sekundärprozesse (Unterstützungsprozesse).

Eine zusammenhängende Prozesskette, die zu einem in sich abgeschlossenen Ergebnis führt, nennt man Geschäftsprozess. Die Summe der Geschäftsprozesse in einer Organisation ergibt die Wertschöpfungskette.

Jeder Prozess besteht aus Ausführungszeiten (wertschöpfend), Rüstzeiten (zur Vor- und Nachbereitung der Ausführung), Transferzeiten (zwischen verschiedenen Arbeitsstationen) und Liegezeiten (zwischen verschiedenen Arbeiten). Die Prozessarchitektur stellt die hierarchische Verknüpfung von Geschäftsprozessen dar.

Prozessor → *Mikroprozessor* und → *CPU*.

Prüfmerkmal. Allgemein ein Merkmal, anhand dessen eine Qualitätsprüfung durchgeführt wird.

Prüfmethoden. Als Prüfmethoden im Rahmen der Qualitätssicherung werden, je nach Sachlage, verschiedene eingesetzt.

- Vollständiger Test: Alle Einheiten einer Stichprobe werden bis zum Ausfall geprüft. Die Ausfallzeiten werden festgestellt.
- Zeitverkürzter Test: Er wird nach einer vorgegebenen Zeitdauer beendet. Einige der geprüften Einheiten werden nicht ausgefallen sein, was bei der Auswertung ebenso zu berücksichtigen ist wie der Ersatz ausgefallener Einheiten durch neue.
- Ausfallverkürzter Test: Er wird beendet, wenn eine vorgegebene Anzahl von Einheiten in der geprüften Stichprobe ausgefallen oder nicht ersetzt worden ist.
- Unterbrochener Test: Zu verschiedenen Zeitpunkten werden funktionierende Einheiten aus dem Test genommen.
- Sudden-Death-Test: Die Stichprobe wird in Teilstichproben gleicher Größe unterteilt. Jede Stichprobe wird bis zum ersten Ausfall getestet (daraus wird die Schätzung der Mindestlebensdauer abgeleitet).
- Sequenzial-Test: Produkte mit festgelegten Annahmekriterien werden nacheinander auf Annahme oder Zurückweisung geprüft. Ausfälle und kumulierte Prüfdauer werden in ein Diagramm eingetragen. Die Entscheidung über Fortführung oder Beendigung des Tests

ist jeweils vom letzten Ergebnis abhängig, so lange, bis eine Annahme- oder Ablehnungsgrenze überschritten wird.
- Beschleunigter Test: Prüfeinheiten werden zeitverkürzt getestet oder schärferen Bedingungen unterworfen.

Prüfmittelfähigkeit. Gibt die Eignung eines Prüfmittels für eine spezielle Messaufgabe an, die nicht nur vom Gerät, sondern auch vom Bedienpersonal abhängig ist. Sie bezieht sich auf ihre Genauigkeit, Linearität, Stabilität, Wiederholbarkeit und Nachvollziehbarkeit.

Prüfmittelüberwachung. Qualitätsmanagementphase Prozessrealisierung und Bewertung. Diese Anforderung besagt, dass Prüfmittel so behandelt werden müssen, dass die mit ihnen durchgeführten Prüfungen verlässliche Ergebnisse liefern und ihre Genauigkeit sichergestellt ist. Unter Prüfmitteln sind sehr häufig Checklisten, Fragebögen o.Ä. zu verstehen. Dieses Normelement kann immer nur im Zusammenhang mit dem Normelement Prüfungen bearbeitet werden.

Prüfplan. Festlegung der Prüfmerkmale, der Prüfmethoden, der Prüfbedingungen und der Prüfmittel zur Durchführung einer Prüfung und zur Festlegung der Dokumentation und des Prüfstatus.

Prüfstatus. Qualitätsmanagementphase Prozessrealisierung. Der Prüfstatus (letztes Prüfdatum und Prüfergebnis) eines Produkts muss jederzeit erkennbar sein. Ebenso müssen Mittel, die zur Produktion eingesetzt werden, geprüft und freigegeben werden und ebenfalls einen Prüfstatus tragen. Dies soll sicherstellen, dass nur Produkte be- und verarbeitet werden, die den geforderten Qualitätsprüfungen entsprechen.

Prüfung. Qualitätsmanagementphase Prozessrealisierung und Bewertung. Diese Anforderung besagt, dass Zulieferungen vor der Weiterverarbeitung geprüft werden müssen. Zwischen den einzelnen Phasen des Entwicklungs-, Produktions- und Wartungsprozesses müssen Prüfungen stattfinden. Ebenso müssen Endprodukte vor dem Übergang an Kunden geprüft werden. Die Durchführung von Tests muss in Verfahrensanweisungen oder Qualitätsmanagementplänen festgelegt und bereits im Vorfeld geplant werden. Der Umfang der Tests variiert mit dem Projektumfang und oftmals auch mit der Projektart. Testergebnisse müssen aufgezeichnet und, wenn sinnvoll, aufbewahrt werden. Gefundene Fehler müssen an die Verantwortlichen gemeldet und beseitigt werden. Vor der erstmaligen Erstellung einer Leistung muss ein »Validierungstest« stattfinden.

Prüfungskosten. Fallen prozessbegleitend zur Sicherstellung des von Kunden erwarteten Qualitätsniveaus für Vor-, Zwischen- und Endprüfungen an, z.B. für Kontrollgeräte, Zertifikate.

Public Domain. Software, die zur uneingeschränkten Nutzung kostenlos kopiert und beliebig verändert werden darf. Der Autor verzichtet auf seine Urheberrechte (auch → *Freeware* genannt, vor allem im Bereich der Computer-Software).

Public-Key-Verschlüsselung. Asymmetrisches Verschlüsselungsverfahren (→ *Verschlüsselung*), bei dem jeder Teilnehmer zwei Schlüssel besitzt: einen öffentlichen (engl.: Public Key) zur Verschlüsselung und einen geheimen (engl.: Private Key) zur Entschlüsselung. Die beiden Teile dieses Schlüsselpaares verhalten sich so zueinander, dass Klartext, der mit dem einen Schlüssel verschlüsselt worden ist, nur mit Kenntnis des anderen Schlüssels wieder entschlüsselt werden kann und umgekehrt. Bei der Anwendung der Public-Key-Verschlüsselung machen die Teilnehmer ihre jeweiligen öffentlichen Schlüssel bekannt, während jeder seinen geheimen Schlüssel für sich behält.

Will ein Teilnehmer A einem Teilnehmer B eine vertrauliche Nachricht zukommen lassen, so verschlüsselt A diese Nachricht mit dem öffentlichen Schlüssel des B. Die so verschlüsselte Nachricht kann nun ohne Sicherheitsbedenken z.B. per → *E-Mail* über das → *Internet* verschickt werden, da nur B im Besitz des zugehörigen privaten Schlüssels ist, mit dessen Hilfe sich die Nachricht wieder in Klartext verwandeln lässt.

Neben der Verschlüsselung von Daten (Nachrichten, Dokumente etc.) wird die Public-Key-Verschlüsselung auch zur Erzeugung elektronischer Unterschriften (→ *Digitale Signatur*) verwendet, mit deren Hilfe sich der jeweilige Autor einer Nachricht eindeutig identifizieren lässt. Asymmetrische Verschlüsselungsverfahren gelten als sehr sicher, da sie praktisch kaum zu »knacken« sind. Bei ausreichend langen Schlüsseln brauchen selbst Hochleistungsrechner für das Neuberechnen des privaten Schlüssels aus dem öffentlichen Schlüssel einige Wochen oder gar Jahre.

Public Relations (PR). Die Öffentlichkeitsarbeit eines Unternehmens umfasst zwei Aufgaben:

1. Die nach außen gerichtete PR.
   Dazu gehören: Presseinformationen, Interviews, Aktionärsversammlungen, Zeitschriften für Zielgruppen, redaktionelle Beiträge, Bildmaterial, PR-Veranstaltungen, Vorträge, Referate, Fachtagungen, Seminare, Filme, Bücher, Broschüren, Betriebsbesichtigungen (»Tag der offenen Tür«), Ausstellungen, Online-PR.
2. Die nach innen gerichtete PR.
   Diese umfasst u. a. Mitarbeitergespräche, Mitarbeiterzeitungen, Meetings, Online-PR.

PR ist die planmäßig zu gestaltende Beziehung zwischen der Unternehmung und den verschiedenen Teilöffentlichkeiten (z. B. Kunden, Aktionäre, Lieferanten, Arbeitnehmer, Institutionen, Staat) mit dem Ziel, bei diesen Teilöffentlichkeiten Vertrauen und Verständnis zu gewinnen bzw. auszubauen.

Absatzorientierte Public Relations wird mit dem Kommunikationsziel »Gewinnung von Bekanntheitsgraden und Imagewerten« und strategiebezogene Public Relations mit dem Ziel des vertrauensbildenden Interessenausgleichs eingesetzt. → *Kommunikationsmix*.

Pufferlager. Kurzzeitlager zur vorübergehenden Aufnahme von Lagergütern: kommen in der → *Fertigung* zwischen den Arbeitsplätzen oder im Wareneingangsbereich vor.

Pull-Marketing. Beim Verkauf über Händler konzentriert sich die Kommunikation auf den Endkunden. Gelingt es, beim Endkunden durch Werbung oder andere Kommunikationsinstrumente ein großes Interesse an dem Produkt zu erzeugen, so wird dieser von sich aus beim Einzelhandel das Produkt nachfragen und eine entsprechende Bestellkette von unten nach oben auslösen (→ *Push-Marketing*).

Punktsysteme (im Vertrieb). Dabei wird für jedes Produkt ein Punktwert ermittelt und vorgegeben. Diese Werte können anfangs durchaus den Deckungsbeiträgen proportional sein. Gelangen diese Punktwerte nach außen, so entsteht damit kein großer Schaden. Punktesysteme haben zahlreiche Vorteile, erfordern aber Pflege beim Einsatz und bedeuten zusätzlichen Aufwand. Sie kommen deshalb eher für größerre Unternehmen mit einem breit gefächerten Produktprogramm infrage.

Push-Marketing. Beim Verkauf an Händler konzentriert jede Stufe sich auf die direkt nachgelagerte Stufe der Hersteller, z. B. auf den Großhändler; alle Maßnahmen der Kommunikation zielen auf den Großhändler. Es wird versucht, mit aller Macht (große Rabatte und andere Maßnahmen der Verkaufsförderung) möglichst viel Ware in das Lager des Großhändlers zu »drücken«, der dadurch beim Großhändler entstehende »Lagerdruck« wird bei diesem ähnliche Aktionen in Richtung der nächsten Stufe (z. B. des Einzelhändlers) auslösen. Der Einzelhändler wiederum wird die gekauften Produkte ebenso, z. B. über Sonderangebote oder über günstige Platzierung, an den Endkunden verkaufen wollen (→ *Pull-Marketing*).

Put-Option → *Verkaufsoption*.

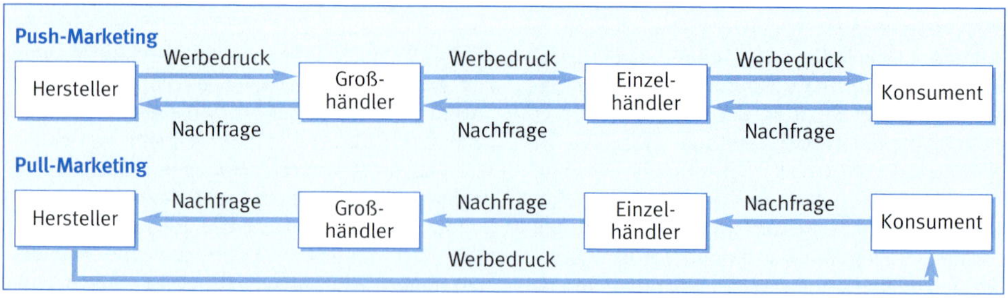

Abb. 58: Push-Marketing versus Pull-Marketing

Q

QFD → *Quality Funktion Deployment*.

Qualität. Der objektive Qualitätsbegriff versteht Qualität als das Erreichen intern festgelegter Produkt- und Prozessmerkmale. Der subjektive Qualitätsbegriff versteht Qualität als die Einhaltung von Kundenforderungen. Nach der DGQ (Deutsche Gesellschaft für Qualität) ist Qualität diejenige Beschaffenheit einer Leistung, die sie zur Erfüllung vorgegebener Forderungen geeignet macht.

Qualitätseigenschaften sind meist mechanisch, elektrisch, chemisch, sensorisch oder biologisch definiert. Qualität bedeutet weder einen bestimmten hohen Grad der Vortrefflichkeit der Leistung im vergleichenden Sinne noch eine technische Bewertung, dann ist vielmehr von relativer Qualität oder absoluter Qualitätslage die Rede. Einleuchtend und knapp ist die Auffassung, dass Qualität die Eignung einer Leistung zur Erreichung eines bestimmungsgemäßen Nutzens ist. Sie ist das Maß, in dem ein Angebot erwarteten Anforderungen von Kunden entspricht. Je mehr Leistung und Anforderungen übereinstimmen, desto höher wird die Qualität angesehen.

Qualität ist daher regelmäßig subjektiv im Urteil des Kunden. Dabei sind wiederum externe und interne Kunden zu unterscheiden, externe Kunden sind auch alle potenziellen Kunden (in Bezug auf die gesellschaftliche Verantwortung), interne Kunden sind hingegen keine Käufer, wohl aber Empfänger von Leistungen. Was als gute oder schlechte Qualität einzustufen ist, bemisst sich zumeist nach Erfahrungen mit gleichartigen Wettbewerbsleistungen oder für vergleichbar gehaltene Leistungen des beurteilten oder anderer Anbieter. Was dabei als vergleichbar angesehen wird, ist der Willkür des Kunden überlassen, d.h. oft ungerecht. Für den Fall, dass es festgelegte Anforderungen (etwa durch Normen, Gesetze etc.) gibt, ist Qualität auch objektiv bestimmbar.

Qualitätsaudit. Systematische und unabhängige Untersuchung, mit der geprüft wird, ob Qualität in Produkten, Prozessen und Systemen gegeben ist.

- Produktaudits sind umfassende Prüfungen auslieferungsfertiger Leistungen hinsichtlich gegebener Anforderungen.
- Prozessaudits beziehen sich auf qualitätswichtige Verfahren in der Produktion und der Messung.
- Systemaudits beziehen sich auf das gesamte Qualitätsmanagementsystem hinsichtlich dessen Übereinstimmung mit vorher festgelegten Anforderungen.

Die Audits werden von qualifizierten, vom auditierten Objekt unabhängigen Personen (Auditoren) durchgeführt. Sie können intern, also durch Mitarbeiter des Unternehmens, oder extern durch Dritte durchgeführt werden. Sind diese Dritten Auftraggeber, spricht man von Second-Party-Audits, sind sie Angehörige neutraler Institutionen, von Third-Party-Audits. Entsprechen Qualitätsprozesse gewissen (selbst- oder fremdgesetzten) Anforderungen, wird angenommen, dass Qualitätsergebnisse gewährleistet sind. Im Rahmen selbst gesetzter Anforderungen ist die Zertifizierung von Unternehmen nach der Qualitätsnormenreihe zu nennen. Im Rahmen fremdgesetzter Anforderungen ist die Qualifizierung für Qualitätsauszeichnungen zu nennen.

Qualitätsaudit, internes → *Internes Qualitätsaudit*.

Qualitätsauszeichnung. Preisvergaben durch spezielle Institutionen, die für den Nachweis der Förderung der Qualität, des Qualitätsverständnisses im gesamten Unternehmen und dessen erfolgreicher interner wie externer Umsetzung vergeben werden, um das Niveau der Wettbewerbsfähigkeit des Unternehmens insgesamt und die Leistung an Kunden zu verbessern. Es sollen Gewinner identifiziert werden, die als Vorbildunternehmen in Bezug auf → *Total Quality Management* (TQM) gelten können. Tatsächlich liegt der Nutzen weniger in der wohl eher geringen Chance einer Preisverleihung als bereits im gesamten Bewerbungsprozess. Durch die Umsetzung der den Preisen zu Grunde liegenden Bewertungskriterien im Unternehmen wird die Unternehmenskultur auf der genau definierten Basis der jeweiligen Preise zum TQM hingeführt.

Qualitätsdokumentation (Quality Assurance). Enthält alle geplanten und systematischen Tätigkeiten, die dargelegt werden, um angemessenes Vertrauen zu schaffen, dass angebotene Leistungen auch zukünftig alle Qualitätsanforderungen erfüllen. Dies geschieht meist durch Aufzeichnungen über Qualitätsprüfergebnisse, Qualitätsmanagementhandbuch sowie Verfahrens-, Arbeits- und Prüfanweisungen (im Anhang oder durch Verweis gültig), die Ist-Zustände akzeptierter Prozesse festschreiben und Entwicklungsrichtlinien für neue Prozesse aufzeigen. Vor allem aber geht es um die interne Kommunizierung der, den Vertrauensaufbau zur und die Motivation für die Qualitätsfähigkeit. Extern ist sie eine der Basen zur Zertifizierung durch einen unparteiischen Dritten, die aufzeigt, dass angemessenes Zutrauen besteht, dass Qualitätsanforderungen zuverlässig erfüllt werden. Dadurch verfügt der Anbieter über einen europaweit anerkannten Nachweis seiner Fähigkeit, Qualitätsanforderungen konsistent zu erfüllen, was zwischenzeitlich eine der wichtigsten Voraussetzungen zur Auftragserteilung durch Dritte ist.

Qualitätsfähigkeit. Maß dafür, ob ein Prozess oder Betriebsmittel die an ihn gestellten Qualitätsanforderungen erfüllen kann.

Qualitätsinformationssystem. Computergestütztes Instrument zur Verdichtung und Aufbereitung qualitätsbezogener Informationen.

Qualitätskosten. Durch alle Tätigkeiten der Fehlerverhütung bei planmäßigen Qualitätsprüfungen sowie Nachbesserung bei festgestellten Fehlern verursachte Kosten. Dabei werden zumeist vier Qualitätskostenarten unterschieden:

- Fehlerverhütungskosten sind Kosten, die für die Begrenzung, Vorbeugung und/oder Versicherung von Qualitätsmängeln entstehen; dazu gehören die Kosten für Qualitätsplanung, Qualitätsfähigkeitsuntersuchung, Lieferantenbeurteilung/-bewertung, Prüfplanung, Schulung, Qualitätsförderprogramme, Qualitätsvergleiche mit Mitbewerbern, Leitung des Qualitätswesens, Qualitätsaudits und Qualitätslenkung.
- Prüfkosten sind Kosten der Qualitätskontrolle (Wareneingangsprüfung, Prüfungen im Prozess, Kundenabnahmeprüfung, Prüfmittel und Prüfwerkzeuge, Qualitätsgutachten, Prüfdokumentation.
- Interne Fehlerkosten entstehen bei der Kombination der Produktionsfaktoren (Ausschuss, Nacharbeit, Steuerungsaufwand, hohe Bestände, Kosten für Korrekturmaßnahmen, qualitätsbedingte Mengenabweichungen, außerplanmäßige Sortierprüfung, Maschinenausfall- und Maschinenausfallfolgekosten, qualitätsbedingte Konstruktions- und Fertigungsänderungen).
- Externe Fehlerkosten entstehen bei der Vermarktung der Leistung (Gewährleistung, entgangene Deckungsbeiträge, Garantie- und Kulanzkosten, Produkthaftung, Rückrufaktion, Reklamationsbearbeitung, Verschrottung fehlerhafter Lagerbestände, Kosten aus Wandlung und Minderung, Versicherungskosten, Marktverluste).

Fehlerverhütungs und Prüfkosten bilden gemeinsam die »freiwilligen« Qualitätskosten (Konformitätskosten) und sind wertschöpfungserhöhende Kosten. Interne und externe Fehlerkosten bilden gemeinsam Nonkonformitätskosten. Sie sind für ein angestrebtes Qualitätsniveau zu minimieren bzw. für gegebene Kosten ist das Qualitätsniveau zu maximieren.

Qualitätskostenrechnung. Erfasst alle Kosten in Bezug auf das Qualitätsmanagement. Nonkonformitätskosten sind durch Behebung aufgetretener Qualitätsabweichungen verursacht (z.B. Nacharbeit, Garantiekosten, Gewährleistungskosten). Konformitätskosten sind durch das Bemühen um Einhaltung der Qualitätsvorgaben verursacht (z.B. Problemaufdeckung).

Qualitätskritische Merkmale. Kundenbezogene, merkmalsorientierte Qualitätsmessung. Dabei werden Routinekomponenten der Qualität unterschieden, bei denen Unzulänglichkeiten nicht geduldet werden, sie führen zu Penalties, sowie Ausnahmekomponenten, die bei Vorhandensein von Kunden gesondert honoriert werden, sie führen zu Rewards. Das Vorhandensein von Routinekomponenten führt hingegen nicht zu einer gesonderten Honorierung, Unzulänglichkeiten bei Ausnahmekomponenten führen nicht bereits zu Penalties. Daher sind die Routinekomponenten zunächst auf ein akzeptiertes Mindestniveau zu hieven, bevor Ausnahmekomponenten (Frills) Beachtung gewidmet werden sollte.

Qualitätslenkung (Quality Control). Umfasst alle vorausschauenden, kontrollierenden und korrigierenden Maßnahmen, um die geforderte Qualität sicherzustellen. Die Beherrschung der Prozesse in allen Bereichen soll verhindern, dass fehlerhafte Leistungen überhaupt erst entstehen. Dazu dienen Arbeitstechniken und Tätigkeiten zur Überwachung eines Prozesses und zur Beseitigung von Ursachen nicht zufrieden stellender Leistungen in allen Produktionsstadien.

Qualitätsmanagement. Alle Verfahren und Mittel und die dazu erforderliche Organisationsstruktur, die im Rahmen des Qualitätsmanagementsystems die Qualitätspolitik, die Ziele und Verantwortungen festlegen sowie diese durch Mittel der Qualitätsplanung, -lenkung, -sicherung und -verbesserung verwirklichen.

Qualitätsmanagementhandbuch. Zentrales Element der Qualitätsdokumentation über die grundsätzliche Einstellung des Managements sowie seine Absichten und Maßnahmen zur Sicherung und Verbesserung der Qualität im Unternehmen. Es ist das wichtigste Instrument zur Verwirklichung und Aufrechterhaltung des Qualitätsmanagementsystems und umfasst die Beschreibung der Aufbau- und Ablauforganisation und verweist auf mitgeltende Verfahrensanweisungen, Normen, Vorschriften etc. Es liefert einen zentralen Beitrag zur Klarheit der Unternehmensorganisation und muss auf Richtigkeit und Aktualität hin ausgelegt sein. Es ist meist als Loseblattsammlung angelegt, um leicht aktualisiert werden zu können, und mehrteilig. Zur Gliederung und Handhabung wird auf die einschläge Fachliteratur verwiesen.

Qualitätsmanagementinstrumente. Sollen die Qualitätsmanagementziele erreichen helfen. Dazu gehören ohne Anspruch auf Vollständigkeit betriebliches Vorschlagswesen, Fehlermöglichkeits- und -einflussanalyse, Kundenzufriedenheitsmessung, Qualitätskostenrechnung, Qualitätsmanagementkennzahlen, Qualitätsportfolios, Qualitätsprüfungen, Qualitätszirkel, Quality Function Deployment, Qualitätswerkzeuge und Managementwerkzeuge.

Qualitätsmanagementphasen. Die novellierte Fassung der Qualitätsnormenreihe (→ *Norm 9000:2000*) legt einen prozessorientierten an Stelle des vorherigen elementeorientierten Ansatzes zu Grunde, der im Einzelnen aus den Qualitätsmanagementphasen Leitung, Ressource, Prozessrealisierung und Bewertung besteht (in diesem Zuge sind die vorherigen Normen 9002 und 9003 entfallen und die Normen 9000 und 9004 modifiziert worden).

Qualitätsmanagementsystem (Qualitätsmanagementphase Leitung). Darunter versteht man ein Normelement (→ *Norm 9000:2000*), das die Gesamtheit aller Regelungen und Prozesse definiert. Im Qualitätshandbuch erfolgt dazu eine übersichtliche Beschreibung als Gesamtsystem. Dies kann erst als Letztes verfasst werden, denn zuvor müssen alle betreffenden Regelungen und Prozesse definiert sein.

Qualitätsmessung, angebotsbezogene. Dabei werden quantitative Faktoren als Indikatoren für die Leistungsqualität angesehen. Als solche Indikatoren sind denkbar Umsatz- und Marktanteilswerte, Loyalitätsraten, Erlösschmälerungen, Beschwerderaten etc. Dies ist sehr problematisch, weil diese Faktoren weniger etwas über die Qualität als vielmehr über die Vermarktungsbedingungen aussagen. So kann Anbieterloyalität aus ganz anderen Gründen als Zufriedenheit mit der Leistungserstellung resultieren, z. B. aus lokalem Angebotsmonopol, noch schlechterer Leistung der Konkurrenz oder Beschwerdeabwehr. Diese Größen wiegen daher leicht in falscher Sicherheit.

Qualitätsminderung. Gezielte Qualitätsminderung (Obsoleszenz) ist psychologisch durch Modediktat, also vorzeitigen Ersatz eines an sich noch brauchbaren Guts, oder funktional durch Sollbruchstelle, also vorzeitigen Ausfall eines an sich noch gebrauchsfähigen Guts möglich. Maxime ist dabei die Kosten sparende Vermeidung von Überqualität durch die Wertanalyse, d. h., die Gesamtlebensdauer des Produkts wird durch die kürzeste Teillebensdauer begrenzt. Forcierter technischer Fortschritt führt ebenfalls zur Obsoleszenz.

Qualitätsplan. Legt die spezifische Reihenfolge der erforderlichen Abläufe und Kontrollen fest. Er enthält die Qualitätsziele des Unternehmens, die Verantwortung des Managements und die Erfüllung der verschiedenen Anforderungen nach Qualitätsnormenreihe.

Qualitätsplanung (Quality Planning). Umfasst die Auswahl, Klassifizierung und Gewichtung der Qualitätsmerkmale sowie die schrittweise Konkretisierung aller Einzelforderungen an die Leistung unter Berücksichtigung der Erfordernisse, der Anspruchsklasse und der Realisationsmöglichkeiten, mithin alle planerischen Maßnahmen zur Verwirklichung der geforderten Qualität (z. B. durch Qualitätsmanagement-Instrumente). Alle Aktivitäten im Unternehmen müssen sich am Kunden orientieren, da Qualität immer die Erfüllung von Kundenanforderungen bedeutet. Als Maßstab für Qualität gilt dabei immer »Null Fehler«. Fehler dürfen nicht einfach nur hingenommen, sondern müssen als Indiz für ein Versagen im Arbeitsprozess angesehen werden und zugleich als Chance, die Ursachen dieses Versagens zu beseitigen. Das wirtschaftlichste Konzept zur Qualitätsverbesserung ist Vorbeugung, d. h. Voraussetzungen zu schaffen, damit Fehler gar nicht erst gemacht werden. Abb. 59 zeigt den angestrebten Effekt bei Verbesserung der Vorbeugung.

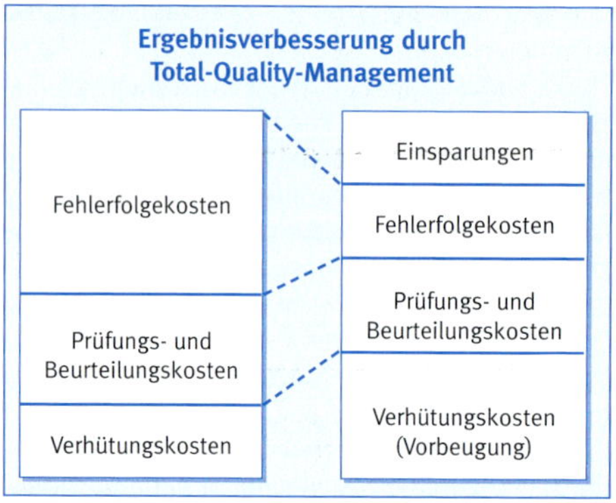

Abb. 59

Qualitätspolitik. Umfasst im Unternehmen alle qualitätsbezogenen Leit- und Handlungsgrundsätze und bildet somit den Rahmen für alle Qualitätsmanagementaktivitäten. Sie ist in die übergeordneten unternehmenspolitischen Grundsätze eingebunden.

Qualitäts-Portfolioanalyse. Analyseverfahren in Form einer Matrix mit zwei Dimensionen.

- Die relative Qualitätsstärke eines Produkts ergibt sich aus der Beurteilung darüber, wie gut ein bestimmtes Produkt im Verhältnis zur Konkurrenz die Anforderungen von Kunden erfüllt.
- Die Qualitätsattraktivität ist ein Maßstab dafür, wie wichtig eine Qualitätsverbesserung für die Kaufentscheidung, vor allem das Preis-Leistungs-Verhältnis, ist.

Im Portfolio wird dazu für jedes Produkt dessen Ist-Position abgetragen, daraus werden qualitätsbezogene Handlungspläne abgeleitet, um von dieser Ist- zur gewünschten Soll-Position zu gelangen.

Qualitätsprüfung (Quality Inspection). Angesprochen sind Qualitätsgestaltung und vorbeugende Fehlerverhütung innerhalb zweckmäßiger Aufbau- und Ablaufstrukturen. Die Qualitätsprüfung dient der Feststellung, inwieweit ein Produkt die Qualitätsanforderungen der Kunden und des Anbieters erfüllt, meist anhand festgelegter Prüfmerkmale, die sich ihrerseits auf das Vorhandensein bestimmter Qualitätsmerkmale beziehen. Daneben werden verstärkt auch Prozesse zur Erstellung von Produkten geprüft. Eine effiziente Datensammlung bildet daher die Grundlage zum Erfolg.

Die Qualitätsprüfung soll gewährleisten, dass Toleranzgrenzen eingehalten werden und fehlerhafte Teile nicht zum Kunden gelangen können. Zur Aussortierung fehlerhafter Teile werden unterschiedliche Prüfmerkmale und Prüfmethoden bestimmt. Vollprüfungen sehen eine vollständige Qualitätsprüfung aller Teile vor, Stichprobenprüfungen sehen eine statistisch gestützte Auswahl von Teilen dafür vor. Beim Auftreten von Abweichungen sind unmittelbar Korrektur- und Vorbeugemaßnahmen einzusetzen, damit die zu Grunde liegenden Fehler nicht mehr auftreten können.

Qualitätsregelkarte. Element der statistischen Prozessregelung. Dies ist ein Messblatt zur Stichprobenprüfung bei einfacher Prozessregelung mit Regelgrenzen in Form von eingezeichnetem Mittelwert und (roter) Warnzone, (gelber) Eingriffszone) und (grüner) Zone in Beobachtungsgrenzen, die meist als Streuungsmaß-Abweichungen ausgewiesen sind.

Sie dient bei der Regelung von Produktionsprozessen unter statistischer Kontrolle zur frühzeitigen Erkennung von (nicht kontrollierten) Abweichungen im Prozessablauf. Zeitliche Veränderungen des Prozesses werden dabei in grafischer Form dargestellt, um systematische von zufallsbedingten Fehlern unterscheiden zu können.

Qualitätssicherung. Alle Maßnahmen, die sicherstellen, dass die Qualitätsnormen und Vorschriften des eigenen Unternehmens sowie die qualitätsbezogenen Liefervorschriften der Vorstufen in der Wertschöpfung eingehalten werden.

Qualitätsverbesserung (Quality Acting). Umfasst alle Maßnahmen, die den Nutzen des Produkts für Hersteller und Kunden erhöhen.

Qualitätsverlustfunktion (nach Taguchi). Qualität entsteht nicht allein durch die Einhaltung von Toleranzen, sondern durch eine minimale Streuung der Ist-Werte um den Sollwert, ist also keine lineare, sondern eine parabolische Funktion. Selbst mehrfache Prüfung kann daher die Fehlerrate nicht mehr beliebig verringern, da es immer unwahrscheinlicher wird, überhaupt noch einen Fehler zu finden. Daher wird jede Abweichung eines Merkmals vom Zielwert als Verlust angesehen, selbst dann, wenn die Abweichungen innerhalb der Toleranzgrenzen liegen. Qualität entsteht erst durch Übereinstimmung des Mittelwerts aller Werte eines Qualitätsmerkmals mit dem Sollwert bei gleichzeitig minimaler Streuung der Abweichungen.

Qualitätszirkel. Gruppen von fünf bis acht Mitarbeitern, die regelmäßig ca. ein bis zwei Stunden während der regulären Arbeitszeit zusammenkommen, um Qualitätsprobleme zu lösen. Sie setzen sich hierarchie- oder häufiger abteilungsübergreifend zusammen. Sie bestehen zeitlich begrenzt (projektbezogen) bis zur Lösung des Problems, das sie sich vorgenommen haben. Die Teilnahme ist freiwillig, jedoch geht von der Mitarbeit meist eine deutliche motivatorische Wirkung auf Beschäftigte und eine verstärkte Identifikation mit dem Unternehmen aus. Die Ergebnisse führen zu Kosteneinsparungen und/ oder Qualitätsverbesserungen in Produkten und Prozessen.

Quality Function Deployment (QFD/Hoshin-Planung). Instrument zur Qualitätsplanung und -kontrolle in allen Phasen der Produkt- und Prozessgestaltung, indem Kundenforderungen an Produkte zunächst in technische Konstruktionsmerkmale und dann in Prozess- und Produktionsmerkmale übersetzt werden. Insofern kommt es zu einer kundenorientierten Produktentwicklung. Dabei geht man üblicherweise in vier Phasen vor.

- In der ersten Phase werden die Anforderungen, die Kunden an ein Produkt stellen, erfasst, den Konstruktionsmerkmalen des Produkts gegenübergestellt und diejenigen Konstruktionsmerkmale, denen für die Erfüllung der Kundenforderungen besonders große Bedeutung beigemessen wird, ausgewählt. Die Stärke des Zusammenhangs zwischen Kundenforderung und technischem Konstruktionsmerkmal wird durch Symbole dargestellt; die grafische Darstellung erfolgt oft im → *House of Quality*.
- In der zweiten Phase werden die kundenwichtigen Konstruktionsmerkmale aller Produktkomponenten ermittelt.
- Daraus leiten sich in der dritten Phase die Anforderungen an die Produktionsprozesse ab.
- In der vierten Phase werden dann Prüfmittel erarbeitet, welche die zweckrationale Auslegung sicherstellen.

Quality System Requirements (QSR). Qualitätsnorm der amerikanischen Automobilindustrie, die über die Anforderungen der Qualitätsnormenreihe hinausgeht.

Quartalsbericht. Für externe Interessenten, insbesondere Shareholder, vierteljährlich erstellter Bericht über den monetären Erfolg eines Unternehmens. Im → *Jahresabschluss* nach HGB nicht verpflichtend, lt. → *US-GAAP* üblich.

Quellenabzugsverfahren. Im Unterschied zum Veranlagungsverfahren wird die Steuer unmittelbar an der Quelle einbehalten, z.B. bei der Gehaltszahlung (Lohnsteuer, Kirchensteuer, Solidaritätszuschlag), bei der Auszahlung von Dividenden und Zinsen (Kapitalertrag- und Zinsabschlagsteuer). Dieses Verfahren hat als Vorteile die Sicherung des Steueraufkommens, die frühzeitige Erhebung der Steuer und einen geringen Verwaltungsaufwand. Wenn für den Steuerpflichtigen laut § 46 Abs. 2 EStG keine Veranlagung durchgeführt werden muss, ist die Quellenbesteuerung bereits endgültig.

Query. Anfrage an ein Datenbanksystem (oft über eine eigene Datenbanksprache).

Quote → *Vertriebsquote*.

Quotenarten → *Aktienarten*.

R

Rabatt. Geldwerte Leistungen eines Anbieters (Preisnachlässe), die für bestimmte Leistungen des Abnehmers gewährt werden. Der Einsatz von Rabatten ist abhängig von den gewählten → *Absatzwegen* und dem Preisstellungssystem (Netto- und Bruttopreissystem), das der Anbieter bei seinen Beziehungen zu den Marktpartnern anwendet.

Beim Bruttopreissystem werden dem Absatzmittler ausgehend vom empfohlenen Endverbraucherpreis Preisabschläge in Form von Rabatten eingeräumt. Theoretisch wird zwischen Leistungs- und Wettbewerbsrabatten unterschieden. Da die meisten Rabatte hinsichtlich der → *Rabattart* Leistungskomponenten und hinsichtlich der Rabatthöhe wettbewerbliche Anreizkomponenten enthalten, ist eine Unterteilung in Wiederverkäuferrabatte und Endverbraucherrabatte praxisrelevanter.

Rabatte können als direkte Rabatte (offene Rabatte) oder als indirekte Rabatte (Geheimrabatte, versteckte Rabatte) vom Anbieter vergeben werden.

Die Rabattpolitik unterliegt einer Reihe von Rechtsvorschriften, die eine Rabattvergabe besonders hinsichtlich des Wettbewerbs oder der Preisbildung und der Orientierung von Abnehmern fair und transparent erscheinen lassen soll. Auch nach dem Fortfall des Rabattgesetzes können Rabatte, die Verbrauchern gewährt werden, nach den Regeln des Gesetzes gegen den unlauteren Wettbewerb unzulässig sein, vgl. → *Wettbewerbsrecht*.

Rabattarten. Man unterscheidet:

1. Barrabatte und Warenrabatte: Mit dem Barrabatt (Reduzierung des Kaufpreises um einen prozentualen Anteil) verfolgt der Anbieter das Ziel der Kundenzufriedenheit, des höheren Warenumschlags und Umsatzwachstums. Nachteilig kann sich eine kritische Einstellung zur fairen Preiskalkulation beim Kunden auswirken. Demgegenüber bietet der Waren- oder Naturalrabatt dem Anbieter den Vorteil, dass er vom Kunden den Gegenwert des vollen Rechnungsbetrags erhält. Der Barrabatt wird i. d. R. vom Kunden bevorzugt, da er sonst zur Abnahme zusätzlicher Waren »gezwungen« wird.
2. Mengenrabatte sind Konditionen, die sich auf die Abnahmemenge pro Lieferung beziehen mit dem Ziel, den Abnehmer zur Übernahme größerer Liefer- bzw. Bestellmengen zu veranlassen. Fracht- und Lagerkosten-Ersparnisse leitet der Anbieter an den Abnehmer weiter.
3. Funktionsrabatte (auch Handelsrabatte genannt) werden vorwiegend dem Handel gewährt. Über diese Rabattart werden Leistungen (z. B. akquisitorische Leistungen, Übernahme des Verkaufs- und Preisrisikos, Lagerhaltung), die der Hersteller auf den Handel delegiert hat, anteilig abgegolten.
4. Finanzierungsfunktionsrabatte: Hierzu gehören Skonto, Delkredere und Inkasso. Skonto ist ein prozentualer Preisnachlass vom normalen oder Listenpreis, der bei Bezahlung des Rechnungsbetrags innerhalb eines be-

Rabatt-Ausgestaltung

- **Funktionsrabatt**
- **Mengenrabatt**
  - Einzelauftrag
  - Sammelauftrag
- **Zeitrabatt**
  - Subskription
  - Treue
  - Saison
- **Rabatt-Abrechnung**
  - sofort
  - nachträglich (Bonus)

Rabatt-Arten nach Kriterien

• **Gewährung**	– Geldrabatt – Naturalrabatt
• **Ermittlung**	– Relativrabatt – Festrabatt
• **Form**	– Staffelrabatt – Einheitsrabatt
• **Verlauf**	– progressiv – degressiv – linear
• **Höhe**	– durchgerechnet – angestoßen
• **Sonderrabatte**	

stimmten Zeitraums wirksam wird. Über Delkredere- und Inkassorabatte werden vom Handel übernommene Ausfallrisiken und zentral übernommene Regulierungsfunktionen (bei Handelsunternehmen mit Filialen führt zentrale Abwicklung des Zahlungsverkehrs zu Einsparungen beim Anbieter) abgegolten.

5. Treuerabatte: Der Treuerabatt dient als Anreiz für einen Abnehmer, eine Ware nach Möglichkeit ausschließlich von einem Lieferanten zu beziehen. Treuerabatte dienen somit der längerfristigen Kundenbindung.
6. Zeitrabatte: Zeitrabatte gelten für einen bestimmten Bestellzeitpunkt (-zeitraum) oder Abnahmezeitpunkt (-zeitraum).
7. Bonus: Einen Preisnachlass als Sonderform des Rabattes erhält der Abnehmer am Ende einer Bezugsperiode für alle bis dahin getätigten Einkäufe.

Rack-Jobbing. Direkte Befüllung von → *Regalen* in Handelsunternehmen durch Lieferanten.

Rahmenplanung, langfristige. Für einen Planungszeitraum von fünf bis zehn Jahren werden durch die Unternehmensleitung Oberziele mit zumeist qualitativer Ausprägung formuliert. Basis hierfür ist das unternehmerische Umfeld, das durch Faktoren wie die Einstellung der Eigentümer, erwartete Marktentwicklung und gesellschaftliche Werthaltungen geprägt wird. Oberziele beziehen sich zumeist auf Rentabilität und Wachstum, Kunden, Konkurrenz, Art und Qualität des Angebots sowie die Mitarbeiter. Oberziele werden immer für das gesamte Unternehmen formuliert und nicht detailliert, sondern auf Grund der Langfristigkeit und Umfassendheit grob beschrieben. Sie müssen die Richtung, in der sich das Unternehmen bewegen soll, deutlich machen und eine solide Basis für die weitere → *Planung* bieten.

Rahmenvertragsquote. Kennzahl, die das über Rahmenverträge bezogene Einkaufsvolumen zum gesamten Einkaufsvolumen ins Verhältnis (in %) setzt. Günstige Werte im Maschinenbau: 30 bis 50%. Vorteil einer hohen Quote: Sicherung von Rabatten, vereinfachte Bestellabwicklung durch Disponenten möglich.

RAM Abk. für Random Access Memory, → *Arbeitsspeicher*.

Rating. Das angloamerikanische Wort »rat« bedeutet Maßstab oder Verhältnis. Der Begriff wird sowohl in der Marktforschung als auch im Bankwesen verwendet. In der Marktforschung versteht man darunter eine Methode der Datenerhebung anhand vorgegebener Merkmale auf einer Skala, um die Meinungen, z.B. durch Befragung, einzuordnen.

Im Bankwesen soll durch Rating die Bonität, → *Kreditwürdigkeit*, eines Unternehmens gemessen werden, siehe auch → *Basel* II. Dieser Ratingprozess ist Gegenstand einer zurzeit intensiv geführten und bekannten Diskussion und wird im nachfolgenden Artikel näher dargestellt.

Ratingprozess

Im Ratingprozess werden unterschiedliche Merkmale eines Unternehmens statistisch ausgewertet, um zu Benotungen zu gelangen, den so genannten Ratingklassen. Diese geben Auskunft über die Ausfallwahrscheinlichkeit eines Kredites, also die mögliche Gefahr, dass ein Unternehmen zahlungsunfähig wird. Es wird in externe und interne Ratings unterschieden.

- Externe Ratings erfolgen durch Ratingagenturen (international agierend z.B. Moody's und Standard & Poor's), die ihre Ergebnisse veröffentlichen, z.B. zum Schutz von Kapitalgebern beim Kauf von Aktien oder Schuldverschreibungen. Eine übliche Benotung reicht von AAA (Bestnote) über AA, A, BBB, BB, B bis zu C.
- Interne Ratingverfahren werden von Kreditinstituten zu internen Zwecken durchgeführt. Die Ergebnisse werden nicht veröffentlicht, sondern dienen künftig (geplant ist ab 2006) dazu, die gesetzlichen Eigenkapitalanforderungen an Kreditinstitute zu ermitteln. Gleichzeitig werden Banken und Sparkassen die Einschätzungen auch zur Beurteilung von Kreditgewährung (→ *Kreditwürdigkeitsprüfung*), Zinshöhe und sonstigen Konditionen berücksichtigen – ein schlechteres Ratingergebnis führt bei den Kreditinstituten zu höherer Eigenkapitalunterlegung, also höheren Eigenkapitalkosten, sowie zu höherer Risikoprämie und folgerichtig zu schlechteren Konditionen für das Unternehmen. Andererseits bringt ein Fortfall der heute häufigen »Quersubventionierung« bonitätsmäßig unterschiedlicher Kredite für gut beurteilte Kreditkunden eine Entlastung. Deshalb liegt es

im Interesse eines jeden Unternehmens, konstruktiv beim Rating mitzuwirken und sich frühzeitig darauf vorzubereiten.
Zu den Kriterien zählen zunächst
- Ertragslage (z. B. → *Rentabilität*),
- Vermögenslage (u. a. Liquiditätsstruktur) und
- Finanzlage (Eigenkapitalquote, Fremdkapitalstruktur etc.).

Neben diesem Finanzrating sind ebenfalls qualitative Faktoren entscheidend wie Unternehmensführung (z. B. Strategien, Management, Personal), Marktfaktoren (wie allgemeine Branchenentwicklung, individuelle Marktstellung, Produkt, evtl. Abhängigkeiten und spezifische Risiken), Planung, Steuerung und Controlling sowie → *Wertschöpfungskette* (u. a. Forschung und Entwicklung). Letztendlich zählen auch die Erfahrungen aus der Vergangenheit bezüglich Zuverlässigkeit bei der Erfüllung von Verpflichtungen und Zusagen sowie bei Vorhersagen und Planungen.
Abschließend sei als Analogie auf die Kfz-Versicherung hingewiesen, bei der die Prämie ebenfalls vom Rating unterschiedlicher Faktoren abhängt, also neben Fahrzeugtyp vom bisherigen Schadensverlauf, Wohnort, Vielfahrer etc.

Rationalisierungsinvestitionen (Modernisierungsinvestitionen). In der Praxis meist »real« anzutreffende Formen von → *Ersatzinvestitionen*. Sie gehen mit Rationalisierungs- oder Verbesserungseffekten (z. B. kostengünstigere Produktion, Erzielung einer besseren Produktqualität) einher. Häufig sind solche Investitionen zugleich mit kapazitätserhöhenden Wirkungen verbunden, wobei diese Wirkungen jedoch nicht den Investitionszweck bestimmen.

Realinvestition. Auszahlung, die getätigt wird, um ein materielles Gut zu erwerben bzw. zu erzeugen (→ *Sachinvestition*) oder aber ein immaterielles Gut zu erlangen bzw. zu schaffen (→ *Investition*, immaterielle).

Realisationsprinzip (Bilanzierung). Es lässt sich als zentraler Punkt aus dem → *Vorsichtsprinzip* ableiten. Im Gegensatz zum → *Imparitätsprinzip* sind Gewinne nur dann zu berücksichtigen, wenn diese am Abschlussstichtag realisiert sind (§ 252 Abs. 1 Nr. 4 HGB). Der Gewinn darf damit nicht antizipiert werden. Bloße Wertsteigerungen bei Vermögensgegenständen, die über die ursprünglichen → *Anschaffungs*- oder → *Herstellungskosten* hinausgehen, dürfen nicht ausgewiesen werden, solange kein Verkauf stattgefunden hat (→ *Anschaffungswertprinzip*). Bei Liefergeschäften müssen u. a. folgende Bedingungen erfüllt sein:

a) Ein Kaufvertrag ist abgeschlossen (schuldrechtliches Verhältnis nach dem BGB),
b) die Lieferung ist erfüllt (sachenrechtliches Verhältnis nach dem BGB),
c) der Liefergegenstand ist aus dem Verfügungsbereich des Lieferanten ausgeschieden,
d) die Abrechnungsfähigkeit des Vertrags ist gegeben.

Somit kommt es grundsätzlich erst dann zur Gewinnverwirklichung, wenn der Unternehmer seine Leistung vollkommen erbracht hat. Hierbei wird nicht die juristische, sondern ausschließlich die wirtschaftliche Betrachtungsweise herangezogen. Eine Lieferung ist nach § 3 Abs. 1 des Umsatzsteuergesetzes (UStG) mit Verschaffung der Verfügungsmacht an den Abnehmer bewirkt. Es gibt jedoch Fälle, in denen die Leistung des Verkäufers bereits herbeigeführt wurde, ohne dass der Abnehmer die vollständige Verfügungsmacht erlangt hat (beispielsweise Verkauf unter Eigentumsvorbehalt). Die Leistung wird dann schon als erbracht angesehen, wenn der Lieferant das seinerseits Erforderliche zur Erfüllung des Kaufvertrags getan hat. Es reicht somit aus, wenn der Abnehmer faktisch in der Lage ist, mit dem gekauften Gegenstand nach Belieben zu verfahren, insbesondere ihn wie ein Eigentümer nutzen zu können.

Der Gewinnverwirklichungszeitpunkt (Realisationszeitpunkt) ist somit deckungsgleich mit dem Zeitpunkt des Entstehens des Anspruchs auf Gegenleistung (beispielsweise die Pflicht zur Kaufpreiszahlung). Grundsätzlich führt der Übergang des wirtschaftlichen Eigentums (§ 39 Abs. 2 Nr. 1 Abgabenordnung) zur Gewinnverwirklichung. Die Rechnungserteilung und die Bezahlung sind dabei nicht maßgebend. Der Gesetzgeber ist hierbei von einer beschränkten oder mittleren Vorsicht ausgegangen, da bei der Festlegung des Gewinnverwirklichungszeitpunkts der Leistungszeitpunkt und nicht erst der sichere Zahlungszeitpunkt bestimmend ist.

Realsplitting. Ein Verfahren, das bei geschiedenen bzw. getrennt lebenden Ehegatten in Betracht kommt. Der zum Unterhalt verpflichtete

Ehegatte kann die Leistungen laut § 10 Abs. 1 Nr. 1 Einkommensteuergesetz bis zu 13.805 € jährlich als → *Sonderausgaben* geltend machen. Der andere Ehegatte hat die Leistungen laut § 22 Nr. 1 a Einkommensteuergesetz als sonstige Einkünfte zu versteuern. Da der Unterhaltszahler in der Regel mehr Steuern spart (z.B. bei einem Grenzsteuersatz von 42%), als die Unterhaltsempfängerin Steuern zu zahlen hat (nach Berücksichtigung von Grundfreibetrag und weiteren Freibeträgen), können sich große Steuervorteile ergeben. Ähnlich wie beim → *Splittingverfahren* zahlen beide Ehepartner in der Regel weniger Steuern, als sie zu zahlen hätten, wenn ausschließlich ein Ehegatte das Gesamteinkommen zu versteuern hätte.

Realtime. Verfahren, Audiosignale über das Internet zu übertragen, ohne dass vorher die komplette Tondatei vom Nutzer heruntergeladen worden ist. Stattdessen wird zeitversetzt geladen und wiedergegeben (Buffering). Die Übertragung und Bearbeitung von Daten erfolgen unmittelbar bei ihrem Entstehen.

Realtime-Application. Echtzeit-Kommunikation, die ohne zeitliche Verzögerung stattfindet. Dabei werden zeitbasierte Daten (meist Audio/Video) online in Echtzeit abgespielt (und nicht erst heruntergeladen, abgespeichert und dann erst zeitverzögert dargestellt).

Rechnungsabgrenzungsposten. Berichtigen Aufwendungen und Erträge, die bereits infolge Ausgaben und Einnahmen in einem Jahr gebucht worden sind, wirtschaftlich aber ganz oder teilweise in die Erfolgsrechnung des früheren oder späteren → *Geschäftsjahrs* gehören und der periodengerechten Ermittlung des Geschäftsjahresgewinns (§ 250 HGB) dienen.

Als Rechnungsabgrenzungsposten sind auf der Aktivseite Ausgaben vor dem Abschlussstichtag auszuweisen, soweit sie Aufwand für eine bestimmte Zeit nach diesem Tag darstellen. Ferner dürfen ausgewiesen werden als Aufwand berücksichtigte Zölle und Verbrauchssteuern, soweit sie auf am Abschlussstichtag auszuweisende Vermögensgegenstände des Vorratsvermögens entfallen, sowie als Aufwand berücksichtigte Umsatzsteuer auf am Abschlussstichtag auszuweisende oder von den Vorräten offen abgesetzte Anzahlungen.

Auf der Passivseite sind als Rechnungsabgrenzungsposten Einnahmen vor dem Abschlussstichtag auszuweisen, soweit sie Ertrag für eine bestimmte Zeit nach diesem Tag darstellen.

Als antizipative Rechnungsabgrenzungsposten sind solche aufzufassen, deren Aufwendungen bzw. Erträge im abzurechnenden Geschäftsjahr liegen, deren Ausgaben bzw. Einnahmen aber erst nach dem Bilanzstichtag fließen. Dazu gehören

a) die aktive Rechnungsabgrenzung für alle Aufwendungen, die bereits im abgelaufenen Geschäftsjahr im Voraus bezahlt und gebucht worden sind, aber entweder nur zum Teil oder auch ganz wirtschaftlich dem neuen Geschäftsjahr zuzurechnen sind (z.B. geleistete Vorauszahlungen). Die betreffenden Aufwandskonten sind daher zum Bilanzstichtag durch eine aktive Rechnungsabgrenzung zu korrigieren;
b) passive Rechnungsabgrenzung für alle Erträge, die bereits im abgelaufenen Geschäftsjahr als Einnahme erhalten und verbucht worden sind, aber entweder nur zum Teil oder auch ganz wirtschaftlich dem neuen Geschäftsjahr zuzurechnen sind (z.B. erhaltene Vorauszahlungen). Daher sind die betreffenden Ertragskonten zum Bilanzstichtag durch eine passive Rechnungsabgrenzung zu korrigieren.

Als transitorische Rechnungsabgrenzungsposten sind solche aufzufassen, deren Ausgaben bzw. Einnahmen im abzurechnenden Geschäftsjahr liegen, aber erst Aufwendungen bzw. Erträge des künftigen Geschäftsjahrs darstellen (z.B. erhaltene oder geleistete Vorauszahlungen). Für Letztere besteht Aktivierungs- bzw. Passivierungspflicht. Ist der Rückzahlungsbetrag einer Verbindlichkeit höher als der Ausgabebetrag, so darf der Unterschiedsbetrag in den Rechnungsabgrenzungsposten auf der Aktivseite aufgenommen werden. Der Unterschiedsbetrag ist durch planmäßige jährliche Abschreibungen zu tilgen, die auf die gesamte Laufzeit der Verbindlichkeit verteilt werden können.

Beispiel: Mieter 1 zahlt vereinbarungsgemäß erst am 28.2.02 Miete in Höhe von 3.000 € für Dezember 01 bis Februar 02 an den Vermieter. Dann steht in der Bilanz zum 31.12.01 jeweils für die Dezember-Miete: beim Vermieter auf der Aktivseite eine sonstige Forderung von 1.000 €, beim Mieter 1 auf der Passivseite eine sonstige Verbindlichkeit von 1.000 € (»sonstige«, weil die verspätete Zahlung vereinbart war).

Mieter 2 zahlt ebenfalls 3.000 € Miete für Dezember 01 bis Februar 02, jedoch schon am 1.12.01 im Voraus. Dann steht in der Bilanz zum 31.12.01 jeweils für die bereits bezahlten Mieten beim Vermieter auf der Passivseite eine passive Rechnungsabgrenzung von 2.000 €, beim Mieter 2 auf der Aktivseite eine aktive Rechnungsabgrenzung von 2.000 €.

Literaturempfehlung: Bernecker, M./Helmke, S.: Der handelsrechtliche Jahresabschluss, München/Wien, S. 73–76. Baus, J.: Bilanzpolitik, Berlin 1999.

Rechnungslegung (international). Wirtschaftliche und steuerrechtliche Rahmenbedingungen, unterschiedliche Völker- und Unternehmensphilosophien sowie Rechtstraditionen haben höchst vereinfacht zu zwei verschiedenen Bilanzierungskulturen geführt:

- Auf der einen Seite die u. a. auch für Deutschland geltende kontinentaleuropäische Bilanzierung und
  auf der anderen Seite die durch die → *US-GAAP* stark geprägte anglo-amerikanische Bilanzierung.

Die unmittelbare Vergleichbarkeit der Daten aus den verschiedenen Jahresabschlüssen wird somit erschwert.Der Wandel der nationalen Produkt- und Absatzmärkte zu einer Globalisierung lässt insbesondere bei den weltweit tätigen Großunternehmen einen erheblichen Finanzbedarf entstehen, der nicht ohne weiteres auf dem jeweiligen begrenzten einheimischen Kapitalmarkt ausreichend gedeckt werden kann. Mit der internationalen Ausrichtung der Unternehmenstätigkeiten ist auch zwangsläufig eine entsprechende globale Gestaltung der Finanzierung verbunden. Dabei hat die USA mit dem weltgrößten Kapitalmarkt eine enorme Sogkraft für große deutsche Aktiengesellschaften.

Rückblick:

Vorreiter war im Jahre 1993 Daimler-Benz mit dem damaligen Gang an die New York Stock Exchange. Voraussetzung zur Börsenzulassung war die Einreichung eines Konzernabschlusses nach US-GAAP (starker Investorschutzgedanke vermeidet → *stille Reserven*). Ein HGB-Abschluss (starker Gläubigerschutzgedanke bildet stille Reserven) wurde nicht anerkannt. Dass zahlenmäßig Welten zwischen beiden Abschlüssen liegen und ein internationaler Bilanzvergleich nur sehr begrenzt möglich ist, lässt sich beispielsweise am Konzernerfolg aufzeigen. Nach HGB ergab sich ein Jahresüberschuss von 615 Millionen DM und nach US-GAAP unerwartet ein Verlust von 1 839 Millionen DM. Nachfolgend fand ein Umbruch in der Konzernbilanzierung statt. Seit dem Jahr 1998 ist es gemäß § 292a HGB möglich, einen Konzernabschluss nach international anerkannten Grundsätzen (neben US-GAAP auch → *IAS/IFRS*) bei gleichzeitiger Befreiung vom HGB-Recht aufzustellen.

Am 19.07.2002 erließ das Europäische Parlament die EU-Verordnung, welche die Anwendung der IAS/IFRS-Standards ab 2005 für kapitalmarktorientierte Konzerne grundsätzlich verpflichtend vorsieht. Nach vorläufigen Schätzungen sind von der Pflicht zur IAS/IFRS-Konzernrechnungslegung ab 2005 in Deutschland etwa 750 Unternehmen und EU-weit etwa 7.000 Unternehmen betroffen.

Für Konzernabschlüsse für nicht kapitalmarktorientierte Unternehmen sowie für Einzelabschlüsse für kapitalmarktorientierte und nicht kapitalmarktorientierte Unternehmen ist dagegen in der EU-Verordnung keine Verpflichtung ausgesprochen worden. Außerdem wurde mit dem neuen § 342 HGB das Deutsche Rechnungslegungs Standards Committee e.V. (DRSC) für die Beratung des Gesetzgebers bei der Weiterentwicklung der deutschen Konzernbilanzierung gebildet. Eine weitere Aufgabe dieses privatrechtlich organisierten Ausschusses mit ihren unabhängigen Sachverständigen ist die Vertretung der Bundesrepublik Deutschland in internationalen Standardisierungsgremien.

Kleine Unternehmen mit ihrem Einzelabschluss sind zurzeit von der Orientierung an internationalen Rechnungslegungsmaßstäben noch nicht betroffen. Eine Beeinflussung kann jedoch für die Zukunft nicht ausgeschlossen werden.

Rechnungswesen. Das betriebliche Rechnungswesen ist Teil des Informationswesens eines Unternehmens, indem es alle relevanten und zahlenmäßig erfassbaren Vorgänge aufzeichnet, die sich im Verhältnis des Unternehmens zu Dritten oder aus dem innerbetrieblichen Geschehen ergeben. Die Systematik der Erfassung und Darstellung sowie die Methodik der Auswertungen werden wesentlich durch die zu erfüllenden Funktionen und die verfolgten Ziele geprägt.

Wesentliche Funktionen sind: Dokumentation (Zustände, Prozesse, Ergebnisse etc. transparent und überprüfbar darstellen), Basis zur Planung und Steuerung (Daten dienen als Grundlage zur

Berechnung der → *Wirtschaftlichkeit* und → *Rentabilität* sowie für Planungen und Entscheidungen), Rechenschaftslegung (dies gilt sowohl betriebsintern als auch extern gegenüber Dritten) und Information (ebenfalls intern und extern sowohl auf freiwilliger Basis als auch auf Grund gesetzlicher Vorschriften zur Offenlegung und Veröffentlichung).

Vorrangige Ziele sind:

- Nachweis über Vermögen und Verbindlichkeiten sowie daraus des Eigenkapitals,
- Ermittlung des Erfolges einer Periode,
- Überprüfung der Wirtschaftlichkeit betrieblicher Prozesse,
- Basis zur Kalkulation und Überwachung der Preisgestaltung,
- Grundlage für Planungen und Kontrolle,
- Bereitstellung beweiskräftiger Unterlagen bei Rechts- und Vermögensstreitigkeiten.

Neben Geschäftsführung und Mitarbeitern des Unternehmens sowie Gesellschaftern und Eigner als Empfänger der Informationen zählen zu den Adressaten Banken, sonstige Kreditgeber, Lieferanten, Kunden etc. (als Entscheidungsbasis zur Gestaltung der Geschäftsbeziehung) und Finanzamt o.Ä. (zur Ermittlung der Bemessungsgrundlage für Steuer- und Abgabenverpflichtungen).

Die sich aus den verschiedenen Zielen ergebenden Aufgaben können nicht alle in einer einzigen Rechnungslegung erfüllt werden. Üblicherweise wird daher das betriebliche Rechnungswesen in verschiedene Gebiete unterteilt:

- Finanz-/Geschäftsbuchhaltung und → *Jahresabschluss*, für die gesetzliche Bestimmungen zu beachten sind
- Kosten- und Leistungsrechnung, die sich an betrieblichen Informationsbedürftnissen und wirtschaftlichen Grundsätzen orientiert.
- Betriebsstatistik, Vergleichsrechnung und Kennziffern; Daten aus den beiden vorgenannten Rechnungslegungen oder durch eigene Erhebungen etc. können Grundlage statistischer Auswertungen sein.
- Planungsrechnung; inwieweit sie als eigenständiger Bereich - wie es herkömmlich geschieht - aufzufassen ist, wird zunehmend zurückhaltend betrachtet, da Planungsrechnungen auch in den anderen Gebieten vorgenommen werden (z.B. Planbilanz, Plankostenrechnung) und andererseits strategische und operative Planungen über die Dimensionen der Rechnungslegung hinausgehen.

Je nach dem Zweck der Auswertungen kann die Rechnungslegung vergangenheitsbezogen sein als so genannte Ist-Rechnung oder zukunftsorientiert als Plan-Rechnung bzw. mit Vorgabecharakter als Soll-Rechnung.

Rechnungswesen, ökologisches → *Ökologisches* Rechnungswesen.

Rechtsformen. Siehe dazu den Artikel auf S. 352.

Recycling. Allgemein die erneute stoffliche Verwendung oder Verwertung von Produkten oder Rückständen zur Schonung natürlicher Ressourcen bei Einsatz- oder Betriebsstoffen.

Regal → *Regallager*.

Regalförderzeug (abgekürzt RFZ, auch Regalbediengerät (RBG) genannt). Schienengeführtes Transportfahrzeug in teil- oder vollautomatisierten → *Lagern*.

Regallager. Klassische Lagerform mit waagerecht verlaufenden Fachböden; allgemein wird der Begriff Regal auch als ergänzende Endung für verschiedene → *Lagertypen* verwendet, z.B. → *Palettenregal*, → *Fachbodenregal*, → *Kragarmregal*.

Regalpflege → *Rack-Jobbing*.

Regiebetriebe → *Rechtsformen, öffentlich-rechtliche*.

Regionallager. → *Lager* mit einem für die Verteilung in einer bestimmten Region vorgesehenen Sortiment. Beispiel: Regionallager Nord, 20.000 qm für die Versorgung einer Supermarktkette mit 80 Filialen.

Reichweite (Logistik). Aussage darüber, wie lange der → *Durchschnittsbestand* B eines lagerhaltigen Artikels bei gleichmäßigem Verbrauch (Stück pro Zeiteinheit) ausreicht. Formel allgemein: RW = B dividiert durch Stück pro Zeiteinheit; alternative Formel: RW in Monaten = 12 Monate dividiert durch UH (→ *Umschlagshäufigkeit*).

Reinvestition. Wiederanlage der im → *Desinvestitionsprozess* frei werdenden finanziellen Mittel in weitere → *Investitionsprojekte*. Re-

Rechtsformen

Bei den Rechtsformen müssen zunächst öffentlich-rechtiche und privatwirtschaftliche Betriebe unterschieden werden. Eine besondere Bedeutung kommt der Rechtsformwahl bei Betriebsgründungen oder -veränderungen (z. B. auch im Rahmen der Nachfolge) zu. Diese drei Aspekte werden im Folgenden behandelt.

Öffentlich-rechtliche Rechtsformen Öffentliche Betriebe stehen ganz oder teilweise im Eigentum der öffentlichen Hand (Bund, Länder, Gemeinden). Gegenüber den privat geführten gewinnorientierten Unternehmen verfolgen sie häufig andere bzw. erweiterte Zielsetzungen, wie die Versorgung der Bevölkerung mit Infrastruktur- und Dienstleistungen (Straßenreinigung, Abfallbeseitigung etc.) oder sozialen und kulturellen Gütern (Theater, Altenheime etc.). Die öffentlich-rechtlichen Rechtsformen werden unterschieden in Betriebe mit und ohne eigene Rechtspersönlichkeit.

- Öffentliche Betriebe, die zugleich juristische Personen darstellen, nehmen durch gesetzliche Regelungen für sie eigens vorgesehene spezielle Aufgaben wahr. Hierzu zählen die Körperschaften (z. B. Kreditanstalt für Wiederaufbau), die Anstalten öffentlichen Rechts (z. B. Rundfunkanstalten) und die öffentlich-rechtlichen Stiftungen (z. B. Volkswagen-Stiftung).
- Bei den öffentlich-rechtlichen Betrieben ohne eigene Rechtspersönlichkeit unterscheidet man in der Hauptsache Regiebetriebe und Eigenbetriebe. Regiebetriebe sind als Bestandteile der öffentlichen Verwaltung eng an die Gebietskörperschaften (Städte, Kreise, Länder, Bund) gebunden, von denen sie als ausgegliederte Abteilungen durch Beamte geführt werden (z. B. Theater, Stadtbibliotheken). Verglichen mit den Regiebetrieben weisen die Eigenbetriebe eine höhere Selbstständigkeit auf, die sich u. a. in der Erstellung eines eigenen Wirtschaftsplans und in einer größeren Entscheidungskompetenz bei der Führung der laufenden Geschäfte niederschlägt. Beispiele für Eigenbetriebe sind städtische Versorgungs- und Verkehrsbetriebe. Hält die öffentliche Hand Anteile an privatrechtlich geführten Unternehmen (z. B. Lufthansa, Volkswagen), spricht man von gemeinwirtschaftlichen Unternehmen.

Privatwirtschaftliche Rechtsformen Die Rechtsformwahl gehört zu den → *konstitutionellen* Entscheidungen im Unternehmen und stellt sich bereits in der Phase der Unternehmensgründung. Mit der Wahl der Rechtsform werden bestimmte Rahmenbedingungen festgelegt, z. B. hinsichtlich der Haftung, der Leitung des Unternehmens, der Kapitalbeschaffungsmöglichkeiten und der Steuerbelastung. In vielen Fällen wird die Rechtsform über die gesamte Lebensdauer des Unternehmens beibehalten; bei wesentlichen Veränderungen der wirtschaftlichen Verhältnisse ist allerdings ein Rechtsformwechsel häufig sinnvoll oder gar unumgänglich. Die Ursachen hierfür können unterschiedlicher Natur sein. Expansionspläne gehen oft mit einem erhöhten Kapitalbedarf einher, der nur durch den Gang an die Börse gedeckt werden kann, bei → *Personengesellschaften* kann bereits eine Veränderung des Gesellschafterkreises eine Umwandlung erforderlich machen. Auch ein beabsichtigter Unternehmenszusammenschluss hat rechtsformrelevante Konsequenzen. Wie bei den meisten konstitutiven Entscheidungen ist auch die Änderung der rechtlichen Rahmenbedingungen mit finanziellen Aufwendungen (Notarkosten, Handelsregistereintrag, Publizitätskosten etc.) verbunden.

Juristische Grundlage der Rechtsformen ist das Gesellschaftsrecht und das öffentliche Recht. Zu den wichtigsten privatwirtschaftlichen Rechtsformen gehören die → *Einzelunternehmung*, die → *Personengesellschaften*, die → *Kapitalgesellschaften*, kombinierte Rechtsformen und Genossenschaften (→ *Genossenschaft*, eingetragene). Grundsätzlich sind Unternehmen frei in der Wahl ihrer Rechtsform, die Auswahl aus den zur Verfügung stehenden Rechtsformalternativen erfolgt unter Berücksichtigung unternehmensindividuell zu spezifizierender Kriterien für die → *Rechtsformwahl*.

Rechtsformwahl

Bei der Abwägung unterschiedlicher Rechtsformalternativen gegeneinander ist eine Reihe von Kriterien zu berücksichtigen. Die wesent-

Wichtige Rechtsformen des Privatrechts

1. Einzelunternehmen
2. Personengesellschaften
   - Gesellschaft bürgerlichen Rechts (GbR)
   - offene Handelsgesellschaft (oHG)
   - Partnerschaftsgesellschaft
   - Kommanditgesellschaft (KG)
   - stille Gesellschaft
3. Kapitalgesellschaften
   - Aktiengesellschaft (AG)
   - Gesellschaft mit beschränkter Haftung (GmbH)
4. Kombinierte Rechtsformen
   - Kommanditgesellschaft auf Aktien (KGaA)
   - GmbH & Co. KG
   - Doppelgesellschaft
5. Genossenschaft

lichen Einflussfaktoren werden nachfolgend kurz skizziert:

– Haftung: Im Hinblick auf die Haftungstatbestände der Rechtsformen interessiert die Unternehmenseigner vor allem die Frage, ob ihr Kapitalverlustrisiko beschränkt, d.h. auf die Höhe ihrer Einlage begrenzt, oder unbeschränkt ist, also sich auch auf ihr Privatvermögen erstreckt. Bei → *Einzelunternehmungen* und → *Personengesellschaften* haften die Gesellschafter grundsätzlich unbeschränkt, bei → *Kapitalgesellschaften* und Genossenschaften (→ *Genossenschaft*, eingetragene) ist die Haftung der Eigentümer i.d.R. auf die Kapitaleinlage beschränkt.
– Finanzierung: Abgesehen von der Bestimmung der Mindesthöhe des Haftungskapitals für GmbH (→ *Gesellschaft mit beschränkter Haftung*) und AG (→ *Aktiengesellschaft*) beeinflusst die Wahl der Rechtsform die Möglichkeiten der Eigenkapitalbeschaffung. Während z.B. der Einzelunternehmer bei der Eigenkapitalaufbringung im Wesentlichen auf seine persönliche

Gewinn- und Verlustbeteiligung nach den gesetzlichen Vorschriften

Rechtsform	Gewinn- und Verlustbeteiligung
BGB-Gesellschaft	gleiche Anteile der Gesellschafter an Gewinn und Verlust (§ 722 BGB)
oHG	Verzinsung der Kapitalanteile mit 4 Prozent und Restgewinn nach Anzahl der Gesellschafter (§ 121 HGB); abweichende vertragliche Regelung möglich und üblich
KG	Verzinsung der Kapitalanteile mit 4 Prozent und Restgewinn im angemessenen Verhältnis zu den Anteilen (§ 168 HGB)
Partnerschaft	Gewinnverteilung nach Partnerschaftsvertrag; trifft dieser keine Regelung, sind alle Partner nach § 722 BGB in gleicher Weise am Gewinn beteiligt
GmbH & Co. KG	wie KG: Gewinnanteile der Komplementär-GmbH steuerlich nach unten begrenzt durch die Kriterien der Abgeltung des Haftungsrisikos und der Geschäftsführertätigkeit
stille Gesellschaft	angemessener Anteil des stillen Gesellschafters (§ 231 HGB); Ausschluss der Verlustbeteiligung möglich
GmbH	nach dem Verhältnis der Geschäftsanteile (§ 29 Abs. 2 GmbHG); abweichende Bestimmungen im Gesellschaftsvertrag möglich
AG	nach dem Verhältnis der Aktiennennbeträge (§ 60 AktG); abweichende Bestimmungen in der Satzung möglich; Verpflichtung zur Auffüllung einer gesetzlichen Rücklage (10 Prozent des Grundkapitals)
KGaA	Anteil der Kommanditaktionäre nach dem Verhältnis der Aktiennennbeträge
eG	nach dem Verhältnis der Geschäftsguthaben (bzw. im ersten Jahr nach den geleisteten Einzahlungen); Zuschreibung des Gewinns auf Geschäftsguthaben, bis Geschäftsanteil voll eingezahlt ist; abweichende Regelung in der Satzung möglich; Verpflichtung zur Dotierung eines Reservefonds

Sphäre angewiesen ist, können AG und KGaA (→ *Kommanditgesellschaft* auf Aktien) über den Kapitalmarkt ungleich leichter Haftungskapital mobilisieren. Die Rechtsform bestimmt aber indirekt auch die Möglichkeit der Gesellschaft, Fremdkapital zu beschaffen. Bei weiter gehenden Haftungsbeschränkungen (z.B. auf das Stammkapital einer GmbH) ist die Kreditwürdigkeit begrenzt und muss gegebenenfalls durch persönliche Bürgschaften der Gesellschafter sichergestellt werden.

- Leitung und Kontrolle: Im Hinblick auf die Leitungsbefugnis bestehen grundlegende Unterschiede zwischen → *Einzelunternehmung* und → *Personengesellschaften* einerseits und → *Kapitalgesellschaften* andererseits: Während bei Letzteren die Kapitalbeteiligung und die Leitungsbefugnis i.d.R. getrennt sind, d.h. jeweils durch angestellte Manager wahrgenommen werden, (was ein erhöhtes Kontrollerfordernis mit sich bringt), liegen bei den erstgenannten Rechtsformen Geschäftsführung und Haftung im Regelfall in einer Hand.
- Gewinn- und Verlustbeteiligung: Die gesellschaftsrechtlichen Vorschriften zur Gewinn- und Verlustbeteiligung orientieren sich in erster Linie an den von den Gesellschaftern übernommenen Haftungsverpflichtungen und ihren Eigenkapitalanteilen. Die in der nachfolgenden Tabelle aufgeführten gesetzlichen Regelungen sind überwiegend dispositiver Art, d.h., im Gesellschaftsvertrag können hiervon abweichende Regelungen getroffen werden
- Steuerbelastung: Die Unterschiede in den steuerlichen Belastungen geben nicht selten den Ausschlag für die Wahl der Rechtsform. Während → *Einzelunternehmung* und → *Personengesellschaften* nicht selbstständig steuerpflichtig sind (Steuersubjekte sind die Eigentümer), trifft die → *Kapitalgesellschaften* eine selbstständige Steuerpflicht in Form der Körperschaftsteuer.

Neben diesen genannten Kriterien können bei der Rechtsformwahl noch weitere Aspekte von Bedeutung sein, z.B. Publizitätspflichten, Nachfolgeregelungen oder rechtsformabhängige Kosten (Notarkosten, Vergütungen für den Aufsichtsrat etc.).

investitionen werden demzufolge aus denjenigen finanziellen Überschüssen getätigt, die als → *Einzahlungsüberschüsse* in den → *Zahlungsreihen* der Investitionsprojekte ausgewiesen werden. Die Einzahlungsüberschüsse setzen sich bei positivem → *Kapitalwert* aus zwei Bestandteilen zusammen: erstens, die »verdienten« → *Abschreibungen*, zweitens, eine über die verdienten Abschreibungen hinausgehende Überschussgröße (Nettoüberschuss).

In einer engeren begrifflichen Fassung meint man mit Reinvestition nur die Wiederanlage der verdienten Abschreibungen (d.h. die Tätigung von → *Ersatzinvestitionen*). In einem weiter gefassten Begriffsverständnis versteht man unter Reinvestition die Wiederanlage der gesamten Überschüsse, d.h. der verdienten Abschreibungen und der Nettoüberschüsse.

Relationale Datenbank. Die Daten einer → *Datenbank* stehen untereinander in einer festen Beziehung und können mit anderen strukturierten Daten verknüpft werden. Dadurch können Datenblöcke flexibel angelegt werden.

Relationendiagramm. Element der → *Seven New Tools* (Qualitätsmanagement). Es erfasst die verschiedenen ein Qualitätsproblem hervorrufenden Ursachen. Diese werden entsprechend ihrer Bedeutung klassifiziert und Beziehungen zwischen den einzelnen Ursachen deutlich gemacht. Es leistet also eine Schwerpunktbildung, erfasst vor allem Wechselwirkungen zwischen Elementen (Leistungen) für die strukturierte Darstellung und schafft damit Transparenz über ein Problem. Insofern geht es um Ursache-Wirkungs-Zusammenhänge eines zentralen Problems mit anderen Fakten, wobei Pfeile zur Darstellung von Wechselbeziehungen dienen.

Relative Einzelkostenrechnung. Konsequente Zuordnung von Kostenarten stets zu deren Verursachern; dadurch entsteht ein realistisches System von relativen (den jeweiligen Bezugsobjekten zugeordneten) Einzelkosten.

Die relative Einzelkostenrechnung wurde von Paul Riebel entwickelt. Sie setzt an der Kritik der klassischen Vollkostenrechnung an und versucht, ihre Fehler (insbesondere die nicht verursachungsgerechte Schlüsselung von Kosten, die Proportionalisierung von fixen Kosten, die Verwendung nicht beziehungsgerechter Zuschlagsätze) zu vermeiden. Aus Gründen der klaren Zuordnung löst sich Riebel von den klassischen Unterscheidungen in variable und fixe Kosten bzw. in Einzel- und Gemeinkosten. Die Bezeichnung »relativ« ist darauf zurückzuführen, dass die Zuordnung von Kosten und Erlösen immer vom betrachteten Bezugsobjekt abhängt und daher relativ ist. Riebel arbeitet mit einem fundamentalen Prinzip, dem sog. »Identitätsprinzip«. Damit versucht er Kosten bzw. Erlöse mit Bezugsobjekten und den Entscheidungen, die diese Bezugsobjekte hervorrufen, zu verknüpfen. Einem Bezugsobjekt direkt zuzuordnende Kosten stellen die relevanten relativen Einzelkosten dar. Alle anderen Kosten sind aus Sicht des Bezugsobjekts irrelevant. Sie stellen in der sprachlichen Konvention von Riebel die Gemeinkosten dar.

Alle Kosten werden in einer Bezugsobjekthierarchie an einer Stufe als relative Einzelkosten ausgewiesen, sodass eine Schlüsselung von Gemeinkosten entfällt.

Eine am Marketing orientierte Bezugsobjekthierarchie kann wie folgt strukturiert werden:

1. Gesamtbetrachtung des Unternehmens,
2. Kundengruppen des Unternehmens,
3. Kunden einer Kundengruppe,
4. Aufträge eines Kunden,
5. Positionen eines Auftrages,
6. einzelne Leistungseinheiten.

Die Erfassung und Zuordnung der Kosten (und Erlöse) zu ihren Bezugsobjekten geschieht in der sog. Grundrechnung der Kosten. Es handelt sich dabei um umfangreiche Matrizen, in denen Kostenkategorien und Kostenarten den Zurechnungsobjekten, z. B. Kostenstellen und -trägern, zugeordnet werden. Die Grundrechnungen stellen für verschiedene Auswertungen die entscheidungsrelevanten Informationen bereit.

Auch eine Erfolgsrechnung ist im System der relativen Einzelkostenrechnung möglich. Im Rahmen einer Deckungsbeitragsrechnung stellt Riebel dazu jeweils Einzelerlöse und Einzelkosten eines Bezugsobjekts gegenüber. Auf diese Art und Weise können auch mehrstufige Deckungsbeitragsrechnungen entstehen. Die relative Einzelkostenrechnung gilt als wegweisende theoretische Weiterentwicklung der traditionellen Kostenrechnung. Aber auf Grund ihrer Komplexität und der Unterschiede zum Sprachgebrauch der Praxis hat sie sich als Gesamtsystem in den Unternehmen kaum durchgesetzt.

Rembourskredit → *Außenhandelsfinanzierung*.

Remote Access. Elektronischer Zugriff auf entfernte Ressourcen (wie Rechner, Programme, Dateien).

Rentabilität Sie ist das Verhältnis einer Erfolgsgröße (z. B. Ertrag minus Aufwand einer Periode) zu anderen Größen – sowohl Bestands- (z. B. Kapital) als auch Bewegungsgrößen (z. B. Umsatz einer entsprechenden Periode). Zu den gewinnorientierten Rentabilitätsanalysen (ausgedrückt in Prozent) gehören:

- Eigenkapitalrentabilität (Erfolg zu Eigenkapital mal 100),
- Gesamtkapitalrentabilität (Erfolg + Kapitalzinsen zu Gesamtkapital mal 100),
- Betriebsrentabilität (Betriebsgewinn zu betriebsnotwendiges Kapital mal 100) sowie
- Umsatzrentabilität (Erfolg zu Umsatz der Periode mal 100).

Rentabilitätsvergleichsrechnung → *Investitionsrechnung, statische Kalküle der*.

Reparatur. Tätigkeit, ausgeführt an einem fehlerhaften Produkt mit dem Ziel, dass dieses die Forderungen für den vorgesehenen Gebrauch erfüllt, auch wenn es die festgelegten Forderungen ursprünglich möglicherweise nicht erfüllt.

Reservierung. Materialreservierung oder Kapazitätsreservierung bei der Anwendung von → *PPS-Systemen*.

Restriktionsanalyse. Ablaufschema, das Entscheidungsfindung bei Zielsystemen mit mindestens zwei Zielen (»Mehrzielentscheidung«) durch sukzessive Verschärfung des Anspruchsniveaus (immer strengere Restriktionen) beansprucht. Restriktionsanalyse ist also ein heuristisches, d. h. kein Optimum garantierendes, Verfahren für Mehrzielentscheidungen (→ *Nutzwertanalyse* als konkurrierendes Instrument). Im Gegensatz zur Nutzwertanalyse wird kein Gesamtentscheidungskriterium (vergleichbar einer Durchschnittsnote) gebildet. Stattdessen folgende Phasen:

1. Abschätzen (die Subjektivität der Entscheidung bleibt) der minimal nötigen Ausprägungen (das können Punkte, aber auch konkrete Angaben wie Rentabilitäten sein) bei allen Teilzielen (hier als »Restriktionen«, nicht als Extremwerte gefordert) und Ausscheiden der demnach offenkundig ungeeigneten Alternativen.
2. Wenn genügend Alternativen zur Auswahl bleiben (Faustregel: aus Gründen der Übersichtlichkeit sollten auch nach einer Grobentscheidung höchsten sieben Varianten in eine Feinentscheidung und/oder Testphase kommen), Verschärfung der nun wichtigsten Restriktionen, z.B. Senkung des Risikos für finanziellen Engpass von 10 % auf 5 %.
3. Wiederholung des vorangegangenen Schritts (das nächste Mal können z.B. höhere Forderungen an die Unabhängigkeit von anderen Unternehmen gestellt werden etc.), bis bei Feinentscheidung genau eine, bei Grobentscheidung/Vorauswahl bis zu sieben Alternativen in der Auswahl bleiben. Unter Modellbedingungen exakteres Verfahren → *Entscheidungsanalyse*.

Retrodistribution. Dabei wird der vorwärts gerichtete Fluss der Waren vom Anbieter zum Verwender (Distribution) durch ein parallel dazu eingerichtetes System ergänzt, bei dem im »Postverwendungsstadium« von Produkten zurückbleibende Neben- oder Abfallprodukte vom Endabnehmer zum ursprünglichen Anbieter zurückgeführt werden, mit dem Ziel der Wieder- oder Weiterverwendung. Vor dem Hintergrund zunehmenden Umweltbewusstseins breiter Bevölkerungsschichten, steigender staatlicher Auflagen bezüglich der Vermeidung und Entsorgung von Abfällen wird dies an Bedeutung gewinnen.

Bei einem direkten Retrodistributionssystem, das parallel zum direkten Absatz aufgebaut ist, wird dem direkten Abnehmer vom Produzenten eine Problemlösung für die bei ihm aus der Verwendung der Produkte entstehenden Abfälle geboten. Bei Endabnehmern sind dies Verpackungen und bestimmte Altprodukte. Diese können beim Abnehmer abgeholt oder von ihm beim Hersteller abgegeben werden.

Ein indirektes Retrodistributionssystem liegt vor, wenn rechtlich und wirtschaftlich selbstständige Unternehmen neben dem Absatz von Produkten eines Herstellers auch die Rückführung von Neben-, Abfall- und Altprodukten vom Verwender zum Hersteller zurück übernehmen und hierfür das volle unternehmerische Risiko tragen.

Retrograde Methode. Automatisierte Materialentnahmebuchung: Wenn eine gefertigte → *Baugruppe* mittels der Wareneingangsbuchungsart von → *Fertigungsauftrag* an → *Lager* geliefert wird, erfolgt eine automatische Abbuchung der sich aus der Fertigungsauftragsstückliste ergebenden (für die Herstellung der Baugruppe verwendeten) Komponenten aus dem → *Bestand* des → *Produktionslagers*.

Return on Invest → *ROI*.

Revolvierende Planung → *Rollierende Planung*.

RFD. Abk. für Request for Discussion, Aufruf zur Neugründung einer → *Newsgroup*, indem das beabsichtigte Konzept vorgestellt und zur Diskussion freigegeben wird.

RFID. Radio Frequency Identification, dt.: Funkfrequenzidentifizierung. Technisches Verfahren, um → *Daten* berührungslos und ohne Sichtkontakt von einem Etikett (engl.: Tag, auch: RFID-Transponder) lesen bzw. auf diesem speichern zu können. Man unterscheidet zwei Ausführungen:
1. Aktive, batteriebetriebene RFID-Tags, die sowohl gelesen als auch beschrieben werden können. Der interne Speicher kann je nach Ausführung bis zu eine Million Zeichen aufnehmen.
2. Passive RFID-Tags, die die Energie zur Übertragung der Informationen aus den empfangenen Funkwellen beziehen. Sie sind kleiner, leichter und kostengünstiger als die aktiven Tags, besitzen jedoch nur eine geringe Reichweite und können nur gelesen werden. RFID-Transponder werden vorwiegend eingesetzt in Form von Etiketten zur Identifikation von Containern und Paletten in der Logistik, als Schlüsselanhänger für elektronische Wegfahrsperren und Zutrittskontrollsysteme oder als Implantate zur Tieridentifikation.

RFZ → *Regalförderzeug*.

Risiken-Chancen-Analyse → *Szenario*.

Robot. Skript-basiertes Programm, das selbstständig das WWW durchsucht und URL's sammelt, z. B. um in Suchmaschinen Inhalte zu aktualisieren (dabei werden alle Links ausprobiert). Als Suchkriterien dienen ➔ *Tags* im Dokumentenquelltext der ➔ *Website*.

Robuster Prozess ➔ *Statistische Versuchsplanung*.

ROI. Return on Investment; dt.: Rückfluss aus Investitionen. Der ROI zeigt die Gesamtkapitalrendite; er errechnet sich, indem der Gewinn einer Investition durch das eingesetzte Kapital geteilt wird:
ROI = Gewinn/Kapital
Wirft eine Investition von 100 Euro einen Gewinn von 4 Euro ab, so beträgt der ROI 4 %. Es gilt: Je höher der Gewinn, desto höher der ROI; je größer das eingesetzte Kapital, desto kleiner der ROI. Der ROI lässt sich für verschiedene Bereiche ermitteln:
- Konzern,
- Tochterunternehmen,
- Produkte oder Produktgruppe,
- sonstige abgrenzbare Investitionsprojekte.

Bereits im Jahre 1919 entwarf die US-amerikanische Firma »Du Pont de Nemours and Co.« ein Kennzahlensystem, das die mathematisch-wirtschaftlichen Zusammenhänge des ROI thematisiert:

ROI = Gewinn/Kapital = Gewinn/Umsatz · Umsatz/Kapital

Gewinn/Umsatz ergibt die Umsatzrendite; Umsatz/Kapital zeigt die Kapitalumschlagshäufigkeit. Die Einflussgrößen lassen sich weiter aufspalten (siehe Abbildung); ferner ➔ *Kennzahlen, grafische Darstellung*.

Ziel des ROI-Schemas von Du Pont ist es, die Unternehmensleitung zu informieren und zu motivieren, aber dies wird in der Literatur kritisch gesehen. Denn gegen die Informationsfunktion des ROI ist einzuwenden, dass Gewinn, Kapital usw. in einem Betrieb keine objektiven Tatsachen darstellen, sondern – wie im Rechnungswesen üblich – zu definieren sind. Die Probleme der bilanziellen Gewinnermittlung (Abschreibung, Lagerbestände, Rückstellungen) sind somit auch ein Problem des ROI. Gegen die Motivationsfunktion des ROI spricht, dass er die Unternehmensleiter zu Handlungen veranlassen könnte, die wirtschaftlich unvernünftig sind. Beispielsweise könnte sich eine Unternehmensleitung aufgefordert sehen, den Kapitaleinsatz kurzfristig zu minimieren und dabei strategische und langristige Ziele zu vernachlässigen (z. B. Unterlassung vorbeugender Instandhaltung und Investition in neue Maschinen; Verkauf oder Verschrottung von Maschinen, die zurzeit nicht gebraucht werden; Verzicht auf Aktivitäten, die den aktuellen ROI negativ beeinflussen, wie Forschung und Entwicklung oder vorausschauende Personalentwicklung).

Rollende Landstraße. Beförderung von kompletten Lastzügen auf Waggons mit tief liegender Ladefläche.

Rollierende Planung. Prognose für zwölf Monate im Voraus. Jeweils am Monatsende wird ein Soll-Ist-Vergleich durchgeführt (um aus den Planungsfehlern der Vergangenheit zu lernen) und ein neuer zukünftiger Monat geplant. Der Unterschied zur rollenden Planung wird aus Abb. 61 deutlich.

Roll-On-Roll-Off-Schiff abgekürzt RoRo-Schiff genannt. ➔ *Transportart*, bei der komplette Last-

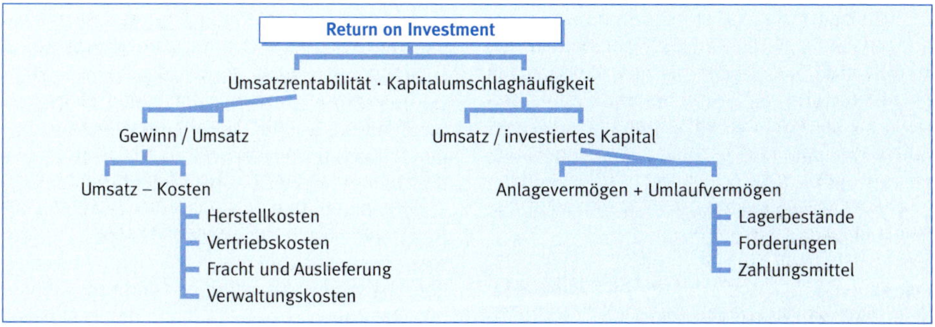

Abb. 60: Eine Variante des ROI-Kennzahlensystems nach Du Pont

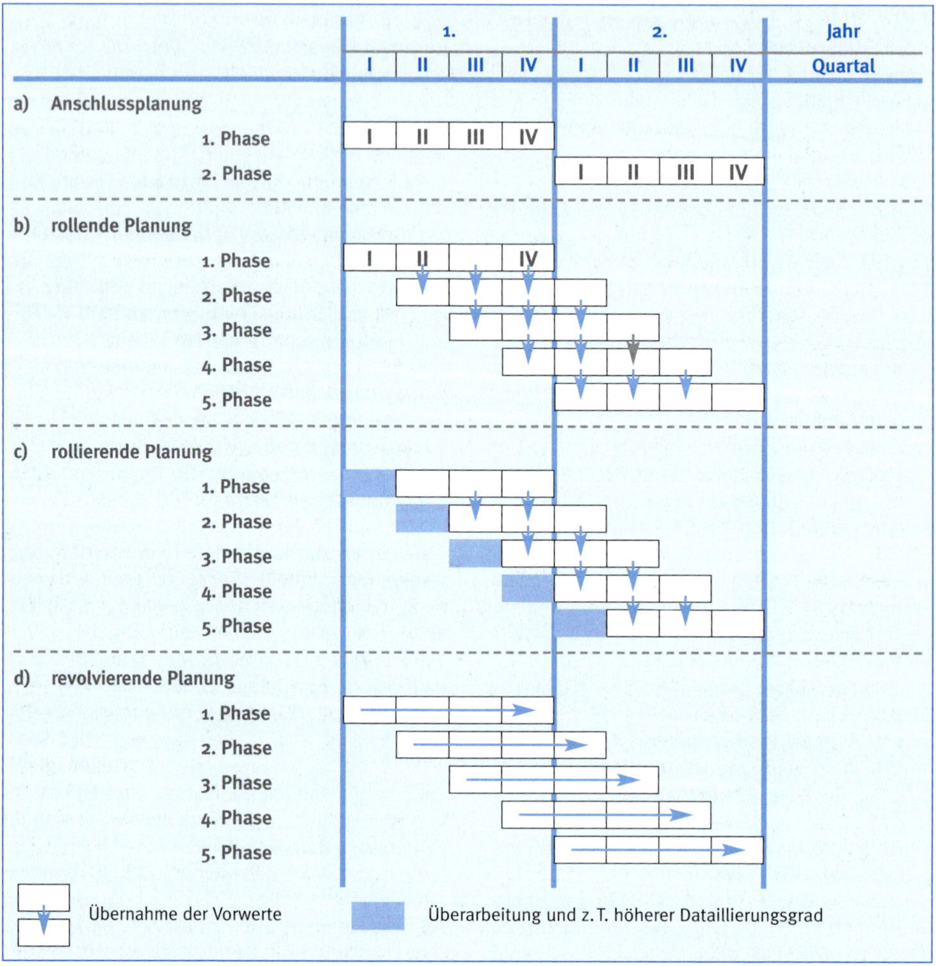

Abb. 61: Formen zeitlicher Planungskoordination

züge auf Binnen- oder Seeschiffen befördert werden (schwimmende Landstraße).

Route. Weg von Daten durch ein → *Netzwerk*. Dies muss nicht immer der entfernungskürzeste Weg sein, vielmehr kommt es auch auf die Auslastungsgrade der Netzwerkteile an. Datenpakete können auf verschiedenen Wegen weitergeleitet und beim Empfänger wieder zusammengefügt werden.

Router. Vermittlungsrechner, der zwei oder mehr Netzwerke mit verschiedenen Leistungsmerkmalen als Schnittstelle miteinander verbindet und darüber entscheidet, welchen Weg von verschiedenen Wegen der Netzverkehr mit Daten vom Absender zum Empfänger nehmen muss. Dabei können Daten auch zwischengespeichert werden (Store and Foreward), bevor sie weitertransportiert werden. Informationsobjekte werden in Datenpakete zerlegt und je nach Bedarf über verschiedene Zwischensysteme an den Zielrechner übermittelt. Ohne Gateways können nur Netzwerke geschaltet werden, die dasselbe Protokoll benutzen. Die physikalischen Netzwerkeigenschaften können allerdings durchaus differieren. Der Router ermittelt anhand der IP-Adresse, in welches Subnetz oder aus welchem anderen

Router er die Daten senden muss, und entscheidet über den kostengünstigsten und/oder zeitschnellsten Weg dafür.

Rücklagen. Dies sind bei Kapitalgesellschaften neben dem gezeichneten Kapital getrennt in der Bilanz ausgewiesene Eigenkapitalpositionen – nicht zu verwechseln mit ➜ *Rückstellungen*, die im Gegensatz hierzu Fremdkapitalcharakter haben. Sie dienen der (variablen) Erhöhung des Eigenkapitals und damit der Haftungsbasis. Es ist zu unterscheiden in:

1. Kapitalrücklagen, die dem Unternehmen von außerhalb zugeführt werden und umfassen gem. § 272 II HGB: Beträge, die bei Ausgabe von Anteilen einschließlich Bezugsanteilen über den Nennbetrag hinaus erzielt werden (Aufgeld, ➜ *Agio*); der Betrag, der bei Ausgabe von Schuldverschreibungen für Wandlungs- und Optionsrechte zum Erwerb von Anteilen erzielt wird; der Zuzahlungsbetrag, den Gesellschafter gegen Gewährung eines Vorzugs für ihre Anteile leisten und Beträge von anderen Zuzahlungen, die Gesellschafter in das Eigenkapital leisten.
2. Gewinnrücklagen, Beträge, die nur aus dem Jahresüberschuss gebildet werden dürfen (➜ *Selbstfinanzierung*) und gegliedert werden in: gesetzliche, satzungsmäßige, für eigene Anteile und andere, freie.

Rückmeldung (Logistik). Bei der Abwicklung von ➜ *Fertigungsaufträgen* werden zu jedem ➜ *Arbeitsvorgang* an das ➜ *Fertigungssteuerungssystem* Meldungen über die gefertigten Mengen sowie über die verbrauchten Personal- und Maschinenzeiten abgegeben. Dies dient dazu, die Kapazitätsreservierungen zu entlasten, den Lohn zu berechnen und den Fertigungsfortschritt zu beobachten.

Rückstand. Allgemein alle unerwünschten Outputs der Produktionsprozesse (Ausschuss, Abfall, Abluft, Abwasser etc.).

Rückstellungen (§ 249 HGB). Sind für ungewisse Verbindlichkeiten und für drohende Verluste aus schwebenden Geschäften zu bilden. Ferner sind Rückstellungen zu bilden für im ➜ *Geschäftsjahr* unterlassene Aufwendungen für Instandhaltung, die im folgenden Geschäftsjahr innerhalb von drei Monaten nachgeholt werden oder für Abraumbeseitigung, die im (gesamten) folgenden Geschäftsjahr nachgeholt wird, Gewährleistungen, die ohne rechtliche Verpflichtung erbracht werden. Rückstellungen dürfen für unterlassene Aufwendungen für Instandhaltung auch gebildet werden, wenn die Instandhaltung nach Ablauf der Frist von drei Monaten innerhalb des Geschäftsjahrs nachgeholt wird.

Rückstellungen dürfen außerdem für ihrer Eigenart nach genau umschriebene, dem Geschäftsjahr oder einem früheren Geschäftsjahr zuzuordnende, Aufwendungen gebildet werden, die am Abschlussstichtag wahrscheinlich oder sicher, aber hinsichtlich ihrer Höhe oder des Zeitpunkts ihres Eintritts unbestimmt sind. Für andere als die (...) bezeichneten Zwecke dürfen Rückstellungen nicht gebildet werden.

Rückstellungen dürfen nur aufgelöst werden, soweit der Grund hierfür entfallen ist. Rückstellungen werden gebildet für ➜ *Geschäftsvorfälle*, die zum ➜ *Bilanzstichtag* dem Grunde nach feststehen, ihrer Höhe und/oder Fälligkeit nach aber noch unbestimmt sind. Rückstellungen mit Verbindlichkeitscharakter betreffen ungewisse Verbindlichkeiten (z.B. latente Steuern), Rückstellungen mit Aufwandscharakter betreffen eine interne Verpflichtung, die im abzurechnenden Geschäftsjahr nicht erfüllt worden ist. Erstere werden für ungewisse Verbindlichkeiten gebildet, z.B. Steuernachzahlungen, Prozesskosten, Gewährleistungen, Bürgschaftsinanspruchnahme, für drohende Verluste aus schwebenden Geschäften, z.B. bei Preisverfall durch Währungsschwankungen oder bei technischem Fortschritt sowie für unterlassene Instandhaltungsarbeiten. Letztere dienen der periodengerechten Abgrenzung der Aufwendungen (z.B. in Form von Pensionsrückstellungen für die betriebliche Altersvorsorge). Sie sind in einer Höhe anzusetzen, wie sie nach vernünftiger kaufmännischer Beurteilung notwendig ist (§ 253, Abs. 1 HGB).

Rückstellungen mindern den Gewinn. Passivierungspflicht in Form von Rückstellungen besteht für ungewisse Verbindlichkeiten (z.B. Steuernachzahlungen, Prozesskosten, Pensionsverpflichtungen), für drohende Verluste aus schwebenden Geschäften (z.B. Währungsschwankungen), unterlassene Instandhaltungsaufwendungen, die innerhalb von drei Monaten nachgeholt werden, und Gewährleistungen ohne rechtliche Verpflichtung. Passivierungswahlrecht besteht für unterlassene Instandhaltungsaufwendungen, die erst nach mehr als drei Monaten nachgeholt werden, und Aufwendungen, die dem abgelaufenen Geschäftsjahr zuzuordnen sind.

Die Rückstellungen sind aufzulösen, wenn der ihnen zu Grunde liegende Zweck entfällt.

Beispiele: Rückstellungen für ungewisse Verbindlichkeiten auf Grund einer bereits rechtswirksamen Verpflichtung: Pensionsrückstellung. Rückstellungen für eine wirtschaftlich bereits verursachte, aber noch nicht rechtswirksame Verpflichtung: Steuerrückstellung. Rückstellung auf Grund der Wahrscheinlichkeit, dass eine Verpflichtung entstehen wird: Prozesskostenrückstellung.

Früher waren nur so genannte Verbindlichkeitsrückstellunen (statische Bilanztheorie) zugelassen, später (mit Novellierung des AktG 1965 und des HGB 1985) wurden auch eine Reihe von Aufwandsrückstellungen zulässig; dabei gelten im Steuerrecht bezüglich des Wahlrechtes enge Grenzen.

Rückstellungsfinanzierungseffekt. Durch den Ausweis auf der Passivseite der Bilanz und der Verbuchung als Aufwand mindern die → *Rückstellungen* den Gewinn und damit den Betrag, der für evtl. Ausschüttungen zur Verfügung steht oder als gewinnabhängige Steuer hätte abgeführt werden müssen. Aus der zeitlichen Differenz zwischen der Bildung der Rückstellungen und ihrer Auflösung – also dem Zeitpunkt der Zahlung (bzw. dem Fortfall des zu Grunde liegenden Zwecks) – ergibt sich der Finanzierungseffekt (→ *Innenfinanzierung*). Da die späteren Zahlungen Dritten gegenüber erfolgen, ist sie dem Fremdkapital (→ *Finanzierung*) zuzuordnen.

Rücktrittsrecht. Gestaltungsrecht, das auf die Rückgängigmachung des Vertrags gerichtet ist (→ *Vertragsrecht*). Rechtsgrundlage ist das → *Schuldrecht* als Bestandteil des Bürgerlichen Gesetzbuches. Das Rücktrittsrecht entsteht durch Gesetz oder Rechtsgeschäft. Gesetzliche Rücktrittsrechte sind z. B. bei → *Vertragspflichtverletzungen* oder im → *Mängelgewährleistungsrecht* vorgesehen, vgl. § 323 BGB. Rechtsgeschäftliche Rücktrittsrechte können in jedem Vertrag vereinbart werden, wobei die Vertragsparteien nach dem Grundsatz der Vertragsfreiheit die Umstände festlegen, bei deren Eintritt sie vom Vertrag zurücktreten wollen. Bei Dauerschuldverhältnissen (Miete, Pacht, Leasing etc.) tritt an die Stelle des Rücktrittsrechts ein → *Kündigungsrecht*.

Literaturempfehlung: Steckler: Wirtschaftsrecht, 6. Auflage, Ludwigshafen 2003.

Rüstkosten. Kosten der Fertigung, die pro betriebsinternen Auftrag (»Los«) anfallen und unabhängig von der Auftragsgröße (und der damit verbundenen Bearbeitungszeit) sind. Wegen der dabei auftretenden → *Kostendegression* ist die Zusammenfassung kleiner gleichartiger Kundenaufträge zu größeren betriebsinternen Aufträgen sinnvoll, um die jeweiligen Rüstkosten (z. B. für Werkzeugwechsel) günstiger zu verteilen.

S

Sachenrecht. Bestandteil des Bürgerlichen Rechts, das die Rechte an unbeweglichen Sachen (Immobilien) und an beweglichen Sachen (alle sonstigen körperlichen Gegenstände) regelt (Buch 3).

Der zentrale Begriff des Sachenrechts ist das → *Eigentum*, ferner der Besitz und das Eigentümer-Besitzer-Verhältnis. Für die Übertragung des Eigentums ist zwischen dem Mobiliarsachenrecht (bewegliche Sachen) und dem Immobiliarsachenrecht (Grundstücke) zu unterscheiden.

Die Übereignung beweglicher Sachen erfolgt durch Einigung und Übergabe der Sache. Im Einzelfall kann die Übergabe auch durch Abtretung des Herausgabeanspruchs oder durch Vereinbarung eines Besitzmittlungsverhältnisses ersetzt werden (→ *Eigentumserwerb*).

Die Übereignung unbeweglicher Sachen (Immobilien) erfolgt durch Auflassung und Eintragung in das Grundbuch. Auch die dinglichen Sicherheiten, insbesondere Hypotheken und Grundschulden, werden in das Grundbuch eingetragen. Im Sachenrecht sind Pfandrechte an beweglichen Sachen und an Rechten geregelt (→ *Kreditsicherungsrecht*).

Literaturempfehlung: Gottwald: Sachenrecht, 13. Auflage, München 2002. Danne, H. / Keil, T.: Wirtschaftsprivatrecht I, 2. Auflage, Berlin 2002.

Sachinvestition. Materielle → *Realinvestition*. Es handelt sich um die Tätigung von Auszahlungen zum Erwerb bzw. zur Erzeugung von im Unternehmen genutzten oder für den Verkauf bestimmten Gütern. Diese Güter können dem (Sach-) Anlagevermögen zuzurechnen sein, wie z.B. Grundstücke, Gebäude, Maschinen, Kraftfahrzeuge, oder aber dem Vorratsvermögen, wie z.B. Bestände an Roh-, Hilfs- und Betriebsstoffen, unfertigen und fertigen Erzeugnissen.

Saison-Modell. Beschreibungsmodell für periodisch auftretenden Verbrauch; wird bei der stochastischen Bedarfsermittlung gebraucht.

Saldenbilanz I. Teil der → *Betriebsübersicht*, enthält die Salden der → *Konten*, wobei der Saldo jeweils auf der größeren Kontenseite erscheint. Die Summe der Salden muss auf beiden Seiten der Saldenbilanz I identisch sein.

Saldenbilanz II. Teil der → *Betriebsübersicht* als Zusammenfassung der → *Saldenbilanz I* und der → *Umbuchungen* mit für den Abschluss geltenden Salden. Sie ist der Ausgangspunkt für die Erfolgsrechnung und die Schlussbilanz.

Saldo → *Kontoabschluss*.

Sale-and-Lease-Back-Verfahren. Bei diesem auf dem → *Leasing* basierenden Finanzierungsverfahren wird ein betriebsnotwendiger Vermögensteil, z.B. eine betrieblich genutzte Immobilie, an eine Leasing-Gesellschaft verkauft. Gleichzeitig wird mit der Erwerberin ein langfristiger Vertrag über die Nutzung des Vermögensteils, ein Leasing-Vertrag, abgeschlossen. Ergebnis dieser beiden Verträge ist, dass dem Unternehmen finanzielle Mittel aus dem Verkauf zufließen, der Vermögensteil jedoch weiter genutzt werden kann. Dieses Verfahren wird eingesetzt, um die Kapitalbindung außerhalb der Kerngeschäftsfelder zu reduzieren, oder aber zur Sicherung der Liquidität in einer finanziellen Notlage. In der Systematik der Finanzierungsquellen handelt es sich um eine Finanzierung durch Kapitalfreisetzung (→ *Innenfinanzierung*).

Sammelgutverkehr. Speditionstransport, bei dem Güter verschiedener → *Verlader* gesammelt, in einem Depot nach Zielgebieten sortiert und anschließend weitertransportiert werden. Kostengünstiger als Punkt-zu-Punkt-Lieferungen mit einer Absende- und einer Empfangsadresse.

Sanierung. Der Begriff leitet sich aus dem Lateinischen ab und bedeutet soviel wie heilen, gesund machen – im betriebswirtschaftlichen Sinne: finanzielle und wirtschaftliche Schwierigkeiten überwinden. Liquiditätsprobleme, Ertragslosigkeit oder Auszehrung der für die Zukunftsbewältigung benötigten Erfolgsfaktoren (oft auch parallel und sich wechselseitig bedingend) können die Sanierung notwendig machen. Diese kann durch innerbetriebliche Maßnahmen (stille Sanierung), durch Vergleich (z.B. Forderungsverzicht oder Stundung durch Dritte) oder als finanzielle Sanierung mit oder ohne Zuführung neuer Finanzmittel erfolgen, → *Krisenmanagement*. Oftmals wird aus Scheu vor dem Begriff Sanierung etwas beschönigend von Turnaround oder neuer Unternehmenskonzeption gesprochen.

Im engeren Sinne bedeutet Sanierung die Beseitigung einer »Unterbilanz« bei einer Kapitalgesellschaft im Wege einer so genannten Sanierungsbilanz (→ *Sonderbilanz*). Während bei Einzelunternehmen oder Personengesellschaften Verluste in der Bilanz direkt als Minderung der Kapitalkonten auf der Passivseite ausgewiesen sind, bleibt bei Kapitalgesellschaften das Nominalkapital auf der Passivseite erhalten; Verluste – soweit nicht durch Gewinnvorträge oder → *Rücklagen* ausgeglichen – erscheinen als Posten auf der Aktivseite und führen zur so genannten Unterbilanz.

Sankey-Diagramm. Grafische Darstellung des → *Materialflusses*. Hierbei wird die Pfeilbreite Mengenfluss-proportional gezeichnet. Das Betriebsareal wird jedoch nicht wie beim → *Mengen-Wege-Bild* in verkleinertem Maßstab dargestellt.

Säumniszuschlag. Verzugszinsen bei nicht rechtzeitiger Zahlung einer Steuer. Laut § 240 Abs. 1 Abgabenordnung ist für jeden angefangenen Monat der Säumnis ein Säumniszuschlag von eins vom Hundert des abgerundeten rückständigen Steuerbetrags zu entrichten. Abzurunden ist auf den nächsten durch fünfzig Euro teilbaren Betrag. Laut § 240 Abs. 3 Abgabenordnung wird ein Säumniszuschlag jedoch erst bei einer Säumnis vom 6. Tag an erhoben. Die Verzugszinsen betragen also mindestens 12 % pro Jahr.

Savings-Verfahren. Verfahren bei der computergestützten → *Tourenplanung* zur Optimierung der Gesamttransportstrecke. Anstelle von Sternfahrten aus einem Depot zu den Empfängern werden Rundtouren geplant. Die Entfernungsdifferenz zwischen der Summe der gefahrenen Kilometer bei Sternfahrten und der entsprechenden Summe bei Rundtouren nennt man Saving (engl.: Einsparung).

Scanner. Von engl.: to scan, dt.: absuchen, abtasten, erfassen. Gerät zum Einlesen von Texten (→ *OCR*), Strichcodes (→ *Barcode*) und Grafiken in einen Computer. Der Scanner beleuchtet die Vorlage zeilenweise und nimmt die unterschiedlich hellen und dunklen Flächen, bei Farbscannern auch die verschiedenen Farbwerte, durch entsprechende Helligkeits- und Farbsensoren auf. Auf diesem Wege wird die Vorlage digitalisiert (→ *Digitalisierung*). In den Kassen der meisten Supermärkte ist ein Scanner integriert, der den Barcode auf den Waren einliest, die über den Scanner hinweggeführt werden.

Schaden. Zustand einer Einheit nach Unterschreiten eines bestimmten (festzulegenden) Grenzwerts des Abnutzungsvorrats, der eine im Hinblick auf die Verwendung unzulässige Beeinträchtigung der Funktionsfähigkeit bedingt.

Schadensersatzrecht. Im → *Bürgerlichen Recht* entstehen Schadensersatzansprüche kraft Gesetzes in vertraglichen und außervertraglichen Schuldverhältnissen. Das Schadensersatzrecht ist nicht einheitlich geregelt; vielmehr orientieren sich die Voraussetzungen und der Umfang des Schadensersatzes nach den einzelnen Anspruchsgrundlagen. Schadensersatzansprüche gibt es z. B. im → *Leistungsstörungsrecht* (Unmöglichkeit, Verzug, Positive Vertragsverletzung etc.), im → *Mängelgewährleistungsrecht* (Nichterfüllungsschaden), im → *Deliktsrecht* (Schadensersatz aus unerlaubter Handlung).

Die in der Übersicht zusammengestellten Schadensersatzansprüche enthalten keine abschließende Aufzählung. Für Kaufleute sind in den Fällen der Lieferverzögerung insbesondere Verzugsschäden von Bedeutung, → *Vertragspflichtverletzung*. Im Verzug mit einer Leistungspflicht tritt der Verzögerungsschaden neben den Erfüllungsanspruch, vgl. § 280 BGB. Der Anspruch auf Schadensersatz statt Erfüllung gem. § 281 BGB entsteht nur nach einer vorherigen Fristsetzung mit Ablehnungsandrohung und erfolglosem Fristablauf. Kaufleute können die Frist vertraglich festlegen oder darauf verzichten, z. B. durch Fixklausel. Der Schadensersatz statt Erfüllung umfasst auch den entgangenen Gewinn.

Literaturempfehlung: Steckler: Wirtschaftsrecht, 6. Auflage, Ludwigshafen 2003.

Scheinkäufer. Kundenbezogene, objektivierende Servicequalitätsmessung (auch Mystery Shoppers, Silent Shoppers). Personen, die als

Schadensersatzansprüche

Schadensersatz wegen Vertragspflichtverletzung	Es sind alle Kosten zu ersetzen, die nicht entstanden wären, wenn das Schadensereignis nicht eingetreten wäre, u. a. der Mangelfolgeschaden. Rechtsgrundlage: § 280 BGB.
Schadensersatz wegen Verzugs	Verzögerungsschaden (neben dem Erfüllungsanspruch) als Sonderfall der Vertragspflichtverletzung. Rechtsgrundlage: §§ 280, 286 BGB.
Culpa in Contrahendo	Der Anspruch geht auf Ersatz des Vertrauensschadens und ist daher durch das Erfüllungsinteresse begrenzt (z. B. Kaufpreis). Rechtsgrundlage: § 280 BGB.
Schadensersatz statt Erfüllung	Es ist das positive Interesse an der ordnungsgemäßen Vertragserfüllung zu ersetzen, dazu gehört auch der entgangene Gewinn. Rechtsgrundlage: § 281 BGB.
Schadensersatz wegen unerlaubter Handlung	Nach den Regeln des Deliktsrechts ist nicht nur der materielle, sondern auch der immaterielle Schaden (Schmerzensgeld) zu ersetzen. Rechtsgrundlage: § 823 BGB.

verdeckte Interessenten/Käufer auftreten, simulieren reale Kundenkontaktsituationen, um dadurch Hinweise auf Verbesserungen in der Leistungserstellung zu gewinnen. Problematisch sind die ethische Grundlage (fehlende Möglichkeit für Mitarbeiter, sich dem Verfahren zu entziehen) sowie das Vorhandensein situativer Einflüsse.

Schlussbestand (eines → *Kontos*). Wird im → *Rechnungswesen* durch Inventur ermittelt, nachdem alle Bewertungen vorgenommen worden sind (z.B. → *Abschreibungen*). Der Schlussbestand steht auf Aktivkonten immer im Haben, auf Passivkonten immer im Soll (außer bei Kontokorrentkonten, wenn das Konto überzogen ist).

Schlussbilanz. Teil der → *Betriebsübersicht*. Übernimmt die Salden aller Bestandskonten und weist somit die endgültigen Bilanzansätze analog zur → *Inventur* und Bewertung aus. Beide Seiten der Bilanz müssen summengleich sein, der Ausgleich erfolgt durch Gewinn- oder Verlustsaldo. Das → *Schlussbilanzkonto* ist das Abschlusskonto des → *Hauptbuchs*. Die Schlussbilanz ist zugleich die Eröffnungsbilanz des nachfolgenden Geschäftsjahrs (Bilanzidentität).

Schlussbilanzkonto. Als Gegenbuchung zum Endbestand jedes → *Kontos*, das in die Bilanz übernommen wird, dient das Schlussbilanzkonto. Das Schlussbilanzkonto dient als Hilfskonto im Rahmen der → *doppelten* Buchführung zur Sammlung der Endbestände der einzelnen Konten und als Gegenkonto für die Abschlussbuchungen in den Konten. Seine Einrichtung ist notwendig, um das Prinzip der Doppik durchzuhalten, gesetzlich aber nicht vorgeschrieben. Bestandskonten werden über das Schlussbilanzkonto abgeschlossen und dann in die Schlussbilanz gebucht. Jedes Konto erhält somit eine Position im Schlussbilanzkonto. Dafür bestehen keine Gliederungsvorschriften.

Zum Abschluss werden zunächst Korrekturbuchungen bei Bestandsdifferenzen zwischen den Inventurwerten und den Buchwerten der Kosten vorgenommen. Die Erfolgskonten werden über die Gewinn- und Verlustrechnung abgeschlossen. Das Gewinn- und Verlustrechnungskonto wird auf das Eigenkapitalkonto abgeschlossen. Ebenso werden die Privatkonten auf das Eigenkapitalkonto abgeschlossen. Alle Bestandskonten werden auf das Schlussbilanzkonto abgeschlossen, daraus wiederum leitet sich die Schlussbilanz ab (→ *Eröffnungsbilanzkonto*).

Schnelldreher. Artikel mit hoher → *Umschlagshäufigkeit*.

Schnittstelle. In der Informationsverarbeitung gebräuchliche Bezeichnung für eine Übergangs- bzw. Verbindungsstelle. Eine Schnittstelle (engl.: Interface) bildet einen Übergang und ermöglicht die Kommunikation zwischen zwei Systemen. Unterschieden wird zwischen der Mensch-Maschine-Schnittstelle und der Maschine-Maschine-Schnittstelle.

Eingabegeräte wie z.B. Tastatur oder Maus bilden die Mensch-Maschine-Schnittstelle für die Eingabe. Ausgabegeräte wie Bildschirm, Drucker oder Lautsprecher bilden die Mensch-Maschine-Schnittstelle für die Ausgabe.

Auch die Hard- und Softwarekomponenten des Computers müssen Daten und Steuerungsinformationen untereinander und mit den Peripheriegeräten austauschen. Dieser Austausch erfolgt über die Maschine-Maschine-Schnittstelle. Zu den Maschine-Maschine-Schnittstellen gehört z.B. der Universal Serial Bus (USB), eine standardisierte Schnittstelle zum Anschluss unterschiedlichster Geräte (Drucker, → *Scanner*, → *Massenspeicher* etc.) an einen → *PC*. Eine Schnittstelle hat nicht zwangsläufig mit Hardware zu tun. So wird z.B. auch die grafische Benutzungsoberfläche (Graphical User Interface), die das → *Betriebssystem* eines Computersystems zur Verfügung stellt, als Schnittstelle bezeichnet.

Schulden. Alles dem Unternehmen zur Verfügung gestellte Fremdkapital, z.B. Lieferantenkredite beim Kauf auf Ziel, erhaltene Anzahlungen oder aufgenommene Darlehen, → *Kreditfinanzierung*.

Schuldrecht. Teilgebiet des → *Bürgerlichen Rechts*, das im zweiten Buch des Bürgerlichen Gesetzbuchs (BGB) geregelt ist.

Im allgemeinen Teil des Schuldrechts wird der Begriff der Leistung definiert. Kraft des Schuldverhältnisses ist der Gläubiger berechtigt, von dem Schuldner eine Leistung zu fordern. Die

Leistung kann auch in einem Unterlassen bestehen. Es kann sich bei der Leistung um eine Stückschuld oder um eine Gattungsschuld handeln. Leistungsort ist der Wohn- oder Geschäftssitz des Schuldners (Holschuld). Da es sich um dispositives Gesetzesrecht handelt, können die Vertragsparteien auch eine Bringschuld oder eine Schickschuld vereinbaren. Leistungszeit ist der Zeitpunkt des Vertragsabschlusses, soweit die Parteien keine andere Fälligkeitsabrede treffen. Der allgemeine Teil des Schuldrechts umfasst das Recht der → *Vertragspflichtverletzungen*; hierzu gehört auch der → *Verzug* des Schuldners. Das Recht der → *Allgemeinen* Geschäftsbedingungen und der → *Fernabsatzverträge* sowie die Pflichten des Unternehmers im elektronischen Geschäftsverkehr sind in das Schuldrecht aufgenommen worden (→ *E-Commerce*-Recht). Ferner sind die Anpassung und die Beendigung von Verträgen sowie besondere Regelungen des Rücktritts-, Widerrufs- und Rückgaberechts bei Verbraucherverträgen in den neuen Vorschriften enthalten. Geregelt wird auch die Beteiligung Dritter am Vertrag, z.B. durch Abtretung einer Forderung sowie der Gesamtschuld. Schuldverhältnisse enden durch Erfüllung, Aufrechnung, Rücktritt und Kündigung. Der besondere Teil des Schuldrechts regelt vertragliche und gesetzliche Schuldverhältnisse.

Im → *Vertragsrecht* werden einzelne Vertragsarten geregelt, z.B. der → *Kaufvertrag*, der → *Mietvertrag*, der → *Werkvertrag*, der → *Werklieferungsvertrag* und der → *Geschäftsbesorgungsvertrag*. Nach dem Grundsatz der Privatautonomie im → *Vertragsrecht* können auch andere Vertragstypen gebildet werden, z.B. der → *Leasingvertrag* und der → *Lizenzvertrag*. Die Vertragstypologie des bürgerlichen Rechts ist für Kaufleute u.a. für die → *Mängelgewährleistung* von herausragender Bedeutung.

Im Schuldrecht sind neben den vertraglichen auch die gesetzlichen Schuldverhältnisse und ihre Rechtsfolgen dargestellt. Die Geschäftsführung ohne Auftrag ist für den kaufmännischen Geschäftsverkehr von Bedeutung, wenn Dienstleistungen im fremden Interesse vorgenommen werden. Dies gilt z.B. im → *Bank- und Börsenrecht*. Sofern mit der Geschäftsbesorgung wirtschaftliche Vor- oder Nachteile verbunden sind, entstehen Aufwendungsersatz- oder Herausgabeansprüche. Das Recht der ungerechtfertigten Bereicherung dient der Rückgängigmachung rechtsgrundloser Vermögensvorteile. Das ohne Rechtsgrund Erlangte muss herausgegeben werden, unabhängig davon, ob der Vorteil auf einer Leistung oder auf einem Eingriff beruht.

Das Recht der unerlaubten Handlungen wird auch als → *Deliktsrecht* bezeichnet. Es enthält verschiedene Einzeltatbestände, u.a. Schadensersatzansprüche infolge einer Rechtsgutverletzung oder eines Gesetzesverstoßes und die Haftung für den Verrichtungsgehilfen. Der wichtigste Fall ist die → *Produzentenhaftung*. Der Hersteller haftet infolge einer Verletzung der Verkehrssicherungspflicht für die von seinem Produkt ausgehenden Gefahren.

Literaturempfehlung: Brox/Walter: Allgemeines Schuldrecht, 30. Auflage, München 2004: dies.: Besonderes Schuldrecht, 29. Auflage, München 2004. Emmerich: Das Recht der Leistungsstörungen, 5. Auflage, München 2003. Köhler: Recht der Schuldverhältnisse, AT, 18. Auflage, München 2000.

Schuldscheindarlehen → *Kreditfinanzierung*.

Schuldverschreibung → *Anleihen*.

Schütt-aus-hol-zurück-Methode. Sollen Teile des Gewinns im Unternehmen verbleiben und nicht ausgeschüttet werden, ist der normale Weg, diese Gewinne zu → *thesaurieren*. Werden ausgeschüttete Gewinne jedoch anders besteuert als thesaurierte Gewinne, wie es in Deutschland bis Veranlagungszeitraum 2000 der Fall war, kann es steuerlich vorteilhaft sein, Gewinne zunächst auszuschütten und die gewünschte Selbstfinanzierung durch eine anschließende Kapitalerhöhung zu realisieren. Gewinne werden also zunächst ausgeschüttet, um sie auf dem Wege der Kapitalerhöhung wieder in das Unternehmen zurückzuholen.

Schwebende Geschäfte (Bilanzierung). Gegenseitige Rechtsgeschäfte aus schuldrechtlichen Verträgen, die noch von keinem Vertragspartner bis zum Abschlussstichtag erfüllt wurden. Diese schuldrechtlichen Verträge werden in der Buchhaltung grundsätzlich nicht erfasst, da davon auszugehen ist, dass sich Leistung und Gegenleistung normalerweise ausgleichen werden.

Nach den → *Grundsätzen* ordnungsmäßiger Buchführung müssen schwebende Geschäfte dann aber im Jahresabschluss berücksichtigt werden, wenn ausnahmsweise ein Verlust zu erwarten ist (→ *Imparitätsprinzip*). Für den drohenden Verlust aus schwebenden Geschäften ist nach § 249 Abs. 1 HGB eine Drohverlustrückstellung zu bilden; in der → *Steuerbilanz* ist es dagegen ab dem Jahr 1997 nicht mehr erlaubt (§ 5 Abs. 4a EStG). Dadurch wird das → *Maßgeblichkeitsprinzip* eingeschränkt.

Handelt es sich um ein Beschaffungsgeschäft, dann ergibt sich aus der Differenz zwischen dem höheren vereinbarten Einkaufspreis lt. Vertrag (z.B. 500 €) und den niedrigeren Wiederbeschaffungskosten am Bilanzstichtag (z.B. 400 €) der drohende Verlust (hier 100 €). Es wurde somit im Nachhinein ein ungünstiger Kaufvertrag geschlossen, da die Einkaufspreise bis zum Bilanzstichtag unerwartet gesunken sind.

Bei schwebenden Absatzgeschäften errechnet sich aus dem Unterschied zwischen den nach den Verhältnissen am Bilanzstichtag zu erwartenden höheren Selbstkosten (z.B. 600 €; ohne kalkulatorische Kosten und ohne Unternehmergewinn) und erzielbarem niedrigeren Verkaufspreis lt. Vertrag (580 €) der drohende Verlust (hier 20 €). Dazu kann es beispielsweise kommen, wenn die kalkulierten Kosten nicht eingehalten werden konnten oder bewusst ein Verlustgeschäft eingegangen wurde, um einen Konkurrenten aus dem Wettbewerb zu drängen.

Schwund. Negative Inventurdifferenz im Lager. Wird überwiegend durch Diebstahl verursacht.

Scientific Management. Analyse von betrieblichen Arbeitsprozessen als Grundlage für die Arbeitsteilung in einfache, leicht erlernbare, repetitive Tätigkeiten. Scientific Management geht auf F. W. Taylor (1856 – 1917) zurück und wird als Ausgangspunkt der Managementforschung angesehen. Neben der konsequenten Anwendung betrieblicher Arbeitsteilung auf Basis systematischer Beobachtung des Arbeitsablaufs mit dem Ziel höherer Leistung ist Scientific Management geprägt durch Trennung von Planung und Ausführung, systematische Zeitstudien, Stücklohn-Systeme, wissenschaftliche Arbeitsmethoden, Kontrolle durch das Management, funktionale Organisation, leistungs- und effizienzorientiertes Denken.

Taylor versuchte mit diesem Ansatz Spezialisierungsvorteile für die Mehrung des Wohlstands von Unternehmer und auch Arbeitnehmer zu erzielen. Als Praktiker und Ingenieur galt sein ganzes Interesse der Rationalisierung und Effizienzsteigerung der durchzuführenden Arbeiten in der Produktion. Er systematisierte aber auch die Kalkulations-, Einkaufs- und Liefermethoden. Der Begriff »Taylorismus« wird von Kritikern als Synonym für Entfremdung des Menschen von seiner Arbeit, Bestimmung des Arbeitsablaufs durch die Technik und Sinnentleerung der Tätigkeiten verwendet. Taylor sah dieses Problem, stellte jedoch das Streben der Arbeitnehmer nach höheren Löhnen in den Vordergrund.

Scoring-Modell → *Nutzwertanalyse*.

Script. Befehlsreihenfolge in der Datenverarbeitung, die immer wiederholt wird, um Routineaufgaben abzuarbeiten. Durch Aufruf anderer Programme und eingebauter Funktionen der Skriptumgebung können animierte Dokumente erstellt und Benutzereingaben geprüft werden.

Seiri. Begriff der japanischen Produktion. Da die Werkstatt als Ort wertschöpfender Prozesse angesehen wird, tragen die Mitarbeiter dort die Verantwortung für Arbeitsausführung und Arbeitsplatz und haben sich nach allen Kräften um die autonome Instandhaltung mit Wartung, periodischer Inspektion und Instandsetzung selbst zu bemühen (Total Productive Maintenance/TPM). Im Kern geht es dabei um die optimale Nutzung der Produktionskapazitäten durch Beseitigung der sechs großen Verlustquellen bei Produktionsanlagen:

- Anlagenausfall,
- Rüst-/Einrichtezeiten,
- Leerlauf/Kurzstillstände,
- verringerte Taktgeschwindigkeit,
- Ausschuss/Nacharbeit,
- Anlaufschwierigkeiten.

Seiri muss vermieden werden durch Maßnahmen wie Ordnung schaffen, Notwendiges von nicht Notwendigem trennen, alles nicht Notwendige entfernen (wie überhöhte Umlaufbestände, unnötige Werkzeuge, fehlerhafte Teile, überflüssige Akten etc.) und sich auf das Wichtigste beschränken.

Seiton, Seiso, Seiketsu, Shitsuke. Begriffe der japanischen Produktion. Autonome Instandhaltung (Seiton) bedeutet, die an einer Produktionsanlage arbeitenden Mitarbeiter sind für deren reibungsloses Funktionieren verantwortlich und führen Maßnahmen zur Aufrechterhaltung und Verbesserung des Anlagenzustands selbstständig durch, mittels eines Instandhaltungsprogramms, das turnusmäßig die maschinellen Produktionsvoraussetzungen überprüft (Seiso) und für das Schulung und Training der Mitarbeiter angeboten werden (Seiketsu). Der Schwerpunkt liegt dabei auf der Instandhaltungsprävention (Shitsuke), die Leistungsminderungen von vornherein verhindert (für Prozesssicherheit). Seiton erfordert Ordnungsliebe und einwandfreien Zustand der Arbeitsmittel. Seiso bedingt Sauberkeit von Maschinen und Werkzeugen. Seiketsu schärft den persönlichen Ordnungssinn, Sauberkeit und Ordnungsliebe sollen zur persönlichen Gewohnheit werden. Shitsuke ist nur möglich, wenn Disziplin, Standards/Regeln/Vorschriften ausnahmslos eingehalten werden.

Sekundärbedarf. Bei der Produktionsvorbereitung aus dem → *Primärbedarf* bei der → *Stücklistenauflösung* abgeleiteter Bedarf an Sekundärteilen. Wird bei der → *Materialbedarfsplanung* ermittelt.

Sekundäre Kosten. Kosten, die nicht direkt nach Beleg oder kalkuliert, sondern über die Zwischenstation einer Kostenstelle betriebsintern in Rechnung gestellt werden (Ggs. primäre Kosten → *Kostenstellenrechnung*). Wichtig: Sekundäre Kosten stellen immer eine Umverteilung dar, keine Veränderung des Kostenvolumens.

Wenn also ein Unternehmen in einem bestimmten Zeitraum primäre Kosten von 875.000 € und sekundäre Kosten von 45.000 € ausweist, dann bedeutet das Folgendes: Von Lieferanten außerhalb des Unternehmens (das können auch Arbeitnehmer oder Eigenkapitalgeber sein) wurden Produktionsfaktoren im Wert von 875.000 € bezogen. Dies ist bei → *Grundkosten* durch Belege wie Eingangsrechnungen, bei → *kalkulatorischen* Kosten durch Sonderrechnungen dokumentiert. Von diesen 875.000 € wurden 45.000 € (z. B. über → *Vor-* bzw. → *Hilfskostenstellen*) umgebucht, sodass die → *Hauptkostenstellen* möglichst verursachungsgerecht belastet sind.

Sekundärforschung (Desk Research). Sekundärforschung ist die Beschaffung, Verarbeitung und Interpretation von bereits existierendem Datenmaterial.

Vorteile der Sekundärforschung sind i. d. R. die schnelle und kostengünstige Informationsbeschaffung, Aufwandsminimierung (insbesondere bei alternativ umfangreichen Eigenerhebungen und Auswertungen, z. B. bezüglich Statistiken über Bevölkerungsbewegungen oder Daten der volkswirtschaftlichen Gesamtrechnung) und Erleichterung bei der Interpretation und Beurteilung von Primärdaten.

Probleme der Sekundärforschung werden besonders in der schnellen Veralterung des Datenmaterials, in der Fortschreibung eventueller Erhebungs- und Auswertungsmängel sowie in der fehlenden Problemkompatibilität gesehen.

Die Sekundärforschung bedient sich unternehmensinterner und unternehmensexterner Informationsquellen. Unternehmensinterne Informationsquellen stehen z. B. in Form von Umsatz- oder Absatzstatistiken (z. B. Mitarbeiter/Auftrag, Produkt, Produktgruppe, Produktfamilie, Kunden geordnet nach Kundengrößenklassen, Verkaufsgebieten, Regionen, Ländern), der Kostenrechnung (z. B. Kostenarten, Kostenstellen, Deckungsbeiträge nach Produkten, Produktgruppen) u. a. Statistiken zu Anfragen und Angeboten, Auftragseingängen, Reklamationen zur Verfügung. Unternehmensexterne Informationsquellen sind z. B. statistische Jahrbücher, nationale und internationale Datenbanken, Verbandsstatistiken, Geschäftsberichte, Bücher und Zeitschriften.

Sekundärmarkt → *Finanzmärkte*.

Sekundärorganisation. Überlagert die → *Primärorganisation*, um praktikablere Organisationseinheiten zu schaffen. Man spricht auch von dualer Organisation (z. B. → *Projektorganisation*, → *Teamorganisation*, → *Gremienorganisation*, → *Zentralabteilungsorganisation* sowie Prozessorganisation und → *strategische* Geschäftseinheiten-Organisation). Die Sekundärorganisation umfasst alle die Hierarchie ergänzenden und übergreifenden Organisationsstrukturen.

Selbsteintritt. Liegt vor, wenn ein → *Spediteur* auch die Funktion des → *Frachtführers* übernimmt.

Selbstfinanzierung. Die Eigenfinanzierung als eine → *Innenfinanzierung* durch einbehaltene Gewinne kann in Form der offenen oder stillen Selbstfinanzierung erfolgen, je nachdem, ob sie in der Bilanz offen ausgewiesen werden oder nicht.

Eine offene Selbstfinanzierung liegt vor, wenn ein im Unternehmen erwirtschafteter und im Jahresabschluss ausgewiesener Gewinn nicht oder nur zum Teil ausgeschüttet wird (Gewinnthesaurierung). Das Eigenkapital steigt dann ohne Mittelzuführung von außen. Die Nichtausschüttung kann freiwillig oder zwangsweise erfolgen: Gesetzlich (z. B. nach Aktienrecht notwendige Bildung von → *Rücklagen*), satzungsmäßig (auf Grund von Bestimmungen im Gesellschaftsvertrag) und freiwillig nach jeweiligem Beschluss der zuständigen Organe. Die Regelungen sind je nach Rechtsform der Unternehmungen unterschiedlich. Dies gilt ebenfalls für die Art ihrer Darstellungsweise in der Bilanz: z. B. getrennte Bilanzpositionen zum gezeichneten Kapital bei Kapitalgesellschaften, Zurechnung zum Eigenkapital bei Einzelunternehmen oder Zwischenformen wie getrennte Zusatzpositionen für jeden Gesellschafter.

Von stiller Selbstfinanzierung wird gesprochen, wenn in der Bilanz so genannte »stille Reserven« gebildet werden. Dies geschieht dadurch, dass in der Bilanz Vermögensteile (Aktiva) niedriger und Verbindlichkeiten (Passiva) höher bewertet werden, als es ihrem tatsächlichen Wert entspricht. Die handels- und steuerrechtlichen → *Bewertungsregeln* führen entweder nach dem Vorsichtsprinzip zwangsläufig oder durch Nutzung von Wahlrechten in der Bilanzpolitik legal zu entsprechenden Reserven. Sie mindern den Gewinn, sodass weder eine Ausschüttung erfolgt noch – soweit die Minderung auch steuerlich anerkannt ist – darauf eine Steuerzahlung. Hieraus ergibt sich bis zu einer eventuellen Auflösung eine finanzielle Entlastung.

Selling Center. In vielen Fällen ist es klug, nicht nur die Mitarbeiter des Vertriebs in Verhandlungen mit dem Kunden einzubeziehen, sondern auch andere Bereiche des anbietenden Unternehmens dem Kunden zu präsentieren. Insbesondere die Bereiche Forschung und Entwicklung sowie die Produktion können helfen, den Kunden von der Zukunftssicherheit und der Qualität der angebotenen Produkte zu überzeugen.

Sequenzielle Ereignismessung. Kundenbezogene, ereignisorientierte Servicequalitätsmessung. Dabei wird die Leistungserstellung aus Sicht der Kunden chronologisch durchgegangen und so in eine Abfolge von Aktivitäten zerlegt, deren grafische Darstellung man Blueprint nennt. Darin werden dann alle unmittelbar kundenwahrnehmbaren Ereignisse markiert, sie ergeben die Line of Visibility. Diese werden hinsichtlich der Qualitätswahrnehmung durch Kunden beschrieben. Dabei wird davon ausgegangen, dass nur die wahrgenommenen Kontaktpunkte (Moments of Truth) zur Qualitätseinschätzung beitragen, also auch nur diese gemessen werden müssen. Zur einwandfreien Erstellung dieser kundenwahrnehmbaren Ereignisse ist jedoch die Optimierung auch der nicht-kundenwahrnehmbaren Prozesse (Back Office) erforderlich.

Serielle Schnittstelle. Schnittstelle, bei der die Bits eines empfangenen oder gesendeten Byte nacheinander übermittelt werden (Ggs.: parallele Schnittstelle).

Server. Computersystem oder -programm, das den Benutzern (→ *Client*) eines → *Computernetzes* Dienste (z. B. Kommunikationsdienste wie → *E-Mail*) und/oder Ressourcen (z. B. Festplattenkapazität zur Speicherung von → *Daten*) zur Verfügung stellt. So stellt z. B. ein → *Webserver* → *Webseiten* zur Verfügung. Jedes Mal, wenn ein Benutzer einen → *Hyperlink* aktiviert, wird eine Anfrage nach der betreffenden Webseite an den Webserver geschickt, der dann im Gegenzug die angeforderte Seite zurücksendet.

In der betrieblichen Praxis ist es üblich, so genannte dedizierte Server zu betreiben, die nicht als Arbeitsstationen genutzt werden, sondern auf denen ausschließlich ein spezielles Serverprogramm läuft. Dadurch lassen sich i. d. R. eine bessere Leistung (Performance) sowie höhere Sicherheitsstandards realisieren. Gängige Vertreter sind z. B. → *Fileserver*, → *Printserver*, → *Webserver*, → *Mailserver* oder → *Proxyserver*.

Service Provider. Unternehmen, das Nutzern den Zugang zum Internet verschafft. Das Internet besteht im Grunde aus den Netzen der einzelnen Service Provider. Diese geben die digitalisierten oder komprimierten Programme der → *Content* Providers als Multiplexsignal in Breitbandkabelverteilnetz, Telefonleitung oder Satellitenverbindung an Empfänger weiter und übernehmen auch das Inkasso.

Service Provider rechnen nach unterschiedlichen Gebührenmodellen ab (nach Menge, nach Leistungsfähigkeit der Verbindung, nach Nebenleistungen etc.). Teilweise gehört dazu auch die Bereitstellung eigener Rechner-/Speicherkapazität (Webhosting).

Service Provider verfügen über keine eigenen Netze, sondern kaufen Kapazität (Airtime) bei Netzbetreibern und verkaufen diese auf eigene Rechnung und in eigenem Namen an Kunden, meist mit attraktiven Zusatzdiensten angereichert, weiter.

Servicequalitätsmessung. Verfahren zur Operationalisierung der subjektiven Qualitätsanmutung von Dienstleistungen. Neben kundenbasierten Ansätzen gibt es anbieterbasierte Kriterien zur Messung. Erstere lassen sich im Weiteren unterteilen in subjektiv orientierte und objektiv orientierte Ansätze. Die subjektiv orientierten Ansätze können wiederum in ereignisgestützte und merkmalgestützte Ansätze untergliedert werden. Die merkmalgestützten teilen sich ihrerseits in ein- und mehrdimensionale Ansätze auf. Die anbieterbasierten Ansätze lassen sich ebenfalls in subjektiv orientierte und objektiv orientierte Ansätze unterscheiden. Letztere teilen sich wiederum in proaktive und reaktive Ansätze auf.

Servqual-Ansatz. Kundenbezogene, merkmalsorientierte Servicequalitätsmessung. Befragung repräsentativ ausgewählter Auskunftspersonen anhand von Kriterien, die, vom Anbieter bestimmte, auf einer siebenteiligen Gut-Schlecht-Skala dahingehend beurteilt werden, welche Art von Eindruck sie bei Nachfragern hinterlassen (also in Bezug auf die tatsächlich erlebte Leistung) und welchen Grad an Zufriedenheit (also im Vergleich zur eigentlich erwarteten Leistung). Die Differenz (Diskrepanz) der Antworten gibt für jedes Kriterium die Abweichung von Erwartung vor und Erlebnis nach einer Leistung wieder.

SET. Abk. für Secure Electronic Transaction; dt.: sichere elektronische Transaktion. Datenübertragungsverfahren im → *Internet* für besonders abzusichernde Transaktionen, das vor allem im elektronischen Geschäftsverkehr (→ *Electronic Commerce*) Verwendung findet. Es dient zur Sicherung von Zahlungen per Kreditkarte im Internet.

Set Up. Einstellung der Parameter eines Computers oder eines Programms.

Seven New Tools (Managementwerkzeuge). Qualitätsmanagementinstrument, dessen Tools logisch aufeinander aufbauen. Sie sind aber durchaus auch einzeln einsetzbar und dienen der Qualitätsproblemidentifikation und -analyse. Seven New Tools: Affinitätsdiagramm, Relationendiagramm, Baumdiagramm, Matrixdiagramm, Portfolio, Problem-Entscheidungsplan, Netzplan.

Seven Tools (Qualitätswerkzeuge). Qualitätsmanagementinstrument, das zur Feststellung von Qualitätsproblemen, zur Eingrenzung von Problemgebieten, zur Bewertung von Faktoren, die dafür ursächlich scheinen, zur Feststellung der Ursächlichkeit, zur Verhinderung von vermeidbaren Fehlern, zur Wirkung von Verbesserungen und zur Feststellung von Ausreißern dient. Seven Tools: Fehlersammelliste, Histogramm, Korrelationsdiagramm, Qualitätsregelkarte. Pareto-Diagramm, Brainstorming, Ursache-Wirkungs-Diagramm.

SGE → *Geschäftseinheiten, strategische*.

SGML. Abk. für Standard Generalized Markup Language, Seitenbeschreibungsstandard zur Definition von Auszeichnungen für Dokumente. Die Auszeichnungen (→ *Tags*) kennzeichnen Strukturelemente von Dokumenten eindeutig sowie Hardware- und Software-unabhängig (z. B. → *HTML*).

Shareholder-Value-Politik. Die → *Unternehmenspolitik* richtet sich an den Interessen der Anteilseigner (»shareholder«) aus. Bei diesem mono-ökonomischen Ansatz rücken die Interessen anderer Gruppen wie die der Mitarbeiter, Kunden, Lieferanten etc. in den Hintergrund. Für die Gesellschafter fällt das Hauptaugenmerk auf die Überlebenssicherung sowie die Vermögens- und Gewinnentwicklung sowie die des Marktwertes des Unternehmens.

In der Praxis wird der diskontierte → *Cashflow* korrigiert um quantifizierte Risikopositionen als Maßstab für den Erfolg verwendet. Die ShareholderValue-Politik ist verbunden mit kurzfristiger Nutzung und Abschöpfung von Erfolgspotenzialen. Sie wird daher auch Performancepolitik genannt. Sie ist zudem unter dem Aspekt weiterer Kapitalaufnahmen zu sehen.

Shareware. Software, die Interessenten kostenlos kopieren und ausprobieren dürfen. Nach der Testphase ist jedoch eine Registrierung erforderlich, die gemäß einem Ehrenkodex zwischen Software-Entwicklern und Anwendern zur Abführung einer (geringen) Shareware-Gebühr für die Lizenzierung an den Autor führt (Ggs.: → *Freeware*).

SHTTP. Abk. für Secure Hypertext Transport Protocol, verschlüsselte Übertragung von HTML-Seiten und Formularinhalten im Internet.

Sicherheit (finanzielle) → *Finanzierung*.

Sicherheitsbestand → *Mindestbestand*.

Sicherungsabtretung → *Forderungsabtretung*.

Sicherungseigentum. Dingliches Sicherungsrecht. Da der → *Eigentumserwerb* durch ein abstraktes sachenrechtliches Verfügungsgeschäft erfolgt, kann das Eigentum auf eine andere Person übertragen werden als der Besitz an der Sache (→ *Sachenrecht*). Falls z. B. der Erwerb einer Sache durch einen Kredit finanziert wird, erhält der Kreditgeber als Sicherheit das Eigentum an der Sache.

Der Sicherungsübereignungsvertrag wird zwischen dem (ursprünglichen) Eigentümer und dem Kreditgeber geschlossen. Die Übereignung der Sache erfolgt mittels Einigung und Vereinbarung eines Besitzkonstituts. Dadurch erhält der Kreditgeber das Eigentum und der Kreditnehmer den Besitz an der Sache. Die Sicherungsübereignung ist nur wirksam, wenn die Sachen vertraglich genau bestimmt werden. Bei der Sicherungsübereignung eines Warenlagers ist z. B. erforderlich, dass die Räume bezeichnet (Raumsicherung), die Waren gekennzeichnet (Markierungssicherung) oder Inventarlisten erstellt werden (Inventarsicherung).
Literaturempfehlung: Gottwald: Sachenrecht, 12. Auflage, München 1998. Steckler: Wirtschaftsrecht, 6. Auflage, Ludwigshafen 2003.

Sicherungsübereignung. Übertragung von Eigentumsrechten an werthaltigen Vermögensteilen auf einen Kreditgeber zwecks Sicherung seiner Forderung. Solange der Sicherungsfall nicht eintritt, verbleiben die sicherungsübereigneten Vermögenswerte beim Kreditnehmer, der diese betrieblich nutzen kann. Die Sicherungsübereignung ersetzt das → *Pfandrecht* bei Vermögenswerten, die für den Kreditnehmer betriebsnotwendig sind.

Signatur. Abschluss einer → *E-Mail*. Besteht meist aus vollständigem Namen, Spitznamen (Nickname), Postadresse und Telefonnummer, sollte nicht länger als vier Zeilen sein.

Simultanplanung → *Planung*.

Single Sourcing. Einkauf eines Artikels bei nur einem Lieferanten. Vorteile: Rabatte, gleich bleibende → *Qualität*, niedrige → *Transportkosten*. Nachteile: Abhängigkeit, Notwendigkeit für hohe → *Mindestbestände*, Innovationsfreude des Lieferanten sinkt.

Single-User-System → *Mehrplatzsystem*.

Site. Zusammengehöriger Datenbereich einer Internet-Domain. Den Eingang zur Site stellt die → *Homepage* (Cover) dar, von der aus man zu anderen Dokumenten mit dazugehörigen Grafiken, Soundfiles etc. derselben Site sowie zu beliebigen darunter liegenden Seiten gelangen kann. Hinzu kommt meist eine Welcome Page.

Site Map. Übersicht über den Aufbau einer Website, die der Orientierung dient.

Site Promotion. Werbung zur Stimulierung der Online-Werbepräsenz, also zum Einwählen in Sites und Kontakt zur dort stattfindenden Werbung.

Skonti. Preisnachlässe, die nachträglich auf den Rechnungsbetrag gewährt werden, sofern die Rechnungsbezahlung innerhalb einer bestimmten Frist erfolgt. Lieferantenskonti werden bei der Begleichung der Schuld vom Schuldner zurückbehalten. Bei Kundenskonti macht ein Abnehmer vom Skontoabzug Gebrauch. Die Verbuchung erfolgt auf ein Unterkonto des Warenkontos (bei in Anspruch genommenem Skonto) oder als Erlösberichtigung der Umsatzerlöse (bei gewährtem Skonto).

SMTP. Abk. für Simple Mail Transfer Protocol, Übertragung elektronischer Post über eine

TCP/IP-Verbindung. Dieses → *E-Mail-Protokoll* verwendet nur die ersten 128 Zeichen des ASCII-Codes (7 Bits).

SNMP. Abk. für Simple Network Management Protocol, Standard für den Betrieb von Internet-Protocol-Netzwerkknoten.

Solawechsel → *Wechsel*.

Solidaritätszuschlag. Laut § 1 Abs. 1 Solidaritätszuschlaggesetz eine Ergänzungsabgabe zur Einkommen- und Körperschaftsteuer. Bei der Ermittlung der Bemessungsgrundlage ist von der Einkommensteuer auszugehen, die unter Berücksichtigung der kindbedingten Freibeträge festzusetzen wäre. Anders als bei der → *Kirchensteuer* wirken sich die Steuerfreistellung im Rahmen des → *Halbeinkünfteverfahrens* und die Tarifermäßigung nach § 35 → *Einkommensteuergesetz* nicht aus.

Der Solidaritätszuschlag beträgt 5,5 % der maßgebenden Bemessungsgrundlage. Bis zur Bemessungsgrundlage von 972 € bei allein Stehenden und bis zu 1.944 € bei zusammenveranlagten Ehegatten wird kein Solidaritätszuschlag erhoben. Die Überleitung auf volle 5,5 % erfolgt durch eine Regelung in § 4 Satz 2 Solidaritätszuschlaggesetz: Der Zuschlag beträgt nicht mehr als 20 % des Unterschiedsbetrags zwischen der Bemessungsgrundlage und der Freigrenze von 972 bzw. 1.944 €. Dadurch wird der volle Zuschlag von 5,5 % erst bei einer Bemessungsgrundlage von 1.295 € bzw. 2.590 € erhoben.

Sollbesteuerung. Regelbesteuerung im Umsatzsteuerrecht gemäß § 16 Abs. 1 Umsatzsteuergesetz. Das ist die Besteuerung nach vereinbarten Entgelten. Unabhängig vom Zahlungszeitpunkt hat der Unternehmer die Steuer für alle Umsätze, die im vergangenen Monat bzw. Vierteljahr ausgeführt wurden, zu entrichten. In der Regel entscheidet das Rechnungsdatum über die Fälligkeit der Steuer. Bei hohen Kreditumsätzen kann also ein Liquiditätsproblem entstehen, denn der Unternehmer hat die Umsatzsteuer zu finanzieren. Das Problem wird allerdings dadurch gemildert, dass für Vorsteuern das gleiche Prinzip gilt. Auch hier kommt es nicht auf die Zahlung der Rechnungen an. Laut § 15 Abs. 1 Nr. 1 Umsatzsteuergesetz ist es entscheidend, dass die Lieferungen oder sonstigen Leistungen von anderen Unternehmern ausgeführt worden sind. Ggs. → *Ist-Besteuerung*.

Sollkosten → *Beschäftigungsabweichung*.

Sollzinsen → *Zinsen*.

Sonderangebot → *Werberecht*.

Sonderausgaben. Im Unterschied zu Betriebseinnahmen und -ausgaben und Einnahmen und Werbungskosten, die sich jeweils auf bestimmte Einkunftsarten beziehen, haben Sonderausgaben mit den einzelnen Einkunftsarten nichts zu tun. Darauf weist der Gesetzgeber in § 10 Abs. 1 Einkommensteuergesetz ausdrücklich hin: Sonderausgaben sind weder Betriebsausgaben noch Werbungskosten. Es sind Aufwendungen für die private Lebensführung, die aber aus bestimmten Gründen vom Gesamtbetrag der Einkünfte abgesetzt werden dürfen.

Sonderausgaben sind im Gesetz (§§ 10 und 10 b) erschöpfend aufgezählt und in der Höhe teilweise auf einen bestimmten Betrag begrenzt bzw. an bestimmte Voraussetzungen gebunden.

Vorsorgeaufwendungen	Übrige Sonderausgaben
§ 10 Abs. 1 Nr. 2 EStG	§ 10 Abs. 1 EStG
a) Beiträge zu Kranken-, Pflege-, Unfall- und Haftpflichtversicherungen, Beiträge zu gesetzlichen Rentenversicherungen und an die Bundesanstalt für Arbeit	Nr. 1 Unterhaltsleistungen an geschiedenen Ehegatten
b) Beiträge zu Versicherungen auf den Erlebens- oder Todesfall oder unter bestimmten Voraussetzungen	Nr. 1a Renten und dauernde Lasten in best. Fällen
c) Beiträge zur freiwilligen Pflegeversicherung	Nr. 4 Gezahlte Kirchensteuer
	Nr. 6 Steuerberatungskosten
	Nr. 7 Aufwendungen für eine Berufsausbildung
	Nr. 8 Aufwendungen für hauswirtschaftliche Beschäftigungsverhältnisse (ab 2002 geändert)
	Nr. 9 30 % des Schulgeldes für Ersatz- und Ergänzungsschulen § 10b Spenden

Zwei Gruppen von Sonderausgaben

In der Einkommensteuererklärung werden zwei Gruppen unterschieden:
- Vorsorgeaufwendungen und
- übrige Sonderausgaben.

Vorsorgeaufwendungen sind aus sozialen Gründen abzugsfähig. Der Gesetzgeber möchte die gesetzliche und freiwillige Vorsorge steuerlich fördern. Sie können nur bis zu bestimmten Höchstbeträgen vom Gesamtbetrag der Einkünfte abgesetzt werden. Für die übrigen Sonderausgaben lässt sich keine allgemeine Begründung finden. Jede einzelne Bestimmung ist im Laufe der letzten 50 Jahre mehrfach verändert worden, wird ständig weiter verändert und ist innerhalb der verschiedenen Parteien und Interessengruppen umstritten.

Sonderbilanz. Im Gegensatz zur periodischen Bilanzierung werden sie als Spezialbilanzen zu besonderen Anlässen erstellt und können dabei von bisherigen Ansätzen abweichen, insbesondere bei der Bewertung. Beispiele sind: Gründungs-, Umwandlungs-, Auseinandersetzungs-, Fusions-, Übernahme-, Sanierungs-, Vergleichs- und Liquidationsbilanz. Steht der Ausweis von Vermögen und Schulden im Vordergrund, so werden sie auch als Status bezeichnet.

Sorten → *Devisen*.

Sortimentsbreite. Anzahl verschiedener Warengruppen.

Sortimentstiefe. Anzahl verschiedener Artikel derselben Warengruppe.

Sozialversicherungsrecht. Spezialgebiet des Verwaltungsrechts mit Bezug zum → *Arbeitsrecht*. Hierzu gehören die
- Krankenversicherung,
- Unfallversicherung,
- Pflegeversicherung,
- Rentenversicherung und
- Arbeitsförderung.

Die Finanzierung erfolgt über Beiträge und Steuermittel. Rechtsgrundlage für die Sozialversicherung ist das Sozialgesetzbuch (SGB).

Leistungen aus der Krankenversicherung, der Unfallversicherung, der Pflegeversicherung und der Rentenversicherung können von den Versicherten in Anspruch genommen werden. Leistungen aus der Arbeitsförderung werden an Arbeitgeber und Arbeitnehmer erbracht.

Der Arbeitgeber verpflichtet sich, die Beschäftigung von Arbeitnehmern zu melden und den Gesamtsozialversicherungsbeitrag an die Einzugsstelle abzuführen. Der Gesamtsozialversicherungsbeitrag umfasst die Kranken-, Pflege-, Renten- und Arbeitslosenversicherung. Schuldner ist der Arbeitgeber, der auch für die zutreffende Berechnung haftet; er kann jedoch 50% des Gesamtsozialversicherungsbeitrags im Lohnabzugsverfahren von dem Arbeitsentgelt der Arbeitnehmer einbehalten.

Dagegen ist der Arbeitgeber zur Zahlung des Unfallversicherungsbeitrags an die Berufsgenossenschaft allein verpflichtet; die Beiträge zur Unfallversicherung gehören nicht zum Gesamtsozialversicherungsbeitrag. Ihre Höhe richtet sich nach der Unfallhäufigkeit in der jeweiligen Branche. Es handelt sich um ein Versicherungssystem, das ausschließlich mit den Beiträgen der Arbeitgeber finanziert wird.
Literaturempfehlung: Steckler/Schmidt: Arbeitsrecht und Sozialversicherung, 6. Auflage, Ludwigshafen 2004.

Spamming. Massenweise ausgesendete → *E-Mails*, meist Werbesendungen, was gegen die Benimmregeln im Internet verstößt.

Spartencontrolling. Ziel ist die Ausrichtung der Sparten auf das Gesamtunternehmensziel und Sicherung der Wirtschaftlichkeit der Leistungserstellung und Leistungsverwertung der einzelnen Sparten. Aufgaben sind die Koordination und Unterstützung der Planungs-, Steuerungs- und Kontrollprozesse in den einzelnen Sparten; Versorgung der Spartenmanager mit den relevanten Geschäftsbereichsinformationen: Abstimmung der dezentralen (Sparten-) Controllingaktivitäten mit dem zentralen Controlling; Einsatz sämtlicher bekannter Controllinginstrumente.

SPC → *Statische* Prozessrechnung.

Spedition. Logistischer Dienstleister (→ *Dienstleistungslogistik*). Zu den klassischen Aufgaben des Spediteurs (Transportieren, Umschlagen, Lagern) kommen zunehmend weitere logistische Aufgaben hinzu. Beispiele: Bestandsmanagement, bedarfsgerechte An- und Abtransporte (→ *Just-in*-Time), kundengerechte Spezialtransporte (z.B. von Gefahrgut, Kühlgut), → *Kommissionierung*, → *Verpackung* und Etikettierung, → *Rack-Jobbing*, → *Qualitätssicherung*, → *Montage*, Retourenabwicklung, → *Leergutverwaltung* und -transport, → *Entsorgungslogistik*, Inkassoaufgaben, → *Factoring*.

Spezialisierung. Funktionale Arbeitsteilung in der → *Organisation*. Horizontale Spezialisierung meint den Umfang der von einer Person/Stelle zu erledigenden Aufgaben. Vertikale Spezialisierung meint die Art der von einer Person/Stelle zu erledigenden Aufgaben (meist exekutiv versus dispositiv).

Spider. Software-Roboter, der das WWW selbsttätig auf Stichworte und neue Informationsangebote hin durchsucht. Die Ergebnisse werden in Datenbanken abgespeichert, auf die Suchmaschinen zugreifen können.

Splittingverfahren. Es behandelt die gesamten Einkünfte eines Ehepaares so, als ob jeder Ehepartner genau die Hälfte erzielt hätte. Laut § 32 a Abs. 5 Einkommensteuergesetz beträgt die Einkommensteuer das Zweifache des Steuerbetrags, der sich für die Hälfte ihres gemeinsam zu versteuernden Einkommens ergibt.

Beispiel: Peter erzielt im Jahre 2002 ein zu versteuerndes Einkommen von 50.000 €. Seine Frau Marion hat keine Einkünfte. Dennoch wird rechnerisch unterstellt, dass jeder Ehepartner 25.000 € verdient. Laut Grundtabelle 2002 hat jeder 4.757 € Einkommensteuer zu zahlen, zusammen somit 9.514 €. Diesen Betrag finden Sie auch in der Splittingtabelle 2002 unter 49.968 bis 50.039 €. Als allein Stehender müsste Peter laut Grundtabelle 2002 14.440 € zahlen. Der Splittingvorteil beträgt somit 4.926 €.

Der maximale Splittingvorteil ist identisch mit dem Abzugsbetrag in der Formel für zu versteuernde Einkommen, die dem Spitzen- bzw. Grenzsteuersatz unterliegen.

Splittung. Begriff aus der → *Produktionsplanung* und -steuerung. Um die Durchlaufzeit eines → *Fertigungsauftrags* zu verkürzen, wird der Auftrag in zwei Materialströme geteilt und teilweise parallel abgewickelt.

Sponsoring. Planung, Organisation, Durchführung und Kontrolle sämtlicher Aktivitäten, die mit der Bereitstellung von Geld, Sachmitteln, Dienstleistungen oder Know-how durch die Unternehmen zur Förderung von Personen und Organisationen im sportlichen, kulturellen und/oder sozialen Bereich verbunden sind, um damit gleichzeitig Ziele der eigenen Unternehmenskommunikation zu erreichen. Sportsponsoring, Kultursponsoring, Sozio- und Umweltsponsoring, Wissenschaftssponsoring sowie Programmsponsoring (z.B. Fernsehsendungen) sind typische Erscheinungsformen, die zur Durchsetzung unterschiedlicher (interner und externer) Kommunikationsziele und zur Ansprache spezifischer Zielgruppen zur Verfügung stehen. Von Exklusivsponsoring spricht man, wenn nur ein Sponsor beteiligt ist, von Gemeinschaftssponsoring bei mehreren Sponsoren.

Spooler. Programm zur Zwischenspeicherung und Weiterleitung von Daten im Hintergrund (»Warteschlangenverwaltung«), um den Arbeitsspeicher des Computers zu entlasten.

Sporadischer Verbrauch. Verbrauchssituation, bei der keine Vorhersagen für den künftigen Verbrauch möglich sind, da ein geeignetes Verbrauchsmodell fehlt (→ *stochastische Bedarfsermittlung*).

Sprecherausschüsse (der leitenden Angestellten) → *Mitbestimmung auf Betriebsebene*.

Spurgeführtes Transportmittel → *fahrerloses Transportsystem*.

SQL (Structured Query Language). Standardisierte und am weitesten verbreitete Datenbanksprache für relationale Datenbanksysteme (→ *Datenbank*). SQL beinhaltet Sprachkomponenten sowohl zur Datenbankeinrichtung (z.B. Festlegung von Tabellen, Abfragen und Zugriffsrechten) als auch zur Datenmanipulation (z.B. Lesen, Hinzufügen, Ändern und Löschen). Abfragen auf die Datenbank werden in SQL deskriptiv formuliert, d.h., es wird lediglich beschrieben, welche → *Daten* man als Ergebnis haben möchte, nicht jedoch, wie das Datenbanksystem diese finden kann.

SSL. Abk. für Secure Socket Layer. Erweiterung des TCP/IP-Protokolls zur Erhöhung der Datensicherheit durch wechselseitige Authentifikation der Kommunikationspartner, etwa im elektronischen Geschäftsverkehr.

Staatsanleihen. Sind → *Anleihen* oder Schuldverschreibungen, ausgegeben von staatlichen Stellen oder Organisationen.

Stablinienorganisation. Dabei wird einer Leitungsstelle organisatorisch eine Leitungshilfsstelle zugeordnet (→ *Stabsstelle*). Innerhalb der Stabsstelle kann eine eigene Stabshierarchie entstehen.
Charakteristische Eigenschaften sind die Trennung von Entscheidungs- und Fachkompetenzen durch Spezialisierung der Stäbe auf Leitungshilfsfunktionen ohne Kompetenz gegenüber der Linie sowie die Aufteilung des Willensbildungsprozesses durch systematische Entscheidungsvorbereitung und Leitungseinheit.
Generelle Vorteile liegen

a) in der Einheit der Leitung trotz Spezialisierung, weil der Spezialist dem Entscheider zuarbeiten, ihn aber nicht ersetzen wollen darf. Deshalb sind Stabsstelleninhaber immer auch Vertrauensleute des Linienpositionsinhabers, dem sie zugeordnet sind;
b) in der Entlastung der Linieninstanzen durch kompetente Entscheidungsvorbereitung, denn teilweise hoch spezialisierte Mitarbeiter können sich ohne Blick auf die kurzfristige Ergebnisverantwortung relevanten Themen zuwenden und schaffen dadurch Kapazitätserweiterungseffekte;
c) im Ausgleich zwischen Spezialistendenken einerseits und Berücksichtigung übergeordneter Zusammenhänge andererseits. Die fachegoistische Sicht der Stäbe wird durch die generelle Sicht der Leitungsstellen korrigiert.

Generelle Nachteile liegen

a) in der Wucherung der Stabsorganisation zu einem eigenständigen »Wasserkopf«. Oft wird versucht, die fehlende aktuelle Leitungsspanne durch eine Nebenhierarchie der Stabsstellen zu ersetzen. Daraus entsteht dann leicht ein kontraproduktives »Küchenkabinett«;
b) in der Fehlleitung von Stäben mangels ausreichender Delegation. Sofern operative Belange berührt sind, entsteht unnötigerweise eine Konkurrenz zur Linie, was dann zur Missachtung der Stabsempfehlungen durch Linienmanager führt;
c) in der Entwicklung von Stäben als »graue Eminenz«. Die fehlende operative Verantwortung macht es leicht, schwer realisierbare Empfehlungen zu geben und bei Problemen darauf hinzuweisen, dass man selbst es früher schon besser gewusst hat;
d) in der Gefahr, dass Stabsarbeit von Linieninstanzen nicht ausgewertet wird. Stäbe produzieren häufig einen Wust an Papier, der es bei steigendem operativen Druck unmöglich werden lässt, alles zu verarbeiten. Durch eine gewisse Marktferne entbehren die Stabsempfehlungen auch nicht selten der Praxisrelevanz;
e) in der Statusproblematik zwischen fehlender Entscheidungs- bei gleichzeitig hoher Fachkompetenz des Stelleninhabers. Meist sind Stabsstellen deshalb nur Durchgangspositionen ins Topmanagement. Damit aber wird die kurzfristige Sicht der Linie nicht durch eine langfristige Perspektive des Stabs korrigiert.

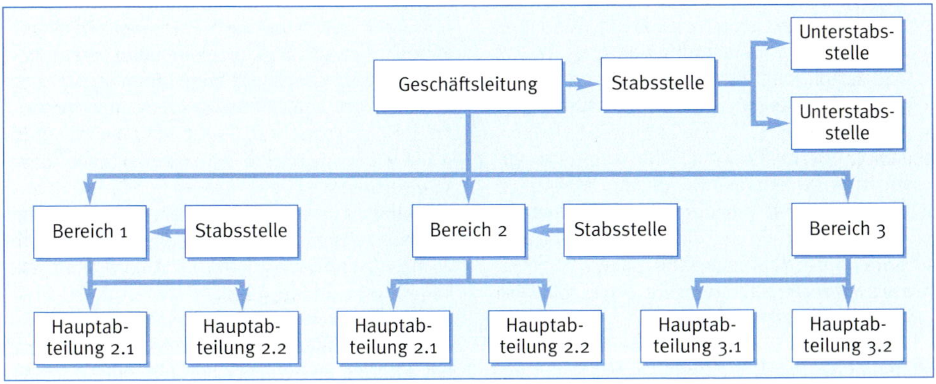

Abb. 61: Stablinienorganisation

Stabsstelle. Spezialisierte Leitungshilfsstelle, die fachspezifische Aufgaben ohne Fremdentscheidungs- und Weisungskompetenzen wahrnimmt. Stabsstellen sind immer an eine Leitungsstelle gebunden und erfüllen Aufgaben, die zum Bereich der jeweiligen → *Instanz* gehören. Durch Stabsstellen sollen Leitungsstellen quantitativ entlastet und qualitativ verbessert werden.

Die Aufgaben der Stabsstelle umfassen vor allem die Entscheidungsvorbereitung, die fachliche Beratung und die Informationsverarbeitung. Stabsstellen sind nicht unproblematisch, weil es zu einem Auseinanderfallen von formaler Macht und Know-how kommt, daraus folgen nur zu leicht Motivationsprobleme im Stab und in der Linie.

Meist sind Stabsstellen Durchgangspositionen für Managementkarrieren (z. B. Assistent der Geschäftsleitung). Gelegentlich entwickeln sich aus Stabsstellen auch Zentralabteilungen (Servicestellen).

Stakeholder-Politik. Die → *Unternehmenspolitik* richtet sich an allen gegenüber dem Unternehmen sich artikulierenden Einzel- oder Gruppeninteressen aus. Dieser pluralistische Ansatz berücksichtigt alle, die Ansprüche geltend machen (»stakeholder«), die Gesellschafter ebenso wie die Mitarbeiter, Kunden, Lieferanten etc. Grundüberlegung ist, dass kein Unternehmen auf Dauer existieren kann, wenn es nicht in eine vernünftige Austauschbeziehung mit allen tritt, die im weitesten Sinn Ressourcen zur Verfügung stellen; siehe auch → *Zielszenario*.

Als Bedingungen für den Austausch von Ressourcen sind bei den Stakeholdern die folgenden zu nennen:

1. Mitarbeiter: sinnvolle Aufgabe, Sicherheit des Arbeitsplatzes, gerechtes Entgelt, Aufstiegsmöglichkeiten, Gewährung von Aus-, Weiter- und Fortbildung, Teilhabe an Gewinn und Kapital, Mitbestimmung, nicht monetäre Gratifikationen etc.
2. Kapitalgeber: Sicherheit der Kapitalanlage, Angemessenheit der Dividende, Wertsteigerung, eventuell Anteil an der Unternehmensführung etc.
3. Lieferanten: kontinuierlicher, langfristiger Absatz, sichere termingerechte Zahlungen, vernünftige Lieferzeiten etc.
4. Abnehmer: Produktqualität, vernünftige Lieferbedingungen, Kundendienst, Termintreue etc.
5. Verbündete Unternehmen: Austausch von Informationen, Beteiligungen, gemeinsame Projekte, Joint Ventures etc.
6. Gesellschaft: Umweltschutz, angemessene Steuerleistung, sichere Güter- und Energieversorgung, Schaffung von Arbeitsplätzen, Beiträge zur Lösung gesellschaftlicher Probleme etc. Die Stakeholder-Politik ist verbunden mit Schaffung und langfristigem Ausbau von Erfolgspotenzialen. Sie wird daher auch Entwicklungspolitik genannt.

Stammdaten. Wichtige, wiederholt genutzte Daten von Datenbanksystemen. Beispiele: Kundenstammdaten, Artikelstammdaten, → *Stücklisten*, → *Arbeitspläne*, Lieferantenstammdaten.

Stammkapital → *Gesellschaft* mit beschränkter Haftung (GmbH).

Standardisierung. Wichtiges Konstruktionsziel zur Vereinfachung, Kostensenkung und Beschleunigung aller betrieblichen Abläufe. Vorteile: Durch verschiedene Kombinationen von vorgefertigten → *Baugruppen* lassen sich kundenindividuelle Enderzeugnisse montieren, die → *Lieferzeit* kann dabei kurz gehalten werden, da die mehrfach verwendbaren → *Baugruppen* ohne Risiko vorgefertigt werden können. Der Aufwand nahezu aller logistischen Aktivitäten hängt von der Vielzahl der Artikel ab. Auch hier vermag die Standardisierung ein wertvolles Rationalisierungspotenzial zu erschließen.

Standardsoftware. Softwareprodukt, das vom Hersteller für den Einsatz bei vielen Anwendern (Unternehmen, aber auch Privatpersonen) entwickelt und auf dem Softwaremarkt angeboten wird. Standardsoftware wird oft so entwickelt, dass sie auf verschiedenen Systemplattformen (→ *Betriebssystem*) lauffähig ist, um einen möglichst großen Kreis von potenziellen Anwendern zu erreichen.

Insbesondere im Bereich der professionellen betriebswirtschaftlichen Anwendungen (→ *Anwendungssoftware*) wird Standardsoftware kaum unverändert eingesetzt, sondern durch mehr oder weniger umfangreiche Anpassungsmaßnahmen an die individuellen Anforderungen des Kunden angeglichen (→ *Customizing*, Ggs. → *Individualsoftware*).

Standortbewertung. Jeder Standortentscheidung muss eine Bewertung der relevanten → *Standortfaktoren* vorausgehen. Ziel der Bewertung ist es, denjenigen Standort zu bestimmen, bei dem die Standortanforderungen und die Bedingungen des Standorts am besten aufeinander abgestimmt sind.

Unter praktischen Gesichtspunkten sind hiermit erhebliche Bewertungsprobleme verbunden. Sie resultieren zum einen daraus, dass die Konsequenzen von Standortentscheidungen sich erst in der Zukunft konkretisieren. Im Entscheidungszeitpunkt sind weder die Vorzüge noch die Nachteile alternativer Standorte in Bezug auf die bestehenden Standortanforderungen mit Sicherheit bestimmbar. Man muss daher von Schätzwerten ausgehen, die mit mehr oder minder großen Unsicherheiten behaftet sind. Zum anderen lassen sich auch nicht alle Entscheidungskonsequenzen monetär quantifizieren, also in Geldgrößen ausdrücken. Möglich ist dies vor allem bei der Bemessung von Kostenkomponenten wie Mieten, Arbeitslöhnen o.Ä. Versucht man hingegen, »weiche« Kriterien wie Standortprestige, Freizeitwert, räumliche Expansionsmöglichkeiten oder auch standortbezogene Absatzchancen zu bewerten, kommt man nicht umhin, auf Ersatzmaßstäbe (z.B. Attraktivitätsindices, Kaufkraftpotenzialschätzungen) zurückzugreifen. Dies wiederum wirft das Problem auf, dass Entscheidungskriterien in einer Bewertung verdichtet werden müssen, die in unterschiedlichen Dimensionen ausgedrückt sind.

Es existieren verschiedene Instrumente, die Entscheidungsträger bei der Standortwahl unterstützen sollen. Eher theoretischen Wert besitzen die mathematischen Modelle zur Bestimmung des optimalen Standorts, weil die mit ihnen verbundenen Datenanforderungen im Einzelfall nur schwer zu erfüllen sind. Unter praktischen Gesichtspunkten kommt vor allem den Standortfaktorenchecklisten und der → *Nutzwertanalyse* zur Standortbestimmung eine Bedeutung zu. Anhand von Standortfaktorenchecklisten werden Soll-Anforderungen, die an Standorte bestimmter Branchen zu stellen sind, der Bewertung einer konkreten Standortalternative gegenübergestellt. Die Soll-Anforderungen stellen dabei eine Vorgabe dar, die auf Erfahrungswerten bzw. Befragungen von Experten beruht, die Bewertung der zur Auswahl stehenden Alternative wird durch den zuständigen Entscheidungsträger vorgenommen. Je geringer die Abweichungen zwischen idealem und realem Standort ausfallen, desto vorteilhafter ist die untersuchte Standortalternative.

Standortfaktoren. Alternative Standorte weisen i.d.R. spezifische Vor- und Nachteile auf, d.h., sie verursachen unterschiedlich hohe Kosten und erbringen auch unterschiedliche Leistungen für das Unternehmen. Zur systematischen Erfassung dieser Einflussgrößen lassen sich verschiedene Standortfaktoren heranziehen.

Hierunter werden üblicherweise die Tatbestände verstanden, die als Determinanten für die Wahl eines Standortes unter ökonomischer Sichtweise maßgeblich sind. Für manche Betriebe ist der Standort weitgehend vorgegeben, z.B. im Bergbau oder für Wasserkraftwerke. Die wesentlichen Kriterien, an den sich die Standortentscheidungen orientieren, sind in der folgenden Übersicht zusammengestellt.

Übersicht über Standortfaktoren

- Materialorientierung; Fragen nach den preisgünstigen (evtl. auch gesicherten) Transporten für die Materialien, für manche Industrieunternehmen die Nähe zu Rohstoffvorkommen.
- Energieorientierung; auch Kraftorientierung genannt, bezieht sich auf Verfügbarkeit und Kosten.
- Verkehrsorientierung; je mehr Transportleistungen bei Arbeitsteilung ebenso wie zur schnellen Kundenbetreuung erforderlich werden, umso mehr Bedeutung kommt diesem Aspekt zu, aber auch die Verkehrsanbindung zur Erreichung von Dienstleistern zählt hierzu.
- Arbeitsorientierung; das Augenmerk richtet sich auf ausreichendes und entsprechend qualifiziertes Personal, sodass neben dem Lohnniveau auch die Attraktivität des Ortes (schulische Versorgung, Freizeitwert etc.) zu beachten sind.
- Abgabenorientierung; Steuern (z.B. Gewerbe- und Grundsteuer), sonstige Abgaben und Gebühren sind teilweise örtlich sehr unterschiedlich.
- Umweltorientierung; dazu gehören zunehmend Fragen der Umweltschonung wie auch andererseits evtl. einschränkende Schutzbestimmungen.

- Landschaftsorientierung; u.a. für die Fremdenverkehrsbranche bedeutsam.
- Sonstige Kostenbeeinflussungen; dies können belastend örtlich bedingte Auflagen sein, andererseits auch ortsabhängig Förderprogramme.
- Absatzorientierung; gegenüber den Inputorientierten Faktoren spielt dieser Aspekt z.B. im stationären Handel eine herausragende Rolle; demografische und sozio-ökonomische Erhebungen können Aussagen zu Absatzerwartungen liefern, andererseits ist die Konkurrenzsituation zu beachten.

Ein anderes Gliederungsschema teilt die Standortfaktoren ein in:

- inputbezogen: z.B. Boden, Rohstoffe, Energieversorgung, Arbeitsmarktbedingungen, Fremddienste, Zulieferer etc.;
- throughputbezogen: politische, soziale, technologische, geologische und klimatische Bedingungen;
- outputbezogen: Marktnähe, Konkurrenz, Kontakt zu Absatzmittlern, staatliche Absatzhilfen, Rückstandsbeseitigung etc.

Standortwahl. Als Standort wird der Ort bezeichnet, an dem ein Unternehmen mit seinen Räumlichkeiten geografisch angesiedelt ist. Hierzu zählen Bürogebäude, Fertigungshallen, Lager, Verkaufsstützpunkte etc. Nicht immer sind diese Einrichtungen an einem Ort konzentriert, sondern auf mehrere Orte verteilt. Eine Standortentscheidung bezieht sich daher nicht notwendigerweise nur auf die Wahl eines einzelnen Standorts, sondern kann auch die Entscheidung über die geografische Verteilung der Standorte eines Unternehmens umfassen.

Standortentscheidungen sind immer dann zu treffen, wenn ein Unternehmen gegründet wird, ein bisheriger Standort den Anforderungen des Unternehmens nicht mehr genügt (Standortverlagerung) oder zusätzliche Standorte (z.B. Filialen) geschaffen werden sollen (Standortverteilung).

Bei der Wahl des Standorts sind die → *Standortfaktoren* zu beachten. Kommen mehrere Standorte in Betracht, sollte die Alternative gewählt werden, welche die formulierten Anforderungen am besten erfüllt. Allerdings weisen die zur Auswahl stehenden Standorte meist unterschiedliche Vorzüge und Nachteile auf; hieraus ergeben sich gegebenenfalls Probleme bei der → *Standortbewertung*.

Wie alle → *konstitutionellen* Entscheidungen besitzt auch die Standortwahl für ein Unternehmen eine besondere Tragweite. Zum einen gehen von ihr vielfältige Folgewirkungen aus, zum anderen lassen sich einmal getroffene Standortentscheidungen nur schwer oder nur unter hohen Kosten revidieren. Dabei ist zu berücksichtigen, dass sich die Standortwahl in unterschiedlich komplexen Dimensionen vollziehen kann: internationale Standortwahl (Kontinent, Staat), nationale Standortwahl (Region innerhalb eines Landes), lokale Standortwahl (Stadt oder Gemeinde einer Region), innerörtliche Standortwahl (Ortsteile, Stadtviertel etc.). Unter innerbetrieblicher Standortwahl wird die Anordnung der einzelnen Betriebsabteilungen verstanden.

Die Mehrzahl von Unternehmen ist relativ unbeschränkt bei ihrer Standortwahl. Allerdings existieren auch einige Branchen, die auf sehr spezifische Voraussetzungen am Ort ihrer Leistungserstellung angewiesen sind (z.B. Rohstoffgewinnungsbetriebe) und nur sehr beschränkte Auswahlmöglichkeiten haben. Man unterscheidet deshalb auch zwischen freien und gebundenen Standorten.

Stapler. Bei Industrie, → *Handel* und logistischen Dienstleistern (→ *Dienstleistungslogistik*) häufig verwendetes → *Flurförderzeug*.

Statistische Methoden. Im instrumentalen Sinn werden darunter die Verfahren verstanden, nach denen empirische Zahlen gewonnen, aufbereitet, verarbeitet, analysiert, dargestellt und für Prognosen, Schlussforderungen und Entscheidungen genutzt werden. Sie werden in den verschiedensten (Wissens-)Gebieten eingesetzt.

Als betriebswirtschaftliche Statistik können sie sich auf außerbetriebliche oder betriebsinterne Daten beziehen.

Im Qualitätsmanagement gehören sie zu den Phasen Prozessrealisierung und Bewertung.

Statistische Prozessregelung (Statistical Process Control/SPC). Ihr Ziel ist es, den laufenden Prozess so zu kontrollieren und gegebenenfalls darauf korrigierend einzuwirken, dass er ständig beherrscht werden kann, d.h., dass Schwankungen in der Produktion nur auf zufällige oder weiter nicht beherrschbare Faktoren zurückzuführen sind.

Dazu werden dem Prozess in festgelegten Zeitabständen Stichproben entnommen, deren Ergebnisse Computer-gestützt auf Qualitätsregelkarten grafisch abgetragen werden. Es handelt sich daher um qualitätssichernde Maßnahmen, die einen Prozess mittels statistischer Methoden verfolgen und bei Bedarf regelnd bzw. lenkend eingreifen, bevor Ausschussteile hergestellt werden.

Durch grafische Darstellung wird eine intensive Beobachtung des Prozesses möglich. Systematische Störungen sollen möglichst frühzeitig erkannt und noch während der Produktherstellung entdeckt und eliminiert werden. Ziel ist also die Fehlervermeidung an Stelle der Fehlerentdeckung, Hilfsmittel ist eine Qualitätsregelkarte. Dabei werden die Lage des Prozesses und die Streuung des Prozesses überwacht.

Systematische Einflüsse treten unregelmäßig auf und beruhen auf Ursachen, die gefunden und zur Qualitätssicherung abgestellt werden können, zufällige Einflüsse hingegen sind natürliche Streuungen, die nicht beeinflussbar, weitgehend stabil und wahrscheinlichkeitstheoretisch vorhersagbar sind. Ihre Häufigkeit wird durch Lokalisationsparameter (vor allem Mittelwert/Median) bzw. Dispersionsparameter (vor allem Standardabweichung/Spannweite) ausgewiesen.

Als fähiger Prozess wird ein solcher bezeichnet, der innerhalb der Toleranzgrenzen liegt, statistisch spricht man von hoher Validität, als beherrschter Prozess wird ein solcher bezeichnet, der wiederholbar ist, statistisch spricht man von hoher Reliabilität. Ein fähiger, aber nicht beherrschter Prozess liegt zwar innerhalb der Toleranzgrenzen, schwankt aber in seiner Qualität, ein nicht fähiger, aber beherrschter Prozess ist zwar wiederholbar, liegt aber außerhalb der Toleranzgrenzen. Nicht fähige, nicht beherrschte Prozesse sind auszuschließen.

Als Ziel stellen sich fähige und beherrschte Prozesse, die nur mehr zufälligen Störeinflüssen unterliegen. Faustregel: Eine Folge von sieben Werten pro Zyklus aus direkt nacheinander gezogenen Teilstichproben unterhalb bzw. oberhalb des Mittelwertes wird als systematischer Einfluss angesehen, daher muss die Produktion gestoppt bzw. (mithilfe statistischer Versuchsplanung) nachgeregelt werden. Dann beginnt eine neue Messung. Eine Trendanalyse kann erfolgen, sobald sechs aufeinanderfolgende Merkmalswerte in Sollbereich liegen.

Statistische Versuchsplanung. Bezieht sich auf Systemfestlegung, Grundlagen der Konstruktion, Qualitätsmerkmale und Kundenanforderungen sowie vorläufige Feststellung der Produkt- und Prozessparameter. Sie bedient sich nach Shainin verschiedener Verfahren: paarweiser Vergleich, Komponententausch, Multi-Variations-Karte, Variablensuche, vollständiger Versuch, Vergleich A zu B, Streudiagramm. Diese Verfahren können kombiniert eingesetzt werden. Shainin geht dabei vom → *Pareto-Prinzip* aus, d.h., es gibt Haupteinfluss-, Sekundäreinfluss- und Tertiäreinflussgrößen.

Ziel ist die sukzessive Reduzierung dieser anfangs schwer überschaubaren Einflussgrößen auf wenige Haupteinflussgrößen, die gut »eingestellt« werden können. Die Identifizierung der Haupteinflussgrößen führt zur Validierung der Ergebnisse und zur Optimierung der Zielgrößen.

Stelle. Kleinste Organisationseinheit. Sie ist das Grundelement der → *Aufbauorganisation* und entsteht durch die dauerhafte Zuordnung von Teilaufgaben auf eine oder mehrere (vorhandene oder gedachte) Personen. Es handelt sich zunächst nicht um reale Arbeitsplätze, sondern um abstrakte Einheiten. Jede Stelle ist durch vier Merkmale gekennzeichnet:

a) dauerhafte Aufgabenbündelung, d.h., die zu erledigenden Aufgaben sind grundsätzlich einer Stelle zugewiesen;
b) versachlichter Personenbezug durch den Stelleninhaber, d.h., diese Aufgaben werden durch einen oder mehrere Mitarbeiter bewältigt;
c) Kompetenzen, d.h., die mit der Aufgabenerledigung verbundenen Befugnisse sind an die Stelle bzw. den/die Stelleninhaber gekoppelt, da ansonsten eine ordnungsgemäße Arbeit nicht möglich ist;
d) Verantwortung in Bezug auf Handlungen und/oder Ergebnisse, d.h., der/die Stelleninhaber hat/haben sich konkrete Arbeitsergebnisse zurechnen zu lassen.

Die Stelle wird mit einer bzw. mehreren Personen gleichzeitig besetzt, die aber identische Tätigkeiten zeitgleich (z.B. Gruppenarbeit) oder nacheinander (z.B. Schichtarbeit) ausführen. Die Kompetenzen beziehen sich auf die Ausführung von Arbeiten im übertragenen Ausmaß, die Verfügung über Arbeitsobjekte, Sach- und Finanzmittel sowie Informationen, die Antragskompetenz gegenüber anderen Stellen und die Entscheidungskompetenz zur Willensbildung und -durchsetzung.

Fallweise sind Vertretungskompetenzen (um für andere Stellen verbindliche Entscheidungen zu treffen), Weisungskompetenzen (das Recht auf Anordnung an andere Stellen) und Kontrollkompetenzen (hinsichtlich Ergebnissen und Verfahren) vorhanden. Dann handelt es sich um Leitungsstellen. Wichtig ist die Abgrenzung von den Kompetenzen einer Stelle zu allen anderen Stellen in der Organisation. Man unterscheidet Linienstellen, die unmittelbar in die Abwicklung betrieblicher Kernaufgaben eingebunden sind, und unterstützende Stellen, die nur mittelbar der Erfüllung dieser Kernaufgaben dienen, aber für diese unverzichtbar sind. Die Stelle kann funktions-/objektorientiert gebildet werden oder aber auch prozessorientiert.

Stellenbeschreibung. Formalisierte verbale Darstellung einer organisatorischen → *Stelle* hinsichtlich ihrer Ziele und Aufgaben, Kompetenzen und Verantwortlichkeiten sowie ihrer wichtigsten Beziehungen zu anderen Stellen. Sie fixiert

- den Aufgaben- und Verantwortungsbereich sowie
- den Umfang der Leitungskompetenzen,
- die über- und untergeordneten Stellen sowie
- die Rechte und Pflichten des Stelleninhabers.

Vor allem sind die Anforderungen an den Stelleninhaber Gegenstand der Stellenbeschreibung. Die Besetzung der Stelle erfolgt mit dem Ziel, eine Person zu finden, deren Leistungsprofil möglichst exakt dem Anforderungsprofil der Stellenbeschreibung entspricht. Die Person sollte also weder über- noch unterqualifiziert sein.

Stellenbildung. Soll in der → *Organisation* personenunabhängig zunächst abstrakt erfolgen. Sie kann aber auch bereits auf eine bestimmte Person zugeschnitten werden, was allerdings nicht unproblematisch ist, da bei Ausscheiden aus dem Beschäftigungsverhältnis selten eine Person mit exakt gleichem Eignungsprofil zu finden ist. Dies erfordert dann einen veränderten Zuschnitt dieser Stelle, was wiederum nicht ohne Auswirkungen auf die organisatorisch benachbarten Stellen bleiben wird.

Die Stellenbildung kann anhand technischer Ausstattungen erfolgen. Sie kann auch auf Basis rechtlicher Normen vorgenommen werden. Ziel ist die → *Spezialisierung* als Form der → *Arbeitsteilung*, bei der Teilaufgaben unterschiedlicher Art entstehen, deren Ausführung spezialisierten Personen übertragen wird. Die horizontale Spezialisierung beschreibt dabei den Umfang der Aufgaben, die eine Person wahrnimmt. Personen, die eine Vielzahl unterschiedlicher Aufgaben wahrnehmen, gelten als Generalisten. Die vertikale Spezialisierung betrifft die qualitative Trennung zwischen Aufgabenplanung und -kontrolle. Einfache repetitive Aufgaben weisen eine hohe vertikale Spezialisierung auf, komplexe seltene Aufgaben eine geringe Spezialisierung.

Stetigförderer. → *Fördermittel*, das seine Leistung kontinuierlich anbietet, unabhängig von der Inanspruchnahme der Leistung. Beispiele: Förderband, Paternoster.

Steuerbare Umsätze. Umsätze, die alle gesetzlichen Tatbestandsmerkmale erfüllen: die Lieferungen und sonstigen Leistungen, die ein Unternehmer im Inland gegen Entgelt im Rahmen seines Unternehmens ausführt, die Einfuhr von Gegenständen aus dem Drittlandsgebiet in das Inland oder die österreichischen Gebiete Jungholz und Mittelberg und der innergemeinschaftliche Erwerb (aus einem anderen EU-Land) im Inland gegen Entgelt.

Steuer. Laut § 3 Abs. 1 Abgabenordnung sind Steuern Geldleistungen, die nicht eine Gegenleistung für eine besondere Leistung darstellen und von einem öffentlich-rechtlichen Gemeinwesen zur Erzielung von Einnahmen allen auferlegt werden, bei denen der Tatbestand zutrifft, an den das Gesetz die Leistungspflicht knüpft (Legaldefinition). Für den Begriff sind somit sechs Merkmale entscheidend:

- Geldleistungen,
- Leistungen ohne eine besondere Gegenleistung,
- der Steuergläubiger ist ein öffentlich-rechtliches Gemeinwesen,
- Zweck ist die Erzielung von Einnahmen,
- Zwangscharakter,
- Besteuerungstatbestand.

Demgegenüber werden Gebühren erhoben für konkrete Gegenleistungen, Beiträge bei Interessengemeinschaften oder als fiskalische Abgabe für Leistungsansprüche, die aber im Gegensatz zur Gebühr nicht von jedem Einzelmitglied der Gruppe der Berechtigten tatsächlich oder in Relation zu seinen Beiträgen in Anspruch genommen werden müssen.

Die verschiedenen Steuern werden nach unterschiedlichen Aspekten eingeteilt, siehe Gliederungen der Steuerarten in unten abgebildeter Übersicht.

Ein weiterer Gesichtspunkt nach betriebswirtschaftlichen Kriterien ist die → *Steuerverbuchung*:

- Steuern des Unternehmers; sie sind von den Gewinnberechtigten zu tragen und gegebenenfalls als Privatentnahmen zu verbuchen, z. B. Einkommensteuer, bzw. bei juristischen Personen die Körperschaftssteuer, die das Betriebsergebnis (vor Steuern) nicht belastet.
- Zu aktivierende Steuern; beispielsweise Grunderwerbsteuern oder Eingangszölle, die gemäß den Bewertungsregeln zu den Anschaffungskosten zählen.
- Betriebliche, als Aufwand/Kosten zu behandelnde Steuern; hierzu zählen u. a. Beförderungs-, Kfz-, Mineralöl-, Versicherungssteuern und ggf. Ausfuhrzölle.
- Aufwandsneutrale Steuern; sie werden vom Unternehmen erhoben bzw. einbehalten und an das Finanzamt abgeführt, aber nicht von diesem getragen, z. B. → *Umsatzsteuer*, → *Lohnsteuer* einschließlich der damit zusammenhängenden → *Kirchensteuer* und → *Solidaritätszuschlag*.

Einteilung der Steuern

nach der Auswirkung	nach der Verwaltungspraxis	je nachdem, wem die Steuern nach Art. 106 GG zufließen (Ertragshoheit)
Direkte Steuern: – Einkommensteuer – Vermögensteuer* – Lohnsteuer – Grundsteuer – Grunderwerbsteuer *Indirekte Steuern:* – Umsatzsteuer – Zölle – Verbrauchsteuern: Branntweinsteuer Tabaksteuer Spielkartensteuer	*Besitzsteuern:* Personensteuern: – Einkommen: Einkommensteuer Körperschaftsteuer – Vermögen: Vermögensteuer Realsteuern: – Gewerbesteuer – Grundsteuer *Verkehrsteuern:* – Umsatzsteuer – Grunderwerbsteuer – Versicherungsteuer *Zölle:* – Einfuhrzölle – Ausfuhrzölle *Verbrauchsteuern:* – Minerölsteuer – Getränkesteuer – Einfuhrumsatzsteuer – Branntweinsteuer – Tabaksteuer – Spielkartensteuer – Zuckersteuer – Biersteuer – Salzsteuer – Kaffeesteuer	*Bundessteuern:* – Zölle – Versicherungsteuer – Verbrauchsteuer (mit Ausnahme der Biersteuer) *Landessteuern:* – Vermögensteuer* – Kraftfahrzeugsteuer – Grunderwerbsteuer – Biersteuer – Erbschaftsteuer *Gemeindesteuern:* – Gewerbesteuer – Grundsteuer – Hundesteuer – Vergnügungsteuer *Gemeinschaftsteuern:* (Bund, Länder, Gemeinden) – Umsatzsteuer – Einkommensteuer – Körperschaftsteuer – Lohnsteuer * ausgesetzt

Steuerarten

Steuerbescheid. Ein rechtsfeststellender (deklaratorischer) Verwaltungsakt. In einem Steuerbescheid setzt das Finanzamt eine Steuerschuld bzw. einen Steuererstattungsanspruch fest. Zu unterscheiden sind endgültige, vorläufige und Steuerbescheide unter dem Vorbehalt der Nachprüfung.

Gegen einen endgültigen Steuerbescheid kann nur innerhalb eines Monats nach Bekanntgabe Einspruch bzw. Widerspruch eingelegt werden. Bei einem vorläufigen Steuerbescheid sind Einzelpunkte der Besteuerungsgrundlagen noch unklar (z.B. wer ist Erbe, wem sind Leasinggegenstände zuzurechnen?). Sobald die Ungewissheit beseitigt ist, muss die vorläufige Steuerfestsetzung aufgehoben werden.

Steuerbescheide unter Vorbehalt der Nachprüfung laut § 164 Abgabenordnung ergehen in der Regel bei allen Steuerpflichtigen, die voraussichtlich einer Betriebsprüfung unterliegen. Im Unterschied zur vorläufigen Steuerfestsetzung bleibt hier der gesamte Steuerfall offen und kann jederzeit geändert werden. Wird der Vorbehalt der Festsetzung nicht ausdrücklich aufgehoben, so entfällt er automatisch mit Ablauf der Festsetzungsfrist (d.h. nach vier Jahren) oder nach einer Außenprüfung.

Steuerbilanz. Derivative oder abgeleitete Bilanz. Wie in mehreren ausländischen Staaten greifen die steuerliche Gewinnermittlung und die Steuerbilanz in Deutschland traditionell auf die → *Handelsbilanz* zurück. Dies wird als sog. → *Maßgeblichkeitsprinzip* der Handelsbilanz für die Steuerbilanz bezeichnet und stellt einen wichtigen Grundsatz in der Bilanzierung dar.

Die Steuerbilanz ist damit eine unter Berücksichtigung der einkommen- und/oder körperschaftssteuerlichen Vorschriften abgeleitete Handelsbilanz und dient dem Fiskus im Sinne einer periodengerechten Gewinnermittlung als Grundlage für die Besteuerung. Dabei sollen die größtmöglichen Einnahmen zur Abdeckung der Staatsausgaben erzielt werden. Außerdem soll jeder Unternehmer den Gewinn in der Periode versteuern, in der er ihn erzielt hat (Gleichmäßigkeit der Besteuerung).

Damit der Unternehmer seinen Gewinn nicht willkürlich verschieben oder sogar endgültig der Besteuerung entziehen kann, bestehen in den Steuergesetzen zahlreiche → *Bilanzierungs*- und → *Bewertungsvorschriften*. Personenhandelsgesellschaften und Einzelkaufleute sind, wenn die Größenmerkmale des Publizitätsgesetzes nicht erfüllt sind, nicht zur Veröffentlichung ihrer Jahresabschlüsse verpflichtet. Bei der Erstellung ihrer Handelsbilanz gehen diese Unternehmen meist von den steuerrechtlichen → *Bewertungsvorschriften* aus, sodass Handelsbilanz und Steuerbilanz identisch sind. Dieses Verfahren der Einheitsbilanz wird von den meisten Unternehmen in der Praxis angewandt.

Steuerfreie Umsätze. Diese Umsätze sind zwar steuerbar, d.h., sie erfüllen alle Merkmale von → *steuerbaren Umsätzen*, sind jedoch aus verschiedenen Gründen steuerfrei. Zu unterscheiden sind:

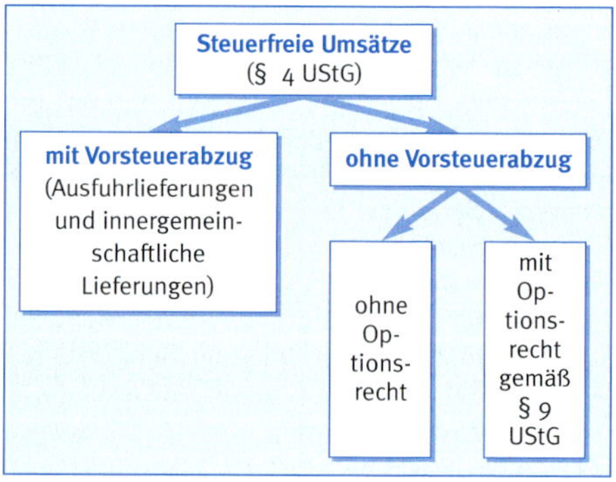

Abb. 63: Unterteilung der steuerfreien Umsätze

In der Europäischen Union hat man sich darauf geeinigt, innergemeinschaftliche Lieferungen in EU-Länder und Ausfuhrlieferungen in Drittländer vollständig von der nationalen Umsatzsteuer zu befreien, da das Ausland die dort geltende Umsatzsteuer erhebt. Somit muss das deutsche Finanzamt auch gezahlte Vorsteuern auf Exporte aller Art wieder erstatten. Reine Exporteure erhalten also im Wesentlichen nur Vorsteuern bzw. Einfuhrumsatzsteuern vom Finanzamt erstattet. Sie zahlen keine Umsatzsteuern auf ihre Lieferungen.

Die übrigen Steuerbefreiungen in § 4 Umsatzsteuergesetz erfolgen aus sozialen und kulturellen Zwecken, um Doppelbelastungen mit Umsatzsteuer und anderen Verkehrsteuern (z.B. Grunderwerb- und Versicherungsteuer) zu vermeiden und aus systematischen Gründen, z.B. bei Lieferungen von Gegenständen, für die der Vorsteuerabzug ausgeschlossen ist (Nr. 28).

Grundsätzlich gilt das Prinzip: kein Vorsteuerabzug bei steuerfreien Umsätzen. Das bedeutet, dass die Steuerbefreiung der Lieferung oder sonstigen Leistung nur gegenüber dem Endverbraucher erfolgt und damit nur in Höhe der Wertschöpfung des letzten Unternehmers.

Steuergegenstand oder auch Steuerobjekt, das besteuert wird, z.B. das Einkommen, der Gewerbeertrag, der Grunderwerb oder der Kauf bzw. Verkauf als Verkehrsvorgang.

Steuergeheimnis. Laut § 30 Abgabenordnung haben alle Amtsträger (vor allem Beamte und Angestellte der Finanzverwaltung) das Steuergeheimnis zu wahren, das sich auf die vielen persönlichen Informationen bezieht, die man dem Finanzamt in den Steuererklärungen und Anlagen zu geben hat, wie z.B. Getrenntleben der Ehepartner, uneheliche Kinder, körperliche Behinderungen und Krankheiten, Erbauseinandersetzungen, Höhe des Einkommens, des Gewinns bzw. Verlustes, Höhe des Umsatzes bei Unternehmen, Höhe der Schulden und Zusammensetzung des Vermögens. Die Verletzung des Steuergeheimnisses wird laut § 355 Strafgesetzbuch mit Freiheitsstrafe bis zu zwei Jahren oder mit Geldstrafe bestraft. Die Tat wird allerdings nur auf Antrag des Dienstvorgesetzten oder Verletzten verfolgt. Durch das Steuerreformgesetz 1990 wurde im Zusammenhang mit dem Steuergeheimnis ein gemäßigtes Bankgeheimnis in § 30 a Abgabenordnung verankert. Dadurch soll das Vertrauensverhältnis zwischen Kreditinstituten und deren Kunden besonders geschützt werden. Die Finanzbehörden dürfen nicht zur allgemeinen Überwachung von den Kreditinstituten einmalige oder periodische Mitteilungen über Konten verlangen. Guthabenkonten oder Depots dürfen anlässlich der Außenprüfung nicht zwecks Nachprüfung der ordnungsmäßigen Versteuerung festgestellt oder abgeschrieben werden. Ein Kreditinstitut soll erst um Auskunft und Vorlage von Urkunden gebeten werden, wenn ein Auskunftsersuchen an den Steuerpflichtigen keinen Erfolg verspricht.

Steuerhinterziehung. Das Zentraldelikt der Steuerstraftaten gemäß § 370 Abgabenordnung. Sie liegt vor, wenn ein Steuerbürger

1. den Steuerbehörden über steuerlich erhebliche Tatsachen unrichtige oder unvollständige Angaben macht,
2. die Finanzbehörden pflichtwidrig über steuerlich erhebliche Tatsachen in Unkenntnis lässt oder
3. pflichtwidrig die Verwendung von Steuerzeichen oder Steuerstemplern unterlässt (z.B. bei Zigaretten)

und dadurch Steuern verkürzt oder für sich oder einen anderen nicht gerechtfertigte Steuervorteile erlangt. Auch der Versuch ist bereits strafbar.

Voraussetzung ist in allen Fällen vorsätzliches Handeln. Der Vorsatz ist abzugrenzen von der groben Fahrlässigkeit, die nur zur einer → *Steuerordnungswidrigkeit* führt. Steuerhinterziehungen werden mit Geldbußen oder Freiheitsstrafen bis zu zehn Jahren geahndet. Bei einer Freiheitsstrafe von mindestens einem Jahr kann das Gericht dem Steuerhinterzieher sogar laut § 375 Abs. 1 Abgabenordnung die Fähigkeit, öffentliche Ämter zu bekleiden, und die Fähigkeit, Rechte aus öffentlichen Wahlen zu erlangen, aberkennen.

Ein für das Strafrecht ungewöhnliches Instrument hat die Abgabenordnung mit der Selbstanzeige bei Steuerhinterziehung (§ 371) geschaffen. Wer sich der Steuerhinterziehung bezichtigt, geht straffrei aus, wenn er die Anzeige rechtzeitig erstattet und den Schaden wieder gutmacht, d.h. die hinterzogenen Steuern nachzahlt. Die Selbstanzeige muss vor Beginn einer Außenprüfung oder vor der Einleitung eines Straf- oder Bußgeldverfahrens erfolgen.

Steuerklassen. Dienen der Einteilung von Steuerpflichtigen nach verschiedenen Merkmalen. Bei der Lohnsteuer gibt es sechs Steuerklassen.

Steuern, aktivierungspflichtige → *Aktivierungspflichtige Steuern*.

Steuern, direkte → *Direkte Steuern*.

Steuern, indirekte → *Indirekte Steuern*.

Steuern, private → *Private Steuern*.

Steuermessbetrag. Berechnungsgrundlage für die Gewerbesteuer und für die Grundsteuer, die vom zuständigen Finanzamt in einem besonderen Steuermessbetragsbescheid festgestellt wird. Der Steuermessbetrag ergibt sich aus dem Produkt von Gewerbeertrag · Steuermesszahl bzw. Einheitswert · Steuermesszahl. Auf den Steuermessbetrag wird der Hebesatz der jeweiligen Gemeinde angewendet, um die Gewerbesteuer bzw. Grundsteuer zu berechnen.

Steuerordnungswidrigkeit. Leichtere Steuervergehen, die im Rahmen eines Bußgeldverfahrens lediglich mit Geldstrafen geahndet werden. Typische Delikte sind die leichtfertige Steuerverkürzung gemäß § 378 Abgabenordnung und die verschiedenen Steuergefährdungen gemäß §§ 379 bis 382 Abgabenordnung. Eine leichtfertige Steuerverkürzung liegt vor, wenn sich ein Steuerpflichtiger bei der Wahrnehmung der Steuerangelegenheiten grob fahrlässig verhält. Wie bei der Steuerhinterziehung gibt es auch hier eine bußgeldbefreiende Selbstanzeige gemäß § 378 Abs. 3 Abgabenordnung.

Steuerpflicht, beschränkte → *Beschränkte Steuerpflicht*.

Steuerverbuchung. Dafür gibt es mehrere Ansätze: a) Aktivierungspflichtige Steuern müssen im Rahmen der Anschaffungsnebenkosten auf den jeweiligen Bestandskonten aktiviert werden (§ 255 Abs. 1 HGB; z. B. Grunderwerbsteuer);

b) Kostensteuern sind im Jahr ihres wirtschaftlichen Entstehens als Kosten zu verbuchen (z. B. Gewerbesteuer, Verbrauchsteuern);

c) Steuern, die neutralen Aufwand darstellen, sollen nicht als Kosten erfasst werden, um die Kostenrechnung nicht zu verzerren (z. B. Körperschaftsteuer, Grundsteuer);

d) Durchlaufsteuern sind Steuern, die der Betrieb nur für andere einbehält (z. B. Umsatzsteuer, Lohnsteuer, Kirchensteuer);

e) Privatsteuern betreffen den nicht betrieblichen Bereich des Unternehmens und stellen eine Privatentnahme dar, wenn sie aus Firmengeldern bezahlt werden (z. B. Einkommensteuer, Erbschaftsteuer).

Stichprobeninventur (§ 241, Abs. 1 HGB). Danach darf erleichternd bei der Aufstellung des → *Inventars* der Bestand der Vermögensgegenstände nach Art, Menge und Wert auf Grund von Stichproben ermittelt werden. Dafür sind allerdings anerkannte mathematisch-statistische Verfahren (Zufallsauswahl) anzuwenden, die den → *Grundsätzen* ordnungsmäßiger Buchführung entsprechen. Auf Grund des Stichprobenergebnisses wird dann auf den tatsächlichen Bestand hochgerechnet (→ *Inventur*).

Stichprobenprüfung → *Qualitätsprüfung*.

Stichtagsinventur. Die Vermögens- und Schuldenteile werden dabei am Ende des → *Geschäftsjahrs* zum → *Bilanzstichtag* aufgenommen. Der Gesetzgeber gestattet eine Aufnahmefrist von zehn Tagen vor und nach dem Bilanzstichtag, während derer die Inventurarbeiten durchgeführt werden können (→ *Inventur*).

Stiftung öffentlichen Rechts → *Rechtsformen, öffentlich-rechtliche*.

Stille Gesellschaft. Gesetzliche Grundlage für die stille Gesellschaft sind die §§ 230 bis 237 HGB. Von einer stillen Gesellschaft wird dann gesprochen, wenn sich ein (»stiller«) Gesellschafter durch Abschluss eines formlosen Gesellschaftsvertrags an einem bestehenden Unternehmen (z. B. an einer → *Offenen Handelsgesellschaft* [oHG], einer → *Kommanditgesellschaft* [KG] oder einer → *Gesellschaft mit beschränkter Haftung* [GmbH]) beteiligt und seine Einlage in das Vermögen dieser Gesellschaft übergeht.

Die stille Gesellschaft tritt nach außen nicht in Erscheinung. Sie ist eine reine Innengesellschaft, die sich aus dem Inhaber der bestehenden Gesellschaft und dem stillen Gesellschafter zusammensetzt. Letzterer übt zwar Kontrollrechte aus, ist aber nicht an der Geschäftsführung beteiligt. Seine Haftung ist auf die Einlage beschränkt. Aus Sicht eines potenziellen Anlegers kann die stille Beteiligung deshalb interessant sein, weil seine Beteiligung am Unternehmen im Unterschied zu den anderen Gesellschaftsformen nach außen hin nicht sichtbar wird.

Beim Insolvenzverfahren ist der stille Gesellschafter Gläubiger.

Der Gesellschaftsvertrag ist an keine Formvorschriften gebunden und erlaubt ein hohes Maß an Gestaltungsmöglichkeiten. Zwei Grundformen sind zu unterscheiden:

- typisch stille Gesellschaft ohne Beteiligung an → *stillen Reserven* des Unternehmens und
- atypisch stille Gesellschaft; sie nimmt am Wertzuwachs teil, also beim Ausscheiden an gebildeten stillen Reserven einschließlich Firmenwert. Daher ist der stille Gesellschafter steuerrechtlich Mitunternehmer.

Stille Reserven (auch stille Rücklagen genannt). Teile des Eigenkapitals, deren Höhe aus der Bilanz im Gegensatz zu den offenen Rücklagen nicht ersichtlich ist (➔ *Selbstfinanzierung*).

Durch ihre Bildung werden über eine Gewinnminderung liquide Mittel im Unternehmen gehalten (stille Selbstfinanzierung). Es kommt jedoch nur zu einer vorläufigen Gewinnverschiebung, denn die Auflösung in späteren Perioden führt zu entsprechenden Gewinnerhöhungen (Gewinnpolitik). Somit kommt es lediglich zu einer Steuerstundung und nicht zu einer endgültigen Steuerersparnis.

Die stillen Reserven ergeben sich grundsätzlich aus der Unterbewertung von Aktiva und/oder einer Überbewertung von Passiva. Es lassen sich folgende Arten unterscheiden:

a) Die Zwangsreserven (sog. gesetzliche stille Reserven) ergeben sich aus den ➔ *Aktivierungsverboten*, dem ➔ *Anschaffungswert*-, ➔ *Realisations*-, ➔ *Imparitäts*- und dem strengen ➔ *Niederstwertprinzip*.

b) Die Ermessensreserven (sog. freiwillige stille Reserven) resultieren aus den ➔ *Aktivierungs*-, ➔ *Passivierungs*-, Wertansatz- (z.B. ➔ *Anschaffungskosten* oder alternative Bewertung mit dem ➔ *beizulegenden Wert*) und Methodenwahlrechten (z.B. Abschreibungsmethoden, ➔ *Bewertungsvereinfachungsverfahren*), aus dem ➔ *Vorsichtsprinzip* sowie aus der Ungewissheit von Schätzungen (z.B. bei der betriebsgewöhnlichen Nutzungsdauer oder beim Rückstellungsbetrag).

Die Beurteilung von stillen Reserven als ein wichtiger Teilbereich der ➔ *Bilanzpolitik* fällt sehr unterschiedlich aus. Die Praxis führt als Vorteile insbesondere die Kapitalerhaltung und Ergebnisglättung an. Vonseiten der Wissenschaft werden eher die Beeinflussung des Jahresabschlusses und die daraus folgende mangelnde Vergleichbarkeit als Nachteile beanstandet.

Stochastische Bedarfsermittlung. Verbrauchsgesteuerte Bedarfsermittlung, bei welcher die Vergangenheitsverbräuche für Prognosen der zukünftigen Verbräuche herangezogen werden. Wichtig ist die Einordnung der Vergangenheitsverbräuche in Modelle wie ➔ *Konstant-Modell*, ➔ *Trend-Modell*, ➔ *Konstant-Saison-Modell* und ➔ *Trend-Saison-Modell*. Je nach Modell finden verschiedene Berechnungsmethoden zur Prognose Verwendung. Beispiele: ➔ *Gleitender Mittelwert*, ➔ *Gewogener gleitender Mittelwert*, ➔ *Exponentielle Glättung*.

Stoff- und Energiebilanz. Flussrechnung für ein stoffliches System. Sie wird in Bezug auf Produkte oder Prozesse für eine Periode aufgestellt. Dabei werden die Inputs und Outputs eines Systems betrachtet, ohne dass diese einander, wie in der Rechnungswesenbilanz, ausgleichen müssten.

Storetest. In einem Storetest werden die vorgesehenen Marketingmaßnahmen (z.B. alternative Preise, alternative Verkaufsförderungsmaßnahmen, Warenplatzierungen) im Rahmen eines probeweisen Verkaufs von neuen bzw. variiert modifizierten Produkten in einer begrenzten Anzahl von Einzelhandelsgeschäften (zehn bis vierzig Stores) auf ihre Wirksamkeit und ihre Marktchancen hin überprüft.

Störfall. Abweichung vom bestimmungsgemäßen Betrieb einer Anlage, bei dem gemäß der Störfall-Verordnung definierte Stoffe freigesetzt werden und dadurch für die Umwelt eine Gemeingefahr entsteht.

Störung der Geschäftsgrundlage. Regelt die Fälle der Äquivalenzstörung nach Vertragsabschluss, vgl. § 313 BGB. Es ergeben sich Ansprüche auf Anpassung und Beendigung von Verträgen, wenn sich Umstände verändern, die zur Grundlage des Vertrages geworden sind. Als Geschäftsgrundlage gelten nur solche Umstände, die beide Vertragsparteien gemeinsam für einen störungsfreien Vertragsablauf vorhergesehen haben. Voraussetzungen, die in die Risikosphäre einer Vertragspartei fallen (Preissteigerungen oder Preisverfall, geänderte Verwendungsmöglichkeiten des Vertragsgegenstandes), gehören nicht dazu. Falls z.B. die Vertragsparteien bei Abschluss eines Pachtvertrags über ein Geschäftshaus den Bau einer öffentlichen Verkehrslinie in die Bemessung des Pachtzinses einbezogen haben, ergibt sich ein Anspruch auf Zinsanpassung, falls die Gemeinde beschließt, den geplanten Bau nicht durchzuführen oder zeitlich zu verschieben. Kündigungs- bzw. Rücktrittsansprüche entstehen nur dann, wenn ein Festhalten am Vertrag unzumutbar erscheint.
Literaturempfehlung: Steckler: Wirtschaftsrecht, 6. Auflage, Ludwigshafen 2003.

Story-Telling-Verfahren. Kundenbezogene, ereignisorientierte Servicequalitätsmessung. Dabei werden Kunden gebeten, über ihre Wahrnehmung eines Leistungsprozesses zu berichten. Dabei wird unterstellt, dass die kundenwichtigsten Ereignisse zuerst erzählt werden, sodass daraus auf die Bedeutung einzelner Sequenzen für die gesamte Qualitätswahrnehmung geschlossen werden kann.

Strategic Business Units → *Geschäftseinheit, strategische*.

Strategie. Im Rahmen der strategischen → *Planung* werden grundsätzliche Wege zur Erreichung der Ziele aufgezeigt. Hier gilt es vor allem, zukünftige Erfolgspotenziale zu erkennen, aufzubauen und zu sichern, durch die langfristig Existenz, Erträge und Entwicklung des Unternehmens gewährleistet werden. Sie zählt zu den wesentlichen Verantwortungsbereichen des Topmanagements.

In der Literatur wird der Begriff unterschiedlich definiert. Einige zählen die Zielbestimmung mit hinzu, andere sehe sie getrennt und vorgelagert (→ *Unternehmensführung*). Sinnvoll dürfte es sein, zwischen vorgelagerten, übergeordneten Zielen (grundsätzlichen Entscheidungen) und Zielen der Strategie zu differenzieren, die ihrerseits wieder den operativen Entscheidungen vorausgehen. Z. T. wird Strategie lediglich als das Ergebnis der Planung angesehen (evtl. als Schrittfolge des Vorgehens), andere beziehen den Prozess der Enscheidungsfindung mit ein oder im Sinne eines Managements die Umsetzung und die Schaffung der dafür erforderlichen Voraussetzungen.

Der Managementforscher Mintzberg beschreibt Strategie ganz allgemein als Muster in einem Fluss von Entscheidungen, in dem auch Denkmuster, dynamische Entwicklungen und nicht geplante Maßnahmen einen Platz haben.

Der Entwicklung von Strategien gehen zweckgerichtete Analysen voraus, die sich nicht nur auf die gegenwärtige Situation beziehen, sondern auch auf die Zukunft, z. B. durch Prognosen und Trendanalysen. Gegenstand der Betrachtungen sind:

- Der Markt (Kundenpotenzial, Wettbewerbssituation) und das weitere Umfeld mit den sich bietenden Chancen und Risiken sowie
- das Unternehmen selbst mit seinen Stärken und Schwächen.

Die Strategien müssen auf bestimmte Fragen Antworten geben, wesentliche sind in der folgenden Übersicht formuliert.

Kernfragen an die Strategie

- Welches sind die geeigneten Geschäftsfelder, die ausreichendes Wachstumspotenzial erwarten lassen und auf denen sich zugleich das Unternehmen erfolgreich behaupten kann? → *Portfolio*.
- Was sind die Erwartungen der Kunden, wie kann ihnen der größte Nutzen geboten werden?
- Mit welchen entscheidenden Fähigkeiten (→ *Kernkompetenzen*) ist der Erfolg nachhaltig zu sichern?
- Wie positioniert und profiliert sich das Unternehmen gegenüber dem Wettbewerb? Welche Geschäftsfeldstrategie wird entwickelt?
- Welche Ressourcen sind dafür im Unternehmen aus- bzw. aufzubauen?

Von wesentlicher Bedeutung sind Schaffung und Sicherung strategischer Wettbewerbsvorteile, d. h. der Fähigkeit des Unternehmens, auf dem relevanten Geschäftsfeld marktgerechte Leistungen und Nutzen zu bieten, die aus der Sicht der Kunden besser bewertet werden als die der Wettbewerber. Inwieweit dies gelingt, zeigt sich auch im relativen Marktanteil, → *Absatzvolumen*. Strategische Wettbewerbsvorteile können in verschiedener Hinsicht aufgebaut sein:

- bei Produkten und Dienstleistungen (»Hardware«),
- in bestimmten Unternehmensbereichen, z. B. durch spezielle Verfahren und Konzepte (»Software«),
- durch ein Gesamtimage auf Grund von Auftreten, Verhalten und Unternehmenskultur (»Brainware«).

Üblicherweise wird bei den strategischen Entscheidungen unterschieden in:

- Gesamtunternehmensebene; auf welchen Geschäftsfeldern will das Unternehmen tätig sein? Optionen sind hier beispielsweise → *Diversifikation* und Internationalisierung unter Beachtung von Markteintrittsbarieren.
- Geschäftsfeldebene; wie positioniert sich das Unternehmen am erfolgreichsten auf dem Geschäftsfeld? Basisoptionen und dementsprechende Grundentscheidungen sind

hier: Gesamtmarkt oder Teilmarkt (Nische), Schwerpunkt der Marktpositionierung auf Kostenvorteile gegenüber der Konkurrenz oder Leistungsdifferenzierung, wird auf dem Markt agiert im Sinne von Anpassung oder Veränderung.

Die Strategiekomponenten können auch kombiniert werden. Das Timing ist ebenfalls ein zu beachtender Aspekt der Strategie, → *Outsourcing* eine weitere Option.

Strategische Allianz. Langfristig angelegte, auf vertraglichen Vereinbarungen beruhende → *Kooperationen* von Unternehmen, auch international. Sie erfolgen das Ziel, durch gemeinsame Nutzung unterschiedlicher Unternehmensressourcen ihre Stellungen im Wettbewerb zu verbessern. Beispiele sind Allianzen im Bereich der Forschung und Entwicklung zur Nutzung technologischer Synergien (z.B. Computerindustrie) oder Vertriebsallianzen zur Vergrößerung der Marktbearbeitungskapazitäten (z.B. Luftfahrt). Durch wechselseitige Beteiligungen oder Joint Ventures können sie institutional untermauert werden.

Strategische Geschäftseinheitenorganisation. Organisationsstrukturen auf Basis strategischer Geschäftseinheiten (SGE) beziehen sich auf:

- Produkte oder Produktgruppen,
- Kunden oder Kundengruppen,
- Marktsegmente oder Teilmärkte,
- Gebiete oder Regionen,
- Betriebsteile oder Divisions als Organisationsobjekte.

Meist liegt jedoch eine Produkt-Markt-Kombination vor, die folgenden Kriterien gehorcht:

a) Die SGE muss eine eigenständige, strategische Marktaufgabe haben, die unabhängig von der Marktaufgabe anderer SGE ist.
b) Es handelt sich um einen externen Markt, d.h., es geht um verkaufsbestimmte und nicht um innerbetriebliche Vorleistungen.
c) Die SGE muss eine eindeutig identifizierbare Konstellation von Konkurrenzunternehmen haben.
d) Die SGE muss ein effizienter Wettbewerber im betreffenden Marktsegment sein oder werden können.
e) Es besteht ein klar abgrenzbares strategisches Erfolgspotenzial durch eigene Chancen, das sich nicht mit dem anderer SGE überschneidet.
f) Diese Abgrenzung ist während einer mehrperiodischen Analyse stabil und lässt die Unabhängigkeit der Entscheidung gegenüber anderen SGE und der Unternehmensleitung zu.
g) Es bestehen heterogene Tätigkeitsfelder, d.h., es sollte nur eine SGE je Produkt-Markt-Kombination tätig werden.
h) Schließlich sind Führungseffizienz und organisatorische Durchsetzbarkeit zu nennen, um als operative Einheit ein selbstständiges Planungsobjekt darstellen zu können.

Somit ergibt sich eine hybride Organisationsstruktur. Denkbar sind etwa eine Dimension nach Produktlinien und eine andere nach Marktregionen. Je nach Kombination ergeben sich daraus eine bis unendlich viele SGE.

Strategisches Controlling. Vor dem Hintergrund der zunehmenden Dynamik, Unsicherheit und Komplexität der wirtschaftlichen, technologischen und soziokulturellen Unternehmensumwelt kommt einer an den potenziellen Chancen und Risiken orientierten Unternehmenssteuerung, die auf den Aufbau neuer bzw. die Erhaltung vorhandener Erfolgspotenziale abzielt, eine immer größere Bedeutung für die Existenzsicherung zu. Der Terminus »Erfolgspotenzial« bezieht sich dabei auf die Gesamtheit der geschäftsspezifischen Voraussetzungen, die für die Realisierung eines späteren Erfolgs notwendig sind.

Bei einem Erfolgspotenzial handelt es sich somit um eine schwer quantifizierbare, eher qualitative Erfolgsgröße. Die eigentliche Analyse von Chancen und Risiken der zukünftigen Unternehmensentwicklung stellt traditionell einen Kernbereich der strategischen Planung dar.

Die Aufgabe des strategischen Controllings besteht in der Unterstützung der mit dem strategischen Planungsprozess betrauten Stellen sowie der Durchführung strategischer Kontrollen.

Objekte des strategischen Controllings sind betriebswirtschaftliche Fragestellungen, die sich durch eine relative Unschärfe und Ganzheitlichkeit auszeichnen und die sich auf der Basis einer als grundsätzlich veränderbar angenommenen Kapazitäts- und Potenzialfaktorausstattung vollziehen. Das strategische Controlling unterstützt die strategische Planung in methodischer, koordinativer und informationeller Hinsicht. Die methodische Unterstützung beinhaltet die zielorientierte Auswahl von Standardinstrumenten und Methoden der strategischen Planung sowie deren unternehmensspezifische Anpassung und Weiterentwicklung. Zudem ist das strategische Controlling für den effizienten Einsatz des Planungsinstrumentariums verantwortlich. Die koordinative Unterstützungsleistung des strategischen Controllings umfasst zum einen die strukturelle und prozessuale Organisation des strategischen Planungsprozesses, dessen Planungssitzungen, Ideen-Workshops und Ergebnispräsentationen zeitlich aufeinander abzustimmen sind.

Ein zweiter Hauptbereich der koordinativen Unterstützung besteht an der Schnittstelle zwischen strategischer und operativer Planung. Bei der Umsetzung der auf stark aggregierten, bereichsübergreifenden und eher qualitativ orientierten Informationen beruhenden strategischen Planung in operationale Steuerungsgrößen des operativen Geschäfts übernimmt das Controlling eine Reihe von Serviceaufgaben. Im Rahmen seiner informationellen Unterstützungsaufgabe ist das strategische Controlling für die Generierung, Aufbereitung und Bereitstellung entscheidungsrelevanter unternehmensinterner (betriebsspezifische Stärken und Schwächen) und unternehmensexterner Informationen (Marktentwicklung, Konkurrentenanalysen etc.) zuständig, um so die Zuverlässigkeit der von der strategischen Planung hinsichtlich der Umwelt- und Unternehmensentwicklung vorzunehmenden Prognosen zu erhöhen.

Neben der Unterstützung der strategischen Planung besteht die zweite wichtige Aufgabe des strategischen Controllings in der Implementierung eines Systems strategischer Kontrollformen im Unternehmen, durch welche die strategischen Pläne im Sinne einer rollierenden Planung festgeschrieben werden.

Streaming. Übertragung von Bewegtbild- und Tonsignalen im Internet, ohne dass diese vorher vollständig auf den abspielenden Rechner heruntergeladen werden müssen.

Streudiagramm. Element der statistischen Versuchsplanung. Im Streudiagramm kommt es zur Optimierung und Tolerierung der Einstellung der Haupteinflussgröße für eine Problemlösung in Bezug auf die Kundenanforderungen, d.h. Einstellung gemäß den Qualitätsmerkmalen der Kunden. In einem Diagramm wird dazu waagerecht die Einflussgröße und senkrecht das Qualitätsmerkmal abgetragen. Dann werden mindestens 30 Einheiten einer Leistung untersucht und deren Ergebnisse als Punktwolke eingetragen. Dazwischen werden eine Trendgerade und Toleranzgrenzen nach oben und unten vermerkt; → *Korrelationsdiagramm*.

Strichcode → *Barcode*.

Strukturstückliste. In Listenform dargestellte → *Erzeugnisstruktur*. Die Strukturstufen werden dabei ähnlich einem dezimalklassifizierten Inhaltsverzeichnis wiedergegeben.

Stückkosten. → *Einzelkosten* eines Produkts dividiert durch Produktionsmenge bzw. auf der Ebene des Gesamtunternehmens Kostensumme dividiert durch die (mehr oder weniger künstlich »gleichnamig« gemachte) Normmenge aller Produkte, → *Äquivalenzziffernrechnung*. Die Stückkosten sind keine Abbildung der Wirklichkeit, diese leistet erst die Aufteilung der → *Deckungsbeitragsrechnung* in → *fixe* und → *variable Kosten*. Stückkosten beantworten jedoch eine wichtige »Was wäre wenn«-Frage: Welchen Preis muss man pro Stück auf dem Absatzmarkt erzielen, um bei gegebener Absatzmenge Kostendeckung sicherzustellen? Damit sind niedrige Stückkosten (egal, ob auf Grund von Kostensenkung und/oder Absatzausweitung, → *Kostendegression*) ein Indikator für Konkurrenzfähigkeit auf kurze bis mittlere Sicht. Langfristig ist dagegen die → *Kostenerfahrungskurve* der bedeutendere Faktor; erfahrene Unternehmen können Konjunktur- und Markteinbrüche besser »wegstecken« als unerfahrene.

Stückliste. Liste, welche die Zusammensetzung einer → *Baugruppe* beschreibt. Im Kopfteil wird das entstehende Teil genannt, in den Positionszeilen stehen die Komponenten und deren Menge.

Stücklistenauflösung. Wichtige Funktion bei der → *Materialbedarfsplanung*. Ausgehend vom → *Primärbedarf* werden für jede Strukturstufe für alle dort vorkommenden Komponenten die Mengen und Bereitstellungszeitpunkte entsprechend der → *Vorlaufzeitverschiebung* ermittelt.

Stützleistung. Zur Erstellung der Nutzleistung erforderliche Leistung, geplant und wertneutral, aber selbst nicht werterhöhend/kundennutzensteigernd. Der Stützleistungsaufwand betrifft unvermeidliche Prozesse wie Transfer, Wareneingang, Zwischenprüfung, Vorrichtungswechsel, Werkzeugwechsel, Maschineneinrichtung, Verwaltungsaufwand etc.

Subjektsteuern Dies sind Personalsteuern, bei denen eine natürliche oder juristische Person besteuert wird. Beispiele: Einkommensteuer, Körperschaftsteuer, Erbschaftsteuer. Bei den Subjektsteuern wird die persönliche Leistungsfähigkeit des Steuerzahlers berücksichtigt, z. B. Familienstand, Höhe des Einkommens oder der Erbschaft, Verwandtschaftsverhältnis, außergewöhnliche Belastungen. Ggs. → *Objektsteuern*.

Subventionsfinanzierung. Finanzielle Mittel, die keine Kapitalrückzahlung nach sich ziehen. Zur Förderung politischer Ziele werden den Unternehmen vom Staat u. a. Finanzierungsmittel oder Finanzierungshilfen angeboten. Mögliche Ziele sind die Förderung von Industrieansiedlungen in strukturschwachen Regionen, die Förderung von innovativen Techniken, ökologischen Anliegen oder die Schaffung von Arbeitsplätzen. Die Formen der Unterstützung reichen von direkten Investitionszuschüssen bis zur Übernahme von Bürgschaften für Bankkredite (→ *Kreditgarantiegemeinschaften*).

Suchmaschine (engl.: Search Engine). Computerprogramm zum Auffinden von Informationsseiten (Webpages) im → *World Wide Web* (WWW) unter Anwendung von Suchbegriffen (Schlagwortsuche). Eine Suchmaschine hat grundsätzlich zwei Aufgaben:

- Sie muss zunächst aus dem Datenbestand einen Index, d. h. ein Schlagwortregister, erstellen und
- sie muss dann auf der Grundlage dieses Index Benutzeranfragen beantworten.

Die erste Aufgabe ist immer dann relativ leicht zu lösen, wenn es sich um einen überschaubaren, zentral verwalteten und möglichst statischen Datenbestand handelt. Das WWW dagegen stellt einen unüberschaubaren, auf Millionen von Computern verteilten und sich täglich verändernden Datenbestand dar.

Aus diesem Grund werden zur Erstellung der Schlagwortregister neue Techniken eingesetzt. Spezielle Programme, sog. Software-Agenten, bewegen sich wie Spinnen durch das netzwerkartige Informationsangebot des WWW, indem sie den Hyperlinks folgen (→ *Hypertext*). Jede so erreichte Informationsseite wird lexikalisch analysiert und verschlagwortet. Die Schlagworte werden im Schlagwortregister der Suchmaschine, einer gewaltigen Index-Datenbank (→ *Datenbank*), gespeichert.

Um die zweite Aufgabe, die Beantwortung von Benutzeranfragen, zu lösen, wird der Inhalt des Schlagwortregisters mit den vom Nutzer auf der Webpage der Suchmaschine eingegebenen Suchbegriffen verglichen. Als Ergebnis wird dann eine Liste mit Adressen von Informationsseiten angezeigt, welche die Suchmaschine z. B. nach Treffergenauigkeit sortiert hat. Die Nutzung der Suchmaschinen im WWW ist bislang kostenlos, da sich deren Betreiber über Werbeeinblendungen anderer Unternehmen auf den Seiten der Suchmaschine finanzieren. Populäre Suchmaschinen im World Wide Web sind z. B. Google, Yahoo, AltaVista oder Alltheweb.

Suchsystem. Dienst in einem → *Computernetz*, der die Orientierung in einem großen Datenbestand erleichtert. Man unterscheidet zwischen menügesteuerten und abfragegesteuerten Suchsystemen. Ein menügesteuertes Suchsystem, auch »Katalog« genannt, ordnet Informationen in einem hierarchischen »Baum« aus Begriffen und Unterbegriffen. Eine bestimmte Information wird durch die Wahl eines »Pfades« in der Begriffshierarchie gefunden. Beispiel: Kunst › Literatur › Klassik › Goethe › Biografie. Populäre Kataloge zum Auffinden deutschsprachiger Informationsseiten im → *World Wide Web* sind z. B. Yahoo, Web.de oder Dino. Ein abfragegesteuertes Suchsystem (→ *Suchmaschine*) ordnet Informationen durch Einsortieren von Schlüsselbegriffen in ein Schlagwortregister (Index). Eine bestimmte Information wird durch die Angabe eines Suchbegriffs gefunden. Die Suchmaschine stellt die Informationen zur Verfügung, auf die der Suchbegriff im Index verweist.

Sukzessivplanung → *Planung*.

Summenbilanz. Teil der → *Betriebsübersicht*, bildet ihren Ausgangspunkt. Sie übernimmt alle Bestands- und Erfolgskonten mit den Summen ihrer jeweiligen Soll- und Habenseite, die sich aus der Buchung der Anfangsbestände und aller

→ *Geschäftsvorfälle* ergeben haben. Daher müssen die Summen auf beiden Seiten der Summenbilanz identisch sein. Dies dient zugleich als Hinweis auf die rechnerische Richtigkeit des Abschlusses.

Supply Chain Management. Konzept zum Management der Versorgungskette vom Lieferanten über die Industriestufe, den → *Handel* bis zum Endverbraucher. Durch die ganzheitliche Betrachtung sollen Optimierungen bei Zeiten und Beständen möglich werden.

Swaps. Verträge über den Tausch von Zinsverpflichtungen (Zinsswaps) und/oder Währungsverpflichtungen (Währungsswaps bzw. Zins- und Währungsswaps).

Beim Zinsswap einigen sich die Vertragsparteien über den Austausch von unterschiedlichen Zinszahlungsströmen, bezogen auf einen festgelegten Kapitalbetrag. Häufig werden variable Zinszahlungen, z.B. aus → *Floating Rate Notes* (FRN), gegen Festzinszahlungen getauscht. Dabei werden nur die Zinsdifferenzen ausgeglichen, die Kapitalbeträge werden nicht bewegt. Unter Anwendung von Zinsswaps lassen sich Zinsrisiken auch bei fest abgeschlossenen Finanzierungsverträgen flexibel managen.

Währungsswaps sind Verträge zwischen zwei Parteien, die Währungsbeträge für eine bestimmte Zeit austauschen. Währungsswaps lassen sich in drei Teiltransaktionen zerlegen. Zunächst wird der vorgesehene Geldbetrag zu dem vereinbarten Wechselkurs zwischen den Parteien ausgetauscht. Der Austausch der Zinszahlungen während der Swaplaufzeit kann ebenfalls vereinbart werden. Zum Abschluss des Swapgeschäfts wird der Kapitalbetrag wieder zu einem festgelegten Wechselkurs zurückgetauscht.

Währungs- und Zinsswaps werden dazu eingesetzt, relative Zinsvorteile auf einzelnen nationalen Teilmärkten zu nutzen bzw. um Zins- und Währungsrisiken zu begrenzen oder zu verändern. Swaps werden von Banken oder anderen Finanzdienstleistern vermittelt.

SWOT-Analyse. Der Name leitet sich ab aus »Strength-weakness-opportunities-threats«, d.h. Stärken-Schwächen-Chancen-Risiko-Matrix. Optisch ähnelt die Abbildung dem → *Portfolio*, obwohl der Ansatz ein anderer ist. Die SWOT-Analyse zeigt auf, inwieweit es gelungen ist, Wettbewerbsvorteile (in Relation zu Mitbewerbern), und zwar vor allem in Bereichen, die vom Kunden als wichtig angesehen und entsprechend honoriert werden.

Die Vorgehensweise geschieht in folgenden Schritten:

- In dem zu betrachtenden Geschäftsfeld werden die für den Kunden wichtigen Erfolgsfaktoren ermittelt.
- Die ermittelten Erfolgsfaktoren sind nach ihrer jeweiligen Bedeutung (aus Sicht des Marktes) gewichtet, dies ergibt die Rangfolge (niedrig bis hoch) auf der Ordinate.
- Bewertung (z.B. von 1 - 5), wie gut das Unternehmen die jeweiligen Kriterien erfüllt und
- wie weit diese der beim jeweiligen Kriterium stärkste Wettbewerber erfüllt.
- Schließlich wird die relative Wettbewerbsposition ermittelt, indem beide Bewertungen in Beziehung zueinander gesetzt werden; ähnlich wie beim relativen Marktanteil.

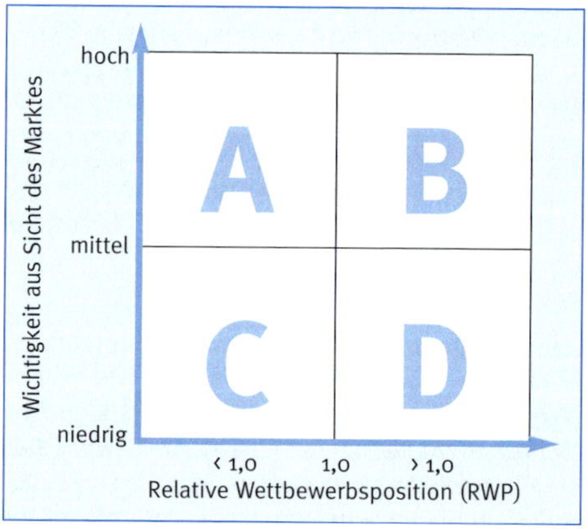

Abb. 64: SWOT-Analyse

Syndikat → *Kartell*.

System-Audit. Systematische Bewertung der Bestandteile des Qualitätsmanagementsystems und der Dokumentation. Es betrifft die Wirksamkeit und Funktionsfähigkeit einzelner Elemente bzw. deren Abweichungen oder des gesamten Qualitätsmanagementsystems, meist auf Basis eines Audit-Fragebogens, der sich an der branchenneutralen Qualitätsnormenreihe orientiert, zertifiziert wird nur dieses System-Audit. Hierbei geht es um die Feststellung, ob die notwendigen

Bestandteile existieren, und zwar mittels Beurteilung der Kenntnisse des Personals und durch Prüfung der praktischen Anwendung der einzelnen Elemente, aus denen das Qualitätsmanagement besteht.

Grundlagen sind dabei Qualitätsmanagementhandbuch, Verfahrensanweisungen, Auftragsunterlagen, Richtlinien der Unternehmensleitung, Checklisten, Prüfunterlagen, Qualitätskosten, Qualitätsberichte etc. Das System-Audit betrifft alle Bereiche des Unternehmens. Die Durchführung erfolgt durch den Qualitätsmanager sowie ein Team aus Mitarbeitern des Qualitätsmanagements und Linienmanagern.

Systemeinkauf → *Modular Sourcing*.

System-FMEA. Betrifft die Betrachtung übergeordneter Gesamtsysteme mit ihren Wechselwirkungen zwischen Einzelsystemen zum funktionsgerechten Zusammenwirken der einzelnen Komponenten des Systems zur Vermeidung von Fehlern bei der Systemauswahl/-gestaltung, vor allem in Bezug auf Sicherheit und Zuverlässigkeit des geplanten Systems sowie die Einhaltung aller gesetzlichen Vorschriften (→ *FMEA*).

Systemsoftware (auch Systemprogramm). Ein einzelnes Computerprogramm oder ein System aus mehreren Programmteilen, das für computerinterne Aufgaben zuständig und damit Bestandteil des → *Betriebssystems* eines Computers ist (z.B. Laden und Ausführen von → *Anwendungssoftware*, Kopieren einer Datei auf einen anderen Datenträger).

Als Systemsoftware wird zudem auch Software bezeichnet, die zwar nicht zum Betriebssystem im engeren Sinne zählt, jedoch sehr eng mit diesem zusammenarbeitet und keinen unmittelbaren Anwendungsbezug aufweist (z.B. Software zur Steuerung der Kommunikation in einem → *Computernetz*. Ggs. → *Anwendungssoftware*).

Szenario. Allgemein Prognose einer zukünftigen Entwicklung unter bestimmten Voraussetzungen; in EXCEL ein Befehl, der das Abspeichern von Voraussetzungen und Ergebnissen vereinfacht. Mindestens je ein optimistisches und ein pessimistisches Szenario, z.B. bei der Prognose zukünftiger Plankosten, ergeben als Risiken-Chancen-Analyse eine Bandbreite möglicher Entwicklungen.

T

Tablar. Transporttablett im → *Materialfluss*.

Tag. Steuer- und Formatierungsbefehl in der Seitenbeschreibungssprache → *HTML*, der einen HTML-Befehl ankündigt (‹) und abmeldet (›), der auf dem Bildschirm unsichtbar ist, aber vom Rechner ausgewertet wird. Dient z.B. zur Markierung von Suchbegriffen für den Eintrag in Suchmaschinen. Durch Anklicken von »Dokumentenquelltext« in »Ansicht« kann die Formatierung der aufgerufenen Webseite betrachtet werden.

Taktfrequenz. Maß für die Arbeitsgeschwindigkeit eines Prozessors (→ *Mikroprozessor*) gemessen in Hertz. Prozessoren wie z.B. der Pentium-4 von Intel arbeiten derzeit in der Spitze mit einer Taktfrequenz von mehr als 3 Gigahertz (GHz), d.h., es werden mehr als 3 Milliarden Arbeitsschritte pro Sekunde durchlaufen.

Tankpalette. → *Förderhilfsmittel* für Flüssigkeiten, äußere Abmessungen entsprechen denen einer Gitterboxpalette.

Target Costing. Rückwärts-Rechnung von einem durch den Markt bestimmten zulässigen Verkaufspreis auf die Obergrenze(n) eingehender Kosten, meist gekoppelt mit einer Berücksichtigung dieser Obergrenze(n) bereits während Entwicklung und Konstruktion von Produkten.

Das Target Costing setzt die Marketing-Denkweise, bei der die Kundschaft und der Preis, den sie zu zahlen bereit ist, im Mittelpunkt steht, in der Kostenrechnung um. Die Idee der Ziel-Kostenrechnung (Genka Kikaku) stammt aus Japan. Sie wird in Unternehmen eingesetzt, die

- auf wettbewerbsintensiven Märkten
- mit kurzen Produktlebenszyklen und
- hohem Preisdruck

tätig sind. Dies sind zum Beispiel High-Tech-

Industrien, bei denen wegen schneller Produkteinführungen die frühen Phasen des Kostenmanagements besonders wichtig sind.

Deshalb liegt dem Target Costing eine produktbezogene Wertanalyse (grundlegende Frage: »Ist die betreffende Funktion des Produkts überhaupt für die Kunden nötig? Wenn ja: Lässt sich die Funktion auch billiger genauso gut erfüllen?«) mit Kostenzielvorgaben (→ *Conjoint Analyse*) zu Grunde, die schon vor der Konstruktion einsetzt. In Umkehrung der »klassischen« Kalkulationsaufgabe lautet die Grundfrage des Target Costings nicht: »Was wird ein Produkt kosten?«, sondern: »Was darf ein Produkt kosten?«. Der am Markt erzielbare Preis für ein Produkt wird durch die Marktforschung erhoben. Das Grundprinzip des Target Costings wird auch als »Market into Company« bezeichnet. Das Prinzip ist noch einmal in Abb. 65 zusammengestellt.

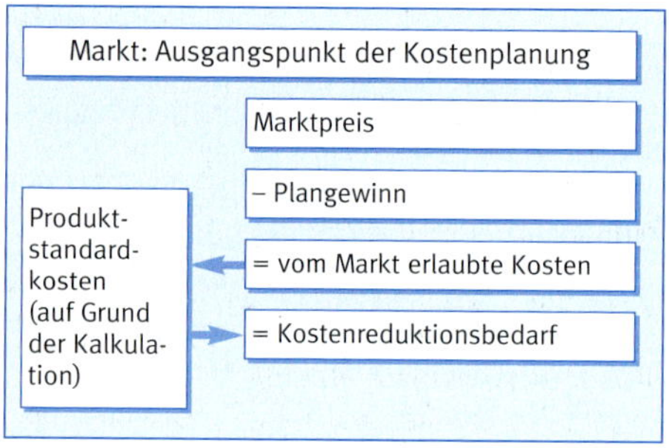

Abb. 65

Tarifautonomie → *Tarifvertrag/Tarifvertragsgesetz*.

Tarifvertragsarten. Auf Grund des großen Themenspektrums haben sich heute unterschiedliche Arten von Tarifverträgen herausgebildet:

a) Lohn- und Gehaltstarifverträge, in denen die Höhe des → *Arbeitsentgelts* regelmäßig festgelegt wird; meistens in Abständen von einem Jahr.

b) Lohn- und Gehaltsrahmentarifverträge. Hier werden grundsätzliche Fragen der → *Arbeitsbewertung*, der Eingruppierung sowie Fragen der Lohn- und Gehaltsdifferenzierung bestimmt.

c) Manteltarifverträge enthalten Bestimmungen über die Arbeitsbedingungen. Hier werden Fragen der Arbeitszeit, des Urlaubs, der bezahlten Freistellung, Kündigungsfristen u.a. geregelt.

d) Spezielle Tarifverträge, die nur einen bestimmten Inhalt regeln, wie z.B. die vermögenswirksamen Leistungen oder Urlaubs- und Rationalisierungsschutzabkommen.

Tarifvertragsrecht. Spezialgebiet des → *Arbeitsrechts*. Die Tarifautonomie ist durch das Grundrecht der → *Koalitionsfreiheit* geschützt (Art. 9 Abs. 3 GG). Das Recht, zur Wahrung und Förderung der Arbeits- und Wirtschaftsbedingungen Vereinigungen zu bilden, ist für jedermann und für alle Berufe gewährleistet. Arbeitgeberverbände und Gewerkschaften genießen als Tarifpartner verfassungsrechtlichen Betätigungs- und Bestandsschutz. Tarifverträge gehören zum Kern der Koalitionsfreiheit. Rechtsgrundlage ist das Tarifvertragsgesetz (TVG).

Tarifverträge haben eine Doppelnatur. Sie enthalten schuldrechtliche und normative Regelungen.

Im schuldrechtlichen Teil des Tarifvertrags sind die Rechte und Pflichten der Tarifvertragsparteien festgelegt. Dazu gehört insbesondere die Friedenspflicht, aber auch die Einwirkungspflicht auf die Mitglieder. Differenzierungs- und Außenseiterklauseln sind unzulässig, denn die Tarifpartner können im Rahmen ihrer Tarifautonomie nur die Angelegenheiten ihrer Mitglieder regeln.

Funktionen der Tarifverträge

Schutzfunktion	Tarifverträge schützen einzelne Arbeitnehmer davor, dass Arbeitgeber die Arbeitsvertragsbedingungen einseitig festlegen, § 4 TVG.
Verteilungsfunktion	Tarifverträge enthalten differenzierte Lohn- und Gehaltsgruppen und regeln dadurch die Einkommensverteilung zwischen den Arbeitnehmergruppen.
Ordnungsfunktion	Tarifverträge führen durch Abschluss-, Inhalts- und Beendigungsnormen zu einer Typisierung der Arbeitsverträge, § 1 TVG.
Friedensfunktion	Tarifverträge verhindern für die Zeit ihrer Geltung Arbeitskämpfe.

Im normativen Teil enthalten Tarifverträge Regelungen, die Bestandteil der Arbeitsverträge werden. Die Tarifnormen gelten unmittelbar und zwingend zwischen den tarifgebundenen Arbeitgebern und Arbeitnehmern (§ 4 TVG).

Für die Geltung der Inhalts-, Abschluss- und Beendigungsnormen des Tarifvertrags ist die beiderseitige Tarifbindung erforderlich. Dagegen reicht die einseitige Tarifbindung des Arbeitgebers aus, wenn es um betriebliche oder betriebsverfassungsrechtliche Normen geht. Die Tarifbindung entsteht durch die Mitgliedschaft im Arbeitgeberverband oder in der Gewerkschaft (§ 3 TVG). Im Einzelfall kann die Tarifbindung auch durch die Allgemeinverbindlichkeitserklärung des Arbeits- und Sozialministers entstehen (§ 5 TVG).

Ein Tarifvertrag kann ganz oder teilweise durch den Arbeitsvertrag in das Arbeitsverhältnis einbezogen werden. In diesem Fall gilt der Tarifvertrag nicht normativ und zwingend, sondern kraft einzelvertraglicher Vereinbarung. Auf tarifrechtliche Regelungen kann nicht verzichtet werden, weil diese grundsätzlich zwingenden Rechtscharakter haben. Sofern dagegen die tarifliche Regelung nur einzelvertraglich vereinbart wurde, kann der Arbeitnehmer auf das darin enthaltene Recht jederzeit verzichten. Dies geschieht z. B. in Ausgleichsquittungen bei Beendigung des Arbeitsverhältnisses. Die Arbeitsvertragsparteien können von tariflichen Regelungen abweichen, sofern der Tarifvertrag entsprechende Öffnungsklauseln enthält. In diesem Fall wäre die tarifliche Regelung nachrangig (Rangprinzip der Rechtsquellen im → *Arbeitsrecht*).

Literaturempfehlung: Löwisch/Rieble: Tarifvertragsgesetz, München 1992. Steckler/Schmidt: Arbeitsrecht und Sozialversicherung, 5. Auflage, Ludwigshafen 2000. Danne, H. / Keil, T.: Wirtschaftsprivatrecht II, Berlin 2001.

Taylorismus → *Scientific Management*.

TCP/IP Abk. von Transmission Control Protocol/Internet Protocol. Es ist das Kernstück der so genannten Internet-Protokoll-Familie. Es handelt sich dabei um → *Protokolle*, die für die Kommunikation in Netzwerkverbünden zwischen Computern mit unterschiedlicher Hardware und verschiedenen → *Betriebssystemen* eingesetzt werden (→ *Computernetz*). TCP/IP umfasst Standards, die festlegen, wie Computer → *Daten* austauschen, sowie genaue Regeln für das Lenken des Datenverkehrs über verschiedene Netzwerke hinweg. Es ist das Standardprotokoll für den paketorientierten Datentransport im → *Internet*. Auf ihm setzen die anwendungsbezogenen Protokolle, wie z. B. → *HTTP*, → *SMTP* oder → *FTP*, auf.

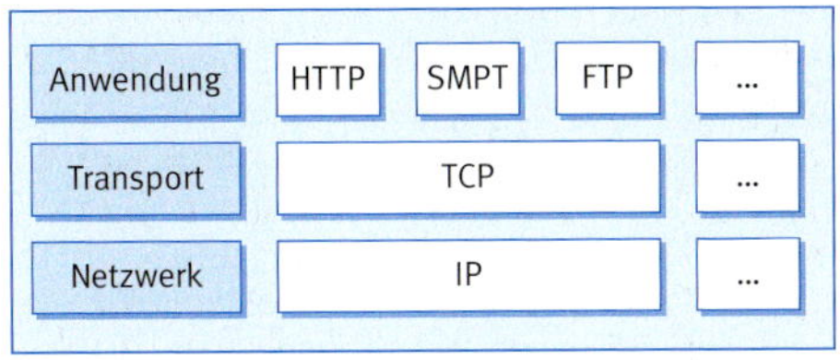

Abb. 66: Der Internet-Protokoll-Stapel

Team Selling. Große Kunden werden oft nicht nur von einem Vertriebsmitarbeiter, sondern von mehreren oder ganzen Abteilungen betreut. In diesem Fall können Vertriebsteams gebildet werden, die gemeinsame Vorgaben bekommen. Eine andere Möglichkeit ist in diesem Fall die Einführung einer → *Overlay-Struktur*.

Teamorganisation. Bedingt hierarchische, temporäre Organisationsform in Überlagerung bestehender Organisationsstrukturen, → *Aufbauorganisation*. Die Teammitglieder repräsentieren unterschiedliche hierarchische Ebenen, unterschiedliches Wissen und unterschiedliche Abteilungen. Sie arbeiten auf Dauer zusammen und exekutieren ihre Arbeiten auch selbst (→ *Gremiumsorganisation*, → *Projektorganisation*, → *Zentralabteilungsorganisation*).

Die Vorteile liegen
- in der Bündelung des Wissens vieler Personen in einer Expertengruppe. Dadurch entstehen gruppenenergetische Effekte, die den Output eines Teams erfolgsträchtiger werden lassen als die kumulierten Arbeiten von »Einzelkämpfern«;
- in der Vorbeugung von Spannungen zwischen den Teammitgliedern durch geringe Bedeutung der Hierarchie. Dies ist geradezu eine Voraussetzung für die konstruktive Zusammenarbeit;
- in hohem Maß an Abwechslung durch Kooperation mit verschiedenen Kollegen in verschiedenen Teams an verschiedenen Aufgaben. Von daher wird Ermüdungseffekten (Burn-out) vorgebeugt und ein Ideentransfer bewusst stimuliert;

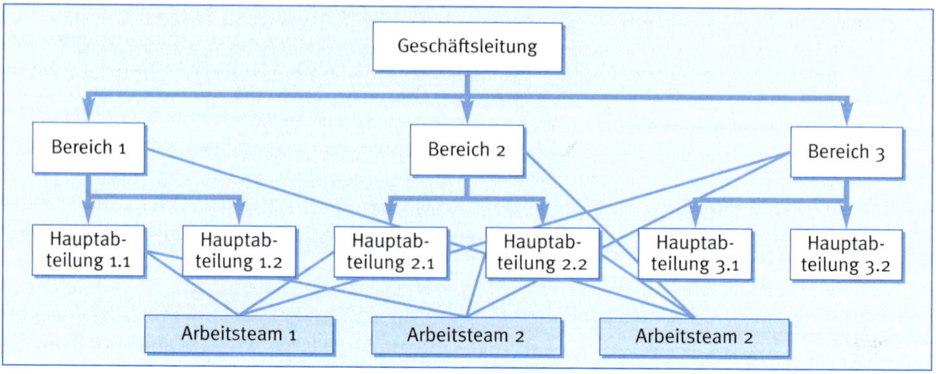

Abb. 67: Teamorganisation

- in der Möglichkeit zur Zusammenstellung der jeweils bestgeeigneten Mitarbeiter zu einem individuellen Arbeitsteam. Dabei ist neben der fachlichen Eignung vor allem auch die menschliche Chemie bedeutsam.

Die Nachteile liegen

- im erhöhten Koordinationsaufwand durch das Erfordernis zu Überzeugungsarbeit und gegenseitiger Information. Autoritative Arbeitsformen sind demgegenüber einfacher, weil Anweisung und Befolgung klare Verhältnisse schaffen;
- in der steten Konkurrenz der Aufgaben angesichts begrenzter personaler Kapazitäten zwischen Teams. Insofern entsteht ein Konflikt zwischen der jeweiligen internen Erwartungshaltung an Teammitglieder und deren Arbeitsmöglichkeiten;
- in Belastungsspitzen oder Leerzeiten, die bei unverbundenen Arbeiten leicht entstehen können, und zwar immer dann, wenn Arbeiten für mehrere Aufgaben zeitgleich anfallen oder temporär ausbleiben;
- in der geringeren Beurteilung der Leistung und Verantwortung des Einzelnen. Da Teamarbeiten Ergebnis verbundener Leistungen sind, fällt eine differenzierte Leistungsbeurteilung vergleichsweise schwer.

Teilautonome Arbeitsgruppe. Dabei wird einer Arbeitsgruppe ein zusammenhängender Aufgabenbereich übertragen, wobei die Teilaufgaben innerhalb der Gruppe aufgeteilt werden.

Teilkostenrechnung. Oberbegriff für Kostenrechnungssysteme, die nur einen Teil aller Kosten bis auf die → *Kostenträger* weiter verrechnen. Wesentliche Varianten im deutschsprachigen Bereich sind:

- die → *Relative Einzelkostenrechnung* von P. Riebel und die
- → *Grenzplankostenrechnung*, von W. Kilger theoretisch sowie von H.-G. Plaut in der Praxis entwickelt.

Auf Basis einer Teilkostenrechnung und einer Erlösrechnung wird eine → *Deckungsbeitragsrechnung* möglich.

Teilschuldverschreibung → *Anleihen*.

Teilwert (Bilanzierung). Nach § 6 Abs. 1 Nr. 1 EStG handelt es sich um den Betrag, den ein Erwerber des ganzen Unternehmens im Rahmen des Gesamtkaufpreises für das einzelne Wirtschaftsgut ansetzen würde; dabei ist davon auszugehen, dass der Erwerber das Unternehmen fortführt. Es ist somit ein fiktiver Wert (sog. Teilwertfiktion), da ein Unternehmenskauf unterstellt wird, der nicht stattgefunden hat.

Da die konkrete Ermittlung des Teilwerts in der Praxis mit Schwierigkeiten verbunden ist, hat die Rechtsprechung zur Schätzungserleichterung sog. Teilwertvermutungen entwickelt, die sich allerdings von der ursprünglichen Definition bedeutend entfernt haben. Allgemein bilden regelmäßig

- die Wiederbeschaffungskosten die Obergrenze und
- als Untergrenze wird der Einzelveräußerungspreis (mindestens Material- oder Schrottwert) angesehen.

Im Speziellen haben sich folgende Vermutungen herausgebildet, die im Einzelfall durch konkrete Tatsachen und Umstände widerlegbar sind:

- Zum Zeitpunkt des Erwerbs oder der Fertigstellung eines Vermögensgegenstands sind es die → *Anschaffungs-* oder → *Herstellungskosten*.
- Nach der Anschaffung/Herstellung sind es bei nicht abnutzbaren Wirtschaftsgütern des Anlagevermögens ebenfalls die Anschaffungs- oder Herstellungskosten; bei abnutzbaren Wirtschaftsgütern sind es die um die Abschreibungen verminderten Anschaffungs- oder Herstellungskosten.
- Für Wirtschaftsgüter des Umlaufvermögens sind es die Wiederbeschaffungskosten. Mit der Abschreibung auf den niedrigeren Teilwert sollen Wertminderungen berücksichtigt werden, die nicht auf Abnutzung, sondern auf Markteinflüssen beruhen. Hierzu gehören z.B. sinkende Marktpreise, nachhaltig sinkende Rentabilität, erhöhte Kosten oder Fehlmaßnahmen.
  Beispiel: Zum Bilanzstichtag sind Rohstoffe auf Lager mit einem Anschaffungspreis von 10.000 € zuzüglich 500 € Frachtkosten. Die Anschaffungskosten betragen somit 10.500 €. Zum Bilanzstichtag sind die Beschaffungspreise um 20% gesunken. Der Teilwert als Korrekturwert lässt sich wie folgt ermitteln: Vergangener Anschaffungspreis von 10.000 € abzüglich 2.000 € Preissenkung (20% von 10.000 €) = momentaner Marktpreis von 8.000 € zuzüglich 500 € Frachtkosten = 8.500 € Wiederbeschaffungskosten (= Teilwert).

Bei dauernder Wertminderung kann dieser Wert in der → *Steuerbilanz* angesetzt werden, jedoch muss dieser gemäß dem strengen → *Niederstwertprinzip* in der → *Handelsbilanz* genommen werden, sodass über das → *Maßgeblichkeitsprinzip* die Steuerbilanz letztendlich doch den Teilwert übernehmen muss. Ist die Wertminderung nur vorübergehend, so darf steuerlich nicht und handelsrechtlich muss abbewertet werden. Beide Bilanzen laufen damit wertmäßig auseinander.

Teledienstedatenschutz. Spezialgebiet des → *Datenschutzrechts*. Rechtsgrundlage ist das Teledienste-Datenschutzgesetz (TDDSG), das durch die Neuregelung der Informations- und Kommunikationsdienste entstanden ist. Teledienste sind Angebote im Bereich der Individualkommunikation, z.B. Telebanking, Online-Datenaustausch, Telespiele und Angebote im elektronischen Geschäftsverkehr (→ *Internet-Recht*, → *E-Commerce-Recht*).

Auf die im Teledienstegesetz (TDG) aufgeführten Online-Dienste ist das Teledienste-Datenschutzgesetz (TDDSG) anzuwenden. Darin sind die datenschutzrechtlichen Pflichten der Anbieter von Telediensten geregelt. Die Grundsätze des allgemeinen Datenschutzes, wie das Gebot der Erforderlichkeit, der Verhältnismäßigkeit und das Verbot mit Erlaubnisvorbehalt, gelten auch für Teledienste. Diese erheben und verarbeiten für ihre Zwecke insbesondere Bestandsdaten, Nutzungsdaten und Abrechnungsdaten.

Der Datenschutz bei der Nutzung von Telediensten geht von dem Verbot mit Erlaubnisvorbehalt des allgemeinen Datenschutzrechts aus. Die Erhebung und Verarbeitung personenbezogener Daten ist nur auf der Grundlage eines Gesetzes oder mit Einwilligung des Betroffenen zulässig. Die Einwilligung des Betroffenen kann auch elektronisch erklärt werden. Doch muss sie protokolliert werden und vom Nutzer jederzeit abrufbar sein.

Der Anbieter von Telediensten hat Verpflichtungen zur Datensicherung. Telediensteanbieter sollen den Nutzern die Inanspruchnahme der Dienste und ihre Bezahlung anonym oder unter Pseudonym ermöglichen, soweit dies technisch möglich und zumutbar ist. Insbesondere muss der Telediensteanbieter durch technische und organisatorische Vorkehrungen sicherstellen, dass der Nutzer die Verbindung jederzeit abbrechen kann. Dabei müssen alle personenbezogenen Daten über den Abruf oder Zugriff oder die sonstige Nutzung gelöscht werden, soweit nicht die Speicherung für Abrechnungszwecke erforderlich ist. Die angebotenen Teledienste sollten geschützt vor einem eventuellen Zugriff Dritter in Anspruch genommen werden können.

Personenbezogene Daten über die Inanspruchnahme verschiedener Teledienste durch einen Nutzer sind getrennt voneinander zu verarbeiten. Die Weitervermittlung personenbezogener Daten oder die Erstellung von Nutzerprofilen ist unzulässig. Der Anbieter von Telediensten darf personenbezogene Daten der Nutzer nur erheben, verarbeiten und nutzen, soweit dies erforderlich ist, um dem Nutzer die Inanspruchnahme von Telediensten zu ermöglichen (Nutzungsdaten) oder um die Nutzung von Telediensten abzurechnen (Abrechnungsdaten). Der Nutzer ist berechtigt, jederzeit die zu seiner Person oder zu seinem Pseudonym gespeicherten Daten unentgeltlich beim Diensteanbieter einzusehen. Die Auskunft kann auch elektronisch ermöglicht werden. Die Kontrolle über die Einhaltung der Bestimmungen des Teledienste-Datenschutzgesetzes liegt bei den zuständigen Aufsichtsbehörden. *Literaturempfehlung: Hoeren/Sieber: Handbuch Multimedia-Recht, München 1999. Steckler: Grundzüge des EDV-Rechts, München 1999.*

Telefonhandel. Handel von Wertpapieren außerhalb organisierter Börsen. Objekte des Telefonhandels sind zum einen Wertpapiere, die an keiner organisierten Börse zugelassen sind, zum anderen börsennotierte Wertpapiere außerhalb der Börsengeschäftszeiten.

Tele-in-Geschäft. Variante des Telemarketings, bei der im Call-Center nur eingehende Anrufe von Kunden bearbeitet werden (z.B. Reservierungen).

Telekommunikationsrecht. Durch verfassungsrechtlichen Auftrag ist der Bund verpflichtet, eine flächendeckende Grundversorgung mit Telekommunikationsdienstleistungen bereitzustellen. Den Rechtsrahmen der Telekommunikation bildet das Telekommunikationsgesetz (TKG) mit weiteren Einzelgesetzen. Danach soll durch Regulierung der Telekommunikation der Wettbewerb gefördert, angemessene und ausreichende Dienstleistungen gewährleistet und eine Frequenzordnung festgelegt werden.

Telekommunikation ist der technische Vorgang des Aussendens, Übermittelns und Empfangens von Signalen mittels Telekommunikationsanlagen. Auch der Sprachtelefondienst gehört dazu. Das Angebot von Telekommunikationsdiensten ist anzeigepflichtig. Die Regulierungsbehörde erteilt Lizenzen für Mobilfunk, Satellitenfunk und Telekommunikation.

Elektronische Informations- und Kommunikationsdienste (Tele- und Mediendienste) unterliegen besonderen Rechtsvorschriften. Für Teledienste gilt das Teledienstegesetz (TDG) und für Mediendienste der Mediendienste-Staatsvertrag (MStV), → *Internet-Recht* und → *Medienrecht*. Mediendienste enthalten Informationsangebote für die Allgemeinheit. Teledienste sind dagegen Angebote im Bereich der Individualkommunikation. Da Teledienste durch Telekommunikation übermittelt werden, ist die Unterscheidung zu den Telekommunikationsdiensten von Bedeutung.

Teledienste

- Angebote der Individualkommunikation (z.B. Telebanking, Datenaustausch),
- Angebote zur Information und Kommunikation, soweit nicht die redaktionelle Gestaltung zur Meinungsbildung für die Allgemeinheit im Vordergrund steht (Datendienste, z.B. Verkehrs-, Wetter-, Umwelt- und Börsendaten, Verbreitung von Informationen über Waren- und Dienstleistungsangebote),
- Angebote zur Nutzung des Internets und weiterer Netze,
- Angebote zur Nutzung von Telespielen,
- Angebote von Waren oder Dienstleistungen in elektronisch abrufbaren Datenbanken mit interaktivem Zugriff und unmittelbarer Bestellmöglichkeit.

Es handelt sich um eine beispielhafte und nicht abschließende Aufzählung. Teledienste sind für eine individuelle Nutzung von kombinierten Daten wie Zeichen, Bilder oder Töne bestimmt. Telekommunikationsdienste sind in der Regel gegen Entgelt erbrauchte Dienste, die ganz oder überwiegend in der Übertragung von Signalen über Telekommunikationsnetze bestehen. *Literaturempfehlung: Scheuerle/Lehr/Mayen (Hrsg.), Telekommunikationsrecht (TKR), 2. Auflage, München 2000; Steckler, Urheber-, Medien- und Wettbewerbsrecht, Berlin 2003.*

Telemarketing. Direkt-Marketing, das über das Telefon durchgeführt wird. Für die Durchführung wird ein Call-Center benötigt, in dem die entsprechend qualifizierten Mitarbeiter und die nötigen technischen Systeme vorhanden sein müssen.

Tele-Out-Geschäft. Variante des Telemarketings, bei der das Call-Center aktiv Kunden und Interessenten anruft und die Produkte und Dienstleistungen zu verkaufen versucht.

Terminal. Arbeitsstation eines Computersystems, i.d.R. eines Großrechners (→ *Mainframe*) oder eines → *Mehrplatzsystems*, das nur aus Bildschirm und Tastatur besteht, jedoch keine eigene Verarbeitungs- und Speicherkapazität besitzt. Ein Terminal wird dementsprechend nur zur Ein- und Ausgabe von Daten benutzt.

Termingeschäfte. Transaktionen, bei denen Abschluss und Erfüllung des Geschäfts zeitlich auseinander fallen (→ *Finanzmärkte*).

Terminierung. → *Durchlaufterminierung* bei → *Fertigungsaufträgen*, bei mehrstufigen Strukturen über alle Strukturstufen. Normalerweise wird das Prinzip der Rückwärtsterminierung gewählt, d.h., ausgehend vom Liefertermin wird der Starttermin errechnet. Falls sich dieser in der Vergangenheit ergibt, wird eine Vorwärtsterminierung durchgeführt. Der Planer muss dann entscheiden, ob der Termin akzeptabel ist.

Terminkurs. Der sich aus Angebot und Nachfrage ergebende Marktpreis für Geschäfte, die in der Gegenwart abgeschlossen werden (→ *Termingeschäfte*), aber erst in der Zukunft abgewickelt werden (Ggs. → *Kassakurs*).

Termintreue → *Liefertermintreue*.

Tertiärbedarf. Hilfs- und Betriebsstoffe. Begriff aus der klassischen → *Materialwirtschaft*, kommt in modernen → *PPS-Systemen* nicht vor. Hierin werden alle abhängigen → *Bedarfe* als → *Sekundärbedarfe* bezeichnet.

Thesaurieren. Einbehalten von Gewinnen zum Zweck der offenen → *Selbstfinanzierung*. Die Alternativverwendung der Gewinne ist deren Ausschüttung an die Eigenkapitalgeber.

Threads. Gruppe von Nachrichten in einer → *Newsgroup*, die ein gemeinsames Thema betreffen. Ein Thread besteht aus dem ersten Artikel und allen im Follow Up veröffentlichten und miteinander verknüpften Artikeln in chronologischer Reihenfolge, sodass eine Abfolge von Beiträgen nachvollzogen werden kann (häufig im wissenschaftlichen Bereich mit Beitrag, Replik, Gegenreplik etc.).

Thumbnail. Miniaturgrafik zur Voransicht auf einer WWW-Seite. Dadurch kann die Ladezeit der Seite verkürzt werden. Es wird davon ausgegangen, dass der Nutzer selbst entscheiden will, ob er den Grafikinhalt in großer und damit ladezeitintensiver Ansicht haben möchte oder nicht.

TIFF. Abk. für Tag Image File Format. Standardformat zur Speicherung von Rasterbildern und Grafiken. Das Format ist sehr vielseitig, erweiterbar und kann unterschiedliche Rastergrößen, Rastertiefen, Farbraster und Zusatzinformationen aufnehmen.

Tilgung. Rückzahlung einer Kreditschuld (Darlehensschuld). Die Tilgung kann zu sehr unterschiedlichen Bedingungen erfolgen, z.B. als einmalige Rückzahlung des Gesamtbetrags oder in mehreren Raten (→ *Tilgungsrate*).

Tilgungsrate. Die in einer bestimmten Periode anteilig zu leistende Rückzahlung eines Kredits. Um die geleistete Tilgungsrate vermindert sich dann der → *Kreditstand*. Tilgungsrate und Zinsen zusammen bilden den Kapiteldienst.

Dabei kann die sich daraus ergebende regelmäßige Jahreszahlung über die Laufzeit konstant bleiben (evtl. bis zur nächsten Zinsanpassung, wenn ein Festzins nicht oder nur für einen Teil der Kreditlaufzeit vereinbart wurde). In diesem Fall handelt es sich um eine feste Annuität. Da sich durch die Tilgung die Schuldsumme (→ *Kreditstand*) ständig verringert, sinkt zugleich die Zinsquote – bei gleicher Annuität steigt somit die Tilgungsquote. Diese Form ist bei langfristigen Darlehen vielfach üblich.

Die Formel zur Errechnung einer festen Annuität (A) lautet

$$A = \frac{K \cdot q^n \cdot (q-1)}{q^n - 1} \qquad q = 1 + \frac{p}{100}$$

(K = ursprüngliche Darlehnsumme, q = Zinsfaktor, p = Zinssatz, n = Tilgungszeitraum)

Fallende Annuität ergibt sich aus gleich bleibender Tilgungsquote mit sinkender Zinsquote (wegen der kleiner werdenden Schuldsumme).

In besonderen Fällen kann auch eine steigende Annuität vereinbart werden, indem die Tilgungsquote noch stärker steigt, als die Zinsen fallen (z.B. zur Finanzierung von Investitionen mit steigenden Ertragserwartungen).

Timeout. Automatische Beendigung der Verbindung bei nach Flatrate abgerechneten Datenleitungen, wenn innerhalb einer gewissen Zeitspanne keine Eingabe mehr vorgenommen wird (Ggs.: Standleitung).

Toolbar. Leiste auf einer → *Webseite* mit → *Icons*, die durch → *Hyperlinks* hinterlegt sind.

Top-Down-Planung. Planung, bei der die Willensbildung in der Organisation retrograd von der Unternehmensspitze an die Basis erfolgt. Dies bietet den Vorteil schneller Entscheidungsfindung. Jedoch kann die dabei eingesparte Zeit auf dem Weg durch die Instanzen wieder verloren gehen (Verzögerungen der Entscheidungsdurchsetzung auf jeder Stufe). Weitere mögliche Nachteile sind eine unbewusste Verfälschung des Auftragsinhalts, die bei vielstufigen Organisationen zu deutlichen Verzerrungen führen kann, sowie mögliche Widerstände in der Durchsetzung auf den einzelnen Stufen. Ggs. → *Bottom-up-Planung*.

Top-Down-Prinzip → *Unternehmensplanung*, hierarchische.

Top Level Domain. Innerhalb der Internet-Adresse ganz rechts stehender Adressteil, meist Land oder generische Angebotsgruppe. Innerhalb der Top Level Domain darf jede Adresse je Land nur an einen einzigen Teilnehmer vergeben werden. Dieser Hauptbereichsname wird durch Länderkennung oder Kürzel wie .com, .edu, .net, .gov, .mil, .org gebildet.

Top-Management → *Führungsebenen*.

Topologie. Beschreibung des physikalischen und geografischen Aufbaus eines Netzwerks.

Total Cost of Ownership (TCO). Der Begriff Total Cost of Ownership wurde von der amerikanischen Unternehmensberatung Gartner Group geprägt, die darunter die Gesamtkosten versteht, die von einem Computersystem (insbesondere einem → *PC*) während seiner Nutzungsdauer im Unternehmen verursacht werden. Die Gesamtkosten werden dabei aufgeteilt in die Kostengruppen Anschaffung (Hardware, Software), Betrieb (Server, Netze), technischer Support (Wartung, Benutzerschulung, Hilfestellung) und sog. Benutzeraktivitäten.

Untersuchungsergebnisse der Gartner Group zeigen, dass nur etwa 20 bis 25 % der Kosten auf die Anschaffung entfallen, der weitaus größere Teil dagegen in den anderen Gruppen, meist in Form von Personalkosten, anfällt. Obwohl es unterschiedliche Auffassungen über Definition und Erfassung der genannten »versteckten« Kosten gibt, werden Maßnahmen zur generellen Senkung der TCO u.a. in einer exakten Bestandsverwaltung aller vorhandenen Rechner und Geräte, einem höheren Maß der Standardisierung bei der eingesetzten Hard- und Software, einer stärkeren Zentralisierung der Beschaffung sowie einer intensiveren Benutzerschulung gesehen.

Total Process Improvement (TPI). Beinhaltet das Ausschöpfen der Verbesserungspotenziale im Herstellungsprozess. Dazu gehören die Ausschöpfung der Kosteneinsparungspotenziale, die Eliminierung von Verschwendung, die Optimierung und Vereinfachung von Teilprozessen und Abläufen, die Reduktion der Durchlaufzeiten und der Rüstzeiten. Dazu ist ein Prozess-Redesign als Umgestaltung von Prozessen bzw. ein Prozess-Reengineering als Neugestaltung von Prozessen erforderlich.

Total Productive Maintenance (TPM). Umfassende produktive Instandhaltung als Konzept zur bestmöglichen Nutzung vorhandener Produktionsanlagen auf Basis vorbeugender Ausfallvermeidung und ständiger Verbesserung der Anlagenverfügbarkeit. Ziel ist eine vorbeugende Vermeidung des Auftretens von Fehlern und eine kontinuierliche Verbesserung. Bei einem solchen Konzept wird von Total Productive Maintenance gesprochen.

Total Quality Management (TQM). »Total« bedeutet, dass die Einbeziehung aller an der Produktion beteiligten Interessengruppen (Mitarbeiter, Zulieferer, Abnehmer etc.) erforderlich ist, also die partnerschaftliche Kommunikation mit Kunden unter Einschluss aller Unternehmensangehörigen, bereichs- und funktionsübergreifend, über alle Hierarchieebenen mittels Öffentlichkeitsarbeit, Gruppenarbeit und Netzwerk mit Lieferanten.

»Quality« bedeutet, dass eine konsequente Orientierung aller betrieblichen Aktivitäten an den Qualitätsforderungen erforderlich ist, also Qualität des Unternehmens, der Prozesse, der Arbeit, der Produkte mit Kundenwünschen als Maßstab und Abbau nicht kundenrelevanter Aktivitäten. Wichtige Mittel sind dabei der Einsatz statistischer Verfahren und die vorbeugende Fehlervermeidung.

»Management« bedeutet, dass Qualität als übergeordnetes Führungsprinzip im Betrieb verstanden wird (Unternehmenskultur), versehen mit Vorbildcharakter (Top Down) durch übergeordnete Qualitätsziele/-strategien. Wichtig sind dabei Team- und Lernfähigkeit, Beharrlichkeit, Qualifizierung der Mitarbeiter, Anerkennung guter Leistungen und allgemein Berücksichtigung von Humanität.

Begriffserklärung TQM

TQM ist damit eine auf der Mitwirkung aller ihrer Mitglieder beruhende Führungsmethode eines Betriebs, die Qualität in den Mittelpunkt stellt und durch Zufriedenheit der Kunden auf langfristigen Geschäftserfolg sowie auf Nutzen für interne und externe Mitglieder abzielt.

Wichtig ist dabei die Ausrichtung auf den Kunden und sein Qualitätsurteil (teleologische Qualität), nicht auf die interne Qualitätssichtweise. Ebenso ist die Forderung zu erheben, dass jeder Mitarbeiter sein eigener Qualitätsmanager ist. Die Einführung eines umfassenden und unternehmensspezifischen → *Qualitätsmanagementsystems* bedingt zunächst eine Grundsatzentscheidung der Geschäftsleitung unter Hinzuziehung vorab formulierter Unternehmensziele (Vision). Dann ist die Einschwörung des engeren Führungskreises auf die Zielsetzung der Geschäftsleitung notwendig. Dieser engere Führungskreis bekommt die Aufgabe, einen Projekt- und Terminplan zu erstellen. Danach erfolgt die Ankündigung der Zielsetzung »Einführung eines Qualitätsmanagementsystems« durch die Geschäftsleitung mit dem »Vorleben« dieser Zielsetzung durch das Management und der Durchführung von Schulungen bis auf die untere Ebene.

TQM vollzieht sich typischerweise in vier Phasen:
- Kennzeichen der ersten Sensibilisierungsphase ist ein Bewusstseinswandel im Unternehmen.
- Kennzeichen der zweiten Realisierungsphase ist ein Führungs- und Strukturwandel.
- Kennzeichen der dritten Stabilisierungsphase ist die Vernetzung von Einzelmaßnahmen.
- Kennzeichen der vierten Exzellenzphase ist die Verfeinerung des TQM-Prozesses. Dabei ist das Qualitätsmanagement ganzheitlich im Unternehmen verankert.

Dennoch gilt das Prinzip der ständigen Weiterentwicklung und Verbesserung, sodass der Zustand der »endgültigen« Qualität letztlich nicht erreicht wird. Verbesserungen beziehen sich nunmehr vor allem darauf, Fehlleistungen zu eliminieren und Innovationen zu generieren.

Tourenplanung. Rechnergestützte Optimierung der Transporte von Werksverkehren und Speditionsverkehren. Meistens wird das → *Savingsverfahren* eingesetzt. Ziel sind Rundtouren mit minimaler Gesamttransportentfernung. Weitere, die Planungsrechnung beeinflussende limitierende Größen sind: vorhandener Fuhrpark, Zeitfenster der Anlieferung, Straßennutzungsbeschränkungen etc. Tourenplanungen finden außerdem bei Außendienstmitarbeitern Anwendung, z. B. Vertrieb oder Service.

Traffic. Auslastung des Netzwerks durch Datenübertragungen aller gleichzeitig aktiven Nutzer.

Transaktion. Verarbeitungsschritt in der Informationsverarbeitung, der ein abgeschlossenes (Teil-) Ergebnis erzeugt. Zur Gewährleistung der Korrektheit (Integrität) und Widerspruchsfreiheit (Konsistenz) der → *Daten* werden Veränderungen an einer → *Datenbank* oft erst bei vollständig durchgeführter Transaktion dauerhaft gespeichert. Tritt während der Verarbeitung dieses Schritts dagegen ein Fehler auf, bleibt der bisherige Datenbestand unverändert.

Transport. Neben der Lagerung wesentlichste physikalische Logistikleistung. Im Prinzip gibt es nur fünf Transportarten, aufgezählt in der Reihenfolge zunehmender Kosten:
- Rohrleitungstransport,
- Binnenschifffahrt,
- Seeschifffahrt,
- Straßentransport,
- Transport mittels Flugzeugen.

Das Regelwerk für die Lufttransportabwicklung wird international durch die IATA (International Air Transport Association) vorgegeben. Die Erweiterung auf eine sechste Transportart wäre gegeben, wenn man die Weltraumfahrt hinzurechnete, da hier nicht die Luft als tragendes Element benötigt wird.

Transportkette. Verbindung verschiedener Transportarten bei → *gebrochenem Verkehr*.

Transportkosten → *Logistikkosten*.

Transportmatrix (auch Von-Nach-Matrix genannt). In der Matrix werden die Materialströme zwischen Quellen und Senken des → *Materialflusses* in einem Werksgelände als Zahlen dargestellt. Die grafische Darstellung kann durch ein → *Sankey-Diagramm* erfolgen.

Transportfrequenz. Häufigkeit der Bedienung einer Relation (Begriff aus dem Speditionswesen, gemeint ist eine Punkt-zu-Punkt-Verbindung).

Transportverpackung. Dient dazu, Waren auf dem Weg vom Hersteller zum Vertreiber vor Schäden zu bewahren. Sie unterliegt der → *Verpackungsverordnung*.

Tratte → *Wechsel*.

Treasuring → *Finanzmanagement*.

Trend-Modell. Verbrauchsmodell, bei dem der Vergangenheitsverbrauch einen gleichmäßigen Anstieg oder Abstieg über der Zeit aufweist; wird bei der → *stochastischen Bedarfsermittlung* benötigt.

Trend-Saison-Modell. Vergangenheitsverbrauchsmodell; Überlagerung von → *Trend-Modell* und → *Saison-Modell*; wird bei der → *stochastischen Bedarfsermittlung* benötigt.

Trojaner. Software, die außer dem offensichtlichen Zweck noch verdeckte andere Zwecke verfolgt, um dem Hersteller zusätzliche Informationen über Nutzer und deren Verhalten bereitzustellen.

Trust Center → *Zertifizierungsstelle*.

TUL-Prozesse. Transport-, Umschlags- und Lagerungsprozesse.

Turnaround → *Sanierung*

U

Übergangszeit. Zeit zwischen der Abwicklung aufeinander folgender → *Arbeitsvorgänge* in der → *Fertigung*.

Überlappung. Wenn ein → *Arbeitsvorgang* eines Fertigungsauftrags noch nicht vollständig abgewickelt ist, eine Teilmenge aber bereits im nächsten → *Arbeitsvorgang* bearbeitet wird, nennt man das Überlappung; wirkungsvolles Mittel, um die Durchlaufzeit zu verkürzen. Die entsprechenden Parameter (Mindestweitergabemenge und Mindestweitergabezeit) werden im → *Arbeitsplan* hinterlegt.

Überlieferung. Mehr-Lieferung gegenüber der Bestellmenge, wird vom Wareneingangsprogramm durch Vergleich mit der im Computer gespeicherten Überlieferungstoleranz festgestellt.

Überschuldung. Bei juristischen Personen wie die → *Zahlungsunfähigkeit* ein Insolvenztatbestand. Eine Überschuldung ist gegeben, wenn die Summe der Verluste größer als das gesamte Eigenkapital ist.

Überschusseinkünfte. Einkünfte gemäß § 2 Abs. 2 Nr. 2 Einkommensteuergesetz: Einkünfte aus nicht selbstständiger Arbeit, aus Kapitalvermögen, aus Vermietung und Verpachtung und sonstige Einkünfte. Sie ergeben sich als Saldo aus Einnahmen und Werbungskosten. Ein positiver Saldo wird als Überschuss, ein negativer Saldo als Verlust bezeichnet. Man spricht beim Verlust auch von negativen Einkünften.

Überschussrechnung. Gewinnermittlungsart gemäß § 4 Abs. 3 Einkommensteuergesetz für alle Freiberufler und für kleinere Land- und Forstwirte (Wirtschaftswert bis 40.000 € oder Gewinn bis 25.000 €) und Gewerbetreibende (Jahresumsatz bis 260.000 € oder Gewinn bis 25.000 €), die nicht buchführungspflichtig sind. Es sind lediglich alle → *Betriebseinnahmen* und alle → *Betriebsausgaben* gegenüberzustellen. Als Saldo ergibt sich der Gewinn bzw. Verlust.

Dabei sind folgende Sonderregelungen zu berücksichtigen:

1. Die Umsatzsteuer und Vorsteuer sind als Betriebseinnahme bzw. Betriebsausgabe anzusetzen. Die Umsatzsteuerzahllast ist ebenfalls Betriebsausgabe, sodass sich die Steuerbeträge ausgleichen.
2. Eigenverbrauch (fiktive Lieferungen bzw. sonstige Leistungen im Sinne von § 3 Abs. 1 b und Abs. 9 a Umsatzsteuergesetz) ist einschließlich Umsatzsteuer als Betriebseinnahme zu betrachten.
3. Bei der Veräußerung von Gegenständen des Anlagevermögens gelten die Bruttoerlöse als Betriebseinnahmen. Die Buchwerte sind als Betriebsausgaben anzusetzen, sodass sich als Saldo der Veräußerungsgewinn oder -verlust ergibt.
4. Bei der Anschaffung von abnutzbaren Gegenständen des Anlagevermögens dürfen nur die Abschreibungen als Betriebsausgaben berücksichtigt werden.
5. Für alle Betriebseinnahmen und -ausgaben gilt, dass sie laut § 11 Einkommensteuergesetz erst im Zeitpunkt der Vereinnahmung bzw. Verausgabung zu berücksichtigen sind. Ausnahmen gelten am Jahresende für regelmäßig wiederkehrende Einnahmen und Ausgaben innerhalb eines Zeitraums von etwa zehn Tagen (21.12. bis 10.01 des folgenden Jahres). Bei Zahlungen innerhalb dieses Zeitraumes erfolgt eine Zuordnung nach der wirtschaftlichen Zugehörigkeit.

Fallbeispiel:
Ein Inhaber betreibt einen Zeitungskiosk
Umsatzerlöse im Jahre 03 = 100.000 € + 16% Umsatzsteuer, Eigenverbrauch netto 200 €. Verkauf einer kleinen Registrierkasse für 100 € + 16% Umsatzsteuer (Buchwert 1 €) und Anfang des Jahres Neuanschaffung eine neuer Kasse für 500 € + 16% Vorsteuer, Nutzungsdauer fünf Jahre, lineare Abschreibung.
Gesamtbetriebsausgaben im Jahre 03 = 75.000 € + 16% Vorsteuer. Die Umsatzsteuerzahllast wurde noch am 31.12.02 überwiesen. Die Miete für Dezember 03 wurde ausnahmsweise erst Anfang Januar 04 überwiesen: 400 € + 16% Umsatzsteuer. Der Gewinn ergibt sich gemäß Tabelle zu diesem Beispiel.

Übertragungsrate. Gibt die Kapazität eines Übertragungsweges in Bit pro Sekunde (bps) an. Je höher die Übertragungsrate, desto mehr Informationen können in einer bestimmten Zeiteinheit übertragen werden. In der Breitbandkommunikation liegt die maximale Übertragungsrate bei Kupferkabeln derzeit in einer Größenordnung von 1 Gbps (1 Gigabit pro Sekunde = 1 Mrd. Bits pro Sekunde), bei Glasfaserkabeln etwa bei 10 Gbps (→ *Bandbreite*).

Überwachung. In der Umgangssprache werden die Begriffe »Kontrolle«, »Überwachung« und »Prüfung« oftmals nicht unterschieden. Für die Betriebswirtschaftslehre kann angenommen werden, dass die »Überwachung« als Manage-

Betriebseinnahmen	**€**	**Betriebsausgaben**	**€**
Umsatzerlöse	100.000	Betriebsausgaben aller Art	75.000
Umsatzsteuer	16.000	Vorsteuer	12.000
Eigenverbrauch	200	Buchwert der Registrierkasse	1
Umsatzsteuer	32	AfA auf neue Kasse 20%	100
Verkauf Registrierkasse	100	Vorsteuer auf neue Kasse	80
Umsatzsteuer	16	Umsatzsteuerzahllast	3.968
		Miete für Dez., im Jan. bezahlt	400
		Gewinn	**24.799**
insgesamt	116.348	insgesamt	116.348

Beispiel für eine Überschussrechnung (Kiosk)

mentaufgabe den Oberbegriff für die Überwachungsarten

- »Kontrolle« und
- »Prüfung/Revision«

darstellt. Während unter »Kontrolle« die prozessabhängige Überwachung durch den Ausführenden selbst verstanden wird, meint »Prüfung/Revision« die prozessunabhängige Überwachung durch eine betriebszugehörige Instanz (innere Revision). Externe Revision wiederum kann durch gesetzlich vorgegebene Organe, z.B. Bundesaufsichtsämter, oder durch gewählte Organe, z.B. Wirtschaftsprüfer, ausgeübt werden.

Kontrolle	**Prüfung/Revision**
Interne Revision	Externe Revision
prozessabhängig	prozessunabhängig
z.B. Mitarbeiter, Maschinen	z.B. Wirtschaftsprüfer

Überwachung

Wesensmerkmal von »Prüfung« ist, dass neben die Feststellung eines bestimmten tatsächlichen Sachverhalts (sog. Ist-Objekt) der Vergleich mit einem normgerechten Sachverhalt (sog. Soll-Objekt) erfolgt und über das Ergebnis des Soll-Ist-Vergleichs ein Urteil gebildet wird. Ist-Objekte aus dem Bereich des betrieblichen Rechnungswesens sind beispielsweise Buchungen auf Konten der Finanzbuchhaltung oder ein Jahresabschluss. Die hiermit zu vergleichenden Soll-Objekte liegen nicht unmittelbar vor, sondern sind aus den maßgeblichen Normen über die ordnungsmäßige kaufmännische Buchführung oder den geschilderten gesetzlichen Regeln über Ansatz, Bewertung und Ausweis von Vermögensgegenständen im Jahresabschluss zu entwickeln.

Umbuchungen. Teil der → *Betriebsübersicht*. Hier werden vorbereitende Abschlussbuchungen vorgenommen, z.B. → *Abschreibungen* auf → *Anlagevermögen* und → *Umlaufvermögen*, Bestandsveränderungen bei fertigen und unfertigen Erzeugnissen, zeitliche Abgrenzungen, Angleichung von Bestandsdifferenzen gegenüber der → *Inventur*, Bildung von → *Rückstellungen*, Bewertungskorrekturen, Abschluss der Unterkonten auf die jeweiligen Hauptkonten.

Umlaufmaterial. Material in der → *Produktion*. Sofern es nicht im → *Produktionslager* buchmäßig geführt ist, nennt man es Work in Process; es kann wertmäßig durch Analyse der in den → *Fertigungsaufträgen* gespeicherten mitlaufenden Kalkulationswerte ermittelt werden.

Umlaufregal. Horizontal oder vertikal bewegliches → *Fachbodenregal*, mit dem das → *Ware-zum-Mann-Prinzip* realisiert wird.

Umlaufvermögen. Besteht aus Vorräten (Roh-, Hilfs- und Betriebsstoffe, unfertige und fertige Erzeugnisse, Handelswaren, geleistete Anzahlungen), Forderungen und sonstigen Vermögensgegenständen, Wertpapieren des Umlaufvermögens, Schecks, Kassenbestand, Bankguthaben und aktiven → *Rechnungsabgrenzungsposten*. Das Umlaufvermögen ist höchstens mit den → *Anschaffungskosten* oder → *Herstellungskosten* zu bewerten. Bei eingetretenen Wertminderungen gilt zwingend der Ansatz des niedrigeren Börsen- oder Marktwerts (→ *Niederstwertprinzip*). Bei Wegfall der Gründe für die Wertminderung besteht handelsrechtlich (jedoch nicht steuerrechtlich) ein Wahlrecht, den niedrigeren Wert beizubehalten oder hochzuschreiben (im ersten Fall entstehen → *stille* Reserven).

Alle Wirtschaftsgüter des Umlaufvermögens sind einzeln zu bewerten. Bei nicht als zentral angesehenen Gütern kann jedoch eine Gruppenbewertung, eine Durchschnittsbewertung, eine Festbewertung oder eine Sammelbewertung (→ *Verbrauchsfolgeverfahren*) angewandt werden (→ *Anlagevermögen*).

Umsätze. Steuergegenstand im Umsatzsteuerrecht. Steuerbar sind Lieferungen und sonstige Leistungen, die ein Unternehmer im Inland gegen Entgelt im Rahmen seines Unternehmens ausführt, die Einfuhr von Gegenständen aus dem Drittlandsgebiet in das Inland und der innergemeinschaftliche Erwerb im Inland gegen Entgelt. Bestimmte steuerbare Umsätze sind laut § 4 und § 4 b Umsatzsteuergesetz steuerfrei; → *steuerfreie Umsätze*.

Umsatzkostenverfahren. Verfahren zur Synchronisation von Kosten und Umsätzen. Dabei werden dem effektiven Umsatz der Abrechnungsperiode diejenigen Aufwendungen gegenübergestellt, die für verkaufte Produkte angefallen sind, nicht jedoch die gesamten Aufwendungen der Periode (Umsatzerlöse einer Periode abzüglich

→ *Herstellungskosten* der abgesetzten Produkte abzüglich Verwaltungs- und Vertriebsgemeinkosten der Periode).

Zu den Herstellungskosten gehören die auf die Absatzleistung entfallenden Aufwendungen sowie die in früheren Abrechnungsperioden im Rahmen der Vorratsbewertung aktivierten Aufwendungen (→ *Gesamtkostenverfahren*). Dieses Verfahren erfordert ein ausgebautes internes Rechnungswesen mit einer Kostenstellenrechnung, da ein Teil der Aufwandsarten auf Funktionsbereiche umgegliedert werden muss. Das in § 275 Abs. 3 HGB festgelegte Gliederungsschema wird gerade von international tätigen Unternehmen bevorzugt, da das Umsatzkostenverfahren weltweit gebräuchlicher ist (z.B. Vorschrift in den → *US-GAAP*) als das Gesamtkostenverfahren der kontinentaleuropäischen Staaten (→ *Rechnungslegung*).

Bei vorliegenden Bestandsveränderungen werden die Periodenaufwendungen (beziehen sich auf die Produktionsmenge) an das Mengengerüst der Umsatzerlöse (beziehen sich auf die Absatzmenge) angeglichen. Ausgangsgrundlage sind zuerst die gesamten nach Funktionsbereichen gegliederten Produktionsaufwendungen der Periode (Herstellung, Vertrieb, Verwaltung), die dann noch um Bestandsveränderungen korrigiert werden, um die Umsatzkosten (→ *Herstellungskosten*) zu erhalten. Bestandserhöhungen (Produktionsmenge größer als Absatzmenge) verringern und Bestandsminderungen (Absatzmenge größer als Produktionsmenge) steigern die Umsatzkosten. Die Differenz zwischen den Umsatzerlösen und den Umsatzkosten ergibt dann den Erfolg.

Umsatzsteuer. Neben der Lohnsteuer die aufkommensstärkste Steuer in Deutschland. Die Allphasen-Bruttoumsatzsteuer wurde 1968 durch eine Allphasen-Nettoumsatzsteuer abgelöst. In allen Staaten der Europäischen Union hat man sich inzwischen auf dieses System geeinigt, das die bisherigen Nachteile (stärkere Belastung arbeitsteiliger Prozesse beim Bruttosystem) beseitigt hat.

Die Steuerbelastung wird jedem Bürger deutlich. Die Berechnung ist dadurch komplizierter geworden, dass neben der Umsatzsteuer von den erzielten Umsatzerlösen gleichzeitig die Vorsteuer von allen Vorleistungen zu berechnen ist, um als Saldo die eigentliche Steuer auf den Mehrwert zu ermitteln.

Leider hat man sich in Europa bisher auf keinen einheitlichen Steuersatz einigen können. Die Sätze schwanken zwischen 15 und 25 %. Je mehr die Steuersätze steigen, desto ungerechter wird die Steuer wegen ihrer regressiven Wirkung auf unterschiedliche Einkommen.

Unter → *Umsätzen* sind Lieferungen und sonstige Leistungen zu verstehen, die ein Unternehmer für andere oder auch für sich selbst erbringt. Bei jedem Umsatz ist als Erstes zu prüfen, ob er steuerbar oder nicht steuerbar ist. Beim steuerbaren Umsatz ist weiter zu prüfen, ob er steuerfrei (→ *Steuerfreie Umsätze*) oder steuerpflichtig ist. Der steuerpflichtige Umsatz ist schließlich nach dem anzusetzenden Steuersatz (16 % oder 7 %) zu unterteilen.

Eigenverbrauch wird seit dem 1.4.1999 als fiktive Lieferung oder sonstige Leistung in § 3 Abs. 1 b und 9 a Umsatzsteuergesetz behandelt. Da für die Gegenstände bzw. sonstigen Leistungen des Eigenverbrauchs Vorsteuern geltend gemacht wurden, müssen die Leistungen der Umsatzsteuer unterworfen werden.

Zu unterscheiden sind Entnahme- und Verwendungs-Eigenverbrauch, unentgeltliche Zuwendungen von Gegenständen und sonstige Leistungen an Arbeitnehmer und andere Leistungen für Zwecke außerhalb des Unternehmens. Für Repräsentations-Eigenverbrauch entfällt der Vorsteuerabzug. Ebenfalls für die Privatnutzung eines gemischt genutzten Fahrzeugs, sodass in diesen beiden Fällen keine steuerpflichtige fiktive Leistung vorliegt.

Ausfuhren in das Drittlandsgebiet und innergemeinschaftliche Lieferungen in EU-Staaten bleiben in der Bundesrepublik vollkommen umsatzsteuerfrei. Alle Vorsteuern werden erstattet. Entsprechend sind Einfuhren aus Drittländern und innergemeinschaftliche Erwerbe aus EU-Staaten in der Bundesrepublik an der Grenze bzw. beim Betriebsfinanzamt der Einfuhrumsatzsteuer bzw. der Umsatzsteuer zu unterwerfen. Bei Einfuhren ist keine Unternehmereigenschaft und keine Entgeltlichkeit Voraussetzung.

Die Umsatzsteuerschuld bezeichnet man als Umsatzsteuer-Zahllast. Sie ergibt sich dadurch, dass man von der Umsatzsteuer-Traglast die Vorsteuern abzieht. Gemäß den §§ 10 und 11 Umsatzsteuergesetz sind für die einzelnen steuerbaren und steuerpflichtigen Umsätze die folgenden Bemessungsgrundlagen maßgebend:

Steuerpflichtiger Umsatz	Bemessungsgrundlagen
Lieferungen und sonstige Leistungen und innergemeinschaftliche Erwerbe = entgeltliche Leistungen	Entgelt
Fiktive Lieferungen gemäß § 3 Abs. 1 b UStG	Einkaufspreis bzw. Selbstkosten
Fiktive sonstige Leistungen gemäß § 3 Abs. 9 a UStG	entstandene Kosten
Einfuhr aus dem Drittlandsgebiet	Zollwert

Steuerpflichtiger Umsatz und Bemessungsgrundlagen

Der Regelsteuersatz beträgt seit dem 1.4.1998 16 %. Ein ermäßigter Steuersatz von 7 % gilt nur für Lieferungen von Gegenständen, die in der Anlage zu § 12 Abs. 2 Nr. 1 und 2 aufgeführt sind. Bei Verzehr solcher Gegenstände an Ort und Stelle (z.B. Werkskantine) gilt der Regelsteuersatz. Außerdem gilt der Steuersatz aus sozialen und kulturellen Gründen für zahlreiche sonstige Leistungen laut § 12 Abs. 2 Nr. 3 bis 10 UStG.

Vorsteuern können nur abgesetzt werden, wenn sowohl Leistender als auch Empfänger einer Lieferung oder sonstigen Leistung Unternehmer ist, wenn Rechnungen (mit Angabe des zuständigen Finanzamtes und Steuernummer seit 2002 sowie der fortlaufenden Rechnungsnummer seit 2004) mit gesondertem Ausweis der Umsatzsteuer vorliegen und sich bereits ausgeführte Leistungen auf das Unternehmen beziehen.

Aus systematischen Gründen sind auch Einfuhrumsatzsteuer und Steuer auf den innergemeinschaftlichen Erwerb (Erwerbsteuer) als Vorsteuern abziehbar. Der Unternehmer hat in der Regel monatliche Voranmeldungen abzugeben und Vorauszahlungen zu leisten; vierteljährlich bei jährlichen Umsätzen von nicht mehr als 6.136 Euro. Bis zum 31. Mai des Folgejahres ist eine Umsatzsteuererklärung abzugeben, die häufig einen Steuerbescheid ersetzt. Für innergemeinschaftliche Erwerbe und Lieferungen sind besondere Meldungen erforderlich.

Die Regelbesteuerung erfolgt als sog. ➜ *Soll-Besteuerung* nach vereinbarten Entgelten. Nur bei kleinen Unternehmen und Freiberuflern ist eine ➜ *Ist-Besteuerung* nach vereinnahmten Entgelten zulässig. Beim Wechsel der Besteuerungsart sind Kundenforderungen zu berücksichtigen. Anzahlungen sind grundsätzlich im Zeitraum der Vereinnahmung steuerpflichtig. Innerhalb der Europäischen Union gelten die Regelungen wie in der Abb. 68 dargestellt. Dabei gibt es Ausnahmen vom Ursprungslandprinzip, für die aber auf die Fachliteratur verwiesen wird.

Umsatzsteueroption. Gemäß § 9 Umsatzsteuergesetz besteht die Möglichkeit, in bestimmten Fällen (z.B. bei Immobilien bestimmte

Bestimmungslandprinzip

Lieferer in Deutschland → **Abnehmer im anderen EU-Land**

Lieferer in Deutschland:
= Unternehmer mit Identifikations-Nr.
= innergemeinschaftliche Lieferung umsatzsteuerfrei mit Vorsteuerabzug

Abnehmer im anderen EU-Land:
= Unternehmer mit Identifikations-Nr. innergemeinschaftlicher Erwerb umsatzsteuerpflichtig (Erwerbsteuer)

Umsatzsteuer im Einfuhrland

Ursprungslandprinzip

Lieferer in Deutschland → **Abnehmer im anderen EU-Land**

Lieferer in Deutschland:
= Unternehmer mit Identifikations-Nr.
= umsatzsteuerpflichtige Lieferung

Umsatzsteuer im Ausfuhrland

Abnehmer im anderen EU-Land:
= Privatperson oder sog. Halbunternehmer ohne Identifikations-Nr

kein Vorsteuerabzug:
- da Unternehmer mit steuerfreien Umsätzen oder
- sog. Nullbesteuerung oder
- Besteuerung nach Durchschnittssätzen oder
- Lieferung nicht für das Unternehmen

Abb. 68: Übersicht über Bestimmungs- und Ursprungslandprinzip

Bankumsätze und Blindenumsätze) auf eine Steuerbefreiung zu verzichten. Man optiert für die Umsatzsteuerpflicht, um das Recht zu erhalten, alle Vorsteuern abziehen zu können, die mit den entsprechenden Umsätzen zusammenhängen.

Beispiel: Herr Janko lässt ein Gebäude für 2.000.000 € + 16 % Vorsteuer erstellen und vermietet es für jährlich 150.000 € an verschiedene umsatzsteuerpflichtige Einzelhändler und Freiberufler. Auf Betriebskosten und Reparaturen entfallen 3.000 € Vorsteuern. Gemäß § 4 Nr. 12a UStG ist die Vermietung umsatzsteuerfrei. Dann entfällt allerdings auch der Abzug der Vorsteuern von 320.000 + 3.000 €. Bei der Option hätten die Mieter keinen Nachteil. Die in Rechnung gestellte Umsatzsteuer von 16 % von 150.000 = 24.000 € können sie als Vorsteuer geltend machen. Dafür erhält Herr Janko die gesamte Vorsteuer auf die Baukosten (320.000 €) und die jährliche Vorsteuer auf Betriebs- und Reparaturkosten (3.000 €) vom Finanzamt erstattet. Herr Janko muss allerdings laut § 15a Abs. 1 UStG mindestens für zehn Jahre für die Umsatzsteuerpflicht optieren.

Umsatzvorgabe (im Vertrieb). Die Vorgabe von Umsatzwerten als Erfolgskriterium ist in der Praxis weit verbreitet. Dafür sprechen einige positive Argumente: einfache Messbarkeit, Vermeiden von Einblick in die Rentabilitätssituation der einzelnen Produkte und automatische Anpassung an Preisänderungen. Diesen Vorteilen stehen allerdings einige sehr gravierende Nachteile gegenüber; dazu gehören u. a. Erzielung hoher Umsätze über hohe Rabatte (und dann unrentabel), wenig Steuerung auf spezielle Produkte ist möglich und die Berücksichtigung der Kosten des Außendienstes ist schwierig. Deshalb nutzt man oft ein → *Punktesystem*.

Umschlagshäufigkeit. → *Logistikkennzahl* für Materialbewertung im Lager. Definition: Jahres-Lagerabsatz in Stück dividiert durch den → *Durchschnittsbestand* eines Jahres. Beispiele: Stahlhandel: 3 bis 5, Lebensmittelhandel: 15 bis 20. Will man einen Durchschnittswert für ein komplettes → *Lager* ermitteln, verwendet man zweckmäßigerweise die Bestandswerte. In diesem Fall berechnet man: Jahresabsatz in € dividiert durch den Durchschnittsbestand eines Jahres in €. Hierbei müssen die gleichen Wertansätze zu Grunde gelegt werden, also Einstandspreise oder Verkaufspreise.

Umverpackung. Zusätzliche Verpackung um Verkaufsverpackungen herum, die dazu dient, die Abgabe von Waren im Wege der Selbstbedienung zu ermöglichen, die Gefahr des Diebstahls zu verringern und Werbung zu tragen. Sie unterliegt der Verpackungsordnung und weist eine Rücknahmeverpflichtung auf. Dem Endverbraucher ist Gelegenheit zur Entfernung und kostenlosen Rückgabe der Umverpackung zu geben.

Umweltbeauftragter. Alle Betriebsbeauftragten für Immissionsschutz, Abfall, Gewässerschutz und gentechnische Sicherheit in Unternehmen und Organisationen. Damit unterscheiden sie sich von Umweltberatern, die sich ohne offizielle Funktion gewerbsmäßig mit Umweltfragen beschäftigen.

Umweltbericht. Für interne und externe Adressaten gedachte Zusammenstellung aller umweltbezogenen Informationen eines Absenders (z. B. Unternehmen).

Umweltinformationssystem. Stellt entscheidungsrelevante Informationen für das Ökomanagement durch Sammlung, Aufbereitung, Darstellung und Weiterleitung von → *Daten* bereit.

Umweltkosten. Alle mit der Produktion von Rückständen verbundenen Kosten, so für Ausschuss, Abschreibungen von Emissionsschutzanlagen, anteilige Löhne, Gehälter, Verwaltungs- und Rohstoffkosten.

Umweltmanagement. Bereich der Unternehmensführung, der darauf ausgerichtet ist, in Abstimmung mit den weiteren Unternehmenszielen Umweltschutzziele zu formulieren und in Entscheidungen umzusetzen. Dabei bestehen sehr enge Berührungspunkte zum → *Qualitätsmanagement*, sodass vermehrt in Unternehmen → *integrierte Managementsysteme* eingerichtet werden; → *Betriebswirtschaftslehre*.

Umweltmonitoring. Kontinuierliche messtechnische Überwachung kritischer Emissions- oder Immissionsinformationen, meist unter Einsatz elektronischer Mess- und Überwachungseinrichtungen. Daraus leiten sich konkrete Ziele und Aktivitäten ab, die einen größeren Schutz der Umwelt an einem bestimmten Standort gewährleisten sollen.

Umweltverträglichkeitsprüfung. Umfasst die Ermittlung und Beschreibung der Auswirkungen eines Vorhabens auf den Schutzgegenstand. Sie wird im Rahmen eines öffentlichen Genehmigungsverfahrens durchgeführt und ist unselbstständiger Teil eines verwaltungsbehördlichen Verfahrens, das zur Zulassung des betreffenden Vorhabens erforderlich ist im Zuge der Entscheidungsvorbereitung. Außerdem ist auch ihr innerbetrieblicher Einsatz, etwa zur Vorbereitung von Investitionsentscheidungen oder im Zuge von Planungsverfahren möglich.

Unangemeldeter Anruf → *Cold-Call*.

Unbeschränkte Steuerpflicht. Laut § 1 Einkommensteuergesetz sind alle natürlichen Personen, die im Inland einen Wohnsitz oder ihren gewöhnlichen Aufenthalt haben, unbeschränkt einkommensteuerpflichtig, d.h. mit ihren gesamten in- und ausländischen Einkünften laut § 2. Steuerpflichtig ist grundsätzlich das Welteinkommen.

Unbeschränkt steuerpflichtig sind auch deutsche Staatsangehörige im Ausland, die zu einer inländischen juristischen Person des öffentlichen Rechts in einem Dienstverhältnis stehen und dafür Arbeitslohn aus einer inländischen öffentlichen Kasse beziehen (z.B. Botschaftsangehörige).

Entsprechend sind laut § 1 Körperschaftsteuergesetz alle Körperschaften, Personenvereinigungen und Vermögensmassen, die ihre Geschäftsleitung oder ihren Sitz im Inland haben, unbeschränkt steuerpflichtig. Im Erbschaftsteuerrecht ergibt sich die unbeschränkte Steuerpflicht laut § 2 Abs. 1 Nr. 1 Erbschaftsteuergesetz, wenn der Erblasser zur Zeit seines Todes bzw. der Schenker zur Zeit der Ausführung der Schenkung oder der Erwerber (Erbe bzw. Beschenkter) Inländer ist.

Unicode. Bezeichnet eine Codierung für Texte bzw. Textzeichen wie ASCII, wobei jedoch pro Zeichen ein 16-Bit-Code verwendet wird. Unicode erlaubt damit, sowohl alle Zeichen der amerikanischen und europäischen Länder im Code unterzubringen als auch fernöstliche Alphabete.

Uniform Resource Locator → *URL*.

Unique Selling Proposition (USP). Def.: Einzigartiges Verkaufsversprechen, um Produkte oder Leistungen markt- bzw. kundengerecht anzupreisen. Die Einzigartigkeit steht im Mittelpunkt von Marketingbemühungen. Ziel ist die Differenzierung des eigenen von den Wettbewerbsangeboten. Im Kern soll die Frage beantwortet werden: »Warum sollte der Konsument mein Produkt bzw. meine Leistung kaufen?« Durch Individualisierung und Profilierung des Produktes wird eine Einzigartigkeit und Unverwechselbarkeit erreicht, die es eindeutig von allen anderen Produkten unterscheidet. Mit einer Einzigartigkeit wird ein wesentlicher Wettbewerbsvorteil gegenüber der Konkurrenz erreicht.

Deshalb existieren als synonyme Begriffe auch der so genannte komparative Konkurrenzvorteil (KKV) bzw. volkstümlich der HSK (Hat sonst keiner). Auf gesättigten Märkten wird häufig ein UAP (Unique Advertising Proposition), d.h. ein einzigartiges Werbeversprechen, ausgelobt, um sich wenigstens durch eine einzigartige Darstellung in der Werbung von der Konkurrenz zu unterscheiden.

Unstetigförderer. → *Fördermittel*, die im Bedarfsfall eingesetzt werden, z.B. → *Stapler* (Ggs. → *Stetigförderer*).

Unterkonto. Wird zur Verbesserung der Übersicht im → *Kontenplan* geführt und auf das zugehörige Oberkonto abgeschlossen (spätestens zum Bilanzstichtag, häufig aber auch unterjährig), z.B. für Bezugskosten und Skontoanspruch, für Skontogewährung, für Privatentnahmen/-einlagen.

Unterlieferung. Minderlieferung gegenüber der Bestellmenge, wird vom Wareneingangsprogramm durch Vergleich mit der im Computer gespeicherten Unterlieferungstoleranz festgestellt.

Unternehmen, gemeinwirtschaftliche → *Rechtsformen, öffentlich-rechtliche*.

Unternehmensethik. Aus dem ökonomisch geprägten Handeln der Unternehmen ergeben sich häufig Konflikte mit Werturteilen gesellschaftlicher Gruppen. Die Unternehmensethik beschäftigt sich mit der Frage, wie diese Konflikte unter Bezug auf ein angemessenes ethisches Prinzip gelöst werden können.

Das griechische Wort »Ethos« bedeutet »Sitte«, »Moral«, »gewohnter Lebensort«. Ethisch ist alles, was diesem Sittenkodex entspricht. Unbestritten ist, dass ohne eine »Minimalethik« im Sinne eines ethischen Grundkonsenses Gesellschaft und Marktwirtschaft nicht funktionieren können. Das liegt daran, dass ökonomisches Handeln viele Wirkungen außerhalb des Marktes hat, die wohlfahrtsmindernd sind. Beispiele sind: Umweltverschmutzung, Lebensmittelskandale, Fluglärm, unseriöse Vertriebspraktiken, gesundheitsschädliche Produkte, Tierquälerei etc.

Eine ausgeprägte Berücksichtigung negativer Wirkungen der eigenen Handlungen bei unternehmerischen Entscheidungen würde die negativen Auswirkungen erst gar nicht entstehen lassen, vermindern oder zumindest lösen helfen. Das kann durch das Konzept einer Unternehmensethik in den Betrieb eingebracht werden. Das Konzept muss den Zielkonflikt zwischen interner Wirtschaftlichkeit und gesellschaftlich orientierten Zielen zur Kenntnis nehmen und die Vormachtstellung des rein ökonomischen Ziels einschränken. Umgesetzt bedeutet das die Formulierung konkreter Normen für Verhaltensweisen des Unternehmens, die Beschreibung, was genau ein Verstoß gegen ethische Normen darstellt, Selbstverpflichtung, Dialog mit den betroffenen gesellschaftlichen Gruppen etc.

Unternehmensführung Sie ist die Umsetzung des dispositiven Faktors (→ *Betriebswirtschaftslehre*) und in ihrer Gesamtheit das gestaltende Element für das Unternehmen. Es geht darum, das Unternehmen sowohl im Inneren zu führen als auch nach außen im Markt zu positionieren und zunehmend im gesellschaftlichen Umfeld.

Begriffsdefinition Führung

In diesem Sinne kann Führung definiert werden als die zielgerichtete Gestaltung, Steuerung und Überwachung einer Unternehmung/Organisation als sozio-technisches System in Hinblick auf sachbezogene und personenorientierte (individuelle und kollektive) Dimensionen, wobei zugleich die Wechselbeziehungen zu den Umfeldbedingungen und der jeweiligen Situation zu beachten sind.

Aus der Vielfalt der relevanten Aspekte sowie den unterschiedlichen Betrachtungsweisen und Schwerpunkten ergibt sich eine Fülle von einzelnen Themen, die z.T. nicht immer eindeutig zueinander abgegrenzt sind; siehe ergänzend → *Management* zur institutionalen und funktionalen Sicht.

Gestaltung, Steuerung und Überwachung haben auch formal einen engen Bezug zu den Führungsfunktionen im Prozessablauf (→ *Managementprozess*). Häufig sind Dreiteilungen unter den Bezeichnungen »Planung-Organisation-Überwachung«, »Entscheidung-Durchführung-Kontrolle« oder »Planung-Durchführung-Kontrolle«.

E. Heinen geht in einer entscheidungsorientierten Unternehmensführung von zwei Phasen aus: Willensbildung und Willensdurchsetzung; Letztere wiederum unterteilt in Durchführung/Realisation und Kontrolle, Erstere als Entscheidungsprozess in Anregungs-, Such- und Auswahl-/Optimierungs-Phase – zu weiteren Betrachtungen siehe → *Management*-Kreis.

Insbesondere in arbeitsteilig strukturierten Betrieben erfordert Führung einerseits, aus Gesamtzielen Einzelaufgaben abzuleiten und diese den verschiedenen Stellen und Gruppen im Unternehmen zuzuweisen, sowie andererseits Tätigkeiten der unterschiedlich im Betrieb beschäftigten Personen und Gruppen zu einem sinnvollen Ganzen abzustimmen, zu koordinieren. Nachfolgend eine Aufteilung in fünf Funktionen, die in den Phasen der Durchführung und Überwachung den Bezug zu einer sach- und personenorientierten Aufteilung aufzeigt, ohne zu sehr in Einzeltätigkeiten zu zergliedern:

1. Zielbestimmung durch → *Planung* und → *Entscheidung* (→ *Enscheidungsprozess*)
2. Aufgabenverteilung und Koordination (→ *Organisation*)
3. Andere zum Handeln anleiten (→ *Mitarbeiterführung*)
4. Kontrolle (sachbezogen, siehe auch → *Controlling*)
5. Auswahl, Förderung und Bewertung der Mitarbeiter (→ *Personalwesen*).

In der Unternehmensführung wird ferner gegliedert in strategische und operative Planung – oder besser Management, wenn auch die Umsetzung und Überwachung eingeschlossen sein sollen. Andere Systematisierungen nennen zusätzlich die taktische Ebene, entweder zwischen der strategischen und operativen oder unterhalb der operativen. Häufig werden Rahmenplanungen und grundsätzliche Entscheidungen (→ *Konsti-*

Management			
Elemente / Prägungen	normatives	strategisches	operatives
Struktur	Unternehmensverfassung	Organisationsstruktur Managementsysteme	Organisatorische Prozesse Dispositionssysteme
Verhalten	Unternehmenskultur	Problemlösungsverhalten	Leistungs- und Kooperationsverhalten
Orientierung	Visionen Leitideen	Schaffung künftiger Erfolgspotenziale	Nutzung bestehender Erfolgspotenziale
Umsetzung	↳	Konzepte Programme	Aufträge Maßnahmen Ressourcenzuteilung
Aktivitäten		↳	z. B. Budget Handlungsabläufe

Abb. 69: Zusammenhänge im integrativen Management

tutionelle Entscheidungen) einem gesonderten normativen Management zugeordnet.

Die Bereiche stehen nicht isoliert; Abb. 69 zeigt den Zusammenhang in einem integrativen Management.

Unterstützt wird die Führung durch das → *Controlling*, welches hilft, Informationen aufzubereiten und zur Verfügung zu stellen, die Planung zu unterstützen sowie im Vollzug Abweichungen festzustellen und zu analysieren. Damit steht Controlling – bei dem ebenfalls heute zwischen strategischem und operativem unterschieden wird – für zielorientierte Unternehmensführung, → *Ziele*. Im → *Zielszenario* wird neben den Macht- und Interessenvertretungen im Unternehmen auch die Berücksichtigung von äußeren Einflüssen deutlich; hiermit wird einmal mehr die Eingebundenheit in das Unternehmensumfeld im Sinne eines offenen Systems verdeutlicht.

Unternehmensgrundsätze. Fixieren die in der → *Unternehmensphilosophie* verankerten Wertvorstellungen in schriftlicher Form. Synonym werden auch die Begriffe Unternehmensleitsätze und Unternehmensleitlinien verwendet. Intern ausgerichtet bilden sie eine Richtlinie aus der unternehmerischen Gesamtperspektive für alle Mitarbeiter und für die Planung. Extern ausgerichtet werden sie ein Instrument der Öffentlichkeitsarbeit.

Unternehmenskultur. Ein System von Wertvorstellungen, Orientierungsmustern, Verhaltensnormen, Denk- und Handlungsweisen, das von den Mitarbeitern im Unternehmen erlernt und akzeptiert wird. Sie prägt das Verhalten, wie die im Unternehmen tätigen Menschen ihren täglichen Aufgaben nachkommen, Entscheidungen treffen und durchsetzen, Konflikte bewältigen sowie miteinander und mit außen Stehenden umgehen.

Der Begriff Unternehmenskultur entstand in der Managementforschung aus der Überlegung, den für Volksgruppen entwickelten Kulturbegriff auf Organisationen zu übertragen, da auch Organisationen in gewisser Weise eine eigenständige Kulturgemeinschaft darstellen. Forschungen zur Unternehmenskultur finden daher ihren Bezugsrahmen häufig in Vorstellungen zur Kulturentwicklung.

Die Unternehmenskultur entwickelt sich durch Lernprozesse beim Umgang mit der Umwelt und der internen Abstimmung. Allgemein akzeptierte und nicht akzeptierte Verhaltensweisen bilden sich heraus. Eine gewisse Einheitlichkeit im Denken, Bewerten und Handeln entsteht. Sie drückt sich symbolisch in der Kleidung (mit oder ohne Schlips), der Anrede (du oder Sie), dem Kommunikationsstil (förmlich oder kumpelhaft), der Büroeinrichtung, der schriftlichen Ausdrucksform (»Behördendeutsch«), den Ritualen der Berichtsart über Kunden oder Kollegen (mit positiver oder negativer Grundhaltung) etc. aus.

Die Unternehmenskultur lässt sich gestalten. Heute wird in vielen Unternehmen versucht, eine stärkere Marktorientierung der gelebten Verhaltensnormen zu erreichen. Mit der Unternehmenskultur ist die → *Corporate Identity* verbunden. *Literaturempfehlung: Schreyögg, G.: Unternehmenskultur, in: Corsten, H./Reiß, M. (Hg.): Handbuch der Unternehmensführung, Wiesbaden 1995, S. 111–121.*

Unternehmensleitbild → *Unternehmensgrundsätze*.

Unternehmensphilosophie. Das oberste Wertesystem als Weltanschauung des Unternehmens. Sie gibt wieder, welche Wertvortellungen die oberste Führungsebene über den Sinn der unternehmerischen Tätigkeit hat, und prägt damit die → *Ziele*. Die Unternehmensphilosophie wird stark beeinflusst durch die Geschichte des Unternehmens, den Geschäftszweck, das vorherrschende Menschenbild sowie Vorstellungen über die Wirtschafts- und Gesellschaftsordnung. Allen Mitarbeitern soll sie eine gemeinsame Einstellung zu wichtigen Grundwerten vermitteln und damit Orientierung bieten. In → *Unternehmensgrundsätzen* wird die Unternehmensphilosophie festgeschrieben.

Unternehmensplanung, hierarchische. In der → *Unternehmensplanung* eine Planungsabfolge, die mehrstufig der Hierarchie der Unternehmung folgt. Drei Grundtypen sind zu unterscheiden:

1. Top-Down-Prinzip (retrograde Planung): Die Planung beginnt mit der Vorgabe der Unternehmensziele durch das Top-Management. Die Ziele und Rahmenpläne werden »nach unten« zunächst zur mittleren, dann zur unteren Führungsebene weitergegeben, näher bestimmt und es werden schrittweise die Teilpläne erarbeitet und bis auf die Stellenebene verfeinert. Vorteile: Teilpläne sind durch die Unternehmensziele geprägt, relativ geringer Koordinationsbedarf, Klarheit durch zentrale Vorgaben. Nachteile: Gefahr basisferner Zielsetzungen und fehlender Identifikation mit den Planungen.
2. Bottom-Up-Prinzip (progressive Planung): Ausgangspunkt sind die Ziele und Teilpläne der unteren Führungsebenen. Diese werden schrittweise auf den übergeordneten Ebenen zusammengefasst und konsolidiert, bis ein integrierter Gesamtplan für das ganze Unternehmen entsteht. Vorteile: hohe Identifikation mit den Plänen, intensive Nutzung der Informationen an der Basis. Nachteile: divergierende und schwer zu vereinbarende Ziele, hoher Abstimmungsaufwand, Vernachlässigung der gesamtunternehmerischen Sicht.
3. Gegenstromverfahren (Down-Up-Prinzip): Durch Mischung des Top-Down- und Bottom-Up-Verfahrens wird versucht, deren Vorteile zu nutzen und die Nachteile zu vermeiden. Die Unternehmensleitung formuliert vorläufige Ziele und Rahmenpläne und gibt diese »nach unten« weiter. In den darunter liegenden Ebenen werden sie konkretisiert, aber auch mit den eigenen Zielen und Informationen abgeglichen. Die Führungsebenen stimmen sich dann über die Abweichungen ab und revidieren gegebenenfalls die Pläne. Planungsrunden werden so lange durchlaufen, bis der endgültige Plan vereinbart ist und verabschiedet werden kann. Vorteile: hohe Motivation und Identifikation, gute Verbindung von Prägung auf die Unternehmensziele und intensive Nutzung der Basisinformationen. Nachteile: hoher zeitlicher Aufwand.

Unternehmenspolitik. Ist die Formulierung und Durchsetzung von Zielen und Maßnahmen, die das Unternehmen als Ganzes betreffen. Damit legt sie das Unternehmensgeschehen für die Zukunft in den wesentlichen Grundzügen fest. Sie steht in engem Zusammenhang zur bestehenden → *Unternehmensvision*, → *Unternehmensethik*, → *Unternehmensphilosophie* und → *Unternehmenskultur*.

Die Unternehmensführung muss die Unternehmenspolitik festlegen. Unterschiedliche Gruppen mit verschiedensten zum Teil konkurrierenden Zielsetzungen haben Einfluss auf die Unternehmenspolitik. Die wichtigsten Gruppen sind die Eigentümer, das Management, die Mitarbeiter, die Banken, die Lieferanten und die Kunden. Durch die zunehmende Arbeitsteilung und Abhängigkeit der Marktpartner untereinander wird eine enge Abstimmung der Politiken in Netzwerken von Unternehmen immer bedeutender.

Insbesondere technische Entwicklungen wirken auf eine veränderte Einflussnahme auf die Unternehmenspolitik. Komplexe Produkte lassen sich heute nur noch in Abstimmung mit Kooperationspartnern in Entwicklung und Fertigung herstellen. Geschäftsprozesse werden in unternehmensübergreifenden Netzwerken organisiert, Unternehmensgrenzen schwinden. Das bedeutet Unternehmenspolitik in Abstimmung im gesamten Netzwerk.

Ein Teilaspekt wird durch folgendes Beispiel beleuchtet. In der Entwicklung der elektronischen Instrumente eines Lkw arbeiten beide Partner, Lkw-Hersteller und Elektronikfirma, zum Teil am gleichen Ort zusammen. Ohne diese enge Zusammenarbeit in Entwicklung und Fertigung ist eine konkurrenzfähige, technologisch ausgereifte Lösung nicht denkbar. In der Ausrichtung der Unternehmenspolitik sind die → *Shareholdervalue-Politik* und die → *Stakeholder-Politik* als polarisierende Ansätze zu unterscheiden.

Unternehmensverbände. Das Motiv für Unternehmen, sich in Verbänden zu organisieren, besteht in der Vertretung gemeinsamer Interessen gegenüber anderen Gruppen (z.B. Staat, Gewerkschaften). Nach der Art der zu vertretenden Interessen unterscheidet man

- Wirtschaftsfachverbände,
- Arbeitgeberverbände und
- Kammern.

Wirtschaftsfachverbände existieren in nahezu allen Wirtschaftszweigen und werden unter Branchengesichtspunkten freiwillig gebildet (z.B. Verband der Deutschen Automobilindustrie, Gesamtverband Autoteile-Handel e.V.). Die einzelnen Fachverbände sind in Dachorganisationen zusammengeschlossen (z.B. Bundesverband der Deutschen Industrie, Bundesverband des deutschen Groß- und Außenhandels e.V.).

Der Zusammenschluss von Unternehmen in Arbeitgeberverbänden dient der Verfolgung gemeinsamer sozialpolitischer Interessen, vor allem der Interessenvertretung gegenüber den Gewerkschaften in Tarifverhandlungen, arbeits- und sozialrechtlichen Fragen etc. Arbeitgeberverbände sind regional organisiert, der Dachverband ist die Bundesvereinigung der Deutschen Arbeitgeberverbände (BDA).

Zweck der Kammern ist die Verfolgung gemeinsamer regionaler berufsständischer Interessen. Die Industrie- und Handelskammern (IHK) vertreten die Interessen der gewerblichen Wirtschaft in rund 70 Kammerbezirken in Deutschland. Spitzenorganisation der regional organisierten IHK ist der Deutsche Industrie- und Handelskammertag (DIHk) als überregionale Interessenvertretung. Pendant der IHK für den Bereich des Handwerks sind die Handwerkskammern, darüber hinaus existiert eine Reihe weiterer berufsständischer Kammern für Freiberufler (z.B. Rechtsanwaltskammer, Wirtschaftsprüferkammer, Steuerberaterkammer).

Unternehmensverfassung. Um ihre Aktivitäten auf die Unternehmensziele ausrichten zu können, benötigen die Unternehmen eine bestimmte innere Ordnung. In ihr kommt zum Ausdruck, wodurch das Handeln der Unternehmung bzw. die Unternehmenspolitik bestimmt wird und welche Regelungen existieren, um die Aktivitäten der Unternehmung darauf auszurichten. Die Gesamtheit dieser grundlegenden und langfristig gültigen (konstitutiven) Strukturregelungen wird auch als Unternehmensverfassung bezeichnet.

Sie ist grundsätzlich frei gestaltbar, wird aber durch bestimmte gesetzliche Regelungen eingeschränkt. Hierzu zählen neben den handels- und gesellschaftsrechtlichen Rahmenbedingungen vor allem die Gesetze zur → *Mitbestimmung* auf Betriebsebene, → *Mitbestimmung* auf Unternehmensebene. Regelungen, die im Rahmen der Unternehmensverfassung getroffen werden, finden ihren Niederschlag in offiziellen Satzungen, Unternehmensleitlinien, Geschäftsverteilungsplänen, Handbüchern o.Ä. Sie geben gewissermaßen eine grundsätzliche Entwicklungsrichtung vor, die durch eine entsprechende strategische und operative Führung konkret umzusetzen ist.

Zu den Sachverhalten, die im Rahmen der Unternehmensverfassung zu regeln sind, zählen vor allem:

a) Zwecksetzung und Selbstverständnis des Unternehmens (z.B. »europäisches Handelshaus«, »Technologiekonzern«) sowie die daraus resultierende Grundausrichtung der Unternehmenspolitik;
b) Festlegung und Zuweisung von Kompetenzen, also Befugnissen, wer für das Unternehmen in welchen Situationen entscheidet, und der dazu gehörigen Verantwortlichkeiten;
c) Ausgestaltung der Grundrechte und -pflichten der Unternehmensmitglieder (z.B. durch Formulierung von Anforderungen an Führungskräfte in sog. Führungsleitlinien);

d) Bestimmung der Träger des Unternehmens, welche die Organe der Gesellschaft (z. B. Aufsichtsrat) einsetzen;
e) Formulierung von Entscheidungs- und Konsensbildungsregeln in Konfliktfällen, etwa in Form von Abstimmungs- oder Geschäftsordnungen bestimmter Gremien (z. B. Vorstand, Aufsichtsrat).

Neben diesen frei zu vereinbarenden Verfassungsbestandteilen, die häufig auch als → *Unternehmensgrundsätze* bezeichnet werden, gestaltet auch der Staat einen Teil der Strukturregelungen im Unternehmen. In diesem Zusammenhang ist vor allem der durch die Mitbestimmungsgesetze vorgegebene Handlungsrahmen zu berücksichtigen.

Unternehmensvision. Das Zukunftsbild des Unternehmens. Die oberste Führungsebene gibt als Modell vor, wie sie sich das zukünftige Unternehmen vorstellt. Bildlich erfüllt die Unternehmensvision durch die Vorgabe einer bestimmten Richtung eine »Polarsternfunktion« für das Unternehmen.

In einer Wirtschaft, in der Produkte und Dienstleistungen auf den Markt kommen, die noch vor Jahren unbekannt waren, lassen sich Wettbewerbsvorteile auf Dauer nur durch Visionen erzielen. Die Vision von Produkten, die auf dem immer rascher sich entwickelnden wissenschaftlich-technischen Fortschritt basieren, erfordert ein freies, kraftvolles, zukunftsweisendes, vom Ballast des Alltags befreites Denken. Dadurch sind Unternehmen aus dem Nichts zu weltweiter Bedeutung gekommen.

Das Risiko besteht darin, dass sich die Vision als Utopie herausstellt.

Upload → *File Transfer Protocol.*

Urheberrecht. Das Urheberrecht hat im Zeitalter der Informationstechnologie an wirtschaftlicher Bedeutung gewonnen. Multimediale Werke, Computerprogramme und Datenbanken können urheberrechtlich geschützt sein.

Der Urheberrechtsschutz entsteht unter zwei Voraussetzungen:
- Erstens muss ein urheberrechtlich schutzfähiges Werk geschaffen werden, welches
- zweitens das Ergebnis einer persönlichen geistigen Schöpfung ist.

Der Werkbegriff umfasst Sprachwerke (Texte, Reden und Computerprogramme), Musikwerke, Pantomime und Tanzkunst, Werke der bildenden Kunst, Lichtbildwerke, Filmwerke, wissenschaftliche und technische Darstellungen.

Der Rechtsschutz entsteht durch die persönliche geistige Schöpfung des Urhebers ohne Eintragung in ein öffentliches Register. Der in der Computerbranche u. a. verwendete Schutzrechtsvermerk (©, Autor, Jahr) bedeutet nicht, dass das Schutzrecht besteht, sondern nur, dass jemand ein Recht an dem Werk für sich beansprucht.

Der Urheber genießt Persönlichkeitsrechte, z. B. das Recht der Veröffentlichung und der Anerkennung seiner Urheberschaft. Zudem erhält er aber Verwertungsrechte an seinem Werk, die er durch Lizenzvergabe wirtschaftlich nutzen kann.

Zu den Rechten der körperlichen Verwertung des Werks gehören die Vervielfältigung, die Verbreitung und die Ausstellung. Zu den Rechten der unkörperlichen Verwertung gehören die Rechte der öffentlichen Wiedergabe. Es handelt sich um Vortrags-, Aufführungs- und Vorführungsrechte, das Recht der öffentlichen Zurverfügungstellung (Online-Dienste im Internet), das Senderecht (einschließlich der europäischen Satellitensendung und der Kabelweitersendung) und das Recht der Wiedergabe des Werks durch Bild- oder Tonträger und Funksendungen.

Die Verwertung erfolgt teils durch den Urheber, teils durch Wahrnehmungsgesellschaften, z. B. Gesellschaft für musikalische Aufführungs- und mechanische Vervielfältigungsrechte (GEMA).

Die Nutzung des Urheberrechts muss durch den Urheber selbst oder eine Verwertungsgesellschaft erlaubt werden, falls keine privilegierte Nutzungsart vorliegt. Diese Erlaubnis wird im Rahmen eines → *Lizenzvertrags* erteilt. Als privilegierte Nutzungsarten gelten z. B. die Vervielfältigung für Zwecke der Berichterstattung oder zum privaten Gebrauch und die Zitierfreiheit für Sprach- und Musikwerke. Auch die neuen Nutzungsarten im Internet, die Digitalisierung der Werke und ihre Verwendung auf CD-ROM müssen lizenziert werden.

Das Urheberrecht genießt durch internationale Abkommen fast weltweite Anerkennung. Es erlischt 70 Jahre nach dem Tod des Urhebers. Mit dem Urheberrecht verwandte Schutzrechte sind u. a. die Rechte der ausübenden Künstler, der Tonträgerhersteller und der Datenbankhersteller.

Literaturempfehlung: Enders: Beratung im Urheber- und Medienrecht, 2. Auflage, Essen 2003. Steckler: Urheber-, Medien- und Wettbewerbsrecht, Berlin und Düsseldorf 2003.

URL (Uniform Resource Locator). Standard zur Adressierung beliebiger Informationsobjekte (Dokumente, Grafiken, Klänge usw.) im → *Internet*. Eine URL ist mit einem erweiterten Dateinamen vergleichbar, der den gesamten Weg zu diesem Objekt (→ *Datei*) innerhalb eines Netzes beschreibt. Die URL beginnt immer mit dem verwendeten Übertragungsprotokoll, z. B. http:// für eine Seite im → *World Wide Web*, dann folgen Name und Adresse des Servers, auf dem sich das Informationsobjekt befindet, danach der Verzeichnispfad und schließlich der Dateiname, jeweils durch einen Schrägstrich getrennt. Beispiel für eine URL: http://www.firma.de/info/produkte.html.

Ursache-Wirkungs-Diagramm (Fischgrät-Analyse/ Ishikawa-Technik). Technik zur Problemanalyse, bei der alle möglichen zu einem Problem führenden Ursachen grafisch strukturiert dargestellt werden. Durch Zerlegung der Ursachen kann der Einfluss einzelner Größen auf das Problem bewertet werden. Die Zerlegung erfolgt nach möglichen bekannten Ursachen für ein Qualitätsproblem in die Hauptursachen (Ursachen erster Ordnung) Mensch, Maschine, Material, Methode, evtl. Milieu (Umfeld) und Messung (6 Ms) sowie Nebenursachen (Ursachen weiterer Ordnung), die ihrerseits für die Hauptursachen ursächlich sind, und ist in Form einer Baumverzweigung strukturiert.

Ursprungslandprinzip → *Umsatzsteuer*.

USB. Abk. für Universal Serial Bus. An der USB-Schnittstelle lassen sich Peripheriegeräte mit einheitlichen Steckern anschließen. Sie werden vom Computer automatisch erkannt.

Usenet. Internet-Dienst für → *Newsgroups*, mit dem öffentliche Nachrichten einzelner Mitglieder einer Newsgroup allen anderen Mitgliedern der Newsgroup zugänglich gemacht werden können.

User-ID. Benutzername als Abfolge von Zeichen zur persönlichen Identifikation, die ein Benutzer beim → *Login* gebraucht. Sie kann frei gewählt werden, meist in Anlehnung an die Internetadresse oder den eigenen Namen, oft gekoppelt mit einem → *Password*.

US-GAAP (US-Generally Accepted Accounting Principles). US-Rechnungslegung (Bilanzierung). Diese gelten in den einzelnen anglo-amerikanischen Ländern und sind das entsprechende Pendant zu den deutschen → *Grundsätzen ordnungsmäßiger Buchführung*.

In den USA gibt es keine gesetzlich festgelegten Bundesstaaten-übergreifenden Rahmenbedingungen, sondern gewohnheitsrechtliche Richt-

Vergleich deutsches Recht mit den US-GAAP

- wesentliche Unterschiede
- Es gibt kein → *Maßgeblichkeitsprinzip*,
- es gibt keine → *Passivierungswahlrechte*,
- kaum → *Aktivierungswahlrechte*,
- es gibt keine Bilanzierungshilfen und keine aus dem Steuerrecht herrührenden Sonderposten mit Rücklageanteil,
- restriktivere Handhabung der Rückstellungsbildung (reine Risikorückstellungen ohne bestehende Verpflichtungen gegenüber Dritten sind nicht zulässig) schränkt die Möglichkeiten der → *Bilanzpolitik* ein,
- der Geschäfts- oder Firmenwert (Goodwill) wird über maximal vierzig Jahre (im HGB nur fünf Jahre) abgeschrieben,
- die Abschreibungen des Anlagevermögens werden fast ausschließlich linear statt degressiv vorgenommen (im HGB dadurch geringere Restbuchwerte),
- höhere → *Herstellungskosten* durch die Einbeziehung der Einzel- und Gemeinkosten (HGB Untergrenze nur Einzelkosten),
- bestimmte selbst geschaffene immaterielle Vermögensgegenstände (z. B. Software und Patente) können aktiviert werden mit der Folge eines höheren Gewinnausweises (→ *Aktivierungsverbot* im HGB),
- bei langfristiger Auftragsfertigung ist eine Teilgewinnrealisierung nach der »Percentage-of-Completion«-Methode bei exakt feststellbarem Fertigungsfortschritt gebräuchlich (im HGB verstößt es gegen das → *Realisationsprinzip*),
- noch nicht realisierte Kurssteigerungsgewinne bei Wertpapieren müssen auch ohne Verkaufsrealisierung ausgewiesen werden (Verstoß gegen das Realisationsprinzip).

linien von berufsständischen Organisationen der Wirtschaftsprüfer (Certified Public Accountants) und Vorschriften der staatlichen US-amerikanischen Börsenaufsichtsbehörde SEC (Securities and Exchange Commission) zur Börsenzulassung. Die SEC, von den Bundesstaaten und der Zentralverwaltung der USA unabhängig und nur dem Kongress unmittelbar unterstellt, in Zusammenarbeit mit dem Financial Accounting Standards Board (FASB), ist berechtigt, eigenständig Bilanzierungsgrundsätze festzulegen. Auf deren Einhaltung bei den börsennotierten Unternehmen achtet entsprechend die SEC.

Die US-GAAP sind hauptsächlich Einzelfallentscheidungen (Case Law), deren verbindliche Geltung sich durch die Berufsgrundsätze der Wirtschaftsprüferorganisation American Institute of Certified Public Accountants (AICPA) ergibt, nach denen nur ein entsprechender Abschluss nach US-GAAP einen uneingeschränkten Bestätigungsvermerk durch den Wirtschaftsprüfer erhalten darf. Im Vergleich mit den → *IAS* als weltweite → *Rechnungslegung* (international) sind die US-Regelungen sehr viel detaillierter mit weniger Wahlrechten.

Bei Konzernbeziehungen sind amerikanische Mutterunternehmen durch die Aufstellung eines Konzernabschlusses von der Einzelabschlusspublizität freigestellt. Dem Konzernabschluss kommt damit als Ersatz des Einzelabschlusses eine zentrale Bedeutung, beispielsweise für Ausschüttungsentscheidungen, zu, wohingegen in Deutschland dieser nur eine ergänzende Funktion hat.

Der Jahresabschluss nach US-GAAP besteht aus: Balance Sheet (Bilanz), Income Statement (→ *Gewinn- und Verlustrechnung*), Cashflow Statement (Kapitalflussrechnung), Notes (Anhang) und das für deutsches Recht unbekannte Statement of Changes in Stockholders Equity (Darstellung der Eigenkapitalentwicklung) sowie das Statement of Retained Earnings (Darstellung der Gewinnrücklagenentwicklung).

Das im Dienste des Gläubigerschutzes stehende deutsche → *Vorsichtsprinzip* zur Schaffung → *stiller Reserven* als Kapitalpolster für schlechtere Zeiten ist für die amerikanische Bilanzierungswelt dagegen nicht interessant, da der Investorschutz (Kapitalmarktorientierung) durch eine bessere Transparenz entsprechend dem »true and fair view« (fair presentation) vorrangiges Ziel ist. Die Interessen der Eigenkapitalgeber (z.B. Aktionäre) im Sinne einer angemessenen Rendite des eingesetzten Kapitals (Ursprungsgedanke des Shareholdervalue-Konzepts) stehen somit vor denen der Fremdkapitalgeber.

USP → *Unique Selling Proposition*

V

Validierung. Bestätigung auf Grund einer Untersuchung und Nachweisführung, dass besondere Forderungen für einen speziellen vorgesehenen Gebrauch erfüllt werden, meist die Konformität mit den Erfordernissen des Anwenders.

VAR (Value Added Reseller) → *Handelsvertreter*.

Variable Kosten. Sind abhängig vom Ausmaß der erstellten Leistung (produzierte oder gelieferte Stückzahl/Menge). Variable → *Stückkosten* werden i.d.R. als konstant unterstellt (»proportionale Kosten«). Das vereinfacht die Berechnung und ist häufig im Rahmen eines durch die tatsächliche Erfahrung (z.B. aus der → *kurzfristigen Erfolgsrechnung*) gegebenen Definitionsbereichs realistisch.

Variable Kosten können bei steigender Produktion auch

a) unterproportional (»degressiv«) steigen (z.B. Übungseffekte bei Lohnstunden, → *Erfahrungskurve*, Mengenrabatte bei Materialkosten);
b) überproportional (»progressiv«) steigen;
c) in Ausnahmefällen sogar in ihrer absoluten Höhe sinken (Musterbeispiel: Heizkosten im voll besetzten Theater).

Typische Abhängigkeit der Kosten von der produzierten Menge (»Ertragsgesetz« auch in der Volkswirtschaftslehre): Stiegen die Kosten stets proportional mit der Stückzahl, so lägen proportionale Kosten vor (gleich bleibende Kosten pro Stück). Meist jedoch sinken zunächst die Kosten pro Stück mit der Stückzahl (Kostendegression).

Nähert man sich jedoch der Kapazitätsgrenze, so erhöhen sich die Stückkosten wieder (höherer Ausschuss, Kosten für Überstunden und Hilfspersonal etc.). Soll die Kapazität weiter erhöht werden, so erhöhen sich die Fixkosten sprungartig, wenn eine weitere Maschine/weiteres Personal benötigt wird (sprungfixe Kosten).

Zu unterscheiden ist die Unterteilung »fix zu variabel« von der in ➔ *Einzel- und Gemeinkosten*. In der Praxis sind Einzelkosten i.d.R. nicht Null, selbst wenn nichts produziert wird (z.B. muss eine Spezialmaschine auch bei fehlender Produktion weiter finanziert werden).

Rechentechnisch gesehen liegen meist Mischkosten vor; diese enthalten einen fixen und einen variablen Anteil (z.B. Strom: fixe Grundgebühr/Zählergebühr und eventuell fixer Verbrauch für eine Grundlast wie Aufrechterhaltung der Sicherheitseinrichtungen plus variabler Anteil je nach verbrauchter Leistung; Industrietarife berücksichtigen darüber hinaus auch stark die Spitzenbelastung, da sie die nötige Kapazität des Stromversorgers besonders erhöht).

Kosten können oft nicht so schnell wieder abgebaut werden, wie der Absatz sinkt (»Kostenremanenz«). Zum Beispiel erfolgt nach der Existenzgründung eine schrittweise Erhöhung der Arbeitskräftezahl (dadurch sprungfixe, bei entsprechend flexiblen Verträgen teilweise auch variable Personalkosten). Selbst bei langfristigem Rückgang des Absatzes um z.B. 40% können nur weniger als 40% der Arbeitsplätze abgebaut werden, weil sonst Spezialisten fehlen; der Rest der Kosten verhält sich bei Schrumpfung fix und nicht sprungfix. Und indirekt bringt fehlender Absatz oft zusätzliche Kosten für Werbung, Geldbeschaffung etc. mit sich.

Variantenstückliste Stücklistenform, bei der ➔ *Gleichteile* und Variantenteile vorkommen. Die Stückzahlen der Variantenteile sind abhängig von der Nummer der Variantenstückliste; Verwendung dann sinnvoll, wenn sich bei komplexen Stücklistenstrukturen nur wenige Teile ändern und der wiederholt benötigte Speicherplatz gespart sowie der Änderungsdienst reduziert werden sollen.

Vektorgrafik. Verwaltung von Grafikdaten durch mathematische Funktionen, sodass die Abbildungsgröße verlustfrei verändert (skaliert) werden kann. Zum Beispiel wird eine Linie durch Ausgangs- und Endpunkte und die Entfernung zwischen diesen Punkten beschrieben, ein Kreis durch die Koordinaten des Mittelpunkts und seinen Radius.

Venture-Capital-Finanzierung. Wagniskapital- oder Risikokapitalfinanzierung, deren Besonderheit darin liegt, dass die Kapitalgeber bereit sind, hohe Ausfallrisiken einzugehen. Den hohen Ausfallrisiken stehen im Erfolgsfall hohe Gewinne gegenüber. Bei Venture-Capital-Finanzierungen handelt es sich überwiegend um ➔ *Beteiligungsfinanzierung* an jungen und/oder innovativen Unternehmen, die zur Finanzierung der Innovationsdurchsetzung und des Wachstums auf traditionelle Finanzierungsquellen nur begrenzt zugreifen können. Häufig wird das Venture-Capital von (privaten oder öffentlichen) Beteiligungsgesellschaften angeboten, die den Unternehmen neben dem Kapital betriebswirtschaftliche Beratung zur Verfügung stellen.

Veranlagungsverfahren. Förmliches Verfahren der Finanzverwaltung, in dem die Besteuerungsgrundlagen ermittelt werden und die Steuerschuld festgesetzt wird. Es gilt für die meisten Steuerarten, wie z.B. Einkommen-, Körperschaft-, Gewerbe- und Umsatzsteuer.

Das Verfahren beginnt mit der Abgabe der ➔ *Steuererklärung* auf einem amtlichen Vordruck, den der Steuerpflichtige in der Regel unaufgefordert zugeschickt bekommt. Bei der Einkommen- und Körperschaftsteuererklärung sind in der Regel ➔ *Jahresabschluss* bzw. ➔ *Überschussrechnung* und Belege beizufügen, sodass das Finanzamt die Besteuerungsgrundlagen vollständig ermitteln und in einem ➔ *Steuerbescheid* festsetzen kann.

Auf die voraussichtliche Steuerschuld hat der Steuerpflichtige vierteljährlich Vorauszahlungen zu leisten. Bei den Einkünften aus nichtselbstständiger Arbeit und Kapitalvermögen werden bereits bei Erhalt der Einnahmen Quellensteuern einbehalten.

Die beiden wichtigsten Veranlagungsarten sind Einzelveranlagung und Zusammenveranlagung von Ehegatten. Zur Einzelveranlagung werden vor allem ledige, geschiedene und verwitwete Steuerpflichtige herangezogen. Hier wird die ESt-Grundtabelle angewendet. Bei Ehegatten wird in der Regel die Zusammenveranlagung (wenn nicht in Ausnahmefällen eine getrennte

Veranlagung beantragt wird) durchgeführt. Diese Veranlagung hat den Vorteil, dass das → *Splittingverfahren* angewendet wird.

Verantwortung der Leitung. Qualitätsmanagementphase Leitung. Dabei geht es um Forderungen an die Führungskräfte hinsichtlich des Qualitätsmanagementsystems, der Existenz einer Qualitätspolitik mit Qualitätszielen, der Einsetzung eines Qualitätsmanagementbeauftragten und der Überprüfung der Wirksamkeit des Qualitätsmanagementsystems durch die Geschäftsleitung.

Verband → *Unternehmensverbände*.

Verbraucherschutzrecht. Vielzahl gesetzlicher Regelungen, die zum → *Bürgerlichen Recht* gehören und Verträge im Verhältnis eines Unternehmers und eines Verbrauchers betreffen. Das Verbraucherschutzrecht wird in erheblichem Maß durch Richtlinien der Europäischen Union geprägt (→ *Europäisches Wirtschaftsrecht*).

Der Verbraucherschutz umfasst u.a. Schriftformerfordernisse, Widerrufs- und Rückgaberechte der Verbraucher, Informationspflichten der Unternehmer sowie besondere Vorschriften für den → *Verbrauchsgüterkauf* und für den Zahlungsverzug.

Im Fernabsatz sind spezielle Verbraucherinformationen erforderlich, ebenso bei kommerziellen Kommunikationen der Tele- und Mediendienste. Auch im elektronischen Geschäftsverkehr muss die Gestaltung der Homepage die erforderlichen zahlreichen Informationen für die Verbraucher bereithalten, vgl. §§ 1 und 3 BGB-InfoVO, → *E-Business-Recht*.

In einigen Verbraucherverträgen besteht ein Widerrufs- und Rückgaberecht, z.B. in Fernabsatzgeschäften, in Haustürgeschäften und in Verbraucherkreditgeschäften. Der Widerruf muss innerhalb von 2 Wochen erfolgen, wobei die Textform ebenso ausreicht wie die Rücksendung der Ware. Der Widerruf kann auch per E-Mail wirksam erklärt werden. Schriftformerfordernisse bestehen aus Verbraucherschutzgründen bei Finanzierungshilfen eines Unternehmers, z.B. bei entgeltlichen Zahlungsaufschüben über mehr als 3 Monate, im Finanzierungsleasing, bei Teilzahlungs- und Ratenlieferungsvereinbarungen.

Verbraucherschutzregelungen bestehen auch im → *Internet-Recht*, im → *Produkthaftungsrecht*, im → *Wettbewerbs-* und → *Werberecht* und im → *Datenschutzrecht*, speziell im → *Teledienstedatenschutz*.

Literaturempfehlung: Steckler: Gründzüge des EDV-Rechts, München 1999. Steckler: Kompakt-Training Wirtschaftsrecht, 2. Auflage, Ludwigshafen 2003.

Verbrauchsabweichung. Differenz aus Sollkosten (→ *Beschäftigungsabweichung*) minus Ist-Menge mal Planpreis eines Produktionsfaktors = Planpreis mal (fixe Planmenge mal 1 plus variable Planmenge mal Beschäftigungsgrad minus Ist-Menge) (→ *Plankostenrechnung*). Interpretation: Wurde (konstante Rahmenbedingungen wie Preisniveau, aber auch Produktionstechnologie unterstellt) mehr oder weniger verbraucht, als dem produzierten Output angemessen wäre? In der Literatur erfolgt die Abgrenzung zur → *Preisabweichung* zum Teil mit anderen Formeln (Gewichtung mit Ist- statt Planpreis). Hier wird die zur → *Grenzplankostenrechnung* der Praxis besser kompatible Formel vorgezogen. Die Verbrauchsabweichung (VA) kann weiter zerlegt werden, z.B. in eine VA auf Grund neuer Technologie und eine weitere VA auf Grund sparsamen bzw. verschwenderischen Wirtschaftens unter den Bedingungen der neuen Technologie.

Verbrauchsfolgeverfahren (Bilanzierung). Dieses → *Bewertungsvereinfachungsverfahren* dient der erleichterten Ermittlung der → *Anschaffungs-* oder → *Herstellungskosten*. Bei sich ändernden Preisen ist es häufig sehr schwierig (da nur mit erheblichem Arbeitsaufwand verbunden) oder manchmal sogar unmöglich festzustellen, welche Posten verbraucht und welche noch im Bestand sind. Als mögliche Hilfe zur Bewertung gleichartiger Vermögensgegenstände nur des Vorratsvermögens (Roh-, Hilfs- und Betriebsstoffe, unfertige und fertige Erzeugnisse, sowie Waren) dient § 256 HGB.

Der Begriff der Gleichartigkeit deckt sich mit dem der → *Gruppenbewertung*. Soweit es den → *Grundsätzen* ordnungsmäßiger Buchführung entspricht, kann (Wahlrecht) eine bestimmte Verbrauchs- oder Veräußerungsfolge als Fiktion unterstellt werden. Es kann hierbei im Wesentlichen unterschieden werden in

a) FIFO-Verfahren (First In First Out). Es wird angenommen, dass immer die ältesten Bestände zuerst verbraucht oder veräußert worden sind, sodass diese mit zeitnahen Werten in der Bilanz stehen und die Aufwandsverbuchung mit historischen Preisen erfolgt. Steuerlich darf dieses Verfahren grundsätzlich nicht angewandt werden, es sei denn, dass es der tatsächlichen Verbrauchsfolge entspricht (z. B. Silolagerung).

b) LIFO-Verfahren (Last In First Out). Es wird davon ausgegangen, dass immer die neuesten Bestände zuerst verbraucht oder veräußert worden sind, sodass diese mit älteren Werten in der Bilanz stehen und die Aufwandsverbuchung mit aktuellen Preisen erfolgt. Bei steigenden Preisen kommt es zu einem geringeren Ergebnis und somit zur Legung → *stiller Reserven* mit entsprechender Substanzerhaltung. Der Ausweis von Scheingewinnen wird dadurch weitgehend vermieden. Diese Methode, die als einzige von den gesamten handelsrechtlichen Verbrauchsfolgeverfahren für Zwecke der → *Steuerbilanz* zulässig ist, wird am häufigsten in der Praxis angewendet. Bei leicht verderblichen Waren (z. B. Frischobst, Frischgemüse) ist es jedoch steuerlich nicht zulässig, da sich der betriebliche Geschehensablauf überhaupt nicht mit der Fiktion deckt.

c) HIFO-Verfahren (Highest In First Out). Es wird vermutet, dass die Vorratsgüter mit den höchsten Preisen zuerst verbraucht oder veräußert worden sind. Es kommt zu einer äußerst vorsichtigen Bewertung (in der Steuerbilanz verboten). Nur bei wechselnden Preisentwicklungen hat es praktische Bedeutung (führt zu stillen Reserven), da bei konstant fallenden bzw. steigenden Preisen sich die gleichen Ergebnisse mit dem FIFO- bzw. LIFO-Verfahren erzielen lassen.

d) LOFO-Verfahren (Lowest In First Out). Es wird unterstellt, dass die Vorratsgüter mit den geringsten Preisen zuerst verbraucht oder veräußert worden sind (in der Steuerbilanz nicht zulässig). Die Bestände werden mit den höchsten Werten angesetzt. Bei steigenden bzw. konstant fallenden Preisen ergeben sich die gleichen Resultate mit dem FIFO- bzw. LIFO-Verfahren. Bei allen vorgenannten Methoden der Bewertung des Vorratsvermögens muss jedoch das strenge → *Niederstwertprinzip* beachtet werden. Sind der → *Börsen-* oder Marktpreis bzw. → *beizulegende* Wert (→ *Teilwert*) am Bilanzstichtag niedriger als der nach einer bestimmten Verbrauchsfolge errechnete Wert, so sind die aktuellen niedrigeren Werte anzusetzen.

Verbrauchsgüter. Gegenstand der Materialwirtschaft, z. B. in Produktionsunternehmen gegliedert in:

- Rohstoffe (gehen als wesentlicher Bestandteil unmittelbar in die hergestellten Fertigerzeugnisse ein),
- Hilfsstoffe (werden zwar ebenfalls Bestandteil, sind aber wert- und mengenmäßig von geringer Bedeutung),
- Betriebsstoffe (werden im Fertigungsprozesss verbraucht, ohne in das Erzeugnis einzugehen) sowie
- Zukaufsteile (bezogen von Drittfirmen gehen sie unmittelbar in das Erzeugnis ein, ihre Bedeutung nimmt bei arbeitsteiliger Produktion und geringerer Fertigungstiefe zu).

Verbrauchsorientierte Bedarfsermittlung → *Stochastische Bedarfsermittlung*.

Verbrauchssynchrone Beschaffung. Begriff aus der → *Beschaffungslogistik* des → *Handels*, welcher der Belieferungsform → *Just-in-Time* der Industrie ähnelt. Beispiele: → *Rack-Jobbing*, Tankstellen-Nachschub, Nachschub-Abwicklung über Daten des → *POS*, Nachschub bei Filialbäckereien.

Verbrauchsteuern. Steuern, die den Verbrauch bestimmter Waren neben der Umsatzsteuer belasten. Zu den wichtigsten Verbrauchsteuern siehe Übersicht bei → *Steuer*. Mit Ausnahme der Biersteuer sind alle Verbrauchsteuern → *Bundessteuern*.

Verein. Grundform der Körperschaft. Rechtsgrundlage ist das Bürgerliche Gesetzbuch (BGB). Der Verein kann zu einem beliebigen Zweck gegründet werden. Er erlangt Rechtsfähigkeit durch die Eintragung in das Vereinsregister (e.V.) und wird als juristische Person Eigentümer des Gesellschaftsvermögens. Eine Ausnahme ist der Wirtschaftsverein, dessen Rechtsfähigkeit durch staatliche Konzession entsteht. Der Verein handelt im Rechtsverkehr durch seine Organe (Fremdorganschaft). Der Vorstand ist das vertretungsberechtigte Organ. Die Mitgliederversammlung trifft die Entscheidungen über die Angele-

genheiten des Vereins durch Mehrheitsbeschluss. In der Satzung sind u.a. der Name, die Ziele und die Rechte und Pflichten der Organe niedergelegt. Der Verein haftet für Schäden, die durch Organe in Ausübung ihrer Tätigkeiten entstehen.
Literaturempfehlung: Steckler: Wirtschaftsrecht, 5. Auflage, Ludwigshafen 2000. Danne, H./Keil, T.: Wirtschaftsprivatrecht II, Berlin 2001.

Verfahrensanweisung. Gehört zu der Qualitätsdokumentation und legt den Grad der Verantwortung und der Entscheidungsfreiheit jeder Unternehmensfunktion sowie die notwendigen Schritte zur Realisierung des Qualitätssystems fest. Sie bezieht sich auf mehrere Arbeitsplätze bzw. Abteilungen (Abgrenzung zu Arbeits- und Prüfanweisungen). Verfahrensanweisungen legen einzelne Abläufe genau fest und werden gemeinsam mit den beteiligten Stellen/Mitarbeitern in Abhängigkeit von Qualitätseinfluss der Verfahren und Qualifikation der betrauten Mitarbeiter erstellt.

Verfahrens-Audit. Feststellung der Angemessenheit der Richtlinien bzw. Vorschriften und Maßnahmen im Hinblick auf das angestrebte Qualitätsziel und gleichzeitig ein Instrument zur Verbesserung der Prozesse. Es untersucht die Wirksamkeit der im Unternehmen eingesetzten Maßnahmen zur Prozessverbesserung, zur Vermeidung irreparabler oder teuer zu behebender Konsequenzen (Fehler) durch rechtzeitiges Eingreifen (Produktion von Qualität statt Kontrolle oder Hineinprüfung von Qualität) und zum Aufdecken von Fehlern und Abstellen von Fehlerursachen. Dabei geht es um die Beurteilung der Wirksamkeit von Qualitätssicherungselementen, die Bestätigung der Qualitätsfähigkeit bzw. der Einhaltung und Zweckmäßigkeit bestimmter Prozesse und Tätigkeiten und die Ermittlung von Verbesserungsmaßnahmen.

Verfügbarer Bestand. Saldo aus physikalischem → *Bestand*, Bestellbestand (additiv) und Reservierungsbestand (subtraktiv).

Verfügbarkeitsrechnung. Überprüfung der Materialverfügbarkeit im Rahmen der → *Materialbedarfsplanung*. Auf der Zeitachse wird, ausgehend vom physikalisch vorhandenen Anfangsbestand (AB), die Bestandssituation bei jedem zukünftigen Ereignis berechnet. Ereignisse sind: Zugang aus Bestellung oder → *Fertigungsauftrag*, Abgang für eine → *Reservierung* zu einem → *Fertigungsauftrag* oder einem Kundenauftrag. Ergibt sich ein negativer → *Bestand*, wird ein → *Planauftrag* erzeugt (Vorschlagscharakter), der die negative Menge gerade zum Nullbestand ausgleicht (Philosophie des → *MRPII-Konzeptes*). Vom Zugangszeitpunkt der fiktiven Menge aus dem → *Planauftrag* ausgehend, wird auf der Zeitachse die → *Eigenfertigungszeit* bzw. bei → *Kaufteilen* die → *Wiederbeschaffungszeit* abgezogen und so der Starttermin für den Planauftrag (entspricht nach Umwandlung des Planauftrags einer Bestellung oder einem → *Fertigungsauftrag*) ermittelt.

Vergleich. Soll in Zahlungsschwierigkeiten geratenen Unternehmen helfen zu überleben, indem die Gläubiger teilweise oder ganz auf ihre Forderungen verzichten. Man unterscheidet den gerichtlichen oder den außergerichtlichen Vergleich. Wird eine Mindestquote zur Begleichung der Verbindlichkeiten nicht erreicht, wird der Anschlusskonkurs (→ *Insolvenzrecht*) eingeleitet.

Vergleichszahlen → *Kennzahlen*.

Verifizierung. Messtechnische Bestätigung als Ergebnis einer Untersuchung bzw. Nachweisführung, dass bestimmte normative Forderungen an die Qualität durch die Realität der Leistungserstellung erfüllt werden.

Verjährung. Die Einrede der Verjährung ist ein Leistungsverweigerungsrecht des Schuldners gegenüber dem Anspruch des Gläubigers. Rechtsgrundlage sind die Verjährungsregeln gem. §§ 194 ff. BGB, → *Bürgerliches Recht*.

Die regelmäßige Verjährungsfrist beträgt 3 Jahre; sie beginnt mit der Entstehung des Anspruchs der Kenntnis von den anspruchsbegründenden Umständen und der Person des Schuldners. Für einzelne Ansprüche bestehen längere Verjährungsfristen, insbesondere bei Rechten an einem Grundstück, für Ansprüche aus dem Eigentum, familien- und erbrechtliche Ansprüche etc.

Die Verjährungsfrist ist gehemmt, wenn Verhandlungen über den Anspruch bestehen, ferner durch Rechtsverfolgung und aus einigen anderen Gründen. Die Verjährung beginnt erneut, wenn

der Schuldner dem Gläubiger gegenüber den Anspruch durch Abschlagszahlung oder in sonstiger Weise anerkennt.
Literaturempfehlung: Steckler: Wirtschaftsrecht, 6. Auflage, Ludwigshafen 2003.

Verkäufermarkt → *Käufermarkt*.

Verkaufsgebietseinteilung → *Gebietszuweisung*.

Verkaufsinnendienst. Derjenige Teil der Verkaufsorganisation, der Routineverkäufe innerhalb des Unternehmens tätigt und das Außendienstpersonal unterstützt.

Verkaufsoption → *Finanzmärkte*.

Verkaufsverpackung. Wird von Endverbrauchern zum Transport oder bis zum Verbrauch einer Ware verwendet. Sie unterliegt der Verpackungsverordnung; → *Duale System Deutschland* (DSD).

Verkehrsteuern. Steuern, die Vorgänge des Rechtsverkehrs besteuern. Die allgemeine Verkehrsteuer ist die → *Umsatzsteuer*.

Besondere Verkehrsteuern sind die Grunderwerb-, die Versicherung-, die Feuerschutz-, die Rennwett- und Lotteriesteuer, die Spielbankabgabe- und die Kraftfahrzeugsteuer.

Verlader. Derjenige Teilnehmer in der → *Transportkette*, der die Ladung erstmals aufgibt.

Verlustausgleich. Ausgleich von Verlusten mit entsprechenden Gewinnen bzw. positiven Einkünften im Einkommensteuerrecht. Hierfür gibt es seit dem Veranlagungszeitraum 2000 laut § 2 Abs. 3 und § 10 d Einkommensteuergesetz eine sehr komplizierte Regelung, die jedoch für viele Steuerbürger von großer Bedeutung ist. Es sind insgesamt fünf Stufen der Verlustverrechnung zu unterscheiden:

1. Gewinne bzw. Überschüsse und Verluste werden zunächst innerhalb derselben Einkunftsart ausgeglichen (= horizontaler Verlustausgleich).
2. Verbleibende Verluste können nur bis zum Betrag von 51.500 € (Ehegatten bis zu 103.000 €) mit positiven Einkünften aus anderen Einkunftsarten verrechnet werden (= vertikaler Verlustausgleich).
3. Weitere Verluste können dann bis zur Hälfte der verbleibenden positiven Einkünfte abgezogen werden.
4. Für Verluste, die nach Nr. 1 bis 3 noch nicht abgezogen werden konnten, kommt zunächst der Verlustrücktrag auf das letzte Jahr laut § 10 d in Betracht. Der Verlustrücktrag ist ab 2001 auf 511.500 € begrenzt.
5. Für verbleibende Verluste besteht gemäß § 10 d die Möglichkeit des Verlustvortrags auf die folgenden Jahre.

Auch für Verlustrück- und -vorträge gelten die Grundsätze von 1. bis 3., d.h., zunächst sind die negativen Einkünfte mit den positiven Einkünften derselben Einkunftsart zu verrechnen. Danach ist eine Verrechnung mit anderen Einkünften nur bis zur Höhe von 51.500 € bzw. 103.000 € bei Ehegatten zulässig. Darüber hinaus können Verluste bis zu 50 % der verbleibenden positiven Einkünfte ausgeglichen werden.

Bei der Verlustverrechnung sind die Sätze 4 und 5 in § 2 Abs. 3 zu berücksichtigen: »Die Minderung ist in dem Verhältnis vorzunehmen, in dem die positiven Summen der Einkünfte aus verschiedenen Einkunftsarten zur Summe der positiven Einkünfte stehen. Übersteigt die Summe der negativen Einkünfte den nach Satz 3 ausgleichsfähigen Betrag 51.500 bzw. 103.000 €, sind die negativen Summen der Einkünfte aus verschiedenen Einkunftsarten in dem Verhältnis zu berücksichtigen, in dem sie zur Summe der negativen Einkünfte stehen.«

Verpackung. Dient in der → *Logistik* vielfältigen Zwecken: zum Schutz gegen Beschädigung, als → *Förderhilfsmittel*, als → *Lagerhilfsmittel*, als Identifikationsmittel, als Informationsmittel (z.B. aufgedruckte Gebrauchsanleitung, Transportvorschriften etc.); wird in der Fachsprache auch Emballage genannt.

Verpackungsverordnung. Soll die Retrodistribution nach dem Verursacher- anstelle des Gemeinlastprinzips durchsetzen. Danach sind Transport-, Verkaufs- und Umverpackungen einer Verwendung oder Verwertung außerhalb der öffentlichen Abfallentsorgung zuzuführen. Die Wiederverwendung von Verpackungen und damit die Einrichtung von Mehrwegsystemen wird priorisiert.

Die Rücknahme der zu entsorgenden Verpackungen hat dort zu erfolgen, wo sie zuvor übergeben worden sind. Durch ein flächendeckendes Sammelsystem werden Verpackungen direkt beim Endabnehmer entgegengenommen. Dafür sind bestimmte Sammel-, Sortierungs- und Verwertungsquoten einzuhalten. Dies wird von Verpackungsherstellern, Produktvertreibern und Abfüllern sichergestellt, die sich dazu auch Dritter bedienen können. Es bestehen Ausnahmeregeln für bestimmte Produkte (z. B. Getränke). Generell gilt eine Hierarchie der Vermeidung, vor der Verringerung, vor der Verwertung, vor der Entsorgung von Abfällen; → *Duales System Deutschland*.

Verrechnungspreise, innerbetriebliche. Betriebsinterne Preise für betriebsinterne Leistungen (also i. d. R. keine Marktpreise). Mathematisch exakte Werte gibt es u. a. beim Kostenstellenausgleich nach dem Gleichungsverfahren, das bei gegenseitiger Lieferanten-Kunden-Beziehung die Kostenstellenrechnung verursachungsgerechter gestaltet. Das Gleichungssystem beinhaltet alle Kostenstellen, die als interne Lieferanten und Kunden auftreten.

Beispiel: In einem Produktionsbetrieb gibt es 3 Fertigungsstellen, die in erster Linie für Endkunden, aber auch innerbetrieblich füreinander arbeiten. Vorab wurden innerbetriebliche Leistungen für die eigene Kostenstelle (z. B. Reparaturabteilung setzt eigene Arbeitsmittel in Stand) abgezogen.

- Kostenstelle 1 hat Kosten vor Ausgleich in Höhe von 300.000 €. Von ihren 4.000 Stunden wurden 3.400 an Endkunden, 200 an KSt 2 und 400 an KSt 3 geliefert.
- Kostenstelle 2 hat Kosten vor Ausgleich in Höhe von 200.000 €. Von ihren 5.000 Stunden wurden 500 an KSt 1, 4.500 an Endkunden und 0 an KSt 3 geliefert.
- Kostenstelle 3 hat Kosten vor Ausgleich in Höhe von 100.000 €. Von ihren 2.000 Stunden wurden 0 an KSt 1, 100 an KSt 2 und 1.900 an Endkunden geliefert.

Als Gleichungssystem ergibt sich (mit pi als unbekannten Verrechnungspreisen; bitte beachten Sie, dass in den Zeilen die internen Leistungsempfänger stehen!):

$$4.000 \cdot p1 = 300.000 + 0 + 500 \cdot p2 + 0 \cdot p3$$
$$5.000 \cdot p2 = 200.000 + 200 \cdot p1 + 0 + 100 \cdot p3$$
$$2.000 \cdot p3 = 100.000 + 400 \cdot p1 + 0 \cdot p2 + 0$$

Auflösung des Gleichungssystems ergibt die Verrechnungspreise, die für interne und externe Kunden – abgesehen von Gewinnzuschlägen - gleich sind. Die Verrechnungspreise sind höher als bei vernachlässigter Verflechtung; hier die Stundensätze

p1 = 80,57 › 300.000 / 4.000; p2 = 44,54 › 200.000 / 5.000; p3= 66,11 › 100.000 / 2.000.

Das ist sinnvoll, da nur ein Teil der Leistungen (also z. B. 3.400 statt insges. 4.000 Stunden) an Endkunden weitergegeben wird.

Längerfristig lohnt sich ein Vergleich mit externen Anbietern (z. B. Dienstleister, Konkurrenten), um Chancen für → *Outsourcing* und → *Insourcing* zu identifizieren.

Praxisbeispiel: Stadtwerke, die außerhalb ihrer »Kernkompetenz« einerseits eine viel zu teure Kfz-Werkstatt, andrerseits einen konkurrenzfähigen (und mittlerweile expandierten) Dienstleistungsbetrieb für naturwissenschaftliche Umweltanalysen unterhielten. Das Gleichungsverfahren kann vergangenheits- oder zukunftsorientiert angewandt werden.

Versand. Letzte Stufe der innerbetrieblichen → *logistischen* Kette. Wichtige Aktivitäten: Bereitstellung der Versandpapiere wie Lieferscheine und Ausfuhrpapiere, → *Verpackung*, → *Frachtraumdisposition*, Exportabwicklung, Beauftragung der → *Spediteure* etc.

Versandspediteur. → *Spediteur*, der bei einem → *gebrochenen* Verkehr den → *Vorlauf* durchführt (Ggs. → *Empfangsspediteur*).

Verschieberegal. → *Lagertyp* mit elektrisch angetriebenen, verschiebbaren Lagerwänden, sodass immer nur ein oder zwei Gassen begehbar sind. Vorteil: hohe Raumausnutzung. Nachteil: langsamer Zugriff, wandernde Lasten. Einsatz häufig in Archiven.

Verschlüsselung. Vorgang, bei dem Informationen verändert oder verfremdet werden, um sie vor unbefugter Einsichtnahme oder Manipulation zu schützen. Verschlüsselung (Kryptografie) wird also genutzt, um Dritte aus einem Kommunikationsprozess, z. B. bei der Übertragung von → *Daten* in einem → *Computernetz*, auszuschließen.

Die Verschlüsselung einer unverschlüsselten Information, also des Klartextes, erfolgt nach bestimmten mathematischen Verfahren, zu deren Anwendung ein Parameter (Codewort) erforderlich ist. Dieser Parameter, der von jedem Anwender individuell gewählt oder erzeugt wird, ist der

»Schlüssel«. Die Funktionen zur Ver- und Entschlüsselung (engl.: Encryption/Decryption) bilden zusammen mit dem Schlüssel ein sog. Krypto-System.

Bei klassischen Verschlüsselungsverfahren (sog. symmetrische Verfahren) dient der Schlüssel gleichzeitig zur Ver- und Entschlüsselung. Er muss daher geheim bleiben und darf nur an Personen weitergegeben werden, mit denen man zu kommunizieren beabsichtigt.

Neuere Verschlüsselungsverfahren (sog. asymmetrische Verfahren) arbeiten mit zwei voneinander verschiedenen Schlüsseln, einem Schlüsselpaar. Dabei kann Klartext, der mit dem einen Schlüssel verschlüsselt worden ist, nur mit Kenntnis des anderes Schlüssels wieder entschlüsselt werden und umgekehrt (→ *Public-Key*-Verschlüsselung).

In öffentlich zugänglichen und damit unsicheren Netzen wie z.B. dem → *Internet* werden Nachrichten verschlüsselt, um die Inhalte (Kreditkartennummern, Kontoinformationen etc.) geheim zu halten. Häufig wird mit der Verschlüsselung eine elektronische Unterschrift (→ *Digitale* Signatur) kombiniert.

Versicherungen. Gegen Zahlung einer Prämie erhält der Versicherte im Schadensfall die vertraglich vereinbarte Entschädigung von der durch den Versicherer vertretenen Gefahrengemeinschaft. Somit ist die Versicherung Teil der betrieblichen Risikovorsorge, indem durch einen im Voraus kalkulierten Aufwand die Belastung bei Eintritt des versicherten Ereignisses ausgeglichen, zumindest reduziert wird. Es erfolgt also gewissermaßen ein Risikoausgleich innerhalb der Gemeinschaft potenziell Gefährdeter.

Grundsätzlich kann nach dem Gegenstand der Versicherung gegliedert werden in Personen- und Güter-(Nicht-Personen-)versicherungen; im ersten Fall zählt das versicherte Risiko zur Sphäre der Personen (Lebens-, Kranken-, Unfallversicherung etc.), zur zweiten Gruppe wird unterschieden in Sachen (z.B. Feuerversicherung) und Vermögen (z.B. Haftpflichtversicherung). Andere Einteilungen unterscheiden in Privat- und Sozialversicherungen oder in Pflichtversicherungen (z.B. Kfz-Haftpflicht-Versicherung und → *Sozialversicherungsrecht*) und Freiwilligkeit (z.B. Kfz-Vollkasko-Versicherung).

Aus Sicht des versicherten Betriebes kann differenziert werden in Aktiven-Versicherungen (Risiko eines Vermögensverlustes, also ein Wert auf der Aktivseite der Bilanz, z.B. durch Feuer, Einbruch, Kreditausfall) und Passiven-Versicherung(gegen das Risiko einer Vermehrung der auf der Passivseite auszuweisenden Verbindlichkeiten infolge von Schadensersatzansprüchen, z.B. Haftpflicht).

Versicherungen verdienen im Unternehmen besondere Aufmerksamkeit sowohl als Vorsorge gegen außerordentliche Verluste oder gar Existenzgefährdung sowie aus Kostenüberlegungen, z.B., ob Risiken auch in anderer Weise günstiger berücksichtigt oder getragen werden können. Beim Abschluss einer Versicherung ist jedoch neben der Prämienhöhe der vertraglichen Gestaltung große Sorgfalt zu widmen.

Ferner hat die Versicherungswirtschaft als spezielle Branche in der BWL eine große Bedeutung; neben dem eigentlichen Geschäft auch im Finanzbereich durch die Anlage der zur Risikovorsorge angesammelten Kapitalien. Damit ist sie zugleich ein Faktor in der Volkswirtschaft.

Versorgungsfreibetrag. Laut § 19 Abs. 2 Einkommensteuergesetz ein Freibetrag in Höhe von 40% der Versorgungsbezüge (z.B. Pensionen und Betriebsrenten), höchstens jedoch 3.072 € im Veranlagungszeitraum.

Verspätungszuschlag. Ein Zuschlag, den der Steuerpflichtige zu entrichten hat, wenn er eine Steuererklärung nicht oder nicht fristgemäß abgibt. Der Verspätungszuschlag beträgt höchstens 25.000 € bzw. 10% der festgesetzten Steuer oder des festgesetzten Steuermessbetrages (bei der Gewerbe- oder Grundsteuer). Der Verspätungszuschlag ist vom → *Säumniszuschlag* zu unterscheiden, der bei verspäteter Zahlung zu entrichten ist.

Verticals. Großkundenorientierte Organisationsform im internationalen Vertrieb.

Vertragspflichtverletzung. Verletzt der Schuldner eine Rechtspflicht aus dem Schuldverhältnis, so kann der Gläubiger Ersatz des hierdurch entstehenden Schadens verlangen. Dies gilt nur dann, wenn der Schuldner die Pflichtverletzung zu vertreten hat. Vertragspflichtverletzungen treten in verschiedenen Formen auf, siehe Übersicht.

Wesentliche Pflichtverletzungen bei Verträgen

- Nichterfüllung oder Schlechterfüllung: Der Schadensersatzanspruch tritt an die Stelle der geschuldeten Leistung, wenn die fällige Leistung nicht oder nicht wie geschuldet erbracht wird und eine angemessene Frist zur Nacherfüllung ergebnislos verstrichen ist.
- Verzug: Eine Mahnung, die nach dem Eintritt der Fälligkeit erfolgt, begründet den Verzug. Der Schuldner einer Entgeltforderung kommt spätestens in Verzug, wenn er nicht innerhalb von 30 Tagen nach Fälligkeit und Zugang einer Rechnung oder gleichwertigen Zahlungsaufstellung leistet. Rechtsfolgen des Verzugs sind Rücktritts- und Schadensersatzansprüche, Haftungserleichterungen und Verzugszinsen.
- Störung der Geschäftsgrundlage: In den Fällen der Äquivalenzstörung von Leistung und Gegenleistung kann die Anpassung und Beendigung von Verträgen verlangt werden. Ein Kündigungsrecht aus wichtigem Grund besteht in allen Dauerschuldverhältnissen, z. B. in Sukzessivlieferungsverträgen, Leasingverträgen, Mietverträgen, Darlehensverträgen, Arbeitsverträgen etc.

Vertragsprüfung. Qualitätsmanagementphase Prozessrealisierung. Es muss sichergestellt werden, dass einem Kunden keine Leistung zugesagt wird, die später nicht eingehalten werden kann. Vertragsinhalte müssen daher eindeutig sein. Die Anforderungen können erfüllt werden, indem eine Verfahrensanweisung die durchzuführenden Prüfungen festlegt, z. B. wird man einem Großteil der Anforderungen gerecht, indem man festlegt, dass Verträge grundsätzlich von der Stelle mit zu unterzeichnen sind, welche die Vertragsleistungen später erbringt.

Vertragsrecht. Die Privatautonomie hat für den Kaufmann eine erhebliche Bedeutung. Das Vertragsrecht ist Teil des ➜ *Bürgerlichen Rechts*. Es gehört zum ➜ *Schuldrecht*, Rechtsgrundlage ist das BGB.
Der Grundsatz der Privatautonomie umfasst die
- Formfreiheit,
- Abschlussfreiheit und
- Gestaltungsfreiheit.

Für das Zustandekommen von Verträgen gilt das Konsens-Dissens-Prinzip. Der gegenseitige Vertrag beruht auf zwei übereinstimmenden Willenserklärungen. Die Einigung muss alle typischen Wesensmerkmale des Vertrags umfassen, ferner auch die Inhalte, die für die Vertragsparteien wichtig sind, insbesondere die ➜ *Allgemeinen* Geschäftsbedingungen.

Das Schuldrecht enthält weitgehend dispositive Rechtsnormen, sodass die Vertragsparteien über die inhaltliche Gestaltung ihres Vertrags frei entscheiden können.

Veräußerungsverträge	Kaufvertrag, §§ 433 ff. BGB, Werklieferungsvertrag, § 651 BGB, Tausch, § 515 BGB, Schenkung, §§ 516 ff. BGB, Darlehensvertrag, §§ 607 ff. BGB, Factoring, § 305 BGB
Gebrauchsüberlassungsverträge	Mietvertrag, §§ 535 ff. BGB, Pachtvertrag, §§ 581 ff. BGB, Leihvertrag, §§ 598 ff. BGB, Leasingvertrag, § 305 BGB
Verträge über eine Tätigkeit im Dienst oder im Interesse eines anderen	Dienstvertrag, §§ 611 ff. BGB, Werkvertrag, §§ 631 ff. BGB, Maklervertrag, §§ 652 ff. BGB, Auftrag, §§ 662 ff. BGB, Geschäftsbesorgungsvertrag, § 675 BGB, Verwahrung, §§ 688 ff. BGB, Speditionsvertrag, §§ 407 ff. HGB, Frachtvertrag, §§ 425 ff. BGB, Lagervertrag, §§ 416 ff. HGB, Kommissionsvertrag, §§ 383 ff. HGB, Kommissionsagentenvertrag, Handelsvertretervertrag, §§ 93 ff. HGB, Handelsmaklervertrag, §§ 84 ff. HGB
Risikoverträge	Leibrente, §§ 759 ff. BGB, Spiel, Wette, Lotterie, §§ 762 ff. BGB, Bürgschaft, §§ 765 ff. BGB
Sonstige Verträge	Vergleich, § 779 BGB, Schuldversprechen, § 780 BGB, Schuldanerkenntnis, § 781 BGB, Gesellschaftsvertrag, §§ 705 ff. BGB
Gemischte und atypische Verträge	Reisevertrag, §§ 651a ff. BGB, Verlagsvertrag, Versicherungsvertrag, Garantievertrag, Lizenzvertrag, Vertriebshändlervertrag, Franchise-Vertrag

Vertragstypen

Im Hinblick auf die → *Vertragspflichtverletzungen* werden einseitig und zweiseitig verpflichtende Verträge unterschieden. Zu den Verträgen mit einer Leistungspflicht gehören u.a. die Schenkung, der Auftrag, die Geschäftsbesorgung und das Darlehen. Gegenseitige Verträge sind u.a. der → *Kaufvertrag*, der → *Mietvertrag*, der Pachtvertrag, der → *Werkvertrag*, aber auch viele handelsrechtliche Verträge.

Für die kaufmännische Praxis bietet sich eine Betrachtung der Vertragstypen nach Art der Leistungspflichten an (vgl. die Tabelle auf S. 427).

Im Vertragsrecht gilt der Grundsatz der Vertragsfreiheit. Es bilden sich in der Wirtschaftspraxis ständig neue Vertragsformen heraus. Die Liste der Vertragstypen ist daher nicht abschließend.

Als Vertrag von herausragender Bedeutung für die Wirtschaft ist der → *Kaufvertrag* hervorzuheben. Durch den Kaufvertrag wird die Verpflichtung zur Übertragung des → *Eigentums* an einer Sache gegen Zahlung des Kaufpreises begründet. Ferner werden der → *Werkvertrag*, der → *Werklieferungsvertrag*, der → *Mietvertrag*, der → *Geschäftsbesorgungsvertrag*, der → *Leasingvertrag* und der → *Lizenzvertrag* aufgeführt. Im elektronischen Geschäftsverkehr bilden sich neue Regeln des Vertragsrechts heraus (→ *Internet-Recht*, → *E-Commerce-Recht*).

Literaturempfehlung: Steckler: Wirtschaftsrecht, 6. Auflage 2003. Danne, H. / Keil, T.: Wirtschaftsprivatrecht I, 2. Auflage, Berlin 2003. Danne, H. / Keil, T.: Wirtschaftsprivatrecht II, Berlin 2001

Vertreter. Verkäufer, dessen Aufgabe im Verkauf von Produkten und dem Abschluss von Verträgen besteht. Die Aufgaben des Verkäufers umfassen u.a.: persönliche Kontaktaufnahme mit potenziellen Käufern (Neukundenakquisition), Informationsbereitstellung, Verkauf und Auftragsannahme, Merchandising, Ausverkaufsaktivitäten, Einweisung und Vorführung sowie Serviceleistungen (→ *Außendienstmitarbeiter*).

Vertrieb, indirekter → *Indirekter Vertrieb*.

Vertriebsbudget. Das finanzielle Budget der Verkaufsabteilung. Dieses bezieht sich einerseits auf den geschätzten Umsatz, den es zu erreichen gilt, und andererseits auf die geschätzten Kosten pro Kostenkategorie (Lohn- und Gehaltskosten, Reisekosten und Hotelkosten, Telefonkosten etc.).

Vertriebsingenieur. Verkäufer, der beim Verkauf der Produkte über technische Kenntnisse hinsichtlich des Produkts und seiner Eigenschaften verfügen muss, z.B. ein Vertreter für Maschinen, Rohstoffe, (i.d.R. technisch) gefertigte Waren und Halberzeugnisse.

Vertriebsleiter. Die Person, die mit einer führenden Tätigkeit innerhalb der Vertriebsorganisation betraut ist. I.d.R. ist ein Vertriebsleiter direkt für eine Gruppe von Verkäufern verantwortlich und berichtet dem Leiter des Gesamtvertriebs. Er ist für die Durchführung eines Teils des Vertriebsplans zuständig und trägt zur Gestaltung des Vertriebsplans bei.

Vertriebsmanagement. Managementaktivitäten, welche die Analyse, Planung, Ausarbeitung und Prüfung der Aktivitäten umfassen, die insbesondere auf die Umsetzung der Vertriebsziele einer Unternehmung ausgerichtet sind.

Vertriebsorganisation. Für eine Realisierung der vielfältigen Aufgaben des Vertriebs ist es notwendig, den Vertrieb zielgerichtet zu organisieren. Üblicherweise besteht der Vertrieb zunächst aus einem Außendienst, also den Mitarbeitern, welche die unmittelbare Kundenverantwortung haben und überwiegend nach ergebnisbezogenen Modellen bezahlt werden. Daneben ist der Einsatz eines effizienten Innendienstes empfehlenswert, der den Außendienst von internen Aufgaben entlasten kann.

Die Innendienstmitarbeiter erhalten überwiegend Festgehälter. Es gibt aber auch Ansätze, die Motivation der Innendienstmitarbeiter mit geeigneten → *Bonussystemen* zu steigern und insbesondere die teilweise gravierenden Einkommensunterschiede zwischen Außen- und Innendienst zu verringern.

Die Steuerung des Außendiensts, des Innendiensts sowie gegebenenfalls zusätzliche Supportbereiche übernimmt das → *Vertriebsmanagement*.

Bei international tätigen Unternehmen ist der Vertrieb üblicherweise nach geografischen Regionen bzw. Ländern organisiert. Gerade Unternehmen, deren Kunden ebenfalls international tätig sind, gehen in letzter Zeit zu einer kundenorientierten internationalen Organisationsform über, sog. »Verticals«. Dabei werden Großkunden über Ländergrenzen hinweg zentral betreut, sodass z. B. ein Automobilhersteller wie VW bei einem Computerhersteller wie IBM nur einen Ansprechpartner hat, der auch für Beschaffungen in Mexiko zuständig ist. Diese Organisationsform entmachtet die Leiter der einzelnen Landesgesellschaften eines Herstellers und ist daher nur mit großen Schwierigkeiten durchzusetzen.

Vertriebsplan. Ein Dokument der Absatzpolitik, in dem das innere und äußere Umfeld der zu verkaufenden Waren oder Dienstleistungen niedergelegt und analysiert ist. Mithilfe dieser Analyse werden die Absatzmöglichkeiten bestimmt. Diese stellen die Grundlage für die Absatzziele dar, deren Kern aus der Absatzprognose besteht. Auf der Grundlage der internen und externen Analyse sowie dem Verständnis des Managements werden Strategien zum Erreichen dieser Zielsetzungen aufgestellt. Die Strategien werden in Verkaufsvorgaben ausgearbeitet, deren Kernpunkte die Ziele für die einzelnen Verkäufer je Periode darstellen. In dem Plan werden die zur Prüfung und Bewertung der Ziele zu verwendenden Methoden und Punkte sowie die Art und Weise, wie diese Ziele erreicht werden können, angeführt.

Vertriebsquote. Das quantitative Absatzziel, ausgedrückt in absoluten Werten (Stückzahlen, Umsätzen oder Deckungsbeiträgen), welches in einem bestimmten Gebiet durch einen Verkäufer, einen Kundenbetreuer oder ein anderes Mitglied der Verkaufsabteilung zu erreichen ist (→ *Umsatzvorgabe*, → *Deckungsbeitragsvorgabe*, → *Punktsysteme*).

Vertriebsrevision. Umfassende, systematische und vorzugsweise unabhängig durchgeführte eingehende Überprüfung und Auswertung aller im Vertriebsbereich relevanten Daten und Vorgänge.

Vertriebsunterstützungssystem. Die Unterstützung, die ein Unternehmen seinen Verkäufern zum Erreichen der festgelegten Vertriebsquoten anbietet. Dieses System besteht u. a. aus Listen potenzieller Kunden, Verkaufsschulungen und -anweisungen sowie Informationen über Werbekampagnen.

Verursachungsprinzip (Kosten). In der Kostenrechnung fordert das Verursachungsprinzip am Beispiel der → *Kostenträgerrechnung*: Jedem Produkt sind alle von ihm verursachten Kosten zuzurechnen (was auf direktem Weg meist nicht möglich ist). Die Existenz von → *Gemeinkosten*, die gerade mehreren Produkten gemeinsam zuzurechnen sind, zeigt, dass es auch andere Kausalitäten gibt, z. B. die Kostenstelle »Gebäude« verursacht Kosten, die aber nicht vollständig durch bestimmte Produktarten bzw. -mengen hervorgerufen sind.

Das konsequenteste auf dem Verursachungsprinzip beruhende Kostenrechnungssystem ist die → *relative* Einzelkostenrechnung. Wenngleich sie sich als Gesamtsystem bisher nicht durchgesetzt hat, verweist sie auf die Notwendigkeit der (selbst)kritischen Frage: Ist eine (in Wissenschaft und/oder Praxis) vorgeschlagene Zahlenangabe und/oder Berechnungsmethode Abbildung der Wirklichkeit (z. B. als Zahlenwert, korrekte Dokumentation vorausgesetzt, Materialverbrauch lt. Materialentnahmeschein oder Arbeitszeit nach Aufschreibung; als Methode die → *Break-Even*-Analyse), ein → *Szenario* (z. B. die Antwort auf Fragen wie »Welche Kosten wären angefallen, wenn sich nur die Output-Menge geänderte hätte?« → *Plankostenrechnung*), weder unmittelbar noch durch Hypothesen aus der Wirklichkeit begründbar (z. B. zahlreiche Praktiker-Schemata der → *Kostenträgerrechnung*)?

Zuweilen wird dem Verursachungsprinzip ein »Tragfähigkeitsprinzip« gegenübergestellt. Das ist realistisch im Vorgehen der → *Deckungsbeitragsrechnung*, die bewusst auf die künstliche Zurechnung fixer Kosten verzichtet (was einen Ausgleich durch lukrativere Produkte, Zeiten, Kunden etc. erfordert (→ *Kalkulation*). Unrealistisch wird das Tragfähigkeitsprinzip, wenn bei zwangsläufig gemeinsam auftretenden Produkten (z. B. Benzin, Heizöl, Schweröl in der Raffinerie) die Kosten dieser »Kuppelproduktion« willkürlich entsprechend den Marktpreisen verteilt werden (für derartige Fälle gibt es immer nur Daumenpeil-Methoden, logischerweise auf Ebene der Produkte keine eindeutig zurechenbaren Kosten). Steht gerade auf gesamtwirtschaftlicher, sozialer und/oder ökologischer Ebene der Einfluss von Menschen im Vordergrund, so kann man vom → *Verursacherprinzip* sprechen.

Verwendungsnachweis. Rechnergestützte Feststellung, in welchen → *Baukastenstücklisten* eines → *PPS-Systems* ein bestimmter Artikel vorkommt; erforderlich, wenn der Austausch eines → *Artikels*, bedingt durch eine technische Änderung, erforderlich wird. Der Austausch kann automatisch durchgeführt werden.

Verzug. Die Voraussetzungen und Rechtsfolgen des Verzugs sind im → *Schuldrecht* als Bestandteil des Bürgerlichen Gesetzbuches (BGB) geregelt. Es ist zwischen dem Gläubiger- und Schuldnerverzug zu unterscheiden.

Der Schuldnerverzug ist eine → *Vertragspflichtverletzung*, z. B. die verspätete Erfüllung einer Liefer- oder Zahlungspflicht. Die Mahnung nach Eintritt der Fälligkeit begründet den Verzug; Gleiches gilt für die Erhebung der Klage oder die Zustellung eines Mahnbescheids. Die Mahnung ist entbehrlich, wenn die Vertragsparteien eine Leistungszeit nach dem Kalender bestimmt haben, sich die Leistungszeit nach dem Kalender berechnen lässt oder der Schuldner die Leistung verweigert. Handelt es sich um eine Entgeltforderung, gerät der Schuldner 30 Tage nach Fälligkeit und Zugang einer Rechnung oder Zahlungsaufstellung in Verzug. Aus Verbraucherschutzgründen muss ein entsprechender Hinweis auf der Rechnung gegeben werden, wenn der Zahlungsschuldner Verbraucher ist.

Als Rechtsfolgen entstehen Schadensersatzansprüche, ferner ist die Verzinsung von Geldschulden und eine Haftungserweiterung vorgesehen. Falls der Schuldner in einem gegenseitigen Vertrag eine fällige Leistung nicht erbringt, erhält er durch Fristsetzung mit Ablehnungsandrohung ein Rücktrittsrecht. Im Fixhandelskauf entstehen Ansprüche auf Rücktritt oder Schadensersatz ohne weitere Fristsetzung mit Erreichen des Fixtermins, → *Handelsrecht*.

Der Gläubigerverzug (auch: Annahmeverzug) bedarf eines tatsächlichen Angebots der Leistung seitens des Schuldners und der Leistungsbereitschaft des Gläubigers.

Als Rechtsfolgen sind die Haftungsminderung, der Gefahrübergang, ein Wegfall der Verzinsung, die Berechtigung zur Hinterlegung oder Versteigerung und der Anspruch auf Mehraufwendungen (Lager- und Transportkosten) zu nennen. Für Kaufleute sind die Rechtsfolgen des Annahmeverzugs im Handelskauf um das Recht des Selbsthilfeverkaufs erweitert, → *Handelsrecht*.

Literaturempfehlung: Steckler: Wirtschaftsrecht, 6. Auflage, Ludwigshafen 2003.

Viewtime. Zeitdauer, während derer ein Werbebanner auf dem Bildschirm zu sehen ist, Effizienzmaß für Online-Werbung.

Vignetten-Methode. Kundenbezogene, merkmalsorientierte Servicequalitätsmessung. Dabei werden Schlüsselinformationen als wesentlich für die gesamte Qualitätswahrnehmung durch Kunden angesehen. Insofern repräsentieren diese wenigen Vignetten eine Vielzahl von Einzelqualitätsdimensionen, ohne dass diese gesondert zu erheben wären (als Vignette wird z. B. das Auftreten des Kundenkontaktpersonals angesehen).

Virtual Server. WWW-Informationsdienst, der zwar über einen eigenen → *Domain-Namen* im Internet erreichbar, jedoch nicht dezidiert auf einem eigenen physikalischen Rechner untergebracht ist, sondern sich diesen Rechner mit anderen virtuellen Servern teilt. Sinnvoll für kleinere Anbieter.

Virtuelle Realität (VR, engl.: Virtual Reality). Im Computer simulierte, künstlich erzeugte Wirklichkeit. Unter virtueller, also scheinbarer Realität, versteht man eine vom Computer simulierte, realitätsnah erscheinende Umgebung, in die sich der Benutzer hineinbegeben kann (→ *Computersimulation*).

Das »Betreten« und »Durchschreiten« solcher virtuellen Umgebungen erfordert die Verwendung einer speziellen Ausrüstung, meist bestehend aus einem Handschuh und einer Brille, die beide mit dem Computer verbunden sind. Die Brille besteht aus zwei kleinen Bildschirmen, auf denen dem Betrachter räumlich wirkende Objekte gezeigt werden. Mit dem mit Sensoren ausgestatteten Handschuh kann der Nutzer auf diese vom Computer erzeugten Objekte zeigen und sie auch beeinflussen. Ebenso ist es möglich, sich selbst durch den simulierten Raum fortzubewegen.

Virtuelle Realität kommt in der Unterhaltungsbranche (z. B. Computerspiele) ebenso zum Einsatz wie zu Ausbildungszwecken (z. B. Flugsimulatoren) oder bei der Steuerung von Robotern in für Menschen unzugänglicher Umgebung. Häufig wird der Ausdruck → *Cyberspace* als Synonym für virtuelle Realität verwendet.

Virtueller Speicher (engl.: Virtual Memory). Konzept zur Vergrößerung des → *Arbeitsspei-*

chers eines Computers. Der virtuelle Speicher ist ein Bereich auf der Festplatte, der vom → *Betriebssystem* als zusätzlicher Arbeitsspeicher benutzt wird. Dieser Teil der Festplatte wird als Auslagerungsdatei bezeichnet. Durch diesen Software-Kunstgriff wird eine Vergrößerung des Arbeitsspeichers simuliert, der Arbeitsspeicher verfügt also scheinbar (virtuell) über eine höhere Kapazität. Der Vorteil des virtuellen Speichers besteht darin, dass mehr Anwendungen gleichzeitig ausgeführt werden können, als es der tatsächlich vorhandene Arbeitsspeicher des Computers normalerweise zulassen würde.

Virus. Programm, das durch verschiedene Techniken vom Benutzer unbemerkt von Datei zu Datei und von Computer zu Computer durchgereicht wird, sich dort festsetzt, multipliziert und meist beträchtlichen Schaden anrichtet.

VIS → *Vertriebsinformationssystem* (→ *CAS*, → *DBM*).

Visit. Zusammenhängender Nutzungsvorgang eines WWW-Angebots. Er definiert damit den Werbeträgerkontakt. Als Nutzungsvorgang zählt dabei ein technisch erfolgreicher Seitenzugriff eines Internet-Browsers auf das aktuelle Angebot, wenn er von außen erfolgt.

Visit Length. Verweildauer eines Internet-Nutzers auf einer bestimmten Internet-Site.

Visitors. Gesamtzahl der Besucher, die eine WWW-Präsenz innerhalb eines bestimmten Zeitraums hat. Eine Identifikation der Besucher ist nur möglich, wenn diese sich über eine Passwort-Abfrage zu erkennen geben (auch Unique Users genannt).

VoIP. Abk. für Voice over Internet Protocol, → *IP-Telefonie*.

Vollständiger Finanzplan (VoFi). Rechenschema, das durch eine Investition ausgelöste Ein- und Auszahlungen so zusammenfasst, dass Besonderheiten der Praxis beliebig eingebaut werden können, → *Investionsrechnung, dynamische Kalküle*. Der VoFi berücksichtigt folgende typische Informationen:

a) einmalige Auszahlung zum Zeitpunkt der Investition,
b) Cashflows, die in den Folgejahren durch die Investition verursacht werden,
c) Finanzierung der Investition durch Eigen- oder Fremdkapital,
d) Abschreibungsmethode, -sätze und daraus folgende Abschreibungsbeträge,
e) Zinssätze für Eigen- und Fremdkapital,
f) Konditionen der Tilgung von Fremdkapital,
g) Steuersätze, insbesondere für ertragsabhängige Steuern,
h) ggf. Abweichungen zwischen Cashflows und Gewinn bzw. Verlust unter Berücksichtigung der Zahlungsmoral auf Lieferanten- und Kundenseiten,
i) Verwendung von Gewinnen nach Steuern. Grundsätzlich lassen sich die genannten Einflussfaktoren noch variieren (z. B. Berücksichtigung mehrerer Kreditgeber).

Der VoFi prognostiziert als Plan- bzw. protokolliert als Ist-Rechnung, wie sich der langfristige Bestand an Guthaben und Kredit durch das Investitionsprojekt entwickelt (angestrebter typischer Verlauf: vom Minus wegen zumindest teilweiser Fremdfinanzierung am Anfang zu deutlichem Plus am Ende der Lebensdauer des Projekts). Ein Vergleich mit der Anlage des Eigenkapitals am Kapitalmarkt zeigt zusätzlich die dynamische Amortisationsdauer (Wann »überholt« das Guthaben aus der Sachinvestition die reine Geldanlage?), ferner, ob sich die Investition lohnt und wie viele liquide Mittel am Ende der Lebensdauer zur Verfügung stehen (für Folgeprodukte, Altersversorgung etc.).

Vollständiger Versuch. Element der statistischen Versuchsplanung (Qualitätsmanagement). Er dient der Ermittlung der Effekte der Haupteinflussgrößen und ihrer Wechselwirkungen untereinander. Bei vier Größen mit zwei Stufen (gut/schlecht) ergeben sich somit 16 Versuche durch Kombination als vollständiger Vergleich der verbleibenden Einflussgrößen gegeneinander. Etwaige Wechselwirkungen zwischen Einflussgrößen (Interaktionseffekte) können mittels Varianzanalyse untersucht werden. Allerdings inflationiert die Zahl erforderlicher Versuche rasch bei mehr Einflussgrößen.

Von-Nach-Matrix → *Transportmatrix*.

Vor-Akquisition. Eine Technik, die häufiger angewandt wird, wenn noch keine Beziehung zwischen einer Verkaufsorganisation und einem potenziellen Käufer besteht. Durch diese Methode wird versucht, einen Einblick von den potenziellen Käufern zu erhalten. Die Aufgabe des Verkäufers besteht darin, festzustellen, welche potenziellen Käufer für seine Unternehmung von Interesse sein könnten.

Vorbeugungskosten (Fehlerverhütungskosten). Entstehen für Maßnahmen zur Konzeption und Erstellung marktgerechter Leistungen und zur Erforschung von Kundenbedürfnissen als Qualitätsmanagementkosten, z.B. für durchdachte Pläne, Ausbildung, Lieferantenprüfung, interne Revision, Sicherheitsplan.

Vorgabe → *Vertriebsquote*.

Vorkostenstellen. Andere Bezeichnung für → *Hilfskostenstellen*, die alle (oder zumindest die meisten) → *Hauptkostenstellen* betriebsintern beliefern (→ *Kostenstellenrechnung*). Beispiele: Verwaltung eigener Gebäude, die ihre Aufwendungen über einen Kostensatz pro Quadratmeter an die anderen Kostenstellen weitergibt; eigenes Blockheizkraftwerk, das elektrische und Wärmeenergie an alle Abteilungen liefert.

Vorlauf. Erster Teil der → *Transportkette* bei → *gebrochenem* Verkehr (Ggs. → *Nachlauf*).

Vorlaufzeitverschiebung. In einer → *Erzeugnisstruktur* werden tiefer liegende → *Baugruppen* früher gefertigt als strukturell höhere Baugruppen. Die Zeitdifferenz wird auf Basis der → *Eigenfertigungszeiten* bei der → *Materialbedarfsplanung* berechnet. In Abb. 70 sind die Zusammenhänge visualisiert. Man erkennt, dass die Fertigungsdauer 17 Arbeitstage beträgt, somit aufgerundet 4 Kalenderwochen. Die Beschaffung benötigt 25 Arbeitstage, also 5 KW. Das Kaufmaterial muss daher 9 KW vor Lieferung des Erzeugnisses bestellt werden.

Vormaterial. Allgemeiner Ausdruck für Material, das in der → *Fertigung* eingesetzt wird.

Vorräte. Dazu gehören:

a) → *Verbrauchsgüter*
b) unfertige Erzeugnisse, d.h. alle Produkte, für deren Be- oder Verarbeitung bereits betriebliche Kosten entstanden sind, ohne dass sie schon vermarktungsfähig und damit Erlöse zu realisieren in der Lage sind;
c) fertige Erzeugnisse, d.h. alle Produkte, die im Unternehmen hergestellt worden und vermarktungsfähig sind, sowie Handelsware;
d) geleistete Anzahlungen auf Vorräte, d.h. Geldflüsse im Rahmen der Bestellung von Roh-, Hilfs- und Betriebsstoffen sowie von Handelswaren.

Vorratsbeschaffung. Dient der Sicherung der Produktionsversorgung oder im → *Handel* zur Erzeugung der vom Markt geforderten → *Lieferbereitschaft* (Ggs. → *Einzelbeschaffung* im Bedarfsfall).

Vorschlagswesen. Lösungsmöglichkeit etwaiger Qualitätsprobleme, die wohl nur bei paralleler Bonifizierung geeigneter Vorschläge und deren interner Publizierung zur breiten Umsetzung

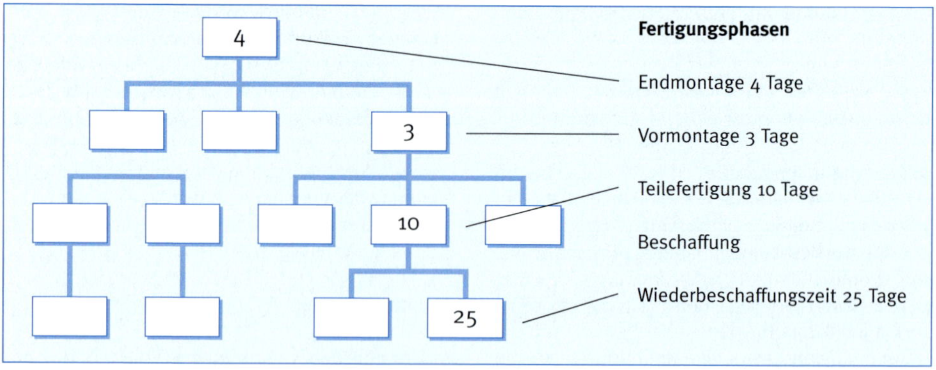

Abb. 70: Veranschaulichung der Vorlaufzeitverschiebung

in der Organisation Sinn macht. Mitarbeiter geben dazu auf einem Formblatt Anregungen, wo Qualitätsprobleme auftreten und wie diese gelöst werden können. In vielen Unternehmen hat der Vorgesetzte die Pflicht, innerhalb von wenigen Arbeitstagen zu diesen Vorschlägen Stellung zu nehmen, um zu verhindern, dass solche Anregungen versickern. Dabei wird die Tatsache genutzt, dass die Mitarbeiter an der »Basis« am ehesten wissen, welche Qualitätsprobleme von Kunden geäußert werden und wie diesen begegnet werden kann.

Vorschlagswesen, betriebliches → *Betriebliches Vorschlagswesen*.

Vorsichtsprinzip. Bewertungsgrundsatz im → *Rechnungswesen*. Betrifft die Einhaltung des Imparitätsprinzips (Antizipation künftiger Risiken und Verluste in einem niedrigeren Wertansatz) und des Realisationsprinzips. Er verlangt, dass die Vermögens- und Schuldenlage im Unternehmen aus Gründen des Gläubigerschutzes eher pessimistisch ausgewiesen wird. Daher gilt das Niederstwertprinzip für → *Aktiva* bzw. das Höchstwertprinzip für → *Passiva*, d.h., Aktiva sind grundsätzlich mit dem niedrigsten von mehreren möglichen Wertansätzen auszuweisen, Passiva grundsätzlich mit dem höchsten von mehreren möglichen.

Vorsorgeaufwendungen. → *Sonderausgaben* im Sinne von § 10 Abs. 1 Nr. 2 Einkommensteuergesetz. Das sind Beiträge zu Kranken-, Pflege-, Unfall- und Haftpflichtversicherungen, Beiträge zu gesetzlichen Rentenversicherungen und an die Bundesanstalt für Arbeit, Beiträge zu Versicherungen auf den Erlebens- oder Todesfall (unter bestimmten Voraussetzungen) und Beiträge zur freiwilligen Pflegeversicherung.

Für alle Vorsorgeaufwendungen gibt es einen Vorweghöchstbetrag von 3.068 € bzw. 6.136 € bei Zusammenveranlagung, der allerdings um 16% der Einnahmen aus nicht selbstständiger Arbeit gekürzt wird, einen Grundhöchstbetrag von 1.334 bzw. 2.668 € und einen sog. hälftigen Grundhöchstbetrag von 667 bzw. 1.334 €. Bei Arbeitnehmern mit Jahresgehältern von 19.175 bzw. 38.350 € und mehr können daher in der Regel nur maximal 1.334 + 667 = 2.001 bzw. 4.002 € Vorsorgeaufwendungen als Sonderausgaben berücksichtigt werden.

Vorsorgepauschale. Pauschale für Vorsorgeaufwendungen laut § 10 c Abs. 2 bis 4 Einkommensteuergesetz. Bei Steuerpflichtigen, die Arbeitslohn bezogen haben, wird eine Vorsorgepauschale von 20% des Arbeitslohns in den → *Lohnsteuertabellen* berücksichtigt, allerdings höchstens 3.068 € – 16% des Arbeitslohns, zuzüglich höchstens 1.334 €, zuzüglich höchstens die Hälfte bis zu 667 €. In Steuerklasse III verdoppeln sich die Beträge. Für Beamte gilt eine reduzierte Vorsorgepauschale: 20% des Arbeitslohns, jedoch maximal 1.134 bzw. 2.268 €.

Vorstand. Leitungsorgan der → *Aktiengesellschaft* (AG), das aus einer oder mehreren Personen bestehen kann. Die Rechte und Pflichten des Vorstands sind im Einzelnen in den §§ 76–94 AktG geregelt.

Zu den Aufgaben des Vorstands gehört die Führung der laufenden Geschäfte und die Vertretung der Gesellschaft nach außen. Er wird für maximal fünf Jahre vom Aufsichtsrat bestellt, dem er u.a. regelmäßig zu berichten hat über die Geschäftspolitik, die Rentabilität von Eigen- und Gesamtkapital und die operative Geschäftsentwicklung.

In Krisensituationen (Verlust, Überschuldung, Illiquidität) bestehen besondere Pflichten für den Vorstand, z.B. Einberufung der → *Hauptversammlung*, Eröffnung eines Konkurs- oder Vergleichsverfahrens; → *Insolvenzrecht*.

Vorstellungsgespräch → *Personalbeschaffung*.

Vorsteuer. Keine selbstständige Steuer. Es ist die → *Umsatzsteuer*, die einem Unternehmer im Sinne des Umsatzsteuergesetzes in Rechnung gestellt wird. Dadurch wird immer nur der Mehrwert bzw. die Wertschöpfung auf jeder Unternehmensstufe besteuert. Laut § 15 Umsatzsteuergesetz kann der Unternehmer die Vorsteuer von seiner Umsatzsteuerschuld abziehen, die folgende Voraussetzungen erfüllt:

- Der Steuerbetrag muss in einer Rechnung gesondert ausgewiesen sein.
- Die Umsatzsteuer muss dem Unternehmer für ausgeführte Lieferungen und sonstige Leistungen von einem anderen Unternehmer für sein Unternehmen in Rechnung gestellt worden sein.
- Ferner muss die Rechnung neben den üblichen Angaben eine fortlaufende Rechnungs-

nummer (gilt seit 2004) sowie die Steuernummer und das zuständige Finanzamt enthalten (gilt seit 2002).

Auch die entrichtete Einfuhrumsatzsteuer und die Steuer für den innergemeinschaftlichen Erwerb kann als Vorsteuer abgezogen werden.

Literaturempfehlung: Lohse, G.: Allgemeine Steuerlehre, Steuern auf Umsatz und Gewerbeertrag, Berlin 2001.

Vorzugsaktien → *Aktienarten*.

VPN. Abk. für Virtual Private Network, ein mit und in der Internet-Technologie betriebenes privates Netz, etwa bei geografisch verteilten Unternehmensstandorten. Dabei sind besondere Sicherheitsvorkehrungen einzuhalten.

VRML. Abk. für Virtual Reality Modelling Language, Standard für Animation und 3-D-Entwicklung geometrischer Formen. 3-D-Szenen können aus beliebigem Blickwinkel betrachtet und interaktiv manipuliert werden.

W

WA → *Warenausgang*.

Wachstumsstrategien → *Produkt-Markt-Matrix*.

Währungsswap → *Swaps*.

WAN Wide Area Network → *Weitverkehrsnetzwerk*.

Wandelanleihe. Eine Anleihe, die den Kapitalgebern neben Zins- und Tilgungszahlungen ein Recht auf Umwandlung der Anleihe in Aktien der ausgebenden Aktiengesellschaft einräumt.

Bei Ausübung des Wandlungsrechts gehen die verbleibenden Ansprüche aus dem Anleiheteil unter. Das Wandlungsrecht ist zeitlich befristet und kann eine Barzuzahlung der Anleihegläubiger vorsehen. Das Wandlungsverhältnis bestimmt, in welchem Verhältnis Nennbetrag der Anleihe und Aktien getauscht werden können.

Bis zur Wandlung wird die Anleihe wie eine Festzinsanleihe bedient. Die laufende Verzinsung der Anleihe ist geringer als die Verzinsung einer vergleichbaren Anleihe ohne Wandlungsrecht. Der Zinsnachteil gleicht den Vorteil des Kapitalgebers aus dem zusätzlichen Wandlungsrecht aus. Da es sich bei Inanspruchnahme des → *Wandlungsrechts* um eine Kapitalerhöhung handelt, müssen die Aktionäre der Ausgabe einer Wandelanleihe im Rahmen der erforderlichen bedingten Kapitalerhöhung mit Dreiviertelmehrheit zustimmen (→ *Beteiligungsfinanzierung*).

Wandertisch → *Fördermittel* in der → *Fertigung*, bei dem die Arbeitsplätze der Werker an einem umlaufenden Förderband, auf dem die Werkstücke weiterbewegt werden, angeordnet sind.

Warenausgang (WA). Ausgabestation eines → *Lagers*. Bei der Ausgabe muss der Buchbestand des Lagers aktualisiert werden. → *Buchungsstoff* der Warenausgangsbuchung: → *Buchungsartenschlüssel*, Belegnummer, verbrauchende Kostenstelle (oder Auftrag oder Projekt), → *Artikelnummer*, Menge, Datum, Uhrzeit. Bei Bezugnahme auf eine geplante Menge (z.B. bei einem → *Fertigungsauftrag*) kann der Computer eine Abweichungsanalyse mittels der Über- oder Unterlieferungstoleranz durchführen und eine Warnung ausgeben.

Warenausgangsleistung → *Logistik-Kennzahl*: Ausgänge pro Stunde.

Warenbegleitschein. Artikel identifizierender Beleg bei der transportierten Ware; zeigt z.B., woher die Ware kommt, wohin sie geht und zu welchem Auftrag oder zu welcher Lieferung sie gehört.

Wareneingang (WE). Eingangsstation eines → *Lagers*. Bei der Annahme muss der Buchbestand des → *Lagers* aktualisiert werden. → *Buchungsstoff* der Wareneingangsbuchung: → *Buchungsartenschlüssel*, Belegnummer, Bestellnummer, anfordernde Kostenstelle (oder Auftrag oder Projekt), → *Artikelnummer*, Menge, Datum, Uhrzeit. Bei Bezugnahme auf eine geplante Menge (z. B. bei einer → *Bestellung*) kann der Computer eine Abweichungsanalyse mittels der Über- oder Unterlieferungstoleranz durchführen und eine Warnung ausgeben.

Wareneingangsleistung → *Logistik-Kennzahl*: Eingänge pro Stunde.

Wareneingangsprüfung. Prüfung auf Richtigkeit von Termin, Menge, Artikel, Einhaltung der Lieferanweisungen (z. B. → *Markierungen*) sowie → *Qualität* (→ *Kaufmännische Untersuchungs- und Rügepflicht*).

Warenkonto. Alle während eines → *Geschäftsjahrs* getätigten Wareneinkäufe werden auf der Sollseite des Wareneingangskontos verbucht. Alle während eines Geschäftsjahrs getätigten Warenverkäufe werden auf der Habenseite des Warenverkaufskontos verbucht. Allerdings werden nicht alle während eines Geschäftsjahrs gekauften Waren in derselben Rechnungsperiode in Form von Wareneinsatz auch wieder verkauft.

Eine Bestandsmehrung entsteht, wenn der Endbestand laut Inventur am Geschäftsjahresende höher liegt als zu dessen Beginn. Eine Bestandsminderung entsteht, wenn der Endbestand dann niedriger liegt als zu dessen Beginn. Das Wareneingangskonto nimmt im Soll eine Bestandsminderung durch zusätzlichen Wareneinsatz auf, d. h., im Geschäftsjahr wurde mehr Ware verarbeitet als neu zugekauft, im Haben eine Bestandsmehrung durch verminderten Wareneinsatz, d. h., es wurde weniger Ware verarbeitet als neu hinzugekauft.

Der Abschluss des Warenkontos kann über die Gewinn- und Verlustrechnung (Bruttoprinzip) erfolgen, was allerdings außen Stehenden durch Einsicht Informationen über den Kalkulationsaufschlag im Unternehmen gibt, oder über ein gesondertes Warenverkaufskonto, das nicht Bestandteil des offen zu legenden Jahresabschlusses ist. Beim Nettoabschluss erscheint im GuV-Konto nur der Rohgewinn, beim Bruttoabschluss erscheint dort sowohl der Wareneinsatz als auch der dazugehörige Nettoverkaufserlös. Der Bruttoabschluss ist bei Kapitalgesellschaften vorgeschrieben.

Bei gemischten Warenkonten gibt es drei Kontengruppen:

1. Warenbestände. In diesem Konto wird der Anfangsbestand im Soll vorgetragen. Am Ende des Geschäftsjahrs wird auf der Habenseite der Schlussbestand eingesetzt. Als Differenz ergibt sich ein Mehr- oder Minderbestand, der auf das Wareneinkaufskonto übertragen wird. Der Schlussbestand wird in die Aktivseite der Bilanz eingebucht.
2. Wareneinkäufe. Dieses Konto nimmt die → *Geschäftsvorfälle* auf, die den Wert der eingesetzten Ware zum Verkauf ergeben, z. B. Einkäufe, Bezugsnebenkosten, Anschaffungskostenminderungen, Bestandsveränderungen. Der Saldo wird im GuV-Konto im Soll eingebucht.
3. Warenverkäufe. Dieses Konto nimmt die Geschäftsvorfälle auf, die den Verkaufspreis der eingesetzten Waren ergeben, z. B. Umsatzerlöse, Erlösschmälerungen. Der Saldo wird im GuV-Konto im Haben eingebucht.

Warenverteilzentrum. Hochleistungsumschlagzentrum im → *Handel*. Beispiel: Die ankommende Ware wird auf Paletten angeliefert, im automatischen → *Hochregallager* maximal 24 Stunden gelagert und über ein automatisches Sortier- und Verteilsystem auf die Zielgebiete verteilt.

Warenwirtschaftssystem (WWS). System zur computergestützten Bewirtschaftung des gesamten Warenflusses im → *Handel*. Beginnend am → *Point-of-Sales* in der Handelsfiliale wird die Verbrauchsinformation an das → *Zentrallager* weitergeleitet und dort im Rahmen einer → *Materialbedarfsplanung* zur Ermittlung der Nachlieferungsmengen verwendet. Hierbei kommt das Verfahren der → *stochastischen Bedarfsermittlung* zum Einsatz. Die Planung und Mengenbestimmung zur Wiederauffüllung des → *Zentrallagers* ist ebenfalls eine Aufgabe des WWS.

Weitere Funktionen: Verfolgung des → *Materialflusses* durch Scannertechnik, → *Wareneingangs*- und → *Warenausgangsabwicklung*, → *Bestandsführung*, → *Beschaffung*, Unterstützung der Verkaufsabwicklung, Informationsbereitstellung für das Management. Neueste Techniken hierbei: → *Data-Mining*, Verkaufsdatenauswertung zur Optimierung der Warengruppenbildung und gezielte Werbeunterstützung auf Basis von z. B. durch Kundenkarten gewonnenen Daten.

Ware-zum-Mann-Prinzip. Die aus dem → *Lager* zu entnehmende Ware wird automatisch an den

Entnahmeplatz gefördert (Ggs.: → *Mann-zur-Ware-Prinzip*).

Warrants → *Optionsanleihe*.

Wartung. Qualitätsmanagementphase Ressource. Die Wartung muss in geplanter Art und Weise stattfinden. Dies hilft, die Bedeutung der Betreuung von Kunden nach Erstellung der Leistungen zu verstehen. Hier sollten Informationen über die Zufriedenheit der Kunden nach dem Verkauf ermittelt werden. Auch Hinweise darauf, was die Kunden künftig nachfragen werden, können anfallen. Die Betreuung der Kunden nach der Erstellung der Leistungen kann wesentlich zur Kundenzufriedenheit beitragen.

WBT. Abk für Web Based Training. Lernen mit Hilfe Internet-basierter Lernprogramme. Es handelt sich um eine Form des asynchronen E-Learnings, indem die Lernenden zu jeder beliebigen Zeit auf die im Internet online verfügbaren Lernmaterialien Zugriff haben.

WBT-Lernprogramme sind multimedial aufbereitet (Text, Sound, Video etc.) und haben den Vorteil der Interaktivität (Links, Hyperlinks, E-Mail, Chat, Diskussionsforen, Übungen, Prüfungssimulationen etc.).

Programme für das selbst gesteuerte Lernen sind auch offline (z. B. auf CD-ROM) erhältlich. Sie ermöglichen die zeit- und ortsunabhängige Erarbeitung der Lerninhalte in Schule, Studium und Beruf. Die asynchronen Formen des E-Learnings werden durch synchrones Lernen (Videokonferenzen etc.) im Internet ergänzt und auf Lernplattformen für bestimmte Unternehmen oder Bildungseinrichtungen zu virtuellen Lernumgebungen ausgebaut.

WBZ → *Wiederbeschaffungszeit*.

Webmaster. Person/Personengruppe, die für die technische Funktionalität eines Online-Auftritts verantwortlich ist.

Web Publishing. Bereitstellung von Informationen im WWW in Form von Online-Ausgaben von Printtiteln, → *Banners* oder → *Homepages*.

Webseite. Ein nach HTML-Standard angefertigtes → *Hypertext-Dokument*, meist nicht eine einzelne Datei, sondern eine ganze Reihe zusammenhängender Dateien, die sich auf demselben Server befinden. Mehrere Webseiten ergeben eine Website.

Webserver. Computer, meist mit UNIX- oder Windows NT-Betriebssystem, auf dem Web-Dokumente lagern, auf die von entfernten Computern zugegriffen werden kann. Die Summe aller miteinander verbundenen Web-Server bildet das Internet. Der Webserver beantwortet die Anfragen eines Web-Browsers, d. h., er übermittelt HTML-Seiten oder andere Dateien.

Website. Gesamtheit der Informationsseiten (Webpages), die ein → *Server*, der mit dem → *Internet* verbunden ist, unter einer bestimmten, weltweit eindeutigen Adresse (z. B. www.firma.de) im → *World* Wide Web zur Verfügung stellt. Die Eingangsseite einer Website, von der aus auf die dahinter liegenden Informationsseiten verzweigt werden kann, wird als → *Homepage* bezeichnet.

Webspace. Speicherplatz, den eine → *Web-Seite* bzw. → *Website*, die am Netz abrufbar ist, beansprucht.

Webspace Provider. Stellt auf Computern Speicherplatz, → *E-Mail-Adressen* und Dienstleistungen für eine Web-Präsenz zur Verfügung.

Webtracking. Messung der Medialeistung von Online- und Internet-Diensten auf Basis von Kennzahlen, die wiederum auf der Auswertung von → *Logfiles* basieren.

Wechsel. Ein von der zu Grunde liegenden wirtschaftlichen Transaktion losgelöstes Versprechen, die Wechselsumme zur Wechselfälligkeit dem Eigentümer des Wechsels bei Vorlage des Wechseldokuments auszuzahlen.

Bei gezogenem Wechsel stellt der Leistungsempfänger die Wechselurkunde aus und weist damit den Leistungsverpflichteten an, die Wechselsumme zur Wechselfälligkeit an eine benannte Person oder deren Order zu zahlen. Beim so ausgestellten, aber noch nicht unterschriebenen Wechsel handelt es sich um eine Tratte. Unterschreibt (akzeptiert) der Leistungsverpflichtete den Wechsel, so wird aus der Tratte ein Akzept.

Eine Variante ist der Solawechsel. Beim Solawechsel sind Aussteller und Akzeptgeber identisch. Es handelt sich um ein durch das Wechselrecht gestütztes Zahlungsversprechen des Ausstellers.

Die Besonderheit des Wechsels liegt in der sog. Wechselstrenge des Wechselgesetzes. Forderungen aus Wechselverpflichtungen lassen sich schneller und einfacher durchsetzen als andere Forderungen. Daraus resultiert die Funktion des Wechsels als Sicherungsmittel. Ein weiterer Vorteil ist die Marktfähigkeit des Wechsels. Wechsel lassen sich vor ihrer Fälligkeit als Zahlungsmittel weitergeben oder auch zu Finanzierungszwecken diskontieren, d.h. an eine Bank vor Fälligkeit verkaufen. Der Wechsel kann bis zur Fälligkeit aufbewahrt und vorgelegt werden.

Die Wechselstrenge gewährleistet eine hohe Wahrscheinlichkeit der Durchsetzung einer Forderung. Er kann als Zahlungsmittel an eigene Kreditoren weitergereicht (prolongiert) werden, um damit eine Verbindlichkeit zu erfüllen. Und er kann als Kreditmittel zur Diskontierung bei einem Kreditinstitut eingereicht werden (→ *Kredit*). Dann erhält man den Wechselbetrag abzüglich Spesen und Diskont bereits vor Fälligkeit.

Wechselbuch → *Nebenbücher der Buchführung*.

Wechselprotest. Wird ein → *Wechsel* nach Vorlage zum Fälligkeitstermin vom Wechselverpflichteten nicht honoriert, geht der Wechsel zu Protest. In diesem Fall haften alle auf dem Wechsel als Vorbesitzer und Aussteller vermerkten Personen für die Erfüllung der Wechselverpflichtung. Bis zur Einlösung des Wechsels unterliegen somit alle Vorbesitzer und der Aussteller einem Wechselrisiko, dem Wechselobligo.

Wegfall der Geschäftsgrundlage → *Störung der Geschäftsgrundlage*.

Weitverkehrsnetzwerk (engl.: Wide Area Network – WAN). → *Computernetz*, das die Datenkommunikation zwischen mehreren Rechnern ermöglicht, deren Standorte über einen geografisch größeren Raum verteilt sind. Die Rechner, die an ein WAN angeschlossen sind, werden auch als Knotenrechner bezeichnet.

Beispiel für ein Wide Area Network ist das Deutsche Forschungsnetz (DFN), das die Hochschulen in Deutschland miteinander verbindet (→ *Backbone*).

Welcomepage. Erste Seite oder Dokument einer → *Website*, die gezeigt wird, wenn nichts Spezifisches gesucht wird.

Werbebotschaft. Zentraler Ausgangspunkt der Werbegestaltung. Die Gestaltung der Werbebotschaft übernimmt i.d.R. die Werbeabteilung im Unternehmen oder eine Werbeagentur.

In einem Briefing werden durch die Auftraggeber notwendige Informationen (Situationsanalyse, Marktsituation, Produktinformationen, Zielgruppencharakterisierung, Werbeziele) zusammengestellt.

Das Werbeziel wird durch die »einzigartige Idee«, das zielgruppenspezifische, ausgewogene Verhältnis zwischen informativer/argumentativer Formulierung (inhaltliche Gestaltung) und der Anwendung von geeigneten Reizkategorien (Text und optische Gestaltung) wie Prestige, Humor, Angst, Erfolg maßgeblich beeinflusst.

Werbeerfolgskontrolle. Gibt Aufschluss über die eingetretene oder die zu erwartende Werbewirkung einer Werbemaßnahme entsprechend den Werbezielen. Werbewirkungsmessung geht zeitlich über Werbemaßnahmen hinaus (Carry-over-Effekt). Erschwert wird die Interpretation der Messergebnisse durch die komplexe Wirkung aller Kommunikationsinstrumente (im engeren Sinne), aller Marketinginstrumente sowie der sich ändernden Markt- und Umfeldbedingungen (im weiteren Sinne). Die Werbekontrolle umfasst den außerökonomischen und den ökonomischen Erfolg.

Der Grad der Zielerreichung bezüglich der ökonomischen Werbeziele wird mit Kennziffern gemessen (Umsatz, Marktanteile, Deckungsbeiträge, Rentabilitätsraten etc.). Ökonomische Verfahren sind z.B. multiple Regressionsanalyse (Marktreaktionsfunktionen, Änderung von Marketing-Variablen, Zielgrößen, z.B. Markenbekanntheit, GFK Markensimulator).
Außerökonomische Werbeerfolge lassen sich mit drei Wirkungsdimensionen belegen:
- Wahrnehmung und Aufmerksamkeit
- Erinnerungswerte und qualitative Aspekte der gedanklichen Verarbeitung und
- werbeinduzierte Verhalten (z.B. Testkäufe, Veränderung der Nutzungsgewohnheiten).

Zu allen drei Dimensionen findet man in der Literatur Theoriemodelle sowie die Beschreibung einer ausführlichen Messpraxis.

Werbemittel und Werbeträger. Werbebotschaften werden auf Werbemitteln (Anzeigen, Werbespots, Plakate) platziert. Mithilfe von Werbeträgern (z. B. Zeitungen, Fernsehen, Plakatsäulen) werden sie dem Umworbenen zugänglich gemacht.

Werberecht. Das Werberecht wird dem → *Wettbewerbsrecht* zugeordnet.

Rechtsgrundlage ist das Gesetz gegen den unlauteren Wettbewerb (UWG). Daneben sind wettbewerbsrechtliche Sondervorschriften zu beachten, z. B. die Preisangabenverordnung, das Arzneimittelgesetz, das Lebensmittel- und Bedarfsgegenständegesetz und das Heilmittelwerbegesetz.

Spezielle Werbeverbote gelten z. B. für Tabak in Rundfunk und Fernsehen. Einschränkungen bestehen auch für Angehörige freier Berufe (Ärzte, Rechtsanwälte, Steuerberater) nach den einschlägigen Regeln der berufsständischen Kammern.

Nach der Generalklausel unlauteren Wettbewerbs gem. § 1 UWG sind u. a. die Ausnutzung der geschäftlichen Unerfahrenheit Jugendlicher bzw. die Angst oder Zwangslage von Verbrauchern unlauter, ferner die Verschleierung des Werbecharakters von Wettbewerbshandlungen, Unklarheiten hinsichtlich von Verkaufsförderungsmaßnahmen, Preisausschreiben oder Gewinnspielen und Täuschungen als wettbewerbswidrig anzusehen.

Das Verbot irreführender Werbung stellt einen Sondertatbestand des unlauteren Wettbewerbs dar. Wettbewerbswidrig ist insbesondere die Irreführung über die Merkmale der Waren oder Dienstleistungen, den Anlass des Verkaufs und den Preis sowie über geschäftliche Verhältnisse. Diese Regeln des Werberechts sind auch bei Angeboten im elektronischen Handel zu beachten, vgl. → *Internet-Recht*.

Literaturempfehlung: Emmerich: Das Recht des unlauteren Wettbewerbs, 6. Auflage, München 2002. Steckler: Urheber-, Medien- und Wettbewerbsrecht, Berlin 2003.

Werbestreuplanung. Hier wird festgelegt,

- auf welchem Weg die Werbebotschaft
- mithilfe welcher Medien (Werbeträger) und damit verbundener Werbemittel (z. B. Anzeigen, Fernsehspots, Banner)
- zu welchem Zeitpunkt (zeitliche Einsatzplanung, einmalig, kontinuierlich, konzentriert, saisonal)
- an die umworbene Zielgruppe herangetragen wird.

Es ist eine Mediaselektion (Intermediaanalyse: Vorauswahl der zu berücksichtigenden Werbeträgergruppen und Intramediaanalyse: detaillierte Auswahl der optimalen Werbeträger aus den vorher bestimmten Werbeträgergruppen) anhand folgender Determinanten vorzunehmen: durchschnittlich erreichbare Personenzahl und Zielgruppen je Werbeträger, die Belegungskosten, die Reichweitenänderung bei wiederholter Belegung eines bestimmten Werbeträgers, die externen Überschneidungen verschiedener Werbeträger bei gleichzeitiger Belegung verschiedener Werbeträger, die Erreichbarkeit der Werbeziele und das Image des Werbeträgers.

Werbung. Eine der Erreichung von Marketingzielen (Umsatz, Marktanteil) dienende Verbreitung von → *Werbebotschaften* mithilfe von → *Werbemitteln* und Werbeträgern.

Werbung kann nach folgenden Aspekten systematisiert werden: Anwendungsbereich (Wirtschaftswerbung, institutionelle Werbung), Art der Werbemedien (klassische Mediawerbung über Massenmedien, Direktwerbung, Point-of-Purchase-Werbung, persönliche Werbung, Bandenwerbung), Art und Gestaltung der Werbebotschaft (unternehmensbezogene Werbung, Produkt- und Dienstleistungswerbung, emotionale Werbung, Slice-of-life-Werbung, Testimonialwerbung, Leitbildwerbung) und Zahl der Werbetreibenden (Alleinwerbung, Sammelwerbung, Gemeinschaftswerbung).

Werbungskosten. Laut § 9 Abs. 1 Einkommensteuergesetz Aufwendungen zur Erwerbung, Sicherung und Erhaltung der Einnahmen. Werbungskosten werden im Rahmen von → *Überschusseinkünften* berücksichtigt. Sie entsprechen den → *Betriebsausgaben* bei den Gewinneinkünften.

Einzelne Werbungskosten sind in § 9 Abs. 1 Einkommensteuergesetz aufgezählt: Schuldzinsen, dauernde Lasten, Grundsteuer, öffentliche Abgaben, Versicherungsbeiträge, Beiträge zu Berufsverbänden, Aufwendungen für Fahrten zwischen Wohnung und Arbeitsstätte (→ *Entfernungspauschale*), Mehraufwendungen für doppelte Haushaltsführung, Aufwendungen für Arbeitsmittel, Absetzung für Abnutzung.

Grundsätzlich sind Werbungskosten einzeln nachzuweisen. Für Einkünfte aus nicht selbstständiger Arbeit, aus Kapitalvermögen und bestimmte sonstige Einkünfte (Ertragsanteile von Renten) gibt es laut § 9 a Einkommensteuergesetz Pauschbeträge (1.044 € bei nicht selbstständiger Arbeit, 51 € bei Kapitalvermögen und 102 € bei Ertragsanteilen von Renten). Nur wenn die Pauschbeträge überschritten werden, lohnt sich ein Einzelnachweis.

Werkslager. → *Lagerart* auf der obersten Ebene der → *Distributionsstufen*. Das Werkslager enthält im Gegensatz zum → *Zentrallager* nur das im jeweiligen Werk hergestellte Sortiment.

Werkstattfertigung. Industrielle Fertigungsorganisationsform, bei welcher die Maschinen gleicher Funktion in Gruppen angeordnet sind.

Vorteil: Für jede Abarbeitungsfolge in gleicher Weise geeignet, daher ist hohe Flexibilität gegeben.

Nachteile: lange Durchlaufzeit der → *Fertigungsaufträge*, hohe → *Umlaufbestände* und geringe Transparenz. Der Mangel an Transparenz wird besonders dann offenbar, wenn über mehrere Maschinen hinweg mit einem durchgehenden → *Arbeitsplan* gefertigt wird. Da bereits nach dem Durchlauf des ersten Arbeitsvorgangs Material-in-Fertigung entsteht (d.h. keine eindeutige lagermäßig bekannte → *Artikelnummer*), sind alle zwischen den Maschinen liegenden → *Bestände* unbekannt. Abhilfe: Work-in-Process-Analyse der → *Fertigungsaufträge*.

Werkstückträger. Besondere Form der → *Förderhilfsmittel* zur lagegerechten Anlieferung der Werkstücke an Maschinen.

Werkvertragsrecht. Die Herstellung eines Werkes wird gegen Zahlung einer Vergütung geschuldet, vgl. § 631 BGB. Gegenstand eines Werkvertrages kann sowohl die Herstellung einer Sache als auch die Herbeiführung eines durch Dienstleistung zu erbringenden Erfolges sein. Dabei geht es z.B. um Bauleistungen, Fracht- oder Transportleistungen, Schiffslöschung, Reparaturleistungen, Architektenleistungen, Herstellung eines Computerprogramms oder eines Werbefilms etc.

Die Vergütung wird erst mit der Abnahme des Werkes fällig. Die Abnahmepflicht ist eine Hauptleistungspflicht des Bestellers des Werkes. Im Fall eines Werkmangels entsteht ein gesetzlicher Nacherfüllungsanspruch. Diesen Anspruch muss der Besteller durch Fristsetzung verfolgen. Erst nach erfolgloser Fristsetzung zur Nacherfüllung kann der Besteller den Mangel selbst beseitigen, vom Werkvertrag zurücktreten oder Schadensersatz verlangen. Es gilt der Grundsatz der Privatautonomie, vgl. → *Vertragsrecht*.

Eine Sonderform des Werkvertrags ist der Lieferungsvertrag über bewegliche Sachen, der überwiegend den kaufrechtlichen Vorschriften unterfällt, vgl. § 651 BGB. Spezialregelungen bestehen im Baurecht bei Vereinbarung der Verdingungsordnung im Baugewerbe (VOB).

Literaturempfehlung: Steckler: Kompakt-Training Wirtschaftsrecht, 2. Auflage, Ludwigshafen 2003.

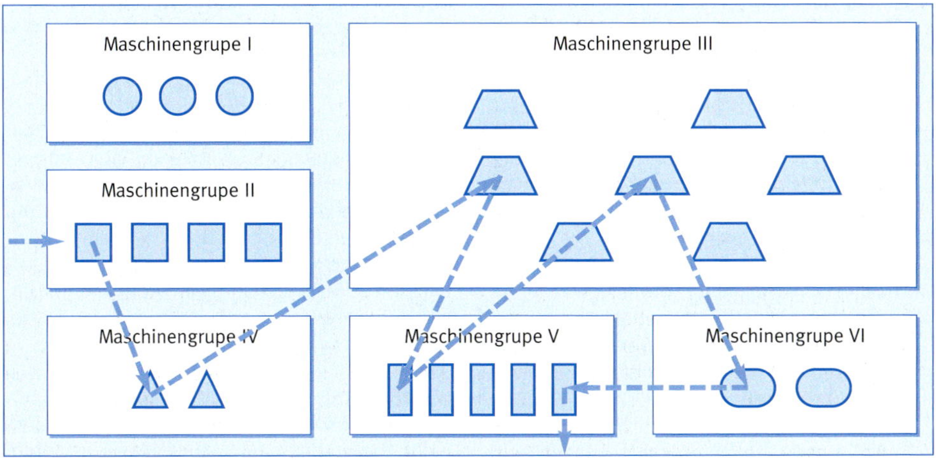

Abb. 71: Nichtlinearer Auftragsdurchlauf bei einer Werkstattfertigung

Wertanalyse → *Target Costing*.

Wertansätze der Vermögensgegenstände und Schulden (§ 253 HGB). Vermögensgegenstände sind höchstens mit den → *Anschaffungskosten* und → *Herstellungskosten* vermindert um → *Abschreibungen* anzusetzen. Verbindlichkeiten sind zu ihrem Rückzahlungsbetrag, Rentenverpflichtungen, für die eine Gegenleistung nicht mehr zu erwarten ist, zu ihrem Barwert und Rückstellungen nur in Höhe des Betrags anzusetzen, der nach vernünftiger kaufmännischer Beurteilung notwendig ist. Bei Vermögensgegenständen des → *Anlagevermögens*, deren Nutzung zeitlich begrenzt ist, sind die Anschaffungs- und Herstellungskosten um planmäßige Abschreibungen zu vermindern. Der Plan muss die Anschaffungs- oder Herstellungskosten auf die Geschäftsjahre verteilen, in denen der Vermögensgegenstand voraussichtlich genutzt werden kann.

Ohne Rücksicht darauf, ob ihre Nutzung zeitlich begrenzt ist, können (gemildertes Niederstwertprinzip) bei Vermögensgegenständen des Anlagevermögens außerplanmäßige Abschreibungen vorgenommen werden, um die Vermögensgegenstände mit dem niedrigeren Wert anzusetzen, der ihnen am Abschlussstichtag beizulegen ist; sie sind vorzunehmen bei einer voraussichtlich dauernden Wertminderung.

Bei Vermögensgegenständen des → *Umlaufvermögens* sind (strenges Niederstwertprinzip) Abschreibungen vorzunehmen, um diese mit einem niedrigeren Wert anzusetzen, der sich aus einem Börsen- oder Marktpreis am Abschlussstichtag ergibt.

Ist ein Börsen- oder Marktpreis nicht festzustellen und übersteigen die Anschaffungs- und Herstellungskosten den Wert, der den Vermögensgegenständen am Abschlussstichtag beizulegen ist, so ist auf diesen Wert abzuschreiben. Außerdem dürfen Abschreibungen vorgenommen werden, soweit diese nach vernünftiger kaufmännischer Beurteilung notwendig sind, um zu verhindern, dass in der nächsten Zukunft der Wertansatz dieser Vermögensgegenstände auf Grund von Wertschwankungen geändert werden muss.

Abschreibungen sind außerdem im Rahmen vernünftiger kaufmännischer Beurteilung zulässig. Ein (so gebildeter) niedrigerer Wertansatz darf beibehalten werden, auch wenn die Gründe dafür nicht mehr bestehen. Bei Steuerbilanzen sind z. T. gesonderte Vorschriften zu beachten.

Wertaufhellung. Dieser Grundsatz ist aus dem → *Vorsichtsprinzip* ableitbar. Für die Bewertung und Bilanzierung sind gemäß § 242 Abs. 1 HGB die Verhältnisse am Schluss des Geschäftsjahrs maßgebend (Stichtagsprinzip). Nach der Wertaufhellungstheorie des Bundesfinanzhofes müssen bessere Erkenntnisse über die bis zum Abschlussstichtag entstandenen Ereignisse, die jedoch erst im neuen Jahr bis zum Tag der Aufstellung des Jahresabschlusses bekannt geworden sind, für das abgelaufene Jahr noch berücksichtigt werden (§ 252, Abs. 1 Nr. 4 HGB). Beispiel: Bei einem Schuldner wird zum Ende des Geschäftsjahrs ein Insolvenzverfahren eingeleitet. Dies erfährt der Unternehmer erst nach dem Stichtag. Es kommt dadurch im neuen Jahr zu einem Forderungsausfall. Der Unternehmer muss die Forderung noch im alten Jahr ausbuchen, da die Wertlosigkeit der Forderung bereits mit der Eröffnung des Insolvenzverfahrens objektiv im alten Jahr bestanden hat.

Nach dem Abschlussstichtag erst eingetretene wertmindernde Ereignisse stellen dagegen wertbegründende Informationen dar und werden erst im neuen Jahr berücksichtigt.

Beispiel: Durch einen Betriebsfeuerschaden wird ein Schuldner im neuen Jahr und vor der Aufstellung des Jahresabschlusses durch den Gläubiger insolvent. Die Kundenforderungen des Vorjahrs werden damit uneinbringlich. Diese können jedoch erst im neuen Jahr verbucht werden, da das Ereignis erst im neuen Jahr eingetreten ist.

Wertberichtigung. Abgetrennte Habenseite eines aktiven → *Bestandskontos* (also kein Passivkonto). Beispiele: Indirekte → *Abschreibung* von Gegenständen des Anlagevermögens. Wurde das einzige Firmenfahrzeug für 25.000 € im 1. Halbjahr 2002 angeschafft und mit 20 % linear abgeschrieben, so stand es am 31.12.02 mit 20.000 € auf der Aktivseite. Stattdessen ist es buchungstechnisch möglich (jedoch auf Grund juristischer Formvorschriften nicht in allen Fällen für publizierte Jahresabschlüsse zugelassen), auf der Aktivseite einen Fuhrpark von 25.000 € und auf der Passivseite eine Wertberichtigung auf Anlagevermögen von 5.000 € auszuweisen.

Wertberichtigung auf Forderungen. Man unterscheidet einwandfreie → *Forderungen*, zweifelhafte Forderungen und uneinbringliche Forderungen.

Forderungen des → *Umlaufvermögens* sind grundsätzlich mit ihrem Nennwert zu bilanzieren, außer es handelt sich um zweifelhafte Forderungen. Sofern aber Zahlungsverzug des Schuldners oder Vergleich bzw. Konkurs (→ *Insolvenzrecht*) vorliegt, sind dafür Wertberichtigungen vorzunehmen. Bei Einzelwertberichtigungen wird jede einzelne Forderung, bei der Risiken erkennbar sind, neu bewertet. Uneinbringliche Forderungen werden komplett abgeschrieben. Bei der Pauschalwertberichtigung wird ein bestimmter Prozentsatz vom Nennbetrag der jeweiligen Forderungen abgeschrieben.

Erfahrungsgemäß ist ein bestimmter Prozentsatz der Forderungen immer mehr oder minder zweifelhaft und daher zu wertberichtigen. Obgleich sie auf der Passivseite der Bilanz stehen, gehören Wertberichtigungen dennoch nicht zum Fremdkapital.

Wertkette. Die Leistungserstellung wird unter dem Gesichtspunkt einer Abfolge von wertbildenden Aktivitäten betrachtet. Das Konzept wurde von M. E. Porter entwickelt. Die Ausgangsfrage lautet: »Wie kann ein Unternehmen in einer bestimmten Branche es zu Stande bringen, Wettbewerbsvorteile zu erzielen?« Für Porter ist der Wert der Unternehmensleistung der Betrag, den der Kunde für das zur Verfügung gestellte Produkt zu zahlen bereit ist.

Die Wertschöpfungsstruktur des Unternehmens, seiner Lieferanten und Kunden wird nach Stärken und Schwächen untersucht. Porter kommt zu der Überzeugung, dass ein Unternehmen, das diese strategisch wichtigen Aktivitäten billiger oder besser als die Konkurrenz durchführt, sich Wettbewerbsvorteile verschafft. »Die Unternehmen, die bei der Verbesserung ihrer Produkte und ihrer Verfahren am dynamischsten vorgehen, sind letztendlich diejenigen, die internationalen Erfolg verbuchen können, und nicht die, die mit billigen Arbeitskräften oder anderen Kostenfaktorvorteilen operieren.«

Zur Analyse der Wertketten wird das Unternehmen in wertschöpfende Aktivitäten untergliedert, die Kosten- und Differenzierungsvorteile gegenüber der Konkurrenz versprechen. Diese strategisch relevanten Aktivitäten werden in primäre und unterstützende Aktivitäten unterteilt. Die primären Aktivitäten umfassen die mit Herstellung und Vertrieb der Leistung unmittelbar verbundenen Tätigkeiten.

Eingangslogistik	Bereitstellung der Werkstoffe, wie Empfang, Eingangskontrolle, Lagerung und Verteilung von Roh-, Hilfs- und Betriebsstoffen
Operationen	Leistungserstellung, Umwandlung der Werkstoffe in Produkte, wie Materialumformung, Montage, Qualitätskontrolle
Marketing & Vertrieb	Vermarktung des Produkts, wie Werbung, Außendienst, Kundenakquisition
Ausgangslogistik	Lagerung und Auslieferung des Produktes, wie Auftragsabwicklung, Fertiglager, Transport
Kundendienst	Dienstleistungen zur Werterhaltung und Pflege des Produkts, wie Installation, Reparatur, Ersatzteillieferung

Primäre Wertkettenaktivitäten

Die unterstützenden Aktivitäten helfen, die primären Aktivitäten funktionsfähig zu halten, und ermöglichen die Leistung des Unternehmens als Ganzes.

Beschaffung	Einkauf der Inputfaktoren, wie Einkauf von Werkstoffen, Maschinen, Gebäuden, Dienstleistungen
Technologieentwicklung	Verbesserung der Produkte und Verfahren, wie Forschung und Entwicklung, Verbesserung der Kommunikationstechnologie, der Abläufe, der Verfahrenstechniken
Personalwirtschaft	Personalbezogene Aktivitäten, wie Personalauswahl, Personalentwicklung, Personalentlohnung, Aus- und Weiterbildung
Unternehmensstruktur	Führungs- und Informationssystem, wie Rechnungswesen, Finanzen, Unternehmensleitung, Controlling

Unterstützende Wertkettenaktivitäten

Um Wettbewerbsvorteile zu realisieren, wird die gesamte Wertkette dahingehend untersucht, ob Kosteneinsparungs- oder Differenzierungspotenziale vorliegen. Kosten und Kundennutzen der Aktivitäten sollen transparent werden. Kosten werden nicht nach Kostenstellen, sondern nach Wertaktivitäten geordnet. Nicht nur das Produkt selbst und die Marketingaktivitäten werden im Hinblick auf ihren Beitrag zum Kundenwert untersucht. Porter geht vielmehr davon aus, dass jede Wertaktivität einen Differenzierungsvorteil erbringen kann. Überlegungen und Fragestellungen sind z. B. Identifikation der Kostentreiber, Ursachen für die Kostenführerschaft in der Branche, welche Aktivitäten werden vom Kunden als wertvoll angesehen, welche Wertkettenelemente werden vom Kunden nicht honoriert.

Wertpapierrecht. Spezialgebiet des → *Bank-* und → *Börsenrechts*. Das Wertpapier ist eine Urkunde, die ein privates Recht verbrieft. Für die Geltendmachung des Rechts ist die Inhaberschaft an der Urkunde erforderlich. Man unterscheidet:

- Mitgliedschaftsrecht (Aktie)
- Sachenrechte (Hypotheken-, Grundschuld- und Rentenschuldbrief) und
- schuldrechtliche Forderungen auf Geld- oder Sachleistungen (Wechsel, Scheck, Inhaberschuldverschreibung, Sparkassenbuch, Ladeschein, Konnossement, Lagerschein).

Rechtsgrundlagen finden sich im Aktienrecht, im Sachenrecht und im Handelsrecht. Spezialgesetze sind das Scheckgesetz und das Wechselgesetz.

Die wirtschaftlichen Funktionen der Wertpapiere sind vielfältig. Sie dienen als Zahlungsmittel (Scheck) oder als Instrument eines kurzfristigen Kredits (Wechsel). Sie bewirken die Förderung der Kapitalaufbringung und der Kapitalanlage (Aktien oder Inhaberschuldverschreibungen). Die handelsrechtlichen Wertpapiere fördern insbesondere den Güterumlauf.

Die Übertragung des im Orderpapier verbrieften Rechts ersetzt die Übertragung des Eigentums an den Waren. Die kaufmännischen Orderpapiere: Anweisungen auf einen Kaufmann über Geld, Wertpapiere oder vertretbare Sachen; Verpflichtungsscheine eines Kaufmanns über die Leistung von Geld, Wertpapieren oder anderen vertretbaren Sachen; Konnossemente im Seehandel; Ladescheine der Frachtführer; Lagerscheine der Lagerhalter; Transportversicherungspolicen.

Eine Einteilung der Urkunden kann nach der Person des Berechtigten erfolgen:

a) Namens- und Rektapapiere bezeichnen eine namentlich genannte Person als Berechtigten, Beispiele: Rektawechsel und Rektascheck, Hypothekenbrief, BGB-Anweisung, Sparkassenbuch, Versicherungspolice, Depotschein, ferner auch Konnossement, Ladeschein und Lagerschein, die nicht an Order ausgestellt sind;
b) Inhaberpapiere weisen den Inhaber bzw. Besitzer einer Urkunde als den Berechtigten aus, Beispiel: Inhaberschuldverschreibung, Inhaberaktien, Inhabergrundschuld- und Inhaberrentenschuldbriefe, Inhaberscheck;
c) Orderpapiere geben zwar den Berechtigten namentlich an, lassen sich aber durch Indossament weiter übertragen. Geborene Orderpapiere bedürfen keiner ausdrücklichen Orderklausel (Wechsel, Scheck und Namensaktie). Gekorene Orderpapiere werden erst durch Orderklausel zu einem Verkehrspapier. Sie werden durch Übereignung der Urkunde und Indossament übertragen. Der Berechtigte wird als erster Nehmer in der Urkunde oder im Indossament genannt. Die verbrieften Ansprüche sind damit umlauffähig. Beispiele sind die sechs handelsrechtlichen Wertpapiere;
d) Liberationspapiere sind Legitimationspapiere zu Gunsten des Schuldners. Als gewöhnliche Liberationspapiere gelten Reparaturscheine, Gepäckscheine, Garderobenmarken etc. Qualifizierte Liberationspapiere mit Wertpapiereigenschaft sind u. a. Leihhausscheine und Depotscheine;
e) Marken, Karten und Symbolzeichen gelten z. B. für Parkhäuser oder Zutrittsberechtigungen.

Wertschöpfungskette. Synonym für → *Wertkette*.

Wertschöpfungsprozess. Wertzunahme durch die Bearbeitungsschrittfolge im Fertigungsprozess von der Rohstoffstufe bis zum fertigen Erzeugnis.

Wertzusammenhangsprinzip, eingeschränktes. Sofern der einem Vermögensgegenstand am → *Bilanzstichtag* beizulegende Wert (steuerlich der Teilwert) im Zeitablauf gestiegen ist, kann dieser höhere Wert angesetzt werden, obwohl der Bilanzansatz des Vorjahrs infolge außerplanmäßiger Abschreibung niedriger war (für Kapitalgesellschaften besteht grundsätzlich eine Zuschreibungspflicht, § 280 HGB). Diese Zuschreibung ist nur zulässig, wenn vorher entsprechend außerplanmäßig abgeschrieben wurde.

Beispiel: Ein für 500.000 € im Jahr 2003 gekauftes Gebäude (der Grundstückswert wird nicht abgeschrieben) wurde zum 31.12.03 wegen Verdachts auf Hausschwamm mit 100.000 € beizulegendem Wert angesetzt. Erweist sich der Verdacht im Jahr 2004 als unbegründet, so darf bzw. muss das Gebäude zum 31.12.04 (unter Beachtung des → *Niederstwertprinzips*, also wenn die Immobilienpreise nicht gefallen sind) bewertet werden mit 500.000 € abzüglich der planmäßigen Abschreibungen für die Jahre 03 und 04.

Wettbewerbsrecht. Spezialgebiet des → *Wirtschaftsrechts*. Im Bereich des Wettbewerbsrechts wird zwischen dem Recht des unlauteren Wettbewerbs und dem → *Kartellrecht* unterschieden.

Gegenstand des Wettbewerbsrechts ist der Schutz des freien Leistungswettbewerbs für die Unternehmer und der Verbraucherschutz. Im Kartellrecht geht es dagegen um den Schutz der freien Marktordnung gegen Wettbewerbsbeschränkungen.

Das Recht des unlauteren Wettbewerbs umfasst Formen unlauterer und irreführender Werbung, → *Werberecht*. Rechtsgrundlagen sind das Gesetz gegen den unlauteren Wettbewerb (UWG) und Spezialvorschriften (Preisangabenverordnung, Heilmittelwerbegesetz, Arzneimittelgesetz etc.).

Nach § 3 UWG sind unlautere Wettbewerbshandlungen unzulässig, die geeignet sind, den Wettbewerb zum Nachteil der Mitbewerber, der Verbraucher oder der sonstigen Marktteilnehmer nicht nur unerheblich zu beeinträchtigen. Einzelfälle aus Rechtsprechung und Praxis werden beispielhaft und nicht abschließend in § 4 UWG aufgelistet. Dazu gehören:

- Beeinträchtigung der Entscheidungsfreiheit der Verbraucher durch Ausübung von Druck etc. oder durch sonstigen unangemessenen unsachlichen Einfluss.
- Ausnutzung der geschäftlichen Unerfahrenheit insbesondere von Kindern und Jugendlichen und der Leichtgläubigkeit, Angst oder Zwangslage von Verbrauchern.
- Verschleierung des Werbecharakters von Wettbewerbshandlungen.
- Unklare und nicht eindeutige Angabe der Bedingungen für die Inanspruchnahme von Verkaufsförderungsmaßnahmen wie Preisnachlässe, Zugaben oder Geschenke.
- Unklare und nicht eindeutige Angabe der Teilnahmebedingungen für Preisausschreiben oder Gewinnspiele mit Werbecharakter.
- Koppelung der Teilnahme von Verbrauchern an einem Preisausschreiben oder Gewinnspiel mit dem Erwerb der Ware oder der Inanspruchnahme einer Dienstleistung.
- Herabsetzung oder Verunglimpfung der Kennzeichen, Waren, Dienstleistungen, Tätigkeiten etc. eines Mitbewerbers.

Die Anwendung dieser Rechtsgrundsätze wird in zahlreichen Fallbeispielen deutlich. Täuschung durch irreführende Werbung, z. B. falsche Selbstanpreisung, Lockvogelangebote, Vortäuschen von Einkaufsvorteilen, Tarnung von Verkaufs- oder Werbemaßnahmen, ferner Nötigung durch Zwang, Bedrohung oder psychischen Druck, Belästigung durch unaufgeforderte Telefon-, Fax- oder E-Mail-Werbung, Koppelungsgeschäfte, Absatz-, Werbe-, Lizenz- und Bezugsbehinderung. Falls ein → *gewerbliches Schutzrecht* besteht, sind die Spezialregelungen des Marken- oder Musterrechts vorrangig. Gesetzesverstöße können ebenfalls unzulässige Wettbewerbshandlungen sein, z. B. gegen das Heilmittelwerbegesetz, Arzneimittel- oder Lebensmittelgesetze, Bezeichnungsvorschriften, aber auch gegen die Preisangabenverordnung, gegen das Ladenschlussgesetz oder gegen das Außenwirtschaftsgesetz.

Im Fall eines Wettbewerbsverstoßes haben nicht nur die Konkurrenzunternehmen, sondern auch Kammern und Verbände ein Klagerecht auf Unterlassung, → *Unterlassungsklage*. Das Wettbewerbsrecht wird zunehmend vom → *Europäischen Wirtschaftsrecht* beeinflusst.

Literaturempfehlung: Emmerich: Das Recht des unlauteren Wettbewerbs, 6. Auflage, München 2002. Danne, H. / Keil, T.: Wirtschaftsprivatrecht II, Berlin 2001.

Wiederbeschaffungszeit (WBZ). Lieferzeit bis zum Eingang eines bestellten Artikels. Die WBZ wird im Artikelstammsatz des → *PPS-Systems* oder des → *Warenwirtschaftssystems* gespeichert und bei der → *Materialbedarfsplanung* zur Berechnung der Bestellzeitpunkte benötigt.

Willingness-to-Pay-Verfahren. Kundenbezogene, explorative Qualitätsmessung. Dabei wird die Qualitätswahrnehmung indirekt erhoben, indem die Preisbereitschaft für ein Angebot bei potenziellen Kunden abgefragt wird. Es wird unterstellt, dass eine höhere Qualitätswahrnehmung auch zu einer höheren Preisbereitschaft führt. Dann könnte aus einem höherem Preis auf eine höhere Qualität geschlossen werden.

Wirkungsbilanz. Beschreibt ökologisch die in der Sachbilanz zusammengefassten gleichartigen Fluss- und Bestandsgrößen in Bezug auf ihre Einflüsse auf mögliche globale, regionale und lokale Wirkungen (z.B. Treibhauseffekt, Luftbelastung in Ballungszentren, Gewässerschutz, Abfallaufkommen, Ressourcenbeanspruchung).

Wirkungsgrad. Analog zum naturwissenschaftlichen Begriff der Quotient aus dem Anteil der werterhöhenden Leistung (nur Nutzleistung) und der insgesamt aufgewendeten Leistung für Prozesse. Lean Production (den Gemeinkostenbereich umfassend auch als Lean Management bezeichnet) bedeutet dann im Kern, dass Fehlleistungen und Blindleistungen so weit wie möglich entfallen und praktisch nur noch Nutzleistungen und Stützleistungen in der Produktion verbleiben.

Man geht schätzungsweise von Anteilen für Nutzleistung bei 25 %, für Stützleistung bei 45 %, für Blindleistung bei 20 % und bei Fehlleistung von 10 % am Input aus, was ein Effektivitätspotenzial von immerhin 30 % aller betrieblichen Tätigkeiten ausmacht.

Wirtschaftlichkeit. Im Gegensatz zur → *Produktivität* werden Output und Input mit Preisen bewertet. Bei Bewertung mit Marktpreisen wird deutlich, dass nicht nur mengenmäßige Veränderungen, sondern auch Preisänderungen die Wirtschaftlichkeit beeinflussen. Der Ansatz von Verrechnungspreisen begrenzt den Einfluss der Preisschwankungen und ermöglicht trotz nominaler Werte einen Rückschluss auf reale Mengenveränderungen.

Gelegentlich wird unter Bezug auf Gutenberg die Relation von Soll- zu Ist-Größen als Wirtschaftlichkeit betrachtet, z.B. Soll-Kosten zu Ist-Kosten.

Wirtschaftlichkeitsprinzip. Es wird auch als ökonomisches Prinzip bezeichnet und zielt ab auf ein günstiges Verhältnis zwischen Leistungsergebnis (Output) und Verbrauch an Gütern und Dienstleistungen (Input); ausgedrückt entweder als absoluter Wert oder als relative → *Kennzahl*. Die Ausprägung kann sein:

- Maximalprinzip (mit gegebenem Input einen größtmöglichen Output erreichen) oder
- Minimalprinzip (vorgegebenen Output mit minimalem Input erzielen) sowie
- Optimalprinzip (gesucht wird die Alternative mit dem günstigsten Verhältnis zwischen Output und Input).

Ferner ist zu unterscheiden in absolute Wirtschaftlichkeit (positiv, wenn Output größer Input) und in relative als Beziehung der absoluten verschiedenen Alternativen zueinander. Die Bestimmung erfolgt als → *Produktivität*, → *Wirtschaftlichkeit* oder → *Rentabilität*.

Wirtschaftsausschuss → *Betriebsverfassungsgesetz*, → *Mitbestimmung auf Betriebsebene*.

Wirtschaftsfachverbände → *Unternehmensverbände*.

Wirtschaftsrecht. Siehe dazu den Artikel auf Seite 437.

WLAN. Abk. für Wireless Local Area Network, → *Lokales Netzwerk*.

Workgroup-Computing → *Groupware*.

Working-Capital. Englischsprachige Bezeichnung für das Netto-Umlaufvermögen. Zur Ermittlung des Working-Capitals werden von den Positionen des Umlaufvermögens die kurzfristigen Verbindlichkeiten abgezogen (zum Working-Capital-Management → *Finanzmanagement*).

Workstation (dt.: Arbeitsplatzrechner). Der Begriff Workstation wird in der Informationsverarbeitung in verschiedenen Bedeutungen verwendet.

1. Allgemein: → *PC*, der an einem Arbeitsplatz eingesetzt wird und den Anforderungen dieses Arbeitsplatzes entsprechend ausgestattet ist.
2. PC, der an ein → *lokales Netzwerk* oder an einen Großrechner (→ *Mainframe*) angeschlossen ist.
3. Leistungsstarker PC für professionelle Arbeiten im technischen, wissenschaftlichen oder grafischen Bereich (z.B. für computergestütztes Konstruieren [CAD]).

Wirtschaftsrecht

Öffentliches und privates Wirtschaftsrecht

Die freie Entfaltung wirtschaftlicher Aktivitäten wird durch rechtliche Rahmenbedingungen gewährleistet. Das Wirtschaftsrecht umfasst die Gesamtheit aller Gesetze und Normen, welche die unternehmerischen Tätigkeiten regeln. Im Mittelpunkt steht die Erhaltung der Funktionsfähigkeit der Wirtschaftsordnung.

Es ist zwischen

- öffentlichem Wirtschaftsrecht und
- privatem Wirtschaftsrecht

zu unterscheiden. Daneben sind auch die Bereiche des → *internationalen* und des → *europäischen* Wirtschaftsrechts zu berücksichtigen.

Zum öffentlichen Wirtschaftsrecht gehören die Normen, welche die Struktur der Volkswirtschaft betreffen. Diese wird durch das Wirtschaftsverfassungsrecht und auch durch den Regelungsbereich des Wirtschaftsverwaltungsrechts (siehe unten) geprägt. Das Wirtschaftsverfassungsrecht enthält Rechtsnormen zur Regelung der Wirtschaftsordnung. Im Grundgesetz der Bundesrepublik Deutschland ist die freie soziale Marktwirtschaft verankert. Neben dem Grundrecht der Gewerbefreiheit als Bestandteil des allgemeinen Persönlichkeitsrechts gemäß Artikel 2 GG sind vor allem die Eigentumsgarantie und das Erbrecht gemäß Artikel 14 GG für die Wirtschaft von Bedeutung. Damit werden für alle Gewerbetreibenden gleiche Bedingungen geschaffen und Rechtssicherheit für ihre wirtschaftliche Betätigung und den Bestand ihres Unternehmens gewährt.

Wirtschaftsverfassungsrecht	
Sozialstaatsprinzip	Menschenwürde, Art. 1 GG, Persönlichkeitsrecht, Art. 2 GG, Gleichheitssatz, Art. 3 GG.
Rechtsstaatsprinzip	Vorrang des Gesetzes, Art. 20 Abs. 3 GG.
Demokratie und Föderalismus	Gesetzgebungs- und Verwaltungskompetenzen für Bund und Länder, Art. 30, 73 und 74 GG.
Grundrechtsschutz wirtschaftlicher Tätigkeit	Gewerbefreiheit, Art. 2 GG, Vereinigungsfreiheit, Art. 9 GG, Koalitionsfreiheit, Art. 9 Abs. 3 GG, Niederlassungsfreiheit, Art. 11 GG, Berufsfreiheit, Art. 12 GG, Gewährleistung von Eigentum und Erbrecht, Art. 14 GG.

Das Sozialstaatsprinzip garantiert wirtschaftliche und soziale Sicherheit. Dies wird aus dem Grundrecht der Menschenwürde gemäß Artikel 1 GG, aus dem Recht auf freie Entfaltung der Persönlichkeit gemäß Artikel 2 GG und aus dem Gleichheitssatz gemäß Artikel 3 GG deutlich.

Das Rechtsstaatsprinzip besagt, dass die Verwaltung nur auf gesetzlicher Grundlage tätig werden darf.

Die Wirtschaftsverwaltung orientiert sich am Vorrang des Gesetzes. Sie hat verbotenes Handeln zu unterlassen und erlaubtes Handeln zu genehmigen. Das Grundgesetz garantiert Demokratie und Föderalismus. Die Aufgaben der Wirtschaftsverwaltung sind zwischen Bund und Ländern aufgeteilt. In der Wirtschaftspolitik und der Gesetzgebung liegen die Kompetenzen meist beim Bund; doch orientiert sich die Wirtschaftsförderung an regionalen Strukturen und an Industriezweigen.

Grundrechtsschutz besteht auch für die allgemeine wirtschaftliche Tätigkeit. Die Vereinigungsfreiheit gemäß Artikel 9 GG ermöglicht den Zusammenschluss von Personen für eine beliebige Zweckverfolgung und damit auch die Gründung von Gesellschaften zu gewerblichen Zwecken. Die Koalitionsfreiheit gemäß Artikel 9 Abs. 3 GG betrifft die Wahrung und Förderung der Arbeits- und Wirtschaftsbedingungen. Insbesondere Arbeitgeberverbände und Gewerkschaften genießen Bestands- und Betätigungsschutz. Artikel 11 GG garantiert die Niederlassungsfreiheit. Gemäß Artikel 12 GG haben alle Deutschen das Recht, Beruf, Arbeitsplatz und Ausbildungsstätte frei zu wählen. Die Gewährleistung von Eigentum und Erbrecht gemäß Artikel 14 GG umfasst auch die Sozialbindung des Eigentums.

Das Wirtschaftsverwaltungsrecht (siehe S. 438) dient der Erhaltung der Funktionsfähigkeit des freien Wettbewerbs. Im Allgemeinen werden Maßnahmen der Wirtschaftsplanung, Wirtschaftsüberwachung, Wirtschaftslenkung und Wirtschaftsförderung getroffen. Zum besonderen Wirtschaftsverwaltungsrecht gehören Spezialgebiete wie z.B. das → *Steuerrecht*, das Kartellrecht, das Gewerberecht, das Umweltschutzrecht und das → *Datenschutzrecht*.

Wirtschaftsverwaltungsrecht	
Allgemeines Wirtschaftsverwaltungsrecht	Wirtschaftsplanung, Wirtschaftsüberwachung, Wirtschaftslenkung, Wirtschaftsförderung
Besonderes Wirtschaftsverwaltungs recht	Gewerberecht, Umweltschutzrecht, Außenwirtschaftsrecht, Bank- und Versicherungsrecht, Sozialversicherungsrecht, Steuerrecht, Datenschutzrecht, Telekommunikationsrecht etc.

Auch das Wirtschaftsstrafrecht (siehe unten) wird dem öffentlichen Wirtschaftsrecht zugeordnet.

Im Unterschied zum öffentlichen Wirtschaftsrecht gehören zum privaten Wirtschaftsrecht alle diejenigen Gesetze und Rechtsnormen, welche das Verhältnis der Rechtssubjekte untereinander betreffen. Kernbereich des Wirtschaftsprivatrechts ist der Grundsatz der Privatautonomie. Jeder Unternehmer und jedes Unternehmen kann entscheiden, ob und mit wem ein Vertrag abgeschlossen wird und welche Inhalte darin geregelt sind. Das → *Vertragsrecht* gehört zum Gebiet des → *Bürgerlichen Rechts*. Daneben umfasst das private Wirtschaftsrecht auch das → *Handelsrecht*, das → *Gesellschaftsrecht*, das → *Arbeitsrecht* und andere Bereiche wirtschaftlicher Betätigung. In einzelnen Gebieten, z.B. im → *Arbeitsrecht*, im → *Wettbewerbsrecht*, im → *Bankrecht* und im → *gewerblichen Rechtsschutz* wird die Trennung zwischen dem öffentlichen und privaten Wirtschaftsrecht aufgehoben.

Wirtschaftsprivatrecht (Beispiele)	
Bürgerliches Recht und Nebengebiete	Bürgerliches Gesetzbuch (BGB), Produkthaftungsgesetz (ProdHaftG), Unterlassungsklagengesetz (UKlaG), Verordnung über Informationspflichten nach bürgerlichem Recht (BGB-Info-VO).
Arbeitsrecht	Arbeitszeitgesetz (AZG), Bundesurlaubsgesetz (BurlG), Kündigungsschutzgesetz (KSchG), Betriebsverfassungsgesetz (BetrVG), Tarifvertragsgesetz (TVG).
Handelsrecht	Handelsgesetzbuch (HGB).
Wertpapierrecht	Wechselgesetz (WechselG), Scheckgesetz (ScheckG).
Bank- und Börsenrecht	Kreditwesengesetz (KWG), Börsengesetz (BörsenG), Depotgesetz (DepotG).
Gesellschaftsrecht	Handelsgesetzbuch (HGB), Gesetz über Gesellschaften mit beschränkter Haftung (GmbHG), Aktiengesetz (AktG).
Wettbewerbs- und Kartellrecht	Gesetz gegen Wettbewerbsbeschränkungen (GWB), Gesetz gegen den unlauteren Wettbewerb (UWG),
Gewerblicher Rechtsschutz u. Urheberrecht	Patentgesetz (PatG), Gebrauchsmustergesetz (GebrMG), Geschmacksmustergesetz (GeschmMG), Markenrechtsgesetz (MarkenG), Urheberrechtsgesetz (UrhG).

Wirtschaftsverwaltungsrecht

Bereich des öffentlichen → *Wirtschaftsrechts*. Rechtsgrundlagen sind neben den allgemeinen Verwaltungsgesetzen zahlreiche Spezialregelungen. Man unterscheidet zwischen dem allgemeinen und dem besonderen Wirtschaftsverwaltungsrecht.

Das allgemeine Verwaltungsrecht umfasst die Organisation der öffentlichen Verwaltung, die Grundlagen des Verwaltungshandelns, insbesondere den Verwaltungsakt, ferner das Verwaltungsverfahren. Der Bereich der Wirtschaftsverwaltung betrifft die

- Selbstverwaltung der Wirtschaft durch Kammern und Wirtschaftsverbände,
- Maßnahmen der Wirtschaftsplanung, -überwachung, -lenkung und -förderung sowie
- die Wirtschaftsaufsicht.

Im besonderen Wirtschaftsverwaltungsrecht geht es um einzelne Wirtschafts- und -verwaltungszweige. Das Gewerberecht schließt u.a. die allgemeinen Zugangsvoraussetzungen zur Ausübung eines Gewerbes ein. Es umfasst insbesondere Reisegewerbe, die Veranstaltung von Messen, Ausstellungen und Märkten, das Betreiben einer Gaststätte, das Betreiben von Anlagen, das Verkehrsgewerbe (Personen- und Güterbeförderung) sowie das Banken- und Versicherungsgewerbe. Zu den Regelungen für einzelne Wirtschaftszweige gehören u.a. das Energierecht, das → *Telekommunikations*- und

→ *Medienrecht*, das → *Datenschutzrecht*, das → *Außenwirtschaftsrecht*, das Baurecht und das Umweltrecht. Letzteres betrifft alle Regelungen, die dem Ziel dienen, die natürlichen Lebensgrundlagen zu sichern. Dazu gehören u.a. das Immissionsschutzrecht, das Wasserschutzrecht, das Boden- und Naturschutzrecht, das Abfallentsorgungsrecht, das Gefahrstoff- und Chemikalienrecht, das Strahlenschutzrecht, das Gentechnikrecht etc.

Wirtschaftsstrafrecht

Im Bereich des Strafrechts ist die Wirtschaftskriminalität zu einem Spezialgebiet geworden. Neue Erscheinungsformen von Wirtschaftsstraftaten haben wiederholt zu Gesetzesänderungen mit dem Ziel Bekämpfung der Wirtschaftskriminalität geführt. Erschwerend kommt bei der Strafverfolgung hinzu, dass die Internationalität dieser Straftaten zu Ermittlungshindernissen führt.

Rechtsgrundlagen der Wirtschaftsstraftaten sind neben dem Strafgesetzbuch (StGB) zahlreiche Sondergesetze des öffentlichen → *Wirtschaftsrechts*. Nahezu alle Wirtschaftsgesetze enthalten Kataloge von Straftaten und Ordnungswidrigkeiten.

Die nachfolgende Aufzählung enthält beispielhaft und keineswegs abschließend einige der für die Wirtschaft maßgeblichen Straftaten.

- Organisierte Wirtschaftskriminalität: Die Geldwäsche gilt als Schlüsselproblem der organisierten Kriminalität. Das Geldwäschegesetz dient den Strafverfolgungsbehörden zur Ermittlung von Straftaten. Es bietet die Rechtsgrundlage für Identifikations- und Meldepflichten. Kredit- und Finanzinstitute, Spielbanken, Gewerbetreibende und Lebensversicherungen sind verpflichtet, Finanztransaktionen zu identifizieren, aufzuzeichnen und die Daten aufzubewahren.
- Wirtschafts- und Steuerkriminalität in der EU: Abschöpfungen, Ausfuhrerstattungen, Ausnutzung von Förderprogrammen und Subventionen etc. Computerkriminalität: Ausspähen von Daten (Hacking), Computerbetrug, Fälschung beweiserheblicher Daten, Täuschung im Rechtsverkehr bei der Datenverarbeitung, Falschbeurkundung, rechtswidrige Datenveränderung, Computersabotage etc. Hierzu gehören auch Verletzungen des → *Urheberrechts* und des → *Datenschutzrechts*.
- Straftaten im Bank- und Kreditwesen: Insidergeschäfte, Wechsel- und Scheckbetrug, Missbrauch von Scheck- und Kreditkarten, Untreue bei der Kreditvergabe, Kapitalanlagebetrug. Insolvenzdelikte: Bankrott, Verletzung der Buchführungspflicht, Gläubiger- und Schuldnerbegünstigung.
- → *Wettbewerbsrecht*: strafbare Werbung, Ankündigung von Mondpreisen, Tatbestände des Kundenfangs (Haustürwerbung, Kaffeefahrten), Räumungsverkaufsschwindel, unseriöse Spendenaufrufe, progressive Kundenwerbung, Kettenbriefe, Betriebsspionage, Produkt- und Markenpiraterie, Verrat von Betriebs- und Geschäftsgeheimnissen.
- Arbeitsrecht: Korruption und Schmiergeldannahme, illegale Beschäftigung und Schwarzarbeit; Steuer- und Zollmanipulation; Umweltstraftaten etc.

Literaturempfehlung: Führich: Wirtschaftsprivatrecht, 6. Auflage, München 2002. Danne, H. / Keil, T.: Wirtschaftsprivatrecht I, 2. Auflage, Berlin 2003. Danne, H. / Keil, T.: Wirtschaftsprivatrecht II, Berlin 2001. Oberrath: Öffentliches Wirtschaftsrecht, Stuttgart 1999. Pottschmidt/ Rohr: Privatrecht für den Kaufmann, 12. Auflage, München 2003. Steckler: Wirtschaftsrecht, 6. Auflage, Ludwigshafen 2003. Stöber: Allgemeines und Besonderes Wirtschaftsverwaltungsrecht, 14. Auflage, Stuttgart 2004. Wabnitz/Janovsky: Handbuch des Wirtschafts- und Steuerstrafrechts, München 1999.

World Wide Web (WWW, W3 oder Web). Der multimediale (→ *Multimedia*) Informationsdienst des → *Internets*. Auf der Grundlage der Hypertext-Methode (→ *Hypertext*) können unterschiedlichste Informationsobjekte (z.B. Texte, Bilder, Sprache, Musik, Film) in Dokumente (Webpages) eingebunden und zu einem netzwerkartigen Informationsangebot verknüpft werden. Die Verknüpfung der einzelnen Teile einer solchen multimedialen Präsentation erfolgt mithilfe von Querverweisen, den sog. Hyperlinks. Dabei spielt es keine Rolle, wo die betreffenden Informationsobjekte gespeichert sind. Sie können irgendwo im Zugriffsbereich des Internets stehen, d.h. im einfachsten Fall einige Zeilen tiefer auf derselben Seite, möglicherweise aber auch auf einem Computer auf der anderen Seite der Erde.

Technische Basis des World Wide Web ist zum einen das standardisierte → *Hypertext Transfer Protocol* (HTTP), das die angeforderten Seiten vom Computer des Informationsanbieters (→ *Server*) zum Computer des Nutzers (→ *Client*) überträgt, zum anderen die → *Hypertext Markup Language* (HTML), mit deren Hilfe Hypertext-Dokumente erstellt werden. Zur Darstellung der Seiten auf dem Computer des Nutzers wird ein → *Browser* benötigt.

WWS → *Warenwirtschaftssystem*.

WWW → *World Wide Web*.

Z

Zahlungsunfähigkeit (oder Illiquidität). Die auf einem Mangel an Zahlungsmitteln beruhende, nachhaltige Unfähigkeit einer natürlichen oder juristischen Person, ihren Zahlungsverpflichtungen nachzukommen (also nicht nur eine vorübergehende Zahlungsstörung). Die nachhaltige Zahlungsunfähigkeit ist unabhängig von der Rechtsform ein Konkurstatbestand (→ *Überschuldung*; Ggs. → *Liquidität*).

Zählwaage. Waagentyp, mit dem Schüttgüter im → *Wareneingang* oder → *Warenausgang* gezählt werden können. Man wiegt eine Teilmenge (z.B. 10 Stück) auf einer für kleine Gewichte ausgelegten Waagschale und ermittelt hierüber das Gewicht eines einzelnen Stücks. Anschließend erfolgt die Wiegung der Netto-Gesamtmenge (vorher Teilmenge zurücklegen) ohne Tara. Die Gesamtstückzahl ergibt sich aus dem Quotienten aus Nettogesamtgewicht und Stückgewicht.

Zeilenlagerung. Form der → *Bodenlagerung* in Zeilen.

Zeitüberbrückung. Eine der Aufgaben des → *Handels* bzw. des → *Lagers*. Es wird die Zeit zwischen der Herstellung eines Gutes und dessen Verbrauch überbrückt.

Zeitwert. Wert, den ein Posten in der Bilanz zu einem bestimmten Zeitpunkt hat, z.B. zum Bilanzstichtag.

Zentralbereichsorganisation. Zentralbereiche sind dauerhaft angelegt, betreffen auch die Exekutive und beziehen sich nur auf eine Funktion, meist einen unternehmensinternen Bereich (wie Steuern, Finanzen, Personal, Controlling etc.) in Abgrenzung zu marktnahen Bereichen (Absatz). Zentralbereiche sind meist funktional organisiert und bieten in Kombination mit dem Objektmanagement der marktnahen Bereiche eine Nutzung der gemeinsamen Vorteile unter weit gehender Vernachlässigung der Nachteile. Je nach Dominanz überwiegt der Charakter der Funktionsorganisation oder der Objektorganisation, bei Gleichberechtigung entsteht eine Matrixorganisation.
Die Vorteile liegen

a) in der Entlastung und Unterstützung der Leitungsinstanzen auf allen Ebenen, und zwar hinsichtlich derjenigen Aufgaben, die mutmaßlich von meist funktionalen Spezialisten besser erledigt werden können als innerhalb der Linie;
b) in der Nutzbarmachung und Auslastung kostenintensiver Fachspezialisten und Anlagen für das gesamte Unternehmen. Durch Zusammenlegung von Querschnittsaufgaben verschiedener Objektbereiche wird die Qualität der Arbeitsleistung verbessert;
c) in der Erleichterung der Koordinierung bestimmter Aufgaben. So wird die in der Linie oft unterentwickelte Querabstimmung durch das Zusammenlaufen bestimmter Funktionen in der entsprechenden Zentralabteilung wesentlich verbessert;
d) in der Kennzeichnung durch eher funktionale als hierarchische Autorität. D.h., der jeweils kompetenteste Mitarbeiter erfüllt die anstehenden Aufgaben, die eher marktnahen werden im Objektbereich erledigt, die eher administrativen in der Zentralabteilung.

Die Nachteile liegen

a) im Erfordernis eines hohen Spezialistenbedarfs, denn im funktionalen Zweig der Aufbauorganisation werden qualifizierte Experten benötigt;
b) in der Gefahr von Kompetenzstreitigkeiten, da die Belange von Objektbereich und Zentralabteilung ineinander greifen. Dabei wirken sich vor allem die vielfältigen Schnittstellen als Informationsfallen aus;
c) in der Versuchung übermäßigen Ressortdenkens im Zentralbereich und ungenügender Berücksichtigung der Objektbereiche. Dies ist umso bedauerlicher, als die marktnahen Bereiche erfolgsentscheidend für das Unternehmen sind;
d) im Autonomieverlust der operativen Einheiten, die auch nur noch eingeschränkt ergebnisverantwortlich sein können. Dies gilt umso mehr, je stärker Entscheidungsbefugnisse in den Zentralbereichen verankert sind.

Zentrallager. Lager zur Belieferung von dezentralen → *Lagern* (→ *Regionallager*, → *Auslieferungslager*) oder in Ausnahmefällen auch Kunden direkt. Ein Zentrallager enthält das gesamte Sortiment eines Herstellers, insbesondere auch aus mehreren Werken. Im → *Handel* dient das Zentrallager zur Unterbringung des gesamten gelisteten Sortiments aller Lieferanten sowie zur Versorgung von → *Regionallagern* bzw. Filialnetzen.

Zero Defects Concept → *Null-Fehler-Programm*.

Zerobond → *Null-Kupon-Anleihe*.

Zertifikat (Informatik). Ein digitales Zertifikat ist der Nachweis darüber, dass ein bestimmter öffentlicher Schlüssel im Rahmen einer → *Public-Key-Verschlüsselung* zu einer ganz bestimmten Person gehört. Dies ist im Zusammenhang mit elektronischen Unterschriften (→ *Digitale Signatur*) von Bedeutung, da die Gültigkeit einer elektronischen Signatur, insbesondere die Identität des Unterzeichners, erst mithilfe des zugehörigen Zertifikats zweifelsfrei festgestellt werden kann. Technisch gesehen ist ein Zertifikat eine kleine Datei, die u.a. Informationen über den Namen des Inhabers, dessen öffentlichen Schlüssel, eine Seriennummer, eine Gültigkeitsdauer und den Namen der ausstellenden → *Zertifizierungsstelle* enthält. Diese Datei ist mit einer elektronischen Signatur der Zertifizierungsstelle versehen und damit gegen Manipulation geschützt. Neben personenbezogenen Zertifikaten existieren auch Zertifikate, die sich auf einen Netzwerkrechner (→ *Server*) oder eine → *Website* beziehen. In der Praxis kommen solche Zertifikate z.B. zum Einsatz, wenn vertrauliche Daten übertragen oder Software-Updates von einem zentralen Rechner aus verteilt werden. Hierbei können sich die beteiligten Rechner mittels ihrer Zertifikate authentifizieren und einen sicheren Kommunikationsweg aufbauen (→ *SSL*).

Zertifizierung. Prüfung eines Unternehmens durch einen unabhängigen Dritten zum Erhalt eines Zertifikats, das die Übereinstimmung (Konformität) der Leistungserstellung (Geschäftsprozesse, nicht hingegen der Leistungsergebnisse selbst), mit bestimmten Anforderungen und Normen ausdrückt.

Als Prüfungsgrundlage dient (beim Qualitätsmanagement) die Normenreihe (→ *Norm 9000:2000*, Norm 9001:2000). Die Zertifizierung ist Ziel des → *Qualitätsaudits* als systematische

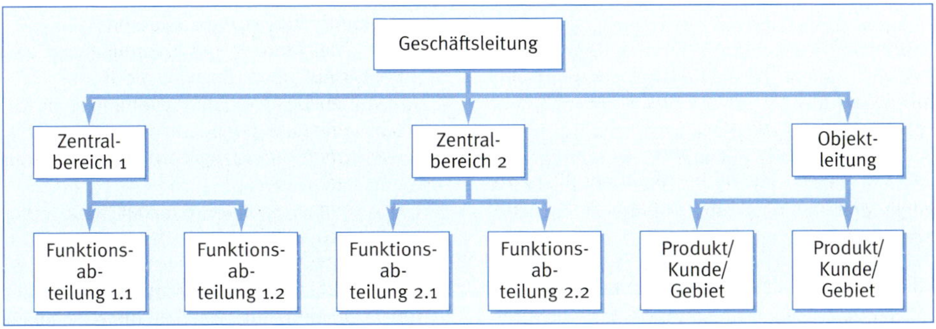

Abb. 72: Zentralorganiation

und unabhängige Untersuchung, um festzustellen, ob die qualitätsbezogenen Tätigkeiten und die damit zusammenhängenden Ergebnisse den geplanten Anordnungen entsprechen, und ob diese Anordnungen wirkungsvoll realisiert und geeignet sind, die gesetzten Ziele zu erreichen. Dem liegt die Annahme zu Grunde, dass geregelte und fehlerlose Prozesse die Wahrscheinlichkeit für qualitativ hochwertige Ergebnisse erhöhen, implizit also auch die Leistungsqualität erhöht bzw. gesichert wird (was explizit wegen der Subjektivität der Qualität nicht möglich ist). Auf Grund der Zertifizierung besteht damit ein angemessenes Vertrauen, dass ein ordnungsgemäß bezeichnetes Erzeugnis, Verfahren oder eine ordnungsgemäß bezeichnete Leistung sich in Übereinstimmung mit einer bestimmten Norm oder einem bestimmten anderen normativen Dokument befindet.

Die Zertifizierung erfolgt immer extern. Die Aussagefähigkeit des Zertifikats hängt von der Qualität der Prüfstelle ab. Diese wiederum ist von Ausbildung, Unabhängigkeit, Überwachung und Prüfungsstandards der Zertifizierer abhängig. Bei nicht zufrieden stellenden Ergebnissen in der Zertifizierung sind Korrekturmaßnahmen innerhalb eines vorgegebenen Zeitrahmens (meist 30 Tage) erforderlich und werden vom Auditor geprüft. Werden Forderungen nicht erfüllt, wird das Zertifikat wieder aberkannt. Ferner gibt es die bedingte Anerkennung, worauf hier nicht näher eingegangen wird (siehe Fachliteratur).

Falls im Zeitablauf erhebliche betriebliche Änderungen vorgenommen werden, die Einfluss auf das Qualitätsmanagement haben, ist der Zertifizierer zu informieren und prüft erneut deren Vereinbarkeit mit dem ausgestellten Zertifikat (Aktualisierungsaudit). Um sicherzustellen, dass das Qualitätsmanagementsystem auch während der Gültigkeit eines Zertifikats in vollem Umfang aufrechterhalten wird, werden mindestens einmal jährlich Überwachungsaudits durchgeführt, die mit einem Kurzbericht abschließen. Die Gültigkeitsdauer des Zertifikats ist begrenzt (meist auf drei Jahre), sofern mindestens einmal jährlich ein Überwachungsaudit vorgenommen wird, das interne Auditergebnisse, Änderungen im Qualitätsmanagementsystem und stichprobenartige Neuprüfungen enthält. Bei Ablauf der Gültigkeitsdauer wird ein Wiederholungsaudit fällig, das erneut stichprobenartige Neuprüfungen des Qualitätsmanagementsystems vorsieht und bei Erfolg die Gültigkeit um weitere drei Jahre verlängert, ansonsten verfällt das Zertifikat.

Zertifizierungsstelle (Informatik). Vertrauenswürdige Organisation (engl.: Certification Authority, Trust Center), die das für die qualifizierte elektronische Signatur (→ *Digitale Signatur*) erforderliche digitale → *Zertifikat* ausstellt. Ein solches Zertifikat ist der Nachweis darüber, dass ein bestimmter öffentlicher Schlüssel zu einer ganz bestimmten Person gehört. Die Zertifizierungsstelle beglaubigt diese Zuordnung im Zertifikat durch ihre eigene elektronische Unterschrift und verwaltet die Zertifikate. Da sich eine qualifizierte elektronische Unterschrift mithilfe des zugehörigen Zertifikats zweifelsfrei auf ihre Gültigkeit hin prüfen lässt, wird sie als ebenso rechtsverbindlich betrachtet wie eine handschriftliche Unterschrift.

Eine Zertifizierungsstelle kann entweder ein privatwirtschaftliches Unternehmen (z.B. T-Telesec, D-Trust, Deutsche Post Signtrust) oder eine Einrichtung innerhalb eines Großunternehmens (z.B. Microsoft Certificate Authority) sein. Daneben können auch Behörden als Zertifizierungsstellen fungieren. Oberste Zertifizierungsstelle in Deutschland ist die Regulierungsbehörde für Telekommunikation und Post (RegTP).

Zession → *Forderungsabtretung*.

Ziel. Erwünschter zukünftiger Zustand der Realität. Ziele sind immer Ausgangspunkt unternehmerischen Handelns und spielen im Managementprozess eine richtungsweisende Rolle. Sie bieten den im Unternehmen agierenden Personen Orientierung und bilden die Grundlage der Unternehmensplanung. Das Ablaufschema wirtschaftlichen Handelns kann als sich stetig wiederholende Abfolge der Phasen Zielbestimmung, Zielverwirklichung, Zielüberwachung verstanden werden.

Ziele werden in der Planung konkretisiert. Sie sind Vorgaben für die Realisierung und Beurteilungsmaßstab für den Erfolg unternehmerischen Handelns. Um diesen Ansprüchen gerecht zu werden, müssen Ziele realisierbar, sachlich eindeutig und möglichst messbar sein. Eine einheitliche Systematik und verbindliche Auflistung der Unternehmensziele ist nicht möglich. Zielkataloge bilden einen Anhaltspunkt, welche Ziele das Unternehmen inhaltlich anstreben kann.

Zielarten. → *Ziele* lassen sich nach unterschiedlichen Kriterien unterscheiden. Neben der Überlegung, wer die Ziele beeinflusst und wer sie vorgibt (Management, Eigenkapitalgeber, Arbeitnehmer, Kunden, Öffentlichkeit oder andere), werden Ziele unter Anwendung verschiedener logischer und ökonomischer Unterscheidungsmerkmale gegliedert:

1. Monetäre Ziele / nicht monetäre Ziele. Nach der Ausrichtung: monetäre Ziele, die sich in Geldeinheiten erfassen lassen, wie Leistungsziele (z. B. Gewinnsteigerung, Umsatzrentabilitätserhöhung), Finanzziele (z. B. Liquiditätsverbesserung) und nicht monetäre Ziele wie Marktziele (z. B. Kundenzufriedenheit), soziale Ziele (z. B. Mitarbeiterzufriedenheit), Macht-/Prestigeziele (z. B. politischer Einfluss).
2. Komplementäre Ziele / konkurrierende Ziele / Indifferente Ziele. Nach dem Zusammenhang zwischen zwei Zielen: Maßnahmen zur Erreichung des einen Ziels fördern (komplementäre Ziele), behindern (konkurrierende Ziele) oder sind ohne Einfluss (indifferente Ziele) auf die Erreichung des anderen Ziels. → *Zielkonflikte* durch konkurrierende Ziele sind in der betrieblichen Praxis alltäglich.
3. Kurzfristige Ziele / mittelfristige Ziele / langfristige Ziele. Nach der Fristigkeit: kurzfristige (bis zu einem Jahr für die kurzfristige operative Planung), mittelfristige (zwischen drei bis zu fünf Jahren für die langfristig strategische Planung), langfristige Ziele (zwischen fünf bis zu zehn Jahren für die langfristige Rahmenplanung) (→ *Planung, operative*, → *Planung, strategische*, → *Rahmenplanung, langfristige*).
4. Hauptziele/Nebenziele. Nach der Bedeutung: Hauptziele haben eine große Bedeutung und werden im Vergleich zu Nebenzielen als wichtiger angesehen.
5. Oberziele/Unterziele. Nach der logisch-hierarchischen Beziehung: Unterziele helfen, Oberziele zu erreichen. Aus den Oberzielen (→ *Rahmenplanung, langfristige*) wird abgeleitet, welche konkret erfassbaren Unterziele erreicht werden müssen, um ein Oberziel zu erfüllen, wie beispielsweise Kostenreduktion zur Verbesserung der Gesamtkapitalrentabilität. Oberziele entstehen häufig aus erkannten betrieblichen Problemen, welche die Unternehmensführung dazu bewegen, Vorstellungen von Veränderungen zu formulieren, z. B. Verbesserung der Wettbewerbsposition. Erst die systematische Erarbeitung einer logischen Hierarchie schafft hier ausreichend Transparenz.
6. Quantitative Ziele / Qualitative Ziele. Nach der Messbarkeit: Quantitative Ziele lassen sich messen und sind so leichter zu operationalisieren, z. B. 5 % Umsatzwachstum. Qualitative Ziele lassen sich nicht unmittelbar quantitativ bestimmen, z. B. höhere Kundenzufriedenheit. Eine Messbarkeit ist häufig durch die Formulierung von Unterzielen möglich, z. B. Anzahl der Beschwerden.

1. Marktleistungsziele	Produktqualität, Produktinnovation, Kundenservice, Sortiment
2. Marktstellungsziele	Umsatz, Marktanteil, Marktgeltung, neue Märkte
3. Rentabilitätsziele	Gewinn, Umsatzrentabilität, Rentabilität des Gesamtkapitals, Rentabilität des Eigenkapitals
4. Finanzwirtschaftliche Ziele	Kreditwürdigkeit, Liquidität, Selbstfinanzierung, Kapitalstruktur
5. Macht- und Prestigeziele	Unabhängigkeit, Image und Prestige, politischer Einfluss, gesellschaftlicher Einfluss
6. Soziale Ziele in Bezug auf die Mitarbeiter	Einkommen und soziale Sicherheit, Arbeitszufriedenheit, soziale Integration, persönliche Entwicklung
7. Gesellschaftsbezogene Ziele	Umweltschutz und Vermeidung sozialer Kosten, nicht kommerzielle Leistungen, Beiträge an die volkswirtschaftliche Infrastruktur, Sponsoring

Katalog möglicher Unternehmensziele (Quelle: Ulrich, P./Fluri, E.: Management. Eine konzentrierte Einführung, 7. Auflage, Bern 1995, S. 97)

Zielkonflikt. Entsteht, wenn das Anstreben eines Ziels die Erreichung eines anderen Ziels beeinträchtigt. Ursächlich hierfür können sehr unterschiedliche Faktoren sein:

a) konkurrierend (behindernd), wenn Maßnahmen zur Erreichung eines Zieles zugleich zur Minderung bei einem anderen führen, z. B. kleine, auftragsbezogene Fertigungsaufträge zur Lagerminimierung gegen Minimierung der Rüstkosten

b) indifferent (neutral), unabhängig zueinander, z. B. Rationalisierung in der Buchhaltung und Reduzierung der Maschinenausfallzeiten;
c) komplementär (fördernd), die Ziele unterstützen sich, z. B. Kostensenkung in der Produktion und Gewinnerhöhung.

Bei a) sind die Zielkonflikte offensichtlich. Bei b) könnten sie sich ergeben, wenn z. B. zur Erreichung beider Ziele die gleichen – aber begrenzt verfügbaren – Ressourcen (evtl. EDV-Kapazität) benötigt werden, sowie sogar bei c), falls zur Kostensenkung zunächst Aufwendungen erforderlich werden, die erst in späteren Jahren zur Gewinnerhöhung führen, sodass sich ein Konflikt zwischen kurz- und langfristiger Ergebnisrechnung ergibt.

Grundsätzlich bestehen drei Lösungsansätze bei Zielkonflikten:

1. Nutzenmaximierung = Bewertung aller relevanten Ziele mit Ihren Nutzenbeiträgen zur Erreichung eines übergeordneten Zieles (z. B. Gewinn).
2. Zielunterdrückung = Konzentration auf lediglich ein vorrangiges Ziel, z. B. Liquidität bei drohender Zahlungsunfähigkeit.
3. Anspruchsniveau-Festlegung = Zufriedenheitsprinzip (Satisfikation), d. h. Einschränkung des Handlungsrahmens – bis auf ein zu maximierendes (oder minimierendes) Ziel werden für die anderen Viveauvorgaben (Mindestanforderungen) erstellt.

Werden in Konkurrenz stehende Ziele der Verantwortung verschiedener Abteilungen oder Personen übergeben, so sind innerorganisatorische und personelle Konflikte die Folge. Die verantwortungsvolle Lösung dieser Konflikte hängt von vielen Faktoren ab, wie u. a. der Organisation, der Unternehmenskultur, der Werthaltung, der Konfliktfähigkeit und der Durchsetzungsfähigkeit der agierenden Personen.

Zielkostenrechnung → *Target Costing*.

Ziellücke, strategische → *GAP-Analyse*.

Zielszenario. Der Hintergrund zielorientierter Unternehmensführung ist zu vielfältig, um in einem einzigen Ziel oder Ziel- bzw. Kennzahlsystem abgebildet zu werden. Neben langfristigen Leitbildern und Visionen sind unterschiedliche Einflüsse im und auf das Unternehmen zu beachten. Birker verwendet hierfür seit den 70er-Jahren den Begriff des Zielszenario – abgeleitet von der italienischen Commedia dell'arte, in der das Szenario die Leitgedanken der Spielfolge angab, in dessen Rahmen die Texte aus dem Stegreif heraus gestaltet wurden. Auch im Betrieb ist in Reaktion auf die aktuelle Situation über operative Handlungen zu entscheiden, ohne jedoch nachhaltig den (strategischen) Gesamtrahmen, das Szenario, zu vernachlässigen. Ziele können unterschiedliche Intensität mit oft komplexen Wechselwirkungen und in der jeweiligen Situation durchaus wechselnden Prioritäten haben, die bisher auch theoretisch nicht zu einem eindeutigen Zielsystem im Sinne strukturierter Zuordnung integriert sind.

Unternehmensziele werden durch verschiedene Interessengruppen beeinflusst. Dies kann in direkter Weise geschehen, indem Eigentümer, Vorstände oder Geschäftsführer, Mitglieder im Aufsichtsrat bzw. Beirat sowie Mitarbeitervertreter etc. am Prozess der Zielbestimmung mitwirken. Erwartungen zusätzlicher Gruppen, die für das Unternehmen von Bedeutung sind, wirken indirekt. Zur Abgrenzung wird auch von Kern- und Satellitengruppen gesprochen. Zur zweiten können letztendlich in mehr oder weniger ausgeprägter Weise alle jene gehören, deren Entscheidungen und Verhalten für die Erreichung des Unternehmenserfolgs bedeutsam sind. Die von Unternehmen zu seiner Zielerreichung durchzuführenden Aktionen werden durch die Betreffenden positiver unterstützt, je mehr zugleich für diese ein Nutzen erkennbar wird. Im Marketing ist es nahe liegend, die eigenen Ziele am Kundennutzen zu orientieren – möglichst besser, als es den Mitbewerbern gelingt. Nutzen bieten für den Kunden wird somit zu einem Unternehmensziel. Entsprechendes gilt für andere Gruppierungen, z. B. Kapital- und Kreditgeber, leistungsfähige Mitarbeiter etc. ebenso wie für Dienstleister und Lieferanten, vor allem, wenn sie über knappe oder besonders qualitative Leistungen und Güter verfügen, sodass sie Abnehmer auswählen können, die ihnen den nachhaltig besten Nutzen (neben Preis auch Sicherheit, Verlässlichkeit, Kontinuität etc.) bieten. Es besteht also ein ganzes Geflecht verschiedener (teilweise sich widersprechender) Nutzenerwartungen, die Ausgangspunkt für Ziele werden.

Aus den subjektiven Zielen leiten die Beteiligten ihre Ziele zunächst am und dann für das Unternehmen ab; die Ziele des Unternehmens entstehen daraus im Abstimmungsprozess. Dieser ist geprägt von der jeweiligen Durchsetzungsfähigkeit und dem Machtpotenzial (teilweise auch unternehmensfremde Einflüsse), dem Verhandlungsgeschick, dem Informationsstand etc. Insoweit ist das Zielszenario auch ein Spiegelbild des jeweiligen (mehr oder weniger stabilen) Interessenausgleichs.

Zinsabschlagsteuer. Quellensteuer bei bestimmten Einkünften aus Kapitalvermögen (→ *Quellenabzugsverfahren*): Erträge aus Sparguthaben, Anleihen, Obligationen, Pfandbriefen, Schatzbriefen u.ä. Kapitalanlagen, d.h. aus sog. Gläubigeranlagen, bei denen der Anleger Gläubiger eines Unternehmens, einer Körperschaft oder einer Privatperson wird. Von den Einnahmen abzüglich Werbungskosten abzüglich Sparerfreibetrag wird eine Zinsabschlagsteuer von 30% erhoben (+ 5,5% Solidaritätszuschlag). Die Zinsabschlagsteuer wird im → *Veranlagungsverfahren* auf die Einkommensteuer angerechnet.

Zinsen. Sind der Preis, der für die zeitlich begrenzte Überlassung eines bestimmten Geldbetrags zu zahlen ist. In der kaufmännischen Praxis kommt der Zinsberechnung große konkrete Bedeutung zu, siehe zu entsprechenden Formeln die Übersicht auf S. 446.

Zinseszinsen. Entstehen dann, wenn ein bestimmter Geldbetrag Ko über mehrere Perioden angelegt und erst am Ende der letzten Periode zusammen mit den angefallenen Zinsgewinnen wieder abgehoben wird. Bei diesem Vorgang werden zwischenzeitlich anfallende → *Zinsen* selbst wieder verzinst (daher die Bezeichnung Zinseszinsen). Der beschriebene Zusammenhang wird über die folgende Zinseszinsformel zum Ausdruck gebracht:

$$K_n = K_0 \, (1+i)^n$$

Dabei bezeichnet Ko den zu Beginn der ersten Periode angelegten Geldbetrag, Kn den am Ende der n-ten Periode verfügbaren Geldbetrag, i den → *Zinssatz*, n die Anzahl der Perioden. Der hier beschriebene Zusammenhang betrifft die in der Praxis am häufigsten auftretende Form der sog. »nachschüssigen« Verzinsung (Verrechnung der Zinsen an den jeweiligen Periodenenden). Die im Vergleich zu obiger Fragestellung entgegengesetzte Fragestellung liegt vor, wenn man am Ende eines n-periodigen Planungszeitraums über einen Berag von Kn verfügen will und wissen möchte, welchen Betrag man demzufolge heute anlegen muss. Die Antwort ergibt sich aus der Umstellung der obigen Ausgangsformel nach Ko,

$$K_0 = \frac{1}{(1+i)^n} \cdot Kn$$

wobei der Faktor 1/(1+i)n auch als Abzinsungsfaktor bezeichnet wird.

Zinssatz. Anteil der → *Zinsen* am verliehenen respektive geliehenen Geldbetrag: Zinssatz = Zinsen dividiert durch Geldbetrag. Ein solcher Zinssatz bezieht sich stets auf eine bestimmte Periode (z.B. ein Jahr). Handelt es sich dabei um verliehenes Geld (Geldanlage), so spricht man auch vom Habenzinssatz, im Falle geliehenen Geldes (Fremdkapitalaufnahme) vom Sollzinssatz.

Zinsswap → *Swaps*.

Zufriedenheit. Allgemein die Übereinstimmung einer bestimmten Erwartung vor einer Transaktion mit deren tatsächlichem Erleben danach (Confirmation-Disconfirmation-Paradigma). Der Zufriedenheitsgrad ist abhängig vom Ausmaß der Abweichung zwischen dieser Erwartung und dem Erlebnis. Ist die Erwartung höher als das Erlebnis, entsteht Unzufriedenheit, ist das Erlebnis mindestens gleich oder höher als die Erwartung, entsteht Zufriedenheit.

Zufriedenheitslücken. Diskrepanzen zwischen erwarteter (Soll-) Leistung und wahrgenommener (Ist-) Leistung, die vor allem aus vier Lücken entstehen:

- Die Datenlücke besteht zwischen dem, was ein Kunde bzw. Interessent für wichtig hält, und dem, was der Anbieter glaubt, dass für ihn wichtig ist (kann durch Marktforschung geschlossen werden).
- Die Umsetzungslücke besteht zwischen den betrieblichen Auffassungen über Kundenerwartungen und der Implementierung der daraus resultierenden Qualitätsstandards der Leistung (kann durch Audits geschlossen werden).
- Die Leistungslücke besteht zwischen den Spezifikationen über derart erforderliche Qualitätsstandards und der überwiegend tatsächlich erfolgenden Leistungsausführung

Zinsrechnung im Überblick

Laufzeitberechnung

- tagesgenau: Monat nach genauen Tagen, Jahr mit 365 Tagen. Jeder Tag wird berechnet.
- kaufmännisch: Monat mit 30 Tagen (inkcl. Februar, außer bei Laufzeit bis Ende Februar), Jahr als 360 Tage, 1. Tag zählt nicht, letzter Tag zählt.
- Eurozinsmethode: Monat nach genauen Tagen, Jahr als 360 Tage, 1. Tag zählt nicht, letzter Tag zählt.

Zinszahlmethode

Zinszahl	# = 1% vom Kapital · Tage	Tageszinsen
Zinsteiler	Zt. = 360 : p	= # : Zt.

Zinsformeln

K = Kapital, p = Zinssatz, t = Zeit (Jahr o. Monat o. Tag)

	Jahresformel	Monatsformel	Tagesformel
Zinsen z =	$\frac{K \cdot p \cdot t}{100}$	$\frac{K \cdot p \cdot t}{100 \cdot 12}$	$\frac{K \cdot p \cdot t}{100 \cdot 360}$
Zinsen K =	$\frac{z \cdot 100}{p \cdot t}$	$\frac{z \cdot 100 \cdot 12}{p \cdot t}$	$\frac{z \cdot 100 \cdot 360}{p \cdot t}$
Zinssatz p =	$\frac{z \cdot 100}{K \cdot t}$	$\frac{z \cdot 100 \cdot 12}{K \cdot t}$	$\frac{z \cdot 100 \cdot 360}{K \cdot t}$
Zeit t =	$\frac{z \cdot 100}{K \cdot p}$	$\frac{z \cdot 100 \cdot 12}{K \cdot p}$	$\frac{z \cdot 100 \cdot 360}{K \cdot p}$

Wann lohnt Skonto?

Wenn der Effektivzins für einen Kredit in Höhe des Rechnungsbetrages (vermindert um den Skonto) höher liegt als der Skontobetrag (als Laufzeit ist nur das Zahlungsziel zu nehmen).

Normalzins und Effektivzins

- Normalzins = ausschließlicher Zins, nach den Zinformeln berechnet
- Effektivzins = Normalzins + Nebenkosten und inkl. Einrechnung des Disagios (Abschlag vom Auszahlungsbetrag)

Monatszinsen

- Bei Zinszahlung nur für den Kreditrestbetrag gilt: Jahreszinssatz = Monatszinssatz · 12
- Bei Zinssatz für den Ausgangskreditbetrag liegt der Effektivzins höher und muss detailliert verrechnet werden.

Zinseszins

- K(n) ist das n Jahre lang zu einem Zinssatz von p% verzinste Anfangskapital K(0) und lässt sich nach der **Zinseszinsformel** $K(n) = K(0) \cdot \left(1 + \frac{p}{100}\right)^n$ berechnen.
- Ersetzt man in der Zinseszinsformel drei der vier Variablen (K(n), K(0), q und n durch vorgegebene Werte, so erhält man Gleichungen mit jeweils einer Variablen. Je nach Vorgabe der Werte wird

das **Anfangskapital** K(0) mit $K(0) = \frac{K(n)}{q^n}$

die **Laufzeit** n mit $n = \frac{\lg \frac{K(n)}{K(0)}}{\lg q}$ oder

der **Zinsfaktor** q mit $q = \sqrt[n]{\frac{K(n)}{K(0)}}$ bzw. der Zinssatz p% mit $p\% = \sqrt[n]{\frac{K(n)}{K(0)}} - 1$ oder

die **Zinssatzzahl** p mit $p = \left(\sqrt[n]{\frac{K(n)}{K(0)}} - 1\right) \cdot 100$ bestimmt

(kann durch kontinuierliche Verbesserungsprozesse geschlossen werden).

- Die Kommunikationslücke besteht zwischen der an Kunden/Interessenten gerichteten Botschaft über die Leistungserstellung und der tatsächlichen Leistungserstellung (kann durch realistische Kommunikation geschlossen werden).

Zusammenschluss. Der Begriff umreißt keine feste Form, sondern wird als allgemeine Bezeichnung von der (freiwilligen) Kooperation von Unternehmen (z.B. strategische Allianz) über eine Verbindung mit wechselseitiger Abhängigkeit (z.B. durch Tausch von Aktienpaketen) bis zum vollständigen Zusammenschluß zu einem Unternehmen verwendet. Der vollständige Zuammenschluss kann freiwillig (→ *Fusion*) oder unfreiwillig (→ *feindliche Übernahme*) erfolgen. Ziele sind in der Regel

- Sicherung und billigerer Einkauf von Energie, Rohstoffen usw.,
- Zusammenarbeit und Bündelung von Kompetenzen bei Reduzierung der Verwaltung, aber auch Mehrfachnutzung von Forschung und Entwicklung (»Synergieeffekte«) sowie
- Verbesserung der Marktmacht, Ausschaltung der (evtl. besseren/billigeren!) Konkurrenz.

Die Wirksamkeit von Zusammenschlüssen wird kontrovers diskutiert und der Trend hin zu oder weg von Zusammenschlüssen hat sich im Laufe der Wirtschaftsgeschichte wiederholt gewandelt.

Zuschlagsteuern. Es sind Steuern, die sich nach der Steuerschuld einer anderen Steuerart bemessen. Als Zuschlagsteuern werden zurzeit die → *Kirchensteuer* und der → *Solidaritätszuschlag* erhoben. Der Solidaritätszuschlag wird auf alle Formen der Einkommensteuer erhoben, die Kirchensteuer nur bei Kirchenmitgliedern auf die Lohnsteuer und die veranlagte Einkommensteuer.

Zuverlässigkeit. Die Fähigkeit einer Maschine, eines Teils oder einer Ausrüstung, eine geforderte Funktion unter spezifischen Bedingungen und für einen vorgegebenen Zeitraum ohne Fehler auszuführen. Damit ein Teil der Qualität im Hinblick auf das Verhalten einer Einheit während oder nach vorgegebenen Zeitspannen bei vorgegebenen Anwendungsbedingungen.

Zu versteuerndes Einkommen. Bemessungsgrundlage für die tarifliche Einkommensteuer. Das zu versteuernde Einkommen ergibt sich laut § 2 Einkommensteuergesetz nach folgender Rechnung:

Summe der (bis zu sieben) Einkünfte, evtl. nach Verrechnung mit negativen Einkünften, (– Altersentlastungsbetrag und Freibetrag gemäß § 13 Abs. 2)

= Gesamtbetrag der Einkünfte
– Sonderausgaben und außergewöhnliche Belastungen

= Einkommen
– evtl. kindbedingte Freibeträge und Haushalts-freibetrag

= zu versteuerndes Einkommen.

Zwischenlager. → *Lager* zur vorübergehenden Aufnahme von Lagergütern. Beispiele: Atommüll-Zwischenlager, → *Pufferlager* in der → *Fertigung* zum Mengenausgleich zwischen unterschiedlich schnell laufenden Maschinen.

Zusätzliche Aspekte zur Betriebswirtschaftslehre (BWL) und Personalwirtschaft:

Historische Entwicklung und Ansätze

Im Folgenden wird zusammenfassend die Herausbildung der BWL als wissenschaftliche Disziplin (und die Herausbildung einer wissenschaftlich orientierten Personalwirtschaft als einer der heute stark im Fokus des Interesses stehenden Bereiche) dargestellt. Dies ist der Abstract eines Artikels, der im aktuellen, ergänzenden Internetangebot zu diesem Lexikon (unter www.berufskompetenz.de) zu finden ist.

BWL: Der Beginn der BWL als selbstständige wirtschaftswissenschaftliche Disziplin wird zumeist in der Gründung erster Handelshochschulen 1898 im deutschsprachigen Raum gesehen. Die Anfangszeit ist zum Teil geprägt durch die »Standortbestimmung« der BWL als Wissenschaft. Andererseits wird auf besondere Herausforderungen des Umfeldes reagiert (Theorienentwicklung zur Finanzierung, zu Bewertungsfragen in der Bilanzierung und zur Substanzerhaltung von Unternehmungen). Zusätzlich finden neben Fragen des Handels, der Finanzierung und des Rechnungswesens Problemstellungen der Produktion, Rationalisierung und Investition sowie die der Kosten (incl. Kalkulation, Preisfindung) – immer stärkere Beachtung. Später treten Aspekte des Absatzes – Marktforschung, Werbung und übriges Marketing-Instrumentarium – in den Fokus betriebswirtschaftlicher Forschung. Weitere Forschungsgebiete waren Investitionstheorie und Konzepte zur Unternehmensführung. Bedeutung gewannen rasch mathematische Modelle und die Entwicklung der Datenverarbeitung. Daneben fand ebenfalls der Mitarbeiter nicht nur als Arbeitskraft sondern auch als Mensch mit seinem individuellen Verhalten Beachtung.

In der Theorie wird vielfach versucht, Zusammenhänge an Hand von Modellen zu erklären. In der BWL standen zunächst solche im Vordergrund, die das rationale Handeln in geschlossenen Systemen untersuchten, anfangs unter Ausschaltung unkalkulierbarer Einflüsse. In Laufe der Entwicklung hinzugenommen wurden offene Systeme, die Beachtung auch subjektiver und soziologischer Einflüsse und eine sozio-technische Sicht in offenen Systemen, also eine Führungslehre. Nach dem Fokus der Betrachtungsweise sind Grundrichtungen in der BWL zu unterscheiden:

- Aufgabenorientierung,
- Personenorientierung,
- Informationsorientierung,
- Entscheidungsorientierung.

Je nach Standpunkt und vorherrschender Themenstellung kann in der BWL der Fokus unterschiedlich sein, ohne dass damit der eine Ansatz grundsätzlich richtiger als der andere wäre. Es sind die verschiedenen Sichtweisen des gleichen Betrachtungsobjekts, die das Bild vervollständigen, bereichern und abrunden.

Im Rahmen der Globalisierung wird es auch für die Betriebsführung bedeutsamer, sich auch mit den volkswirtschaftlichen Entwicklungen zu befassen. Zudem ist das betrieblich Umfeld zunehmend komplexer geworden und schnelleren Veränderungen unterworfen. Dies erfordert Anpassungsfähigkeit (Balance zwischen Verlässlichkeit/Sicherheit und Flexibilität). Unter diesem Gesichtspunkt gewinnen Werte (Visionen, → *Leitbilder* und → *Ziele*) eine verbindende Bedeutung als Orientierung.

Personalwirtschaft: Ihren Beginn sieht man allgemein um 1900 im Scientific Management (Taylor), wobei die Erhöhrung der Arbeitsproduktivität im Vordergrund stand. Dies gilt auch in Deutschland für den bis in 1960er Jahre dominierenden Produktionsfaktoransatz (Gutenberg). In dieser Phase beschränkt sich Personalarbeit weitgehend auf die Administration.

Als wissenschaftliche Weitereintwicklung kann der entscheidungsorientierteAnsatz angesehen werden, der psychologische und soziologische Aspekte beachtet. Der erste Personalwirtschaftslehrstuhl (Schanz) wurde 1961 etabliert.

Die weitere Entwicklung der Personalwirtschaft im Unternehmensgesamtkontext durchlief eine Anerkennungsphase, Integrationsphase und Desintegrationsphase, dies nachdem heute wieder stärker kosten- und ertragsorientierte Faktoren im Vordergrund stehen. Die konkreten Aufgaben der Personalwirtschaft fächern sich dabei bei steigenden Anforderungen in das Spektrum von Personplanung, -controlling, -führung mit ihrer Anbindung an aktuelle Managementmethoden auf.

Literaturverzeichnis zu BWL und Wirtschaftsinformatik

(Literaturhinweise zum Wirtschaftsrecht befinden sich bei den einzelnen Stichwörtern)

Adam, D.: Investitionscontrolling, 3. Aufl., München/Wien 2000.

Adam, D.: Planung und Entscheidung, 4. Aufl., Wiesbaden 1996.

Adam, D.: Produktions-Management, 9. Aufl., Wiesbaden 1998.

Aggteleky,B.: Fabrikplanung, Bände 1 bis 3, München 1987-1991.

Aghte, K.: Stufenweise Fixkostendeckung im System des Direct Costing, in: Zeitschrift für Betriebswirtschaft, 29. Jahrgang 1959, S. 404–418.

Arnold, U.: Beschaffungsmanagement, 2. Aufl., Stuttgart 1997.

Arnolds, H. / Heege, F. / Tussing, W.: Materialwirtschaft und Einkauf, Wiesbaden 1988.

Bähr, G. / Fischer-Winkelmann, W.F.: **Buchführung und Jahresabschluss**, 8. Aufl., Wiesbaden 2003.

Baum, F.: **Kosten- und Leistungsrechnung**, Berlin 2003.

Baum, F.: Klausurtraining Kosten- und Leistungsrechnung. Berlin 2003.

Baus, J.: **Bilanzpolitik**, Berlin 1999.

Baus, J.: **Controlling**, 3. Aufl., Berlin 2003.

Baxmann, U. / Weichsler, C.: Überlegungen zur Systematisierung von Finanzmärkten, in: WiSt Heft 11 1991, S. 546-552.

Bea, F. X. / Dichtl, E. / Schweitzer, M. (Hg.): **Allgemeine Betriebswirtschaftslehre**, Band 1 Grundfragen, 9. Aufl., Stuttgart 2004.

Bea, F.X. / Haas, J.: Strategisches Management, 3. Aufl.. Stuttgart 2001.

Becker, J.: **Marketing-Konzeption**. 7. Aufl., München 2001.

Becker, J. / Schütte, R.: Handelsinformationssysteme, 2. Aufl., Landsberg a. Lech 2004.

Bernecker, M. / Helmke, S.: Der handelsrechtliche Jahresabschluss, München/Wien 1998.

Berning, R.: Grundlagen der Produktion, Berlin 2001.

Beschorner, D. u.a.: Allgemeine Betriebswirtschaftslehre, Herne 2005.

Bethmann, Frh. v.: Die Zins-Katastrophe, Königstein 1985.

Bienert, M./Leonhardt: Standortmanagement, Wiesbaden 1996.

Birker, K.: **Einführung in die Betriebswirtschaftslehre**, Berlin 2000.

Birker, K.: Klausurtraining Betriebswirtschaftlehre, Berlin 2001. (Zusammen mit der »Einführung« als abgestimmtes Lernpaket BWL)

Birker, K.: Handbuch Praktische Betriebswirtschaft (»Teisman«), 4. Aufl., Berlin 2002

Birker, K.: **Projektmanagement**, 3. Aufl., Berlin 2003.

Bitzer/Brisch: Digitale Signatur, Grundlagen, Funktion und Einsatz, Berlin u.a. 1999.

Bleicher, K.: Aufgaben der Unternehmungsführung, in: Corsten. H. / Reiß. M. (Hg.): Handbuch Unternehmungsführung, Wiesbaden 1995.

Bleicher, K.: Organisation, 2. Aufl., Wiesbaden 1991.

Blohm, H. / Lüdder, K.: Investition, 8. Aufl., München 1995.

Bossel, H.: Modellbildung und Simulation, Wiesbaden 1994.

Bramsemann, R.: Handbuch Controlling, 3. Aufl., München/Wien 1993.

Breidenbach, K.: Jahresabschluss (Studientraining). Berlin 2004

Buchmann, J.: Einführung in die Kryptographie, 3.Aufl., Berlin u.a. 2003.

Budde, W.D.: Beck'scher Bilanzkommentar, 5. Aufl., München 2002.

Buggert, W. / Wielpütz, A.: Target Costing, München 1995.

Bühner, R.: **Betriebswirtschaftliche Organisationslehre**, 10. Aufl., München/Wien 2004.

Busse, F.-J.: Grundlagen der betrieblichen Finanzwirtschaft, 4. Aufl., München/Wien 2002.

Bussiek, J. / Ehrmann, H.: **Buchführung**, 8. Aufl., Herne 2004.

Coenenberg; A.G.: **Jahresabschluss und Jahresabschlussanalyse**, betriebwirtschaftliche, handels- und steuerrechtliche Grundlagen, 19. Aufl., Stuttgart 2003.

Czech-Winkelmann, S.: Vertrieb. Berlin 2003.

Däumler, K.-D. / Grabe, J.: Kostenrechnung 1, Grundlagen, 8. Aufl., Herne 2003.

Däumler, K.D. / Grabe, J.: Kostenrechnung 2, 5. Aufl., Herne 2002.

Däumler, K.-D. / Grabe, J.: Kostenrechnung 3, Herne 1998.

Dettmer, H. u.a.: Controlling im Food & Beverage-Management, München/Wien 1998.

Dettmer, H./Hausmann, T.: Finanzmanagement, Band 2, München/Wien 1996.

Drosse, V.: Kostenrechnung Intensivtraining, Wiesbaden 1998.

Ernst, S.: Hacker, Cracker & Computerviren, Köln 2004.

Falterbaum, H. / Beckmann, H.: Buchführung und Bilanz, 19. Aufl., Achim 2003.

Förschle, G. / Kroner, M./Mandler, U.: Internationale Rechnungslegung: US-GAAP, HGB und IAS, Bonn 2000.

Fortmann, K.-M. / Kallweit, A.: **Logistik**, Stuttgart 2000.

Francke, L.: Erlaubtes und Unerlaubtes in der Verkaufsförderung und in der Werbung von A bis Z, 3. Aufl., München 1997.

Frese, E.: Grundlagen der Organisation, 8. Aufl., Wiesbaden 2000.

Gräfer, H. / Scheld, G./Beike, R.: Finanzierung – Grundlagen, Institutionen, Instrumente und Kapitalmarkttheorie, 5. Aufl., Hamburg 2001.

Gräfer, H. / Sorgenfrei, C.: Bilanzierungstraining, 1998.

Grefe, C.: Kompakt-Training Bilanzen, 3. Aufl., Ludwigshafen 2003.

Haas, P.: Access und Excel im Betrieb, München/Wien 2001.

Haas, P.: Kosten, Investition, Finanzierung: Planung und Kontrolle mit Excel, München/Wien 2000.

Haas, P.: Marketing mit Excel, München/Wien 1999.

Haberstock, L.: **Kostenrechnung 1**, Einführung, 10. Aufl., Wiesbaden 2002.

Hahn, W. / Lenz, H./Tunnissen, W.: Einführung in die kaufmännische Buchführung und Bilanz, Bad Homburg v.d.H. 2001.

Hans, L. / Warschburger, V.: Controlling, 2. Aufl., München 1999.

Heinhold, M.: Buchführung in Fallbeispielen, 9. Aufl., Stuttgart 2003.

Henning. P.: **Taschenbuch Multimedia**, Hanser Fachbuchverlag 2003.

Herbst, D.: Corporate Identity, 2. Aufl., Berlin 2003.

Hinterhuber, H. H./Krauthammer. E.: Leadership, mehr als Management: was Führungskräfte nicht delegieren dürfen, 3. Aufl., Wiesbaden 2001.

Hinterhuber, H. H.: Strategische Unternehmensführung, Band 1, Strategisches Denken, 6. Aufl., Berlin/New York 1996.

Hinterhuber, H. H.: Strategische Unternehmensführung, Band 2, Strategisches Handeln, 6. Aufl., Berlin/New York 1997.

Hirschberger, D. / Reher, I.: Entsorgungslogistik als unternehmensübergreifendes Konzept, RKW-Handbuch der Logistik, Berlin 1981–1999.

Horn, T.: Internet, Intranet, Extranet. Potentiale im Unternehmen. München/Wien 1999.

Horschutz, H./Groß, W./Weidner, W.: **Bilanzsteuerrecht und Buchführung**, 10. Aufl., Stuttgart 2004.

Horváth & Partner: Das Controllingkonzept, 5. Aufl., München 2003.

Horváth, P. **Controlling**, 9. Aufl., München 2003.

Hummel, S. / Männel, W.: Kostenrechnung 1, 4. Aufl., Wiesbaden 1990.

Hummel, S. / Männel, W.: Kostenrechnung 2, 3. Aufl., Wiesbaden 1991.

Ihde, G.B.: Transport, Verkehr, Logistik, 3. Aufl., München 2001.

Jackson, J.H.: The Growth of the Controllership Function, in: Bradshaw, T.F. / Hull, Ch.C. (Hg.): Controllership in Modern Management, Chicago 1950.

Jahrmann, F.-U.: **Außenhandel**, 11. Aufl., Ludwigshafen 2004.

Jehle, E. / Müller, K. / Michael, H.: Produktionswirtschaft, 5. Aufl., Heidelberg 1999.

Jossé, G.: Buchführung, aber locker, Hamburg 2002.

Jünemann, R.: Materialfluss und Logistik, Berlin 1989.

Jung, H.: Personalwirtschaft, 6. Aufl., München 2004.

Kappes, E.: Interne Kommunikation: das ungenutzte Potenzial, in: Sokianos, N. (Hg.) Personalpolitik, Frankfurt/M. 2002.

Kettner, H. / Schmidt, J. / Greim, H.: Leitfaden der systematischen Fabrikplanung, München 1984.

Kilger, W. / Pampel, J. / Vikas, K.: **Flexible Plankostenrechnung und Deckungsbeitragsrechnung**. 11. Aufl., Wiesbaden 2002.

Klett, C. u.a.: Controlling-Praxis für kleine und mittlere Unternehmen, Herne/Berlin 1996.

Kloock, J. u.a.: Kosten- und Leistungsrechnung, 8. Aufl., Düsseldorf 1999

Kloster, U.: Konstitutive Entscheidungen der Unternehmung, in: Pepels, W. (Hg.): Betriebswirtschaftslehre im Nebenfach, Stuttgart 1999.

Krampe, H. (Hg.): Grundlagen der Logistik, München 1993.

Kristoferitsch, G.: Digital Money, Electronic Cash, Smart Cards, Wien 1998.

Kronenberg/Herzog: Das Internet Einmaleins, Browser, E-Mail, Chat und Co, München 2001.

Krüger, W.: Management-by-Konzepte, in: Corsten, H. / Reiß, M. (Hg.): Handbuch Unternehmungsführung, Wiesbaden 1995.

Kruschwitz, L. Investitionsrechnung, 9. Aufl., Berlin/New York 2002.

Kühnberger, M: Der Jahresabschluss: Rechnungslegung nach Handels- und Steuerrecht, 1996.

Kurbel, K.: **Produktionsplanung und -steuerung**, 5. Aufl., München 2004.
Kurz, R.: Schwarzbuch Kapitalismus, 2.Aufl., Frankfurt/M. 2002.
Lämmel, U. / Cleve, J.: **Künstliche Intelligenz**, 2.Aufl., München 2004.
Langenbeck, J. / Wolf, J.: Buchführung und Jahresabschluss, 2. Aufl., Herne 1996.
Laux, H. / Liermann F.: **Grundlagen der Organisation**, 5. Aufl., Berlin u.a. 2002.
Lerchenmüller, M.: **Handelsbetriebslehre**, 4.Aufl., Ludwigshafen 2003.
Liedtke, R.: Wem gehört die Republik 2005?, Frankfurt/M. 2004.
Löffler, H. / Scherfke, A.: Praxishandbuch Direkt-Marketing, Berlin 2000.
Lowell, Bryan / Farell, Diana: Der entfesselte Markt. Die Befreiung des globalen Kapitalismus, Wien/Frankfurt 1997.
Lück, W.: Einführung in die Rechnungslegung, 11. Aufl. 2002.
Lusti, M.: **Data Warehousing and Data Mining**. Eine Einführung in entscheidungsunterstützende Systeme, Berlin/Heidelberg 2001.
Macharzina, K.: **Unternehmensführung**, 4. Aufl., Wiesbaden 2003.
Mainzer, K.: Computernetze und virtuelle Realität. Leben in der Wissensgesellschaft, Berlin u.a. 1999.
Matschke, M.J.: Investitionsplanung und Investitionskontrolle, Herne/Berlin 1993.
Meier, H.: Unternehmensführung, Aufgaben und Techniken des betrieblichen Managements, Unternehmenspolitik, Unternehmensplanung und Controlling, Unternehmensorganisation und Führung, 2. Aufl., Herne/Berlin 2002.
Meinel, Ch. / Sack, H.: **WWW . Kommunikation, Internetworking, Web-Technologien**, Berlin u.a. 2004.
Menrad, S.: Der Kostenbegriff, Berlin 1965.
Mertens u.a.: Grundzüge der Wirtschaftsinformatik, Berlin u.a. 2003.
Moews, D.: Kosten- und Leistungsrechnung, 7. Aufl., München/Wien 2002.
Moser, A.: Zur Analyse und Bewertung informationeller Prozesse und Systeme, Dissertation, Stuttgart-Bad Cannstatt 1977.
Nitzsch, R. v.: Entscheidung bei Zielkonflikten, Wiesbaden 1992.
Norden, H. / Wille, F.: Der Betriebs-Abrechnungsbogen, Stuttgart 1965.
Oeldorf, G. / Olfert, K.: **Materialwirtschaft**, 11. Aufl., Ludwigshafen 2004.
Olfert, K. / Körner, W. / Langenbeck, J.: Bilanzen, 9. Aufl., Ludwigshafen 2002.
Olfert, K. / Pischulti, H.: Kompakt-Training Unternehmensführung, 3. Aufl., Ludwigshafen 2004.
Olfert, K. / Steinbuch, P. A.: Organisation, 13. Aufl., Ludwigshafen 2003.
Pepels, W. (Hg.): ABWL, Köln 2003.
Pepels, W. (Hrsg.): Prüfungstraining für Wirtschaftsstudierende, Herne/ Berlin 2001.
Pepels, W.: Qualitätscontrolling bei Dienstleistungen, München 1996.
Perridon, L. / Steiner, M.: **Finanzwirtschaft der Unternehmung**, 13. Aufl., München 2004.
Pfohl, H.-Chr.: **Logistiksysteme**, 7. Aufl., Berlin 2003.
Pohlmann, N.: Firewall-Systeme, Sicherheit für Internet und Intranet, 5.Aufl., Bonn 2002.
Porter, M. E.: Competitive Strategy, Techniques for Analyzing Industries and Competiors, New York/London 1980. Deutsch: Wettbewerbsstrategie, 10.Aufl., Frankfurt 1999.
Reichmann, T.: Break-Even-Point-Analyse, in: Horvath; P./Reichmann, T. (Hg.): Vahlens Großes Controllinglexikon, 2. Aufl., München 2002.
Reichmann, T.: Controlling mit Kennzahlen und Managementberichten, 6. Aufl., München 2001.
Reuter: Außenwirtschafts- und Exportkontrollrecht, München 1994.
Riebel, P.: Einzelkosten- und Deckungsbeitragsrechnung, 7. Aufl., Wiesbaden 1994. Schwellnuß, A. Einzelkosten- und Deckungsbeitragsrechnung, in: Horváth, P./Reichmann, T. (Hg.): Vahlens Großes Controllinglexikon, 2.Aufl., München 2002.
Rollwage, N.: Bilanzen, 4. Aufl. 1994, S. 14 ff.
Rühli, E.: Unternehmensführung und Unternehmenspolitik, Band I, Bern u.a. 1996.
Schanz, G.: Organisationsgestaltung, 2. Aufl., München 1994.
Schiederer, D. / Loidl, Chr.: Aufbaukurs der Buchführung, 5. Aufl., Stuttgart 1999.
Schierenbeck, H.: Grundzüge der Betriebswirtschaftslehre, 16. Aufl., München 2003.
Schmalen, H.: **Grundlagen und Probleme der Betriebswirtschaft**, 12. Aufl., Köln 2002.
Schmidt, H.-J.: Betriebswirtschaftslehre für die Verwaltung, Heidelberg 1998.
Schmolke, S. / Deitermann, M.: Buchführung der Industrie, Darmstadt 1993.
Schneider, J.: Bekenntnisse eines Baulöwen, Berlin 2001.
Schreyögg, G.: **Organisation**, 4. Aufl., Wiesbaden 2003.
Schreyögg, G.: Unternehmenskultur, in: Corsten, H./Reiß, M. (Hg.): Handbuch der Unternehmensführung, Wiesbaden 1995.
Schroth: Handbuch zum Außenwirtschaftsverkehr, Herne 1994.

Schulte, Ch.: **Logistik**, 4. Aufl., München 2004.
Schulte-Zurhausen, M.: **Organisation**, 3. Aufl., München 2002.
Schütze, R.: Kundenzufriedenheit: After-Sales-Marketing auf industriellen Märkten, Wiesbaden 1992.
Schwarze, J.: Einführung in die Wirtschaftsinformatik, 4. Aufl., Herne 1997.
Schwellnuß, A.: Kostenartenrechnung, in: Horváth, P./Reichmann, T. (Hg.): Vahlens Großes Controllinglexikon, 2. Aufl., München 2002.
Schwellnuß, A.: Kostenstellenrechnung, in: Horváth, P./Reichmann, T. (Hg.): Vahlens Großes Controllinglexikon, 2.Aufl., München 2002.
Seidenschwarz, W.: Target Costing Schnittstellenbewältigung mit Zielkosten, in: Horváth, P. (Hg.): Synergien durch Schnittstellen-Controlling, Stuttgart 1991.
Seidenschwarz, W.: Target Costing und Prozeßkostenrechnung, in: IFUA Horváth & Partner (Hg.): Prozeßkostenmanagement, München 1998.
Seiner, M.: Konstitutive Entscheidungen, in: Bitz, M. u.a. (Hg.): Vahlens Kompendium der Betriebswirtschaftslehre, Band I, 4. Aufl., München 1998.
Selchert, F. W. / Erhardt, M.: Internationale Rechnungslegung: Der Jahresabschluss nach HGB, IAS und US-GAAP, 2. Aufl., München 1999.
Selchert, F. W.: Grundlagen der Bilanzierung. Übersichtsdarstellungen, 2. Aufl., München 2001.
Serfling, K.: Fälle und Lösungen zur Kostenrechnung, Herne/Berlin 1993, Fall Nr. 34.
Staehle, W. H.: Management: eine verhaltenswissenschaftliche Perspektive, 8. Aufl., München 1999.
Stahlknecht/Hasenkamp: Einführung in die Wirtschaftsinformatik, Berlin u.a. 2004.
Steinbuch, P. A.: **Fertigungswirtschaft**, 7. Aufl., Ludwigshafen 2002.
Steiner, M.: Konstitutive Entscheidungen, in: Bitz, M. u.a. (Hg.): Vahlen Kompendium der Betriebswirtschaftslehre, Band 1, 4. Aufl., München 1998, S. 57-75.
Steiner, M.: Konstitutive Entscheidungen, in: Bitz, M. u.a. (Hg.): Vahlens Kompendium der Betriebswirtschaftslehre, Band I, 4. Aufl., München 1998.
Steiner, R.: **Grundkurs Rationale Datenbanken** – Einführung in die Praxis der Datenbankentwicklung für Ausbildung, Studium und IT-Beruf, Wiesbaden 2003.
Steinle, C.: Unternehmensführung, ein grundlegender Überblick, in: Steinle, C./Bruch, H. (Hg.): Controlling, Kompendium für Controller/innen und ihre Ausbildung, 3. Aufl., Stuttgart 2002.
Steinmann, H. / Schreyögg, G.: **Management: Grundlagen der Unternehmensführung**: Konzepte, Funktionen, Fallstudien, 5. Aufl., Wiesbaden 2000.
Süchting, J.: Finanzmanagement, Theorie und Politik der Unternehmensfinanzierung, 6. Aufl., Wiesbaden 1995.
Tanenbaum, A.: **Computernetzwerke**, 4.Aufl., Amsterdam 2003.
Tani, T. / Horváth, P. / Wangenheim, S. von: Genka Kikaku und marktorientiertes Zielkostenmanagement, in: Controlling 2/1996, S. 80-89.
Tanski, J.S. / Kurras, K.P./Weitkamp, J.: Der gesamte Jahresabschluss, 4. Aufl., 1998.
Thomas, F.: Praxis der Betriebsorganisation, 2. Aufl., München 1996.
Tietz, B.: Der Handelsbetrieb, München 1993.
Uhe, G.: Strategisches Marketing, Berlin 2002.
Uhe, G.: Operatives Marketing, Berlin 2002
Vahs, D.: Organisation, 2. Aufl., Stuttgart 1999.
Volz: Die Organisation der Weltwirtschaft, München 1998.
Walz, H. / Gramlich, D.: **Investitions- und Finanzplanung**, 6. Aufl., Heidelberg 2004.
Warnecke, H.-J.: Der Produktionsbetrieb, Berlin 1995.
Weber: Kreditsicherheiten, 7. Aufl., München 2002.
Wedell, H.: Grundlagen des Rechnungswesens, Band 1: Buchführung und Jahresabschluss, 7. Aufl., 1998.
Welge, M. K. / Al Laham, A.: Strategisches Management: Grundlagen, Prozess, Implementierung, 4. Aufl., Wiesbaden 2003.
Welge, M.: Unternehmungsführung, Band 3, Controlling, Stuttgart 1988.
Wilde, H.: **Plan- und Prozesskostenrechnung**, München/Wien 2004.
Wildemann, H.: Strategische Investitionsplanung, Wiesbaden 1987.
Witt, F. J.: Deckungsbeitragsmanagement, München 1991.
Wittlage, H.: Unternehmensorganisation, 6. Aufl., Herne/Berlin 1998.
Wobbermin, M.: Buchhaltung, Jahresabschluss, Bilanzanalyse, 1999.
Wöhe, G. / Bilstein, J.: Grundzüge der Unternehmensfinanzierung, 9. Aufl., München 2002.
Wolfstetter, G.: Verfahren der Kostenrechnung, Köln 1998.
Zdrowomyslaw, N.: Kosten-, Leistungs- und Erlösrechnung, 2. Aufl., München 2001.

Autoren der 2. Auflage

Prof. Dr. Michael Berger ist Bankkaufmann und Steuerberater. Er sammelte umfangreiche Berufserfahrung in Banken, Versicherungen und Steuerberatungssozietäten. Nach Professuren an der Fachhochschule des Bundes für öffentliche Verwaltung und an der Berufsakademie Berlin wurde er in seine heutige Tätigkeit als Professor für Betriebswirtschaftslehre, insb. Rechnungswesen und Steuerrecht, an der Technischen Fachhochschule Berlin (Fachbereich Wirtschaftswissenschaften), berufen. [Im Lexikon: Autor für Bilanzierung und Jahresabschluss.]

Prof. Klaus Birker, Steuerberater. Nach kaufmännischer Lehre im steuerberatenden Beruf und Abitur im zweiten Bildungsweg studierte er Betriebswirtschaft mit dem Abschluss Diplom-Kaufmann. Nach Tätigkeiten als Leiter des Rechnungswesens und Geschäftsführer im Großhandel wurde er Mitbegründer und einer der persönlich haftenden Gesellschafter einer Baumarktkette, deren Anteile er nach Erreichen der Marktführerschaft verkaufte. Er beschäftigte sich intensiv mit Theorie und Praxis unterschiedlicher Bereiche der BWL und ließ sich zusätzlich in TZI, TA, GRID und NLP ausbilden. Seit 1990 ist er Professor für Betriebswirtschaft, Führungslehre und Controlling an der Fachhochschule Ludwigshafen (Pensionierung mit 65 Jahren im April 2003). Anfang 2002 Bestellung als Steuerberater. Zusammen mit seiner Frau ist er im »ABV-Institut« als Berater, Trainer und Coach tätig (Projektarbeiten, Entwicklung von Ziel-Szenarien und Strategien, Entscheidungsprozesse, Persönlichkeits-, Team- und Organisationsentwicklung). Er ist Autor zahlreicher betriebswirtschaftlicher Publikationen, u.a. des Handbuchs und der Lehrbuchreihe »Praktische Betriebswirtschaft« (zugleich als Herausgeber) sowie – teilweise gemeinsam mit Gabriele Birker – zu Themen der Gesprächs-, Team- und Selbstführung sowie zu NLP. [Im Lexikon neben seiner Herausgeberfunktion: Autor insbesondere für Finanzierung, Führung, Marketing, Organisation, Planung, Rechnungswesen und Steuer.]

Prof. Dr. Heinz-J. Bontrup, Betriebswirtschaft (mit Abschluss Dipl.-Betriebsw.) sowie Wirtschaftswissenschaft (mit Abschluss Dipl.-Ökonom). Er war u.a. während seiner langjährigen Praxistätigkeit als Personalvorstand/Arbeitsdirektor tätig. Heute lehrt er Betriebswirtschaft mit dem Schwerpunkt Personal/Arbeitsökonomik und Organisation an der FH Gelsenkirchen im Fachbereich Wirtschaftsrecht. Er ist durch zahlreiche Publikationen ausgewiesen. [Im Lexikon: Autor für Personalwirtschaft tätig.]

Prof. Dr. Rainer Bramsemann studierte Betriebswirtschaftslehre mit Abschluss Diplom-Kaufmann. Vor seiner wissenschaftlichen Laufbahn nahm er Aufgaben im Finanzcontrolling eines Großunternehmens und in der Geschäftsleitung eines mittelständischen Unternehmens wahr. Seit 1972 ist er Professor für Betriebswirtschaftlehre, insbesondere Rechnungswesen und Controlling, am Fachbereich Wirtschaft der Fachhochschule Bielefeld. Aus seinem Arbeitsschwerpunkt (Förderung und Weiterentwicklung der Controlling-Funktion und der typischen Aufgabenstellungen und Techniken) resultierten eine größere Zahl von Veröffentlichungen, die Entwicklung und Umsetzung beruflicher Weiterbildungsmaßnahmen, Forschungsaktivitäten zum Controlling in öffentlichen Institutionen und in Sozialorganisationen sowie Beratungstätigkeiten. [Im Lexikon: Autor für Controlling.]

Prof. Dr. Torsten Czenskowsky studierte Wirtschaftswissenschaften (Diplomabschluss. Seit 1988 ist er als Unternehmensberater (Schwerpunkte Marketing und Controlling) tätig, seit 1996 hat er eine Professur für Betriebswirtschaftslehre, insb. Rechnungswesen/Controlling, an der FH Stralsund und seit 2002 auch eine Funktion als Fachbereichsleiter für Marketing und Controlling an der Deutschen Akademie für Logistik (DLA) inne. Neben Lehre und Forschung widmet er sich dem Consulting und der Vortrags- und Seminartätigkeit. [Im Lexikon: Co-Autor für Kosten- und Leistungsrechnung.]

Prof. Dr. Klaus-Michael Fortmann studierte Elektrotechnik und schloss dies mit einer Promotion ab. Nach der Leitung einer physikalischen Forschungsabteilung sowie verantwortlichen Tätigkeiten in einem Software-Beratungsunternehmen und bei einem Consulting-Unternehmen (mit Arbeitsschwerpunkten Fertigungsorganisation, Auftragsabwicklung, Projektmanagement, Materialwirtschaft, Logistik und Kostensenkung) erhielt er 1996 den Ruf an die Fachhochschule Gelsenkirchen, zunächst als Professor für Betriebswirtschaftslehre, insb. Beschaffung, Materialwirtschaft und Produktion und seit 1998 als Professor für Betriebswirtschaftslehre, insb. Logistik. Er ist Co-

Autor mehrerer Veröffentlichungen. [Im Lexikon: Autor für Logistik.]

Prof. Dr. Egbert Hayessen studierte Wirtschaftswissenschaften und promovierte dort nach seiner Assistenzzeit zum Dr. rer. pol. Anschließend war er mehrere Jahre in der Praxis in leitender und beratender Funktion tätig, u. a. als Leiter Großprojekte, Bereichsleiter und Mitglied des Führungskreises der Projektführungsgesellschaft Transport-, Informatik- und Logistik-Controlling (TLC). Danach wurde er zum Professor für Unternehmensführung, Planung und Controlling an der FH Fulda berufen. Derzeit ist er als Professor für Betriebswirtschaftslehre und Controlling im Studiengang Internationales Wirtschaftsingenieurwesen der FH Wiesbaden tätig. Im Rahmen seiner praktischen Forschung betreut er Projekte der Bereiche Management und Controlling in verschiedenen Unternehmen und Branchen. [Im Lexikon: Autor für Unternehmensführung/Management.]

Prof. Dr. Walter Lösel studierte Betriebswirtschaftslehre mit Schwerpunkt Wirtschaftsinformatik (Diplom-Kaufmann). Nach einer Tätigkeit als wissenschaftlicher und seiner Promotion war er bei der DATEV eG, Nürnberg, zunächst im Bereich der Softwareentwicklung, später im Stabsbereich als Referent des Vorstandsvorsitzenden tätig. 1998 wurde er zum Professor für das Fachgebiet Wirtschaftsinformatik an die G.S.O.FH Nürnberg berufen. Seine Arbeitsgebiete sind schwerpunktmäßig Anwendungsentwicklung und Electronic Business. Er hat an diversen Veröffentlichungen, auch als Co-Autor, mitgewirkt. [Im Lexikon: Autor für Wirtschaftsinformatik.]

Prof. Dr. Gerhard Schünemann, absolvierte nach Wirtschaftsstudium und Promotion wissenschaftliche Tätigkeiten an mehreren Universitäten. Seit 1995 ist er Professor für Betriebswirtschaft, insb. Rechnungswesen und Controlling, am Fachbereich Maschinenbau der Fachhochschule Stralsund. Er hat umfangreiche praktische Berufserfahrung als Mitarbeiter in der Fachdirektion Vorlaufforschung im Forschungszentrum von Carl-Zeiss-Jena sowie als Geschäftsbereichsleiter für Finanzen und Controlling in einem mittelständischen Unternehmen gesammelt. Seine Forschungs- und Publikationsschwerpunkte liegen auf den Gebieten Investitionscontrolling, Umsetzung Chaos-theoretischer Erkenntnisse in der Betriebswirtschaftslehre und Berücksichtigung ökonomischer Aspekte beim Umweltschutz. [Im Lexikon: Autor für Investition.]

Dipl.-Ing. Andreas Soik ist Umweltberater und nach langjähriger Berufstätigkeit in der Industrie freiberuflich in Zwickau tätig. Ferner ist er Gastdozent am Fachbereich Wirtschaft der FH Stralsund. [Im Lexikon: Co-Autor für Kosten- und Leistungsrechnung.]

Prof. Dr. Brunhilde Steckler studierte Rechtswissenschaften und legte ihr Referendariat im OLG-Bezirk Frankfurt a.M. ab. Anschließend war sie als Akademische Rätin tätig, promovierte mit einem wettbewerbsrechtlichen Thema, arbeitete als Rechtsanwältin für Wirtschaftssachen in einer Kanzlei am Bundesgerichtshof in Karlsruhe. 1987 wurde sie als Professorin für Zivil- und Wirtschaftsrecht berufen, seit 1991 ist sie in dieser Funktion an der Fachhochschule Bielefeld tätig. Neben der Lehrtätigkeit im Wirtschaftsprivatrecht mit Schwerpunkt EDV-Recht führt sie verschiedene vom BMBF geförderte Projekte der angewandten Forschung durch (z. B. Vertragsrecht im Internet, Urheberschutz multimedialer Präsentationen oder bei virtuellen Unternehmen). Sie ist durch zahlreiche Veröffentlichungen in Buchform sowie in deutsch- und englischsprachigen Fachzeitschriften ausgewiesen. [Im Lexikon: Autorin für Wirtschaftsrecht.]

Dipl.-Kfm. Werner Veith ist nach langjähriger Berufstätigkeit in der Dienstleistungsbranche freiberuflich in Fürth/Bay. tätig. Ferner ist er Gastdozent am Fachbereich Wirtschaft der FH Stralsund. [Im Lexikon: Co-Autor für Kosten- und Leistungsrechnung.]

Prof. Dr. Harald Wilde, studierte Betriebswirtschaftslehre (Abschluss als Dipl.-Kaufmann und Dipl.-Handelslehrer). Nach Tätigkeiten als Dozent und Unternehmensberater wurde er zum Professor für Betriebswirtschaft an der Fachhochschule für Wirtschaft Berlin und 1995 in gleicher Funktion an der Fachhochschule Stralsund berufen. Seine Arbeitsschwerpunkte sind Rechnungswesen, insb. Kostenrechnung, außerdem Controlling, Finanzwirtschaft, insb. Investitionsrechnung, sowie Umweltmanagement, wissenschaftliches Arbeiten und »weiche« Erfolgsfaktoren. Er ist durch zahlreiche Veröffentlichungen in diesen Gebieten ausgewiesen. Auch ist er als Referent an Weiterbildungsinstituten tätig sowie seit 1999 Mitglied des wissenschaftlichen Beirats beim Umweltministerium Mecklenburg-Vorpommern. [Im Lexikon: Co-Autor für Kosten- und Leistungsrechnung.